ESTUDOS COMEMORATIVOS DOS
10 ANOS
DA FACULDADE DE DIREITO
DA UNIVERSIDADE NOVA DE LISBOA

ESTUDOS COMEMORATIVOS DOS
10 ANOS
DA FACULDADE DE DIREITO
DA UNIVERSIDADE NOVA DE LISBOA

VOLUME II

COORDENAÇÃO:

DIOGO FREITAS DO AMARAL
CARLOS FERREIRA DE ALMEIDA
MARTA TAVARES DE ALMEIDA

ESTUDOS COMEMORATIVOS DOS
10 ANOS
DA FACULDADE DE DIREITO
DA UNIVERSIDADE NOVA DE LISBOA

COORDENADORES
DIOGO FREITAS DO AMARAL
CARLOS FERREIRA DE ALMEIDA
MARTA TAVARES DE ALMEIDA

EDITOR
EDIÇÕES ALMEDINA, SA
Av. Fernão Magalhães, n.º 584, 5.º Andar
3000-174 Coimbra
Tel.: 239 851 904
Fax: 239 851 901
www.almedina.net
editora@almedina.net

PRÉ-IMPRESSÃO | IMPRESSÃO | ACABAMENTO
G. C. – GRÁFICA DE COIMBRA, LDA.
Palheira – Assafarge
3001-453 Coimbra
producao@graficadecoimbra.pt

Julho, 2008

DEPÓSITO LEGAL
279109/08

Os dados e as opiniões inseridos na presente publicação
são da exclusiva responsabilidade do(s) seu(s) autor(es).

Toda a reprodução desta obra, por fotocópia ou outro qualquer
processo, sem prévia autorização escrita do Editor, é ilícita
e passível de procedimento judicial contra o infractor.

Biblioteca Nacional de Portugal – Catalogação na Publicação

Estudos comemorativos dos 10 anos da Faculdade de Direito da
Universidade Nova de Lisboa / coord. Diogo Freitas do Amaral,
Carlos Ferreira de Almeida, Marta Tavares de Almeida. – 2 v.
2º v. :   p. – ISBN 978-972-40-3460-7

I – AMARAL, Diogo Freitas do, 1941-
II – ALMEIDA, Carlos Ferreira de, 1938-
III – ALMEIDA, Marta Tavares de

CDU   340
      342
      347
      378

APRESENTAÇÃO

A Comissão Organizadora das comemorações dos dez anos da Faculdade de Direito da Universidade Nova de Lisboa, que, além dos signatários, integrava as Professoras Teresa Beleza, Mariana França Gouveia, Ana Cristina Nogueira da Silva e Cláudia Trabuco, decidiu incluir no seu programa um livro de estudos de carácter cientifico. É esse livro que agora se publica.

Cabe-nos agradecer a todos os professores da Faculdade que – sem uma única excepção – entenderam dever participar; a todos os outros docentes, doutorandos e demais convidados que aceitaram colaborar; e à editora Almedina, que uma vez mais se prontificou a cooperar com a nossa Faculdade, em condições por vezes difíceis.

Não sendo possível, por razões editoriais, convidar todos os docentes de Direito portugueses – que são hoje, felizmente, em número elevado –, tivemos de estabelecer um critério mais apertado, que a Comissão Organizadora definiu de modo a abranger apenas pessoas correspondentes às seguintes categorias:

  a) Professores e assistentes do quadro da Faculdade;
  b) Docentes que sejam, ou tenham sido, convidados para a regência de disciplinas ministradas pela Faculdade;
  c) Professores, portugueses e estrangeiros, que tenham participado em júris de doutoramento ou agregação na Faculdade;
  d) Doutorandos na Faculdade;
  e) Antigos alunos, licenciados pela Faculdade, especialmente convidados para o efeito;
  f) Titulares de cargos, públicos ou privados, que tenham contribuído ou contribuam, de forma relevante, para o arranque ou posterior funcionamento da Faculdade.

Gostaríamos de sublinhar a grande abertura e diversidade que os trabalhos aqui publicados revelam, e que corresponde a uma das imagens de marca da Faculdade de Direito da Universidade Nova de Lisboa: conseguimos reunir um leque muito amplo de autores, escolas e matérias.

No conjunto dos 63 trabalhos inseridos nos dois volumes desta obra, temos artigos de Ciência do Direito, evidentemente, mas também de várias outras ciências – nomeadamente, História do Direito, Filosofia do Direito, História do Pensamento Político, Antropologia Política e Jurídica, Psicologia Jurídica, Legística, Religião e Direito, e Ensino Universitário.

Os artigos de Direito Público e de Direito Privado distribuem-se por velhos e novos temas das disciplinas tradicionais e de outras disciplinas mais modernas: Direito Internacional Público, Direito da União Europeia, Direito Constitucional, Direito Administrativo, Direito Fiscal, Direito Penal, Direito da Saúde, Direito das Pessoas e da Família, Direito das Obrigações, Direitos Reais e da Propriedade Intelectual, Direito Comercial, Direito das Sociedades e dos Valores Mobiliários, Direito do Trabalho, Direito Internacional Privado.

As contribuições na área do Direito Processual foram em tal número que resolvemos constituir um grupo separado que agrega onze artigos sobre Processo Civil, Processo Penal, Processo Administrativo e Processo Internacional.

A concluir, importa sublinhar um aspecto: esta obra não é, nem se pretendeu nunca que fosse, um repositório do trabalho cientifico da nossa Faculdade nos primeiros dez anos da sua existência. Tal repositório seria, por um lado, muito mais vasto e, por outro, não teria beneficiado da excelente colaboração dos convidados que não fazem parte da Faculdade, mas que com ela colaboraram ou colaboram de forma relevante.

A obra que agora sai a lume foi concebida, antes, como um conjunto representativo da capacidade investigadora dos docentes e doutorandos da Faculdade, bem como da abertura desta Escola a outras instituições, a outros saberes que ajudam a compreender o Direito, e à internacionalização da comunidade jurídica. Todos esses aspectos – sem nunca descurar as disciplinas básicas da tradição jurídica europeia – fazem parte do código genético da Faculdade de Direito da Universidade Nova de Lisboa e, a esse título, são uma forma muito significativa de esta comemorar os seus primeiros dez anos de vida.

Diogo Freitas do Amaral
Carlos Ferreira de Almeida
Marta Tavares de Almeida

IV
DIREITO PRIVADO

O REGIME DO ARTIGO 796.º DO CÓDIGO CIVIL
(«ONE MAN'S PLATITUDE IS ANOTHER'S REVOLUTION»)

ANA PRATA[*]

1. Princípio da consensualidade e sua consequência quanto ao risco

Mais do que discutível, económica e socialmente, é o princípio da consensualidade, herdado do *Code* de 1804[1] pelo Código de Seabra, constante do artigo 408.º, n.º 1, do Código Civil de 66. E tal discutibilidade, por assim dizer, não resulta apenas, nem talvez sobretudo, como frequentemente a doutrina salienta ao analisar as vantagens e inconvenientes deste regime[2], da menor protecção de terceiros que ele implica. A sua desadequação à realidade tem levado os agentes económicos a procurar evitá-lo através do recurso a modelos contratuais que, diferindo o efeito real – *maxime* a transmissão da propriedade –, acautelem a posição do alienante nos contratos onerosos em que o preço não é pago de imediato. O mesmo é dizer que, nos contratos onerosos de alienação, não é desejável para as partes, designadamente para o alienante, ver-se privado do direito que transmite sem ter recebido a correlativa retribuição[3].

---

[*] Professora da Faculdade de Direito da Universidade Nova de Lisboa.

[1] Uma evolução fortemente marcada do ponto de vista ideológico e historicamente situada em época de ruptura com o sistema económico pré-industrial levou aquele Código a adoptar esta solução. GALVÃO TELLES, *Contratos Civis*, Lisboa, 1955, pp. 10-11 e 12, depois de brevemente referir os antecedentes históricos, afirma com desconcertante simplicidade: «O sentimento geral [...] é que comprando-se uma coisa, se fica logo seu proprietário. Sendo possível a transmissão imediata, porque não há-de ela operar-se, para satisfação desse sentimento?».

[2] Assim, por todos, MOTA PINTO, *Direito das Obrigações*, Coimbra, 1973, pp. 241 a 243.

[3] «Correlativa» é adjectivo utilizado nada inocente ou despropositadamente aqui,

Corolário daquele princípio é o do artigo 796.°, n.° 1: correndo o risco[4] das coisas por conta dos seus proprietários[5], pelo do adquirente corre o do bem que já é seu[6].

2. O n.° 2 do artigo 796.°

Em elementarmente sensata correcção do princípio geral, estabelece o n.° 2 da mesma disposição que o risco não se transfere para o adquirente, «se [...] a coisa tiver continuado em poder do alienante em consequência de termo constituído a seu favor». Daqui resulta que, em muitos dos casos em que a coisa alienada não é de imediato entregue ao adquirente, o risco corre por conta do alienante até à entrega: quase basta que tenha sido estabelecido prazo para o cumprimento da obrigação de entregar a coisa alienada. E isto porque, presumindo o artigo 779.° que o prazo de cumpri-

---

como claro resulta da noção de compra e venda do artigo 874.° do Código Civil: a propriedade ou outro direito é transmitido *mediante* um preço, isto é, a reciprocidade ou sinalagma existe entre a transmissão do direito e o preço e não entre as obrigações que do contrato resultam.

[4] Embora não se justifique, deixa-se referência à extraordinária caracterização de transferência do risco feita por PEDRO MÚRIAS, *in* http://muriasjuridico.no.sapo.pt/ebT200 40401.htm: «Transferência do risco é o momento a partir do qual uma obrigação de prestação de coisa valerá como cumprida em caso de perecimento ou deterioração, quanto ao objecto do perecimento ou à deterioração, salvo culpa relevante do devedor»; ao que acrescenta: «Uma *outra definição* de "transferência do risco", muito frequente, diz que esta é o momento a partir do qual o direito do devedor à contraprestação deixa de ser afectado em caso de perecimento ou deterioração, salvo culpa relevante do devedor. Por outras palavras, o momento a partir do qual o credor se manterá vinculado a realizar a contraprestação (a pagar o preço) apesar de ter havido um perecimento ou deterioração». Em outro texto, *in* http://muriasjuridico.no.sapo.pt/eMinima-C-Inc.htm, diz o mesmo autor: «a *transferência do risco* é o momento a partir do qual um eventual perecimento ou deterioração não imputável das coisas a entregar *exonera* o devedor, *conservando* este na íntegra o direito à contraprestação». A leitura do autor suscita a tentação de multiplicar as citações, a que resisto.

[5] Para uma análise crítica da evidência do princípio *res suo domino perit* nas compras e vendas internacionais, v. CARLO ANGELICI, «La disciplina del passagio dei rischi, in La Vendita Internazionale, La Convenzione di Viena dell'11 Aprile 1980», *in Quaderni di Giurisprudenza Commerciale*, Milano, 1981, pp. 221 a 223.

[6] Desconsidera-se conscientemente neste texto que o problema do risco é, muitíssimas vezes, uma questão de (mais um) custo financeiro do contrato: o do seguro da coisa.

E deliberadamente se separa a questão do risco da das despesas de conservação ou de entrega/envio do bem.

mento da obrigação que o tenha (prazo deve evidentemente aqui ser tomado como significativo de termo, certo ou incerto) beneficia o devedor, deve, salvo elisão da presunção, entender-se que a coisa devida e ainda não entregue – por se ter convencionado prazo para o cumprimento desta obrigação – continuou em poder do alienante/devedor «em consequência de termo constituído a seu favor». Assim se desvincula a aquisição do direito real da assunção do risco do bem devido, com adesão à realidade económica.

Esta interpretação, que se me afigura declarativa e por isso banal, não é, porém, partilhada por grande parte da doutrina que da matéria se ocupa[7], excepção feita a Galvão Telles[8] que, sem lugar para dúvidas, escreve: «Se, transmitida a propriedade, o alienante ainda dispuser de prazo para entrega, o risco só passa para o adquirente com a entrega, a não ser que o adquirente se constitua em mora, porque então a transferência dá-se a partir da mora [...]». Se bem que não se pronuncie sobre o regime do Código Civil, Vaz Serra, nos trabalhos preparatórios, é claríssimo na defesa da solução que veio a ficar neste n.º 2 do artigo 796.º, escrevendo: «Mas, se foi convencionado um termo para a entrega, e a coisa não ficou, portanto, à disposição do adquirente, parece que o risco só com a entrega ou colocação à disposição do adquirente deve passar para este»[9-10].

Quanto à restante doutrina, e seguindo um percurso cronológico, Mota Pinto escreve[11]: «Suponhamos que A vende a B um televisor e se convencionou nesse contrato que a entrega seria feita daí a dez dias. Se, no prazo que medeia entre o contrato e a entrega, o objecto é destruído, o risco corre, no nosso sistema, por conta do comprador já que a propriedade

---

[7] Muito agradeço ao doutorando Gabriel Órfão Gonçalves a chamada de atenção para o «estado da doutrina» neste particular. Sem ela, nunca me teria ocorrido escrever este texto, tão óbvia me parecia a interpretação do artigo 796.º, n.º 2. E, sem a sua generosa disponibilidade na recolha de grande parte dos textos pertinentes, também não me teria sido possível fazê-lo, por ocupação com outras tarefas. Aqui fica a expressão do meu sentido reconhecimento.

[8] *Direito das Obrigações*, 7.ª ed., Coimbra, 1997, p. 474.

[9] Impossibilidade superveniente por causa não-imputável ao devedor e desaparecimento do interesse do credor, in Boletim do Ministério da Justiça, n.º 46 – Janeiro – 1955, p. 91; v. também p. 92 e nota (163).

[10] Para uma ponderação das questões que a *entrega* e a *colocação à disposição* do comprador, na compra e venda internacional – que não me parecem privativas desta, embora nela mais frequentes –, CARLO ANGELICI, *op. e loc. cit.*, pp. 223 a 235.

[11] *Op. cit.*, p. 238.

se tinha transferido com a celebração do contrato». Menezes Cordeiro[12], em termos mais sumários e por isso menos claros, ao tratar do n.º 1 deste artigo, diz: «António vende um automóvel a Bento, obrigando-se a entregar-lho. Se o automóvel perecer [...], Bento fica prejudicado [...]; isso por a propriedade do automóvel já se ter transferido». Ribeiro de Faria[13], depois de fazer sua a concepção de Vaz Serra[14] da existência de um depósito nos casos em que o bem alienado não é imediatamente entregue, de tecer considerações sobre a justiça e a justeza da solução legal, e de considerar que o n.º 2 da disposição não constitui «desvio» do princípio do n.º 1[15], ilustra a situação prevista na lei com o seguinte exemplo: num caso de venda de um livro por um estudante a outro, se «o estudante vendedor pedir uma espera de uma semana para a entrega do livro, porque ainda o quer ler outra vez e dele tirar algumas notas, e entretanto o furto vier a ter lugar, o risco corre já por conta dele. O vendedor não é, neste caso, um mero depositário»; e conclui: «por tudo isto é que se pode dizer, repetimo-lo, que o risco não anda sempre por conta do proprietário. Não corre por conta dele, desde logo, se o alienante não for um mero depositário [...]». Antunes Varela[16] constrói os seguintes exemplos: «*A* vende a *B* certa coisa móvel, que é destruída por um incêndio não imputável a *A*. Como o domínio sobre a coisa se transferiu para *B* no próprio momento do contrato, é por conta de *B* (credor e adquirente da coisa) que corre o risco de tal evento»; «*A* vendeu um automóvel a *B*, mas obrigou-se a entregá-lo quinze dias após a celebração do contrato, para que o pudesse utilizar ainda numa viagem que projecta fazer. Se, entretanto, o automóvel perecer por caso fortuito, o risco corre por conta do alienante e não do adquirente. É a doutrina consagrada no n.º 2 do artigo 796.º». Almeida Costa[17] omite qualquer análise ou exemplo das normas, limitando-se a dizer que ao problema

---

[12] *Direito das Obrigações*, 2.º volume, AAFDL, 1980, pp. 179-180.
[13] *Direito das Obrigações*, Volume II, Coimbra, 1990, pp. 381 a 384.
[14] Vaz Serra, *op.* e *loc. cit.*, p. 91, que, por seu lado, o foi colher à doutrina francesa, como resulta da nota (161).
[15] No que também repete Vaz Serra, *op.* e *loc. cit.*, p. 86, nota (152); escreve este, em resposta à questão de saber se há aqui desvio ao regime-regra: «Pode dizer-se que não, com o fundamento de que o alienante se obrigou principalmente a transferir a propriedade e esta transferência se produziu por efeito do contrato». Salvo o devido respeito, o argumento é contraditório: se o efeito real operou por força da conclusão do contrato, o alienante não ficou obrigado a transferir direito real algum.
[16] *Das Obrigações em geral*, Volume II, 7.ª ed., Coimbra, 1997, pp. 86 e 87.
[17] *Direito das Obrigações*, 10.ª ed. reelaborada, Coimbra, 2006, p. 1078.

do risco «respondem os artigos 796.º e 797.º». Menezes Leitão[18] não pode ser acusado de omissão ou, sequer, de escassez argumentativa: ao falar do n.º 1 da norma em análise, retomando a tese do depósito, diz: «Este regime explica-se em virtude de, após a alienação da propriedade, e mesmo que não ocorra logo a entrega da coisa, a posição do devedor em relação à coisa se alterar, já que ele passa a funcionar como mero depositário da mesma, não retirando qualquer benefício pela sua guarda, pelo que não seria correcto que suportasse o risco pela sua perda ou deterioração. Efectivamente, o risco pelo perecimento ou deterioração da coisa é legalmente associado ao proveito que dela se retira, o qual compete, em princípio, ao proprietário, que após a transmissão passa a poder exigir do devedor a sua entrega»; «[...] o artigo 796.º, n.º 2, vem estabelecer que [...]. Será, por exemplo, o caso de alguém vender um quadro, mas estabelecer que a sua entrega só ocorrerá passado um mês, em virtude de o pretender [sic] exibir numa exposição. Se o quadro vier a ser destruído fortuitamente dentro desse prazo, é o vendedor que suporta o risco. Efectivamente, o facto de o termo ter sido estabelecido a favor do alienante significa que este não pode considerar-se como mero depositário da coisa, mas antes que se encontra a utilizá-la em seu próprio proveito, o que justifica que suporte o risco pela sua perda ou deterioração. Se, apesar da transferência da propriedade, o alienante ainda se encontrar a tirar proveito da coisa, não faria sentido que a lei fizesse correr por conta do adquirente o risco pela sua perda ou deterioração. Assim, o risco só se transfere para o adquirente, ou com o vencimento do termo – caso em que o alienante deixa de beneficiar do prazo para a utilização da coisa, passando a funcionar como mero depositário da mesma – ou com a entrega da coisa, caso em que passa a ser o adquirente a utilizar a coisa».

Desta extensa série de citações decorre que, para Mota Pinto claramente, a existência de prazo para o cumprimento da obrigação de entrega do bem vendido, só por si, nada tem que ver com o regime do n.º 2 do artigo 796.º, e que, para os restantes autores, menos claros na formulação da interpretação da norma, o mesmo parece acontecer, pois todos os exemplos configurados se referem a situações em que o prazo é convencional e inequivocamente beneficiador do alienante/devedor. Fora eu malévola, e diria que, nos autores citados, a expressão «a seu favor» é interpretada como um «favor» em sentido social. Não sou: creio que, a não ser o erro meu – o que muito é de ponderar, tão numerosos e ilustres são os autores

---

[18] *Direito das Obrigações*, Volume II, 4.ª ed., Coimbra, 2006, pp. 125 e 126.

referidos –, a explicação desta quase unanimidade está na desconsideração da presunção do artigo 779.°, o que só não surpreende porque é humaníssimo reproduzir-se o que se aprendeu e se tomou por certo, salvo nos casos em que se tem de estudar expressamente o tema; e o que acontece, de facto, é que a ideia central da doutrina citada é sempre a mesma, passada de forma aparentemente irreflectida de uns para outros.

Se a excepção deste n.° 2 corresponde a uma solução sensata económica e socialmente, a sua formulação não é das mais felizes. Vejamos: o risco transfere-se «com o vencimento do termo ou a entrega da coisa, sem prejuízo do disposto no artigo 807.°». Parece incontroverso que o sentido da norma é este: a transmissão do risco ocorre com o cumprimento da obrigação que, por ter prazo estabelecido em benefício do devedor, pode ser antecipado; se assim acontecer, não teria sentido que o risco, cuja permanência a cargo do não proprietário, em razão de ser este quem tem a coisa em seu poder, continuasse a correr por ele quando essa *ratio* desaparecesse; se não houver cumprimento antecipado, é no momento previsto para ele – e por causa do cumprimento pontual – que o risco se transfere. Dizer que o momento da transmissão é o do «vencimento do termo» sem mais, porque compatível com uma interpretação declarativa, segundo a qual o momento temporal da transferência é o do «vencimento do termo» não tem qualquer sentido[19]; e, para o esclarecer, recorre a norma a uma remissão para o artigo 807.°, pertinente ao regime da mora debitória; poder-se-ia ter dito o mesmo com mais clareza e maior elegância[20]. E, sobretudo, poderia não se ter misturado aqui o chamado problema da *perpetuatio obligationis*, que é tudo menos líquido que se ocupe de uma questão de risco. Na verdade – repito-me, pois já o escrevi antes –, o regime do artigo 807.°, não obstante a sua epígrafe, não parece tratar de uma questão de risco, mas antes conter um regime de responsabilidade debitória objec-

---

[19] Julgo que a formulação vem do artigo 220.° do Código suíço: v. VAZ SERRA, *op. e loc. cit.*, p. 89. No articulado proposto por VAZ SERRA, *op. e loc. cit.*, p. 130, o texto é o seguinte: «No caso de contrato, que transfere a propriedade de coisas determinadas ou transfere direitos reais sobre elas, se a coisa se deteriorar ou perecer por causa não imputável ao alienante, correrá o risco por conta do adquirente, salvo se a coisa ficou em poder do alienante em virtude de um termo, em seu favor, para a entrega, hipótese em que o risco só com o vencimento do termo ou com a entrega ou colocação da coisa à disposição do adquirente se transfere para este». Do ponto de vista literário e quanto ao aspecto que agora está em causa, não pode dizer-se que a solução proposta fosse melhor, mas para o problema da interpretação do n.° 2 do artigo 796.° o texto era por certo mais claro.

[20] Como afirma GALVÃO TELLES, *Direito das Obrigações, op. cit.*, p. 470, nota (1).

tiva: aí se dispõe não que o devedor suporta a perda patrimonial da não culposa perda ou diminuição de valor da prestação devida, mas que tem de indemnizar «pelo prejuízo que o credor tiver em consequência» dessa perda ou deterioração[21]. Porque não é esta a ocasião de tratamento próprio

---

[21] PEDRO MÚRIAS, *in* http://muriasjuridico.no.sapo.pt/e807.htm, diz: «O art. 807.°, a cuja estatuição se atribuía tradicionalmente o nome equívoco de perpetuatio obligationis – equívoco, porque confundia abertamente o dever de prestar e o dever de indemnizar –, é uma ilustração das dificuldades que brotam da separação insuficiente dos três problemas do não cumprimento. A epígrafe «risco» diz-nos apenas que se trata de perturbações do cumprimento não devidas a culpa do devedor, o que é confirmado na parte final do n.° 1. O termo «risco», fora das expressões «transferência do risco» ou, talvez, «responsabilidade civil pelo risco», não exprime nenhuma ideia mais precisa. Ainda assim, o termo sugeriria alguma proximidade com a matéria da transferência do risco, o que só muitíssimo limitadamente pode ser aceite. Além disso, o ponto de partida é a mora, em si mesma imputável ao devedor. Parece, portanto, pouco correcta a afirmação, feita por vários autores, de que o 807.° procederia a uma «inversão do risco». Estatui-se no n.° 1 que o devedor fica «responsável pelo prejuízo que o credor tiver». Da mesma maneira, o n.° 2 refere-se a «danos». Pareceria, então, que a lei viria resolver unicamente um problema de responsabilidade civil (tal como o § 287 BGB). Nesse sentido, o art. 807.° teria o alcance de afirmar a suficiência do «nexo de causalidade», por outras palavras, estatuiria a imputação do dano ao facto responsabilizador, evitando as dúvidas legítimas em face da circunstância de, sendo culposa a mora, ser já fortuita a perturbação subsequente. Contudo, é reconhecido que o artigo dispõe também quanto à contraprestação, dando ao credor a faculdade de não a realizar. Nem podia deixar de ser assim, visto que a prestação é dada por não cumprida, operando o sinalagma. Por outro lado, ocorrendo a impossibilidade durante um atraso imputável ao devedor, não haveria argumentos para onerar o credor com a contraprestação. Quanto à prestação que se tornou impossível, o art. 807.° nada diz, como nada dizem os arts. 801.° e ss. Por isto, poderia até pretender-se que estas facti species são apenas «duplas», ignorando o destino da obrigação perturbada. Porém, esta obrigação extingue-se, nos termos gerais da impossibilidade. Ora, este conjunto de efeitos condiz com a impossibilidade imputável, que sempre seria, aliás, o regime legal disponível para enquadrar o art. 807.°, em si mesmo lacunar. Podem suscitar-se dúvidas quanto à aplicabilidade do art. 802.°, em confronto com o art. 793.°, uma vez que o art. 807.° prevê um casus mixtus de imputação, mas é claro que teria de se manter a obrigação de indemnizar. Assumindo a natureza remissiva do art. 807.°, cabe fazer duas notas. A primeira, para dizer que a regra vale não só para as prestações de coisa, literalmente abrangidas, mas também para as prestações de facto. Há identidade de razão. Quanto a estas, sempre seria evidente que o credor se exonera da contraprestação, dado o regime da própria impossibilidade não imputável (cf. o art. 795.° e a inaplicabilidade dos arts. 796.° e 797.°), mas é claro que, aqui, o sinalagma se exerce através da resolução. O problema da responsabilidade civil não pode ter solução diferente da do art. 807.°, sob pena de contradição valorativa».

A longa citação é apenas pretexto para (na medida em que me é compreensível o texto, mas tal só pode dever-se a falta de inteligência da leitora, já que se trata de texto

das normas do artigo 807.º, reitera-se a convicção de que, em formulação mais clara, mais económica e mais correcta, poderia o n.º 2 do artigo 796.º ter exprimido o que de tão elementar quer dizer.

Quando o risco corra por conta do alienante – situações mais frequentes do que o princípio do n.º 1 poderia indiciar –, seja o contrato sinalagmático, creio que deverá aplicar-se o regime próprio destes, consagrado no artigo 795.º, n.º 1: o alienante/devedor vê extinta a sua obrigação por força da regra geral do artigo 790.º, n.º 1, e o adquirente/credor fica «desobrigado da contraprestação e tem direito, se já a tiver realizado, de exigir a sua restituição nos termos prescritos para o enriquecimento sem causa». Porém, não tomo esta solução como indiscutível: se o regime do risco nos contratos sinalagmáticos com eficácia real tem as especialidades contidas no artigo 796.º, é defensável que, na falta de norma diversa, ao regime geral se volte quando o do risco coincida, por força daquela disposição, com aquele regime geral; mas poder-se-ia colocar o problema de a medida da restituição a que o adquirente tem direito ser a integralidade do preço. Por escassez de tempo para o seu estudo, aqui apenas fica a questão colocada e a solução proposta[22].

3. Risco em contratos condicionados

O n.º 3 do artigo 796.º contém duas regras: uma relativa aos contratos com eficácia real constitutiva ou transmissiva submetidos a condição resolutiva, e a outra aplicável aos mesmos contratos quando incluam condição suspensiva.

A que respeita aos segundos é desnecessária, na medida em que se limita a reafirmar o princípio geral do n.º 1[23]: não verificado, por força da

---

preparado e dirigido a estudantes da graduação) exprimir a minha discordância com parte do que dela consta, o que poderia não resultar claro, pela omissão nesta sede da análise da questão.

[22] O problema é considerado por VAZ SERRA, *op.* e *loc. cit.*, p. 101, a propósito dos contratos condicionados resolutivamente, sendo, para estes, a sua proposta a da restituição do preço por inteiro, com o seguinte fundamento: «Pois que o alienante sob condição resolutiva sabe que a alienação pode resolver-se e que teria, assim, de restituir o preço, deveria restituí-lo por inteiro, mesmo que o tivesse dissipado». Não pretendendo daqui retirar argumento algum; se o constituísse, porém, ele apontaria no sentido da solução proposta no texto.

[23] Deste entendimento parece discordar GALVÃO TELLES, *Direito das Obrigações*, *op. cit.*, p. 472., ao afirmar que a solução da transmissão do risco simultânea com a da

condição, o efeito real (constitutivo ou translativo)[24], o risco continua a correr pelo titular do direito, que é o alienante, se de contrato de alienação se tratar[25].

Disposição inútil, mas nem por isso inócua: nos contratos, *maxime* de compra e venda, com reserva de propriedade, por serem estatisticamente frequentes, a entender-se esta cláusula[26] como suspensiva – seja qual for a medida – da produção do efeito real de transmissão da propriedade, o regime de risco daqui decorrente é evidentemente desajustado da realidade económica, pois, ainda que a coisa fique em poder do adquirente, o risco continua a ser suportado pelo alienante. Vaz Serra[27], nos trabalhos preparatórios, não descurou a questão – quer a geral, quer a do regime dos contratos de alienação com reserva de propriedade. Na longa análise da primeira, escreve que, «havendo condição suspensiva, a coisa, em regra, não é entregue antes da verificação da condição» e que «é talvez arriscado interpretar a convenção de entrega como significando a transferência do risco para o adquirente que o é apenas sob condição suspensiva»; e conclui que «[...] poderá dizer-se que a solução de fazer suportar o risco ao alienante, mesmo que a coisa tenha sido entregue ao adquirente é a que se afigura preferível. O adquirente sob condição suspensiva, ainda que lhe tenha sido entregue a coisa, não se considera proprietário dela; detém-na apenas a título provisório, pois só se torna proprietário se a condição se

---

propriedade decorre desta disposição, enquanto me parece, no que não sou nada original, que ela resulta do n.º 1 do artigo 796.º.

[24] E apenas esse, como expressamente escreve GALVÃO TELLES, *Contratos Civis*, op. cit., p. 31.

[25] VAZ SERRA, *op. e loc. cit.*, pp. 98-99, invocava, em abono desta solução, as regras dos Códigos italiano, francês e suíço.

[26] Não cabe aqui a análise da questão, difícil e de controvertidas soluções, como se sabe. Ela não é privativa do direito português e, para citar apenas um autor, nem muito recente nem exclusivamente ocupado do tema (embora, pela importância que o seu pensamento teve em Itália e não só, não ao acaso escolhido), v. C. MASSIMO BIANCA, «La Vendita e la Permuta», in *Trattato di Diritto Civile Italiano*, sotto la direzione di Filippo Vassali, vol. VII, Tomo 1.º, Torino, 1972, pp. 525 a 532, defendendo que, não obstante a formulação literal da lei, o comprador deve ser considerado proprietário (condicional, acrescento eu, julgo que não abusivamente) da coisa. Na doutrina portuguesa, v. ANA MARIA PERALTA, *A posição jurídica do comprador na compra e venda com reserva de propriedade*, Coimbra, 1990, em especial, pp. 148 a 168, e a interessante, embora inconsequente (não é esta adjectivação necessariamente crítica) análise de LUÍS LIMA PINHEIRO, *A cláusula de reserva de propriedade*, Coimbra, 1988, em especial pp. 108 a 116.

[27] *Op. e loc. cit.*, pp. 102 a 107.

verificar. Quem continua a ser proprietário é o alienante, é ele que continua a dever ter-se como o principal interessado na conservação da coisa. Portanto, ele é que deve suportar o risco [...]. Não é acaso de presumir que tal seja a intenção das partes». Não me é compreensível[28] por que coloca o autor o problema em termos de interpretação de vontade contratual, quando tão mais linear e adequado teria sido prever a dependência da transmissão do risco da entrega da coisa, como foi feito para os contratos sob condição resolutiva.

Ao ponderar a questão do risco nos contratos com reserva de propriedade, após referência ao regime alemão, tece observações que, em si mesmas, valem para qualquer alienação sem transmissão imediata da propriedade, dizendo: «O simples facto de se fazer a alienação, com transferência ulterior da propriedade, não deve bastar para que o adquirente suporte o risco. Se o alienante conservou a propriedade, alguma vantagem teve em vista com isso e o adquirente, que não tem direito aos frutos dela e a não administra ou guarda, não parece que deva suportar o risco [...]. Mas, se a coisa foi entregue ao adquirente ou posta à sua disposição, a situação altera-se e o risco deve passar para ele. Então, o adiamento da transferência da propriedade destina-se certamente apenas a dar ao alienante uma garantia ou semelhante». Prosseguindo, agora tendo em conta a cláusula de reserva de propriedade, conclui que, neste caso, «o risco seria suportado pelo adquirente a partir da entrega ou da colocação da coisa à sua disposição». Não foi a regra que ficou na lei. Aliás, na proposta de articulado que apresenta (artigo 13.º, 8.º), a solução é a que veio a ser acolhida pelo Código: «Se o contrato estiver dependente de condição suspensiva, e esta se verificar, corre por conta do alienante o risco durante a pendência da condição, mesmo que a coisa tenha sido entregue ou posta à disposição do adquirente»[29]. Porém, da compra e venda com reserva de propriedade ocupava-se o número seguinte – relativo ao contrato dependente de termo inicial –, que estabelecia que a transmissão do risco se verificava logo que a coisa fosse entregue ou posta à disposição do adquirente.

---

[28] Talvez seja, mas prefiro simular incompreensão.
[29] *Op.* e *loc. cit.*, p. 131. Inexplicavelmente, tanto quanto posso ver, o n.º 9 do mesmo artigo 13.º continha solução oposta para as situações de contrato com eficácia real dependente de termo inicial; é este o seu teor: «Se a transferência da propriedade ou do direito real ou a constituição deste só se verificam quando se vencer um termo, o risco, antes deste vencimento, corre por conta do adquirente, desde que a coisa lhe tenha sido entregue ou tenha sido posta à sua disposição [...]» – *op.* e *loc cit.*, pp. 131-132.

Não é clara a qualificação que o autor pretendia atribuir à cláusula de reserva de propriedade, se é que estas redacções tinham em vista, ou supunham, qualquer qualificação dela.

Não que se justifique sobrevalorizar a importância económica da norma existente, que, sendo supletiva, é o mais das vezes afastada convencionalmente. Mas não havia necessidade de criar um regime desajustado da realidade, que, por isso mesmo, leva alguns autores, como Galvão Telles[30], a tergiversarem em raciocínios que possam pô-lo de parte. Escreve, e bem, este autor: «*Não se afigura muito curial que o adquirente continue subtraído ao risco mesmo depois de estar na detenção e gozo da coisa*» e que «a solução mais razoável [...] seria que o risco se desloca para o adquirente com a *entrega* do objecto». O percurso intelectual do autor é que não se me afigura de aplaudir ou, sequer, de acompanhar: começa por falar do «silêncio da lei» a propósito deste regime, e continua afirmando que, nas hipóteses em que o bem vendido com reserva de propriedade é entregue ao adquirente condicional, o risco se desloca para este com a *entrega* do objecto. É certo que a conclusão final que apresenta é, conformemente com a lei, a de que o risco continua a ser suportado «pelo alienante enquanto não se der a transferência da propriedade, *ainda que o objecto já tenha sido entregue ao adquirente*». Tudo isto se explica, à uma, pela repugnância que a solução legal suscita e, à outra, pelo facto de não existir silêncio legal, mas infeliz e clara eloquência[31]. Por seu lado, Ribeiro de Faria[32] afirma algo enigmaticamente: «Dificuldades há-as, porém, a partir daqui, para justificar que no caso de uma venda com reserva de propriedade, com entrega ao comprador do objecto vendido, seja sobre este que impende o risco até ao pagamento integral do preço». E prossegue, com referência ao direito alemão, para concluir, ainda, tanto quanto posso perceber, para essa ordem jurídica: «Faz-se ainda ver, aí, que a solução oposta seria injusta porque ao comprador foi já dado o poder imediato e a fruição da coisa, relevando a conservação da propriedade apenas

---

[30] *Direito das Obrigações*, op. cit., p. 473.

[31] No Anteprojecto da sua autoria, a disposição – artigo 13.º, § 2.º – tinha a seguinte redacção: «Se, todavia, a aquisição não for efeito imediato do contrato e o vendedor entregar a coisa ao comprador antes dela, o risco passa ao comprador no momento da entrega»; e o § 3.º acrescentava: «Transferido o risco para o comprador, pertencem-lhe os proventos da coisa e são suportados por ele os respectivos encargos» – *Contratos Civis*, op. cit., pp. 87 e 88.

[32] *Op. cit.*, p. 383, nota (1).

para efeitos de garantia ou segurança [...]»; acrescenta que, «seja como for, é neste sentido que se pronuncia a nossa doutrina também», citando Vaz Serra, Antunes Varela (no *Código Civil Anotado*, edição de 1968), Galvão Telles (em texto de 1959) e o Projecto de uma lei uniforme sobre a venda internacional dos objectos mobiliários corpóreos, publicado em 1951; em outro passo[33], sem que seja claro que a afirmação abranja os contratos de alienação com reserva de propriedade, fala de detenção a propósito da posição do adquirente condicional (suspensivamente), acrescentando: «E se quem continua a ser proprietário é o alienante, é ele que deve suportar o risco». Antunes Varela[34] opina que os contratos de alienação com reserva de propriedade «não podem ser considerados como realizados sob condição suspensiva, visto o evento condicionante da sua plena eficácia recair sobre um elemento essencial do contrato (pagamento do preço). Apesar disso, não pode deixar de aplicar-se a esse caso, quanto ao risco da coisa, a solução fixada na parte final do n.° 3 do artigo 796.°. Se o alienante quer reservar para si a vantagem de conservar a titularidade da coisa, não pode, coerentemente, deixar de correr o risco inerente ao domínio da coisa». Menezes Leitão[35], sem grande detenção na análise do problema da qualificação da cláusula[36], conclui, de forma assaz desenvolta, que «tanto o vendedor como o comprador são titulares de situações jurídicas reais, havendo que distribuir o risco de acordo com o proveito que cada um tirava da respectiva situação jurídica. Como o vendedor conservava apenas a propriedade com função de garantia, deve apenas suportar o risco da perda dessa garantia. Pelo contrário, como o comprador já se encontrava a tirar o proveito da coisa, é a ele que competirá suportar o risco pela sua perda ou deterioração»; Mas não se fica por aqui, pois também se lê[37] o seguinte no seu texto, sem que seja certo – talvez não – que inclua nesta afirmação a reserva de propriedade: «Já quanto à condição suspensiva, a sua aposição ao contrato significa que a propriedade não se transmitiu, sendo apenas eventual a possibilidade da sua transmissão, pelo que não se justifica que seja o adquirente a suportar o risco [...], mesmo que esta lhe seja entregue, já que sem

---

[33] *Ibidem*.
[34] *Código Civil anotado*, Volume II, 3.ª ed., Coimbra, 1986, p. 52.
[35] *Op. cit.*, pp. 198 a 202.
[36] O que não justifica censura, já que o texto, de carácter muito geral, não o permitiria.
[37] *Op. cit.*, p. 127.

a transmissão da propriedade, a situação corresponde à de mera detenção»[38]. Pedro Múrias[39] escreve, sem mais, que, na compra e venda com reserva de propriedade, o risco transmite-se com a entrega.

Pelo que respeita aos contratos subordinados a condição resolutiva, entendeu a lei adoptar uma solução menos linear juridicamente: a transferência do risco não é mero corolário da titularidade do direito real, mas depende (também) de a coisa estar em poder do adquirente durante a pendência da condição: esteja-o, e o risco é suportado por ele, não proprietário[40], em razão de vantagem económica de dispor da coisa[41]; se o bem continuar em poder do alienante, o regime é, então, o geral: titular do direito real, *maxime* da propriedade, por ele corre o risco. Tanto quanto posso compreender, já que isto não é dito *qua tale*, Vaz Serra[42] propôs esta solução com fundamento na ideia de que a condição resolutiva apenas afecta o efeito real do contrato, pelo que as obrigações dele emergentes e, para o que aqui interessa, a de entrega da coisa, são cumpridas de imediato. O que, a ser esse o pensamento do autor, significa que aquilo que, literalmente, parece ser, na lei vigente, requisito adicional da transmissão do risco («se a coisa lhe tiver sido entregue») seria o que corresponderia ao regime geral que propunha, com fundamento numa presunção *hominis* mais do que discutível.

---

[38] Tenho dificuldade em seguir ou criticar o expedito raciocínio do autor, já que, à uma, não faço – nem ele – a análise das variadas situações possíveis e, à outra, não me é clara a indissociável ligação do que chama «mera detenção» ao não aproveitamento das vantagens do gozo do bem.

[39] *In* http://muriasjuridico.no.sapo.pt/ebT20040401.htm, *loc. cit.*

[40] Para simplificar, e porque são estas as situações mais frequentes e que claramente a própria lei tem em vista.

[41] Prefiro abster-me da qualificação jurídica da situação do adquirente a quem o bem foi entregue, diversamente de Menezes Cordeiro, *op. cit.*, p. 180, que a qualifica como «posse»; sê-lo-á as mais das vezes, mas, não cabendo neste texto análise das situações possíveis, julgo mais prudente não ir para além da lei; estranho é que o autor, sendo tão sumário na exposição dos regimes que, na maioria das questões, se limita à citação do texto legal, tão afoito se mostre neste particular. Ribeiro de Faria, *op. cit.*, p. 382, nota (1), referindo-se à solução legal do risco nos contratos condicionados resolutivamente, diz: «É que, estando este [adquirente] na posse da coisa (que guarda, administra e da qual recolhe os frutos), deve ter um tratamento similar ao do adquirente numa aquisição pura e simples»; também este autor parece ignorar que diversas podem ser, *maxime* convencionalmente, as situações do adquirente a quem a coisa foi entregue, embora a sua posição seja mais clara e sustentável do que a de Menezes Cordeiro.

[42] *Op.* e *loc. cit.*, pp. 100-101.

4. Conclusão

O artigo 796.° contém normas várias, inspiradas por *rationes* diversas, incongruentes no seu conjunto e criticáveis, quer por isso quer porque, e sobretudo, desadequadas à realidade económica e social.

Não pode, a seu propósito, afirmar-se que exista uma teleologia unitária de coincidência da vantagem da disponibilidade da coisa com a assunção do risco[43].

E, tendo as questões sido objecto de análise – embora não exaustiva nem, quiçá, coerentemente conclusiva – nos trabalhos preparatórios, não se justificaria o resultado fragmentário e criticável que é o existente.

---

[43] Discordo frontalmente, sem que para tal seja necessária grande análise interpretativa, de MENEZES CORDEIRO, *op. cit.*, p. 181, que escreve: «Chamamos a atenção para o facto de no fundo, em todos os casos, a questão do risco se decidir, nos termos das regras do Direito das Coisas, pela atribuição da titularidade do direito real envolvido. O risco corre por conta do titular».

Caso «o direito real envolvido» seja alguma figura nova criada pelo autor ou uma – inominada (?) – vista por ele, a partir da cláusula pela qual o alienante fica com prazo para a entrega da coisa ou daquela pela qual o adquirente condicional a recebe, o que não é de eliminar como hipótese, sempre a afirmação seria insusceptível de ser acompanhada nos contratos com condição suspensiva. E, mesmo admitindo a criatividade, muito seria preciso, para além de uma afirmação, para explicar e justificar um direito real «envolvido» naquelas outras situações. Se o direito real a que alude é a posse, sobre o seu entendimento nada mais posso nesta sede acrescentar ao que deixei dito *supra*, nota 41.

O PRINCÍPIO DA PROPORCIONALIDADE E A SUA EXPANSÃO PARA O DIREITO PRIVADO[*]

ANDRÉ FIGUEIREDO[**]

§ 1.º INTRODUÇÃO

I. Delimitação do tema

O princípio da proporcionalidade, injunção normativa associada às ideias de justa medida, adequação e proibição do excesso na prossecução de um determinado fim, constitui uma das mais relevantes *peças* do sistema de princípios gerais de Direito. Actuando principalmente (e originariamente) como directiva estruturante da ordem constitucional, condicionando as actuações do Estado com impacto nas esferas privadas, e funcionando como limite (material) fundamental do legislador e do exercício dos demais poderes públicos, o princípio da proporcionalidade é por isso considerado, desde a definitiva expansão do constitucionalismo liberal, como um verdadeiro pilar dos modernos sistemas constitucionais.

O propósito do presente texto não é, porém, o de proceder a uma análise da relevância constitucional do princípio da proporcionalidade, nem sequer da aplicação deste princípio nos restantes domínios a que o mesmo

---

[*] O presente texto corresponde a uma versão revista do trabalho apresentado em Abril de 2006 no âmbito do seminário de Teoria do Direito da segunda fase do VI Programa de Doutoramento e Mestrado da Faculdade de Direito da Universidade Nova de Lisboa, e que serviu também de base à exposição, com o mesmo título, realizada no SPEED de 30 de Outubro de 2006, naquela Faculdade. Não foram consideradas obras ou decisões jurisprudenciais posteriores, nacionais ou estrangeiras.

[**] Doutorando na Faculdade de Direito da Universidade Nova de Lisboa.

surge habitualmente associado. A esse respeito, é já rica a literatura, nacional e estrangeira[1].

Ao invés, pretende-se nestas páginas trilhar um caminho novo, que passa por identificar, ainda que de forma não exaustiva, exemplos de aplicação do princípio da proporcionalidade no Direito Privado, enquanto instrumento da mediação de conflitos entre sujeitos privados, sem intervenção, portanto, de poderes públicos. Depois de uma breve incursão pela génese e desenvolvimento do princípio da proporcionalidade – essencial para melhor levar a cabo a tarefa que aqui se propõe –, pretende-se então assinalar a expansão do princípio da proporcionalidade para domínios do Direito Privado, onde surge como elemento constitutivo de regras jurídicas positivadas, mas também como instrumento a que doutrina e jurisprudência recorrem para interpretar e aplicar normas jurídicas.

Isto para, a final, procurar identificar, de uma perspectiva teórica, a função que o princípio da proporcionalidade desempenha no seio da ordem jurídica, em particular na interacção com os demais princípios gerais de Direito, incluindo os de Direito Privado. Em síntese, saber qual a função que cabe ao princípio da proporcionalidade no sistema de princípios gerais de Direito, focando em particular a dimensão normativa deste princípio num domínio de certa forma inovador: as relações jurídicas exclusivamente entre privados. Quando deve o princípio da proporcionalidade ser aplicado? Com que pressupostos, limites e conteúdo? Qual o objectivo fundamental do recurso ao teste da proporcionalidade? Terá o princípio da proporcionalidade a função de auxiliar no processo de hierarquização de bens juridicamente tutelados, ou caber-lhe-á apenas o papel de racionalizar as prevalências entre bens e interesses determinadas por outros elementos da ordem jurídica? De que tarefas do jurista pode o princípio da proporcionalidade servir de instrumento auxiliar? É a estas e outras perguntas que se espera poder responder no final destas páginas.

---

[1] Na doutrina nacional, e para além da literatura mais relevante na área do Direito Constitucional, ver, especificamente sobre o princípio da proporcionalidade, VITALINO CANAS, «O Princípio da Proibição do Excesso na Constituição: Arqueologia e Aplicações», *Perspectivas Constitucionais: nos 20 anos da Constituição de 1976*, 2.º vol., org. JORGE MIRANDA, Coimbra Editora, Coimbra, 1996-1998, p. 323 e ss.; e «Princípio da Proporcionalidade», *Dicionário Jurídico da Administração Pública*, vol. VI, p. 591 e ss.; ANABELA LEÃO, «Notas sobre o princípio da proporcionalidade ou da proibição do excesso», *Estudos em comemoração dos cinco anos (1995-2000) da Faculdade de Direito da Universidade do Porto*, Almedina, Coimbra, 2001, p. 999 e ss.

II. Génese e desenvolvimento do princípio da proporcionalidade enquanto limite material de intervenção pública nas esferas privadas

Importa então começar por um breve percurso pelo longo processo através do qual a ideia de proporção e de repulsa pelo excesso de intervenção estadual nas esferas de privados evoluiu no sentido de se tornar uma verdadeira «*componente de um* ius commune *europeu*»[2]. Isto porque a compreensão daquela que, desde a sua génese e durante o seu desenvolvimento e maturação, foi (e é) a função do princípio da proporcionalidade nos seus campos de aplicação clássicos constitui pressuposto essencial da tarefa que se propõe nestas páginas.

São remotas as origens da ideia de proporcionalidade no pensamento jurídico europeu. Já no Direito Romano[3] podiam ser encontradas algumas referências à ideia de *proporcionalitas*, associada principalmente à necessidade de limitação da intervenção pública nas esferas privadas, quer no domínio do Direito Penal e da justiça retributiva, quer também no domínio da prossecução de fins públicos pelas entidades estaduais. Ainda que com inúmeras flutuações terminológicas, surgindo referências às ideias de *justa medida*, *ordem* e *adequação*, esta ideia de *proporcionalidade* como limite material da actuação dos entes públicos é também desenvolvida durante a Idade Média, sendo então essencialmente fundada no princípio da igualdade e justiça[4]. De resto, a ideia de ponderação de bens está desde há muito presente no pensamento jurídico europeu.

É contudo na modernidade que a rejeição do excesso de intervenção pública nas esferas privadas deixa de ser apenas uma mera intuição, mais ou menos difusa, para se transformar, mediante um longo processo de construção e evolução dogmática, num verdadeiro pilar do sistema de princípios gerais de Direito. Decisivos nesse processo foram os esforços da doutrina e da jurisprudência alemãs[5].

---

[2] VITALINO CANAS, «O Princípio da Proibição do Excesso na Constituição (...)», cit., p. 326.

[3] WINFRIED KLUTH, «Prohibición de excesso y principio de proporcionalidad en Derecho Alemán», *Cuadernos de Derecho Público – El principio de proporcionalidad*, INAP, Madrid, 1998, p. 214 e ss. (220).

[4] MARTIM DE ALBUQUERQUE, *Da Igualdade – Introdução à Jurisprudência*, Almedina, Coimbra, 1993, p. 43.

[5] Como resulta da análise da jurisprudência do Tribunal Constitucional e dos textos doutrinais que se têm debruçado sobre o princípio da proporcionalidade, a consolidação (tardia) do princípio da proporcionalidade no ordenamento jurídico português seguiu muito

É, assim, no contexto do constitucionalismo moderno do século XIX que o princípio da proporcionalidade começa a ser densificado nos moldes em que hoje é conhecido e aplicado. E esse contexto é marcado pela clara afirmação do Estado de Direito, modelo que encontra as suas origens precisamente no constitucionalismo alemão do início do século XIX[6], e que se distancia do Estado de Polícia ao afirmar-se como um verdadeiro *Estado liberal*, onde primam a separação de poderes e a limitação das funções do Estado à defesa da ordem e segurança públicas, e que deixa «*os domínios económicos e sociais para os mecanismos de liberdade individual e da liberdade de concorrência*»[7].

As ideias de proporcionalidade, proibição do excesso ou necessidade surgem, então, invocadas primeiro pelos tribunais e «confirmadas» depois pela doutrina, como instrumentos para prevenir uma expansão totalitária do Estado e um exercício incontrolado dos poderes públicos, prescrevendo o emprego de meios mais suaves para atingir os fins públicos relevantes. Em síntese, a afirmação do princípio da proporcionalidade faz parte da tentativa, que o Estado de Direito encerra, de responder à velha questão de saber como se poderão realizar simultaneamente a ordem e a liberdade[8].

O princípio da proporcionalidade, tendo as suas primeiras aplicações históricas nos domínios do Direito Administrativo e do Direito Penal e Processual Penal (designadamente em questões relacionadas com a proibição contra detenções arbitrárias e com a proibição de tutela das opções religiosas), começa assim a surgir como princípio material a que a actuação pública em geral, e a actividade administrativa em particular, deveriam sempre obedecer, como forma de garantir os dois pilares fundamentais do Estado (Liberal) de Direito – a liberdade individual e a propriedade. E é assim que, ao lado do princípio da legalidade, ou dos princípios de tutela e de controlo jurisdicional da actuação dos entes públicos, o princípio da proibição do excesso constitui garantia fundamental da manutenção da ordem do Estado de Direito.

Note-se, contudo, que nesta primeira fase de evolução do princípio da proporcionalidade, que dura até ao final da primeira metade do século XX,

---

de perto a construção teorética e dogmática desenvolvida no ordenamento alemão, no que respeita aos pressupostos, ao alcance, aos efeitos e, ainda, aos campos de aplicação.

[6] GOMES CANOTILHO, *Direito Constitucional e Teoria da Constituição*, 5.ª ed., Almedina, Coimbra, 2002, p. 97.

[7] GOMES CANOTILHO, *Direito Constitucional e Teoria da Constituição*, cit., p. 97.

[8] REINHOLD ZIPPELIUS, *Teoria Geral do Estado*, 3.ª ed., 1997, Fundação Calouste Gulbenkien, Lisboa, p. 383.

a sua utilização é limitada a uma das dimensões que o princípio, tal como hoje configurado, encerra: a saber, a ideia de necessidade ou de menor ingerência possível. Tratava-se, ainda, de garantir apenas a indispensabilidade dos meios utilizados na prossecução dos fins públicos, mesmo que isso pressupusesse já a ideia de adequação da medida em causa para a prossecução desses mesmos fins[9]. De qualquer modo, o final do século XIX assiste ao definitivo reconhecimento jurídico-positivo do princípio da proporcionalidade – mesmo que não estabilizado numa perspectiva terminológica –, convertendo-se paulatinamente tal princípio em parte integrante de todo o Direito Administrativo relacional[10], incluindo o direito administrativo de prestação[11]. A fundamentação da limitação da actuação estadual é, então, definitivamente trazida para um campo já jurídico-positivo.

É só a partir da segunda metade do século XX que se assiste a uma depuração dos termos e do conteúdo do princípio da proporcionalidade, que resulta na sua decomposição – por iniciativa «conjunta» do legislador (constitucional), da doutrina e da jurisprudência – naqueles que são hoje os seus elementos constitutivos (ou *desdobramentos internos*) fundamentais. É assim nesta segunda fase de evolução que o princípio da proporcionalidade se desdobra em três subprincípios.

Em primeiro lugar, a exigência de *adequação*[12], cujo propósito central é aferir a existência de uma relação de causa efeito entre duas variáveis: o meio, instrumento, medida ou solução empregue pela entidade sujeita ao escrutínio, de um lado; e o objectivo, ou finalidade que se procura atingir. O princípio da adequação de meios impõe então uma avaliação tendente a determinar se o acto juridicamente relevante é ou não apropriado à prossecução do fim ou fins em causa. Ou seja, consagra um «*mandato de objectividade*»[13] que se traduz num controlo da «*relação de adequação medida-fim*»[14].

---

[9] Como bem nota VITALINO CANAS, «O Princípio da Proibição do Excesso na Constituição (…)», cit., p. 328.

[10] VITALINO CANAS, «O Princípio da Proibição do Excesso na Constituição (…)», cit., p. 328.

[11] WINFRIED KLUTH, «Prohibición de excesso y principio de proporcionalidad (…)», cit., p. 223.

[12] Alguma doutrina fala também nos conceitos de *conformidade* ou *idoneidade*.

[13] WINFRIED KLUTH, «Prohibición de excesso y principio de proporcionalidad (…)», cit., p. 227.

[14] GOMES CANOTILHO, *Direito Constitucional e Teoria da Constituição*, cit., p. 270.

Depois, a exigência de *necessidade*[15], (sub)princípio que consagra o direito do indivíduo à menor ingerência possível na sua esfera jurídica por parte do Estado ou da entidade cuja actuação está sujeita ao escrutínio da proporcionalidade, e que impõe, por isso, não apenas a identificação de todas as medidas admissíveis e idóneas para a prossecução do fim em causa, mas também que a opção tomada seja, de entre as possíveis, a menos lesiva[16]. Trata-se, portanto, de um elemento em que é patente uma vertente mais claramente ideológica.

E, por fim, a exigência de *justa medida*, (sub)princípio comummente designado por *proporcionalidade em sentido estrito*. Uma vez aferida a idoneidade da medida para a prossecução do fim em causa, e uma vez confirmada a sua menor lesividade quando comparada com outras medidas, também elas idóneas, é aplicado um derradeiro teste: o teste da justa medida, para determinar se, mediante um juízo de ponderação, a medida (idónea e necessária) é também ela proporcional em relação ao fim prosseguido e, assim, se a lesão que tal acto pode acarretar é ou não desmedida em relação aos benefícios que dele podem resultar. A aferição da proporcionalidade em sentido estrito põe deste modo em confronto os bens, inte-

---

[15] Também *exigibilidade* ou «*menor ingerência possível*» (cfr. GOMES CANOTILHO, *Direito Constitucional e Teoria da Constituição*, cit., p. 269).

[16] O juízo da necessidade é necessariamente subsequente ao juízo de adequação. Isto porque o seu objectivo fundamental é precisamente o de encontrar, de entre as *opções idóneas* (ou *adequadas*), aquela que menos afecte a esfera individual dos sujeitos afectados. Assim sendo, medida necessária será assim a medida idónea a atingir certo fim que se revele menos lesiva do que as que com ela competem; medida desnecessária será, por seu turno, a que não resiste à comparação com outras, revelando-se mais lesiva. Mais complexa é a questão de saber a que instrumentos deve o intérprete recorrer para proceder à comparação acima enunciada, até porque é inequívoca a relatividade deste subprincípio, bem como a dificuldade da sua aplicação prática, nomeadamente naqueles contextos em que sejam muitos os meios de actuação finalizados ao fim público relevante que «*passem o teste da idoneidade*», como poderá acontecer, por exemplo, nas áreas de actuação pública na economia. GOMES CANOTILHO, *Direito Constitucional e Teoria da Constituição*, cit., p. 270, propõe a distinção entre diferentes categorias de exigibilidade: a *exigibilidade material*, que determina que o meio a utilizar deve ser o mais poupado possível; a *exigibilidade espacial* e a *exigibilidade temporal*, que impõem a maior restrição possível, respectivamente, do âmbito espacial e temporal afectado pela medida; e a *exigibilidade pessoal*, que determina a limitação dos sujeitos afectados pela medida em causa. Relativamente a cada uma destas dimensões, a determinação do que seja a menor lesão envolverá, necessariamente, quer referências empíricas e de quantidade, quer referências valorativas, necessariamente qualitativas (cfr. VITALINO CANAS, «Princípio da Proporcionalidade», cit., p. 624).

resses ou valores prosseguidos pelo acto restritivo ou limitativo, e os bens, interesses ou valores sacrificados por esse acto, pretendendo-se saber, à luz de parâmetros materiais, se o sacrifício é aceitável, tolerável[17].

Consequência desta «depuração»[18] do conteúdo do princípio, dá-se um salto qualitativo definitivo da ideia de mera proibição do arbítrio para a ideia de proibição do excesso, em que o acto/medida em causa passa a ser sujeito a um escrutínio mais exigente: requer-se que a medida seja encarada como racionalmente *adequada, necessária* e *proporcional em sentido estrito*, tendo em conta os objectivos prosseguidos e os bens e interesses sacrificados[19].

Talvez não por acaso, este desenvolvimento do princípio da proporcionalidade surge num contexto – o pós- II Grande Guerra – em que se assiste a um ressurgimento das tendências jusnaturalistas. Procurava-se então a definição de *«princípios ou instrumentos que metodicamente pudessem traduzir a ideia de justiça e de direito justo do terreno meta-positivo para o terreno firme da justiça do caso concreto»*[20], aparecendo a ideia de recusa do excesso como verdadeira âncora dessa mesma ideia de justiça. Razão pela qual a afirmação do princípio da proporcionalidade no seio do pensamento jurídico europeu e do Direito positivado surge *«como conatural do próprio conceito de Direito»*, como verdadeiro *«princípio axiológico fundamental»*[21].

---

[17] É portanto a uma efectiva ponderação de bens e interesses que obriga este terceiro elemento constitutivo do princípio da proporcionalidade, a fim de averiguar «*se o sacrifício dos interesses individuais que a ingerência comporta mantém uma relação razoável ou proporcionada com a importância do interesse estatal que se trata de salvaguardar*», uma vez que «*se o sacrifício for excessivo a medida deverá ser considerada inadmissível, ainda que respeite os restantes pressupostos e requisitos decorrentes do princípio de proporcionalidade*» (NICOLAS GONZALEZ-CUELLAR SERRANO, *Proporcionalidad y Derechos Fundamentales en el Proceso Penal*, Colex, p. 225.).

[18] De referir que, depois de algumas oscilações e inconsistências, a cristalização do conteúdo actual do princípio deve-se essencialmente, primeiro, à obra de LERCHE (cfr. WINFRIED KLUTH, «Prohibición de exceso y principio de proporcionalidad (…)», cit., p. 222), e depois, definitivamente, à «*autenticação doutrinal*» (cfr. VITALINO CANAS, «Princípio da Proporcionalidade», cit., p. 618) operada por GRABITZ dos referidos subprincípios, já utilizados na jurisprudência dos tribunais superiores alemães.

[19] VITALINO CANAS, «Princípio da Proporcionalidade», cit., p. 603.

[20] VITALINO CANAS, «O Princípio da Proibição do Excesso na Constituição (…)», cit., p. 328.

[21] JORGE MIRANDA, *Manual de Direito Constitucional – Direitos Fundamentais*, 3.ª ed., Tomo IV, Coimbra Editora, Coimbra, 2000, p. 206.

Certamente fruto de uma maior sistematização interna do seu conteúdo, é também nesta segunda fase que se assiste à ampliação substancial do âmbito de aplicação do princípio da proporcionalidade, que deixa de ter no Direito Administrativo o seu domínio quase exclusivo, passando, ao invés, a servir de verdadeiro «*limite e guia de actuação para o próprio legislador*»[22] noutros ramos do Direito. Ou seja, assiste-se à ascensão do princípio da proporcionalidade ao patamar de princípio constitucional de pleno direito. Fundamental nesta «ascensão» foi a obra fundamental de Peter Lerche «*Excesso e Direito Constitucional*», que sustenta ser o Direito Constitucional a sede natural do princípio da proporcionalidade, com importância fulcral no domínio da protecção do núcleo essencial dos direitos fundamentais[23-24].

---

[22] VITALINO CANAS, «O Princípio da Proibição do Excesso na Constituição (...)», cit., p. 332.

[23] WINFRIED KLUTH, «Prohibición de excesso y principio de proporcionalidad (...)», cit., p. 222.

[24] Na história do Direito português moderno, em particular do Direito Constitucional do século XX e até ao início da vigência da Constituição de 1976, são escassas e pouco sistematizadas as referências ao princípio da proporcionalidade. E isto já quando o princípio apresentava uma cada vez maior aceitação e sofisticação no ordenamento jurídico alemão. É só a partir de 1976 que o princípio da proporcionalidade assume a sua força determinante e operatividade jurídica, naturalmente conexionadas com a respectiva consagração no texto constitucional. Só a partir de então o princípio da proporcionalidade se tornou um «*princípio constitutivamente positivado pela constituição*» (GOMES CANOTILHO, *Constituição dirigente e vinculação do legislador (...)*, cit., p. 278.) Antes dessa recepção expressa no texto constitucional, são feitas algumas referências por MARCELLO CAETANO (*1906-1980*), bem como por AFONSO QUEIRÓ e BARBOSA DE MELO às ideias de repulsa pelo excesso na prossecução de fins públicos, de moderação na imposição de restrições e de proporção entre o sacrifício imposto aos cidadãos e os bens visados, referências estas feitas essencialmente no domínio do Direito de Polícia, ainda que já com alguns afloramentos no domínio dos direitos fundamentais. É com GOMES CANOTILHO que, já na segunda metade da década de setenta, pela primeira vez se regista o esforço de sistematização e densificação do princípio da proporcionalidade de acordo com os cânones então actuais, nomeadamente no que toca ao desdobramento interno do princípio nos seus três elementos constitutivos. A partir da década de 80, passam então a ser cada vez mais frequentes e desenvolvidas as referências e o recurso ao princípio da proporcionalidade, que, com isso, se estabelece definitivamente como princípio fundamental no sistema constitucional, com relevância significativa não apenas no domínio do direito constitucional, mas assumindo cada vez mais protagonismo no seio do direito administrativo e direito penal. A mesma tendência é seguida de perto pelo Tribunal Constitucional, que passa a recorrer ao padrão da proporcionalidade com bastante frequência. O princípio da proporcionalidade assume assim um peso fundamental num número significativo de decisões, algumas das quais

III. A expansão para o Direito Privado

A verdade, porém, é que o interesse no estudo do princípio da proporcionalidade não se esgota, hoje, nos domínios de intervenção e actuação pública com reflexos nas esferas dos privados. Tendo sido esse o terreno em que tal princípio encontrou as suas origens, enquanto instrumento de controlo do poder soberano, a verdade é que se assiste hoje a uma verdadeira expansão do princípio da proporcionalidade para domínios do Direito Privado, onde começa a assumir uma relevância significativa na resolução de conflitos entre bens ou interesses jurídicos exclusivamente privados. Cada vez mais, os tribunais encontram no princípio da proporcionalidade o instrumento que permite modelar normas jurídicas que têm como objecto a conciliação dos interesses privados em conflito[25], e cada vez mais a doutrina recorre às ideias de proporção, justa medida e necessidade como fundamentos da explicação teórica de institutos jurídicos de Direito Privado.

Como se verá, a relevância do princípio da proporcionalidade como instrumento de mediação de interesses conflituantes privados sucede com maior predominância nos casos em que, entre os sujeitos em questão, surjam situações de desequilíbrio (potencial ou actual), e em que por isso uma das partes se encontra na posição de exercer sobre a outra poderes ou prerrogativas especiais de autoridade. Tais situações de desequilíbrio entre privados podem resultar da própria lei – que pode conferir especiais prerrogativas a uma das partes; podem resultar das próprias circunstâncias concretas (por exemplo, o peso e influência, poder relativo e conhecimentos das partes); ou podem ainda se consequência da simples natureza das coisas.

Pressuposto parece ser, para a aplicação do princípio da proporcionalidade no seio do Direito Privado, que em derrogação dos princípios da autonomia privada, igualdade de armas e liberdade contratual (*latu sensu*), uma das partes possa exercer aquilo a que podemos chamar de *quase--poderes de autoridade*, assumindo o princípio da proporcionalidade o objectivo de estabelecer limites à prevalência de uma parte sobre a outra e, portanto, de transformar essas situações de poder em situações de equi-

---

«*estruturantes da jurisprudência constitucional*» (CFR. VITALINO CANAS, «O Princípio da Proibição do Excesso na Constituição (...)», cit., p. 348, nota 101).

[25] WINFRIED KLUTH, «Prohibición de exceso y principio de proporcionalidad (...)», cit., p. 236.

líbrio ou, pelo menos, de *desequilíbrio tolerável*. Ou seja, e em síntese, a aplicação do princípio da proporcionalidade é convocada naqueles casos em que a estrutura do Direito Privado mais se aproxima ou partilha de algumas características típicas do Direito Público. Vejamos então alguns casos.

(a) *O princípio da proporcionalidade no Direito do Trabalho enquanto limite material da subordinação jurídica do trabalhador*

Talvez o exemplo mais significativo de actuação do princípio da proporcionalidade no domínio das relações entre esferas privadas seja a relevância que o princípio assume no Direito do Trabalho, certamente por ser este um domínio em que é particularmente intenso e persistente o conflito entre interesses de sinal contrário.

Pela sua própria natureza, a relação laboral tem subjacentes dois interesses distintos cuja prossecução autónoma coloca quase sempre em rota de colisão: de um lado, a liberdade de empresa e, de outro, os direitos fundamentais dos trabalhadores. Acresce, ainda, ser característica da relação laboral a existência de uma situação de subordinação jurídica entre empregador e trabalhador, que confere ao primeiro um conjunto de prerrogativas sobre o segundo.

Sucede, porém, que tais princípios e as respectivas projecções *«não se excluem, nem entram sistematicamente em oposição, mas limitam-se reciprocamente e podem ser valorizados em alternativa ou em conjunto pelo sistema jurídico»*[26]. E é aí que entra o princípio da proporcionalidade. É através do princípio da proporcionalidade que é mediado o conflito entre os princípios fundamentais do Direito do Trabalho: o princípio da protecção do trabalhador e o princípio da prevalência dos interesses de gestão[27]. E é portanto o princípio da proporcionalidade que permite a ponderação e a optimização desses interesses em conflito[28], garantindo, dentro daquilo que é legal e factualmente possível, a mais ampla protecção do trabalhador e, simultaneamente, a mais ampla autonomia contratual[29].

---

[26] MARIA DO ROSÁRIO PALMA RAMALHO, *Direito do Trabalho, Parte I – Dogmática Geral*, Almedina, Coimbra, 2005, p. 500.

[27] PALMA RAMALHO, *Direito do Trabalho*, (...), cit., p. 490.

[28] ISABELLE CORNESSE, *La Proporcionnalité en Droit du Travail*, Litec, Paris, 2001, p. 483 e ss.; na doutrina nacional, JOSÉ JOÃO ABRANTES, «Contrato de Trabalho e Direitos Fundamentais», *Themis*, Ano II, n.º 4, 2001, p. 23 e ss. (pp. 34-35).

[29] JOSÉ JOÃO ABRANTES, «Contrato de Trabalho e Direitos Fundamentais», cit., p. 35.

Em concreto, então, o princípio da proporcionalidade actua na determinação dos limites que devem ser impostos à subordinação jurídica do trabalhador, assumindo, por exemplo, um papel fundamental como limite material na aplicação das normas relativas à cessação do contrato de trabalho por iniciativa do empregador.

Adicionalmente, o princípio da proporcionalidade encontra um domínio de aplicação particularmente fértil no escrutínio das restrições ao princípio do *favor laboratoris*[30] e, bem assim, como nota José João Abrantes, na redefinição do conteúdo e limites do dever de lealdade do trabalhador, nomeadamente no que respeita aos limites impostos à liberdade de expressão e direito à reserva da intimidade da vida privada. Será assim à luz do princípio da proporcionalidade que se deverão impor limites ao impacto da vida privada do trabalhador na relação laboral – mormente na possibilidade de despedimento com justa causa[31] –, e que deverão ser escrutinadas certas formas de controlo do trabalhador que se mostrem contrárias à sua dignidade, à intimidade da vida privada, à não discriminação ou à liberdade de expressão[32].

Outro exemplo é o instituto do *ius variandi*, que permite ao empregador, em certas circunstâncias, alterar o programa contratual, determinando de forma unilateral o modo de efectuar a prestação. Este direito surge em nome de um *interesse da empresa*, necessariamente baseado em *necessidades sérias e objectivas*, podendo implicar uma alteração, temporária ou mesmo definitiva, de alguns aspectos essenciais da relação laboral, nomeadamente o local de realização da prestação, a actividade a desenvolver e o modo de realização da actividade.

Essencial é, contudo, que objectivamente se determine a existência de um «*interesse da empresa*»[33] ou de um «*interesse de gestão*»[34], que im-

---

[30] Recorrendo ao princípio da proporcionalidade na aplicação do princípio *favor laboratoris* a um contrato de trabalho a termo, Ac. do STJ, de 04.06.1997 (Relator Loureiro Pita).

[31] Aplicando o princípio da proporcionalidade na aferição dos requisitos de despedimento por justa causa, Ac. do STJ, de 09.11.2005 (Relator Lopes Cadilha); Ac. do STJ, de 17.11.2004 (Relator Vítor Mesquita); Ac. do STJ, de 27.01.2005 (Relator Vítor Mesquita); e Ac. do STJ, de 12.01.1990 (Relator Mário Afonso).

[32] JOSÉ JOÃO ABRANTES, «Contrato de Trabalho e Direitos Fundamentais», cit., p. 38.

[33] PEDRO ROMANO MARTINEZ, *Direito do Trabalho*, Almedina, Coimbra, 2002, p. 581.

[34] PALMA RAMALHO, *Direito do Trabalho (...)*, cit., p. 320.

plique a necessidade «*de ajustar a gestão da força de trabalho ao dinamismo da realidade técnico-organizativa*»[35], e que, assim, justifique, com base em critérios objectivos, a alteração unilateral da disciplina contratual inicialmente estipulada. Além disso, exige a lei que o exercício do *ius variandi* pelo empregador, ainda que justificado no referido *interesse da empresa*, não implique uma *modificação substancial da posição do trabalhador* ou *prejuízo sério para o trabalhador*, exigindo-se, ainda, que tal exercício aconteça com base em procedimentos justos e transparentes para o trabalhador.

Verifica-se, em síntese, que a atribuição ao empregador deste direito de alteração unilateral do conteúdo da relação laboral acaba por ser fortemente condicionado pela lei, precisamente por recurso a uma ideia de proporcionalidade. Ao mesmo tempo que, por outro lado, é acompanhado por um reforço dos direitos do trabalhador, precisamente para evitar que o exercício de tal poder implique, para a relação contratual estabelecida, um desequilíbrio considerado intolerável para a ordem jurídica. É clara, portanto, a referência às ideias de justa medida e necessidade, componentes típicas do princípio da proporcionalidade, que assim actuam como limite material dos poderes de autoridade que podem ser exercidos pelo empregador.

(b) *O princípio da proporcionalidade no Direito dos Contratos*

Não é apenas no domínio do contrato de trabalho que podem encontrar-se manifestações do princípio da proporcionalidade. Também no Direito dos Contratos se assiste a uma expansão da ideia de proporcionalidade enquanto instrumento de mediação do conflito entre princípios jurídicos de sinal contrário. E, mais uma vez, a actuação do princípio da proporcionalidade no domínio dos contratos entre privados parece ser mais intensa sempre que se detecte uma situação em que, por força da lei, das circunstâncias de facto ou do peso relativo das partes, seja patente um desequilíbrio, ou potencial desequilíbrio, das prestações a que ambas se encontram adstritas.

Neste contexto, uma função que progressivamente vai sendo assumida pelo princípio da proporcionalidade é a de mediar o conflito entre os

---

[35] MONTEIRO FERNANDES, *Direito do Trabalho*, 11.ª ed., Almedina, Coimbra, 1999, p. 208.

princípios da liberdade contratual e autonomia privada, de um lado, com os princípios da tutela da confiança e do contraente débil, de outro. Tal sucede, em particular, naqueles casos em que, atentas as circunstâncias, o desequilíbrio de forças entre as partes põe em crise o exercício de uma efectiva liberdade de estipulação e conformação do conteúdo contratual. Ou seja, actua naqueles casos em que a simples aplicação da autonomia contratual conduz (ou pode conduzir) a resultados manifestamente desproporcionais e em que, por isso, se torna necessário que o Direito intervenha por forma a garantir um equilíbrio razoável entre as prestações. Por exemplo, pode a aplicação do princípio da proporcionalidade conduzir à redução da cláusula penal, quando esta seja manifestamente desproporcional em face do prejuízo sofrido[36]. Pode também servir como critério de avaliação de situações de abuso de direito[37] ou usura, ou, ainda, de limite material em contextos de cessação de vínculo contratual ou de alteração unilateral do conteúdo do contrato[38]. Nestes casos, visa evitar comportamentos injustos e arbitrários, desequilibrando em excesso o pêndulo contratual. Este desiderato é então prosseguido pela aplicação do teste da proporcionalidade, com os seus três elementos constitutivos, no sentido de garantir o princípio da equivalência das prestações.

Como nota Ferreira de Almeida, o princípio da proporcionalidade pode também actuar no domínio dos contratos sempre que os tribunais sejam chamados a decidir em matérias que impliquem o preenchimento de conceitos indeterminados, como seja, por exemplo, o fim económico e social, no âmbito do abuso de direito, e a boa fé, ou a aplicação de institutos como a *culpa in contrahendo* e o cumprimento das obrigações[39]. Ainda

---

[36] REINHARD ZIMMERMAN & SIMON WHITTAKER, *Good Faith in European Contract Law*, Cambridge University Press, Cambridge, 2000, pp. 222 e 234. Na jurisprudência nacional, a aplicação do princípio da proporcionalidade na aferição da validade de uma cláusula penal foi discutida, por exemplo, no Ac. do STJ, de 13.01.2000 (Relator Peixe Peliça); no Ac. Relação Porto, de 03.06.2004 (Relator Mário Fernandes).

[37] Cfr. Ac. do STJ, de 05.07.2005 (Relator Lopes Pinto); Ac. Rel. Lisboa, de 08.06.2004 (Relator André Santos). Ver também Ac do STJ, de 11.05.2000 (Relator Miranda Gusmão), em que a opção por uma das partes pela reconstituição natural foi recusada precisamente por ser demasiado onerosa quando avaliada à luz do princípio da proporcionalidade.

[38] ZIMMERMAN & WHITTAKER, *Good Faith in European Contract Law*, cit., pp. 307 e 650. A este respeito, foi por exemplo discutida a possível aplicação do princípio da proporcionalidade na determinação do *quantum* da responsabilidade contratual, ainda que negada no caso concreto, no Ac. STJ de 18.11.2004, Relator Ferreira Girão.

[39] FERREIRA DE ALMEIDA, *Contratos I, Conceito – Fontes – Formação*, 3.ª ed., Almedina, Coimbra, 2005, pp. 45-46.

para o mesmo autor, o princípio da proporcionalidade poderá também ter particular incidência no escrutínio de «*normas contratuais de protecção ou atributivas de direitos potestativos*»[40].

É ainda com este propósito de mediação do conflito entre a autonomia privada, de um lado, e a tutela da confiança dos contraentes, que o princípio da proporcionalidade assume um papel fundamental enquanto critério de aferição da validade de contratos de adesão e de cláusulas contratuais gerais, instrumentos em que, por definição, é mais premente a colisão entre os princípios acima referidos. Nestes casos, o princípio da proporcionalidade desempenha um importante papel no sentido de salvaguardar que a atribuição a uma parte de amplos poderes de liberdade de estipulação não sujeita a outra a comportamentos injustos e arbitrários, desequilibrando em excesso o pêndulo contratual.

(c) *O princípio da proporcionalidade como limite material do exercício de faculdades exorbitantes nalguns contratos em especial*

Para além do já referido caso do Direito do Trabalho, existe no ordenamento jurídico português um conjunto de situações em que, contrariando o princípio da pontualidade, pode uma das partes alterar o programa contratual inicialmente estipulado, prescindindo do acordo da contraparte. Vejamos alguns exemplos.

Para o contrato de mandato, dispõe o artigo 1162.° do CC que *o mandatário pode deixar de executar o mandato ou afastar-se das instruções recebidas, quando seja razoável supor que o mandante aprovaria a sua conduta, se conhecesse certas circunstâncias que não foi possível comunicar-lhe em tempo útil*. Permitem-se assim ao mandatário verdadeiros «desvios de mandato», baseados precisamente em circunstâncias justificativas supervenientes, as quais devem ser apreciadas com base em critérios objectivos, e devendo, em todo o caso, o exercício deste direito encontrar-se sujeito aos limites impostos pela boa fé e razoabilidade, como forma de protecção da posição contratual do mandante[41].

Na mesma linha, e para o contrato de depósito, estabelece o artigo 1190.° do CC que *o depositário pode guardar a coisa de modo diverso do convencionado, quando haja razões para supor que o depositante apro-*

---

[40] FERREIRA DE ALMEIDA, *Contratos* (…), cit., pp. 45-46.
[41] PIRES DE LIMA & ANTUNES VARELA, *Código Civil Anotado*, vol. I, 4.ª ed., Coimbra, 1987, p. 718.

varia a alteração, se conhecesse as circunstâncias que a fundamentam; mas deve participar-lhe a mudança logo que a comunicação seja possível. Mais uma vez, o direito do depositário de se afastar da disciplina contratual inicialmente estipulada é acompanhado por uma inequívoca preocupação em garantir que tal direito não desequilibra de forma desproporcionada a relação contratual. Em primeiro lugar, exigindo-se um requisito simultaneamente objectivo e subjectivo[42]: não apenas o exercício do *ius variandi* deve fundar-se em determinadas circunstâncias, como deve ser razoável supor que o depositante aprovaria as alterações em causa. Adicionalmente, a tutela do depositante é reforçada mediante a imposição de comunicação imediata ao depositante das alterações efectuadas.

Outro caso em que a lei admite a modificação do contrato mediante manifestação unilateral da vontade está previsto, para o contrato de empreitada, no artigo 1216.°, nos termos do qual *o dono da obra pode exigir que sejam feitas alterações ao plano convencionado, desde que o seu valor não exceda a quinta parte do preço estipulado e não haja modificação da natureza da obra*, tendo o empreiteiro, nos termos do n.° 2, direito a um aumento do preço estipulado e, bem assim, do prazo para a execução da obra. Mais uma vez, contudo, constata-se que a atribuição a uma das partes de um tal poder, que tem por base um interesse legítimo, é compensada com a imposição de um conjunto de limitações, que visam precisamente proteger o empreiteiro de um exercício abusivo ou arbitrário desse poder, acabando por procurar, assim, manter-se vigente o princípio de equivalência das prestações[43]. Ultrapassados esses limites, pode o empreiteiro recusar-se a cumprir[44].

Em todos estes casos, é patente a inequívoca preocupação de salvaguardar que a atribuição a uma parte de um poder com estas características não sujeita a outra a comportamentos injustos e arbitrários, desequilibrando em excesso o pêndulo contratual. E esse desiderato é prosseguido precisamente mediante a aplicação de testes de proporcionalidade: quer na vertente de necessidade, uma vez que só há possibilidade de recurso a este direito se verificados certos pressupostos, e se não subsistirem outras alternativas menos lesivas para a outra parte; quer também na sua vertente de justa medida, não podendo nunca o exercício do *ius variandi* ultrapassar o

---

[42] PIRES DE LIMA & ANTUNES VARELA, *Código Civil Anotado*, vol. I, cit., p. 765.
[43] PEDRO ROMANO MARTINEZ, *Direito das Obrigações (Parte Especial) – Contratos*, 2.ª ed., Almedina, Coimbra, 2001, p. 432 e ss.
[44] VAZ SERRA, «Empreitada», *BMJ*, n.° 145, 1965.

limite do razoável, exigindo a manutenção do princípio da equivalência das prestações. Tudo para que a atribuição a uma parte de um tal poder não sujeite a outra a comportamentos injustos e arbitrários, desequilibrando em excesso o pêndulo contratual. Só nestes pressupostos será válido e aceitável o exercício do *ius variandi*.

(d) *o princípio da proporcionalidade nos Direitos Reais*

Também no âmbito dos Direitos Reais se encontram problemas cuja solução parece convocar a aplicação do princípio da proporcionalidade. Veja-se, por exemplo, o regime da acessão imobiliária, consagrado no artigo 1340.º do Código Civil, nos termos do qual aquele que, de boa fé, construir com materiais próprios obra em terreno alheio, pode, desde que o valor que a obra traz à totalidade do prédio seja maior do que o valor que este tinha anteriormente, adquirir a propriedade do prédio, pagando o valor que ele tinha antes da obra[45].

Sendo bem patente o conflito entre os direitos de propriedade do dono do prédio e do dono da obra, a ordem jurídica opta por dar primazia, dentro de certas condições, a este último, não se orientando, portanto, pelo tradicional princípio *superficies solo cedit*[46]. Mas, fazendo-o, parece recorrer ao princípio da proporcionalidade, a fim de impedir que uma aplicação cega da regra que dá prevalência ao dono da obra gere injustiças ou um desequilíbrio intolerável entre as partes. Em concreto, o princípio da proporcionalidade, na sua vertente de *justa medida*, parece útil como critério-base para a avaliação do valor da obra face ao valor do prédio.

(e) *o princípio da proporcionalidade no Direito das Sociedades Comerciais*

Um outro exemplo de expansão do princípio da proporcionalidade para o Direito Privado pode ser encontrado no domínio do Direito das Sociedades Comerciais e, em particular, no domínio da tutela dos interesses das minorias accionistas. Veja-se o chamado mecanismo da aquisição po-

---

[45] Ver, por todos, RUI PINTO DUARTE, «Dois Apontamentos sobre Acessão Industrial Imobiliária», *Estudos em Homenagem ao Professor Doutor M. Henrique Mesquita*, sep., pp. 1-2.

[46] PINTO DUARTE, «Dois Apontamentos (…)», cit., p. 2.

testativa tendente ao domínio total. De acordo com este instituto, é conferido ao accionista maioritário de uma sociedade comercial (com mais de 90% dos direitos de voto) o direito de *forçar*, mediante declaração unilateral e dentro de determinados requisitos, a aquisição do remanescente do capital social da empresa, independentemente da vontade, consulta ou consentimento dos titulares de tais acções[47]. Ou seja, mais um caso em que é patente o conflito entre princípios de sinal oposto: de um lado, a liberdade de empresa e o chamado princípio da maioria, que levam à consagração deste direito potestativo; e, de outro, a propriedade privada dos accionistas minoritários.

Em Acórdão de 2 de Outubro de 1997, o Supremo Tribunal de Justiça veio pronunciar-se no sentido da inconstitucionalidade material do referido regime, essencialmente por considerar que o mesmo violaria os princípios constitucionais da livre iniciativa económica, da propriedade privada e da igualdade. Sucede porém que, pronunciando-se sobre o mesmo tema, o Tribunal Constitucional acabou por concluir pela conformidade à Constituição do mecanismo de aquisição potestativa tendente ao domínio total, sustentando em grande medida tal decisão na ideia de que o mesmo se encontraria dentro dos limites impostos pelo princípio da proporcionalidade. Com efeito, considerou este Tribunal que não apenas a consagração de um «*direito potestativo de conteúdo idêntico exercitável perante o próprio sócio maioritário*»[48], idêntico portanto ao exercitável pelo sócio maioritário, mas também a imposição de regras que asseguram uma contrapartida justa e adequada, administrativa e judicialmente sindicável[49] impedem que a posição de sujeição dos accionistas minoritários – sendo inequívoca – exceda o patamar admissível à luz do teste da proporcionalidade.

Desta forma, prevalecendo a posição do accionista maioritário – e nessa medida prevalecendo, no conflito de princípios, o da livre iniciativa económica – o princípio da proporcionalidade actua (mais uma vez) como instrumento de optimização e racionalização desta tensão, impedindo que

---

[47] Cfr. art. 490.º do Código das Sociedades Comerciais («CSC») e 194.º do Código dos Valores Mobiliários («CVM»).

[48] ENGRÁCIA ANTUNES, *A Aquisição Tendente ao Domínio Total (Da sua Constitucionalidade)*, Coimbra Editora, Coimbra, 2001, p. 123. A este respeito, cfr. art. 490.º, n.º 5 do CSC e 196.º do CVM.

[49] Cfr. art. 497.º, n.º 1, aplicável analogicamente por força do art. 490.º, n.º 6, e art. 194.º, n.º 1, do CVM.

daquela prevalência resulte um prejuízo excessivo e desnecessário para as esferas jurídicas dos sujeitos preteridos pela lei.

(f) *Direito Processual Civil*

Um último exemplo de relevância do princípio da proporcionalidade nas relações entre privados pode ser encontrado, no âmbito do Direito Processual Civil, na disposição legal que permite ao juiz, verificando-se os pressupostos para o deferimento de uma providência cautelar, optar por não o fazer *quando o prejuízo dela resultante para o requerido exceda consideravelmente o dano que com ela o requerente pretende evitar*[50].

Aqui, é clara a instrução directa dada ao aplicador do Direito para que resolva a tensão existente entre a posição jurídica da parte que solicita a providência cautelar e da parte contra quem essa providência é requerida precisamente com recurso ao princípio da proporcionalidade[51], em particular na sua vertente de justa medida (ou proporcionalidade em sentido estrito). Impõe-se então ao julgador que, como pressuposto da decisão que é chamado a proferir, realize uma valoração dos benefícios obtidos e dos sacrifícios causados, valoração esta que funcionará como limite à prevalência de um bem ou interesse sobre o outro, sendo que, como aspecto particular deste regime, se estabelece que tal prevalência só será vedada em caso de *forte desproporção*[52].

§ 2.º ANÁLISE – A FUNÇÃO E DIMENSÃO NORMATIVA DO PRINCÍPIO DA PROPORCIONALIDADE (NAS RELAÇÕES ENTRE PRIVADOS)

I. A *inconclusividade* dos princípios jurídicos

Aqui chegados, percorrido o caminho que conduziu à afirmação do princípio da proporcionalidade como peça fundamental do sistema de princípios jurídicos gerais, e identificados alguns exemplos da sua expansão

---

[50] Cfr. art. 387.º, n.º 2 do Código de Processo Civil.

[51] Neste sentido, JOSÉ LEBRE DE FREITAS, *Código de Processo Civil Anotado*, vol. 2.º, Coimbra Editora, Coimbra, 2001, pp. 36-37.

[52] LEBRE DE FREITAS, *Código de Processo Civil Anotado*, cit., pp. 36-37

para áreas do Direito Privado, está (quase) reunida a *matéria* que nos permitirá avançar para a análise que aqui se propôs: caracterizar a função e dimensão normativa do princípio da proporcionalidade na ordem jurídica, em particular na sua interacção com outros princípios gerais de Direito.

Antes de avançar para essa análise final, porém, há ainda uma tarefa prévia que importa levar a cabo: a *construção* de uma ideia de princípio jurídico, identificando as suas principais características intrínsecas, designadamente por oposição às *regras*, a outra categoria de *normas jurídicas*. Naturalmente, falta espaço nestas páginas para percorrer as discussões teóricas que, ao longo dos tempos, se desenvolveram em torno das características, fundamento e função dos princípios gerais de Direito. Central no debate em torno da construção de uma ideia de princípio jurídico é, por exemplo, o diálogo entre Herbert L. A. Hart (*1907-1992*) e Ronald Dworkin, que trouxe para o centro da discussão a distinção entre *regras* e *princípios*[53] e que, de resto, constituiu uma das discussões fundamentais entre as posições metodológicas positivistas e jusnaturalistas[54]. Na senda de Josef Esser e da sua obra fundamental, *Princípio e Norma no desenvolvimento jurisprudencial do Direito Privado*, também a mais significativa doutrina alemã discorreu sobre o tema, com destaque para Karl Larenz e Claus-Wilhelm Canaris, autores que sustentaram também a diferenciação qualitativa entre regra e princípio[55]. Não se pretendendo – nem podendo – esgotar aqui esta problemática, nem tão-pouco percorrer a litera-

---

[53] Cfr. RONALD DWORKIN, *Taking Rights Seriously*, Harvard University Press, Cambridge, 1977, e HERBERT L. A. HART, *O Conceito de Direito*, 4.ª ed., trad. Armindo Ribeiro Mendes, Fundação Calouste Gulbenkian, Lisboa, 2005, p. 322.

[54] Sobre a relevância desta discussão, KAUFMAN & HASSEMER, *Introdução à Filosofia do Direito e à Teoria do Direito Contemporâneas*, Fundação Calouste Gulbenkian, Lisboa, 2002, p. 156; e GUSTAVO ZAGREBELSKY, *Diritto Per: Valori, Principi o Regole? (a proposito della doutrina dei principi di Ronald Dworkin)*, p. 878; ANTÓNIO M. HESPANHA, *Introdução ao Direito (Sumários Desenvolvidos)*, Lisboa, 2005, p. 27 e ss..

[55] Cfr. JOSEF ESSER, *Grundsatz und Norm in der Richterlichen Fortbildung des Privatrechts* («Princípio e Norma no desenvolvimento jurisprudencial do Direito Privado»), 1956; KARL LARENZ, *Metodologia da Ciência do Direito*, 2.ª ed., trad. José Lamego, Fundação Calouste Gulbenkian, Lisboa, p. 161.; CANARIS, *Pensamento Sistemático (...)*, cit., p. 89. A este respeito, OLIVEIRA ASCENSÃO, *O Direito – Introdução e Teoria Geral*, 13.º ed. (refundida), Almedina, Coimbra, 2005, p. 420; GOMES CANOTILHO, *Constituição dirigente e vinculação do legislador: contributo para a compreensão das normas constitucionais programáticas*, 2.ª ed., Coimbra Editora, Coimbra, 2001, p. 281.

tura que sobre ela se tem debruçado, a verdade é que parece essencial começar por procurar cristalizar uma noção de princípio jurídico.

A primeira premissa é precisamente a aceitação – unânime – de que existe uma efectiva diferença no grau de concretização de princípios e regras. O próprio Hart, no *post-scriptum* à sua obra *O Conceito de Direito*, admite a maior abstracção e indeterminação dos princípios jurídicos. Donde resulta, então, uma característica típica dos princípios jurídicos: a sua *inconclusividade*, por não imporem sempre uma solução concreta e definitiva para cada caso. Ao invés, convocam um esforço adicional de concretização, que se traduz na ponderação e valoração dos respectivos subprincípios e elementos constitutivos, dotados de um grau superior de determinação. Acresce ainda que a aceitação deste carácter *inconclusivo* abre espaço à possibilidade de conflito e colisão entre princípios jurídicos, a que a ordem jurídica deve dar resposta mediante a consagração de critérios que permitam determinar, nesses casos, a prevalência relativa dos princípios conflituantes.

A verdade porém é que a natureza *inconclusiva* não parece limitar-se aos princípios jurídicos. Também nas regras jurídicas podem encontrar-se manifestações desta característica, particularmente intensas nos casos em que a interacção de regras jurídicas num mesmo caso concreto conduz a modificações, derrogações (absolutas ou parciais), restrições ou adaptações da solução jurídica aplicável. Isto é, nem todas as regras são aplicadas de forma *automática*, podendo também a sua aplicação partilhar da *flexibilidade* típica dos princípios jurídicos[56]. E, por isso, não só entre princípios, mas também entre regras, podem surgir conflitos, oposições, contradições.

Sucede, contudo, que tais conflitos são resolvidos de forma distinta consoante se trate de princípios ou regras jurídicas. Os conflitos entre regras são solucionados apenas mediante a consideração da sua importância relativa e (quase) sempre à luz de critérios previamente estabelecidos (e mais ou menos consistentes). Já os conflitos entre princípios são, também, ultrapassados mediante uma análise do seu peso relativo, mas a que se junta, depois, uma ponderação das consequências que podem resultar da sua aplicação, bem como diversas alternativas possíveis. Dito de outra forma, os conflitos entre regras são resolvidos com recurso sempre a um mesmo critério prévio e, por isso, com a prevalência sempre da mesma regra, ao passo que nos conflitos entre princípios o peso relativo de cada

---

[56] Philip Soper, «Legal Theory and the Obligation of a Judge», cit., p. 481.

um não é sempre decisivo. Importa, ainda, considerar as vantagens ou os prejuízos que da prevalência de cada um podem decorrer.

O que demonstra bem, portanto, a relevância da autonomização de um conceito de princípio jurídico. Mesmo admitindo que as regras partilhem da natureza inconclusiva dos princípios jurídicos, e da consequente possibilidade de eclosão de tensões, colisões ou mesmo contradições, há então um claro traço diferenciador: a circunstância de a aplicação dos princípios convocar sempre juízos de ponderação, de avaliação dos efeitos e consequências que podem resultar da respectiva aplicação. Para além do peso relativo entre princípios – que, como se disse, parece poder também ser encontrado nas regras jurídicas – a aplicação dos princípios traz consigo, também, uma abertura e flexibilidade que impõem ao aplicador a ponderação de todas as variáveis relevantes, a fim de encontrar a solução correcta para cada caso, assim conferindo ao aplicador um maior espaço de liberdade e discricionariedade. Tal é particularmente patente nos casos de conflito de princípios jurídicos, em que a solução do caso concreto não é obtida mediante a aplicação de critérios gerais previamente estabelecidos (como sucede com as regras), mas através de uma efectiva ponderação dos bens e interesses em colisão, dos benefícios que poderão ser obtidos, das lesões que poderão ser impostas. Esta é, claramente, uma característica exclusiva dos princípios jurídicos.

Torna-se por isso necessário, com mais acuidade para os princípios do que para as regras, encontrar um instrumento que permita ao jurista, com segurança e de forma relativamente objectiva, mediar estes conflitos entre princípios gerais de Direito e servir de *ferramenta* de racionalização das necessárias ponderações. E, como se verá, é precisamente neste âmbito que o princípio da proporcionalidade se afirma, enquanto instrumento de racionalização desta tarefa de ponderação, inerente sempre ao processo de aplicação dos princípios jurídicos.

II. **O princípio da proporcionalidade e o sistema de princípios gerais de Direito (Privado)**

(a) *A ordem jurídica e a colisão (inevitável) entre princípios gerais de Direito*

Constitui ponto de partida desta análise final uma constatação de natureza sociológica, que assume inequívocos reflexos na forma como se estrutura (e desenvolve) a ordem jurídica: a sociedade actual não se estrutura já com base em premissas e princípios simples, convergentes e passíveis sempre de uma aplicação clara e consistente. De um ponto de vista político, social e moral, é cada vez mais uma sociedade complexa, que assume fins e objectivos muitas vezes contraditórios ou, pelo menos, conflituantes, e que se funda em valores cada vez mais diversificados.

E esta complexidade e diversidade (da ordem social) reflectem-se, depois, na ordem jurídica através de uma intrincada malha de princípios jurídicos, que visam precisamente acomodar os bens, interesses e valores que emergem da sociedade. Assim sendo, os princípios jurídicos competem entre si na prossecução dos respectivos fins ou na sustentação de determinados valores, entrando muitas vezes em oposição, e requerendo a sua aplicação, por isso, uma constante ponderação e relativização recíproca.

Esta complexidade da ordem social, com reflexos inequívocos na ordem jurídica, é salientada de forma eloquente por Zagrebelsky[57]. É uma sociedade que pretende viver num contexto de crescente protecção das liberdades individuais, e simultaneamente ver o Estado concretizar reformas sociais, muitas vezes precisamente à custa dessas liberdades individuais. Que pretende a protecção face à ingerência dos poderes públicos nas esferas privadas, mas que simultaneamente solicita a intervenção pública, seja para prestar directamente, seja para regular e supervisionar o mercado de privados. Que clama pelos direitos individuais, mas também – e por vezes de forma conflituante – pelos interesses de grupo. No quadro particular do Direito Privado, é uma sociedade que privilegia a autonomia privada e a liberdade contratual, mas que pretende garantir a tutela da confiança ou a tutela dos contraentes mais fracos. Que clama pela liberdade de iniciativa económica, mas que pretende simultaneamente ver impostos determinados limites. Que exige o reconhecimento de modos de organização social, mas ao mesmo tempo a aceitação (e mesmo protecção) de outros modos particulares de convivência. Que coloca o princípio da liberdade de imprensa em colisão com o princípio da segurança nacional de um Estado. O princípio da liberdade religiosa em colisão com o princípio da liberdade de expressão. O princípio da autonomia privada em colisão com o princípio da tutela da confiança.

A ordem jurídica é, portanto, chamada a dar resposta a esta diversidade e multiplicidade da ordem social. E são precisamente os princípios

---

[57] ZAGREBELSKY, *Diritto Per: Valori, Principi o Regole?*, cit., p. 880.

jurídicos, com a sua inerente flexibilidade e capacidade de interacção recíproca, com a sua textura aberta e a sua natureza *não conclusiva*, que permitem que o ordenamento jurídico dê resposta a estas pretensões (sociais) tão diversas e tão conflituantes. Mais uma vez recorrendo ao pensamento de Zagrebelsky, são os princípios jurídicos que, através da sua *capacidade combinatória*, permitem exprimir (e portanto regular) juridicamente a sociedade plural, diversificada e não poucas vezes contraditória dos nossos tempos[58]. E isto não apenas quando o Estado ou o poder público intervêm directamente nas esferas jurídicas de particulares, mas também – e cada vez mais – na forma como se desenvolvem as relações exclusivamente privadas.

Sucede que, neste contexto em que uma multiplicidade de princípios jurídicos visa dar resposta às necessidades sociais crescentemente diversificadas, a existência (e consequente aplicação) de princípios jurídicos de sinal contrário conduz necessariamente a resultados inconsistentes, conflituantes e mesmo mutuamente exclusivos. Num ambiente de profusão de princípios jurídicos, sempre pautados pelas características da abertura e *inconclusividade*, cada vez mais, portanto, o aplicador do Direito se vê confrontado, na solução do caso concreto, com a tensão efectiva entre bens e interesses merecedores de tutela, e por isso com a colisão, contradição e confronto entre princípios jurídicos conflituantes. Além disso, não tendo os princípios pretensão de exclusividade[59], e admitindo que o seu efeito típico seja alcançado, com consequências semelhantes, por outros princípios diferentes[60], a ponderação entre mais do que um princípio constitutivo do sistema pode conduzir a uma solução distinta daquela a que a aplicação individual de um desses princípios conduziria, precisamente em função da ponderação recíproca e harmonização que os princípios propiciam.

Para que essa colisão entre princípios jurídicos seja resolvida, ou esse conflito ultrapassado, impõe-se ao intérprete – seja ele o legislador, seja ele um juiz – que proceda a uma cuidada ponderação entre os dois princípios de sinais contrário e, com isso, a uma avaliação dos bens materiais por eles directamente tutelados. Dito de outra forma, impõe-se a ponderação dos bens em colisão, a fim de determinar qual deles deve prevalecer, em que termos e de acordo com que limites deve prevalecer. Sendo ambos

---

[58] ZAGREBELSKY, *Diritto Per: Valori, Principi o Regole?*, cit., p. 880.
[59] CANARIS, *Pensamento Sistemático (...)*, cit., p. 90.
[60] MENEZES CORDEIRO, «Princípios Gerais de Direito», *Enciclopédia Polis*, p. 1491.

os princípios chamados a regular um caso, e sendo eles de sinal contrário, a solução do caso concreto implica, portanto, a busca do equilíbrio entre tais princípios. Esta necessidade de ponderação constitui, aliás, o traço diferenciador fundamental entre regras e princípios e entre a forma de solucionar conflitos entre estas duas espécies de norma jurídica.

Note-se, então, que o conflito entre princípios não é resolvido mediante a invalidação ou não aplicação de um deles, excluindo-o do sistema jurídico, ou mediante a criação de uma excepção (definitiva) ao princípio que se pretende preterir, aplicável nos mesmos moldes em situações futuras de tensão entre os mesmos princípios. Por outras palavras, tal conflito ou colisão de princípios não é resolvido sempre da mesma forma, mediante a aplicação dos critérios gerais a que o intérprete usualmente lança mão para solucionar conflitos entre regras. Não servem os critérios da *lex superior*, ou da *lex posterior*, ou da *lex speciallis*[61].

Ao invés, e porque os princípios devem poder conviver (intactos) antes e depois de uma colisão em concreto, aquilo que se visa é encontrar uma relação de *precedência (ou prevalência) condicional*, adequada às características e natureza do caso concreto. E esta precedência é *condicional* uma vez que, no contexto do caso concreto, são as condições específicas desse caso, a especial ponderação dos valores em presença, que determinam que um princípio deva prevalecer. Sendo outras as condições específicas, outro princípio poderia prevalecer ou ser aplicável[62].

Assim sendo, a ordem jurídica é chamada a dar resposta a duas questões que estão subjacentes à resolução de conflitos entre princípios jurídicos por intermédio do método da *precedência condicional*. Desde logo, a ordem jurídica deve ser capaz de antecipar cada uma das hipóteses de colisão entre princípios jurídicos, cada uma das situações em que é previsível a tensão entre bens tutelados por princípios jurídicos distintos, e fornecer para cada um desses casos os critérios que permitam hierarquizar os bens (e portanto os princípios) em confronto. Ao aplicador do Direito devem então ser fornecidas instruções claras para a resolução de hipóteses de tensão entre princípios jurídicos, devendo a ordem jurídica indicar, para cada caso, de forma mais ou menos inequívoca, qual o princípio que deve prevalecer e qual aquele que deve ser preterido.

---

[61] ZAGREBELSKY, *Diritto Per: Valori, Principi o Regole?*, cit., p. 883.

[62] ROBERT ALEXY, *A theory of constitutional rights*, trad. Julian Rivers, Oxford University Press, Oxford, 2002, p. 52.

Mas isso não chega. Além de indicar qual o princípio que deve prevalecer num dado caso concreto com determinadas características, a ordem jurídica deve também encontrar um instrumento que permita racionalizar estas situações de prevalência entre princípios e que, com isso, garanta uma objectivação do método da *precedência condicional*. E é aí que actua o princípio da proporcionalidade.

(b) *O princípio da proporcionalidade e a mediação do conflito entre princípios jurídicos*

Pressuposto essencial da aplicação do princípio da proporcionalidade é a existência de uma efectiva tensão entre um bem ou interesse que se «*visa proteger, promover, satisfazer, garantir ou prosseguir, e um bem ou interesse que é prejudicado, restringido, postergado*»[63]. Acresce que essa tensão tem de existir entre bens ou interesses que sejam imputáveis a indivíduos ou grupos de indivíduos e que sejam, por isso, *subjectivamente radicáveis:* direitos e poderes subjectivos, imunidades, privilégios, interesses juridicamente protegidos[64]. Não basta contudo a existência dessa tensão. Não há aplicação do princípio da proporcionalidade se a tensão for meramente potencial, se não existir a necessidade de sacrificar um dos interesses em jogo. Assim, o princípio da proporcionalidade só entra em acção no caso de o acto sujeito a escrutínio operar uma efectiva restrição de um dos bens ou interesses em conflito, como forma de garantir a prossecução do outro. Por outras palavras, só se justifica a aplicação do princípio da proporcionalidade quando se dá uma efectiva prevalência de um bem juridicamente protegido sobre outro (e, portanto, a prevalência do princípio que tutela o bem favorecido sobre aquele que tutela o bem postergado).

Assim sendo, parece certo que o princípio da proporcionalidade não serve para, *a priori*, hierarquizar princípios que se encontrem em conflito. Desempenha porém, em face destas colisões de princípios, uma função crucial. É o princípio da proporcionalidade que, impondo-se, impede que a hierarquização dos princípios, anteriormente determinada, não seja optimizada. Dito de outra forma, racionaliza a resolução de conflitos entre

---

[63] VITALINO CANAS, «Princípio da Proporcionalidade», cit., p. 610.
[64] VITALINO CANAS, «Princípio da Proporcionalidade», cit., p. 610. JORGE MIRANDA, *Manual de Direito Constitucional (…)*, cit., p. 216.

princípios, sendo apenas lícita a respectiva hierarquização, e portanto a prevalência do bem tutelado por um determinado princípio, caso sejam respeitados os limites impostos pelo princípio da proporcionalidade, concretizados nos seus três elementos constitutivos. Ou, de outra forma ainda, será apenas admissível a prevalência de um princípio sobre outro desde que o bem ou interesse postergado não o seja para além daquilo que é legal e factualmente admissível, à luz do conteúdo e alcance do teste da proporcionalidade.

Note-se, assim, que a aplicação do princípio da proporcionalidade pressupõe uma operação prévia de hierarquização dos princípios em oposição. Para cada hipótese em que se proporcione uma colisão de princípios, a ordem jurídica deve começar por indicar qual deles deve prevalecer, ou deve pelo menos fornecer as instruções que permitam chegar a essa conclusão, assim conduzindo à solução jurídica do caso concreto. Tal pode suceder, por exemplo, através da hierarquização clara entre princípios jurídicos; mediante a consagração de uma regra jurídica específica que concretize precisamente a prevalência de um princípio sobre outro; ou, ainda, de forma indirecta, mediante a atribuição ao juiz de discricionariedade na determinação de qual o princípio que deve prevalecer.

É, então, só depois de realizada essa tarefa prévia que o princípio da proporcionalidade, com cada um dos seus elementos constitutivos, é chamado a actuar como critério de optimização, permitindo que, atentas as circunstâncias factuais e os condicionamentos legais, um bem jurídico seja prosseguido na maior medida possível, mas impedindo ao mesmo tempo que essa prossecução exceda os limites considerados admissíveis.

Donde resulta, então, que o princípio da proporcionalidade actua quase como princípio processual, ontologicamente neutro, que tem apenas como propósito garantir um equilíbrio mínimo em relações jurídicas (entre entidades públicas, entre públicas e privadas e mesmo entre privadas) que, em virtude da prevalência de um dado princípio jurídico, surgem como desequilibradas por natureza.

Ao cumprir este papel, o princípio da proporcionalidade permite ao legislador, mas principalmente permite à jurisprudência, a tomada de decisões que, dando prevalência a um dos princípios conflituantes, sejam diferenciadas e portanto adequadas às circunstâncias concretas de cada caso, uma vez ponderados os bens em jogo. É portanto a actuação do princípio da proporcionalidade que impede que a solução de um conflito entre princípios seja cega, porquanto permite a ponderação de cada caso de forma individual, mas também que seja absolutamente arbitrária, na medida em que impõe um critério de optimização claro e objectivável. Dito de outra forma, o princípio da proporcionalidade impede que a ponderação de bens ínsita ao sistema de princípios – sejam eles princípios constitucionais, no topo da hierarquia, ou princípios de Direito dos contratos – pertença ao domínio exclusivo do sentimento, da intuição e da opinião do jurista, para se tornar num processo racional, que segue princípios identificáveis e que é, nessa medida, também comprovável e passível de um escrutínio objectivo.

Isso mesmo é proporcionado pela actuação dos subprincípios em que o princípio da proporcionalidade se decompõe, que fornecem critérios objectivos de mediação do processo de precedência condicional entre princípios jurídicos conflituantes. O princípio da adequação actua pela negativa, afastando todos os meios que não se mostrem adequados a prosseguir o fim desejado. O mesmo sucede com o princípio da necessidade: de entre dois meios igualmente adequados, impõe a escolha daquele que afecte menos o bem jurídico preterido, visando evitar sacrifícios desnecessários. E, por fim, o princípio da proporcionalidade em sentido estrito procura garantir que a prevalência de um princípio sobre outro não excede a *medida* considerada admissível pela ordem jurídica, atentos os benefícios obtidos e as lesões causadas. Este terceiro elemento equivale, portanto, a uma inequívoca ponderação de bens, em que quanto mais significativos os sacrifícios impostos, maior terão de ser as vantagens resultantes do acto sujeito a escrutínio, para que o mesmo passe o teste da proporcionalidade (em sentido estrito).

(c) *Em concreto: aplicações do princípio da proporcionalidade*

E como é que o princípio da proporcionalidade cumpre esta função? Desde logo, como instrumento de auxílio na interpretação de leis, de outros princípios e de regras jurídicas[65], nomeadamente naqueles casos que concretizem, ou tenham subjacente, precisamente a colisão de bens tutelados pelo Direito. Na síntese de Larenz, a «*proporcionalidade converte-se em fio condutor metodológico da concretização judicial da norma*»[66]. Deve ser, assim, à luz do princípio da proporcionalidade que devem ser

---

[65] Salientando o papel dos princípios jurídicos como instrumento de auxílio da interpretação de leis, JOSEPH RAZ, «Legal Principles and the Limits of Law», *Yale Law Journal*, 81, 1972, p. 840.

[66] LARENZ, *Metodologia da Ciência do Direito*, cit., p. 501.

interpretadas e aplicadas as normas jurídicas que concretizem a prevalência de um princípio jurídico sobre outro ou que hierarquizem de forma directa ou indirecta bens juridicamente tutelados. Pelo que, pressupondo o princípio da proporcionalidade, necessariamente, um certo grau de discricionariedade judicial, ele exerce depois, na tarefa interpretativa, um importante papel na concretização e orientação dessa discricionariedade.

E isto mesmo no domínio das relações exclusivamente privadas. Também aí, quando for patente uma situação de desequilíbrio da qual resulte (ou possa resultar), em função da lei ou da natureza das coisas, o exercício de prerrogativas especiais ou exorbitantes por uma das partes, deve o intérprete socorrer-se do princípio da proporcionalidade, e de cada um dos seus elementos constitutivos, como instrumento de racionalização da prevalência de um sujeito (privado) sobre o outro (também ele privado).

Não se esgota contudo na interpretação a actuação do princípio da proporcionalidade. Também na integração de lacunas, mais uma vez em casos de colisão de interesses, poderá o princípio da proporcionalidade funcionar como um importante auxílio para desenhar a solução do caso concreto. Actuação típica do princípio da proporcionalidade será o da integração de lacunas por redução teleológica[67]. Tal será o caso em que uma regra legal, contra o seu sentido literal, mas de acordo com a teleologia imanente à lei, precisa de uma restrição que não está contida no texto legal, e à qual se chega precisamente mediante um juízo de proporcionalidade.

Por fim, o princípio da proporcionalidade pode também actuar como catalizador de evoluções legislativas, seja por justificar a modificação de leis vigentes ou incentivar a criação de regimes de excepção, ao mesmo tempo que – nomeadamente nas jurisdições onde vigora a regra do precedente – pode guiar a jurisprudência na criação de desenvolvimentos do Direito superadores da lei.

O princípio da proporcionalidade não é, naturalmente, um instrumento infalível, ou sequer de aplicação simples e directa. Precisamente por se tratar de um *princípio jurídico*, traz consigo um grau de abstracção e indeterminação que torna inevitável a atribuição ao aplicador do Direito de um espaço de *liberdade de conformação*. Tal será patente, em particular, nas avaliações subjacentes ao subprincípio da necessidade, que implicam um juízo – com forte pendor ideológico – do que seja a *menor ingerência pos-*

---

[67] LARENZ, *Metodologia da Ciência do Direito*, cit., p. 473.

sível; mas principalmente ao subprincípio da proporcionalidade em sentido estrito, em que a busca da *justa medida* remete sempre para um domínio de valorações subjectivas e hipotéticas.

Ainda assim, mesmo considerando estas limitações incontornáveis, não parece pouca a relevância do papel desempenhado pelo princípio da proporcionalidade no seio do sistema de princípios gerais de Direito. Espera-se ter aqui contribuído para a compreensão do princípio da proporcionalidade como um instrumento idóneo para racionalizar e objectivar a aplicação do Direito ao caso concreto. Idóneo também para tirar do campo da mera intuição ou da imperscrutável subjectividade a tarefa de ponderação de bens e valores tutelados pela *lei*, nomeadamente em caso de tensão entre eles. Para impedir a inconsistência, a contradição ou mesmo o arbítrio na resolução de conflitos entre princípios jurídicos de sinal contrário. Para tornar escrutináveis os processos de aplicação da *lei* que envolvam ponderações e valorações desta natureza. E, com isso, para «trazer» para dentro do *sistema* a resolução de casos concretos em que o risco de recurso a considerações extrajurídicas é particularmente intenso. Isto não é pouco. São funções que parecem cada vez mais fundamentais, em tempos em que a harmonização e relativização de bens e interesses merecedores de tutela parecem assumir-se como um dos principiais desafios que se colocam hoje à ciência e à ordem jurídica.

É POSSÍVEL IMPEDIR JUDICIALMENTE A RESOLUÇÃO DE UM CONTRATO?

Assunção Cristas[*]

INTRODUÇÃO

I. O tema do incumprimento dos contratos vem-me ocupando o espírito há algum tempo. Mais precisamente desde Julho de 2005, altura em que, recém, recém, doutorada, esbocei um projecto de investigação sobre esta matéria no âmbito do CEDIS – Centro de Investigação Direito e Sociedade da Faculdade de Direito da Universidade Nova de Lisboa.

O projecto tem como objectivo a observação e avaliação do regime português do incumprimento contratual, numa abordagem interdisciplinar, de molde a perceber se o nosso modelo é promotor do cumprimento dos contratos ou, ao invés, pela sua falta de clareza e dificuldade de aplicação, facilitador do incumprimento. A primeira fase do projecto pretende fixar o direito efectivamente aplicado pelos tribunais através da recolha, selecção e análise da jurisprudência dos tribunais superiores. Num segunda fase, pretende-se fazer a análise económica de alguns pontos relevantes do regime e a comparação com soluções alternativas. Numa terceira fase, pretende-se aferir do grau de conhecimento que as pessoas têm do regime jurídico e da forma como esse conhecimento ou desconhecimento influi nas decisões de cumprir ou incumprir os contratos. Por último, mediante os resultados obtidos, propor-se-á ajustamentos de regimes ou a adopção de um modelo mais simples e eficiente.

Encontro-me ainda na primeira fase do projecto. Durante dois semestres o projecto contou com a colaboração da Tânia Pereira e no último

---

[*] Professora da Faculdade de Direito da Universidade Nova de Lisboa.

semestre do Diogo Pereira, ambos estudantes finalistas da licenciatura, que conjugaram a actividade de iniciação à investigação científica, enquanto bolseiros do CEDIS, com o trabalho normal de um estudante quintanista. O estudo da jurisprudência foi desenvolvido a partir de uma grelha de questões esboçada por mim e, nalguns casos, aperfeiçoada por eles à medida que a análise os encaminhava para outros problemas não focados inicialmente. As decisões judiciais aqui citadas resultam pois do trabalho de recolha, selecção e análise destes estudantes.

Da orientação desses trabalhos e da troca viva de impressões com estudantes e colegas foram nascendo múltiplas questões. Uma ou outra tive a oportunidade de abordar em algumas intervenções recentes[1], embora ainda não com a profundidade que um trabalho final exige e merece. Apesar de os desenvolvimentos não serem tão céleres quanto inicialmente desejei, há já algum material relevante recolhido e analisado, que oferece pistas entusiasmantes de reflexão. A escolha deste tema insere-se na vontade de mergulhar nessa reflexão e continuar um caminho crítico que conduzirá, assim o espero, a um relatório final desse projecto.

Este texto faz, assim, parte de um trabalho em progresso, cujo estádio ainda pouco desenvolvido torna porventura temerária a decisão de publicar alguma coisa dele. Contudo, com todas estas ressalvas, corresponde a um desejo de transparência, dinamismo e interactividade que caracteriza a maneira de a FDUNL ver a investigação jurídica. A investigação entendida como processo, tão participado quanto possível, tão divulgado quanto possível, não apenas no seu termo, mas também no seu curso; processo que recebe contributos e se oferece à crítica. É essa a intenção deste texto, tal como foi a intenção daquelas intervenções. Não é pois de estranhar que, no relatório final do projecto, as perplexidades de que hoje dou conta se tenham desvanecido ou que as minhas afirmações venham então revogar estas. Acho, ainda assim, que vale a pena arriscar. Corresponde ao espírito da nossa Faculdade e ao desejo de abertura que a caracteriza. Além disso, é um tributo à preocupação séria e ao incentivo a uma investigação em equipa.

---

[1] A questão da mora em *Que direito do incumprimento?*, no colóquio internacional organizado pela Escola de Direito da Universidade do Minho, «Perspectivas sobre o Direito dos Contratos» em Outubro de 2006, e o princípio do primado da reconstituição natural em *Direito do incumprimento contratual* no colóquio internacional comemorativo dos 40 anos de vigência do Código Civil Português, organizado pela Faculdade de Direito da Universidade Nova de Lisboa em Maio de 2007, também no âmbito das comemorações dos 10 anos da Faculdade.

A melhor maneira que encontrei de prestar homenagem à Faculdade foi, pois, a de partilhar esta minha aprendizagem. Ao longo dos 10 anos de existência da Faculdade de Direito da Universidade Nova de Lisboa, é essa a posição de aprendiz, como aluna do primeiro programa de doutoramento e depois como professora, que tenho procurado ocupar. Quando perguntam o que faço, costumo responder que estudo e ensino direito privado na Faculdade de Direito da Universidade Nova de Lisboa.

II. O tema que elegi corresponde a uma questão aflorada por mim no final de uma das intervenções referidas: a possibilidade ou não de considerar admissível o provimento de um pedido de suspensão da resolução de um contrato pela parte adimplente (ou que se entende adimplente), que está interessada na manutenção do contrato.

Discuti, nessa sede, a aplicabilidade do princípio do primado da reconstituição natural à obrigação de indemnizar com fonte em responsabilidade contratual e cheguei à questão de saber se, analisado o problema do prisma inverso, existe ou não um direito a bloquear a resolução de um contrato. Dito de outro modo, se a discussão sobre o fundamento da resolução é apenas relevante para efeitos de indemnização ou também porventura pode importar para obrigar à manutenção do contrato. Vou pois retomar esta questão.

Imaginem-se as seguintes situações:

– A celebra com B um contrato de prestação de serviços. No dia acordado para o efeito, A não realiza o serviço a que estava adstrito. B desinteressa-se e resolve o contrato. A entende que B não tem razão em resolver o contrato e propõe acção judicial, onde pretende que o tribunal reconheça a falta de fundamento de B para a resolução e o condene no cumprimento. Ao mesmo tempo propõe uma providência cautelar não especificada, onde requer a suspensão da resolução do contrato.

– C e D mantêm há longo tempo uma relação contratual, nos termos da qual C fornece mensalmente a D a matéria-prima necessária à fabricação de vestuário. Certo mês, C não entrega a tempo a totalidade da mercadoria e D não consegue assegurar os seus compromissos comerciais. D envia missiva a C resolvendo o contrato. C propõe acção judicial destinada a obter a suspensão da resolução, porquanto não quer ver terminada relação contratual tão duradoura e estruturante para o seu negócio, tanto mais que, na sua perspectiva, a falha não é suficientemente relevante para suscitar a resolução.

Não me interessa, neste momento, centrar o problema na discussão dos pressupostos da resolução do contrato. Não me interessa discutir se já há incumprimento definitivo ou se ainda estamos num quadro de mora, se o incumprimento é apenas parcial e de escassa relevância[2]. Interessa-me testar no campo do direito adjectivo o conteúdo do direito do credor ao cumprimento. Sabendo que, na prática, são propostas acções judiciais com estes contornos, interessa-me aferir da sua viabilidade e adequação à defesa da posição jurídica do credor de uma obrigação contratual. Qual o interesse e os efeitos de uma acção deste tipo, tendo em conta o quadro normativo do incumprimento contratual, é o que procuro descobrir.

Os exemplos enunciados pretendem evidenciar situações em que o credor tem interesse na manutenção do contrato e quer por isso «congelar» a resolução declarada pela contraparte.

1. A resolução do contrato como remédio para o incumprimento das obrigações contratuais

1.1. A resolução enquanto mecanismo extrajudicial

Inspirado no BGB, o código civil português adoptou expressamente o modelo de resolução extrajudicial dos contratos. A resolução ocorre por mera declaração à contraparte (art. 436.º/1). O que não equivale à admissão de uma resolução livre, acondicional, desvinculada: a lei prevê que uma das partes possa resolver o contrato mediante declaração à contraparte quanto tal tiver sido convencionado (mediante, nomeadamente, a inserção de cláusulas resolutivas no próprio contrato) ou quando resultar da lei. É o caso do incumprimento definitivo[3] de obrigações contratuais pela contraparte. Neste caso a resolução é uma das soluções ao dispor do contraente adimplente[4], que assim se vê desvinculado do contrato, obtendo

---

[2] Já para não avançar pelo campo da compra e venda de bens de consumo e da hierarquia de remédios prevista na Directiva 1999/44/CE, embora não acolhida, pelo menos de forma totalmente clara, na nossa legislação.

[3] Por necessidade de delimitação do objecto, prescindimos, neste texto, de explicar os moldes em que determinada falha pode ou deve ser entendida como incumprimento definitivo.

[4] Entendido como contraente que não está em falta, o que abrange quer o contraente que já executou o contrato quer o que ainda não executou sem contudo isso representar uma falta (nomeadamente porque a obrigação ainda não é exigível, porque foi a contraparte

a restituição do que prestou ou omitindo a sua prestação consoante já a tenha ou não realizado.

O credor exerce o seu direito sem necessidade de recurso a tribunal. Enquanto modo de extinção do contrato, que opera através de declaração receptícia, a resolução ocorre no momento em que a declaração se torna eficaz nos termos do artigo 224.º do Código Civil. Nesse momento, o contrato é destruído, deixa de existir.

A ocorrer intervenção do tribunal, ela não se situa, pois, por regra[5], num momento prévio à resolução do contrato. Acontecerá depois de emitida declaração resolutiva, no caso de a parte destinatária dessa declaração discordar da existência de motivos (constantes da própria lei ou de convenção) para a resolução.

Qual é o pedido nesta acção e quais os efeitos da mesma são a chave para compreender o alcance do mecanismo da resolução e a sua relação com o direito ao cumprimento das obrigações contratuais pela parte não faltosa.

Nos casos em que o credor resolve fundadamente o contrato apenas haverá a discutir, porventura, o *quantum* indemnizatório. O contrato está irremediavelmente destruído e o devedor não pode mais oferecer o cumprimento. Por se tratar de um mecanismo particularmente gravoso para o devedor, a lei acautela a sua utilização, balizando-o dentro de alguns pressupostos que, no essencial, reservam a resolução para casos em que o programa contratual fica irremediavelmente perdido ou em que períodos adicionais para o cumprimento expiraram sem que este tenha ocorrido[6].

---

que impediu a realização da prestação, porque está a exercer excepção de não cumprimento). I. GALVÃO TELLES, *Direito das Obrigações*, 7.ª ed., Coimbra, Coimbra Editora, 1997, p. 460.

[5] É possível que o credor prefira propor acção judicial destinada a obter uma indemnização resultante do incumprimento contratual e, ao mesmo tempo, a resolução do contrato, gozando da eficácia executiva da sentença e obstando a futuras discussões em torno da existência dos pressupostos resolutivos. Neste sentido, J. BRANDÃO PROENÇA, *A Resolução do Contrato no Direito Civil*, Coimbra, Coimbra Editora, 1996, pp. 154 e 155, refere-se a um duplo processo de exercício do direito resolutivo.

[6] As técnicas legislativas variam e traduzem opções de política legislativa mais ou menos protectoras do devedor – casos típicos da mora ou *Nachfrist*, ou de uma certa hierarquia de meios de reacção à disposição do credor, como na Directiva sobre compra e venda de bens de consumo, em que uma segunda oportunidade é dada ao devedor para cumprir – ou do credor – tipicamente, a *fundamental breach* do direito inglês, que passou para textos internacionais de referência, como a Convenção de Viena de 1980 sobre compra e venda internacional de mercadorias. Mas, no essencial, os diferentes modelos apon-

Os maiores problemas nascem, pois, quando a contraparte discorda da existência de fundamentos para a resolução. Neste caso, dois cenários podem ser equacionados: a parte em causa invoca factos no sentido de reverter a resolução a seu favor, não discutindo, portanto, a destruição do contrato, mas apenas a imputação das razões justificativas dessa destruição; a parte que se entende não faltosa pretende a manutenção do contrato e invoca o direito ao cumprimento das obrigações contratuais.

1.2. *O pedido e a natureza da acção principal*

I. A natureza extrajudicial da resolução aponta para a exclusão da natureza constitutiva de acção destinada a contestar os fundamentos da resolução. Galvão Telles afirma com clareza que, em caso de litígio, o tribunal é chamado a verificar se se reuniram as condições necessárias para o credor poder romper o contrato por sua vontade unilateral, não havendo lugar a uma acção constitutiva[7].

Importa, no entanto, discutir se o tribunal é chamado a verificar «se a resolução juridicamente se deu»[8] ou apenas a extrair outras consequências de uma resolução exercida com falta de fundamento legalmente reconhecido, podendo originar «um pedido reconvencional de resolução a favor do citado ou uma sentença declarativa (proposta pelo «pretenso» titular do direito) infirmadora ou confirmadora da legitimação material ou processual confirmadora da "libertação"»[9].

Admitindo que a parte pretensamente faltosa propõe acção judicial onde fica decidida a falta de fundamento para a resolução, quais são os pedidos admissíveis no âmbito desta acção?

Retomando os dois cenários acima enunciados, seguramente que é admissível o pedido de reconhecimento da resolução a favor do autor, com a consequência ao nível de indemnização alicerçada em responsabilidade contratual. Neste caso, a acção terá dois pedidos: de reconhecimento da re-

---

tam para a inadmissibilidade de pôr termo ao contrato quando está em causa um incumprimento de escassa gravidade ou quando ainda seja possível, embora tardiamente, satisfazer o interesse do credor e não tenha decorrido qualquer período adicional especialmente fixado para o efeito.

[7] GALVÃO TELLES, *Direito das Obrigações*, cit., p. 460.
[8] *Idem*, p. 460.
[9] BRANDÃO PROENÇA, *A Resolução do Contrato no Direito Civil*, cit., p. 152.

solução a favor do autor[10] e de condenação do réu em indemnização no montante dos danos, provados os requisitos da responsabilidade civil contratual. Terá, portanto, natureza mista: de simples apreciação e de condenação.

Mas é possível mais do que isso? No segundo cenário, em que o autor pretende a manutenção do contrato e invoca o direito ao cumprimento, o contrato estará irremediavelmente perdido, restando a via indemnizatória, ou, pelo contrário, a decisão do tribunal pode ser a da manutenção do contrato (considerando que a resolução nunca ocorreu, pois não estavam reunidos os seus pressupostos, ou «repristinando» o contrato resolvido), condenando no cumprimento das obrigações em falta? Neste caso o pedido seria de reconhecimento da manutenção do contrato – ou de «repristinação» – e de condenação no cumprimento das obrigações em falta. A acção seria mista de simples apreciação negativa – ou constitutiva, no caso de «repristinação» do contrato – e de condenação.

A doutrina portuguesa não é nem particularmente clara nem unívoca a este respeito[11].

Alguns autores apontam para uma solução exclusivamente ao nível da responsabilidade contratual[12]. Ao invés, outros consideram que o juiz

---

[10] A própria petição inicial contém, a meu ver, a declaração resolutiva que, uma vez recebida pelo réu através da citação à demanda, produz os seus efeitos retroactivos ao momento da eficácia da anterior declaração resolutiva do agora réu. O vencimento da acção tem como efeito o reconhecimento de que a resolução do contrato, eficaz desde o momento da declaração resolutória que o réu dirigiu ao autor, se alicerça no incumprimento do réu e não num pretenso incumprimento do autor.

[11] Para além de obras importantes do direito das obrigações não tratarem directamente o problema. É o caso das lições de direito das obrigações de ANTUNES VARELA, ALMEIDA COSTA, MENEZES CORDEIRO, RIBEIRO DE FARIA ou MENEZES LEITÃO.

[12] GALVÃO TELLES, *Direito das Obrigações*, cit., p. 461, afirma com clareza que «se um dos contraentes se arroga o direito de resolver o contrato e com esse pretexto deixa de cumprir, mas não tem efectivamente aquele direito, o tribunal, a pedido da outra parte, declará-lo-á incurso em responsabilidade contratual» e «[o] contrato considera-se resolvido a partir do momento em que a comunicação foi recebida pelo destinatário». Tais afirmações levam a crer que quando afirma, um pouco antes, que «a resolução representa uma *pena* (civil) e, como tal não pode ser imposta a um contraente quando nada se tenha a censurar-lhe» e que o tribunal é chamado «a verificar se ela [a resolução] juridicamente se deu» não terá querido dizer que o tribunal pode decretar a manutenção do contrato (sentido para que apontaria este trecho), mas que apenas poderá condenar em indemnização por resolução infundada. M. J. ALMEIDA COSTA, *Direito das Obrigações*, 10.ª ed. Coimbra, Almedina, 2006, p. 1068, afirma em sede geral que «o cumprimento específico

verifica os pressupostos, declarando, se for caso disso, a inexistência ou ineficácia da resolução[13], ou que a obrigação de reconstituir a situação no caso de resolução ilícita implica a manutenção do contrato «que, afinal, não cessou»[14]. Outros ainda têm posições menos claras, dando a entender, por um lado, que a decisão do tribunal confirmadora da «legitimação material e processual condicionante da "libertação"» não pode afastar a eficácia da resolução temporalmente fixada pelo artigo 224.°, mas, por outro lado, que, no caso de uma representação infundada e não culposa do incumprimento da contraparte, a decisão não pode colocar o declarante em estado de incumprimento em vez de manter a eficácia do contrato entre as partes[15].

A jurisprudência parece mais esclarecedora[16]. Se uma parte declara a outra a resolução do contrato com base em incumprimento e esta outra contesta, com sucesso, decidindo o tribunal pela falta de fundamento para a resolução, a declaração resolutiva valerá, provavelmente, como declaração de não cumprimento[17], podendo, mesmo, nos contratos duradouros,

---

da obrigação, obtido por via judicial, só em casos particulares e quando haja simples mora será possível», o que parece indiciar que, neste caso, restará a via indemnizatória.

[13] Implicitamente, A.VAZ SERRA, *Revista de Legislação e Jurisprudência*, ano 102, 165, p. 168, e «Resolução do Contrato», *BMJ*, n.° 68, 1957, 153, pp. 195 e 196, J. CALVÃO DA SILVA, *Cumprimento e Sanção Pecuniária Compulsória*, Coimbra, 1997, pp. 323 e 325, e «Pressupostos da Resolução por Incumprimento», *in Estudos de Direito Civil e de Processo Civil*, Coimbra, Almedina, 1999 (reimpressão), 145, p. 158 e ss.

[14] Podendo ser exigida judicialmente a realização coactiva da prestação. P. ROMANO MARTINEZ, *Da Cessação do Contrato*, 2.ª ed., Coimbra, Almedina, 2006, p. 222, estribado no primado da reconstituição natural enquanto princípio geral aplicável à obrigação de indemnizar, considera, pois, que a «extinção irreversível» é circunscrita. Não se pode deixar de apontar alguma incompreensão nesta conclusão quando o A., um pouco antes afirma com clareza que «a declaração de resolução, ainda que fora dos parâmetros em que é admitida, não é inválida, pelo que, mesmo injustificada, produz efeitos; ou seja, determina a cessação do vínculo» e pouco abaixo «a resolução ilícita não é inválida: representa o incumprimento do contrato».

[15] BRANDÃO PROENÇA, *A Resolução do Contrato no Direito Civil*, cit., pp. 152 e 153. Não é totalmente claro se o A. está apenas a referir-se à hipótese apontada no texto, no fundo aos casos em que o autor estava em erro quando resolveu o contrato, ou se é de estender a outros casos em que ele próprio é responsável pelo incumprimento.

[16] Em particular Acórdão do TRP de 13.02.2003 (Pinto Almeida) e Acórdão TRL de 9.03.2006 (Arlindo Rocha). Implicitamente, também os acórdãos do STJ de 15.10.2002 (Garcia Marques), do STJ de 25.03.2004 (Araújo Barros), e do TRP de 18.01.2005 (Mário Cruz). Todos os acórdãos podem ser encontrados em www.dgsi.pt.

[17] A maioria da jurisprudência é bastante clara neste sentido. Vejam-se, em ww.dgsi.pt, os acórdãos do STJ de 4.2.2003 (Fernandes Magalhães) sobre contrato de fretamento

valer como denúncia[18]. Nestes casos, uma resolução infundada equivalerá a uma denúncia sem observância do necessário pré-aviso. Ambas extinguem o contrato, mas consistem em situações de não cumprimento que dão origem a uma obrigação de indemnizar a contraparte, enquanto contraente fiel, pelos prejuízos sofridos.

Creio que importa distinguir os vícios da resolução. Independentemente da qualificação da resolução como negócio jurídico unilateral ou como simples acto jurídico, a resolução pode infirmar por padecer de vício na sua formação, por ter falhas ao nível do procedimento (por exemplo, resolução prévia à expiração de interpelação admonitória), ou por lhe faltar suficiente fundamento legal.

No primeiro caso serão aplicáveis as regras gerais do negócio jurídico (directamente ou por força do art. 295.º) e a resolução pode vir a ser anulada ou declarada nula, repondo-se a situação anterior. Será o caso de declaração resolutória feita com base em erro não culposo acerca do incumprimento da contraparte. A aplicação das regras gerais da anulação resultará na manutenção do contrato[19].

---

aéreo, de 9.11.2004 (Faria Antunes) e de 07.03.2006 (Borges Soeiro), ambos sobre contrato-promessa de compra e venda, de 14.9.2006 (Alberto Sobrinho), sobre contrato de concessão comercial e de 5.6.2007 (Fonseca Ramos) sobre contrato de empreitada; do TRL de 9.03.2006 (Arlindo Rocha) sobre contrato de concessão comercial e de 19.4.2007 (Fernanda Isabel Pereira) sobre contrato-promessa de compra e venda; do TRP de 13.2.2003 (Pinto de Almeida), sobre concessão comercial, de 4.11.2003 (Alberto Sobrinho) sobre contrato de agência, e de 18.10.2004 (Fonseca Ramos), sobre contrato-promessa de cessão de quotas; do TRE de 23.06.2005 (Bernardo Domingos) sobre contrato de empreitada.

Em sentido discordante, o Acórdão do STJ de 31.05.2005 (Luís Fonseca) sustentou que «a declaração de resolução de um contrato, mesmo que o Tribunal venha a entender que as razões invocadas não têm fundamento, só por si não equivale à vontade de não querer cumprir». Na opinião do acórdão, é necessário apreciar a intenção do declarante e interpretar a declaração resolutiva no sentido de aferir se revela ou não uma recusa de cumprimento (não revelará se o declarante estiver convencido do incumprimento da contraparte e só nesse pressuposto tiver emitido a sua declaração resolutiva). No caso concreto, o Supremo considerou não haver indícios suficientes para concluir que tivesse havido uma recusa de cumprimento do contrato-promessa ilegitimamente resolvido pela promitente-vendedora.

Contudo, outras vozes apontam no sentido de declarar a improcedência da acção por inexistir o direito à resolução do contrato. Veja-se os acórdãos do STJ de 3.3.1998 (Lúcio Teixeira) sobre contrato-promessa de compra e venda, e do TRC de 18.10.2005 (Távora Vítor) sobre contrato de empreitada.

[18] Neste sentido, ROMANO MARTINEZ, *Da Cessação do Contrato*, cit., p. 223.

[19] A menos que a situação tenha afectado as relações entre as partes com tal gravidade que, à luz da boa fé, seja inexigível à parte não faltosa manter-se vinculada ao contrato.

Já no segundo e no terceiro casos, se o tribunal considerar a resolução intempestiva ou concluir pela inexistência de fundamento bastante para a mesma (o que, num sentido lato, abarca ambas as situações) deve declarar o contrato incumprido[20].

II. Retomemos os dois exemplos acima enunciados. No primeiro exemplo, no dia acordado para o efeito A não realiza o serviço a que estava adstrito, razão pela qual B resolve o contrato. A propõe acção judicial onde pretende que o tribunal reconheça a falta de fundamento de B para a resolução e o condene no cumprimento.

Neste caso, A pretende cumprir, embora tardiamente, e pretende obter o correspectivo pagamento por parte de B. Para isso, quer obstar à resolução do contrato efectuada por B, mediante uma acção de simples apreciação negativa, onde pede o reconhecimento de que não existiu resolução do contrato por faltar fundamento legal (por ex., conversão da mora em incumprimento definitivo). Cumulativamente, pede o cumprimento na contraprestação, revestindo a acção, nesta parte, natureza condenatória.

Estamos perante um contrato de execução instantânea com duas obrigações principais correlativas: A presta um serviço, por exemplo, um projecto de arquitectura paisagista para construção de um jardim, e B paga o preço acordado. O contrato esgota-se na entrega do projecto e no pagamento do preço. Se uma das partes não cumpre, pratica um acto ilícito do qual resultam certas consequências, nomeadamente o direito de recorrer a juízo para obter o cumprimento forçado da prestação. Neste caso, quando B resolve o contrato sem fundamento para tal e não efectua a prestação a que está adstrito, não só está a incumprir mas também a dar um sinal inequívoco de que não pretende, no futuro, cumprir. A declaração resolutiva infundada corresponde ao incumprimento do declarante.

Neste tipo de contratos é relativamente estéril discutir se o direito de A de exigir o cumprimento da contraprestação resulta do contrato, afinal eficaz (seja porque a pretensa resolução não chegou a ocorrer, seja porque a decisão judicial repristinou o contrato antes resolvido), ou se integra o

---

[20] O Acórdão do STJ de 27.6.2006 (Sebastião Povoas) faz a distinção entre os vícios da resolução, embora em termos não totalmente coincidentes. No entender deste aresto, há que distinguir vícios ao nível do negócio jurídico resolutivo, incluindo o conteúdo do negócio e todo o *iter* procedimental, e a falta de fundamento legal para a resolução. No primeiro caso o tribunal pode concluir pela invalidade da resolução. No segundo, concluirá que o contrato foi incumprido pela parte que declarou a resolução sem fundamento. No mesmo sentido o Acórdão do STJ de 19.11.2002 (Silva Salazar).

conjunto de meios de reacção da parte adimplente no caso de incumprimento da contraparte. É relativamente estéril porque o contrato cessa com a realização das duas prestações correlativas, não tem vocação de continuidade.

Do ponto de vista técnico, parece-me mais segura, no entanto, a segunda opção. Por duas razões: o modelo português da resolução extrajudicial e a maior simplicidade deste mecanismo. A partir do momento em que a declaração resolutiva é eficaz, o contrato considera-se resolvido. Se, em juízo, a contraparte prova a inexistência de fundamento para a resolução, esta não desaparece, simplesmente a sua valoração jurídica e os seus efeitos sofrem modificações. A resolução deixa de ser um acto legítimo do contraente não faltoso (ou não gravemente faltoso, no caso da simples mora) para passar a ser um acto ilícito com o sentido de incumprimento mais ou menos grave. O contrato cessou irremediavelmente, mas é possível a A exigir o cumprimento e oferecer a contraprestação. É um dos meios de reacção que tem ao seu dispor no caso de incumprimento de B. Esta solução conjuga o modelo de resolução extrajudicial com o normal direito ao cumprimento das obrigações.

Do ponto de vista processual, na acção que A move contra B não deve pedir a manutenção do contrato, mas sim o cumprimento da obrigação em falta no quadro do exercício infundado da resolução, de onde decorre o incumprimento da obrigação contratual de B. Tratar-se-á, pois, de uma acção declarativa condenatória (sem prejuízo de poder avançar directamente para a execução, caso tenha título executivo). Repare-se, no entanto, que caso B recuse a entrega do projecto, incumprindo a decisão judicial, a A restará optar por uma de duas vias: exigir a prestação do facto por outrem à custa do devedor (caso se trate de facto fungível, o que também poderá ser objecto de discussão) ou requerer indemnização (porventura cumulável com sanção pecuniária compulsória). Proporá então, respectivamente, acção executiva para prestação de facto ou para pagamento de quantia certa. Em qualquer dos casos, no entanto, estamos perante uma liquidação da relação contratual, transformando-se o dever de prestar no dever de indemnizar[21].

---

[21] Do mesmo modo que estaremos perante a liquidação da relação contratual no caso de resolução do contrato. Veja-se, a propósito do novo regime alemão, R. ZIMMERMANN, *The New German Law of Obligations – Historical and Comparative Perspectives*, Oxford, Oxford University Press, 2005, p. 72.

Em vez de uma prestação de serviço poderíamos falar de um contrato de compra e venda de coisa determinada. Também aqui o contrato se esgotaria com a entrega da coisa vendida e o pagamento do preço, pelo que, do ponto de vista do resultado, é indiferente alicerçar a reacção da parte adimplente no incumprimento da contraparte ou na destruição da eficácia extintiva de uma resolução infundada. O interesse do credor ficaria estribado numa acção declarativa condenatória (admitindo que não seria possível avançar logo para acção executiva) para entrega da coisa ou pagamento do preço, consoante a prestação em falta, a que se poderia seguir, respectivamente, execução para entrega da coisa ou para pagamento de quantia certa.

Nestes casos, a destruição infundada do contrato através da resolução não é incompatível com o exercício do direito ao cumprimento, sustentado, precisamente, no incumprimento que a resolução constitui e na manutenção do interesse do credor. Por uma via ou por outra a solução será a mesma. Já noutro tipo de contratos, duradouros ou de execução continuada poderá não ser indiferente.

No segundo exemplo, C atrasa-se no cumprimento de uma prestação mensal de entrega de matéria-prima e D resolve o contrato. C discorda da gravidade do incumprimento e propõe acção judicial destinada a obter a suspensão da resolução, porquanto não quer ver terminada relação contratual tão duradoura e estruturante para o seu negócio.

Neste caso temos o incumprimento de uma prestação – entrega da quantidade de matéria-prima devida naquele mês – por parte de C, que motiva a resolução de D. Não está em causa aferir se D pode exigir o cumprimento, ainda que tardio, mas aferir da possibilidade da desvinculação unilateral do contrato. Analisar o direito de D à resolução implica compreender, simetricamente, os direitos que assistem C mesmo numa situação de falha pontual de cumprimento da sua obrigação. Depois, importa distinguir incumprimento da prestação isoladamente considerada e o reflexo do incumprimento na manutenção do contrato.

O direito de D resolver o contrato está ligado a estes dois aspectos: à possibilidade do cumprimento tardio por parte de C e ao reflexo do incumprimento pontual na relação contratual. Perceber se C pode cumprir, mesmo tardiamente, passa por apurar o peso do incumprimento pontual da prestação, reflectido na essencialidade ou não do termo, e pela consideração do regime da mora. Mas independentemente da análise em torno da concreta prestação em falta, que pode levar ao reconhecimento do direito de C cumprir tardiamente (o que, em caso de recusa, implicará mora do credor D), o segundo aspecto referido é decisivo. A circunstância de C não poder realizar tardiamente aquela concreta prestação em falta (porque entretanto D viu-se obrigado a ir ao mercado comprar a matéria-prima em falta junto de outro fornecedor), não determina necessariamente o seu peso naquele contrato. É possível sustentar, no contexto da relação duradoura que liga C e D, que essa falha seja de escassa importância, pelo que não seria razão suficiente para justificar a resolução. C pode ter tido um comportamento exemplar ao longo de vários anos que permitiria desvalorizar aquela falta pontual.

Esta discussão fará sentido, a meu ver, antes de operada a resolução. Contudo, uma vez declarada a resolução, parece-me de uma evidência gritante que a confiança entre as partes está irremediavelmente quebrada e não faz sentido obrigar artificialmente à manutenção de um contrato que de forma incontornável assenta na confiança recíproca. Subjectivamente a confiança está quebrada e isso torna incoerente e contraproducente admitir a manutenção forçada do contrato. Objectivamente, no entanto, é possível dirimir argumentos em torno da justificação da perda da confiança[22] e, caso resulte num mero capricho do credor, arbitrar a correspondente indemnização. Ou seja, admitir a eficácia da resolução não equivale a sustentar a não sindicância da sua justificação. Também neste exemplo, e por maioria de razão, a perda da confiança – objectivamente injustificada, porque não decorre de uma falha grave ou reiterada e não passa o crivo do princípio da proporcionalidade – traduzida na declaração resolutiva leva à constatação da resolução do contrato, mas faz nascer um direito à indemnização.

Podemos pensar ainda num terceiro exemplo:

– E, editora de livros, vendeu a F, livreiro, um último conjunto de livros escassos no mercado. Entretanto recebeu uma proposta melhor de G a quem acabou por vender os mesmos livros, informando F de que não tencionava cumprir o contrato. F, particularmente interessado nos livros, propôs providência cautelar não especificada destinada a obter a entrega dos livros, bem como acção de cumprimento.

---

[22] BAPTISTA MACHADO, «Pressupostos da resolução por incumprimento», *in Obra Dispersa I*, Braga, 1991, p. 138 e ss., sustenta a existência de «justa causa» de resolução quando, nos contratos de execução continuada, pequenas falhas isoladamente consideradas possam significar, no todo, uma perda justificada de confiança. Nesse caso a resolução seria conforme às exigências legais. Em sentido concordante, ROMANO MARTINEZ, *Da Cessação do Contrato*, cit., pp. 236 e 237, apelando à aplicação de um princípio de proporcionalidade entre a prestação incumprida e a cessação do vínculo.

Este terceiro caso difere do primeiro por três razões essenciais: o conteúdo da obrigação em falta é a entrega de uma coisa e não a prestação de um facto; não há, pelo menos expressamente, a resolução (infundada) do contrato; para a definição do problema concorre a posição de um terceiro com direitos conflituantes sobre a coisa objecto da prestação.

A declaração de não cumprimento (prescindindo de qualificar como antecipatória ou não) legitima F a escolher de entre os meios de reacção ao seu dispor o que tiver por mais conveniente[23]. F opta por exigir o cumprimento da obrigação contratual em falta.

A acção a propor e o vencimento que poderá ter depende totalmente do objecto e do conteúdo do contrato de compra e venda, ou seja, do que ficou especificamente acordado entre as partes. Se os «livros raros» estiverem perfeitamente determinados e se as partes nada tiverem estipulado em contrário[24], F é proprietário a partir do momento da celebração do contrato de compra e venda. Poderá propor quer acção de reivindicação quer acção declarativa de condenação na entrega da coisa devida[25] e poderá

---

[23] Embora para alguns autores tal declaração apenas constitua o devedor em mora e não em incumprimento definitivo. Veja-se L. MENEZES LEITÃO, *Direito das Obrigações*, vol. II, 4.ª ed., Coimbra, Almedina, 2006, pp. 236 e 237. Contrariamente, GALVÃO TELLES, *Direito das Obrigações*, cit., p. 258; A. MENEZES CORDEIRO, *Direito das Obrigações* 2.º vol., Lisboa, AAFDL, 1994, p. 457. Mesmo quando está em causa uma declaração antecipada de não cumprir, doutrina e jurisprudência têm defendido a equiparação ao incumprimento definitivo. No sentido de considerar equivalente, do ponto de vista dos meios de reacção do credor, veja-se C. FERREIRA DE ALMEIDA, «Recusa de cumprimento declarada antes do vencimento (Estudo de direito comparado e de direito civil português)», *in Estudos em Memória do Prof. Doutor João de Castro Mendes*, Lisboa, Lex, 1995, 291, p. 317. Também CALVÃO DA SILVA, «A Declaração da Intenção de Não Cumprir», *in Estudos de Direito Civil e de Processo Civil*, Coimbra, Almedina, 1999 (reimpressão), 123, pp. 137 e 138, e *Sinal e Contrato-Promessa*, 11.ª ed., Coimbra, Almedina, 2006, p. 135 e ss. Para além da jurisprudência referida nesta obra, veja-se também, mais recentemente, nomeadamente, os acórdãos do STJ de 24.10.2006 (Afonso Correia), do TRC de 7.11.2006 (Hélder Roque).

[24] Sobre a natureza supletiva da regra da transmissão dos direitos por efeito do contrato, veja-se A. CRISTAS e M. FRANÇA GOUVEIA, «Transmissão da Propriedade e Contrato de Compra e Venda», *in Transmissão da Propriedade e Contrato*, Coimbra, Almedina, 15, p. 55 e ss. e 131. No mesmo sentido, C. FERREIRA DE ALMEIDA, «Transmissão contratual da propriedade – entre o mito da consensualidade e a realidade de múltiplos regimes», *Thémis*, ano VI, n.º 11, 2005, 5, pp. 9 e 10.

[25] Apesar de a prova a produzir ser distinta – num caso a propriedade da coisa, noutro a existência da obrigação de entrega –, na prática os meios equivalem-se, porque tudo se resume à prova da existência do contrato com eficácia translativa. Neste sentido, J. OLIVEIRA ASCENSÃO, «Acção de Reivindicação», *in Estudos em Memória do Professor Doutor João de Castro Mendes*, Lisboa, Lex, 1995, em particular pp. 41 e 42.

– e deverá – propor providência cautelar destinada a evitar que os bens se percam ou sejam dissipados. A posição de F prevalecerá sobre a de G. Já se estiver em causa a venda de coisa genérica (embora, no exemplo dado, mais improvável), a transmissão da titularidade do direito de propriedade possivelmente ainda não ocorreu e F terá todo o interesse em evitar que tal aconteça a favor de G, situação em que lhe restará uma pretensão indemnizatória. Fará sentido propor acção de cumprimento e uma providência cautelar não especificada para obstar a que E cumpra junto de G.

Neste caso a solução é totalmente independente da manutenção do contrato. Se E, em vez de informar de que não iria cumprir, tivesse enviado carta declarando resolução do contrato com base num qualquer motivo infundado, a solução seria diferente?

Este exemplo serve para testar no limite o que acima se referiu a propósito da resolução infundada. Não só podemos questionar a solução no caso de resolução, mas também podemos discutir se a declaração de F vale como uma declaração resolutiva sem justificação legal ou convencional. Embora do ponto de vista estritamente técnico-jurídico possamos falar de realidades distintas, o sistema será coerente se a solução para os dois casos for paralela, sob pena de, então, um devedor inadimplente, em vez de simplesmente informar da sua intenção de não cumprir, declarar a resolução do contrato com base numa qualquer razão imprestável para a justificar. A ser verdade o que acima ficou dito, a propósito da irrelevância da resolução, então aqui a solução deverá ser condizente.

A retroactividade prevista no n.º 1 do art. 434.º pode causar algum escolho a este paralelismo. Se é certo que, só por si, não obsta ao exercício dos direitos da contraparte quanto ao cumprimento da obrigação em falta, na articulação com outros vectores do sistema jusprivatista português, nomeadamente com o princípio do consensualismo, pode resultar solução diversa.

Imagine-se o caso acima referido em que E vende a F um conjunto determinado de livros e depois vende o mesmo conjunto a G. Com a celebração do primeiro contrato, F adquire a titularidade do direito de propriedade sobre os livros, nos termos do n.º 1 do artigo 408.º Se E incumpre o contrato celebrado com F e vende e entrega os livros a G, F, proprietário dos livros, poderá propor acção de reivindicação (sem prejuízo do regime do artigo 1301.º). Se E resolve infundadamente o contrato, essa resolução não deixa de ter os efeitos normais, nomeadamente eficácia retroactiva, pelo que E volta à titularidade do direito e tem legitimidade para vender a G, restando a F, apenas, a via indemnizatória. A coerência do sistema fica comprometida, o que se deve, em grande medida, à inexistência no direito português do princípio de «posse de boa fé vale título». Creio, contudo, que a solução neste caso também não será diferente.

A lei prevê a exclusão do carácter retroactivo da resolução quando tal contrariar a «finalidade da resolução» (parte final do n.° 1 do art. 434.°). A finalidade da resolução remeterá para o contexto do contrato em causa[26]. Mas nada obsta, a meu ver, que a disposição possa também ser interpretada à luz dos objectivos legais do instituto da resolução, nomeadamente a reacção ao incumprimento da contraparte, pelo que, não sendo esse o caso, não há que reconhecer eficácia retroactiva à resolução. Se, como acima se referiu, o controlo jurisdicional não deverá incidir sobre a existência ou não da resolução, mas sim retirar consequências no caso de resolução infundada, esta é uma das consequências: o contrato fica destruído, mas apenas com efeitos para o futuro (e sem prejuízo de a parte adimplente querer reverter a resolução a seu favor, aí com possíveis efeitos retroactivos). Assim, ficam acautelados os direitos da parte cumpridora e o mínimo respeito pela autonomia privada.

Acresce que, como ficou explicado, nos casos em que mais importa distinguir entre manutenção/resolução do contrato e cumprimento/incumprimento das prestações contratuais – os casos de contratos de execução continuada ou periódica – a própria lei prevê, por regra, a não retroactividade no n.° 2 do artigo 434.°[27]. Pelo que a solução não será diversa consoante se admita ou não a possibilidade de destruir judicialmente a resolução.

1.3. *O sentido – e o interesse – da providência cautelar não especificada de suspensão da resolução*

I. O direito adjectivo existe para servir a realização dos direitos tal como configurados pelo direito substantivo. Se há direito tem de haver acção para o defender, o acautelar, o exercer. Se não há direito também será inútil procurar amparo no processo civil. Por seu turno, é sabido que as providências cautelares não pretendem alcançar efeitos que a acção principal não permita alcançar. O procedimento cautelar em geral existe para

---

[26] ROMANO MARTINEZ, *Da Cessação do Contrato*, cit., p. 191.

[27] Solução extensível, segundo ROMANO MARTINEZ, *Da Cessação do Contrato*, cit., p. 243, aos contratos de execução continuada, por contrariar a finalidade da resolução.

que a acção principal, em virtude do decurso do tempo necessário à sua conclusão, não perca utilidade e efectividade. É instrumental a esta, procurando minimizar os possíveis danos decorrentes do tempo[28].

São estas orientações que têm de estar presentes quando perguntamos para que pode servir, neste caso em particular, uma providência cautelar não especificada pedindo a suspensão da resolução de um contrato.

Nos termos do artigo 381.º do Código de Processo Civil, para haver lugar à propositura de uma providência cautelar não especificada é necessário que exista um fundado receio de que outrem cause uma lesão grave e dificilmente reparável ao seu direito. Como pode o direito da parte não faltosa num contrato ficar gravemente lesado e ser de difícil reparação?

O direito que está em causa, o direito que pode ser objecto de uma lesão grave e dificilmente reparável, é o direito da parte não faltosa ao cumprimento conforme. Para responder a esta questão é necessário, pois, revisitar o conteúdo do direito ao cumprimento da parte não faltosa. O nosso desenho legislativo não é particularmente claro e presta-se a algumas confusões quando se procura entender, também no âmbito da responsabilidade contratual, o conteúdo da obrigação de indemnizar à luz do primado da reconstituição natural sobre a indemnização em dinheiro[29]. Contudo, os meios consagrados na lei ao dispor da parte adimplente para fazer valer o seu direito ao cumprimento conforme e as limitações à resolução do contrato funcionam como lugar paralelo do primado da reconstituição natural[30].

---

[28] O chamado *periculum in mora*. Entre nós, J. ALBERTO DOS REIS, «A Figura do Processo Cautelar», *BMJ*, n.º 3, Nov., 1947, 27, em especial p. 43 e ss., e *Código de Processo Civil Anotado*, vol. I, 3.ª ed., Coimbra, Coimbra Editora, 1948 (reimpressão 2004), p. 619 e ss., em especial, p. 625; J. LEBRE DE FREITAS, *Código de Processo Civil Anotado*, vol. 2.º, Coimbra, Coimbra Editora, 2001, pp. 1 e 6; A. GERALDES, *Temas da Reforma do Processo Civil*, III, Coimbra, Almedina, 1998, pp. 35 e 83 e ss.; e, mais recentemente, na mesma linha, R. LYNCE DE FARIA, *A Função Instrumental da Tutela Cautelar não Especificada*, Lisboa, Universidade Católica Editora, 2003, p. 31 e ss., e C. SOUSA PEREIRA, *Arbitramento de Reparação Provisória*, Coimbra, Almedina, 2003, p. 34 e ss.

[29] A meu ver, e como defendi recentemente no colóquio comemorativo dos 40 anos de vigência do Código Civil Português, a obrigação de indemnizar decorrente de responsabilidade civil contratual traduz-se sempre numa indemnização em dinheiro, não fazendo sentido defender aqui o primado da reconstituição natural. Esse primado é visível no campo contratual no direito ao cumprimento conforme e nas limitações à própria resolução do contrato enquanto meio de desvinculação unilateral.

[30] Partindo do prisma inverso, porquanto trata de um problema de responsabilidade civil delitual, o Acórdão do STJ de 30.5.2006 (Urbano Dias), refere que existe um direito

O nosso regime geral não é linear quanto ao regime acolhido com a transposição da directiva da compra e venda de bens de consumo, que claramente favorece o cumprimento ainda que tardio (através da reparação ou substituição), em detrimento de mecanismos mais radicais como a resolução. Contudo, o Código Civil não só dá uma segunda oportunidade ao devedor faltoso ao adoptar o sistema da mora, mas também dificulta a resolução[31] e empresta, nalguns casos, a coercibilidade do sistema judicial para contornar a falta de colaboração do devedor na realização da prestação devida. Acresce que o dever de cumprir que vincula o devedor é ao mesmo tempo entendido por parte considerável da jurisprudência como direito a cumprir, uma vez que entende o princípio do primado da reconstituição natural como estabelecido no interesse quer do credor quer do devedor[32]. Esta perspectiva é visível na possibilidade de o devedor opor o cumprimento quando o credor demanda uma indemnização em dinheiro[33].

O pior que pode acontecer, na perspectiva do credor, é ter de se sujeitar a uma indemnização em dinheiro quando preferia o cumprimento da prestação em falta. Isso pode ocorrer, por exemplo, quando o bem objecto

---

do devedor à reparação natural, que podemos configurar como um direito ao cumprimento conforme tardio, paralelo ao direito do credor ao cumprimento.

[31] Veja-se nomeadamente o n.º 2 do art. 802.º na interpretação extensiva que lhe tem sido dada pela doutrina.

[32] Neste sentido, os Acórdãos do STJ de 24.10.2002 (Araújo Barros), de 9.01.2003 (Oliveira Barros) e de 31.03.2004 (Bettencourt de Faria), mas também, embora em sentido totalmente diverso quanto ao ónus da prova, o Acórdão do STJ de 30.05.2006 (Urbano Dias).

[33] Parte da jurisprudência vai ainda mais longe, considerando que o princípio é estabelecido no interesse do lesado: este poderá escolher entre indemnização em dinheiro ou reconstituição natural, não podendo o lesante, devedor da obrigação de indemnizar, opor a reconstituição natural. Veja-se o Acórdão do TRG de 15.01.3003 (Rosa Tching) ou o Acórdão do STJ de 11.01.2007 (Custódio Montes), embora na prática a reconstituição natural tenha correspondido a um montante em dinheiro, o que, no entender do tribunal, não desqualificou a natureza do remédio, por estar em causa obter o montante necessário para repor a situação que existia antes do evento danoso e não uma compensação monetária que desse uma satisfação equivalente à que foi perdida. O tribunal seguiu aqui J. VIEIRA GOMES, «Custos das reparações, valor venal ou valor de substituição», *Cadernos de Direito Privado*, 3, 2003, 52, p. 56, que defende esta solução na esteira do entendimento do Supremo Tribunal alemão. G. H. TREITEL, «Remedies for breach of contract», *International Encyclopedia of Comparative Law*, vol. VII, Chapter 16, Tübingen, J. C. B. Mohr, 1976, p. 3, logo na abertura do seu texto, afirma que, quando o substituto da prestação em falta não é um montante em dinheiro, a distinção entre *specific relief* e *substitutionary relief* torna-se fluída.

da prestação já não está na disponibilidade do devedor ou quando o serviço a realizar depende pessoalmente do devedor e este se recusa a efectuá-lo ou quando a obrigação é de abstenção e a acção já teve lugar em termos que tornariam desproporcional a reposição da situação anterior. Além disso, para além da substituição da prestação por uma indemnização em dinheiro (a ter lugar caso o credor já tenha prestado e pretenda manter a prestação ou pretenda prestar no caso de ainda não o ter feito), ou da restituição ou dedução da contraprestação caso já tenha ou não sido realizada, acresce ainda um montante indemnizatório pelos danos causados na perturbação do programa contratual. Montante indemnizatório que cobre danos emergentes e lucros cessantes, bem como, de acordo com a larga maioria da doutrina e jurisprudência, danos patrimoniais e danos morais.

É possível configurar estas situações, de indemnização em dinheiro em vez da prestação originária, como de lesão grave e dificilmente reparável[34] do direito do credor?

II. Retomemos os três exemplos para testar.

Se partirmos do princípio de que o direito do credor em causa é o direito à prestação conforme, com tudo o que isso implica de colaboração do devedor, e se aceitarmos que a providência cautelar apenas serve para cobrir o risco do decurso do tempo, então há que retirar consequências do que acima ficou dito sobre a eficácia da resolução, ainda que infundada.

No primeiro exemplo, se na acção principal não é possível repor a eficácia do contrato, mas se entender a resolução infundada como incumprimento contratual e daí retirar as adequadas consequências, então também não fará sentido propor uma providência cautelar pedindo a suspensão da resolução. Pode sustentar-se, no limite, que a lesão grave e dificilmente reparável, neste contexto, é aquela que frustra a realização da prestação pelo devedor ou impede a sua reconstituição natural. Uma providência cautelar pode então ter cabimento, mas com outro pedido – dirigido a assegurar que o devedor conserva as condições necessárias para realizar a prestação devida ou que a reconstituição natural acontecerá mesmo sem a colaboração do devedor.

No segundo exemplo, como se referiu, a suspensão da resolução até poderia ter interesse; contudo, pelo sinal que dá do ponto de vista da deterioração das relações contratuais, não parece ser de acolher. Pela mesma

---

[34] ABRANTES GERALDES, *Temas da Reforma do Processo Civil*, cit., p. 83 e ss., enfantiza a importância do interesse em agir como pressuposto processual autónomo.

razão, não fará sentido admitir a suspensão da resolução: se a acção principal não pode declarar o contrato como não resolvido, também a acção cautelar o não poderá fazer. Em relação a uma concreta prestação em falta, pode fazer sentido aplicar-se raciocínio análogo ao do exemplo anterior. Já no que respeita a todas as demais prestações, restará o apuramento do montante da indemnização devida em dinheiro. Nesse caso, estamos perante uma obrigação pecuniária, que pode ser acautelada nos termos gerais (nomeadamente através do arresto dos bens como garantia do futuro cumprimento).

Por fim, no terceiro exemplo ficou claro que, em qualquer caso, a acção principal a propor nunca será de destruição da resolução (nomeadamente através do reconhecimento de que nunca ocorreu), pelo que a providência cautelar também não fará sentido que peticione a suspensão da dita resolução. A solução quanto a outras acções a propor – principal e cautelar – há-de resultar da qualificação do próprio objecto contratual enquanto coisa determinada ou coisa genérica. Se os «livros raros» estiverem perfeitamente determinados, em princípio ocorreu transmissão da propriedade, pelo que o credor optará entre propor uma acção de reivindicação ou uma acção de condenação na entrega de coisa certa. Em caso de risco sério de dissipação dos bens, haverá interesse em propor acção cautelar destinada à apreensão dos bens. Se os livros corresponderam a coisa genérica, F corre o risco de a propriedade ser transmitida a G e não a si próprio, caso em que a sua posição será preterida pela de G. O preenchimento do requisito da dificuldade de reparação do dano terá se ser analisado de acordo com as circunstâncias do caso concreto (e da possibilidade ou não – e em que tempo – de encontrar outros livros).

III. Não faz sentido, pois, tentar bloquear o contrato. O que pode fazer sentido é propor acções de natureza cautelar para, porventura, no limite, garantir o cumprimento da obrigação indemnizatória.

Note-se que as providências cautelares têm tutela penal nos termos do artigo 391.º do Código de Processo Civil. Sob pena de incoerência do sistema, a necessidade de acautelar o respeito por uma ordem de um órgão de soberania justifica a opção de tipificar como crime de desobediência qualificada o desrespeito pela providência cautelar. Em princípio, tal conduta conduzirá à aplicação de uma pena de multa. Se esta for desrespeitada, poderá dar lugar ao cumprimento de pena de prisão. Testar um modelo até ao limite serve para ajuizar da sua bondade e para encontrar possíveis escolhos. Neste caso, serve para perceber que a providência cautelar não especificada, sendo um instrumento poderoso, deve ser usada apenas para os casos em que o decurso do tempo da acção principal possa inviabilizar o resultado da mesma, nunca para os casos em que o resultado não pode ser diferente. De outra forma, estar-se-á a usar desproporcionadamente um meio judicial, com consequências porventura graves.

2. A indemnização por danos sofridos pela parte adimplente que vê o contrato resolvido

Ligado ainda ao ponto anterior, da difícil reparação do dano, importa lembrar que à resolução acresce uma indemnização. E esta indemnização só colocará o credor numa situação pior do que aquela decorrente do cumprimento contratual se excluir algum tipo de danos (nomeadamente danos morais) ou se só puder ser calculada de acordo com o interesse contratual negativo. De outra forma, a resolução acrescida de indemnização configurará, do ponto de vista económico, um lugar paralelo ao da própria reconstituição natural ou execução específica.

Alguma confusão parece nascer da tentativa de aplicar a esta indemnização residual o princípio do primado da reconstituição natural genericamente previsto no número 1 do artigo 566.º do Código Civil. O direito do credor ao cumprimento conforme é o correspondente em sede de incumprimento contratual ao princípio do primado da reconstituição natural no campo da responsabilidade delitual. Perante o incumprimento e a permanência de possibilidade de cumprimento, o credor é chamado a optar. Se a sua opção é destruir o contrato pela via resolutória e pedir indemnização residual pelos prejuízos causados, não será possível, depois, nem o credor querer estribar-se no primado da reconstituição natural para exigir o cumprimento nem o devedor oferecer o cumprimento.

No primeiro caso estaríamos perante um *venire contra factum proprium*. Já no segundo caso o devedor pode oferecer o cumprimento na mesma medida em que se poderia opor à resolução. Ou seja, se a resolução foi fundamentada, o devedor não pode impor o cumprimento; já se não foi, poderá impô-lo. Ele realizará a sua prestação e, caso a contraprestação em falta não possa ser realizada coercivamente pelo tribunal, pedirá uma «grande indemnização». Esta opção não creio, no entanto, que faça sentido num quadro de resolução de um contrato de execução continuada, sob pena de intolerável restrição à autonomia privada.

3. Direito ao cumprimento e autonomia privada

3.1. *Excepcionalidade de casos em que se admite cumprimento forçado*

O direito do cumprimento e do incumprimento está desenhado tendo por base o paradigma da compra e venda de coisa móvel determinada que, além de tudo o resto no nosso direito, assenta no princípio do consensualismo. Deste pano de fundo, e da unidade dogmática de responsabilidade civil contratual e extracontratual, traduzida na regulação única da obrigação de indemnizar, resulta aplicável também ao incumprimento contratual a lógica do primado da reconstituição natural.

Ora, como se viu, a obrigação de indemnizar alicerçada em responsabilidade civil contratual não segue o princípio do primado da reconstituição natural, pois conduziria a resultados ilógicos. A responsabilidade contratual, se partilha com a responsabilidade delitual a sua estrutura ao nível dos pressupostos, tem de ser conjugada na sua aplicação com os restantes mecanismos à disposição do credor adimplente e, nessa base, ajustada.

De entre esses mecanismos está o direito a exigir o cumprimento conforme, quando tal ainda for possível, podendo ser pedida uma indemnização residual. Este direito a exigir o cumprimento conforme tem de ser entendido no quadro do direito das obrigações, ou seja, reveste a natureza de um direito de crédito: implica a colaboração do devedor na realização da prestação em falta. Assim se compreende que, no limite, o direito ao cumprimento venha a ter um conteúdo sucedâneo da prestação inicial. Neste caso, o direito do credor transformar-se-á num direito a uma indemnização em dinheiro.

Em casos circunscritos, porém, a lei admite a possibilidade de obter coercivamente a realização da prestação inicial. É o caso da execução para entrega de coisa certa e da execução específica de contrato-promessa, o que, ainda assim, não corresponde a uma alteração da natureza obrigacional da posição do credor, pelo que esta poderá ser preterida se confrontada com uma posição jurídica real de um terceiro. A prestação de facto, positivo ou negativo, do ponto de vista do devedor traduz-se no pagamento de certo montante pecuniário correspondente à realização por outrem da prestação devida ou à reconstituição da situação anterior ao incumprimento de um dever de omissão. Já a sanção pecuniária compulsória prevista no artigo 829.º-A, embora não se reconduza a um pagamento em dinheiro, não prescinde da actuação do próprio devedor.

No quadro do incumprimento contratual, o primado da reconstituição natural não deve ser entendido ao nível da obrigação de indemnizar, mas do direito ao cumprimento conforme e das condições para o seu exercício ou preterição, porquanto a própria posição do devedor tem uma coloração activa. Por isso também, na prática, a indemnização é sempre em dinheiro. Quando em alguns contratos, tipicamente contrato de empreitada, o tribunal condena na reparação natural em detrimento da indemnização em dinheiro está, na verdade, a dizer ao credor que, no caso concreto, não estavam reunidas as condições para contornar uma segunda oportunidade para o devedor cumprir. Se o credor tinha direito ao cumprimento, o devedor também tinha direito a cumprir, mesmo se tardiamente. Note-se que estes casos são excepcionais na jurisprudência. Tirando o contrato de empreitada, explicável por razões que se prendem com as próprias prestações em causa, há poucos casos com relevo.

Na verdade, a jurisprudência não é uniforme na aplicação do artigo 566.º, nomeadamente no que se prende com a necessidade de invocar a existência de circunstâncias que permitam afastar a reconstituição natural. Por um lado, há decisões que sustentam a ineptidão da petição inicial, quando o autor pede indemnização em dinheiro, mas não invoca um dos casos em que a lei o permite[35]. Por outro lado, há jurisprudência relevante que admite a possibilidade de o autor pedir indemnização em dinheiro e esta vir a ser arbitrada caso o réu não conteste e prove a aplicação do primado da restauração natural. Invoca, neste caso, a mera supletividade do primado da reconstituição natural. A ausência de contestação equivalerá a um acordo no sentido de afastar a reconstituição natural em benefício da indemnização em dinheiro[36].

3.2. *Permanência da autonomia privada*

Como acima ficou explicado, quando se discute a admissibilidade do fundamento da resolução e as consequências desta, importa distinguir entre contratos de execução instantânea, nomeadamente contrato de compra e venda, e contratos de execução continuada, como sejam os contratos de

---

[35] Acórdão do STJ de 30.05.2006 (Urbano Dias).
[36] Acórdãos do STJ de 24.10.2002 (Araújo Barros), embora não relativo à responsabilidade contratual, mas referido a esta, de 9.01.2003 (Oliveira Barros) e de 31.03.2004 (Bettencourt de Faria).

prestação de serviços ou contratos de colaboração que instituem relações duradouras[37]. Note-se que este tipo de contratos tem uma importância crescente e é muito comum a existência de um duplo nível contratual: um contrato de enquadramento de toda a relação duradoura (por exemplo, fornecimento de matéria-prima a fábrica) e posteriores actos regulares que o vão executando[38].

No primeiro caso é inútil discutir a possibilidade de «repristinar» o contrato infundadamente resolvido, porque o direito ao cumprimento consome o próprio contrato. Já no segundo caso poderá fazer sentido essa discussão. Entendo, contudo, pelo que ficou explicado, que, no quadro do direito privado, norteado pelos princípios da liberdade e da paridade, não tem justificação forçar até ao limite a manutenção de um contrato. Faz sentido, quando tal ainda seja possível, que o credor possa exigir o cumprimento de uma prestação em falta e que o devedor possa impor o seu direito a cumprir a prestação faltosa, no quadro legal. Não faz sentido ir além disso e obrigar à manutenção do próprio contrato. Esta solução é favorecida pelo próprio modelo de resolução extrajudicial[39].

É possível criticar esta posição à luz do número 1 do artigo 406.º, quando dispõe que o contrato só é modificado ou extinto por mútuo consentimento dos contraentes ou nos casos admitidos na lei. Uma interpre-

---

[37] Num lugar paralelo, STEFAN GRUNDMANN, «Regulating Breach of Contract – The Right to Reject Performance by the Party in Breach», *ERCL*, vol. 3 (2007), N.º 2, 121, apelida estes contratos de *spot contracts*, por oposição a contratos de prestação de serviços e contratos de longa duração, considerando a bondade do regime da resolução por incumprimento do BGB (inspirado na directiva da compra e venda de bens de consumo) no primeiro caso e discutindo a sua perfeita adequação ao segundo.

[38] Num contexto paralelo, M. HELENA BRITO, *O contrato de concessão comercial*, Coimbra, Almedina, 1990, p. 197 e ss., defende a natureza de contrato-quadro.

[39] Em modelos de resolução judicial, como o francês, mais difícil será defender esta perspectiva, precisamente porque o papel do juiz é aferir a gravidade da inexecução do contrato, ponderando, à luz de critérios de proporcionalidade, se é razoável extinguir o contrato. Veja-se, por exemplo, M. FABRE-MAGNAN, *Les obligations*, Paris, Puf, 2004, p. 563. Numa perspectiva moderadamente crítica, justificando historicamente a opção do legislador, embora dando nota do equilíbrio para que o sistema evoluiu, C. JASMIN, «Les Conditions de la Résolution du Contract: vers un modèle unique?», *in Les Sanctions de L'Inexécution des Obligations Contractuelles – Études de Droit Comparé*, Brylant, LGDJ, Bruxelles, Paris, 2001, p. 451 e ss. Note-se que a substituição por um modelo de resolução extrajudicial é precisamente um dos aspectos centrais da reforma projectada do direito das obrigações francês. Veja-se o Anteprojecto de Reforma do Direito das Obrigações e do Direito da Prescrição, coordenado por Gérard Cornu, tornado público em Setembro de 2005 (disponível em www.justice.gov.fr).

tação literal deste preceito levaria a que, por exemplo, um contrato duradouro sem termo não pudesse terminar unilateralmente.

A doutrina[40] e a jurisprudência[41], porém, aceitam a possibilidade de denunciar um contrato nessas circunstâncias, obrigando apenas a um pré--aviso razoável. Se este não existir, a consequência situar-se-á ao nível da indemnização dos danos que porventura tenha originado. Não mais do que isso. A resolução infundada deve ter a mesma consequência. A exigência legal de fundamento para a extinção serve para a contraparte exigir o que lhe for possível e conveniente (cumprimento da prestação em falta ou indemnização em dinheiro) caso o tribunal conclua pela falta de fundamento. Para o futuro, no entanto, resta a via indemnizatória, enquanto remédio para uma desvinculação infundada.

Tal corresponde ao avanço do próprio direito, ao desprendimento de concepções personalistas e à aproximação de uma perspectiva patrimonial. Nesta linha, importa construir uma solução que permita à parte não faltosa não perder com a resolução infundada, mas no respeito também da contraparte[42]. O incumprimento, não sendo um caminho lícito, é ainda um caminho viável e com expressão no nosso ordenamento (basta pensar, por exemplo, na redução da cláusula penal desproporcionada). O respeito pela

---

[40] PIRES DE LIMA e ANTUNES VARELA, *Código Civil Anotado*, vol. I, 4.ª ed., Coimbra, Coimbra Editora, p. 410; ANTUNES VARELA, *Das Obrigações em Geral*, vol. II, 7.ª ed., Coimbra, Almedina, 1997, pp. 280 e 281; ALMEIDA COSTA, *Direito das Obrigações*, cit., p. 317 e ss., em particular p. 322; M. H. BRITO, *O contrato de concessão comercial*, cit., p. 235 e ss.; MENEZES CORDEIRO, *Direito das Obrigações*, cit., p. 166, MENEZES LEITÃO, *Direito das Obrigações*, cit., p. 102; A. PINTO MONTEIRO, *Contrato de Agência. Anotação*, 5.ª ed., Coimbra, Almedina, p. 120; ROMANO MARTINEZ, *Da Cessação do Contrato*, cit., p. 58 e ss.

[41] Entre outros, veja-se os Acórdãos do STJ de 18.11.99 (Noronha do Nascimento), de 25.03.2004 (Araújo Barros), de 7.03.2006 (Alves Velho), de 29.06.2006 (Salvador da Costa), do TRL de 26.06.2003 (Tibério Silva) e do TRP de 31.01.2007 (Henrique Araújo).

[42] Partindo de um caso muito diferente daqueles que analisei (prestação de serviços em que o credor do serviço antecipadamente declara não pretender o cumprimento), MARGARIDA LIMA REGO, «No right do perform a contract?», *Thémis*, 2006, p. 42 e ss., sustenta, em determinadas circunstâncias, a licitude da recusa atempada da prestação pelo seu credor, sem prejuízo da manutenção da sua contraprestação (podendo, no entanto, ser reduzida à luz de poupanças ou ganhos que o devedor obteve por não ter prestado). Não cabendo aqui dialogar sobre este caso, friso apenas a necessidade de ajustamento do modelo típico do incumprimento contratual aos contratos de prestação de serviços e a liberdade admitida às partes na própria modelação da execução do contrato.

autonomia privada também se manifesta na possibilidade de pagar o preço da desvinculação, o custo do incumprimento[43].

A autonomia privada não está presente apenas no momento da celebração do contrato, mas presentifica-se durante todo o tempo de existência do mesmo. Em sede geral, é possível condenar em indemnização, é possível no caso de contratos de execução instantânea e nos casos excepcionalmente admitidos na lei obter o cumprimento forçado da concreta prestação em falta não é possível, contudo, obter a manutenção do contrato.

O direito ao cumprimento pode sustentar, no limite, um direito ao cumprimento forçado em espécie. O princípio da autonomia privada exige, no entanto, a destruição do contrato quando uma das partes, ainda que sem fundamento, se desvincula. Nos contratos de execução instantânea, a distinção pode não ser relevante; nos contratos de execução continuada, é crucial.

CONCLUSÃO

É possível prescindir da colaboração do devedor na realização da prestação em falta em dois casos limitados: execução para entrega de coisa certa e execução específica de contrato-promessa. Fora destes casos, a colaboração do devedor é imprescindível ao cumprimento. Sucedâneos como prestação de facto, positivo ou negativo, por terceiro «à custa do devedor», são na prática equivalentes à indemnização em dinheiro.

Em qualquer caso, o contrato não se mantém e os efeitos que porventura possam vir a ocorrer resultam de um cumprimento forçado e não da manutenção puramente artificial do contrato. Esse extingue-se irremediavelmente com a resolução. Não fará sentido, a meu ver, falar em extinção irreversível ou reversível do contrato, consoante a resolução tenha ou não tenha justificação. O cumprimento forçado, a ocorrer, não encontra a sua razão de ser num contrato que afinal se mantém, mas é efeito do próprio incumprimento da obrigação em causa. A fonte do direito do credor é legal e não já convencional.

---

[43] A primeira justificação enunciada por TREITEL, *Remedies for breach of contracts*, cit., p. 8, para os ordenamentos limitarem o direito ao cumprimento forçado da obrigação contratual é precisamente a consideração de que tal pode representar uma intromissão na liberdade pessoal do devedor.

Não faz, pois, sentido procurar manter judicialmente um contrato resolvido por declaração de uma parte à contraparte. Resolvido o contrato infundadamente, e excluindo os casos em que possa haver lugar ao cumprimento forçado da prestação em falta (que contudo, não corresponde a um renascimento do contrato), resta a via indemnizatória para reparar os danos produzidos.

Por estas razões, também não faz sentido tentar bloquear a extinção do contrato através de uma providência cautelar não especificada. O mais que o credor poderá ter interesse, nos termos gerais, é em propor uma providência cautelar destinada a assegurar o pagamento do *quantum* indemnizatório que vier a ser apurado na acção principal.

A dúvida que, na prática, tem motivado a propositura de acções cautelares destinadas a suspender a resolução dos contratos é consequência da falta de clareza do nosso texto legal, fruto, em boa parte, da unificação dogmática e legislativa em torno da obrigação e da escassa preocupação em assumir com autonomia os problemas do contrato.

CONTRATOS DIFERENCIAIS

CARLOS FERREIRA DE ALMEIDA[*]

1. Perspectiva histórico-comparativa[1]

I. Os contratos diferenciais (*contracts for differences, contrats sur différences, contratti differenziali, contratos por diferencias, Differenzgeschäfte*) surgiram na prática dos negócios de bolsa como expediente para permitir a especulação a descoberto (*short sale, Leerverkauf*), isto é, a intervenção no mercado por parte de quem não dispõe de bens para entregar ou de dinheiro para os pagar[2].

A metamorfose começou com a realização contemporânea, pelas mesmas pessoas, de compras e de vendas a prazo, a preços diferentes, de tal modo que, em vez da entrega dos bens vendidos e do pagamento dos bens comprados, as operações pudessem ser liquidadas pelo pagamento em dinheiro da diferença entre os preços dos contratos.

Daqui se evoluiu para a celebração de contratos dos quais resulta, directamente e apenas, a obrigação de pagamento da diferença entre cotações, recaindo a obrigação sobre aquela das partes que não tenha previsto correctamente a sua variação.

---

[*] Professor Catedrático da Faculdade de Direito da Universidade Nova de Lisboa.

[1] A análise incide sobre os direitos francês, inglês, alemão, português e da União Europeia, com menções esporádicas a outros direitos. Não se considera o direito dos Estados Unidos da América, onde os contratos diferenciais nunca alcançaram a relevância que tiveram e têm na Europa.

[2] «Contratos em que cada um vende o que não tem e compra aquilo que não pode pagar» (RUY ULRICH, *Da bolsa e suas operações*, Coimbra, 1906, p. 477).

II. A difusão destas práticas nalguns países europeus assinala-se já no século XVIII[3], como denotam leis que pretenderam impedi-las, inviabilizando as operações de bolsa a prazo:

– em França, através do *arrêt* do Conselho do Rei, de 22 de Setembro de 1724, que exigia o envio dos títulos ou do dinheiro antes da abertura da bolsa, impedindo assim a contratação de qualquer operação a prazo; o diploma, renovado por mais do que uma vez, nunca terá sido aplicado com rigor[4];
– em Inglaterra, através do *Barnard's Act* de 1734 (revogado em 1860), que proibiu a realização na bolsa de Londres de vendas a descoberto, de operações de futuros e de opções, consideradas como jogo.

Durante o século XIX, os tribunais foram chamados a pronunciar-se acerca de vários casos de operações a prazo sobre valores mobiliários, desenhando-se a tendência para admitir apenas como válidas aquelas que correspondessem a uma intenção negocial «séria», dirigida à entrega efectiva dos valores e ao pagamento efectivo do preço. Aquelas que houvessem de ser liquidadas por diferença eram qualificadas como vendas fictícias ou simuladas. Em consequência, e por equiparação ao jogo e à aposta, aplicar-se-iam as regras legais então vigentes, que cominavam a inexigibilidade (*v. g.*, o artigo 1965, do Código Civil francês, de 1800) ou a nulidade (*v. g.*, a secção 18 do *Gaming Act*, de 1845, em Inglaterra)[5].

III. Na viragem para o século XX, as políticas legislativas passaram a divergir entre os diversos Estados europeus.

---

[3] Ou mesmo antes, no mercado de Amesterdão, onde, segundo a descrição de JOSEPH DE LA VEGA, no livro *Confusión de confusiones*, publicado em 1688, se usavam técnicas de compensação de diferenças em dinheiro, apuradas em operações de futuros e de opções, realizadas a descoberto (*apud* R. C. MICHIE, *The Global Securities Market. A History*, Oxford, New York, 2006, p. 27).
[4] RIPERT, ROBLOT, DELEBECQUE & GERMAIN, *Traité de Droit Commercial*, 16.ª ed., Paris, 2000, tomo 2, p. 112.
[5] Sobre a jurisprudência neste período, respectivamente em França e na Alemanha, VAUPLANE & BORNET, *Droit des marchés financiers*, Paris, 1998, p. 535 e ss., e H. WIENER, *Das Differenzgeschäft vom Standpunkt der jetzigen Rechtsprechung*, Berlin, 1893 (com referências também à legislação e à jurisprudência noutros países europeus e nos Estados Unidos).

Por um lado, em França, uma lei de 28 de Março de 1885 reconhecia como «legais» os mercados a prazo e prescrevia que «ninguém pode, para se subtrair às obrigações que deles resultem, prevalecer-se do artigo 1965 do Código Civil, mesmo que [as operações] se resolvam pelo pagamento de uma simples diferença». Também em Espanha, o Tribunal Supremo, em sentenças de 1896 e 1897, usando já a expressão contratos diferenciais, se pronunciou no sentido da vinculação por efeito de operações realizadas em conformidade com os regulamentos de bolsa, recusando a sua qualificação como jogos de azar[6].

Pelo contrário, na Alemanha, o Código Civil de 1896 incluía uma disposição (o § 764)[7], intitulada «negócio diferencial» (*Differenzgeschäft*), que, pela sua relevância, mesmo para outros direitos, se traduz integralmente:

> «Se um contrato relativo à entrega de mercadorias ou de títulos de crédito for concluído com a intenção de que a diferença entre o preço acordado e o preço em bolsa ou no mercado no momento da entrega deva ser pago pela parte que perde à parte que ganha, o contrato é considerado como jogo. Isto vale também se a intenção de pagamento da diferença pertencer a uma só das partes, desde que a outra parte conheça ou deva conhecer tal intenção».

Este preceito influenciou o Código das Obrigações suíço, de 1911, que, no artigo 513.°, n.° 2, dispõe não serem exigíveis os créditos gerados em «mercados diferenciais e outros mercados a prazo sobre mercadorias

---

[6] PÉREZ GONZÁLEZ & JOSÉ ALGUER, em anotação a ENNECCERUS/LEHMANN, *Derecho de Obligaciones*, 3.ª ed., II tomo, 2.ª parte, vol. 2.°, Barcelona, 1966 (trad. da ed. alemã de 1958), p. 799, com menção de sentenças anteriores (de 1884, 1888 e 1889) em sentido oposto; J. I. SANZ CABALLERO, *Derivados financieros*, Madrid, 2000, p. 244; F. ZUNZUNEGUI, *Lecciones de Derecho Bancario y Bursátil*, Navalcarnero, 2001, p. 434.

[7] Na redacção definitiva, alinhada com a orientação jurisprudencial antecedente e com a primeira formulação da *Börsengesetz*, também de 1896 (cfr. M. HABERSACK, *§ 764*, Münchener Kommentar zum BGB, 3.ª ed., München, 1997, an. 2), não mereceram portanto aceitação nem o ponto de vista, expresso nos *Motivos*, que considerava o preceito desnecessário por ser escassa a importância prática dos verdadeiros negócios diferenciais (cfr. N. ENGEL, *§ 764*, Staudinger BGB, Berlin, 2002, an 1) nem a recomendação de não proibir ou limitar por lei os negócios diferenciais, que fora formulada em 1882 pelo *XVI Deutsch Juristentag* (esta conclusão foi apodada de ingénua e acerbamente criticada por C. G. FREUDENSTEIN, *Börsensteuer, Zeitgeschäft und Differenzspiel nach privaten, rechtlichen und publicistischen Gesichtpunkt*, 2.ª ed., Minden i. West., 1883, p. 8 e ss.).

e valores de bolsa, quando tenham o carácter de jogo ou aposta»[8], assim como o Código Civil brasileiro, de 1916, que, no artigo 1479, equiparava ao jogo (com as mesmas consequências) «os contratos sobre títulos de bolsa, mercadorias ou valores, em que se estipule a liquidação exclusivamente pela diferença entre o preço ajustado e a cotação que eles tiverem no vencimento do ajuste»[9].

IV. Entretanto, em Portugal, o Código Comercial de 1888 impunha, no artigo 355.°, a entrega efectiva dos títulos e o pagamento do preço nas negociações a prazo sobre fundos públicos, cominando a infracção com insuficiência da indemnização «pelo simples pagamento da diferença na cotação» (§ único) e com a inadmissibilidade de acção em juízo a favor do pretenso credor por efeito de operações a descoberto (art. 356.°). O Regulamento do Serviço e das Operações das Bolsas, de 10 de Outubro de 1901, estendeu este regime a quaisquer operações de bolsa a prazo (arts. 48.° e 49.°)[10]. Daí extraiu a doutrina a conclusão de que os «negócios diferenciais directos» seriam nulos por ofensa de uma lei de interesse e ordem pública[11].

---

[8] Em vigor, com referência a 1 de Maio de 2007, segundo informação oficial da Confederação suíça (*http://www.admin.ch/ch/f/rs/220/a513.html*).

[9] «Anacronismo» entretanto «derrogado pelos usos comerciais» (E. PERIN JUNIOR, *O hedging e o contrato de hedge. Mercados futuros*, http://jus2.uol.com.br/doutrina/texto.asp?id=635, 2000, p. 6). O Código Civil brasileiro de 2002 mantém no artigo 816 a referência a estes contratos, mas dispõe precisamente em sentido inverso, excluindo a aplicação dos preceitos antecedentes relativos ao jogo e à aposta.

[10] No Decreto n.° 21.858, de 21 de Fevereiro de 1933, que aprovou o regulamento geral das bolsas de mercadorias, previa-se a realização de operações a contado e a prazo (art. 24.°), pressupondo, numas e noutras, a entrega efectiva das mercadorias (cfr. arts. 36.° e seguintes sobre entregas e liquidações). As operações a prazo eram definidas pela «entrega em mês determinado» ou «entrega a prazo» (art. 26.°). Todavia, a natureza de títulos endossáveis atribuída às «contratas» passadas pelos corretores aos ordenadores (art. 40.°) permitia a especulação sem liquidação física durante o prazo da operação.

[11] RUY ULRICH, *Da bolsa e suas operações*, cit., p. 490, apesar de dar sinais de discordar da política legislativa (p. 487) e de se mostrar céptico quanto à observância prática da lei (p. 489); L. CUNHA GONÇALVES, *Da compra e venda no direito comercial português*, 2.ª ed., Coimbra, 1924, p. 505, sustentando porém a irrepetibilidade da dívida paga no âmbito de um «contrato diferencial», «pois o jogo de bolsa está longe de ser um jogo de azar» (p. 506). Este mesmo A. qualificou porém, em obra posterior (*Tratado de Direito Civil em comentário ao Código Civil português*, VIII, Coimbra, 1934, p. 312), os «contratos diferenciais» como «puro jogo de azar», embora considerasse fraca a repressão legal.

O Código Civil de 1867 não contemplava expressamente tais contratos entre os contratos aleatórios (arts. 1537.º a 1543.º), mas um autor[12], pelo menos, qualificava-os como contratos de jogo, sujeitos ao regime do artigo 1542.º

V. No século XX, até aos anos oitenta, nada se passou de especialmente relevante nos direitos europeus acerca dos negócios diferenciais. Mas, a partir de então, multiplicaram-se as disposições legislativas tendentes a delimitar ou esclarecer, nem sempre com pleno sucesso, a licitude daqueles negócios[13]. Assim:

Em França, a citada lei de 1885, apesar de permissiva, deixava subsistir o contencioso sobre a validade de alguns contratos financeiros a prazo, designadamente se celebrados fora de bolsa. Alguns tribunais continuaram a aceitar a excepção de jogo, quando os contraentes tivessem a intenção de jogar e não a intenção de concluir um contrato sério[14].

Leis de 1985 e de 1991 reconheceram a legalidade dos mercados a prazo sobre taxas de juro e de *swaps* de índices e de divisas. Uma reformulação completa coube à Lei n.º 96-597, de 2 de Julho de 1996, sobre a modernização das actividades financeiras. Mas as dúvidas sobre a validade não ficaram ainda totalmente dissipadas em face do artigo 46-1, que, repetindo a formulação da lei de 1885 quanto aos contratos que «se resolvam pelo pagamento de uma simples diferença», aditou um requisito geral para a validade dos instrumentos financeiros – a licitude da sua causa e do seu objecto – que abriu a porta à antiga controvérsia sobre a validade de alguns contratos financeiros a prazo[15]. Além disso, prescreveu, no artigo 46-2, que os contratos a prazo sobre mercadorias e géneros, sem direito a entrega, só possam ser celebrados com a participação de uma instituição financeira.

---

[12] CUNHA GONÇALVES (cfr. nota anterior).

[13] Mas também se registam decisões jurisprudenciais no sentido da proibição, por exemplo, as sentenças do tribunal de Milão de 1993 e 1994 que qualificaram como aposta e aplicaram a excepção de jogo a contratos de *swap* de divisas e de taxas de juro por terem sido estipulados com finalidade meramente especulativa, sem uma causa que justifique tutela (*apud* L. VALLE, *Il contratto future, I contratti del commercio, dell'industria e del mercato finanziario*, org. F. Galgano, vol. 4, Torino, 1997, p. 393 e ss., p. 432).

[14] PLANIOL & RIPERT, *Traité Pratique de Droit Civil*, XI, *Contrats civils* (por Rouast, Savatier e outros), Paris, 1954, p. 561 e ss.

[15] VAUPLANE & BORNET, *Droit des marchés financiers*, cit., p. 540 e s.

No Reino Unido, a secção 63 do *Financial Services Act 1986* declarou a inaplicabilidade da já citada secção 18 do *Gaming Act 1845* às operações referidas no seu anexo I, nas quais se incluíam opções, futuros e contratos diferenciais (*contracts for differences*), definidos como contratos celebrados com a intenção de garantir um lucro ou evitar uma perda por referência a flutuações no valor ou no preço de activos, índices ou outros factores indicados no contrato.

Não foram todavia esclarecidas todas as dúvidas, que a jurisprudência anterior suscitava, sobre a qualificação como aposta e a consequente ilicitude dos contratos diferenciais que não tenham como objectivo a gestão de risco, designadamente de alguns contratos de *swap*[16]. Sob este aspecto, nada se alterou de substancial com a substituição deste diploma pelo *Financial Services and Markets Act 2000* (cfr. sec. 412 e anexo II, n.º 19). A qualificação como aposta de quaisquer contratos diferenciais celebrados por intermediários financeiros autorizados parece porém excluída pelo *Gambling Act 2005* (sec. 10, n.º 1).

Na Alemanha, em 1989, a *Börsengesetz*, profundamente alterada na parte relativa à regulação dos mercados a prazo, passou a incluir, no § 58, a declaração expressa de inaplicabilidade aos contratos de bolsa a prazo, permitidos por lei, da excepção de jogo que o § 764 do BGB prescrevia para os negócios diferenciais. Ficou assim clara a validade dos negócios diferenciais de bolsa, ainda que especulativos[17], bem como a restrição do campo de aplicação deste preceito aos contratos celebrados fora de bolsa[18]. Uma parte da doutrina admitiu mesmo a validade de todos os contratos a prazo, incluindo contratos diferenciais, desde que se destinassem à realização de fim económico igual ao dos negócios de bolsa a prazo[19].

---

[16] A. HUDSON, *The Law on Financial Derivatives*, 2.ª ed., London, 1998, p. 148 e s., 331 e s.; J. JAKEWAYS, «The legal nature of credit derivatives», em *Credit Derivatives. Law, Regulation and Accounting Issues* (org. A. HUDSON), London, 2000, p. 47 e ss. (p. 57 e s.).

[17] HÄUSER & WALTER, «Börsentermingeschätfte», *Handbuch des Kapitalanlagerechts* (org. ASSMANN & SCHÜTZE), München, 1990, p. 407 e ss. (p. 450 e s., 479), baseando-se noutra doutrina e numa sentença do BGH de 1985 (anterior portanto à *Novelle* que alterou a *Börsengesetz*) que reconheceu a necessidade funcional dos negócios especulativos no mercado a prazo.

[18] ENGEL, *§ 764*, cit., an. 24.

[19] Cumprindo assim o requisito do § 50 (1), 2.ª parte, da *Börsengesetz*, na nova redacção (cfr. SCHWINTOWSKI & SCHÄFFER, *Bankrecht. Commercial Banking – Investment Banking*, Köln, Berlin, Bonn, München, 1997, p. 877 e ss.). Conclusão similar em S. KÜMPEL, *Bank- und Kapitalmarktrecht*, Köln, 1995, p. 1054 e ss.

A sequência natural haveria de ser a revogação do § 764 do BGB, já reclamada pela doutrina, que se veio a verificar em 21 de Junho de 2002, através da mesma 4.ª Lei de fomento do mercado financeiro (*Finanzmarktförderungsgesetz*) que aprovou uma nova Lei da Bolsa. Julgou-se assim supérflua a referência explícita, nesta lei, a negócios diferenciais, cuja admissibilidade resulta indirectamente do âmbito, não isento de dúvidas, que se atribua aos derivados, incluídos na categoria ampla de títulos de crédito, tal como descrita no § 2 da lei de 1998 que regula a sua negociação[20].

VI. Entretanto, em Portugal, o (novo) Código Civil (de 1966), apesar da influência que nele exerceu o BGB, não seguiu a orientação de integrar os negócios diferenciais no âmbito dos contratos de jogo e aposta (cfr. art. 1245.º). O Decreto-Lei n.º 8/74, de 14 de Janeiro, de efémera vigência efectiva, revogou o Regulamento das Bolsas, de 1901, mas reafirmou, no artigo 63.º, n.º 2, a regra contrária à licitude dos contratos diferenciais, dispondo que «nas operações firmes a prazo o comprador é sempre obrigado ao pagamento integral do preço e o vendedor à entrega dos títulos».

Foi o Código do Mercado de Valores Mobiliário, de 1991, o primeiro diploma legal português que inverteu esta tendência[21], admitindo a celebração de contratos diferenciais, que designava como «operações a prazo liquidáveis por compensação» (art. 418.º). Estas operações poderiam realizar-se em bolsa ou noutro mercado secundário criado exclusiva ou principalmente para esse efeito e incidir sobre taxas de juro, índices ou outros instrumentos financeiros de natureza semelhante (art. 424.º, n.º 1). Mas a solução era ainda tímida, em consequência das seguintes limitações:

– realização restrita a uma técnica indirecta, através de «operação de sentido inverso, com a mesma data de vencimento e que tenha por objecto valores idênticos e na mesma quantidade» (art. 418.º);
– direito do «adquirente de qualquer contrato» a exigir da contraparte (art. 424.º, n.º 3), em vez da diferença em dinheiro «entre o preço

---

[20] Cfr. *Wertpapierhandeldsgesetz. Kommentar* (org. ASSMANN & SCHNEIDER), 2.ª ed., Köln, 1999, em especial, § 2, an. 24 e ss.; *Kapitalmarktrechtskommentar* (org. E. SCHWARK), 3.ª ed., München, 2004, em especial, § 6, an. 8, § 13, an. 9, da *Börsengsetz*, e § 2, an. 9 e ss., da *Wertpapierhandeldsgesetz*.

[21] O Decreto-Lei n.º 142/91, de 10 de Abril, que aprovou o Código, revogou, no art. 24.º, entre outros preceitos do Código Comercial, os citados arts. 355.º e 356.º

da operação inicial e o da operação de cobertura» (art. 418.°), a entrega efectiva dos valores, que, nos casos de contratos sobre índices, haveriam de corresponder à «carteira teórica transaccionada, nas exactas proporções em que entram na sua composição» (art. 424.°, n.° 3, alínea *b*);
– necessidade de autorização pelo Ministro das Finanças (art. 424.°, n.° 1).

As duas primeiras limitações foram levantadas pelo Decreto-Lei n.° 196/95, de 29 de Julho, que deu nova redacção a diversos preceitos do Código, com o intuito de assegurar «condições de viabilidade e de desenvolvimento do novo mercado» de futuros e opções.

Em relação a qualquer destas operações, passou a admitir-se, em alternativa à liquidação física da operação ou do exercício da opção, a possibilidade de o contrato estipular directamente a obrigação de pagamento da «diferença entre o preço resultante do contrato», ou «o preço de exercício» da opção, «e um preço de referência calculado pela entidade gestora para a data da liquidação da operação» (arts. 418.° e 419.°).

Um passo mais no sentido da clarificação e da generalização dos contratos diferenciais foi dado pelo Código dos Valores Mobiliários, de 1999, que, agora sem necessidade de autorização ministerial, admitiu e regulou, entre as operações de bolsa a prazo, os contratos de futuros de que resulte a obrigação de «entrega, em data estipulada, da diferença entre o preço fixado no contrato e um preço de referência futuro» e os contratos de opção de que resulte o direito de «receber a diferença entre o preço de exercício e um preço de referência futuro» (arts. 253.°, alínea *c*), e 254.°, alínea *c*), ambos na redacção original).

VII. Nas mais recentes alterações legislativas dos direitos europeus, esteve sempre presente a ordem jurídica comunitária. A Directiva 93/22/ /CEE, de 10 de Maio de 1993, relativa aos serviços de investimento em valores mobiliários (DSI), alargou o elenco dos instrumentos financeiros, incluindo neles os contratos a prazo sobre taxas de juro, os futuros, as opções e os *swaps* sobre taxas de juro, divisas e índices. Difícil seria compatibilizar este elenco com a subsistência de inadmissibilidade de contratos diferenciais.

O Tribunal de Justiça, no acórdão de 10 de Maio de 1995 proferido no caso *Alpine Investments*, em que estava em causa um contrato diferencial sobre o preço de mercadorias (n.° 4 da sentença), aceitou as restrições legais holandesas sobre o modo de formação do contrato à distância (n.º 56), com fundamento no carácter altamente especulativo do mercado de mercadorias a termo (n.º 46) e no alcance limitado da regulamentação restritiva (n.ºs 42 e 54). Reconheceu porém, implicitamente, a sua licitude, validade e justificação, quando (no n.º 42) salientou o papel importante que os mercados financeiros desempenham no financiamento dos agentes económicos (o que, no caso, teria naturalmente de incluir aquela categoria de contratos a prazo diferenciais).

O marco decisivo para a legitimação na União Europeia dos contratos diferenciais surge com a Directiva 2004/39/CE do Parlamento Europeu e do Conselho, de 21 de Abril de 2004, relativa aos mercados de instrumentos financeiros (DMIF), que, no seu anexo I, secção C, estabelece um novo elenco dos instrumentos financeiros, no qual se incluem os «contratos financeiros por diferenças» (*financial contracts for differences*) (n.º 9), além de opções, futuros, *swaps* e outros contratos a prazo sobre valores mobiliários, divisas, taxas de juro, índices (n.º 4), mercadorias (n.º 5), variáveis climáticas, tarifas de fretes, licenças de emissão, taxas de inflação ou quaisquer outras estatísticas económicas oficiais (n.º 10), que devam ou possam ser liquidados em dinheiro.

Na transposição desta directiva para o direito português, o artigo 2.º, n.º 1, do Código dos Valores Mobiliários, com a redacção que lhe foi dada pelo Decreto-Lei n.º 357-A/2007, de 31 de Outubro, menciona, na alínea *d*), os contratos diferenciais e, na alínea *e*), contratos derivados susceptíveis de terem natureza diferencial. A regulação sobre operações a prazo foi tacitamente revogada, através da substituição integral dos artigos 252.º e seguintes por preceitos que tratam de matéria diferente («internalização sistemática»; cfr. *infra*, n.º 4-II). Ter-se-á julgado suficiente registar a admissibilidade genérica dos contratos diferenciais, sendo preferível deixar para a autonomia privada (e para os regulamentos de mercado em especial) a conformação concreta das operações.

2. Tipologia e conceitos

I. Em nenhuma ordem jurídica (que seja do meu conhecimento) o contrato diferencial foi acolhido como tipo legal com denominação, descrição e regime específicos. As referências legislativas dispersas a contratos diferenciais ou à liquidação de contratos por diferenças têm-se limitado ora a descrevê-los para os proibir (exemplo, o § 764 do BBG) ou para os permitir (exemplo, os *Financial Services Acts* ingleses) ora a mencioná--los sem os descrever (exemplo, a DMIF e os diplomas nacionais de transposição). As leis que mais se aproximaram da tipificação terão sido os códigos portugueses – o Código do Mercado de Valores Mobiliários, na versão de 1995, e o Código dos Valores Mobiliários, na versão originária de 1999, embora sem denominação específica e como variedade dos contratos de futuros e de opções.

A observação, relativa a mais de três séculos, da prática e dos usos negociais, da legislação, da jurisprudência e da doutrina fornece todavia os dados bastantes para ensaiar uma tipologia dos contratos diferenciais. Não se trata realmente de um só tipo contratual, mas antes de uma categoria integradora de vários tipos sociais, que se foram moldando sobre sucessivas gerações de contratos celebrados nas bolsas a prazo de mercadorias e de valores mobiliários (e também fora delas), por vezes com perfis polvilhados de ficções, escolhidos para defraudar ou contornar regimes legais desfavoráveis aos objectivos de uma ou de ambas as partes.

II. Segundo uma primeira linha divisória, podem separar-se os contratos diferenciais directos e os contratos diferenciais indirectos[22].

Os contratos diferenciais directos (ou simples ou *stricto sensu*) subtipificam-se consoante o modelo de contrato a prazo com entrega e pagamento efectivos sobre o qual tenha sido historicamente construído: futuro, opção ou *swap*[23-24].

---

[22] Assim, RUY ULRICH, *Da bolsa e suas operações*, cit., p. 483 e ss. A divisão dicotómica dos contratos diferenciais surge com frequência na doutrina, variando todavia os critérios e a nomenclatura. O critério adoptado aproxima-se de outros propostos, embora com variações terminológicas: simples (um só contrato) e complexos (mais do que um contrato), podendo estes ser por sua vez próprios ou impróprios, conforme as partes intervenientes nos contratos sejam ou não coincidentes (C. NASSETTI, *Profili civilistici dei contratti «derivati» finanziari*, Milano, 1997, pp. 57 e s., 209 e s.; VALLE, *Il contratto future*, cit., p. 425, nota 118; MIGUEL CUNHA, «Os futuros de bolsa: características contratuais e de mercado», *Direito dos Valores Mobiliários*, I, 1999, p. 63 e ss., p. 123 e ss.; SANZ CABALLERO, *Derivados financieros*, cit., p. 248); puros e espontâneos, conforme haja um só negócio ou duas compras e vendas (J. E. CACHÓN BLANCO, *Derecho del mercado de valores*, II, Madrid, 1993, p. 277); puros e impróprios (FREUDENSTEIN, *Börsensteuer, Zeitgeschäft und Differenzspiel...*, cit., p. 10 e ss., 32 e ss.); abertos e ocultos, consoante a estipulação de pagamento de uma diferença seja expressa ou não no contrato (HABERSACK, *§ 764*, cit., an. 11, 12; M. LENENBACH, *Kapitalmarkt- und Börsenrecht*, Köln, 2002, p. 305 e s.).

[23] Segundo HUDSON, *The Law on Financial Derivatives*, cit., pp. 7, 33, 147, todos os derivados (também os diferenciais, entenda-se) se reconduzem a uma destas três modalidades, entre si estritamente ligadas na essência: o *swap* pode ser definido como uma série

Futuros[25] diferenciais são os contratos em que é devida por uma ou por outra das partes uma prestação em dinheiro, igual à diferença entre o valor de referência inicial de um bem, real ou nocional, e o valor de mercado do mesmo bem em data futura. A obrigação recai sobre aquela das partes que tenha errado na previsão da alta ou da baixa do preço ou da cotação[26].

Os futuros diferenciais distinguem-se de outros contratos diferenciais pelas duas seguintes características cumulativas:

– o valor inicial de referência e o valor de mercado em data futura respeitam a um único bem ou indicador de mercado (valor mobiliário, instrumento financeiro derivado, mercadoria, licença de emissão, tarifa, taxa de juro, taxa de câmbio, índice);
– é sempre devida uma prestação, que recai sobre uma das partes.

de *forwards* (cfr. nota 25) ou como uma série de opções gémeas (*call options* e *put options*); o *forward* como duas opções, uma *call option* para uma das partes e uma *put option* para a outra parte (sem prémio, acrescento eu).

[24] Sobre a estrutura do conteúdo contratual de futuros, opções e *swaps*, ver o meu livro *Contratos II. Conteúdo. Contratos de troca*, Coimbra, 2007, pp. 153 e ss., 134 e ss., do qual se extraem, adaptando, os conceitos e observações das notas seguintes. Para uma perspectiva financeira, ver M. SCHMIDT, *Derivative Finanzinstrumente. Eine anwendungsorientierte Einführung*, 3.ª ed., Stuttgart, 2006; I. USZCZAPOWSKI, *Optionen und Futures verstehen*, 5.ª ed., München, 2005.

[25] Os futuros com obrigação de entrega de mercadorias ou valores mobiliários são uma modalidade de contrato de compra e venda de que resulta a obrigação de adquirir ou de alienar, numa data futura, valores mobiliários ou mercadorias, mediante o pagamento ou o recebimento, na mesma data, de um preço pré-determinado. Note-se que, no presente artigo, se englobam na classe dos futuros também os chamados *forwards*, que, na prática e nalguma doutrina (por exemplo, HUDSON, *ob. cit.*, pp. 32, 419), se distinguem dos *futures* por serem negociados fora de bolsa. Em consequência, *futures* caracterizam-se, neste critério, por um maior grau de estandardização e pela possibilidade de ajustes diários. A distinção foi recebida pela DMIF, que, sem definir, usa, na versão portuguesa, «futuros» (*futures*) e «contratos a prazo» (*forwards*). Na versão francesa, *futures* foi traduzido por *contrats à terme* e *forwards* por *contrats à terme ferme*.

[26] No direito português, este tipo contratual foi descrito pela primeira vez na lei (embora sem expressa denominação como diferencial) pelo art. 418.º, alínea *b*), do Código do Mercado de Valores Mobiliários (versão de 1995), a que sucedeu, sem alterações substanciais, o art. 253.º, alínea *c*), do Código dos Valores Mobiliários. Ainda na vigência do CMVM, MIGUEL CUNHA, *Os futuros de bolsa*, cit., p. 118 e ss., qualificou como «contratos diferenciais simples» os futuros «que geram meras obrigações de liquidação financeira». Também AMADEU FERREIRA, «Operações de futuros e opções», *Direito dos Valores Mobiliários*, Lisboa, 1997, p. 121 e ss., se referiu aos «futuros que não admitem liquidação física» (p. 156 e ss.) e às «opções que dão direito ao apuramento de um saldo» (p. 170 e s.), mas foi renitente na sua qualificação como contratos diferenciais, que já antes mencionara (p. 130) com a indicação de serem praticamente desconhecidos em Portugal.

Na gíria continua a falar-se em comprador e em vendedor, considerando-se como comprador a parte (diz-se em *long position*) que beneficie com baixa da cotação e como vendedor a parte (diz-se em *short position*) que beneficie com a alta de cotação[27].

As opções[28] diferenciais partilham da primeira daquelas características (um só activo de referência ou indicador de mercado), mas, em vez da segunda, conferem o (eventual) direito à diferença (entre o preço de exercício e o preço de mercado na data do exercício) apenas à parte que tenha o direito de opção, se esta tiver previsto correctamente a alta ou a baixa do preço ou da cotação (diz-se, na gíria, se a opção estiver *in the money*). Na verdade, se a oscilação do mercado lhe for desfavorável (*out of the money*) ou nula (*at the money*), só perderá o prémio pago pelo direito de exercício da opção[29].

Na prática, usam-se para as opções diferenciais os mesmos termos que se usam para a opção de compra (*call option*) e para a opção de venda (*put option*).

Os *swaps*[30] diferenciais partilham com os futuros diferenciais apenas a segunda das suas características (pagamento por uma ou por outra das

---

[27] Cfr. nota 25.

[28] As opções, referidas a contratos com obrigação de entrega de mercadorias ou valores mobiliários, são contratos que, mediante o pagamento de um prémio, atribuem o direito potestativo de adquirir ou alienar, por preço pré-determinado, em data futura ou até uma data futura, valores mobiliários ou mercadorias. Têm pois, como o nome espelha, a natureza de contratos de opção, porque atribuem o direito potestativo à formação de um outro contrato (o contrato optativo), em relação ao qual desempenham uma função preliminar (cfr. o meu livro *Contratos I. Conceito. Fontes. Formação*, 3.ª ed., Coimbra, p. 144 e ss.). Também se designam como opções os contratos (de compra e venda) que transmitem direitos de opção.

[29] No direito português, este tipo contratual foi descrito pela primeira vez na lei (embora sem a expressa denominação como diferencial) pelo art. 419.°, alínea *b*), do Código do Mercado de Valores Mobiliários (versão de 1995), a que sucedeu, sem alterações substanciais, o art. 254.°, alínea *c*), do Código dos Valores Mobiliários.

[30] Os *swaps* não diferenciais são contratos de permuta pelo quais as partes se obrigam reciprocamente a pagar, em data futura ou em datas sucessivas, o montante das obrigações da outra parte ou o produto da cobrança dos seus próprios créditos. A legislação portuguesa não regula nem tipifica o contrato de *swap*, mas faz-lhe menção em várias normas: agora, no Código dos Valores Mobiliários, art. 2.°, n.° 1, alínea *e*) (com a redacção de 2007); já antes, *v. g.*, em diplomas de índole fiscal (Código do IRS, art. 5.°, n.ᵒˢ 2, alínea *q*), 6 e 7, Código do IRC, arts. 9.°, n.° 4, e 179.°, Estatuto dos Benefícios Fiscais, art. 29.°) e sobre titularização (Decreto-Lei n.° 453/99, de 5 de Novembro, com alterações, arts. 14.°, n.ᵒˢ 1 e 3, 24.°, n.° 3).

partes), distinguindo-se quer dos futuros quer das opções pela referência a uma dualidade de passivos (*v. g.* dívidas com diferentes taxas de juro ou de câmbio) ou de activos, reais ou nocionais. O pagamento devido é igual à diferença entre os valores relativos desses passivos ou activos na data inicial de referência e numa data futura ou em sucessivas datas[31].

Atendendo a esta variedade – além de combinações, como opções e futuros sobre *swaps* (*swaptions*, *forward swaps*[32]) –, não é fácil enunciar um conceito único de contrato diferencial (directo).

Eis um ensaio[33]: contrato em que é devida uma só prestação em dinheiro, igual à diferença entre o valor de referência inicial de um bem (real ou nocional), de um indicador de mercado[34] ou da relação entre dois bens ou indicadores de mercado[35] e o valor de mercado em data futura do mesmo bem, indicador de mercado ou relação de valores. A prestação beneficia aquela das partes que, podendo exigi-la[36], tenha previsto correctamente a

---

[31] Se as obrigações forem pecuniárias e o seu cumprimento simultâneo, é difícil que o *swap* não seja diferencial. Contra a qualificação de todos os contratos de *swap* como diferenciais, S. ZAMORANO ROLDÁN, *El contrato de* swap *como instrumento financiero derivado*, Bologna, 2003, pp. 118 e s., 144 ss. Na literatura portuguesa, M. CLARA CALHEIROS, *O contrato de* swap, Coimbra, 2004, p. 106 e ss., recusou a qualificação como contratos diferenciais dos *swaps* «em que se estipula como forma de extinção das obrigações daí decorrentes a compensação», sustentando mesmo que uma tal assimilação constitui uma ameaça e um risco (ver, em sentido próximo, NASSETTI, *Profili civilistici dei contratti «derivati» finanziari*, cit., p. 56 e ss.). A possibilidade de invocação da excepção de jogo terá, em minha opinião, obscurecido a análise estrutural.

[32] Cfr. SCHMIDT, *Derivative Finanzinstrumente*, cit., pp. 166 e ss., 183 e s.

[33] Os contratos diferenciais, como todos os contratos, devem definir-se pela positiva, indicando o respectivo conteúdo e efeitos, e não pela negativa, por referência ao contrato de compra e venda, como se verifica na generalidade dos conceitos ou comentários doutrinários. Na literatura portuguesa, é sintomático o conceito proposto por M. CLARA CALHEIROS, *O contrato de* swap, cit., p. 107: contrato em que «as partes num contrato de venda ou noutro com prestações correspectivas *convencionem não cumprir* as obrigações assumidas – a entrega das coisa e pagamento do preço –, mas…». Outros excertos elucidativos: «negócio diferencial é a *compra ou venda* de mercadorias ou de títulos de crédito, em que *não há intenção* de entregar efectivamente nem a mercadoria nem o preço, mas apenas a diferença entre…» (W. FIKENTSCHER, *Schuldrecht*, 9.ª ed., Berlin, New York, 1997, p. 628); «o § 1271 [do Código Civil austríaco, sobre jogo e aposta] aplica-se também a negócios a termo nos quais a reconhecida *intenção das partes não visa* o cumprimento efectivo do contrato, mas o pagamento da diferença entre…» (KOZIOL & WELSER, *Grundriss des bürgerlichen Rechts*, 10.ª ed., Wien, 1995, p. 412).

[34] Elemento comum aos futuros e às opções diferenciais.

[35] Elemento específico dos *swaps* diferenciais.

[36] Elemento específico das opções diferenciais, incluindo opções sobre *swaps*.

alta ou a baixa do valor de mercado ou a valorização de um dos bens em relação ao outro.

Conforme o que for estipulado, o pagamento da diferença pode efectuar-se por uma só vez, na data de encerramento da operação, ou através de ajustes periódicos em conta corrente (cfr. *infra*, n.° 3-I).

A maioria dos futuros, opções e *swaps* tem actualmente a natureza de contratos diferenciais[37], praticamente necessária quando as operações tenham subjacentes activos ou passivos monetários (*v. g.* taxas de juro), nocionais (*v. g.* índices) ou outros, menos clássicos, como variáveis climáticas, tarifas de fretes, licenças de emissão, taxas de inflação e outras estatísticas económicas oficiais (cfr. DMIF, anexo I, C, n.° 10).

Os contratos diferenciais directos conhecem um grande incremento desde os anos 90 do século XX. Em consequência da sua fácil negociação via Internet, onde, sob a designação abreviada de CFD's, proliferam as promoções de bancos e de outros intermediários financeiros, em especial, ingleses e australianos. O modelo contratual mais frequente está desenhado sobre os futuros, variando os instrumentos subjacentes, com predomínio de acções, índices de bolsas de valores e taxas de câmbio[38].

III. Na classe dos contratos diferenciais directos podem ainda incluir-se aqueles em que o pagamento por diferença constitui um modo de cumprimento alternativo em relação ao cumprimento por entrega efectiva e integral dos bens vendidos ou trocados.

Este conjunto admite, por sua vez, algumas variantes, em função de dois critérios.

Primeiro critério: conforme o contrato deixe totalmente em aberto a alternativa, sem indicar o modo de execução, exigindo assim uma escolha posterior até ao vencimento[39], ou atribua antes a faculdade alternativa de alteração subsequente do modo de execução pré-determinado no contrato,

---

[37] P. R. WOOD, *Title Finance, Derivatives, Securitisations, Set-off and Netting*, London, 1995, pp. 207, 211, em relação a futuros e opções; E. M. VALPUESTA GASTAMIZA, «Las operaciones "swap"», *Contratos internacionales* (org. CALVO CARAVACA, FERNÁNDEZ DE LA GÁNDARA & BLANCO-MORALES LIMONES), Madrid, 1997, p. 1047 e ss. (p. 1060), em relação a *swaps* de taxas de juro.

[38] Mais informação no sítio na Internet da *Investment Dealers Association of Canada* (http://www.ida.ca/Files/Compliance/RegAnalysisCFD_en.pdf).

[39] A. MADRID PARRA, *Contratos e mercados de futuros y opciones*, Madrid, 1994, p. 77, considera esta a hipótese normal na execução de contratos de futuros.

por defeito[40]. Nesta segunda hipótese, o objecto da faculdade alternativa tanto pode ser um só pagamento por diferença como o cumprimento das obrigações recíprocas de entrega não monetária e de pagamento do preço[41].

Segundo critério: conforme o direito de escolha ou a faculdade de alteração (que por vezes se designa por opção) pertença a qualquer das partes ou apenas a uma delas (geralmente aquela que se encontra na posição de contraparte da entidade gestora do mercado ou do intermediário financeiro que promove a operação).

Qualquer destas modalidades é admissível no direito português vigente. O artigo 2.º, n.º 1, alínea *e*), inciso *i*), do Código dos Valores Mobiliários (na versão de 2007), refere-se a opções, futuros, *swaps* e outros contratos derivados, «com liquidação física ou financeira». Embora a disjuntiva «ou» se possa referir, em primeira linha, a duas modalidades de contratos, não está excluída a admissibilidade de a alternativa se reportar a dois modos de execução no mesmo contrato[42].

No inciso *ii*) da mesma alínea *e*), faz-se referência a contratos «com liquidação financeira ainda que por opção de uma das partes». Parece que aqui se tem em vista a faculdade alternativa de execução de contratos pelo pagamento de uma diferença[43-44].

---

[40] É evidente que se usa aqui a terminologia consagrada para as modalidades das obrigações (cfr., por todos, L. MENEZES LEITÃO, *Direito das Obrigações*, I, *Introdução. Da constituição das obrigações*, 5.ª ed., Coimbra, 2006, p. 152). Trata-se porém de uma adaptação, porque o objecto sobre que, nesta situação, incide a alternativa é mais complexo, uma vez que não envolve uma só obrigação, mas a substituição de duas obrigações recíprocas por uma só obrigação, com conteúdo diferente.

[41] Hipótese já contemplada por FREUDENSTEIN, *Börsensteuer, Zeitgeschäft und Differenzspiel...*, cit., p. 13 (negócios diferenciais com o direito para um dos contraentes de optar pela entrega efectiva).

[42] Os arts. 418.º e 419.º do CMVM (na versão de 1995) e os correspondentes arts. 253.º, alíneas *a*) e *c*), e 254.º, alíneas *a*) e *c*), do Código dos Valores Mobiliários (na versão original), previam, para os futuros e para as opções, o cumprimento com entrega do «activo subjacente» ou o pagamento de diferenças.

[43] A formulação do diploma que transpõe a DMIF para o direito português é mais feliz do que a directiva europeia. Esta, além de relacionar os contratos diferenciais entre os instrumentos financeiros (anexo I, secção C, n.º 9), menciona nos n.os 5 e 10 opções, futuros, *swaps* e outros derivados «que devam ser liquidados em dinheiro». Esta expressão foi eliminada no Código dos Valores Mobiliários, evitando a sobreposição de conceitos do texto da DMIF. Na verdade, segundo entendimento unânime, os contratos diferenciais mais comuns geram derivados com necessária liquidação em dinheiro. Não fica claro, no texto da DMIF, o critério pelo qual se distinguem «contratos diferenciais» e contratos «que devam

IV. Nos contratos diferenciais indirectos ou complexos (compreendidos num conceito lato de contratos diferenciais), a obrigação de pagamento de uma diferença em dinheiro não constitui o objecto (ou o único objecto) do contrato, que pode todavia ser, de facto, cumprido através de liquidação financeira por diferença.

Os contratos diferenciais indirectos compreendem uma série de variedades, a maioria dos quais tem origem na timidez legal de reconhecimento explícito de negócios diferenciais directos ou na intenção fraudulenta das partes de contornarem a proibição.

Num primeiro conjunto de contratos diferenciais indirectos (aliás, o mais antigo), o objectivo de liquidação por diferença obtém-se pela conjugação de dois negócios não diferenciais (um negócio e um contranegócio[45]), celebrados com partes coincidentes ou por uma delas com terceiro[46].

Entre as mesmas partes, uma via consiste na celebração, na mesma data ou em datas sucessivas, de dois contratos de compra e venda a prazo simétricos, em que se invertem as posições de vendedor e de comprador em relação aos mesmos bens e com o mesmo vencimento, mas com preços diferentes: um, fixado no contrato, o outro determinável por referência à cotação desses bens (a contado ou a prazo) na data do vencimento.

Como no vencimento as obrigações não monetárias de entrega se confundem, só subsistem as obrigações de pagamento em dinheiro que se extinguem, por compensação, através do pagamento da diferença entre preços, devido pelo comprador no contrato com preço mais alto (isto é,

---

ser liquidados em dinheiro». A fórmula da lei portuguesa não escapa porém a uma sobreposição parcial entre contratos diferenciais e contratos em que o pagamento por diferença surge no contrato como alternativa à liquidação física, a menos que se entenda que estes não pertencem à categoria dos contratos diferenciais. Além disso, parece limitar, sem razão aparente, a liquidação financeira «por opção de uma das partes» aos contratos derivados mencionados no inciso *ii*) da alínea *e*).

[44] O art. 424.°, n.° 3, do CMVM (na versão original), previa que, «nas operações a futuro», «o adquirente de qualquer contrato» pudesse, em vez da liquidação por diferença e «em troca do pagamento do preço», exigir a entrega dos «valores objecto do contrato» ou, no caso de contratos sobre índices, dos «valores integrantes da carteira teórica transaccionada, nas exactas proporções em que entram na sua composição». A situação ilustrava um caso de faculdade alternativa de execução por entrega, com a curiosidade de abranger contratos sobre índices.

[45] *Gegengeschäft* (ver, por exemplo, HÄUSER & WALTER, *Börsentermingeschätfte*, cit., p. 448).

[46] Cfr. bibliografia citada na nota 22.

o comprador no contrato com preço pré-fixado, se a cotação descer, ou o comprador no contrato com preço a determinar, se a cotação subir).

Aplicando a esta situação as regras jurídicas sobre simulação[47] (ou mesmo as regras sobre interpretação dos negócios jurídicos), a dualidade contratual desvanece-se, ficando para a apreciação jurídica um só contrato diferencial directo, coincidente com o negócio dissimulado (ou com a substância estrutural resultante da interpretação), que será válido ou inválido conforme a apreciação pelos seus próprios méritos.

Ainda entre as mesmas partes, outras vias de liquidação por diferença podem ser acordadas no vencimento de um contrato de compra e venda ou de troca a prazo. Duas hipóteses:

- 1.ª: celebração, na data de vencimento, de um contrato simétrico, mas a contado, com as posições pessoais invertidas, com a consequente confusão das obrigações não monetárias e compensação das obrigações monetárias[48];
- 2.ª: dação em cumprimento, substituindo as duas obrigações de entrega por uma só obrigação de pagamento da diferença entre o preço acordado e a cotação na data do vencimento.

Estes acordos podem corresponder à execução de anterior pacto simulatório (com a consequente reconduçâo a um contrato diferencial directo) ou decorrerem de uma genuína avaliação actual dos interesses das partes (e portanto válidos). A distinção é na prática muito difícil[49], porque

---

[47] Conforme preconizava a doutrina alemã, na vigência do § 764 do BGB para os negócios diferenciais ocultos bilaterais (ENNECCERUS / LEHMANN, *Derecho de Obligaciones*, cit., II, 2.ª, 2.º, p. 798; HABERSACK, *§ 764*, cit., an 15; ENGEL, *§ 764*, cit., an. 5). Também RUY ULRICH, *Da bolsa e suas operações*, cit., pp. 482, 486, 491, construiu os contratos diferenciais indirectos pressupondo o recurso à simulação.

[48] Era este o modelo sobre o qual estava concebido o art. 418.º do CMVM, que (na redacção original) era do seguinte teor: «Operações a prazo liquidáveis por compensação ou operações a futuro são operações a prazo que qualquer das partes pode liquidar em qualquer altura até à data do respectivo vencimento, através da realização em bolsa de uma operação de sentido inverso, com a mesma data de vencimento e que tenha por objecto valores idênticos e na mesma quantidade, pagando ou recebendo da outra parte, ou do serviço da bolsa encarregado do registo, compensação e liquidação dessas operações, a eventual diferença entre o preço da operação inicial e o da operação de cobertura.»

[49] Por isso se formularam, por via doutrinária, alguns indícios de simulação, designadamente a disfunção entre as profissões dos contraentes, a natureza dos bens e a quantidade de contratos, a desproporção entre os patrimónios dos contraentes e o valor dos

os mercados dotados de efectiva liquidez conferem fungibilidade económico-financeira entre os bens que se transaccionam e o dinheiro por que se pagam, tornando indiferentes o cumprimento *en nature* ou o pagamento em dinheiro[50].

O objectivo prático de liquidação por diferença de um contrato a prazo em que se estipule a entrega efectiva dos bens não monetários também pode ser alcançado por contrato celebrado com terceiro em que este assuma posição inversa da contraparte no outro contrato.

Se os dois contratos forem celebrados com prazos coincidentes, terão de divergir quanto ao critério de determinação do preço: pré-fixado, num deles, por referência à cotação no vencimento, no outro. Outra modalidade consiste na celebração a contado na data do vencimento do contrato a prazo. Se as duas operações se efectuarem num mesmo mercado dotado de um sistema de liquidação compensatória, a entidade que participa em ambas as operações receberá ou pagará apenas uma diferença em dinheiro, conforme a variação das cotações lhe seja favorável ou desfavorável[51].

Os dois contratos serão, em princípio, válidos, dependendo a nulidade por simulação da prova da interposição de pessoas[52].

3. Estrutura e natureza jurídica

A partir do conceito de contrato diferencial directo deduz-se a estrutura típica do seu conteúdo[53-54] e, desta, a respectiva qualificação (natureza jurídica) segundo vários factores.

---

contratos (ver RUY ULRICH, *ob. cit.*, p. 490 e s.; ENNECCERUS / LEHMANN, *ob. cit.*, p. 796 e s.; HÄUSER & WALTER, *Börsentermingeschätfte*, cit., p. 448 e s.).

[50] RIPERT, ROBLOT, DELEBECQUE & GERMAIN, *Traité de Droit Commercial*, cit., p. 112.

[51] Este modelo também era admitido pelo art. 418.° do CMVM (redacção original).

[52] O § 764 do BGB (agora revogado) cominava com a invocabilidade da excepção de jogo o chamado negócio diferencial oculto unilateral, quando a contraparte conhecesse ou devesse conhecer a intenção de pagamento apenas da diferença, que se poderia revelar precisamente através da celebração de contrato simétrico com terceiro.

[53] A análise subsequente segue o modelo e adopta a nomenclatura que propus em duas obras anteriores: *Texto e enunciado na teoria do negócio jurídico*, Coimbra, 1992, p. 327 e ss., e *Contratos II*, cit., p. 16 e ss. Por vantagem da exposição, a sequência é diferente da indicada nestas obras.

[54] Quanto à formação do contrato, pouco há a dizer, porquanto o tipo contratual não implica um processo específico de formação, salvo na medida em que, quando seja con-

I. *Objectos*. O objecto dos contratos diferenciais é sempre e só dinheiro. Se o contrato tiver um único vencimento (sem ajustes intercalares), a obrigação pecuniária é única, recaindo sobre uma ou sobre a outra das partes. Mas só é certa nos futuros e nos *swaps* (salvo a improvável igualdade de valores entre o valor de referência inicial e o valor de mercado no fecho). Nas opções a obrigação é apenas eventual, dependendo de o exercício ser favorável (se estiver *in the money*). Certo é também, na generalidade das opções, o pagamento inicial do prémio (também em dinheiro), que não tem a natureza de obrigação, mas de atribuição patrimonial necessária para aquisição do direito de opção. Sob este aspecto, as opções são contratos reais *quoad constitutionem*.

Mas, se houver estipulação de ajustes[55], as prestações multiplicam-se, porque, no final de cada período (*v. g.*, um dia, uma sessão do mercado), se procede ao respectivo cálculo, em função da diferença entre o valor inicial de base e a cotação naquela data, ao lançamento a débito e a crédito em conta corrente e ao eventual pagamento do saldo. As flutuações podem determinar até que variem as posições devedora e credora de um

---

trato celebrado com a entidade gestora de mercado regulamentado ou, em geral, contrato de intermediação de instrumentos financeiros, atraia a aplicação de regras próprias desses contratos (*v. g.* adopção de cláusulas contratuais gerais, restrições à contratação fora do estabelecimento). Também os regimes jurídicos dos vícios na formação da decisão (*v. g.* erro e coacção) e da responsabilidade civil pré-contratual não funcionam neste âmbito com regras específicas, ainda que se deva atender à especial densidade dos deveres pré-contratuais do intermediário financeiro, com saliência para os deveres de informação ajustados ao perfil do cliente (*know your costumer*) – cfr. Código dos Valores Mobiliários, art. 312.º. Sobre o problema no direito inglês, com referência às figuras da *suitability*, da *misrepresentation* e da *undue influence*, ver HUDSON, *The Law on Financial Derivatives*, cit., p. 168 e ss.

[55] Código dos Valores Mobiliários, arts. 207.º, n.º 2, e 259.º, n.º 1, alínea *c*) (correspondente ao antigo art. 261.º, n.º 1, alínea *c*). Cfr. AMADEU FERREIRA, *Operações de futuros e opções*, cit., p. 148 e ss.; MIGUEL CUNHA, *Os futuros de bolsa...*, cit., p. 88 e ss. Tendo como referência o direito espanhol, ver E. GALLEGO SÁNCHEZ, *Mercados y contratos de futuros y opciones*, Contratos internacionales (org. CALVO CARAVACA e o.), cit., p. 1108 e ss. (p. 1137); A. CUENCA GARCÍA, *Régimen jurídico de las opciones sobre acciones en el mercado español de opciones y futuros*, Granada, 1999, p. 271 e ss. Os ajustes têm uma função adicional de garantia de posições em contratos de bolsa a prazo (diferenciais ou não), que, noutros direitos (*v. g.* nos anglo-saxónicos; cfr., WOOD, *Title Finance, Derivatives...*, cit., p. 226, e DMIF, anexo I, secção C, n.os 7 e 10), é desempenhada apenas pelas margens (cfr. Código dos Valores Mobiliários, art. 261.º, n.os 1 e 2), igualmente sujeitas a variações. Tanto os ajustes como as margens se calculam segundo um critério de *mark-to-market*, mas só os ajustes têm a natureza de prestações em sentido técnico.

mesmo contraente no decurso do prazo da operação, ainda que, afinal, só uma das partes tenha posição perdedora, por ter pago mais do que recebeu.

Os bens que compõem o(s) activo(s) de referência – mercadorias, valores mobiliários, etc. – não pertencem ao objecto do contrato, em sentido técnico-jurídico (cfr. *infra* III). O seu papel no conteúdo contratual decorre antes de servirem como instrumento imprescindível para a comparação entre valores, com base na qual se calcula a quantidade da prestação e se determina qual dos contraentes é devedor da obrigação.

II. *Pessoas*. Nos futuros e nos *swaps* diferenciais com um único vencimento (sem ajustes intercalares), só um dos dois contraentes será beneficiário (credor), sendo o outro sujeito (devedor) de uma única obrigação. Beneficiário é aquele que tenha perspectivado correctamente a alta ou a baixa do preço ou da cotação. O contrato há-de fornecer os elementos bastantes para compreender qual dos contraentes beneficia com a alta e qual beneficia com a baixa, podendo o contrato, na sua expressão literal, referi-los, respectivamente, como «comprador» e «vendedor» dos activos ou do «contrato» (apesar da falta de rigor jurídico de tais qualificações) ou como agentes das acções de *call* e *put* (palavras inglesas, de uso universal).

Nas opções diferenciais (sem ajustes), haverá também apenas um sujeito, se a parte que, no momento da celebração do contrato, pagou o prémio de exercício não exercer a opção, em virtude de a evolução lhe ser desfavorável. Na hipótese inversa, a obrigação única (mas não o único pagamento) recai sobre a contraparte.

Se estiverem estipulados ajustes, as posições de sujeito e de beneficiário podem oscilar, embora, no final, a vantagem recaia apenas sobre uma das partes e a desvantagem simétrica sobre a outra.

Os contratos diferenciais não colocam, no direito privado português, questões especiais de capacidade e de representação, matéria na qual se regem pelas regras gerais[56]. Não se justifica designadamente invocar a sua motivação (cobertura de risco ou especulação) como argumento favorável ou desfavorável à capacidade de gozo ou ao âmbito dos poderes de representação[57].

---

[56] Repare-se que, com a alteração de 2007, deixou de vigorar a exigência de o contrato de gestão de carteira indicar a admissibilidade de operações de derivados «para fim diverso da cobertura de risco» (art. 332.º, n.º 1, do Código dos Valores Mobiliários, na versão original).

[57] Diferente poderá ser a solução no âmbito do direito público. Por exemplo, a realização de operações de *swap* pelo Estado (sem exclusão de *swaps* diferenciais) está aber-

III. *Circunstâncias*. Elemento essencial em todos os contratos diferenciais é o valor (cotação em mercado), em data futura fixada no contrato, do activo ou do passivo de referência ou do indicador de mercado (ou dos valores em comparação, no *swap* diferencial).

Este evento futuro e incerto não tem porém a natureza de condição em sentido próprio, porque não afecta radicalmente a eficácia do contrato (cfr. art. 270.º do Código Civil). Serve antes para, por comparação com o valor inicial de referência, conformar o conteúdo da obrigação e determinar qual das partes fica sujeita ao seu pagamento (ou se fica sujeita ao seu pagamento, no caso de opção diferencial[58]).

Se tal evento não se verificar, porque o mercado deixou de funcionar ou porque não formou qualquer cotação na data prevista, dificilmente se poderá integrar a lacuna superveniente, visto que o valor preciso da cotação, naquele mercado e naquela data, se apresenta como essencial na economia do contrato, sendo improvável que o valor noutro mercado ou noutra data possa ser considerado equivalente. Na falta desse elemento, a obrigação contratual extingue-se, por impossibilidade superveniente (art. 790.º) da sua determinação, quer quanto ao montante quer quanto à pessoa do devedor.

---

tamente pressuposta em vários diplomas legais e resoluções do Conselho de Ministros. Atente-se todavia no preâmbulo do Decreto-Lei n.º 159/98, de 24 de Junho, que isentou o Estado de IRC nessas operações: «No quadro da gestão activa da dívida pública, têm vindo a ser realizadas pelo Estado, através do Instituto de Gestão do Crédito Público, operações de derivados financeiros, nomeadamente *swaps*, associadas a empréstimos». Parece deduzir-se das últimas palavras que o Estado não deverá realizar operações de *swap* que se não destinem à cobertura de risco. No direito inglês, ficou célebre o caso *Hazel v. Hammersmith & Fulham*, julgado pela Câmara dos Lordes em 1991, que decidiu no sentido da incapacidade das autoridades locais inglesas para participarem em operações de *swap* (cfr. HUDSON, *The Law on Financial Derivatives*, cit., p. 154 e ss.; M. CLARA CALHEIROS, *O contrato de* swap, cit., p. 137 e ss.; ZAMORANO ROLDÁN, *El contrato de* swap..., cit., p. 204 e ss.).

[58] Considerando este aspecto, as opções, sejam ou não diferenciais, surgem por vezes qualificadas como derivados condicionados, por contraposição com os futuros e *swaps*, que seriam incondicionados (SCHMIDT, *Derivative Finanzinstrumente*, cit., pp. 57 e ss., 139 e ss.; GRUNEWALD & SCHLITT, *Einführung in das Kapitalmarktrecht*, München, 2007, p. 141). Na verdade, os efeitos obrigacionais do contrato só se desencadeiam se a opção for exercida e esta só o será se nisso tiver vantagem o respectivo titular. Mas nem por isso o contrato é condicional em sentido próprio, porquanto o contrato produz um efeito mínimo (o pagamento do prémio da opção) que é independente de qualquer evento futuro. A condição, em sentido técnico, não esgota os eventos que, na linguagem gramatical e comum, se apresentam como condições.

Se uma das partes tiver influenciado a cotação, para ganhar em vez de perder, para ganhar mais ou para perder menos (o que é improvável, mas não impossível, como demonstra a tipificação do crime de manipulação do mercado), considera-se também o evento como não verificado (por aplicação analógica do art. 275.°, n.° 2, 2.ª parte). A impossibilidade culposa de cumprimento da obrigação gera então responsabilidade civil pelos danos que seja possível apurar, em conformidade com o artigo 801.°, aplicável directa ou analogicamente, conforme as circunstâncias.

Na prática tradicional, os contratos diferenciais tinham geralmente um termo final de eficácia, pré-fixado no contrato e coincidente com a data futura à qual se referia o valor de mercado relevante para o cálculo da diferença. A cada contrato correspondia pois uma só operação. Na prática recente, generalizou-se a configuração de contratos diferenciais *open ended*, em que o apuramento das diferenças se vai efectuando por ajustes periódicos, com a faculdade atribuída ao cliente de os encerrar em qualquer data, seja qual for a sua posição. A cada contrato, de duração indeterminada, corresponde assim uma multiplicidade de operações. O tempo referido no contrato será então relevante apenas para a fixação das datas dos valores futuros de mercado e para a consequente determinação da periodicidade das obrigações de pagamento.

Nas opções diferenciais, o tempo é ainda essencial para a indicação da data em que (opção europeia) ou até quando (opção americana) a opção pode ser exercida.

Quanto aos fins: a finalidade divergente das partes confunde-se com a função de risco (cfr. *infra*, V); os motivos de uma delas, geralmente irrelevantes, não determinam regras especiais de regime (cfr. *supra*, II e n.° 4--I e III).

IV. *Função eficiente*. Os futuros e os *swaps* diferenciais são contratos com efeitos exclusivamente obrigacionais. As opções diferenciais são contratos reais *quoad constitutionem* (porque a transmissão patrimonial do prémio é um requisito da sua formação), que conferem um direito potestativo e geram a correspondente sujeição. Os seus efeitos obrigacionais são apenas eventuais (se a opção for exercida ou se o contrato estiver sujeito a ajustes).

V. *Função económico-social*. Nos contratos diferenciais, uma das partes ganha e a outra perde e, com mais rigor, uma ganha exactamente aquilo que a outra perde. Só assim não será em situações improváveis de neutralidade de ganhos e perdas: nos futuros e *swaps*, por igualdade dos valores de referência, inicial e final; nas opções, por igualdade do prémio de exercício com diferença a favor de quem a exerce.

Afastada está pois a qualificação como contrato de troca, por ausência de dualidade de objectos (do contrato resulta uma só obrigação) e de bilateralidade de custos e de benefícios (só uma das partes tem custos e a outra benefícios).

Excluída há-se ser também a qualificação como contrato de liberalidade, por falta de um objectivo típico convergente. Pelo contrário, cada uma das partes pretende obter a sua própria vantagem à custa do sacrifício da outra.

Os contratos diferenciais são contratos de risco, porque neles se combinam a unilateralidade da relação custo-benefício com a divergência das finalidades de cada uma das partes. Os contratos com função de risco subdividem-se em contratos de garantia (por exemplo, penhor, fiança, seguro) e contratos aleatórios puros (jogo, aposta), conforme o custo unilateral seja eventual (na garantia) ou certo quanto à sua verificação, embora incerto quanto à parte sobre quem recai (na aleatoriedade)[59]. Os contratos diferenciais são contratos aleatórios, em que o evento consiste na diferença para mais ou para menos de um valor de mercado em data futura em comparação com o valor de referência indicado no contrato.

Esta função económico-social recobre diversas motivações das partes, que com ela se compatibilizam sem com ela se confundirem[60]. As mais típicas são a cobertura de risco e a especulação.

A cobertura de risco (*hedging*, protecção) pressupõe que uma das partes no contrato diferencial tenha celebrado (ou tencione celebrar) um outro contrato a prazo (não diferencial) com o mesmo (ou semelhante) activo ou passivo subjacente em que se coloca em posição inversa em relação às variações de mercado. Por exemplo, sendo comprador ou mutuário no contrato conexo, e portanto interessado na baixa de cotação, assumirá, no con-

---

[59] Cfr. o livro *Texto e enunciado na teoria do negócio jurídico*, cit., p. 537 e ss.

[60] A diferença entre função contratual e motivação subjectiva, nos contratos diferenciais, é reconhecida por MIGUEL CUNHA, *Os futuros de bolsa*, cit., p. 130, que considera a cobertura de risco e a realização de investimento como funções dos contratos diferenciais. J. OLIVEIRA ASCENSÃO, «Derivados», *Direito dos Valores Mobiliários*, IV, 2003, p. 41 e ss. (p. 46, citando no mesmo sentido SANZ CABALLERO, *Derivados financieros*, cit., p. 218 e ss.), assinala a distinção entre fim (ou propósito individual predominante) e causa (ou função económico-social típica), que seria a gestão de risco, nos negócios geradores de derivados.

trato diferencial a posição do contraente que ganha com a subida de cotação. O que porventura ganhe no contrato diferencial permite-lhe cobrir, ou atenuar, a perda no contrato conexo. Em contrapartida, o ganho que neste venha porventura a realizar desvanecer-se-á com a perda (de valor igual ou próximo) que, nestas circunstâncias, terá no contrato diferencial.

Em alternativa, os contratos diferenciais (como outros contratos financeiros) são celebrados, por uma das partes ou por ambas, sem outra motivação além da expectativa de ganho financeiro. Diz-se então que o motivo é a especulação pura. Apesar da valorização negativa de que por vezes é alvo, a especulação (mesmo neste sentido restrito) pode ser instrumento necessário para servir motivos não especulativos: de modo directo e atomístico, sempre que o especulador surja como contraparte do *hedger* (daquele que pretende a cobertura de risco); de modo indirecto e global, mesmo que ambas as partes se movam pela mera especulação, na medida em que os contratos especulativos provoquem o aumento de liquidez do mercado onde eventualmente se procure a cobertura do risco. No mesmo mercado a prazo, coexistem geralmente os contratos que envolvem especulação e os contratos que eliminam a especulação[61].

Diferente de qualquer destas é ainda a motivação da contraparte central, entendendo-se como tal a entidade gestora de um mercado, quando o respectivo regulamento exija a sua participação nos contratos que nesse mercado se celebram. Como este contraente comum a vários contratos apenas assume posições contratuais na medida em que disponha da possibilidade de assumir posições inversas, assegurando assim a neutralidade dos ganhos e das perdas globais, a sua motivação, nos contratos diferenciais como noutros contratos a prazo, reconduz-se às comissões que lhe são devidas e justificadas pelas suas funções de gestão e de intermediação.

Ausentes dos contratos diferenciais estão outros motivos subjacentes a operações a prazo[62] – futuros, opções, *swaps* (não diferenciais), repor-

---

[61] Frase próxima pode ler-se, a propósito do *swap*, na sentença inglesa, de 1991, *Hazel v. Hammersmith & Fulham* (*apud* HUDSON, *The Law on Financial Derivatives*, cit., p. 57).

[62] Sobre os motivos de algumas destas operações, ver, entre outros, E. M. VALPUESTA GASTAMIZA, *Los derivados financieros*, Contratos internacionales (org. CALVO CARAVACA, FERNÁNDEZ DE LA GÁNDARA & BLANCO-MORALES LIMONES), cit., p. 1030 e ss. (p. 1033 ss.); E. GALLEGO SÁNCHEZ, *Mercados y contratos de futuros y opciones*, cit., p. 113 e ss.); USZCZAPOWSKI, *Optionen und Futures verstehen*, cit., p. 14 e s., 156 e ss., 247 e ss.; GRUNEWALD & SCHLITT, *Einführung in das Kapitalmarktrecht*, cit., p. 136 e ss.

tes, empréstimos –, designadamente, a arbitragem, a substituição e a reestruturação de activos e de passivos, visto que qualquer delas pressupõe a transmissão efectiva ou, pelo menos potencial, dos activos e passivos subjacentes. Mas os contratos diferenciais partilham com estas operações certas vantagens fiscais e contabilísticas, porquanto escapam à tributação de impostos sobre transacções e os bens a que se referem não são registados no balanço.

4. Licitude e validade

I. A ideia difusa de que os mercados financeiros são afinal «centros de jogo, onde especuladores apostam na alta ou na baixa dos preços»[63] atravessa a história e não se circunscreve aos contratos diferenciais. Mas, em relação a estes, a validade (ou os limites da validade) tem sido discutida em termos técnico-jurídicos perante a possibilidade da sua qualificação como jogo.

Para resolver a questão de saber se estes contratos se reconduzem ao jogo ou à aposta, não é indispensável tomar posição sobre algumas questões controversas, tais como o conceito de jogo[64], a sua justificação social[65] e relevância jurídica[66], a distinção entre jogo e aposta[67].

---

[63] MICHIE, *The Global Securities Market. A History*, cit., p. 1.

[64] A renúncia a introduzir uma definição no Código Civil português vigente foi justificada expressamente pela «grande dificuldade»; cfr. I. GALVÃO TELLES, «Contratos civis (Projecto completo de um título do futuro Código Civil Português e respectiva Exposição de Motivos)», *Revista da Faculdade de Direito da Universidade de Lisboa*, vol. IX-X, 1953-54 (separata), p. 80, e, a propósito, R. PINTO DUARTE, *Tipicidade e atipicidade dos contratos*, Coimbra, 2000, p. 105. Ao autor desta obra agradeço a referência e a disponibilidade de uma parte substancial das obras sobre jogo citadas nas notas seguintes.

[65] Em textos jurídicos portugueses, ver, a favor, explicitamente, C. MOTA PINTO, PINTO MONTEIRO & CALVÃO DA SILVA, *Jogo e aposta. Subsídios da fundamentação ética e histórico-jurídica*, Coimbra, 1982, em especial nas conclusões de p. 51 e ss. («o jogo é uma constante histórica», «não [é] ilícito ou imoral em si mesmo», nem ilícito é «o objectivo de lucro que dele se pretende tirar»); implicitamente, R. PINTO DUARTE, «O jogo e o direito», *Themis*, 3, 2001, p. 69 e ss., ao sustentar que «a incriminação da prática do jogo representa [...] uma repressão injustificada da liberdade individual» (p. 92). Em sentido contrário, ver, por exemplo, P. TERCIER, *Les contrats spéciaux*, 2.ª ed., Zürich, 1995, p. 654, e ENGEL, § 762, Staudinger Kommentar, Berlin, 2002, an. 6, que excluem o jogo de qualquer finalidade económica, social ou moral, razoável ou justificada.

[66] Alguma doutrina italiana sustentou a irrelevância jurídica do jogo, facto «fora do direito», embora o seu resultado possa servir de pressuposto para o contrato de aposta, no

Na verdade, parece claro que, seja qual for a resposta a tais questões, os contratos diferenciais têm estrutura sobreposta à estrutura da aposta[68].

qual se insere necessariamente um interesse económico – C. A. FUNAIOLI, *Il giuoco e la scomessa*, Torino, 1956, p. 10 e ss.; E. VALSECCHI, *Il giuoco e la scommessa*, Milano, 1954, p. 7 e ss.; ID., «Giuochi e scomessa (diritto civile)», *Enciclopedia del diritto*, XIX, 1970, p. 49 e ss.; próximos, PIRES DE LIMA & ANTUNES VARELA, *Código Civil anotado*, vol. II, 3.ª ed., Coimbra, 1986, p. 852 (citando Funaioli, mas admitindo que a distinção não se adapta nem ao sentido corrente das palavras nem à lei; ANTÓNIO PATACAS, «Jogos de fortuna ou azar. Regime jurídico. Regime fiscal. Regime das concessões de exploração», *Ciência e Técnica Fiscal*, n.os 202-204, 1975, p. 7 e ss., n.os 205-207, 1976, p. 45 e ss. (p. 49, mas sem referência à aposta). Estas construções foram objecto de crítica em várias obras: cfr., por exemplo, L. BUTTARO, *Del giuoco e della scommessa*, Bologna, Roma, 1959, p. 79 e ss.; MOTA PINTO, PINTO MONTEIRO & CALVÃO DA SILVA, *Jogo e aposta*, cit., p. 6 e ss.; T. ECHEVARRÍA DE RADA, *Los contratos de juego y apuesta*, Barcelona, 1996, p. 23 e ss. Mais radical é a ideia de que o jogo e a aposta não são contratos, porque relevam do acaso e do entretenimento, valores exteriores ao direito (cfr. DUTILLEUL & DELEBECQUE, *Contrats civils et commerciaux*, 6.ª ed., Paris, 2002, p. 19). Em minha opinião, o jogo é uma actividade que, como outras (por exemplo, as artes ou as ciências), pode ser ou não ser um objecto jurídico. Pode não ser sequer uma acção social (jogar sozinho). Mas assume a natureza de facto jurídico designadamente quando seja referido como objecto ou circunstância de contratos celebrados entre os jogadores (com prémio em dinheiro ou susceptível de avaliação em dinheiro), como também em contratos para a realização ou para a assistência a um jogo (contratos de espectáculo celebrados entre os jogadores e um empresário ou entre este e os espectadores).

[67] Os critérios com mais impacte são, sem prejuízo de variantes, os dois seguintes (cfr. L. CUNHA GONÇALVES, *Tratado de Direito Civil em comentário ao Código Civil português*, vol. VIII, Coimbra, 1934, p. 306 e ss.; L. MENEZES LEITÃO, *Direito das obrigações*, vol. III, *Contratos em especial*, 4.ª ed., Coimbra, 2006, p. 581; C. LASARTE, *Contratos*, 9.ª ed., Madrid, Barcelona, 2006, p. 415; ECHEVARRÍA DE RADA, *Los contratos de juego y apuesta*, cit., p. 73 e ss.; HABERSACK, § 762, Münch. Komm., cit., an. 7; D. MEDICUS, *Schuldrecht*, II, *Besonderer Teil*, 12.ª ed., München, 2004, p. 241 e s.; G. H. TREITEL, «Gaming and Wagering», *Chitty on Contracts*, II, *Specific Contracts*, 27.ª ed., London, 1994, p. 851 e ss.): para o critério dito germânico, a finalidade do jogo é o divertimento ou ganho, enquanto a finalidade da aposta é o reforço de uma afirmação ou convicção; para o critério dito romano, no jogo, os contraentes participam de modo activo na produção do evento que determina o resultado, na aposta, os contraentes têm um comportamento passivo, são alheios à produção do evento. Este segundo critério tem a vantagem de ser mais lógico na enunciação da alternativa e de se ajustar com facilidade ao sentido comum das palavras. Mas os critérios são conciliáveis, se se admitir que a aposta pode respeitar a um acontecimento futuro, previsto pelas partes em termos diferentes. Também é sustentável o entendimento de que o regime legal configura o jogo e a aposta de modo unitário, sendo a diferença irrelevante (cfr. E. MOSCATTI, «Il giuoco e la scomessa», *Tratatto di Diritto Privato* diretto da P. RESCIGNO, vol. 13, Torino, 1985, p. 133 e ss., p. 153 e s.).

[68] Esta equiparação é mais frequente em textos que sustentam a ilicitude dos negócios diferenciais (FREUDENSTEIN, *Börsensteuer, Zeitgeschäft und Differenzspiel*..., cit.,

Uns e outros são contratos aleatórios[69] puros, de que resulta uma só obrigação a pagar pela parte perdedora à parte ganhadora. Nuns e noutros, a determinação de quem ganha e de quem perde deriva de um evento futuro e incerto, independente da acção de qualquer dos contraentes.

A caracterização dos contratos diferenciais em relação à aposta terá pois de se procurar num elemento adicional específico, que alguma doutrina situa nos motivos das partes, dirigidos a fins económicos sérios[70], com justificação comercial[71], designadamente o *hedging*, diferente da «vontade de jogar»[72], ou na função económico-social do contrato (cobertura do risco *versus* criação artificial do risco)[73].

Nenhum destes critérios me parece convincente. Os motivos, se forem típicos, dissolvem-se nalgum elemento estrutural do contrato (função económico-social ou circunstância de finalidade); se forem atípicos ou não revelados, só são atendíveis, no direito português, de modo negativo e limitado, no regime da anulabilidade por erro[74]. Quanto à função económico-social, é exacto o enquadramento dos contratos diferenciais nos contratos com função de risco, mas esta função, além de englobar todos os contratos aleatórios puros (incluindo a aposta), não se esgota na cobertura de risco, estendendo-se também à especulação, que nas ordens jurídicas modernas tem sido aceite como útil em dadas circunstâncias (cfr. *supra*, n.º 3-V).

Mais rigorosa me parece pois a especificação pela natureza do evento, que, nos contratos diferenciais, consiste na cotação no mercado de um bem

---

p. 6; FUNAIOLI, *Il giuoco e la scommessa*, cit., p. 147), mas surge também em textos que admitem a sua licitude (por exemplo, TREITEL, *Gaming and Wagering*, cit., p. 855 e s.).

[69] Contra, em relação a derivados em geral, CUENCA GARCÍA, *Régimen jurídico de las opciones sobre acciones...*, cit., p. 27.

[70] J. OECHSLER, *Schuldrecht. Besonderer Teil. Vertragsrecht*, München, 2003, p. 460.

[71] J. JAKEWAYS, *The legal nature of credit derivatives*, cit., p. 57.

[72] TERCIER, *Les contrats spéciaux*, cit., p. 656, com a indicação de alguns índices da vontade de jogar extraídos da jurisprudência suíça.

[73] MIGUEL CUNHA, *Os futuros de bolsa...*, cit., p. 128 e s.; M. CLARA CALHEIROS, *O contrato de* swap, cit., p. 95 e s.; CUENCA GARCÍA, *Régimen jurídico de las opciones sobre acciones...*, cit., p. 26.

[74] Cfr. o meu livro *Contratos II*, cit., p. 110 e s. No sentido da independência dos motivos para a averiguação da função dos contratos diferenciais, MIGUEL CUNHA, *Os futuros de bolsa...*, cit., p. 130; próximos, E. M. VALPUESTA GASTAMIZA, «Las operaciones "forward rate agreement" (FRA)», *Contratos internacionales* (org. CALVO CARAVACA, FERNÁNDEZ DE LA GÁNDARA & BLANCO-MORALES LIMONES), cit., p. 1079 e ss. (p. 1090); ZAMORANO ROLDÁN, *El contrato de* swap..., cit., p. 240.

de referência, pelo qual se determina não só quem é a parte ganhadora como também, por comparação com o valor inicial de referência, qual é o montante da prestação a pagar pela parte perdedora.

II. A verificação de que os contratos diferenciais se podem qualificar, pela estrutura e pela função de risco, como uma categoria específica dos contratos de aposta não justifica porém, sem mais, um juízo de invalidade, porque no sistema jurídico português, como na generalidade dos sistemas jurídicos, a invalidade dos contratos de jogo e de aposta é apenas residual, ressalvando aqueles que a lei reconheça como válidos (cfr. art. 1247.º do Código Civil).

Ora, os contratos diferenciais são reconhecidos como válidos, no direito português, pelo menos desde 1995, quando, em alteração ao Código do Mercado dos Valores Mobiliários, se descreveram os futuros e as opções diferenciais negociados em bolsa (cfr. n.º 1-VI).

A admissibilidade generalizou-se agora, em 2007, com alteração do Código dos Valores Mobiliários, através da já referida inclusão dos contratos diferenciais no elenco dos instrumentos financeiros (cfr. art. 2.º, n.º 1, alínea d), e n.º 2). Nada mais é necessário para afirmar a sua licitude e validade pela função, sem necessidade de indagação acerca dos motivos subjacentes à sua celebração[75].

Os contornos da licitude são naturalmente coincidentes com as características do tipo legal. Como a lei portuguesa (Código dos Valores Mobiliários) denomina mas não define «contratos diferenciais», nem a directiva (DMIF) que esta lei transpõe define o seu equivalente «contratos financeiros por diferenças», torna-se indispensável recorrer a outras fontes de direito para delimitar o tipo contratual que a lei tem em vista. A principal contribuição deriva das práticas negociais, dos usos e dos costumes desenvolvidos ao longo de séculos, que a doutrina, a jurisprudência e a legislação de vários países tomaram em consideração ou descreveram, umas vezes para proibir, outras vezes para admitir, total ou parcialmente. O resultado da investigação dessas fontes já foi antes apresentado (cfr. *supra*, n.º 1) e vertido nos conceitos e nos tipos para os quais agora se remete (cfr. *supra*, n.º 2).

---

[75] Salvo, claro, se o fim comum a ambas as partes, sendo atípico, for contrário à lei (a outra lei) ou à ordem pública ou ofensivo dos bons costumes (cfr. art. 281.º do Código Civil).

Deve pois concluir-se que a lei pressupõe e reconhece como lícita uma categoria ampla de contratos diferenciais (directos), com a diversidade de modelos, baseados nos futuros, nas opções e nos *swaps*, que a prática foi inventando e apurando. Nessa diversidade cabem não só os contratos em que o pagamento por diferença em dinheiro constitui a única modalidade de cumprimento constante do contrato (cfr. n.º 2-II) como aqueles em que tal pagamento constitui um modo de cumprimento alternativo em relação ao cumprimento por entrega efectiva e integral dos bens vendidos ou trocados (cfr. n.º 2-III), ainda que estes estejam previstos em alínea diferentes daquele (cfr., respectivamente, alíneas *d*) e *e*) do art. 2.º do Código dos Valores Mobiliários)[76].

Tem todavia de se atender a que, no Código dos Valores Mobiliários como na DMIF, a referência a contratos diferenciais, como a outros instrumentos financeiros, aparece estritamente ligada ao exercício da actividade de intermediação financeira, rigorosamente regulada, sujeita a autorização e supervisionada para protecção do mercado e dos interesses dos investidores.

Não merece assim qualquer dúvida a licitude e plena eficácia de contratos diferenciais negociados com a intervenção de um intermediário financeiro, agindo em nome próprio (ainda que por conta de outrem) ou como contraparte central de um sistema de negociação (cfr. arts. 258.º e seguintes), sob qualquer forma organizada admitida por lei (art. 198.º): mercados regulamentados (cujo núcleo coincide com as bolsas), sistemas de negociação multilateral (mais flexíveis, mas próximos dos que antes se designavam como mercados organizados) e meios de internalização sistemática (correspondentes à tradicional negociação «fora de mercado» ou OTC, quando organizada, frequente e sistemática)[77].

A lei é clara em admitir que, neste quadro, a negociação pode ter por objecto quaisquer «instrumentos financeiros, nomeadamente instrumentos financeiros derivados, cuja configuração permita a formação ordenada de preços» (art. 204.º, n.º 1, alínea *b*), como sucede com os contratos dife-

---

[76] A validade dos contratos diferenciais indirectos (cfr. n.º 2-IV) não tem de ser avaliada em separado, porquanto, quando não dissimulem contratos diferenciais directos, não são diferenciais pelo conteúdo, mas antes pela forma de liquidação, não acordada pelas partes no contrato.

[77] Cfr. ELSA FERREIRA, «A directiva relativa a mercados de instrumentos financeiros: um marco regulatório e os seus desafios para os agentes dos mercados», *Cadernos do Mercado de Valores Mobiliários*, n.º 25, Dezembro de 2006, p. 28 e ss. (p. 36 e ss.).

renciais, incluídos no elenco dos instrumentos financeiros (cfr., no mesmo Código, art. 2.º, n.º 1, alíneas *d*), *e*), e n.º 2).

Lícita é ainda a celebração de contratos diferenciais por intermediários financeiros, ainda que não disponham para o efeito de uma organização sistemática, desde que a intermediação sobre instrumentos financeiros derivados caiba no âmbito da actividade que estão autorizados a exercer. É o que resulta dos artigos 295.º, n.º 1, e 289.º, n.º 1, alínea *a*), do Código dos Valores Mobiliários, conjugados com várias disposições do Regime Geral das Instituições de Crédito e Sociedades Financeiras: artigo 4.º, n.º 1, alínea *e*), que confere às instituições de crédito autorização genérica para realizar «transacções, por conta própria ou da clientela, sobre [...] instrumentos financeiros a prazo», e artigo 7.º, que, conjugado com os artigos 199.º-A, n.º 1.º, alínea *c*), e n.º 3, e 199.º-B, permite a concessão a empresas de investimentos de autorização específica para a «negociação por conta própria de um ou mais instrumentos financeiros» previstos no anexo I, secção C, da DMIF.

III. Resta então saber se é também lícita a realização de contratos diferenciais em que nenhum dos contraentes tenha a qualidade de intermediário financeiro, ou seja, se os contratos diferenciais são ou não contratos próprios[78], no sentido de contratos cuja estrutura inclui (e cuja validade exige) uma qualidade pessoal (como são, por exemplo, o contrato de seguro e o contrato de prestação de serviços de advocacia).

Resulta da lei que o exercício da actividade de intermediação financeira, na qual a celebração de contratos diferenciais se integra, constitui exclusivo das instituições de crédito, sociedades financeiras e empresas de investimento (cfr. Código dos Valores Mobiliários, art. 289.º, n.º 2, e Regime Geral das Instituições de Crédito e Sociedades Financeiras, arts. 8.º e 199.º-B). Todavia, os requisitos para a validade de actos isolados compreendidos numa actividade podem ser ou não ser tão exigentes como os requisitos para o exercício profissional dessa actividade. Por exemplo, um acto médico só pode ser praticado por um médico, mas uma viagem isolada pode ser intermediada por entidade que não tenha a habilitação como agência de viagens.

A particularidade dos contratos diferenciais consiste, sob este aspecto, no seu enquadramento como contrato de aposta, que não é, em geral, fonte de obrigações válidas e exigíveis (cfr. art. 1245.º, 1.ª parte), com ressalva

---

[78] Cfr. o meu livro *Contratos II*, cit., p. 35 e s.

da legislação especial (art. 1247.º), que, como se acabou de ver, abrange, no caso, apenas os contratos diferenciais integrados numa actividade de intermediação financeira, autorizada de modo genérico ou específico.

Para escapar a esta conclusão simples, poder-se-ia ensaiar a distinção entre contratos diferenciais sem e com objectivo de cobertura de risco, designadamente quando fossem realizados com a «única finalidade de cobrir posições nos mercados de derivados»[79].

Aceitando que só os primeiros se reconduzem ao contrato de aposta, admitir-se-ia a validade dos segundos, por aplicação do princípio geral da autonomia contratual privada (art. 405.º do Código Civil), depois de apurar a licitude da causa nestes contratos atípicos, por merecerem apreciação positiva os interesses particulares subjacentes. O argumento seria contudo ilusório, porque, nos contratos diferenciais, não é concebível, na prática, que ambas as partes se motivem pela cobertura de risco de outra operação. Como uma delas, pelo menos, age com móbil puramente especulativo, a licitude do contrato dependerá afinal da sua correspondência com um tipo legal, que exige a inserção numa actividade de intermediação financeira autorizada.

Não são portanto válidos, no direito português, os contratos diferenciais (directos) em que nenhuma das partes esteja autorizada a exercer uma actividade de intermediação financeira no âmbito da qual se compreenda a celebração de contrato dessa natureza. Esta consequência pode parecer excessiva à luz de critérios de política legislativa, mas resulta de modo inexorável da aplicação conjugada das leis vigentes, suficientemente claras no âmbito das permissões e proibições que estabelecem.

Não obstante, os contratos diferenciais inválidos, aos quais se aplica o regime jurídico da aposta, podem ser ilícitos e nulos ou lícitos e eficazes como fonte de obrigações naturais (art. 1245.º, 2.ª parte)[80].

---

[79] Esta expressão é transcrita, embora fora do contexto, do art. 289.º, n.º 3, alínea *f*), do Código dos Valores Mobiliários.

[80] Esta curiosa categoria de contratos inválidos, mas lícitos, que diverge das normais relações de implicação entre licitude e validade, ilicitude e invalidade, ilustra bem as dificuldades e incoerências que o Direito revela quando liga com o fenómeno do jogo (PINTO DUARTE, em *O jogo e o direito*, p. 91, salienta a falta de unidade do sistema, que considera hipócrita). Quanto à invalidade dos contratos de jogo e aposta ilícitos, parece corresponder à categoria clássica da nulidade, porque é essa a consequência normal da ilegalidade do conteúdo contratual (cfr. art. 280.º do Código Civil, nessa parte não excepcionado pelo art. 1245.º).

Segundo critério estabilizado na doutrina portuguesa, o jogo será ilícito ou lícito consoante o resultado dependa apenas da sorte ou do azar, ou antes de habilidade, destreza ou perícia dos jogadores[81]. Critério semelhante se pode aplicar à aposta, distingindo entre apostas ilícitas, porque dependem apenas da sorte (por exemplo, apostas sobre o resultado de jogos de sorte), e apostas lícitas, porque dependem de conhecimentos dos apostadores (por exemplo, apostas sobre a verdade ou falsidade de asserções de índole cultural).

Ora, nos contratos diferenciais, o acerto ou o desvio de previsões quanto à evolução de cotações em mercado depende, em parte significativa, do grau de informação e de aptidão interpretativa dos contraentes, que não repugna aproximar da noção de perícia. Os contratos diferenciais inválidos por serem exteriores à actividade de intermediação financeira autorizada serão, apesar disso, lícitos, *hoc sensu*, e portanto geradores de obrigações naturais. Quem perder e pagar não tem pois o direito à repetição do que pagou (Código Civil, art. 403.°).

IV. Na estrutura do conteúdo dos contratos diferenciais, considerou-se como elemento essencial a cotação em mercado do activo ou do passivo de referência numa data futura (cfr. n.° 3-III). É todavia concebível que as partes se reportem antes a um preço que não tenha a natureza de cotação em mercado (por exemplo, a taxa de depósito bancário a 90 dias que seja praticada por uma dada instituição de crédito, em determinada data futura; ou o preço praticado por um dado hotel para os quartos *standard* numa certa data).

Pode suceder até que, para uma das partes, o contrato tenha como objectivo a cobertura de risco de contrato conexo celebrado com a entidade que pratica os preços de referência e que a outra parte seja um intermediário financeiro que desenvolve uma actividade no âmbito da qual se compreende a celebração de contratos diferenciais.

Tais contratos não merecem, ainda assim, a qualificação de contratos diferenciais, por não satisfazerem o modelo na base do qual o tipo social se foi construindo e que o tipo legal pressupõe. Serão pois contratos invá-

---

[81] PIRES DE LIMA & ANTUNES VARELA, *Código Civil anotado*, vol. II, cit., p. 852; MOTA PINTO, PINTO MONTEIRO & CALVÃO DA SILVA, *Jogo e aposta*, cit., p. 26 e s.; ANTÓNIO PATACAS, *Jogos de fortuna ou azar*, cit., n.os 205-207, p. 49. A distinção tem antecedente no art. 1542.°, n.° 2 e § 1.°, do Código de Seabra (ver comentário em CUNHA GONÇALVES, *Tratado de Direito Civil*, vol. VIII, cit., p. 308 e ss.).

lidos, por serem contratos de aposta, e lícitos ou ilícitos, consoante, no caso, a previsão dependa, predominantemente, de especiais conhecimentos ou do acaso.

5. Direito aplicável

I. Os contratos diferenciais internacionais são frequentes. A frequência tem aumentado com a celebração de contratos através da Internet, que propicia o contacto entre um promotor profissional sediado num dado Estado e contrapartes com sede, estabelecimento ou residência noutro Estado. Por mais completo que seja o conteúdo contratual, coloca-se sempre a questão de saber qual o direito nacional aplicável ao contrato, no mínimo, para apurar a validade das cláusulas predispostas pela entidade promotora.

Se a questão for posta perante tribunais portugueses ou de outros Estados da União Europeia, a solução há-de encontrar-se no quadro da Convenção de Roma de 1980 sobre a lei aplicável às obrigações contratuais. A primeira regra aponta para o direito designado pelas partes (art. 3.º). Na falta de tal designação, o conteúdo do contrato é regulado pela lei do Estado com o qual apresente uma conexão mais estreita, presumindo-se que a prestação característica serve como indicador dessa conexão (art. 4.º, n.ºs 1 e 2).

Nos contratos diferenciais não é todavia possível utilizar esta presunção. Na verdade, sendo a prestação devida uma só, não faz sentido tomá-la como característica. Dir-se-ia então que a prestação dessa obrigação única seria determinante para definir a conexão mais estreita. Mas esta solução enfrenta um obstáculo intransponível, que emerge da circunstância de, no momento da celebração do contrato, que é, em regra, o momento relevante para a determinação do direito aplicável[82], se ignorar, por natureza, sobre qual das partes virá a recair a obrigação única.

É portanto necessário recorrer a outros indicadores para definir a conexão mais estreita entre o contrato e um determinado Estado[83], à semelhança do que sucede com os contratos bancários em que a dualidade de

---

[82] Conforme se deduz do art. 4.º, n.º 2, da Convenção.
[83] Cfr. HUDSON, *The Law on Financial Derivatives*, cit., p. 163 e s. (acerca dos contratos derivados em geral).

prestações monetárias recíprocas dificulta a determinação da prestação característica.

Parece-me que os fundamentos geralmente invocados para, nesta hipótese, optar pela «lei do banco»[84], isto é, o direito do Estado onde se situa o estabelecimento do banco contraente, valem também para os contratos diferenciais em que um dos contraentes tenha a qualidade de intermediário financeiro.

Em primeiro lugar, porque é nesse estabelecimento, seja ou não uma bolsa, que está geralmente inscrita a conta na qual se reflectem os movimentos próprios da administração e da execução do contrato (v. g. garantias, ajustes periódicos, prémios de opção, liquidação final). Em segundo lugar, porque a iniciativa contratual pertence geralmente ao intermediário financeiro, que organiza o sistema de negociação ou que, pelo menos, toma a iniciativa de predispor o conteúdo contratual, através de cláusulas gerais. Por último, porque a «lei do banco» tende a assegurar a igualdade de tratamento entre os clientes da mesma instituição, assim como a coincidência da ordem jurídica que regula o regime contratual privado com a ordem jurídica que estabelece as normas imperativas aplicáveis ao exercício da actividade.

Se os contratos diferenciais forem celebrados entre intermediários financeiros ou entre pessoas sem tal qualidade[85], o direito aplicável tenderá a ser, por razões similares, o direito do Estado onde se situa o estabelecimento, a administração principal ou a residência daquelas das partes que tenha seu cargo a gestão do sistema ou, na falta deste, que mais tenha contribuído para a definição do conteúdo contratual[86].

---

[84] Embora, em regra, a justificação se funde em considerar como característica a prestação devida pelo banco – cfr. MARIA HELENA BRITO, «Os contratos bancários e a Convenção de Roma de 19 de Junho de 1980 sobre a lei aplicável às obrigações contratuais», *Revista da Banca*, n.º 28, 1993, p. 75 e ss. (p. 102 e ss.); A. MARQUES DOS SANTOS, «A Convenção de Roma e as operações bancárias», *Estudos de Direito Internacional Privado e de Direito Público*, Coimbra, 2004, p. 227 e ss. (p. 236 e ss.); J.-P. MATTOUT, *Droit bancaire international*, 2.ª ed., Paris, 1996, pp. 12 e s., 348 (a propósito do *swap*); REITHMANN & MARTINY, *Internationales Vertragsrecht*, 6.ª ed., Köln, 2004, p. 954 e s.; D. EINSELE, *Bank- und Kapitalmarktrecht*, Tübingen, 2006, p. 26 e s.

[85] Os fundamentos invocados para invalidade destes contratos perante o direito português não são obviamente generalizáveis a todos os sistemas jurídicos.

[86] Não há lugar para a aplicação do art. 5.º da Convenção de Roma, porque os contratos diferenciais não merecem, pelo menos para este efeito, ser qualificados como contratos de consumo, porque não têm «por objecto o fornecimento de bens móveis ou de serviços» nem o «financiamento desse fornecimento».

II. A determinação do direito aplicável ao chamado estatuto contratual (cujo âmbito é demarcado pelo artigo 10.° da citada Convenção de Roma) não esgota as questões atinentes ao regime jurídico dos contratos obrigacionais, para as quais pode ser competente outro direito aplicável a outros aspectos. Em relação aos contratos diferenciais, destaca-se a determinação do direito aplicável à capacidade das partes, especialmente limitada nalguns sistemas jurídicos[87], e portanto influente na apreciação da validade. Não dispondo a Convenção de Roma a este respeito, continuam em vigor as normas de conflito nacionais. No direito português, a capacidade rege-se pela lei pessoal, que coincide com a lei da nacionalidade das pessoas físicas (sem prejuízo da eventual relevância da lei da residência habitual) e com a lei do Estado onde se encontra situada a sede principal e efectiva das pessoas jurídicas (Código Civil, arts. 25.°, 31.° e 33.°; Código dos Valores Mobiliários, art. 39.°).

III. Se, perante a jurisdição portuguesa, se dirimir um litígio decorrente de um contrato diferencial, válido segundo o direito estrangeiro aplicável, não parece geralmente viável invocar a ordem pública internacional portuguesa como fundamento para desaplicar o direito estrangeiro.

Suponha-se um contrato celebrado através da Internet ao qual é aplicável um direito estrangeiro especialmente permissivo quanto à qualificação profissional dos intervenientes, de tal modo que o promotor do contrato satisfaz os requisitos do direito aplicável, mas não os requisitos do direito português. Assim, se o direito português fosse aplicável, o contrato seria sujeito ao regime jurídico da aposta e portanto inválido, ainda que susceptível de gerar obrigações naturais.

A eventual alegação da ordem pública internacional seria, em minha opinião, improcedente nestas circunstâncias, porque as regras legais portuguesas sobre o jogo e a aposta, embora internamente imperativas, não dispõem da suficiente coerência nem se inserem numa escala de valores com a primazia bastante para merecerem a inclusão no restrito conjunto de «princípios fundamentais» de direito português, cuja violação se deva julgar intolerável[88], mesmo quando o contrato seja regido por um direito estrangeiro[89].

---

[87] Ver nota 57.
[88] L. LIMA PINHEIRO, *Direito Internacional Privado*, vol. I, Coimbra, 2001, p. 461 e ss.
[89] No mesmo sentido, R. A. SCHÜTZE, «Internationales Privatrecht», *Handbuch des Kapitalanlagerechts* (org. ASSMANN & SCHÜTZE), cit., p. 271 e ss. (p. 292), discordando da

Tal não impede que as autoridades portuguesas tenham competência para fiscalizar o cumprimento das normas imperativas sobre os requisitos para o exercício da actividade em território português, tomando as medidas correspondentes à sua inobservância (cfr. Código dos Valores Mobiliários, art. 3.º).

---

jurisprudência do BGH que, ao tempo da vigência do § 764 do BGB, se recusava a reconhecer contratos diferenciais celebrados em bolsas estrangeiras.

DE PAR-EM-PAR, POIS ENTÃO?!*
A PARTILHA DE OBRAS PROTEGIDAS PELO DIREITO DE AUTOR ATRAVÉS DA INTERNET

CLÁUDIA TRABUCO**

INTRODUÇÃO

O presente texto, que parte de algumas conclusões já esboçadas anteriormente, é publicado pouco tempo depois de ter sido discutido entre nós, pela primeira vez face a um caso concreto, o enquadramento jurídico da tecnologia *peer-to-peer* (ponto-a-ponto ou, num sentido literal, igual-a--igual, par-a-par), graças a um modo de funcionamento que consiste exactamente no contacto directo entre pontos diferentes de rede ou utilizadores.

Embora não tenha servido de mote a este estudo, o bloqueio pela primeira vez no ordenamento jurídico português do acesso a sítios da Internet que utilizavam esta tecnologia confere nova actualidade à questão da licitude do intercâmbio de ficheiros contendo obras protegidas por direitos de autor e/ou direitos conexos e, bem assim, da actividade dos prestadores de serviços que disponibilizam programas que permitem ou facilitam a partilha de conteúdos através de programas *peer-to-peer* (P2P).

O tratamento jurídico do fenómeno do intercâmbio de ficheiros na Internet pode ser olhado de dois ângulos distintos, consoante o sujeito cujo comportamento observemos.

Não existindo ainda, no direito português, jurisprudência que se tenha especificamente dedicado à análise deste fenómeno, mas ciente da polé-

---

* Do poema de MIGUEL TORGA intitulado «Ar livre» e publicado em *Cântico do Homem*, Coimbra, Ed. de autor, 1950.

** Professora da Faculdade de Direito da Universidade Nova de Lisboa.

mica que rodeou situações idênticas ou semelhantes no contexto de direitos estrangeiros, considerei que a questão poderia ser melhor colocada se, partindo da análise dos factos em casos célebres da jurisprudência estado-unidense, procurasse estudá-los à luz dos princípios e regras do nosso ordenamento jurídico de forma a concluir se, conquanto seguindo eventualmente caminhos diversos, tal análise poderia – ou, se quisermos, deveria – chegar a resultados paralelos.

Com este texto, debruçando-me de forma mais atenta sobre aquele fenómeno, procuro de alguma forma dar também resposta a uma das questões que, ao longo dos últimos três anos, em que leccionei a disciplina de Direito de Autor na Faculdade de Direito da Universidade Nova de Lisboa, mais interessou os estudantes do curso de licenciatura, porque mais próxima do universo que compreendem, por que se interessam e, compreensivelmente, questionam. Simultaneamente, numa publicação que se pretende festiva, exprimo também o meu reconhecimento pela escola que me acolheu e que, profissionalmente, me habituei a considerar a minha casa.

1. Potencialidades e riscos das redes telemáticas de comunicação

O actual paradigma tecnológico aparece claramente associado a uma «lógica de rede» possibilitada pela convergência a que se assiste nos sectores da informática, das telecomunicações e do audiovisual[1]. Referirmo-nos hoje ao ambiente digital significa muito mais do que aludir à redução de conteúdos a um código ou formato digital, na medida em que ao manuseamento desse formato se junta, de forma indelével, a transmissão por meios de comunicação rápida da obra digital ou digitalizada.

A palavra digitalização é muitas vezes tomada como expressão ou sinónimo de «desmaterialização», ou, de forma que me parece mais correcta, como «virtualização» da informação. Isto porque o registo digital não é propriamente imaterial, apenas sendo mais fluido ou mais volátil que os suportes físicos ou tangíveis. Ou seja, «no seio das redes digitais, a informação está evidentemente situada fisicamente em algum sítio, num dado suporte, mas ela está também virtualmente presente em cada ponto da rede onde a solicitarmos»[2].

---

[1] Fruto dessa convergência, são frequentemente designadas como «redes telemáticas».

[2] PIERRE LÉVY, *Cyberculture*, Rapport au Conseil de l'Europe, Éditions Odèle Jacob, 1997, *maxime* pp. 55-59, 64-66: «*Au sein des réseaux numériques, l'information est*

A codificação digital, isto é, a tradução de todos os sinais, todas as formas de informação – palavras, números, sons, imagens fixas ou em movimento – num código binário, constituído por sequências de zeros e uns, permite a redução de todas as obras a uma forma digital comum. É esta tecnologia, que pode ser resumidamente definida pelos seus atributos essenciais de fidelidade, compressão e maleabilidade[3], que possibilita o armazenamento de diferentes tipos de obras num mesmo formato, a sua comunicação através das mesmas vias e, ainda, a sua fácil manipulação.

A compressão da informação através da utilização do código binário digital permite a transmissão dos mais diversos conteúdos por via das redes informáticas com enorme facilidade e rapidez. São inegáveis as vantagens resultantes de tal potencialidade deste formato. Contudo, em simultâneo com estas vantagens, o advento da digitalização trouxe a lume problemas graves no que respeita à efectividade da aplicação dos direitos sobre os conteúdos disponibilizados em rede.

No Direito de Autor, à medida que a qualidade da tecnologia utilizada e a celeridade das comunicações aumentaram e que o papel dos utilizadores finais de obras literárias e artísticas passou de simplesmente passivo a progressivamente mais activo na produção e circulação de cópias das obras, avolumaram-se os problemas relacionados com a aplicação efectiva dos direitos exclusivos de autor.

Um dos mercados que mais rapidamente foi afectado foi o das obras musicais. Numa primeira fase, teve lugar a divulgação, no final da década de 1980, dos chamados gravadores áudio digitais (*digital audiotape recorders*)[4], que ofereciam não apenas grande facilidade de reprodução destas

---

évidement physiquement située quelque part, sur un support donné, mais elle est aussi virtuellement présente en chaque point du réseau où on la demandera».

[3] Assim, PAUL GOLDSTEIN, *Copyright's Highway – From Gutenberg to the Celestial Jukebox*, New York, Hill and Wang, 1994, p. 197.

[4] NICHOLAS GARNETT, «L'industrie du disque, première industrie culturelle totalement exposée à l'impact des techniques numériques», *in* OMPI, MCFF, *Colloque Mondial de l'OMPI sur l'avenir du droit d'auteur et des droits voisins*, Gènève, Publication OMPI, 1994, *maxime* pp. 103-104. Aqui se enumeram os diferentes tipos de incidência da digitalização sobre a indústria do disco, de sinal positivo, nomeadamente através das possibilidades de recuperar os velhos formatos analógicos concedendo-lhes uma actualidade surpreendente, de conferir às gravações originais uma precisão e um nível de qualidade de som inovadores e de manipular o material sonoro com vantagens assinaláveis quer para a sua transmissão quer para a construção de novos géneros musicais, e de sinal potencialmente negativo, pelo aproveitamento destas características para o aumento exponencial da realização de cópias não autorizadas.

obras, o que sucedia já com as gravações analógicas, mas também uma qualidade de som extraordinária e a possibilidade de reprodução sucessiva e inesgotável a partir das próprias cópias sem perda de qualidade[5].

Mais tarde, deu-se a introdução nas redes do formato MP3, correspondente a um mecanismo de compressão de dados que possibilitou que formatos originais com uma grande dimensão, como é o caso dos ficheiros que contêm música, fossem condensados em pequenos ficheiros, ocupando um muito menor espaço na memória computacional[6].

Estes processos – que entretanto deram já lugar a novos e mais apurados formatos, como o MP4 (abreviatura de MPEG-4, um formato criado com o propósito de ser tocado em leitores de áudio e vídeo portáteis) – tornaram possível um fácil carregamento ascendente (*upload*) e descendente (*download*) das obras e a transmissão através da Internet de ficheiros compactados, vindo revolucionar por completo os processos de difusão das obras musicais, literárias e audiovisuais.

2. Direitos patrimoniais potencialmente envolvidos

A protecção conferida pelo direito de autor tem início com a exteriorização das criações intelectuais numa forma apreensível, directa ou indirectamente, pelos sentidos humanos[7]. A única condição imposta à exteriorização é a perceptibilidade das obras a partir dessa exteriorização, e não a materialidade de tal manifestação exterior[8]. Importa, pois, que exista a

---

[5] PAUL GOLDSTEIN, *Copyright's Highway* ..., cit., p. 158 e ss.

[6] Os ficheiros em causa revestem um formato digital e utilizam um processo vulgarmente chamado «*ripping software*», o qual se caracteriza por permitir a um utilizador de um computador pessoal a cópia da totalidade de um disco compacto áudio directamente para o disco rígido do seu computador através da compressão da informação áudio nele contida num formato MPEG-3. Cfr. KIMBERLY D. RICHARD, «The Music Industry and its Digital Future: Introducing MP3 Technology», *IDEA, The Journal of Law and Technology*, 2000, pp. 432-437.

[7] Nos termos do art. 1.º do Código do Direito de Autor e dos Direitos Conexos, consideram-se obras «as criações intelectuais do domínio literário, científico e artístico, por qualquer modo exteriorizadas».

[8] Nas palavras de José de Oliveira Ascensão, «a objectividade, de facto essencial à noção de coisa, não se confunde com a materialidade». JOSÉ DE OLIVEIRA ASCENSÃO, *Direito de Autor e Direitos Conexos*, Coimbra, Coimbra Editora, 1992, p. 68. Sobre a objectividade jurídica das obras intelectuais, que permite que as mesmas sejam consideradas entes *a se* com valor económico autónomo, PAOLO GRECO, *I diritti sui beni immateriali*, Torino, G. Giappichelli, 1948, *maxime* pp. 3-8, 12-17.

possibilidade de percepção da obra por pessoas distintas do seu autor através da objectivação da criação intelectual, isto é, que esta criação adquira «uma expressão comunicativa reconhecível, através de uma forma sensorialmente apreensível»[9].

Conquanto a forma, qualquer que seja a sua natureza ou espécie, consista na «organização de uma substância», não é indispensável que essa substância seja material[10]. A exteriorização, enquanto momento de juridicização, pode ainda ser imaterial, bastando que seja feita de um modo que possa ser considerado perceptível aos sentidos humanos.

Ora, apesar de o objecto do direito de autor (o objecto mediato, entenda-se)[11] ser em si mesmo uma coisa imaterial, a expressão ou exteriorização material ou imaterial das obras (consoante a comunicação das mesmas opere ou não através de um suporte tangível) tem sido utilizada como critério de determinação das regras aplicáveis, nomeadamente no que respeita à modalidade de exploração económica da obra.

Tradicionalmente, operava-se, segundo este critério, a separação dos modos de exploração económica que têm por base os exemplares protegidos (exploração corpórea), incluindo a reprodução e a distribuição desses exemplares, e os modos de exploração da obra que prescindem da existência de suportes materiais, nomeadamente as diversas modalidades do chamado direito de comunicação ao público (exploração incorpórea). No entanto, uma das grandes questões colocadas pelo fenómeno «desmaterializador» prende-se precisamente com a própria essencialidade da existência de suportes materiais. Os avanços da digitalização suprimem-nos em muitas situações, pelo que o critério que presidia à distinção entre os vários modos de exploração das obras que integram o direito de autor é, também ele, questionado[12].

---

[9] ALEXANDRE DIAS PEREIRA, *Informática, Direito de Autor e Propriedade Tecnodigital*, Coimbra, Coimbra Editora, 2001, p. 238.

[10] Assim, PHILIPPE GAUDRAT, «Réflexions sur la forme des oeuvres de l'esprit», in *Propriétés Intellectuelles – Mélanges en l'honneur de André Françon*, Paris, Dalloz, 1995, p. 196: «*Conceptuellement la forme est une abstraction qui se distingue par l'intellect de la substance qu'elle affecte; mais cette distinction étant intellectuelle et non naturelle, la forme ne peut exister sans une substance à organiser*».

[11] Cfr. a distinção entre objecto imediato e objecto mediato tal como utilizada, no campo do Direito de Autor, por JOSÉ DE OLIVEIRA ASCENSÃO, *Direito de Autor...*, cit., p. 680 e ss., fazendo corresponder o objecto imediato às actividades reservadas ao titular do direito, e constituindo objecto mediato a obra literária ou artística propriamente dita.

[12] GERHARD SCHRICKER, THOMAS DREIER, PAUL KATZENBERGER, SILKE VON LEWINSKI, *Urheberrecht auf dem Weg zur Informationsgesellschaft*, Baden-Baden, Nomos Verlagsgesellschaft, 1997, p. 101.

Por um lado, a combinação entre a digitalização e a utilização da informática das telecomunicações resulta numa convergência dos instrumentos utilizados para a reprodução da obra e dos meios empregues na comunicação desta. A reprodução é simultaneamente uma forma de comunicação, do mesmo modo que a comunicação das obras em rede implica sempre reprodução, pelo menos em sentido técnico, a tal ponto que, em relação a alguns actos, a qualificação como reprodução ou distribuição, de um lado, ou como acto de comunicação ao público, de outro lado, é difícil de traçar.

Por outro lado, a fusão das formas das diversas categorias de obras num único formato digital, passível de ser manobrado, reproduzido e comunicado pelos mesmos meios, coincide, lógica e cronologicamente, com uma confluência dos diversos modos de comunicação ao público – desde a radiodifusão digital, designadamente por meio de *webcasting*, aos diversos serviços «a pedido» (*on demand*) ou «quase a pedido» (*nearly on demand*), passando pela vulgar colocação da obra à disposição do público através das redes telemáticas. O código binário digital impõe, assim, uma uniformidade que tende a mesclar as modalidades que são em geral enquadráveis sob o denominador comum da comunicação ao público.

Finalmente, pode considerar-se que a distinção entre a utilização económica da obra e o seu gozo adquiriu contornos muito difusos, pois que a própria produção de cópias materiais, entendidas enquanto objectivações da obra em suportes materiais autónomos, deixou aparentemente de ser essencial à fruição da obra. Com efeito, são múltiplas as vias que permitem ao utilizador chegar à fruição estética ou intelectual da obra. Este pode, não apenas fazer uma cópia pessoal daquela em qualquer suporte electrónico, como imprimir a obra ou fruí-la a partir do ecrã do computador ou procedendo à audição do ficheiro de som em que a mesma se encontra armazenada. Contudo, quer o acesso quer o gozo da obra encontram-se sujeitos, pelo menos de um ponto de vista técnico, a uma necessidade de execução de actos de reprodução, o que torna mais premente a questão do apuramento da relevância jurídica desses actos e, bem assim, da respectiva qualificação para efeitos da determinação do regime jurídico que lhes deve ser aplicado.

Feitas estas considerações, ficam explicadas as dificuldades que podemos encontrar na determinação exacta de que direitos patrimoniais do autor estão envolvidos numa vulgar transmissão de uma obra intelectual através das redes digitais. É preciso, para tal, analisar cautelosamente o processo que se inicia com a disponibilização desse conteúdo em determinado ponto da rede e que finaliza com o momento em que um utilizador, desde o local e no momento por ele escolhido, acede ao conteúdo em causa e o utiliza.

A análise que empreendo nesta sede, porque é esse o objectivo a que me propus, é feita no contexto do intercâmbio de ficheiros entre utilizadores da rede, tornado possível por programas informáticos concebidos e disponibilizados especialmente para este efeito – os chamados programas *peer-to-peer* (ponto-a-ponto), ou simplesmente P2P, graças ao modo de funcionamento consistente exactamente no contacto directo entre pontos diferentes de rede ou utilizadores[13].

O primeiro passo da colocação à disposição do público em linha consiste no chamado carregamento ascendente (*upload*) da obra ou da prestação. O carregamento é feito a partir de um determinado ponto da rede no disco rígido de um servidor, sendo associado àquela obra ou prestação um determinado endereço identificador ou URL (*Uniform Resource Locator*).

Este acto de exploração de materiais protegidos tem sido qualificado pela maioria da doutrina como acto de reprodução[14], devendo ser por isso reservado ao autor ou titular de um direito conexo. Está, pois, em causa uma exploração económica das obras literárias e artísticas protegidas pelo Direito mediante a reserva ao seu titular do controlo exclusivo sobre as diversas possibilidades de, mediante a sua incorporação num qualquer suporte material, por qualquer meio e sob qualquer forma, tornar exequível a produção de exemplares que autorizem a terceiros a percepção, directa ou indirecta, dos traços essenciais identificadores da obra[15].

---

[13] Também poderiam ser considerados sistemas de intercâmbio de ficheiros na Internet os programas que permitem o envio e recepção dos mesmos por correio electrónico. Contudo, como veremos, os problemas que se suscitam na análise dos programas P2P, em especial no que respeita ao tratamento do acto de colocação de obras protegidas à disposição do público, não se verificam neste tipo de programas, em que existe uma comunicação directa entre utilizadores individuais sem qualquer actividade de intermediação por parte de um prestador de serviços.

[14] FRANK A. KOCH, *Grundlagen des Urheberrechtsschutz im Internet und in Online--Diensten*, GRUR, n.º 6, 1997, p. 423; GERHARD SCHRICKER, *et al.*, *Urheberrecht auf dem Weg...*, cit., p. 111; GERHARD SCHRICKER, *Urheberrecht – Kommentar*, 2.ª ed. (reimpr.), München, Verlag C. H. Beck, 1999, Loewenheim, § 16, p. 339; MATHIAS SCHWARZ, *Recht im Internet*, Vol. I, Augsburg, Kognos Verlag, 2001, 3-2.2, pp. 29, 45; THOMAS DREIER, GERNOT SCHULZE, *Urheberrechtsgesetz – Kommentar*, München, Verlag C. H. Beck, 2004, Schulze, § 16, pp. 234-235.

[15] É a noção que defendi como noção operativa de direito de reprodução. Para desenvolvimento e justificação, veja-se CLÁUDIA TRABUCO, *O direito de reprodução de obras literárias e artísticas no ambiente digital*, Coimbra, Coimbra Editora, 2006, *passim*, *maxime* pp. 706-727.

Nos casos em que a obra ou prestação se dirige a um número indeterminado de pessoas, tem-se considerado que aquela reprodução precede cronologicamente a disponibilização da obra ao público, que se produz apenas com a atribuição do URL[16]. Este último é já, porém, um acto de distinta natureza, enquadrável, pelo menos dogmaticamente, num conceito abrangente de comunicação da obra ao público.

Com efeito, a possibilidade de transmissão de conteúdos através das redes digitais trouxe consigo a necessidade de estudo e tratamento jurídico destas transmissões quando as mesmas tivessem por conteúdo obras ou prestações protegidas pelo Direito de Autor ou por Direitos Conexos. A qualificação não se apresentou pacífica, tendo sido ensaiadas várias vias de solução, que podem ser reconduzidas quer à integração destas utilizações na protecção conferida pelos direitos patrimoniais já reconhecidos pela lei quer à criação de um novo direito, justificado pelas especialidades que as caracterizam[17]. O desfecho deste esforço de enquadramento é diferente consoante os ordenamentos jurídicos a que façamos referência, sendo interessante, por exemplo, confrontar a solução defendida no direito estado-unidense – que optou por um alargamento do âmbito do direito de distribuição de forma a incluir também as transmissões electrónicas[18] – com a via seguida pelo legislador comunitário europeu na Directiva n.º 2001/29/CE, do Parlamento Europeu e do Conselho, de 22 de Maio de

---

[16] Trata-se, de acordo com JAAP H. SPOOR, «The Economic Rights Involved – General Report», *in* Marcel Dellebeke, «Copyright in cyberspace – Copyright and the Global Information Infrastructure», Amsterdam, Otto Cramwinckel, 1997, pp. 43-44, da distinção entre o «*mere uploading*» e o acto de «*making accessible*». No mesmo sentido, IGNACIO GARROTE FERNÁNDEZ-DÍEZ, *El derecho de autor en Internet – Los Tratados de la OMPI de 1996 y la incorporación al Derecho Español de la Directiva 2001/29/CE*, 2.ª ed., Granada, Editorial Comares, 2003, p. 273.

[17] Para um ilustração do percurso seguido pelos direitos europeus na tentativa de encontrarem solução para o problema, CLÁUDIA TRABUCO, *O direito de reprodução...*, cit., p. 661 e ss.

[18] A necessidade de adaptação do direito de distribuição partia, evidentemente, do facto de, conquanto o efeito prático daquelas transmissões fosse semelhante ao da distribuição de exemplares tangíveis, na medida em que se permitia o acesso dos utilizadores às cópias, o processo de utilização se realizar de modo distinto, na medida em que «*when the transmission is complete, the original copy typically remains in the transmitting computer and a copy resides in the memory of, or in storage devices associated with, each of the other computers*». Information Infrastructure Task Force, *Intellectual Property and the National Information Infrastructure*, 9/1995, The Report of the Working Group on Intellectual Property Rights, *in* URL: www.uspto.gov/web/offices/com/doc/ipnii, IV, A, 1 (a).

2001, relativa à harmonização de certos aspectos do direito de autor e dos direitos conexos na sociedade da informação.

Aproveitando a posição neutra adoptada pelos Tratados da Organização Mundial da Propriedade Intelectual de 1996, e no cumprimento das obrigações que estes impunham às Partes Contratantes, a Comunidade Europeia inclinou-se para a consagração de um novo direito patrimonial, ainda que tenha permanecido dúbia – diremos mesmo propositadamente dúbia – a integração deste último entre as modalidades de comunicação da obra ao público.

Como forma de distanciamento em relação ao tradicional direito de comunicação ao público – ou, pelo menos, no quadro da caracterização deste como um mero direito-quadro para efeitos do posicionamento das transmissões electrónicas – são realçadas, nomeadamente, as diferenças dos actos técnicos envolvidos na transmissão interactiva em relação aos pressupostos do direito geral de comunicação. A definição do novo direito, consagrado especificamente para a colocação à disposição do público nas redes digitais, parece caracterizar-se quer pelo comportamento activo exigido da parte dos utilizadores da rede no acesso aos conteúdos, quer pelo novo conceito de público que impõe. Este direito cobre, assim, os actos de colocação das obras e outras prestações protegidas à disposição de várias pessoas não unidas por uma relação pessoal em redes interactivas, de forma a tornar aquelas obras e prestações acessíveis a qualquer destas pessoas a partir do local e no momento por elas escolhido, ou seja, a partir de pontos na rede distintos e em momentos dissociados no tempo.

Pondere-se agora a conduta do indivíduo que procede ao carregamento descendente (*download*) de obras protegidas localizadas por intermédio do sistema de partilha de ficheiros.

Parece ser pacífica a qualificação de cada um desses carregamentos como um acto de reprodução[19]. A pedra-de-toque está, pois, em apurar se, tratando-se muito embora de um acto de reprodução, é ou não correcta a sua justificação ao abrigo do uso privado. Ou seja, em relação à recepção/utilização das obras, as verdadeiras dúvidas colocam-se, não tanto na identificação do direito patrimonial envolvido, quanto (como veremos adiante, no ponto 4) no confronto entre o exercício dos direitos patrimoniais concedidos aos autores e titulares de direitos conexos e os interesses

---

[19] MATHIAS SCHWARZ, *Recht...*, cit., vol. I, 3-2.2, p. 43; IGNACIO GARROTE FERNÁNDEZ-DÍEZ, *El derecho de autor...*, cit., pp. 272-273; THOMAS DREIER, GERNOT SCHULZE, *Urheberrechtsgesetz...*, cit., Schultze, § 16, pp. 234-235.

do público em ter acesso às obras e prestações protegidas, que se encontrem protegidos por limites legalmente previstos.

Finalmente, no que respeita à análise da conduta dos prestadores de serviços da sociedade da informação que disponibilizam ao público este tipo de programas, deverá ser tida em conta, para aferição da eventual responsabilidade destes por actos ilícitos praticados mediante a utilização de tais programas, a forma de funcionamento do sistema. Nesta sede, serão particularmente relevantes as diferenças existentes entre os sistemas ditos *centralizados* – ou seja, aqueles em que existe um servidor central que contém um directório de utilizadores e informações acerca dos ficheiros – e os sistemas *descentralizados* – no sentido de sistemas que funcionam sem um tal servidor central, na medida em que têm por alicerce um protocolo informático que permite que os computadores dos diversos utilizadores se interliguem segundo um modelo de conexões «em estrela»[20].

3. A perspectiva do utilizador e a do prestador de serviços da sociedade da informação no contexto da jurisprudência estado-unidense

A urgência de um adequado tratamento jurídico desta questão foi sobretudo posta em evidência pelo processo que conduziu à decisão Napster[21].

O problema teve início quando, em 1999, um estudante de informática norte-americano construiu um sistema que pretendia facilitar a troca de ficheiros MP3 entre utilizadores através da Internet. Este sistema tinha como intenção tornar mais rápida a obtenção de músicas em formato MP3 que, até aí, era dificultada por não estar facilmente disponível nos motores de busca de informação existentes, ser muito morosa e por ser pouco eficaz o seu intercâmbio mediante a utilização do correio electrónico.

O sistema criado pode ser explicado em termos simples: permite a partilha directa destes ficheiros, contidos nos vários computadores pessoais, com outros utilizadores através da assistência de uma base de dados central onde se armazenam apenas os títulos das variadíssimas músicas.

O seu funcionamento é também fácil de compreender: cada utilizador individual pode armazenar ficheiros em formato MP3 no disco rígido do

---

[20] Para uma descrição do funcionamento de várias modalidades de sistemas centralizados e descentralizados, leia-se, por todos, IGNACIO GARROTE FERNÁNDEZ-DÍEZ, *La reforma de la copia privada en la Ley de Propiedad Intelectual*, Granada, Editorial Comares, 2005, pp. 222-224.

[21] *A&M Records, Inc. v. Napster, Inc.*, 2001 WL 115033, F.3rd (9th Circ. 2001).

seu computador («*user library directory*»), disponibilizando-os, se o desejar, para reprodução por outros utilizadores. Assim, após subscrição e descarregamento do sistema «*Napster*» e registo no mesmo, os títulos que esse utilizador disponibilizou farão parte também da base de dados central (*collective directory*) e podem ser utilizados sempre que o utilizador se encontre em linha; da mesma forma, acedendo ao serviço, pode este proceder a uma busca na base de dados, procurando os títulos que deseja copiar de entre aqueles que estão disponíveis por os seus detentores (*host users*) estarem naquele momento igualmente em rede. Finalmente, ocorrerá a transferência do ficheiro de um computador para o outro através da Internet (por isso se chama a este processo *peer-to-peer*); a partir de então, cada utilizador passa a poder escutar as músicas directamente no seu computador ou, se possuir equipamento suficiente para proceder à sua gravação, transferir as músicas para um CD áudio ou outro suporte. Em ambos os casos, a qualidade do som é apenas ligeiramente diminuída em relação ao original, e apresenta a vantagem de poder ser reproduzida indefinidamente sem alteração das suas características.

O processo judicial foi desencadeado por 18 das mais importantes editoras de música estado-unidenses, representadas pela RIAA (*Recording Industry Association of America*), que alegaram haver, da parte dos utilizadores do sistema, uma infracção directa dos direitos de autores e que, por essa infracção, muito embora indirectamente, também o *Napster* deveria ser considerado responsável como prestador de serviços da sociedade da informação.

O *district court* que foi chamado a pronunciar-se sobre a matéria, optou pela responsabilização do *Napster* por proceder, ou facilitar a outros, a cópia, os carregamentos descendente e ascendente, a transmissão, ou a distribuição de composições e gravações musicais reservadas dos demandantes, protegidas por direito federal ou estatal, sem obtenção de uma permissão expressa dos titulares de direitos. Esta decisão foi, a pedido do *Napster*, objecto de recurso pelo tribunal de apelação (*appeals court*) do 9.º Distrito que, no essencial, concluiu no mesmo sentido, apesar da forma mais limitada como apresentou a responsabilidade do prestador de serviços.

Na sequência deste caso, foram propostas acções contra outras empresas que disponibilizam programas de intercâmbio P2P[22]. Contudo, na-

---

[22] Foi o caso das acções interpostas pela RIAA contra as empresas que exploravam substitutos do *Napster*, em concreto o sistema *Aimster* – sistema centralizado responsabilizado como *contributory infringer* por decisão do *Court of Appeals for the Seventh Circuit*

quela que ficou conhecida como decisão *Grokster*, a tendência iniciada com o caso *Napster* pareceu inicialmente sofrer uma inflexão[23]. Com efeito, um *district court* no Estado da Califórnia concluiu pela ausência de responsabilidade do prestador do serviço, quer como *contributory infringer* quer como *vicarious infringer*. Para tanto bastou o facto de estes programas, contrariamente ao que sucedia com o *Napster*, que era um sistema centralizado ou de primeira geração, utilizarem um sistema que, não centralizando as informações sobre os utilizadores, permitia a troca directa de ficheiros entre utilizadores sem necessidade de armazenamento dos mesmos, nem dos títulos das obras ou nomes dos autores e/ou artistas, numa base de dados principal controlada pelo prestador. Essa decisão foi confirmada pelo *Court of Appeal for the Ninth Circuit*, que concluiu pela não responsabilização dos prestadores, ainda que os mesmos pudessem ter conhecimento das infracções e delas retirassem abundantes lucros.

No entanto, em 2005, tendo sido chamado a pronunciar-se, o Supremo Tribunal federal concedeu particular atenção ao que apelidou de «teoria do incentivo» (*theory of inducement*), isto é, ao facto de a conduta dos prestadores em causa ultrapassar a mera distribuição do *software* de intercâmbio de ficheiros, revelando uma intenção de originar e de tirar dividendos da actividade de utilização ilegal por terceiros de obras e prestações protegidas[24].

Em ambos os casos apresentados, a decisão concentrou-se na conduta dos prestadores de serviços de troca de ficheiros. Porém, de acordo com os pressupostos da responsabilidade secundária (*secondary liability*) no direito estado-unidense, a questão da «infracção directa» (*direct infringement*) por parte dos utilizadores aparece em ambos os processos de forma prejudicial, pois a responsabilidade secundária por infracções ao direito de autor não existe na ausência de infracção directa por parte de um terceiro.

(334 F. 3d 643, 30/6/2003) e entretanto encerrado – e o sistema *AudioGalaxy* – num processo que chegou a ser apreciado pelo *U. S. District Court of the Southern District of New York* mas que foi resolvido por acordo extrajudicial entre as partes, que incluía a obrigação assumida pela *AudioGalaxy* de filtrar e bloquear a transmissão de ficheiros contendo obras protegidas por direitos de propriedade intelectual.

[23] *Metro-Goldwyn-Mayer Studios, Inc. et al. v. Grokster, Ltd., et al.*, CV-01-8541 / *Jerry Liber, et al. v. Consumer Empowerment BV a/k/a Fasttrack, et al.*, CV-01-9923 (C. D. California, 25/4/2003).

[24] *Metro-Goldwyn-Mayer Studios, Inc. et al. v. Grokster, Ltd., et al.*, 545 U. S.__ (27/6/2005).

Na minha análise adoptei um método algo semelhante ao que foi utilizado por esta jurisprudência, pelo que começarei por analisar a existência de responsabilidade dos utilizadores dos sistemas *peer-to-peer*, para só em seguida tecer algumas considerações sobre a responsabilidade dos fornecedores de tais serviços.

Abstraindo, pois, da responsabilidade jurídica dos prestadores de serviços da sociedade de informação que disponibilizam ao público este tipo de programas, centro-me por ora apenas nos comportamentos-tipo dos indivíduos que utilizam estes serviços a partir dos terminais dos seus computadores, analisando-os face às normas do Direito autoral português.

4. Enquadramento jurídico da conduta do utilizador dos serviços de troca de ficheiros

Em virtude do modo de funcionamento das redes telemáticas, que permitem o acesso à informação de modo interactivo no momento e a partir do ponto de rede escolhido pelos utilizadores, a fronteira que separa a esfera privada da esfera pública dos utilizadores tornou-se ténue.

É certo que o crescimento exponencial de novas formas de utilização de conteúdos protegidos fez aumentar o risco de afectação dos direitos de autor e dos direitos conexos, o que paralelamente intensifica a necessidade e a dificuldade em encontrar modos eficazes de protecção destes direitos. Contudo, os meios técnicos de protecção que se encontram hoje ao dispor dos titulares dos direitos, permitindo-lhes quer a contratação em rede dos bens intelectuais, quer o exercício de um controlo mais eficaz e a detecção de uma grande parte das utilizações não autorizadas, representam também um risco para um outro conjunto de valores protegidos pelo Direito, entre os quais a própria privacidade dos indivíduos que utilizam a Internet.

À dificuldade em conciliar o direito de autor com a preservação da intimidade da vida privada dos indivíduos[25] acresce o facto de a avaliação da natureza jurídica dos comportamentos dos utilizadores obrigar por vezes à imprescindibilidade de traçar distinções abstractas e exclusivamente jurídicas no seio de processos técnicos tipicamente indivisos.

---

[25] Sobre este tema, leia-se, entre outros, CLÁUDIA TRABUCO, «Direito de autor, intimidade privada e ambiente digital: reflexões sobre a cópia privada de obras intelectuais», in *Araucaria – Revista Iberoamericana de Filosofia, Política e Humanidades*, n.º 18, 2007, pp. 29-55.

As utilizações de serviços de transferência ponto-a-ponto de ficheiros em formatos comprimidos oferecem um exemplo paradigmático da afirmação precedente.

Se se atentar, em primeiro lugar, na conduta do utilizador que armazena no disco rígido do seu computador um ficheiro num formato digital reduzido e o disponibiliza para utilização por outros utilizadores através de um sistema de partilha ponto-a-ponto de ficheiros em rede, verifica-se que este processo, assim descrito de modo unitário, pode ser decomposto em diversos actos com um significado jurídico distinto.

A digitalização de obras que eventualmente existam noutros formatos, bem como o armazenamento de obras ou outras prestações protegidas na memória do terminal de computador constituem, como se viu anteriormente, actos de reprodução[26].

Se se avaliassem apenas estas acções, o utilizador em causa poderia ver a sua posição justificada a título de uso privado da obra, porquanto os actos descritos preenchem ainda os pressupostos deste limite. Contudo, uma outra conduta, simultânea ou subsequente às que referi anteriormente, obriga a afastar a aplicabilidade do limite relativo ao uso privado – o armazenamento da obra num local do disco rígido do computador (as normalmente chamadas «pastas partilhadas») na medida em que o mesmo torne possível o seu carregamento ascendente quando o utilizador se encontre em linha e o consequente carregamento descendente por parte de outros clientes de um mesmo sistema de partilha de ficheiros.

Com este último acto, o utilizador consente, ou inclusivamente promove, uma utilização colectiva da obra em causa, tornando possíveis novos actos de acesso pelo público, pelo que deixam de estar reunidos os pressupostos para uma justificação da sua conduta a título de uso privado[27].

---

[26] Não creio que possam resistir quaisquer dúvidas quanto ao afastamento da qualificação do acto de digitalização como acto de transformação, no sentido de criação de uma nova obra original a partir da essência criadora de uma obra pré-existente. Tão-pouco julgo prejudicado o direito moral relativo à integridade da obra, consagrado no art. 56.º do Código do Direito de Autor e dos Direitos Conexos, a qual não é afectada nem pela simples passagem de uma obra a um formato digital nem pela compressão da informação num formato MP3.

[27] Assim também, MIGUEL ÁNGEL BOUZA LÓPEZ, MÁRIO CASTRO MARQUES, El caso Napster, ADI, T. XXI, 2000, p. 441; IGNACIO GARROTE FERNÁNDEZ-DÍEZ, El derecho de autor..., cit., p. 467; MÁRIO CASTRO MARQUES, O caso Napster, Maia Jurídica, A. I, n.º 1, 2003, p. 58.

O acto de colocação da obra em circulação em rede suscita algumas dúvidas quanto ao seu enquadramento entre os direitos patrimoniais reservados ao autor. Entre as teorias possíveis, prefiro a que qualifica o comportamento daquele que oferece a obra aos restantes utilizadores como um acto de colocação da obra à disposição do público, no sentido descrito pelos Tratados da OMPI e pela Directiva n.º 2001/29/CE. Em relação àquele acto de colocação à disposição do público, o acto de reprodução que o torna possível reveste-se, em princípio, de uma função meramente instrumental[28].

Analise-se ora a conduta do indivíduo que, num qualquer outro ponto da rede, procede ao carregamento descendente de obras protegidas, localizadas por intermédio de um sistema de partilha de ficheiros.

É pacífica, como se viu, a qualificação desse descarregamento do conteúdo como um acto de reprodução. Resta, no entanto, saber se o podemos considerar uma reprodução lícita, o que apenas sucederá caso a mesma tenha obtido o necessário consentimento por parte dos titulares dos direitos sobre as obras ou as prestações ou, caso este não exista, se se puder considerar esta utilização abrangida por algum limite ao direito de reprodução.

Não tenho dúvidas em aderir à doutrina que considera que, tendo os próprios titulares de direitos, ou alguém com a sua autorização, disponibilizado a obra na rede, se pode considerar existir um acto tácito de consentimento ou uma renúncia implícita ao exercício dos seus direitos[29].

Resta apurar se, nas situações em que a obra é colocada à disposição do público sem a prévia obtenção de consentimento para o efeito, é legítimo invocar, ainda assim, a justificação das utilizações (carregamento descendente, armazenamento na memória do computador ou em suporte digital autónomo) ao abrigo do uso privado.

Alguma doutrina contesta uma resposta afirmativa a esta questão por dois motivos: em primeiro lugar, o facto de o utilizador reproduzir uma obra que não se encontra legitimamente em seu poder ou em relação à qual se processa um acesso ilegítimo; e, em segundo lugar, o facto de as cópias assim efectuadas pelos diversos utilizadores serem, quando tomadas no

---

[28] Contra, defendendo a tese da existência de dois direitos concorrentes, CLAUS AHRENS, *Napster, Gnutella, FreeNet & Co. – die immaterialgüterrechtliche Beurteilung von Internet-Musiktauschbörsen*, ZUM, A. 44, n.º 12, 2000, p. 1032.

[29] Assim, JOSÉ DE OLIVEIRA ASCENSÃO, «O direito de autor no ciberespaço», in Idem, *Estudos sobre Direito da Internet e da Sociedade da Informação*, Coimbra, Almedina, 2001, p. 151.

seu conjunto, susceptíveis de prejudicar a exploração normal da obra pelo titular das obras e causar um prejuízo injustificado aos legítimos interesses deste último[30].

Considero, porém, possível defender-se que a legitimidade da reprodução para uso privado das obras neste contexto não se encontra dependente da legalidade da oferta dos dados em rede, em poucas palavras, da sua disponibilização pelo seu titular ou com o consentimento deste.

A questão não se coloca para as reproduções meramente técnicas, necessárias para a visualização ou audição das obras no terminal do computador, isto é, para o seu gozo passivo, que não alcançam o estatuto de reproduções em sentido jurídico.

O acto de reprodução é um acto funcionalmente compreensível, ou deve sê-lo. Trata-se de um acto de exploração económica da obra, bastando para tanto que se encontre presente a potencialidade de produção desse efeito.

Neste sentido, não posso senão defender a necessidade de avaliação teleológica de cada acto de reprodução, o que é o mesmo que dizer que não basta, para identificar um acto jurídico de reprodução, que se atenda às características técnicas relativas à corporalidade, à repetibilidade, à perceptibilidade do resultado técnico produzido, isto é, à produção de cópias. É necessário também que se verifique se esse acto reúne as características jurídicas, ou económico-jurídicas, que tornam possível defender a reserva dessa actividade de reprodução ao autor.

É premente, nesta sede, distinguir entre os actos de reprodução que correspondem a uma exploração económica da obra e os que apenas tornam possível, do ponto de vista técnico, uma utilização legítima daquela, evitando o efeito indesejável de conferir aos titulares de direitos um controlo sobre a totalidade dos actos de reprodução, ou seja, conferir-lhes o controlo sobre o próprio gozo intelectual do conteúdo das obras, o conhecimento e fruição das ideias de que aquelas são veículo. Assim, na deli-

---

[30] Esta é a conclusão de MIGUEL ÁNGEL BOUZA LÓPEZ, MÁRIO CASTRO MARQUES, *El caso Napster*, cit., p. 443. Relativamente aos efeitos económicos da reprodução, note-se que foi também este um dos factores que, quanto à existência de fundamento para a responsabilidade directa dos utilizadores do sistema, maior peso tiveram na decisão tomada no caso *Napster*. Possibilitou-se, assim, a aferição de uma base para o apuramento de responsabilidade indirecta por parte do prestador de serviços. Considerando injustificada aquela conclusão, PAOLO CERINA, «Il caso Napster e la musica on-line: cronaca della condanna annunciata di una rivoluzionaria tecnologia», *Il Diritto Industriale*, A. IX, 2001, pp. 56-57.

mitação do conceito operativo de reprodução, é essencial proceder-se à exclusão do seu núcleo de todos os actos técnicos imprescindíveis a essa utilização legítima[31].

Afastados os actos meramente técnicos de reprodução, o problema põe-se apenas nas situações em que é concedida ao utilizador a possibilidade de reprodução do material protegido, ou seja, em que o utilizador dá início a uma nova exploração patrimonial da obra.

Contudo, no contexto da utilização de obras através dos sistemas P2P, a utilização normal por parte do destinatário do conteúdo corresponde ainda assim a um acto de utilização privada. Muito embora a colocação da obra à disposição do público através da rede tenha sido abusiva ou feita à revelia do titular de direitos sobre a mesma, o acto de reprodução por parte do utilizador cabe ainda no limite relativo à cópia privada que consta actualmente tanto da alínea *b*) do artigo 81.º quanto da alínea *a*) do n.º 2 do artigo 75.º do Código português[32].

A conclusão contrária não me parece defensável, na medida em que é impossível ao utilizador individual avaliar caso a caso por quem e a que título a obra terá sido colocada à disposição do público e se, nesse processo, se obteve o necessário consentimento por parte do seu titular[33].

Em lugar de se procurar analisar, creio que inutilmente, se existia ou não conhecimento por parte do utilizador final sobre a legitimidade dessa sua utilização, parece-me mais correcta e mais produtiva uma concentração de esforços sobre o acto de colocação à disposição do público em si mesmo considerado, este sim um verdadeiro acto de exploração económica das obras e prestações protegidas.

É neste ponto precisamente que a conduta dos utilizadores se torna, o mais das vezes, ilícita, na medida em que o funcionamento eficaz dos

---

[31] Para maiores desenvolvimentos, e clarificação do caminho percorrido nesta delimitação, cfr. CLÁUDIA TRABUCO, *O direito de reprodução*..., cit., pp. 325-416, *maxime* pp. 335-377.

[32] No mesmo sentido, JOSÉ DE OLIVEIRA ASCENSÃO, «Direitos de autor e conexos inerentes à colocação de mensagens em rede informática à disposição do público», *in Idem*, «*Estudos sobre Direito da Internet e da Sociedade da Informação*», 2001, cit., p. 116: «O chamamento de uma obra ao visor, para análise ou desfrute, a transformação que se realize, até a reprodução, são actos privados, que escapam ao exclusivo de utilização pública em que consiste o direito patrimonial de autor».

[33] Esta é a opinião de, por exemplo, TILL KREUTZER, *Napster, Gnutella & Co.: Rechtsfragen zu Filesharing-Netzen aus der Sicht des deutschen Urheberrechts de lege data und de lege ferenda*, GRUR Int., n.ᵒˢ 3/4, 2001, p. 200.

sistemas *peer-to-peer* pressupõe que os seus utilizadores se disponham a colocar os conteúdos recebidos ou espontaneamente carregados no sistema, à disposição dos demais utilizadores[34]. Na maior parte dos casos, essa função aparece definida por defeito pelo sistema ou, em algumas situações, é mesmo inalterável, o que vale por dizer que, na sua utilização normal dos sistemas de intercâmbio de ficheiros, os utilizadores contribuem activamente para a colocação à disposição do público de obras e prestações protegidas, e isto mesmo que os ficheiros desse utilizador em concreto não venham efectivamente a ser utilizados por terceiros, bastando a mera susceptibilidade de acesso pelo público às obras ou prestações[35].

---

[34] Avaliando a questão da responsabilidade dos utilizadores de programas P2P e excluindo a aplicação a estes dos termos do Considerando 14) da Directiva n.º 2004/48/CE do Parlamento Europeu e do Conselho, de 29 de Abril de 2003, relativa ao respeito dos direitos de propriedade intelectual, na medida em que não se encontram integralmente preenchidos os seus requisitos relativos à ausência de uma finalidade de lucro, directa ou mesmo indirecta, e a boa fé por parte dos consumidores, IGNACIO GARROTE FERNÁNDEZ--DÍEZ, *La reforma...*, cit., p. 255.

[35] A via das acções propostas directamente contra os utilizadores dos programas de transmissão ponto-a-ponto não é inédita e, embora menos eficiente quer do ponto de vista económico quer do ponto de vista da maior dificuldade na sua identificação (só possível por intermédio do accionamento dos deveres de informação que impendem sobre os prestadores de serviços) foi já seguida pontualmente em alguns ordenamentos. Reveste particular interesse, no direito estado-unidense, a decisão *RIAA, Inc. v. Verizon Internet Services, Inc.*, de 19/12/2003 (341 F.3d, 1299), ainda que a argumentação desenvolvida assente sobretudo na demonstração da obrigatoriedade de identificação dos utilizadores pelo prestador de serviços nos casos em que exista prova suficiente de que estes procederam ao descarregamento de uma quantidade significativa de obras e prestações protegidas através de um sistema P2P. Para uma avaliação geral do movimento de acções da RIAA contra utilizadores (que já ascende a mais de 20 000 acções), iniciado em 2003, cfr. Electronic Frontier Foundation, *RIAA v. The people: Four Years Later*, in http://w2.eff.org/IP/P2P/riaa_at_four.pdf. Para além da descrição da estratégia utilizada ao longo dos anos pela indústria da música, que vai já numa terceira fase estratégica, o estudo procura demonstrar que este tipo de litigância não operou resultados positivos relevantes do ponto de vista da diminuição das utilizações dos programas P2P entre os anos 2002 e 2007.
Na jurisprudência francesa, veja-se a decisão proferida pelo *Tribunal de Grande Instance de Vannes*, em 29 de Dezembro de 2004, responsabilizando criminalmente diversos utilizadores do sítio www.echange-cd.fr.st, em que se afirmou «*L'élément intentionnel est présumé dans le délit de contrefaçon. La seule exploitation d'une oeuvre sans l'autorisation de l'auteur et en méconnaissance de ses droits implique qu'un tel acte a été accompli sciemment, sauf preuve contraire. Au surplus, les prévenus ne contestent pas à l'audience qu'ils savaient leur activité illégale; ils expliquent simplement que ces infractions leur paraissaient bénignes, dans la mesure où ils n'en tiraient aucun profit financier et qu'ils*

5. A importância da Análise Económica do Direito

Na análise do comportamento dos utilizadores dos sistemas de intercâmbio de ficheiros na Internet tem, naturalmente, relevância não apenas a conduta individual de cada um dos utilizadores mas também – ou, para alguns autores, sobretudo[36] – o efeito provocado pela conduta colectiva dos vários utilizadores registados no sistema, sendo certo que é hoje, porque muito extenso, difícil de determinar o número de pessoas que recorre à troca de dados por via dos programas ponto-a-ponto.

A consciência deste facto convoca para a discussão do fenómeno da troca de ficheiros o problema da fundamentação e do alcance do regime das chamadas utilizações privadas.

Muito embora não haja sido consagrado um princípio de liberdade do uso privado das obras intelectuais, no Direito português como também noutros Direitos, tem vindo a ser discutido se um tal princípio pode ou não ser induzido a partir dos preceitos legais que reconhecem que determinadas utilizações – designadamente certas formas de comunicação das obras mas também as chamadas «cópias privadas» – são livres porque privadas, no sentido de independentes de autorização pelos titulares de direitos.

Na doutrina portuguesa é possível identificar uma corrente que defende que, sendo o direito de autor um direito exclusivo de exploração económica das obras, o uso privado corresponde a um princípio que se impõe a este direito, escapando pura e simplesmente ao âmbito de aplicação do direito exclusivo[37]. Tive já ocasião de expressar o meu afastamento em relação a esta corrente, apresentando para o efeito dois argumentos essen-

---

se constituaient une collection à des fins personnelles». Esta última decisão encontra-se acessível em http://www.foruminternet.org/telechargement/documents/tgi-van20040 429.pdf.

[36] Parece ser esta a opinião partilhada por MIGUEL ÁNGEL BOUZA LÓPEZ, MÁRIO CASTRO MARQUES, *El caso Napster*, cit., pp. 443 e 448.

[37] Conquanto seja partilhada por outros autores, esta corrente encontra o seu principal expoente na obra de JOSÉ DE OLIVEIRA ASCENSÃO, *Direito de Autor...*, cit., *passim*, *maxime* p. 198 e ss. («O uso privado não é excepção ao direito de reprodução, está pura e simplesmente de fora do exclusivo que é outorgado ao autor»). E isto apesar de, em escritos mais recentes, Oliveira Ascensão parecer retroceder um pouco na posição anteriormente sustentada, ao afirmar que é através da consagração de *limites* «que se dá abertura a exigências de interesses públicos ou gerais, como os que têm por finalidade a promoção da cultura ou da educação; ou de interesses do público em geral, *como o uso privado*» (o itálico é nosso). JOSÉ DE OLIVEIRA ASCENSÃO, «O "fair use" no direito autoral», *in* FDL/APDI, *Direito da Sociedade da Informação*, vol. IV, Coimbra, Coimbra Editora, 2003, p. 90.

ciais, que me levam a compreender o uso privado como limite ao direito de autor: por um lado, a visão geral dos limites ao direito como resultado da ponderação dos interesses, individuais e sociais em presença na regulação do direito de autor[38], entendendo a liberdade de utilização privada das obras consagrada em diversos preceitos legais enquanto contrapartida social da protecção da liberdade de criação cultural; por outro lado, o reconhecimento de uma expressão económica das utilizações de carácter privado, quando não consideradas individualmente e sobretudo se a sua dimensão e frequência forem susceptíveis de se traduzir num desvalor ou num impacto negativo sobre os frutos que o autor espera receber por via da exploração económica da sua criação[39].

O ambiente digital veio conferir a este último factor uma particular importância, registando-se indicadores que apontam para a necessidade de repensar o problema do uso privado à luz das condições de utilização das obras e prestações protegidas através das redes telemáticas, em que, a par com as novas possibilidades de gestão individualizada dos conteúdos protegidos e de protecção dos mesmos mediante a imposição de barreiras tecnológicas ao acesso ou à utilização daquelas obras e prestações, convivem ainda os meios clássicos de pagamento de compensação por cópia privada.

---

[38] Parece-me apropriado o resumo feito por Dário Moura Vicente destas duas categorias de interesses: os *valores e interesses individuais* («Nestes se incluem o interesse do autor em dispor, de modo exclusivo, da sua obra, colhendo os benefícios inerentes à sua exploração; e o dos utilizadores de obras intelectuais, que compreendem tanto os agentes económicos que as exploram comercialmente, aos quais importa ver protegidos e remunerados os investimentos financeiros realizados para esse efeito, como os consumidores, que pretendem usá-las e fruí-las com um mínimo de custos e constrangimentos») e os *valores e interesses sociais*, não apenas na protecção da criatividade, mas também na difusão da cultura e da ciência, na protecção da educação e na preservação do livre acesso à informação. DÁRIO MOURA VICENTE, «Direito de autor e medidas tecnológicas de protecção», *in* Fundação Luso-Americana, *Direito Comparado. Perspectivas luso-americanas*, vol. I, Coimbra, Almedina, 2006, pp. 165-166.

[39] DÁRIO MOURA VICENTE, «Cópia privada e sociedade da informação», *in* FDL, *Direito e informação – I Encontro nacional de bibliotecas jurídicas*, Coimbra, Coimbra Editora, 2006, p. 17, reforça este argumento com base no facto de a licitude da utilização de obras feita com este fundamento depender do preenchimento das condições adicionais congregadas na chamada «regra dos três passos», concluindo que, com esta última, se procurou «conter esse uso dentro de limites razoáveis, assim se acautelando a posição dos titulares de direitos sem comprometer os interesses colectivos que se tem em vista salvaguardar através da liberdade de uso privado. Este último não tem lugar, em suma, à margem do Direito de Autor».

Contudo, a própria afirmação de que a totalidade de cópias privadas realizadas por meio dos processos P2P, quando tomadas no seu conjunto, pode ser susceptível de prejudicar a exploração normal da obra pelo seu titular e causar um prejuízo injustificado aos legítimos interesses deste último, tem sofrido alguma contestação.

Existem diversos estudos de análise económica relativos aos sistemas de troca de ficheiros, tendo vindo a ser publicitadas conclusões que contrariam os argumentos que vinham sendo propagandeados, designadamente pelas grandes editoras de música, segundo os quais aqueles sistemas prejudicam gravemente as vendas tradicionais de exemplares de obras musicais.

Um desses estudos chega mesmo a um resultado diametralmente oposto, na medida em que conclui que os sistemas de troca de ficheiros não apresentam efeitos significativos sobre o número de aquisições de álbuns de música pelos utilizadores dos sistemas, pelo que as baixas apresentadas nas vendas das indústrias de música estarão relacionadas com outros factores, que não a troca de ficheiros através das redes[40].

Oberholzer-Gee e Strumpf, os autores do estudo em questão, afastam-se das estatísticas conhecidas nesta matéria e concentram a sua atenção sobre a observação do comportamento de uma parte significativa de consumidores, partindo de uma amostra de 0,01% do volume total de *downloads* à escala mundial durante o último trimestre do ano 2002, que é confrontada com os números semanais das vendas de um conjunto de álbuns de música considerado comercialmente relevante. Contudo, durante o período de estudo não encontram prova de um efeito estatístico significativo da actividade de intercâmbio de ficheiros sobre as vendas de suportes corpóreos, o que os leva a concluir pela recusa da existência de uma relação directa entre as vendas de discos e a utilização de programas ponto-a-ponto.

Num estudo cujas conclusões foram já objecto de veemente contestação[41], aqueles professores, respectivamente das Universidades de Har-

---

[40] FELIX OBERHOLZER, KOLEMAN STRUMPF, *The Effect of File Sharing on Record Sales: An Empirical Analysis*, estudo divulgado inicialmente e em estado preliminar em Março de 2004 e publicado posteriormente no *Journal of Political Economy*, Vol. 11, n.º 1, de Fevereiro de 2007, pp. 1-42, mas também disponível *in* URL: http://www.unc.edu/~cigar/

[41] Veja-se, em particular, o estudo desenvolvido pelo professor da Universidade do Texas STAN LIEBOWITZ, *How Reliable is the Oberholzer-Gee and Strumpf paper on File Sharing?*, disponível *in* URL: http://w2.eff.org/IP/P2P/riaa_at_four.pdf, em que são contestadas, uma a uma, as diversas conclusões divulgadas por Oberholzer-Gee e Strumpf.

vard e do Kansas, procuram também explicações que enquadrem o surgimento dos programas P2P num contexto económico-social mais alargado; chegam mesmo a apresentar algumas causas possíveis para o fenómeno da diminuição de vendas de suportes corpóreos de música. Entre estas estariam provavelmente algumas alterações no próprio mercado de distribuição de suportes físicos, o final de um período em que se tinha verificado um nível de vendas muito elevado mas atípico, originado pela substituição dos suportes analógicos por suportes digitais, bem como a própria concorrência representada pelas vendas de outros produtos de entretenimento, como jogos de vídeo e outros produtos em DVD.

6. Enquadramento jurídico da conduta do prestador de serviços da sociedade da informação

Vista a responsabilidade dos utilizadores dos sistemas de intercâmbio de ficheiros, cumpre ainda dedicar algumas linhas à análise da responsabilidade das empresas que disponibilizam este tipo de serviços na Internet. Seguirei, para tanto, a metodologia já enunciada, partindo dos dois casos jurisprudenciais (casos *Napster* e *Grokster*) descritos anteriormente e explicando o percurso seguido na sua decisão segundo o direito estado-unidense, para procurar depois aprofundar de que modo se poderiam qualificar os factos caso o direito a aplicar fosse o direito português[42].

6.1. No caso Napster

a) *Direito estado-unidense*

A decisão do caso *Napster* aparece no encadeamento de uma longa lista de decisões jurisprudenciais que procuram determinar os contornos da responsabilidade dos diversos operadores em cena na Internet.

O reconhecimento da necessidade de construção de um regime adequado à regulação da responsabilidade dos intermediários da Internet não poderia senão ter ocorrido, em primeiro lugar, nos Estados Unidos. Com

---

[42] Um exercício semelhante foi feito a respeito do direito francês no estudo publicado por JANE GINSBURG e YVES GAUBIAC, «Contrefaçon, fourniture de moyens et faute: perspectives dans les systèmes de common law et civilistes à la suite des arrêts Grokster et Kazaa», *in RIDA*, 207, 2006, *maxime* pp. 45-81.

efeito, foi neste país que mais cedo foram sendo desenvolvidas as diversas tecnologias postas em prática pela evolução da Internet, e foi também aí que se teve primeiramente consciência das potencialidades danosas deste poderoso meio. Ao mesmo tempo que era considerado urgente encontrar garantias idóneas de que o responsável seria encontrado e de que esses danos viriam a ser objecto de ressarcimento, alertava-se para a importância de evitar que essas mesmas garantias pudessem fazer perigar o desenvolvimento da rede ou, de alguma forma, pôr em causa o respeito pelo princípio da liberdade de expressão no âmbito das comunicações através da Internet.

A grande produção de decisões jurisprudenciais relativa à averiguação da responsabilidade dos prestadores de serviços na Internet foi já objecto de uma sistematização que procedeu à sua separação em dois tipos de responsabilidade extracontratual (*torts*): a responsabilidade indirecta (*vicarious liability*) e o concurso de responsabilidades (*contributory infringement*).

A responsabilidade indirecta corresponde à responsabilidade do sujeito com poderes de controlo sobre a actividade do autor do facto danoso. Este tipo de responsabilidade pode ser imputada a um sujeito que tenha um *poder de supervisão* sobre os actos do infractor directo bem como *benefícios financeiros*, ou a possibilidade de os ter, com a prática daqueles actos, mesmo que nesses actos não tenha directamente participado ou sequer tenha tido deles conhecimento[43].

Relativamente ao benefício financeiro do *Napster*, concluiu o tribunal pela sua existência, porquanto este prestador de serviços terá benefi-

---

[43] MARSHALL A. LEAFFER, *Understanding Copyright Law*, New York, San Francisco, Mathew Bender, 1999, pp. 401-402. Este autor comenta este tipo de pressupostos dizendo que, apesar de o resultado desta forma de responsabilidade poder ser algo pesado, se justifica com base em princípios de equidade, na medida em que aqueles que beneficiam financeiramente com a infracção devem compensar o titular do direito de autor. Cfr., igualmente a decisão *Fonovisa, Inc. v. Cherry Auction, Inc.*, 76 F. 3d 259 (C.A.9 Cal., 1996).

Não falta quem defenda que, por referência à relação jurídica existente entre quem controla e quem é controlado, esta forma de responsabilidade poderia ser comparável nos sistemas de direito continental europeu, muito embora apenas para melhor entendimento da questão, à responsabilidade do comitente prevista no artigo 500.º do Código Civil. Assim, no ordenamento jurídico italiano, EMILIO TOSI, «La responsabilità civili», *in Idem, I Problemi Giuridici di Internet*, Milano, Diritto dell'informatica (dir. Guido Alpa), Giuffrè Editore, 1999, p. 266; LEONARDO BUGIOLACCHI, *Principi e questioni aperte in materia di responsabilità extracontrattuale dell'Internet provider. Una sintesi di diritto comparato, Il diritto dell'informazione e dell'informatica*, A. XVI, n.º 6, 2000, p. 837.

ciado directamente do facto de serem colocadas à disposição do público, de forma ilícita, obras protegidas. Esse factor, por si só, fez aumentar considerável e sucessivamente o número de utilizadores a fazerem o seu registo no sítio do *Napster*. Com efeito, o potencial comercial do *Napster* era inegável, mesmo se os ganhos previstos, relacionados com publicidade, taxas de subscrição do serviço pelos utilizadores ou outros acordos comerciais com editoras musicais, não fossem ainda, à data da decisão em causa, efectivos.

No que respeita ao requisito do poder de supervisão, o tribunal de recurso veio concordar com os traços essenciais da apreciação feita pelo *district court* e, assim, concluir pela verificação de um direito de controlo do acesso pelos utilizadores ao sistema. Tendo em atenção a arquitectura do sistema em que o *Napster* assenta, a qual não permite ao prestador do serviço a «leitura» do conteúdo dos ficheiros (apenas verificando em cada momento se estes se encontram no formato MP3 adequado à sua transmissão), este tribunal alertou para a necessidade de compreender aquele poder dentro dos limites a que o mesmo, pela natureza das coisas, está sujeito. Apesar de tudo, reconheceu que o *Napster* tinha capacidade para localizar o material considerado ilícito no índice da sua base de dados central e de o retirar de circulação.

Paralelamente, foi considerado que o *Napster* poderia também ser responsabilizado como *contributory infringer* por a sua actividade reunir as condições essenciais desta forma de responsabilização. O chamado concurso de responsabilidades funda-se na possibilidade de imputação do facto danoso a quem, apesar de apenas ter participado indirectamente na comissão do acto ilícito, tinha ou deveria ter conhecimento deste[44]. De acordo com a jurisprudência, são igualmente dois os elementos necessários para que se verifique este tipo de responsabilidade por parte de um prestador de serviços na Internet: por um lado, um elemento de conhecimento, ou seja, que o prestador conheça ou lhe tenha sido notificada a violação de um direito de autor, e, por outro lado, um elemento de partici-

---

[44] De acordo com a decisão *Gershwin Publ'g Corp. v. Columbia Artists Mgmt., Inc.* 443 F.2d 1159, 1162 (2d Cir. 1971), aquele que, com conhecimento da actividade ilícita, induza, cause ou contribua materialmente para a conduta infractora de outrem, pode ser responsabilizado como *contributory infringer*. Entre nós, este tipo de responsabilização poderia apenas encontrar, para os mesmos efeitos de entendimento da qualificação feita no direito estado-unidense, paralelo na figura da responsabilidade dos autores, instigadores e auxiliares por facto ilícito prevista no art. 490.º do Código Civil.

pação substancial, isto é, uma colaboração do prestador para a produção daquele acto ilícito[45].

Parece relativamente consensual a conclusão segundo a qual o *Napster* tinha conhecimento, ou deveria ter conhecimento, de que os seus utilizadores trocavam entre si obras protegidas. No caso em apreço, o tribunal considerou que o prestador de serviços tinha efectivamente conhecimento[46] da existência de conteúdos ilegais que eram objecto de transmissão entre os utilizadores por intermédio do programa disponibilizado, nada fazendo para os retirar desse sistema. Acresce que o *Napster* terá fornecido, ele mesmo, os meios para que aquelas utilizações ilícitas pudessem ter lugar, contribuindo, por isso, para a violação dos direitos de autor em causa[47].

---

[45] Um dos exemplos a referir é o do caso *Sega Enterprises Ltd. v. MAPHIA*, 857 F.Supp. 679 (N. D. Cal., 1994), em cuja decisão foi considerado que, dada a natureza do serviço prestado, que fornecia a infra-estrutura necessária e incitava inclusivamente à transferência entre os utilizadores de material protegido por direito de autor, o prestador de serviços *Maphia* não poderia senão ter conhecimento da infracção, da qual foi julgado co-responsável. A decisão refere-se à disponibilização de produtos multimédia, nomeadamente de jogos de vídeo produzidos pela *Sega Enterprises* num *Bulletin Board System* (BBS) chamado *Maphia* que possibilita que os seus utilizadores façam carregamentos e descarregamentos de conteúdos e que transfiram entre si esses jogos, usando os respectivos computadores.

[46] Como alicerce para esta conclusão, o tribunal apresentou o disposto nas conclusões do caso *Religious Technology Center v. Netcom On-Line Communication Services, Inc*, 907 F. Supp. 1361 (N. D. Cal., 1995), nas quais se diz que, no ambiente em linha são necessárias provas de «conhecimento efectivo» de actos ilícitos específicos por parte do operador de sistema informático para que se lhe possam ser assacadas responsabilidades. Na ausência de informações específicas sobre a existência de violações de direitos, não seria correcto concluir pela responsabilidade do prestador de serviços, baseando-nos apenas no facto de a própria estrutura do sistema que se encontra em funcionamento permitir, ou mesmo facilitar, essas violações.

[47] Para uma análise das conclusões do tribunal, sob o prisma da responsabilidade do *Napster*, remetemos para, entre outros, os seguintes estudos: Ariel Berschadsky, *RIAA v. Napster: a window onto the future of Copyright Law in the Internet age*, J. Marshall J. Computer & Info. L., Vol. 18, 2000, pp. 756-789; Jane C. Ginsburg, *Copyright Use and Excuse on the Internet*, Colum. – VLA J. L. & Arts, Vol. 24, 2000, pp. 1-45; Henry M. Gladney, *Digital Intelectual Property: controversial and international aspects*, Colum. – VLA J. L. & Arts, Vol. 24, 2000, pp. 47-91; Laurent Leguevaque, *Napster ou la fiancée du pirate*, Expertises, Août-Septembre, 2000, pp. 256-258; Dieter Frey, *Peer-to-Peer File--Sharing, das Urheberrecht und die Verantwortlichkeit von Diensteanbieter am Beispiel Napster, Inc. im Lichte des US-amerikanischen und des EG-Rechts*, ZUM, A. 45, n.° 6, 2001, pp. 466-477; Raymond T. Nimmer, *Napster and the «New» Old Copyright*, CR Int., n.° 2, 2001, pp. 46-49. Criticando duramente os fundamentos e a efectividade da decisão,

b) *Direito português*

No direito português, o tratamento dogmático da questão da responsabilidade dos prestadores de serviços na Internet é recente e ainda parcelar. Talvez o aspecto menos tratado pela doutrina portuguesa seja simultaneamente o mais espinhoso e o mais importante, na medida em que serve de pressuposto à possibilidade de aplicação das poucas normas jurídicas que especificamente tratam da responsabilidade dos prestadores de serviços da sociedade da informação – as normas que consagram vias de exclusão da responsabilidade dos prestadores intermediários de serviços, que integram o Decreto-Lei n.º 7/2004, de 7 de Janeiro, que transpõe, por seu turno, para o direito nacional a Directiva sobre o comércio electrónico[48].

O problema coloca-se em relação à fixação do regime jurídico a aplicar às situações de fornecimento de conteúdos de terceiros, no sentido de conteúdos postos em circulação por outrem em relação aos quais o prestador de serviços em rede desempenha um papel de intermediário entre o fornecedor do conteúdo e os utilizadores finais.

Nestas situações os prestadores em causa podem ser meros «prestadores intermediários de serviços», no sentido previsto na Directiva sobre o comércio electrónico e que o legislador português definiu como as entidades que «prestam serviços técnicos para o acesso, disponibilização e utilização de informações ou serviços em linha independentes da geração da própria informação ou serviço» (n.º 5 do art. 4.º do Decreto-Lei n.º 7/2004).

O regime da responsabilidade dos prestadores intermediários de serviços parte de um princípio geral segundo o qual sobre estes não impende um dever de vigilância em relação aos conteúdos transmitidos em rede (art. 12.º).

A inexistência de um dever geral de controlo não obsta, porém, à consagração legal de deveres de agir em casos especiais, designadamente quando essa ilicitude seja flagrante a ponto de não poder o fornecedor de serviços ignorá-la. Estes deveres específicos resultam, em geral, do disposto nas diversas alíneas do artigo 13.º do diploma, mas também das diversas

---

em particular, LAWRENCE LESSIG, *Expert Report Pursuant to Federal Rule of Civil Procedure 26(a)(2)(B)*, 2000, *in* URL: http://cyberlaw.stanford.edu/lessig/content/testimony/nap/nap3d.pdf, XI-XII.

[48] Directiva n.º 2000/31/CE do Parlamento Europeu e do Conselho, de 8 de Junho de 2000, relativa a certos aspectos legais dos serviços da sociedade da informação, em especial do comércio electrónico, no mercado interno («Directiva sobre comércio electrónico»), JOCE L 178, de 17/7/2000, pp. 1-16.

obrigações de carácter positivo que vinculam os intermediários nos termos dos artigos 14.º a 17.º, consoante o tipo de actividade desempenhada.

Em causa estão três tipos de obrigações: *de informação*, por sua própria iniciativa, nos casos em que os prestadores intermediários de serviços tomem conhecimento, no decurso da sua actividade, de alguma ilicitude; de *acatamento* dos pedidos feitos pelos tribunais ou por outras entidades competentes que tenham em vista a obtenção da identificação dos destinatários dos serviços com quem mantenham acordos de armazenagem ou de listas de titulares de sítios que alberguem; e ainda o *cumprimento* de decisões das mesmas entidades que pretendam pôr cobro a infracções que hajam sido detectadas[49].

De acordo com o artigo 11.º do Decreto-Lei n.º 7/2004, a responsabilidade dos prestadores de serviços em rede está sujeita ao regime comum de responsabilidade, constituindo o disposto nos artigos 12.º e seguintes meras «especificações» daquele regime[50]. Com efeito, o que varia são apenas os pressupostos de facto a que se aplicam as normas jurídicas que compõem o regime geral da responsabilidade.

Assim, o que encontramos hoje nos artigos 14.º, 15.º, 16.º e, por remissão, no artigo 17.º do Decreto-Lei sobre o comércio electrónico, que tratam horizontalmente a questão da responsabilidade dos prestadores intermediários de serviços da sociedade da informação (em preceitos aplicáveis, pois, aos mais variados domínios em que essa responsabilidade pode verificar-se, entre os quais o Direito de Autor), são normas que reconhecem determinados pressupostos de isenção de responsabilidade. Aliás, a sua teleologia, nos termos descritos pela própria Directiva, indica-os como «filtros» aplicáveis antes da implementação do regime comum de responsabilidade, em relação ao qual se introduzem algumas especialidades.

Vejamos, pois, se a actividade desenvolvida pelo *Napster* poderia legitimamente preencher os pressupostos de desresponsabilização de algum dos *safe harbours* aí consagrados.

---

[49] Esclarece, a propósito, o Considerando 47) da Directiva que o impedimento relativo à imposição de um dever de vigilância de carácter geral «não diz respeito a obrigações de vigilância em casos específicos e, em especial, não afecta as decisões das autoridades nacionais nos termos das legislações nacionais».

[50] As inúmeras questões que se levantam a respeito da aplicação do regime comum da responsabilidade foram já estudadas e expostas em momento anterior. Para maiores desenvolvimentos, remeto, pois, para CLÁUDIA TRABUCO, «Responsabilidade e desresponsabilização dos prestadores de serviços em rede», in ANACOM, *O comércio electrónico em Portugal – o quadro legal e o negócio*, Lisboa, ANACOM, 2004, pp. 142-156.

Julgo de excluir a qualificação da actuação do *Naspter* como de mera transmissão, através de uma rede de comunicações, de informações prestadas pelo destinatário do serviço, ou de uma simples disponibilização do acesso a uma rede de comunicações, pelo que não creio restarem dúvidas em excluir a aplicação do artigo 14.° do Decreto-Lei n.° 7/2004.

Em segundo lugar, a actividade do *Napster* nada tem que ver com a actividade vulgarmente conhecida por «*caching*», que consiste no armazenamento temporário de cópias das páginas e serviços consultados frequentemente pelos utilizadores, permitindo desta forma um acesso mais rápido aos mesmos. E, em terceiro lugar, graças ao *modus operandi* que foi descrito no início da presente análise – segundo o qual, o que fica armazenado em servidor não é o conteúdo de uma obra ou prestação protegida mas tão-só o nome ou outros meios de identificação e localização das mesmas –, tão-pouco parece possível reconhecer aqui uma armazenagem em servidor no sentido previsto e regulado no artigo 16.°

Resta, finalmente, a possibilidade de enquadramento do *Napster* como serviço intermediário de associação de conteúdos. Nos termos do artigo 17.° estão compreendidos sob esta mesma designação «os prestadores intermediários de serviços de associação de conteúdos em rede, por meio de instrumentos de busca, hiperconexões ou processos análogos que permitam o acesso a conteúdos».

Como tive ocasião de discutir noutra sede, «o princípio que rege a regulação do estabelecimento de hiperconexões nas redes telemáticas é um princípio de liberdade de associação de conteúdos, ainda que submetido a limites que resultam do seu confronto com os direitos ou interesses legítimos a que o exercício daquela liberdade pode causar dano»[51].

Os limites impostos à liberdade de referências em linha resultam directamente do tipo de conexão estabelecida. Na verdade, em todos os casos de estabelecimento de associações de conteúdos, é necessário que se torne clara a distinção entre uma mera referência, tendencialmente livre, e uma apropriação de conteúdos de terceiros.

O artigo 19.° do Decreto-Lei n.° 7/2004, confrontando estas actividades com o direito à informação, constitucionalmente protegido, procura fixar um critério operativo para facilitar a distinção que se referiu. No seu n.° 1 enuncia um princípio geral de irresponsabilidade da actividade de associação de conteúdos (independentemente da licitude ou ilicitude do conteúdo a que é feita referência). Contudo, o preceito separa as situações

---

[51] CLÁUDIA TRABUCO, *Responsabilidade*..., cit., p. 155.

em que a remissão é realizada com objectividade e distanciamento, das situações em que, pelo contrário, a remissão é sinónimo de adesão ao conteúdo para que se remete.

No primeiro caso, o acto enquadrar-se-á ainda no âmbito protegido pelo direito à informação, exercendo-se, portanto, uma actividade lícita; no segundo, o acto de remissão corresponde a uma apropriação de um conteúdo inserido num sítio de terceiro[52].

Nos casos em que o conteúdo apropriado seja, por seu turno, ilícito, a responsabilidade daquele que estabelece a hiperconexão segue os mesmos termos que a responsabilidade por armazenagem principal (art. 16.º, *ex vi* art. 17.º).

Assim, nas situações em que a associação de conteúdos seja feita a pedido de um utilizador totalmente independente do prestador, haverá sempre lugar a isenção de responsabilidade desde que: o prestador não tenha ou não devesse ter tido conhecimento da actividade ou informação cuja ilicitude seja manifesta ou, a partir do momento em que tenha conhecimento daquela ilicitude – em virtude do desenvolvimento da sua actividade, porque a mesma lhe foi notificada por um qualquer interessado, ou ainda na decorrência do funcionamento do mecanismo de solução provisória de litígios previsto pelo artigo 1.º daquele diploma –, actue com diligência no sentido de retirar ou impossibilitar o acesso às informações. Caso o não faça, e na medida em que a legislação autoral portuguesa não contém quaisquer preceitos que especificamente se refiram aos casos de pluralidade de condutas conducentes à produção de um ilícito[53], a sua responsabilidade será analisada nos termos comuns da responsabilidade civil, em especial da responsabilidade extracontratual subjectiva, podendo con-

---

[52] O n.º 3 do artigo confere alguns indícios que visam facilitar a avaliação daquela *facti species* face aos contornos concretos do caso em apreço. São referidos a não indicação ao utilizador da existência no sítio de origem consultado de conteúdos pertencentes a outros sítios (de destino), como pode suceder nos casos de *framing* (que consiste na apresentação do conteúdo de uma outra página, isto é, do sítio de destino, no sítio que contém a hiperconexão, ou sítio de origem, como se se tratasse de um elemento do conteúdo deste último), o carácter automatizado ou intencional das remissões, e ainda a ausência de informação precisa relativa ao local do sítio de destino onde pode ser encontrado o conteúdo em causa.

[53] Note-se que, à parte as normas que se referem à prática de actos preparatórios à neutralização de medidas técnicas de protecção de direitos ou à supressão ou alteração de informações para a gestão electrónica de direitos (cfr. arts. 219.º e 224.º, n.º 1, alínea *c*)), não encontramos no Código do Direito de Autor e dos Direitos Conexos um sistema de regulação destas situações de infracções «indirectas».

duzir, pois, à responsabilização do prestador de serviços da sociedade da informação nos casos em que este partilhe o domínio do facto com o fornecedor directo dos conteúdos ilícitos veiculados, e, bem assim, nos termos gerais da responsabilidade penal[54].

6.2. No caso Grokster

a) *Direito estado-unidense*

Como vimos anteriormente, as primeiras decisões proferidas no caso *Grokster* pareciam inflectir a tendência restritiva iniciada com o caso *Napster*. A grande diferença encontrava-se, no entender do tribunal de recurso que analisou o caso, no facto de, contrariamente ao que sucedia com o *Napster*, que operava com base num sistema de indexação central por intermédio do qual se procedia à localização dos conteúdos pretendidos e à delimitação dos utilizadores em cujos computadores esses conteúdos estavam armazenados e disponíveis, as tecnologias *FastTrack*, pertencente à *Grokster Ltd*, e *Morpheus*, da *StreamCast Networks, Inc.*, apresentarem uma configuração não centralizada do sistema. Com efeito, a tecnologia *FasTrack* assenta na existência de um conjunto de computadores de utilizadores que, pela sua capacidade de armazenamento e rapidez de acesso à rede, funcionam como servidores de indexação de conteúdos, ao passo que a tecnologia *Morpheus* permite disponibilizar um sistema totalmente descentralizado, em que cada utilizador mantém o seu próprio índice de conteúdos, possibilitando o programa, em cada utilização, perscrutar os índices de todos os computadores que integram o sistema.

Em ambos os casos, os sistemas permitem a troca directa de ficheiros entre utilizadores sem necessidade de armazenamento dos mesmos nem dos seus títulos ou nomes dos autores numa base de dados central controlada pelo prestador, tendo sido este o motivo que conduziu o tribunal a concluir pela impossibilidade de responsabilização dos prestadores a título quer de *vicarious liability* – na medida em que os prestadores não têm controlo sobre um sistema integrado, como sucedia com o *Napster* – quer de

---

[54] No campo dos traços gerais da responsabilidade delitual dos prestadores de serviços da sociedade da informação, ainda que não especificamente dirigido às infracções aos direitos de autor, chama-se a atenção para o estudo realizado por MANUEL CARNEIRO DA FRADA, «Vinho novo em odres velhos? A responsabilidade civil dos "operadores de Internet" e a doutrina comum da imputação de danos», *in ROA*, A. 59, 1999, pp. 680-691.

contributory liability – porque, não existindo um servidor central, os prestadores não teriam meios suficientes para entravar utilizações ilícitas dos conteúdos, o tribunal não considerou provado o elemento de contribuição material para a actividade ilícita –, e isto mesmo se aqueles prestadores tinham conhecimento das infracções (o que parecia certo) e, em consequência dessas infracções, potenciavam os seus lucros.

A decisão do Supremo Tribunal americano sobre o mesmo caso regressa, porém, a uma tendência restritiva no que respeita à conduta dos prestadores de serviços P2P, baseando-se para tanto numa construção que assenta na intenção subjacente à actividade destes prestadores de serviços, isto é, a distribuição de um *software* com o claro propósito de promover e estimular as utilizações não autorizadas de obras e prestações protegidas.

As provas apresentadas no caso permitiam ir além do argumento, que foi admitido, de os programas em causa permitirem tanto utilizações lícitas quanto utilizações ilícitas. No caso em presença, porém, esse factor perdeu importância face ao facto de, na opinião unânime dos juízes do Supremo Tribunal, ter existido toda uma acção dos prestadores de serviços no sentido da promoção e encorajamento das infracções aos direitos de autor por via da utilização do serviço prestado.

b) *Direito português*

Fora este caso apresentado perante um tribunal português e os vectores da decisão jurisprudencial não se afastariam presumivelmente muito dos que julgámos relevantes a propósito da decisão *Napster*. Ou seja, também aqui poderíamos procurar justificar a classificação da prestação de serviços em causa como serviço intermediário de associação de conteúdos. A partir daí haveria, pois, que verificar da possibilidade de isentar a responsabilidade do mesmo ao abrigo das previsões conjugadas dos artigos 16.º (*ex vi* art. 17.º) e 19.º do Decreto-Lei n.º 7/2004, o que dependeria de se conseguir fazer prova dos seguintes factores:

  i. a caracterização do *FastTrack* e do *Stream Cast* como serviços de associação de conteúdos, nos termos e para os efeitos do artigo 17.º, o que me parece ser a conclusão mais razoável face aos elementos em presença;
  ii. a licitude da remissão operada pelos prestadores, no sentido de a mesma ter sido realizada com objectividade e distanciamento,

o que seria sempre difícil de provar dados os objectivos essencialmente lucrativos perseguidos por estas empresas;

iii. no caso de se entender existir uma adesão aos conteúdos de terceiros através do estabelecimento de autorização, a demonstração de que o prestador não teve nem poderia legitimamente ter tido conhecimento de que a actividade ou informação veiculada é manifestamente ilícita – o que, face aos dados do caso, e em particular face à atitude de instigação adoptada pelo prestador de serviços, seria extremamente difícil de provar[55] – ou, sabendo-o, agisse com a diligência necessária para retirar desde logo o acesso a essa informação, dando cumprindo ao dever de agir a que está adstrito. No caso contrário, a sua conduta seria apreciada nos termos comuns da responsabilidade, devendo convocar-se, designadamente, para o efeito os requisitos da relevância delitual da omissão constantes do artigo 486.º do Código Civil.

SÍNTESE E CONCLUSÕES

As reacções jurisprudenciais à criação e implementação dos sistemas informáticos de intercâmbio de ficheiros através da Internet são sintomáticas em relação à dificuldade que se tem sentido em lidar, pelo menos num primeiro momento, com as novidades da tecnologia digital, mas também em relação à necessidade de repensar as abordagens tradicionais dos problemas que se colocam à protecção da chamada «propriedade intelectual».

É notório que o dinamismo e a versatilidade do ciberespaço o tornam pouco permeável a uma regulação completa por parte do Estado. Só assim se compreende, supomos, o bom acolhimento que os mecanismos técnicos de protecção dos direitos exclusivos de autor e dos titulares de direitos conexos puderam lograr, compreendidos enquanto meios coadjuvantes de uma auto-regulação por parte desses titulares dos direitos.

Se a atitude do regulador tem sido muitas vezes pouco célere e não exaustiva na reacção aos fenómenos tecnológicos, quando nos reportamos aos sistemas de intercâmbio de ficheiros torna-se também flagrante a inca-

---

[55] Seria, pois, natural que a conduta caísse no âmbito do art. 490.º do Código Civil.

pacidade de reacção adequada dos operadores económicos ao incrível potencial destes mecanismos.

Ainda hoje parece persistir uma reduzidíssima abertura a uma mudança radical da percepção dos direitos intelectuais, que os entenda verdadeiramente como centros de confluência de interesses divergentes. E isto apesar de, em diversas situações, este tipo de sistemas ter dado mostras de poder funcionar, se para tanto aproveitado, como motor da promoção das obras e outras prestações protegidas, fazendo supor que no ambiente digital o valor da informação aumenta, em muitos casos, à medida da sua propagação[56].

Neste contexto, na avaliação a fazer destes mecanismos, urge pensar não apenas que os mesmos podem funcionar, em diversas circunstâncias, como impulsionadores da obtenção de benefícios económicos para os criadores intelectuais (quer através da divulgação das suas obras em rede, com reflexos sobre a distribuição de exemplares em suportes materiais ou tangíveis, quer mediante a sujeição da utilização destes sistemas de intercâmbio a esquemas de remuneração por referência ao volume de ficheiros trocados ou com outra base de cálculo), como também no facto de tais sistemas permitirem todo um conjunto de utilizações lícitas destas tecnologias, mormente se a colocação dos materiais protegidos em circulação nas redes digitais houver beneficiado de consentimento por parte dos titulares de direitos sobre eles.

Na sua reacção a este tipo de sistemas, falta, pois, ao legislador despertar verdadeiramente para as idiossincrasias destes novos meios tecnológicos, criando soluções flexíveis do ponto de vista da protecção garantida aos titulares de direitos e apropriadas no que respeita à promoção do equilíbrio de interesses que orienta tradicionalmente o Direito de Autor, assegurando que os autores são convenientemente remunerados mas protegendo simultaneamente o espaço para a inovação e a criatividade que a Internet representa.

---

[56] Como afirma LAWRENCE LESSIG, *Free culture – the nature and future of creativity*, New York, Penguin Books, 2004, p. 302, «*no doubt it would be difficult to calculate the proper measure of "harm" to an industry. But the difficulty of making the calculation would be outweighed by the benefit of facilitating innovation*».

FUNDAÇÕES E DIREITO DA UNIÃO EUROPEIA
PERSPECTIVAS DE EVOLUÇÃO

EMÍLIO RUI VILAR[*]
RUI HERMENEGILDO GONÇALVES[**]

1. Introdução

Acórdãos recentes do Tribunal de Justiça das Comunidades Europeias (TJCE), com consequências directas ao nível dos regimes jurídicos das fundações[1], a decisão da Comissão Europeia, de Abril de 2007, de promover um estudo sobre a viabilidade e a possibilidade de adoptar um Estatuto de Fundação Europeia, à semelhança dos estatutos existentes para as sociedades[2], as cooperativas[3] ou os agrupamentos europeus de interesse económico[4], bem como o recente Tratado de Lisboa, tornam oportuna uma reflexão

---

[*] Presidente da Fundação Calouste Gulbenkian.
[**] Doutorando na Faculdade de Direito da Universidade Nova de Lisboa.
[1] Pensamos sobretudo no Acórdão *Ministero dell'Economia e delle Finanze* c. *Cassa di Risparmio di Firenze SpA, Fondazione Cassa di Risparmio di San Miniato* e *Cassa di Risparmio di San Miniato SpA*, de 10 de Janeiro de 2006, adiante apenas designado Acórdão *Cassa di Risparmio di Firenze*, e no Acórdão *Centro di Musicologia Walter Stauffer* c. *Finanzamt München für Körperschaften*, de 14 de Setembro de 2006, que adiante designaremos apenas por Acórdão *Stauffer*.
[2] Regulamento (CE) n.º 2157/2001, do Conselho, de 8 de Outubro de 2001, relativo ao estatuto da sociedade europeia [*Jornal Oficial*, L 294, de 10.11.2001].
[3] Regulamento (CE) n.º 1435/2003, do Conselho, de 22 de Julho de 2003, relativo ao Estatuto da Sociedade Cooperativa Europeia.
[4] Regulamento (CEE) n.º 2137/85, do Conselho, de 25 de Julho de 1985, relativo à instituição de um Agrupamento Europeu de Interesse Económico (AEIE).

mais aprofundada sobre o regime jurídico das fundações numa perspectiva transnacional. Também a entidade representativa das fundações europeias, o Centro Europeu de Fundações[5], tem mediado as aspirações dos seus membros, advogando desde há alguns anos a necessidade de instituir uma figura jurídica europeia específica para as fundações[6]. Um estatuto desta natureza poderia, por exemplo, facilitar as actividades transfronteiriças das fundações de interesse público no espaço europeu, com o reconhecimento automático em todos os Estados-Membros da personalidade jurídica das instituições assim constituídas, bem como com o alargamento dos benefícios fiscais concedidos a estas instituições, independentemente da sua nacionalidade ou residência fiscal. Para além disso, o estatuto poderia ter a virtualidade de funcionar como manifestação de uma cidadania verdadeiramente europeia. Com este artigo pretendemos contribuir precisamente para o estudo das novas perspectivas legais que se desenham ao nível da União Europeia e do Direito da União quanto ao estatuto jurídico das fundações de direito privado e interesse público[7].

2. Fundações na Europa

Embora se possa facilmente concluir que todos os países europeus admitem ou conhecem a categoria jurídica fundação, ou uma categoria

---

[5] O Centro Europeu de Fundações («*European Foundation Centre*») é uma associação internacional sem fins lucrativos, de direito belga, que tem como objectivos principais, para além de representar o sector fundacional europeu ao nível das instituições comunitárias, contribuir para criar um ambiente fiscal e legal favorável às actividades das fundações, documentar e fortalecer a infra-estrutura do sector fundacional na Europa, promover as melhores práticas de conduta, fomentar a colaboração entre as fundações e entre as fundações e os restantes sectores, e, finalmente, promover actividades de interesse público na Europa e no resto do mundo (www.efc.be).

[6] Sobre a evolução desta exigência, ver European Foundation Centre, *Proposal for a Regulation on a European Statute for Foundations*, 2005, p. 5 e ss.

[7] Embora algumas legislações europeias admitam as designadas fundações de interesse familiar ou fundações que prossigam qualquer interesse lícito, este artigo debruçar-se-á apenas sobre as fundações que prosseguem finalidades de interesse público, na medida em que apenas em relação a estas últimas se levantam questões sobre a sua actividade transeuropeia e, em regra, apenas estas serão elegíveis para os benefícios fiscais atribuídos pelos diferentes ordenamentos jurídicos nacionais. Para uma análise comparativa das finalidades admitidas pelos diversos regimes jurídicos europeus aplicáveis às fundações, ver, KLAUS J. HOPT, W. RAINER WALZ, THOMAS VON HIPPEL, VOLKER THEN (Eds.), *The European Foundation, a New legal Approach*, Verlag Bertelsmann Stiftung, 2006, p. 72 e ss.

equivalente, as respectivas legislações nacionais reflectem-na de forma diferente, quer quanto ao seu concreto quadro normativo de actuação quer quanto aos objectivos ou finalidades que podem prosseguir, o que inevitavelmente acabou por se reproduzir no número, dimensão e impacto das fundações com existência legal em cada país. Podemos retirar esta conclusão de um estudo comparativo realizado pela Fundação Bertelsmann[8], segundo o qual, apesar das raízes históricas comuns, o direito das fundações apresenta características muito diferentes em todos os países europeus. De acordo com este estudo, a Holanda constitui um exemplo de um regime muito liberal, onde desde o início do século XX uma fundação pode prosseguir qualquer finalidade, desde que lícita, sem qualquer dotação mínima inicial, sem uma autoridade de supervisão autónoma e com capacidade para livremente conduzir quaisquer actividades económicas. Como resultado deste regime, o número de fundações neste país aumentou exponencialmente – 140.976 em 2003 –, tendo mesmo ultrapassado o número de associações – 115.150. No lado oposto, encontramos a França, historicamente mais avessa a instituições privadas[9], onde, no mesmo ano de 2003, existiam apenas 473 fundações reconhecidas de utilidade pública. Este número é explicado pelas exigências do regime jurídico francês para a constituição de uma fundação, em particular a necessidade de prosseguir um objectivo de utilidade pública e a obrigação de uma dotação inicial mínima de € 762,000, para as fundações de empresa, mas também pela supervisão apertada do Estado relativamente às actividades das fundações.

Apesar das diferenças de regime jurídico, desde logo entre os sistemas de direito continental e os sistemas anglo-saxónicos[10], podemos des-

---

[8] Cfr. KLAUS J. HOPT, W. RAINER WALZ, THOMAS VON HIPPEL e VOLKER THEN (eds.), *The European Foundation – A New Legal Approach*, Verlag Bertelsmann Stiftung, 2006, p. 45.

[9] Sobre a evolução histórica das fundações em França, ver MICHEL POMEY, *Traité des fondations d'utilité publique*, 1980, p. 31 e ss.

[10] Nos sistemas jurídicos anglo-saxónicos existem instituições com as mesmas características das fundações e que podem ser designadas «fundações», mas que não são «incorporadas» como fundações, em virtude da inexistência desta figura jurídica. No Reino Unido, as organizações do sector não lucrativo, onde se incluem as fundações, podem adoptar diferentes configurações ou formas legais (unincorporated association, limited or unlimited company, declaration of trust, will trust, body incorporated, social entreprise, v. g.), tudo dependendo da sua posterior classificação e registo como «charities», o que compreende o reconhecimento das suas finalidades como «charitable». O Charities Act 2006 prevê a criação de uma nova figura jurídica especificamente estruturada para o sec-

cortinar características comuns que permitem extrapolar uma definição de fundação transversal a todos os ordenamentos jurídicos europeus[11]. Para este efeito, a definição adoptada pelo Centro Europeu de Fundações de «fundações de interesse público» revela-se tão compreensiva quanto útil: «*Foundations are assets-based and purpose-driven organizations and have no members or shareholders. Public benefit foundations are separately--constituted non-profit bodies with their own established and reliable source of income usually from an endowment and their own governing board. They distribute their financial resources for educational, social or other public benefit purposes, by supporting third parties charities, educational institutions, individuals, and by operating their own programmes and bodies (e. g. museum, care/medical centres)*[12]».

Assim, poderíamos definir as fundações, para efeitos deste artigo, como as organizações independentes, instituídas por pessoas singulares ou colectivas, dotadas de um património suficiente para a prossecução de uma finalidade de interesse público (não taxativa), com órgãos de governo autónomos, que os diferentes ordenamentos jurídicos sancionam concedendo--lhes personalidade jurídica.

3. Fundações e Direito da União

Ao nível da União Europeia, o regime jurídico aplicável às fundações é aquele que resulta das legislações nacionais de cada Estado-Membro, não existindo um estatuto legal comunitário para as fundações ou uma referência explícita nos Tratados[13]. Esta ausência de uma legislação comu-

---

tor não lucrativo, a «Charitable Incorporated Organization». Sobre esta divisão dos sistemas jurídicos quanto às fundações, ver FRITZ W. HONDIUS e TYMEN J. VAN DER PLOEG, «Foundations», *in International Encyclopedia of Comparative Law*, vol. XIII, Business and Private Organizations, Capítulo 9, 2000, p. 30 e ss.

[11] Para uma análise comparativa, ao nível da União Europeia, dos diferentes processos de constituição de uma fundação e respectivo reconhecimento da personalidade jurídica ver «The European Foundation», Eds. KLAUS J. HOPT, W. RAINER WALZ, THOMAS VON HIPPEL, VOLKER THEN, *The European Foundation, a New legal Approach*, Verlag Bertelsmann Stiftung, 2006, p. 105 e ss.

[12] Cfr. European Foundation Centre, *Foundations in the EU: an overview – What is at stake and why is a statute needed?*, 2007, p. 1.

[13] A ausência de uma referência explícita às fundações nos tratados da União Europeia, não significa, contudo, que as instituições europeias não reconheçam às fundações,

nitária específica para as fundações está de acordo com o princípio da subsidiariedade, previsto em geral no artigo 5.º do Tratado, e ainda com o artigo 295.º, que dispõe que este «em nada prejudica o regime da propriedade nos Estados-Membros». Está ainda de acordo com os objectivos iniciais do Tratado da Comunidade (Económica) Europeia, previstos no artigo 2.º, que visava sobretudo a criação de um mercado *comum*, depois transformado em mercado *interno* pelo Acto Único Europeu, e também a criação de uma união económica e monetária (assumida, de forma expressa, com o Tratado de Maastricht). A concretização destas finalidades pressupõe um determinado contexto político-económico, na medida em que implica «a adopção de uma política económica baseada na estreita coordenação das políticas económicas dos Estados-Membros, no mercado interno e na definição de objectivos comuns, e conduzida de acordo com o princípio de uma economia de mercado aberta e de livre concorrência» (art. 4.º). Segundo Gorjão-Henriques, este espaço de liberdade e de abertura «passa tanto por medidas de integração *negativa*, como a abolição de obstáculos pautais e não pautais à livre circulação de mercadorias, como por medidas de integração *positiva* que assegurem a integração dos mercados e a liberdade de actuação económica no espaço dos Estados-Membros, designadamente combatendo comportamentos que impeçam a reali-

---

ou ao sector não lucrativo em geral, um papel fundamental no desenvolvimento das suas competências próprias, o que se verifica, desde logo, na atribuição de fundos estruturais ao sector ou na sua intervenção na política internacional da União de ajuda ao desenvolvimento. Sobre a evolução do envolvimento do sector não lucrativo no processo de integração europeia ver JEREMY KENDAL e HELMUT K. ANHEIER, «The third sector and the European Union policy process, An initial evaluation», *in Third Sector Policy at the Crossroads, An international nonprofit analysis*, HELMUT K. ANHEIER e JEREMY KENDALL (Ed.), Routledge, 2002, p. 126 e ss. A título de exemplo, podemos referir a declaração n.º 22 anexa ao Tratado de Maastricht, de 1992, relativa à «cooperação com as associações de solidariedade» e que «salienta a importância de que se reveste, na prossecução dos objectivos do artigo 117.º do Tratado que institui a Comunidade Europeia, a cooperação entre a Comunidade e as associações de solidariedade e as *fundações*, enquanto instituições responsáveis por estabelecimentos e serviços sociais». De igual modo, a Comunicação da Comissão sobre a Promoção do papel das Associações e das Fundações na Europa, de 1997, reconhece o «contributo crescente que estas organizações têm dado ao longo dos anos para o desenvolvimento europeu» (http://ec.europa.eu/enterprise/library/lib-social _economy/ orgfd_pt.pdf). Este mesmo papel foi, por exemplo, recentemente reconhecido pela Comissão Europeia, na Comunicação sobre uma agenda europeia para a cultura num mundo globalizado (COM(2007) 242 final, de 10 de Maio de 2007, em http://eur-lex. europa.eu/LexUriServ/site/pt/com/2007/com2007_0242pt01.doc).

zação dos propósitos de integração económica e adoptando as medidas necessárias à mesma realização plena dos objectivos de integração económica[14]». A realização do mercado interno da União Europeia compreende então um espaço sem fronteiras no qual sejam asseguradas as quatro liberdades previstas no Tratado – a livre circulação das mercadorias, das pessoas, dos serviços e dos capitais –, sendo proibidas, como regra geral, as discriminações em razão da nacionalidade, tal como estabelece o artigo 12.º do Tratado. O TJCE interpreta esta proibição geral de não discriminação em função da nacionalidade em termos bastante amplos, tendo desenvolvido o conceito de «discriminação indirecta», ou seja, considerando que restrições ou impedimentos impostos a um cidadão de um Estado-Membro para exercer qualquer das liberdades «constituem entraves a essa liberdade, mesmo que se apliquem independentemente da nacionalidade[15]».

O Tratado Reformador ou «Tratado de Lisboa», que altera o Tratado da União Europeia e o Tratado que institui a Comunidade Europeia, assinado em Lisboa, no dia 13 de Dezembro de 2007, decretou oficialmente a substituição da Comunidade Europeia pela União Europeia[16]. Com efeito, o terceiro parágrafo do artigo 1.º do Tratado da União Europeia passou a ter a seguinte redacção: «A União funda-se no presente Tratado e no Tratado sobre o Funcionamento da União Europeia (a seguir designados «os Tratados»). Estes dois Tratados têm o mesmo valor jurídico. A União substitui-se e sucede à Comunidade Europeia». Enquanto o Tratado da União define os objectivos, as competências e as instituições da União, o Tratado sobre o Funcionamento da União Europeia organiza o seu funcionamento e determina os domínios, a delimitação e as regras de exercício das suas competências.

---

[14] Cfr. MIGUEL GORJÃO-HENRIQUES, *Direito Comunitário*, 4.ª ed., Almedina, 2007, p. 385.

[15] Acórdão *Union royale belge des sociétés de football association ASBL* c. *Jean-Marc Bosman, Royal club liégeois SA* c. *Jean-Marc Bosman*, de 15 de Dezembro de 1995, publicado na *Colectânea da Jurisprudência 1995*, p. I-04921, § 96.

[16] Com o Tratado de Lisboa, os termos «a Comunidade» ou «a Comunidade Europeia» são substituídos por «a União»; os termos «das Comunidades Europeias» ou «da CEE» são substituídos por «da União Europeia» e os adjectivos «comunitário», «comunitária», «comunitários» e «comunitárias» são substituídos por «da União» (art. 2.º).

Para além da possível reforma institucional, que funcionou como alavanca para esta reforma dos Tratados[17], o Tratado de Lisboa significa uma mudança de paradigma na construção europeia, passando os objectivos políticos e sociais a ocupar um lugar privilegiado em relação aos objectivos de integração económica, pelo menos em termos de redacção. Assim, o Tratado da União Europeia passou a incluir um artigo relativo aos valores da União (art. 1.º-A), segundo o qual esta é fundada «nos valores do respeito pela dignidade humana, da liberdade, da democracia, da igualdade, do Estado de Direito e do respeito pelos direitos do Homem, incluindo os direitos das pessoas pertencentes a minorias. Estes valores são comuns aos Estados-Membros, numa sociedade caracterizada pelo pluralismo, a não-discriminação, a tolerância, a justiça, a solidariedade e a igualdade entre homens e mulheres». Para além dos valores enunciados, o primeiro objectivo da União Europeia passou a ser a promoção da paz, dos seus valores e do bem-estar dos seus povos (n.º 1 do art. 2.º), e, apenas em segundo lugar, proporcionar aos seus cidadãos um espaço de liberdade, segurança e justiça sem fronteiras internas, em que seja assegurada a livre circulação de pessoas (n.º 2 do art. 2.º) e, em terceiro e quarto lugar, respectivamente, o estabelecimento de um mercado interno e a criação de uma união económica e monetária. O artigo 17.º, relativo à cidadania da União, também é alterado, deixando a cidadania europeia de ser complementar à cidadania nacional, para passar a acrescer-lhe. As regras relativas às liberdades fundamentais mantêm-se praticamente inalteradas, assim como o princípio geral da não-discriminação (agora art. 16.º-D, da Parte II, que passa a designar-se «Não-Discriminação e Cidadania Europeia»).

O Tratado de Lisboa, ao colocar na agenda europeia questões que não se resumem a uma integração económica, possibilitará o crescimento do papel e da importância das instituições sem fins lucrativos, onde se incluem as fundações, na construção da União. Também por este motivo se torna oportuno discutir a aplicabilidade do direito da União, designadamente as liberdades fundamentais, às fundações.

---

[17] Sobre os objectivos do Tratado Reformador ou Tratado de Lisboa, ver o texto do Mandato da Conferência Intergovernamental de 2007 (http://register.consilium.europa.eu/pdf/pt/07/st11/st11218.pt07.pdf).

4. Fundações e liberdades fundamentais

Atenta a ausência de uma referência expressa nos Tratados quanto às fundações europeias, a questão fundamental consiste em saber, então, se estas podem invocar as regras relativas às liberdades fundamentais, designadamente as regras relativas à livre circulação de pessoas (direito de estabelecimento), à livre prestação de serviços e às que regulam a livre circulação de capitais. Destas quatro liberdades, aquelas que poderão ser mais relevantes para as fundações serão a liberdade de estabelecimento e a liberdade de circulação de capitais[18].

4.1. *Fundações e liberdade de estabelecimento*

Segundo o n.º 1 do artigo 43.º do Tratado sobre o Funcionamento da União Europeia, são proibidas as restrições à liberdade de estabelecimento dos nacionais de um Estado-Membro no território de outro Estado-Membro, o que compreende as restrições à constituição de agências, sucursais ou filiais pelos nacionais de um Estado-Membro estabelecidos no território de outro Estado-Membro. A liberdade de estabelecimento compreende tanto o acesso às actividades não assalariadas e o seu exercício, como a constituição e a gestão de empresas, e designadamente de sociedades, nas condições definidas na legislação do país de estabelecimento para os seus próprios nacionais (n.º 2 do mesmo artigo)[19]. Para efeitos da liberdade de estabelecimento, as sociedades constituídas em conformidade com a legislação de um Estado-Membro e que tenham a sua sede social, administração central ou estabelecimento principal na União, são equiparadas às pessoas singulares, nacionais dos Estados-membros (art. 48.º). As sociedades são entendidas pelo Tratado de uma forma bastante ampla, na medida em

---

[18] Para uma exposição compreensiva sobre a aplicação do Tratado às organizações filantrópicas, ver INEKE A. KOELE, *International Taxation of Philanthropy*, IBFD, 2007, p. 317.

[19] Segundo a jurisprudência do TJCE, «o conceito de estabelecimento, na acepção do Tratado, é um conceito muito amplo, que implica a possibilidade de um nacional comunitário participar, de modo estável e contínuo, na vida económica de um Estado-Membro diferente do seu Estado de origem, e de dela tirar benefício, favorecendo assim a interpenetração económica e social no interior na Comunidade, no domínio das actividades não assalariadas (v., neste sentido, acórdãos de 21 de Junho de 1974, Reyners, 2/74, *Colect.*, p. 325, n.º 21, e de 30 de Novembro de 1995, Gebhard, C-55/94, *Colect.*, p. I-4165, n.º 25)», *apud* Acórdão *Stauffer*, § 18.

que são incluídas as sociedades de direito civil ou comercial, as cooperativas e as outras pessoas colectivas de direito público ou privado, *excepto as que não prossigam fins lucrativos*. Numa interpretação estrita deste artigo 48.º do Tratado, as fundações, porquanto não prosseguem fins lucrativos, não seriam equiparadas às pessoas singulares, nacionais de Estados-Membros, para efeitos do Tratado, não podendo desta forma invocar o direito de estabelecimento nele previsto. Devemos, no entanto, interpretar a amplitude desta exclusão, tendo em conta não apenas as disposições relevantes do Tratado mas também a jurisprudência do TJCE. Ora, quanto à posição das fundações e das demais organizações sem fins lucrativos, o TJCE já defendeu que «uma entidade pode exercer uma actividade económica e ser considerada uma "empresa" para efeitos de aplicação de normas de direito comunitário, mesmo se não prossegue um fim lucrativo»[20].

Esta interpretação foi recentemente corroborada pelo mesmo TJCE, no Acórdão *Cassa di Risparmio di Firenze*[21], no qual concluiu que quando uma pessoa colectiva como uma fundação (bancária) fornece bens ou presta serviços no mercado em concorrência com outros operadores, em determinadas condições e circunstâncias, deve ser considerada uma empresa, na medida em que exerce uma actividade económica, não obstante a circunstância de a oferta de bens ou de serviços ser feita sem fins lucrativos, uma vez que esta oferta está em concorrência com a de operadores que prosseguem tais fins. Assim, «quando se opta pela qualificação como empresa, devido ao controlo de uma sociedade bancária e à intervenção na

---

[20] Acórdão de 8 de Junho de 1994, Comissão das Comunidades Europeias contra o Reino Unido da Grã-Bretanha e da Irlanda do Norte, Manutenção dos Direitos dos Trabalhadores em caso de transferência de Empresas, Processo C-382/92, publicado na *Colectânea da Jurisprudência 1994*, p. I-02435.

[21] Neste Acórdão estava em causa um pedido de decisão prejudicial apresentado pela Corte suprema di cassazione (Itália), no âmbito de um litígio que opunha a Cassa di Risparmio di Firenze SpA, a Fondazione Cassa di Risparmio di San Miniato e a Cassa di Risparmio di San Miniato SpA, com sede em Itália, ao Ministero dell'Economia e delle Finanze, a propósito de um pedido da Fondazione Cassa di Risparmio di San Miniato com vista a obter uma isenção de uma retenção fiscal sobre os dividendos do exercício de 1998. Em resumo, a Corte suprema di cassazione pretendia saber se as actividades comerciais das fundações bancárias em Itália permitem a sua equiparação às empresas para efeitos da aplicação do direito comunitário da concorrência, dos princípios da liberdade de estabelecimento e da livre circulação de capitais e, em caso afirmativo, se os benefícios fiscais atribuídos a estas instituições estão em conformidade com as regras comunitárias referidas.

sua gestão ou devido a uma actividade num domínio, designadamente social, científico ou cultural, devem, em consequência, ser aplicadas a uma fundação bancária como a que está em causa no processo principal as normas comunitárias relativas aos auxílios de Estado»[22].

Um outro acórdão do TJCE, o Acórdão *Stauffer*[23], concluiu pela oposição do Tratado à decisão de um Estado-Membro «que isenta de imposto sobre o rendimento das pessoas colectivas as rendas recebidas no território nacional por fundações de utilidade pública, em princípio, sujeitas de forma ilimitada ao imposto se estiverem estabelecidas nesse Estado, e recusa conceder a mesma isenção relativamente às rendas do mesmo tipo a uma fundação de direito privado de utilidade pública, unicamente pelo facto de esta, por se encontrar estabelecida noutro Estado-Membro, apenas estar sujeita de forma limitada ao imposto no seu território». Neste acórdão, mais do que a questão da aplicação dos Tratados às fundações, que se encontra implícita, está em causa uma violação do princípio da não discriminação pelas legislações fiscais nacionais. Quanto à questão da aplicabilidade da liberdade de estabelecimento às fundações, a Advogada-Geral Christine Stix-Hackl, nas suas conclusões, substituiu o critério da prossecução de fins lucrativos constante do artigo 48.º pelo critério do «exercício de uma actividade económica» ou «participação na vida económica»[24]. Segundo Ineke A. Koele, «o TJCE não restringiu a aplicação da liberdade de estabelecimento à fundação filantrópica Walter Stauffer, deste modo

---

[22] § 124 do Acórdão *Cassa di Risparmio di Firenze*.

[23] Neste Acórdão estava em causa um pedido de decisão prejudicial apresentado pelo Bundesfinanzhof (Alemanha), no âmbito de um litígio que opunha o Centro di Musicologia Walter Stauffer, fundação de direito italiano, ao Finanzamt München für Körperschaften, relativamente à sujeição de determinados rendimentos ao imposto sobre o rendimento das pessoas colectivas no exercício fiscal de 1997. Em resumo, o Bundesfinanzhof pretendia saber se as regras relativas ao direito de estabelecimento, à livre prestação de serviços e/ou à livre circulação dos capitais se opõem a que um Estado-Membro, que isenta de imposto sobre o rendimento das pessoas colectivas as rendas recebidas no território nacional por fundações de utilidade pública, recuse conceder a mesma isenção, relativamente às rendas do mesmo tipo, a uma fundação de direito privado de utilidade pública, apenas pelo facto de esta se encontrar estabelecida noutro Estado-Membro. O Centro di Musicologia Walter Stauffer, reconhecido como sendo de utilidade pública nos termos do direito italiano, era proprietário de uma superfície comercial em Munique, da qual recebeu rendimentos que o Finanzamt sujeitou ao imposto sobre o rendimento das pessoas colectivas.

[24] Conclusões da Advogada-Geral Christine Stix-Hackl, apresentadas em 15 Dezembro 2005, § 48.

seguindo implicitamente a opinião da Advogada-Geral Stix-Hackl»[25] (a tradução é nossa). Deste modo, parece que também neste acórdão o TJCE interpreta de forma extensiva o artigo 48.° do Tratado, de modo a incluir todas as instituições que realizem actividades económicas, independentemente da sua natureza não lucrativa, e desde logo as fundações. Esta interpretação extensiva tem sido acompanhada pela doutrina jurídica, como Gallop[26], Jachmann[27] ou Koele[28].

Esta posição, não apenas para a liberdade de estabelecimento mas para todas as liberdades dos Tratados, é também defendida por Hondius e Ploeg, para quem, «as fundações dentro da União Europeia são afectadas por esta lei em quatro grandes áreas: (1) actividade económica pelas, ou em nome das, fundações, (2) propriedade de uma empresa económica ou de acções de um estabelecimento industrial ou financeiro, (3) fundações agindo enquanto empregadores ou consumidores e, finalmente, (4) tributação. Quando uma fundação actua *iure gestionis* é tratada exactamente da mesma maneira do que qualquer outra pessoa legal ou física nas Comunidades e sujeita às mesmas regras e princípios da liberdade de movimento de bens, serviços, pessoas e capital»[29] (a tradução é nossa).

Assim, as fundações validamente constituídas de acordo com a legislação de um Estado-Membro poderão beneficiar da legislação da União, designadamente das regras relativas às liberdades fundamentais, pelo menos em quatro situações distintas: quando conduzem uma actividade económica, quando são proprietárias de empresas ou detêm participações sociais em empresas, quando actuam na qualidade de empregadoras ou consumidoras e, finalmente, enquanto contribuintes fiscais.

Para as fundações, este entendimento significa que, uma vez constituídas num Estado-Membro, podem livremente conduzir uma actividade

---

[25] Cfr. INEKE A. KOELE, *International Taxation of Philanthropy*, IBFD, 2007, p. 319.

[26] Cfr. BRADLEY GALLOP, «Cross-border Issues facing Foundations and their Donors», in *Foundations in Europe, Society, Management and Law*, ed. ANDREAS SCHLÜTER, VOLKER THEN & PETER WALKENHORST, 2001, p. 771.

[27] Cfr. MONIKA JACHMANN, *Gemeinnützigkeit in Europa; Steuer und europarechtliche Rahmenbedingungen*, (Stuttgart München: Richard Boorberg, Verlag 2006), p. 11, apud INEKE A. KOELE, *International Taxation of Philanthropy*, IBFD, 2007, p. 318.

[28] Cfr. INEKE A. KOELE, *International Taxation of Philanthropy*, IBFD, 2007, p. 317 e ss.

[29] Cfr. FRITZ W. HONDIUS e TYMEN J. VAN DER PLOEG, «Foundations», in *International Encyclopedia of Comparative Law*, vol. XIII, Business and Private Organizations, Capítulo 9, 2000, p. 11.

económica estável, estabelecer-se ou constituir delegações noutro Estado--Membro, sem qualquer discriminação em função da nacionalidade. Na Europa dos cidadãos, as fundações não devem ficar excluídas do direito de estabelecimento previsto no Tratado, devendo a interpretação destas normas centrar-se no exercício de actividades económicas, mesmo que se exija mais do que uma actividade ocasional, como acabou por concluir o TJCE no Acórdão Stauffer[30].

4.2. *Fundações e liberdade de circulação de capitais*

De acordo com o artigo 56.º do Tratado, são proibidas todas as restrições aos movimentos de capitais entre Estados-Membros e entre Estados-Membros e países terceiros, o que significa que a proibição de práticas restritivas à circulação de capitais é aplicável não apenas aos cidadãos da União, mas também a residentes de outros países. O Tratado não contém, no entanto, qualquer definição do que pode ser considerado como «movimento de capitais», para efeitos da proibição geral prescrita nesta norma. O TJCE tem considerado, para este efeito, que o Anexo da Directiva 88/361[31], que serviu de base ao actual artigo 56.º, possui um valor indicativo do que pode ser qualificado como movimento de capitais. Segundo o Acórdão Trummer e Mayer, citado no Acórdão Stauffer, no § 22, «(...) na medida em que o artigo 73.º-B [actual art. 56.º CE] do Tratado CE retomou, no essencial, o conteúdo do artigo 1.º da Directiva 88/361, e embora esta tenha sido adoptada com base nos artigos 69.º e 70.º, n.º 1, do Tratado CEE, entretanto substituídos pelos artigos 73.º-B e seguintes do Tratado CE, a nomenclatura dos movimentos de capitais que lhe está anexa conserva o valor indicativo que tinha antes da sua entrada em vigor, para efeitos da definição do conceito de movimentos de capitais, dado que, de acordo com a sua introdução, a lista que contém não apresenta natureza exaustiva». O Anexo à Directiva 88/361, que contém uma nomenclatura de movimentos de capitais, para além dos investimentos directos, imobiliários ou as operações sobre títulos no mercado de capitais, no mercado monetário ou financeiro, entre outras categorias, inclui uma categoria

---

[30] De acordo com o § 19 do referido Acórdão, «para que as disposições relativas ao direito de estabelecimento se possam aplicar, é, em princípio, necessário que seja assegurada uma presença permanente no Estado-Membro de acolhimento».

[31] Directiva 88/361/CEE, do Conselho, de 24 de Junho de 1988, para a execução do art. 67.º do Tratado, *Jornal Oficial*, n.º L 178, de 08/07/1988, pp. 0005-0018.

designada Movimentos de capitais de carácter pessoal, que integra donativos, doações, sucessões e legados.

A proibição prevista no artigo 56.° do Tratado não prejudica, no entanto, «o direito de que dispõem os Estados-Membros de aplicarem as disposições pertinentes do seu direito fiscal que estabelecem uma distinção entre os contribuintes que não se encontram em idêntica situação no que se refere ao lugar onde os seus capitais são investidos» (n.° 1 do art. 58.°). Esta derrogação à proibição geral está limitada pelo n.° 3 deste mesmo artigo, que prevê que as disposições nacionais visadas no n.° 1 não devem, no entanto, constituir um meio de discriminação arbitrária, nem uma restrição dissimulada à livre circulação de capitais e pagamentos, tal como é definida no artigo 56.°. Deste modo, para que uma prática discriminatória possa ser considerada como compatível com a liberdade de circulação de capitais, é necessário que «a diferença de tratamento diga respeito a situações não objectivamente comparáveis ou se justifique por razões imperiosas de interesse geral, como a necessidade de salvaguardar a coerência do regime fiscal e a eficácia dos controlos fiscais»[32].

Embora o ponto de partida seja que os Estados-Membros mantêm a sua soberania fiscal e portanto são livres para determinar os critérios de fixação dos seus impostos ou dos correspondentes benefícios fiscais, o TJCE tem esclarecido que não podem exercer esta soberania de uma forma que ponha em causa ou viole as liberdades de circulação, ainda que de forma indirecta, pois é possível identificar práticas discriminatórias para além da nacionalidade com o mesmo resultado prático[33]. Segundo jurisprudência constante do TJCE, as normas referentes à igualdade de tratamento proíbem não só «discriminações ostensivas, em razão da nacionalidade, mas ainda qualquer forma de discriminação dissimulada que, mediante a aplicação de outros critérios de distinção, conduza efectivamente ao mesmo resultado»[34]. Assim, de acordo com o TJCE, qualquer

---

[32] Cfr. § 32 do Acórdão Stauffer. Neste acórdão, o Bundesfinanzhof utilizou ainda os seguintes argumentos/razões de interesse geral para justificar a discriminação fiscal, ambos recusados pelo TJCE: a preocupação com a redução das receitas fiscais (§ 59) ou ainda com o facto de associações criminosas e organizações terroristas poderem recorrer ao estatuto jurídico de fundação para efeitos de lavagem de dinheiro e de desvio ilegal de fundos de um Estado-Membro para outro.

[33] Neste sentido, ver INEKE A. KOELE, *International Taxation of Philanthropy*, IBFD, 2007, pp. 315 e 316.

[34] Cfr. § 26 do Acórdão do TJCE, de 14 de Fevereiro de 1995, *Finanzamt Koeln--Altstadt c. Roland Schumacher*, Dever de tratamento igual, Imposto sobre o rendimento de não Residentes, Processo C-279/93, *Colectânea da Jurisprudência 1995*, p. I-00225.

tratamento desvantajoso de contribuintes residentes ou não residentes em situações comparáveis constitui uma «discriminação indirecta»[35] e, portanto, uma violação do direito comunitário, excepto se o tratamento diferente for justificado e respeitar quatro condições imperativas: não comparabilidade das situações, justificação por razões imperativas de interesse geral, natureza adequada para garantir a realização do objectivo prosseguido e proporcionalidade em relação ao objectivo a atingir[36].

Voltando à liberdade de circulação de capitais (arts. 56.° a 60.°) e à sua aplicação às fundações, já não se verifica a excepção em função do âmbito de aplicação pessoal, como na liberdade de estabelecimento, na medida em que se trata de uma liberdade relacionada com o objecto e não com a natureza jurídica das pessoas que a invocam. Esta tem sido a jurisprudência constante do TJCE, na sua acção de uniformização e de interpretação dos Tratados. Por exemplo, em acórdão de 11 de Dezembro de 2003 (Herdeiros de Barbier), o TJCE limitou-se a constatar que determinadas operações económicas estavam abrangidas pela esfera de protecção da liberdade de circulação de capitais sem atender às pessoas que invocavam esta liberdade[37]. O já referido Acórdão Stauffer, embora equacionando que uma fundação poderia ser excluída do âmbito de aplicação pessoal da liberdade de circulação de capitais pela aplicação analógica do artigo 48.°, concluiu pela inaplicabilidade deste artigo em conformidade «com a natureza desta liberdade fundamental como liberdade relacionada com o objecto e não com o sujeito»[38]. Segundo o TJCE, o funcionamento da livre circulação de capitais não apresenta qualquer relação com a pes-

---

[35] Sobre a noção de discriminação indirecta, ver FILIPE CÉSAR VILARINHO MARQUES, *O princípio de não-discriminação e a fiscalidade directa na União Europeia*, Coimbra, 2006. Segundo este autor, «O TJCE alargou o âmbito de aplicação do princípio da nacionalidade construindo a noção de discriminação indirecta – aquela em que não se emprega directamente o critério da nacionalidade mas cujos resultados práticos acabam por ser desfavoráveis maioritariamente para os indivíduos oriundos de outros Estados» (p. 179). Sobre este assunto, ver também BRUNO SANTIAGO, *O Princípio da não-discriminação no cruzamento do direito fiscal internacional com o direito fiscal comunitário*, Almedina, (no prelo).

[36] Sumário do Acórdão do TJCE, de 30 de Novembro de 1995, *Reinhard Gebhard contra Consiglio dell'Ordine degli Avvocati e Procuratori di Milano*, Processo C-55/94, *Colectânea da Jurisprudência 1995*, p. I-04165.

[37] Acórdão de 11 de Dezembro de 2003, Herdeiros de H. Barbier e Inspecteur van de Belastingdienst Particulieren/Ondernemingen buitenland te Heerlen, processo C-364//01, publicado na *Colectânea de Jurisprudência 1993*, p. I-15013.

[38] Cfr. § 59 do Acórdão Stauffer.

soa que a exerce, sendo por isso aplicável às fundações, sem quaisquer limitações ou reservas.

Esclarecida a questão da aplicabilidade das liberdades previstas no Tratado às fundações, importa agora determinar em que situações estas poderão invocar o ordenamento jurídico da União para se protegerem contra práticas discriminatórias dos diferentes Estados-Membros.

5. Restrições nacionais à actividade transfronteiriça das fundações

As fundações com actividades em mais de um Estado-Membro enfrentam barreiras nacionais que contribuem para diminuir o impacto destas actividades transfronteiriças ou o papel catalizador das próprias fundações no quadro de uma intervenção ou de uma abordagem a problemas não exclusivamente nacionais, seja na área cultural, científica ou social. Esta questão é ainda mais evidente ao nível da União Europeia, onde a dinâmica deveria ser sobretudo a da solidariedade entre os Estados-Membros e entre as fundações de interesse público, que podem desempenhar um papel fundamental ao nível da integração europeia, atenta a sua reconhecida capacidade de intermediação entre os cidadãos e as instituições comunitárias e/ou os próprios Estados nacionais. Segundo Bradley Gallop, «Estas barreiras são especialmente infelizes num tempo em que se verifica uma necessidade premente de fortalecer o papel e a contribuição das organizações da sociedade civil como um instrumento para aumentar a solidariedade entre os povos da Europa e reduzir o défice democrático e a desconfiança pública nos Estados e nas instituições Europeias»[39] (a tradução é nossa).

O quadro legal e fiscal aplicável às fundações continua a ser fundamentalmente nacional e a traduzir, como refere o mesmo Bradley Gallop, «os valores culturais, históricos e religiosos da comunidade nacional, em vez de uma comunidade mais alargada»[40] (a tradução é nossa). Como pudemos verificar, até pela jurisprudência do TJCE, os Estados-Membros

---

[39] Cfr. BRADLEY GALLOP, «Cross-border Issues facing Foundations and their Donors», in *Foundations in Europe, Society, Management and Law*, ed. ANDREAS SCHLÜTER, VOLKER THEN & PETER WALKENHORST, 2001, p. 746.

[40] Cfr. BRADLEY GALLOP, «Cross-border Issues facing Foundations and their Donors», in *Foundations in Europe, Society, Management and Law*, ed. ANDREAS SCHLÜTER, VOLKER THEN & PETER WALKENHORST, 2001, p. 745.

mantêm práticas discriminatórias, em função da residência, às actividades das Fundações que não se conformam com as liberdades fundamentais previstas nos Tratados.

Mas quais são, afinal, as barreiras dos ordenamentos jurídicos nacionais às actividades transfronteiriças das fundações? Estão relacionadas com as seguintes questões principais: o reconhecimento da personalidade jurídica nos diferentes ordenamentos jurídicos, as formalidades exigidas a fundações estrangeiras para exercerem actividades nas jurisdições de acolhimento, as restrições nacionais às actividades internacionais das fundações ou para a transferência de fundos, a ausência da possibilidade de dedução fiscal dos donativos a fundações não residentes, as restrições e os impostos devidos por fundações não residentes, e as dificuldades inerentes à alteração de sede ou ao estabelecimento de filiais ou delegações. Tendo em conta as limitações inerentes a este artigo, apenas iremos abordar, pela sua importância, as limitações decorrentes do reconhecimento recíproco da personalidade jurídica e das práticas fiscais discriminatórias a fundações não residentes.

5.1. *Reconhecimento da personalidade jurídica*

Se uma fundação se encontrar legalmente constituída, de acordo com a legislação nacional de um determinado Estado-Membro, deste modo adquirindo personalidade jurídica, o seu estatuto será igualmente reconhecido nas outras jurisdições nas quais a fundação pretenda desenvolver as suas actividades. O Direito Internacional Privado e as regras nacionais de conflitos de leis determinarão qual a lei pessoal aplicável à fundação e qual o reconhecimento devido pelos restantes ordenamentos jurídicos ao seu estatuto legal. O artigo 33.º do nosso Código Civil, por exemplo, prescreve que «A pessoa colectiva tem como lei pessoal a lei do Estado onde se encontra situada a sede principal e efectiva da sua administração (n.º 1)», competindo à lei pessoal regular, em especial, «a capacidade da pessoa colectiva; a constituição, funcionamento e competência dos seus órgãos; os modos de aquisição e perda da qualidade de associado e os correspondentes direitos e deveres; a responsabilidade da pessoa colectiva, bem como a dos respectivos órgãos e membros, perante terceiros; a transformação, dissolução e extinção da pessoa colectiva».

Apesar do eventual reconhecimento da personalidade jurídica, os diferentes ordenamentos jurídicos nacionais poderão exigir às fundações estrangeiras que cumpram determinadas formalidades antes de poderem exercer as suas actividades. Quanto a estas restrições ou exigências formais, é oportuno esclarecer que as fundações podem pretender prosseguir actividades de natureza muito diferente, o que poderá determinar a amplitude das formalidades requeridas em cada Estado-Membro. As fundações poderão prosseguir actividades sem finalidades lucrativas, que se reconduzem à sua missão, mas também poderão desenvolver actividades económicas, desde que, naturalmente, as fundações não estejam proibidas pelas respectivas legislações nacionais de conduzir actividades económicas. Assim, as autoridades públicas estrangeiras, as instituições financeiras e bancárias ou outras entidades com quem as fundações pretendam estabelecer quaisquer relações jurídicas poderão exigir às fundações a tradução de determinados documentos que comprovem a sua existência legal, ou até mesmo a sua autenticação ou legalização[41], bem como a sua inscrição ou registo nas autoridades competentes. A Comunicação da Comissão COM(2005) 620 final, de 29 de Novembro de 2005, para prevenir e combater o financiamento do terrorismo através de uma melhor coordenação a nível nacional e de uma maior transparência do sector não lucrativo, veio introduzir algumas recomendações aos Estados-Membros sobre normas mínimas para a recolha, a análise e a divulgação de informações relevantes entre os serviços de informações, das autoridades de aplicação da lei, dos ministérios públicos, das Unidades de Informação Financeira, dos serviços fiscais e das entidades reguladoras financeiras, o que necessariamente se reflectiu em formalidades acrescidas para as organizações do sector não lucrativo com actividades transfronteiriças.

Em Portugal, por exemplo, o Regime do Registo Nacional de Pessoas Colectivas, obriga à inscrição no Ficheiro Central de Pessoas Colectivas as

---

[41] Sobre estas questões, ver a Convenção Relativa à Supressão da Exigência da Legalização de Actos Públicos Estrangeiros, concluída na Haia em 5 de Outubro de 1961, aprovada para ratificação, em Portugal, pelo DL 48450, publicado no *Diário do Governo* n.º 148, I série, de 24 de Junho de 1968. A Convenção entrou em vigor relativamente a Portugal em 4 de Fevereiro de 1969, conforme *Diário do Governo*, I série, de 28 de Fevereiro do mesmo ano, tendo o Governo designado a Procuradoria-Geral da República como a autoridade competente para emitir a apostila prevista no art. 3.º da Convenção. Ver também a Convenção de Bruxelas de 1968 relativa à competência judiciária e à execução de decisões em matéria civil e comercial, publicada no *Jornal Oficial*, C 27, 41.º ano, de 26 de Janeiro de 1998, que adopta medidas de simplificação das formalidades a que se encontram subordinados o reconhecimento e a execução recíprocos das decisões judiciais ou actos autênticos.

fundações sujeitas ao direito estrangeiro que habitualmente exerçam actividade em Portugal (art. 4.°, n.° 1, al. *a*)). Por outro lado, o estatuto de utilidade pública ou determinadas isenções fiscais de que possam ser beneficiárias as fundações nacionais, em função da sua qualidade de pessoas colectivas de utilidade pública, não aproveitam de forma automática as fundações de direito estrangeiro que habitualmente exerçam a sua actividade em Portugal.

A Convenção Europeia sobre o Reconhecimento da Personalidade Jurídica das Organizações Internacionais não Governamentais, de 24 de Abril de 1986, ratificada por Portugal em 1991 (Decreto do Presidente da República n.° 44/91, de 6 de Setembro), pretendeu enfrentar algumas das dificuldades identificadas com a instauração de um procedimento de reconhecimento da personalidade jurídica de fundações, associações e outras organizações, designadas em geral pela Convenção como organizações não governamentais (ONG), para facilitar o seu funcionamento ao nível europeu. Segundo o artigo 2.° da Convenção, «A personalidade e a capacidade jurídicas das ONG, tal como lhes são atribuídas pelas Partes onde têm a sua sede estatutária, são reconhecidas de pleno direito no território das outras Partes». Este princípio de reconhecimento recíproco da personalidade jurídica das fundações pelos países-partes da convenção, está sujeito, no entanto, ao preenchimento das condições previstas no artigo 1.°, ou seja, (1) as fundações deverão ter um fim não lucrativo de utilidade internacional, (2) deverão ter sido criadas por um acto relevante do direito interno de uma Parte, (3) deverão exercer uma actividade efectiva em, pelo menos, dois Estados, e, finalmente, (4) deverão ter a sua sede estatutária no território de uma Parte e a sua sede real no território dessa ou de qualquer outra Parte. Estas condições restringem em muito o âmbito de aplicação desta Convenção, que é apenas aplicável às fundações que prossigam um fim não lucrativo de utilidade internacional, podendo ainda o reconhecimento ser sujeito a restrições, limitações ou procedimentos especiais sempre que ditados por um interesse público essencial do Estado onde deverá ocorrer o reconhecimento (art. 2.°, n.° 2). A estas limitações, acresce ainda o facto de a Convenção, até ao momento, só ter sido ratificada por onze Estados[42]. Para além disso, a obrigação de reconhecimento para as partes contratantes apenas se refere à personalidade jurídica, não

---

[42] Para além de Portugal, por ordem cronológica, Reino Unido, Grécia, Bélgica, Suíça, Áustria, Eslovénia, Macedónia, França, Chipre e Holanda.

sendo extensível ao eventual estatuto fiscal privilegiado de que as fundações possam beneficiar no seu país de origem[43].

5.2. Práticas fiscais discriminatórias

O reconhecimento do estatuto legal ou da personalidade jurídica de uma fundação não residente não implica necessariamente o reconhecimento da utilidade pública ou do estatuto fiscal pela jurisdição de acolhimento. A maior parte dos Estados-Membros da União Europeia também não reconhece aos donativos atribuídos a fundações estrangeiras, por mecenas individuais ou empresariais, os mesmos benefícios fiscais dos donativos atribuídos a fundações nacionais. As dificuldades resultantes destes últimos obstáculos são mais limitadoras para as organizações sem fins lucrativos que procuram financiamento para as suas actividades (*v. g.* associações, organizações não governamentais) do que para as fundações, que normalmente possuem patrimónios suficientes para prosseguir as suas finalidades e, portanto, são menos dependentes de financiamento externo (individual ou empresarial) e das condições legais e fiscais para a sua atribuição.

Apesar desta ressalva, é pacífico afirmar-se que o mecenato a fundações é desencorajado, por exemplo, quando as legislações nacionais não permitem ou dificultam a dedução fiscal dos donativos em função da residência da entidade beneficiária. Perante estas restrições, à entidade beneficiária só restam duas soluções: ou estabelece uma delegação no país ou países onde pretende obter financiamento, o que implica custos administrativos que poderão tornar o financiamento pretendido demasiado oneroso, ou recorre a organizações intermediárias especialistas em receber e transferir donativos transnacionais (*v. g.* Transnational Giving Eu-

---

[43] No mesmo sentido, BRADLEY GALLOP, «Cross-border Issues facing Foundations and their Donors», in *Foundations in Europe, Society, Management and Law*, ed. ANDREAS SCHLÜTER, VOLKER THEN & PETER WALKENHORST, 2001, p. 747: «o reconhecimento da personalidade jurídica não significa, contudo, o reconhecimento da utilidade pública ou do estatuto de isenção fiscal, apenas que a fundação pode celebrar contratos, tem personalidade judiciária e goza dos benefícios e está sujeita às obrigações de uma pessoa jurídica na jurisdição de acolhimento. Nem o reconhecimento da personalidade jurídica enquanto assunto legal elimina todos os problemas que uma fundação pode enfrentar quando desenvolva actividades fora das suas fronteiras, designadamente para provar essa mesma personalidade jurídica» (a tradução é nossa).

rope[44]), o que também implica um custo, na medida em que estas organizações retêm uma percentagem do donativo para despesas administrativas[45]. Estamos no domínio da chamada «discriminação indirecta», que o TJCE, como vimos *supra*, considera que também é proibida pelo Tratado, na medida em que a maior parte dos não residentes são também não-nacionais. Estas práticas fiscais discriminatórias dos Estados-Membros constituem, por isso, um dos entraves mais limitadores para as acções filantrópicas intra-europeias das fundações, na medida em que condicionam a angariação de fundos («*fundraising*») para acções de interesse geral com relevância europeia e não apenas nacional.

A liberdade de circulação de capitais prevista no Tratado revela-se, então, com uma importância fundamental para a progressiva eliminação das normas tributárias discriminatórias das fundações. Assim, de acordo com este *rationale*, poderíamos identificar as seguintes situações em relação às quais a liberdade de circulação de capitais poderia ser potencialmente aplicável[46]: (1) quando sujeitos residentes num Estado-Membro efectuam donativos a fundações noutro Estado-Membro, a liberdade de circulação de capitais exigiria que qualquer benefício fiscal atribuído a entidades residentes nesse Estado-Membro, quanto ao rendimento nele obtido, aproveitasse igualmente aos sujeitos não residentes; (2) quando indivíduos residentes num Estado-Membro efectuam donativos a fundações noutro Estado-Membro, qualquer benefício fiscal quanto ao rendimento, às sucessões ou às doações, atribuído a fundações residentes naquele Estado-Membro deveria ser extensível às fundações não residentes; e, finalmente, (3), quando fundações residentes num Estado-Membro tenham fontes de rendimento noutro Estado-Membro, qualquer benefício

---

[44] Esta rede resultou de uma parceria entre várias fundações europeias, como a Charities Aid Foundation (Reino Unido), a King Baudouin Foundation (Bélgica), a Fondation de France (França), a Oranje Fonds (Holanda), Maecenata International (Alemanha) ou a Foundation for Poland (Polónia), e permite que potenciais doadores, individuais ou institucionais, residentes num país participante, possam efectuar donativos a instituições sem fins lucrativos noutro Estado-Membro, beneficiando das vantagens fiscais da legislação do país da sua residência. Para mais informações consultar http://www.givingineurope.org.

[45] Cfr. *The European Foundation, a New legal Approach*, Verlag Bertelsmann Stiftung, 2006, de KLAUS J. HOPT, W. RAINER WALZ, THOMAS VON HIPPEL, VOLKER THEN (Eds.), p. 282.

[46] Estas situações foram identificadas por INEKE A. KOELE, *International Taxation of Philanthropy*, IBFD, 2007, p. 320, como relevantes para todas as organizações sem fins lucrativos e não apenas para as fundações.

fiscal atribuído a fundações residentes neste Estado-Membro, quanto à concreta fonte de rendimento, deveria ser extensível às fundações não residentes.

Apesar das limitações inerentes a este artigo, gostaríamos de abordar os diferentes instrumentos públicos disponíveis para ultrapassar as restrições nacionais identificadas, para além, obviamente, das medidas unilaterais legislativas que os Estados-Membros podem adoptar enquanto Estados soberanos. Com efeito, os parlamentos nacionais podem sempre alterar as suas leis fiscais de forma a torná-las compatíveis com as normas comunitárias, deste modo não só facilitando a actividade transfronteiriça das fundações como também o «*fundraising*» internacional. Os acordos bilaterais entre Estados-Membros constituem igualmente um mecanismo comum para abordar as discriminações fiscais, embora normalmente centrados na questão da dupla tributação. Segundo Bradley Gallop, «A principal preocupação dos Estados quando celebram estes acordos, como se pode verificar pela linguagem do Modelo de Convenção Fiscal da OCDE utilizada como referência para tais acordos nas áreas dos impostos sobre o rendimento e sobre sucessões e doações, consiste em assegurar que o contribuinte não tem de pagar duas vezes impostos sobre o mesmo rendimento. Infelizmente, os Estados contratantes não estão preocupados, aparentemente, que uma organização isenta de imposto, como uma fundação de utilidade pública, que seja residente num determinado país possa ser sujeita a um imposto noutro país sobre o rendimento nele obtido, mesmo quando tal rendimento seria isento de imposto no país de residência da organização»[47] (a tradução é nossa). Finalmente, temos à disposição dos Estados os instrumentos públicos multilaterais, adoptados no seio de organizações internacionais, como o Conselho da Europa e, em especial, a União Europeia. Relativamente ao Conselho da Europa, já referimos como exemplo para superar restrições nacionais a Convenção Europeia sobre o Reconhecimento da Personalidade Jurídica das Organizações Internacionais não Governamentais. Mais recentemente, em 10 de Outubro de 2007, o Comité dos Ministros do Conselho da Europa adoptou uma Recomendação [CM/Rec(2007) 14] sobre o estatuto legal das organizações sem fins lucrativos na Europa, com uma cláusula (VI. A.), sobre «*fundraising*», segundo a qual «As organizações sem fins lucrativos deveriam ser livres

---

[47] BRADLEY GALLOP, «Cross-border Issues facing Foundations and their Donors», *in Foundations in Europe, Society, Management and Law*, ed. ANDREAS SCHLÜTER, VOLKER THEN & PETER WALKENHORST, 2001, pp. 766 e 767.

para solicitar e receber donativos – em dinheiro ou em espécie – não apenas de instituições públicas no seu próprio estado mas também de financiadores individuais ou institucionais, de outros estados ou agências multilaterais, sujeitos apenas às leis aplicáveis às trocas alfandegárias, aos câmbios monetários, ao branqueamento de capitais e ao financiamento de partidos». Esta recomendação parece claramente apelar aos Estados para que eliminem ao nível interno as discriminações fiscais ao «*fundraising*», de forma a facilitar a actividade das organizações sem fins lucrativos. Finalmente, quanto à União Europeia, iremos em seguida analisar a possibilidade de adoptar um estatuto de Fundação Europeia e em que medida este estatuto contribuiria para facilitar as actividades intracomunitárias das fundações.

6. Estatuto de Fundação Europeia

Como vimos, a jurisprudência mais recente do TJCE colocou na agenda europeia as fundações e a sua actividade transfronteiriça. As decisões do TJCE contribuíram para clarificar a aplicabilidade às fundações das liberdades fundamentais previstas nos Tratados. Depois do Acórdão *Stauffer* muitas previsões legislativas nacionais discriminatórias para as fundações poderão ser eliminadas em função da sua não compatibilidade com o direito de estabelecimento ou a liberdade de circulação de capitais. Para além desta evolução jurisprudencial comunitária, a Direcção-Geral do Mercado Interno e Serviços da Comissão Europeia, em Abril de 2007, em resposta a um apelo reiterado das fundações europeias, lançou um concurso público para a apresentação de um estudo sobre a viabilidade de introduzir um Estatuto de Fundação Europeia.

A ideia de um estatuto de Fundação Europeia não é de hoje, traduz um percurso mais ou menos longo de avanços e recuos, no quadro da reforma da legislação comunitária sobre as empresas. A primeira vez que a Comissão Europeia se referiu ao estatuto de Fundação Europeia remonta ao ano de 2002, quando o *High Level Group of Company Law Experts on a Modern Regulatory Framework for Company Law in Europe*, instituído pela mesma Direcção-Geral, promoveu uma consulta pública onde incluiu uma questão (35.ª) sobre a necessidade de uma regulamentação específica para uma Fundação Europeia e de alguma harmonização das legislações nacionais sobre fundações. Em 4 de Novembro de 2002, o Relatório Final do *High Level Group* concluiu que uma regulamentação específica para uma Fundação Europeia não constituía uma prioridade de curto ou médio prazo, devendo antes procurar-se uma harmonização das legislações nacionais com base em modelos de leis sobre fundações. Em 21 de Maio de 2003, a Comissão Europeia, na sua Comunicação ao Conselho e ao Parlamento Europeu denominada «Modernizar o direito das sociedades e reforçar o governo das sociedades na União Europeia – Uma estratégia para o futuro», concluiu que antes de apresentar uma proposta de regulamento relativo a um estatuto de Fundação Europeia, deveria lançar um estudo destinado a examinar a viabilidade deste mesmo estatuto.

Em Setembro de 2005, o Relatório do *Expert Group on Measures and actions to promote the role of foundations and the non-profit sector in boosting R&D investment*, instituído pela Direcção-Geral para a Investigação da Comissão, chamou a atenção para «a necessidade de um instrumento legal Europeu desenhado para as fundações que desejam operar em todo o espaço Europeu»[48].

Em 20 de Dezembro de 2005, a já referida Direcção-Geral do Mercado Interno e Serviços da Comissão Europeia lançou uma consulta pública designada *Future priorities for the Action Plan on the Modernisation of Company Law and Corporate Governance*, que continha uma questão (13.ª) sobre a necessidade de um estudo sobre a viabilidade de introduzir um Estatuto de Fundação Europeia. De acordo com o texto desta consulta, «o estudo analisaria a viabilidade da introdução deste Estatuto à luz das diferenças dos regimes jurídicos nacionais», bem como «avaliaria a adequação desta nova forma jurídica para fazer frente às dificuldades administrativas e legais que as fundações enfrentam nas suas operações transnacionais (*v. g.* obtenção de fundos de financiadores estrangeiros)»[49]. Por último, o estudo validaria se um Estatuto de Fundação Europeia contribuiria significativamente para o aumento da cooperação transfronteiriça entre fundações. A consulta terminou em 31 de Março de 2006 e, após uma audição pública realizada no dia 3 de Maio do mesmo ano, foi publicado um relatório final com uma síntese dos resultados de ambas as iniciativas[50]. Este relatório confirma uma participação bastante expressiva por

---

[48] Ver o texto do Relatório aqui: http://ec.europa.eu/invest-in-research/pdf/down load_en/rec_5_7800_giving_4_051018_bat.pdf, p. 71.

[49] Ver o texto da Consulta aqui: http://ec.europa.eu/internal_market/company/docs/consultation/consultation_en.pdf, p. 12.

[50] http://ec.europa.eu/internal_market/company/docs/consultation/final_report_en.pdf

parte do sector fundacional, que contabilizou 28% do total das respostas. Relativamente à questão 13.ª, o sector fundacional defendeu unanimemente a urgência de um estudo sobre a viabilidade de introduzir um Estatuto de Fundação Europeia, sublinhando que um instrumento legal europeu opcional para as fundações contribuiria para facilitar a sua actividade transfronteiriça em áreas onde a disponibilização de conhecimentos e de recursos é premente. O Estatuto serviria ainda para superar as dificuldades verificadas pelas fundações no estabelecimento de delegações noutros países, no reconhecimento da personalidade jurídica, na condução de actividades transfronteiriças ou com normas tributárias discriminatórias. Os participantes na consulta externos ao sector fundacional foram, no entanto, bastante cépticos quanto à utilidade deste estudo, questionando a necessidade de um Estatuto de Fundação Europeia, na medida em que as dificuldades que as fundações enfrentam poderiam ser resolvidas com recurso a soluções mais simples, como a introdução de um sistema de reconhecimento mútuo e de facilitação da obtenção transnacional de fundos. Apesar destas opiniões contrárias, como vimos, a Comissão anunciou um concurso público para a apresentação de um estudo sobre a viabilidade de introduzir um Estatuto de Fundação Europeia, que poderá servir de base para uma futura legislação europeia específica para as fundações[51]. De acordo com o caderno de encargos para o estudo, o seu objectivo principal consiste em analisar «a viabilidade de uma forma legal genuinamente Europeia para as fundações»[52]. Na medida em que as fundações estão sujeitas a regras nacionais muito diferentes em toda a União Europeia e, por este motivo, enfrentam inúmeras barreiras quando operam fora das suas fronteiras, o estudo deverá, em primeiro lugar, permitir identificar as principais diferenças dos regimes jurídicos aplicáveis às fundações em cada Estado-Membro, fornecer um inventário das principais barreiras ao nível do mercado interno e uma estimativa dos custos provocados por estes obstáculos. Com base nos resultados alcançados, o estudo deverá então permitir comparar as formas mais eficazes para erradicar os obstáculos identificados, bem como concluir se a adopção ou não de um estatuto de Fundação Europeia é a solução mais adequada para os ultrapassar. Por último, o estudo

---

[51] Os vencedores do concurso foram o Max Planck Institute for International Private Law, em Hamburgo, e o Centre for Social Investment, da Universidade de Heidelberg (Cfr. MIIA ROSSI e HANNA SURMATZ, «Feasibility study on the European Foundation Statute gets going», *EFFECT Magazine*, Vol. I, Issue 3, Outono de 2007, pp. 9 e 10).

[52] Suplemento do *Jornal Oficial da União Europeia*, S 83, de 28 de Abril de 2007.

deverá proporcionar uma visão geral sobre a dimensão e a importância económica do sector fundacional bem como sobre o impacto potencial do referido estatuto no sector fundacional e empresarial e na economia Europeia.

Neste momento, existem já dois projectos de investigação, privados, que propõem a criação de um estatuto de Fundação Europeia, embora em moldes diferentes: um do Centro Europeu de Fundações[53] e outro da Fundação Bertelsmann[54], em parceria com a Compagnia di San Paolo, a Fundação Zeit Ebelin e Gerd Bucerious e a Faculdade de Direito Bucerius, com a coordenação científica de Klaus J. Hopt do Instituto Max Planck para o Direito Internacional Privado e Estrangeiro, em Hamburgo[55].

Segundo a *Proposta de Regulamento relativa à aprovação de um estatuto europeu para as fundações*, do Centro Europeu de Fundações, o projecto «prevê os elementos básicos de uma Fundação Europeia, que constituiria uma figura jurídica eventual, nova e complementar. Esta figura jurídica, com dimensão europeia, seria um instrumento facultativo e adicional que, estando à disposição de fundadores e de fundações com actividades em mais do que um Estado-Membro da União Europeia, substituiria a necessidade de constituir várias fundações, de acordo com a lei nacional de diferentes países da União Europeia». Este projecto prevê um reconhecimento normativo, em todos os países da União Europeia, da personalidade jurídica das Fundações Europeias assim constituídas num Estado--Membro, a partir do registo obrigatório numa Agência Europeia de Registo, a criar, que seria também a entidade responsável pela supervisão das actividades das Fundações Europeias. O estatuto incluiria ainda alguns artigos adicionais relativos ao tratamento fiscal das Fundações Europeias,

---

[53] O projecto do Centro Europeu de Fundações, *Proposal for a Regulation on a European Statute for Foundations*, de 2005, pode ser consultado aqui: http://www.efc.be/ftp/public/EU/LegalTF/european_statute.pdf

[54] O Projecto da Fundação Bertelsmann pode ser consultado no livro *The European Foundation, a New legal Approach*, Verlag Bertelsmann Stiftung, 2006, de KLAUS J. HOPT, W. RAINER WALZ, THOMAS VON HIPPEL, VOLKER THEN (Eds.).

[55] Para uma análise das diferenças fundamentais entre os dois projectos, ver RUI CHANCERELLE DE MACHETE, HENRIQUE SOUSA ANTUNES, *Direito das Fundações, Propostas de Reforma*, Fundação Luso-Americana, Junho de 2004, p. 24 e ss. Esta publicação contém igualmente uma tradução para português do projecto de estatuto de Fundação Europeia do Centro Europeu de Fundações, p. 97 e ss., que utilizaremos como referência. Na publicação *The European Foundation, a New legal Approach*, Verlag Bertelsmann Stiftung, 2006, de KLAUS J. HOPT, W. RAINER WALZ, THOMAS VON HIPPEL, VOLKER THEN (Eds.), também encontramos uma síntese das diferenças entre os dois projectos, p. 54 e ss.

dos seus financiadores e dos seus beneficiários. As propostas do Centro Europeu de Fundações manifestam, no entanto, preocupação com o respeito pela competência limitada da União Europeia quanto à questão da política fiscal, considerada mesmo como um «território proibido». De acordo com os artigos referidos, relativamente aos impostos sobre o rendimento, sucessões e doações, ou impostos sobre o património, as Fundações Europeias deveriam ficar sempre sujeitas ao regime fiscal aplicável às instituições de utilidade pública no Estado-Membro da sua sede efectiva. Qualquer delegação de uma Fundação Europeia constituída noutro Estado-Membro estaria sujeita ao regime fiscal aplicável às instituições de utilidade pública nesse Estado-Membro. Quanto ao tratamento fiscal dos financiadores, qualquer donativo atribuído a uma Fundação europeia, dentro ou fora da União Europeia, deveria beneficiar do mesmo tratamento fiscal (dedução ou crédito fiscal) de que beneficiaria se o donativo fosse atribuído a uma instituição de utilidade pública no Estado-Membro onde a entidade financiadora tem a sua sede. Finalmente, quanto aos beneficiários, as bolsas ou subsídios atribuídos por uma Fundação Europeia a indivíduos ou entidades em qualquer Estado-Membro deveriam ser tratados como se fossem atribuídos por uma instituição de utilidade pública com sede no Estado-Membro onde são recebidos.

Os principais argumentos em favor de um estatuto de Fundação Europeia são sintetizados pelo Centro Europeu de Fundações em quatro factores fundamentais: 1) superação das barreiras legais e administrativas à actividade das fundações e facilitação da sua cooperação transfronteiriça; 2) promoção do interesse público europeu e desenvolvimento da cidadania europeia; 3) criação de metas europeias de boas práticas (transparência e responsabilização), numa altura em que o branqueamento de capitais e o financiamento de actividades terroristas ocupam um lugar primordial nas preocupações das autoridades públicas; 4) instituição de um instrumento legal europeu específico, ainda que optativo, para as fundações que pretendam desenvolver actividades de utilidade pública europeia em mais do que um Estado-membro[56].

O projecto da Fundação Bertelsmann também apresenta o estatuto de Fundação Europeia como um instrumento adicional ou optativo para as fundações, manifestando-se contra uma harmonização comunitária das legislações nacionais aplicáveis às fundações. Segundo este projecto, qual-

---

[56] Cfr. European Foundation Centre, *Foundations in EU: an overview – What is at stake and why is a statute needed?*, 2007, p. 2.

quer harmonização empobreceria necessariamente a riqueza das diferentes tradições europeias neste sector, o que conduz a uma aproximação subsidiária para o desenvolvimento de legislação comunitária sobre fundações[57]. Este Estatuto deveria ser, então, adoptado através de Directiva, que deveria ser posteriormente transposta para os ordenamentos jurídicos nacionais, e não através de Regulamento, como defende o Centro Europeu de Fundações. O projecto da fundação alemã também prevê um reconhecimento normativo, em todos os países da União Europeia, da personalidade jurídica das Fundações Europeias, a partir do registo, que deverá efectuar-se junto da autoridade competente do Estado-Membro onde a fundação pretende constituir-se e não junto de uma autoridade europeia. Também contrariamente ao projecto do Centro Europeu de Fundações, não se exige uma dimensão europeia, nem da missão nem das actividades da Fundação Europeia. Relativamente ao regime fiscal das Fundações Europeias, assumindo ausência de base legal na União Europeia para regular esta questão[58], o projecto da Fundação Bertelsmann ensaia duas soluções: a completa harmonização das leis fiscais dos Estados-Membros, com um Modelo de Lei Fiscal para as Fundações Europeias, ou a introdução de regras de não discriminação e emendas aos tratados para evitar a dupla tributação no contexto das leis nacionais.

A Fundação Bertelsmann apresenta como argumentos para a instituição de um estatuto de Fundação Europeia, desde logo, à semelhança do Centro Europeu de Fundações, a facilitação da actividade transfronteiriça das fundações. Na medida em que cada vez mais pessoas individuais ou empresas têm património ou investimentos, que poderiam integrar a dotação de fundações, em mais do que um Estado-Membro, as empresas multinacionais partilham a sua identidade corporativa com vários Estados-Membros, muitas fundações concentram as suas actividades em assuntos com relevância comunitária ou internacional, algumas fundações procuram financiamento, realizam investimentos ou mantêm actividades económicas em vários países, as barreiras nacionais a estas actividades transnacionais, que se podem encontrar do direito civil ou fiscal, revelam-se

---

[57] Cfr. *The European Foundation, a New legal Approach*, Verlag Bertelsmann Stiftung, 2006, de KLAUS J. HOPT, W. RAINER WALZ, THOMAS VON HIPPEL, VOLKER THEN (Eds.), p. 46.

[58] Mesmo argumentando que o art. 308.º do Tratado possa ser aplicável, a Fundação Bertelsmann reconhece que dificilmente se conseguiria a unanimidade necessária para uma harmonização fiscal.

como um elemento estrangulador para as fundações e consequentemente para o avanço do interesse público europeu. Com efeito, como refere a Fundação Bertelsmann, «o quadro legal existente não permite formas eficientes de organização destas actividades, e seria no melhor interesse da Europa proporcionar meios mais eficientes para a realização de investimento social. (...) Organizar a própria instituição na forma legal de Fundação Europeia permitiria uma aproximação muito mais eficiente à facilitação do investimento privado no interesse público da Europa»[59] (a tradução é nossa). O efeito psicológico positivo do estatuto de Fundação Europeia é outro argumento utilizado pela Fundação Bertelsmann. A designação «Fundação Europeia» poderia ter um efeito positivo na imagem de uma determinada fundação, na medida em que se afigura como um instrumento apropriado para a prossecução de actividades internacionais e evita a desconfiança pública em relação a entidades estrangeiras. No limite, a Fundação Europeia poderia funcionar como uma solução-modelo e precipitar as necessárias reformas das legislações nacionais de fundações. Outros aspectos mais práticos, como o reconhecimento automático da personalidade jurídica das fundações europeias, a facilidade para transferir a sede e estabelecer delegações ou a possibilidade de deduzir fiscalmente os donativos às fundações e de beneficiar de outras isenções fiscais, actualmente objecto de barreiras legislativas nacionais, também são apontados no projecto da Fundação Bertelsmann como argumentos para a instituição de um estatuto de Fundação Europeia.

7. Conclusão

Quanto a nós, a adopção de um estatuto de Fundação Europeia poderia contribuir, em primeiro lugar, para o aprofundamento da integração europeia, bem como para a diminuição do distanciamento entre os cidadãos europeus e as instituições da União. Tendo em conta o seu contributo solidário e a reconhecida capacidade de intermediação das fundações entre a sociedade civil e as instituições públicas, o estatuto poderia incentivar, ao nível da União Europeia, o exercício da filantropia numa expressão da cidadania europeia.

---

[59] Cfr. *The European Foundation, a New legal Approach*, Verlag Bertelsmann Stiftung, 2006, de KLAUS J. HOPT, W. RAINER WALZ, THOMAS VON HIPPEL, VOLKER THEN (Eds.), p. 49.

Na ponderação da utilidade e da viabilidade de um estatuto de Fundação Europeia, não podemos, no entanto, deixar de ponderar as recentes evoluções na jurisprudência do TJCE que, como vimos, passou a integrar as fundações nos Tratados e a considerá-las como beneficiárias das liberdades de circulação, em especial do direito de estabelecimento e da liberdade de circulação de capitais. A liberdade de circulação de capitais tem mesmo uma importância fundamental na medida em que proíbe, designadamente, as restrições nacionais ou em função da residência, ao nível do direito fiscal, que não sejam determinadas por razões de interesse geral. Ora, as dificuldades mais gravosas para as actividades transfronteiriças das fundações, quer quando estas actuam enquanto instituições filantrópicas quer quando actuam enquanto investidores ou agentes económicos, advêm das discriminações das legislações fiscais dos Estados-Membros em função da residência, matéria que dificilmente será objecto de tratamento pelo eventual estatuto de Fundação Europeia.

O Acórdão *Stauffer*, como vimos, considerou que o Tratado se opõe a que um Estado-Membro não conceda a mesma isenção de imposto sobre o rendimento das pessoas colectivas a uma fundação de direito privado de utilidade pública unicamente pelo facto de esta se encontrar estabelecida noutro Estado-Membro. Este Acórdão será determinante na evolução futura quer do Direito da União quer das legislações dos Estados-Membros que impõem restrições ou barreiras fiscais em função da residência fiscal. Com efeito, a jurisprudência do TJCE começou a integrar este Acórdão[60] e a própria Comissão Europeia iniciou, entretanto, diversos procedimentos contra Estados-Membros, ao abrigo do artigo 226.º do Tratado[61], para que terminassem as discriminações fiscais contra organizações filantrópicas não residentes[62], no que pode ser considerado como uma tendência que,

---

[60] Um Acórdão posterior do TJCE, de 11 de Outubro de 2007, por exemplo, Processo C-318/05, que opôs uma cidadã alemã ao Governo português, considerou que o art. 56.º deve ser interpretado no sentido de que se opõe a uma legislação nacional que sujeita as mais-valias resultantes da alienação de um bem imóvel situado num Estado-Membro, no caso em Portugal, quando essa alienação é efectuada por um residente noutro Estado-Membro, a uma carga fiscal superior à que incidiria, em relação a este mesmo tipo de operação, sobre as mais-valias realizadas por um residente do Estado onde está situado esse bem imóvel.

[61] Sobre estes procedimentos, ver PETER SCHONEWILLE, *Eliminating tax barriers via the infringement procedure of article 226 of the EC Treaty*, EC Tax review, 2006/3.

[62] Com este fundamento, são conhecidos procedimentos da Comissão contra o Reino Unido, IP/06/964, de 10 de Julho, a Irlanda e a Polónia, IP/06/1408, de 17 de Outubro, e a Bélgica, IP/06/1879, de 21 de Dezembro.

quanto a nós, não deixará de evoluir favoravelmente para as fundações e para o sector não lucrativo em geral. Também na Comunicação ao Conselho, ao Parlamento Europeu e ao Comité Económico e Social Europeu, de 19 de Dezembro de 2006, designada «Coordenar os sistemas de fiscalidade directa dos Estados-Membros no mercado interno»[63], a Comissão anunciou um conjunto de iniciativas destinadas a promover uma melhor coordenação dos sistemas nacionais de fiscalidade directa na União, de acordo com os seguintes objectivos: supressão das discriminações e da dupla tributação; prevenção dos casos de não tributação e fraude não deliberadas; redução dos custos decorrentes da obrigação de cumprimento das disposições de vários sistemas fiscais. De acordo com a Comissão, a eliminação da discriminação fiscal é uma exigência de base da legislação comunitária, pelo que os Estados-Membros apenas podem tratar as situações transfronteiriças de maneira diferente das situações nacionais se houver uma diferença nas circunstâncias do contribuinte que justifique esse tratamento. A Comissão reconhece que, nos últimos anos, se tornou evidente que existem muitos aspectos das regras dos Estados-Membros que entram em contradição com o Tratado, designadamente «as regras relativas à tributação dos rendimentos (por exemplo, os impostos de saída), à tributação dos dividendos (por exemplo, a retenção na fonte), à tributação de grupo (por exemplo, falta de compensação transfronteiras de prejuízos), à tributação de sucursais, e as regras relativas à luta contra a evasão fiscal. No entanto, apesar de a jurisprudência do Tribunal de Justiça das Comunidades Europeias (TJCE) ser considerável, nem sempre é fácil compreender o modo como as liberdades do Tratado, expressas de uma forma ampla, se aplicam no domínio complexo que é a legislação fiscal. Uma grande parte da jurisprudência é recente e continua a desenvolver-se, dizendo, geralmente, respeito a disposições fiscais específicas dos diferentes Estados-Membros. Nem sempre é fácil para os sujeitos passivos, as administrações fiscais e os tribunais nacionais compreender todas as consequências dos acórdãos ou transpô-los para um âmbito mais alargado. Na opinião da Comissão, é necessária uma orientação sobre os princípios decorrentes da jurisprudência e a forma como se aplicam aos principais domínios da fiscalidade directa. Essa orientação promoverá uma maior segurança jurídica em benefício dos contribuintes, das autoridades fiscais e dos tribunais nacionais». As iniciativas de coordenação poderão assumir

---

[63] COM(2006) 823 final, não publicada no *Jornal Oficial* (http://eur-lex.europa.eu/LexUriServ/LexUriServ.do?uri=COM:2006:0823:FIN:PT:HTML).

diversas formas, desde a acção unilateral concertada dos Estados-Membros até à acção colectiva sob a forma de instrumento comunitário. Em alguns casos, pode ser suficiente que os Estados-Membros apliquem unilateralmente soluções acordadas em comum, como, por exemplo, alterações a regras nacionais, a fim de eliminar a discriminação. Noutros, a acção unilateral pode não ser suficiente e ser necessária a acção bilateral através das disposições de convenções fiscais ou a acção colectiva através de um instrumento comunitário, como é particularmente o caso em situações de dupla tributação ou de não tributação involuntária devido a divergências entre as regras dos Estados-Membros[64].

Tendo em conta que a fiscalidade directa é da competência dos Estados-Membros, poderíamos interrogar-nos sobre a real necessidade deste estatuto, em especial depois do Acórdão *Stauffer*. Parece-nos, no entanto, que este estatuto servirá outras finalidades mais importantes ao nível do direito da União e da política europeia, em particular enquanto instrumento dinamizador da filantropia e do mecenato. Tal como algumas constituições nacionais reconhecem o direito a instituir fundações como um direito fundamental[65], a legislação comunitária poderia também instituir um estatuto de Fundação Europeia como uma manifestação de cidadania. Este estatuto teria como finalidades principais, além de incentivar o mecenato e a filantropia ao nível europeu, facilitar a actividade transnacional das fundações e prevenir o abuso da figura fundacional para finalidades ou actividades ilícitas.

Numa época em que o fenómeno da globalização aproxima os cidadãos de todo o mundo, através de meios de comunicação instantâneos, e impõe medidas de liberalização dos mercados que eliminem as barreiras

---

[64] Sobre esta matéria, ver também a Comunicação ao Conselho, ao Parlamento Europeu e ao Comité Económico e Social Europeu, da mesma data, sobre a Tributação à saída e necessidade de coordenação das políticas fiscais dos Estados-Membros, COM(2006) 825 final, não publicada no *Jornal Oficial* (http://eur-lex.europa.eu/LexUriServ/LexUriServ.do?uri=COM:2006:0825:FIN:PT:HTML).

[65] Por exemplo, a Constituição espanhola, no art. 34.º, reconhece «el derecho de fundación para fines de interés general, com arreglo a la Ley». Não existe uma disposição semelhante na Constituição portuguesa, embora alguma doutrina considere que «as fundações, (…) e, consequentemente, o direito de constituir fundações deve ser visto como uma manifestação do direito fundamental ao desenvolvimento da personalidade – direito, sem dúvida, limitado; mas, apesar de tudo, direito fundamental» (SÉRVULO CORREIA e RUI MEDEIROS, «Restrições aos Poderes do Governo em Matéria de Reconhecimento e de alteração dos Estatutos das Fundações de Direito Privado», *in Revista da Ordem dos Advogados*, Lisboa, Ano 62, Abril de 2002, pp. 366 e 367).

nacionais à importação de bens e serviços, porventura não se justificará, em particular no espaço europeu, que os Estados-Membros da União Europeia continuem a manter barreiras nacionais às fundações que conduzem actividades transfronteiriças. Por outro lado, acompanhamos aqui um estudo da Charities Aid Foundation, do Reino Unido, quando conclui que «a filantropia cada vez mais precisa de ser compreendida num contexto internacional»[66]. Com o fenómeno das migrações e o aumento da consciência pública sobre os problemas e as necessidades internacionais, a tendência para uma actividade filantrópica internacional deverá propagar-se, não apenas ao nível das instituições, mas também ao nível individual.

Ou seja, à internacionalização dos problemas sociais, ambientais e políticos seguir-se-á necessariamente a internacionalização da filantropia e das instituições filantrópicas, onde as fundações ocupam um lugar privilegiado, quer pela dimensão e impacto das suas actividades[67] quer pela sua natureza própria, enquanto instituições financeira e politicamente independentes. Deste modo, o quadro normativo de referência para as fundações deverá traduzir, ou pelo menos poder acompanhar, esta internacionalização da filantropia em função das necessidades das diferentes comunidades, sob pena de se revelar obsoleto ou inadequado para o tratamento dos desafios e oportunidades com que estas instituições se confrontam hoje em dia. Em especial, a Europa não deverá perder esta oportunidade para se afirmar no contexto internacional mediante uma sociedade civil verdadeiramente europeia.

Com efeito, muitas das problemáticas actuais ao nível internacional só podem ter abordagens efectivas num quadro multilateral e com recurso a parcerias alargadas, seja na saúde, nas migrações, nas questões

---

[66] Cfr. Charities Aid Foundation, *International comparisons of charitable giving*, Novembro de 2006, p. 3.

[67] De acordo com o Centro Europeu de Fundações, *Foundations in the EU: an overview – What is at stake and why is a statute needed?*, 2007, «No final do século passado, existiam 62 mil fundações de interesse público nos antigos Países-membros da União Europeia ou uma média de 16 fundações para cada 100 mil habitantes, entre mais de 260 na Dinamarca e menos de 1 na Irlanda». Nos últimos anos, o sector tem experimentado um crescimento ainda mais assinalável. Um inquérito do mesmo European Foundation Centre, de 2004, estimava que 30 a 40% das fundações nos maiores países da União Europeia tivessem sido constituídos depois de 1990. No ano passado, em Espanha constituiu-se uma fundação por dia, enquanto na Alemanha, nos últimos cinco anos, constituíram-se 3 fundações por dia.

ambientais ou no diálogo intercultural. Neste princípio de século, tão atormentado de incertezas e ameaças, o trabalho fundacional é mais necessário do que nunca. Porque é independente, porque não se preocupa com o imediato nem com o mediático, porque pode ser uma âncora de valores, porque pode ser uma referência estruturante.

SOBRE LA SUSTITUCIÓN FIDEICOMISARIA DE ACCIONES DE UNA SOCIEDAD ANÓNIMA

Fernando Martínez Sanz[*]

I. INTRODUCCIÓN Y SUPUESTO DE HECHO

El presente trabajo – que tiene su origen en un dictamen elaborado por el autor – se ofrece en homenaje a los X Años de la *Universidade Nova de Lisboa*. El mismo pretende exponer algunas consideraciones en torno al fideicomiso, partiendo de una cláusula testamentaria *standard* de institución de fideicomiso. En virtud de la misma: «*Los bienes procedentes de la herencia del testador que integren el tercio de mejora y de libre disposición, de los que no hubiese dispuesto por actos inter-vivos el heredero que fallezca sin descendientes legítimos, pasarán al otro heredero o, en su defecto, a sus descendientes legítimos; si bien sobre los que integren el tercio de libre disposición gozará del usufructo vitalicio el cónyuge viudo del heredero fallecido sin descendencia*». Ha de tenerse igualmente en cuenta que, entre los bienes fideicomitidos se encuentran diversas acciones de una sociedad anónima, sociedad que, vigente el fideicomiso, procedió a acordar sendos aumentos de capital (en 1976 y 1981) mediante la emisión de nuevas acciones.

A partir de este supuesto de hecho, son diversas la consideraciones que cabe efectuar. En un primer momento, las mismas vendrán referidas al fideicomiso en general (sub II a V), para analizar después, en particular, la sustitución fideicomisaria que afecte a acciones de sociedades anónimas (infra sub VI).

---

[*] Catedrático de Derecho Mercantil. Universitat Jaume I. Consultor Broseta Abogados (Madrid/Valencia).

II. SOBRE LA SUSTITUCIÓN FIDEICOMISARIA ORDINARIA

Como se ha dicho, «uno de los institutos más complejos de los que integran el Derecho de sucesiones es la sustitución fideicomisaria»[1]. Mediante la misma el testador (denominado fideicomitente) establece, al menos, dos sucesores sucesivos (llamados respectivamente fiduciario y fideicomisario), de todos o parte de sus bienes.

La característica esencial de la sustitución fideicomisaria consiste precisamente en el hecho de la doble institución de herederos (aunque el primero lo reciba con una limitación). Ambos, tanto el fiduciario (el heredero que ha de conservar y transmitir) como el fideicomisario (el heredero que recibe los bienes libres de limitaciones) revisten la condición de herederos, siquiera sucesivos, del causante, de forma que el fideicomisario no es heredero del fiduciario, sino del testador.

A diferencia de lo que ocurre en algunos Derechos civiles forales (de modo particular, en Derecho civil catalán y en Derecho balear), el Código Civil español (en adelante, C.c.) contiene una regulación enormemente parca y fragmentaria de la sustitución fideicomisaria, destinando a la misma tan sólo los artículos 781 a 786. En concreto, se define en el artículo 781 C.c., al señalar que la sustitución fideicomisaria es aquella en virtud de la cual el testador «encarga al heredero que conserve y transmita a un tercero el todo o parte de la herencia».

Probablemente, esta escueta regulación, junto a las dificultades de disponer de los bienes que forman parte de la masa fideicomitida, ayuden a entender el carácter relativamente marginal de la sustitución fideicomisaria ordinaria en los territorios sometidos al Derecho civil común[2]. Precisamente por ello, las siguientes páginas se destinan a analizar en detalle la sustitución fideicomisaria sometida al Derecho civil común (es decir, el Derecho contenido en el Código civil, aplicable en aquellas regiones españolas no sometidas al Derecho civil foral o especial: fundamentalmente, Cataluña, Navarra, Islas Baleares).

---

[1] ALCOVER GARAU, G., «La sustitución fideicomisaria de acciones y los sistemas de protección del socio frente al aumento del capital social con emisión de nuevas acciones», en ALONSO UREBA, A. / DUQUE, J. / ESTEBAN VELASCO, G. / GARCÍA VILLAVERDE, R. / SÁNCHEZ CALERO, F. (coords.), *Derecho de Sociedades Anónimas*. II. «Capital y Acciones», vol. 2, p. 849 ss., en p. 853.

[2] ALCOVER GARAU, G., *La sustitución fideicomisaria de acciones...*, cit., p. 856, quien construye su trabajo básicamente desde la óptica del Derecho balear.

III. SOBRE LA EXACTA CONCEPTUACIÓN DE LA CLÁUSULA: CLASIFICACIÓN DE LA SUSTITUCIÓN FIDEICOMISARIA

1. Sobre la sustitución fideicomisaria *si sine liberis decesserit*

A nuestro juicio, una cláusula como la que se analiza implica instituir una sustitución fideicomisaria *si sine liberis decesserit*, entendiendo por tal aquella en la que el gravamen fideicomisario se impone sólo para el caso de que el fiduciario fallezca sin hijos. Se trata de una modalidad de sustitución fideicomisaria condicional. En efecto, de la cláusula en cuestión se deriva que la voluntad del testador fue que entrase el fideicomisario («el otro heredero») para el caso de que falleciese el fiduciario «sin descendientes legítimos» (todo ello sin perjuicio de las amplias facultades de disposición que se conceden a este último, de las que trataremos posteriormente). Por contra, si el fiduciario muriese con hijos, no se habrían de estimar llamados por el causante a su herencia los sustitutos fideicomisarios.

El fundamento último de los fideicomisos *si sine liberis* puede decirse que reside en evitar que los bienes pasen a personas extrañas a la familia, a salvo de los supuestos en que pueda disponer de los bienes (sobre lo que se entra en seguida). De esta forma, «el fideicomitente quiere instituir heredero a su hijo (generalmente el mayor y varón) pero para el caso de que no tuviera hijos [...] establece un orden sucesivo a favor de los otros miembros de su familia (generalmente, primero el segundo hijo y varón; luego el tercero, etc.) y con la misma previsión (morir sin hijos). También por regla general, el fideicomitente no quiere gravar fideicomisariamente a su hijo, cuando a su vez tiene hijos, sino regular y ordenar para el caso de que no los tenga, de forma que los hijos son el elemento subjetivo de la condición pero no de la ordenación»[3].

En conclusión, nos encontramos ante una cláusula de fideicomiso *si sine liberis*, en la que el llamamiento fideicomisario opera única y exclusivamente en el caso de que el fiduciario falleciese sin descendientes legítimos. En caso contrario, la cláusula no operaría.

---

[3] M. GARRIDO MELERO, «Los fideicomisos», en J. F. DELGADO DE MIGUEL (coord.), *Instituciones de Derecho Privado*, t. V. Sucesiones, Madrid, 2004, p. 792.

2. Sobre el fideicomiso de residuo

En el caso concreto que hemos escogido para analizar el fideicomiso, el fideicomisario es llamado a la herencia sobre los bienes de la misma que integran el tercio de mejora y de libre disposición de los que no hubiera dispuesto por actos *inter vivos* el fiduciario, cuando éste fallezca sin descendientes. En consecuencia, puede afirmarse que el llamamiento del fideicomisario se encontraría sometido a una verdadera condición (como es que el fiduciario fallezca sin descendientes legítimos), siendo el objeto de la herencia que recibiría el fideicomisario la parte de los bienes (del tercio de mejora y del de libre disposición) de los que no hubiera dispuesto el fiduciario por actos *inter vivos*.

Esta última circunstancia obliga a detenerse en otra de las particularidades del presente supuesto de hecho, a nuestro juicio, la más importante. Y es que, junto al hecho de encontrarnos ante un fideicomiso *si sine liberis*, estamos ante un fideicomiso de residuo. Aunque el mismo no se encuentre regulado en el Código Civil, y ni siquiera mencionado con ese nombre, puede considerarse implícitamente autorizado en el art. 783.2 C.c., cuando señala que: «El fiduciario estará obligado a entregar la herencia al fideicomisario, sin otras deducciones que las que correspondan por gastos legítimos, créditos y mejoras, *salvo el caso en que el testador haya dispuesto otra cosa*».

Como se ha dicho, estamos en presencia de un fideicomiso de residuo cuando el testador «autoriza al instituido en primer lugar para que disponga de los bienes de la herencia, con las limitaciones y para los supuestos que eventualmente pueda haber determinado, y el resto que quedase en el momento de la restitución pase a otras personas a las que llama sucesivamente de esta forma a su herencia»[4].

Se distinguen, así, dos formas de sustitución fideicomisaria: de una parte, aquella en la que el fiduciario está obligado a restituir todos los bienes fideicomitidos (sustitución fideicomisaria común u ordinaria); de otra, cuando el fiduciario solamente debe restituir el posible residuo que pudiere quedar al finalizar el fideicomiso. Esta última modalidad es objeto de atención en el epígrafe siguiente.

---

[4] Díez-Picazo, L. / Gullón, A., *Sistema de Derecho Civil*, vol. IV, 9.ª edic., Madrid, 2004, p. 382.

3. El supuesto de hecho como constitutivo de un fideicomiso de residuo *si aliquid supererit*

En el fideicomiso de residuo se modifica o altera en gran medida la carga que pesa sobre el fiduciario en la sustitución fideicomisaria ordinaria de conservar los bienes heredados y transmitirlos al fideicomisario al término del mismo. En definitiva, lo que sucede en estos casos es que «el testador fideicomitente dispensa, total o parcialmente, al heredero fiduciario del deber de conservar la herencia para que, en su momento, la reciba íntegra el heredero fideicomisario»[5].

Ahora bien, dentro de los fideicomisos de residuo, se han distinguido, a su vez, dos modalidades: los denominados *de eo quod supererit* (de aquello que reste o quede) y los fideicomisos *si aliquid supererit* (si queda algo). En realidad, esta distinción, no prevista de forma expresa en el Código Civil, reviste una enorme trascendencia práctica, pues en función de que nos encontremos ante una u otra modalidad, será distinto el ámbito de los poderes de disposición del fiduciario sobre los bienes objeto de la herencia.

La diferencia esencial que se deriva de esta clasificación reside en que en el fideicomiso *de eo quod* necesariamente ha de quedar algo, mientras que en el *si aliquid*, dados los amplios poderes de disposición que se otorgan al fiduciario, pudiera muy bien no quedar nada que heredar.

Sin perjuicio de que esta materia sea motivo de desarrollo posterior, al tratar de las facultades de disposición otorgadas al fiduciario (véase *infra*, sub D), cabe adelantar que nos hallamos aquí ante un fideicomiso *si aliquid supererit*. De hecho, es la solución a la que ha llegado el Tribunal Supremo en un supuesto muy cercano, concretamente ante una cláusula testamentaria del tenor literal siguiente: «Instituye heredera universal a su nombrada esposa doña Ana E. C., en pleno y libre dominio, pero dispone que al fallecimiento de su mujer, *los bienes de los que ésta no hubiera dispuesto en vida*, pasarán por partes iguales, a las sobrinas carnales del testador [...] y en su defecto, a sus respectivos descendientes». Enfrentado ante la misma, el Alto Tribunal ha señalado que: «no ofrece duda alguna que en dicha cláusula se constituyó un fideicomiso de residuo en la modalidad "si aliquid supererit", por el cual, las herederas fideicomisarias, las dos sobrinas instituidas por el testador, sólo recibirían, en su momento, lo que quede o reste de la herencia, o sea, de lo que en vida no hubiera dis-

---

[5] STS de 13 de marzo de 1989 (RJ 1989/2039).

puesto la heredera fiduciaria»[6]. A nuestro juicio, esta misma conclusión puede extenderse al caso que nos ocupa respecto de los bienes sometidos al fideicomiso de residuo.

IV. SOBRE LOS LÍMITES AL PODER DE DISPOSICIÓN DEL FIDUCIARIO EN EL FIDEICOMISO DE RESIDUO

Está fuera de toda duda que, ante una cláusula como la que se toma como base en el presente trabajo, queda abierta la posibilidad de que el fiduciario no entregue a los beneficiarios de la sustitución fideicomisaria la totalidad de los bienes en su día recibidos. Con todo, afirmar que nos encontramos ante un fideicomiso *si aliquid supererit* obliga a determinar si el fiduciario está obligado a guardar algo para el fideicomisario o no. Precisamente, en el fideicomiso *si aliquid supererit* la condición para que opere la sustitución fideicomisaria y entren los llamados es que quede algo del patrimonio sometido al fideicomiso que no haya sido previamente transmitido por el fiduciario.

En la jurisprudencia española y en la doctrina de la Dirección General de los Registros y del Notariado se han mantenido dos posturas distintas: de una parte, la que entiende que en el fideicomiso de residuo *si quid supererit* se «atribuye al fiduciario un amplísimo poder de disposición, quedando las expectativas de los fideicomisarios limitadas por la condición de que pudiere quedar algo» (esto es, el llamamiento no llega a producirse si no queda patrimonio sometido al fideicomiso)[7]; de otra, aquella, ciertamente mayoritaria, que entiende que «en los llamados fideicomisos de residuo lo condicionado no es el llamamiento en sí, sino su contenido; no está condicionada la cualidad de sustituto sino el quantum»[8] (es decir, aunque el llamamiento resulte cierto, puede que la cuantía de lo adquirido sea ínfima o inexistente).

---

[6] En una línea semejante – de calificar como fideicomiso *si aliquid supererit* cláusulas testamentarias similares a la que es objeto del presente estudio – se pronuncian asimismo las SSTS de 7 de enero de 1959 (RJ 1959/119); de 13 de marzo de 1989 (RJ 1989/2039); STS de 6 de febrero de 2002 (RJ 2002/993); SAP Asturias de 10 de febrero de 1999 (AC 1999/3344); SAP Asturias de 9 de febrero de 2004 (JUR 2004/82206); SAP Zaragoza de 6 de julio de 1996 (AC 1996/1352).

[7] Representativa de esta línea es la STS de 13 de marzo de 1989 (RJ 1989/2039).

[8] Véanse las SSTS de 25 de abril de 1983 (RJ 1983/2122); 6 de febrero de 2002 (RJ 2002/993); o la RDGRN de 27 de octubre de 2004 (RJ 2004/7807).

Sea de ello lo que fuere, y reconociendo el interés – teórico y práctico – de la cuestión, a los efectos del presente trabajo no creemos que cambie las cosas el optar por una u otra de las soluciones.

Son otras cuestiones más básicas las que nos deben ocupar, como es la relativa a los concretos poderes de disposición del fiduciario. Lo cierto es que, ante la indeterminación que existe en torno al fideicomiso de residuo en el Código civil español habrá que estar a lo que pueda haber establecido el propio testador y a la interpretación de la cláusula testamentaria. Como se ha mantenido en la doctrina, «la extensión de las facultades de disposición del heredero fiduciario vienen determinadas primordialmente por la voluntad del causante, que puede facultar al fiduciario bien para vender los bienes en caso de necesidad, bien para disponer libremente de ellos, bien para disponer a favor de determinadas personas, bien para disponer con autorización de determinada persona o personas designadas al efecto [...]»[9]. En efecto, en materia de interpretación testamentaria, la voluntad del testador (según consagra el art. 675 C.c.) es «la regla de oro»[10].

En la doctrina[11] se han sistematizado las formas más habituales de autorizaciones para disponer, entendiendo que pueden ordenarse, de menor a mayor grado de libertad, del siguiente modo:

a) Autorización para disponer en caso de necesidad.
b) Autorización para disponer *inter vivos* por título oneroso.
c) Autorización para disponer *inter vivos*, incluso por donación.
d) Autorización para disponer por actos *inter vivos* y *mortis causa*.

En el presente caso la cláusula de la que se parte sin duda alguna autoriza al fiduciario a disponer *inter vivos* por título oneroso [es decir, la modalidad mencionada en la letra b)], en tanto que estaría excluida la posibilidad de disponer *mortis causa*, que, según jurisprudencia constante, ha de constar de manera expresa e inequívoca[12].

---

[9] Así, DE LA CÁMARA, *Compendio de derecho sucesorio*, Madrid, 1990, p. 129.
[10] STS 22 de julio de 1994 (RJ 1994/6578).
[11] LACRUZ BERDEJO, J. L., y otros, *Elementos de Derecho Civil*. V. Sucesiones, 2.ª edic., Madrid, 2004, p. 284.
[12] Así, ya las lejanas SSTS de 13 de noviembre de 1948; 21 de noviembre de 1956; o las más cercanas en el tiempo, de 13 de marzo de 1989 (RJ 1989/2039); 6 de febrero de 2002 (RJ 2002/993); SAP Asturias de 10 de febrero de 1999 (AC 1999/3344); SAP Cantabria de 4 de junio de 2004 (JUR 2004/180078).

Más difícil resulta determinar si la atribución de la autorización para disponer por actos *inter vivos* abarca o no la posibilidad de disponer a título gratuito (donación), cuestión que dependerá, en última instancia, de la interpretación, más o menos amplia, que se dé a la cláusula (que, no olvidemos, somete al fideicomiso aquellos bienes «de los que no hubiese dispuesto por actos inter-vivos el heredero»). Ante una cláusula muy similar, a la que ya se hizo referencia («bienes de los que la fiduciaria no hubiera dispuesto en vida»), la STS de 22 de julio de 1994, ya citada, establece que:

> «La frase "disponer en vida", utilizada en la cláusula testamentaria, no puede interpretarse en el amplio sentido de comprender tanto los actos onerosos como los lucrativos, pues sería tanto como autorizar a la heredera fiduciaria para disponer gratuitamente de los bienes del causante a favor de personas no llamadas a la herencia, ya que como dice la Sentencia de 8 de mayo de 1986 (RJ 1986/2670) "los actos de mera liberalidad en sus efectos prácticos vienen a ser equivalentes a las disposiciones mortis causa". Por el contrario, para la STS de 13 de marzo de 1989 (RJ 1989/2039) ante una cláusula muy similar ("sin haber dispuesto por actos *inter vivos* de todos o parte de los bienes"), afirma que: "al no recurrir [el testador] a ninguna reserva o limitación que cupiera entender había sido su intención excluir de tales facultades las relativas a los 'actos de disposición gratuita', tampoco cabe estimar desacertada la tesis de la Sala, que, en todos los aspectos, interpretó con fidelidad la voluntad del testador, máxime cuando éste no apostilló la frase 'sin haber dispuesto por actos inter vivos' con 'por título oneroso'; y si bien es cierto que desde el punto de vista doctrinal la donación queda incluida en la autorización dispositiva 'mortis causa', ello no autoriza a deducir que queda excluida, en todo caso, de la de 'inter vivos' cuando no se apostilla del modo indicado"».

Se trata, como puede apreciarse, de una cuestión controvertida. Precisamente por ello, parece razonable adoptar una postura cauta y partir de que la atribución genérica de la facultad de disponer por actos *inter vivos* no incluye automáticamente la posibilidad de disponer a título gratuito. Como se ha dicho en la doctrina, los actos de disposición gratuita han de mirarse con recelo, lo que impone, en caso de duda, una interpretación contraria a la misma[13]. En general, cabe entender que ello es derivación de

---

[13] Díez-Picazo, L. / Gullón, A., *Sistema de Derecho Civil*, cit., p. 383. En el mismo sentido, puede consultarse, entre otras, la SAP Asturias de 9 de febrero de 2004 (JUR 2004/82206).

la interpretación restrictiva que habitualmente se patrocina del fideicomiso de residuo. Al ser éste – se dice – una excepción al régimen general (que consistiría en la obligación de conservar y transmitir los bienes) «la facultad de disposición ha de ser objeto de una interpretación rigurosa y/o estricta, no reconociéndose al fiduciario más facultades de disposición que las que conste expresamente le han sido conferidas por el testador fideicomitente; entendiendo en caso de duda que se carece de la dudosa»[14].

Al margen de la necesidad de adoptar una postura restrictiva en relación con la interpretación de las facultades dispositivas del fiduciario – en lo que coincidimos –, lo que queda fuera de toda duda es que el fiduciario, en el presente caso, no precisa para poder disponer de los bienes hallarse en estado de necesidad, estar autorizado por una tercera persona, o una circunstancia habilitante similar (que pudiera venir indicada por una expresión del tipo: «con facultad para enajenarlos, si lo necesitase, alegando esta necesidad»).

En nuestro caso, la cláusula es clara. Por ello, y partiendo de que nos encontramos ante un fideicomiso *si aliquid supererit*, lo cierto es que los límites (aparte de los escasos límites impuestos por la voluntad del testador), habrán de resultar, sobre todo, de la aplicación de los deberes generales que pesan sobre el fiduciario derivados de la buena fe en el ejercicio de los derechos. No debe olvidarse que la figura del fideicomiso en general, y del fideicomiso de residuo en particular, es una institución de confianza, cuyo cumplimiento encomienda el testador a la honradez y buena fe del fiduciario[15]. Por eso mismo, cuando la actuación del fiduciario no transgreda ese límite general de la buena fe y se enmarque dentro de los parámetros fijados por el testador, ha de considerarse que la transmisión es enteramente libre y eficaz.

Es interesante traer a colación, una vez más, la STS de fecha 22 de julio de 1994 (RJ 1994/6578), ya citada. Dicha resolución se muestra especialmente crítica respecto de determinados actos de disposición llevados a cabo por la heredera fiduciaria (en el caso concreto se trataba asimismo de un fideicomiso *si aliquid supererit*). Ello se pone de relieve en el siguiente fragmento, contenido en el Fundamento de Derecho Segundo:

«Si la heredera fiduciaria puede disponer de la totalidad de los bienes, no sólo para cubrir sus necesidades sino también para incrementar su propio

---

[14] Vid. SSTS 22 de julio de 1994 (RJ 1994/6578); 12 de febrero de 2002 (RJ 2002/3191); SAP Asturias de 9 de febrero de 2004 (JUR 2004/82206).

[15] STS de 22 de julio de 1994 (RJ 1994/6578); SAP Guadalajara de 30 de septiembre de 2004 (JUR 2004/48195).

patrimonio, transvasándolo a él "in natura" o por el equivalente de su venta o cesión, nos encontraríamos ante una contradicción, ya que podría desviar por esta vía sinuosa e indirecta la totalidad del patrimonio a favor de personas no llamadas por el testador, disponiendo a su favor por actos "mortis causa". [...]. En el presente caso, es evidente, y así quedó acreditado en la primera instancia, que la heredera fiduciaria doña Ana, bien por sí, bien por medio de sus administradores y albaceas, llevó a cabo un trasvase de bienes desde el patrimonio del fideicomiso a su propio patrimonio, hasta el punto que a su muerte quedó a favor de los herederos fideicomisarios un sobrante ficticiamente reducido y en cambio, su patrimonio había sido también ficticiamente acrecentado, disponiendo de él en su testamento de 25 de enero de 1982, a favor de personas e instituciones distintas de las queridas y llamadas por el testador para el residuo, burlando así su verdadera voluntad».

Como puede fácilmente advertirse, en realidad el Tribunal Supremo está tratando de ofrecer una interpretación teleológica o finalista para dar respuesta a un problema concreto, que no era otro que el del fraude a la voluntad del testador y a los terceros llamados. Por eso, las afirmaciones del Tribunal Supremo no son, a nuestro juicio, susceptibles de generalizarse a cualesquiera actos de disposición llevados a cabo por el fiduciario.

Como se dice, en el fideicomiso de residuo el fiduciario podrá disponer válidamente de los bienes, siempre que se atenga a los límites que, en su caso, le hayan sido impuestos o deriven de la voluntad del testador. Incluso, se ha mantenido en la jurisprudencia de Audiencias que:

«el fiduciario de residuo ha de ejecutar su poder de disposición conforme a la buena fe, pero puede privar totalmente de la herencia a los eventuales fideicomisarios, cuando tal posibilidad derive de la ordenación del causante. Existe un orden sucesorio, pero el "quantum" es absolutamente incierto. La facultad de disposición "inter vivos" [...] ha de ser expresa e indudable [...]. Caso de existir en estos términos, disponer de los bienes de fiduciario con ánimo de no dejar nada al fideicomisario, no es actuación dolosa, abusiva o fraudulenta, pues quien le deja libertad para enajenar a su libre voluntad y sin necesidad, le deja libertad para que eventualmente, a su libre voluntad prive de bienes al fideicomisario, actuación legalmente intachable porque legalmente está autorizado por la persona que podía haber dejado todo al fiduciario y nada a quien acaba privado de los bienes, por lo que, más que un daño, lo que no ha conseguido es un beneficio eventual, al que en rigor no tiene derecho, sino que depende de que el fiduciario quiera o no enajenar»[16].

---

[16] Así, SAP Zaragoza de 6 de julio de 1996 (AC 1996/1352).

La sentencia anterior sirve para resaltar que, fuera de los casos extremos en los que medie premeditada voluntad de perjudicar los intereses de los fideicomisarios, tratándose de un fideicomiso de residuo *si aliquid supererit* el fiduciario está plena y legítimamente autorizado para disponer (en nuestro caso, por actos *inter vivos*), sin preocuparse de si queda o no suficiente caudal para los fideicomisarios.

V. SOBRE EL DESTINO DE LAS ENAJENACIONES REALIZADAS POR EL FIDUCIARIO PENDIENTE EL FIDEICOMISO

A partir de aquí, la cuestión que surge tiene que ver con el propio carácter de residuo que se predica de la sustitución fideicomisaria que nos ocupa y trata de determinar qué sucede con el producto de las enajenaciones o actos de disposición de bienes fideicomitidos que se lleven a cabo.

La llamada «subrogación real» (esto es, entender que el producto de tales enajenaciones pasa a estar cubierto por el fideicomiso) podría predicarse con una cierta claridad en caso de hallarnos ante un fideicomiso de residuo sometido al Derecho catalán, al menos, en el caso de fideicomiso de *eo quod supererit*[17].

Cuando, como es el caso, nos hallamos ante una sustitución fideicomisaria sometida al Derecho civil común, la cuestión se torna mucho más confusa. Como es sabido, el Código Civil guarda silencio al respecto. Podría patrocinarse que juega la subrogación real en la sustitución fideicomisaria común o pura (donde el fiduciario está obligado a restituir todos los bienes fideicomitidos, sin que, en principio, pueda disponer de ellos) cuando excepcionalmente se produzcan enajenaciones. En el caso de tales enajenaciones – que habrán de contar siempre con la previa autorización

---

[17] En efecto, el art. 245, segunda regla, del *Codi de Sucessions Català* (CSC) señala que «el gravamen fideicomisario subsistirá no sólo sobre los propios bienes relictos por el testador que el fiduciario conserve al deferirse el fideicomiso, sino también sobre el dinero y los bienes que por subrogación real hayan reemplazado a los otros bienes fideicomitidos, sea o no por efecto de dicha facultad dispositiva del fiduciario, que se extenderá también a los bienes subrogados». Por el contrario, esa misma conclusión no puede alcanzarse cuando el fideicomiso es de la modalidad *si aliquid supererit*. En estos caso el art. 247.1 CSC autoriza al fiduciario «a hacer suyos el dinero o los bienes que se obtengan a consecuencia de dichos actos dispositivos» (se refiere la norma a «los actos inter vivos a título oneroso, en concepto de libres», que se permiten sin limitación al fiduciario).

judicial – es fácil postular la subrogación real. Excepcionalmente, el juez autorizaría la enajenación de bienes fideicomitidos a fin de reemplazarlos por otros y obtener de esta forma una mayor rentabilidad o utilidad[18], bienes que quedarían integrados en el conjunto que, en su día, revertirá al fideicomisario. Como se dice, ello resultaría plenamente lógico y coherente en el supuesto de que nos hallásemos ante una sustitución fideicomisaria que viniese caracterizada por la obligación del fiduciario de conservar, siendo extraordinaria la posibilidad de enajenar (de ahí que se patrocine la necesidad de recurrir al auxilio que supone la autorización judicial para proceder a la enajenación).

Por el contrario, cuando estamos en presencia de un fideicomiso de residuo de derecho civil común, el planteamiento ha de ser, fuerza, distinto. En la doctrina, las soluciones son absolutamente dispares: desde quien entiende que tiene lugar la subrogación real en los casos de fideicomiso *de eo quod supererit*, pero no en el fideicomiso *si aliquid supererit*[19]; pasando por algún autor que mantiene la subrogación real en ambas clases de fideicomiso de residuo, siempre que se pueda probar la salida de un bien y la entrada de otro en su lugar[20]; hasta quienes defienden que en el fideicomiso de residuo no juega – en ninguna de sus modalidades – la subrogación real[21].

La cuestión, ha de reconocerse, es extraordinariamente compleja de resolver, precisamente por la ausencia de pronunciamiento legal expreso. Bien es cierto que – con un argumento *a maiore ad minus* – se ha tratado de negar el principio de la subrogación real, señalando que: «como [el fiduciario de residuo] sólo tiene que restituir aquello de lo que no haya dispuesto, es evidente que no tiene que restituir aquello de lo que dispone, que por tal hecho queda libre y escapa del estatuto fideicomisario, menos tiene que restituir lo que obtenga como precio o contraprestación. Lo hace suyo, libre e irrevocable»[22].

En la jurisprudencia, tampoco puede afirmarse que la cuestión se encuentre definitivamente resuelta. En la ya citada STS de 22 de julio de 1994 se entendió que procedía la subrogación real (en contra de la visión

---

[18] ALCOVER GARAU, G., *La sustitución fideicomisaria de acciones...*, cit., p. 869.
[19] ROCA-SASTRE MUNCUNILL, *Derecho de Sucesiones*, I, Barcelona, 1989, p. 441.
[20] IRURZUN GOICOA, *El fideicomiso de residuo y la voluntad del testador*, AAMN, 1968, p. 213.
[21] FLORES MICHEO, *Notas sobre el fideicomiso de residuo*, RJC, año LIC, p. 17.
[22] FLORES MICHEO, *Notas sobre el fideicomiso de residuo*, cit., p. 17.

mantenida en primera y segunda instancia). En concreto, la sentencia afirma (Fundamento de Derecho Segundo):

> «Si la heredera fiduciaria puede disponer de la totalidad de los bienes, no sólo para cubrir sus necesidades sino también para incrementar su propio patrimonio, transvasándolo a él "in natura" o por el equivalente de su venta o cesión, nos encontraríamos ante una contradicción, ya que podría desviar por esta vía sinuosa e indirecta la totalidad del patrimonio a favor de personas no llamadas por el testador, disponiendo a su favor por actos "mortis causa". El fideicomiso de residuo es una institución de confianza, cuyo cumplimiento encomienda el testador a la honradez y buena fe del heredero fiduciario. En el presente caso, es evidente, y así quedó acreditado en la primera instancia, que la heredera fiduciaria doña Ana, bien por sí, bien por medio de sus administradores y albaceas, llevó a cabo un trasvase de bienes desde el patrimonio del fideicomiso a su propio patrimonio, hasta el punto que a su muerte quedó a favor de los herederos fideicomisarios un sobrante ficticiamente reducido y en cambio, su patrimonio había sido también ficticiamente acrecentado, disponiendo de él en su testamento de 25 de enero de 1982, a favor de personas e instituciones distintas de las queridas y llamadas por el testador para el residuo, burlando así su verdadera voluntad».

Y en otro lugar (Fundamento de Derecho Quinto) se afirma que: «Cuanto antecede, lleva a concluir que en el caso concreto de que se trata, procede interpretar que fue voluntad del testador la de querer asociar al pleno y libre dominio de los bienes concedidos a su esposa el criterio de subrogación en los términos que se desprende de lo ya razonado, con la finalidad de atemperar, a favor de las sobrinas, las facultades de disposición otorgadas a aquélla. El principio de subrogación real indicado tiene su raigambre en el derecho romano y se encuentra explícitamente admitido en la Compilación del Derecho Civil especial de Cataluña».

No obstante, como antes se dijo, es indudable que el Tribunal Supremo llega a esta conclusión por razones de justicia material, mezclando el tema de la subrogación real con otro muy distinto, como es el fraude a la voluntad del testador y a los terceros llamados[23].

Por ello, tal vez la conclusión a la que cabe llegar en este punto es que, ante un fideicomiso de residuo sometido al Derecho común no puede afirmarse la vigencia de la subrogación real como regla de principio. Cuando, por el contrario, se ha autorizado de forma expresa y clara al fiduciario a

---

[23] Esta misma impresión tiene M. GARRIDO MELERO, A., *Los fideicomisos*, cit., p. 889.

disponer de los bienes (como ocurre en el fideicomiso de residuo, máxime si se configura como del tipo *si aliquid supererit*) no es posible afirmar que, como regla general, opere la subrogación real. La regla general ha de ser la contraria: el dinero obtenido como consecuencia de la enajenación de bienes sometidos al fideicomiso y los bienes que puedan ser adquiridos en sustitución de los bienes sometidos a fideicomiso son privativos del fiduciario y no se integran, como regla de principio, en la masa fideicomitida.

Ello no debe extrañar, toda vez que obedece a lo que fue la voluntad del testador. En efecto, al instituir el fideicomiso de residuo, fue el propio testador quien permitió la libre disposición de los bienes por parte del fiduciario. En estos casos adquieren, eso sí, una importancia extraordinaria los medios para controlar que la actuación del fiduciario se desenvuelva dentro de los límites generales de la buena fe, de forma que no se desvirtúe lo que fue la voluntad del testador al instituir el fideicomiso de residuo.

Ello se pone de manifiesto en diversos pronunciamientos de la jurisprudencia española mencionados en los que, la aplicación de la subrogación real a un supuesto de fideicomiso de residuo ha venido impuesta por el deseo de proteger los derechos de los fideicomisarios, ante actuaciones del fiduciario que de manera directa perseguían perjudicar los intereses de aquéllos, y que claramente excedían los límites de una actuación ajustada a la buena fe.

VI. SOBRE LA SUSTITUCIÓN FIDEICOMISARIA DE ACCIONES

A partir de aquí se entra de lleno en lo que puede considerarse el núcleo de este trabajo, y que no es sino la problemática que rodea la sustitución fideicomisaria de acciones. En efecto, partiendo de que entre los bienes fideicomitidos se encuentran diversas acciones de una sociedad anónima (que pasan a manos del fiduciario), son varios los temas que conviene analizar. Se parte igualmente de que, vigente el fideicomiso, tuvieron lugar una serie de aumentos de capital (en 1976 y 1981), que dieron lugar a la emisión de nuevas acciones. De todo ello se ocupan las páginas que siguen.

1. Sobre la posición del fiduciario respecto de las acciones

Lo primero que procede es interrogarse acerca de la posición del fiduciario respecto de las acciones que recibió en fideicomiso del testador. En este sentido, puede resultar conveniente aclarar que hoy en día nadie pone en duda que la posición del fiduciario se aleja de la del usufructuario para aproximarse a la del propietario, siquiera se trate de un propietario o titular *ad tempus* y vea limitada la facultad de disposición en los términos que antes quedaron expuestos[24].

Como se ha dicho, son varias las diferencias que se aprecian entre una y otra figura: así, «el fiduciario es propietario, aunque temporal, mientras que el usufructuario tan sólo tiene un derecho real sobre cosa ajena. Por ello el usufructuario no deviene nunca propietario de los bienes hereditarios [...]; por otro lado, el usufructo implica la división de las facultades que integran el derecho de propiedad entre el usufructuario y el nudo propietario, por lo que los derechos de ambos se ejercen simultáneamente sobre unos mismos bienes, mientras que en la sustitución fideicomisaria las titularidades dominicales del fiduciario y del fideicomisario son sucesivas en el tiempo»[25]. En definitiva, no es correcto equiparar, a los efectos que nos interesan, la posición del fiduciario a la del usufructuario de acciones.

A pesar de esa radical diferencia entre las figuras, en la doctrina se ha planteado la conveniencia de aplicar analógicamente las normas previstas para el usufructo de acciones en la vigente Ley de Sociedades Anónimas (texto refundido aprobado por Real Decreto Legislativo 1564/1989, de 22 de diciembre, en adelante, LSA 1989) (en concreto, arts. 67-71 LSA) a la sustitución fideicomisaria de acciones, que carece de regulación en el Derecho societario[26]. No se olvide que, también en el usufructo es posible derogar la obligación característica de conservar la forma y sustancia de la cosa usufructuada (ex arts. 467 y 470 C.civ.), lo que podría aproximar ambas figuras y, por tanto, la procedencia de la aplicación analógica. No obstante, incluso en tales casos la jurisprudencia ha puntualizado que no cabe

---

[24] MENÉNDEZ, A., *Consideraciones sobre la sustitución fideicomisaria de acciones*, RCDI, 1976, p. 9 ss., en pp. 16-17.

[25] ALCOVER GARAU, G., *La sustitución fideicomisaria de acciones...*, cit., p. 872. En la jurisprudencia, véase STS de 9 de diciembre de 1970 (RJ 1970/5440).

[26] En detalle, ALCOVER GARAU, G., *La sustitución fideicomisaria de acciones...*, cit., p. 871 ss.

asimilar ambas figuras (usufructo con facultad de disponer y fideicomiso de residuo)[27].

> Como afirma la STS de 9 de diciembre de 1970, cit.: «no se puede identificar el usufructo con facultad de disposición, con el fideicomiso de residuo, cualesquiera que sean sus analogías, porque en dicho usufructo, el titular tiene un derecho en la cosa ajena, mientras que al fiduciario corresponde el pleno dominio sobre los bienes, limitado por la prohibición de disponer "mortis causa" y además porque cuando el testador desmembre el usufructo y la nuda propiedad, no hace un doble llamamiento, directo o indirecto respecto de la misma cosa, sino que distribuye entre distintas personas de modo inmediato, las facultades integrantes del dominio».

En consecuencia, entendemos que la referida aplicación analógica de las normas del usufructo de acciones a la sustitución fideicomisaria de acciones tan sólo puede admitirse en casos puntuales, no como regla o principio general.

2. Aumento de capital, derecho de suscripción preferente y titularidad de las acciones resultantes

A todo ello debe añadirse una circunstancia básica, y es que la legislación societaria en materia de usufructo de acciones, que resultaría aplicable por analogía, en el momento en que tuvieron lugar los aumentos de capital (1976 y 1981) difiere notablemente de la vigente en la actualidad. En efecto, los referidos aumentos de capital se acordaron bajo la LSA de 1951. Ello implica que, de cualquier forma, lo que se aplicaría por analogía tendría que ser una normativa societaria del usufructo de acciones (la vigente con anterioridad a 1989) que no ofrecía soluciones tan acabadas como las que se contemplan en los arts. 67 a 71 de la actual LSA 1989. De hecho, ha de considerarse especialmente significativo que autores que escriben antes de la promulgación de la LSA 1989 (como A. Menéndez), ni siquiera se planteen la posibilidad de extender analógicamente al fideicomiso de acciones las normas que a la sazón se contenían en la LSA 1951 sobre el usufructo de acciones.

---

[27] Véanse las SSTS de 17 de mayo de 1962 (RJ 1962/2248); 9 de diciembre de 1970 (RJ 1970/5440); 14 de octubre de 1971 (RJ 1971/3954); o 9 de octubre de 1986 (RJ 1986/5335).

Así las cosas, la cuestión básica que se suscita gira en torno a la exacta configuración – privativa o no – de las acciones que se emitieron y suscribieron con ocasión de los aumentos de capital acordados en 1976 y 1981 (es decir, antes de la entrada en vigor de la LSA 1989). No existe duda alguna de que la condición de accionista recae sobre el fiduciario. Como accionista le corresponde, pues, el ejercicio de los derechos de socio enumerados en el art. 48 LSA 1989 (y lo mismo podía decirse bajo el texto legal de 1951), a saber: participar en el reparto de las ganancias sociales; asistir y votar en las juntas generales; obtener información; suscripción preferente en los aumentos de capital (sobre este último derecho habrá ocasión de entrar en profundidad). Como contrapartida, pesarán sobre él los deberes establecidos a cargo del accionista, en particular el de desembolsar a la sociedad los dividendos pasivos.

A partir de aquí, cabría plantearse si las acciones que se hubieran suscrito eventualmente por el fiduciario en dichos aumentos de capital se encuentran o no sometidas al fideicomiso de residuo. Se parte igualmente de que se ejercitó el correspondiente derecho de suscripción preferente.

Imaginemos, como fue el caso, que el fiduciario hubiera recibido del testador otro paquete de acciones de esa misma sociedad, pero al margen del fideicomiso. Ya desde ese momento se constituyeron dos masas accionariales distintas:

1) las acciones «vinculadas», es decir, sometidas al fideicomiso de residuo; y
2) las acciones de esa misma sociedad «libres», es decir que se integraron desde un primer momento en el patrimonio privativo del fiduciario.

Es posible, además, que el fiduciario hubiera adquirido, además, con posterioridad otras acciones por títulos distintos (compraventa), que pasaron a formar parte igualmente de su patrimonio privativo y no quedaron, por lo tanto, incluidas dentro de la masa de bienes sometida al fideicomiso.

Partimos de la hipótesis de que el fiduciario, ejercitando uno de los derechos que le reconoce el art. 48 LSA (que se corresponde con lo que entonces era el art. 50 LSA 1951) vino a suscribir un número de acciones proporcional al número de acciones del que era titular en ese momento. Como se ha dicho ya, no debe existir duda acerca de que el derecho de suscripción preferente pertenece al fiduciario, en cuanto titular (propietario) de las acciones que dan lugar al referido derecho.

Se parte igualmente de que no transmitió – cosa que perfectamente podría haber hecho –, ni total ni parcialmente, el derecho de suscripción preferente. De esta forma, se facilita el discurso lógico de lo que va a decirse en las páginas siguientes (aunque las conclusiones que se alcancen son, en gran medida, aplicables al caso de que se transmita por el fiduciario el derecho de suscripción preferente a un tercero).

No se olvide que el fiduciario también era accionista de la misma sociedad, siendo titular al mismo tiempo de acciones no integradas en el fideicomiso de residuo. Obviamente, está fuera de toda duda que las acciones nuevas (procedentes de los sucesivos aumentos de capital) que pueda haber adquirido el fiduciario en ejercicio del derecho de suscripción preferente correspondiente a esas acciones «plenamente privativas» se integran en el patrimonio privado del fiduciario.

El problema, en realidad, se circunscribe a las nuevas acciones resultantes del aumento que sean producto del derecho de suscripción preferente que le corresponde por las acciones de las que el fiduciario es titular *qua* fiduciario. Pues bien, incluso respecto de estas últimas acciones, es posible mantener que pertenecen en pleno dominio al fiduciario y no se integran en el fideicomiso.

Así, hemos de concluir, con la mejor doctrina, que «si el fiduciario es un heredero [...], con todos los derechos y deberes de un verdadero propietario de las acciones, siquiera sea temporal, y si, en consecuencia, es él también quien asume la posición de socio hasta tanto se proceda a la delación fideicomisaria de los bienes, no es dudoso, a nuestro juicio, que las acciones emitidas en las ampliaciones de capital realizadas durante la vigencia de la sustitución fiduciaria pertenecen en pleno y libre dominio al fiduciario, que ha desembolsado su total importe. La invocación de esa triple condición de heredero, propietario de las nuevas acciones y, por tanto, socio no puede sino conducir a proclamar el pleno derecho del fiduciario sobre dichas acciones nuevas y reducir el gravamen de restitución a las acciones viejas fideicomitidas por el testador»[28]. La afirmación, realizada en el marco de un supuesto virtualmente idéntico al que aquí nos ocupa, debe ser acogida sin reservas.

---

[28] MENÉNDEZ, A., *Consideraciones sobre la sustitución fideicomisaria de acciones*, cit., p. 20.

3. Sobre la incidencia de los fondos empleados en la suscripción de las acciones emitidas en el aumento de capital

En íntima relación con la cuestión anterior surge la relativa a la incidencia que pueda tener el tipo de fondos empleados en la suscripción de las acciones que se emiten con ocasión del aumento de capital. Y también plantea la duda de si el hecho de que el accionista-fiduciario sea, al mismo tiempo, titular de acciones no incluidas en el fideicomiso incide sobre la consideración que deban merecer las acciones resultantes de los aumentos de capital.

En realidad, como se decía, la respuesta a estas cuestiones está directamente relacionada con la que se dio en el epígrafe anterior. De hecho, puede afirmarse, que cuando las acciones emitidas en los aumentos de capital hayan sido adquiridas con dinero propio del fiduciario, ajeno al fideicomiso, o con dinero que sea producto de los bienes sujetos al fideicomiso, las nuevas acciones son adquiridas en plena propiedad por el fiduciario. Téngase en cuenta que, «tanto en uno como en otro caso se tratará de dinero que pertenece al patrimonio del propio fiduciario, y tanto en uno como en otro caso se estará ejercitando un derecho de suscripción preferente que durante la vigencia de la sustitución fideicomisaria pertenece al fiduciario»[29].

A partir de aquí, si el dinero que sirvió para desembolsar las acciones procedentes de los aumentos de capital era dinero propio del fiduciario (conclusión a la que se llega por la esencial fungibilidad del dinero), es lógico concluir que éste habría adquirido la plena propiedad de las nuevas acciones, sin que queden integradas en el fideicomiso.

Con mayor razón, y a la vista de las conclusiones alcanzadas anteriormente, ha de considerarse irrelevante, a nuestros efectos, que las «acciones originarias» que dieron lugar al derecho de suscripción preferente fueran de las inicialmente incluidas en el fideicomiso o de las propias del fiduciario (bien porque las recibiese del testador en concepto de libres, bien porque las hubiese adquirido posteriormente): tanto en un caso como en otro, el fiduciario habría adquirido la plena propiedad de las acciones nuevas suscritas en ejercicio del derecho de preferencia en los aumentos de capital, partiendo de que fueron desembolsadas con dinero propio del fiduciario.

---

[29] Así, MENÉNDEZ, A., *Consideraciones sobre la sustitución fideicomisaria de acciones*, cit., pp. 21-22.

Mayores dudas podrían surgir, a primera vista, cuando las nuevas acciones procedentes del aumento de capital hubiesen sido desembolsadas por el fiduciario con dinero procedente de la venta de otros bienes fideicomitidos. En tales casos se ha defendido que las nuevas acciones quedarían integradas en el conjunto de bienes afectado por el fideicomiso[30]. En realidad, ello es congruente con lo que se dijo en otro lugar respecto de la subrogación real (*supra*, sub V), y ha de entenderse como una solución lógica para la sustitución fideicomisaria ordinaria.

Por el contrario, cuando nos hallamos ante un fideicomiso de residuo, como es nuestro caso, en el que expresamente se faculta al fiduciario para disponer por actos *inter vivos*, la solución ha de ser la misma que se mantuvo al tratar la subrogación real: al no operar ésta como regla general en el caso del fideicomiso de residuo, no puede configurarse como un caso de sustitución de unos bienes por otros con la consiguiente subrogación real, por lo que el producto de la venta de los bienes realizada por el fiduciario pasa a integrarse en su patrimonio. En consecuencia, incluso en estos casos, las acciones nuevas habrán ingresado en el patrimonio propio del fiduciario, sin limitación alguna y sin que sobre ellas se extienda el gravamen fideicomisario.

4. Aumento de capital con cargo a reservas

A partir de aquí, cabe plantearse qué es lo que sucede en las hipótesis, relativamente frecuentes, de que las acciones nuevas en que se traduce el aumento de capital sean emitidas con cargo a reservas o beneficios que figurasen en el patrimonio de la sociedad (modalidad que permite el art. 151.2 LSA de 1989). En tales casos, como se ha dicho autorizadamente en la doctrina, las acciones nuevas «deben ser igualmente atribuidas al fiduciario en su condición de propietario temporal de las viejas acciones. El gravamen de restitución alcanza y sólo puede alcanzar a las acciones efectivamente fideicomitidas, correspondiendo al fiduciario – como titular *ad tempus* de las acciones – todos los beneficios y ventajas de esa titularidad hasta tanto se proceda a la delación fideicomisaria. Para evitar esta consecuencia cabe, sin embargo, que el testador imponga al heredero fiduciario la obligación de restituir al fideicomisario todos los incrementos patrimo-

---

[30] MENÉNDEZ, A., *Consideraciones sobre la sustitución fideicomisaria de acciones*, cit., pp. 22-23.

niales de los bienes (fideicomiso de restitución *cum incremento*)»[31], pero para ello será menester que se haya impuesto dicha obligación.

5. Sobre la posibilidad de aportar las acciones a una sociedad de nueva constitución

Igualmente interesante resulta cuestionarse acerca de las posibilidades de aportar las acciones de las que el fiduciario es titular a una sociedad de nueva creación y, en particular, acerca de cómo proceder a identificar qué acciones están o no sometidas al fideicomiso de residuo.

Para resolver esta cuestión puede resultar útil recordar que, de acuerdo con la posición aquí mantenida, las acciones nuevas que hubieran sido emitidas en los aumentos de capital acordados por la sociedad (en nuestro caso, en 1976 y 1981) y que hubiesen sido suscritas por el fiduciario, fueron adquiridas en plena propiedad por éste (partiendo, como aquí se parte, de que fueron desembolsadas por el fiduciario). En consecuencia, el fiduciario podría aportar tales acciones a una nueva sociedad. Al hacerlo, estaría realizando una aportación no dineraria y estaría disponiendo de bienes de su propiedad a favor de la sociedad de nueva creación (bienes, además, sobre los que no existiría gravamen o limitación alguna).

Esta impresión se refuerza teniendo en cuenta el siguiente argumento *a maiore ad minus*: la aportación de un paquete de acciones al capital de una sociedad que se constituye debe equipararse a un acto de disposición por actos *inter vivos* a título oneroso, con la particularidad de que la contraprestación no sería dinero sino bienes (acciones o participaciones de la sociedad en formación). En el fideicomiso de residuo *si aliquid supererit* el fiduciario puede disponer por actos *inter vivos* de los bienes sometidos al fideicomiso (en nuestro caso, acciones); luego, con mayor razón deberá estimarse habilitado para aportar a la sociedad bienes que son de su propiedad.

En definitiva, si las acciones emitidas en los sucesivos aumentos de capital (de 1976 y 1981) son de titularidad privativa del fiduciario – por las razones vistas más arriba –, ha de llegarse a la conclusión de que podrán ser libremente aportadas, a su vez, a una sociedad de nueva creación, sin que el fideicomiso se extienda sobre ellas.

---

[31] MENÉNDEZ, A., *Consideraciones sobre la sustitución fideicomisaria de acciones*, cit., p. 22.

Podría pensarse que nos enfrentaremos a un problema de adecuada especificación o determinación de las acciones fideicomitidas. En realidad, no es así. De una parte, porque el problema, de existir, no es específico de este supuesto concreto, sino que se presenta en cualquier sustitución fideicomisaria; de otra, porque tampoco puede decirse que revista en este caso concreto, dificultades especiales. Es cierto que el fiduciario recibió, ya en el momento del testamento, acciones no sometidas al fideicomiso. También lo es que, junto a las acciones fideicomitidas, el fiduciario era titular de otras acciones de la misma sociedad que le pertenecían, ya en ese momento, en concepto de pleno dominio. Imaginemos, además, que el fiduciario hubiese adquirido, con posterioridad a la fecha del testamento, acciones de esa misma sociedad por vía de compraventa. Y es cierto, finalmente, que las acciones suscritas en los sucesivos aumentos de capital no siguieron un orden determinado en su adjudicación.

En resumen, se tratará de un problema de identificación de las acciones (partiendo de que puede determinarse cuáles son las acciones inicialmente sometidas a fideicomiso), y teniendo en cuenta, en todo caso, que las acciones de las que el fiduciario era titular, ya en el momento del testamento, así como aquellas por él adquiridas con posterioridad, han de considerarse de su plena propiedad. En fin, idéntica conclusión ha de predicarse respecto de las acciones producto de los aumentos de capital suscritas por el fiduciario. En consecuencia, ha de estimarse que seguirán estando sujetas al fideicomiso de residuo aquellas acciones que inicialmente lo estuviesen, siempre, vuelve a insistirse, que el fiduciario no hubiera dispuesto de ellas por actos *inter vivos* (para lo que estaba expresamente facultado por el testador).

Por esa misma razón, ha de entenderse que el fiduciario puede disponer libremente de las acciones que hubiera suscrito en dichos aumentos de capital. Y puede hacerlo porque esas acciones son de su plena propiedad. Pero es que, incluso aunque se quisiera someter tales acciones al fideicomiso por vía de la subrogación real (posibilidad que quedó analizada y descartada: cfr. *supra*, sub VI.3), la solución no puede ser otra. ¿Por qué? La respuesta es muy sencilla: porque nos hallamos ante un fideicomiso de residuo *si aliquid supererit*. Siendo así, y encontrándose el fiduciario autorizado a transmitir por actos *inter vivos* los bienes sometidos a fideicomiso, es claro que podrá haber transmitido lícitamente tales acciones. Como se comprende, la solución sería muy distinta si nos hallásemos ante una sustitución fideicomisaria ordinaria, caracterizada por la obligación de conservar y transmitir.

6. Acerca de la participación del fiduciario en los dividendos acordados por la sociedad

Junto al problema relativo al ejercicio del derecho de suscripción preferente y la correspondiente atribución de la propiedad de las acciones resultantes de un aumento de capital (cuestiones analizadas hasta aquí), el fideicomiso de acciones plantea, asimismo, delicados problemas que tienen que ver con lo que es la participación del fiduciario en los dividendos y en las reservas sociales que puedan generarse a lo largo de la duración del fideicomiso.

En efecto, se parte de que el fiduciario habrá ido percibiendo a lo largo de los años los dividendos acordados por la sociedad. Nada de extraño hay en ello, antes al contrario: en cuanto propietario titular de las acciones, le corresponden los derechos de todo accionista, entre ellos el de percibir los dividendos. Pero no sólo se trata de una cuestión de «legitimación», sino también de «atribución»: en la medida en que los dividendos pueden asimilarse a los «frutos» de las acciones, es lógico que el fiduciario los haga suyos.

En realidad, para ser más precisos, lo anterior podría matizarse a fin de distinguir en función de que los dividendos se hayan repartido durante el período de duración del fideicomiso como consecuencia de beneficios generados durante la pendencia del mismo (en cuyo caso jugaría la regla general de atribución de los dividendos al fiduciario en plena propiedad); o que sean consecuencia de beneficios generados antes del momento en que tuvo lugar la adquisición de la herencia por el fiduciario (en cuyo caso puede patrocinarse que se integrarían en la masa fideicomitida).

Ahora bien, ha de reconocerse que la distinción puede resultar de interés, sobre todo, en presencia de la sustitución fideicomisaria ordinaria, mientras que su importancia se relativiza en el fideicomiso de residuo. En efecto, incluso aunque se pretendiera que algunos de los dividendos percibidos por el fiduciario se integraron en el fideicomiso, lo lógico es que el fiduciario hubiera dispuesto de lo percibido (es decir, hubiera gastado el dinero correspondiente a tales dividendos), para lo que se encuentra plenamente facultado. Una vez más, se observa como los términos de la cuestión se plantean de forma bien distinta en la sustitución fideicomisaria ordinaria y en el fideicomiso de residuo.

Por otro lado, no puede perderse de vista que nos encontramos ante una materia (la del reparto de dividendos en caso de fideicomiso de acciones) en la que tradicionalmente se ha discutido acerca de la eventual aplicación analógica de las soluciones legales ofrecidas en sede de usufructo de acciones. Así, el art. 41 LSA 1951 (norma que podría considerarse aplicable *ratione temporis*, al menos para aquellos repartos de dividendos acordados hasta 1989) establecía que: «el usufructuario tendrá derecho a participar en las ganancias sociales obtenidas durante el período de usufructo y que se repartan dentro del mismo». En una línea similar, el actual art. 67.1 LSA 1989 (que resultaría aplicable a los repartos de dividendos acordados con posterioridad a la fecha de entrada en vigor de la Ley de Sociedades Anónimas de 1989) señala que: «el usufructuario tendrá derecho en todo caso a los dividendos acordados por la sociedad durante el usufructo».

Como hemos afirmado, la extensión analógica de las normas mencionadas al fideicomiso de acciones ha suscitado dudas, no tanto por la justicia de atribuir al fiduciario el derecho a la percepción de los dividendos acordados pendiente el fideicomiso (que nadie negaba), sino por considerarla una solución escasamente tuitiva de los intereses del fiduciario en otro tema muy vinculado, como es el de las reservas[32], tema del que pasamos a ocuparnos a continuación.

7. Sobre la participación en las reservas sociales

Igualmente delicada se presenta la forma de participar el fiduciario en las reservas. A lo largo de los años de pendencia del fideicomiso, es muy posible que buena parte de los beneficios de la sociedad no hayan sido repartidos en forma de dividendos y hayan ido destinados, en cambio, a fortalecer las reservas de la sociedad. La cuestión se plantea, tanto respecto de las reservas voluntarias, como de la reserva legal o las reservas estatutarias de las que hubiera podido dotarse la sociedad. Lo decisivo es el origen de la reserva (es decir que se constituya por beneficios propios de la explotación) y no tanto el destino de las reservas o su denominación.

Así las cosas, se trataría de saber a quién y de qué manera se atribuye el derecho a participar en tales reservas. Dicho de otro modo, se trataría de determinar a quien irá a parar el incremento de valor experimentado por las acciones a consecuencia de dichos beneficios no repartidos en forma de dividendos.

---

[32] Así, bajo la LSA 1951, PUIG FERRIOL, L., *El heredero fiduciario*, Barcelona, 1965, pp. 100-102.

Una vez más, se plantea si al fideicomiso de acciones podría resultarle de aplicación por vía analógica la Ley de Sociedades Anónimas (en concreto, los preceptos dedicados al usufructo de acciones). El tema, ya se dijo, resulta enormemente polémico. A ello se añadiría la dificultad de determinar exactamente qué texto legal resultaría, en su caso, aplicable por analogía, toda vez que el fideicomiso que nos concierne se constituyó bajo la LSA de 1951 y ha permanecido bajo la actual LSA de 1989, no siendo idénticas las regulaciones que en ambos textos se contienen acerca del usufructo de acciones. El texto legal de 1951 resultaría aplicable (si se considera viable la referida extensión analógica) para regir la suerte de las reservas por beneficios generados hasta 1989, en tanto que la LSA de 1989 lo sería respecto de las reservas generadas a partir de 1990. Pero, como se decía, ello será así sólo en el caso de que se consideren aplicables por analogía dichas soluciones previstas para el usufructo de acciones, lo cual dista de ser cuestión pacífica.

En efecto, la LSA de 1951, se limitaba en este tema a decir en su art. 41 que «el usufructuario tendrá derecho a participar en las ganancias sociales obtenidas durante el periodo de usufructo y que se repartan dentro del mismo», lo que, *sensu contrario*, llevaba a negar al usufructuario el derecho a participar en las ganancias que no se hubieran repartido, es decir, que hubiesen sido incorporadas a reservas. Se comprende, en consecuencia, lo injusto que resultaba querer aplicar, por analogía, dicha solución al fiduciario. No en vano, la doctrina mayoritaria rechazó la referida extensión analógica de la norma contenida en el art. 41 LSA 1951 al fiduciario de acciones[33]. En su lugar, se postulaba la aplicación al caso del art. 451 C.civ., que establece, en relación con el poseedor de buena fe, que «los frutos civiles se consideran producidos por días, y pertenecen al poseedor de buena fe en esa proporción». A partir de aquí se consideraba mayoritariamente que las ganancias sociales, estuviesen o no repartidas, eran fru-

---

[33] Por esta solución se pronunciaba PUIG FERRIOL, L., *El heredero fiduciario*, cit., p. 100 ss., y p. 108 s.; también GIL RODRÍGUEZ, J., *El usufructo de acciones (Aspectos civiles)*, Madrid, 1981, en particular pp. 77 a 98 y p. 281 ss., y 312 ss. Puede resultar de utilidad también la lectura de GIRÓN TENA, J., *Derecho de Sociedades anónimas*, Valladolid, 1952, p. 256 ss.; RUBIO, J., *Curso de Derecho de sociedades anónimas*, 3.ª edic., Madrid, 1974, pp. 106-120, autores éstos que se decantan por estimar que el art. 41 LSA poseía únicamente efecto o alcance legitimador (en el sentido de regular o determinar quién puede ejercer los derechos que se atribuyen al socio frente a la sociedad), aunque dejando imprejuzgada la cuestión relativa a la atribución final de las ganancias generadas durante el usufructo.

tos civiles y, por ende, las reservas que fueran consecuencia de beneficios generados durante el fideicomiso pertenecían al fiduciario[34]. Por lo tanto, se entendía que, llegado el término o la condición del fideicomiso, el fiduciario o sus herederos podrían exigir al fideicomisario el importe de las reservas que estuvieran integradas por beneficios generados durante la fase de pendencia.

De hecho, esta es la solución que acoge la LSA 1989 (que también resultaría aplicable, en nuestro caso, para aquellas reservas por beneficios generados a partir de 1990). En efecto, consciente de lo injusto que resultaba la situación legal anterior para con el usufructuario, se procede abiertamente a una equiparación entre los frutos y las reservas[35]. En efecto, el art. 68 LSA 1989 establece que «Finalizado el usufructo, el usufructuario podrá exigir del nudo propietario el incremento de valor experimentado por las acciones usufructuadas que corresponda a los beneficios propios de la explotación de la sociedad integrados durante el usufructo en las reservas expresas que figuren en el balance de la sociedad, cualquiera que sea la naturaleza o denominación de las mismas».

A partir de aquí habría que ver cómo se aplican las anteriores ideas al presente supuesto de hecho. Lo más sencillo sería, qué duda cabe, propugnar la aplicación analógica de las normas sobre usufructo de acciones (concretamente, el art. 68 LSA 1989) al caso. Sin embargo, esta manera de ver las cosas genera, a mi juicio, no pocos reparos. De una parte, no casaría – ni sería, por lo tanto, coherente – con lo que más atrás se ha mantenido acerca de la improcedencia de la aplicación analógica al fideicomiso de acciones de las normas previstas para el usufructo de acciones.

Segundo, y sobre todo, aunque quisiera patrocinarse la referida aplicación analógica (que llevaría a que el fiduciario o sus herederos harían suya la parte proporcional de las reservas), permanecería sin resolver la cuestión de saber qué ocurre con aquellas reservas constituidas hasta 1990. No resultaría muy lógico pensar que, respecto de unas reservas (las posteriores a 1990) los herederos del fiduciario tendrían el derecho de reclamar

---

[34] Así, PUIG FERRIOL, L., *El heredero fiduciario*, cit., pp. 100-102.
[35] BROSETA PONT, M., «Acciones: clases y régimen jurídico», en ALONSO UREBA, A. / CHICO ORTIZ, J. M. / LUCAS FERNÁNDEZ, F. (coords.), *La reforma del Derecho español de sociedades de capital (Reforma y adaptación de la legislación mercantil a la normativa comunitaria en materia de sociedades)*, Madrid, 1987, p. 467 (sobre la base del Anteproyecto de Ley); ALCOVER GARAU, G., *La sustitución fideicomisaria de acciones...*, cit., pp. 885-886; PANTALEÓN, F., *Comentario al régimen legal de las sociedades mercantiles* (dirs.: URÍA, R. / MENÉNDEZ, A. / OLIVENCIA, M.), t. IV, *Las acciones*, vol. 3, Madrid, 1992, p. 94.

al fiduciario el importe de las mismas, en tanto que respecto de las reservas generadas con anterioridad a dicha fecha, los herederos del fiduciario no ostentarían, al término del fideicomiso, derecho alguno en relación con las mismas. Precisamente ese sería el resultado al que conduciría la aplicación analógica de las normas en materia de usufructo de acciones, habida cuenta del cambio radical de política jurídica que se aprecia, en relación con el tratamiento de las reservas, entre el art. 41 LSA 1951 y el art. 68 LSA 1989. Ello salvo que se quiera patrocinar tan sólo la aplicación analógica de las normas societarias a partir de 1990, pero no antes, lo cual constituiría una solución indefendible desde todo punto de vista, al margen de innecesariamente compleja, toda vez que implicaría tener que determinar qué parte exactamente del incremento de valor experimentado por las acciones sometidas a fideicomiso es debido a reservas constituidas por beneficios sociales anteriores a 1990 y en qué proporción dicho incremento de valor es atribuible a reservas constituidas por beneficios generados con posterioridad a esta última fecha.

En su lugar, aquí se propone aplicar a todo el periodo de pendencia del fideicomiso la solución que, en relación con los frutos, establece el Código Civil en su art. 451. En efecto, partiendo de que las ganancias sociales son frutos (lo cual, por cierto, queda además aclarado en el art. 68 LSA 1989), y partiendo de la consideración del fiduciario como «poseedor de buena fe» (en el sentido del art. 451 C.civ.), no existe inconveniente en mantener que corresponde al fiduciario la participación en las reservas que sean consecuencia de beneficios generados durante el fideicomiso.

En conclusión, será el fiduciario o sus herederos quienes puedan retener o exigir del fideicomisario, al término del fideicomiso, el incremento de valor experimentado por las acciones sometidas a fideicomiso como consecuencia de los beneficios incorporados a reservas. Por esa misma razón, tal como se vio, también pertenecerán al fiduciario las acciones nuevas que hubieran podido ser emitidas en un aumento de capital con cargo a beneficios o reservas (supuesto regulado en el art. 157 LSA) (vid. *supra*, sub VI.4).

8. ¿Tiene el fiduciario el deber de dar a los bienes fideicomitidos el mismo destino que a los bienes de su propiedad?

En fin, cabe plantar una última cuestión, cual es la relativa a la eventual obligación del fiduciario de dar a los bienes recibidos en fideicomiso el mismo fin que a los bienes de su propiedad que sean similares. En el presente caso, la particularidad reside en que, tratándose de bienes de la misma naturaleza (acciones de una sociedad anónima), hay algunos sometidos al fideicomiso de residuo y hay otros que le pertenecen al fiduciario a título privativo, sea desde el comienzo, sea por haber ingresado en su patrimonio en un momento posterior. Así las cosas, la cuestión que surge es si de alguna forma está limitado el fiduciario a hacer que unos y otros bienes sigan la misma suerte.

Al igual que se mantuvo en un momento anterior de este mismo trabajo, ha de reiterarse la importancia de no perder de vista que nos hallamos ante un fideicomiso de residuo. Con ello se quiere decir que el planteamiento ha de ser forzosamente distinto del que se asumiría de hallarnos una sustitución fideicomisaria ordinaria. La razón es sencilla: en esta última modalidad el fiduciario tiene, ante todo, un estricto deber de conservar los bienes y entregarlos al fideicomisario (siendo absolutamente excepcionales los casos en que se habilita al fiduciario a disponer de los bienes fideicomitidos), mientras que en el fideicomiso de residuo, como se ha dicho hasta la saciedad, el fiduciario puede disponer de los bienes y sólo habrá de restituir los que pudieran quedar al término.

En consecuencia, ha de partirse de que en el fideicomiso de residuo no existe obligación de conservar los bienes sobre los que recae el fideicomiso. El fiduciario podrá decidir cuándo y cómo transmite dichos bienes. Ahora bien, el hecho de que simultáneamente sea propietario a título privativo de otras acciones de la misma sociedad, sin duda, obliga a introducir ciertas puntualizaciones. Obsérvese que ya no se trata de que el fiduciario se encuentre o no legitimado o facultado para llevar a cabo ciertos actos dispositivos (ya se vio que sí, máxime tratándose de un fideicomiso de residuo). Se trata de determinar si ciertas actuaciones del fiduciario son llevadas a cabo de buena fe o tan sólo con la única y exclusiva finalidad de perjudicar los intereses del fideicomisario.

¿Significa ello que necesariamente habrá de tomar sus decisiones vinculando la suerte de los bienes fideicomitidos (acciones) con la de aquellas otras acciones de la misma sociedad que no estén sometidas a fideicomiso y le pertenezcan a título pleno? A nuestro juicio, la respuesta ha de ser negativa. Si el fiduciario puede adoptar libremente la decisión de transmitir las acciones sometidas a fideicomiso (con la consecuencia ya vista de que le pertenecerá el precio obtenido: cfr. *supra*, respuesta a la cuestión segunda), con mayor razón podrá abstenerse de enajenar las acciones para así reservarlas al fideicomisario. Ya se vio, además, que en el fideicomiso de residuo ha de considerarse que el fiduciario dispone de un amplio margen de discrecionalidad en su actuación.

La cuestión puede vincularse asimismo con el deber de diligencia exigible al fiduciario (la propia de un buen padre de familia, según opinión generalizada[36]). Pues bien, como ejemplo de conducta diligente suele traerse a colación el supuesto de la constatación, por parte del fiduciario, de la pérdida de valor de las acciones – por las razones que sean –. En tales casos, se dice, el fiduciario vendría obligado a instar la venta de los títulos fideicomitidos a fin de que éstos no sigan perdiendo valor[37].

El razonamiento encaja perfectamente cuando nos encontramos ante la sustitución fideicomisaria de acciones (donde el fiduciario se halla obligado a conservar y transmitir) para ilustrar que el deber de diligencia de las acciones excepcionalmente podría conducir al fiduciario a vender, precisamente como manifestación de dicho deber. Por el contrario, cuando se trata – como es el caso – de un fideicomiso de residuo *si aliquid supererit*, el planteamiento es bien distinto: hallándose el fiduciario legitimado para transmitir las acciones en cualquier momento y sin necesidad de justificación, las expectativas del fideicomisario se reducen, por voluntad del testador, a lo que pueda quedar al término del fideicomiso, *si es que queda algo*. Por lo tanto, en una hipótesis como la apuntada, tratándose de un fideicomiso de residuo – la conclusión sería distinta de la que se adoptaría en caso de estar ante una sustitución fideicomisaria ordinaria – no debe existir inconveniente en que el fiduciario venda o se desprenda de las acciones que son de su titularidad privativa, en tanto que decida conservar aquellas acciones que en su día recibió en fideicomiso.

---

[36] Vide Díez-Picazo, L. / Gullón, A., *Sistema de Derecho Civil*, cit., p. 378.
[37] Así, Menéndez, A., *Consideraciones sobre la sustitución fideicomisaria de acciones*, cit., pp. 25-26.

OS USOS E O COSTUME NO DIREITO COMERCIAL
ALGUMAS BREVES REFLEXÕES

JOSÉ ENGRÁCIA ANTUNES[*]

§ 1. O Sistema de Fontes do Direito Comercial

I. Numa época marcada pela globalização da economia, um dos aspectos mais marcantes da evolução do Direito Comercial do séc. XXI consiste na extraordinária *expansão da matéria mercantil*, traduzida no aumento quantitativo e qualitativo das actividades económicas que passaram a situar-se na órbita de regulação deste ramo jurídico[1] – ou seja, aquilo que já alguém apelidou sugestivamente de verdadeiro «big bang» deste ramo jurídico[2].

II. Semelhante fenómeno de expansão não poderia deixar incólume, naturalmente, o tradicional *sistema das fontes jusmercantis*: a mais evidente das consequências consistiu num claro declínio da ideia de codificação do Direito Comercial em favor do protagonismo da legislação comercial avulsa[3].

---

[*] Professor da Faculdade de Direito da Universidade Católica Portuguesa.

[1] Sobre este fenómeno de expansão do Direito Comercial, que haveria mesmo de estar na origem da progressiva fragmentação ou compartimentação interna deste ramo jurídico em novas disciplinas (filhas) dotadas de autonomia formal, científica e didáctica em maior ou menor grau (Direito das Sociedades, Direito Bancário, Direito do Mercado de Capitais, Direito dos Seguros, Direito da Propriedade Industrial, Direito dos Transportes, Direito da Insolvência, Direito dos Contratos Comerciais, etc.), *vide* desenvolvidamente ANTUNES, J. ENGRÁCIA, *Direito Comercial*, em curso de publicação.

[2] PAILLUSSEUAU, JEAN, «Le Big Bang du Droit des Affaires à la Fin du XXème Siècle», in: *Juris-Classeur Périodique – Édition Entreprise* (1988), II, n.° 15101, p. 61 e ss.

[3] Sobre o fenómeno da descodificação do Direito Comercial, observável em maior ou menor grau nas ordens jurídicas de todos os países, cf. OPPETIT, BERNARD, «L'Expérience Française de Codification en Matière Commerciale», *in*: *Recueil de Jurisprudence*

Por um lado, apesar de constituir o seu núcleo histórico fundamental, a verdade é que deixou de ser possível ver no *Código Comercial de 1888* a cúpula ordenadora do edifício do actual Direito Comercial português[4]. Decano dos códigos vigentes no ordenamento jurídico nacional, aquele Código – que porventura já nasceu velho e atrasado mesmo relativamente às realidades económicas contemporâneas da sua promulgação[5] – representa hoje, decorridos 120 anos sobre a sua entrada em vigor, pouco mais do que uma peça de museu.[6-7]

Por outro lado, a satisfação das necessidades regulatórias de uma míriade de actividades económicas sempre renovadas apenas se tornou possível graças a um verdadeiro «aluvião» de *legislação comercial extra-*

Dalloz (1966), p. 33 e ss. Se as codificações nacionais estão em declínio, ainda menos realista se apresenta a proposta de elaboração de um «Código Comercial Europeu» (cf. MAGNUS, ULRICH, «Die Gestalt eines Europäischen Handelsgesetzbuches», *in: Festschrift für Ulrich Drobnig*, p. 57 e ss., Mohr, Tübingen, 1998) ou até de um «Código Comercial Mundial» (cf. BONELL, M. JOACHIM, «Do We Need a Global Commercial Code?», *in: 5 Uniform Law Review* (2001), p. 469 e ss.).

[4] Como refere KARSTEN SCHMIDT, numa proposição que é também inteiramente válida entre nós, «a equiparação muito divulgada entre "Código Comercial" e "Direito Comercial" é falsa» (*Handelsrecht*, 16, 5. Aufl., C. Heymanns, Köln, 1999). No mesmo sentido, F. SANCHEZ CALERO: «El Código de Comercio se ha visto modificado por un conjunto de normas posteriores que invalidan la ecuación Derecho Mercantil y Derecho del Código de Comercio» (*Instituciones de Derecho Mercantil*, vol. I, p. 67, 28.ª edición, Thomson/Aranzadi, Madrid, 2005). Em sentido aparentemente oposto, todavia, F. CASSIANO DOS SANTOS, que considera que o Código Comercial «continua a ser a lei comercial central» (*Direito Comercial Português*, vol. I, p. 57, Coimbra Editora, 2007).

[5] Ilustrativo disto mesmo é que, apenas dez anos decorridos sobre a sua aprovação e ainda antes do virar do século XIX, já um dos seus quatros Livros («Das Falências») houvesse sido inteiramente revogado, sendo substituído pelo «Código das Falências» de 1899.

[6] «Relíquia venerável do movimento codificador oitocentista», assim o apelidou A. FERRER CORREIA («Sobre a Projectada Reforma da Legislação Comercial Portuguesa», 1, *in*: 44 *Revista da Ordem dos Advogados* (1984), p. 1 e ss.).

[7] Não surpreende assim que este diploma legal se encontre totalmente desactualizado, além de repleto de anacronismos. Bastará lembrar que o número dos preceitos actualmente em vigor se encontra reduzido a bastante menos de metade (dos originários 749 artigos já foram expressamente revogados cerca de 501), que sectores inteiros do mesmo diploma desapareceram por completo, sendo substituídos por nova regulamentação (assim acontece, para além do já referido Livro Quarto relativo à falência, com inúmeros Títulos e Capítulos de todos os restantes Livros), e que muitas das normas ainda hoje formalmente em vigor, evocando épocas idas, nos façam apenas sorrir (atente-se, por exemplo, na norma do art. 7.º do Código Comercial, que ainda delimita a capacidade comercial por referência ao «reino» lusitano).

vagante e avulsa, a qual, a breve trecho, se acabaria por tornar na massa normativa fundamental das ordens jurídico-comerciais contemporâneas, incluindo a nossa[8]. Com efeito, a enorme heterogeneidade das actividades económicas reguladas, mais do que simplesmente tornar obsoletos os paradigmas legais clássicos da codificação jusmercantil (os conceitos de «acto de comércio» e «comerciante»), tornou pouco menos do que quimérica a possibilidade de reconduzir a regulação da matéria mercantil a um único corpo normativo, dotado de plenitude lógico-sistemática e alicerçado em critérios unitários[9].

§ 2. O Relevo do Costume e dos Usos Mercantis

I. Apesar deste típico predomínio da lei no sistema das fontes do Direito Comercial moderno – iniciado com o movimento de codificação do séc. XIX e exponenciado com o aluvião regulatório jusmercantil registado durante todo o séc. XX –, não se pode esquecer que os vulgarmente denominados *«usos de comércio»* («trade usages», «Handelsbräuche», «usages de commerce», «usi commerciali») conservam ainda hoje uma importância real que não pode ser menosprezada[10-11].

---

[8] Tomamos aqui a expressão lei em sentido amplo, abrangendo não apenas a *lei ordinária* propriamente dita, mas igualmente os *regulamentos* (com especial relevo para os emanados pela administração estadual indirecta, *v. g.*, Banco de Portugal, Comissão do Mercado de Valores Mobiliários, Instituto de Seguros de Portugal), os quais, em virtude da crescente complexidade regulatória das matérias mercantis, se tornaram mesmo, segundo alguns, na «principal novidade do sistema das fontes jusmercantis da última década» (BUONOCORE, VICENZO, *Istituzioni di Diritto Commerciale*, p. 14, 3.ª edizione, Giappichelli, Torino, 2003).

[9] Curiosamente, graças ao assinalado fenómeno de fragmentação interna do Direito Comercial (cf. *supra*, nota 1), o processo de descodificação da tradicional «disciplina-mãe» Direito Comercial deu progressivamente lugar a um fenómeno de *recodificação* sectorial das respectivas «disciplinas-filhas», sendo de assinalar, entre outros, a existência do Código das Sociedades Comerciais de 1986, do Código do Registo Comercial de 1986, do Código dos Valores Mobiliários de 1999, do Código da Propriedade Industrial de 2003, ou do Código da Insolvência de 2004.

[10] A literatura portuguesa especificamente dedicada ao tema não é particularmente abundante: entre outros, *vide* BEIRÃO, F. VEIGA, «Usos do Comércio», *in*: 10 *Revista do Comércio* (1915), p. 17 e ss.; CAMPOS, D. LEITE, «Anatocismo e Usos Particulares do Comércio», *in*: 48 *Revista da Ordem dos Advogados* (1988), p. 37 e ss. Em contrapartida, são frequentes as referências contidas nas obras gerais e na jurisprudência: apenas para citar alguns exemplos mais recentes, veja-se, na doutrina, ABREU, J. COUTINHO, *Curso de*

II. O objecto destas breves e despretensiosas reflexões é justamente o de analisar e determinar a *relevância actual dos denominados «usos de comércio» como fonte do Direito Comercial*. Para o efeito, a exposição subsequente arrancará da distinção clássica entre o *costume mercantil* (por vezes também conhecido como «usos mercantis de direito») e os meros *usos mercantis* (denominados, em contraposição, «usos mercantis de facto»): ao passo que, no último caso, apenas existe a observância generalizada e uniforme de um determinado padrão de conduta que se mantém exclusivamente em virtude da sua mera reiteração, no último caso, além desse elemento objectivo, existe ainda a convicção dos sujeitos intervenientes de que o seu acatamento é juridicamente obrigatório, como se de uma norma legal geral e abstracta se tratasse.[12]

Direito Comercial, vol. I, p. 27 e ss., 6.ª ed., Almedina, Coimbra, 2006; na jurisprudência, *vide* os Acórdãos do Supremo Tribunal de Justiça, de 15 de Março de 2005 (FARIA ANTUNES), relativo aos usos comerciais no domínio bancário (Processo n.° 04A2964), da Relação de Lisboa, de 24 de Novembro de 2005 (ANTÓNIO VALENTE), relativo aos usos comerciais no domínio do fornecimento (Processo n.° 6882/2005-8), e da Relação do Porto, de 7 de Fevereiro de 2000 (FERNANDES DO VALE), relativo aos usos na factura comercial (Processo n.° 9920252).

[11] A questão tem sido objecto de maior atenção no direito estrangeiro. Para diferentes latitudes jurídicas, *vide* ÁGUILA-REAL, ALFARO, «La Función de los Usos en el Código de Comercio», *in*: 205 *Revista de Derecho Mercantil* (1992), p. 419 e ss.; CRASWELL, RICHARD, «Do Trade Usages Exist?», *in*: KRAUS, JODY / WALT, STEVEN (dir.), *The Jurisprudential Foundations of Corporate and Commercial Law*, p. 118 e ss., Cambridge University Press, Cambridge, 2000; FORMIGGINI, ALDO, *Gli Usi Commerciali e il Codice Civile*, Zanichelli, Bologna, 1949; KASSIS, ANTOINE, *Théorie Générale des Usages de Commerce: Droit Comparé, Contrats et Arbitrages Internationaux, Lex Mercatoria*, LGDJ, Paris, 1984; LIMBACH, JUTTA, «Die Festellung von Handelsgebräuchen», *in: Festgabe für Ernst Hirsch*, p. 77 e ss., Duncker & Humblot, Berlin, 1968.

[12] A doutrina foi naturalmente forjando outras classificações, com base nos mais diversos critérios ordenadores. Assim, de acordo com o critério da respectiva função, fala-se em *usos mercantis interpretativos e integrativos*, consoante se destinem a aclarar o sentido de condutas ou declarações negociais ou a integrar as lacunas da regulação legal ou convencional; de acordo com o critério do seu âmbito material de aplicação, fala-se de *usos mercantis comuns e especiais*, consoante aplicáveis ao tráfico comercial em geral ou apenas a um determinado sector de actividade mercantil; e de acordo com o critério do âmbito espacial de vigência, distinguem-se os *usos mercantis internacionais* (aplicáveis em vários Estados), *gerais* (observados em todo o território nacional de determinado Estado) ou *locais* (próprios de determinada região, lugar ou praça comercial).

1. *O Costume Mercantil*

I. O *costume mercantil*, também conhecido por usos mercantis de direito («Handelsgewohnheitsrecht», «usages de droit», «consuetudini»), vem sendo comummente definido como toda a prática social ou económica generalizada e constante no âmbito das relações comerciais, acompanhada da convicção de obrigatoriedade da norma que lhe corresponde.[13]

No entendimento tradicional, pois, o costume mercantil é assim constituído por dois elementos: de um lado, o «corpus» ou elemento objectivo, consistente num determinado padrão de conduta uniforme (isto é, observado pela generalidade dos sujeitos jurídicos) e estável (isto é, que é permanente ou se prolonga minimamente no tempo); e, de outro lado, o «animus» ou elemento subjectivo, traduzido na convicção por parte dos sujeitos jurídicos de que se está diante de uma norma geral obrigatória («opinio juris vel necessitatis»). Ora – pergunta-se – *será o costume mercantil uma fonte juscomercial autónoma?*

II. Um sector da doutrina nacional propende para uma *resposta negativa*, estribando-se para tal, fundamentalmente, em argumentos de ordem literal e histórica retirados do artigo 1.º do Código Civil e do artigo 3.º do Código Comercial.

Com efeito, o legislador civil omitiu qualquer referência ao costume entre as fontes imediatas do direito (art. 1.º do Código Civil), apenas admitindo o relevo dos usos enquanto possível fonte mediata ou derivada (art. 3.º, n.º 1); além disso, da leitura dos preceitos do Código Civil relativos às fontes do direito parece ainda decorrer a irrelevância geral do costume «contra legem» (arts. 1.º e 7.º, n.º 1) e a irrelevância interpretativa e integradora do costume «praeter legem» (arts. 9.º e 10.º, todos do citado diploma legal)[14]. Por seu turno, afinando aparentemente por idêntico diapa-

---

[13] Sobre a noção de costume em geral, *vide*, entre outros, ASCENSÃO, J. OLIVEIRA, *O Direito – Introdução e Teoria Geral*, p. 249 e ss., 11.ª ed., Almedina, Coimbra, 2001; MACHADO, J. BAPTISTA, *Introdução ao Direito e ao Discurso Legitimador*, p. 161 e ss., Almedina, Coimbra, 1989; TELLES, I. GALVÃO, *Introdução ao Estudo do Direito*, vol. I, p. 115 e ss., 11.ª ed., Coimbra Editora, 1999.

[14] Recusando ao costume a natureza de fonte autónoma do Direito em geral, *vide* ANDRADE, MANUEL, «Fontes de Direito – Vigência, Interpretação e Aplicação da Lei», p. 147 e ss., in 102 *Boletim do Ministério da Justiça* (1961), p. 141 e ss.; MONCADA, L. CABRAL, *Lições de Direito Civil – Parte Geral*, vol. I, p. 106 e ss., 3.ª ed., Atlântida, Coimbra, 1959; VARELA, J. MATOS / LIMA, F. PIRES, *Código Civil Anotado*, vol. I, p. 54, 4.ª ed., Coimbra Editora, 1987.

são, o legislador comercial, ao enumerar os elementos de que se deve lançar mão na interpretação e decisão das questões jurídico-comerciais, também não fez qualquer alusão expressa ao costume ou até aos usos mercantis[15].

Tudo somado, resultaria daqui uma espécie de protagonismo hegemónico e absoluto da lei no plano das fontes do Direito, incluído aí o Direito Comercial, estando todos os demais possíveis modos de revelação de normas jurídicas (costume, equidade, jurisprudência, etc.) condenados a ter o relevo que aquela (lei) lhe decidir atribuir: na sugestiva imagem de Luís Cabral da Moncada, o costume seria «como um pobre planeta que só recebe a luz do Sol: a Lei»[16].

III. A questão, todavia, não pode ser resolvida com tamanha simplicidade.

Com efeito, e por um lado, convém recordar que o Direito Comercial germinou e vingou justamente com base nas práticas e regras costumeiras sedimentadas nas relações entre os comerciantes, regras essas que se foram progressivamente autonomizando para fazer face às insuficiências das normas escritas do direito civil comum, tendo-se conservado durante uma boa parte da sua milenar existência como um *ramo jurídico de matriz consuetudinária*[17]. Ora, se bem que de forma menos incisiva, a verdade é que este «pedigree» continua a manifestar-se activamente no âmbito da actual regulação da matéria mercantil, no plano interno e sobretudo internacional, mormente graças à flexibilidade regulatória da norma costumeira, a qual tem permitido, não raro, que a ordem jurídico-mercantil acompanhe a permanente e frenética mutação das relações económicas que é suposto

---

[15] Neste sentido, recusando ao costume o valor de fonte do Direito Comercial, *vide* CORREIA, A. FERRER, *Lições de Direito Comercial*, p. 32 e ss., Lex, Lisboa, 1994; CORREIA, M. PUPO, *Direito Comercial*, p. 33 e ss., 9.ª ed., Ediforum, Lisboa, 2005; OLAVO, FERNANDO, *Direito Comercial*, vol. I, p. 50, 2.ª ed., Coimbra Editora, 1978. O projecto inicial do Código Comercial de 1888 chegou a conter uma referência aos «usos de commercio», que viria a ser eliminada pela comissão revisora da Câmara dos Deputados: isto conduziu a doutrina portuguesa, a começar pelo próprio autor do projecto, a considerar que a tal eliminação só poderia ser atribuído o significado de excluir tais usos do elenco das fontes jurídico-comerciais (cf. BEIRÃO, F. VEIGA, *Direito Commercial Portuguez*, p. 17, Coimbra, 1912).

[16] *Lições de Direito Civil – Parte Geral*, vol. I, p. 112, 3.ª ed., Atlântida, Coimbra, 1959.

[17] Sobre a génese histórica do Direito Comercial, e o seu ADN consuetudinário em particular, *vide* ANTUNES, J. ENGRÁCIA, *Direito Comercial*, em curso de publicação.

regular: não constituirá decerto surpresa afirmar que a tipificação, senão legal, ao menos social, de muitas novas figuras contratuais (*v. g.*, concessão comercial, cessão financeira, desconto bancário, crédito documentário, «joint venture», etc.) ou mesmo novas modalidades de transacção (*v. g.*, «e-commerce»), foi sendo originariamente suprida – e, nalguns casos, continua a sê-lo – por regras de formação espontânea ou auto-regulatória entre os agentes económicos envolvidos[18].

Por um lado, vai ganhando consenso, entre nós e lá fora, a ideia segundo a qual *lei e costume constituem fontes de juridicidade autónomas e dotadas de igual dignidade*, impondo-se a validade de qualquer uma delas por si mesma e sem necessidade do reconhecimento pela outra[19] – o que vale por dizer que, também no Direito Comercial, normas escritas (legais) e não escritas (costumeiras) se encontrariam em pé de igualdade. Essa ideia, de resto, é também corroborada no plano do direito comparado, já que são diversos os ordenamentos jurídicos estrangeiros onde, não obstante a omissão de qualquer consagração legislativa expressa da sua relevância jurídica, o costume é aí tido pacificamente pelas respectivas dou-

---

[18] Cf. CABRILLAC, MICHEL, «Remarques sur la Théorie Générale du Contrat et les Créations Récentes de la Pratique Commerciale», *in*: *Mélanges Dédiées à Gabriel Marty*, p. 235 e ss., Université des Sciences Sociales, Toulouse, 1978; LELOUP, JEAN-MARIE, *«La Création de Contrats par la Pratique Commerciale»*, *in*: *L'Évolution Contemporaine du Droit des Contrats*, p. 167 e ss., PUF, Paris, 1986; GOLDMAN, BERTHOLD, «Le Rôle de la Pratique dans la Formation du Droit Commercial et Économique», *in*: *Travaux de l'Association Henri Capitant*, vol. 34, p. 163 e ss., Paris, 1983. Talqualmente sucedeu na génese do Direito Comercial medievo, o processo de formação do costume mercantil deve hoje muito à actividade auto-regulatória das organizações mercantis profissionais ou especializadas (tal como, por exemplo, a Câmara de Comércio Internacional), responsáveis pela progressiva compilação e sistematização dos usos e costumes da «praxis» comercial, sob a forma de cláusulas contratuais gerais, leis-modelo, guias e modelos contratuais, «restatements», e outros instrumentos congéneres.

[19] Como refere P. MELERO SENDIM, «o costume mercantil é fonte de direito, como o é a lei mercantil. Nem a admissibilidade desta depende de que o costume a consagre como fonte, nem a do costume que seja mencionado como fonte na lei» (*Lições de Direito Comercial*, p. 26, Lisboa, 1995/96). Sobre o relevo do costume como fonte do Direito em geral, *vide* J. OLIVEIRA ASCENSÃO: «O costume é fonte privilegiada do direito, enquanto exprime directamente a ordem da sociedade, sem necessitar de mediação de nenhum oráculo» (*O Direito – Introdução e Teoria Geral*, p. 249, 11.ª ed., Almedina, Coimbra, 2001); no mesmo sentido, *vide* ainda, entre outros, CURA, A. VIEIRA, «O Costume como Fonte de Direito em Portugal», p. 269, *in*: 74 *Boletim da Faculdade de Direito da Universidade de Coimbra* (1988), p. 241 e ss.; NEVES, A. CASTANHEIRA, «Fontes do Direito», 1557, *in*: *Pólis – Enciclopédia Verbo da Sociedade e do Estado*, vol. II, p. 1512 e ss., Verbo, Lisboa, 1989.

trina e jurisprudência como fonte juscomercial, designadamente no direito francês – onde lhe é atribuído mesmo «um relevo capital no Direito Comercial»[20] –, no direito alemão – onde a doutrina dominante também não lhe disputa a natureza de «categoria especial de fonte do Direito Comercial»[21] –, e, sem especial surpresa (atento o relevo do precedente jurisprudencial), no próprio direito anglo-saxónico[22].

Finalmente, *nada de decisivo pode ser retirado do artigo 3.° do Código Comercial*[23]. Na verdade, o citado preceito limita-se a enumerar os elementos de interpretação e integração da lei comercial, não propriamente

---

[20] Kassis, Antoine, *Théorie Générale des Usages de Commerce*, p. 103, LGDJ, Paris, 1984. Mau grado o «Code de Commerce» de 2000 não eleve expressamente o costume («usage de droit») à categoria de fonte especial do Direito Comercial francês, é reconhecida pacificamente na doutrina e jurisprudência a existência de determinadas regras costumeiras aplicáveis às relações comerciais, *v. g.*, liberdade de forma, presunção de solidariedade passiva, ou contagem trimestral de juros bancários (cf. Ripert, George / Roblot, René, *Traité de Droit Commercial*, tome I, p. 25 e ss., 17ème édition, LGDJ, Paris, 1998). Ilustração sugestiva da importância dos usos e costume no direito comercial francês é ainda a criação em 1982, pelo Tribunal de Comércio de Paris, de um departamento para depósito dos usos profissionais, onde numerosas associações patronais, sindicais e profissionais declaram as práticas usuais dos sectores de actividade ou profissões que representam.

[21] Schmidt, Karsten, *Handelsrecht*, p. 20, 5. Aufl., Carl Heymanns, Köln, 1999. Não obstante o legislador germânico se limite a consagrar a relevância do costume mercantil como instrumento de interpretação das condutas activas e omissivas (§ 346 do «Handelsgesetzbuch»), a doutrina dominante reconhece o costume (ou usos mercantis de direito) como fonte do Direito Comercial alemão (cf. ainda Horn, Norbert (Hrsg.), *Handelsgesetzbuch Kommentar*, Band 4, 77, 2. Aufl., De Gruyter, Berlin, 2005). Manifestação desta relevância é ainda a frequência com que os respectivos tribunais recorrem às Câmaras de Comércio e Indústria no sentido de indagarem previamente da existência de usos e costumes relevantes no âmbito dos litígios comerciais que lhe são submetidos.

[22] Ao contrário do direito britânico, a relevância do costume mercantil foi expressamente consagrada nos Estados Unidos da América, no âmbito da sec. 2.ª do «Uniform Commercial Code» (Craswell, Richard, «Do Trade Usages Exist?», p. 118, *in*: Kraus, Jody / Walt, Steven (dir.), *The Jurisprudential Foundations of Corporate and Commercial Law*, p. 118 e ss., Cambridge University Press, Cambridge, 2000).

[23] Nem do artigo 3.° do Código Comercial, nem – acrescente-se, já agora – do próprio artigo 1.° do Código Civil. Com efeito, é mister relembrar que um sector significativo da doutrina nacional vem igualmente sustentando que para a resolução do problema geral das fontes do Direito, enquanto problema que justamente transcende a vontade do legislador, não pode ser considerada decisiva a enumeração constante daquele preceito. Neste sentido, *vide* Machado, J. Baptista, *Introdução ao Direito e ao Discurso Legitimador*, p. 159, Almedina, Coimbra, 1989; Neves, A. Castanheira, «Fontes do Direito (Contributo para a Revisão do seu Problema)», p. 232, *in*: *Estudos em Homenagem aos Professores Doutores M. Paulo Merêa e G. Braga da Cruz*, vol. II, p. 169 e ss., Coimbra, 1982.

a consagrar qualquer elenco das fontes do Direito Comercial: como é desnecessário encarecer, nenhuma das ferramentas hermenêuticas nele indicadas (o texto da lei, o espírito da lei, a analogia) são fontes jusmercantis. E nem à omissão de qualquer referência ao costume por parte do legislador comercial português, nesse ou noutros dos seus preceitos, se afigura possível atribuir qualquer significado decisivo ou peremptório na questão, como o demonstra a lição do direito comparado: assim, por exemplo, nunca na Alemanha o legislador (nem no pretérito «Allgemeines Deutsches Handelsgesetzbuch», nem no actual «Handelsgesetzbuch») consagrou expressamente o costume como fonte do Direito Comercial, facto que não tem impedido a doutrina de, desde sempre, lhe reconhecer esse valor[24].

Assim sendo, e em suma, nada há, nem no sistema das fontes, nem nos princípios gerais, que obste à consideração do *costume mercantil como verdadeira fonte autónoma do Direito Comercial*[25].

IV. Uma vez assente que o costume se integra «de plano» no sistema das fontes jusmercantis, cabe agora indagar da sua *relevância* no quadro do Direito Comercial moderno.

Em abstracto, o costume mercantil, enquanto fonte imediata de normas juscomerciais, possui uma dignidade (pelo menos) idêntica à da própria lei: ou seja, normas mercantis legais e normas mercantis consuetudinárias coexistem lado a lado, ambas constituindo *modos de revelação do Direito Comercial objectivo*. Essa coexistência pode assumir diversas formas e, dada a sua diferente origem (respectivamente, formal-voluntária e material-involuntária), pode nem sempre ser pacífica: assim, a norma consuetudinária pode coincidir com a norma legal, identificando-se totalmente os respectivos conteúdos (costume «secundum legem»), pode corroborar o sentido da norma legal mas ir para além dele, ampliando assim o seu alcance (costume «praeter legem»), ou pode até eventualmente con-

---

[24] A não confundir com aquele que lhe é atribuído no âmbito do § 346 do actual Código. Cf. CANARIS, CLAUS-WILHELM, *Handelsrecht*, p. 341, 24. Aufl., Beck, München, 2006; GIERKE, JULIUS VON / SANDROCK, OTTO, *Handels- und Wirtschaftsrecht*, Band I, p. 38, 9. Aufl., Walter de Gruyter, New York / Berlin, 1975.

[25] Admitindo também o costume mercantil como fonte autónoma do Direito Comercial, *vide* também, entre nós, ABREU, J. COUTINHO, *Curso de Direito Comercial*, vol. I, p. 27 e ss., 6.ª ed., Almedina, Coimbra, 2006; ASCENSÃO, J. OLIVEIRA, *Direito Comercial*, vol. I («Parte Geral»), p. 31 e ss., Lisboa, 1998/99; CORREIA, L. BRITO, *Direito Comercial*, vol. I, p. 110 e ss., AAFDL, Lisboa, 1987/1988; PINHEIRO, L. LIMA, *Direito Comercial Internacional*, p. 223, Almedina, Coimbra, 2005.

tradizer a norma legal, opondo-se ou negando o conteúdo desta (costume «contra legem»)[26].

Esta relevância abstracta não tem encontrado, todavia, uma verdadeira correspondência no mundo vivo e concreto do Direito Comercial dos nossos dias: de «fonte-rainha» ou primária no passado, a «consuetudo mercatorum» transmutou-se hoje numa *fonte secundária*, senão mesmo residual, deste ramo jurídico. Com efeito, o extraordinário desenvolvimento dos sistemas económicos contemporâneos, caracterizados pela sua complexidade, massificação e globalização, trouxeram consigo um fenómeno, já atrás assinalado, de expansão da matéria e da regulação mercantil por via legal: ora, semelhante aluvião legislativo, a que é inerente uma vocação hegemónica de regulação das relações juscomerciais, acabou por restringir os espaços de formação espontânea de regras consuetudinárias, tornando assim difícil o surgimento do costume mercantil[27]. A bem dizer, construído sobre a exigência tradicional da «convicção de obrigatoriedade» por parte dos seus destinatários, a norma consuetudinária mercantil ficou condenada a despontar e sobreviver quase exclusivamente nas franjas ou orlas extremas do tráfico mercantil: ou no âmbito do pequeno comércio local – *v. g.*, pense-se no costume de estabelecer uma prioridade cronológica na celebração dos contratos de compra e venda de bens ou serviços nos estabelecimentos comerciais de acordo com a ordenação das filas de espera – ou, no extremo oposto, no âmbito do grande comércio internacional ou globalizado – onde a inadequação das fontes estaduais e a insuficiência das clássicas fontes supra-estaduais («maxime», Convenções) tem proporcionado terreno fértil ao desenvolvimento e sedimentação de verdadeiras normas consuetudinárias[28].

---

[26] Sendo consensual a relevância das duas primeiras dimensões, já é controverso na doutrina, mesmo entre aquele sector de autores que reconhece o costume como fonte de Direito, a admissibilidade do chamado costume «contra legem», em face do disposto no artigo 7.º, n.º 1 do Código Civil. Respondendo afirmativamente, todavia, *vide* ASCENSÃO, J. OLIVEIRA, *O Direito – Introdução e Teoria Geral*, p. 260, 11.ª ed., Almedina, Coimbra, 2001.

[27] Como sublinha GUSTAVO VISENTINI, «a velocidade do mundo dos negócios levou hoje a uma revivescência da importância dos usos mercantis em detrimento das normas costumeiras propriamente ditas, cuja formação é hoje muito mais dificilmente configurável» (*Argomenti di Diritto Commerciale*, p. 108, Giuffrè, Milano, 1997).

[28] Cf. SCHMITTHOFF, CLIVE, *International Trade Usages*, ICC, London, 1988. Sobre o relevo jurídico do costume comercial internacional, *vide* por todos, na doutrina portuguesa, PINHEIRO, L. LIMA, *Direito Comercial Internacional*, p. 222 e ss., Almedina, Coimbra, 2005.

2. Os Usos Mercantis

I. Os *usos mercantis* («Handelsgebräuche», «usages conventionelles», «usi d'affari») são tradicionalmente definidos como aquelas práticas sociais uniformes e estáveis, em vigor no âmbito das relações comerciais, que apenas se mantêm em virtude da sua mera reiteração e desacompanhadas de qualquer convicção sobre a sua obrigatoriedade jurídica[29].

A diferença fundamental entre o costume e os usos mercantis reside assim na «opinio juris», ou seja, na consciência (ou falta dela) da sua obrigatoriedade jurídica. Embora de um ponto de vista objectivo ambos se manifestem e exteriorizem da mesma forma – consubstanciando-se em práticas sociais reiteradas –, eles distinguem-se de um ponto de vista subjectivo: os usos mercantis são os meros «hábitos» que os actores do tráfico comercial adoptam *sem qualquer convicção da sua obrigatoriedade jurídica*. Ou seja, consubstanciam um «modus agendi» constante que se foi implantando em determinadas matérias ou sectores da vida comercial por puras razões de rotina, de facilidade, de cortesia, ou qualquer outra, mas sem a consciência ou o convencimento de que o seu acatamento é obrigatório: por exemplo, os brindes e ofertas promocionais das empresas concessionárias de venda automóvel aos clientes no momento da aquisição tornou-se numa prática comercial perfeitamente enraizada, embora seja inequívoco para os contratantes que tal prática não tem o valor de norma jurídica obrigatória[30].

II. Antes do mais, é mister advertir que os usos mercantis não perderam o seu *relevo prático* actual.

Autores existem que sustentam terem os usos mercantis, tal como o próprio costume, perdido a sua importância, dado que, num tempo organizado sobre a comunicação escrita, a principal função daqueles usos (sedi-

---

[29] Sobre a noção de usos, por contraposição ao costume, ASCENSÃO, J. OLIVEIRA, *O Direito – Introdução e Teoria Geral*, p. 250, 11.ª ed., Almedina, Coimbra, 2001; MACHADO, J. BAPTISTA, *Introdução ao Direito e ao Discurso Legitimador*, p. 161, Almedina, Coimbra, 1989; TELLES, I. GALVÃO, *Introdução ao Estudo do Direito*, vol. I, p. 135 e ss., 11.ª ed., Coimbra Editora, 1999.

[30] Como refere KARSTEN SCHMIDT, «o uso comercial outra coisa não é senão o hábito praticado em questões jurídico-comerciais. Pressupõe um certo tempo de vigência e a sua utilização convencional por um círculo de destinatários, mas não o consenso de obrigatoriedade que é característico do direito consuetudinário» (*Handelsrecht*, p. 23, 5. Aufl., Carl Heymanns, Köln, 1999).

mentação de condutas padronizadas) teria passado a ser desempenhada hoje pelas *cláusulas contratuais gerais*[31]. A premissa é verdadeira, embora não necessariamente a conclusão.

Por um lado, é indesmentível que um sector significativo da contratação mercantil contemporânea corresponde a contratos de adesão («contrat d'adhésion», «standard form contract», «Standardvertrag») cujo conteúdo contratual é constituído por condições contratuais padronizadas ou uniformes predispostas unilateralmente para uma generalidade indeterminada de contratos e contratantes: assim sendo, não surpreende que os usos mercantis constituam uma matéria-prima essencial da sua feitura, acabando, mais tarde ou mais cedo, por ser incorporados em semelhantes clausulados contratuais. Mas nem por isso os usos mercantis perderam a sua natureza e relevo próprios ou se tornaram redundantes: as cláusulas contratuais gerais não condicionam o universo dos usos – designadamente, estes últimos não se encontram sujeitos ao controlo da lei sobre as primeiras (Decreto-Lei n.º 446/85, de 25 de Outubro) – e, inversamente, as práticas reiteradas que se impuseram nas relações juscomerciais constituem «ex definitione» usos mercantis, independentemente de serem ou não acolhidas em clausulados contratuais ou mesmo em instrumentos normativos gerais[32].

Por outro lado, é também verdade que a génese dos usos mercantis tem o seu terreno de eleição no quadro de processos de natureza negocial: no âmbito de um particular tipo de transacção ou contrato juscomercial, as partes adoptam uma determinada prática, que passa a conformar as suas futuras relações e, tornando-se reiterada e constante («longa repetitio»), passa também a ser observada pelos demais actores ou contratantes do sector negocial considerado, como «cláusula de estilo» que se considera implicitamente vigente nessa área de contratação mercantil sem necessidade de expressa consagração. Mas tal não invalida, porém, que se possam também configurar usos de origem extracontratual: assim, ao contrário do que

---

[31] Cf. BASEDOW, JÜRGEN, «Handelsbräuche und AGB-Gesetze», *in*: 150 *Zeitschrift für das gesamte Handelsrecht* (1986), p. 469 e ss.

[32] Outra confirmação da relevância autónoma dos usos mercantis, embora oblíqua, pode ser encontrada no quadro da chamada *auto-regulação*, que assume particular importância no domínio juscomercial (*v. g.*, códigos de conduta, etc.), quando se constata que tais usos funcionam, não raro, como um factor de bloqueio às próprias reformas legislativas sempre que estas desconheçam os interesses profissionais ou corporativos estabelecidos no sector económico objecto de regulação (cf. GRANGER, ROGER, «La Tradition en Tant que Limite aux Réformes du Droit», *in*: 31 *Revue Internationale de Droit Comparé* (1979), p. 37 e ss.).

é sustentado por alguns autores[33], julgamos que também práticas individuais ou unilaterais, desde que generalizadas e reiteradas, podem fundar a existência de usos mercantis (por exemplo, as que servem para delimitar o conteúdo da lealdade nas relações de concorrência entre os empresários).

III. E o que dizer do seu *relevo jurídico*? Muito embora os usos mercantis não sejam «de per se» juridicamente vinculantes (como sucede com o costume), tal não significa que não possam também eles, afinal, constituir fonte (embora mediata ou derivada) do Direito Comercial. Com efeito, a regra contida no uso mercantil pode transmutar-se em norma jurídica vigente e actuante na disciplina das relações comerciais, seja já em virtude da sua convocação realizada por uma norma legal («*dimensão legal*»), seja já em virtude de vontade expressa, tácita ou hipotética, das próprias partes dessas mesmas relações («*dimensão negocial*»).

IV. Desde logo, convém ter presente o disposto no artigo 3.º, n.º 1, do Código Civil: de acordo com este preceito, «os usos que não forem contrários ao princípio da boa fé são atendíveis quando a lei o determinar». Temos assim uma primeira dimensão ou domínio de relevância dos usos mercantis – a «*dimensão legal*»: ou seja, os usos forjados na prática comercial quotidiana, não possuindo por si só juridicidade, acabam por constituir fonte (embora «mediata») da regulação das relações entre os sujeitos comerciais[34].

Tal dimensão consubstancia-se fundamentalmente numa *função normativa derivada*. A sua função diz-se normativa no sentido em que os usos intervêm na regulação das relações comerciais a título de normas ou comandos legais, seja para qualificar juridicamente um determinado actor (por exemplo, o gerente de comércio: cf. artigo 248.º do Código Comercial) ou comportamento jurídico-comerciais (por exemplo, um acto de

---

[33] SANTOS, F. CASSIANO, *Direito Comercial Português*, vol. I, p. 59, Coimbra Editora, 2007.

[34] De acordo com alguns autores, uma parte destes «usos legais» não constituiria fonte de direito, mas tão-só fonte de integração contratual (SANTOS, F. CASSIANO, *Direito Comercial Português*, vol. I, p. 58, Coimbra Editora, 2007). Não podemos concordar: além de ter sido o próprio legislador do Código Civil a qualificá-los como tal (ao prever a sua relevância no capítulo das «fontes do Direito»), é necessário não perder de vista que a vinculatividade jurídica dos usos resulta aqui, tanto quanto qualquer outra matéria concitada na estatuição de normas legais relativas a contratos (mormente, as estipulações das partes: «lex privata vel lex contratus»), da lei que as manda aplicar.

concorrência desleal: cf. artigo 317.º do Código da Propriedade Industrial), para integrar a disciplina de um dado contrato comercial (por exemplo, o contrato de transporte: cf. artigo 373.º, § único, do Código Comercial) ou dado aspecto particular dessa disciplina (por exemplo, a remuneração do agente comercial: cf. artigo 15.º Decreto-Lei n.º 178/86, de 3 de Julho), ou simplesmente para estabelecer outro tipo de efeitos jurídicos (por exemplo, a delimitação do âmbito dos actos resolúveis em benefício da massa insolvente: cf. artigo 121.º, n.º 1, *f*) do Código da Insolvência e da Recuperação de Empresas).

Os exemplos desta «dimensão» legal dos usos mercantis são inúmeros, podendo multiplicar-se «ad nauseam usque», já que o legislador comercial, e não só, remete frequentemente o intérprete e o julgador para «os usos do comércio»[35]. É o caso de diversos preceitos do próprio *Código Comercial*: entre tantos outros, vejam-se assim o artigo 232.º, § 1, sobre a remuneração a pagar ao mandatário no contrato de mandato mercantil, o artigo 248.º sobre o conceito de gerente comercial, o artigo 269.º, § 2, sobre a comissão «del credere» do comissário mercantil, o artigo 382.º sobre o prazo de entrega das coisas no contrato de transporte, ou o artigo 399.º sobre o contrato de penhor em títulos de crédito[36]. Mas não só. A *demais legislação mercantil portuguesa* é também fértil em referências aos usos mercantis: apenas para nos ficarmos por alguns dos diplomas legais nucleares, pense-se, por exemplo, no artigo 6.º, n.º 2, do Código das Sociedades Comerciais (que considera admissíveis as liberalidades sociais «que possam ser consideradas usuais»), no artigo 317.º do Código da Propriedade Industrial (que define a concorrência desleal como todo o acto de concorrência «contrário às normas e usos honestos de qualquer ramo de

---

[35] Opinião diferente parece ser a de J. OLIVEIRA ASCENSÃO (*O Direito – Introdução e Teoria Geral*, p. 263, 11.ª ed., Almedina, Coimbra, 2001).

[36] Poderão mesmo existir remissões legais para os usos mercantis sem que o legislador comercial a estes se tenha referido «expressis verbis». Assim sucede, por exemplo, com o artigo 407.º do Código Comercial que, relativamente ao regime do contrato de depósito bancário, prescreve o recurso aos «estatutos dos bancos»: ora, tem constituído entendimento dominante na doutrina e jurisprudência portuguesas que tal expressão tem o significado de «usos bancários» (entre os autores, *vide* CAMANHO, P. PONCES, *Do Contrato de Depósito Bancário*, p. 33, 2.ª ed., Almedina, Coimbra, 2005; CORDEIRO, A. MENEZES, *Manual de Direito Bancário*, p. 128, 3.ª ed., Almedina, Coimbra, 2006; entre os arrestos, *vide* o Acórdão do Supremo Tribunal de Justiça, de 8 de Maio de 1984 (MOREIRA DA SILVA), *in*: 337 *Boletim do Ministério da Justiça* (1984), p. 377 e ss., e da Relação de Lisboa de 3 de Junho de 2003 (PIMENTEL MARCOS), *in*: XXVIII *Colectânea de Jurisprudência* (2003), III, p. 101 e ss.).

actividade económica»), no artigo 12.º, n.º 3, do Código dos Valores Mobiliários (que determina que os serviços das sociedades de notação de risco devem ser prestados obedecendo «aos usos internacionais»), no artigo 87.º, n.º 3, do Regime Geral das Instituições de Crédito e Sociedades Financeiras (que remete para os «bons usos da actividade» das instituições creditícias), ou no artigo 7.º, n.º 2, *b*) da Lei da Concorrência (que qualifica como abuso de dependência económica a ruptura injustificada de uma relação comercial, tendo em consideração «os usos reconhecidos no ramo de actividade económica»). E, finalmente, a *própria legislação civil* não deixa de os contemplar: veja-se assim o artigo 560.º, n.º 3, do Código Civil, que consagra os «usos particulares de comércio» como circunstância legitimadora da prática do anatocismo, particularmente relevante no âmbito da contratação bancária.

V. O relevo dos usos mercantis, todavia, não se confina à «dimensão legal», nem postula necessariamente que a lei os convoque. Com efeito, mesmo na ausência de qualquer remissão legal, não está excluído que os usos mercantis possam desempenhar uma função de *elementos auxiliares de interpretação e integração* da disciplina jurídica aplicável às relações mercantis, mormente em sede dos negócios jurídico-comerciais. Falamos agora de uma segunda dimensão da relevância dos usos: a «*dimensão negocial*»[37].

Assim, e desde logo, o artigo 218.º do Código Civil dispõe que «o silêncio vale como declaração negocial, quando esse valor lhe seja atribuído por lei, *uso* ou convenção»[38]: deste modo, quando a prática uniforme e estabilizada em determinado sector da actividade mercantil atribuir ao *silêncio* o valor de meio declarativo, o uso não deixará de ter relevância jurídica. Ora, a máxima «qui tacet cum potuit et debuit, consentire videtur» aparece ocasionalmente sedimentada, seja em usos gerais ou sectoriais de comércio – de que o relevo do silêncio no âmbito das cartas de confirmação, comum na contratação mercantil internacional, constitui jus-

---

[37] Cf. ainda o artigo 1.8 (2) dos «Princípios Relativos aos Contratos Comerciais Internacionais» de 1984, adoptados pelo UNIDROIT, e o artigo 1.105 (2) dos «Princípios do Direito Europeu dos Contratos» de 1988, que consagram expressamente a relevância dos usos do comércio internacional na contratação mercantil transnacional (cf. GOODE, ROY, «Usages and its Reception in Transnational Commercial Law», *in*: ZIEGEL, JACOB (ed.), *Developments in International Commercial and Consumer Law*», p. 3 e ss., Hart Publishing, Oxford, 1998).

[38] Itálico nosso.

tamente uma eloquente ilustração[39] –, seja mesmo em usos individuais ou intersubjectivos – gerados no âmbito de relações comerciais ou de negócio duradouras entre dois contraentes.

Além disso, em sede de *interpretação* do negócio jurídico, o artigo 236.º, n.º 1, do Código Civil estabelece que «a declaração negocial vale com o sentido que um declaratário normal, colocado na posição do real declaratário, puder deduzir do comportamento do declarante, salvo se este não puder razoavelmente contar com ele». Ora, na determinação do sentido a atribuir a determinado negócio jusmercantil, haverão certamente de relevar, entre os elementos atendíveis por um declaratário medianamente diligente, os usos da prática no sector negocial, profissional ou económico considerado[40]: indo mesmo mais longe, não faltam autores que afirmam que «a impressão do declaratário é tendencialmente coincidente com os usos que porventura existam, mesmo no silêncio da lei»[41]. A jurisprudência portuguesa conhece sobejas confirmações da valia hermenêutica dos usos mercantis: assim, por exemplo, em matéria da interpretação do contrato de depósito bancário, em acórdão de 15 de Março de 2005, o Supremo Tribunal de Justiça considerou que devem ser tidas em conta, para além das normas legais pertinentes (mandato, conta corrente, etc.), também «as práticas e usos do comércio bancário»[42]. Esta conclusão sai ainda mais reforçada quando se atente no que sucede no âmbito da moderna contratação mercantil, seja de massa, seja de grande vulto: assim, relativamente à primeira, os usos mercantis poderão decerto incluir-se entre aqueles elementos que um consumidor ou empresário atenderia na hora de apreciar o alcance de uma determinada cláusula geral aposta em contratos comerciais de adesão, *v. g.*, contratos bancários, de seguros, de intermediação finan-

---

[39] Sobre a figura, THAMM, MANFRED / DETZER, KLAUS, «Das Schweigen auf ein kaufmännisches Bestätigungsschreiben», *in*: 50 *Der Betrieb* (1997), p. 213 e ss. Tal figura é mesmo considerada por alguns como costume comercial: cf. SCHMIDT, KARSTEN, *Handelsrecht*, 26, 5. Aufl., Carl Heymanns, Köln, 1999.

[40] Neste sentido também C. MOTA PINTO, que considera que «serão atendíveis todos os coeficientes ou elementos que um declaratário medianamente instruído, diligente e sagaz, na posição do declaratário efectivo, teria tomado em conta (...), tais como os usos da prática ou de outra natureza que possa interessar, devendo prevalecer sobre os usos gerais ou especiais (próprios de certos meios ou profissões)» (*Teoria Geral do Direito Civil*, p. 450 e ss., 3.ª ed., Coimbra Editora, 1985).

[41] ASCENSÃO, J. OLIVEIRA, *O Direito – Introdução e Teoria Geral*, p. 267, 11.ª ed., Almedina, Coimbra, 2001.

[42] Acórdão de 15 de Março de 2005 (FARIA ANTUNES), Processo n.º 04A2964, *in*: www.dgsi.pt.

ceira (art. 11.º do Decreto-Lei n.º 446/85, de 25 de Outubro)[43]; e relativamente à última (especialmente internacional e de grande vulto), o «standard» hermenêutico nuclear (destinatário «normal»), longe de se poder reconduzir ao padrão indiferenciado do «homem médio» («bonus pater familias») e à respectiva bitola de diligência comum, vai forçosamente referenciado ao paradigma do «grande empresário» e a graus de diligência particularmente qualificados cujo conteúdo apenas a consideração da «praxis» comercial pode em definitivo esclarecer[44].

Finalmente, o artigo 239.º do Código Civil prevê que a *integração* dos negócios jurídicos deve ser feita «de harmonia com a vontade que as partes teriam tido se houvessem previsto o ponto omisso» ou com «os ditames da boa fé». Ora, se bem que porventura com um alcance muito mais residual, nada autoriza a excluir «in limine» o recurso do julgador à «praxis» comercial observada no sector económico pertinente como meio de reconstrução da vontade hipotética e conjectural das partes de um negócio juscomercial ou na determinação dos limites impostos pela boa fé.

§ 3. Entre o Costume e os Usos Mercantis: Os «Usos Normativos»

I. Todas as anteriores reflexões arrancam da distinção tradicional entre o costume e os usos. Como já atrás foi posto em destaque, tal distinção gravita em torno do conceito clássico e fundamental da «*convicção de obrigatoriedade jurídica*» (I. Galvão TELLES)[45]: uma determinada prática

---

[43] O sistema legal de controlo das cláusulas contratuais gerais foi construído na base do «*status*» dos sujeitos das relações jurídico-contratuais, assumindo aí relevo central a figura do empresário: é nesse sentido que falamos de «contratos comerciais de adesão», sendo possível distinguir entre *contratos comerciais puros* ou bilaterais (concluídos entre empresários: cf. artigos 17.º e 19.º do Decreto-Lei n.º 446/85, de 25 de Outubro) e *contratos comerciais mistos* ou unilaterais (concluídos entre empresários e consumidores: cf. artigos 20.º a 22.º do Decreto-Lei n.º 446/85, de 25 de Outubro).

[44] Sobre as particularidades da interpretação dos contratos comerciais, *vide* LASTRES, J. GARCÍA-PITA, *Derecho Mercantil de las Obligaciones*, p. 506 e ss., Marcial Pons, Madrid / Barcelona, 2003.

[45] *Introdução ao Estudo do Direito*, vol. I, p. 117, 11.ª ed., Coimbra Editora, 1999. A força desta distinção tradicional é mesmo universal. Veja-se assim a distinção entre «custom» e «usage» vigente no mundo anglo-saxónico: «Usage is a repetition of acts, and differs from custom in that the latter is the law or general rule which arises from such repetition; while there may be usage without custom, there cannot be a custom without a usage

ou «modus agendi» generalizado ou constante, observável no tráfico mercantil ou em determinado sector deste, pode corresponder a um costume mercantil ou um uso mercantil, consoante essa prática é acompanhada ou não, por parte da comunidade dos seus actores, do convencimento de que tal prática tem a si subjacente uma regra jurídica de acatamento obrigatório («opinio juris vel necessitatis»).

II. Olhada mais de perto, a distinção tradicional entre costume e usos mercantis (ou, se se preferir, entre usos mercantis de direito e de facto) *apresenta porventura mais zonas de sombra do que de luz*[46].

Na verdade, como sublinha acertadamente Carlos Ferreira de Almeida, o pressuposto da «convicção de obrigatoriedade» tradicionalmente associado ao costume é excessivo e discriminatório, introduzindo uma exigência para as normas consuetudinárias que inexiste para as normas legais. Ora, talqualmente as leis podem ser imperativas mas também meramente dispositivas, também assim os costumes podem ser imperativos ou meramente dispositivos (supletivos ou permissivos): ou seja, tal como uma lei não deixa de o ser quando, no lugar de obrigar, apenas se aplica para suprir o silêncio dos sujeitos jurídicos, aclarar o sentido das suas condutas ou permitir àqueles um dado efeito jurídico, assim também um costume enraizado na comunidade não perde essa qualidade quando o seu acatamento pelos indivíduos é devido, não à convicção de se tratar de regra injuntiva e obrigatória, mas simplesmente ao convencimento de se estar diante de regra em vigor no seio dessa mesma comunidade, ainda que com funções normativas meramente supletivas ou permissivas. Tal significa dizer que o traço distintivo geral entre a norma consuetudinária e o simples uso de facto deverá residir na «*convicção de vigência jurídica*» da norma que o costume incorpora, e não já necessariamente na convicção da sua injuntividade ou obrigatoriedade[47].

---

accompanying or preceeding it» (GARDNER, BRIAN (ed.), *Black's Law Dictionnary*, «voce» respectiva, West Group, St. Paul, Minn., 2004).

[46] Sobre a delicada fronteira entre costume e usos mercantis, *vide* LIMBACH, JUTTA, «Die Festellung von Handelsgebräuchen», *in*: *Festgabe für Ernst Hirsch*, p. 77 e ss., Duncker & Humblot, Berlin, 1968; PÉDAMON, MICHEL, «Y a-t-il Lieu de Distinguer les Usages et les Coutumes en Droit Commercial?», *in*: 12 *Revue Trimestrielle de Droit Commercial et de Droit Économique*» (1959), p. 359 e ss.

[47] *Contratos – Conceito, Fontes, Formação*, p. 60, 2.ª ed., Almedina, Coimbra, 2003.

III. A pena arguta do brilhante jurista português – a quem a Faculdade de Direito da Universidade Nova de Lisboa, cujo 10.º aniversário agora se comemora, tanto deve – chama a atenção para um aspecto que pode ser crucial também para *o reequacionamento futuro do relevo do costume e da norma consuetudinária no âmbito das fontes do Direito Comercial*.

Está bom de ver que a substituição do tradicional critério da «obrigatoriedade» pelo critério alternativo da «vigência» acabaria por trazer ao costume uma renovada amplitude no plano das fontes juscomerciais, que aquele foi progressivamente perdendo. Com efeito, uma boa parte dos chamados «usos mercantis de facto» consiste actualmente em práticas reiteradas e habituais cuja função normativa consiste, não em proibir ou impor uma conduta aos intervenientes no comércio jurídico, mas simplesmente em regular o sentido geral «ex silentio» dessa conduta (usos normativos supletivos) ou em a consentir (usos normativos permissivos). Ora, tais «usos normativos» dispositivos, desde que consubstanciados em práticas seguidas e aceites pelo conjunto dos destinatários do comércio jurídico-económico (ou de determinado sector relevante deste), adquiriram, tanto quanto os «usos normativos» injuntivos, uma indiscutível vigência social aos olhos desses mesmos destinatários: o que impede, pois, de passarem a ser considerados, ou pelo menos tratados, como verdadeiro costume mercantil para efeitos da regulação das relações jurídico-comerciais?

Em suma, por outras palavras, no universo geral dos chamados «usos de comércio», seria porventura de admitir uma terceira categoria, situada algures a meio caminho entre o costume mercantil (na concepção tradicional) e os meros usos mercantis: o chamado «*costume mercantil dispositivo*» ou, se se preferir, «*usos mercantis normativos*». Tratar-se-ia, na verdade, de uma norma costumeira «hoc sensu» cuja especificidade fundamental reside no seu carácter meramente dispositivo: tal significa que, ao lado da norma costumeira cogente ou obrigatória, passariam igualmente a ser consideradas fontes primárias e autónomas da revelação do Direito Comercial objectivo (e não simplesmente como fontes derivadas, dependentes «ex definitione» de convocação legal ou convencional: cf. artigo 3.º, n.º 1, do Código Civil) os «usos normativos» de natureza dispositiva dotados de uma efectiva vigência jurídico-social. Por outras palavras: *sempre que uma regra supletiva ou permissiva puder ser extraída de determinada «praxis» ou uso comercial, acolhido e seguido estavelmente pela comunidade geral dos seus autores ou destinatários, tal regra transmuta-se em norma jurídica (dispositiva) do Direito Comercial*.

Uma tal concepção lata do costume mercantil representa naturalmente um simples ponto de partida, e não de chegada – implicando diversas *precisões complementares*, designadamente quanto à delimitação da sua noção e à sua inter-relação com as normas legais e contratuais, que aqui não podem ser senão afloradas e testadas em tese geral.

IV. Desde logo, no que tange à sua *noção*, importa precisar que a norma costumeira aqui relevante é apenas *aquela que corresponde a usos ou práticas seguidos e acolhidos por toda a comunidade de sujeitos a que respeita*, «*rectius*», *dos seus autores e destinatários*.

Não se poderá assim falar de costume – mas de mero uso – a propósito de uma prática, ainda que reiterada e estável, que é aceite pelos seus autores, *mas não pelos seus destinatários*: assim, por exemplo, será de qualificar, quando muito, como simples uso, uma determinada prática seguida pela generalidade dos empresários de um determinado sector comercial que, todavia, é desconhecida ou não aceite pelos respectivos clientes (*v. g.*, certas práticas comerciais de venda em face dos consumidores)[48]. Também de uso, e não de costume, haverá que falar relativamente àquelas práticas que são seguidas apenas por alguns, *mas não por todos os seus autores*: assim, por exemplo, foi considerado como simples uso bancário ou «uso de praça» a prática adoptada pela Caixa Geral de Depósitos que permite a movimentação de contas bancárias por analfabetos, mediante a respectiva impressão digital e assinatura a rogo do titular[49]. Nestes casos,

---

[48] Dito de outra forma, não relevam as práticas que relevam de um poder ou supremacia económico-negocial («wirtschaftliche Übermacht») ou que são impostas unilateralmente por parte de apenas um sector dos intervenientes (*v. g.*, dos vendedores em face dos compradores, dos bancos em face dos clientes, dos seguradores em face dos segurados). Inversamente, já serão em princípio de considerar como relevantes aquelas práticas que, embora criadas ou propostas por um sector dos seus intervenientes («maxime», os profissionais de determinada actividade comercial), passaram a ser respeitadas e seguidas pelos demais com o convencimento da sua vinculatividade jurídica («maxime», pelos consumidores dos respectivos bens e serviços). Cf. também CANARIS, CLAUS-WILHELM, *Handelsrecht*, p. 341, 24. Aufl., Beck, München, 2006.

[49] Acórdão do Tribunal Constitucional, de 22 de Maio de 1996 (TAVARES DA COSTA), que qualificou como «uso de praça» a actuação da Caixa Geral de Depósitos: neste caso, sendo o Regulamento então vigente (aprovado pelo Decreto n.º 694/70, de 31 de Dezembro) omisso quanto à movimentação de contas bancárias por titulares analfabetos, as instruções de serviço internas acolheram a prática usual segundo a qual bastaria a aposição da respectiva impressão digital sem reconhecimento notarial e declaração feita em documento particular com a assinatura a rogo do titular. Diferente será já a conclusão quando tal prá-

estaríamos diante de meros «usos mercantis de facto», destituídos de juridicidade própria e que apenas a poderiam adquirir pelas vias normais – mediante a sua convocação feita por norma legal (artigo 3.º, n.º 1, do Código Civil) ou pelas partes no exercício da sua autonomia contratual (*v. g.*, sob a forma de cláusulas contratuais gerais).

Mas já haverá verdadeira norma comercial costumeira, ou «uso mercantil de direito», quando a «praxis» comercial em causa é actuada, respeitada e acolhida *pela totalidade dos seus autores e destinatários*, adquirindo uma vigência jurídica «hoc sensu» e funcionando como matriz normativa das respectivas condutas e relações. Um exemplo de escola deste tipo de situação é a chamada «cláusula de boa cobrança» no domínio da actividade bancária, que denomina a prática habitual dos bancos e clientes de apenas considerarem definitivo o depósito de títulos de crédito («maxime», cheques) após os mesmos terem sido efectivamente cobrados. Neste caso, quanto a nós, encontramo-nos perante uma verdadeira norma consuetudinária (ou, se se preferir, perante um «uso normativo») que passou a funcionar como uma fonte autónoma da disciplina do contrato de depósito bancário, cuja recepção pela ordem jurídica não ficou dependente, nem da sua consagração ou convocação por norma legal, nem sequer do seu acolhimento convencional, expresso ou tácito, pelas partes contratantes[50].

V. Importante é igualmente – e agora por outra banda – ter presente o quadro das relações do costume ou norma costumeira mercantil, assim latamente concebidos, com as *normas legais*.

---

tica tenha deixado de o ser de apenas um ou mais bancos concretos, ou de uma «praça» especial, para se tornar numa «praxis» seguida pela generalidade das instituições bancárias.

[50] A «cláusula de boa cobrança» aparece por vezes referida, na doutrina e jurisprudência portuguesas, ora como uma cláusula tácita, ora como uma cláusula (expressa) contratual geral, dos contratos de depósito bancário: cf. NUNES, F. CONCEIÇÃO, *Direito Bancário*, vol. I, p. 72, AAFDL, Lisboa, 1994; SIMÕES, J. PATRÍCIO, *Direito Bancário Privado*, p. 86, Quid Juris, Lisboa, 2004; Acórdão do Supremo Tribunal de Justiça, de 12 de Dezembro de 2002 (PONCE LEÃO), onde se decidiu no sentido de inexistir uso bancário contrário ou diverso ao dessa cláusula negocial tácita. Trata-se, quanto a nós, de uma qualificação incorrecta. Sem dúvida que semelhante «praxis», originada nas práticas profissionais da banca, foi sendo progressivamente incorporada nos contratos de depósito bancário, mormente por via dos seus formulários-tipo. Tal recepção, todavia, não lhe retira a sua autonomia enquanto verdadeira norma costumeira no plano da ordem juscomercial positiva, plenamente aplicável independentemente do seu acolhimento (ainda que meramente tácito) nos contratos celebrados entre os bancos e os seus clientes (cf. ainda *supra*, § 2, 2, II).

Afigura-se dificilmente aceitável que o costume mercantil possa primar sobre normas legais *imperativas*, as quais têm a si subjacentes interesses gerais ou indisponíveis (frequentemente, no domínio da regulação contratual, o interesse de tutela do contraente mais fraco) que, sob pena de insegurança jurídica, não devem poder ser afastados por práticas comerciais consuetudinárias. Uma boa ilustração disto mesmo pode ser encontrada na recente aprovação de diploma legal que veio afastar e revogar a prática bancária perfeitamente consolidada entre nós que consistia no cálculo diferenciado das taxas de juros das operações passivas (depósito) numa base de um ano de 360 dias e das operações activas («maxime», concessão de crédito) numa base de 365 ou 366 dias[51].

Inversamente, já não se vêem razões para que, em via de regra, o costume não possa primar sobre normas legais *dispositivas*. Com efeito, aos sujeitos jurídicos é reconhecido o poder de se afastar do direito dispositivo positivado, pelo que às suas condutas activas ou omissivas pode e deve ser imputado esse significado quando tal corresponda ao sentido da «praxis» vigente e unanimemente aceite em determinado sector juscomercial[52]. Trata-se obviamente de uma solução de princípio, que apenas deverá ser aceite dentro dos limites da boa fé decorrentes dos artigos 3.°, n.° 1, e 762.°, n.° 2, do Código Civil: na verdade, existem normas legais que, não obstante derrogáveis por vontade das partes (normas dispositivas), transportam um conteúdo de justiça ou tutelam interesses que apenas devem ceder uma vez reunidos determinados pressupostos (relembre-se, por exem-

---

[51] O Aviso do Banco de Portugal n.° 9/2006, de 10 de Novembro, veio assim impor basicamente a obrigatoriedade de as instituições bancárias adoptarem um único método de cálculo para todas as suas operações, activas ou passivas, com vista à protecção dos interesses dos clientes: não obstante tratar-se de uma prática seguida e aceite por todos os bancos e clientes até então, assumindo pois contornos consuetudinários, deve entender-se que tal costume foi revogado por lei imperativa. Mas outros exemplos se poderiam aqui formular: veja-se, por exemplo, a revogação pela lei da concorrência de determinadas práticas de «cartel» ou concertadas entre empresas de transporte aeronáutico (SCHMIDT, KARSTEN, *Handelsrecht*, p. 28, 5. Aufl., Carl Heymanns, Köln, 1999).

[52] Saliente-se que tal solução valerá mesmo nos casos em o que contrato comercial em questão não se desvie expressamente «in casu» do tipo legal onde se encontra previsto tal direito dispositivo: é que, como salienta CLAUS-WILHELM CANARIS, a circunstância de constituir justamente «praxis» contratual vigente e firmada o afastamento dessas normas legais dispositivas – que não são «praticadas» ou são ignoradas habitualmente no seio da comunidade dos seus destinatários (os contraentes) – aponta também para atribuir tal significado ao silêncio das partes de um contrato concreto (*Handelsrecht*, p. 349, 24. Aufl., Beck, München, 2006).

plo, que a derrogação de certas normas dispositivas é justamente proibida no âmbito dos contratos de adesão: cf. artigos 19.º e 22.º do Decreto-Lei n.º 446/85, de 25 de Outubro); e, mesmo na falta de norma legal dispositiva, o costume não deve ser considerado como necessariamente aplicável em toda e qualquer circunstância, mormente sempre que seja frontalmente violador de princípios gerais da ordem jurídica[53].

VI. Finalmente, importa também não descurar a relação deste costume mercantil com as *normas contratuais*.

Esta relação é rica de influências recíprocas. Por um lado, uma boa parte dos contratos comerciais contemporâneos corresponde a *contratos atípicos*. Com efeito, a «vis creativa» dos empresários, os «mercatore» do novo milénio, e a dinâmica própria da vida económica têm sido responsáveis por um incessante movimento de criação e sedimentação de contratos socialmente típicos que não são dotados de um regime legal próprio (legalmente atípicos) e, nalguns casos até, sequer de um «nomen iuris» (inominados): pense-se nos contratos de «factoring», «leasing», «franchising», «sponsoring», «forfaiting», «engineering», «catering», «renting», «merchandising», «countertrade», «know-how», «futures», «swaps», «caps», «floors», «options», «project finance», e tantos outros[54]. Ora, são os usos mercantis (de direito ou de facto) que fornecem o modelo de base da disciplina contratual destas figuras negociais, desempenhando, na sua construção e aplicação jurídicas, um papel algo semelhante àquele que as normas legais desempenham no caso dos contratos típicos: para dizer tudo numa palavra, com Pedro Pais de Vasconcelos, «os tipos contratuais sociais são direito consuetudinário»[55].

Por outro lado, uma boa parte do costume mercantil é hoje objecto de uma compilação e enquadramento sistemático no âmbito de instrumentos normativos escritos elaborados por organizações nacionais e internacionais – tendo-se assim tornado numa espécie de fonte autopoiética de produção normativa em matéria da contratação mercantil, especialmente internacional: pense-se, por exemplo, nos *contratos-modelo*, elaborados por associações profissionais ou corporativas, de vocação geral ou sectorial,

---

[53] Assim também SONNENBERG, HANS, *Verkehrssitten im Schuldvertrag – Rechtsvergleichender Beitrag zur Vertragsauslegung und zur Rechtsquellenlehre*, p. 118 e ss., Beck, München, 1970.

[54] ANTUNES, J. ENGRÁCIA, *Os Contratos Comerciais – Noções Fundamentais*, p. 42 e ss., Direito e Justiça, Lisboa, 2008.

[55] *Contratos Atípicos*, p. 61, Almedina, Coimbra, 1995.

que funcionam como modelos padronizados destinados a ser adoptados pelos operadores económicos no âmbito de certos tipos contratuais (com especial destaque para os aprovados pela Câmara de Comércio Internacional, *v. g.*, modelos relativos ao contrato de agência, de concessão comercial, ou de franquia comercial)[56].

Finalmente, quanto à sua inter-relação em sentido estrito, afigura-se que as *normas contratuais deverão primar sobre o costume mercantil dispositivo ou supletivo*: tal como as partes de um contrato são livres de afastar as normas legais dispositivas, assim também deve ser respeitada a vontade dos contratantes em prover uma disciplina diversa da prevista supletivamente na norma costumeira (costume supletivo) ou em não se aproveitar de determinada faculdade que esta lhes atribui (costume permissivo). Ponto é que tal afastamento haja sido expressa ou concludentemente acordado por tais contraentes: ou seja, os interessados em que tal norma costumeira não lhe seja oponível deverão cuidar de excluir ou afastar a sua aplicação no próprio programa contratual.

§ 4. Regime Probatório

I. A fechar estas breves reflexões, uma última e ainda mais sumária chamada de atenção para o importante *regime processual da alegação e prova* do costume e dos usos mercantis[57].

II. Como atrás foi sublinhado, o costume mercantil (fonte juscomercial imediata ou primária) e os usos mercantis (fonte juscomercial mediata

---

[56] Cf. BORTOLOTTI, FABIO, «The ICC Model Contracts: A New Approach to the Drafting of Model Forms for International Trade», *in*: 8 *Revue du Droit des Affaires Internationales* (2001), p. 968 e ss. Para além destes, existem ainda modelos de contratos-tipo aprovados por organismos profissionais sectoriais – *v. g.*, os modelos relativos à venda e transporte de cereais emanados da «London Corn Trade Association» e da «Grain and Feed Trade Association», os relativos a empreitadas industriais da «International Federation of Consulting Engineers» – ou, mais circunscritamente, de determinadas cláusulas-tipo concretas a incluir nos contratos comerciais – designadamente, as cláusulas de força maior e «hardship» (*ICC Hardship Clause 2003*, Paris, 2003).

[57] Sobre a questão, *vide*, entre nós, ASCENSÃO, J. OLIVEIRA, *O Direito – Introdução e Teoria Geral*, p. 256, 11.ª ed., Almedina, Coimbra, 2001; SENDIM, P. MELERO, *Lições de Direito Comercial*, p. 32, Lisboa, 1995/96. Noutros quadrantes, *vide* HORN, NOBERT (Hrsg.) *Handelsgesetzbuch Kommentar*, Band 4, p. 83 e ss., 2. Aufl., De Gruter, Berlin, 2005; SCHMIDT, KARSTEN, *Münchener Kommentar zum Handelsgesetzbuch*, Band 5, p. 50 e ss., Beck, München, 2001.

ou derivada) consubstanciam verdadeiras regras jurídicas actuantes na disciplina das relações comerciais. Assim sendo, no rigor dos termos, tal deveria significar que eles deveriam ser sempre do conhecimento oficioso do juiz, independentemente da sua invocação pelas partes («iura novit curia», no brocardo latino)[58].

III. Esta conclusão, todavia, tem cedido perante as exigências da prática, dadas as consabidas dificuldades da constatação e averiguação dos usos mercantis, de direito ou de facto: já a Rota de Génova rezava – «consuetudo est difficilimae probationis». Daí que o próprio legislador tenha estabelecido que *o ónus da prova da existência e conteúdo destes costumes e usos incumbirá àqueles que os invocam* (artigo 348.°, n.° 1, do Código Civil), sem prejuízo de ao tribunal competir o dever de conhecer e aplicar tais costumes ou usos[59]: desse modo, a menos que o juiz a reconheça «motu proprio», a falta de prova da norma costumeira pela parte interessada tem como consequência a regulação da questão juscomercial segundo as regras legais vigentes (artigo 348.°, n.° 3, do Código Civil). Instrumentos probatórios coadjuvantes particularmente relevantes poderão ser, quer os instrumentos normativos de natureza auto-regulatória elaborados sob a égide de organizações nacionais (*v. g.*, leis-modelo, termos normalizados, guias jurídicos), quer os pareceres das ordens profissionais relevantes («maxime», associações de comércio e indústria, associações profissionais de sector)[60], quer as próprias decisões jurisprudenciais em litígios anteriores.

---

[58] FREITAS, J. LEBRE, *Introdução ao Processo Civil*, p. 115 e ss., Coimbra Editora, 2006. Recorde-se ainda que, no âmbito da *jurisdição arbitral*, os usos de comércio jogam um papel fundamental: por exemplo, nos termos do artigo 28.° do Regulamento do Tribunal Arbitral do Centro de Arbitragem Comercial, de 1 de Outubro de 1987, «o tribunal terá sempre em conta os usos de comércio» nas suas decisões (cf. COELHO, J. GALHARDO, *Arbitragem*, p. 213 e ss., Almedina, Coimbra, 2000).

[59] Tal significa que ao tribunal incumbe também, simultaneamente, um «dever de se esclarecer sobre a matéria» (VARELA, J. ANTUNES, *Manual de Processo Civil*, p. 438, 2.ª ed., Coimbra Editora, 1985), ou seja, o dever de se procurar inteirar das normas costumeiras existentes, seja no caso da sua invocação pelas partes (artigo 348.°, n.° 1, «in fine» do Código Civil), seja mesma na falta dessa invocação (artigo 348.°, n.° 2, do Código Civil).

[60] BÖSHAGEN, ULRICH, «Gutachten der Industrie- und Handelskammern über das Bestehen von Handelsbräuchen», *in*: *Neue Juristische Wochenschrift* (1956), p. 695 e ss.

ALGUMAS NOTAS SOBRE O DIREITO DO TRABALHADOR À RESERVA DA VIDA PRIVADA

José João Abrantes[*]

1. O *Código do Trabalho*, nos seus artigos 15.° e seguintes, reconhece expressamente no âmbito da empresa alguns direitos fundamentais da pessoa humana, entre os quais a reserva da intimidade da vida privada[1].

Verifica-se, também aí (não só para tal direito, como, em geral, para os restantes «*direitos de personalidade*»), algo que se encontra um pouco por todo o diploma e que corresponde àquilo que poderemos definir como uma quase-»obsessão» do legislador pela aproximação ao direito civil[2], procurando fazer subjazer à regulamentação respectiva a ideia de *igualdade* entre as partes e, de uma forma geral, os quadros da dogmática civilista – que, em nosso entender, sempre foi, e continua a ser, incapaz de apreender o cerne e o verdadeiro sentido da relação de trabalho[3].

---

[*] Professor da Faculdade de Direito da Universidade Nova de Lisboa.

[1] O seu carácter inovador nesta matéria é, porém, relativo, dado que tais direitos resultavam já quer de preceitos constitucionais consagradores dos direitos fundamentais da pessoa humana (arts. 24.° e ss. da CRP, directamente aplicáveis, nos termos do n.° 1 do respectivo art. 18.°) quer de disposições do Código Civil, relativas à tutela geral da personalidade e aos direitos de personalidade (arts. 70.° e ss.), com os quais, aliás, os preceitos agora em questão deverão ser complementados.

[2] O que, com pertinência, já levou destacados juslaboristas a falar de um *Código Civil do Trabalho* (cfr. João Leal Amado, *Temas laborais*, Coimbra, 2005, p. 109).

[3] O trabalho, enquanto bem instrumental da personalidade, exige, com efeito, uma tutela específica, que impede o tratamento da relação de trabalho como uma mera troca de prestações.

Sobre a diferenciação do direito do trabalho relativamente ao quadro geral do direito

A própria opção do legislador pela expressão «*direitos de personalidade*», normalmente mais utilizada pelos civilistas, em vez da expressão «*direitos fundamentais da pessoa humana*», terminologia mais utilizada pelos constitucionalistas, parece-nos (mais) um dos sinais da mencionada aproximação aos quadros dogmáticos do direito civil. Foi, aliás, a própria Exposição de Motivos da Proposta de Lei n.º 29/IX a afirmar (cfr. ponto 3.3) que a ideia de comunhão de interesses entre trabalhadores e empregadores «está presente em todo o texto».

---

privado, e nomeadamente ao direito comum das obrigações e dos contratos, cfr., por todos, de forma lapidar, MONTEIRO FERNANDES, *Direito do Trabalho*, p. 20 e ss.

Para Menezes Cordeiro e P. Romano Martinez, porém, não existem no Direito do Trabalho valores e princípios susceptíveis de erguer uma dogmática própria; os seus princípios não pressupõem uma alteração dos parâmetros gerais do direito civil, onde também têm tido soluções a relação de troca desigual ou a necessidade de protecção. Por conseguinte, a autonomia do direito laboral «*é meramente sistemática*» (ROMANO MARTINEZ, *Direito do Trabalho. Relatório*, 1998, p. 66), deriva apenas «da necessidade prática e académica de agrupar, por forma ordenada, as normas relativas ao trabalho dependente» (MENEZES CORDEIRO, *Da situação jurídica laboral; perspectivas dogmáticas do Direito do Trabalho*, 1982, p. 64).

Em contrário, cfr. BERNARDO LOBO XAVIER, *in III Congresso Nacional de Direito do Trabalho. Memórias*, 2001, p. 95 e ss. [p. 100 e nota (7)], para quem é na relação colectiva que, «pese embora a um civilismo irrealista, reside o traço mais saliente da radical autonomia do direito do trabalho»; acrescenta este autor que tal autonomia «deve ser exaltada, relativamente ao direito comum dos contratos» e que (citando Radbruch) «o direito do trabalho focaliza (as relações económicas) segundo o critério da protecção do economicamente mais débil contra o economicamente forte. (...) (O direito civil) reconhece só «pessoas», sujeitos jurídicos iguais, que contratam entre si mediante livres decisões de ambas as partes: nada sabe do trabalhador, situado numa posição de inferioridade perante o empresário. Nada sabe também da solidariedade do conjunto dos trabalhadores, que compensa esta inferioridade de poder do trabalhador individual relativamente ao patrão; nem sabe das grandes associações profissionais que, mediante as convenções colectivas de trabalho, são quem realmente conclui os contratos de trabalho. (...) A essência do direito do trabalho (é precisamente) a sua maior proximidade à vida. Não vê só pessoas, como o abstracto direito civil, mas empresários, operários, empregados; não só pessoas individuais, mas associações e empresas; não apenas contratos livres, mas também as duras lutas económicas de poder que constituem o pano de fundo destes supostos contratos livres».

Cfr., ainda, M. ROSÁRIO PALMA RAMALHO, que, na sua tese de doutoramento, *Da autonomia dogmática do direito do trabalho*, Coimbra, 2001, p. 965 e ss., identifica três princípios gerais deste ramo do direito, a que chama o *princípio da compensação* (compreendendo aí os subprincípios da protecção do trabalhador e da salvaguarda dos interesses de gestão do empregador), o *princípio do colectivo* e o *princípio da autotutela laboral* (concretizado em 2 vertentes, o poder disciplinar e o direito de greve).

Igualmente demonstrativo da concepção subjacente ao tratamento da matéria pelo legislador nos parece o facto de algumas expressões adoptadas – *maxime*, a referência à necessidade de respeito pelos «direitos de personalidade do trabalhador *e empregador, incluindo as pessoas singulares que o representam*» (no art. 15.°) ou a formulação, em termos simétricos, do dever, que incumbe a cada uma das partes («o empregador e o trabalhador»), de respeitar «os direitos de personalidade da contraparte» (no art. 16.°) – «desfocarem» o essencial do problema da eficácia dos referidos direitos no âmbito do contrato de trabalho enquanto uma questão de protecção da personalidade *do trabalhador*, a parte cuja liberdade aparece susceptível de ser feita perigar pelo maior poder económico e social da outra. Escamoteia-se, assim, de certa forma, que a relação de trabalho é uma relação assimétrica, de poder-sujeição, com um modo de ser peculiar, que exige uma tutela específica e impede o seu tratamento como simples meio de troca entre trabalho e salário, antes impondo a compensação do desequilíbrio que afecta a posição do trabalhador.

O código (também aqui, nesta matéria dos direitos de personalidade) não teve, de facto, em conta as especiais características de uma relação, no cerne da qual se encontra a pessoa humana, a *pessoa* do trabalhador e os seus direitos, havendo, pois, que procurar o equilíbrio entre interesses legítimos do empregador e a garantia destes direitos.

Face à imposição, directamente resultante da Constituição, de dever qualquer limitação à liberdade civil do trabalhador revestir uma natureza absolutamente excepcional, não se justificando senão em obediência a princípios de proporcionalidade e respeito pelo conteúdo essencial mínimo do direito atingido (cfr. n.os 2 e 3 do art. 18.° da CRP e art. 335.° do Cód. Civil), o Código do Trabalho deveria ter-se preocupado mais com a delimitação das restrições a tais direitos, isto é, com a definição dos *limites dos limites* («*Schrankenschranken*») desses direitos. Ao contrário, o que sucede é a consagração dos direitos fundamentais ser, por vezes, acompanhada de excepções que, dada a imprecisão e subjectividade dos seus contornos, comprometem a delimitação rigorosa da «medida» de restrição dos direitos, liberdades e garantias dos trabalhadores, com eventual violação dos referidos princípios constitucionais.

É o que se passa, nomeadamente, com o direito à reserva da intimidade da vida privada.

2. O artigo 16.° refere especificamente este direito, que se analisa na proibição tanto do acesso de estranhos a informações sobre a vida privada

de outrem como da divulgação de informações que alguém tenha sobre ela; é o que diz o n.º 2 do artigo[4], cujo elenco não é exaustivo, abrangendo-se naquela proibição quaisquer factos não relevantes para efeitos de valoração da atitude profissional do trabalhador, até mesmo, por exemplo, os seus gostos pessoais e hábitos de vida, situação familiar, estado de saúde, etc.[5]

Também aqui, por imposição quer do n.º 2 do artigo 18.º da CRP quer do artigo 335.º do Cód. Civil, a reserva da intimidade da vida privada deve ser *a regra*, não a excepção, apenas se justificando a sua limitação quando interesses superiores (*v. g.*, «*outros direitos ou interesses constitucionalmente protegidos*») o exijam. De acordo com o princípio, fundado nesse direito, da separação entre vida privada e relação de trabalho, o trabalhador pode, em regra, dispor livremente da sua vida extraprofissional, sendo vedado ao empregador investigar e/ou fazer relevar factos dessa sua esfera privada[6], a não ser que haja uma *ligação directa* com as suas funções. Nomeadamente, factos que integram a esfera privada do trabalhador (até mesmo, por exemplo, no caso de uma condenação penal) não podem constituir justa causa para o seu despedimento, a não ser que, em concreto, tenham «*reflexos prejudiciais no serviço*»[7], isto é, sejam susceptíveis de

---

[4] Que proíbe, não apenas a intromissão na vida privada de outrém, como a divulgação de aspectos atinentes à sua esfera íntima e pessoal. Assim, mesmo que alguém consinta a outrem o acesso a certos dados da sua vida privada, continua a incidir sobre essa pessoa o dever de os não revelar a terceiros (cfr. J. J. GOMES CANOTILHO / Vital MOREIRA, *Constituição...*, *cit.*, p. 181 e s.).

[5] Sobre a extensão da reserva quanto à intimidade da vida privada de outrem, v. o art. 80.º, n.º 2, do Cód. Civil.

[6] Ainda que deles tenha tido conhecimento casual, dado a proibição ter também a ver com evidentes preocupações de garantia de não discriminação.

[7] Neste sentido, v., entre outros, de forma muito clara, Rel. Porto 21.10.85, *Col. Jur.* 1985-IV, p. 281 e s. (agressão a uma colega fora do local de trabalho), Rel. Lisboa 6.11.91, *Col. Jur.* 1991-V, p. 157 e ss. (emissão de cheques sem provisão por um empregado bancário), Rel. Lisboa 17.06.93, *Col. Jur.* 1993-III, p. 187 e ss., confirmada por STJ 11.05.94, *BMJ* n.º 437, p. 335 e ss. (violação de deveres contratuais por um comandante de aeronave fora do horário de trabalho), Rel. Coimbra 1.06.95, *Col. Jur.* 1995-III, p. 85 e s. (empréstimo de dinheiro solicitado por um empregado bancário a um cliente) e Rel. Lisboa 8.01.97, *Col. Jur.* 1997-I, p. 173 e s. (assédio sexual a uma trabalhadora, cometido por um seu superior hierárquico).

Em muitas dessas situações, a actuação do trabalhador envolve a violação de deveres laborais acessórios. Pense-se, por exemplo, no caso da citada decisão da Relação de Lisboa de 17.06.93 (confirmada pelo Supremo em 11.05.94), relativa a um piloto de uma companhia aérea. Será igualmente o caso de um jogador de futebol, que, através de uma vida desregrada, pode pôr em perigo a correcta execução dos seus deveres laborais.

perturbar a empresa e o correcto desenvolvimento das prestações contratuais, por motivos directamente ligados às funções por ele exercidas.

A vida extraprofissional do trabalhador apenas pode, por conseguinte, ter um relevo meramente indirecto na consistência do vínculo laboral, na medida em que se reflicta negativamente na relação de trabalho, sendo que, em todo o caso, não é aquela, mas apenas este reflexo, que pode ser objecto de sanções aplicadas pelo empregador.

3. Os artigos seguintes têm também a ver com a intimidade da vida privada, neles se definindo, por exemplo, os termos em que o empregador pode «exigir ao candidato a emprego ou ao trabalhador que preste informações relativas à sua vida privada», «à sua saúde ou estado de gravidez» (art. 17.º, n.ºs 1 e 2), exigir-lhe «a realização ou apresentação de testes ou exames médicos» (art. 19.º), utilizar «meios de vigilância à distância no local de trabalho» (art. 20.º) ou «estabelecer regras de utilização dos meios de comunicação na empresa, nomeadamente do correio electrónico» (art. 21.º).

Esse direito à intimidade só pode legitimamente ser limitado, desde que razões jurídicas e interesses relevantes do empregador justifiquem tal sacrifício, não podendo os artigos 15.º a 21.º do CT pôr em causa os princípios constitucionais da necessidade, adequação e proibição do excesso.

O empregador só deverá, pois, poder solicitar informações sobre a vida privada que «sejam *estritamente necessárias e relevantes*» para avaliar a aptidão para a execução do contrato (assim, por exemplo, quem se candidate a motorista pode ser inquirido sobre se costuma ou não infringir as regras de trânsito), tal como – e de acordo, aliás, com jurisprudência uniforme de tribunais superiores – só determinados interesses dignos de protecção social (*v. g.*, segurança rodoviária, prevenção de acidentes de trabalho ou de situações de risco para terceiros, como é o caso de um potencial contágio para os restantes trabalhadores) poderão justificar, por exemplo, a realização de testes de alcoolemia ou de exames para detecção de drogas.

A propósito, não se deixará sem uma referência que, por força da censura feita pelo Tribunal Constitucional, no acórdão n.º 306/2003, de 25.06, à norma que admitia o acesso directo do empregador a informações sobre a saúde do trabalhador ou o estado de gravidez da trabalhadora, o n.º 3 do artigo 17.º veio estatuir (numa solução similar à do n.º 3 do art. 19.º) que essas informações serão prestadas a médico, que só poderá comunicar ao empregador se o trabalhador está ou não apto para o desempenho da sua actividade. Acrescente-se, porém, que, em nosso entender, a possibilidade de o empregador aceder a tais informações, mediante autorização escrita do trabalhador, é criticável, por desrespeito dos limites do n.º 2 do artigo 18.º da CRP. Não se vislumbra, com efeito, que razões objectivas poderão haver para que o empregador pretenda conhecer mais sobre a esfera íntima do trabalhador, para além da única coisa que verdadeiramente para ele pode ter relevância no âmbito da relação laboral, que é se o trabalhador está ou não apto.

Estamos face a um exemplo flagrante da aposta clara do código na liberdade contratual, o que, nas relações laborais, representa uma aposta no acréscimo da margem da escolha livre e, portanto, de poder do empregador – contrariando, assim, o desígnio natural do Direito do Trabalho enquanto instrumento regulador de uma relação de poder-sujeição, em que a liberdade e os direitos de uma das partes aparecem susceptíveis de ser feitos perigar pelo maior poder económico e social da outra[8].

---

[8] Nalguns domínios da relação individual de trabalho, nos quais, aliás, mais se imporia que a lei fixasse mínimos de protecção, *v. g.* em matéria de mobilidade, o diploma permite até, em certas situações, que aquela possa ser afastada por estipulação individual.

As regras sobre mobilidade, funcional e geográfica, dos trabalhadores, em que, sem grandes rupturas face à legislação anterior, os poderes patronais de gestão funcional e espacial da mão-de-obra aparecem um pouco mais reforçados, são efectivamente um bom exemplo da perspectiva do código sobre as relações entre a lei e a autonomia da vontade – a qual é, aliás, também bem clara, desde logo, no art. 4.º, que, ao fazer com que as normas legais de regulamentação do trabalho deixem de ser, por regra, dotadas de uma *imperatividade mínima* em relação à regulamentação colectiva, passando agora a ter um valor meramente supletivo, dificilmente poderá ser considerado como respeitador dos parâmetros constitucionais. Sobre o ponto, cfr. o nosso «A autonomia do Direito do Trabalho, a Constituição laboral e o artigo 4.º do Código do Trabalho», *in* AAVV, *Estudos de Direito do Trabalho em Homenagem ao Professor Manuel Alonso Olea*, 2004, pp. 409-431, JORGE LEITE, «Código do Trabalho – algumas questões de (in)constitucionalidade», *in Questões Laborais*, n.º 22 (2003), p. 245 e ss. (270-274), ANTÓNIO MONTEIRO FERNANDES, «A convenção colectiva segundo o Código do Trabalho», *in Estudos de Direito do Trabalho em Homenagem ao Professor Manuel Alonso Olea* (2004), pp. 77-104, e ainda as declarações de voto do acórdão do Tribunal Constitucional n.º 306/2003 (publicado no *Diário da República*, I-A, de 18.07.2003) das Conselheiras Maria Helena Brito (p. 4183 e s.) e Maria Fernanda Palma (p. 4184 e ss.).

Com o novo código, no art. 314.º, n.º 2, o *jus variandi* pode agora, *por estipulação contratual*, ser *alargado* a outras situações, possibilidade que, para nós, merece censura, precisamente por não respeitar o carácter de absoluta excepcionalidade de que o recurso a este instituto (dado tratar-se de um poder que excepciona o princípio do art. 406.º do Cód. Civil) se deverá revestir. Se se passar para a mobilidade geográfica (transferência do local de trabalho), ver-se-á que também o recurso a esta pode agora ser *alargado* por contrato

4. O artigo 20.º – que, após fixar, no seu n.º 1, a proibição expressa da utilização de *meios de vigilância à distância* «com a finalidade de controlar o desempenho profissional do trabalhador», considera lícita tal utilização sempre que «tenha por finalidade a *protecção e segurança de pessoas e bens*» ou quando razões «inerentes à *natureza da actividade* o justifiquem» (n.º 2)[9] – fica muito longe do que seria desejável e possível em relação à regulação da utilização das novas tecnologias no posto de trabalho, inexistindo parâmetros legais, com o estabelecimento de critérios gerais para a mesma.

Esta mesma crítica, relativa à ausência desses critérios gerais quanto à utilização das novas tecnologias (*v. g.*, Internet), vale para o artigo 21.º (*confidencialidade de mensagens e de acesso à informação*), cujo n.º 2, por exemplo, se limita a conferir ao empregador o poder de estabelecer «regras de utilização dos meios de comunicação na empresa», sem estabelecer qualquer critério a observar (salvo o do n.º 1) – o que, em certos casos, pode ser problemático[10].

Tal inexistência de parâmetros legais, verificada nos artigos 20.º e 21.º, não foi sequer corrigida com a Lei n.º 35/2004, de 29.07 (cfr. os respectivos arts. 27.º a 29.º). E teria sido fácil fazê-lo, aproveitando-se, por exemplo, o documento relativo a «*princípios sobre a privacidade no local de trabalho*», aprovado pela Comissão Nacional de Protecção de Dados

---

individual, nos termos do n.º 3 do art. 315.º (para a transferência definitiva) e do n.º 2 do art. 316.º (para a temporária) do diploma; anteriormente, tal como outros autores, considerávamos o art. 24.º da LCT uma norma imperativa mínima, tendo a expressão «*salvo estipulação em contrário*», em nossa opinião, apenas o sentido de permitir a estipulação das partes para limitar ou excluir o poder de transferência individual (pois, de outro modo, esvaziar-se-ia de sentido útil a garantia de inamovibilidade assegurada, pelo art. 21.º, ao trabalhador) [sobre o ponto, cfr., por todos, e no mesmo sentido ao por nós sufragado, JOÃO LEAL AMADO, «Inamovibilidade: uma garantia supletiva?», *in Questões Laborais*, n.º 3 (1994), p. 175 e ss., e CATARINA CARVALHO, *Da mobilidade dos trabalhadores no âmbito dos grupos de empresas nacionais*, Porto (2001), p. 189 e ss.].

[9] Poder-se-á exemplificar a aplicação do preceito considerando ilícita a utilização de equipamentos tecnológicos destinados a controlar a utilização pelos trabalhadores das casas-de-banho e lícita, pelo contrário, a instalação de câmaras de vídeo em estabelecimentos de venda ao público ou em dependências bancárias, em que, por razões de eficácia do sistema de segurança, se recorre a estes meios para vigiar determinadas instalações, para protecção quer contra a intrusão de terceiros quer dos próprios trabalhadores.

[10] Quanto a este artigo, exemplifique-se a legitimidade da sua aplicação com a escuta e o registo das comunicações estabelecidas, durante uma viagem aérea, entre um piloto e os respectivos controladores de tráfego.

em 29.10.2002, ou o «*parecer sobre o* Código do Trabalho», emitido pela mesma CNPD em 20.05.2003 (cfr., igualmente, o documento sobre a vigilância e a monitorização das comunicações electrónicas no local de trabalho, aprovado pelo Grupo de Protecção de Dados da Comissão Europeia em 29.05.2002), que analisam problemas tão importantes como, *v. g.*, o controlo de chamadas telefónicas, do correio electrónico ou do acesso à Internet no local de trabalho (ou, ainda, agora já falando de outros aspectos, a realização de testes genéticos, etc.).

5. Faça-se, por último, uma breve referência às chamadas «*empresas de tendência*» («*Tendenzbetrieben*»), isto é, ideologicamente orientadas, do ponto de vista religioso, político, sindical ou outro, em relação às quais se considera geralmente que, em virtude do seu peculiar carácter, alguns direitos fundamentais – *v. g.*, a reserva da vida privada – devem ser limitados ou até mesmo excluídos. Com efeito, há nelas determinadas tarefas (as chamadas *tarefas de tendência*, por contraposição às denominadas *tarefas neutras*), em que o cumprimento da prestação laboral se identifica com a realização dos fins ideais em que a organização se inspira, com a especial posição do trabalhador e o conteúdo ideológico da sua actividade a imporem-lhe algumas limitações acrescidas na sua vida privada, bem como nas suas liberdades ideológicas e de expressão. A aceitação do conceito, lógica no contexto de uma sociedade pluralista, não poderá conduzir ao extremo de serem deixados sem qualquer protecção os direitos dos seus trabalhadores, devendo, no fundo, em nosso entender, valer os mesmos critérios de proporcionalidade antes mencionados – ou seja, a ideia de que as restrições aos direitos de personalidade do trabalhador respeitem os já mencionados princípios de harmonização de direitos fundamentais, não podendo, sob pena de contrariar o referido artigo 18.°, n.° 2, da CRP, revelar-se *desnecessárias, inadequadas* ou *excessivas*[11].

---

[11] Para maiores desenvolvimentos, v., por todos, WOLFGANG DÄUBLER, *Arbeitsrecht II*, 10.ª ed. (1995), n.° 14.4., FRANCISCO BLAT GIMENO, *Relaciones laborales en empresas ideológicas* (1986), FRANCISCO JAVIER CALVO GALLEGO, *Contrato de trabajo y libertad ideológica* (1995), e, para o ordenamento português, ANTÓNIO DIAS COIMBRA, «Empresas de tendência e trabalho dependente», *in RDES 1989* – n.os 1-2, pp. 197 e ss.

JUSTIFICAÇÃO NOTARIAL: NULIDADE E REGISTO

José Lebre de Freitas[*]

1. O tema

Quer a doutrina quer a jurisprudência continuam a oscilar na interpretação dos artigos 5.º, 7.º e 17.º-2 do Código do Registo Predial (CRP), o primeiro contendo, no seu n.º 4, a definição de terceiro para o efeito do registo predial, o segundo estabelecendo a presunção da existência e da titularidade do direito pela inscrição registal e o terceiro estatuindo sobre os efeitos perante terceiros da nulidade do registo.

Não pretende este artigo mais do que trazer algumas achegas para uma interpretação correcta do artigo 7.º CRP, pensando especialmente na sua aplicação ao caso da justificação notarial, e do artigo 17.º-2 CRP, na sua coordenação com o artigo 291.º do Código Civil (CC). Quanto ao artigo 5.º CRP, não deixa de se lhe fazer alguma referência, na medida em que o seu dispositivo constitui peça essencial à compreensão das implicações do sistema registal no esquema dos direitos civis.

2. A presunção do direito do justificante

2.1. A jurisprudência do STJ sobre a questão da aplicação do artigo 7.º CRP no caso da justificação notarial da aquisição do direito de propriedade por usucapião tem-se dividido entre duas orientações, sendo, aliás, de estranhar que, perante isso, o presidente do tribunal não tenha ainda lançado mão do mecanismo do julgamento ampliado da revista:

---

[*] Professor Catedrático da Faculdade de Direito da Universidade Nova de Lisboa.

a) Em algumas decisões, tem-se entendido que o artigo 7.° CRP leva a que, após o registo da justificação notarial, seja *ónus do impugnante*, não obstante o disposto no artigo 343.°-1 CC sobre a distribuição do ónus da prova nas acções de simples apreciação negativa, a prova de que o justificante não teve a posse do prédio ao longo do prazo da usucapião[1];

---

[1] Acs. de 19.3.02 (Ribeiro Coelho), de 29.6.05 (Salvador da Costa) e de 11.7.06 (Sebastião Póvoas), todos em www.dgsi.pt. No processo em que foi proferido o ac. de 19.3.02, tanto os autores como os réus invocaram, para si, a posse e a usucapião dum certo prédio, que tinha sido objecto, a favor dos réus, de escritura de justificação que os autores impugnaram. Não tendo os réus provado a sua posse, o STJ considerou que, porque a acção de impugnação tinha sido proposta depois dos 30 dias do art. 101.°-2 CNot e havia sido feito o registo da justificação, os justificantes beneficiavam da presunção do art. 7.° CRP, pelo que havia que ampliar a base instrutória para prova dos factos alegados pelos autores em sustentação do seu direito incompatível com o que os réus haviam justificado (o que a 1.ª instância julgara desnecessário, por entender que o ónus da prova era dos réus). No ac. de 11.7.06, a situação de facto era esta: os autores compraram em 22.10.99 um prédio que fora objecto de justificação notarial a favor dos vendedores em 17.3.99; constava na escritura de justificação ter sido feita em 1983 partilha verbal, após a qual se iniciara a posse conducente à usucapião. Os réus limitaram-se a defender-se por excepção, o que o STJ teve por meio insuficiente para a impugnação da justificação. Mas – acrescentou o STJ –, mesmo que tivesse sido usado o meio da reconvenção, esta não poderia proceder porque, por via da presunção do art. 7.° CRP, se aplicava a regra de distribuição do ónus da prova do art. 342.°-1 CC e não a do art. 343.°-1 CC (o que – diga-se – não é exacto, porquanto o art. 343.°-1 CC mais não é do que a explicitação da regra geral do art. 342.°-1 CC, que não afasta nem derroga, no caso da acção de simples apreciação negativa, determinando-se em qualquer caso a distribuição do ónus da prova pela norma de direito substantivo aplicável e não pela posição processual das partes: Lebre de Freitas, *A confissão no direito probatório*, Coimbra, Coimbra Editora, 1991, p. 12 (33), *A acção declarativa comum*, Coimbra, Coimbra Editora, 2000, p. 5 (15), e *Introdução ao processo civil*, Coimbra, Coimbra Editora, 2006, I, p. 3 (36)). No ac. de 29.6.05, tratava-se de acção de reivindicação movida pelos justificantes contra o comodatário do prédio. Os autores declararam na escritura que a sua posse tivera início após uma partilha verbal, feita em 1972; mas provou-se que nessa data estavam ainda vivos os pretensos autores da herança. A Relação havia entendido que esta falsidade era irrelevante, pois o que importava era o tempo de posse conducente à usucapião e, nenhuma prova tendo sido feita sobre essa posse, funcionava a presunção de propriedade decorrente do registo. O STJ entendeu, porém, que, exigindo o art. 89.° CNot a menção das *circunstâncias de facto que determinaram o início da posse*, bem como dos *factos concretos que a integram*, verificando-se ser falsa a afirmação sobre a partilha e não tendo sido indicados na escritura factos integrantes do conceito de posse, tal constituía *ilisão suficiente da presunção de propriedade decorrente do registo*, não podendo ser reconhecido o direito invocado pelos justificantes. Aliás, estes mesmos haviam alegado na réplica que tinham adquirido o prédio por permuta, o que constituía confissão de que a partilha não tinha existido. Veja-se também o ac. do TRL de 15.5.97 (Francisco Magueijo),

b) Em outras decisões, tem-se entendido que a norma do artigo 7.º CRP não se aplica à inscrição baseada na escritura de justificação, sendo sempre *ónus do justificante*, antes ou depois da inscrição registal, provar os actos constitutivos da posse conducente à usucapião[2].

CJ, 1997, III, p. 85, onde se afirma que a inscrição da justificação liberta o justificante do ónus de «demonstrar os *factos registados*», cabendo ao impugnante provar que «os *factos declarados e confirmados na justificação notarial* não são verdadeiros» (no caso, a escritura fazia menção dos factos integrantes da posse). Este acórdão foi revogado pelo do STJ de 3.3.98 (referido na nota seguinte).

[2] Acs. do STJ de 3.3.98 (TOMÉ DE CARVALHO), *CJ/STJ*, 1998, I, p. 114, de 24.6.04 (LUCAS COELHO), de 25.10.05 (AZEVEDO RAMOS) e de 14.11.06 (SILVA SALAZAR), estes em www.dgsi.pt. No caso do ac. de 24.6.04, a acção, de impugnação de justificação notarial, foi proposta por uma ex-caseira do prédio objecto da justificação, que logrou provar que há mais de 30 anos cultivava uma parte do prédio correspondente a 2/12, que lhe fora verbalmente doada; pôs-se a questão da sua legitimidade para o pedido de impugnação, que o STJ resolveu no sentido de, apesar de não ter deduzido qualquer pedido de reconhecimento da sua propriedade, lhe bastar para tanto a posse correspondente àqueles 2/12; não se tendo provado os factos alegados pelos réus como base da usucapião por eles invocada, e que fundaram um pedido reconvencional, a acção procedia, por o prazo de 30 dias do art. 101.º-2 CNot apenas visar retardar a efectivação do registo, possibilitando o aparecimento antes dele de uma acção de impugnação, mas sem fazer caducar o direito a esta ou levar à subsequente imposição ao autor do ónus de provar a inexistência dos factos constitutivos da posse conducente à usucapião, o que seria para ele extremamente oneroso; na verdade, o direito de propriedade declarado na escritura de justificação torna-se incerto com a impugnação deduzida, cabendo ao justificante provar os factos positivos em que o baseia e não fazendo sentido que o justificante beneficiasse da presunção quando o registo foi feito precisamente com base na justificação impugnada. Esta última afirmação é recorrente nos acórdãos desta corrente. Fá-la o ac. de 3.3.98, em que a justificante, mais de 30 dias depois de celebrada a escritura de justificação, em 27.4.90, foi demandada por pessoas que, com ela, tinham, em 1980, adquirido em compropriedade o prédio objecto da justificação, cujos frutos e impostos, segundo foi declarado na escritura, mas não provado na acção, só por ela tinham sido, respectivamente, recebidos e pagos há mais de 20 anos. Fá-la também o ac. de 25.10.05, proferido em acção movida pelo Estado Português contra uma justificante, que invocara na escritura posse de mais de 80 anos de certos terrenos baldios, e contra os sucessivos donatários destes; foi nele decidido que, «como o registo foi feito com base em tal escritura de justificação, aqui impugnada, e precisamente porque o foi, não pode ele constituir qualquer presunção de que o direito existe, já que é este mesmo direito cuja existência se pretende apurar nesta acção» e caberia aos réus provar os factos constitutivos da usucapião, independentemente de estar ou não já lavrado o registo. Ver também as considerações do ac. do TRC de 17.3.98 (SÍLVIA FREITAS), *CJ*, 1998, II, p. 22, em especial p. 27 (depois dos 30 dias apenas há que pedir o cancelamento do registo efectuado).

É de notar que, mais extremadamente, é defendida a ideia de que a presunção estabelecida pelo artigo 7.º CRP é ininvocável para alicerçar direitos inexistentes, dado que o registo *não constitui*, mas apenas *conserva* direitos: a presunção registal limitar-se-ia, na pressuposição de que o direito se constituiu, a assegurar que o direito efectivamente constituído *se mantém*, isto é, não foi ainda transmitido a outrem[3].

2.2. Como pensar esta questão?

A primeira constatação a fazer é que a prova negativa de *qualquer* tipo de facto constitutivo da posse, alegadamente conducente à usucapião, constitui uma *prova diabólica* que o direito não pode razoavelmente exigir ao impugnante da justificação. Esta, legitimada embora com a necessidade de suprir a falta de prova da aquisição do direito sobre o imóvel por meio normal, implica riscos de inexactidão que obrigam a especiais cautelas. A esta preocupação responde em parte o disposto no artigo 101.º do Código do Notariado (CNot) (suspensão, durante 30 dias, do dever de passar certidão; comunicação ao notário da acção de impugnação; averbamento desta na certidão que da escritura venha a ser passada), estribado na publicação, imposta pelo anterior artigo 100.º, num dos jornais mais lidos do concelho ou da região da situação do prédio. Sabida a grande probabilidade de esta publicação não ser conhecida por todos os interessados, constitui já dificuldade apreciável exigir que, em acção proposta após os 30 dias e o registo da escritura, o impugnante tenha de provar que, durante o prazo da usucapião, o justificante não praticou *os actos de posse por ele invocados*. Esta violência converte-se em exigência de prova diabólica quando, por não terem sido invocados os factos concretos integrantes da posse, se entenda que cabe ao impugnante provar que o justificante não exerceu *qualquer tipo de acto possessório* sobre o prédio objecto da justificação.

Segunda constatação: a *causa* da constituição, aquisição ou modificação dos direitos tem de ser mencionada na respectiva inscrição registal

---

[3] HEINRICH EWALD HÖRSTER, *Efeitos do registo – terceiros – aquisição a non domino*, Regesta, 52, pp. 158-159. Esta interpretação, resultando em que não se presumiria a ocorrência do facto constitutivo do direito registado, mas a inocorrência de facto que o modificasse ou extinguisse, resultaria em destruir a ideia de presunção: a esta é essencial o efeito de inversão do ónus da prova (art. 344.º-1 CC), que no caso não se verificaria (o ónus da prova *permaneceria* na pessoa contra quem o direito constituído era feito valer, como tal já onerada *ab initio* com a prova do facto modificativo ou extintivo: art. 342.º-2 CC).

(cf. art. 95.º-1 CRP). A exigência de que ela seja igualmente indicada na escritura de justificação (arts. 89.º-1 CNot e 90.º-2 CNot) e de que, no caso de se invocar a usucapião, se mencionem as circunstâncias de facto que determinam o início da posse, bem como as que a consubstanciam e caracterizam (art. 89.º-2 CNot), tem a mesma razão de ser. Os direitos e as outras situações jurídicas a que se reporta o artigo 2.º CRP não são inscritos no registo como realidades abstractas, mas sim através dos *factos* que lhes respeitam (*a inscrição é de facto e não de direito*) e é isso que explica a presunção do artigo 7.º CRP: *a inscrição do facto faz presumir a existência deste e, portanto, do direito que dele deriva*, bem como da sua pertença ao titular inscrito; os «*precisos termos em que o registo o define*» englobam essas causas ou circunstâncias de facto constantes da própria inscrição e do documento que lhe serve de base. O direito presumido é sempre um *direito substantivado*, no que a presunção do artigo 7.º CRP substancialmente difere da do artigo 1268.º-1 CC (presunção da titularidade *do direito* no possuidor): verificada a actuação por forma correspondente ao exercício do direito real, a titularidade deste é presumida, sem se cuidar da causa da sua aquisição. Por isso, a presunção do artigo 7.º CRP, não obstante a referência da norma ao direito, deixa-se classificar entre as presunções de facto, determinantes da inversão do ónus da prova *de factos* e realidade da instrução do processo[4].

Em consequência, no caso da usucapião, a presunção do artigo 7.º CRP tem o significado de libertar o titular da inscrição do ónus da prova dos factos concretos *que tenha mencionado na escritura de justificação* como determinantes do início da posse e caracterizadores desta e da sua sucessão ao longo do prazo da usucapião. Como qualquer outra, esta *presunção legal* baseia-se no elevado grau de probabilidade, de acordo com

---

[4] Ver como a elenco entre as presunções (de facto) *stricto sensu* em *A acção declarativa comum*, cit., 14.3.1 (pp. 183-184). Ao lado dela, vê-se aí a presunção da causa da obrigação pelo reconhecimento de dívida que não a mencione (art. 458.º-1 CC), que, diferentemente do que acontece com o reconhecimento de dívida no direito alemão, que é fonte abstracta do direito de crédito, mais não implica do que a libertação do ónus da prova – mas não do ónus da alegação – *do facto constitutivo* do direito (LEBRE DE FREITAS, *A confissão no direito probatório* cit., 19.2.2). A diferença de essência entre as duas figuras (no registo e nos seus documentos de suporte a causa é mencionada; no reconhecimento de dívida sem menção de causa esta só no processo é alegada pelo credor) permite um argumento de *maioria de razão* para afastar, no caso do registo predial, a ideia de uma pura presunção de direito abstracto. Veja-se que a presunção do art. 1268.º-1 CC, por já ser uma presunção de direito, não aparece no mesmo elenco.

critérios empíricos de normalidade, da existência de uma ligação concreta entre o facto que constitui a base da presunção (a inscrição registal) e o facto presumido (aquele em que o titular da inscrição funda a aquisição do direito e que *há-de constar do documento que serve de base à inscrição*): o titular do direito está, inclusivamente nas acções de simples apreciação negativa (em que é réu), normalmente onerado com a prova do *facto constitutivo*, que, por via do registo, deixa de ter de provar.

Esta interpretação não é apenas a mais conforme com os preceitos legais e os conceitos a que apelam. É também a única que permite, sem violentação da letra da lei, ir ao encontro de preocupações práticas de que se fizeram eco acórdãos de tribunais superiores normalmente integrados na corrente defensora da aplicação da presunção do artigo 7.º CRP ao caso da justificação notarial[5]. Quando a presunção é feita valer pelo *terceiro* que adquire ao justificante com base no registo, essa interpretação é ainda a única que se harmoniza com o fundamento da tutela registal: a protecção concedida pelo registo tem como razão de ser a fé pública, na base da qual se estabelecem relações de confiança com *terceiros*, que *confiam na realidade espelhada pelo registo*, podendo invocar a presunção de que o direito do titular inscrito existe, mas só *nos termos fácticos («precisos termos») em que o registo (ou os documentos para que ele remete) o define*. Quando, ao invés, é feita valer pelo próprio *justificante*, que registou mas não transmitiu, a fé pública não é invocável, mas é mesmo assim legítima a opção legal de conferir ao registo eficácia probatória contra quem não haja impugnado a justificação dentro dos 30 dias do artigo 101.º-2 CNot.

Em subsequente acção em que se discuta o direito de propriedade, o justificante está, pois, desonerado de *provar* os factos referidos na escritura, sem que, porém, isso o dispense de os *alegar*: estando em causa uma inversão do ónus da prova e não do ónus da alegação, os factos constitutivos do direito, além de deverem constar do documento que serve de base

---

[5] Veja-se o exemplo do ac. de 29.6.05 (*supra*, nota 1). A defesa da tese da presunção estabelecida pelo art. 7.º CRP não impediu o STJ de considerar essencial a menção, na escritura de justificação, dos factos concretos determinantes do início da posse e dos que a caracterizam, de tal modo que a prova da falsidade da afirmação feita sobre o início da posse e a falta da indicação dos factos integrantes desta eram suficientes para que a presunção (tratada, pois, como presunção *de facto* e não de direito) fosse ilidida. No mesmo sentido, é bem explícito o ac. do TRL de 15.5.97 (mesma nota, *in fine*): *a prova que o justificante não tem de fazer é a dos factos registados, isto é, dos que são objecto da declaração feita na escritura*.

ao registo, *têm de ser alegados em juízo*, seja como causa de pedir, seja, na acção de simples apreciação negativa, como base de sustentação do direito negado[6]. Seguir-se-á, se não houver prova contrária, a necessária operação de subsunção: o juiz deverá verificar se os factos, referidos na escritura e alegados na acção, são suficientes para fundar a usucapião e, se não forem, a acção improcederá, por *inconcludência*.

Quando, ao invés, como muitas vezes acontece, a escritura de justificação não refere os factos em que se baseia a posse que nela é afirmado ter existido ao longo do prazo da usucapião, esta simples *afirmação de direito* não permite que possa jogar a presunção do artigo 7.º CRP e o justificante *mantém o ónus da prova* dos factos que para tanto alegue na acção de propriedade em que se discuta a aquisição pretendida[7].

3. A aquisição tabular

3.1. Tem sido controvertida a delimitação do âmbito de previsão dos artigos 291.º CC e 17.º-2 CRP. Duas são as teses fundamentais em confronto:

a) Para uns, tida em conta a localização dos preceitos (um no Código Civil, em secção que trata da «nulidade e anulabilidade» do negócio jurídico, e outro no Código do Registo Predial, em capítulo que trata dos «vícios do registo»), o artigo 291.º CC contém o regime aplicável perante terceiros quando se verifique uma causa de invalidade *do negócio jurídico* registado[8], enquanto o artigo 17.º-2 CRP estatui sobre os efeitos perante terceiros da nulidade *do próprio registo*[9].

---

[6] Lebre de Freitas, *A acção declarativa* cit., 14.3.1 (pp. 183-185).

[7] Questão diferente, adiante considerada, é a da aquisição por terceiros com base na confiança fornecida pelo registo; mas esta carece da consolidação por três anos prevista no art. 291.º CC.

[8] Por via do art. 295.º CC, esse regime estende-se, na medida em que seja aplicável, aos actos jurídicos não negociais, como é o caso dos actos de mera posse (art. 2.º-1, *e*) CRP).

[9] Por todos: Hörster, *Efeitos do registo* cit., p. 59 e nota 27; Oliveira Ascensão, *Direito civil / Reais*, cit., n.ᵒˢ 173, 181 e 182 (pp. 353-354 e 368-372); Rui Pinto Duarte, *Curso de direitos reais*, Cascais, Principia, 2007, n.º 2.1.3.11.8 (pp. 150-153); Gabriel Órfão Gonçalves, *Aquisição tabular*, Lisboa, AAFDL, 2007, pp. 24-35. Nem sequer referindo o art. 17.º CRP, mas exigindo o pressuposto do registo da aquisição pelo subadquirente: João de Castro Mendes, *Teoria geral do direito civil*, Lisboa, AAFDL, 1979, III, pp. 682--684; Pires de Lima – Antunes Varela, *Código Civil anotado*, n.º 1 da anotação ao art. 291.º; Hörster, *Nulidade do negócio e terceiro de boa fé*, CJ/STJ, 2004, III, pp. 13-21.

b) Para outros, havendo entre as causas de nulidade enunciadas no artigo 16.° CRP algumas que são de direito substantivo (als. *a*) e *b*)), aquela repartição não é possível, dependendo antes a delimitação entre os dois regimes da circunstância de *preexistir um registo* a favor de quem transmite ao terceiro subadquirente, caso em que se aplica o artigo 17.°-2 CRP, ou de tal registo não existir, único caso em que joga o artigo 291.° CC[10].

Esta segunda orientação foi perfilhada pelo ac. do STJ de 14.6.05 (NUNO CAMEIRA), proc. 5A1316, www.dgsi.pt. Diversamente julgou o STJ em 26.10.04 (MOREIRA ALVES), *CJ/STJ*, III, 2004, p. 78, onde, tal como em parte significativa da doutrina (*supra*, nota 9), nem sequer se põe a questão de ser aplicável o artigo 17.° CRP a uma situação de nulidade negocial (no caso, nulidade por simulação, que, por não se tratar de acção movida por simulador, não importava a aplicação do art. 243.° CC). E também no caso (*porém, distinto*) de dupla transmissão o STJ tem julgado que o art. 291.° CC se aplica, com a mesma consequência de a declaração de nulidade, por ilegitimidade do vendedor para a segunda compra e venda, poder ser pedida, perante o terceiro adquirente que haja registado, no prazo de 3 anos contados do negócio nulo; assim nos acs. de 14.11.96 (ALMEIDA E SILVA), *CJ/STJ*, 1996, III, p. 104, e de 19.2.04 (FERREIRA DE ALMEIDA), *Cadernos de direito privado*, 9, p. 43.

Deixando de lado estes últimos acórdãos, que confundem o âmbito de previsão do artigo 5.° CRP com o âmbito em que se recortam as previsões dos artigos 7.°-2 CRP e 291.° CC[11], devo começar por dizer que me

---

[10] Por todos: CARLOS FERREIRA DE ALMEIDA, *Publicidade e teoria dos registos*, Coimbra, Almedina, 1966, pp. 109-114; LUÍS CARVALHO FERNANDES, *Lições de direitos reais*, Lisboa, Quid Juris, 2003, n.° 56 (pp. 144-145); ISABEL PEREIRA MENDES, *Código do Registo Predial anotado e comentado*, 2003, anotação ao art. 17.° (pp. 165-171). Próxima desta posição foi a defendida, aliás algo confusa e contraditoriamente, por OLIVEIRA ASCENSÃO, na edição de 1971, reimpressa pelo menos até 1978, dos seus *Direitos Reais*, Lisboa, FDUL, pp. 400-408, a qual foi por ele posteriormente abandonada.

[11] Remeto para as lições, muito claras, de OLIVEIRA ASCENSÃO, *cit*., pp. 181-185 (pp. 368-379), bem como para a anotação de LUÍS COUTO GONÇALVES ao ac. do STJ de 19.2.04, *Cadernos de direito privado*, 9, pp. 48-53: a incompatibilidade entre dois direitos directamente derivados do mesmo titular não se confunde com a incompatibilidade entre o direito derivado do pseudo-adquirente e o de quem a este transmitiu. Quanto à definição de terceiro hoje constante do art. 5.°-4 CRP, acompanho as dúvidas que, passada uma primeira reacção à norma introduzida pelo DL 533/99, de 11 de Dezembro, alguma doutrina vem manifestando quando à univocidade dessa definição (REMÉDIO MARQUES, *Curso de pro-*

é incompreensível a tese referida em *b*), que venho reputando contrária às regras da boa interpretação.

3.2. Quer o Código do Registo Civil (CRC), quer o Código do Registo Predial, quer o Código do Notariado, contêm, de acordo com uma

---

cesso executivo comum à face do código revisto, Coimbra, Almedina, 2000, pp. 292-297; RUI PINTO DUARTE, *Curso*, cit., n.° 2.1.3.11.8 (pp. 149-150); ANTÓNIO QUIRINO DUARTE SOARES, *O conceito de terceiro para efeitos de registo predial*, Cadernos de direito privado, 9, pp. 10-11; também o ac. do STJ de 14.1.03 (PONCE DE LEÃO), *CJ/STJ*, 2003, I, p. 19). A quem continue a querer apoiar-se na definição de MANUEL DE ANDRADE para justificar o conceito restrito de terceiro, é bom lembrar que nessa definição terceiros eram «as pessoas que do mesmo *autor ou transmitente* adquirem direitos incompatíveis (total ou parcialmente) sobre o mesmo prédio» (*Teoria geral da relação jurídica*, Coimbra, Almedina, 1974, II, p. 19), ao passo que no acórdão de uniformização de jurisprudência n.° 3/99, de 10 de Julho, se tratava dos «adquirentes de boa fé, de um mesmo *transmitente* comum, de direitos incompatíveis» e na actual definição legal se trata daqueles «que tenham adquirido de um *autor* comum direitos incompatíveis». A definição de MANUEL DE ANDRADE não pode ser desenquadrada da época em que surgiu. O instituto do registo predial tinha recentemente introduzido uma entorse à regra da prevalência nas aquisições de direito civil e MANUEL DE ANDRADE cuidou de a explicar, antepondo-a às concepções tradicionais. Na definição que deu não se contém a mínima referência à questão que viria a dividir a jurisprudência e não é difícil presumir que, embora os defensores do conceito restrito de terceiro desde sempre usassem apelar para a bondade dessa definição, o pensamento do autor era, pelo contexto em que se inseria, exactamente o inverso. Sendo assim, a dicotomia terminológica utilizada visava abranger, não só quem voluntariamente transmite direitos (total ou parcialmente, isto é, mediante a constituição de situações de propriedade plena ou de direito real menor, de gozo ou garantia), mas também quem passivamente sofre a transmissão, como autor involuntário da *aquisição derivada*. Ao abandonar a dicotomia «autor ou transmitente», o STJ, no acórdão uniformizador, quis acentuar a necessidade da intervenção do titular da inscrição registal no acto transmissivo, por ele praticado, e deixou cair, com maior ou menor grau de consciência da diferença, o termo «autor». Por sua vez, o legislador, ao recuperar este termo, abandonando o termo «transmitente», acentuou, por certo involuntariamente, a *indiferença da vontade do titular da inscrição registal*, pelo que, apesar da aparência contrária, pode continuar a defender-se, de acordo com a que reputo ser a melhor orientação (remeto para as sucessivas edições da minha *Acção executiva*, p. 15 (9), bem como para a minha *Acção declarativa*, cit., p. 5 (51) (52)), uma interpretação segundo a qual o art. 5.° CRP consagra um conceito de terceiro amplo (e não amplíssimo: ver DUARTE SOARES, *cit.*, pp. 3-7), único conforme com a ideia de proteger a confiança formada com base na fé pública do registo predial. *De jure condendo*, outra orientação é igualmente defensável: uma vez que o direito já não pertence ao titular da inscrição, não radicar nele a aquisição do terceiro; mas responsabilizar quem não registou pelo dano sofrido por quem confiou na inscrição registal, em solução paralela à do art. 860.°-4 CPC.

tradição que vem de longe[12], normas relativas à validade dos actos (de registo civil, de registo predial, notariais) que lhes são específicos.

Assim é que o artigo 87.º CRC enuncia os casos de nulidade do próprio registo, que, não obstante incluírem o da falsidade decorrente da inscrição de um facto que nunca se verificou (arts. 8.º-a CRC e 88.º-c CRC), não se confundem com os de invalidade do acto registado, por exemplo, o casamento (arts. 1628.º CC e 1631.º CC) ou a perfilhação (arts. 1860.º CC e 1861.º CC)[13]; e o Código do Notariado enuncia no artigo 70.º-1 os casos em que o acto notarial é nulo por vício de forma e no artigo 71.º, n.ºs 1 e 2, aqueles em que a nulidade resulta de incompetência ou impedimento do funcionário que o lavra ou da incapacidade ou inabilidade do interveniente acidental.

Quanto ao Código do Registo Predial, depois de enunciar, no artigo 14.º, os casos de inexistência jurídica do registo (incompetência territorial da conservatória; falta de assinatura insuprível), contém no artigo 16.º o

---

[12] Sem recorrer a outros diplomas, percorramos os sucessivos códigos do registo predial português. O art. 82.º CRP de 1959 determinava constituir nulidade a irregularidade *do registo* consistente na omissão ou inexactidão de algum dos seus requisitos que determinasse incerteza sobre os sujeitos ou o objecto da relação jurídica a que o acto registado se referisse ou impossibilitasse conhecer outros seus elementos fundamentais, determinando o art. 83.º que a nulidade *do registo ou do seu cancelamento* só desde a data do registo da competente acção prejudicava os direitos de terceiros de inscrição posterior ao registo ou cancelamento nulo. O art. 83.º CRP de 1965, que *entrou em vigor ao mesmo tempo que o Código Civil*, continha já enumeração semelhante à do actual art. 16.º (a mais, dizia-se ser nulo o registo lavrado em conservatória incompetente – o que passou, no Código do Registo Predial de 1984, a constituir causa de inexistência do registo – e aquele que não permitisse conhecer elementos fundamentais do facto inscrito; o resto era idêntico), enquanto o art. 85.º, em preceito equivalente ao actual, dizia não serem afectados os direitos adquiridos a título oneroso por terceiro de boa fé «que estivessem registados à data em que a acção de declaração de nulidade foi registada». É óbvio que estes preceitos do registo predial, *harmoniosos com o novo Código Civil*, não beliscaram o alcance do art. 291.º-2 CC, ao qual, com a ressalva apenas do caso da simulação invocada por simulador (art. 243.º), desde então ficou reservado o tratamento dos efeitos perante terceiros da nulidade e da anulação do negócio jurídico objecto de registo (ac. do STJ, de 14.11.96, já citado no texto, p. 106).

[13] O tratamento dado à inscrição de um facto que nunca se verificou é, no esquema do nosso registo civil, o da falsidade, sendo que, a partir do registo, baseado na declaração efectuada perante o conservador (ou, excepcionalmente, perante outro oficial público ou perante um magistrado judicial: als. *b*), *c*) e *d*) do art. 1853.º CC), se estabelece uma presunção quanto à realidade desse facto, só ilidível por desconformidade judicialmente verificada (art. 3.º-1 CRC). Ver as implicações para um conceito de falsidade específico do registo civil na minha obra *A falsidade no direito probatório*, Coimbra, Almedina, 1984, pp. 41 e 156.

elenco das suas causas de nulidade, *sem qualquer referência à nulidade ou anulabilidade do acto registado*. Esta omissão, que vem aliás de trás (*supra*, nota 12), só muito forçadamente se pode considerar produto de distracção, e constitui violência da letra do preceito e do seu espírito invocar a inserção, nesse elenco, de *algumas situações de direito civil* (alíneas *a*) e *b*)) para estender a norma a *todos os casos de invalidade negocial*[14-15].

---

[14] «Um título falso enferma de nulidade substantiva, o mesmo acontecendo a um título que não tenha forma legal bastante (...). Não sendo, pois, lícito *distinguir onde a lei não distingue*, (...) o art. 17.°, n.° 2, do Código do Registo Predial aplica-se tanto aos casos de nulidade registal, como aos casos de nulidade substantiva», pois «os casos de anulabilidade do título não estão literalmente submetidos à regra do art. 17.°, n.° 2, mas também estão abrangidos pelo espírito desse preceito» (ISABEL PEREIRA MENDES, *cit.*, p. 166). A verdade é a *que lei distingue mesmo*, ao incluir no elenco apenas uns casos, omitindo todos os outros. Da previsão de algumas situações de direito civil no art. 17.° CRP nenhuma lei da lógica consente que se retire a aplicação do preceito às situações nele não previstas: sob pena de *sofisma*, a conclusão não se contém na premissa menor. Seriam sempre precisas *boas razões* para estender além do previsto o alcance do preceito.

[15] Não é que a terminologia usada no Código do Registo Predial não fomente alguma confusão. Assim é que o cancelamento do registo, pelo qual cessam os seus efeitos (art. 10.° CRP), pode resultar da sentença que julgue «extinto o facto registado» – melhor se diria que julgue extinto o direito a que o facto registado se refere (art. 13.° CRP), pois só de um facto contínuo se pode, rigorosamente, dizer que se extingue, como acontece com a situação de facto da mera posse (art. 2.°-1, *e*) CRP) – ou da que declare nulo ou anulado o registo (art. 101.°-4 CRP), em acção que tenha por fim, principal ou acessório, a extinção do direito ou a declaração de nulidade ou anulação do registo (art. 3.°-1 CRP, als. *a*) e *b*)). A declaração de nulidade e a anulação que estes preceitos referem parecem abranger, não só a *declaração de nulidade do registo* (arts. 16.° CRP e 17.° CRP), mas também a *declaração de nulidade* e a *anulação do acto registado*, que não pode ser impugnado sem que seja também pedido o cancelamento do registo (art. 8.° CRP), pedido este que é, ele próprio, sujeito a registo, feito como provisório por natureza (arts. 3.°-1, *b*) CRP e 92.°-1, *a*) CRP) e convertido em definitivo após a decisão final (art. 101.°-2, *b*) CRP). Isto mesmo é confirmado por o art. 2.°-1 CRP sujeitar a registo o facto jurídico que importe a *extinção* de direito, ónus ou encargo registado (al. *x*)), mas não ter preceito paralelo sobre o registo do *facto impeditivo* dos efeitos do facto jurídico constitutivo, recognitivo, aquisitivo ou modificativo de algum dos direitos, ónus ou encargos sobre bens imóveis elencados no mesmo artigo 2.°-1 CRP. Mas este *idêntico tratamento registal* da declaração da nulidade do registo e da declaração de nulidade ou anulação do acto registado não implica o alargamento da previsão dos arts. 16.° CRP e 17.° CRP. Pode, de resto, não resultar de mero capricho do legislador a utilização do *artigo definido* nas expressões «*o* registo (...) nulo» e «nulidade *do* registo» dos arts. 16.° CRP e 17.° CRP, tal como nas expressões próximas dos arts. 18.° CRP (*o* registo (...) inexacto»), 121.° CRP, n.os 1 e 2 («*os* registos inexactos» e «*os* registos indevidamente lavrados»), n.° 3 («a rectificação *do* registo») e n.° 4 («*os*

3.3. Em primeiro lugar, uma observação atenta das situações previstas nas várias alíneas do artigo 16.º CRP leva a concluir que, à excepção da de falsidade de documento que sirva de base ao registo e da de falsidade material do próprio registo, todas elas importam sempre (só ou também) *violação de regras a observar no acto de feitura da inscrição predial*. Isto é assim, inclusivamente, quando esta seja lavrada com base em títulos insuficientes para a prova *legal* do facto registado (al. *b*)), caso em que a nulidade, formal (art. 69.º-1, *b*) CRP) ou substancial (art. 69.º-1, *d*) CRP), do acto sujeito a registo não devia ter escapado à observação do conservador, quando o próprio registo seja falso, por causa de falsidade ideológica (1.ª parte da al. *a*)), e até quando ocorra falsidade aparente, também oficiosamente verificável (art. 69.º-1, *b*) CRP)[16], do título que lhe serve de base (art. 372.º-3 CC). No caso do registo correctamente feito, mas posteriormente objecto de *alteração* (falsidade material), encontramo-nos ainda perante um vício da responsabilidade do conservador, que *não guarda* devidamente os registos que lhe cabe *conservar*. Só *quando a falsidade do título que serve de base ao registo não é oficiosamente cognoscível*, por não ser aparente, é que estamos perante uma situação (prevista, como a da falsidade aparente, na 2.ª parte da al. *a*)) em que o registo terá sido bem lavrado, em face do direito que lhe serve de suporte, e depois disso bem conservado, não sendo a consequente nulidade do registo imputável a erro ou negligência de quem o fez.

Ora esta última situação *nem sequer constitui nulidade negocial*, a qual mais não é do que uma sua consequência indirecta *possível*. Efectivamente, a consequência da falsidade documental é a *ineficácia probatória* do documento, não a sua nulidade[17] nem a nulidade do acto documentado, que só se produzirá quando se trate de um acto formal, para cuja validade seja essencial a parte do documento objecto da falsificação, sem prejuízo ainda da eventualidade da sua rectificação[18].

---

registos nulos»), 122.º CRP («a rectificação *do* registo») e 124.º CRP («rectifica *o* registo»), e a utilização do *artigo indefinido* nas expressões «a declaração de nulidade ou a anulação de *um* registo» dos arts. 3.º-1, *b*) CRP e 101.º-4 CRP.

[16] O facto «não está titulado no documento apresentado», quer quando este é manifestamente insuficiente como forma do acto, quer quando é manifestamente falsa a relação de representação do facto no documento.

[17] Veja-se, inclusivamente, que o Código do Notariado não consigna a falsidade do documento autêntico como causa da sua nulidade.

[18] Remeto para as distinções e qualificações feitas na minha obra *A falsidade*, cit., II.F.2 a II.F.5 (pp. 154-161).

Querer estender o tratamento de uma situação que não é, por sua natureza, de invalidade negocial às («outras»!) situações de invalidade (nulidade e anulabilidade) do acto registado vai muito além do que é consentido, quer pelas regras da interpretação extensiva, quer pelas regras da aplicação analógica (esta, aliás, dificilmente sustentável em face do artigo 11.° CC, pelo carácter aparentemente excepcional da situação prevista). A situação prevista na 2.ª parte do artigo 16.°-a CRP, quando a falsidade não é aparente, e as de invalidade negocial, não manifesta perante os documentos apresentados, têm *em comum não serem patentes ao conservador*, que, ao elaborar o registo, não viola norma alguma que lhe caiba observar; mas isso é muito pouco para fundar uma analogia (ainda que – diga-se – melhor fosse não qualificar como nulo o registo feito com base em documento falso, mas que não o aparente: ver a nota 17 *supra*).

3.4. Em segundo lugar, *a norma do artigo 291.°-1 CC pressupõe o registo a favor de quem transmite ao subadquirente*, pois essa é precisamente a *base da boa fé* deste: ele é protegido porque, desconhecendo o vício do negócio jurídico, *confia na respectiva inscrição registal*[19].

Se assim não fosse, não se compreenderia que o regime de oponibilidade da nulidade e da anulação a terceiros fosse diferente, consoante se tratasse de bem sujeito ou de bem não sujeito a registo: não estando, de qualquer modo, registado o negócio inválido, porquê desproteger quem beneficia com a destruição dos efeitos do negócio a partir do prazo dos três anos posteriores à conclusão deste, quando o beneficiário de idêntica acção dirigida à destruição dos efeitos da transmissão da coisa não sujeita a registo não tem prazo para a propor[20]?

---

[19] Não havendo um princípio geral de tutela do terceiro de boa fé em direito português, a possibilidade de aquisição pelo registo forma um subsistema próprio, baseado na fé pública, a qual só pode funcionar quando o direito do alienante estiver precedentemente registado; *caso contrário, não há razão para funcionar esta modalidade singular de aquisição* (OLIVEIRA ASCENSÃO, pp. 368-369). Para outros autores, isto é de tal modo evidente que a questão nem sequer é formulada, e o art. 291.° CC é, com toda a naturalidade, aplicado na base da existência de registo da aquisição pelo subadquirente (ver *supra*, nota 9).

[20] «Note-se que, se nunca existirem terceiros, *as normas sobre a invalidade negocial são as gerais*, e não as do art. 291.°. Assim, a nulidade já poderá ser arguida *a todo o tempo* (art. 286 CC), justamente porque não carece de ser protegido nenhum terceiro» (GABRIEL GONÇALVES, *cit.*, p. 29 (24), não compreendendo a doutrina que não exige, como requisito do art. 291.° CC, a confiança do subadquirente em registo preexistente).

Por outro lado, porquê exigir ao autor de uma acção que a registe para continuar a beneficiar da oponibilidade do seu direito após os três anos, tratando-se de coisa sujeita a registo, quando, por sua vez, o subadquirente *a non domino* e quem lhe transmitiu continuam a nada registar?

E como seria possível entender que, no caso da resolução, em que melhor se justifica a tutela do terceiro, o registo da acção que respeite a bens sujeitos a registo possa ter eficazmente lugar *a todo o tempo*, enquanto o terceiro não registe o seu direito (art. 435.°-2 CC), quando no caso de nulidade (e no de anulação) do negócio jogaria, apenas contra quem a faz valer, o limite de três anos do art. 291.°-2 CC[21]?

3.5. Em terceiro lugar, não se tem atentado na relevância para a questão em causa do facto de o artigo 291.°-1 CC equiparar o registo do *acordo entre as partes* acerca da invalidade do negócio ao registo da acção de nulidade ou anulação[22], ao passo que o artigo 17.°-1 CRP só permite a invocação da nulidade do registo depois de declarada por decisão judicial com trânsito em julgado.

A extensão dos artigos 16.° CRP e 17.° CRP às nulidades e anulabilidades do negócio jurídico, sempre que o facto de onde derivou o direito do antecessor do subadquirente estivesse registado, levaria a circunscrever a admissibilidade do acordo sobre a nulidade ou anulação aos casos em que tal registo não estivesse feito. Ora mal se concebe que as partes, não tendo registado o negócio jurídico, fossem registar o facto que, de comum acordo, lhe extingue os efeitos, pelo que a norma civil permissiva desse

---

[21] Repare-se que, feita do art. 291.° CC a outra interpretação, que considero correcta, o prazo de 3 anos joga *a favor* de quem faz valer a nulidade ou anulabilidade do negócio: não obstante o anterior registo do negócio, a aquisição tabular só se dá se tiver passado esse prazo desde a sua conclusão. Mas, feita a interpretação ora criticada, o prazo de 3 anos constituiria uma *limitação* ao direito do autor da acção a fazer prevalecer o princípio da anterioridade do registo. Ora a doutrina costuma ensinar – a justo título – que, como resulta dos arts. 289.° CC, 434.° CC e 435.° CC, o regime da resolução protege mais os terceiros do que o regime da nulidade ou o da anulação: a primeira só tem, em princípio, eficácia retroactiva entre as partes; a segunda, é, em princípio, dotada de retroactividade perante terceiros (ver, por todos, CARVALHO FERNANDES, *Teoria geral do direito civil*, Lisboa, Lex, 1996, II, pp. 375 e 395-397); mal se compreenderia uma inversão no caso de direitos sobre coisas sujeitas a registo.

[22] Diversamente, o art. 291.°-2 CC não faz essa equiparação: a aquisição tabular dá-se quando o terceiro de boa fé regista antes de o acordo ser registado, ainda que este o seja dentro dos três anos posteriores à conclusão do negócio (CARVALHO FERNANDES, *Teoria geral*, cit., pp. 397-398).

acordo, cuja utilidade (*maxime* para cancelamento do registo do negócio) reside em dispensar a acção judicial quando não há litígio sobre a invalidade, não teria praticamente ocasião de se aplicar[23].

3.6. Em quarto lugar, *last but not least*, não se vê como possa a doutrina aqui rebatida explicar que o artigo 17.º CRP, ao enunciar as causas de *nulidade* do registo, não tenha uma palavra sobre a *anulação* do negócio jurídico.

O artigo 291.º CC abrange a declaração de nulidade e a anulação do negócio. Fazendo-se a delimitação do campo de previsão dos dois preceitos pelo critério do registo prévio à subtransmissão, necessariamente ficariam sujeitos à disciplina do artigo 17.º CRP os casos de anulação do negócio. Mas, falando-se aí apenas de nulidade do registo, esta inclusão só teria o *mínimo de correspondência verbal* exigida na interpretação da lei pelo artigo 9.º-2 CC se se entendesse que a anulação do negócio registado gera a nulidade do registo, por o Código do Registo Predial, semelhantemente ao Código de Processo Civil (CPC) (arts. 201.º e 668.º), ignorar a figura da anulabilidade, confundindo-a com a nulidade num conceito correspondente ao da invalidade em geral do direito civil: não podendo escamotear a realidade de os efeitos do registo plenamente subsistirem enquanto não haja anulação do negócio, bem como quando esta seja sanada por confirmação ou decurso do prazo para a anulação, só a ocultação da figura da destruição dos efeitos do registo em consequência da impugnação do negócio anulável (art. 8.º CRP) sob a capa da nulidade poderia explicar a omissão.

Ora tal não corresponde à terminologia do Código de Registo Predial, que em outros locais se refere à «anulação dum registo» (arts. 3.º-1, *b*) e 101.º-4) no sentido de cancelamento de uma inscrição em consequência da anulação do acto registado (*supra*, nota 15). Aquilo que o Código do Registo Predial chama anulação de um registo não cabe, pois, no conceito de nulidade usado nos seus artigos 16.º e 17.º.

Afastadas as causas de anulação do negócio jurídico da previsão do artigo 17.º CRP, o artigo 291.º CC abrange-as necessariamente, mesmo

---

[23] A menos que com o acordo pretendessem as partes *dolosamente* afectar o direito do subadquirente de uma delas, finalidade que não é crível que a lei tivesse por escopo tutelar. Aliás, como é de esperar, o acordo em que se reconheça a nulidade ou se assinta na anulação do negócio jurídico só está sujeito a registo quando o negócio foi previamente registado (art. 2.º-1, *x*) CRP), revestindo a sua inscrição a natureza de cancelamento (art. 13.º CRP). Na tese criticada, o art. 291.º-1 CC conteria, pois, no segmento considerado, uma *norma inútil*.

quando (para a doutrina criticada) o primeiro adquirente, autor da segunda transmissão, registou o seu direito. Mais que não seja por isto, a construção doutrinária aqui posta em causa esboroa-se inteiramente.

3.7. Somos assim conduzidos à tese acima referida em *a*).

Contra ela diz-se, porém, que leva a que o terceiro que confia na inscrição registal nula goza de maior protecção do que aquele que confia na inscrição válida de um negócio nulo ou apenas anulável, quando a confiança deste é, pelo menos, tão tutelável como a daquele[24].

Mas a aproximação entre as duas situações não estará em esvaziar a previsão do artigo 291.° CC para ampliar a do artigo 17.° CRP. O nosso sistema jurídico tutela, em alguns casos, a boa fé do adquirente, mas continua a assentar, primacialmente, na prevalência do direito subjectivo legitimamente adquirido[25], como se vê designadamente no regime da anulação da venda executiva de bem pertencente a terceiro (art. 909.°-1, *d*) CPC)[26] e nas resistências à adopção de um conceito amplo de terceiro no registo predial (*supra*, nota 11). O regime do artigo 291.° CC representa a *conciliação ponderada* do interesse do legítimo titular com o do interesse do adquirente *a non domino* que confia no registo erguido sobre a aparência do negócio nulo ou anulável. Os três anos necessários à constituição do direito deste, em sacrifício do direito daquele, constituem um *prazo de segurança* que a lei reputa razoável. A solução está então, para assegurar a unidade do sistema, em *estender analogicamente esse prazo, por maioria de razão, aos casos de nulidade do registo*, assim integrando sistematicamente o artigo 17.° CRP[27]: o prazo de três anos contará a partir do facto registado, se existir, e, quando de todo não exista, a partir da feitura

---

[24] ISABEL PEREIRA MENDES, *cit.*, p. 46 (regime de protecção de terceiros mais exigente quando, precisamente, o vício é menos grave). A confiança na inscrição válida é, aliás, mais tutelável, se considerarmos que o registo assenta aqui num substrato negocial, cuja invalidade não é aparente, enquanto o registo nulo não assenta nesse substrato e, fora o caso da falsidade não aparente do documento em que se baseia, viola normas relativas à feitura do registo, que não teria tido lugar se o conservador as tivesse observado.

[25] «Não há na lei portuguesa um princípio geral da tutela do terceiro de boa fé» (OLIVEIRA ASCENSÃO, *cit.*, p. 368).

[26] Em outros sistemas jurídicos, a aquisição *a non domino* da coisa não sujeita a registo em processo executivo mantém-se, não obstante a prova ulterior de que o bem pertencia a terceiro. Veja-se, para o direito alemão, BROX-WALKER, *Zwangsvollstreckungsrecht*, Carl Heymans Verlag, 1990, 411 (p. 243) e 427 (p. 253).

[27] OLIVEIRA ASCENSÃO, *cit.*, p. 372; GABRIEL GONÇALVES, *cit.*, p. 35. Discordando expressamente: PINTO DUARTE, *cit.*, p. 152.

do registo nulo. Só assim se obstará à violência dos resultados da aplicação do regime do artigo 17.º CRP sem o complemento dessa integração: a tutela do terceiro que confia numa inscrição feita com violação das normas de registo prevaleceria sobre a tutela do titular do direito, que, nos casos-limite da falta de apresentação prévia ou da violação do princípio do trato sucessivo, nem sequer intervenção teria tido no processo de feitura da inscrição nula.

3.8. Demarcado o âmbito de previsão do artigo 291.º CC e o do artigo 17.º-2 CRP, duas palavras acerca do requisito, que lhes é comum, da *boa fé*[28]. Define-a o primeiro como o desconhecimento, sem culpa, do vício do negócio. Não a define o segundo, mas trata-se aí do desconhecimento, sem culpa, do vício do registo. Em ambos os casos, faz-se apelo ao conceito de boa fé ética e não ao de boa fé psicológica[29].

A questão principal que neste ponto se coloca é a de saber quem tem o *ónus da prova*, isto é, se cabe ao terceiro subadquirente provar a sua boa fé ou ao impugnante do primeiro negócio provar a má fé daquele. Para tanto, veja-se que, contrariamente ao que acontece no caso da resolução (arts. 434.º CC e 435.º-1 CC), a retroactividade da declaração de nulidade e da anulação do negócio jurídico produz-se, em princípio, em face de terceiros[30] e só assim não é quando, tratando-se de bem imóvel ou de bem móvel sujeito a registo, estejam reunidos os requisitos do artigo 291.º CC, que constitui assim uma *excepção* em face da *regra* do efeito pleno da retroactividade[31]. Esses requisitos constituem, pois, *facto impeditivo* da

---

[28] O art. 5.º CRP não a refere, pelo que, em interpretação literal, dir-se-á que não a exige no adquirente que regista em primeiro lugar, ao contrário do que, na vigência da redacção anterior, entendeu o acórdão de uniformização de jurisprudência n.º 3/99. O elemento sistemático da interpretação leva, porém, a defender a posição contrária: a boa fé é um princípio estruturante do nosso sistema jurídico, como cada vez mais vêm entendendo a doutrina e a jurisprudência, e não faria sentido não a exigir quando o que está em causa no art. 5.º CRP é a protecção da fé pública do registo, em que se funda a confiança do terceiro.

[29] Remeto para a distinção de MENEZES CORDEIRO, *Da boa fé*, Coimbra, Almedina, 1984, p. 24. Os arts. 291.º-1 CC e 17.º-2 CRP utilizam o conceito ético e não o psicológico, ao contrário do que acontece, por exemplo, no art. 243.º CC.

[30] O mesmo acontece, mas sem qualquer excepção, em caso de confirmação do negócio anulável (art. 288.º-4 CC): o terceiro que haja adquirido confiado na anulação não vê o seu direito protegido, mesmo que o tenha registado.

[31] Não obstante a redacção do art. 291.º-1 CC, que aparenta uma relação regra/excepção contrária, esta eficácia perante terceiros continua ainda a ser a regra no caso de negócio de transmissão de bem sujeito a registo, só *exceptuada* quando o registo da acção seja feito passados mais de três anos sobre o negócio inválido e esteja já registada a aquisição pelo terceiro (PINTO DUARTE, *cit.*, p. 152).

retroactividade *normal* da anulação e da declaração de nulidade, ao mesmo tempo que são *facto constitutivo* da aquisição sucedânea pelo subadquirente[32]. Consequentemente, cabe a este, contra quem é exercido o direito à anulação ou à declaração de nulidade da primeira transmissão, e com ele o direito real por esta transmitido, alegar e provar os factos de que depende a aquisição tabular, designadamente o desconhecimento, sem culpa, dos vícios do negócio[33].

4. Conclusões

1. A presunção do artigo 7.° CRP só joga, no caso da inscrição da justificação notarial, relativamente aos factos constitutivos do direito justificado que foram invocados na escritura, os quais se presumem verificados até prova em contrário, dada a fé pública do registo, que apenas presume a existência e a titularidade do direito nos precisos termos em que o registo, ou os documentos em que ele se baseia, o definem.

2. A nulidade da justificação notarial gera a nulidade da subsequente transmissão do prédio que dela é objecto, sem que o subadquirente, que registe o seu direito antes do registo da acção de nulidade, se possa valer da aquisição tabular quando a acção de nulidade seja proposta e registada antes de decorridos os três anos do artigo 291.°-2 CC.

3. Não é invocável em contrário o artigo 17.° CRP, que só se aplica nos casos elencados no artigo 16.° CRP, os quais constituem nulidades do próprio registo, respeitantes à sua feitura, ou conservação, mesmo quando originados no direito substantivo, excepto no caso de falsidade não apa-

---

[32] A fatispécie do art. 291.° CC é sucedânea da normal fatispécie aquisitiva por via do acto oneroso: este é ferido de nulidade, por ilegitimidade do transmitente; mas a boa fé do adquirente substitui-se a essa falta de legitimidade, constituindo uma *outra* fatispécie aquisitiva (HÖRSTER, *Nulidade*, cit., p. 20). Consoante a perspectiva, os requisitos do art. 291.° CC *impedem* o direito a fazer valer perante o terceiro a nulidade do negócio derivado e *constituem* o direito desse terceiro, adquirente *a non domino*.

[33] HÖRSTER, *Nulidade*, cit., p. 21, falando de uma «aquisição originária nas formas de uma aquisição derivada» e de *facto constitutivo* do direito do subadquirente; ac. do STJ de 26.10.04, *supra* citado em 3.1, preferindo a perspectiva do *facto impeditivo* da «concretização ou efectivação» do direito à declaração de nulidade ou anulação do negócio jurídico ferido pelo vício de ilegitimidade do transmitente.

rente do acto registado, a qual, porém, não acarreta nulidade substantiva, mas apenas a ineficácia probatória do documento falso, e por isso não consente extrapolação para as situações de nulidade de direito civil.

4. Aliás, a norma do artigo 291.°-1 CC pressupõe – e esta é a sua razão de ser – a inscrição a favor de quem transmite ao subadquirente, com base na confiança por este depositada na realidade da situação jurídica registada.

5. O confronto da terminologia dos artigos 16.° CRP e 17.° CRP com a dos artigos 3.°-1, *b*) CRP e 101.°-4 CRP mostra que a inserção da anulação do negócio jurídico no âmbito de previsão do artigo 17.° CRP não tem o mínimo de apoio literal exigido pelas regras da interpretação da lei, o que impede uma interpretação do artigo 291.°-1 CC contrária à conclusão anterior.

6. No mesmo sentido joga a equiparação, no artigo 291.°-1 CC, do registo do acordo sobre a invalidade do negócio ao registo da acção de nulidade ou anulação.

7. Por outro lado, quem queira beneficiar da fatispécie constitutiva do artigo 291.° CC ou da do artigo 17.° CRP tem o ónus da prova da sua boa fé, isto é, de que ignorava, sem culpa, o vício gerador da invalidade, substantiva (art. 291.° CC) ou registal (art. 17.° CRP).

CASAMENTO E DIVÓRCIO
CÓDIGO CIVIL DE 1867 E LEGISLAÇÃO SUBSEQUENTE

LUIS LINGNAU DA SILVEIRA[*]

I) O CÓDIGO DE 1867

A) **A construção do regime**

O projecto primitivo do Código de 1867, da autoria do Visconde de Seabra, definiu casamento como um *«contrato de direito natural e civil, que a lei da Igreja abençoa e santifica»*.

O propósito do Visconde de Seabra seria o de destinar o casamento católico para os católicos, e o civil para os não-católicos.

É conhecida a vibrante polémica que acerca da natureza – civil ou religiosa – do casamento se acendeu, dentro e fora do Parlamento, e na qual participaram algumas das figuras de mais destaque na vida cultural nacional, dentre elas se tendo distinguido Alexandre Herculano[1].

A natureza puramente civil do casamento começara por ser propugnada pelos reformadores alemães («ein weltliches Geschaeft, ein weltliches Ding»), foi retomada pelos teólogos galicanos, que distinguiram no casamento o contrato, civil, e o sacramento, e recebeu genérica aceitação e fundamentação teórica por parte dos racionalistas e iluministas de oitocentos. Conquanto a sua primeira consagração legal ocorresse nos Países Baixos, em 1580, foi a Constituição francesa de 1871 que formulou esse princípio

---

[*] Professor Convidado da Faculdade de Direito da Universidade Nova de Lisboa. Presidente da Comissão Nacional de Protecção de Dados.

[1] *Estudos sobre o casamento civil*, 1866.

por forma mais lapidar e incisiva: «La Loi ne considère le mariage que comme contrat civil» – artigo 7.°

No projecto da Comissão Revisora de 1863, repetia-se a mesma definição, mas, nas notas explicativas, realçava-se a índole civil do casamento.

No projecto da Comissão Revisora de 1864, apresentado às cortes, facultava-se o casamento civil a todos os portugueses, católicos ou não.

Esta perspectiva deparou com oposição governamental, que propôs um novo artigo, o 1057.°, tendente a proporcionar aos católicos apenas o casamento religioso.

Esta posição foi longamente fundamentada no parecer da Comissão de Legislação das Cortes, no qual se pode ler, nomeadamente:

«*De outro modo, e n'um país onde há uma religião de estado, com exclusão de todos os outros cultos públicos, deixar de lado o sacramento e permitir que todos os cidadãos possam casar civilmente, o mesmo fôra esquecer as obrigações que o estado tem para com a igreja, desde que adoptou a religião catholica*».

E mais adiante:

«*Pelo projecto do código permitia-se o casamento civil não só aos não catholicos, mas ainda aos catholicos. Ahi estava a offensa à religião do Estado, e não se invoque para a defender a liberdade de consciência, que não implica a liberdade de cultos, e que fica salvaguardada na alteração que a comissão propõe, pois que só os catholicos são obrigados a casar segundo as leis da igreja*».

Desta laboriosa preparação vieram a resultar, inseridos na «Secção I – Disposições gerais» relativas ao casamento, os seguintes dois preceitos:

«*Artigo 1056.°*

O casamento é um contrato perpétuo feito entre duas pessoas de sexo diferente, com o fim de constituírem legitimamente a família.

Artigo 1057.°

Os católicos celebrarão os casamentos pela forma estabelecida na igreja católica. Os que não professarem a religião católica celebrarão o casamento perante o oficial do registo civil, com as condições, e pela forma estabelecida na lei civil».

Mais adiante, nos artigos 1069.º a 1072.º, o Código especificava que só produziriam efeitos civis os casamentos católicos celebrados de acordo com a lei canónica, à qual caberia definir e regular as condições e efeitos espirituais do casamento – enquanto que seria da competência da lei civil definir e regular as condições e efeitos temporais dele.

B) Interpretação do regime assim criado

À primeira vista, pois, pareceria que o Código de Seabra reservaria o casamento católico para os católicos, e o civil para os não-católicos.

Atentando, porém, um pouco mais detidamente, na regulamentação do casamento, acaba por se concluir que assim não era, afinal, vindo o Código de 1867 a integrar-se nos diplomas que consagram um regime de casamento católico facultativo (para os católicos, claro).

Cumpre considerar, antes de mais, o artigo 1081.º, regulador da forma da celebração do casamento civil. No termo do respectivo corpo diz-se, expressamente, a respeito das perguntas a fazer pelo funcionário aos nubentes: «*sem que possa haver inquérito prévio acerca da religião dos contraentes*».

A violação dessa regra pelos oficiais do registo civil estava mesmo sujeita à cominação de sanções penais, como especifica o artigo 1082.º

Mais adiante, a propósito da anulação do casamento, o artigo 1090.º expressamente determinava que «*este casamento (ou seja o casamento celebrado por portugueses, na forma da lei civil) não pode ser anulado por motivos da religião dos contraentes*».

Chega-se assim à conclusão de que, afinal, os católicos podiam, face ao Código de Seabra, escolher entre casar catolicamente ou civilmente.

É claro que esta era a sua posição face à lei do Estado.

Diversa seria, naturalmente, a apreciação de tal situação perante o Direito Canónico.

Pode dizer-se que a generalidade dos autores acaba por chegar a esta conclusão.

Uns, censurando o legislador por ter estipulado um regime ambíguo e confuso – caso, p. e., de Gonçalves de Proença[2] e Pereira Coelho e Guilherme de Oliveira[3].

---

[2] *Direito da Família*, 1966, p. 115.
[3] *Curso de Direito da Família*, 3.ª Ed., 2003, p. 226.

Outros, sugerindo que ele o fez expressamente, para acalmar os protestos da Igreja e dos Católicos.

É curiosa, neste sentido, a posição de Dias Ferreira, professor e político de renome, no seu *Código Civil Anotado*[4] elaborado escassos cinco anos após a publicação do Código:

> *«No entretanto dos artigos 1081.° a 1090.° combinados resulta, que os catholicos podem casar civilmente, e que o preceito do artigo 1057.° os obriga unicamente em consciência, ficando ao seu alvedrio o cumprirem'no ou deixarem de o cumprir; e que portanto o casamento civil celebrado entre catholicos produz todos os effeitos legaes, como se tivesse logar entre súbditos não catholicos.*
>
> *O artigo 1081.° não só não permite que o oficial de registo civil pergunte aos contrahentes pela sua religião, ou faça qualquer inquérito a tal respeito; mas nem lhe permite recusar-se a celebrar o casamento, ainda mesmo que os contrahentes declarem que são catholicos!».*

E mais adiante;

> *«O governo propoz às côrtes estas modificações no projecto da comissão revisora para desarmar as imitações do beatério, que parecia auxiliado por um vulto político importante».*

C) O casamento, contrato perpétuo

Definindo o casamento como «*contrato perpétuo*» o Código de Seabra implicitamente rejeitou o divórcio.

Apenas permitiu a separação judicial de pessoas e bens e a separação judicial de bens.

Ambas estas medidas só podiam ocorrer por situações de grave ofensa dos deveres conjugais ou pela condenação de um dos cônjuges a pena perpétua.

---

[4] Vol. III, 1872, p. 6.

II) A LEGISLAÇÃO DA REPÚBLICA

A) O casamento

A inspiração laica e civil da República instituída em 5 de Outubro de 1910 produziu naturalmente radicais modificações em termos de legislação da família.

Assim é que o Decreto n.° 1, de 25 de Dezembro de 1910, logo proclamou, no seu artigo 2.°, que o casamento é um contrato puramente civil (e presume-se perpétuo, sem prejuízo da sua dissolução por divórcio, nos termos do Decreto com força de lei de 3 de Novembro de 1910), acrescentando no subsequente artigo 3.°:

> «Todos os portugueses celebrarão o casamento perante o respectivo oficial do registo civil, com as condições e pela forma estabelecida na lei civil, e só esse é válido».

É claro que o casamento católico não era proibido: era, sim, juridicamente irrelevante em termos civis.

Apesar destas proclamações da lei, um problema se suscitou ao legislador e ao Governo republicano: é que, por força das enraizadas convicções católicas de grande parte da população, muitos casavam catolicamente, descurando depois o casamento civil – assim se colocando em situação de mera união de facto, não legalmente reconhecida.

Para obviar a essa situação, o Código do Registo Civil, de 18 de Fevereiro de 1911, determinou (arts. 312.°-315.°) que não seria possível celebrar casamento religioso sem exibir documento comprovativo de antes se haver celebrado o casamento civil.

Esta modificação, operada por «*lei extravagante*», não deixou de ter reflexos na economia do Código Civil.

Com efeito, na Reforma do Código Civil aprovada pelo Decreto n.° 19126, de 16 de Dezembro de 1930, conferiu-se ao artigo 1057.° do Código a seguinte nova redacção:

> «*Artigo 1057.°*
>
> *O casamento será celebrado perante o oficial de registo civil, com as condições e pela forma estabelecida na lei civil*».

A justificação apresentada para esta alteração foi breve e incisiva: «*Pela legislação actual só é válido o casamento celebrado nos termos da lei civil*».

B) **Divórcio e separação**

Das Leis da Família editadas pela República fez parte também a Lei do Divórcio, aprovada pelo Decreto de 4 de Novembro de 1910.

Esta Lei veio desferir um sério golpe na perpetuidade, normalmente apresentada como característica do casamento – isto, muito embora o artigo 2.º desse Decreto proclamasse que, sem prejuízo da sua dissolução por divórcio, o casamento se «presume» perpétuo.

A Lei do Divórcio admitiu o divórcio por forma litigiosa e com fundamento, ou em graves violações dos deveres conjugais, ou em situações reveladoras da insubsistência da sociedade conjugal:

- adultério de qualquer dos cônjuges;
- condenação em pena especialmente grave;
- injúrias ou sevícias graves;
- abandono completo do domicílio conjugal por período não inferior a três anos;
- ausência sem notícias por período não inferior a quatro anos;
- loucura incurável, três anos após a sentença que a reconheça;
- separação de facto, livremente consentido, pelo mínimo de dez anos;
- o vício inveterado de fortuna ou azar;
- a doença contagiosa reconhecida como incurável, ou uma doença incurável que importasse aberração sexual.

Estes fundamentos podiam também dar azo à separação judicial de pessoas e bens.

Mas essa Lei permitiu também o divórcio por mútuo consentimento, aos casados há mais de dois anos e que tivessem completado pelo menos vinte e cinco anos de idade.

III) REGIME SOB O «ESTADO NOVO»

A) A Constituição de 1933

A Constituição de 1933 não veio, no essencial, bulir no regime do casamento instituído pelas leis da República.

E até vincou, em sede constitucional, a relevância do registo civil.

Foi assim que no artigo 13.º, declarou que a constituição da família assentaria no casamento (n.º 1) e na obrigatoriedade do respectivo registo (n.º 3).

E no artigo 15.º explicitou que «*O registo do estado civil dos cidadãos é da competência do Estado*».

B) O regime da Concordata de 1940

A situação vigente desde os primórdios do regime republicano veio a mudar substancialmente com a celebração, entre Portugal e a Santa Sé, da Concordata de 7 de Maio de 1940 – regulada pelo Decreto-lei n.º 30615, de 25 de Julho de 1940.

O teor do sistema concordatário resultou de um compromisso, alcançado após negociações que nem sempre foram fáceis.

Os termos desse compromisso vieram a plasmar-se nos artigos 22.º a 25.º da Concordata e podem sintetizar-se do modo seguinte:

- o Estado português passou a reconhecer efeitos civis ao casamento católico, celebrado nos termos do Direito Canónico;
- o valor jurídico desse casamento (ou seja: a questão da sua validade ou nulidade), e bem assim a relevância da chamada «*dispensa de casamento rato e não consumado*» seriam apreciados em face das regras de Direito Canónico;
- estas questões – ou seja, a da validade e da dispensa – seriam decididas, respectivamente, pelos tribunais e repartições eclesiásticas competentes;
- de harmonia com as propriedades essenciais do casamento católico, entendia-se que os nubentes, pelo facto de o celebrarem, renunciavam à faculdade civil de pedir o divórcio.

Em contrapartida:

- seria a lei civil a estabelecer os efeitos do casamento católico, salvo em matéria de divórcio;
- ressalvadas as hipóteses excepcionais de casamento «*in articulo mortis*», em iminência de parto, ou cuja imediata celebração houvesse sido autorizada pelo Ordinário próprio, por grave motivo de ordem moral, o casamento católico teria de ser precedido de processo preliminar de publicações, perante a competente conservatória do registo civil;
- assim, o casamento católico – para além dos impedimentos de Direito Canónico – estava sujeito aos mesmos obstáculos aplicáveis aos casamentos civis: quer impedimentos propriamente ditos, quer proibições de índole administrativa (professoras do ensino primário; oficiais das Forças Armadas; enfermeiras...)[5];
- a produção de efeitos civis dos casamentos católicos estava sujeita à respectiva transcrição no registo civil (transcrição essa que produziria efeitos retroactivos, se realizada dentro dos sete dias posteriores ao casamento).

Após a Concordata passaram, assim, a existir duas verdadeiras modalidades diferentes de casamento em Portugal: o casamento católico, para os católicos; o casamento civil, para os não-católicos, e, bem assim, para os católicos que optassem por esse modo de se consorciarem.

É claro que o casamento civil entre baptizados na Igreja Católica não era reconhecido como tal em termos canónicos.

O sistema português passou, pois, por força da Concordata, de um regime de casamento civil obrigatório para um regime de casamento civil facultativo (para os católicos, claro está).

C) O Código Civil de 1966

1) *O casamento*

O Código Civil de 1966, na sua versão originária, manteve, no essencial, o regime vigente à data da sua publicação.

---

[5] Este terá sido um dos pontos mais discutidos nas negociações: v. ANTÓNIO LEITE, «Casamento Católico», *in Concordata entre a Santa Sé e a República Portuguesa*, Coimbra, 2001, pp. 226-227.

Continuou, pois, a adoptar-se entre nós o sistema de casamento civil facultativo.

Assim é que, desde logo, o artigo 1587.º, n.º 1, do Código proclamou que «*o casamento é católico ou civil*» – assim esclarecendo serem estas duas verdadeiras modalidades diversas de casamento[6].

É certo que a definição geral de casamento constante do artigo 1577.º («*Casamento é o contrato celebrado entre duas pessoas de sexo diferente que pretendem constituir legitimamente a família mediante uma comunhão plena de vida*») quadra melhor à modalidade civil de casamento, sobretudo se se atentar à respectiva finalidade.

Mas a posterior regulação não deixa subsistir dúvidas sobre a manutenção, no fundamental, do regime concordatário:

– reconhecem-se, pois – salvo disposição especial – efeitos civis ao casamento católico (art. 1587.º, n.º 2).
– a questão da validade ou invalidade do casamento católico é aferida perante o Direito Canónico.

O Código Civil não o afirma directamente; mas declara-o implicitamente quando reserva a apreciação das causas respeitantes à nulidade do casamento católico aos tribunais eclesiásticos, que obviamente decidirão aplicando o Direito Canónico (art. 1625.º). As sentenças dos tribunais eclesiásticos, uma vez confirmadas pelo Supremo Tribunal da Assinatura Apostólica, seriam remetidas ao Tribunal da Relação competente, que as tornaria executórias, independentemente de revisão e confirmação (art. 1626.º).

– de acordo com as características próprias dos casamentos católicos, excluem-se estes expressamente do regime geral do divórcio (art. 1790.º).

E, em contraponto:

– a eficácia do casamento católico é, como se realçou, integralmente regulada pela lei civil – exceptuada, como também já se apontou, a indissolubilidade por divórcio;

---

[6] «*Dois institutos distintos*», na perspectiva de PIRES DE LIMA e ANTUNES VARELA, *Código Civil Anotado*, vol. IV, 1975, p. 32.

- o casamento católico só pode ser celebrado por quem tenha a capacidade matrimonial exigida na lei civil (art. 1596.°), capacidade essa comprovada em processo preliminar de publicações (art. 1597.°).

Dispensou-se, como na Concordata, a realização de processo preliminar nos casos de casamento «*in articulo mortis*», em iminência de parto ou cuja imediata realização fosse autorizada pelo Ordinário próprio, por graves motivos de ordem moral (art. 1599.°).

A referência, nestas normas, à «*capacidade matrimonial*» parece significar que o casamento católico só não poderá realizar-se se existirem verdadeiros impedimentos de ordem civil – e não já eventuais proibições de índole administrativa.

- a produção de eficácia (civil) dos casamentos católicos fica condicionada pelo seu registo, por transcrição, na competente conservatória do registo civil (arts. 1654.° e ss.).

O único efeito possível do casamento católico não transcrito é, nos termos gerais, o de constituir impedimento dirimente absoluto para a realização de novo casamento por parte de algum dos consortes (art. 1601.°, al. *c*)).

2) *O divórcio*

Sintomática da posição do legislador de 1966, por princípio avessa ao divórcio, é a circunstância de a redacção primeira desse diploma não ter regulado especificamente esse instituto, mas apenas por remissão para o regime da separação litigiosa (art. 1792.°).

Desta tomada de posição decorre também outra evidente contraposição com o regime da anterior Lei do Divórcio: passou a não se permitir, a partir da entrada em vigor do novo Código, o divórcio por mútuo consentimento.

O divórcio passou, assim, a poder surgir sob a forma de divórcio litigioso ou a de conversão da separação judicial de pessoas e bens em divórcio.

O divórcio litigioso teria de basear-se sempre (por remissão para o regime da separação – art. 1778.°) em factos imputáveis a um dos cônjuges:

- adultério;

- práticas anticoncepcionais ou de aberração sexual exercidas contra a vontade do requerente;
- condenação por crime doloso em pena superior a três anos de prisão;
- condenação por lenocínio praticado contra descendente ou irmã do requerente, ou por homicídio doloso contra o requerente ou parente dele na linha recta ou até ao 3.º grau da linha colateral;
- vida ou costumes desonrosos;
- abandono completo do lar conjugal por período superior a três anos;
- qualquer outro facto que ofenda gravemente a integridade física ou moral do requerente.

Permitia-se ainda o divórcio por conversão da separação judicial de pessoas e bens (litigiosa ou – essa sim – por mútuo consentimento) decorridos três anos sobre a sentença que a houvesse decretado – artigo 1793.º

IV) REGIME POSTERIOR A 25 DE ABRIL DE 1974

A) Protocolo Adicional à Concordata de 1975

Ainda antes da aprovação da Constituição de 1976, operou-se uma importante modificação no regime do Casamento Católico.

Eram, com efeito, inúmeras as situações de pessoas que, apesar de casadas catolicamente, tinham passado a fazer vida comum com pessoas diversas dos seus cônjuges – situação que não era juridicamente relevante e se reflectia em termos indesejáveis nos filhos que destes novos parceiros tivessem.

Esta realidade social era tão pressionante que o Governo Português propôs à Santa Sé – e esta aceitou com relativa facilidade – a modificação da Concordata no tocante à indissolubilidade dos casamentos católicos. A verdade é que a situação em causa acabava até por funcionar em desfavor do próprio casamento católico.

Foi assim aprovado, em 15 de Fevereiro de 1975, entre a Santa Sé e o Governo Português, um Protocolo Adicional à Concordata[7] que, subs-

---

[7] *DG*, I Série, de 4 de Abril de 1975.

tituindo o artigo 24.º deste Tratado, retira dele a menção à indissolubilidade do casamento católico – embora sem deixar de apontar que a Santa Sé: «recorda aos cônjuges que contraírem o matrimónio canónico o dever que lhes incumbe de se não valerem da faculdade civil de requerer o divórcio».

Gerou-se assim uma situação de certa duplicidade.

Os casados catolicamente que, a partir de então, se divorciassem, passavam a estar desvinculados perante a lei civil, mas continuavam casados face à lei canónica: e, na prática, poderiam casar-se de novo, mas apenas civilmente, e não já canonicamente.

Mas solucionaram-se múltiplos problemas de casais que, tendo-se casado catolicamente, haviam deixado de fazer vida em comum.

B) A Constituição de 1976

A Constituição de 1976 condensou, no seu artigo 36.º, alguns importantes princípios relativos a «família, casamento e filiação».

Releva, desde logo, atentar em que o n.º 2 deste preceito estipula que «a lei regula os requisitos e os efeitos do casamento e da sua dissolução, por morte ou divórcio, independentemente da forma de celebração».

Constitucionalizou-se assim o regime decorrente do Protocolo Adicional à Concordata, consagrando-se a permissão do divórcio mesmo para os casados catolicamente.

E foi-se mais longe: reiterou-se o princípio geral de que é a lei – lei civil, entenda-se – que regula os requisitos e efeitos do casamento, em qualquer das suas modalidades.

Já se chegou, a propósito, a sustentar, quer na doutrina, quer na jurisprudência, que a referência a «requisitos» desta regra constante teria tornado inconstitucionais os artigos 1625.º e 1626.º do Código Civil.

Não parece, contudo, que assim seja – o que desde logo surge denunciado pelo facto de em nenhuma das alterações do Código Civil posteriores à Constituição o legislador ter considerado necessário eliminar esses preceitos.

É que essa menção a «requisitos» mantém todo o seu sentido e utilidade quando reportada ao respeito, pelo casamento católico, dos impedimentos civis.

Nunca poderá, ademais, deixar de se reiterar a fulcral relevância que, em matéria de efeitos do casamento, teve o teor do seu n.º 3, proclamando que «os cônjuges têm iguais direitos e deveres quanto à capacidade civil e politica e à manutenção e educação dos filhos».

Instaurada assim a regra da igualdade entre os cônjuges, postergou--se a tradicional estruturação da família patriarcal, assente na figura do «chefe de família», vinda do Código de 1867 e mantida pelo de 1966, na sua versão primeira.

C) A Reforma do Código Civil de 1977

A Reforma do Código Civil operada em 1977 teve em mira ajustá-lo ao novo regime constitucional.

No âmbito da instituição familiar, a maior parte das modificações consistiu no desenvolvimento do princípio da igualdade dos cônjuges tanto quanto às relações pessoais entre eles como às patrimoniais.

Em matéria de casamento e divórcio, as alterações incidiram sobretudo na regulação deste último instituto, tendo-se mantido o originário sistema de casamento civil facultativo.

Foi reintroduzido o divórcio por mútuo consentimento, perante o tribunal ou o conservador do registo civil – neste último caso desde que não houvesse filhos menores, ou, havendo-os, desde que já estivesse regulado o poder paternal a seu respeito (art. 1773.º).

Quanto ao divórcio litigioso, distinguiu-se com clareza o divórcio fundado em incumprimento dos deveres conjugais e o baseado na verificação objectiva da ruptura da sociedade conjugal.

Relativamente ao primeiro tipo, abandonou-se a opção da especificação das violações de deveres relevantes, preferindo-se a cláusula geral «se o outro (não requerente) violar culposamente os deveres conjugais, quando a violação, pela sua gravidade ou reiteração, comprometa a possibilidade da vida em comum» (art. 1179.º).

Com respeito à segunda modalidade, distinguem-se:

– a separação de facto por três anos consecutivos;
– a separação por um ano se o divórcio for requerido por um dos cônjuges sem oposição do outro;
– a alteração das faculdades mentais do outro cônjuge, se durar há mais de três anos e comprometer, pela sua gravidade, a possibilidade de vida em comum;
– a ausência, sem notícias, por tempo não inferior a dois anos (art. 1781.º).

No concernente aos efeitos do divórcio, representaram inovações de relevo a admissão da indemnização pelos danos morais causados pelo próprio divórcio (art. 1792.º), bem como a lata faculdade conferida ao juiz para determinar o destino da casa de morada de família (art. 1793.º).

D) **Lei da Liberdade Religiosa**

Em 22 de Junho de 2001, foi publicada a Lei n.º 16/2001 (Lei da Liberdade Religiosa).

De entre as suas regras, merece realce a do artigo 19.º, que dá um passo marcante no sentido do ajustamento à liberdade religiosa do regime do casamento.

Passa, assim, a permitir-se que casem segundo os ritos das suas religiões ou confissões religiosas os que pertençam àquelas que sejam qualificadas como radicadas em Portugal.

Esses casamentos continuam, contudo, a ser considerados casamentos civis (nova redacção do art. 1615.º do Código Civil), o que significa que são regulados pela lei civil, e apreciados pelos tribunais do Estado, não apenas os respectivos efeitos mas também as questões atinentes à sua validade.

De todo o modo, só podem casar nestes termos aqueles que tenham também capacidade para celebrar casamento civil – pelo que, igualmente a seu respeito, tem de realizar-se processo preliminar para apuramento daquela capacidade.

O legislador entendeu que a equiparação ao regime do casamento católico não poderia, nestes casos, ser integral, já que nenhuma das mais relevantes religiões ou confissões religiosas existentes em Portugal dispõe de um sistema judicial institucionalizado capaz de efectivar a aplicação das regras relativas aos casamentos celebrados segundo os seus ritos.

E) **O divórcio por mútuo consentimento não judicializado**

No intuito de desjudicializar e reduzir os formalismos do divórcio por mútuo consentimento, o Decreto-lei n.º 272/2001, de 13 de Outubro, atribuiu a exclusiva competência para o decretar às conservatórias do registo civil (arts. 13.º e 14.º).

Não sendo, por sua própria natureza, condicionado pela apresentação de qualquer fundamento, o divórcio só pode ser decretado se estiverem resolvidas as questões do destino da casa de morada de família, da atribuição de alimentos ao cônjuge que deles necessite e da regulação do poder paternal relativo aos filhos menores.

Esta medida, embora muito discutida, teve uma eficácia relevante e quase imediata: em 2002, ano seguinte ao da entrada em vigor deste regime, 91% do total dos divórcios foram decretados por mútuo consentimento[8].

F) Concordata de 18 de Maio de 2004

Em 18 de Maio de 2004, foi assinada nova Concordata entre Portugal e a Santa Sé[9].

Esta Concordata mantém, no essencial, o regime da anterior, tal como alterada pelo Protocolo Adicional de 1975 – ou seja, admitindo a dissolução, por divórcio, dos casamentos católicos.

É claro que o casamento católico se mantém, face ao Direito Canónico, indissolúvel.

Ou seja: os casados catolicamente, após o divórcio civil, apenas se poderão voltar a casar civilmente, e não já perante o Direito Canónico.

V) ALGUNS COMENTÁRIOS

A) Correlação dialéctica entre realidade sócio-cultural e direito

A evolução do regime do casamento e do divórcio a partir do Código de Seabra revela uma flagrante correlação dialéctica entre a realidade sócio-cultural e o direito.

Essa correlação manifesta-se no sucessivo ajustamento entre esses dois factores – umas vezes por pressão da realidade sócio-cultural, outras por efeito das modificações operadas na legislação.

---

[8] INE, *Estatísticas Demográficas de 2002*, p. 124.
[9] Aprovada, para ratificação, por Resolução da AR n.º 74/2004, publicada em 16 de Novembro de 2004 e ratificada por Decreto do PR n.º 8/2004, publicado na mesma data.

Umas vezes, esse ajustamento operou-se lentamente, em razão das contradições sociais e ideológicas subjacentes; outras vezes, ocorreu com celeridade por vezes quase inesperada.

De todo o modo, podem detectar-se, no período em apreciação, os seguintes períodos mais relevantes:

1) Fase do liberalismo burguês, plasmado no Código de 1867, reconhecendo a relevância do casamento católico mas procurando conjugá-lo com a possibilidade de opção pelo casamento civil;
2) Regime republicano, de casamento civil obrigatório e admitindo pela primeira vez o divórcio, litigioso e por mútuo consentimento;
3) Sistema do «Estado Novo», reconhecendo eficácia civil ao casamento católico, indissolúvel; com exclusão, desde o Código Civil de 1966, do divórcio por mútuo consentimento;
4) Regime posterior a 25 de Abril de 1974, mantendo o sistema do casamento civil facultativo (mas com generalizada possibilidade de divórcio, em termos civis) e progressivo alargamento da relevância do divórcio por mútuo consentimento, presentemente desjudicializado.

B) **Factor impulsionador da mudança: umas vezes a realidade sócio-cultural, outras a mudança legislativa**

A análise da evolução do binómio «casamento-divórcio» desde o Código de Seabra manifesta que, para as mudanças ocorridas, operaram como factores impulsionadores, umas vezes, a própria força das realidades sócio-culturais, outras, as alterações legislativas verificadas.

A título de exemplo, pode apontar-se como foi decisiva, para a admissão do divórcio civil dos casamentos católicos, em 1975, a pressão social decorrente das múltiplas situações «irregulares» de pessoas casadas catolicamente mas que haviam passado a fazer vida comum com outras, com as quais se não podiam casar.

A situação era de tal modo indesejável e atingira dimensão estatística tal, que a Santa Sé aceitou sem grande dificuldade celebrar o Protocolo Adicional à Concordata de 1975, que permitiu o divórcio civil aos casados catolicamente.

A confirmação desta asserção pode encontrar-se no facto de, em 1975, os divórcios se terem repartido por 55% litigiosos e 45%[10] por conversão

---

[10] INE, *Estatísticas Demográficas*, 2005, p. 103.

de separação em divórcio – estes últimos representando, pois, grande parte das situações daqueles que, casados catolicamente, se encontravam apenas separados, sem se poderem divorciar.

Em contraponto, merece realce apontar-se como a readmissão do divórcio por mútuo consentimento, a partir de 1977, e a sua progressiva liberalização, culminando na respectiva desjudicionalização, conduziu a uma adesão social cada vez mais generalizada.

Basta, para tanto, acompanhar a evolução estatística do divórcio por mútuo consentimento nos momentos mais relevantes a partir de 1977: 1980 (62,1%); 1995 (78%); 2002 (92%); 2005 (93,7%).

C) Conotações religiosas e ideológicas

A matéria do casamento é daquelas que, no âmbito do Direito da Família, mais têm ostentado conotações religiosas e ideológicas.

A conotação religiosa, inicialmente centrada no sistema matrimonial católico, bem se explica pelo facto de, antes do Código de Seabra, o regime do casamento ser moldado pelo matrimónio de Direito Canónico, sendo que o contrato de casamento era, nessa perspectiva, não apenas um acordo de vontades mas também um sacramento, do qual eram ministros os próprios nubentes.

A importância do casamento católico ressurgiu com vigor através da celebração da Concordata de 1940 e da eficácia civil nela reconhecida ao casamento celebrado segundo o Direito Canónico, incluindo a respectiva indissolubilidade.

E presentemente subsiste, ainda que atenuada (designadamente quanto à questão da indissolubilidade), nos termos da recém-acordada Concordata de 2004, que mantém o reconhecimento de efeitos, na ordem estadual, ao casamento católico.

A consagração constitucional da liberdade religiosa constituiu o fundamento para a emanação da Lei da Liberdade Religiosa, que facultou a opção pelo casamento segundo o seu rito próprio aos membros de religiões ou confissões consideradas radicadas em Portugal.

Esta liberdade incide apenas na escolha do rito ou forma de casamento, por se ter considerado que a inexistência de estruturas judiciais próprias não permitiria uma igualização integral ao regime do casamento canónico.

Por seu turno, as conotações ideológicas mais marcantes foram reveladas pelo próprio Código de 1867, e, depois, pelas Leis do casamento de 1910.

No concernente ao Código de Seabra, a coloração ideológica marcante em matéria de casamento foi a do chamado casamento civil, inserido na perspectiva geral do registo civil.

Quanto à Lei do Casamento de 1910, a nota ideológica impulsionadora foi constituída pela noção republicana do casamento civil obrigatório e exclusivamente relevante, em termos jurídicos.

Curiosamente, qualquer destas opções ideológicas teve dificuldade em se impor rapidamente.

O primeiro casamento civil posterior ao Código de 1867 só ocorreu em 12 de Fevereiro de 1879.

E, mesmo após a entrada em vigor da Lei do casamento de 1910, muitos nubentes continuavam a consorciar-se apenas catolicamente, por considerarem ser esse o único verdadeiro casamento: por isso, aliás, o legislador se viu forçado, no Código do Registo Civil de 1911, a impor a precedência cronológica do casamento civil.

D) Abertura de regime após 25 de Abril de 1974

Depois de pouco mais de um século de oscilações de regime, umas no sentido de maior liberalização, outras implicando maior contenção, a evolução da legislação do casamento em Portugal revelou, a partir de 25 de Abril de 1974, uma decidida propensão para uma clara abertura e descompressão de regulação.

Esta flexibilização manifesta-se, por um lado, num já apreciável leque de escolhas quanto às formas de casamento.

Pode, assim, optar-se entre o casamento na forma civil (quer se seja ou não religioso), o casamento canónico (para os católicos, entre si ou com não católicos, nos casos admitidos de casamentos mistos) e o casamento segundo o rito de qualquer outra religião ou confissão considerada radicada em Portugal.

Por outro lado, observa-se também, no concernente à dissolução do casamento por divórcio, um alargamento de amplitude e uma simplificação de procedimentos que propicia descompressão da instituição matrimonial.

Os traços mais flagrantes dessa mudança traduzem-se na aplicação do divórcio a todas as modalidades de casamento e na generalização do divórcio por mútuo consentimento e na sua quase exclusiva efectivação pela via administrativa.

Desta forma se vem, assim, transformando cada vez mais o casamento, de uma realidade institucional numa relação consensual e igualitária, assente na afeição mútua e mantida enquanto esta subsiste.

E) **Revisitação do Código de 1867**

O Código de Seabra adoptou, afinal, devidamente interpretado, o sistema que hoje em dia também vigora na nossa Ordem Jurídica.

Ou seja, o do casamento civil facultativo, que admite que os católicos escolham celebrar casamento católico ou civil – entendendo-se, naturalmente, que os não católicos contraiam casamento civil.

O regime do Código de 1867 consubstanciou o mais arrojado compromisso possível, na altura, entre duas muito fortes e vigorosas pulsões: por um lado, a do tradicional casamento católico, correspondente ao sistema anterior, e ajustado às convicções de fortíssima maioria da população portuguesa; e, em contraponto, a do casamento civil, correspondente a um decidido movimento ideológico integrado no liberalismo novecentista.

Este compromisso adoptado no Código de Seabra foi, porventura, o mais aberto e progressivo possível, na ocasião e perante as forças mais relevantes na sociedade portuguesa de então.

A situação ainda não comportava, de todo o modo, a admissão do divórcio.

Por isso, o Código de Seabra apenas condescendeu na introdução da separação judicial de pessoas e bens – que não deixou, aliás, de ser apontada por alguns como inovação marcante para a época.

A PATENTE DE INVENÇÃO E A NOÇÃO DE TÉCNICA[*]

Luís M. Couto Gonçalves[**]

INTRODUÇÃO

Não há uma noção legal de invenção. Na perspectiva dominante na Europa, a invenção é uma solução técnica para um problema técnico, entendendo-se por técnica o controlo das forças da natureza (animada ou inanimada), de modo à obtenção de um resultado causal previsível. A noção de técnica é, pois, determinante para a delimitação do objecto de protecção da patente.

O conceito de invenção (e, por via disso, o de técnica) tem vindo a ganhar muito maior interesse prático nos últimos anos, com o desenvolvimento da chamada *sociedade da informação*, baseada na acelerada inovação a nível das tecnologias de informação e comunicação (TIC) e da Internet. Um dos principais problemas práticos diz respeito à protecção de programas de computador (ou *software*)[1].

---

[*] Corresponde, no essencial, ao texto que serviu de base à lição de síntese, integrada na disciplina de direito de patentes, de um curso de mestrado em direito de autor e da propriedade industrial, proferida em provas públicas de agregação, realizadas nos dias 23 e 24 de Julho de 2007, na Universidade do Minho.
Com esta participação pretendemos também, de um modo especial, exprimir a nossa gratidão à Faculdade de Direito da Universidade Nova de Lisboa, em cuja licenciatura leccionámos, com muita honra, durante dois anos lectivos.

[**] Professor, com Agregação, da Escola de Direito da Universidade do Minho.

[1] Neste estudo vamos utilizar estes dois conceitos como sinónimos, abrangendo o programa de computador propriamente dito, isto é, o conjunto de instruções dirigidas ao computador na forma de código-fonte (linguagem de programação), o código-objecto (linguagem máquina) e o material de concepção, de acordo com o conceito legal, resultante do

Tem cabido ao direito de autor, desde os anos 70 do século passado, o papel de protecção de programas de computador a nível internacional ou nacional.

Na Europa, quer na CPE (art. 52.º, n.ºs 2 e 3), quer nas ordens jurídicas nacionais dos países europeus (ver, entre nós, o art. 52.º, n.ºs 1, al. *d*) e 3 do Código da Propriedade Industrial de 2003) os programas de computador, *como tais*, não são patenteáveis.

Este duplo enquadramento normativo é claramente desfavorável à protecção de programas de computador pelo direito de patentes.

Porém, a prática registal e judicial dos últimos anos vem mostrando uma surpreendente (ou talvez não) abertura à patenteabilidade de programas de computador.

A *chave* que tem servido para abrir esta *porta* chama-se técnica. Com efeito, a partir de um determinado momento, a interpretação da norma legal que proíbe a protecção de programas de computador *como tais* passou a ser a de que a mesma se refere aos programas sem carácter técnico.

Mas o que significa um programa sem carácter técnico? As respostas têm sido muito insatisfatórias, incongruentes e inseguras. Na base desta situação está, na nossa opinião, por um lado, a ausência de uma reflexão prévia sobre a noção de técnica e, por outro, uma notória insensibilidade para a necessidade de harmonização dos sistemas de protecção do direito da propriedade industrial e do direito de autor.

É uma abordagem sobre este conjunto de questões que queremos fazer nesta lição, não com uma preocupação meramente teórica, mas com um inegável interesse prático: responder ao problema da patenteabilidade dos programas de computador e à questão de saber se o paradigma técnico, que tem sido utilizado, é adequado à solução do problema.

---

art. 1.º, n.º 3 do *DL* n.º 252/1994, de 20/10, que regula a protecção dos programas de computador na nossa ordem jurídica (de modo análogo à conferida às obras literárias). Para uma maior e melhor percepção do significado destes conceitos, nem sempre coincidente, ver J. ALBERTO VIEIRA, *A protecção dos programas de computador pelo direito de autor*, Lex, Lisboa, 2005, p. 12 e ss.

1. A noção de técnica

1.1. *Considerações gerais*

A palavra técnica tem origem na palavra grega *tekhné* e na sua correspondente latina *ars*, *artis* que significavam, de início, a habilidade manual do artífice[2]. A técnica combinava-se com a arte, e significava transformar a realidade segundo certas regras.

Com a chamada revolução industrial a técnica autonomizou-se da arte e passou a ser «parceira» da ciência, adoptando a designação de tecnologia. A tecnologia é apenas um período da história da técnica caracterizada pelo facto de esta ser normalmente apoiada por um conhecimento teórico-científico[3].

O estudo filosófico da técnica ainda está no seu início. Os filósofos começaram a dedicar mais atenção à técnica a partir da chamada *4.ª revolução industrial*: a revolução digital e o surgimento do computador.

Entre os diversos contributos[4], destacamos dois nomes: Ortega y Gasset e Heidegger, por serem representantes de duas importantes correntes: a antropológica e a ontológica, respectivamente.

Ortega y Gasset considera que a técnica está ligada, necessariamente, ao que significa ser humano. «A técnica é a mudança que o homem impõe à natureza com vista à satisfação das suas necessidades. A técnica é a mudança da natureza, dessa natureza que nos faz necessitados e indigentes, uma mudança que torna possível eliminar as necessidades para deixar de

---

[2] Cfr. LOGOS, *Enciclopédia Luso-Brasileira de Filosofia*, Verbo, V, p. 30 e FERRATER MORA, *Dicionário de Filosofia*, Tomo IV, 1994, p. 2820.

[3] Ver, por exemplo, ARETXAGA BURGOS, *La Filosofia de la Técnica de Juan David Garcia Bacca* (tesis doctoral), 1998 (versão electrónica); TONDL, «On the concepts of technology and technological sciences», *in* RAPP (Ed.), *Contributions to a Philosophy of Technology. Studies in the Structure of Thinking in the Technological Sciences*, D. Reidel Publishing Company, Dordrecht-Holland / Boston-USA, 1974, p. 1 e ss.

[4] Cfr., para mais desenvolvimentos, AA.VV., *Ciencia, Tecnologia y Sociedad*, Editorial Noesis, Madrid, 1996; AA.VV., *Tecnologia, Ciência, Natureza y Sociedad*, «Anthropos», Suplemento n.º 14, Barcelona, Abril, 1989; MITCHAM, *Qué es la Filosofia de la Tecnologia?*, (tradução de Cuello Nieto / Méndez Stingl), Ed. Anthropos, Barcelona, 1989; MITCHAM / HUNING (Eds.), *Philosophy and Technology II. Information Technology and Computers in Theory and Practice*, Reidel Publishing Company, Holland, 1986; MITCHAM / MACKEY (Eds.), *Filosofia y Tecnologia* (ed. Espanhola de Quintanilla Navarro), Ediciones Encuentro, Madrid, 2004. Na concepção aristotélica «a téchne é um modo de ser produtivo acompanhado de razão verdadeira» (*Ética a Nicómaco*, VI, 4).

ser um problema a sua satisfação. Viver humanamente significa não apenas estar no mundo, mas bem-estar. O homem é criador do supérfluo. A técnica não prolonga meramente a vida orgânica porque não consiste em adaptar o sujeito ao meio, mas o meio à vontade do sujeito. O acto técnico é criação, invenção. A finalidade da técnica mostra o seu radical significado antropológico: está ao serviço do bem-estar de uma vida inventada que transcende a meramente natural. A técnica permite que o homem crie a sua própria circunstância»[5].

Já numa perspectiva ontológica, Heidegger distancia-se da ideia comum da técnica, a de um meio para alcançar certos fins. «Este pensamento é correcto, mas o pensamento pode ser correcto sem ser verdadeiro». O autor procura por detrás do correcto o verdadeiro. Então a técnica não é somente um meio. «A técnica moderna é um modo de desocultamento, é uma *provocação (Herausforderung)* mediante a qual a natureza é obrigada a proporcionar uma energia que como tal pode ser extraída e acumulada. A natureza deixa de aparecer ao sujeito como um objecto (*Gegenstand*) com autonomia própria. Se a natureza se revela como um recurso deixa de ser objecto, passando a ser algo subordinado, ao serviço de um sujeito para seu uso e exploração (*Gestell*). A técnica não é mais algo exterior e exclusivamente instrumental, mas a maneira pela qual o homem se apropria e aproxima da natureza»[6].

1.2. *A técnica e o direito de patentes*

A técnica é entendida, tradicionalmente, na doutrina e na jurisprudência industrialistas, como um ensinamento (regra, instrução ou solução) para uma acção planeada, com a utilização das forças da natureza susceptíveis de serem dominadas, para obtenção de um resultado causal previsível[7].

---

[5] ORTEGA Y GASSET, *Meditación de la Técnica*, Ed. Santillana, Colômbia, 1997, p. 17 e ss.

[6] MARTIN HEIDEGGER, «La Pregunta por la Técnica», (tradução de Adolfo Carpio), in *Tecnología, Ciencia, Naturaleza y Sociedad*, (AA.VV.), cit., pp. 6-17.

[7] É uma definição inspirada na tradição alemã (desde KOHLER, no início do século XX) e na prática do BGH (especialmente desde o «leading case» *Rote Taube*, de 27/3/1969, in GRUR, 1969, p. 672 e ss.) – cfr. BENKARD, *Patentgesetz*, Verlag C. H. Beck, München, 10.ª ed, 2006, § 1 Rdn. 41 a 47a; BUSSE, *Patentgesetz*, De Gruyter Recht Verlag, 6.ª ed., Berlin, 2003, § 1 Rdn. 24 a 38; NACK, *Die patentierbare Erfindung unter den sich wandelnden Bedingungen von Wissenschaft und Technologie*, Carl Heymanns Verlag, Köln,

A técnica é definida como o conjunto de processos ordenados, normalmente validados cientificamente, que são empregues para transformar, por novo produto ou novo processo, as forças da natureza inanimada e animada, esta última num momento ulterior depois do desenvolvimento da química e da biologia[8].

A definição faz referência à modificação do mundo físico tangível (matéria vivente ou não vivente e a energia), que se contrapõe ao mundo dos conhecimentos teóricos, abstractos, puramente artísticos ou próprios das leis da natureza.

A esta noção de técnica não é indiferente a evolução do direito de patentes.

A Revolução Francesa criou o fundamento político, filosófico e jurídico para a abolição do sistema medieval dos privilégios e a instituição de um sistema de reconhecimento da propriedade do inventor (o direito de propriedade tido como um direito *revolucionário*[9]).

Berlin, München, 2002, p. 171 e ss.; SCHULTE, *Patentgesetz mit EPÜ*, Carl Heymanns Verlag, Köln, Berlin, München, 2006, § 1 Rdn. 17 a 75; ZIRN, *Softwarerechtsschutz zwischen Urheberrecht und Patentrecht, ibidem*, Verlag, Stuttgart, 2004, p. 169 e ss., todos com abundantes indicações jurisprudenciais. KOHLER definia invenção como «uma criação ideal expressa de forma técnica que, ao dominar as forças da natureza, conduz para um resultado funcional e, em virtude disso, susceptível de satisfazer as necessidades humanas» (*Lehrbuch des Patentrechts*, 1908, p. 13). Para uma visão mais alargada de propostas de definição doutrinária e jurisprudencial de invenção, cfr. PEDRAZZINI, «Die Entwicklung des Erfindungsbegriffes», *in Kernprobleme des Patentsrechts*, (AA.VV.), Festschrift zum einhundertjährigen Bestehen eines eidgenössischen Patentgesetzes / Herausgegeben vom Institut für gewerblichen Rechtschutz (INGRES) in Zürich, Stämpfli, Bern, 1988, pp. 21 a 34. Com interesse, ainda, nomeadamente para o confronto da definição de KOHLER, sustentada na transformação da natureza inanimada (técnica industrial), com a definição apresentada no texto, aberta ainda à protecção de invenções na área da natureza animada, ver ADRIAN, «Technikentwicklung und Patentrecht», *in* ADRIAN / NORDEMANN / WANDTKE, *Josef Kohler und der Schutz des geistigen Eigentums in Europa*, Berlin Verlag, 1996, p. 31 e ss.

[8] É de encontro a esta evolução que GÓMEZ SEGADE (*Enciclopedia Juridica Básica*, vol. III, p. 3744, Ed. Civitas, Madrid, 1995) define invenção como uma «regra técnica industrial para solucionar um problema técnico utilizando as forças da natureza animada e inanimada».

[9] A lei francesa de 7 de Janeiro de 1791 sobre as descobertas úteis e os meios de assegurar a propriedade aos autores declarava que «toda a descoberta ou nova invenção, em todos os géneros de indústria, é propriedade do seu autor». Um ano antes, nos EUA, tinha sido aprovado a *Patent Act* de 10/4/1790, que, em cumprimento de um preceito da Constituição americana de 1789 (secção 8 (8)) reconhecia aos investidores o direito de obterem uma patente e de explorarem a invenção pelo período de 14 anos.

Por sua vez, o Iluminismo, o surgimento do método experimental e a chamada Revolução Industrial criaram o fundamento científico e económico para fomentar o interesse nas inovações técnicas.

Originariamente, o direito de patentes surge para proteger invenções no domínio da engenharia mecânica (invenção industrial). Em suma, a técnica dirigida, fundamentalmente, à amplificação das capacidades físico--motoras humanas. A máquina permite melhores resultados, com menor esforço. A técnica aparece ligada às necessidades da indústria. A inovação começa a ser vista, gradualmente, como um instrumento essencial da empresa industrial na sua luta de afirmação concorrencial.

Esta noção *positivista* de técnica continuou a manter-se válida ante a necessidade de protecção de inovações posteriores no âmbito das ciências naturais como a física, química e, com mais alguma dificuldade, a biologia[10]. Podemos afirmar que, em qualquer dos casos, a técnica continua ao serviço, fundamentalmente, da melhoria das capacidades físico-motoras humanas.

O maior desafio posto ao conceito restrito de técnica advém do surgimento da chamada sociedade da informação e dos «novos produtos» informáticos, especialmente o programa de computador.

A primeira tentativa, que teve lugar nos EUA, na década de 70 do século passado, foi no sentido de procurar protecção do *software* no direito de patentes. O Supremo Tribunal Federal Norte-Americano, em três decisões, negou essa protecção[11]. A opção, em 1980, ditada mais por razões práticas e de política legislativa, que passou por uma alteração do *Copyright Act* (§§ 101 e 117 USC-17), foi a de considerar o programa de com-

---

[10] Atente-se, por exemplo: na emergência da protecção relativa do produto (produto + função específica) em detrimento da protecção absoluta; na susceptibilidade de reprodutibilidade da invenção por terceiro (*v. g.* produtos agrícolas transgénicos); na maior dificuldade de replicabilidade industrial; nas dificuldades técnicas ligadas à descrição de microrganismos, que levaram à celebração, em 1977, do Tratado de Budapeste relativo ao depósito de microrganismos para efeitos de procedimento em matéria de patentes; na especificidade conferida à protecção de obtenção de vegetais protegida pela Convenção Internacional de Protecção de Obtenções Vegetais (UPOV, de 1961); na controvérsia acerca da patenteabilidade de animais (atente-se no conhecido caso do pedido de patente europeia do «Rato Oncológico de Harvard»); e, mais recentemente, na polémica ligada às invenções de origem humana (cfr. as soluções estabelecidas pela Directiva do Conselho, de 6/7/1998, *JO-L*, 213, de 30/7/1998, relativa às invenções biotecnológicas).

[11] *Gottschalk v. Benson*, 409 U. S. 63 (1972); *Dann v. Johnston*, 425 U. S. 219 (1976); *Parker v. Flook*, 437 U. S. 504 (1978) – cfr. J. ALBERTO VIEIRA, *A protecção dos programas de computador pelo direito de autor*, cit., p. 24.

putador uma obra literária protegida pelo *copyright* e, por essa via, passível, também, de ser abrangida pela Convenção de Berna para a protecção das obras literárias e artísticas, de 1886.

Na Europa, seguiu-se o mesmo caminho, primeiro com a posição da CPE, de 1973, (que excluiu a protecção de computadores *como tais*) e, de um modo mais seguro, com a transposição da Directiva Comunitária n.° 91//250/CE, do Conselho, de 14 de Maio de 1991[12], relativa à protecção jurídica dos programas de computador pelo direito de autor[13].

Tudo indicaria que o conceito de técnica se manteria incólume em virtude de as *novas tecnologias de informação* serem afastadas, por diferentes razões, do direito de patentes.

No entanto, a prática viria a infirmar esta conclusão: a controvérsia sobre o *modelo* de protecção do programa de computador, afinal, ainda mal tinha começado.

A procura alternativa do direito de patentes não é inocente: o direito de autor protege, essencialmente, a expressão do programa, mas não as ideias, princípios, algoritmos e outros elementos não expressivos que lhe estão subjacentes. A protecção mais eficaz e abrangente que inclua a *componente funcional*, e não a mera expressão, só será possível pelo direito de patentes.

Isto significa que também há uma indisfarçável lógica de interesses económicos conflituantes na base de uma e outra solução: o sistema de direito de autor, mais favorável à concorrência e preferido pelas pequenas e médias empresas informáticas; o sistema de patentes, mais restritivo da concorrência e preferido pelas grandes empresas do ramo.

No plano jurídico, o interesse está em saber como foi isto possível, isto é, como se ultrapassou aquele apertado constrangimento legal e se colocou, ou se pretende colocar, o direito de patentes (que deveria ter um papel de *actor secundário*) no papel de *actor principal* que devia caber, por razões históricas, normativas e teleológicas, ao direito de autor. É o que procuraremos explicar mais adiante.

---

[12] Já antes, em 1985, a Alemanha (*Gesetz zum Änderung von Vorrschriften auf dem Gebiet des Urheberrechts vom 24 Juni 1985*), a França (*Loi n.° 85-660*, de 3/7/1985) e o Reino Unido (*Copyright Amendment Act*, de 1985) tinham seguido o exemplo americano.

[13] Em Portugal, optou-se por uma transposição *sui generis*, de discutível legalidade, atribuindo aos programas de computador que tiverem carácter criativo uma *protecção análoga* à conferida às obras literárias (art. 1.°, n.° 2, do Decreto-Lei n.° 252/1994, de 20 de Outubro).

Por agora, podemos apenas adiantar que a explicação é, apesar de tudo, mais compreensível nos EUA, porquanto, diferentemente do que acontece nos países europeus, a lei respectiva não contempla uma indicação de bens não patenteáveis e há uma aproximação ao conceito de invenção que não impõe expressamente o requisito do contributo técnico, bastando-se com a noção de «solução nova e útil» (§ 101 USC-35).

Na Europa, como vai dito, há um obstáculo legal específico que diz respeito à solução legal consagrada na CPE (art. 52.º, n.os 2, al. c), e 3) e nas ordens jurídicas nacionais dos países europeus (ver, entre nós, o art. 52.º, n.os 1, al. d), e 3 do CPI) de que os programas de computador *como tais* não são patenteáveis.

Por outro lado, nestas legislações[14], apesar de não haver uma definição legal de invenção, é possível retirar de algumas soluções legais *explícitas* (nomeadamente as que limitam o âmbito de bens patenteáveis e as que estabelecem os requisitos de patenteabilidade[15]) a necessidade *implícita* de a invenção corresponder a um conhecimento de natureza técnica.

2. O critério técnico na prática do IEP

2.1. *A protecção indirecta*

O *case law* ligado à protecção de programas de computador iniciou-se com a decisão T 208/84, de 15/7/1986[16] (caso *Vicom*), num recurso do

---

[14] Os requisitos do objecto e de patenteabilidade são praticamente comuns às legislações nacionais dos diferentes países europeus, situação explicada pela fortíssima influência uniformizadora da CPE. Isto significa que as principais legislações nacionais europeias de patentes, a nível dos grandes princípios, se encontram muito próximas, para não dizer coincidentes. Esse tem sido o indiscutível mérito da CPE, que tem funcionado, na realidade, como um texto *supralegal* dos direitos nacionais de patentes.

[15] Da enumeração de bens não patenteáveis destacamos as descobertas, as teorias científicas, os métodos matemáticos, e, dos requisitos de patenteabilidade, a referência expressa de que a invenção deve ser diferente (novidade) e distante (originalidade) do estado da técnica e susceptível de aplicação industrial, isto é, elaborada segundo regras técnicas que permitam a sua reprodução minimamente estável e homogénea. Cfr: arts. 52.º, n.º 2, al. *a*), 54.º, 56.º, 57.º da CPE; arts. 52.º, n.º 1, al. *a*), 55.º, 56.º do CPI; arts. 4.º, n.º 4, al. *a*), 6.º, 8.º, 9.º da lei espanhola de patentes (lei 11/1986, de 20 de Março); arts. 45.º, n.º 2, al. *a*), 46.º, 48.º, 49.º do CPIt.; §§ 1, III, n.os 1, 3, 4, 5 da lei alemã (*Patentgesetz*, de 1980, modificada em 2006); arts. L.611-10, n.º 2, al. *a*), L.611-11, L.611-13, L.611-14 do CPInt. francês; arts. 1.º, n.os 1, 2, al. *a*), 2.º, 3.º e 4.º da lei do Reino Unido (*Patents Act* de 1977).

[16] OJ EPO, 1987, p. 14 e ss.

acto de recusa do registo de um aparelho programado com um método matemático para o tratamento numérico de imagens de vídeo.

Para a Câmara Técnica de Recurso (CTR) uma coisa é a aplicação de um método matemático, como tal, pela qual o resultado só pode ser numérico e abstracto, outra é a aplicação de um método matemático num processo técnico executado por um meio técnico físico (calculadora). Nesta última hipótese, não se trata de proteger o método matemático *como tal* (proibido pelo art. 52.°, n.° 2, al. *a*)).

O mesmo raciocínio foi feito em relação ao programa de computador reivindicado. Um processo técnico realizado por um programa de computador incorporado num dispositivo técnico não pode ser considerado um programa de computador *como tal* (proibido pelo art. 52.°, n.° 2, al. *c*)). Para a CTR trata-se da protecção de uma invenção em que o programa é protegido *indirectamente* como *parte* de uma invenção cumprindo-se a proibição da protecção de programa de computador *como tal*, prevista no art. 52.°, n.os 2 e 3.

Na decisão pode ler-se que este preceito legal não deve ser um factor impeditivo de proteger invenções (em si patenteáveis), apenas porque recorrem a meios tecnológicos modernos sob a forma de programas de computador.

Em suma, a *ratio decidendi* foi a de considerar possível a protecção *indirecta* do programa de computador relacionado com uma invenção (*so-called computer-implemented inventions*) porque o que se protege não é o programa *como tal*, mas uma invenção que integra um programa.

Num caso seguinte, decisão T 26/86, de 21/5/1987[17] (caso *Koch & Sterzel*), a CTR manteve a mesma orientação. Aceitou a protecção de um aparelho de raios-X que incorporava um programa de computador que permitia controlar a intensidade da radiação evitando a sobrecarga do aparelho. Considerou que a invenção deve ser apreciada no seu conjunto (aparelho de raios-X + efeito técnico inovador provocado pelo programa) e que, por via disso, a patenteabilidade pode ter lugar, ainda que o aparelho esteja compreendido no estado da técnica. Esta decisão marcou uma orientação dominante no IEP de que uma invenção pode conter características técnicas e não-técnicas, novas ou já conhecidas, desde que, no conjunto, sobreleve a dimensão técnica e inovadora.

---

[17] OJ EPO, 1988, p. 19 e ss.

2.2. *A protecção directa*

A «jurisprudência» do IEP, tendo em conta as «directrizes internas para o exame do pedido em matéria de programas de computador»[18] (Parte C, Cap. IV, 2.3.6.) começou a manifestar, desde 2001, uma nova orientação, passando a considerar que a proibição legal de registo de programas de computador *como tais* deveria ser entendido à luz de um novo critério: o do *carácter técnico* do programa de computador. Esta mudança substancial, como o tempo revelaria, viria a provocar maior insegurança jurídica e a reforçar a importância do conceito de técnica.

A orientação dominante é no sentido de considerar que o programa pode ser patenteável, *directamente*, se for susceptível de produzir um efeito técnico suplementar distinto da mera interacção física entre o programa e o computador.

Como *leading case* inspirador desta posição, que viria a ter uma influência decisiva na prática do IEP, do BGH e, mesmo, da Proposta de Directiva Comunitária, de 2002[19], esteve a decisão T 1173/97, de 1/7/1998[20] (caso IBM), que analisou um recurso de não concessão de patente a um programa de computador aplicativo destinado ao controlo de um método de recuperação de informação.

A CTR, embora reconhecendo que o artigo 10.°, n.° 1, do ADPIC/ /TRIPS estabelece o princípio segundo o qual os programas de computador são protegidos pelo direito de autor, não afasta a possibilidade de os mesmos serem protegidos igualmente pelo direito de patentes, dado que o artigo 27.° admite a patenteabilidade em todos os domínios tecnológicos.

Para a CTR, o que importa é determinar o que significa exactamente programa *como tal*, considerando que o sentido a dar a esta expressão só pode ser o de uma criação puramente abstracta, desprovida de *carácter técnico*. O programa que revista carácter técnico, que pertença a um domínio da tecnologia, deve ser patenteável.

Acrescenta, no entanto, não ser bastante para que um programa de computador seja patenteável o simples facto de ser um programa de computador, isto é, que produza modificações físicas do material (provocando, por exemplo, efeitos eléctricos ou electrónicos a nível do *hardware*) que resultam da execução de instruções dadas pelo programa de computador.

---

[18] Podem ser consultadas em *European-patent-office.org/*
[19] Cfr., *infra*, ponto 5.
[20] OJ EPO, 1999, p. 609 e ss.

Para este órgão do IEP estas modificações, se bem que possam ser consideradas como técnicas, constituem uma característica comum a todos os programas criados para serem aplicados sobre um computador e, assim, não se podem distinguir os programas que têm um carácter técnico dos programas considerados como tal.

Por outras palavras, é necessário ter em conta os efeitos resultantes da execução das instruções fornecidas pelo programa de computador. Se estes efeitos tiverem um carácter técnico ou se eles conduzirem o programa a resolver um problema técnico podemos considerar que a invenção que produz este efeito é, em princípio, patenteável.

Só, pois, a existência de um *efeito técnico adicional indirecto* (para além do efeito directo resultante da interacção física «normal» do programa com o computador no qual funciona) permite a patenteabilidade da invenção. Para o IEP, um programa de computador pode ser patenteado directamente se tiver uma capacidade potencial de produzir um efeito técnico suplementar predeterminado que se torne efectivo logo que seja aplicado no computador. Esse efeito técnico pode recair tanto num processo industrial, como no funcionamento de uma máquina (protecção indirecta de programas) ou, mesmo, no funcionamento interno de um computador (protecção directa de programas)[21].

---

[21] Antes desta decisão a CTR, em diferentes momentos, a propósito de um conjunto de pedidos da IBM, teve oportunidade de questionar o significado da proibição legal de patentear o programa *como tal*.

a) T 115/85, de 5/9/1988 (OJ EPO, 1990, p. 30 e ss.).

O pedido de patente referia-se a um processo de visualização automática de informações dirigido por um programa de computador que actuava sobre a memória do *hardware* na qual se alojava um conjunto de mensagens predeterminadas relativas a situações particulares que podem ocorrer no dispositivo de entrada/saída de um sistema de processamento de texto. A CTR decidiu que se tratava, essencialmente, de um problema técnico.

b) T 22/85, de 5/10/1988 (OJ EPO, 1990, p. 12 e ss.).

Tratava-se de um sistema comandado por um programa de computador que permitia processar, memorizar, pesquisar e recuperar documentos.

A CTR considerou que o objecto do pedido (regras para a elaboração de resumos de documentos e respectivo arquivo e pesquisa), envolvendo regras puramente intelectuais, não revestia natureza técnica.

c) T 6/83, de 6/10/1988 (OJ EPO, 1990, p. 5 e ss.).

A CTR entendeu que um sistema operativo tendo por objecto a coordenação e o controlo da comunicação interna entre os diferentes programas aplicativos e bases de dados colocados em diferentes terminais ligados em rede, devia ser considerada uma invenção técnica.

Uma das aplicações informáticas mais conhecidas, e com uma importância crescente em virtude do comércio electrónico, diz respeito aos métodos comerciais que, em sentido amplo, abrangem quaisquer métodos relacionados com a vida dos negócios, como, por exemplo, os métodos de gestão, de prospecção de mercado, de publicidade e de comunicação e informação.

Os métodos comerciais, *como tais*, de modo idêntico ao que acontece com os programas, também não são patenteáveis (art. 52.°, n.ᵒˢ 2, al. *c*), e 3 CPE). Quando façam parte de programas de computador registam-se duas posições essenciais: uma, restritiva, no sentido de não aceitar que o uso de meios técnicos para fins exclusivamente não técnicos possa conferir um carácter técnico ao método (*exigência do requisito do fim técnico*); outra, menos restritiva, aceitando que esse requisito possa ser preenchido apenas com o cumprimento do meio técnico (*dispensa do requisito do fim técnico*).

---

d) T 38/86, de 14/2/1989 (OJ EPO, 1990, p. 384 e ss.).
A Câmara de Recurso recusou a patenteabilidade de um programa de processamento automático de textos, através da detecção, substituição e simplificação de expressões linguísticas, por entender que configuraria um mero tratamento abstracto de informação destinada a fins não técnicos (actividades intelectuais). «Se o método não é patenteável então também o dispositivo» (leia-se o programa) «não deve ser patenteável».
Nesta decisão pode ainda ler-se que a invenção patenteável é a que traz um contributo ao estado da técnica num domínio não excluído da patenteabilidade (p. 391). Por outras palavras, esta definição implicaria que uma invenção só seria patenteável se preenchesse os requisitos de patenteabilidade, o que redundaria num verdadeiro salto lógico, na medida em que estes requisitos de uma invenção *típica* se devem reportar apenas a objectos previamente qualificados como invenções.

e) T 158/88, de 12/12/1989 (OJ EPO, 1991, p. 11 e ss.).
A CTR decidiu que não seria patenteável um processo de correcção ortográfica dirigido por um programa de computador, que consistia numa representação dinâmica de letras que podem revestir forma gráfica diferente segundo a posição em que se encontram na frase ou numa palavra (como acontece com os caracteres árabes), por entender que se trata de um programa *como tal*, que se limita à modificação de dados e ao tratamento da informação sem afectar os meios de suporte técnicos.

f) T 110/90, de 15/4/1993 (OJ, EPO, 1994, p. 557 e ss.).
O pedido reportava-se a um método de transformação do sistema de processamento de um texto numa versão susceptível de impressão. O método, conduzido por um programa, foi considerado patenteável por revestir carácter técnico. Para a CTR a transformação dos códigos de comando que constituem as características técnicas de um sistema de tratamento de texto noutros códigos de comando pertencentes a um outro sistema são suficientes para conferir tecnicidade ao método.

Na linha da primeira posição, podemos citar a decisão T 931/95, de 8/9/2000[22], (caso *PBS PARTNERSHIP*). Neste caso, a CTR decidiu que o método pedido não ia para além do domínio das actividades económicas *enquanto tais* (seriam meras actividades de tratamento e de produção de informações revestindo um carácter puramente administrativo e/ou financeiro) acrescentando que a utilização de meios técnicos a fins exclusivamente não técnicos não confere um carácter técnico a cada etapa do método ou ao método no seu conjunto: com efeito, toda a actividade em domínios não técnicos da civilização humana faz intervir entidades físicas e faz, portanto, apelo, em certa medida, a meios técnicos.

Na linha da segunda posição, menos restritiva, encontram-se, por exemplo, as decisões T 769/92, de 31/5/1994[23] (caso *SOHEI*), e T 258/03, de 21/4/2004[24] (caso *Auction Method / HITACHI*). A primeira, ao contrário da decisão anterior, considerou que um método que implique meios técnicos (um método de gestão financeira e de gestão de *stocks* com actualização automática de dados e com comunicação entre cada uma das gestões) pode ser considerado uma invenção no sentido do artigo 52.°, n.° 1, da CPE. A CTR refere que as considerações técnicas mostram que existe um problema técnico para resolver (pelo menos implícito) e que as características técnicas (pelo menos implícitas) permitem resolver esse problema técnico. Na segunda decisão, a CTR, depois de reafirmar a jurisprudência constante das câmaras de recurso segundo a qual o termo invenção deve ser interpretado como um «objecto com carácter técnico», entendeu, de um modo muito lato, que «as actividades cobertas pela noção de *não invenção enquanto tal* representam, tipicamente, os conceitos puramente abstractos e desprovidos de toda a incidência de ordem técnica» (p. 585). Mas, adverte, isto não significa que seja concedida a patente (que, aliás, não foi concedida), porquanto ainda se torna necessário o preenchimento dos requisitos de patenteabilidade: novidade, originalidade e susceptibilidade de aplicação industrial. Do que se trata, tão-somente, é de não *recusar liminarmente* o pedido em razão da natureza do objecto (um método de compras em leilão executado por um programa de computador)[25].

---

[22] OJ EPO, 2001, p. 441 e ss.
[23] OJ EPO, 1995, p. 525 e ss.
[24] OJ EPO, 2004, p. 575 e ss.
[25] Nesta mesma linha, menos restritiva, o IEP, em 2003, concedeu a patente a um «método ou sistema para efectuar uma encomenda para compra de um artigo na Internet» (EP0927945, *http://v3.espacenet.com*).

3. O critério técnico na jurisprudência do BGH

Na mesma linha seguida pela «jurisprudência» do IEP, o BGH evoluiu da protecção *indirecta*[26] de programas de computador para a protecção *directa*.

3.1. *A patenteabilidade directa de programas de computador*

Numa primeira fase (até à entrada em vigor da CPE e da alteração à lei alemã de patentes em 1978, que introduziu uma nova redacção ao § 1 (2) e (3)) a patenteabilidade do programa de computador defrontava-se com a dificuldade decorrente da noção tradicional de técnica. O programa não preencheria o requisito da actuação controlada das forças da natureza por consistir, fundamentalmente, num conjunto de instruções abstractas do foro intelectual. Neste sentido se pronunciou o BGH, no caso *Dispositionsprogramm* (Acórdão de 22/06/1976[27]), recusando a patenteabilidade de um programa referente ao cálculo e ao tratamento de informações comerciais, por entender tratar-se, essencialmente, de uma sequência de regras matemáticas e de organização de dados.

Numa segunda fase, iniciada com o caso *Logikverification* de 13/12//1999[28], o BGH alargou o âmbito da noção de técnica tradicional dispensando-a do efeito técnico, sustentando que a invenção é técnica, por natureza, quando se baseia em considerações técnicas, mesmo que não cause nenhum efeito directo a nível das forças da natureza. No caso concreto, tratava-se de um método de verificação lógica hierárquica de circuitos integrados (*chips*). Numa outra decisão foi ainda mais longe, admitindo a protecção do *software* tão simplesmente por ser reivindicado em conjugação com o *hardware* (caso *Sprachanalyseeinrichtung*, de 11/5/2000[29]). A invenção referia-se a um programa para analisar a linguagem, sendo o

---

[26] Cfr., por exemplo, *Diving Computer / Tauchcomputer*, de 4/2/1992 (IIC, 1993, p. 645 e ss.) e *Antiblockiersystem*, de 13/5/1980 (GRUR, 1980, p. 849 e ss.). No primeiro caso tratava-se de um aparelho automático programado de indicação dos parâmetros de mergulho; o segundo consistia numa invenção de um sistema de travagem que impedia o bloqueio das rodas mediante a aplicação de uma determinada pressão nos travões, a qual era calculada a partir da velocidade de rotação das rodas através de um programa de computador.
[27] GRUR, 1977, p. 96 e ss.
[28] GRUR, 2000, p. 498 e ss.
[29] GRUR, 2000, p. 1007 e ss.

texto dividido em unidades sintácticas e as relações linguísticas prováveis entre essas unidades determinadas por uma base de dados. O dispositivo permitia ao utilizador determinar a relação correcta no caso de múltiplas relações prováveis. O BGH, ao contrário do *Patentamt*, considerou que um dispositivo é técnico independentemente de proporcionar ou não um contributo técnico ao estado da técnica. Este é um problema próprio dos requisitos da novidade ou originalidade. Do mesmo modo, o carácter técnico de um dispositivo não será prejudicado por permitir a interacção humana. Esta decisão significa que um programa de computador, se for reivindicado em conjugação com o *hardware*, deve passar o primeiro teste de patenteabilidade, sendo considerado uma solução técnica independentemente do respectivo campo de actuação. O problema da contribuição técnica da invenção deve ser reportado para o momento posterior de apreciação dos requisitos de patenteabilidade.

Numa fase mais recente, o BGH vem assumindo uma orientação mais restritiva, no caso de programas ligados a sectores que designa de *domínios técnicos não convencionais*, como os métodos comerciais ou as actividades intelectuais, exigindo que os mesmos tenham um contributo técnico suplementar específico (apreciado em sede do exame substancial do requisito da actividade inventiva) distinto da mera interacção física entre o programa e o computador. Cabem nesta orientação, os casos *Suche fehlerhafter Zeichenketten / Tippfehler* (decisão de 17/10/2001[30]) e *Elektronischer Zahlungsverkehr* (decisão de 24/5/2004[31]), nos quais considerou que o programa de computador que não seja aplicável em *domínios técnicos convencionais* (engenharia, física, química, biologia) só será patenteável se tiver *contributo técnico*, isto é, respectivamente: quando revista uma *peculiaridade* técnica conferida pelo processo ou meios reivindicados ou quando envolva instruções adicionais baseadas num problema técnico concreto. Por sua vez, nos casos *Angebot interaktiver Hilfe* e *Rentabilitätsermittlung* (decisões de 19/10/2004[32]) o BGH recusou a protecção por não

---

[30] GRUR, 2002, p. 143 e ss. O caso reportava-se, como se intui facilmente pelo título, a um programa de correcção de erros ortográficos de processamento de texto digital. O BGH devolveu o caso ao *BPatG* para este tribunal apreciar as reivindicações *como um todo*. Esta instância, em decisão de 26/3/2002 (GRUR 2002, p. 871 e ss.), negou a patenteabilidade por entender que a solução não se enquadra no campo da técnica.

[31] CR, 2004, p. 648 e ss. O caso respeitava a um processo de pagamento de transacções na Internet.

[32] CR, 2005, p. 93 e ss. Estava em causa, no primeiro caso, um processo informatizado de registo de dados de utilizações de clientes e, no segundo, um processo auto-

se tratar de soluções de carácter técnico (que correspondam a uma solução técnica para um problema técnico), não sendo suficiente o uso de meios técnicos no campo da informática e da electrónica.

4. A experiência norte-americana

Nos EUA, na última década, vem-se assistindo a um aumento desmesurado de pedidos de patente de *software* e de métodos comerciais[33].

Para esta situação contribui, desde logo, o ambiente económico e empresarial muito favorável, ou seja, o desenvolvimento exponencial das novas tecnologias e do comércio electrónico e a influência das grandes empresas americanas de informática.

Num plano mais estritamente jurídico, contribuiu decisivamente a importante decisão do CAFC no «leading case» *State Street v. Signature Financial*, de 1998, em que foi concedida a patente de um método comercial de gestão financeira aplicável através de um programa de computador[34]. A esta decisão também não foi indiferente a publicação, em 1996, do documento *Examination Guidelines for Computer-Related Inventions*, elaborado pela autoridade registal americana (USPTO)[35], que manifestou abertura à concessão de patentes de programas de computador e métodos comerciais. De acordo com estas directrizes, «uma aplicação prática de uma invenção relacionada com o computador constitui um objecto patenteável (...) distinta das proibições de protecção de ideias abstractas, leis da natureza ou fenómenos naturais».

---

mático de recolha de dados que permita uma avaliação do rendimento económico do aparelho e do interesse na aquisição de um outro aparelho.

[33] Nos EUA, até 2001, já havia aproximadamente 100.000 patentes em vigor de programas de computador ou de invenções relacionadas com programas de computador, e este número estima-se que aumente à média de 20.000 patentes por ano (cfr. WEYAND / HAASE, *Patenting computer programs: new challenges*, IIC, 2005, p. 649, nota 11, e HILTY / GEIGER, *Patenting software? A judicial and socio-economic analysis*, IIC, 2005, p. 618, nota 13). Por sua vez, no Instituto Europeu de Patentes o número também já é significativo: aproximadamente 13.000 patentes concedidas até 2001 (cfr. DYBDAHL, *European patents*, tradução de Peter Hards, Carl Heymanns Verlag, 2001, p. 32).

[34] Cfr. a decisão, em língua alemã, GRUR Int., 1999, p. 633 e ss.

[35] O documento pode ser visto no endereço: *http://www.uspto.gov/*. De interesse, ainda, a consulta, no mesmo sítio, do *Manual for Patent Examining Procedure*, actualmente na 8.ª ed., versão de Agosto de 2006.

Por último, mas não em último, não podemos esquecer a maior flexibilidade legislativa, a qual, ao contrário da legislação dos países europeus e da CPE, não estabelece nenhum catálogo de bens não patenteáveis e não condiciona o conceito de invenção patenteável expressamente, ao requisito técnico (§ 101 USC-35).

4.1. *Programas de computador*

A protecção directa de *software* é cada vez mais frequente e menos exigente.

Atente-se, por exemplo, nas seguintes patentes registadas junto da USPTO[36]:

a) Patente n.º 6,694,486, de 17/2/2004.
Programa de computador que permite visualizar, em simultâneo, as diferentes janelas do monitor devido à sua transparência.

b) Patente n.º 6,877,137, de 5/4/2005.
Programa de computador que permite anotações a páginas Web. A invenção permite criar uma anotação e ligá-la à página seleccionada.

c) Patente n.º 6,938,021, de 30/8/2005.
Programa de computador que permite ao utilizador seleccionar e/ou classificar, com base em sistemas de gestão de direitos, a informação disponível na Internet de forma a apoiar mais eficazmente a sua decisão[37].

4.2. *Métodos comerciais*

Ao contrário da experiência europeia é possível patentear métodos comerciais (*business method patent*) sem o recurso a meios informáticos, como por exemplo:

a) Patente n.º 5,761,857, de 9/6/1998.
Método de configuração de implantação de lotes e das respectivas construções.

---

[36] As decisões podem ser encontradas no seguinte endereço electrónico: *http://patft.uspto.gov/*.

[37] Ver mais exemplos em G. STOBBS, *Software patents*, 2.ª ed., Aspen Law & Business, Gaithersburgh, New York, 2000, p. 123 e ss.

b) Patente n.º 5,851,117, de 22/12/1998.

Método de treino e ensino de limpeza de diferentes instalações, tais como escritórios, aeroportos, estabelecimentos comerciais, escolas, estádios, parque de diversão, com apoio em tabelas ou esquemas gráficos.

Com recurso informático, entre milhares de patentes concedidas, atente-se nos seguintes exemplos:

a) Patente n.º 5,193,056, de 9/3/1993 (relativa ao referido «leading case», *State Street Bank v. Signature Financial Group*[38]).
Método destinado à gestão de fundos financeiros.
b) Patente n.º 5,794,207, de 11/8/1998.
Método e dispositivo criptográfico de apoio ao comércio electrónico, permitindo ao comprador obter propostas de venda de diferentes vendedores.
c) Patente n.º 5,960,411, de 28/9/1999.
Método para colocar uma ordem de compra na Internet, conhecido pela marca registada «1 click», requerido pela *Amazon.com*.
d) Patente n.º 6,329,919, de 11/12/2001.
Método de reserva para o uso da casa-de-banho no avião.
e) Patente n.º 6,981,007 de 27/12/2005.
Método que permite efectuar cópias de segurança nas relações comerciais, em especial dos dados integrais referentes aos clientes[39].

---

[38] Neste caso, a primeira sociedade pediu a nulidade da patente atribuída à segunda. Na apreciação do litígio o CAFC considerou que os algoritmos matemáticos, fórmulas ou cálculos cabem na previsão do § 101 USC-35 desde que produzam um «resultado útil, concreto e tangível». Sobre o direito norte-americano, no que diz respeito, de um modo especial, à protecção de programas de computador e de métodos comerciais, cfr: HARMON, *Patents and the Federal Circuit*, 6.ª ed., The Bureau of National Affairs Inc., Washington, 2003; NACK, *Die patentierbare Erfindung*, cit., pp. 45 a 146; STOBBS, *Software Patents*, cit., p. 177 e ss.; HALPERN / NARD / PORT, *Fundamentals of United States intellectual property law: copyright, patent and trademark*, Kluwer Law International, The Hague, 1999, pp. 230-231; TESMER, *The US patent advantage*, Mauke, Hamburgo, 2001; AA.VV. (chair Jeffrey Berkowitz), *Business Method Patents: how to protect your client's interests*, Practising Law Institute, New York, 2002; JOHN THOMAS, «Patents on methods of doing business», in AA.VV. (ed. John Martin), *Patents: issues and legal developments*, Nova Science Publishers, Inc., New York, 2002, p. 33 e ss.

[39] Todas as decisões podem ser consultadas no endereço referido na nota anterior. Ver, mais exemplos, em AA.VV. (ed. John Martin), *Patents: Issues and Legal Developments*, cit., pp. 35-36.

5. A proposta de directiva comunitária relativa a programas de computador DE 2002

A proposta originária da directiva de 2002[40], apresentada pela Comissão Europeia, definia «invento que implica programas de computador» como «qualquer invento cujo desempenho implique o uso de um computador, de uma rede informática ou de outro aparelho programável e que tenha uma ou mais características novas, à primeira vista, que sejam realizadas, no todo ou em parte, através de um ou mais programas de computador» (art. 2.º, al. *a*)).

Por sua vez, o artigo 3.º impunha aos Estados-Membros que uma invenção que implicasse programas de computador fosse considerada como pertencendo a um domínio da tecnologia.

A proposta estabelecia ainda o princípio de que a inovação, para ser patenteável, devia dar um *contributo técnico* para o progresso tecnológico, o que seria tido em conta em sede de apreciação do requisito de actividade inventiva (art. 4.º).

Por outras palavras, uma invenção que implicasse programa de computador era considerada, no plano formal, de natureza tecnológica, mas, para ser patenteável, seria ainda indispensável o contributo técnico num domínio da tecnologia.

Depois de a proposta ter passado, numa primeira leitura, pelo Parlamento Europeu, em 2003, foi aprovada uma Posição Comum do Conselho e do Parlamento, de 7/3/2005 (JO-C 144, de 14/6/2005), que introduziu um preceito respeitante a exclusões de patenteabilidade (art. 4.º, n.º 1), retomando a fórmula *estafada* de que «um programa de computador, enquanto tal, não pode constituir uma invenção patenteável» (n.º 1). O n.º 2 deste preceito legal, procurando concretizar esta proibição, acrescentava que o meio técnico utilizado (computador) não seria considerado suficiente por si só para dar um contributo técnico à invenção, e que o programa não seria patenteável se não produzisse um efeito técnico num domínio da tecnologia ou não fosse para além da interacção física com o *hardware* em que fosse utilizado (recuperando a proposta da CTR na decisão emblemática T 1173/97, a que nos referimos atrás).

Em 6 de Julho de 2006, a proposta de directiva foi rejeitada pelo Parlamento Europeu, em segunda leitura, por esmagadora maioria (648 votos contra, 14 a favor, 18 abstenções).

---

[40] COM (2002) 0092, JO C-151, de 26/6/2002, p. 129.

No essencial, a proposta de directiva não fugia da orientação dominante, que expusemos atrás, ao equiparar a ideia de programa *como tal* à falta de *carácter técnico* (aquele que não vai para além da habitual interacção física com o *hardware*), acrescentando-lhe ainda o critério da falta de *contributo técnico* (a necessidade de produzir efeito num domínio tecnológico[41]), que considerou um requisito de patenteabilidade ligado à capacidade inventiva do programa[42].

O critério técnico – dirigido tanto ao objecto patenteável como aos requisitos de patenteabilidade – proposto em nome, aparentemente, de uma ideia de segurança jurídica e de valorização do sistema, acabaria, na nossa opinião, por redundar, com o tempo, no contrário, isto é, na insegurança jurídica e na desvalorização do direito de patentes.

6. O contributo da filosofia para a noção de técnica

A expressão «filosofia da técnica» foi empregue pela primeira vez por Ernst Kapp, um hegeliano que emigrou para os EUA («*Grundlinien einer Philosophie der Technik*, de 1877[43]).

No entanto, o ponto de partida de uma reflexão específica sobre a técnica começa no século XX. Após a 2.ª Grande Guerra Mundial tem início uma nova fase da história tecnológica que, gradualmente, vai criando uma *ciência do artificial*, com o surgimento de novos modelos cognitivos (sistema de informação e algoritmo).

---

[41] Pretendendo afastar, desse modo, a protecção dos programas que incidem sobre métodos comerciais, actividades intelectuais, tratamento de dados ou que não pertençam ao mundo físico.

[42] Gostaríamos ainda de sublinhar o interesse que reveste o Relatório de MICHEL ROCARD, na qualidade de relator do II projecto de recomendação para segunda leitura, da responsabilidade da Comissão dos Assuntos Jurídicos do Parlamento Europeu (2002/0047 (COD), de 29/4/2005). Neste documento o autor subscreveu a concepção de técnica mais tradicional: «considera-se técnico um ensinamento novo sobre a utilização das forças controláveis da Natureza, sob o controlo de um programa informático e distinto dos meios técnicos necessários à utilização desse programa».

Para um comentário à proposta originária da directiva, cfr. GUGLIELMETTI, *La proposta di direttiva sulla brevettazione delle invenzioni in materia di software*, RDI, I, p. 438 e ss.

[43] Ver esta referência, por exemplo, em QUINTANILLA NAVARRO, «Algoritmo y revelación: la técnica en la filosofia del siglo XX», em MITCHAM / MACKEY (Eds.) *Filosofia y Tecnologia*, cit., p. 17.

«A técnica está para o nosso tempo como a ciência estava para o século XVIII, ou o Estado para o século XIX»[44].

«O que é novo e peculiar no nosso tempo e o diferencia dos anteriores é a tecnologia»[45].

Tradicionalmente, a técnica era dirigida às capacidades físico-motoras (física, química, biologia). Agora a técnica é dirigida às capacidades cognitivas, às relações humanas e sociais[46]. «(...) A evolução técnica ajusta-se ao modelo interpretativo, segundo o qual o género humano teria projectado, uma a uma, ao nível dos meios técnicos, as componentes elementares do círculo funcional da acção racional teleológica, que inicialmente radica no organismo humano, e assim ele seria dispensado das funções correspondentes». «Primeiro, reforçaram-se e substituíram-se as funções do aparelho locomotor (mãos e pernas); em seguida, a produção da energia (corpo humano), depois, as funções do aparelho dos sentidos (olhos, ouvidos, pele) e, por fim, as funções do centro de controlo (cérebro)»[47].

Sinal inequívoco desta mudança é o verdadeiro *antropomorfismo* ligado às novas tecnologias (por exemplo, *inteligência artificial, vírus, infecção, violação, ataque, segurança*, etc).

Na verdade, nada parece obrigar a dizer que a técnica significa ou não significa transformação das forças da natureza tangível.

Para citarmos Javier Echeverría, filósofo espanhol, com o qual concordamos: «as tecnologias da informação e as comunicações (TIC) colocam um importante desafio à filosofia da técnica. A maior parte dos pensadores estão influenciados pelo preconceito fisicista, segundo o qual as técnicas são concebidas como operações ou acções sobre objectos físicos, ou, em alguns casos, biofísicos. Assim como o positivismo lógico considerou a física como a ciência básica, sobre cujo modelo de cientismo deviam fundamentar-se as demais ciências, assim também a filosofia da técnica do século XX é profundamente marcada pelo predomínio dos objectos físicos na hora de reflectir sobre a técnica. Em consequência, as técnicas humanas foram concebidas quase exclusivamente como acções sobre a *physis*

---

[44] QUINTANILLA NAVARRO, ob. cit., p. 13 e ss.

[45] Se nos é permitida a actualização da afirmação de WHITEHEAD, *Science and the Modern World*, 1925, p. 140, feita para o século XX.

[46] Cfr., neste sentido, POSTMAN, *Tecnópolis. La Rendición de la Cultura a la Tecnologia*, Circulo de Lectores, Barcelona, 1994.

[47] HABERMAS, *Técnica e Ciência como «Ideologia»*, Edições 70, Lisboa, 2006, (tradução por Artur Morão do título original de 1968), p. 52.

que geram novos objectos (inventos) ou transformam objectos previamente existentes.

Esta posição pode ser válida para reflectir sobre numerosas técnicas, mas revela-se insuficiente no momento de abordar as tecnologias simbólicas, como as TIC, que operam com sinais e não com objectos. As TIC colocam três grandes desafios à filosofia da técnica:

1.º Com elas não se manipula a matéria, mas a informação, entidade incorpórea, embora com suporte físico.
2.º As TIC modificam mais as relações que os objectos. Modificam as relações espaciais e temporais entre as pessoas físicas e jurídicas, transformando mais a sociedade do que a natureza.
3.º As TIC possibilitam aos seres humanos actuar a distância, gerando deste modo uma nova modalidade de acção que tem poucos precedentes na história»[48].

Por sua vez, Jacques Ellul, filósofo francês, também considera que, com a 4.ª revolução[49], se mudou o «registo»: «não se trata de criar uma energia nova ou potencial, mas um sistema de organização, informação, memorização, preparação à decisão que se substitui ao homem num grande número das suas operações intelectuais». «A técnica deixa de estudar apenas a máquina, mas esta nas suas relações com o homem e a sociedade»[50]. A técnica é definida como «a totalidade de métodos que racionalmente alcançam a eficácia absoluta (ou apontam a ela), numa etapa de desenvolvimento, em todos os campos da actividade humana»[51].

Para referenciarmos mais um autor, a «tecnologia é uma soma de recursos que permitem o desenvolvimento da eficiência da actividade humana. Pode manifestar-se: para aumentar capacidades energéticas do homem;

---

[48] «Las tecnologias de las comunicaciones y la filosofia de la técnica», em *Filosofia y Tecnologia*, MITCHAM / MACKEY (eds.), cit., p. 513 e ss.
[49] ELLUL (*Le Système Technicien*, Calmann-Lévy, Paris, 1977, p. 32 e ss.) divide a técnica em três categorias: a) relativas a ferramentas e instrumentos; b) máquinas; c) aparelhos. A mais importante é a relativa às máquinas e fala das 4 revoluções industriais: 1.ª relacionada com o motor a carvão; 2.ª relacionada com o motor a electricidade; 3.ª relacionada com a energia atómica; 4.ª relacionada com o computador.
[50] *Ibidem*.
[51] Ver esta referência em MITCHAM, *Qué es la filosofia de la tecnologia?*, cit., p. 76.

para aumentar os sentidos humanos; ou para aumentar a eficiência da actividade intelectual (por exemplo o computador)»[52].

Queremos deixar claro que o alargamento da noção de técnica, com o qual nos identificamos, não significa desvirtuamento ou esbatimento da importância que a técnica deve revestir para o direito de patentes[53]. Continuamos a pensar que o conceito de técnica é indispensável a este sistema de protecção porque só este requisito permite, com segurança, a salvaguarda do interesse público legitimador da atribuição de um direito privativo de patente. Esta posição está, aliás, em sintonia, com o disposto no artigo 27.° do ADPIC/TRIPS que, defendendo, embora, uma perspectiva menos restritiva de técnica, continua a confinar o objecto de patente a «todos os campos de tecnologia». Na verdade, só a técnica (que podemos tentar delimitar como o *conjunto de processos ordenados, validados, por regra, cientificamente, que são empregues para obter um resultado, concreto, constante, repetível e previsível, a nível das forças da natureza, animada ou inanimada, ou do acesso, tratamento e comunicação da informação*[54]) garante que a solução protegida é passível de apreciação objectiva, tendo em vista

---

[52] TONDL, «On the concepts of technology and technological sciences» cit., p. 1 e ss.

[53] Por outras palavras, defender a evolução da técnica significa isso mesmo, isto é, que continuamos a limitar a invenção ao domínio da técnica, muito longe de pensar que «tudo o que seja feito pelo homem debaixo do Sol» deva ser patenteável, para citarmos uma conhecida expressão americana, que pode ser lida, por exemplo, na decisão do Supremo Tribunal Americano, no caso *Diamond v. Chakrabarty*, GRUR Int, 1980, p. 627 e ss. Na linha da necessidade do alargamento da técnica às ciências da informação, cfr. BUSSE, *Patentgesetz*, cit., § 1, Rdn. 20.

[54] O acesso, tratamento e comunicação da informação, objecto das novas tecnologias, têm conduzido, gradualmente, a uma nova organização social que é a chamada *sociedade da informação*. Esta caracteriza-se pela importância da informação digital (forma de representação de conteúdos objecto do conhecimento, caracterizada pela pluralidade, fragmentaridade, universalidade, simultaneidade, instantaneidade e incomensurabilidade), em consequência, de um modo especial, do desenvolvimento da tecnologia e da Internet, com incidência, directa ou indirecta, na amplificação das capacidades cognitivas e comunicacionais humanas. Sobre o conceito, cfr., para mais contributos, DÁRIO MOURA VICENTE, *Problemática internacional da sociedade da informação*, Livraria Almedina, 2005, p. 13 e ss. e bibliografia aí citada (nota 1) e EDUARDA GONÇALVES, *Direito da informação*, Livraria Almedina, 2003, p. 19 e ss.

Com uma perspectiva de técnica próxima da proposta no texto, que inclui a utilização da matéria, energia e *informação*, cfr. BEYER, *Der Begriff der Information als Grundlage für die Beurteilung des technischen Charakters von programmbezogen Erfindungen*, GRUR, 1990, p. 402.

a relevância social da sua utilização prática, com efeitos comprovados por procedimentos previamente verificados, certificados por uma autoridade pública, e, nessa medida, susceptível de se tornar um bem do domínio público depois de expirado o período de exclusivo[55].

Por outro lado, o alargamento do conceito de técnica não implica, necessariamente, o alargamento do objecto patenteável. O legislador é sempre soberano para delimitar o objecto de patente. O que não nos parece coerente é apoiar o sistema de patentes na noção de técnica e recusar a evolução, normal e desejável, do conceito e das suas consequências.

7. A mudança de paradigma

«Os programas de computador, ao contrário das obras literárias típicas, o romance, a novela, o poema, etc., não são elaborados a pensar na comunicação de um conteúdo de ideias, de sensações ou de sentimentos. Tão-pouco se dirigem a destinatários humanos, como qualquer obra literária convencional. Os programas de computador são concebidos para correr num computador, de modo a que este produza os comportamentos que o programador determinou através das instruções do programa». «Na essência, os programas de computador são, pois, produtos tecnológicos»[56].

Concordamos com este ponto de vista. Não seria aceitável reduzir o programa ao chamado código-fonte que, num primeiro momento, representa o conhecimento em linguagem de programação (por exemplo, Basic, Java, C, C++, Prolog) que descreve o programa (o algoritmo ou sequência finita de instruções). O programa, se reduzido ao código-fonte, não fun-

---

[55] Defendendo uma perspectiva dinâmica de técnica, cfr. BENKARD, *Patentgesetz*, cit., § 1 Rdn. 46, BUSSE, *ibidem*, SCHULTE, *Patengesetz*, cit., § 1, Rdn. 34 a 59, e ZIRN, *Softwarerechtsschutz zwischen Urheberrecht und Patentrecht*, cit., p. 173 e ss.

[56] J. ALBERTO VIEIRA, *A protecção dos programas de computador pelo direito de autor*, cit., p. 273. No mesmo sentido cfr. BEYER, *Der Begriff der Information*, cit., p. 399 e ss.; GHIDINI / AREZZO, *Patent and Copyright Paradigms vis-à-vis Derivative Innovation*, IIC, 2005, p. 159 e ss.; WEYAND & HAASE, *Patenting Software*, IIC, 2005, p. 647 e ss.; WIEBE, *Information als Naturkraft*, GRUR, 1994, p. 233 e ss. Na perspectiva de especialistas da engenharia de sistemas, cfr. WELKE / KONSYNSKI, *Technology, methodology & information systems: a tripartite view*, DATA BASE, 14, 1982, p. 41 e ss. e WIJERS, *Modelling support in information systems development*, Thesis Publishers, Amsterdam, 1991, para os quais a tecnologia não significa apenas instrumentos físicos, como computadores ou respectivos periféricos, mas também bens intangíveis como *software* e mesmo métodos.

ciona, nem pode funcionar, sendo um mero *projecto* de programa, cuja concretização necessita, imprescindivelmente, de um computador que compile ou interprete a linguagem e execute o programa[57]. Ora, o momento de compilação não é isento de significado substancial já que o compilador pode assinalar erros de programação que levam à impossibilidade de funcionamento do programa ou a um funcionamento inadequado ou distinto do previsto.

Em síntese, *o programa de computador é uma representação do conhecimento que se traduz num conjunto de instruções ordenadas (algoritmo) apresentadas em linguagem de programação que o computador compila e executa.*

O código-fonte não é normalmente divulgado[58], nem conhecido dos interessados, sendo ilegível pelo comum dos mortais, ou, ainda que escrito

---

[57] O compilador é um programa de computador que converte a linguagem-fonte em linguagem-máquina (binária) acessível ao computador.

O primeiro programa-compilador foi o *Assembler* que, para além da tradução das mnemónicas para código binário, juntava pequenos programas que executavam funções repetitivas.

O princípio utilizado para a criação do *Assembler* foi utilizado pela IBM na criação da primeira linguagem simbólica de programação, o FORTRAN (FORmula TRANslator). A linguagem foi criada entre 1954 e 1957 por uma equipa da IBM liderada por John W. Backus. Em 1957 foi criado o primeiro Compilador *Fortran* para o IBM 704.

Em 1958 e 1959 são lançados vários projectos para criação de linguagens simbólicas de programação, um deles, encomendado pelo *Department of Defense dos USA*, dá origem ao COBOL e um outro, internacional, dá origem a uma linguagem de programação, baseada em regras gramaticais e notação rigorosa e formal, denominada ALGOL (ALGOrithmic Language).

Estas três linguagens simbólicas de programação são a origem genealógica de várias outras, nomeadamente: APL (1960), PL/1 (1963), BASIC (1965), FORTH (1969), PASCAL (1970), C (1972), ADA (1979), etc.

Embora as linguagens de programação simbólicas e os sistemas operativos tornassem mais fácil o uso dos computadores, para um não especialista existia sempre a necessidade de recorrer a terceiros que lhe construíssem a solução para o seu problema.

Este problema passou a ficar resolvido com a criação de sistemas de interface gráfica, de que o GUI (*Graphical User Interface*) é o primeiro exemplo conhecido. Esta interface foi desenvolvida pela divisão de pesquisa da *Xerox Corporation*.

Em 1984, o computador *Macintosh*, fabricado pela *Apple Computers*, é lançado no mercado com um GUI e um rato. O impacto da solução é enorme. Por sua vez, em 1985, a Microsoft lança no mercado um GUI denominado *Windows* com o retumbante sucesso que tem ainda hoje. Fontes: *http://piano.dsi.uminho.pt/museuv/*; *http://www.infopedia.pt/*; *http://pt.wikipedia.org/*

[58] Ressalve-se a hipótese de o titular se identificar com o movimento *software open source* (como o Linux) em que o código-fonte é revelado. Não é o caso da *Microsoft*, a maior

em linguagem de programação de alto nível (próxima da linguagem humana), apenas susceptível de ser interpretado por especialistas[59]. Podemos dizer que o direito de autor, ao proteger programas de computador, fá-lo de um modo atípico e algo contraditório, porquanto o código-fonte se mantém secreto e só é revelado, por regra, pragmaticamente, no momento em que seja necessário produzir prova para combater a usurpação ou a contrafacção.

Isto reforça a ideia de que a protecção do programa de computador pelo *copyright*, primeiro nos EUA e depois na Europa, obedeceu a um critério fundamentalmente político-legislativo, pragmático e convencional e não a um critério técnico-filosófico[60]. Neste estrito plano, como procurámos demonstrar no número anterior, com a redefinição de técnica, haveria mais argumentos a favor da protecção pelo direito de patentes do que pelo direito de autor.

Os EUA adoptaram o modelo do *copyright*, em 1980 (§§ 101 e 117 USC-17), essencialmente por razões de ordem jurídica e económica: i) no plano jurídico, por ser menos complexo, dispendioso e exigente do que o modelo da propriedade industrial, atendendo à dispensa de registo, à

---

empresa mundial de informática, que se tem recusado a fornecer informação quanto aos seus sistemas operativos, apesar das muitas críticas e de já ter sido condenada ao pagamento de multas pesadas. Atente-se, de um modo especial nas decisões da Comissão Europeia, de 24 de Março de 2004 (C (2004) 900 final), que aplicou a multa de 497 milhões de euros por abuso de posição dominante no mercado europeu e por recusa de informação quanto aos seus sistemas operativos, e de 5 de Julho de 2006 (C (2006) 3143/2), que aplicou nova multa de 280,5 milhões de euros por incumprimento da primeira decisão. Neste momento, as duas decisões encontram-se pendentes do recurso interposto pela *Microsoft* junto do Tribunal de Primeira Instância do Luxemburgo. O processo contra esta empresa americana iniciou-se em 1998 com uma queixa da *Sun Microsystems* sobre a recusa da *Microsoft* em revelar o código-fonte, impedindo, desse modo, a comunicação dos seus programas aplicativos com os sistemas operativos *Windows* (Caso COMP/C-3/37.792, Microsoft).

[59] A comercialização do programa de computador, efectuada, por regra, em suporte corpóreo (disquete, CD-ROM), incide sobre o código-máquina ou código-objecto.

[60] A qualificação do programa como obra literária é uma ficção legal: «aproveita-se uma das formas possíveis em que pode ser exteriorizado um programa de computador, no caso o código-fonte, para estender o regime que corresponderia a esta forma para as outras nas quais, da mesma maneira, se pode revelar um programa de computador». «Não é, pois, repete-se, pelo objecto que se procede à determinação do regime legal que lhe deve corresponder, mas inversamente, porque se quer tornar um determinado regime jurídico aplicável que se impõe uma qualificação» (J. ALBERTO VIEIRA, *A protecção dos programas de computador pelo direito de autor*, cit., p. 42).

ausência de taxas e à não sujeição ao princípio da tipicidade taxativa próprio do direito industrial e, igualmente, por ser a via mais expedita para garantir a protecção internacional; ii) no plano económico, pela circunstância de essa solução se mostrar mais favorável aos interesses ligados à indústria de fabrico de computadores, receosa de que a patenteabilidade de programas pudesse causar barreiras à comercialização, numa fase inicial em que não se verificava autonomização significativa do mercado do *software* e de *hardware*.

Não nos pode, pois, surpreender que os EUA tenham exercido uma grande pressão, de um modo especial, sobre os países europeus mais desenvolvidos e o Japão para seguirem aquela orientação com o objectivo de obter uma relativa *normalização* internacional na protecção de programas de computador. Este objectivo foi em grande medida conseguido, nos países da União Europeia, com a transposição da Directiva Comunitária n.º 91/250/CE, do Conselho, de 14 de Maio de 1991.

A nível internacional também acabou por prevalecer essa orientação. Referimo-nos ao disposto no artigo 10.º, n.º 1, do ADPIC/TRIPS, no âmbito da Organização Mundial do Comércio, e no artigo 4.º do Tratado da OMPI sobre Direito de Autor, de 1996.

Apesar deste enquadramento legal uniforme, as Câmaras de Recurso do IEP, como vimos atrás, começaram a proteger programas, não apenas *indirectamente*, como *directamente*. A orientação, hoje dominante no IEP, seguida de perto pelo BGH, é a de que pode ser *patenteável o programa que vai para além da interacção física software/hardware* por, nestas circunstâncias, ser de carácter técnico e não um programa *como tal*. Esta orientação evidencia bem o artificialismo da construção: considerar com carácter técnico o programa que não se limite à interacção física *software/hardware* (leia-se, por regra, o programa *aplicativo* dirigido ao utilizador) é, no estrito e rigoroso *plano técnico*, uma contradição nos termos, porquanto, normalmente, é o programa *operativo*[61], que interage exclusivamente com o *hardware* e permite a execução dos programas aplicativos, o que revela maior complexidade técnica. A posição do IEP também inspirou, como vimos, a proposta de directiva comunitária relativa à protecção de programas de computador.

Esta cedência não corresponde, apenas, diga-se, a uma nova *pressão* vinda do outro lado do Atlântico, mas, acima de tudo, reflecte o *terreno movediço* em que se move o direito de patentes ao pretender resolver um

---

[61] Cfr. nota seguinte.

problema essencialmente *político* com um pretenso critério técnico. Que melhor prova para demonstrar que o fundamento da opção direito de autor *versus* direito de patentes para a protecção do programa de computador não foi ditada por critérios técnicos (leia-se a pretensa falta deles) do que esta posição de considerar que, afinal, pode haver *programas técnicos*?

A utilização do critério técnico não é *inocente*, sabendo-se que da sua aplicação (atenta a natureza técnica do objecto) acabaria por resultar uma solução (mais ou menos restrita, mais ou menos artificial) favorável à patenteabilidade directa de programas de computador. Isto é, o critério permite uma mudança de perspectiva óbvia: da inadmissibilidade (de princípio) de protecção pelo direito de patentes passa-se à admissibilidade (de princípio) dessa protecção, dissimulando a antinomia legislativa, nacional e internacional, de protecção do programa de computador, *directamente*, através do direito de patentes. A protecção conferida pelo direito de patentes, ao contrário da opção principal e dominante do direito de autor, abrange (repetindo-nos) não apenas a forma expressiva do programa como as respectivas funcionalidades. Ora, não faz sentido que um sistema de protecção complementar (como o direito de patentes), que estabelece uma *proibição legal* de patentear programas de computador *como tais*, possa, pelo seu maior âmbito de protecção, substituir e dispensar o sistema principal (o direito de autor). Isto não é juridicamente sustentável!

Este aspecto, que é o problema de fundo, tem sido desvalorizado pela jurisprudência e grande parte da doutrina industrialista. O critério técnico acaba por disfarçar a *vontade política* de patentear programas de computador directamente.

Voltamos a repetir: o problema não está na técnica. Tudo o que envolve programas de computador, operativos[62] ou aplicativos, deve ser considerado de natureza técnica.

---

[62] Isto é, que correspondam ao *sistema operativo* do computador (por exemplo, *Windows*, *Mac*, *Unix*, *Linux*). O sistema operativo é «um programa que actua como um intermediário entre o usuário e o *hardware* de um computador» que «controla e coordena o uso do *hardware* entre os vários programas aplicativos para os vários usuários» (cfr. SILBERSCHATZ / GALVIN / GAGNE, *Sistemas operacionais: conceitos e aplicações*, tradução de Adriana Rieche, Editora Campus, Rio de Janeiro, 2000, pp. 3 e 4). Da vasta bibliografia ver, ainda, LISTER, *Os sistemas operativos*, (tradução de Eduardo Nogueira), 2.ª Ed., Editorial Presença, Lisboa, 1988; MARQUES / GUEDES, *Fundamentos de sistemas operativos*, 2.ª Ed., Editorial Presença, Lisboa, 1992. A principal finalidade de um sistema operativo (um programa complexo que se encontra, permanentemente, em execução num computador,

É técnica a linguagem-fonte (na medida em que se destina, exclusivamente, a ser *compilada* pelo computador[63]); é técnica a linguagem-máquina, porque só é *lida* pelo computador; é técnico o circuito electrónico onde o programa corre; é técnica a solução (produzindo, através do computador, um efeito concreto, constante, repetível e previsível no acesso, tratamento e comunicação da informação, qualquer que ela seja, no contexto da *sociedade da informação*).

Em síntese, o programa é técnico no plano estrutural, funcional e finalístico[64].

Diga-se, ainda, que distinguir a natureza técnica consoante o efeito técnico concreto alcançado pelo programa é confundir a solução técnica (tratamento da informação pelo computador) com o resultado produzido por essa solução. O programa, enquanto objecto de protecção, não deve ser definido pelo seu campo de aplicação, mas pelo modo como é feito (código-fonte/código-objecto) e o fim principal a que se destina (tratamento computacional da informação). Seria a mesma coisa que confundir a invenção da roda com as suas possíveis áreas de aplicação, a da caneta com a finalidade da escrita ou, para citarmos um autor, «a da imprensa com as obras literárias produzidas»[65].

Dito isto, é preciso ir mais longe e reconhecer, por todas estas razões, que o paradigma técnico não serve para resolver satisfatoriamente a ques-

---

composto por um núcleo e programas de sistema) é, pois, a de permitir a execução de aplicações através de níveis de abstracção do *hardware*. Por outras palavras, o sistema operativo cria o ambiente no qual os *programas aplicativos* (por exemplo, processador de texto, folha de cálculo, editor de imagem, áudio, vídeo, *design* de apresentação textual ou gráfica, teclado virtual, navegadores *Web*, agenda, jogos, antivírus, simuladores, *passwords*, certificados digitais, métodos comerciais, etc.) são executados.

[63] «A prestação intelectual é essencialmente técnica». «Ela é destinada a fazer funcionar máquinas» (cfr. BERENBOOM, *Le nouveau droit d'auteur*, 2.ª ed., Larcier, Bruxelles, 1997, p. 217). J. ALBERTO VIEIRA (ob. cit., p. 826) também afirma que o programa não pode ser considerado uma obra literária: «o programa não é escrito para ser lido ou compreendido por pessoas, mas para ser eficiente na operação do computador, ou seja, para implementar melhor do que os outros a sua funcionalidade», embora aceite tratar-se de um novo género de obra («expressão funcional») protegida pelo direito de autor (p. 832 e ss.).

[64] No mesmo sentido, cfr. FLORIDIA, «Le creazioni protette», *in Diritto Industriale. Proprietà Intellettuale e Concorrenza*, 2.ª ed., Giappichelli Ed., Torino, (AA.VV.), 2005, p. 187, onde se pode ler: «que é uma constatação iniludível que o *software* seja conceitualmente a ideia de uma solução de um problema técnico e seja portanto uma invenção», e REMÉDIO MARQUES, *Biotecnologia(s) e Propriedade Intelectual*, Livraria Almedina, 2007, vol. II, p. 696 e ss.

[65] FLORIDIA, ob. cit. na nota anterior (p. 188).

tão em apreço. *Contra a corrente* nós afirmamos que não é correcto *disfarçar* um problema político com uma *roupagem* técnica.

Afinal, o problema da patenteabilidade deve ser resolvido por um outro *paradigma*, *político-legislativo*, que se traduz num juízo de razoabilidade, jurídica, social e económica, de aplicação do sistema de patentes aos programas de computador.

Mas pergunta-se: *de iure constituto*, a ser válido o conceito alargado de técnica, como defendemos, isto significa a inevitabilidade de o programa de computador, enquanto produto tecnológico, poder ser patenteável?

A resposta é negativa. Não podemos esquecer que a legislação europeia (art. 52.°, n.ºs 2 e 3 da CPE) e a nacional (art. 52.°, n.° 1, al. *d*)) proíbe a patenteabilidade do programa de computador *como tal*. É a este requisito que devemos voltar, mas sem incorrer no erro de o *contaminar* com o «perverso e simulado» conceito de técnica.

Confessamos que nos custa a compreender como se continua a insistir na equiparação desta proibição à falta do carácter técnico, sem que se questione a noção de técnica ou se avalie a congruência dos sistemas jurídicos de protecção de programas de computador.

A partir do momento em que defendemos que tudo o que envolve programas de computador deva ser considerado técnico, só podemos, em coerência, recusar a equiparação de programa *como tal* à ausência de carácter técnico. A distinção entre programas com carácter técnico e sem carácter técnico é artificial e não é esclarecedora.

«Os programas de computador não são patenteáveis, precisamente por que são programas de computador»[66] e, acrescentamos nós, só serão patenteáveis *per relationem* se, e quando, fizerem parte de uma invenção programável que não seja exclusivamente um computador. Só quando o programa não se destine a um computador, *como tal*, é que deixa de ser um programa de computador *como tal*.

Aceitar o programa de computador como pertencente a um domínio da tecnologia (como também defendia a proposta de directiva comunitária) e, desse ponto de vista, um objecto patenteável, e afirmar que, afinal, poderá não ser patenteável por ausência de contributo técnico é contraditório. É misturar o objecto patenteável com os requisitos de patenteabilidade desse mesmo objecto. Isto seria o mesmo que considerar *o medica-*

---

[66] Para citarmos KÖNIG, *Patentfähige Datenverarbeitungsprogramme – ein Widerspruch in sich*, GRUR, 2001, p. 582.

mento um objecto não patenteável devido à falta de originalidade do princípio activo de *um* medicamento. Não confundamos as situações.

Um programa deve ser considerado como tal quando, ligado unicamente a um computador (ou sistema de computação), possa cumprir uma finalidade operativa (dirigida ao «governo» do sistema) ou uma tarefa aplicativa (dirigida ao utilizador do sistema). Programa como tal não é o programa desprovido de carácter técnico (porquanto esta distinção é meramente artificial), mas aquele que seja protegido directamente, em si mesmo considerado, a título principal, com tudo aquilo que o compõe (material de concepção, código-fonte e código-objecto) quando destinado a um equipamento exclusivamente computacional (isto é, dirigido ao tratamento de informação)[67].

Um programa de computador só não deve ser considerado *como tal* quando esteja ao serviço de uma invenção programável que realiza um conjunto de tarefas predefinidas dirigidas a fenómenos tangíveis e não apenas de informação[68]. Referimo-nos a uma gama, cada vez mais extensa, de equipamentos electrónicos [por exemplo, máquinas industriais, electrodomésticos (fogões, fornos microondas, balanças digitais, máquinas de lavar, etc.), fotocopiadoras, impressoras, equipamentos médicos (aparelhos de raios-X, TAC, ressonância magnética, etc.), aparelhos de segurança, computadores de bordo, travões ABS, *via verde*, caixas automáticas (de pagamento, depósito e levantamento) etc.] compostos por microprocessadores (circuitos electrónicos integrados que constituem a essência de um computador) sobre os quais são instalados *programas*

---

[67] Chamando igualmente a atenção para o interesse prático, em sede de contrafacção, da distinção entre protecção directa e protecção indirecta de um programa de computador *vide* GHIDINI / AREZZO / DE RASIS / ERRICO, *Il Software fra Brevetto e Diritto d'Autore. Primi Appunti sulla Proposta di Direttiva Comunitaria sulle Invenzioni Attuate per Mezzo di Elaboratori Elettronici*, RDI, 2005, I, p. 59.

[68] Esta posição representa, aliás, *recuperar* a tendência dominante de entendimento do problema quando o debate sobre o modelo de protecção do *software* começou a emergir, com mais intensidade, nos anos 70 do século passado. Como resulta dos trabalhos preparatórios da CPE de 1973, a proibição de protecção de programas de computador *como tais* tinha o significado de não se pretender afastar a patenteabilidade de invenções que, cumprindo todos os requisitos de patenteabilidade, incluíssem nas suas reivindicações um programa de computador. Sobre este ponto, cfr. GHIDINI, *I programmi per computers fra brevetto e diritto d'autore*, Giur. Comm., 1984, II, p. 255 e ss., e REMÉDIO MARQUES, *Biotecnologia(s) e Propriedade Intelectual*, cit., vol. II, pp. 706-707. Esta visão originária, viria, com o tempo e a pressão político-legislativa e económica, a sofrer os desvios doutrinários, registais e jurisprudenciais, que criticámos no texto.

operativos e *aplicativos* necessários para o desempenho das respectivas funções.

Estes programas podem ser protegidos pelo direito de autor e, cumulativamente, pelo direito de patentes, embora numa dimensão *indirecta*. Isto significa que a protecção vai para além da mera expressão formal do programa, embora a protecção substancial não seja valorada, em si mesma, mas enquanto característica técnica reivindicada de uma invenção mais ampla, não exclusivamente computacional, cujo grau de importância terá de ser avaliado, caso a caso, no confronto com outros pedidos de patente idênticos ou equivalentes.

Todos os outros programas protegidos directamente, incluindo os que produzem um efeito técnico suplementar que vai para além da interacção física *software/hardware*, devem ser considerados programas *como tais*, passíveis de serem protegidos, apenas, e exclusivamente, pelo direito de autor. Só deste modo é possível evitar a referida antinomia normativa de protecção directa cumulativa do direito de autor e do direito de patentes.

Em síntese:
A orientação dominante *manipula* o critério técnico para justificar a abertura do direito de patentes à *disfarçada* vontade de protecção *directa* de programas de computador, aplicando esse critério à proibição legal de patentear programas *como tal*.

A orientação que propomos sustenta que o critério técnico não é adequado, nem para resolver o problema da protecção *directa* dos programas de computador, nem para ser aplicado à interpretação da referida proibição legal.

Numa perspectiva *de iure condendo* o legislador tem de concretizar, de um modo claro e sem sofismas, o que pretende: se deseja ou não a patenteabilidade *directa* dos programas de computador[69].

Se desejar não deve estabelecer nenhuma regra legal específica, sendo os programas de computador patenteados como quaisquer outros produtos *técnicos* patenteáveis, desde que, bem entendido, cumpram com os requisitos de patenteabilidade (novidade, originalidade e susceptibilidade de aplicação industrial); se não desejar, deve consagrar uma norma legal proibitiva de proteger programas de computador *de modo directo* (substituindo a expressão, mais ambígua e desgastada, *como tais*).

---

[69] Já se percebeu que a protecção do programa de modo indirecto é pacífica.

A questão, como vimos repetindo, é de natureza político-legislativa. Tudo está em saber em que medida o sistema de patentes actual é adequado a proteger o programa de computador. É uma questão complexa, que envolve um conjunto de ponderações de natureza jurídica, social e económica. Será um bom tema para outra lição[70-71].

ABREVIATURAS

ADI — *Actas de Derecho Industrial* (Espanha).
ADPIC/TRIPS — *Acordo sobre os Aspectos dos Direitos de Propriedade Intelectual Relacionados com o Comércio, de 1994 (Anexo IC ao Acordo que cria a Organização Mundial do Comércio)*.
BPatG — *Bundespatentgericht (Tribunal Federal de Patentes)*.
BGH — *Bundesgerichtsof (Supremo Tribunal Federal Alemão)*.
CAFC — *United States Court of Appeals for The Federal Circuit*.

---

[70] Para uma análise das vantagens e desvantagens da patente de programas de computador, cfr., por exemplo, ZIRN, *Softwarerechtsschutz zwischen Urheberrecht und Patentrecht*, cit., p. 178 e ss. Numa perspectiva de análise económica do direito ver, ainda, LANDES / / POSNER, *La estructura económica del derecho de propiedad intelectual e industrial*, (tradução de Sánchez Alvarez), Fundación Cultural del Notariado, Madrid, 2006, p. 381 e ss.

[71] Sem pretendermos ultrapassar os limites deste trabalho, deixamos aqui apenas aflorada, sucintamente, a nossa posição desfavorável à protecção *directa* de programa de computador pelo direito de patentes. O pior serviço que se poderia prestar ao direito de patentes seria colocá-lo ao serviço de *interesses empresariais específicos* e não ao serviço do interesse público, ligado à promoção da inovação e à fruição do património tecnológico. Ora, é exactamente por não se sentir que este interesse público tenha vindo a ser prejudicado, de modo relevante, ao longo dos últimos anos, que não se justifica, também no plano teleológico, a protecção directa de programas de computador pelo direito de patentes. A patente deve ser atribuída apenas quando seja considerada a última *ratio* de garantia do progresso tecnológico. Esta exigência está longe de ser demonstrada. Na nossa opinião, o direito de patentes actual não é adequado para a protecção directa da *nova* técnica. A solução de patentear directamente programas de computador comporta, para nós, dificuldades inultrapassáveis no plano jurídico, nomeadamente: a) a referida desarmonia e antinomia jurídica com o direito de autor; b) a banalização e descrédito do sistema de patentes, dado o perigo de protecção de invenções *triviais*; c) o risco sério de restrição injustificada de concorrência, da investigação e de desenvolvimento tecnológico decorrente da protecção *substancial* da invenção; d) o risco de desequilíbrio entre o direito concedido e a discutível contrapartida social da inovação protegida; e) a possibilidade de se restringir o espaço de liberdade concorrencial e a subtracção ao domínio público de ideias úteis em favor da propriedade privada.

CDA	– *Código de Direito de Autor e dos Direitos Conexos, aprovado pelo Dec.-Lei n.º 63/85, de 14/3, e alterado pela Lei 45/85, de 17 de Setembro.*
CPE	– *Convenção sobre a Patente Europeia, de Munique, em 5/10//1973.*
CPI	– *Código da Propriedade Industrial, aprovado pelo Dec.-Lei n.º 36/2003, de 5 de Março.*
CPIIt.	– *Codice della Proprietà Industriale Italiano*, aprovado pelo Dec. Legislativo de 10/2/2005.
CPInt.	– *Code de la Propriété Intellectuelle* (Loi n.º 92-597, de 1/7/92 – França).
CTR	– *Câmara Técnica de Recurso do Instituto Europeu de Patentes.*
CR	– *Computer und Recht* (Alemanha).
Giur. Comm.	– *Giurisprudenza Commerciale* (Itália).
GRUR	– *Gewerblicher Rechtsschutz und Urheberrecht* (Alemanha).
GRUR Int	– *Gewerblicher Rechtsschutz und Urheberrecht – Internationaler Teil* (Alemanha).
IIC	– *International Review of Industrial Property and Copyright Law* (Alemanha).
IEP	– *Instituto Europeu de Patentes.*
OMPI	– *Organização Mundial da Propriedade Intelectual.*
PCT	– *Tratado de Cooperação em Matéria de Patentes, de Washington, de 19/06/1970.*
RDI	– *Rivista di Diritto Industriale* (Itália).
ROA	– *Revista da Ordem dos Advogados.*
USC-17	– *United States Code. Title 17 – Copyright (Copyright Law de 1976, codificado).*
USC-35	– *United States Code. Title 35 – Patents (Patent Act de 1952, codificado).*
USPTO	– *United States Patent and Trademark Office.*

CUMPRIMENTO DEFEITUOSO DA OBRIGAÇÃO DE ENTRADA EM ESPÉCIE

Manuel António Pita[*]

Colocação do problema

I. Nas sociedades comerciais os sócios são obrigados a entrar para a sociedade com bens susceptíveis de penhora ou, nos tipos de sociedade em que tal seja permitido, com indústria. Trata-se da habitualmente designada obrigação de entrada. Em função do objecto da prestação, as entradas podem ser de indústria, em dinheiro ou em espécie. O presente estudo pretende analisar uma vicissitude das entradas em espécie, aquela que ocorre quando, depois de celebrado o contrato de sociedade, um sócio, obrigado a entregar um determinado bem descrito no contrato e avaliado previamente pelo revisor oficial de contas, entrega um bem que não corresponde em todos os aspectos ao que foi descrito, frustrando totalmente ou em parte o interesse da sociedade que se obrigara a realizar.

II. Os bens a entregar pelo sócio devem ter sido verificados por um revisor oficial de contas independente, nos termos do artigo 28.º. O bem devido é aquele que foi inspeccionado pelo revisor e que, subsequentemente, foi descrito e avaliado num relatório com as indicações exigidas por lei.

O Código teve o particular cuidado de zelar para que, no momento da formalização do contrato, todos os sócios tivessem uma informação verdadeira sobre o objecto das entradas em espécie. Para esse fim, ordenou que o relatório seja posto à disposição dos fundadores da sociedade pelo

---

[*] Professor convidado da Faculdade de Direito da Universidade Nova de Lisboa. Professor do Instituto Superior de Ciências do Trabalho e da Empresa.

menos quinze dias antes da celebração do contrato; além disso, prescreveu que entre a data do relatório e a data do contrato não mediasse um período de tempo superior a 90 dias, impondo ao revisor o dever de informar os fundadores da sociedade das alterações relevantes de valores ocorridas nesse intervalo (art. 28.º, n.ᵒˢ 4 e 5).

O relatório do revisor deve, além de descrever os bens e identificar os seus titulares, fazer a sua avaliação, indicando os critérios utilizados para esse efeito. Se toda esta actividade se processar segundo o que é normal acontecer, o bem que virá a ser entregue corresponderá àquele que foi descrito.

III. Não obstante estas cautelas, o Código admitiu que pudessem surgir algumas situações anómalas. A sede legal da matéria é o artigo 25.º

O n.º 1 começa por estabelecer um princípio, o de que o valor nominal das participações sociais atribuídas a um sócio no contrato de sociedade não pode exceder o valor da sua entrada – no caso das entradas em espécie, o valor atribuído aos bens no relatório do revisor oficial de contas.

As anomalias estão desenhadas nos números seguintes.

O n.º 2 prevê o erro na avaliação e prescreve a responsabilidade do sócio pela diferença que porventura exista até ao valor nominal da sua participação.

O n.º 3 considera outras hipóteses de perturbação, nomeadamente a de a sociedade ser privada, por acto legítimo de terceiro, do bem prestado pelo sócio ou se tornar impossível a sua prestação, bem como a ineficácia de estipulação relativa a uma entrada em espécie, cominando para estas três situações o dever de o sócio realizar em dinheiro a sua participação.

O presente estudo pretende encontrar um lugar para estas hipóteses no quadro dos institutos de direito privado.

IV. A ineficácia da estipulação relativa a uma entrada em espécie, descrita no n.º 2 do artigo 9.º, reveste contornos especiais. Neste caso, não se pode falar propriamente da entrega de um bem diferente do devido; em verdade, a obrigação de entrada em espécie não chegou a nascer por causa da indeterminação do seu objecto. Uma estrutura semelhante tem a previsão da impossibilidade da prestação: também aqui não há com propriedade cumprimento defeituoso, a anomalia não começa com a entrega de um bem diferente do devido.

Deixaremos para uma próxima oportunidade o estudo destas duas situações.

V. Propomo-nos, assim, analisar o erro de avaliação e a privação da sociedade, por acto legítimo de terceiro, do bem prestado pelo sócio. Nestas hipóteses, o bem devido foi entregue à sociedade.

No erro de avaliação, a anomalia reside no valor do bem: o bem entregue vale menos do que foi declarado no contrato. Isto significa que estamos perante uma divergência entre a prestação devida e a prestação entregue.

Na outra hipótese, a sociedade foi privada do bem entregue, por acto legítimo de terceiro. Também aqui podemos descortinar um incumprimento por parte do sócio, porque a prestação foi realizada em termos que não satisfizeram o interesse do credor, neste caso o interesse da sociedade.

A particularidade destes casos, face ao incumprimento típico, consiste em que o bem entregue foi o bem concreto tido em consideração na estipulação negocial.

Para situações desta natureza, a doutrina portuguesa tem vindo a aceitar um *tertium genus* de inexecução da prestação devida, a colocar ao lado da mora e do incumprimento, e que vem sendo designado por cumprimento defeituoso. Trata-se daquele fenómeno que se verifica «sempre que a desconformidade entre o objecto prestado... e aquele que era devido consiste num vício ou falta de qualidade que não atinja a diferença de identidade»[1-2].

---

[1] V. CARLOS FERREIRA DE ALMEIDA, *Texto e enunciado na teoria do negócio jurídico*, Almedina, Coimbra, 1992, vol. I, p. 643.

O instituto do cumprimento defeituoso é unanimemente aceite pela doutrina portuguesa, como um *tertium genus* de inexecução da prestação devida, a colocar ao lado da impossibilidade e da mora (v. J. BAPTISTA MACHADO, «Pressupostos da resolução por incumprimento», in *Obra dispersa*, I, p. 125; ANTUNES VARELA, *Das Obrigações em geral*, II, p. 120 e ss.; J. RIBEIRO DE FARIA, *Direito das Obrigações*, II, p. 459 e ss.; A. MENEZES CORDEIRO, *Direito das Obrigações*, II, p. 440; I. GALVÃO TELLES, *Direito das Obrigações*, 2.ª ed., p. 310 e ss.; M. J. ALMEIDA E COSTA, *Direito das Obrigações*, 9.ª ed., p. 986; PEDRO ROMANO MARTINEZ, *Cumprimento defeituoso em especial na compra e venda e na empreitada*, Almedina, Coimbra, 2001, p. 143 e ss.).

A unanimidade cessa, no entanto, no que se refere à definição do regime aplicável (v. J. RIBEIRO DE FARIA, *Obrigações*, II, p. 464 e ss.; J. BAPTISTA MACHADO, *Pressupostos*, cit., p. 168 e ss.; PEDRO ROMANO MARTINEZ, *Cumprimento defeituoso*, ob. cit., p. 291 e s.; ANTUNES VARELA, *Obrigações*, II, p. 124 e ss.; MENEZES CORDEIRO, *Obrigações*, II, n.º 376, II e III, p. 69; M. J. ALMEIDA COSTA, *Obrigações*, p. 988).

A figura do cumprimento defeituoso tem sido chamada a debate também a propósito dos contratos de consumo, em especial na compra e venda de coisas defeituosas: sobre o tema, v. JOÃO CALVÃO DA SILVA, *Compra e venda de coisas defeituosas*, Almedina, Coimbra, 2004.

[2] Partilhamos a posição da doutrina que não considera a entrega de coisa diversa,

O presente estudo tem por finalidade colocar aquelas duas situações de incumprimento previstas no artigo 25.º do Código das Sociedades Comerciais no quadro do sistema de direito privado. Começaremos por analisar cada uma por si; depois, num segundo momento, procuraremos indagar se o regime de direito civil, especialmente nos seus efeitos, ainda tem um papel a desempenhar nas vicissitudes do cumprimento defeituoso da obrigação de entrada em espécie. O espaço limitado do texto obrigou a que a análise se limitasse à entrada a título de propriedade.

1. Erro na avaliação e responsabilidade pela diferença

1.1. *Introdução*

A primeira anomalia prevenida pelo Código é a do erro do revisor oficial de contas na avaliação do bem. Quando esse erro for constatado, o sócio é responsável pela diferença que porventura exista, até ao valor nominal da sua participação, prescreve-se no n.º 2 do artigo 25.º[3].

---

o *aliud pro alio*, uma espécie de cumprimento defeituoso. Em nosso entender, o regime do *aliud pro alio* não pode ser o mesmo ou um regime análogo ao aplicável na venda de coisa onerada ou na venda de coisa defeituosa: nestas hipóteses há um defeito no cumprimento ou um incumprimento parcial, enquanto naquele há um incumprimento total, ainda que eventualmente temporário. Orientação diferente foi defendida por PEDRO ROMANO MARTINEZ (v. *Cumprimento defeituoso*, ob. cit., n.º 22, p. 245). Para este A., «depois de o credor ter aceitado a prestação é indiferente que se trate dum *pejus* ou dum *aliud*. Interessa só verificar o desvio à qualidade contratual. Tal desvio em ambas as situações, representa uma desconformidade, sujeita ao mesmo regime» (ob. cit., pp. 251-2).

J. BAPTISTA MACHADO reconduz o *aliud pro alio* a uma espécie de cumprimento defeituoso, uma das modalidades de inexactidão qualitativa; o regime defendido é, no entanto, diferente do aplicável à venda de coisas defeituosas, que, para o A., não constitui o paradigma de cumprimento defeituoso (v. *Pressupostos da resolução por incumprimento*, cit., p. 172).

A figura tem sido particularmente estudada em Itália (v. D. RUBINO, *La compravendita*, n.º 264, p. 910). E. RIMINI, *La mancata attuazione dei conferimenti in natura nelle socitá per azioni*, Giuffrè, Milano, 1993, pp. 49 e 99, analisa a sua utilização no quadro da realização do capital.

[3] O âmbito de aplicação da norma não está correctamente formulado. Na verdade, pode haver erro que atribua ao bem um valor superior ao real, mas pode também haver erro que lhe atribua um valor inferior. Ora, só a primeira hipótese é contemplada pela lei, como se deduz dos termos em que a responsabilidade do sócio é definida: ele responde pela dife-

Para a compreensão da norma é necessário, em primeiro lugar, caracterizar este erro na avaliação; depois averiguaremos a natureza da responsabilidade do sócio, bem como a espécie de prestação a que ele fica vinculado.

1.2. *O erro profissional*

O revisor oficial de contas é membro de uma profissão independente, regulada por lei[4]; ao avaliar as entradas em espécie no quadro do artigo 28.º do Código actua no exercício de uma função que lhe foi cometida por lei, mas presta um serviço a um particular. É responsável pelo cumprimento da sua obrigação, na qual deve pôr os conhecimentos normais no exercício da sua profissão, respeitando as normas que a sua ordem profissional tenha emitido para o efeito.

A diligência exigida ao revisor não é a diligência do *bonus pater familias*, critério que o Código Civil usa para apreciar a culpa, extracontratual e contratual (art. 487.º, n.º 2, e 799.º, n.º 2). O critério aqui usado é mais exigente, é determinado segundo as regras da arte, isto é, é-lhe exigida a actuação de um profissional habilitado com conhecimentos médios: se o serviço for prestado com um padrão de qualidade inferior, o revisor não cumpriu a sua obrigação profissional; em consequência, o seu cliente poderá exigir-lhe a responsabilidade civil se, tendo sofrido danos, provar o nexo de causalidade entre o comportamento e o dano.

Contudo, a doutrina e a jurisprudência, que têm debatido e aplicado o direito da responsabilidade profissional, separam da actuação negligente, geradora de responsabilidade contratual, o chamado erro profissional. Sob esta designação colocam «um comportamento objectivamente diverso do exigido pela situação, mas não necessariamente culposo... um comportamento relativo à solução de um problema técnico que resulte insuficiente ou inadaptado ou verdadeiramente contraproducente ao fim de realização do objecto do contrato...um comportamento tecnicamente errado, mas não necessariamente culposo, que é causa da não obtenção do resultado útil a

---

rença entre o valor que lhe fora atribuído pelo revisor oficial de contas, valor este que corresponde ao valor nominal da participação, segundo o n.º 1 do art. 25.º

[4] O actual regime jurídico dos Revisores Oficiais de Contas foi estabelecido pelo Decreto-Lei n.º 487/99, de 16 de Novembro.

que visava o cliente»[5]. Aparece assim autonomizada a figura do erro profissional como um juízo objectivo que, embora possa ser fundamento de responsabilidade contratual, se o erro não for desculpável, é formulado em função do resultado, através de uma apreciação objectiva.

Em nosso entender, reveste esta natureza o erro na avaliação previsto no n.° 2 do artigo 25.°. Está em causa uma apreciação objectiva do resultado a que o revisor chegou em confronto com aquele que deveria ter sido atingido. Houve um erro no conjunto das operações intelectuais ou materiais necessárias à determinação do valor do bem e por causa desse erro foi atribuído ao bem um valor superior ao real. É esta situação objectiva que é tida em conta no n.° 2 do artigo 25.°, sem consideração de qualquer eventual negligência que tenha estado na sua base. Em conformidade, a responsabilidade imputada ao sócio neste n.° 2 do artigo 25.° é uma responsabilidade independente da culpa[6].

1.3. *A responsabilidade do sócio*

A responsabilidade é imputada ao sócio por erro de terceiro, independentemente de culpa do errante. Está por isso liminarmente excluída a hipótese de aquela responsabilidade poder ser explicada no quadro de uma responsabilidade objectiva do comitente pelos actos do comissário, porque, além do mais, era necessário que sobre o revisor recaísse também a obrigação de indemnizar (C. Civ., art. 500.°, n.° 1), situação que, em nosso entender, não é tida em conta pelo n.° 2 do artigo 25.°

Faltam pois razões para imputar ao sócio uma obrigação de indemnizar a sociedade por prejuízos causados por erro do ROC. O que parece estar subjacente é a continuação do dever do sócio de realizar a participação social subscrita: o bem entregue não tinha valor suficiente para cumprir a obrigação; a diferença entre o valor real do bem e o valor da participação social continua em dívida. Assim, o sócio é responsável pela diferença porque, nos termos do contrato, ficou devedor de uma entrada no valor do capital nominal subscrito: a obrigação em dívida é, pois, uma parte da obrigação inicial. A dívida de entrada parece assumir assim a natureza

---

[5] V. G. CATTANEO, *La responsabilità del professionista*, Milão, 1958, p. 67, cit. por A. BALDASSARI / S. BALDASSARI, *La responsabilità civile del professionista*, Milão 1993, p. 258.

[6] A existir culpa do ROC, a sua responsabilidade a esse título é perante a sociedade que o designou (art. 28.°, n.° 1).

de uma dívida de valor: o que é devido é a atribuição à sociedade de um património, correspondente ao valor nominal da participação social; o objecto da entrada é apenas o meio para efectuar aquela atribuição patrimonial, encarada como resultado devido: se, por avaliação posterior, o meio se revelar não adequado, persiste a obrigação de atingir o resultado.

1.4. *A prestação do sócio*

I. O n.º 2 do artigo 25.º não determina o objecto da prestação a efectuar pelo sócio. A comparação com o n.º 3 do mesmo artigo parece impor a conclusão de que a lei quis deixar aos sócios liberdade para escolher a prestação: se outra fosse a intenção da lei, fácil seria prescrever, como aconteceu no n.º 3, que o sócio deveria realizar em dinheiro a diferença.

II. A ambiguidade do texto final da lei já estava presente nos trabalhos preparatórios.

Este artigo 25.º corresponde ao artigo 27.º do Projecto do Ministério da Justiça, com ligeiras alterações de forma; o n.º 1 não tem precedentes nos trabalhos preparatórios e parece-nos inspirado no artigo 8.º da II Directiva; o n.º 3 foi inspirado no mesmo número do artigo 13.º do Anteprojecto de Ferrer Correia. Contudo, para o n.º 2 não encontramos nos trabalhos preparatórios um antecedente directo: apareceu no Projecto como criação originária da 1.ª Comissão, presidida pelo Prof. Raúl Ventura.

É certo que o princípio da responsabilidade pela diferença (Diferenzhaftung) proveniente da Alemanha[7], fora recebido, no Anteprojecto de Ferrer Correia; aí se propunha que se o valor de uma entrada em espécie no momento de entrega do seu objecto fosse inferior ao nominal da quota correspondente, o sócio seria obrigado a prestar uma quantia em dinheiro igual à diferença (n.º 1 do art. 14.º)[8]. Porém, a forma como a ideia passa para o Projecto e acaba, depois, por ser finalmente consagrada no n.º 2 do artigo 25.º, revela, pelo menos duas coisas: por um lado, a intenção de não consagrar expressamente a chamada responsabilidade pela

---

[7] V. *G.mbH*, § 9.
[8] Relembre-se que no Anteprojecto de Ferrer Correia, a entrega do bem teria lugar antes do registo (art. 25.º, n.º 1, al. *b*)) e o registo deveria ser recusado se houvesse fundados motivos para crer que o valor das entradas em espécie era inferior ao valor nominal das quotas (art. 27.º, n.º 1, *c*)).

diferença, a não ser numa hipótese precisa, o erro do ROC na avaliação; e, por outro lado, a vontade de não limitar às prestações pecuniárias os meios de realizar o capital em falta.

2. Evicção da sociedade

2.1. *Introdução*

I. A outra das vicissitudes patológicas da obrigação de entrada que nos propomos analisar consiste na privação da sociedade, por acto legítimo de terceiro, do bem prestado pelo sócio.

Está em causa a figura da evicção. Esta conclusão alcança-se imediatamente, comparando os termos utilizados nesta parte do n.º 3 do artigo 25.º do Código das Sociedades Comerciais com a descrição do instituto que era feita no artigo 1046.º do Código Civil de 1867 onde se determinava que

> «Se aquele, que adquiriu uma coisa por contrato oneroso, foi privado dela por terceiro, que a ela tinha direito, o alheador é obrigado a indemnizá-lo nos termos seguintes».

II. A evicção é uma figura jurídica que surgiu em Roma, no âmbito do contrato de compra e venda, então de natureza obrigacional, e que tinha por função garantir ao comprador o gozo pacífico da coisa entregue pelo vendedor, na hipótese de perturbação por parte de terceiros[9].

Como garantia da posse pacífica transitou, através dos trabalhos de *Domat*[10] e *Pothier*[11], para o Código Civil francês, onde o artigo 1625.º a considera o primeiro objecto da garantia que o vendedor deve ao adquirente[12].

---

[9] V. ARANGIO-RUIZ, *La compravendita in diritto romano*, II, p. 309 e ss.; ALVARO D'ORS, *Derecho privado romano*, p. 537; FRITZ SCHULZ, *Derecho romano clássico*, p. 510; J. ARIAS RAMOS e J. ARIAS BONET, *Derecho Romano*, II, p. 617; PAUL F. GIRARD, *Manuel elémentaire de droit romain*; A. DE MARTINI, *Evizione*, Novis. Dig., VI, p. 1050.

[10] V. DOMAT, *Les lois civiles dans leur ordre naturel*, Lib. I, Tit. II, S. I, cit. por A. CHIANALE, *Evizione*, p. 162, nota 4.

[11] V. POTHIER, *Traité du contrat de vente et des retraits*, T. III, n.º 84 e ss., cit. por diversos autores, nomeadamente por B. GROSS, ob. cit., n.º 245, p. 236.

[12] V. ANGELO CHIANALE, *Evizione*, Digesto delle disciplina privatistiche, sez. civile, VIII, p. 160 e ss., esp. n.º 2, p. 162; sobre o direito francês, v. especialmente, BERNARD GROSS, *La notion d'obligation de garantie dans le droit des contrats*, p. 13 e ss.

A nossa primeira codificação recebeu-a, em termos que não se podem considerar simples transposição de um sistema alheio (C. Seabra, arts. 1046.º a 1055.º). De resto, o instituto já constava das Ordenações e fora consagrado no Código Comercial de 1833[13]. E, embora o Código de Seabra, ao contrário do que fez o *Code Civil* no artigo 1625.º, não ligasse textualmente a evicção à privação da posse, a doutrina situou-a nesse contexto.

É particularmente significativo o comentário de Cunha Gonçalves. Embora começando por colocar a acção do adquirente evicto na «doutrina mais geral de inexecução do contrato, ou da responsabilidade civil derivada desta inexecução» – por, em seu entender, aquela acção nascer do facto de o direito não ter sido transmitido em absoluto, ou não o ter sido na integridade prometida»[14] –, acabava por negar o aparente valor dogmático desta afirmação, ao reconhecer que «embora fundada no acto translativo, porém, a garantia da evicção não nasce directamente dele, como a obrigação de entregar; ela começa a existir no momento e pelo próprio facto da entrega»; depois, em jeito de conclusão, reiterava que «o adquirente não pode ficar evicto de uma coisa que ainda não tem em seu poder; o alienante não pode responder pela evicção de uma coisa que não entregou»[15].

2.2. *A evicção e os negócios com eficácia real*

A relação entre a evicção e a compra e venda com eficácia real imediata não é, nem nunca foi, pacífica. Os autores do *Code Civil* têm sido criticados por, ao regular a evicção, nos artigos 1625.º e seguintes, não se terem apercebido que a concepção de venda então adoptada, especialmente no artigo 1583.º, não era a venda do direito romano clássico[16]. Este contrato deixara de ter apenas efeitos obrigacionais, como sucedia em Roma, passando agora a produzir directamente o efeito real da transmissão da

---

[13] V. COELHO DA ROCHA, *Instituições de Direito Civil Português*, 8.ª ed., p. 552; PEDRO ROMANO MARTINEZ, *Cumprimento defeituoso*, ob. cit., p. 122.
[14] V. LUÍS DA CUNHA GONÇALVES, *Tratado de Direito Civil*, VI, p. 9.
[15] Ob. cit., p. 10.
[16] V. ANGELO CHIANALE, ob. cit., n.º 2; *PLANIOL-RIPERT*, por J. HAMEL, ob. cit., X, p. 91; J. GHESTIN / B. DESCHÉ, *La vente*, ob. cit., p. 857 («os redactores do Código Civil ... não parece terem tido consciência do ilogismo consistente em atribuir-lhe o carácter de uma obrigação particular da venda»).

propriedade. Neste quadro normativo, não parece lógica a existência de uma obrigação de garantir a posse pacífica, porque essa garantia é inerente ao próprio conteúdo legal do direito de propriedade e aos meios que o direito objectivo consagra para a sua defesa: se a posse não é transmitida, como consequência da transmissão da propriedade, isso significa que o contrato não é válido.

Uma outra regra do novo sistema da compra e venda é apontada como pondo em causa a coerência sistemática da evicção. Referimo-nos à nulidade da venda de coisa alheia, consagrada no artigo 1599.º do *Code*, justificável como sanção para um contrato que deve transmitir a propriedade e que, ao invés, não tinha sentido em Roma, onde o vendedor nem sequer se obrigava a transmitir a propriedade, mas apenas a entregar a coisa e, subsequentemente, garantir a sua posse pacífica. Porém, uma vez consagrada a nulidade da venda de coisa alheia, como prescreveu e prescreve ainda hoje o artigo 1599.º do *Code Civil*, devem aplicar-se as consequências que lhe são próprias, não parecendo restar qualquer espaço para o regime da garantia[17].

2.3. A evicção e o Código Civil de 1967

O actual Código Civil português pretendeu ultrapassar estas dificuldades. Foi elaborado com base no pressuposto de que «desde que a compra e venda perdeu a índole que possuía no Direito Romano, o instituto da evicção perdeu ao mesmo tempo a sua razão de ser»; em conformidade, declarada nula a venda de bens alheios, não tem mais sentido fazer nascer desse contrato nulo, como se ele fosse válido, a obrigação contratual da garantia da evicção[18]. Como resultado desta maneira de pensar, as situações, que noutros sistemas são reguladas no âmbito da evicção, no Código Civil foram distribuídas por outros institutos, nomeadamente pela venda de bens alheios, pela venda de bens onerados e pela culpa na formação dos contratos[19].

---

[17] Domat e Pothier consideravam válida a venda de coisa alheia (v. A. Chianale, *Evizione*, ob. cit., p. 162).

[18] V. J. Galvão Telles, *Contratos Civis*, RFDL, 1953, p. 159 e ss.

[19] Deve notar-se, no entanto que o instituto da evicção não está necessariamente dependente da natureza real ou simplesmente obrigacional da compra e venda. Na verdade, dois países que consagram, embora sob modelos diferentes, a venda obrigacional, adoptaram, a propósito da evicção, regimes totalmente opostos: na Alemanha, a figura não foi

2.4. *Natureza e finalidade da regra do n.º 3 do artigo 25.º*

I. Neste quadro normativo, ao contemplar, no n.º 3 do artigo 25.º, com uma regra particular a hipótese de a sociedade ser privada por acto legítimo de terceiro do bem prestado pelo sócio, – sujeitando nesse caso, o sócio ao dever de realizar em dinheiro a participação social –, o Código das Sociedades Comerciais está a criar uma norma que, com propriedade, pode ser classificada como norma estranha ao sistema do direito privado comum[20]. Esta conclusão assenta no seguinte raciocínio: se o terceiro tem legitimidade para privar a sociedade, isso significa uma de duas coisas: – ou que ao sócio faltou legitimidade para transmitir, o que, nos termos do Direito Civil, acarretaria a nulidade do negócio – ou que o bem transmi-

---

recebida no BGB (v. § 440, II), ao invés da Espanha (v. *Codigo Civ.*, art. 1475). As causas de evicção, segundo o sistema francês, são consideradas, no BGB, vícios do direito transmitido, que podem dar origem ao incumprimento do contrato, por violação do dever do vendedor de proporcionar ao comprador a propriedade da coisa livre de direitos que terceiros possam fazer valer (v. LARENZ, *Derecho de obligaciones*, II, p. 46 e ss.; MEDICUS, *Tratado de las relaciones obligatorias*, p. 394; ENNECCERUS-LHEMANN, *Derecho de obligaciones*, t. II, 2.º v. 1.º, p. 70). Ao contrário, em Espanha, o vendedor está obrigado ao saneamento, respondendo pela posse legal e pacífica da coisa vendida, quando o comprador seja privado, por sentença e em virtude de um direito anterior à compra, de toda ou parte da coisa (V. RAMON BADENES GASSET, *El contrato de compraventa*, p. 602.).

Em sentido oposto, dois países que reconhecem à compra e venda natureza real, como a Itália e Portugal, adoptaram em relação à evicção atitudes diferentes. Em Itália, o *Codice Civile* regula expressamente a figura nos arts. 1483 a 1488; ao invés, o Código Civil pretendeu ignorar a evicção, embora se lhe refira incidentalmente no n.º 2 do art. 903.º, em homenagem, porventura, à força da tradição.

A separação dos sistemas também não é legítima com base no critério do valor reconhecido à compra e venda de coisa alheia. Em França, esta venda é nula (art. 1599); ao invés, em Itália essa venda é válida, ficando o vendedor obrigado a *procurare l'acquisto* ao comprador (art. 1478). De resto, em Portugal também, mesmo no Direito Civil, a venda de coisa alheia é válida, se os contratantes a considerarem nessa qualidade (art. 893.º), restrição esta que não se encontra no direito comercial (Cód. com., art. 487.º); além disso, a nulidade do art. 892.º é uma nulidade atípica, sujeita a muitas adaptações: nomeadamente, é uma nulidade que se convalida (art. 895.º), que é inoponível em certas circunstâncias (art. 892.º); e, contradição maior, que produz a obrigação de adquirir a coisa alheia (art. 897.º, n.º 1): o seu regime revela que esta foi uma nulidade imposta por princípios de alcance limitado.

[20] V. o conceito de norma estranha ao sistema, em CANARIS, *Pensamento sistemático e conceito de sistema na ciência do direito*, p. 235. A natureza não sistemática das regras da evicção é posta em relevo por GROSS, ob. cit., p. 96.

tido estava onerado, em benefício de terceiros, caso em que o negócio, segundo o Código Civil, apenas poderia ser anulado por erro ou dolo.

Se ao contrato de sociedade comercial se aplicassem as regras da compra e venda, o sócio deveria restituir à sociedade a sua quota; além disso, seria eventualmente responsável por uma indemnização de montante variável consoante a natureza da imputação do acto à sua vontade (sem culpa, dolo ou mera culpa). Mas, à luz do direito civil, nunca lhe seria imposto o dever de prestar uma quantia em dinheiro, destinada a ocupar, no património da sociedade, o lugar do bem de que ela fora privada por terceiro.

II. A consequência imposta ao sócio deverá ser explicada à luz de valores estranhos ao contrato de compra e venda e que se devem procurar na natureza especial do contrato de sociedade. A doutrina justifica essa diferença, acentuando duas características marcantes do contrato de sociedade, o de ser um contrato de fim comum e de se destinar a criar uma organização.

A saída do património da sociedade do bem entregue pelo sócio poderá tornar inviável o fim comum a realizar pela organização social: nessa eventualidade, o Código admite a dissolução da sociedade. Porém, se o programa comum for viável prescindindo do bem que o sócio se obrigou a entregar, a conservação da organização exige que o sócio se mantenha a ela vinculado, contribuindo então com o bem que é sempre possível, o dinheiro. Nesta segunda alternativa, não há lugar nem à exclusão nem à exoneração do sócio.

2.5. *O acto de evicção*

I. A estatuição do n.° 3 do artigo 25.° é muito clara. Mas a mesma clareza não pode afirmar-se no que à previsão se refere. Quando é que se pode concluir que a sociedade foi privada por acto legítimo de terceiro do bem prestado pelo sócio? A resposta tem de ser procurada fora do actual sistema português de direito privado comum, dada a singularidade da norma em causa[21].

---

[21] Sobre a interpretação das normas estranhas ao sistema, v. CANARIS, *Pensamento Sistemático*, ob. cit., p. 237. Alguma doutrina refere a necessidade de adoptar regras especiais em matéria de interpretação das normas sobre a evicção (v. E. RUSSO, *Responsabilità per innatuazione*, ob. cit., p. 210).

II. Em primeiro lugar, é necessário precisar a que acto de terceiro a lei se refere.

Na verdade, o terceiro, titular legítimo de um direito sobre o bem transmitido, pode tomar diversas atitudes: exercer o seu direito através da acção judicial adequada; ou, ao invés, confrontar a sociedade, extrajudicialmente, com a evidência do seu direito. Pelo primeiro caminho, o exercício do direito terminará com a sentença. Mas, se for escolhida a segunda alternativa, a sociedade pode ser forçada a reconhecer o direito do terceiro, e em consequência transmitir-lhe o bem, ou, numa terceira via, negociar com ele a aquisição do direito e, se o acordo se formar, pagar-lhe o preço correspondente.

A questão que se coloca é a de saber se, no conceito de acto de terceiro, o n.º 3 do artigo 25.º integra todas estas hipóteses, ou não.

Nenhuma dúvida se levanta em relação à sentença judicial: ela configura um acto legítimo no sentido da lei. Nas outras hipóteses, o terceiro ameaça exercer o seu direito; e é perante essa ameaça que surge o reconhecimento, e a consequente perda para a sociedade. Ora bem, a ameaça de um acto não é a mesma coisa que o acto. É certo que a ameaça era legítima[22], mas também é certo que nos países, como a França e a Itália, que ainda hoje regulam autonomamente a figura da evicção, a doutrina e jurisprudência equiparam à acção judicial situações da natureza das antes apontadas[23]. Mas também é verdade que na tradição jurídica portuguesa evicção é sinónimo de perda do direito adquirido por causa de uma sentença judicial: Cunha Gonçalves recorria significativamente à etimologia da palavra «evincere» que significa «ser vencido num pleito relativo a uma

---

[22] O acto do terceiro não constituía coacção moral, no sentido do art. 255.º do C. Civil.

[23] V. em França, *PLANIOL-RIPERT*, por J. HAMEL, *Traité*, X, pp. 105-6; para a Itália, v. DE MARTINI, *Evizione*, Novis. Dig., VI, p. 1060. Em França a admissibilidade do reconhecimento extrajudicial do direito de terceiros não tem um apoio seguro no *Code* (arts. 1626.º a 1640.º) e essa eventualidade nem é considerada por J. GHESTIN e B. DESCHÉ, *La vente*, p. 857 e ss.; em sentido oposto, GROSS defende que a moderna doutrina abandonou a tese de POTHIER que exigia uma sentença (v. ob. cit., p. 242, n.º 252). Ao contrário, o *Codice Civile* prevê expressamente o reconhecimento espontâneo do direito de terceiro, no II parágrafo do art. 1485.º, prescrevendo que nesse caso o comprador perde o direito à garantia se não prova que não existiam razões suficientes para impedir a evicção (v. DE MARTINI, ob. cit., p. 1062, o qual, na nota 2 da p. 1060, se apoia na autoridade de WINDSCHEID para afirmar que, mesmo em Roma, era admitida a evicção extrajudicial).

coisa adquirido por um terceiro»[24]; e, no mesmo sentido, já Coelho da Rocha definia a evicção como a «perda que o possuidor de uma coisa comprada sofre em parte, ou em todo, em virtude de uma sentença obtida por um terceiro que a ela tinha direito anterior à venda»[25-26].

III. Neste contexto, para se poder configurar um acto legítimo, no sentido do n.º 3 do artigo 25.º, é de exigir que o terceiro instaure a acção judicial tendente a fazer reconhecer ou executar o seu direito[27].

2.6. *A causa da evicção*

I. Nos amplos termos em que está descrito, o acto de terceiro poderia legitimar-se numa circunstância relativa ao direito transmitido para a

---

[24] V. *Tratado de Direito Civil*, VI, p. 8. Do mesmo modo, a numerosa regulação da evicção no Código de Seabra em nenhum lugar previa ou concedia a garantia de evicção sem processo judicial destinado a privar o adquirente: embora o art. 1052.º reconhecesse a responsabilidade do «alheador», ainda que este não tivesse sido chamado à autoria, em três hipóteses, onde se poderiam subsumir os exemplos acima apresentados, a verdade, contudo, acentue-se, é que apenas se dispensava o chamamento à autoria do «alheador», mas nunca se previa a dispensa de uma acção judicial da parte de terceiro.
[25] V. *Instituições de Direito Civil Português*, 8.ª ed., p. 551.
[26] O Código Civil de Espanha integra na própria norma a exigência de que tenha lugar uma sentença: «tendrà lugar la evicción quando se prive al comprador, por sentencia firme y en virtud de un derecho anterior a la compra, de todo o parte de la cosa comprada» (art. 1457.º-I) (v. tb. art. 1480.º). Esta norma tem sido aplicada pelo supremo tribunal espanhol com alguma abertura, de modo a incluir alguns actos da autoridade pública, mas não ampliando o seu âmbito de aplicação até ao reconhecimento extrajudicial de natureza privada (v. JOSÉ CASTAN TOBENAS, *Derecho de Obligaciones*, p. 125; VICENTE TORRALBA SORRIANO, *Comentário del Codigo Civil*, II, pp. 936 e 946; ...).
[27] O problema coloca-se em termos diferentes quando o acto, tendente a privar a sociedade do bem, é um acto administrativo. Poderá, naturalmente, levantar-se a questão prévia de saber se a autoridade pública, enquanto poder público, poderá ser titular, face ao bem, de um direito ou de outra posição jurídica, que configure uma causa de evicção. A doutrina italiana responde afirmativamente à questão (v. DE MARTINI, ob. cit., p. 1057; RUBINO, *La compravendita*, n.º 211-bis, p. 670; M. C. BIANCA, *La vendita e la permuta*, p. 847). Em França a questão é controversa (v. GROSS, ob. cit., p. 257 e ss.). Para a Espanha, v. nota anterior. A sua análise, para ser feita com o aprofundamento necessário, levar-nos-ia para fora do direito privado; por isso, remetemos para o direito administrativo a solução desta questão. Porém, se a resposta do direito administrativo for positiva, o acto do poder público em causa terá de ser considerado um acto legítimo de terceiro, no sentido do n.º 3 do art. 25.º

sociedade, de existência anterior ou posterior ao contrato de sociedade. Seria, na primeira hipótese, por exemplo o caso do terceiro titular de um direito de preferência com eficácia real que, ao tomar conhecimento da entrada do sócio, venha confrontar a sociedade com o seu direito[28] e, na segunda hipótese, o caso de um terceiro em benefício de quem a sociedade tivesse hipotecado o imóvel adquirido. Ora bem: embora formulado em termos amplos, o n.º 3 do artigo 25.º não se pode aplicar aos casos em que um terceiro prive a sociedade do bem através de um acto legitimado por uma circunstância criada pela própria sociedade, após ter adquirido o direito. O fundamento da privação tem, assim, de ser anterior ao momento em que ocorre a aquisição pela sociedade.

II. Já concluímos que o fundamento, que torna legítimo o acto de terceiro, tem de ser anterior à aquisição do direito pela sociedade. Mas a localização no tempo não é suficiente para caracterizar a «causa da evicção»; é preciso identificar o «vício do direito» transmitido, caracterizar a sua substância.

Situação jurídica que não oferece contestação é o direito de propriedade. Se o terceiro for titular, face ao bem, de uma posição jurídica que lhe permita reivindicar a sua propriedade ou tão-somente vir a adquiri-la, a causa de evicção está preenchida.

III. Os direitos reais de gozo limitado, os chamados direitos reais menores, bem como as posições jurídicas tendentes à sua aquisição, aparecem, neste contexto, com contornos não unívocos. Relembre-se que estamos a considerar apenas uma entrada de sócio com o direito de propriedade; ora bem, a existência de um direito real de gozo menor onera a propriedade, mas não a extingue, não podendo dizer-se, perante o exercício do direito real menor, que a sociedade tenha sido privada do bem prestado pelo sócio[29]. Não! A sociedade continua proprietária; no entanto, se a oneração do direito não foi considerada no momento da avaliação, o bem terá sido adquirido por um valor superior ao seu valor real: há, assim, uma diminuição do valor do bem – mas não a privação do bem[30]. No sistema

---

[28] V. Anteprojecto de S. Q. R. L., de RAÚL VENTURA, art. 12.º, n.º 7.
[29] V. J. OLIVEIRA ASCENSÃO, *Direito Civil – Reais*, n.º 132, p. 278. A solução seria diferente se o «bem» em causa, no art. 25.º, n.º 3, fosse a posse da coisa, como sucedia com o instituto da evicção em Roma e ainda hoje ocorre nos direitos francês e espanhol (v. JOSÉ CARLOS MOREIRA ALVES, *Direito Romano*, II, p. 186).
[30] Esta é a qualificação no quadro do sistema jurídico português; noutros sistemas, nomeadamente no direito francês, as «charges» que oneram o objecto constituem funda-

do CSC, esta hipótese cabe no n.º 2 do artigo 25.º, é um caso de responsabilidade por erro na avaliação.

IV. O bem transmitido pode encontrar-se onerado com direitos reais de garantia constituídos pelo sócio em benefício dos seus credores. Em condições normais, esta situação terá sido revelada pelo sócio e, consequentemente, tida em conta na avaliação. Nesse quadro, a sociedade pode até assumir o pagamento da obrigação do sócio, caso em que figurará no contrato como contrapartida a pagar pela sociedade (v. arts. 16.º, n.º 1, e 28.º, n.º 3, al. *d*)). Mas o que lhe está vedado, certamente, é assumir a álea do não pagamento da dívida por parte do sócio, sob pena de pôr em causa a realização efectiva do capital social. Ora bem, se o credor do sócio executar o direito real de garantia, o seu acto é legítimo e pode ocasionar a privação, total ou parcial, de sociedade. É então aplicável o regime do n.º 3 do artigo 25.º[31].

2.7. *A responsabilidade por evicção*

I. A sociedade evicta tem o direito de exigir ao sócio uma prestação em dinheiro no montante do valor da participação social; este dever é imposto ao sócio pela lei, como efeito da evicção. Tratando-se da situação de alguém que está sujeito a um dever, estamos, em princípio, face a uma espécie de responsabilidade. Sendo esta a natureza das coisas, para situarmos aquela regra do n.º 3 do artigo 25.º no sistema jurídico português, precisamos ainda de definir as condições (subjectivas) da imputação ao sócio desta responsabilidade, nomeadamente, precisamos de saber qual o

---

mentos de evicção (v. *PLANIOL-RIPERT*, por J. HAMEL, *Traité*, X, ob. cit., p. 100; J. GHESTIN / B. DESCHÈ, *La vente*, ob. cit., p. 864).

Apesar do art. 1489.º do *Codice Civile*, a questão é controversa em Itália. Como reconhece RUBINO, «foi sempre controversa a questão de saber se entram propriamente na garantia por evicção, ou se, ao invés, se encontre encostada à garantia por vícios... a hipótese em que, no momento de venda, a coisa já estivesse onerada com direitos de gozo, reais ou pessoais (desde que eficazes face ao terceiro adquirente), ou de ónus reais, a favor de terceiros, ou de limitações no interesse publico» (*La Compravendita*, n.º 216, p. 685).

[31] Isto sem prejuízo de, em qualquer altura, a sociedade efectuar a expurgação da hipoteca, nos termos do art. 721.º do C. Civ., sendo necessário ter em conta, tratando-se de uma sociedade anónima, o disposto no art. 29.º A questão de saber se a execução de um direito real de garantia, como a hipoteca, integra uma hipótese de evicção não é pacífica, mesmo em França (v. GROSS, ob. cit., p. 137, n.º 146.).

papel da culpa nas condições de aplicação do instituto da evicção. Para o efeito, iremos fazer uma breve descrição das principais doutrinas que têm sido apresentadas.

II. As doutrinas sobre o fundamento da responsabilidade pela evicção, apesar da sua variedade, podem, nos seus elementos essenciais, ser reunidas em dois grupos: a doutrina da garantia e a doutrina do incumprimento.

2.7.1. Doutrina da garantia

I. A doutrina da garantia, fundada na tradição romanista e que se considera consagrada expressamente no texto do artigo 1628.° do Código Civil francês, analisa a responsabilidade do alienante como execução de uma obrigação assumida no contrato, precisamente a obrigação de garantir a posse pacífica da coisa vendida[32]. Se o adquirente perde a posse para um terceiro, poderá exigir do alienante a responsabilidade a que ele está vinculado enquanto garante.

Esta doutrina tem sido contestada desde o início da vigência do *Code*. Dizem os seus críticos que ela, por um lado, revela-se de difícil adequação ao regime dos contratos consensuais com eficácia real imediata; por outro lado, implica a utilização do termo garantia com um sentido muito diverso daquele que corresponde à garantia no direito das obrigações: a posse transmite-se pelo contrato, como elemento integrante do conteúdo do direito de propriedade, imediatamente, por força directa da lei, não havendo lugar para uma obrigação independente de transmitir a posse, nos sistemas que adoptam o princípio da eficácia real imediata; além disso, com esta garantia, o alienante estaria a garantir a sua própria obrigação, posição esta a que já se encontra submetido por força da regra geral de direito privado segundo a qual o devedor garante com todo o seu património o cumprimento de todas as suas obrigações[33].

---

[32] V. a defesa desta doutrina em BERNARD GROSS, *La notion d'obligation de garantie dans le droit des contrats*, Paris, 1964.

A doutrina espanhola, na esteira do Código Civil de 1889, fala de saneamento por evicção; esta obrigação de saneamento (arts. 1461 e 1474) tem conteúdo semelhante à garantia do *Code Civil* (o saneamento por evicção é objecto dos arts. 1475 a 1483 e o saneamento por vícios ou defeitos ocultos da coisa é regulado nos arts. 1484 a 1499). V. JOSE CASTAN TOBEÑAS, *Derecho de obligaciones*, t. 4 do Derecho civil español, p. 123; RAMON BADENES GASSET, *El contrato de compraventa*, ob. cit., p. 593 e ss.; VICENTE TORRALBA SORIANO, *Comentario al codigo civil*, t. II, p. 935 e ss.

[33] V. A. DE MARTINI, *Evizione*, ob. cit., p. 1056; RUBINO, *La compravendita*, p. 634.

A doutrina da garantia mostra-se assim desadequada. No quadro do regime hoje vigente e à luz dos conceitos utilizados pela ciência jurídica actual, não parece haver lugar para uma obrigação de garantia com a fisionomia da evicção. No entanto, segundo os defensores desta doutrina, é da sua natureza de elemento estranho ao sistema que a evicção tem retirado forças para persistir: o instituto em causa tem uma razão de ser que foge ao direito comum das obrigações; na sua génese, estão mais razões práticas que teóricas; subsiste como segurança suplementar dos contratantes, porque chega onde os meios comuns não podem chegar[34].

II. Um outro aspecto é recorrente nesta doutrina. Trata-se da afirmação de que a culpa (*faute*) não integra as condições de existência da garantia, posição que, em França, é seguida também pela jurisprudência[35].

2.7.2. *Doutrina do incumprimento*

I. Sob esta denominação agrupamos todos aqueles autores, especialmente italianos, que reconduzem a responsabilidade por evicção ao incumprimento de um dever[36]. No entanto, esse dever-fundamento, de conteúdo controverso, é localizado, no contexto do contrato de alienação, em tempos e espaços variados. Abstraindo de aspectos secundários, encontramos quatro orientações:

a) Doutrina que defende estar-se perante um caso de responsabilidade pré-contratual (Mengoni)[37];

---

[34] V. B. Gross, *La notion d'obligation de garantie dans le droit des contrats*, ob. cit., p. 96, n.º 98. Para Gross, se o lugar que a garantia ocupa parece ilógica, « c'est peut-être que notre droit ne suit pas toujours la logique» (ob. cit., p. 96).

[35] V. Gross, ob. cit., pp. 100 e 137-8; Esmein, «Le fondement de la responsabilité contratuelle raprochée de la responsabilité délictuelle», *Rev. trim. dr. civ.*, 1933, p. 627 e ss.; Stark, «Domaine et fondements de la responsabilité sans faute», *Rev. Trim. dr. civ.*, 1958, p. 475 e ss.; R. Rodiere, Enc. Dalloz, *Responsabilité*; sobre a jurisprudência, v. Gross, ob. cit., p. 101.

[36] V. uma síntese da doutrina italiana em: C. M. Bianca, *La vendita e la permuta*, ob. cit., p. 698 e ss. (especialmente sobre a evicção, v. p. 828 e ss.).

[37] V. L. Mengoni, «Risolubilità della vendita di cosa altrui e acquisto a non domino», *Riv. dir. com.*, 1949, I, p. 285.

Barbero não se refere expressamente à responsabilidade pré-contratual; no entanto, situa na fase das negociações o fundamento da responsabilidade por evicção, que, em seu entender, se apresenta como uma questão de não ter negociado legitimamente (v. *Diritto Privato*, p. 752, Torino, 1990, edição sob o cuidado de A. Liserre e G. Florida).

b) Doutrina que afirma a existência de uma responsabilidade por inactuação do efeito real (Russo)[38];
c) Doutrina que funda a responsabilidade na falta da atribuição patrimonial (Rubino)[39];
d) Doutrina que considera estar-se perante uma responsabilidade objectiva, por não realização do resultado devido (Greco / Cottino)[40].

II. Estas doutrinas têm, no entanto, um ponto comum: em todas, a existência da responsabilidade pela evicção é independente da culpa do alienante.

Aqueles autores que situam o dever incumprido na fase pré-contratual, afirmam que, neste caso, a responsabilidade tem uma configuração especial diferente da prevista nos artigos 1337 e 1338 do *Codice Civile*, por, nomeadamente, o dever de restituir o preço e a indemnização pelo interesse negativo serem impostos independentemente da culpa do alienante[41].

Por seu lado, Enio Russo – para quem a responsabilidade por evicção se fundamenta numa violação da norma que prescreve a eficácia real imediata (Codice Civ., art. 1376) – considera que a restituição do preço e a indemnização pelo interesse negativo são independentes da relevância do elemento subjectivo, embora atribua relevância ao cumprimento do dever de diligência para efeitos ulteriores[42].

---

[38] A doutrina de ENIO RUSSO foi defendida pelo A. especialmente em duas obras: *La responsabilità per innatuazione dell'effetto reale*, Milão, 1965; *Evizione e garanzia*, reed. Napoles, 1987.
    C. MASSIMO BIANCA desenvolveu uma construção com algumas afinidades com a de Enio Russo. Para Bianca, a evicção é um evento danoso (v. *La vendita e la permuta*, ob. cit., p. 836) que tem origem na violação do *impegno traslativo* do vendedor (v. ob. cit., n.º 321 e nota 2 da p. 711).
[39] V. RUBINO, *La compravendita*, ob. cit., p. 647 e ss.; sobre a garantia em geral, v. p. 629 e ss.
[40] V. PAOLO GRECO / GASTONE COTTINO, *Delle vendita*, in Comm. Scialoja e Branca, p. 99 e ss.
[41] Cfr. L. MENGONI, ob. cit., p. 282: «o dever de ressarcimento de que se trata é o conteúdo de uma responsabilidade *in contrahendo*, a qual, por excepção ao princípio geral do art. 1358 reveste carácter objectivo». Também para BARBERO, a responsabilidade por evicção é uma responsabilidade que, no direito positivo, não deriva a sua existência necessariamente da culpa (v. ob. cit., p. 753).
[42] V. ENIO RUSSO, *Responsabilità per inattuazione dell'effetto reale*, p. 219, n.º 21.

A falta de atribuição patrimonial devida poderia, segundo Rubino, ser regulada pelo regime da resolução dos contratos previsto no direito italiano. Mas esse regime não é aplicável precisamente porque alguns dos seus elementos pressupõem a culpa do agente. Ora bem: é por prescindir da culpa que a responsabilidade pela evicção concede ao adquirente uma protecção maior e, de certo modo, justifica a sua persistência, no *Codice Civile*, apesar do seu ilogismo no quadro dos contratos translativos.

Este aspecto da irrelevância da culpa é enfatizado por Greco e Cottino, nos seguintes termos: «... a responsabilidade do vendedor, entre determinados limites, aparece desvinculada da culpa; é uma espécie de responsabilidade objectiva, que tem lugar porque um resultado (ocorrência ou não ocorrência de um facto ou de uma situação) não se realizou, prescindindo de toda a questão da imputabilidade ao devedor»[43].

III. Transposta para o CSC, esta doutrina permitia concluir que a culpa não é um dos elementos integrantes da previsão do n.° 3 do artigo 25.°, quando regula a evicção da sociedade. Como corolário, o sócio deveria realizar em dinheiro a sua participação, mesmo que provasse que a evicção da sociedade não lhe poderá ser imputada a título de culpa ou dolo.

2.8. *Natureza do dever do sócio*

Contudo, fica por resolver a questão da natureza do dever que é imposto pelo n.° 3 do artigo 25.°. Sabemos que não se trata de responsabilidade com base na culpa; pode, no entanto, tratar-se de responsabilidade objectiva, sem culpa, portanto. A ser esta a natureza das coisas, o dever seria o conteúdo de uma obrigação de indemnização imposta por lei para ressarcir o dano causado pelo ilícito objectivo: por acção de terceiro, a sociedade sofreu um dano que a lei imputa ao sócio, desde que estejam preenchidas as condições de evicção.

Esta regra só tem sentido se for admitido que o sócio continua titular da participação. Ora bem, esta participação foi adquirida pelo sócio com a outorga do contrato de sociedade (cuja validade a lei não permite contestar com fundamento na evicção). Segundo esta maneira de ver as coisas, o que está em causa é a obrigação de realizar a participação social. Não se trata de uma nova obrigação, surgida por causa de um acto ilícito e para

---

[43] V. *Delle Vendita*, in Comm. Scialoja e Branca, p. 103.

reparar os danos dele decorrentes. A explicação mais adequada é aquela que configura a prestação em dinheiro como o meio de cumprir uma obrigação primária derivada do contrato de sociedade[44]. Ora bem, em nosso entender a maneira mais apropriada de explicar esta vicissitude consiste em recorrer à ideia de que a obrigação de realizar o capital social tem um duplo objecto, dinheiro ou outros bens; se a prestação *in natura* escolhida pelo sócio no contrato se revelar supervenientemente impossível, a lei considera a obrigação limitada à prestação que é sempre possível segundo o Direito, a prestação em dinheiro.

Todos os sócios têm a obrigação de fazer entrar no património da sociedade bens no valor do capital subscrito; se os bens em espécie escolhidos se revelarem um meio não adequado, porque um terceiro legitimamente privou a sociedade do bem transmitido pelo sócio, isso significa, para o Código, que a finalidade da lei não foi alcançada e, nessas circunstâncias, afastando outras soluções, a lei impõe a prestação pecuniária, a única face à qual estão radicalmente afastadas não só considerações de diligência no cumprimento como também considerações de impossibilidade objectiva. Neste contexto, a obrigação de realizar o capital é configurada como uma obrigação de resultado.

Para realizar esta finalidade, o instituto da evicção revela-se mais adequado que os outros meios, embora estes se revelem mais ajustados se raciocinarmos na base de razões de coerência do sistema. É que, mesmo onde os outros meios claudicam, a evicção resiste. Só por esta razão se parece justificar a sua persistência num sistema como o italiano[45].

---

[44] B. GROSS, no quadro da sua doutrina da obrigação de garantia, a que atribui também um conteúdo positivo, defende que o garantido pode optar pelo desaparecimento ou pela manutenção do contrato, e que, nesta última opção, o garantido continuará a poder exigir a execução do contrato: «Bien sûr, l'execution ne sera par celle que les parties avaient envisagée; il ne sera pas question d'une exécution en nature mais d'une execution par equivalent qui se concretisera par l'attribution de dommages-interérets» (ob. cit., p. 295, n.º 308). A construção não é susceptível de transposição para o nosso sistema, que não configura uma execução do contrato através de um equivalente; no entanto, a ideia de que a evicção não tem necessariamente de acarretar a extinção da relação contratual aparece concretizada no n.º 3 do art. 25.º De resto, GROSS refere a sociedade como exemplo de manutenção do contrato apesar da inexecução da obrigação de garantia (v. p. 310).

[45] Por exemplo, se alguém vende um imóvel de que é proprietário, segundo os títulos formais de aquisição, e um terceiro possuidor invocar, com sucesso, contra o comprador, a aquisição do direito de propriedade por usucapião, concluído em data anterior ao contrato de compra e venda, a transmissão da propriedade não pode considerar-se viciada por falta de legitimidade do transmitente: não!, no momento do acto, o vendedor era pro-

Ao consagrar a evicção, o artigo 25.º, n.º 3, previne litígios e traz um suplemento de segurança adequado aos valores em presença.

2.9. *O dever de indemnizar*

O n.º 3 do artigo 25.º, ao prevenir a evicção da sociedade, impondo ao sócio o dever de realizar em dinheiro a sua participação, tem por finalidade exclusiva a de alcançar a realização efectiva do capital social.

Pode, no entanto, acontecer que, por causa da evicção, a sociedade sofra outros danos. O regime aplicável será, então, o que está definido no artigo 71.º, para a responsabilidade quanto à constituição da sociedade[46-47].

---

prietário e, consequentemente, não há alienação de um bem alheio. A evicção estabelece um regime seguro para este caso: evicto o adquirente, impõe-se ao alienante a consequente responsabilidade. Ao invés, o regime de compra e venda, para além de problemas de qualificação, levantaria naturalmente questões de boa ou má fé dos intervenientes relevantes, não só na fase posterior da determinação do montante de indemnização, mas desde logo no momento da definição dos meios de tutela reconhecidos ao comprador.

[46] A sociedade poderá ter entrado na posse do bem, colhido frutos e feito benfeitorias. O regime aplicável será o prescrito nos arts. 1270.º a 1275.º do Código Civil. Se a aplicação desde regime causar prejuízos à sociedade, o sócio terá de responder sempre, por aplicação dos n.º 1 e 2 do art. 71.º, estando afastada a possibilidade de provar que ignorava, sem culpa, os factos, pois um diligente pai de família (C. Civ., art. 487.º, n.º 2) teria procedido de outro modo (v. tb. art. 901.º).

[47] O art. 1630 do *Code Civil* reconhece ao comprador, como conteúdo da responsabilidade por evicção, as seguintes faculdades: direito à restituição do preço; direito ao reembolso do valor dos frutos, quando o adquirente tenha sido obrigado a restitui-los ao evictor; direito ao pagamento das despesas judiciais; e, por fim, direito ao pagamento de «dommages et intérêts». Destas rubricas, aquela que suscita maior atenção é a última (v. GROSS, ob. cit., p. 319 e ss.; *PLANIOL-RIPERT*, por HAMEL, X, p. 122). A boa ou má fé do vendedor só releva nas benfeitorias (art. 1635.º); à boa ou má fé do comprador, doutrina e jurisprudência atribuem maior relevo por generalização da regra do art. 1599.º (nulidade da venda de coisa alheia) que atribui direito a «dommages-intérêts» apenas quando o comprador ignorava que a coisa fosse alheia (v. GHESTIN / DESCHE, *La vente*, ob. cit., p. 882, n.º 826).

O Código Civil português de 1867 regulava o conteúdo da responsabilidade por evicção a partir do art. 1047.º, norma esta que correspondia ao art. 1630 do *Code*, mas que não incluía um tratamento autónomo para as perdas e danos; os artigos seguintes, 1048 a 1053, completavam o regime da responsabilidade. Note-se, no entanto, que a responsabilidade por perdas e danos existiria se o «alheador» tivesse procedido de má fé (art. 1048, 2.º), neste aspecto divergindo do direito francês.

No Codigo Civil espanhol, art. 1478, os «daños e interesses» são devidos, como no Código de Seabra, se o vendedor estiver de má fé (v. R. BADENES GASSET, ob. cit., p. 627).

3. O cumprimento defeituoso no direito civil e o CSC

Colocação do problema

I. É, em nosso entender, inquestionável que os pressupostos de facto da compra e venda de bens defeituosos ou onerados podem ocorrer num contrato de sociedade comercial. A coisa que constitui objecto da entrada pode sofrer de vício que a desvalorize ou impeça de realizar o fim que lhe era destinado no quadro da actividade social, ou não possuir as qualidades asseguradas pelo sócio para realizar esse fim. Igualmente, a coisa entregue pode estar sujeita a ónus ou limitações que excedam os limites normais inerentes aos direitos da mesma categoria.

É certo que o Código das Sociedades Comerciais não refere expressamente a aplicação subsidiária das regras que regem o chamado cumprimento defeituoso no contrato de compra e venda; no entanto, por via da remissão do artigo 984.º do Código Civil são aplicáveis à sociedade civil as normas da compra e venda relativas à execução da prestação e às garantias da coisa, regime este que, por obra de uma segunda remissão, é também aplicável subsidiariamente ao contrato de sociedade comercial[48]. Justifica-se assim que averiguemos se o regime que regula o cumprimento defeituoso do Código Civil, em especial o relativo à compra e venda, se pode aplicar ao contrato de sociedade comercial por causa destas sucessivas remissões.

Vamos testar a aptidão dos remédios previstos no Código Civil para curar os males que o cumprimento defeituoso poderá causar na realização das entradas em espécie e que não se encontrem debelados no quadro do artigo 25.º do Código das Sociedades Comerciais. Focaremos apenas o regime da venda de coisas defeituosas por ser ele, *mutatis mutandis*, o que se aplica à venda de bens onerados.

---

[48] A extensão das regras da compra e venda ao contrato de sociedade é uma técnica presente em todos os ordenamentos jurídicos da família do nosso (v. exposição do tema em E. RIMINI, *La Mancata...*, ob. cit., p. 38, esp. nota 8).
V. apontamento de RAÚL VENTURA em *Sociedades por Quotas*, vol. I, p. 142, do Comentário ao Código das Sociedades Comerciais.

3.1. *Entrega de coisa defeituosa*

Encaremos, em primeiro lugar, a hipótese de a coisa já estar viciada ou defeituosa no momento em que teve lugar a descrição, posteriormente reproduzida no contrato de sociedade.

São três os remédios consagrados no Código Civil:

- Anulação do negócio por erro ou dolo
- Reparação ou substituição da coisa
- Redução do preço

Analisemos cada um de *per se*.

3.1.1. *A anulação por erro*

I. Em primeiro lugar, a anulação do negócio por erro ou por dolo.

O efeito da utilização deste meio – quer seja qualificado como uma resolução quer como uma anulação[49] – seria reconstituir a situação que

---

[49] A natureza da acção atribuída ao comprador pelo art. 905.° do Código Civil é uma questão controvertida na nossa doutrina. P. ROMANO MARTINEZ declara que o termo «anulação» foi empregue no art. 905.° com o sentido de resolução (v. *Cumprimento defeituoso*, p. 300), concluindo que «é conferido ao comprador, em caso de venda de coisa com defeito, o direito a resolver o contrato».

J. BAPTISTA MACHADO não contrapõe, como alternativas, a anulação e a resolução; no entanto, o facto de declarar o direito conferido ao comprador pela garantia edilícia fundado directamente no contrato, implica logicamente admitir que, no caso, não se está perante uma questão relativa à validade do negócio no sentido estrito do termo (v. «Acordo negocial e erro na venda de coisas defeituosas», *in Obra Dispersa*, I, p. 104); deve notar-se que ao A. lhe parece «que também não pode afirmar-se que o problema em causa na venda de coisas defeituosas seja pura e simplesmente um problema de incumprimento parcial (ou de cumprimento defeituoso) do negócio...» (v. ob. cit., p. 105). Mais à frente opina ser de «crer ... que o regime jurídico que melhor se quadra a este fenómeno também não seja pura e simplesmente o regime da inexecução, mas um regime sui generis que pode talvez ser concebido como uma adaptação ao caso (ou uma especialização) do regime do cumprimento defeituoso» (ob. cit., p. 106). Contudo, ao tirar as conclusões gerais do estudo afirma «que, rigorosamente, não se deveria dizer que o contrato é anulável por erro (como diz o art. 905.°), mas que ele só é anulável quando se verifiquem os requisitos da anulabilidade por erro» (ob. cit., p. 108). Do que a lei teria curado seria da tarefa de «delimitar o âmbito dos casos em que o comprador poderá, pelo processo de anulação, libertar-se pura e simples do vínculo contratual, e em que ele não terá, portanto, de contentar-se com outros meios de tutela que a lei lhe faculta (designadamente a redução do preço)...» (ob. cit., p. 108) (v., no entanto, o que A. escreveu no n.° 10 do seu estudo «Pressupostos da resolução por incumprimento», *in Obra dispersa*, I, p. 168).

JOÃO CALVÃO DA SILVA atribui ao comprador, em concorrência electiva, a faculdade de escolher entre o remédio de anulação, baseado no erro, ou os remédios derivados do

existiria se o negócio não tivesse sido celebrado; por consequência, a sociedade deveria restituir a coisa entregue, e o sócio a participação social. Os institutos sociais chamados à colação seriam a exclusão do sócio e a redução do capital social.

A redução do capital tem de se considerar afastada. Estamos face a uma medida que, no sistema do Código só poderia ser implementada por via de uma deliberação dos sócios, e nunca como efeito imediato de uma vicissitude relativa à realização de uma das entradas (art. 85.°). Por sua vez, a exclusão do sócio afigura-se contrária ao sentido do n.° 3 do artigo 25.° – que aceita a dissolução da sociedade, por deliberação dos sócios, ou por força da impossibilidade de realizar o objecto social, mas nunca a exclusão do sócio. A leitura das normas sobre a exclusão dos sócios, em especial nas sociedades por quotas e anónimas, aponta claramente para um número fechado de hipóteses legais (v. art. 241.°). Além disso, no sistema do Código das Sociedades Comerciais nunca a exclusão do sócio por causa do não cumprimento da obrigação de entrada tem por efeito a redução do capital social.

II. A conclusão final é pois a de que, quando a coisa entregue pelo sócio padeça de vícios ou defeitos previstos no artigo 913.° do Código Civil, o remédio da anulação do contrato de sociedade, ou de uma participação social, é inaplicável porque os seus efeitos sobre a organização social são incompatíveis com os princípios que informam a realização das entradas no Código das Sociedades Comerciais.

3.1.2. *A redução do preço*

I. O outro remédio previsto no Código Civil para fazer face à entrega de uma coisa defeituosa é a redução do preço (art. 911.°, aplicável às coisas defeituosas *ex. vi* do n.° 1 do art. 913.°).

---

incumprimento, a reparação ou substituição da coisa e a redução do preço (v. *Responsabilidade civil do produtor*, n.ᵒˢ 48 e 49, p. 231 e ss.). Este A., porém, reconhece o direito à resolução do contrato, a ser exercido pelo comprador que escolheu agir no plano do cumprimento, se o vendedor não cumprir a obrigação de reparação ou substituição da coisa (ob. cit., p. 247). No entanto, ao formular as considerações finais sobre o tema, CALVÃO DA SILVA conclui que «a matriz verdadeiramente fundante da garantia edilícia está no contrato» (ob. cit., p. 262), o que exclui, logicamente, a anulação com base no erro e leva o A. a afirmar ser «de aplicar as disposições gerais sobre a resolução, embora sujeita esta ao prazo breve de caducidade próprio da garantia» (ob. cit., p. 268).

A inexistência de um preço na relação entre o sócio e a sociedade dificulta mas não impossibilita a aplicação das regras que regulam a compra e venda. O lugar do preço deve ser ocupado pela participação social que assume a função de contrapartida a pagar pela sociedade por causa da aquisição da propriedade. Ora bem, se as circunstâncias demonstrassem que, conhecendo o defeito, os sócios teriam igualmente celebrado o contrato de sociedade, mas com a atribuição ao titular do bem defeituoso de uma participação inferior, apenas caberia à sociedade o direito a reduzir a participação social, em harmonia com a desvalorização resultante dos vícios ou da falta de qualidades das coisas.

Em resultado deste remédio, o capital social deveria ser reduzido, por extinção de uma participação (ou de uma parte de uma participação). Este resultado atingia-se, directamente, por aplicação do artigo 911.° Existe aqui também uma contradição, não só com o princípio de que o contrato social não poderá ser alterado por efeito do incumprimento da obrigação de entrada mas também com a regra de que a alteração terá de ser objecto de uma deliberação dos sócios.

II. A conclusão é, pois, a de que o direito à redução do preço concedido pelo art. 911.° é incompatível com o regime da realização das entradas: o defeito da coisa, neste caso também, não pode ser causa directa de uma redução do capital.

3.1.3. *A reparação ou substituição da coisa defeituosa*

O outro meio estipulado em benefício do comprador é o direito a exigir do vendedor a reparação da coisa ou, se for necessário e esta tiver natureza fungível, a substituição dela (C. Civ., art. 914.°).

Deve reconhecer-se que a utilização deste remédio não teria por efeito uma falta de realização do capital; antes pelo contrário: se a coisa for reparada ou substituída, o capital ficará integralmente realizado.

No entanto, se o bem entregue fosse defeituoso, no sentido do artigo 913.° do C. Civil, a administração apenas poderia exigir ao sócio que o substituísse ou reparasse. Se o sócio, no prazo que lhe fosse fixado, não efectuasse nenhuma daquelas prestações, considerava-se, para todos os efeitos, devedor em mora[50].

---

[50] Refira-se que, no nosso raciocínio, não se coloca a questão da escolha, em alternativa ou em concurso, dos outros remédios, porque já os excluímos.

Mas qual é a prestação em mora?
Perante aquela notificação, só poderia ser a prestação de reparar ou substituir a coisa defeituosa.

Por causa da natureza desta situação em que a sociedade ficaria, é duvidoso que a reparação ou substituição da coisa se conformem com a necessidade de realização imediata e efectiva do capital social. Esta dúvida nasce da circunstância de, quer a substituição quer a reparação serem obrigações de *facere*[51], cujo cumprimento coercivo não poderia ser imposto imediatamente, por força directa do contrato de sociedade; a administração, em caso de recusa do sócio, teria de obter, em processo declarativo, a condenação deste, e só depois, com base nesse título, estaria em condições de passar à fase da execução específica. Esta necessidade de um prévio processo judicial de condenação para obter a realização da entrada é, em nosso entender, contrária aos princípios que informam o Código – embora não se possam considerar afastadas as vias judiciais para alcançar a execução da entrada, o Código nunca se lhes refere, cuidando apenas dos mecanismos de auto-regulação. De modo que, se o defeito tornar a coisa incapaz de realizar o fim especial para ela previsto, no plano do Código o sócio deverá realizar em dinheiro a sua participação ou, tratando-se de um bem essencial cuja falta impossibilite a actividade social, a sociedade deverá dissolver-se.

II. O Código Civil libera o comprador da obrigação de reparar ou substituir o bem defeituoso, se o vendedor desconhecia sem culpa o vício ou a falta de qualidade de que a coisa padece (art. 914.º, 2.ª parte).

O sentido e alcance desta regra não estão clarificados pela doutrina nem pela jurisprudência[52]. Pensamos, no entanto, que não se poderá negar que, sendo a coisa entregue pelo sócio no estado em que se encontrava ao tempo da conclusão do contrato, e não tendo havido entre a data de elabo-

---

[51] V. J. BAPTISTA MACHADO, *Acordo negocial e erro*..., ob. cit., p. 119.
[52] J. CALVÃO DA SILVA considera esta segunda parte do art. 914.º injustificada (ob. cit. na nota anterior, p. 118) reconhece que a sua existência se deve à recepção da doutrina que funda toda a tutela do incumprimento na culpa do devedor (ob. cit., nota 1, pp. 221-2).
J. BAPTISTA MACHADO, *Acordo negocial e erro*, n.º 19, ob. cit., p. 118, vê naquela parte da norma «a isenção que a lei confere ao vendedor por atenção à desculpabilidade do seu erro (compartilhado com o comprador) e à limpidez da sua conduta... uma espécie de contradireito... uma excepção destinada a paralisar o direito que em princípio compete ao comprador. Conclui, por isso, ser o vendedor quem deve demonstrar que desconhecia sem culpa o vício ou defeito da coisa.

ração do relatório do ROC e o momento da formalização do contrato qualquer alteração, a desconformidade entre a coisa entregue e a coisa devida segundo o contrato tem por base um erro do revisor; seria de admitir, nestas circunstâncias, que o sócio desconhecesse sem culpa o vício ou a falta de qualidade. A aplicar-se o Código Civil, a sociedade não poderia exigir ao sócio que reparasse ou substituísse o bem defeituoso. O ponto é de saber se este poder, reconhecido ao comprador, poderia ser estendido ao sócio num contrato de sociedade. Na análise que fazemos do regime legal, a resposta é negativa: a realização do capital terá de ser alcançada, não se lhe podendo opor qualquer meio derivado de circunstâncias subjectivas do sócio, nomeadamente a ausência de culpa ou a boa fé.

3.2. *Defeito superveniente*

I. A outra hipótese de cumprimento defeituoso regulada no Código Civil é a que resulta de um defeito superveniente, no sentido do artigo 918.º Nessa hipótese, são aplicáveis as regras relativas ao não cumprimento da obrigação de entrega, cabendo ao sócio provar que o cumprimento defeituoso não procede de culpa sua (art. 799.º, 2, do C. Civ.).

A regra é antiga: aquele que deve entregar uma coisa está obrigado ao comportamento necessário a manter a prestação possível, o que significa, neste caso, que seria devido ao sócio o esforço necessário para entregar a coisa no estado em que ela se encontrava ao tempo da outorga do contrato de sociedade (v. art. 882.º, n.º 1). Não lhe sendo possível cumprir, teria de provar uma causa de exclusão da sua responsabilidade.

II. É legítimo, no entanto, questionar a aplicabilidade do artigo 918.º à realização da obrigação de entrada. Com efeito, do artigo 1004.º, al. *a)* do Código Civil resulta que o sócio corre o risco do perecimento da coisa, regra esta que, a aplicar-se ao defeito superveniente, afastaria o artigo 918.º, assente na responsabilidade com base na culpa, ainda que presumida.

Ora bem, a norma do artigo 1004.º, na hierarquia das fontes subsidiárias do contrato de sociedade comercial, aparece colocada antes da norma do artigo 918.º: as regras do contrato de sociedade civil, como o artigo 1004.º, são aplicáveis por força da remissão de primeiro grau feita pelo artigo 2.º do Código das Sociedades, enquanto o artigo 918.º seria chamado por via de uma remissão de segundo grau feita pela alínea *a)* do artigo 984.º do Código Civil.

É preciso, no entanto, demonstrar que o regime aplicável ao perecimento, único evento previsto na alínea *a*) do artigo 1004.°, pode ser extensivo à deterioração. Ora bem, parece-nos que essa extensão é imposta por um argumento de identidade e até de maior razão: a deterioração é um *minus* face ao perecimento.

Neste quadro de fontes subsidiárias, a conclusão seria, pois, a de que o artigo 918.° do Código Civil não se aplicaria à entrega de coisa certa e determinada, no processo de realização do capital social, porque o defeito superveniente da coisa a entregar é da responsabilidade do sócio, por força da aplicação do artigo 1004.°, alínea *a*) do Código Civil.

III. A sanção cominada na alínea *a*) do artigo 1004.° do Código Civil é a exclusão do sócio: o perecimento superveniente da coisa é fundamento daquela exclusão, se a entrada consistir na transferência ou constituição de um direito real sobre coisa determinada e esta perecer antes da entrega. Ora bem, é duvidoso que esta sanção seja compatível com os princípios gerais do Código, como é exigido pelo artigo 2.° para ser legítimo o recurso subsidiário ao Código Civil.

Por um lado, as causas de exclusão do sócio nas sociedades comerciais devem considerar-se taxativas (v. especialmente, art. 241.°)[53]. E, por

---

[53] Questão diversa é a saber se o sócio obrigado a uma entrada em espécie pode vir a ser excluído da sociedade por aplicação do estatuto do sócio remisso, estabelecido para as sociedades por quotas nos arts. 204.° e seguintes e para as sociedades anónimas nos arts. 285.° e 286.°. RAÚL VENTURA não se lhe refere expressamente no seu Comentário, embora no n.° 6 da anotação ao art. 203.° pareça excluir essa eventualidade, quando afirma que as entradas em espécie se efectuam totalmente no contrato de sociedade, não havendo lugar a divisão dessas entradas na modalidade admitida na Lei de 1901, pelo art. 5.°, § 1.°, na redacção do Decreto-Lei n.° 43843. Depreende-se, no entanto, do n.° 2 da anotação ao art. 203.°, que, na sua construção, realizar as entradas em espécie era uma realidade jurídica diferente de entregar as coisas que constituíam o seu objecto. Refere o art. 28.°, n.° 3, do Projecto do Ministério da Justiça que previa que a entrada efectuada no contrato (de bens diferentes de dinheiro) não fosse acompanhada da entrega da coisa pelo sócio: a entrega deveria ser efectuada, pelos modos gerais, no prazo fixado no contrato, mas não superior a um ano a contar do registo definitivo deste. Concluía RAÚL VENTURA nos seguintes termos: «O CSC não contém preceito idêntico, de modo que deve ter-se pensado desnecessário garantir a rápida entrega à sociedade do bem que constitua a entrada» (p. 137, ed. 1987). Seguindo este raciocínio, a entrega poderia não se ter realizado, devendo o sócio ser notificado para efectuar a prestação em dívida, sob pena de ficar sujeito à exclusão e à perda total ou parcial da quota, como se prescreve no n.° 1 do art. 204.°. A questão é debatida em Itália: cfr. EMANUELE RIMINI, *La mancata attuazione dei conferimenti in natura nelle societá per azioni*, cit., p. 116 e ss.; ANDREA PISANI MASSAMORMILE, *Conferimenti in S.P.A. e formazione del capitale*, Jovene Editore, Nápoles, 1992, p. 54.

outro lado, a hipótese de a coisa perecer antes da entrega configura uma impossibilidade da prestação expressamente contemplada no n.º 3 do artigo 25.º, o que afasta liminarmente a existência de lacuna.

4. Conclusões

Retiramos deste breve estudo as seguintes conclusões:

1. A responsabilidade imposta ao sócio pela diferença causada por erro na avaliação do revisor oficial de contas é uma responsabilidade independente de culpa quer do revisor quer do sócio e justifica-se com base na regra de que o sócio deve transmitir para o património social bens no valor da participação social que subscreveu.
2. No quadro da realização do capital por entradas em espécie, o instituto da evicção justifica-se por razões de segurança jurídica, e recebe a ideia de que, mesmo nos sistemas que consagram a eficácia real imediata dos negócios translativos de direitos reais, a subsistência daquele instituto justifica-se como instrumento de tutela do adquirente evicto, porque persistem casos em que falham todos os outros meios de responsabilidade contratual.
3. Ao receber, no artigo 25.º, n.º 3, o instituto da evicção, o Código afastou-se do regime do Código Civil e introduziu uma regra estranha ao actual sistema do direito privado comum.
4. Perante a evicção da sociedade, o sócio não pode opor meios de defesa retirados da sua boa fé, ou de ausência de culpa ou de erro para se liberar da obrigação de realizar a participação social em dinheiro.
5. No quadro normativo estabelecido nos números 2 e 3 do artigo 25.º do CSC, a obrigação de realizar o capital assume a configuração de uma obrigação de resultado, que o sócio é responsável por alcançar independentemente do meio – dinheiro ou bens em espécie – escolhido para o efeito.
6. O dever de realizar em dinheiro a participação ou a diferença de valor não é o dever de indemnizar, surgido no lugar do inicial dever de prestar, mas o cumprimento da obrigação inicial de realizar o capital.

7. Se, por causa da evicção ou do erro do revisor, a sociedade sofrer outros danos, aplicar-se-á o regime da responsabilidade quanto à constituição da sociedade estabelecido no artigo 71.º
8. O regime estabelecido nos números 2 e 3 do artigo 25.º cobre, directamente ou por analogia, a maioria das situações de cumprimento defeituoso reguladas nos artigos 905.º a 922.º do Código Civil. No entanto, não se justifica que se afaste em absoluto a via do recurso ao regime supletivo estabelecido no artigo 984.º do Código Civil para execução da prestação, garantia e risco da coisa. É de rejeitar, contudo, o recurso aos remédios estabelecidos no Código Civil, sempre que a sua aplicação dê origem a redução do capital social, efeito que contraria os princípios em que assenta o sistema de realização das entradas.

O DIREITO INTERNACIONAL PRIVADO NO CÓDIGO CIVIL
PERSPECTIVAS DE REFORMA*

Maria Helena Brito**

1. O sistema de Direito Internacional Privado no Código Civil

I. Anteriormente ao Código Civil de 1966, não existia na lei portuguesa um conjunto organizado de normas relativas às matérias de Direito Internacional Privado.

Foi, por isso, a partir de preceitos dispersos, incluídos em diplomas legislativos de fonte interna – sobretudo o Código Civil de Seabra, de 1867, e o Código Comercial de 1888 – e em alguns textos de fonte internacional, que a doutrina portuguesa construiu um sistema de normas de conflitos[1]. Nesse esforço de elaboração, os Autores consideravam os preceitos

---

* Texto desenvolvido da conferência proferida no Colóquio sobre «Código Civil. 40 Anos de vigência», organizado pela Faculdade de Direito da Universidade Nova de Lisboa, que decorreu em Lisboa em 17, 18 e 19 de Maio de 2007 (com actualizações até Agosto de 2007).

** Professora da Faculdade de Direito da Universidade Nova de Lisboa.

[1] As expressões «sistema de normas de conflitos» e «sistema de direito internacional privado» foram utilizadas pela doutrina num momento em que não era patente no direito português legislado uma autêntica sistematicidade do direito internacional privado. Vejam-se, no direito anterior ao novo Código Civil, I. Magalhães Collaço, *Da qualificação em direito internacional privado*, Lisboa, 1964, p. 254 e ss., *passim* («sistema de conflitos»), e V. Taborda Ferreira, *Sistema do direito internacional privado segundo a lei e a jurisprudência*, Lisboa, 1957. A fórmula «sistema de normas de conflitos» foi empregue, logo após a entrada em vigor do Código Civil de 1966, precisamente para realçar o carácter sistemático do novo direito internacional privado português, por I. Magalhães Collaço, *Direito internacional privado. Parte II – Do sistema de normas de conflitos portuguesas (Apontamentos das lições proferidas no ano lectivo de 1969-1970)*,

existentes, procuravam identificar os princípios que lhes estavam subjacentes e, com o auxílio da (reduzida) jurisprudência neste domínio e sob a inspiração colhida em direitos estrangeiros próximos do nosso, formularam regras de conflitos aplicáveis às matérias não reguladas na lei.

Recordo as construções de complexos sistematizados de normas de conflitos propostas nas obras dos Professores Álvaro Machado Villela[2] e Isabel Magalhães Collaço[3], bem como nos estudos preparatórios do Código Civil, da responsabilidade do Professor António Ferrer Correia[4], mais tarde com a colaboração do Professor João Baptista Machado[5].

II. O Código Civil de 1966 veio alterar este panorama. Na verdade, o Código passou a incluir um complexo organizado de normas de Direito Internacional Privado[6]. Tal não significa, porém, que as soluções concre-

---

Lisboa, 1970, e em outros textos que se seguiram a este, para actualização das Lições anteriores ao Código, adiante referidos (cfr. nota 6).

[2] *Tratado elementar (teórico e prático) de direito internacional privado*, Livro II – *Aplicações*, Coimbra, 1922.

[3] *Direito internacional privado*, vol. III, Lisboa, 1963.

[4] «Direito internacional privado. Direitos dos estrangeiros», *BMJ*, n.º 24, Maio de 1951.

[5] «Aplicação das leis no espaço. Direitos dos estrangeiros e conflitos de leis», *BMJ*, n.º 136, Maio de 1964.

[6] O «novo» sistema de normas de conflitos foi objecto de estudo pormenorizado nas lições proferidas pela Professora I. MAGALHÃES COLLAÇO, logo após a entrada em vigor do Código Civil. Cfr., da Autora: *Direito internacional privado. Parte II – Do sistema de normas de conflitos portuguesas*, cit.; *Direito internacional privado. Parte II – Do sistema de normas de conflitos portuguesas. Título I – Direito das pessoas. § 1.º – Pessoas singulares (Apontamentos das lições proferidas no ano lectivo de 1969-1970)*, Lisboa, 1970; *Direito internacional privado. Parte II – Do sistema de normas de conflitos portuguesas. Título I – Direito das pessoas. § 2.º – Pessoas colectivas (Apontamentos das lições proferidas no ano lectivo de 1970-1971)*, Lisboa, 1971; *Direito internacional privado. Sistema de normas de conflitos portuguesas. Obrigações não voluntárias (Apontamentos das lições proferidas no ano lectivo de 1970-1971)*, Lisboa, 1971; *Direito internacional privado. Parte II – Do sistema de normas de conflitos portuguesas. Título I – Direito das pessoas. § 1.º – Pessoas singulares – Institutos de protecção dos incapazes (Apontamentos das lições proferidas no ano lectivo de 1971-1972)*, Lisboa, 1972; *Direito internacional privado. Sistema de normas de conflitos portuguesas. Título III – Das obrigações voluntárias (Apontamentos das lições proferidas no ano lectivo de 1972-1973)*, Lisboa, 1973. Veja-se também a «Súmula das principais regras de conflitos do DIP português», incluída na exposição sobre a «Parte Especial do Direito Internacional Privado», feita por J. BAPTISTA MACHADO, *Lições de direito internacional privado (Apontamentos das aulas teóricas do ano lectivo de 1971-1972)*, Coimbra, 1974, p. 339 e ss., com algumas actualizações na 3.ª

tas se tenham modificado substancialmente, uma vez que o Código consagrou, em grande medida, o entendimento que dominava na doutrina[7].

No Livro I («Parte Geral»), Título I («Das leis, sua interpretação e aplicação»), o Código dedica um Capítulo III ao «Direito dos estrangeiros e conflitos de leis».

Este capítulo divide-se em duas secções: a primeira contém as «Disposições gerais» e a segunda inclui as «Normas de conflitos».

A Secção I, depois de uma regra relativa à condição jurídica dos estrangeiros quanto ao gozo de direitos civis (art. 14.º), trata de problemas da teoria geral do direito de conflitos, que importa ter em conta na aplicação das diversas normas de conflitos constantes da secção seguinte. Assim, e por esta ordem: a qualificação (art. 15.º), a devolução ou reenvio (arts. 16.º a 19.º), a remissão para ordenamentos jurídicos complexos (art. 20.º), a fraude à lei (art. 21.º), a reserva de ordem pública internacional (art. 22.º).

É na Secção II que se encontram as normas de conflitos. A ordenação seguida nesta Secção (arts. 25.º a 65.º) acompanha de perto a sistematização utilizada na disciplina material do Código[8]:

---

ed., Coimbra, 1985, reimp., 1995, p. 339 e ss. Para o estudo actualizado do sistema de Direito Internacional Privado em vigor no ordenamento jurídico português é indispensável a consulta de L. LIMA PINHEIRO, *Direito internacional privado*, vol. II – *Direito de conflitos. Parte especial*, 2.ª ed., Coimbra, 2002.

[7] Uma análise das «características mais salientes e significativas» do sistema de normas de conflitos foi realizada por A. FERRER CORREIA, «O novo direito internacional privado português (Alguns princípios gerais)» (1972), publicado em *Estudos vários de direito*, Coimbra, 1982, p. 3 e ss. Consultem-se ainda: R. MOURA RAMOS, «Aspectos recentes do direito internacional privado português» (1987), *Das relações privadas internacionais. Estudos de direito internacional privado*, Coimbra, 1995, p. 85 e ss.; ID., «Droit international privé vers la fin du vingtième siècle: avancement ou recul?» (1998), publicado em *Estudos de direito internacional privado e de direito processual civil internacional*, Coimbra, 2002, p. 167 e ss.; ID., «Linhas gerais da evolução do direito internacional privado português posteriormente ao Código Civil de 1966», *Comemoração dos 35 anos do Código Civil e dos 25 anos da Reforma de 1977*, Coimbra, 2006, p. 501 e ss.; D. MOURA VICENTE, «Lei pessoal das pessoas singulares», *Scientia Ivridica*, 2001, p. 125 e ss.; N. ASCENSÃO SILVA, «Do estatuto pessoal – unidade e dispersão (algumas notas a propósito da comemoração dos 35 anos do Código Civil)», *Comemoração dos 35 anos do Código Civil e dos 25 anos da Reforma de 1977*, cit., p. 549 e ss.; N. CASTELLO-BRANCO BASTOS, «Das obrigações nas regras de conflitos do Código Civil», *Comemoração dos 35 anos do Código Civil e dos 25 anos da Reforma de 1977*, cit., p. 651 e ss.; I. GARCIA VELASCO, *Concepción del derecho internacional privado en el nuevo Código Civil português*, Salamanca, 1971.

[8] Para a análise pormenorizada da organização seguida nas normas de conflitos, cfr.

– Subsecção   I – «Âmbito e determinação da lei pessoal»;
– Subsecção II – «Lei reguladora dos negócios jurídicos»;
– Subsecção III – «Lei reguladora das obrigações»;
– Subsecção IV – «Lei reguladora das coisas»;
– Subsecção V – «Lei reguladora das relações de família»;
– Subsecção VI – «Lei reguladora das sucessões».

Esta verificação não é, em minha opinião, indiferente para a interpretação e aplicação das normas de conflitos: na determinação do sentido do conceito-quadro das diversas normas de conflitos, o intérprete não pode deixar de tomar como ponto de partida o conteúdo dos conceitos homólogos usados no Código, atenta a regulação material nele contida – sem prejuízo, naturalmente, da metodologia a seguir quanto ao problema da qualificação, por força da orientação geral consagrada no artigo 15.° Na verdade, os conceitos utilizados para delimitar o objecto e o âmbito da conexão das normas de conflitos hão-de interpretar-se com *autonomia* em relação ao direito material do ordenamento jurídico em que as mesmas se inserem: tais conceitos são abertos e por isso neles podem caber institutos jurídicos estrangeiros não exactamente coincidentes com os conceitos do foro. O que se exige é que esses institutos, pelo seu conteúdo e pela função que desempenham na ordem jurídica a que pertencem, possam integrar o regime do instituto visado nas normas de conflitos do foro[9].

III. A reforma do Código Civil operada em 1977 atingiu também as normas de Direito Internacional Privado. Foram nessa altura introduzidas importantes alterações nas normas de conflitos incluídas na subsecção relativa à lei reguladora das relações de família, de modo a torná-las compatíveis com Constituição de 1976, designadamente com o princípio da

---

L. LIMA PINHEIRO, *Direito internacional privado*, vol. II – *Direito de conflitos. Parte especial*, cit., p. 19 e ss.

[9] A doutrina, em vários países, tem proposto a interpretação autónoma dos conceitos utilizados no conceito-quadro da norma de conflitos. Na doutrina portuguesa, cfr., por todos: I. MAGALHÃES COLLAÇO, *Direito internacional privado*, vol. II, Lisboa, 1959, p. 153 e ss., 178 e ss.; ID., *Da qualificação em direito internacional privado*, cit., p. 183 e ss.; e, após a entrada em vigor do Código Civil, A. FERRER CORREIA, «O problema da qualificação segundo o novo direito internacional privado português», *Boletim da Faculdade de Direito da Universidade de Coimbra*, vol. XLIV, 1968, p. 39 e ss. (p. 45); ID., *Direito internacional privado. Alguns problemas*, p. 155 e s.; J. BAPTISTA MACHADO, *Lições de direito internacional privado*, 3.ª ed., cit., p. 111 e ss. (p. 115).

igualdade entre os cônjuges e com a proibição da discriminação entre os filhos nascidos do casamento e os filhos nascidos fora do casamento[10].

Esta opção, seguida pela Comissão de Revisão do Código Civil, também não é desprovida de significado. Ela revela, com efeito, que o Direito Internacional Privado não é mais um espaço de neutralidade axiológica – um «espaço livre de constitucionalidade» – e se mostra hoje permeável e aberto a valores e princípios constitucionais, tal como, a partir de certo momento, passou a ser admitido em vários países e veio a ser aceite pela doutrina portuguesa[11].

2. Situação actual. Concorrência de outras fontes

I. Não cabe no âmbito deste texto fazer uma análise pormenorizada das normas de conflitos que integram o sistema português de Direito Internacional Privado.

Importa todavia sublinhar que, não sendo exaustivo o sistema do Código Civil, as normas nele contidas convivem hoje com uma pluralidade de normas de conflitos inseridas em outros Códigos (designadamente[12], Código Comercial, art. 4.º, § 2.º[13]; Código das Sociedades Comerciais, arts. 3.º e 4.º[14]; Código dos Valores Mobiliários, arts. 3.º, 39.º a 42.º,

---

[10] Veja-se o comentário de A. FERRER CORREIA, «A revisão do Código Civil e o direito internacional privado» (1979), em *Estudos vários de direito*, cit., p. 279 e ss.

[11] A questão é amplamente discutida na importante obra de R. MOURA RAMOS, *Direito internacional privado e Constituição. Introdução a uma análise geral das suas relações*, Coimbra, 1980, reimp., 1994.

[12] Indicam-se apenas os Códigos mais relevantes e as disposições mais significativas de cada um deles. Para mais desenvolvimentos, cfr. L. LIMA PINHEIRO, *Lista da principal legislação de Direito Internacional Privado*, AAFDL, 2005, p. 32 e ss., bem como os estudos a seguir citados a propósito de cada um desses Códigos.

[13] Esta norma é aplicável aos actos de comércio que não sejam regidos pela Convenção de Roma sobre a lei aplicável às obrigações contratuais. Sobre a questão de saber se, após a entrada em vigor do Código Civil de 1966, se mantiveram em vigor as normas de conflitos contidas no Código Comercial, ver I. OLIVEIRA VAZ, «Da vigência das normas de conflitos contidas no Código Comercial após a entrada em vigor do Código Civil de 1966», *As operações comerciais*, Coimbra, 1988, p. 125 e ss.

[14] Cfr. R. MOURA RAMOS, «Aspectos recentes do direito internacional privado português», cit., p. 108 e ss.; ID., «O artigo 4.º do Código das Sociedades Comerciais revisitado» (1987), *Das relações privadas internacionais*, cit., p. 125 e ss.; A. MARQUES DOS SANTOS, *Direito internacional privado. Sumários*, Lisboa, 1987, reimp., 1989, p. 251 e ss.; P. PAES DE VASCONCELOS, «Estatuto pessoal das sociedades comerciais», *Estruturas jurí-*

321.º, n.º 3[15]; Código do Trabalho, arts. 6.º a 9.º, 282.º, 283.º[16]; Código da Insolvência e da Recuperação de Empresas, arts. 275.º a 296.º[17]; Código do Direito de Autor e dos Direitos Conexos, arts. 37.º, 63.º a 66.º[18]; Código da Propriedade Industrial, art. 3.º[19]) e ainda com normas de conflitos incluídas na Lei da Arbitragem Voluntária (especialmente, arts. 32.º a 35.º[20])

---

dicas da empresa, Lisboa, 1989, p. 37 e ss. (p. 48 e ss.); L. LIMA PINHEIRO, «O direito aplicável às sociedades. Contributo para o direito internacional privado das sociedades», *ROA*, 1998, p. 673 e ss.; D. MOURA VICENTE, «Liberdade de estabelecimento, lei pessoal e reconhecimento das sociedades comerciais», *Estudos em memória do Professor Doutor António Marques dos Santos*, vol. I, Coimbra, 2005, p. 135 e ss.

[15] Cfr. M. H. BRITO, «Sobre a aplicação no espaço do novo Código dos Valores Mobiliários», *Cadernos do Mercado de Valores Mobiliários*, n.º 7, Abril de 2000, p. 49 e ss. (= *Direito dos Valores Mobiliários*, vol. IV, Coimbra, 2003, p. 85 e ss.).

[16] Cfr. D. MOURA VICENTE, «O direito internacional privado no Código do Trabalho», *Estudos do Instituto de Direito do Trabalho*, Coimbra, 2003, p. 15 e ss.; M. H. BRITO, «Direito aplicável ao contrato internacional de trabalho. Algumas considerações a propósito do Código do Trabalho», *Estudos em Memória do Conselheiro Luís Nunes de Almeida*, Coimbra, 2007, p. 105 e ss.

[17] Cfr. M. H. BRITO, «Falências internacionais. Algumas considerações a propósito do Código da Insolvência e da Recuperação de Empresas», *Themis*, ed. especial, 2005, p. 185 e ss. (p. 200 e ss.); ID., «Falências internacionais», *Estudos em Memória do Professor Doutor José Dias Marques*, Almedina, Coimbra, 2007, p. 625 e ss. (p. 660 e ss.); D. MOURA VICENTE, «Insolvência internacional: Direito aplicável», *O Direito*, 2006, p. 793 e ss. (= *Estudos em Memória do Professor Doutor José Dias Marques*, cit., p. 81 e ss.).

[18] Cfr., a propósito: D. MOURA VICENTE, «Direito internacional de autor», *Estudos em Homenagem à Professora Doutora Isabel de Magalhães Collaço* (org. R. M. Moura Ramos, C. Ferreira de Almeida, A. Marques dos Santos, P. Pais de Vasconcelos, L. Lima Pinheiro, M. Helena Brito, D. Moura Vicente), vol. I, Coimbra, 2002, p. 469 e ss.; ID., *Direito internacional privado. Problemática internacional da sociedade da informação*, Coimbra, 2005, em especial, p. 155 e ss.; L. LIMA PINHEIRO, «A lei aplicável aos direitos de propriedade intelectual» (2001), *Estudos de direito internacional privado. Direito de conflitos, competência internacional e reconhecimento de decisões estrangeiras*, Coimbra, 2006, p. 195 e ss. (p. 198 e ss.).

[19] Cfr., a propósito: D. MOURA VICENTE, *Direito internacional privado. Problemática internacional da sociedade da informação*, cit., em especial, p. 183 e ss.; L. LIMA PINHEIRO, «A lei aplicável aos direitos de propriedade intelectual», cit., p. 204 e ss.

[20] Cfr. as seguintes obras fundamentais: I. MAGALHÃES COLLAÇO, «L'arbitrage international dans la récente loi portugaise sur l'arbitrage volontaire (Loi n.º 31/86, du 29 août). Quelques réflexions», *Droit international et droit communautaire. Actes du Colloque, Paris, 5 et 6 Avril 1990*, Paris, 1991, p. 55 e ss.; A. MARQUES DOS SANTOS, «Nota sobre a nova lei portuguesa relativa à arbitragem voluntária. Lei n.º 31/86, de 29 de Agosto» (1987), *Estudos de direito internacional privado e de direito processual civil internacio-*

e em numerosos diplomas dispersos, muitos deles adoptados na sequência ou em execução de directivas comunitárias[21].

Por outro lado, vigoram em Portugal diversas convenções internacionais que regulam matérias de Direito Internacional Privado.

A vinculação do Estado Português a essas convenções internacionais e a verificação dos requisitos exigidos para a respectiva entrada em vigor – nos termos fixados pelo direito constitucional português e pelas próprias convenções – têm como efeito a vigência na ordem jurídica portuguesa das normas constantes de tais convenções, como normas de direito internacional (cfr. art. 8.°, n.° 2, da Constituição).

Na ordem jurídica portuguesa, as normas de direito internacional convencional têm valor infraconstitucional, mas prevalecem sobre as leis ordinárias de fonte interna.

Assim, as normas de conflitos constantes de convenções internacionais em vigor em Portugal sobrepõem-se às correspondentes normas de conflitos de fonte interna.

Consequentemente, as normas de conflitos das convenções substituem as normas de conflitos de fonte interna, anteriormente em vigor em Portugal, quanto às matérias nelas tratadas.

As normas de fonte interna não são revogadas nem caducam. O facto normativo que atribui título de vigência na ordem jurídica portuguesa às convenções internacionais de Direito Internacional Privado tem como efeito a *suspensão da eficácia* das normas de conflitos de fonte interna res-

---

nal, Coimbra, 1998, p. 255 e ss.; D. MOURA VICENTE, *Da arbitragem comercial internacional. Direito aplicável ao mérito da causa*, Coimbra, 1990; M. BOTELHO DA SILVA, «Pluralidade de partes em arbitragens voluntárias», *Estudos em Homenagem à Professora Doutora Isabel de Magalhães Collaço*, cit., vol. I, p. 499 e ss.; L. LIMA PINHEIRO, *Direito comercial internacional*, Coimbra, 2005, p. 443 e ss.; ID., *Arbitragem transnacional. A determinação do estatuto da arbitragem*, Coimbra, 2005; J. MORAIS LEITÃO, D. MOURA VICENTE, «Portugal», *International Handbook on Commercial Arbitration*, Offprint, 2006.

[21] Vejam-se, a título de exemplo, os diplomas que regem as seguintes matérias: contrato de agência (Decreto-Lei n.° 178/86, de 3 de Julho, alterado pelo Decreto-Lei n.° 118//93, de 13 de Abril, art. 38.°); contratos de crédito ao consumo (Decreto-Lei n.° 359/91, de 21 de Setembro, com alterações posteriores, art. 20.°); contrato de compra e venda de bens de consumo (Decreto-Lei n.° 67/2003, de 8 de Abril, art. 11.°); contratos relativos a direitos reais de habitação periódica e a direitos de habitação turística em empreendimentos turísticos, por períodos de tempo limitados em cada ano (Decreto-Lei n.° 275/93, de 5 de Agosto, art. 60.°, n.os 7 e 8, na redacção dada pelo Decreto-Lei n.° 22/2002, de 31 de Janeiro); contratos de seguro (Decreto-Lei n.° 94-B/98, de 17 de Abril, arts. 188.° e seguintes, na redacção que resulta do Decreto-Lei n.° 251/2003, de 14 de Outubro).

peitantes às matérias abrangidas pelas convenções. As normas de fonte interna mantêm a sua eficácia relativamente às matérias excluídas do âmbito de aplicação das convenções; retomarão a sua plena aplicabilidade se e no momento em que tais convenções deixarem de vigorar em consequência do decurso do tempo nelas fixado ou na sequência da denúncia pelo Estado Português dos tratados internacionais. Daí a utilização das noções de *suspensão* e *substituição* e não de revogação ou caducidade das normas de conflitos de fonte interna.

A mais importante dessas convenções é sem dúvida a Convenção de Roma, de 19 de Junho de 1980, sobre a lei aplicável às obrigações contratuais, celebrada no âmbito da União Europeia, que entrou em vigor nos Estados-Membros que inicialmente a subscreveram, em 1 de Abril de 1991[22]. Portugal aderiu à Convenção de Roma através da Convenção do Funchal, de 18 de Maio de 1992[23], que entrou em vigor no nosso país em 1 de Setembro de 1994[24-25].

---

[22] A «versão consolidada» da Convenção encontra-se publicada no *JO* C 334, de 30 de Dezembro de 2005, p. 1 e ss.

[23] A Convenção do Funchal de 18 de Maio de 1992 foi aprovada para ratificação pela Resolução da Assembleia da República n.º 3/94 (*Diário da República*, I Série-A, n.º 28, de 3 de Fevereiro de 1994, p. 520 e ss.) e ratificada pelo Decreto do Presidente da República n.º 1/94 (no mesmo *Diário da República*, p. 520).

[24] Cfr. Aviso n.º 240/94, *Diário da República*, I Série-A, n.º 217, de 19 de Setembro de 1994, p. 5610.

[25] É muito extensa a bibliografia sobre a Convenção de Roma. Deve ter-se especialmente em conta o *Rapport concernant la convention sur la loi applicable aux obligations contractuelles*, da autoria dos Professores Mario GIULIANO e Paul LAGARDE (publicado no *JO* C 282, de 30 de Outubro de 1980, p. 1 e ss.). Na doutrina portuguesa, vejam-se, por todos (com outras referências): A. FERRER CORREIA, «Algumas considerações acerca da Convenção de Roma de 19 de Junho de 1980 sobre a lei aplicável às obrigações contratuais», *RLJ*, Ano 122.º, 1990, n.ºs 3787 a 3789, p. 289 e ss.; R. MOURA RAMOS, «L'adhésion du Portugal aux conventions communautaires en matière de droit international privé» (1987), *Das relações privadas internacionais*, cit., p. 143 e ss.; ID., «Previsão normativa e modelação judicial nas convenções comunitárias relativas ao direito internacional privado», *O direito comunitário e a construção europeia*, Coimbra, 1999, p. 93 e ss.; M. H. BRITO, «Os contratos bancários e a Convenção de Roma de 19 de Junho de 1980 sobre a lei aplicável às obrigações contratuais», *Revista da banca*, n.º 28, Out.-Dez., 1993, p. 75 e ss.; E. GALVÃO TELES, «A prestação característica: um novo conceito para determinar a lei subsidiariamente aplicável aos contratos internacionais. O artigo 4.º da Convenção de Roma sobre a lei aplicável às obrigações contratuais», *O Direito*, 1995, p. 71 e ss.; ID., «Determinação do direito material aplicável aos contratos internacionais. A cláusula geral da conexão mais estreita», *Estudos de Direito Comercial Internacional* (coord. L. Lima Pinheiro), vol. I, Coimbra, 2004, p. 63 e ss. Consulte-se ainda o comentário de P. LAGARDE,

Tendo em conta a delimitação do âmbito de aplicação da lei do contrato, constante dos artigos 10.º e 8.º da Convenção de Roma, e considerando ainda as matérias reguladas em outras disposições da Convenção, como os artigos 9.º e 11.º, são afectadas no seu âmbito de aplicabilidade, designadamente, as regras de conflitos do Código Civil que têm como objecto a substância e efeitos das obrigações (arts. 41.º e 42.º), e, bem assim, as que têm como objecto a prescrição e caducidade (art. 40.º), alguns aspectos da declaração negocial (arts. 35.º e 36.º) e certos desvios quanto às consequências da incapacidade (art. 28.º), na parte em que se reportem a obrigações contratuais ou a contratos obrigacionais[26].

Além de normas de conflitos, também outras disposições do Código Civil português, respeitantes a problemas gerais do direito internacional privado, se encontram afectadas na sua eficácia por normas correspondentes incluídas na Convenção de Roma. Têm-se agora em vista as disposições relativas à natureza da referência feita por uma norma de conflitos do foro a uma ordem jurídica estrangeira, bem como a disposição relativa à remissão para um ordenamento jurídico complexo. Quando forem aplicáveis as normas de conflitos desta Convenção, atender-se-á, não às soluções adoptadas no Código Civil português (decorrentes, respectivamente, dos arts. 16.º a 19.º e 36.º, n.º 2, e do art. 20.º), mas aos princípios estabelecidos na própria Convenção sobre as questões mencionadas (o princípio da referência material, expresso no artigo 15.º da Convenção de Roma; o princípio da remissão para uma ordem jurídica local determinada, nos termos do art. 19.º da Convenção de Roma).

Mantêm a sua plena aplicabilidade as normas de conflitos que estão fora do âmbito da Convenção (por exemplo, as normas de conflitos sobre a capacidade das partes, ainda assim com a restrição resultante do art. 11.º da Convenção de Roma, que, como se disse, interfere com o art. 28.º do Código Civil português, e, obviamente, as normas de conflitos sobre os direitos reais, as relações de família e as sucessões, a que a Convenção se não aplica).

«Convenção de Roma de 1980 sobre a lei aplicável às obrigações contratuais», in *Direito civil. Cooperação judiciária europeia* (org. Conselho da União Europeia), Luxemburgo, 2005, p. 128 e ss.

[26] Sobre os efeitos da vigência na ordem jurídica portuguesa da Convenção de Roma, cfr. M. H. BRITO, *A representação nos contratos internacionais. Um contributo para o estudo do princípio da coerência em direito internacional privado*, Coimbra, 1999, p. 434 e ss.

Mas Portugal encontra-se também vinculado a numerosas convenções concluídas sob a égide de outras organizações internacionais[27].

Limito-me a citar algumas convenções celebradas no âmbito da Conferência da Haia de Direito Internacional Privado[28].

1.º Em matéria contratual:

– a Convenção de 14 de Março de 1978, sobre a lei aplicável aos contratos de intermediação e à representação[29], em vigor em Portugal desde 1 de Maio de 1992[30-31];

---

[27] Para uma visão de conjunto, consulte-se A. MARQUES DOS SANTOS, *Direito internacional privado. Colectânea de textos legislativos de fonte interna e internacional*, 2.ª ed., Coimbra, 2002, p. 957 e ss.; L. LIMA PINHEIRO, *Lista da principal legislação de Direito Internacional Privado*, cit., p. 3 e ss. Pode ver-se uma exposição sobre «o direito internacional convencional das relações familiares» em R. MOURA RAMOS, «Limites à aplicação das regras de direito português: a recepção do direito internacional convencional e a aplicação do direito estrangeiro e do direito comunitário», *in* F. PEREIRA COELHO, G. DE OLIVEIRA, *Curso de direito da família*, vol. I – *Introdução. Direito matrimonial*, Coimbra, 2001, p. 695 e ss. (p. 699 e ss.). No que se refere, em especial, às convenções a seguir indicadas respeitantes à matéria da protecção das crianças, cfr. R. MOURA RAMOS, «La protection des enfants sur le plan international. Les nouvelles règles conventionnelles de La Haye applicables à la protection des enfants dans les situations à rattachement multiple», *Mélanges Christian Mouly*, Paris, 1998, p. 353 e ss. (tradução portuguesa «A protecção das crianças no plano internacional. As novas normas convencionais da Haia aplicáveis à protecção das crianças em situações da vida jurídico-privada internacional», publicada em *Estudos de direito internacional privado e de direito processual civil internacional*, cit., p. 101 e ss.).

[28] A importância do designado «direito da Haia» ressalta das análises sobre o papel da Conferência da Haia de Direito Internacional Privado na codificação do direito internacional privado. Veja-se, entre nós, R. MOURA RAMOS, «A Conferência da Haia de Direito Internacional Privado: a participação de Portugal e o papel da Organização na codificação do direito internacional privado» (1993) e «The Impact of the Hague Conventions on Portuguese Private International Law» (1993), ambos em *Das relações privadas internacionais*, cit., p. 251 e ss. e 277 e ss., respectivamente.

[29] Aprovada para ratificação pelo Decreto n.º 101/79, de 18 de Setembro, *Diário da República*, I Série, n.º 216, de 18 de Setembro de 1979, p. 2381 e ss.

[30] Cfr. Aviso n.º 37/92, *Diário da República*, I Série-A, n.º 77, de 1 de Abril de 1992, p. 1588; Aviso n.º 136/92, *Diário da República*, I Série-A, n.º 203, de 3 de Setembro de 1992, p. 4202; Aviso n.º 239/97, *Diário da República*, I Série-A, n.º 173, de 29 de Julho de 1997, p. 3867 e s.

[31] A propósito da Convenção da Haia sobre representação, cfr. M. H. BRITO, *A representação nos contratos internacionais...*, cit., p. 385 e ss., 432 e ss., 459 e ss.; ID., «A representação em direito internacional privado. Análise da Convenção da Haia de 1978 sobre a lei aplicável aos contratos de intermediação e à representação», *Estudos de Direito*

2.º Em matéria de direito da família[32]:

– a Convenção de 12 de Junho de 1902, para regular os conflitos de leis em matéria de casamento, que entrou em vigor em Portugal em 30 de Abril de 1907[33];
– a Convenção de 12 de Junho de 1902, para regular os conflitos de leis e de jurisdições em matéria de divórcio e de separação de pessoas, que entrou em vigor em Portugal em 30 de Abril de 1907;
– a Convenção de 12 de Junho de 1902, para regular a tutela de menores, que entrou em vigor em Portugal em 30 de Abril de 1907;
– a Convenção de 17 de Julho de 1905, concernente aos conflitos de leis relativos aos efeitos do casamento sobre os direitos e deveres dos cônjuges nas suas relações pessoais e sobre os bens dos cônjuges, que entrou em vigor em Portugal em 22 de Agosto de 1912;
– a Convenção de 24 de Outubro de 1956, relativa à lei aplicável em matéria de prestação de alimentos, que entrou em vigor em Portugal em 3 de Fevereiro de 1969;
– a Convenção de 5 de Outubro de 1961, relativa à competência das autoridades e à lei aplicável em matéria de protecção de menores, que entrou em vigor em Portugal em 4 de Fevereiro de 1969;
– a Convenção de 2 de Outubro de 1973, sobre a lei aplicável às obrigações alimentares, que entrou em vigor em Portugal em 1 de Outubro de 1977;
– a Convenção de 25 de Outubro de 1980, sobre os aspectos civis do rapto internacional de crianças, que entrou em vigor em Portugal em 1 de Dezembro de 1983[34];

Comercial Internacional, cit., vol. I, p. 143 e ss. (bem como a bibliografia citada nesses trabalhos).

[32] As informações sobre as convenções a seguir referidas constam de A. MARQUES DOS SANTOS, *Direito internacional privado. Colectânea...*, cit., p. 1047 e ss. Apenas se acrescentam alguns dados mais recentes.

[33] Quanto a esta Convenção de 1902, veja-se a observação sobre a possível cessação da sua vigência em Portugal em A. MARQUES DOS SANTOS, *Direito internacional privado. Colectânea...*, cit., p. 1047.

[34] Cfr., em especial, o extenso e pormenorizado estudo de N. ASCENSÃO SILVA, «A Convenção da Haia de 25 de Outubro de 1980 sobre os aspectos civis do rapto internacional de crianças – Alguns aspectos», *Estudos em memória do Professor Doutor António Marques dos Santos*, cit., vol. I, p. 443 e ss. (e bibliografia aí citada). Do mesmo Autor, consulte-se ainda «Algumas considerações sobre os trabalhos do Conselho da Europa no contexto do movimento de internacionalização do direito de menores – O rapto de crianças e os direitos de guarda e visita nas relações privadas internacionais», *Lex Familiae – Revista*

– a Convenção de 29 de Maio de 1993, relativa à protecção das crianças e à cooperação em matéria de adopção internacional[35], que entrou em vigor em Portugal em 1 de Julho de 2004[36-37].

3.º Em matéria de direito das sucessões:

– a Convenção de 2 de Outubro de 1973, sobre a administração internacional de heranças, que entrou em vigor em Portugal em 1 de Julho de 1993.

É assim, em princípio, muito amplo o elenco de normas de conflitos do Código Civil cujo âmbito de aplicação se encontra afectado em consequência da vigência destas Convenções da Haia no ordenamento jurídico português. Reconheço, porém, que algumas delas assumem escassa importância prática, tendo em conta, nuns casos, o reduzido número de países

---

Portuguesa de Direito da Família, 2005, p. 37 e ss. (p. 63 e ss., *passim*). Uma avaliação sobre a aplicação da Convenção pode ver-se em E. PÉREZ VERA, «El Convenio de la Haya sobre la sustracción internacional de menores, veinte años después», *Estudos em Homenagem à Professora Doutora Isabel de Magalhães Collaço*, cit., vol. I, p. 561 e ss.

[35] Aprovada para ratificação pela Resolução da Assembleia da República n.º 8/2003 (*Diário da República*, I Série-A, n.º 47, de 25 de Fevereiro de 2003, p. 1252 e ss.) e ratificada pelo Decreto do Presidente da República n.º 6/2003 (no mesmo *Diário da República*, p. 1252).

[36] Cfr. Aviso n.º 110/2004, *Diário da República*, I Série-A, n.º 130, de 3 de Junho de 2003, p. 3485.

[37] Sobre a Convenção relativa à protecção das crianças e à cooperação em matéria de adopção internacional, vejam-se, com outras indicações bibliográficas: N. ASCENSÃO SILVA, *A constituição da adopção de menores nas relações privadas internacionais: alguns aspectos*, Coimbra, 2000, p. 458 e ss.; ID, «A adopção internacional», *Direito e Cidadania*, 2005, p. 93 e ss. (p. 102 e ss.); R. MOURA RAMOS, «A adopção em direito internacional privado português» (1987), *Das relações privadas internacionais*, cit., p. 55 e ss.; ID., «Succession et coexistence d'approches au fil du temps: l'adoption en droit international privé portugais», *Private Law in the International Arena. From National Conflict Rules Towards Harmonization and Unification. Liber Amicorum Kurt Siehr* (ed. Jürgen Basedow, Isaak Meier, Anton K. Schnyder, Talia Einhorn, Daniel Girsberger), The Hague, 2000, p. 481 e ss. (p. 483 e ss.) (tradução portuguesa «Sucessão e coexistência de métodos ao longo do tempo: a adopção no direito internacional privado português», publicada em *Estudos de direito internacional privado e de direito processual civil internacional*, cit., p. 263 e ss. (p. 266 e ss.)); ID., «O estabelecimento da filiação e a adopção em direito internacional privado», in F. PEREIRA COELHO, G. DE OLIVEIRA, *Curso de direito da família*, vol. II – *Direito da filiação*, tomo I – *Estabelecimento da filiação. Adopção*, Coimbra, 2006, p. 315 e ss. (p. 325).

em que vigoram e considerando, em geral, a limitada referência que lhes é feita pelos nossos tribunais.

II. Até agora considerei apenas o Direito Internacional Privado em sentido estrito, entendido como o conjunto de normas que designam o direito aplicável às situações da vida internacional a que se reportam.

Se pensarmos porém no Direito Internacional Privado compreendido em toda a sua complexidade – integrado não apenas pelo conjunto de normas de conflitos, mas ainda pelas normas relativas à competência internacional dos tribunais e pelas normas que regulam o reconhecimento de decisões e actos proferidos no estrangeiro[38] – encontraremos também, nesses outros domínios, a coexistência de uma pluralidade de fontes. De todo o modo, vou deixar de lado as regras de direito material uniforme (sobretudo, convenções internacionais) que, em diversos sectores, foram já aprovadas, com o objectivo de regular situações da vida privada internacional[39].

As normas gerais do Código de Processo Civil sobre competência internacional dos tribunais (os arts. 65.º e 65.º-A) e sobre reconhecimento de decisões estrangeiras (*maxime*, os arts. 49.º e 1094.º a 1102.º) têm de coordenar-se igualmente com outras regras, quer as incluídas em outros diplomas de fonte interna[40], quer as provenientes de convenções internacionais de que Portugal é parte.

Interessa uma vez mais lembrar as convenções celebradas no âmbito da Conferência da Haia – sendo certo que já antes mencionei algumas convenções que simultaneamente regulam problemas de conflitos de leis e de conflitos de jurisdições.

---

[38] É a triangularidade de que fala L. LIMA PINHEIRO, «A triangularidade do direito internacional privado – Ensaio sobre a articulação entre o direito de conflitos, o direito da competência internacional e o direito do reconhecimento», *Estudos em Homenagem à Professora Doutora Isabel de Magalhães Collaço*, cit., vol. I, p. 311 e ss.

[39] Para a referência a algumas das regras de direito material uniforme destinadas a reger operações do comércio internacional, cfr. M. H. BRITO, *Direito do Comércio Internacional*, Coimbra, 2004, p. 97 e ss.

[40] Por exemplo, normas sobre competência internacional, contidas no Código de Processo do Trabalho (arts. 10.º e 11.º) ou no Código da Insolvência e da Recuperação de Empresas (arts. 271.º e seguintes), e normas sobre reconhecimento de decisões proferidas no estrangeiro, contidas no Código da Insolvência e da Recuperação de Empresas (arts. 288.º e seguintes).

Assim:

- a Convenção de 15 de Abril de 1958, relativa ao reconhecimento e execução de decisões em matéria de prestação de alimentos a menores, que entrou em vigor em Portugal em 25 de Fevereiro de 1974;
- a Convenção de 15 de Novembro de 1965, relativa à citação e à notificação no estrangeiro dos actos judiciais e extrajudiciais em matérias civil e comercial, que entrou em vigor em Portugal em 25 de Fevereiro de 1974;
- a Convenção de 18 de Março de 1970, sobre a obtenção de provas no estrangeiro em matéria civil ou comercial, que entrou em vigor em Portugal em 11 de Maio de 1975;
- a Convenção de 1 de Junho de 1970, sobre o reconhecimento dos divórcios e separações de pessoas, que entrou em vigor em Portugal em 9 de Julho de 1985;
- a Convenção de 1 de Fevereiro de 1971, sobre o reconhecimento e a execução de sentenças estrangeiras em matéria civil ou comercial, que entrou em vigor em Portugal em 20 de Agosto de 1983 (bem como o respectivo Protocolo Adicional, da mesma data);
- a Convenção de 2 de Outubro de 1973, sobre o reconhecimento e a execução de decisões relativas a obrigações alimentares, que entrou em vigor em Portugal em 1 de Agosto de 1976.

III. A par destas Convenções, mencionam-se ainda, na medida em que se mantêm aplicáveis:

- a Convenção de Bruxelas sobre a competência judiciária e a execução de decisões em matéria civil e comercial[41], celebrada em 27 de Setembro de 1968 entre os Estados-Membros da então Comunidade Europeia, a que Portugal aderiu através da Convenção de

---

[41] Nesta designação abrangem-se as convenções de adesão dos diversos Estados--Membros à Convenção de Bruxelas, bem como o Protocolo do Luxemburgo de 3 de Junho de 1971 relativo à interpretação pelo Tribunal de Justiça da Convenção de 27 de Setembro de 1968, e os Protocolos celebrados na sequência das novas adesões à Comunidade Europeia. Consulte-se a versão consolidada desses textos no *JO* C 27, de 26 de Janeiro de 1998, p. 1 e ss.

Donostia (San Sebastián), de 26 de Maio de 1989[42], e que entrou em vigor em Portugal em 1 de Julho de 1992[43];
- a Convenção de Lugano sobre a competência judiciária e a execução de decisões em matéria civil e comercial[44], celebrada em 16 de Setembro de 1988 entre os Estados-Membros da Comunidade Europeia e outros Estados europeus (então membros da EFTA), que entrou em vigor em Portugal em 1 de Julho de 1992[45].

Embora se encontre hoje restringido o âmbito espacial de aplicação da Convenção de Bruxelas, ela não pode deixar de ser mencionada neste contexto, designadamente pela importância da jurisprudência produzida pelo Tribunal de Justiça a propósito de muitas das suas disposições. Essa jurisprudência é imprescindível para a interpretação dos diversos actos comunitários que têm vindo a ser adoptados na sequência da Convenção de Bruxelas.

IV. Na verdade, depois do Tratado de Amesterdão, de 2 de Outubro de 1997, verificou-se um incremento da legislação comunitária no domínio do Direito Internacional Privado, que conduziu à aprovação de múltiplos Regulamentos com relevância para o tema que nos ocupa[46-47].

---

[42] A Convenção de Donostia (San Sebastián), de 26 de Maio de 1989, foi aprovada para ratificação pela Resolução da Assembleia da República n.º 34/91 (*Diário da República*, I Série-A, n.º 250, supl., de 30 de Outubro de 1991, p. 5588-(23) e ss.) e ratificada pelo Decreto do Presidente da República n.º 52/91 (no mesmo *Diário da República*, p. 5588-(2)).

[43] Cfr. Aviso n.º 95/92, *Diário da República*, I Série-A, n.º 157, de 10 de Julho de 1992, p. 3269 e s.

[44] A Convenção de Lugano, de 16 de Setembro de 1988, foi aprovada para ratificação pela Resolução da Assembleia da República n.º 33/91 (*Diário da República*, I Série-A, n.º 250, supl., de 30 de Outubro de 1991, p. 5588-(2) e ss.) e ratificada pelo Decreto do Presidente da República n.º 51/91 (no mesmo *Diário da República*, p. 5588-(2)).

[45] Cfr. Aviso n.º 94/92, *Diário da República*, I Série-A, n.º 157, de 10 de Julho de 1992, p. 3269.

[46] Para mais desenvolvimentos, cfr. M. H. BRITO, «Cooperação judiciária em matéria civil. Uma perspectiva geral» (Texto da conferência proferida no «Colóquio sobre os 50 Anos do Tratado de Roma», organizado pela Faculdade de Direito da Universidade Nova de Lisboa, que decorreu em Lisboa em 19 e 20 de Abril de 2007), em curso de publicação.

[47] Reflexo evidente do fenómeno de comunitarização do Direito Internacional Privado é a Adesão da Comunidade à Conferência da Haia de Direito Internacional Privado, aprovada pela Decisão 2006/719/CE do Conselho, de 5 de Outubro de 2006, publicada no *JO* L 297, de 26 de Outubro de 2006, p. 1 e ss.

Indico apenas, de modo breve, os mais significativos:

- o Regulamento (CE) n.º 1346/2000 do Conselho, de 29 de Maio de 2000, relativo aos processos de insolvência[48], em vigor desde 31 de Maio de 2002;
- o Regulamento (CE) n.º 1347/2000 do Conselho, de 29 de Maio de 2000, sobre a competência, o reconhecimento e a execução de decisões em matéria matrimonial e de regulação do poder paternal em relação a filhos comuns do casal (Regulamento Bruxelas II)[49], em vigor desde 1 de Março de 2001, mais tarde substituído pelo Regulamento (CE) n.º 2201/2003 do Conselho, de 22 de Novembro de 2003, sobre a competência, o reconhecimento e a execução de decisões em matéria matrimonial e em matéria de responsabilidade parental (Regulamento Bruxelas II-A)[50], em vigor desde 1 de Agosto de 2004 (mas aplicável, quanto à generalidade das suas disposições, apenas a partir de 1 de Março de 2005);
- o Regulamento (CE) n.º 1348/2000 do Conselho, de 29 de Maio de 2000, relativo à citação e à notificação de actos judiciais e extrajudiciais em matéria civil e comercial nos Estados-Membros[51], em vigor desde 31 de Maio de 2001;
- o Regulamento (CE) n.º 44/2001 do Conselho, de 22 de Dezembro de 2000, relativo à competência judiciária, ao reconhecimento e à

---

[48] Publicado no *JO* L 160, de 30 de Junho de 2000, p. 1 e ss. As listas dos processos de insolvência, dos processos de liquidação e dos síndicos, constantes dos anexos A, B e C do Regulamento (CE) n.º 1346/2000, relativo aos processos de insolvência, foram entretanto modificadas pelo Regulamento (CE) n.º 603/2005 do Conselho, de 12 de Abril de 2005 (publicado no *JO* L 100, de 20 de Abril de 2005, p. 1 e ss.), pelo Regulamento (CE) n.º 694/2006 do Conselho, de 27 de Abril de 2006 (publicado no *JO* L 121, de 6 de Maio de 2006, p. 1 e ss.), e pelo Regulamento (CE) n.º 681/2007 do Conselho, de 13 de Junho de 2007 (publicado no *JO* L 159, de 20 de Junho de 2007, p. 1 e ss.).

[49] Publicado no *JO* L 160, de 30 de Junho de 2000, p. 19 e ss. Os Anexos do Regulamento (CE) n.º 1347/2000, que enumeram, em relação aos diversos Estados-Membros, os tribunais competentes e os recursos admitidos, foram alterados pelo Regulamento (CE) n.º 1185/2002 da Comissão, de 1 de Julho de 2002 (publicado no *JO* L 173, de 3 de Julho de 2002, p. 3), e pelo Regulamento (CE) n.º 1804/2004 da Comissão, de 14 de Outubro de 2004 (publicado no *JO* L 318, de 19 de Outubro de 2004, p. 7 e s.).

[50] Publicado no *JO* L 338, de 23 de Dezembro de 2003, p. 1 e ss. A disposição contida neste Regulamento, que se refere aos tratados com a Santa Sé, foi alterada pelo Regulamento (CE) n.º 2116/2004 do Conselho, de 2 de Dezembro de 2004 (publicado no *JO* L 367, de 14 de Dezembro de 2004, p. 1 e s.).

[51] Publicado no *JO* L 160, de 30 de Junho de 2000, p. 37 e ss.

execução de decisões em matéria civil e comercial (que veio substituir a Convenção de Bruxelas, de 27 de Setembro de 1968, sobre a competência judiciária e a execução de decisões em matéria civil e comercial, e por isso é designado Regulamento Bruxelas I)[52], em vigor desde 1 de Março de 2002;
- o Regulamento (CE) n.º 1206/2001 do Conselho, de 28 de Maio de 2001, relativo à cooperação entre os tribunais dos Estados-Membros no domínio da obtenção de provas em matéria civil ou comercial[53], em vigor desde 1 de Julho de 2001 (mas aplicável, quanto à generalidade das suas disposições, apenas a partir de 1 de Janeiro de 2004);
- o Regulamento (CE) n.º 743/2002 do Conselho, de 25 de Abril de 2002, que cria um quadro geral comunitário de actividades para facilitar a cooperação judiciária em matéria civil[54], em vigor desde 1 de Maio de 2002;
- o Regulamento (CE) n.º 805/2004 do Parlamento Europeu e do Conselho, de 21 de Abril de 2004, que cria o título executivo europeu para créditos não contestados[55], em vigor desde 21 de Janeiro de 2005 (mas aplicável, quanto à generalidade das suas disposições, apenas a partir de 21 de Outubro de 2005), mais tarde substituído pelo Regulamento (CE) n.º 1869/2005 da Comissão, de 16 de Novembro de 2005[56], em vigor desde 7 de Dezembro de 2005;
- o Regulamento (CE) n.º 1896/2006 do Parlamento Europeu e do Conselho, de 12 de Dezembro de 2006, que cria um procedimento europeu de injunção de pagamento[57], em vigor desde 30 de Dezembro de 2006 (mas aplicável, quanto à generalidade das suas disposições, apenas a partir de 12 de Dezembro de 2008).

---

[52] Publicado no *JO* L 12, de 16 de Janeiro de 2001, p. 1 e ss. Os Anexos do Regulamento (CE) n.º 44/2001, que enumeram, em relação aos diversos Estados-Membros, certas regras de competência, os tribunais competentes e os recursos admitidos, foram alterados pelo Regulamento (CE) n.º 1496/2002 da Comissão, de 21 de Agosto de 2002 (publicado no *JO* L 225, de 22 de Agosto de 2002, p. 13), pelo Regulamento (CE) n.º 1937/2004 da Comissão, de 9 de Novembro de 2004 (publicado no *JO* L 334, de 10 de Novembro de 2004, p. 3 e s.), e pelo Regulamento (CE) n.º 2245/2004 da Comissão, de 27 de Dezembro de 2004 (publicado no *JO* L 381, de 28 de Dezembro de 2004, p. 10 e s.).
[53] Publicado no *JO* L 174, de 27 de Junho de 2001, p. 1 e ss.
[54] Publicado no *JO* L 115, de 1 de Maio de 2002, p. 1 e ss.
[55] Publicado no *JO* L 143, de 30 de Abril de 2004, p. 15 e ss.
[56] Publicado no *JO* L 300, de 17 de Novembro de 2005, p. 6 e ss.
[57] Publicado no *JO* L 399, de 30 de Dezembro de 2006, p. 1 e ss.

Além destes, acabam de ser aprovados mais dois relevantes instrumentos de unificação do Direito Internacional Privado ao nível comunitário:

- o Regulamento (CE) n.° 861/2007 do Parlamento Europeu e do Conselho, de 11 de Julho de 2007, que estabelece um processo europeu para as acções de pequeno montante[58], que entrou em vigor em 1 de Agosto de 2007 e será aplicável, quanto à generalidade das suas disposições, a partir de 1 de Janeiro de 2009[59];
- o Regulamento (CE) n.° 864/2007 do Parlamento Europeu e do Conselho, de 11 de Julho de 2007, sobre a lei aplicável às obrigações extracontratuais (Roma II)[60], que entrará em vigor, quanto à generalidade das suas disposições, em 11 de Janeiro de 2009[61].

---

[58] Publicado no *JO* L 199, de 31 de Julho de 2007, p. 1 e ss.

[59] Na origem deste Regulamento esteve o «Livro Verde relativo a um procedimento europeu de injunção de pagamento e a medidas para simplificar e acelerar as acções de pequeno montante» (COM(2002) 746 final). Veja-se, a propósito, o «Parecer do Comité Económico e Social Europeu sobre o «Livro Verde relativo a um procedimento europeu de injunção de pagamento e a medidas para simplificar e acelerar as acções de pequeno montante» (publicado no *JO* C 220, de 16 de Setembro de 2003 p. 5 e ss.). Cfr. ainda a «Proposta de Regulamento do Parlamento Europeu e do Conselho que estabelece um procedimento europeu para as acções de pequeno montante» (COM(2005) 87 final) e o «Parecer do Comité Económico e Social Europeu sobre a Proposta de Regulamento do Parlamento Europeu e do Conselho que cria um procedimento europeu para as acções de pequeno montante» (publicado no *JO* C 88, de 11 de Abril de 2006, p. 61 e ss.).

[60] Publicado no *JO* L 199, de 31 de Julho de 2007, p. 40 e ss.

[61] Consultem-se os trabalhos preparatórios: a «Proposta de Regulamento do Parlamento Europeu e do Conselho sobre a lei aplicável às obrigações extracontratuais» (Regulamento Roma II) (COM(2003) 427 final) e o «Parecer do Comité Económico e Social Europeu sobre a Proposta de Regulamento do Parlamento Europeu e do Conselho sobre a lei aplicável às obrigações [extra]contratuais (Roma II)» (publicado no *JO* C 241, de 28 de Setembro de 2004, p. 1 e ss.); a «Proposta alterada de Regulamento do Parlamento Europeu e do Conselho sobre a lei aplicável às obrigações extracontratuais (Roma II)», apresentada pela Comissão, em conformidade com o disposto no n.° 2 do art. 250.° do Tratado CE (COM(2006) 83 final). Sobre esta proposta, vejam-se: «Comunicação da Comissão ao Parlamento Europeu em conformidade com o n.° 2, segundo parágrafo, do artigo 251.° do Tratado CE relativa à posição comum do Conselho respeitante à adopção de um Regulamento do Parlamento Europeu e do Conselho sobre a lei aplicável às obrigações extracontratuais (Roma II)» (COM(2006) 566 final); «Posição Comum (CE) n.° 22/2006, de 25 de Setembro de 2006, adoptada pelo Conselho deliberando nos termos do procedimento previsto no artigo 251.° do Tratado que institui a Comunidade Europeia, tendo em vista a adopção do Regulamento do Parlamento Europeu e do Conselho relativo à lei aplicável às obrigações extracontratuais (ROMA II)» (publicada no *JO* C 289E, de 28 de Novembro de 2006, p. 68

Ora, tendo em conta o disposto no artigo 249.°, segundo parágrafo, do Tratado CE, os Regulamentos comunitários são actos normativos de carácter geral, obrigatórios em todos os seus elementos e directamente aplicáveis em todos os Estados-Membros[62]. Por isso os Regulamentos dispensam qualquer acto de «transposição» para a ordem jurídica interna dos Estados-Membros.

Tal significa que os actos mencionados se aplicam na ordem jurídica interna portuguesa sem a necessidade de mediação de um qualquer acto normativo de fonte interna. A Constituição Portuguesa reconhece esta eficácia no artigo 8.°, n.° 3.

V. A situação actual do Direito Internacional Privado em vigor em Portugal caracteriza-se assim pela pluralidade de fontes e pela diversa natureza das normas aplicáveis na resolução dos problemas que se suscitam a propósito das situações dotadas de elementos de estraneidade.

Esta multiplicidade origina, por certo, dificuldades de coordenação aos órgãos de aplicação do direito.

Aliás, não pode omitir-se que existem já pontos do regime em que se detecta uma certa incoerência ou, pelos menos, alguma incerteza.

Em primeiro lugar, sublinha-se a diversidade de soluções quanto à determinação da natureza da referência a uma ordem jurídica estrangeira, operada por normas de conflitos contidas no sistema português: de um

---

e ss.); «Parecer da Comissão nos termos do n.° 2, terceiro parágrafo, alínea c), do artigo 251.° do Tratado CE sobre as alterações do Parlamento Europeu à posição comum do Conselho respeitante à Proposta de Regulamento do Parlamento Europeu e do Conselho sobre a lei aplicável às obrigações extracontratuais (ROMA II) que altera a proposta da Comissão nos termos do n.° 2 do artigo 250.° do Tratado CE» (COM(2007) 126 final).

[62] Excepto na Dinamarca, no âmbito do Título IV da Parte III do Tratado CE. Enquanto o Reino Unido e a Irlanda, nos termos do art. 3.° do «Protocolo relativo à posição do Reino Unido e da Irlanda» anexo ao Tratado da União Europeia e ao Tratado que institui a Comunidade Europeia, manifestaram o desejo de participar na aprovação e aplicação destes Regulamentos, a Dinamarca, nos termos dos arts. 1.° e 2.° do «Protocolo relativo à posição da Dinamarca» anexo àqueles Tratados, não participou na aprovação de tais actos. Vejam-se todavia as Decisões 2006/325/CE e 2006/326/CE do Conselho, ambas de 27 de Abril de 2006 (publicadas no JO L 120, de 5 de Maio de 2006, pp. 22 e 23), que aprovaram, em nome da Comunidade, os Acordos entre a Comunidade Europeia e o Reino da Dinamarca relativos, respectivamente, à competência judiciária, ao reconhecimento e à execução de decisões em matéria civil e comercial e à citação e notificação dos actos judiciais e extrajudiciais em matéria civil e comercial. Estes acordos entraram vigor em 1 de Julho de 2007, conforme Informações constantes do JO L 94, de 4 de Abril de 2007, p. 70.

lado, a possibilidade de *aceitação da devolução*, nos termos do complexo sistema contido nos artigos 16.º a 19.º (bem como nos arts. 36.º, n.º 2, e 65.º, n.º 1, parte final) do Código Civil; de outro lado, a imposição da *referência material*, no âmbito da generalidade das convenções internacionais em vigor em Portugal[63], e também por força de norma expressa contida, por exemplo, no artigo 42.º do Código dos Valores Mobiliários.

Assinala-se ainda a diferença quanto ao sentido da relevância atribuída a *normas internacionalmente imperativas* – designadamente nos casos em que tais normas pertencem a uma ordem jurídica estrangeira –, considerando a estatuição de várias disposições aplicáveis em Portugal: o artigo 7.º da Convenção de Roma (ponderada também a reserva que Portugal formulou, relativamente ao n.º 1 desse preceito, ao abrigo do art. 22.º da mesma Convenção); o artigo 16.º da Convenção da Haia sobre representação; o artigo 3.º do Código dos Valores Mobiliários; o artigo 6.º, n.os 5 e 6, do Código do Trabalho.

3. Próximos desenvolvimentos

I. A situação pode tornar-se ainda mais complexa num futuro próximo.

Como se sabe, decorrem actualmente na União Europeia os trabalhos tendentes à aprovação de importantes Regulamentos em matéria de conflitos de leis e de conflitos de jurisdições.

Lembro apenas os seguintes[64]:

– a «Proposta de Regulamento do Parlamento Europeu e do Conselho sobre a lei aplicável às obrigações contratuais (Roma I)»[65];
– a «Proposta de Regulamento do Conselho relativo à competência, à lei aplicável, ao reconhecimento, à execução das decisões e à cooperação em matéria de obrigações alimentares»[66];

---

[63] Cita-se apenas o art. 15.º da Convenção de Roma.

[64] Para uma exposição mais pormenorizada sobre este ponto, cfr. M. H. BRITO, «Cooperação judiciária em matéria civil. Uma perspectiva geral», cit., n.º 4.

[65] COM(2005) 650 final. Cfr. o «Parecer do Comité Económico e Social Europeu sobre a Proposta de Regulamento do Parlamento Europeu e do Conselho sobre a lei aplicável às obrigações contratuais (Roma I)», *JO* C 318, de 23 de Dezembro de 2006, p. 56 e ss.

[66] COM(2005) 649 final. Cfr., a propósito: a «Comunicação da Comissão ao Conselho e ao Parlamento Europeu – Comentários aos artigos da Proposta de Regulamento do Conselho relativo à competência, à lei aplicável, ao reconhecimento, à execução das

– a «Proposta de Regulamento do Conselho que altera o Regulamento (CE) n.º 2201/2003 no que diz respeito à competência e introduz regras relativas à lei aplicável em matéria matrimonial», isto é, no que diz respeito à lei aplicável em matéria de divórcio e separação de pessoas e bens[67].

Acresce que, sob o impulso do Conselho Europeu da Haia, de Novembro de 2004, a publicação de alguns «livros verdes» prenuncia a adopção de novos Regulamentos, nos domínios em que tal ainda não ocorreu[68]. Assim, por exemplo:

– em matéria de direito sucessório, a Comissão apresentou, em 1 de Março de 2005, o «Livro verde – Sucessões e testamentos»[69];
– em matéria de regimes de bens do casamento, a Comissão apresentou, em 17 de Julho de 2006, o «Livro verde relativo à resolução dos conflitos de leis em matéria de regime matrimonial, incluindo a questão da competência judiciária e do reconhecimento mútuo»[70];
– em matéria de penhora de contas bancárias, a Comissão apresentou, em 24 de Outubro de 2006, o «Livro verde sobre uma maior eficácia na execução das decisões judiciais na União Europeia: penhora de contas bancárias»[71].

II. Por outro lado, no âmbito da Conferência da Haia de Direito Internacional Privado celebraram-se novas Convenções e, mesmo a propó-

---

decisões e à cooperação em matéria de obrigações alimentares» (COM(2006) 206 final); o «Parecer do Comité Económico e Social Europeu sobre a Proposta de Regulamento do Conselho relativo à competência, à lei aplicável, ao reconhecimento, à execução das decisões e à cooperação em matéria de obrigações alimentares» (publicado no *JO* C 185, de 8 de Agosto de 2006, p. 35 e s.).

[67] COM(2006) 399 final. Cfr. o «Documento de trabalho dos serviços da Comissão – Resumo – Avaliação de impacto da Proposta de Regulamento do Conselho que altera o Regulamento (CE) n.º 2201/2003 no que diz respeito à competência e introduz regras relativas à lei aplicável em matéria matrimonial».

[68] Na verdade, algumas das propostas antes mencionadas foram precedidas dos correspondentes «livros verdes».

[69] COM(2005) 65 final. Cfr., a propósito, o «Parecer do Comité Económico e Social Europeu sobre o Livro Verde sobre as sucessões e os testamentos» (publicado no *JO* C 28, de 3 de Fevereiro de 2006, p. 1 e ss.).

[70] COM(2006) 400 final.

[71] COM(2006) 618 final.

sito de algumas das mais antigas, renova-se a discussão sobre a necessidade ou a conveniência da adesão por parte de Portugal.

O problema pode suscitar-se, por exemplo, quanto às seguintes Convenções:

- a Convenção celebrada em 30 de Junho de 2005 sobre os acordos de escolha de foro[72];
- a Convenção de 5 de Julho de 2006 sobre a lei aplicável a certos direitos respeitantes a valores mobiliários depositados num intermediário[73-74];
- a Convenção celebrada em 13 de Janeiro de 2000 sobre a protecção internacional dos adultos[75];
- a Convenção de 19 de Outubro de 1996 relativa à jurisdição, à lei aplicável, ao reconhecimento, à execução e à cooperação em matéria de responsabilidade parental e de medidas de protecção de menores[76-77];

---

[72] A Convenção ainda não foi assinada por qualquer país.

[73] A Convenção foi assinada em 5 de Julho de 2006 por Estados Unidos e Suíça.

[74] Sobre esta Convenção, cfr. M. H. BRITO, «A Convenção da Haia sobre a lei aplicável a certos direitos respeitantes a valores mobiliários depositados num intermediário», *Direito dos Valores Mobiliários*, vol. V, Coimbra, 2004, p. 91 e ss.

[75] A Convenção foi assinada por Alemanha, França, Países Baixos e Reino Unido da Grã-Bretanha e da Irlanda do Norte; tendo sido ratificada apenas por Reino Unido e Alemanha, não entrou ainda em vigor.

[76] A Convenção entrou em vigor, a nível internacional, em 1 de Janeiro de 2002; vigora actualmente em treze países: doze Estados-Membros da Conferência (Mónaco, República Checa, Eslováquia, Marrocos, Letónia, Estónia, Austrália, Lituânia, Eslovénia, Hungria, Bulgária, Albânia) e um Estado não-membro (Equador). Enquanto decorriam na União Europeia os trabalhos de alteração do Regulamento (CE) n.° 1347/2000 – que culminaram com a adopção do Regulamento (CE) n.° 2201/2003 do Conselho, de 27 de Novembro de 2003, relativo à competência, ao reconhecimento e à execução de decisões em matéria matrimonial e em matéria de responsabilidade parental –, o Conselho da União Europeia reconheceu que a Convenção da Haia de 1996 relativa à jurisdição, à lei aplicável, ao reconhecimento, à execução e à cooperação em matéria de responsabilidade parental e de medidas de protecção de menores «constitui um contributo valioso para a protecção dos filhos a nível internacional» e que é por isso «desejável que as suas disposições sejam aplicadas o mais rapidamente possível». Considerando que a Comunidade tem competência exclusiva relativamente à matéria tratada naquela Convenção da Haia, na medida em que algumas das suas disposições afectam a regulamentação comunitária aprovada na matéria (concretamente, o Regulamento (CE) n.° 1347/2000), mas observando que apenas Estados soberanos podiam nesse momento ser parte na Convenção, o Conselho, «a título excepcional», decidiu autorizar os Estados-Membros a assinarem, no interesse da Comuni-

– a Convenção de 1 de Agosto de 1989 sobre a lei aplicável às sucessões por morte[78];
– a Convenção de 22 de Dezembro de 1986 sobre a lei aplicável aos contratos de compra e venda internacional de mercadorias[79];
– a Convenção de 1 de Julho de 1985 sobre a lei aplicável ao *trust* e ao seu reconhecimento[80].

4. Observações conclusivas

I. É de prever que pelo menos algumas das mudanças anunciadas venham a ocorrer, quer pela aprovação de novos actos comunitários, quer pela adesão a convenções internacionais já existentes.

Se tal acontecer, o sistema de Direito Internacional Privado contido no Código Civil irá sendo progressivamente substituído pelas correspondentes normas de fonte internacional ou por Regulamentos comunitários e revelar-se-á de modo cada vez mais nítido o desajustamento de algumas das normas de conflitos do Código em relação às novas realidades.

---

dade, a referida Convenção da Haia de 1996. Cfr. «Decisão do Conselho, de 19 de Dezembro de 2002, que autoriza os Estados membros a assinarem, no interesse da Comunidade, a Convenção da Haia de 1996 relativa à jurisdição, à lei aplicável, ao reconhecimento, à execução e à cooperação em matéria de responsabilidade parental e de medidas de protecção dos filhos» (*JO* L 48, de 21 de Fevereiro de 2003, p. 1). Na sequência da Decisão do Conselho, catorze dos então quinze Estados-Membros da União Europeia assinaram, em 1 de Abril de 2003, a mencionada Convenção da Haia (o Reino dos Países Baixos já a tinha assinado em Setembro de 1997).

[77] Sobre a Convenção de 19 de Outubro de 1996, cfr. R. MOURA RAMOS, «A protecção das crianças no plano internacional...», cit., p. 107 e ss.; N. ASCENSÃO SILVA, «Algumas considerações sobre os trabalhos do Conselho da Europa no contexto do movimento de internacionalização do direito de menores...», cit., p. 76 e ss.

[78] A Convenção foi assinada por Suíça, Argentina, Países Baixos e Luxemburgo; tendo sido ratificada apenas pelo Reino dos Países Baixos, não entrou ainda em vigor.

[79] A Convenção foi assinada por República Checa, Eslováquia, Países Baixos e Argentina; tendo obtido apenas a ratificação da Argentina e a adesão da República Moldova, não entrou ainda em vigor.

[80] A Convenção relativa ao *trust* entrou em vigor no plano internacional em 1 de Janeiro de 1992. Vigora actualmente em nove Estados-Membros da Conferência (Reino Unido, Itália, Austrália, República Popular da China (Hong Kong), Canadá, Países Baixos, Malta, Luxemburgo e Suíça) e em dois Estados não-membros (Liechtenstein e São Marino). Entrará em vigor para o Mónaco em 1 de Setembro de 2008.

Admite-se, por exemplo, que, em matéria de estatuto pessoal, o princípio da nacionalidade possa perder parte da sua predominância actual, em favor da lei da residência habitual, não apenas por influência da solução adoptada em convenções celebradas no âmbito da Conferência da Haia, mas sobretudo em consequência da aprovação das propostas da Comissão, quer no domínio da lei aplicável ao divórcio e à separação de pessoas e bens[81], quer no domínio da lei aplicável aos regimes de bens do casamento[82] e da lei aplicável às sucessões e aos testamentos[83].

Acresce que estas mesmas propostas da Comissão reflectem uma posição mais favorável à autonomia privada[84-85], geralmente ignorada no direito conflitual português no domínio do estatuto pessoal.

Aliás, não é de excluir que, com a aprovação de algumas das propostas actualmente em discussão, venham a ser consagradas no âmbito do Direito Internacional Privado da família soluções inspiradas por uma ideia de flexibilidade e pela prevalência de critérios de natureza material[86].

---

[81] Cfr., na «Proposta de Regulamento do Conselho que altera o Regulamento (CE) n.º 2201/2003 no que diz respeito à competência e introduz regras relativas à lei aplicável em matéria matrimonial» (COM(2006) 399 final), o texto sugerido para o art. 20.º-B do Regulamento (CE) n.º 2201/2003 (aditado pelo art. 1.º, n.º 7, da Proposta de Regulamento).

[82] Cfr., designadamente, o ponto 2.2.1. do «Livro verde relativo à resolução dos conflitos de leis em matéria de regime matrimonial, incluindo a questão da competência judiciária e do reconhecimento mútuo» (COM(2006) 400 final).

[83] Cfr. o preâmbulo e o ponto 2.4. do «Livro verde – Sucessões e testamentos» (COM(2005) 65 final).

[84] Cfr., na «Proposta de Regulamento do Conselho que altera o Regulamento (CE) n.º 2201/2003 no que diz respeito à competência e introduz regras relativas à lei aplicável em matéria matrimonial» (COM(2006) 399 final), o texto sugerido para o art. 20.º-A do Regulamento (CE) n.º 2201/2003 (aditado pelo art. 1.º, n.º 7, da Proposta de Regulamento). Vejam-se também o ponto 2.2.2. do «Livro verde relativo à resolução dos conflitos de leis em matéria de regime matrimonial, incluindo a questão da competência judiciária e do reconhecimento mútuo» (COM(2006) 400 final) e o já citado ponto 2.4. do «Livro verde – Sucessões e testamentos» (COM(2005) 65 final).

[85] Estas tendências, no que diz respeito quer à importância reconhecida à residência habitual quer à aceitação progressiva da autonomia privada na determinação da lei aplicável aos regimes de bens do casamento e às sucessões, são sublinhadas por P. LAGARDE, «Éléments pour un Droit International Privé communautaire des régimes matrimoniaux et des successions», *Seminário Internacional sobre a Comunitarização do Direito Internacional Privado (Direito de conflitos, competência internacional e reconhecimento de decisões estrangeiras)* (org. L. Lima Pinheiro), Coimbra, 2005, p. 149 e ss.

[86] Cfr., por exemplo, e em especial, o texto sugerido para o art. 15.º, n.º 2, da «Proposta de Regulamento do Conselho relativo à competência, à lei aplicável, ao reconheci-

Ao mesmo tempo, embora não se antevejam especiais dificuldades, vão certamente revestir-se de significativa importância as alterações decorrentes da aprovação dos Regulamentos comunitários relativos à determinação da lei aplicável às obrigações extracontratuais (Roma II)[87] e às obrigações contratuais (Roma I)[88].

II. A eventualidade de uma revisão geral do Código Civil não parece estar, de momento, no horizonte.

A exposição que antecede revela, todavia, que se justifica uma ponderação sobre a necessidade de remodelar o direito internacional privado, em sentido amplo, abrangendo o direito de conflitos, o direito da competência internacional e o direito do reconhecimento de decisões e actos proferidos no estrangeiro.

Poderia eventualmente encarar-se a hipótese de aprovar uma lei especial de direito internacional privado, à semelhança do que vem acontecendo em outros países europeus[89]. Isto mesmo foi sugerido ao Ministro

---

mento, à execução das decisões e à cooperação em matéria de obrigações alimentares» (COM(2005) 649 final).

[87] Sublinha-se apenas que o Regulamento Roma II prevê soluções distintas das que até agora têm caracterizado o direito internacional privado português nesta matéria: admite a possibilidade de escolha do direito aplicável (art. 14.°); determina, em princípio, a aplicabilidade da lei do país onde ocorre o dano (art. 4.°, n.° 1); e inclui cláusulas de excepção, prevendo o afastamento da lei normalmente competente no caso de a obrigação extracontratual apresentar uma conexão manifestamente mais estreita com um país diferente daquele cuja lei é indicada pela norma de conflitos pertinente (arts. 4.°, n.° 3, 5.°, n.° 2, 10.°, n.° 4, 11.°, n.° 4, 12.°, n.° 2, alínea c)).

[88] Observa-se que, diferentemente do que acontecia com a Convenção de Roma, a Proposta de Regulamento Roma I contém normas de conflitos sobre representação (art. 7.°, com a epígrafe «Contratos celebrados por um intermediário»). A vigência na ordem jurídica portuguesa da Convenção da Haia de 14 de Março de 1978 sobre a lei aplicável aos contratos de intermediação e à representação (*supra*, 2.) exigiria a coordenação entre as normas de conflitos do Regulamento e as da Convenção. O art. 23.° da Proposta, respeitantes às «Relações com convenções internacionais existentes» estabelece, como princípio, no seu n.° 2, que «o presente Regulamento não prejudica a aplicação das convenções a que se refere o n.° 1» [as convenções multilaterais que, em matérias específicas, regulam os conflitos de leis em matéria de obrigações contratuais de que são Partes os Estados-Membros]. Mas acrescenta que, «sempre que todos os elementos relevantes da situação se localizem, aquando da celebração do contrato, num ou vários Estados membros», o Regulamento prevalece sobre determinadas convenções, entre as quais se conta a Convenção da Haia, de 14 de Março de 1978, sobre a lei aplicável aos contratos de intermediação e à representação.

[89] Por exemplo: na Eslováquia (Lei relativa ao direito internacional privado e processual, de 1963); na Áustria (Lei sobre o direito internacional privado, de 1978); na Suíça

da Justiça, no início do ano de 2007, pelo Conselho Português de Direito Internacional Privado – entidade constituída ainda sob a presidência da Professora Isabel de Magalhães Collaço, de que actualmente fazem parte os professores da disciplina de Direito Internacional Privado, que exercem funções nas Faculdades de Direito das Universidades de Coimbra e de Lisboa e da Universidade Nova de Lisboa.

No caso de a proposta vir a ser acolhida, haverá então oportunidade de construir um sistema que tenha em conta a pluralidade de soluções existentes, procedendo, ao mesmo tempo, a algumas alterações no domínio da teoria geral do direito de conflitos, por exemplo, através da simplificação do sistema da devolução contido no Código Civil ou da clarificação da posição portuguesa sobre o reconhecimento e a aplicação de normas internacionalmente imperativas contidas num ordenamento estrangeiro.

(Lei federal suíça sobre direito internacional privado, de 1987); na Roménia (Lei sobre a regulamentação das relações de direito internacional privado, de 1992); em Itália (Lei de reforma do sistema italiano de direito internacional privado, de 1995); na Eslovénia (Lei relativa ao direito internacional privado e processual, de 1999); na Estónia (Lei de direito internacional privado, de 2002); na Bélgica (Código de direito internacional privado, de 2004).

INCUMPRIMENTO CONTRATUAL E DELIMITAÇÃO DOS DANOS RESSARCÍVEIS
ESTUDO DE DIREITO COMPARADO[*]

Patrícia da Guia Pereira[**]

1. Introdução

O presente artigo tem por objectivo a comparação das regras de delimitação dos danos indemnizáveis nas ordens jurídicas francesa, inglesa e portuguesa, bem como nos regimes jurídicos instituídos pelos Princípios relativos aos contratos comerciais internacionais (UNIDROIT) e pelos Princípios de Direito Europeu dos Contratos (PECL).

A escolha dos termos da comparação prende-se, quanto às ordens jurídicas nacionais, com o facto de estas representarem diferentes paradigmas de tratamento do problema da delimitação dos danos ressarcíveis frequentemente postos em confronto e, no que respeita aos Princípios UNIDROIT e aos PECL, com a circunstância de estes, dada a sua origem, natureza e actualidade, constituírem uma síntese comparativa de diversos ordenamentos jurídicos, susceptível de servir de referência aos legisladores, desempenhando assim um importante papel na investigação e harmonização do chamado Direito dos contratos.

Tendo em consideração que os regimes instituídos pelos Princípios UNIDROIT e pelos PECL, como a própria designação indica, têm por objec-

---

[*] O presente artigo tem por base o relatório apresentado pela autora na disciplina de Direito Privado Comparado, ministrada pelos Professores Doutores Carlos Ferreira de Almeida e Maria Helena Brito, no âmbito do VI Programa de Doutoramento e Mestrado da Faculdade de Direito da Universidade Nova de Lisboa (FDUNL) no ano lectivo 2005/2006.

[**] Doutoranda na Faculdade de Direito da Universidade Nova de Lisboa. Bolseira da Fundação para a Ciência e a Tecnologia.

tivo disciplinar questões do domínio dos contratos, e, atendendo à circunstância de os Direitos inglês e francês tratarem diferentemente o tema mencionado consoante a responsabilidade surja em consequência do não cumprimento de uma obrigação emergente de um contrato, a análise a que nos propomos versará sobre a chamada responsabilidade contratual.

O estudo e confrontação das soluções adoptadas pelos diferentes termos da comparação pressupõe o conhecimento dos fundamentos e requisitos da responsabilidade civil em cada um dos regimes em análise, cuja exposição não cabe no âmbito deste trabalho. O objecto da comparação não será o universo das regras que em cada ordenamento importarão para a aferição do prejuízo indemnizável, mas estará limitado à identificação do critério geral que em cada regime determina a exclusão da ressarcibilidade dos danos de ocorrência pouco provável, com os limites e a generalidade que essa perspectiva impõe.

2. O direito à reparação dos danos

Vejamos, antes do mais, como os diferentes regimes em comparação consagram o direito à reparação dos danos decorrentes do incumprimento do contrato e em que medida essa consagração pode ter relevância na delimitação dos danos ressarcíveis.

2.1. *Direito francês*

No Direito francês, a obrigação de indemnização em virtude de incumprimento contratual encontra-se prevista no artigo 1147 do *Code Civil*.
O preceito tem a seguinte redacção:

>Article 1147
>Le débiteur est condamné, s'il y a lieu, au paiement de dommages et intérêts, soit à raison de l'inexécution de l'obligation, soit à raison du retard dans l'exécution, toutes les fois qu'il ne justifie pas que l'inexécution provient d'une cause étrangère qui ne peut lui être imputée, encore qu'il n'y ait aucune mauvaise foi de sa part.

Assim, o incumprimento da obrigação contratual atribui ao credor o direito de ver ressarcidos os danos sofridos, excepto se o incumprimento tiver por causa um facto estranho ao próprio devedor, que não lhe possa ser imputado.

Apesar de o preceito não fazer referência aos danos «causados» ou «resultantes» do incumprimento, é necessário que o dano seja consequência do incumprimento; a expressão «soit à raison» corrobora esta interpretação. Acresce que, não obstante a consagração do direito à reparação do prejuízo se encontrar, no domínio da responsabilidade contratual, no aludido artigo, deverá ser acolhido, neste mesmo domínio, o contributo do artigo 1382 do Código Civil francês[1], do qual se extraem os pressupostos[2] da responsabilidade civil[3].

2.2. *Direito inglês*

No Direito inglês não existe propriamente uma formulação geral do direito à indemnização em virtude do incumprimento contratual[4]. A doutrina limita-se a afirmar que o incumprimento contratual («breach of contract»[5]) constitui um ilícito civil («civil wrong») e, como tal, deverá dar lugar a responsabilidade civil[6]. Exige-se, para que haja lugar ao ressarcimento, que o incumprimento seja causa (pelo menos parte dela) do prejuízo[7].

Cumpre fazer referência ao facto de, no Direito inglês, a culpa não ser, em princípio, um elemento relevante na aferição da responsabilidade contratual[8]. Uma vez incumprido o contrato, é em regra indiferente saber

---

[1] «Tout fait quelconque de l'homme, qui cause à autrui un dommage, oblige celui par la faute duquel il est arrivé à le réparer».

[2] Condições de responsabilidade, na terminologia francesa.

[3] JEAN CARBONNIER, *Droit Civil 4 – Les Obligations*, 22.ª Ed., Paris, PUF, 2000, p. 295.

[4] Existem, contudo, exemplos (sobretudo na lei em sentido estrito, a chamada «statutory law») de consagração expressa do direito à indemnização em virtude de incumprimento. É o caso do *Sale of Goods Act* de 1979, no qual toda a Parte VI é dedicada às «actions for breach of the contract».

[5] Como afirma ARMINDO RIBEIRO MENDES, «Aspectos gerais da responsabilidade contratual em direito comparado inglês e português», *ROA*, Ano 37, 1977, p. 17, a figura do «breach of contract» encerra uma noção geral de inexecução.

[6] GUENTER H. TREITEL, *The Law of Contract*, 11.ª Ed., London, Sweet & Maxwell, 2003, p. 926.

[7] Cf. TREITEL, *The Law...*, cit., pp. 974-975; RIBEIRO MENDES, «Aspectos...» cit., p. 45; PETER D. V. MARSH, *Comparative Contract Law. England, France, Germany*, Hampshire, Gower, 1994, p. 316.

[8] Cf. RIBEIRO MENDES, «Aspectos...», cit., p. 19.

se o incumprimento é intencional, negligente ou não culposo ou se a parte inadimplente agiu de boa ou má fé[9].

O principal «remedy» para a situação de incumprimento contratual é a indemnização dos danos decorrentes do incumprimento[10].

2.3. Direito português

O direito geral à indemnização dos danos encontra-se consagrado, no ordenamento jurídico português, no artigo 483.° do Código Civil, sendo este o primeiro preceito da Secção V do Código Civil, intitulada «Responsabilidade Civil». Este artigo determina que aquele que, com dolo ou mera culpa, violar ilicitamente o direito de outrem ou qualquer disposição legal destinada a proteger interesses alheios fica obrigado a indemnizar o lesado pelos danos resultantes da violação.

No que respeita à responsabilidade civil com fundamento em incumprimento contratual, a regra que consagra o direito à indemnização dos danos é a que consta do artigo 798.° do Código Civil. A sua redacção é a seguinte:

Artigo 798.° (Responsabilidade do devedor)
O devedor que falta culposamente ao cumprimento da obrigação torna-se responsável pelo prejuízo que causa ao credor.

A regra no Direito português é a de que a responsabilidade do devedor pelo não cumprimento da obrigação depende da existência de culpa (que se presume na responsabilidade contratual, nos termos do art. 799.°, n.° 1, do Código Civil)[11].

---

[9] TREITEL, *Remedies for Breach of Contract. A comparative account*, International Encyclopedia of Comparative Law, vol. VII, Cap. 16, 1976, p. 58. Não obstante, como refere o Autor, tal não implica que não haja situações em que uma maior responsabilidade impende sobre o contraente que incumpre dolosamente, face àquele que não teve qualquer culpa no incumprimento.

[10] Outros «remedies» são a «restitution», a «specific performance» e as «injuctions», cuja aplicação é, todavia, remetida para um plano mais secundário. Como nota JOLOWICZ, *Droit Anglais*, 2.ª Ed., Paris, Dalloz, 1992, p. 140, o principal «remedy» do Direito inglês é o pagamento de uma quantia pecuniária a título de indemnização, sendo essa a pretensão em cerca de 90% das acções de carácter contratual.

[11] Cumpre fazer uma breve referência à posição de ANTÓNIO MENEZES CORDEIRO, *Da Responsabilidade Civil dos Administradores das Sociedades Comerciais*, Lisboa, LEX, 1997, pp. 468-469, que afirma que o art. 798.° faz presumir a culpa, sendo que esta culpa

A lei refere-se expressamente ao «prejuízo que [o devedor inadimplente] causa ao credor» (com o incumprimento, bem entendido). Parece-nos estar aqui desde logo consagrada uma exigência de causalidade mínima, no sentido em que se impõe que o dano seja efeito do incumprimento para que o devedor se constitua na obrigação de ressarci-lo[12]. Todavia, essa relação causal é aprofundada a propósito do regime da obrigação de indemnização constante dos artigos 562.° e seguintes do Código Civil. Aliás, como veremos, toda a problemática relativa à determinação do carácter ressarcível do dano se resolve, no Direito português, num problema de causalidade.

2.4. *Princípios UNIDROIT*[13]

Nos Princípios UNIDROIT a regra que consagra o direito do lesado à indemnização dos danos causados em virtude do incumprimento contratual é a que consta do artigo 7.4.1.

A redacção do preceito é a seguinte:

> *Article 7.4.1 (Right to damages):*
> *Any non-performance gives the aggrieved party a right to damages either exclusively or in conjunction with any other remedies except where the non-performance is excused under these Principles.*

Este artigo consagra um direito geral à indemnização em caso de incumprimento, salvo quando, nos termos dos próprios Princípios, exista uma exclusão da responsabilidade, como sucede nos casos de força

---

deve equivaler à «faute» do Direito francês, isto é, uma culpa muito ampla que abrange os pressupostos da responsabilidade civil, entre os quais a ilicitude e o nexo de causalidade. Para uma crítica a esta posição, v. LUÍS MENEZES LEITÃO, *Direito das Obrigações*, vol. I, 5.ª Ed., Coimbra, Almedina, 2006, p. 346 e ss.

[12] Neste sentido, INOCÊNCIO GALVÃO TELLES, *Direito das Obrigações*, 7.ª Ed., Coimbra, Coimbra Editora, 1997, p. 398.

[13] *UNIDROIT Principles of International Commercial Contracts* 2004, disponíveis em http://www.unidroit.org/english/principles/contracts/principles2004/integralversion-principles2004-e.pdf.

Foi também tida em consideração a versão provisória em língua portuguesa publicada pelo Ministério da Justiça – *Princípios Relativos aos Contratos Comerciais Internacionais – UNIDROIT*, Roma, 1995, que, não obstante ser anterior à mais recente versão dos Princípios UNIDROIT, não sofreu alterações relativamente aos preceitos que ora nos interessam.

maior (artigo 7.1.7) ou de cláusulas de exoneração da responsabilidade (artigo 7.1.6).

Não existe qualquer referência à culpa, bastando que se verifique o incumprimento para que a parte inadimplente se constitua na obrigação de indemnizar o lesado dos danos que este sofra[14].

O artigo 7.4.1 não contém qualquer alusão à relação causal entre o incumprimento e o dano. Ela não está, todavia, ausente dos Princípios, surgindo implicitamente no artigo 7.4.2. Este artigo, sob a epígrafe «reparação integral», determina que o credor tem direito a obter a reparação integral do prejuízo sofrido em consequência do incumprimento[15]. No comentário a este artigo é referido que ele afirma a necessidade de verificação de um nexo causal entre o incumprimento e os danos[16]. Apesar de não existir qualquer esclarecimento acerca da aferição dessa ligação causal, ela parece fazer-se em termos amplos, por referência a uma causalidade mais naturalística, para a qual, se for retirada a situação de incumprimento, deixa de se verificar o resultado danoso.

2.5. PECL

Nos PECL, o direito ao ressarcimento dos danos sofridos em virtude de um incumprimento contratual encontra-se consagrado no artigo 9:501. O referido preceito tem a seguinte redacção:

> Art. 9:501: Right to Damages
> (1) The aggrieved party is entitled to damages for loss caused by the other party's non-performance which is not excused under Article 8:108.
> (2) The loss for which damages are recoverable includes:
> (a) non-pecuniary loss; and
> (b) future loss which is reasonably likely to occur

O artigo 9:501 surge como uma continuação ou desenvolvimento do artigo 8:101, que pertence ao capítulo dedicado ao incumprimento em

---

[14] No comentário 1 ao art. 7.4.1 (*UNIDROIT*..., cit., p. 232) esclarece-se que é suficiente que o credor prove o incumprimento de uma obrigação contratual, não sendo necessário distinguir entre obrigações principais e obrigações acessórias ou provar a imputabilidade deste incumprimento ao devedor.

[15] «harm sustained as a *result* of the non-performance» (itálico nosso).

[16] Cf. *UNIDROIT*... cit., pp. 233-234, que remete para o comentário 3 do art. 7.4.3.

geral e às pretensões («remedies») exigíveis com fundamento nesse incumprimento[17].

A parte inadimplente será obrigada a ressarcir os danos resultantes do seu incumprimento. Bastará, para que haja direito a indemnização, que tenha havido danos em virtude do incumprimento contratual, seja ele culposo ou não culposo.

O dano deve ser *causado* pelo incumprimento. Esta relação causal é aferida em termos muito amplos, devendo questionar-se se o dano se verificaria igualmente caso não tivesse havido incumprimento[18].

3. Delimitação dos danos ressarcíveis: principal critério

Todos os ordenamentos jurídicos em comparação adoptaram um critério geral que permite delimitar o âmbito do ressarcimento dos danos ocorridos em virtude do incumprimento contratual[19].

Vejamos quais são esses critérios e como têm vindo a ser interpretados.

3.1. *Direito francês*

A regra que no Direito francês estabelece o critério geral para aferir a ressarcibilidade dos danos resultantes do incumprimento contratual é o artigo 1150 do *Code Civil*[20].

---

[17] *The Principles of European Contract Law and Dutch Law: a Commentary* (ed. HARRIËT SHELHAAS et al.), The Hague, Kluwer, 2002, p. 397.

[18] Cf. *Principles of European Contract Law. Parts I and II* (ed. OLE LANDO & HUGH BEALE), The Hague, Kluwer, 2000, p. 435. Esta concepção de causalidade é próxima da teoria da *conditio sine qua non*.

[19] TREITEL, *Remedies*..., cit., p. 55 e ss. Para o Autor existem sete principais técnicas utilizadas para limitar os danos ressarcíveis, baseadas na culpa, previsibilidade, causalidade, discricionariedade do juiz, atenuação («mitigation»), certeza do dano e uma última classe de limitações específicas que não podem ser reconduzidas a uma única figura, como sucede com as restantes seis. Note-se que algumas delas são comuns a vários ordenamentos jurídicos, podendo ser utilizadas de forma complementar ou alternativa.

[20] MANUEL CORTES ROSA, «A delimitação do prejuízo indemnizável em direito comparado inglês e francês», *RFDUL*, XIV, 1962, pp. 370-371, afirma ser este o critério que introduz a mais importante delimitação dos danos ressarcíveis como consequências do incumprimento.

Cumpre deixar uma breve nota quanto ao disposto no artigo 1151 do Código Civil francês, que exclui do ressarcimento os danos que não sejam consequência imediata do

O preceito tem a seguinte redacção:

Article 1150
Le débiteur n'est tenu que des dommages et intérêts qui ont été prévus ou qu'on a pu prévoir lors du contrat, lorsque ce n'est point par son dol que l'obligation n'est point exécutée.

A) *Previsibilidade*

No Direito francês, à delimitação do dano ressarcível em matéria contratual importará sobretudo a ideia de previsibilidade. A razão de ser da relevância da previsibilidade no âmbito da responsabilidade contratual reside na circunstância de as partes poderem antever um hipotético incumprimento, estando pois em condições de calcular o que em virtude dele poderá ficar a seu cargo, ou seja, o risco que assumem[21]. O uso desta regra no domínio exclusivo da responsabilidade contratual, visto que a sua aplicação não é partilhada pela responsabilidade delitual[22], prende-se com a intervenção da vontade das partes na constituição das obrigações contratuais. Se a obrigação de indemnizar se funda no incumprimento do contrato, então a consequente responsabilidade deverá cingir-se ao que foi

---

incumprimento, evitando assim que sejam reparáveis os danos surgidos «em cascata». Esta exigência quanto ao carácter directo ou imediato do dano não se limita ao domínio da responsabilidade contratual e opera mesmo quando o incumprimento seja devido a dolo do devedor (o que não sucede com a exigência de previsibilidade, como veremos). A discussão acerca do nexo causal é, no Direito francês, centrada sobretudo na análise deste artigo. É de salientar que a regra que impõe o carácter imediato e directo do dano é muitas vezes confundida com a exigência de previsibilidade (cf. TREITEL, *Remedies...*, cit., pp. 59-60).

[21] Cf. HENRI MAZEAUD, LÉON MAZEAUD, JEAN MAZEAUD & FRANÇOIS CHABAS, *Traité Théorique et Pratique de la Responsabilité Civile Délictuelle et Contractuelle*, III, 6.ª Ed., Éditions Montchrestien, 1978, p. 731; FRANÇOIS TERRE, PHILIPPE SIMLER & YVES LEQUETTE, *Droit Civil. Les Obligations*, 5.ª Ed., Paris, Dalloz, 1993, p. 406. Sobre a origem histórica do princípio da limitação da ressarcibilidade aos danos que eram previsíveis no momento da celebração do contrato e a sua fundamentação na ideia de aceitação do risco, v. REINHARD ZIMMERMANN, *The Law of Obligations: Roman Foundations of the Civilian Traditions*, Oxford, Clarendon, 1996, p. 829.

[22] «A regra da previsibilidade surge como uma especificidade indispensável da responsabilidade contratual face à responsabilidade delitual, que representa a mais pura e significativa expressão do elo entre o contrato e a responsabilidade que tem por fundamento a sua inexecução»: ISABELLE SOULEAU, *La Previsibilité du Dommage Contractuel*, thèse, Paris II, 1979, n.º 457, *apud* GENEVIÈVE VINEY, *Introduction à la Responsabilité*, 2.ª Ed., *Traité de Droit Civil* (dir. JACQUES GHESTIN), Paris, LGDJ, 1995, p. 305.

previsto no momento da celebração desse mesmo contrato[23]. O dano imprevisível é aquele que o devedor não podia antever, cuja reparação não ponderou como consequência do seu incumprimento[24].

A apreciação da previsibilidade é feita por referência ao momento da celebração do contrato, isto é, para aferir do carácter ressarcível do dano deve atender-se ao que era expectável para o devedor da obrigação incumprida como resultado desse incumprimento aquando da contratação. Se se concluir que o dano era imprevisível à data da celebração do contrato, não importa que o mesmo se tenha tornado previsível em seguida, entre o momento da contratação e o do incumprimento[25]. Assim, o julgador deve remeter-se ficticiamente para o momento da celebração do contrato e então proceder ao juízo de previsibilidade[26], afastando os elementos posteriores à conclusão do contrato, a menos que os mesmos devam entender-se incluídos no contrato pela via da novação[27].

A previsibilidade é apreciada em abstracto. Quer isto dizer que não releva somente aquilo que o devedor pôde efectivamente prever (as informações trazidas ao seu conhecimento relevam para a avaliação da previsibilidade), mas também aquilo que ele deveria ter previsto[28]. A exigência de previsibilidade afere-se por recurso à figura do bom pai de família[29]. A questão será, pois, saber se um homem prudente e atento, colocado nas mesmas circunstâncias do devedor, podia ter previsto o dano[30]. Somente

---

[23] Cf. MAZEAUD et al., Traité..., cit., p. 731. ALAIN SÉRIAUX, Droit des Obligations, Paris, PUF, 1992, p. 234, refere-se, a propósito da disciplina instituída pelo art. 1150, a uma «justiça adaptada aos contratos» ou «justiça contratual». NUNO PINTO OLIVEIRA, «Causalidade adequada e previsibilidade. Comentário ao art. 7.4.4 dos princípios UNIDROIT e ao art. 9:503 dos Princípios de Direito Europeu dos Contratos», Estudos em Memória do Professor Doutor António Marques dos Santos, vol. I, Coimbra, Almedina, 2005, pp. 809-811, esclarece que o conceito de previsibilidade em POTHIER (que inspirou o art. 1150 do Código napoleónico) configurava-se como estritamente objectivo, no sentido em que o dano previsível coincidia com o objecto da obrigação não cumprida, concepção esta que acabou por ser convertida pela civilística francesa numa vertente mais subjectiva, em que a justificação do preceito é a «vontade» implícita das partes.

[24] VINEY, Introduction..., cit., p. 430.

[25] MAZEAUD et al., Traité..., cit., p. 736.

[26] SÉRIAUX, Droit..., cit., p. 235, afirma que é neste momento que as partes fixam o valor das respectivas prestações, determinando o equilíbrio contratual.

[27] YVES CHARTIER, La Réparation du Préjudice, Paris, Dalloz, 1983, p. 92.

[28] Cf. CHARTIER, La Réparation..., cit., pp. 90-91.

[29] Cf. PHILIPPE LE TOURNEAU, La Responsabilité Civile, 3.ª Ed., Paris, Dalloz, pp. 89-90.

[30] Cf. MAZEAUD et al., Traité..., cit., p. 736.

se a resposta for afirmativa haverá lugar à indemnização desse mesmo dano. O dano indemnizável é, pois, o dano *normalmente* previsível[31].

Não obstante esta apreciação em abstracto, o carácter previsível do dano afere-se tomando em consideração a economia do contrato[32], bem como os usos e costumes[33]. Deverão ser também tomadas em linha de conta as características dos contratantes[34]. A previsibilidade, mesmo reportando-se ao homem razoável ou à figura do bom pai de família, terá por referência não uma pessoa comum, mas uma pessoa com as características do devedor.

Outra questão suscitada quanto à previsibilidade diz respeito ao seu âmbito de aplicação, designadamente no que respeita à determinação da extensão do dano a ressarcir[35]. Um exemplo clássico dado pela doutrina francesa (bastante discutido na jurisprudência) para ilustrar a referida questão é o caso em que é confiada a um transportador uma encomenda de valor muito superior ao seu valor estimado ou declarado. O ressarcimento do prejuízo que resulte de uma situação de incumprimento compreenderá o efectivo valor dessa mesma encomenda, ou, por aplicação do artigo 1150, estará limitado ao valor comum dos objectos expedidos, na medida em que o transportador, desconhecendo o seu real valor, não previu suportar o risco inerente ao aceitar ao transporte[36]? A questão resolve-se, pois, sabendo se a previsibilidade enquanto requisito de reparabilidade deve abranger apenas a causa[37] ou natureza do dano em questão ou também

---

[31] Cf. CARBONNIER, *Droit Civil* 4, cit., p. 307; GENEVIÈVE VINEY & PATRICE JOURDAIN, *Les Effets de la Responsabilité*, 2.ª Ed., *Traité de Droit Civil* (dir. JACQUES GHESTIN), Paris, LGDJ, 2001, p. 589 (com indicação de jurisprudência). Como nota LE TOURNEAU, *La Responsabilité...*, cit., p. 90, o conceito de previsibilidade está, assim, relacionado com o conceito de normalidade.

[32] LE TOURNEAU, *La Responsabilité...*, cit., p. 90.

[33] CARBONNIER, *Droit Civil* 4, cit., p. 302.

[34] Cf. CHARTIER, *La Réparation...*, cit., p. 91, que afirma que deverão ser tidos em consideração o nível social, o grau de conhecimentos, a cultura das partes no contrato. No mesmo sentido, LE TOURNEAU, *La Responsabilité...*, cit., p. 90. Tal não contraria a ideia de uma apreciação abstracta; apenas dita que na utilização da figura do bom pai de família se ficcionem as características específicas do devedor.

[35] CHARTIER, *La Réparation...*, cit., p. 87 e ss.; VINEY & JOURDAIN, *Les Effects...*, cit., p. 582 e ss.

[36] Cf. CHARTIER, *La Réparation...*, cit., p. 87 e ss.; TERRE, SIMLER & LEQUETTE, *Droit...*, cit., pp. 406-407.

[37] CHABAS (MAZEAUD *et al.*, *Traité...*, cit., p. 735, nota 1 *bis*), manifesta a sua discordância relativamente ao uso do termo «causa», afirmando que o artigo 1150 se refere ao

a sua amplitude. Dito de outra forma, deverá um dano cuja extensão venha a revelar-se consideravelmente superior àquilo que seria previsível como consequência do incumprimento ser integralmente indemnizado, ou deverá a sua ressarcibilidade estar circunscrita à medida da previsibilidade da sua dimensão?

Numa primeira fase, a jurisprudência francesa considerou que o artigo 1150 do *Code Civil* apenas exigia que o dano fosse previsto ou previsível quanto à sua causa ou natureza, por entender que, constituindo o preceito uma excepção ao princípio da restituição integral consagrado no artigo antecedente (1149), deveria ser interpretado restritivamente[38]. Em virtude das críticas doutrinárias que tal entendimento suscitou, a Cour de Cassation inverteu esta orientação jurisprudencial, decidindo que o artigo 1150 teria relevância no apuramento da extensão do dano indemnizável, por não estar contida no preceito qualquer alusão à sua causa ou natureza[39]. No caso *sub judice* discutia-se a reparação do dano decorrente de um contrato de transporte, tendo sido o valor declarado da encomenda muito inferior do seu real valor. A encomenda extraviou-se e o lesado reclamava o ressarcimento do seu valor efectivo. O transportador invocou o artigo 1150 do *Code Civil* para limitar a indemnização ao valor declarado. A cour d'appel veio acolher a tese do transportador, sendo este entendimento posteriormente confirmado pela Cour de cassation[40].

Assim, a regra da previsibilidade instituída pelo artigo 1150 do Código Civil francês deverá ser entendida num sentido mais lato, abrangendo não apenas o tipo ou natureza do dano, mas também a sua dimensão, estando excluído o ressarcimento «[d] a parte imprevisível do dano previsível»[41]. Se se concluir que o devedor devia ter previsto aquele tipo de

---

dano em si, e não à sua causa. Sobre este ponto v. também CHARTIER, *La Réparation*..., cit., p. 87, nota 491.

[38] V., com indicação de jurisprudência, CHARTIER, *La Réparation*..., cit., p. 88; TERRE, SIMLER & LEQUETTE, *Droit*..., cit., p. 407; VINEY & JOURDAIN, *Les Effets*..., cit., p. 582.

[39] Com particular relevo, Com., 7 juillet 1924 (cf. CHARTIER, *La Réparation*..., cit., p. 88; SÉRIAUX, *Droit*..., cit., p. 235; VINEY & JOURDAIN, *Les Effets*..., cit., pp. 582-583).

[40] PHILIPPE MALAURIE & LAURENT AYNES, *Cours de Droit Civil. Les Obligations*, Paris, Éditions Cujas, 1985, p. 341, notam que em certos contratos, sobretudo nos contratos de depósito ou de transporte, cabe ao credor da prestação do serviço declarar o valor da coisa, para que a contraparte possa acautelar a sua eventual responsabilidade em caso de incumprimento e, consequentemente, ajuste o preço em função dela.

[41] MAZEAUD et al., *Traité*..., cit., pp. 735-736.

dano, mas não podia antever a sua efectiva extensão, porque superior ao expectável, nos termos acima descritos, então o dano é reparável, mas somente na medida da sua previsibilidade, por aplicação do disposto no artigo 1150.

Todavia, a discussão acerca do objecto da previsibilidade não ficou por aqui. O clima de instabilidade económica e monetária surgido após a 1.ª Guerra Mundial trouxe grandes variações do nível de preços, o que originou a questão de saber se a indemnização deveria ser fixada tendo por referência o valor da prestação na data da celebração do contrato, nos termos do disposto no artigo 1150[42]. O problema veio a ser resolvido pela Cour de cassation[43], tendo sido definitivamente consolidado o entendimento de que a regra instituída pelo artigo 1150 do Código Civil francês respeita apenas à previsão ou previsibilidade dos elementos constituintes do dano, e não ao equivalente monetário destinado à reparação[44]. Por outras palavras, a previsibilidade respeita à extensão do dano e não à extensão da indemnização[45].

B) *Afastamento da regra em caso de dolo (ou culpa grave)*

O artigo 1150 do Código Civil francês determina a limitação dos danos indemnizáveis àqueles que foram previstos ou que poderiam ter sido previstos aquando da celebração do contrato. Contudo, essa limitação não opera nos casos em que o incumprimento se deva a dolo do devedor da obrigação incumprida.

A jurisprudência tem considerado a «faute lourde»[46] (culpa grave) equiparada ao dolo para os efeitos deste artigo, fundando-se no adágio *culpa lata dolo aequiparatur*[47]. Assim, a regra da previsibilidade vale somente

---

[42] Cf. VINEY & JOURDAIN, *Les Effets*, cit., p. 583 e ss. Esta é já claramente uma questão respeitante à determinação do *quantum* indemnizatório.

[43] Com., 16 février 1954.

[44] V. especialmente, Com., 4 mars 1965 (Cf. CHARTIER, *La Réparation...*, cit., p. 89; p. 210; ANDRÉ LUCAS, *Code Civil*, Paris, LITEC, 1996, p. 595).

[45] MALAURIE & AYNES, *Cours...*, cit., p. 341.

[46] Na distinção entre o «dol» e a «faute lourde» no Direito francês atende-se à circunstância de o primeiro ser intencional e, portanto, consubstanciar uma actuação de má fé, enquanto que a segunda corresponde a uma actuação grosseiramente faltosa que, não obstante a sua gravidade, não é intencional (cf. TERRÉ, SIMLER & LEQUETTE, *Droit...*, cit., p. 414).

[47] CHARTIER, *La Réparation...*, cit., p. 103; SÉRIAUX, *Droit...*, cit., p. 236; VINEY & JOURDAIN, *Les Effets...*, cit., pp. 590-591. Para um elenco das decisões mais relevantes no

para os casos de culpa leve. Entre o dolo e a culpa leve há uma divergência relativa ao grau, que todavia motivou uma diferenciação de regime quanto à ressarcibilidade dos danos. A ideia subjacente à aludida diferenciação é a de que deve ser concedida alguma benevolência ao devedor que incumpre por simples incúria face àquele cujo incumprimento é causado de má fé, cuja actuação é, por isso, mais censurável[48].

O afastamento da regra da previsibilidade nos casos de dolo e culpa grave é frequentemente fundamentada pela doutrina por recurso ao princípio da boa fé que deve orientar a execução dos contratos, consagrado no artigo 1134, alínea 3), do Código Civil francês[49].

3.2. Direito inglês

3.2.1. Teoria da «remoteness of damages»

O Direito inglês tem uma regra que afasta o ressarcimento dos danos que sejam considerados demasiado remotos ou improváveis («too remote»). A expressão «remoteness of damages» refere-se ao teste que determina quais os danos causados pelo incumprimento que devem ser ressarcidos[50]. A questão da ressarcibilidade dos danos deve ser distinguida de uma outra que consiste em saber quais os princípios aplicáveis à quantificação da indemnização devida em virtude dos danos ocorridos[51].

Vejamos como surgiu e evoluiu a regra que determina quais os danos ressarcíveis em consequência de uma situação de incumprimento contratual.

---

que à assimilação da «faute lourde» à «faute dolosive» concerne, v. MAZEAUD et al., Traité..., cit., p. 732. Para uma crítica a esta assimilação, v. LE TOURNEAU, La Responsabilité..., cit., p. 89.

[48] Cf. MAZEAUD et al., Traité..., cit., pp. 733-734.

[49] A excepção feita aos casos de incumprimento doloso surge, pois, como uma sanção pela má fé do devedor inadimplente que, agindo como se não existisse contrato, não pode invocá-lo para ver a indemnização limitada aos riscos aceites aquando da sua celebração (Cf. LE TOURNEAU, La Responsabilité..., cit., p. 89; TERRÉ, SIMLER & LEQUETTE, Droit..., cit., p. 407; ALAIN BÉNABENT, Droit Civil. Les Obligations, 5.ª Ed., Paris, Éditions Montchrestien, 1995, p. 210).

[50] Chitty on Contracts: General Principles, vol. I, 27.ª Ed. (A. G. GUEST), London, Sweett & Maxwell, 1994, p. 1216.

[51] Cf. Cheshire, Fifoot & Furmston's Law of Contract, 14.ª Ed. (M. P. FURMSTON), London, Butterworth LexisNexis, 2001, p. 658 e ss.

A) *Precedente Hadley v Baxendale: a regra da «contemplation»*

A regra que disciplina o ressarcimento dos danos ocorridos em virtude do incumprimento do contrato foi formulada na decisão jurisprudencial *Hadley v Baxendale*[52], que data de meados do século XIX. Desde então, o precedente tem vindo a ser aplicado, sofrendo ligeiras alterações na forma como é enunciada a regra. A situação era, resumidamente, a seguinte:

Os autores eram proprietários de um moinho em Gloucester. Uma das peças do motor do moinho sofreu uma avaria, o que levou à sua inactividade. Em consequência, os autores contrataram os réus para que transportassem a peça danificada até ao fabricante, em Greenwich, com vista a que este a usasse como modelo para produzir uma nova peça. Houve um atraso no transporte da peça ao fabricante e, como tal, o moinho teve de ficar inactivo por muito mais tempo do que aquele que seria o estritamente necessário se a obrigação de entrega da peça ao fabricante tivesse sido pontualmente cumprida. Os autores vieram, então, pedir a condenação dos réus no pagamento de uma indemnização que cobrisse os lucros cessantes resultantes do alargamento do período de inactividade do moinho. O tribunal veio negar-lhes a pretensão indemnizatória por considerar que os danos eram demasiado remotos. Para a decisão foi relevante o facto de os transportadores apenas saberem que transportavam uma peça de um moinho.

Esta decisão contém o precedente que determina quais os danos ressarcíveis. A regra nela compreendida tem dois ramos, que são enunciados da seguinte forma:

Where two parties have made a contract which one of them has broken, the damages which the other party ought to receive in respect of such

---

[52] *Hadley and Another v Baxendale and Others* (1854) 9 Exch. 341. Sobre a origem do precedente, v. TREITEL, *Remedies...*, cit., p. 60 e ss., que afirma que existe a ideia generalizada de que este terá sido adoptado pelo Direito inglês por influência do Direito francês (neste sentido, FRANCO FERRARI, «Prevedibilità del danno e *contemplation* rule», *Contratto e Impresa*, Ano IX, n.º 2, 1993, p. 760 e ss.; JEAN-CLAUDE MONTANIER & GEOFFREY SAMUEL, *Le contrat en droit anglais*, Grenoble, PUG, 1999, p. 121; *Anson's Law of Contract*, 28.ª Ed. (J. BEATSON), New York, OUP, 2002, p. 601). Tal ideia não é partilhada por TREITEL, por não existir na formulação da regra inglesa qualquer excepção feita aos casos de dolo, nem qualquer referência expressa à previsibilidade. Todavia, entende o Autor que, qualquer que seja a sua origem histórica, a sua subsequente evolução afastou-se claramente da formulação consagrada no Direito francês.

breach of contract should be such as may fairly and reasonably be considered either arising
   a) naturally, i.e., according to the usual course of things, from such breach of contract itself, or
   b) such as may reasonably be supposed to have been in the contemplation of both parties at the time they made the contract as the probable result of the breach of it.

Assim, o devedor é responsável pelos danos que ocorram de acordo com o que é esperado, com o curso normal das coisas, como consequência do seu incumprimento[53]. É ainda responsável pelos danos que ocorram fora dos limites daquilo que é razoavelmente expectável desde que à data da celebração do contrato ele tivesse conhecimentos que lhe permitissem antecipar ou prever tais danos[54].

O primeiro ramo da regra diz respeito ao que uma pessoa razoável poderia antever como consequência do incumprimento. O segundo ramo da regra diz respeito às circunstâncias particulares conhecidas pelas partes no momento da celebração do contrato[55].

No caso *sub judice* o tribunal decidiu que os autores só teriam direito ao ressarcimento dos lucros cessantes em duas situações (correspondentes aos dois ramos da regra). A primeira, se, de acordo com o curso normal dos acontecimentos, fosse expectável que o moinho parasse a sua actividade em virtude da avaria sofrida pela peça, hipótese que foi rejeitada, na medida em que seria razoável supor que os autores pudessem ter uma peça suplementar ou adquirir uma outra. A segunda, se o devedor tivesse sido alertado para as circunstâncias especiais (no caso, a circunstância de a falta da peça acarretar a paragem da actividade de moagem), de forma a que ele

---

[53] Como é notado em *Cheshire*..., cit., p. 668, os danos ocorridos dentro da esfera do «curso normal das coisas» variam de acordo com as circunstâncias de cada contrato.

[54] P. S. ATIYAH, *An Introduction to the Law of Contract*, 5.ª Ed., Oxford, Clarendon Press, 1995, p. 465, afirma que o inadimplente é responsável pelos danos razoavelmente previsíveis, uma vez que o normal é sempre previsível. Todavia, o inverso já não é verdade, dado que em determinadas circunstâncias uma pessoa pode prever algo anormal ou incomum. Aqui entra a segunda parte ou ramo da regra, que faz relevar os conhecimentos que, em concreto, o devedor tivesse ao momento do contrato que lhe permitissem prever a ocorrência daqueles danos.

[55] Há quem se refira a estes dois ramos da regra como padrão objectivo e padrão subjectivo de conhecimento (cf. DJAKHONGIR SAIDOV, «Methods of Limiting Damages under the Vienna Convention on Contracts for the International Sale of Goods», *Pace International Law Review*, 14, 2002, p. 341).

pudesse antecipar as consequências do seu incumprimento. Também esta foi rejeitada por ter sido provado que não foi dada ao devedor tal informação. A paragem ou inactividade do moinho não foi considerada como ponderada, calculada ou prevista («contemplated») pelas partes no momento da celebração do contrato como resultado provável do incumprimento contratual.

A regra enunciada tem por fundamento a ideia de que é injusto impor um âmbito de ressarcimento dos danos que ultrapasse o risco que as partes aceitaram no momento da celebração do contrato, quando podiam prever ou antecipar as possíveis consequências do incumprimento[56].

A referência à previsibilidade de ambas as partes presente no segundo ramo da regra acaba por reconduzir-se à previsibilidade do devedor inadimplente. As circunstâncias especiais ou particulares que relevam na aferição da previsibilidade consistem nas informações que o credor traz ao conhecimento do devedor (normalmente relativas ao propósito da contratação) e, nesse sentido, são comuns a ambas as partes. Tal alusão deve ser entendida como forma de enfatizar o facto de não ser suficiente a previsibilidade do lesado[57].

B) *Victoria Laundry* v *Newman Industries: reformulação da regra como expressão de um único princípio de previsibilidade*

O teste enunciado na decisão *Hadley* v *Baxendale* foi reformulado no caso *Victoria Laundry* v *Newman Industries*[58], que passamos a resumir:

---

[56] Em *Chitty*..., cit., pp. 1216-1217, pode ler-se que a regra da «remoteness» procede a uma alocação de riscos: o devedor, ao contratar, aceita responsabilizar-se pelas consequências normais ou usuais do incumprimento, enquanto o credor implicitamente aceita o risco de qualquer outra consequência; a aceitação da esfera de risco reveste, no Direito inglês, excepcional importância, pelo que o teste dependerá, em última análise, da intenção expressa ou implícita das partes na aceitação desse mesmo risco. Uma preocupação de eficiência económica é bem visível em TREITEL, *The Law*..., cit., p. 964, quando o Autor afirma que compensar a parte lesada por todos os danos que surjam de uma situação de incumprimento pode conduzir a resultados indesejáveis e absurdos, que, no limite, levariam a parte que corre esse risco enquanto devedora a abster-se de contratar ou a aumentar desrazoavelmente os custos do contrato. Também ATIYAH, *An Introduction*..., cit., p. 466 e ss., considera que a *ratio* da regra é limitar a ressarcibilidade dos danos ao âmbito do normal e previsível, porque as partes fixam as suas prestações tendo por referência aquilo que é normal e previsível.

[57] TREITEL, *Remedies*..., cit., p. 64.

[58] *Victoria Laundry (Windsor) Ltd.* v *Newman Industries, Ltd.* (1949) 2 K.B 528.

Os autores, proprietários de uma lavandaria e tinturaria, tendo a perspectiva de expandir o seu negócio, contrataram com os réus, uma empresa de engenharia, a compra de uma caldeira maior, tendo a entrega ficado agendada para o mês de Junho. Não obstante, esta só foi efectuada pelos vendedores em Novembro, o que implicou um atraso de cinco meses face ao acordado.

Os autores pretendiam ser ressarcidos dos lucros cessantes durante o período em que foram privados da nova caldeira em consequência do incumprimento. Estes lucros compreendiam não apenas aqueles que normalmente os autores obteriam se tivessem a caldeira em funcionamento, mas ainda aqueles que os autores deixaram de auferir por de não terem podido celebrar contratos excepcionalmente lucrativos, como resultado da não recepção da nova caldeira nos termos convencionados.

O tribunal considerou que era devida uma indemnização relativamente aos primeiros lucros cessantes, uma vez que os réus conheciam a actividade dos autores, sabiam que a caldeira se destinava ao uso imediato nessa mesma actividade, pelo que deveriam responder pelos prejuízos que poderiam ter antecipado como prováveis em virtude do incumprimento. No que respeita aos segundos danos, o tribunal recusou o seu ressarcimento, tendo em consideração que os réus desconheciam a intenção dos autores em celebrar os contratos que importariam a obtenção de lucros excepcionais, não sendo, pois, previsível a ocorrência de tal prejuízo[59].

A decisão pode ser resumida da seguinte forma, em três passagens fundamentais:

> *The aggrieved party is only entitled to recover such part of the loss actually resulting as was at the time reasonably foreseeable as liable to result from the breach.*

> *What was at the time so foreseeable depends on the knowledge then possessed by the parties, or at all events by the party who commits the breach.*

---

[59] Como esclarece *Chitty*..., cit., p. 1225, nota 53, se o réu tivesse sido avisado relativamente aos contratos especialmente lucrativos e, por via dessa informação, tivesse consciência de que estava a assumir a responsabilidade por tais danos especiais em caso de incumprimento, ele teria exigido um preço mais elevado pela nova caldeira ou salvaguardado a sua responsabilidade quanto a esses danos. EWAN MCKENDRICK, *Contract Law*, 6.ª Ed., Basingstoke, Palgrave Macmillan, 2005, p. 425, nota que esta decisão foi alvo de críticas, uma vez que entre os dois danos em discussão existiria uma mera divergência de extensão, não de natureza, e a exigência de previsibilidade, em geral, não se coloca quanto à primeira.

For this purpose, knowledge «possessed» is of two kinds; one imputed, the other actual. Everyone, as a reasonable person, is taken to know the «ordinary course of things» (...) But to this knowledge (...) there may have to be added in a particular case knowledge which he actually possesses, of special circumstances outside the «ordinary course of things» (...).

A expressão que resume a regra quanto à ressarcibilidade dos danos é a que declara indemnizáveis aqueles que sejam razoavelmente previsíveis enquanto susceptíveis de resultar do incumprimento («reasonably foreseeable as liable to result»)[60]. Os dois ramos da regra enunciada no caso *Hadley* v *Baxendale* surgem como emanação de um mesmo princípio: o de que só pode considerar-se ressarcível aquele prejuízo que poderia ter sido previsto ou que foi efectivamente previsto pelos contraentes no momento da celebração do contrato como resultado razoavelmente provável do incumprimento[61].

O que era razoável prever depende do conhecimento das partes. Para este propósito, existem dois tipos de conhecimento: um imputado, outro real. O primeiro resulta da ideia de que qualquer pessoa conhece o «curso normal das coisas» e, consequentemente, deve ser responsabilizada pelos danos ocasionados pelo seu incumprimento que se mostrem de acordo com esse curso. A este conhecimento imputado deve acrescer-se um segundo juízo de previsibilidade: aquele que o agente tinha em concreto, por estar informado acerca de circunstâncias especiais, situadas fora da esfera do chamado curso normal das coisas, que determina a extensão da sua responsabilidade ao limite dessa previsibilidade. Estes dois conhecimentos (imputado e real) correspondem aos dois ramos da regra enunciada na decisão *Hadley* v *Baxendale*. Cumpre sublinhar que em nenhum dos casos é necessário que o inadimplente tenha efectivamente considerado o seu incumprimento e previsto aquele prejuízo, mas apenas que um homem médio na mesma situação estivesse em condições de o prever como provável[62].

---

[60] Numa aproximação à regra que disciplina a ressarcibilidade dos danos na «tort law» (Cf. TREITEL, *The Law...*, cit., p. 966; *Anson's...*, cit., p. 603).

[61] Cf. HARVEY MCGREGOR, *McGregor on Damages*, 17.ª Ed., London, Sweet & Maxwell, 2003, p. 190; *Anson's...*, cit., p. 602.

[62] Cf. *Anson's...*, cit., p. 603.

C) *Koufos* v *C. Czarnikow (The Heron II)*: *o grau de probabilidade do dano e a ponderação e aceitação dos riscos inerentes ao incumprimento*

A regra da «remoteness» voltou a sofrer uma evolução no caso *Koufos* v *C. Czarnikow Ltd. (The Heron II)*[63]. Neste caso, a situação de facto era a seguinte:

Os transportadores (Koufos) obrigaram-se contratualmente a transportar num navio, de Constança a Basrah, um carregamento de açúcar da empresa Czarnikow. A entrega do açúcar foi realizada com nove dias de atraso face ao que tinha sido acordado, durante os quais o preço de mercado do açúcar desceu consideravelmente. Em consequência, a autora pretendia ver ressarcido o lucro que deixou de auferir em virtude da diminuição do preço do açúcar, que não se teria verificado caso a entrega fosse feita na data convencionada.

Foi dado como provado que os transportadores não sabiam que a autora pretendia vender imediatamente a mercadoria transportada, logo após a sua chegada ao destino, mas tinham conhecimento de que havia um mercado de açúcar em Basrah.

O tribunal deu razão à autora, reconhecendo o seu direito a ver ressarcida a diferença da venda do açúcar, porque a existência de um muito conhecido mercado de açúcar em Basrah implicava que o transportador considerasse a possibilidade de o autor pretender vender o açúcar logo que este chegasse e, nessa medida, antevisse que poderia ocorrer uma flutuação no preço daquele bem, pelo que a queda no preço do açúcar teria sido considerada como provável («not unlikely»)[64].

A relevância da decisão consiste, contudo, na consideração de que é necessário um mais elevado grau de probabilidade no teste da «remoteness» quando este é usado no contexto contratual, em comparação com aquele que é adoptado na responsabilidade delitual («tort»). Quando usada no âmbito da responsabilidade contratual, a previsibilidade deve exprimir um mais exigente nível de probabilidade[65]. Esta consideração prende-se

---

[63] *Koufos* v *C. Czarnokow Ltd.* (1969) 1 A.C. 350.

[64] É curiosa a observação feita por TREITEL, *The Law*..., cit., p. 966, nota 76, quanto à relação entre os montantes dos danos nos três casos mencionados e o preço das respectivas prestações. No caso *Heron II* os danos eram avaliados em £4.000, sendo o preço do transporte £9.000; nos casos anteriores (*Hadley* v *Baxendale* e *Victoria Laundry* v *Newman Industries*) os danos excediam consideravelmente os valores envolvidos na contratação.

[65] Cf. TREITEL, *The Law*..., cit., p. 967.

com a circunstância de determinado dano poder ser consequência previsível do incumprimento, porque possível, mas ser de ocorrência bastante improvável[66]. Várias expressões são utilizadas para descrever o grau de probabilidade requerido para aferir da «remoteness of damages», tais como «séria possibilidade», «verdadeiro perigo» ou «probabilidade muito substancial», relativas à ocorrência do prejuízo em discussão. Não bastará que as partes prevejam o dano como sendo de ocorrência pouco provável ou meramente possível; o dano terá de ser facilmente previsível[67].

Da decisão é de realçar alguma reacção contra o uso da expressão «reasonably *foreseeable*» no caso *Victoria Laundry* v *Newman Industries*, julgando-se preferível a expressão «*contemplated*»[68]. Tal parece fundar-se na consideração de que não basta uma mera antevisão da possibilidade de ocorrência do dano, mas tem de existir uma considerável probabilidade, que por isso mesmo terá sido ponderada pelas partes[69]. «Contemplated» refere-se a uma previsibilidade ponderada, porque substancialmente provável. Isto não representa um afastamento do critério da previsibilidade, mas antes um enfoque desse mesmo critério da aceitação contratual das consequências tidas como previsíveis, dada a elevada probabilidade da sua ocorrência.

No caso *Hadley* v *Baxendale* sugere-se que a decisão teria sido diferente se os réus soubessem, no momento da celebração do contrato, que o incumprimento da obrigação de entrega da peça do moinho teria como consequência a inactividade deste. Não obstante, os tribunais ingleses têm vindo a considerar que o mero conhecimento de circunstâncias especiais não é suficiente para que o dano decorrente em virtude dessas circunstâncias se torne indemnizável, sendo necessário que de alguma forma esse conhecimento seja contratualmente relevante[70]. Tal não impõe a existên-

---

[66] Cf. *Cheshire...*, cit., p. 665. V. também MARSH, *Comparative...*, cit., p. 314. Como nota este Autor (sendo a crítica comum a vários outros) o grau de probabilidade exigido não encontra uma fórmula suficientemente clara e operativa.

[67] Cf. TREITEL, *The Law...*, cit., pp. 966-967.

[68] Cf. *Chitty...*, cit., p. 1219.

[69] Cf. TREITEL, *Remedies...*, cit., p. 64.

[70] Cf. TREITEL, *The Law...*, cit., p. 969 e ss. Um dos muitos exemplos dados pelo Autor, particularmente ilustrativo desta questão, é a decisão do caso *Kemp* v *Intasum Holidays Ltd.* (1988) 6 Tr. L. 161. Nesta não foi considerado ressarcível o desconforto sofrido por um turista em virtude de ter sofrido um ataque de asma após ter sido provisoriamente hospedado num hotel de categoria inferior, com deficientes condições de limpeza, não obstante ter sido provado que a agência de viagens tinha tido conhecimento da sua condição

cia de uma cláusula contratual nesse sentido, bastando que seja legítimo assumir que um homem razoável, colocado na situação concreta do contraente, tivesse aceitado correr o risco inerente às mencionadas circunstâncias especiais trazidas ao seu conhecimento[71].

Convém ainda esclarecer que, ao contrário do que acontece no Direito francês, aqui a previsibilidade respeita ao tipo ou natureza do dano, não contemplando a sua extensão. Bastará, pois, a averiguação da ponderação do devedor relativamente ao tipo de dano cuja ressarcibilidade se afere para que se admita a sua reparação[72].

3.3. *Direito português*

No Direito português, só devem ser indemnizados determinados prejuízos, que tenham com o facto ilícito o chamado nexo de causalidade[73], isto quer se trate de responsabilidade contratual ou extracontratual.

Tendo em consideração a delimitação do âmbito do trabalho ao ressarcimento do dano produzido em consequência do incumprimento de uma obrigação de natureza contratual, a análise que se fará terá por referência o nexo de causalidade entre o incumprimento contratual e o dano. Não obstante, a sua enunciação tende a ser genérica[74].

---

de asmático por meio de uma conversa informal com a sua mulher durante a marcação da viagem. V. também *Anson's...*, cit., pp. 608-609.

[71] Cf. *Chitty...*, cit., pp. 1222-1223. Aliás, como nota o Autor, uma tal imposição criaria contingências quanto à forma do contrato.

[72] Cf. *Chitty...*, cit., pp. 1219-1220 e 1222; RIBEIRO MENDES, «Aspectos...», cit., pp. 31-32. Sobre a distinção entre tipo e extensão do dano, v. TREITEL, *The Law...*, cit., pp. 972-973.

[73] FERNANDO PESSOA JORGE, *Ensaio sobre os pressupostos da responsabilidade civil*, Coimbra, Almedina, 1999, p. 385 e ss., aponta os seguintes requisitos da reparabilidade dos prejuízos: alienidade, certeza, mínimo de gravidade e a qualidade de serem causados pelo acto ilícito.

[74] Apesar de o nexo de causalidade ter no Direito português, tal como sucede com a generalidade dos requisitos da responsabilidade civil, um tratamento unitário, os problemas que se colocam a seu respeito são essencialmente resolvidos por referência à responsabilidade delitual, sendo a sua abordagem no âmbito da contratual frequentemente feita por simples remissão. Todavia, nem sempre foi assim, dado que no Código de Seabra o nexo de causalidade se encontrava previsto no art. 707.°, determinando que só podiam ser tomados em conta as perdas e danos que necessariamente resultassem da falta de cumprimento, preceito que se aplicava também à responsabilidade delitual, cf. FRANCISCO PEREIRA COELHO, «A Causalidade na Responsabilidade Civil, no Direito Português», *RDES*, Ano

3.3.1. *Breve exposição das teorias da causalidade*

A doutrina tem elaborado várias teorias que visam responder ao problema do nexo de causalidade enquanto critério delimitador dos danos ressarcíveis[75]. Vejamos as formulações das mais relevantes[76].

A) *Teoria da equivalência das condições ou da* conditio sine qua non

A teoria da equivalência das condições é também designada por teoria da *conditio sine qua non*. Segundo esta teoria, são efeitos do acto ilícito todos os prejuízos que não se teriam verificado, se aquele não houvesse sido praticado. Este entendimento funda-se na concepção filosófica de causa[77], afirmando serem causa de um efeito todas as condições (positivas ou negativas) que concretamente deram lugar a esse mesmo efeito. Segundo esta teoria é, pois, causa todo o evento sem o qual o dano não teria ocorrido, ou seja, aquela que for necessária ou indispensável à produção do dano.

A designação de teoria da equivalência das condições tem origem na consideração de que qualquer facto que tenha sido condição de um determinado resultado deve ser tomado como sua causa, na medida em que sem ele todas as outras eventuais condições não teriam actuado, pelo que todas as condições deverão ser tidas em pé de igualdade quanto à produção do

---

XII, n.º 1 a 4, 1965, p. 42). Sobre a necessidade de considerar alguns problemas da causalidade no contexto contratual, v. MANUEL CARNEIRO DA FRADA, *Direito Civil. Responsabilidade Civil. O Método do Caso*, Coimbra, Almedina, 2006, p. 105.

[75] A razão pela qual optamos por expor as teorias que têm sido formuladas a propósito do problema da ressarcibilidade dos danos antes de atender ao disposto na lei (que, de resto, é a forma como a generalidade da doutrina enuncia o problema do nexo de causalidade) prende-se com o facto de esta última ter sofrido clara influência das primeiras, mas também, como veremos, com a circunstância de a formulação adoptada pela lei portuguesa carecer claramente de um contributo doutrinário e jurisprudencial para a sua interpretação, tendo em consideração que não é absolutamente esclarecedora quanto ao seu sentido e alcance.

[76] O elenco que aqui expomos é aquele que consta de MENEZES LEITÃO, *Direito...*, I, cit., p. 340 e ss.

[77] Designadamente o conceito filosófico-naturalístico sustentado por STUART MILL, trazido para o plano jurídico por VON BURI (GALVÃO TELLES, *Direito...*, cit., pp. 398-399; MENEZES LEITÃO, *Direito...*, I, cit., p. 340). Como nota CARNEIRO DA FRADA, *Direito...*, cit., pp. 100-101, a causalidade é produto de uma valoração jurídica, não obstante na sua base estar o modelo de causalidade das ciências físico-naturalísticas.

efeito. Se nenhuma delas pode ser retirada ao processo causal sem perda do resultado, então é porque cada uma delas é causa deste[78].

Assim, a teoria da equivalência das condições determina que quem praticar um acto que constitui condição (ainda que só conjuntamente com outras) de uma série de danos, deverá ser responsável por todos eles[79].

Esta teoria tem vindo a ser generalizadamente criticada por conduzir a resultados manifestamente injustos, ao tornar demasiado abrangente o âmbito do ressarcimento dos prejuízos, contemplando mesmo aqueles de ocorrência mais remota[80]. Todavia, ela tem a virtude de limitar a ressarcibilidade àqueles danos que revelem uma ligação causal mínima com o facto que lhes serve de fundamento. É, pois, um critério necessário, mas não suficiente para a aferição da ressarcibilidade[81].

B) *Teorias selectivas: última condição (ou causa próxima) e condição eficiente*

Partindo da teoria anterior, foram sendo formuladas algumas doutrinas no sentido de seleccionar, de entre as *conditiones sine quibus non*, aquela que deve considerar-se verdadeira e única causa do prejuízo[82].

De acordo com a teoria da última condição ou causa próxima, deve ser considerada causadora do dano a condição que o antecede imediatamente. A ideia é a de que se o efeito resulta do conjunto das condições necessárias, e estas só têm força causal se estiverem reunidas – o que acontece quando se juntar a derradeira condição – então é esta última que deve ser considerada causa, porque é ela que dá força causal a todas as anteriores. De acordo com esta teoria, se um determinado acto gera um prejuízo que, por sua vez, conduz a outro, só o primeiro prejuízo será

---

[78] JORGE RIBEIRO DE FARIA, *Direito das Obrigações*, vol. I, Coimbra, Almedina, 2003, pp. 497-498.
[79] PESSOA JORGE, *Ensaio...*, cit., pp. 389-390.
[80] Cf. ADRIANO VAZ SERRA, «Obrigação de indemnização (Colocação. Fontes. Conceito e espécies de dano. Nexo causal. Extensão do dever de indemnizar. Espécies de indemnização). Direito de abstenção e de remoção», sep. do *BMJ* n.ºs 83 e 84, 1959, p. 23; GALVÃO TELLES, *Direito...*, cit., p. 399 e ss.; PESSOA JORGE, *Ensaio...*, cit., p. 390; MÁRIO JÚLIO DE ALMEIDA COSTA, *Direito das Obrigações*, 9.ª Ed., Coimbra, Almedina, 2001, p. 706; RIBEIRO DE FARIA, *Direito...*, I, cit., p. 498; MENEZES LEITÃO, *Direito...*, I, cit., p. 341.
[81] Nas palavras de CARNEIRO DA FRADA, *Direito...*, cit., p. 101, a causalidade *sine qua non* permanece enquanto pressuposto e limite de outras concepções.
[82] ALMEIDA COSTA, *Direito...*, cit., p. 706.

indemnizável, por só ele ter sido imediatamente determinado pela referida actuação[83].

A teoria da condição eficiente foi desenvolvida por Birkmeyer e visa evidenciar, de entre as diversas condições que contribuíram para o processo causal que resulta na produção do dano, aquela que deve ser tida como causa. Para tal, propõe uma avaliação quantitativa da eficiência dessas mesmas condições no sentido de se averiguar qual a que apresenta maior relevância em termos causais[84]. Causa será, segundo esta teoria, aquela condição que for mais proeminente ou eficaz em relação às restantes[85].

As doutrinas selectivas são generalizadamente criticadas por serem inoperativas ou conduzirem a resultados manifestamente injustos[86].

C) *Teoria da causalidade adequada*

Segundo a teria da causalidade adequada, não basta que o facto tenha sido em concreto causa do dano, isto é, tenha constituído sua *conditio sine qua non*, sendo também necessário que seja, em abstracto, adequado a produzi-lo, segundo o curso normal das coisas[87]. Por outras palavras, o facto deverá apresentar aptidão ou idoneidade para produzir aquele dano[88].

Assim, qualquer condição do dano será, em princípio, sua causa. Todavia, essa correspondência entre condicionalidade e causalidade deixa de verificar-se sempre que, de acordo com a experiência comum e dadas as circunstâncias do caso concreto, não se possa dizer, em termos de probabilidade, que o facto originaria normalmente o dano[89].

---

[83] Cf. Pessoa Jorge, *Ensaio...*, cit., p. 391 e ss. O Autor, afirmando ter sido esta uma das doutrinas que permitiram fundamentar a distinção entre prejuízos directos e indirectos, restringindo a obrigação de indemnizar aos primeiros, como sucede com o art. 1151 do Código Civil francês, conclui que a mesma não foi adoptada pelo ordenamento jurídico português.

[84] Menezes Leitão, *Direito...*, I, cit., pp. 341-342.

[85] Almeida Costa, *Direito...*, cit., p. 707.

[86] Manuel A. Domingues de Andrade, *Teoria Geral das Obrigações* I, Coimbra, Almedina, 1958, p. 350, afirma que as doutrinas selectivas falham no seu ponto de partida, uma vez que entre causa e condição não existe uma diferença objectiva. Também criticando as referidas teorias, Almeida Costa, *Direito...*, cit., p. 707, Ribeiro de Faria, *Direito...*, I, cit., pp. 499-500 e Menezes Leitão, *Direito...*, I, cit., p. 342.

[87] Almeida Costa, *Direito...*, cit., p. 708.

[88] Galvão Telles, *Direito...*, cit., p. 404.

[89] Almeida Costa, *Direito...*, cit., p. 708.

Esta verificação da adequação do facto à produção do dano será sempre realizada *a posteriori*, mediante a indagação se seria previsível que a prática daquele facto originasse aquele dano, naquilo que se designa por prognose póstuma[90].

Existem diferentes formulações da teoria da causalidade adequada, sobretudo no que respeita à aferição da adequação causal[91]. A diferença mais apontada entre as várias enunciações da teoria da causalidade adequada é aquela que opõe a formulação positiva e a formulação negativa da causalidade. A primeira defende que é causa adequada aquela que favoreça a produção do dano ou, por outras palavras, aquela que tenha no dano a sua consequência normal ou típica[92]. A esta, tendencialmente mais restrita, contrapõe-se a segunda, que corresponde a uma formulação mais ampla, atribuída a Enneccerus-Lehmann, segundo a qual o facto que actuou como condição do dano só deixará de ser considerado sua causa se, dada a sua natureza, for de todo indiferente para a verificação do dano, tendo sido condição dele somente em virtude de circunstâncias extraordinárias[93]. A formulação negativa da causalidade tem sido acolhida pela doutrina e jurisprudência portuguesas[94].

A adequação traduz-se em termos de probabilidade[95], fundada nos conhecimentos médios, de acordo com a experiência comum. Neste sentido, a probabilidade exprime um certo grau de previsibilidade[96].

---

[90] MENEZES LEITÃO, *Direito...*, I, cit., p. 342.

[91] Cf. VAZ SERRA, «Obrigação...», cit., p. 26 e ss.

[92] SINDE MONTEIRO, «Rudimentos da Responsabilidade Civil», *RFDUP*, Ano II, 2005, p. 380.

[93] LUDWIG ENNECERUS & HEINRICH LEHMAN, *Derecho de Obligaciones*, Tomo II, 1.º vol., *Tratado de Derecho Civil* (ENNECCERUS, KIPP, WOLF), trad. por José Puig Brutau, Barcelona, Bosch, 1954, p. 68. Embora na adequação causal esteja ínsita uma ideia de normalidade ou regularidade causal, bastará um pequeno grau de probabilidade (cf. MANUEL DE ANDRADE, *Teoria...*, cit., p. 352, nota 3; SINDE MONTEIRO, «Rudimentos...», cit., p. 380).

[94] A título de exemplo, v. ANTUNES VARELA, *Das Obrigações em Geral*, vol. I, 10.ª Ed., Coimbra, Almedina, 2004, pp. 900-901; JOSÉ ALBERTO GONZÁLEZ, *Responsabilidade Civil*, Lisboa, Quid Juris, 2007, p. 80; Ac. STJ de 11.05.2000 (Proc. 00B327 – MIRANDA GUSMÃO); Ac. STJ de 13.05.2004 (Proc. 04B927 – FERREIRA GIRÃO); Ac. STJ de 07.04.2005 (Proc. 03B4474 – LUCAS COELHO); Ac. STJ de 06.03.2007 (Proc. 07A138 – BORGES SOEIRO).

[95] A probabilidade parece ser o conceito central da teoria da adequação causal. Neste sentido, VAZ SERRA, «Obrigação...», cit., p. 24; PEREIRA COELHO, «A causalidade...», cit., p. 8; GALVÃO TELLES, *Direito...*, cit., p. 409.

[96] PESSOA JORGE, *Ensaio...*, cit., pp. 392 e 400. Segundo VAZ SERRA, «Obrigação...», cit., p. 30 e ss., a obrigação de indemnizar não é limitada, de acordo com a teoria da

Há, ainda, quem entenda que no juízo de prognose *ex post* de adequação abstracta se devem fazer relevar não apenas as circunstâncias cognoscíveis à data da produção do facto por uma pessoa normal, mas também aquelas que, em concreto, eram conhecidas do agente[97]. Assim, a teoria da causalidade admite que a avaliação da adequação se faça tomando por base não apenas as circunstâncias normais que levariam qualquer pessoa a fazer um juízo de previsibilidade, mas também as circunstâncias anormais, desde que cognoscíveis ou conhecidas pelo agente[98].

D) *Teoria do fim da norma violada (causalidade normativa)*

Mais recentemente, tem surgido uma corrente que defende a averiguação da causalidade por recurso ao escopo da norma violada[99].

A teoria do fim da norma violada impõe a necessidade de averiguar se os danos sobrevindos ao facto lesivo correspondem à frustração das utilidades que a norma visava conferir ao sujeito através do direito subjectivo ou da norma de protecção. Existirá causalidade juridicamente relevante quanto aos danos causados pelo facto, em termos de *conditio sine qua non*, que atinjam bens tutelados pela norma violada[100].

A delimitação dos danos ressarcíveis torna-se, assim, um «problema de interpretação do conteúdo e fim específico da norma que serviu de base à imputação», na medida em que a obrigação de reparar os danos consti-

---

causalidade adequada, aos danos previsíveis, a menos que se entenda por danos previsíveis os danos que o facto danoso, segundo a sua natureza geral e as regras ordinárias da vida, podia causar e que, por isso, podiam ser previstos. Quando alguma doutrina rejeita a recondução da causalidade adequada à ideia de previsibilidade, parece referir-se à previsibilidade dita *subjectiva* (que, segundo alguns Autores, seria relevante na averiguação do pressuposto *culpa*). Nestes termos, a adequação causal pode ser entendida como uma previsibilidade *objectiva* (cf. PEREIRA COELHO, «A causalidade...», cit., pp. 49-50).

[97] Cf. GALVÃO TELLES, *Direito...*, cit., p. 405; ALMEIDA COSTA, *Direito...*, cit., p. 708; ANTUNES VARELA, *Das Obrigações...*, I, cit., p. 892. Também, pela negativa, MANUEL DE ANDRADE, *Teoria...*, cit., p. 353.

[98] MENEZES LEITÃO, *Direito...*, I, cit., p. 342.

[99] Entre os defensores da referida teoria encontram-se MENEZES CORDEIRO, *Da Responsabilidade...*, cit., p. 535 e ss. e MENEZES LEITÃO, *Direito...*, I, cit., pp. 343-344. ALMEIDA COSTA, *Direito...*, cit., pp. 709-710, embora defendendo a causalidade adequada como solução legalmente consagrada, admite a intervenção do critério delimitador da «zona de risco normativamente definida» no âmbito exclusivo da responsabilidade objectiva, operando a causalidade adequada como factor correctivo.

[100] MENEZES CORDEIRO, *Da Responsabilidade...*, cit., p. 535.

tui uma «consequência jurídica de uma norma relativa à imputação de danos»[101]. Fazendo apelo a uma interpretação teleológica da regra de responsabilidade, esta teoria determina que o ressarcimento só deverá ter lugar quanto aos danos que pertencerem à esfera de risco que a norma violada pretendia acautelar[102].

No plano da responsabilidade contratual, a teoria do escopo da norma violada terá necessariamente que sofrer algumas alterações relativamente à sua formulação. Perante uma situação de incumprimento, a responsabilidade do inadimplente deverá depender do propósito do contrato e do sentido e finalidade dos deveres por ele assumidos[103]. A interpretação do contrato revela-se, pois, fundamental na aferição da ressarcibilidade.

Em todo o caso, a maioria da doutrina portuguesa tem reconhecido a teoria da causalidade adequada como critério delimitador do âmbito da ressarcibilidade dos danos, não apenas enquanto solução mais razoável, mas também como solução legalmente consagrada[104]. Também a jurisprudência tem seguido essencialmente a teoria da causalidade adequada.

3.3.2. Artigo 563.º do Código Civil

O nexo de causalidade, cuja verificação é requisito da ressarcibilidade do dano, encontra-se tratado no artigo 563.º, na Secção relativa à obrigação de indemnização.

---

[101] MENEZES LEITÃO, *Direito...*, I, cit., p. 343.
[102] MANUEL CARNEIRO DA FRADA, *Teoria da Confiança e Responsabilidade Civil*, Coimbra, Almedina, 2004, p. 312, nota 294. O Autor sublinha que as virtualidades que são atribuídas a esta teoria são mais aparentes do que reais, uma vez que a tutela delitual genérica, habitual no nosso ordenamento, leva a que uma argumentação dirigida a identificar o fim da norma violada se apresente como metodologicamente infrutífera, pela vastidão da protecção conferida.
[103] TREITEL, *Remedies...*, cit., p. 68. Nesta vertente, a teoria aproxima-se do teste da previsibilidade tal como ele tem vindo a ser formulado no Direito inglês, especialmente ao conceder especial importância ao que as partes deliberadamente aceitaram como consequências do incumprimento. Não obstante, como nota o Autor, a diferença continuaria a existir no que respeita ao momento da aferição da ressarcibilidade.
[104] O próprio MENEZES CORDEIRO, *Da Responsabilidade...*, cit., p. 539, reconhece que a doutrina portuguesa «tem-se mantido teimosamente à margem desta evolução», excepção feita a MANUEL GOMES DA SILVA (*O Dever de Prestar e o Dever de Indemnizar*, vol. I, Lisboa, 1944) que, «adiantando-se a toda a evolução alemã subsequente, propôs uma doutrina da causalidade que, praticamente, correspondia à do escopo da norma violada».

Vejamos a sua redacção:

Artigo 563.º *(Nexo de causalidade)*:
A obrigação de indemnização só existe em relação aos danos que o lesado provavelmente não teria sofrido se não fosse a lesão.

A enunciação do artigo 563.º revela uma grande proximidade da fórmula adoptada para a teoria da equivalência das condições[105]. Não obstante, a grande maioria da doutrina e da jurisprudência vê no preceito a consagração da teoria da causalidade adequada[106]. Tal entendimento é justificado pela utilização do advérbio «provavelmente»[107], bem como pelo recurso aos trabalhos preparatórios do Código Civil[108].

A formulação parte, assim, da teoria da condição *sine qua non*, mas o advérbio «provavelmente» remete para um juízo de probabilidade sobre a idoneidade do facto para produzir o dano que a faz aproximar da teoria da causalidade adequada. Não basta, pois, que o evento (aqui incumprimento) tenha produzido o dano; é ainda necessário que tal evento seja uma causa adequada, isto é, provável do dano[109].

O artigo 563.º não faz qualquer referência à proximidade da causa. Nestes termos, o nosso direito não acolhe a distinção entre causalidade directa ou indirecta[110].

---

[105] PESSOA JORGE, *Ensaio...*, cit., pp. 408 e 509, afirma que, considerada isoladamente, a redacção do art. 563.º do Código Civil adapta-se como uma luva à teoria da equivalência das condições. O Autor entende que, não duvidando ter sido intenção dos autores materiais do Código Civil consagrar no preceito a teoria da causalidade adequada, não foi isso que ficou na sua letra e não é lícito afirmar, apenas mediante esta, que se tenha adoptado aquela teoria. A. M. HONORÉ, *Causation and Remoteness of Damage*, International Encyclopedia of Comparative Law, vol. XI, Cap. 7, p. 67, afirma que a teoria da equivalência das condições se encontra consagrada na codificação civil portuguesa (desvalorizando o comentário de PIRES DE LIMA e ANTUNES VARELA, quando estes vêem no preceito a consagração da adequação causal). De acordo com este Autor, a referência à probabilidade diria respeito somente à quantificação do dano indemnizável.

[106] Todavia, cumpre fazer referência à opinião sustentada por MENEZES CORDEIRO, *Da Responsabilidade...*, cit., p. 541, que entende que o art. 563.º não impõe a causalidade adequada como direito vigente, nem faria sentido prescrever teorias obrigatórias.

[107] Cf. PESSOA JORGE, *Ensaio...*, cit., p. 409; MENEZES LEITÃO, *Direito...*, I, cit., p. 343.

[108] Cf. PEREIRA COELHO, «A causalidade...», cit., p. 8; RIBEIRO DE FARIA, *Direito...*, I, cit., pp. 505-506.

[109] Cf. PIRES DE LIMA e ANTUNES VARELA, *Código Civil Anotado*, vol. I, 4.ª Ed., Coimbra, Coimbra Editora, 1987, p. 579, em anotação ao art. 563.º; Ac. STJ de 21.09.2006 (Proc. 06B2739 – SALVADOR DA COSTA).

[110] No sentido da irrelevância do carácter directo do dano no Direito português,

3.4. Princípios UNIDROIT

Nos Princípios UNIDROIT a regra fundamental no que respeita à questão da ressarcibilidade do dano ocorrido em consequência do incumprimento contratual é a constante do artigo 7.4.4.
A redacção da norma é a seguinte:

> *Article 7.4.4 (Forseeability of harm)*
> *The non-performing party is liable only for harm which it foresaw or could reasonably have foreseen at the time of the conclusion of the contract as being likely to result from its non-performance.*

A) Previsibilidade

O principal critério ou teste a que os Princípios UNIDROIT sujeitam o dano decorrente do incumprimento contratual para determinar do seu carácter ressarcível é o da previsibilidade.

O teste destina-se a averiguar da previsibilidade da parte inadimplente no momento da celebração do contrato, por comparação com o que uma pessoa normalmente diligente podia razoavelmente ter previsto como consequência do incumprimento, de acordo com o curso normal das coisas e tendo em consideração as circunstâncias particulares do contrato (como a informação fornecida pelas partes ou as suas transacções anteriores)[111].

Um exemplo que ilustra bem a aplicação do critério da previsibilidade é aquele que consta do comentário ao artigo 7.4.4[112]. Neste, uma empresa de limpezas encomenda uma máquina que é entregue com cinco meses de atraso. O fabricante é obrigado a indemnizar a empresa pelo lucro cessante causado pelo atraso na entrega, porque podia ter previsto que a máquina se destinava a uso imediato. Todavia, o ressarcimento não abrange a perda de um contrato muito vantajoso que a empresa poderia ter celebrado com a Administração Pública se a máquina tivesse sido entregue a tempo, já que este tipo de dano não era previsível[113].

---

v. GALVÃO TELLES, *Direito...*, cit., p. 402 e ss.; MENEZES LEITÃO, *Direito...*, I, cit., p. 341; Ac. STJ de 07.04.2005 (Proc. 03B4474 – LUCAS COELHO); Ac. STJ de 07.04.2005 (Proc. 05B294 – FERREIRA GIRÃO).

[111] Comentário ao artigo 7.4.4 (*UNIDROIT...*, cit., p. 239).
[112] Exemplo 1 (*UNIDROIT...*, cit., p. 239).
[113] A proximidade, quer da situação de facto, quer da solução jurídica, com o caso *Victoria Laundry* v *Newman Industries* parece evidente.

O princípio da limitação do prejuízo reparável ao prejuízo previsível corresponde à solução adoptada no artigo 74 da Convenção de Viena sobre a Venda Internacional de Mercadorias[114]. Não obstante o artigo 7.4.4 dos Princípios UNIDROIT se inspirar no referido preceito, os dois textos não coincidem totalmente: aquele refere-se à reparabilidade do prejuízo que o devedor tenha previsto ou que podia razoavelmente prever como consequência *provável* do incumprimento, enquanto que no artigo da Convenção a ressarcibilidade diz respeito ao prejuízo que o devedor previu ou deveria ter previsto como consequência *possível* do incumprimento[115].

O conceito de previsibilidade deve ser interpretado de forma estrita. A previsibilidade diz respeito à natureza ou tipo de prejuízo mas não à medida desde, salvo se esta for tal que transforme o prejuízo qualitativamente. Esta transformação qualitativa do prejuízo surge num dos exemplos constantes dos próprios Princípios[116]. Neste, um Banco utiliza frequentemente os serviços de uma empresa de segurança para transportar sacos de moedas para as suas agências. Sem informar a empresa, o Banco envia um carregamento de sacos com moedas para coleccionadores cujo valor excede em 50 vezes o valor dos anteriores. Sendo os sacos roubados, o Banco só poderá obter compensação pelo dano correspondente ao valor dos carregamentos habituais, uma vez que só este tipo de risco podia ter sido previsto e o valor dos bens perdidos era tal que transformou o prejuízo numa espécie diferente.

O artigo 7.4.4 dos Princípios UNIDROIT, contrariamente ao que sucede com os preceitos equivalentes do Direito francês (e, como veremos, nos PECL), não consagra a excepção feita aos casos em que o incumprimento seja imputável ao devedor a título de dolo ou culpa grave, pelo que mesmo para estes casos vale a regra da previsibilidade.

O princípio da limitação dos danos mediante a averiguação do seu carácter previsível está relacionado com a própria natureza contratual. O devedor não deverá ser responsabilizado por prejuízos que nunca poderia

---

[114] A inspiração encontra-se reconhecida no próprio comentário ao artigo. MARIA ÂNGELA BENTO SOARES & RUI MOURA RAMOS, *Contratos Internacionais. Compra e Venda. Cláusulas Penais. Arbitragem*, Coimbra, Almedina, 1986, p. 201, entendem que o art. 74 se funda na teoria da causalidade adequada, fazendo uma aproximação do teor do art. 563.º do Código Civil português à orientação ínsita na referida disposição da Convenção de Viena.

[115] Como nota JOHN Y. GOTANDA, «Recovering Lost Profits in International Disputes», *Georgetown Journal of International Law*, 36, 2004, p. 85.

[116] Exemplo 2 (*UNIDROIT...*, cit., p. 239).

ter previsto no momento da celebração do contrato e cujo risco não poderia ter acautelado, (por exemplo, coberto por um seguro)[117].

3.5. PECL

O critério orientador do problema da ressarcibilidade dos danos nos PECL é o constante do artigo 9:503. A sua redacção é a seguinte:

Art. 9:503
The non-performing party is liable only for loss which it foresaw or could reasonably have foreseen at the time of conclusion of the contract as a likely result of its non-performance, unless the non-performance was intentional or grossly negligent.

A) Previsibilidade

A primeira regra que se extrai do preceito supra-enunciado é a de que o devedor inadimplente se constitui na obrigação de ressarcir o dano se este foi efectivamente previsto ou poderia razoavelmente ter sido previsto por si no momento da celebração do contrato, como resultado provável do incumprimento contratual[118].

A regra é, pois, mais uma vez, dupla: em termos de ressarcibilidade dos efeitos danosos do incumprimento releva não apenas a sua efectiva previsão, mas também a sua previsibilidade. Por outras palavras, interessa não apenas aquilo que foi efectivamente previsto pelo agente no momento da celebração do contrato como resultado da sua actuação inadimplente (aquilo que foi realmente previsto), mas também o que a parte podia ou devia ter previsto como consequência do incumprimento (aquilo que é presumidamente previsto).

Um exemplo ilustrativo da regra consagrada no artigo 9:503 é aquele que consta do comentário a este preceito[119]. Neste, o primeiro contraente vende ao segundo contraente ração alimentar para porcos. O composto da ração continha um elemento ligeiramente tóxico, conhecido por provocar

---

[117] Cf. Comentário ao artigo 7.4.4 (*UNIDROIT...*, cit., p. 238).

[118] O artigo segue o princípio adoptado noutros ordenamentos que limitam a ressarcibilidade dos danos àqueles que foram previstos ou que deveriam ter sido previstos no momento da celebração do contrato, designadamente o inglês e o francês (cf. *Principles...*, cit., pp. 441 e 442, comentário e notas ao art. 9:503).

[119] *Principles...*, cit., p. 441, exemplo 2.

um ligeiro sofrimento aos animais, sem no entanto lhes causar qualquer lesão grave. Todavia, os porcos eram de uma espécie rara que era particularmente sensível ao elemento tóxico presente na ração. Em virtude do consumo da ração, vários porcos morrem. O primeiro contraente não deve ser responsabilizado pelo dano da morte dos porcos, uma vez que não podia razoavelmente prever a sua ocorrência.

Para a aplicação da regra da previsibilidade são relevantes os conhecimentos que as partes possuíam, mediante os quais estavam ou deviam estar em situação de prever as consequências danosas do incumprimento.

O critério da previsibilidade do agente procura cingir a responsabilidade contratual à margem de risco que os contratantes convencionalmente assumiram[120].

B) *Afastamento da regra em caso de dolo ou culpa grave*

As formulações da regra da previsibilidade nos Princípios UNIDROIT e nos PECL são muito próximas, sendo as respectivas redacções susceptíveis de uma sobreposição quase total. A diferença entre os regimes mencionados está na ressalva constante do artigo 9:503 dos PECL, *in fine*, que inexiste em absoluto nos Princípios UNIDROIT.

Assim, não obstante o princípio ínsito na norma ser o da não ressarcibilidade dos danos imprevisíveis no momento da celebração do contrato, a limitação é afastada, nos termos da segunda parte do artigo 9:503, quando o incumprimento for intencional («intentional») ou gravemente negligente («grossly negligent»). Nestes casos, deverão, pois, ser indemnizados os prejuízos resultantes do incumprimento, ainda que não tenham sido previstos nem fossem previsíveis[121]. Esta solução é, como vimos, muito próxima da vigente no Direito francês.

4. Síntese comparativa e conclusões

Em síntese, a maioria dos regimes jurídicos em comparação consagra a regra da previsibilidade enquanto critério geral delimitador da ressarci-

---

[120] Este é, como vimos, a *ratio* da regra da previsibilidade nos ordenamentos em que ela foi consagrada enquanto critério de ressarcibilidade dos danos no contexto contratual, designadamente nos Direitos inglês e francês.

[121] Cf. *Principles...*, cit., p. 442.

bilidade dos danos decorrentes da situação de incumprimento contratual. A excepção encontra-se no Direito português, no qual o principal critério de aferição da reparabilidade do prejuízo é a teoria da causalidade adequada.

Nos regimes instituídos pelo Direito francês e pelos PECL, a regra é afastada nos casos em que o incumprimento seja devido a dolo ou culpa grave. Neste último, o afastamento encontra-se explicitamente reconhecido, enquanto que, no primeiro, a ressalva só está expressamente prevista quanto ao dolo, sendo a sua extensão aos casos de culpa grave resultante de uma interpretação doutrinária e jurisprudencial.

Em todos os regimes é requerida uma exigência causal mínima para que haja constituição do devedor inadimplente na obrigação de indemnização, que se encontra geralmente consagrada na enunciação do direito geral à indemnização dos danos, por via do uso de expressões como «danos causados pelo incumprimento», «danos resultantes do incumprimento» ou equivalentes. Nalguns regimes, a existência dessa relação causal mínima surge apenas implicitamente. Não obstante, é certo que em todos eles só serão reparáveis aqueles prejuízos que ocorram em consequência da violação do contrato, no sentido em que se esta não tivesse sucedido, eles não se verificariam. O incumprimento tem de operar enquanto condição do dano[122].

As diferenças entre as duas regras são menores do que a sua denominação poderia fazer supor.

A probabilidade é um conceito central em ambas. A adequação causal verifica-se mediante a indagação da probabilidade de ocorrência do dano. É causalmente adequado o facto (incumprimento) que tenha como resultado provável o dano que lhe sobreveio. Também à aferição da previsibilidade do dano não é alheia a ideia de probabilidade. Efectivamente, os Princípios UNIDROIT e os PECL referem-se expressamente à probabilidade, dizendo que é indemnizável o dano previsível como consequência ou resultado provável («likely result») do incumprimento. Também a previsibilidade consagrada no Direito inglês não se refere à simples antevisão

---

[122] Isto não significa que os regimes em comparação não desenvolvam maiores considerações acerca do problema da causalidade. O Direito inglês trata o tema da «causation», ainda que o mesmo seja objecto de desenvolvimentos sobretudo na «tort law»; no Direito francês a causalidade é discutida a propósito do carácter imediato e directo do dano (que é muitas vezes reconduzido à teoria da causalidade adequada, cf. TERRÉ, SIMLER & LEQUETTE, *Droit...*, cit., p. 435).

ou ponderação das partes, exigindo um grau de probabilidade de ocorrência do dano que faz legitimamente supor essa mesma previsibilidade (especialmente após a decisão proferida no caso *Heron II*). No Direito francês, apesar de não existir uma alusão expressa à ideia de probabilidade, ela está presente no conceito de «normalidade» – fulcral na regra instituída pelo artigo 1150 – bem como na ideia de apreciação em abstracto da previsibilidade.

A causalidade adequada no Direito português não se limita, pois, a uma mera indagação causal, assim como a previsibilidade (nas suas várias formulações) não exprime apenas a representação pelo inadimplente das consequências do seu incumprimento, pelo que as respectivas designações se revelam redutoras do seu teor.

As expressões usadas na formulação da teoria da causalidade adequada mostram uma grande semelhança com as que são utilizadas na enunciação das regras de previsibilidade. Evidenciemos os mais significativos pontos de contacto das duas teorias[123]: ambas contemplam danos que ocorram segundo o «curso normal das coisas» ou «de acordo com a experiência comum»; ambas procedem a uma avaliação póstuma, por remissão para um momento anterior à produção do dano (o do contrato ou o do incumprimento, consoante o regime em causa), tomando como padrão o homem médio; ambas fazem relevar não apenas os conhecimentos que uma pessoa comum deveria ter, mas também os conhecimentos concretos do agente.

Em suma, as duas teorias assentam na ideia de que o agente deve ser responsabilizado pelos danos que sejam consequência provável do incumprimento, de acordo com a capacidade de previsão de um homem médio, razoavelmente informado. O campo de delimitação dos danos deve ser alargado sempre que se mostre que, em concreto, o agente possuía conhecimentos que lhe permitiam prever determinados danos como consequência provável do incumprimento, ainda que a ocorrência desses danos tenha excedido os limites do chamado curso normal das coisas. A lógica subjacente a ambas as regras é a de que o agente não deve ser responsabilizado por acontecimentos cuja esfera de probabilidade ultrapassa a normalidade, a menos que pudesse prever o prejuízo como consequência da sua actuação, por se encontrar especialmente informado[124].

---

[123] A comparação ponto por ponto é levada a cabo por TREITEL, *Remedies*..., cit., pp. 67-68, por referência sobretudo ao Direito alemão.

[124] As diferenças serão maiores ou menores consoante as formulações que em concreto se adoptem. Sobre as sobreposições e distinção teórica dos problemas da previsibilidade e causalidade, v. especialmente SAIDOV, «Methods...», cit., p. 344 e ss.

Existem, pois, aspectos essenciais comuns às duas teorias, pelo que se pode afirmar existir um elevado grau de similitude entre elas[125]. As regras da adequação causal e da previsibilidade são funcionalmente equivalentes[126]: têm por escopo o afastamento da ressarcibilidade quanto aos danos muito remotos ou improváveis, o que justifica a sua comparabilidade[127].

O princípio teórico fundamental é, na regra da previsibilidade, a aceitação, implícita ou explícita, dos riscos contratuais, fundamentada essencialmente, no Direito francês, enquanto expressão da vontade das partes e para a qual assumem, no Direito inglês, especial preponderância as preocupações de eficiência económica e equilíbrio negocial. A natureza contratual da regra é, pois, evidente. Tal não sucede no critério da adequação causal, desde logo pela sua vocação genérica. A causalidade adequada é normalmente justificada por imperativos de justiça material, designadamente enquanto factor de correcção dos resultados absurdos decorrentes da aplicação de outras teorias, como a *conditio sine qua non*.

Todavia, a diferença fundamental entre os dois critérios, que justificará maiores divergências quanto aos resultados a que cada um deles conduz, encontra-se no momento relevante para a aplicação do teste da ressarcibilidade[128]. Enquanto que na teoria da causalidade adequada esse momento é o da prática do facto lesivo (ou seja, do incumprimento), o teste da previsibilidade é aplicado por referência ao momento da celebração do contrato. Ao fixar o momento do contrato como decisivo para a averiguação do carácter indemnizável do prejuízo, a regra da previsibilidade delimita previamente o âmbito da responsabilidade contratual em que o devedor incorre, aumentando a confiança das partes quanto aos efeitos do incumprimento, enquanto que a causalidade adequada torna mais incertas as fronteiras do ressarcimento.

---

[125] A distinção das duas teorias passaria pela consideração de que a previsibilidade teria um pendor mais subjectivista, enquanto que a causalidade adequada teria um pendor mais objectivista (cf. CARNEIRO DA FRADA, *Teoria...*, cit., p. 318, nota 306). Não obstante, como vimos, o alcance da diferença é muito reduzido (cf. PINTO OLIVEIRA, «Causalidade...», cit., p. 821).

[126] No mesmo sentido, BRUNO ZELLER, *Damages under the CISG*, New York, Oceana Publications, 2005, p. 104.

[127] Quanto à comparabilidade, v. CARLOS FERREIRA DE ALMEIDA, *Direito Comparado: Ensino e Método*, Lisboa, Edições Cosmos, 2000, p. 114 e ss.

[128] Cf. TREITEL, *Remedies...*, cit., p. 68.

No sentido de proceder à esquematização do que temos vindo a dizer, com a necessária preocupação de simplificação e síntese, propomo-nos apresentar graficamente a comparação levada a cabo, mediante o preenchimento da seguinte grelha comparativa[129]:

	REGRA GERAL DE DELIMITAÇÃO DOS DANOS RESSARCÍVEIS	MOMENTO RELEVANTE PARA A AFERIÇÃO DA RESSARCIBILIDADE	AFASTAMENTO DA REGRA EM CASO DE DOLO OU CULPA GRAVE
DIREITO FRANCÊS	PREVISIBILIDADE	CONTRATO	SIM
DIREITO INGLÊS	PREVISIBILIDADE	CONTRATO	NÃO
DIREITO PORTUGUÊS	CAUSALIDADE ADEQUADA	INCUMPRIMENTO	NÃO
UNIDROIT	PREVISIBILIDADE	CONTRATO	NÃO
PECL	PREVISIBILIDADE	CONTRATO	SIM

---

[129] Na formulação e preenchimento da grelha comparativa foi seguido o modelo proposto por FERREIRA DE ALMEIDA, *Direito Comparado*, cit., p. 127.

A RETENÇÃO DE DADOS PESSOAIS NAS COMUNICAÇÕES ELECTRÓNICAS

Pedro Ferreira[*]

1. Dados de tráfego e prossecução penal

A entrada em vigor da Directiva 2006/24/CE inicia uma nova abordagem aos direitos fundamentais suscitada pela Sociedade de Comunicação: passa a vigorar um quadro jurídico que legitima a vigilância generalizada da «vida digital» e avança-se para um novo balanceamento entre o direito à protecção de dados pessoais e o direito à segurança, com preferência deste último. Não admira, por isso, que se diga que a conservação «de dados de comunicações com o objectivo de reprimir crimes graves não tem precedentes e terá uma importância histórica»[1]. Os efeitos práticos da directiva estão ainda por observar, pois aguarda-se a transposição para o direito nacional, mas, qualquer que seja o resultado desta transposição, é inegável observar-se que, nunca como agora, o debate sobre a defesa de direitos fundamentais na Sociedade de Comunicação está na ordem do dia.

Tal protagonismo tem justificação no facto de vivermos um tempo em que confluem de modo incisivo duas das questões que dominam o início do séc. XXI: a vida digital assente nos correspondentes dispositivos tecnológicos e a segurança, subentenda-se o terrorismo internacional que, entre outros, se socorre daqueles dispositivos na sua acção.

A crescente digitalização da vida, seja nos seus aspectos de lazer, profissionais ou de cidadania, leva à transferência de grande parte das acções

---

[*] Doutorando na Faculdade de Direito da Universidade Nova de Lisboa.

[1] Parecer n.º 3/2006, de 25 de Março de 2006, do Grupo de Trabalho do Artigo 29.º, p. 2. No Parecer 4/2005, de 21 de Outubro de 2005, o mesmo Grupo salientava que a «A directiva proposta coloca-nos perante uma decisão histórica» (p. 5).

humanas para o mundo virtual, num processo que não se reconduz a mera reprodução em papel químico. Ao nos referirmos à digitalização da vida temos sobretudo em vista o processo em que a representação da realidade pessoal se expressa através de dados pessoais, sejam estes números da segurança social ou um endereço de correio electrónico. Esta passagem tem dois efeitos imediatos: por um lado, o que somos é repartido e disperso em *bits* e *bytes* por todos os pontos da rede, o que, de algum modo, multiplica os sinais da nossa existência e, por outro lado, o que somos é também o conjunto de associações de dados que se fazem em determinado momento ou a propósito de determinada acção, a maioria das vezes por fontes heterogéneas e completamente isoladas da «pessoa» de origem.

Contudo, para a generalidade destas acções em linha, os dados processados não diferem grandemente dos dados resultantes da vida analógica: fornece-se em linha o número de cartão de crédito tal como sucede numa qualquer loja, ou fornece-se a morada, o nome ou a idade em linha tal como acontece na contratação de um serviço ou na compra de um bem no mundo «real». O que é verdadeiramente diferente no mundo digital é a criação de um conjunto de dados pessoais indissociáveis das comunicações em linha, designados por dados de tráfego, definidos, nos termos da Lei n.° 41/2004, de 18 de Agosto (alínea *d*) do art. 2.°), como quaisquer dados tratados para efeitos do envio de uma comunicação através de uma rede de comunicações electrónicas ou para efeitos da facturação da mesma.

Embora com designação própria, os dados de tráfego sujeitam-se na sua plenitude à Lei n.° 67/98, de 26 de Outubro (Lei de Protecção de Dados Pessoais – LPDP) e à Lei n.° 41/2004, de 18 de Agosto. É assim para o endereço IP[2] como para o número de telefone, a morada ou qualquer outro dado que, para ser pessoal, bastará que a pessoa a que se refere seja identificável, ou seja, que a relação entre o dado (por exemplo, um simples número) e uma pessoa, singular ou colectiva, em concreto, seja possível, mesmo que do dado, em si, não resulte qualquer identificação imediata. É, aliás, pela sua pessoalidade e identificabilidade que estes dados devem ser

---

[2] Em sentido contrário, PEDRO VERDELHO, «A obtenção de prova no ambiente digital», *in Revista do Ministério Público*, Lisboa, n.° 99 (Jul./Set.) 2004, p. 127, afirma que o endereço IP «não respeita a dados de base, uma vez que nada revela sobre o titular do acesso à rede, o local onde o mesmo se encontra ou a sua identidade». O mesmo autor conclui que este tipo de dados é um «terceiro tipo» distinto dos dados de base e dos dados de conteúdo. No sentido que defendemos no texto, cfr. Parecer n.° 4/2007, do Grupo de Trabalho do Artigo 29.°, sobre o conceito de dados pessoais, adoptado em 20 de Junho de 2007, pp. 16-17.

eliminados ou tornados anónimos quando deixem de ser necessários para efeitos da transmissão da comunicação (n.º 1 do art. 6.º da Lei 41/2004, de 18 de Agosto) e que, para certo tipo de processamento, o assinante ou utilizador seja chamado a dar o seu consentimento (n.ºs 4 e 5 do art. 6.º da referida Lei). Sendo assim, é irrelevante, senão mesmo contrário à lei, dizer-se em absoluto e previamente que determinado dado é ou não pessoal e, a partir daí, desenharem-se listas de dados «não-pessoais».

Inevitavelmente, as necessidades de defesa da ordem jurídica acompanham a «vida.com» e exigem, em particular quando as acções criminosas ocorrem pela utilização quase exclusiva de meios de comunicação pessoal (crimes informáticos) ou quando recorram a esses meios para cometerem outros ilícitos, que estas acções sejam prevenidas e combatidas pelo acesso da polícia às comunicações, através das chamadas escutas telefónicas, ou pelo acesso aos dados de tráfego deles resultantes.

Deve observar-se que o quadro legislativo actual, ainda inspirado num mundo essencialmente analógico, não autonomiza o acesso aos dados de tráfego para efeitos de prossecução penal, antes o associa ao regime das escutas telefónicas ou engloba-o no conjunto de diligências que visam investigar a existência de um crime. Embora a nova versão do Código de Processo Penal tenha optado, parcialmente, por outra via, perfilhamos uma clara distinção entre dados resultantes das escutas telefónicas, recolhidos a propósito de uma comunicação objecto de mandato específico do juiz de instrução, e os dados recolhidos e arquivados pelos operadores de comunicações para outros fins e posteriormente solicitados pelo Ministério Público.

Quanto aos dados de tráfego que podem ser recolhidos no âmbito do regime da intercepção legal das comunicações, o seu processamento está previsto nos artigos 187.º e ss. do Código de Processo Penal (CPP), ou seja, abrangem os que resultam do acesso às comunicações, incluindo o seu conteúdo e outros elementos contextuais, mas sempre no âmbito de uma comunicação que é registada para o fim estrito da intercepção legal. A epígrafe do Capítulo IV (Das escutas telefónicas) do CPP não permite outra interpretação.

Pese embora o anacronismo da designação legal («escutas telefónicas» e «comunicações telefónicas»[3]), o artigo 189.º do CPP, como não po-

---

[3] Note-se a própria hesitação do legislador quanto à terminologia, já que nos n.ºs 5, 6, 7 e 8 do art. 187.º deixa cair o termo «telefónica» referindo-se simplesmente, como nos parece bem, a «comunicações».

deria deixar de ser, estende o regime das escutas telefónicas às conversações ou comunicações transmitidas por qualquer meio técnico diferente do telefone, designadamente correio electrónico ou outras formas de transmissão de dados por via telemática. O que já se compreende menos é que possa haver «intercepção e a gravação» (n.º 1 do art. 187.º) de «conversações ou comunicações [...] guardadas em suporte digital» (n.º 1 do art. 189.º do CPP) ou que no regime de «escutas telefónicas» se aborde a «obtenção da localização celular ou de registos de realização de conversações ou comunicações» (n.º 2 do art. 189.º) deixando antever, ainda que por mera hipótese interpretativa, que tais registos não decorrem das próprias escutas telefónicas.

O regime das escutas telefónicas é facilitado por uma obrigação de disponibilização de meios imposta às empresas que ofereçam redes e serviços de comunicações electrónicas. Estas empresas podem estar sujeitas à obrigação de instalação, a expensas próprias, e disponibilização de sistemas de intercepção legal às autoridades nacionais competentes, bem como fornecimento dos meios de desencriptação ou decifração sempre que ofereçam essas facilidades, em conformidade com a legislação aplicável à protecção de dados pessoais e da privacidade no domínio das comunicações electrónicas (al. *n*) do n.º 1 do art. 27.º da Lei das Comunicações Electrónicas – LCE – Lei n.º 5/2004, de 10 de Fevereiro). A legislação sectorial sobre dados pessoais, de facto, prevê a proibição da «escuta, a instalação de dispositivos de escuta, o armazenamento ou outros meios de intercepção ou vigilância de comunicações e dos respectivos dados de tráfego por terceiros sem o consentimento expresso dos utilizadores, com excepção dos casos previstos na lei» (n.º 2 do art. 4.º da Lei n.º 41/2004, de 18 de Agosto), não contendo, para além desta abertura excepcional, qualquer referência à situação antevista pela LCE, o que deixa algumas dúvidas sobre o alcance da expressão «em conformidade».

O enquadramento processual do acesso a dados de tráfego tem sido matéria controvertida, e não parece que a nova versão do CPP tenha posto cobro a tal controvérsia. Com efeito, agora como anteriormente, parece-nos excessivo que se faça uma interpretação extensiva e se inclua ainda no regime das escutas telefónicas o acesso a outros elementos, como a facturação detalhada e outros dados de tráfego recolhidos fora da referida «disponibilização de meios», ou seja, os dados recolhidos pelos próprios operadores de comunicações electrónicas para fins diversos das «escutas telefónicas». Não coincidimos neste ponto com o defendido no Parecer n.º 21/2000, do Conselho Consultivo da PRG, ao afirmar que, na fase de inquérito, os dados de tráfego apenas podiam ser fornecidos pelos operadores de telecomunicações nos termos do regime das escutas telefónicas (arts. 187.º, 190.º e 269, 1, c)), pelo Juiz de instrução. Já no Acórdão do Tribunal da Relação de Lisboa (processo 1317/07-9), de 22.02.2007, se defende que «os elementos documentais solicitados à PT, sendo necessários à investigação em curso, não traduzem uma intromissão ou devassa, como a que se patenteia quando se pretende o registo de conteúdo da própria conversação ou comunicação».

A nova redacção do n.º 2 do artigo 189.º do CPP mais não faz do que confirmar que as escutas telefónicas abrangem igualmente os dados de tráfego associados às comunicações escutadas e apenas a essas. Outras hipóteses interpretativas são possíveis (por exemplo, considerando-se que o regime jurídico do n.º 2 do art. 189.º se aplica a todos os dados de tráfego, haja ou não escutas) mas não nos parecem conduzir a resultados aceitáveis. Ou seja, não se percebe porque haveria o legislador de conceber dois regimes processuais com diferentes garantias – um para dados de tráfego e outro para os restantes dados pessoais registados e guardados por empresas de comunicações electrónicas ou outras.

Portanto, quanto aos dados de tráfego recolhidos pelas empresas de comunicações electrónicas, uma vez que passam a estar registados em suportes da propriedade daquelas empresas, o regime aplicável deveria ser idêntico aos das restantes diligências de investigação de crimes, com excepção dos dados registados relativos a comunicações no âmbito de escutas telefónicas.

O mais importante é verificar-se que, um e outro caso, o acesso aos dados resultantes da intercepção legal das comunicações ou o acesso a dados guardados pelas empresas de comunicações electrónicas, estão circunscritos a um contexto de prossecução penal, verificada a existência de um ilícito penal e sob autorização judicial. É esse o ponto de equilíbrio para onde aponta o nosso sistema Constitucional, no primeiro caso, pelo previsto no n.º 4 do artigo 34.º[4] e, no segundo caso, pelo indicado no artigo 35.º, nos termos do artigo 18.º

---

[4] O art. 34.º da CRP institui uma obrigação que se impõe a todos, de não aceder ou interferir com uma comunicação de outrem, independentemente do meio utilizado. O sigilo das comunicações «impõe-se, deste modo, como instrumento de delimitação negativa do âmbito de intervenção juridicamente permitido no elo da comunicação nas suas várias formas de manifestação» (MARTA PATRÍCIO, «Sigilo das telecomunicações: uma análise comparada», Sub Iudice, (15-16) 1999, p. 165), o que incluirá os próprios dados de tráfego verificados no momento da comunicação (Cfr. PEDRO FERREIRA, «Direitos fundamentais e

2. A resposta legislativa à nova criminalidade

Os ataques terroristas de 11 de Setembro vieram colocar em causa o sistema clássico de investigação criminal que acabamos de descrever em traços largos. Por um lado, a origem, dimensão e os objectivos do novo tipo de criminalidade associada ao terrorismo, clamavam pela legitimação de outros processos e medidas de segurança pública, de que a retenção de dados seria um exemplo, orientadas para a prevenção e para a vigilância generalizada e indiscriminada, pois também as ameaças e os ataques à segurança o eram. Os dados de tráfego recolhidos pelas empresas de comunicações electrónicas no âmbito da sua actividade poderiam ser utilizados com êxito para traçar o percurso dos criminosos cujo funcionamento em rede espelha, muitas das vezes, a rede das próprias comunicações que efectuam. Por outro lado, passou-se a reclamar uma maior integração das informações recolhidas pelas autoridades policiais e judiciais de cada Estado, em resposta à dimensão global e transnacional das redes terroristas.

É para satisfação destas necessidades que o legislador internacional, comunitário e nacional, se tem afadigado nos últimos anos num movimento que encontra o seu primeiro exemplo na Convenção da Cibercriminalidade do Conselho da Europa (ETS 185, de 23 de Novembro de 2001)[5].

A Convenção, em particular os artigos 16.º e ss., dirige-se à harmonização do direito processual dos Estados-Partes em dois aspectos que, de algum modo, replicam o sistema já arquitectado na legislação nacional quanto à separação entre a intercepção de dados (e conteúdos) e o acesso a dados armazenados, mas inova ao prever expressamente a possibilidade de os operadores de comunicações electrónicas recolherem e guardarem dados, por um período máximo de 90 dias, a fim de serem disponibilizados a autoridades de polícia ou judiciais (arts. 16.º e 17.º). A Convenção

---

telecomunicações: conflitualidade entre direitos fundamentais e bens comunitários», *Boletim da Faculdade de Direito de Macau*, Ano I, n.º 1, 1997, pp. 121-165). Nesta acepção, é possível falar-se em inviolabilidade ou confidencialidade dos próprios dados de tráfego como elementos da comunicação (n.º 1 do art. 4.º da Lei n.º 41/2004, de 18 de Agosto) lado a lado com a sua protecção enquanto dados pessoais.

[5] A Convenção sobre a Cibercriminalidade foi aberta para assinatura em 23 de Novembro de 2001, tendo até à data, sido assinada por 42 países, incluindo alguns que não fazem parte do Conselho da Europa como o Canadá, Japão, Africa do Sul e EUA. A Convenção foi ratificada por 22 Estados.

estabelece, além disso, medidas de cooperação entre as entidades de investigação e de prevenção criminal e a necessidade de cada parte instituir uma entidade permanente com possibilidade de efectuar a recolha de dados de tráfego em tempo real.

Quanto ao acesso aos dados, a convenção prevê a figura da «injunção» (art. 18.°), antevendo a possibilidade de as autoridades competentes serem dotadas de poderes necessários para obrigar uma pessoa que se encontre no seu território a fornecer dados armazenados e específicos, ou um fornecedor de serviços que ofereça os seus serviços no território da parte a prestar informação relativa a subscritores. Prevê, adicionalmente, no artigo 19.°, relativo à busca e apreensão de dados informáticos armazenados, a harmonização do Direito nacional relativamente à busca e apreensão de dados para obtenção de provas.

Quanto à recolha de dados informatizados em tempo real (referenciada nos arts. 20.° e 21.°), insta os Estados a criarem mecanismos legais que permitam a recolha, em tempo real, de dados de tráfego e a intercepção, também em tempo real, de dados de conteúdos associados a comunicações específicas transmitidas por meio de um sistema informático.

Essas medidas devem, em todo o caso, obedecer a alguns princípios: estarem previstas na lei, serem necessárias à defesa da sociedade democrática e obedecerem a uma interpretação restritiva (cfr. Convenção n.° 108, Convenção Europeia dos Direitos do Homem, n.° 2 do art. 8.°), salvaguardas que o Parlamento Europeu, em todo o caso, veio a considerar serem insuficientes.

No mesmo sentido ao da Convenção da Cibercriminalidade, o G8 adoptou, na reunião de Maio de 2002, uma recomendação apoiando a retenção geral de dados, em especial dos «logs», de modo a revelar-se o percurso dos utilizadores pela Internet.

Os ataques terroristas de Madrid, em 11 de Março, tornaram ainda mais premente a adopção de medidas de combate ao terrorismo e um reforço da cooperação policial a nível europeu, objectivos que a Convenção da Cibercriminalidade anunciava mas demorava a cumprir. Nesse sentido, na Declaração sobre o combate ao terrorismo no dia 25 de Março de 2004, o Conselho Europeu solicitou aos Estados-Membros a análise de propostas para a definição de regras sobre a retenção de dados de tráfego em serviços de comunicações electrónicas, a implementar em Junho de 2005, assim como apelou a que os Estados-Membros desenvolvessem políticas convergentes de reforço da protecção dos serviços essenciais, como as comunicações, contra ataques terroristas.

Em resposta a essa Declaração, a 28 de Abril de 2004, quatro Estados-Membros (França, Irlanda, Suécia e Reino Unido) submeteram ao Conselho um projecto de Decisão-Quadro[6] no âmbito da Cooperação Policial e Judiciária em Matéria Penal (CPJMP), ou seja, no domínio do chamado terceiro pilar (alínea *b*), n.° 2, do art. 34.°) do Tratado da União Europeia – TUE), relativo à conservação dos dados tratados e armazenados em ligação com a oferta de serviços de comunicações electrónicas publicamente disponíveis ou dados em redes de comunicações públicas para efeitos de prevenção, investigação, detecção e instauração de acções penais por crimes e infracções penais, incluindo terrorismo. A Decisão-Quadro visava, particularmente, a possibilidade de se detectar a origem de material com pornografia infantil ou com intuitos racistas ou xenófobos, a origem de ataques a sistemas de informação e a identificação dos que utilizam as redes de comunicações electrónicas para o crime organizado ou para o terrorismo, mas excluía o acesso ao conteúdo das comunicações (n.° 2 do artigo 1.°).

A urgência na adopção de um instrumento legal dedicado à retenção de dados foi confirmada pelas conclusões do Conselho Europeu de 16 e 17 de Junho, assim como pelo Conselho JAE especial, de 13 de Julho de 2005, convocado na sequência dos atentados terroristas de Londres.

Tendo ainda por horizonte o aprofundamento da segurança e a cooperação internacional, as razões para que a retenção de dados tenha surgido como a panaceia no combate ao terrorismo deve-se, em primeiro lugar, ao facto de a vigilância geral e preventiva, tal como acontece no mundo analógico pela existência de polícias nas ruas ou a vigilância de locais, não existir no mundo em linha. Por outro lado, com a actual estrutura dos mercados de comunicações electrónicas (grande número de empresas privadas), o tipo de serviços oferecidos (cartões pré-pagos, telefones não registados, acesso dinâmico à Internet) e as tecnologias empregues (VoIP, banda larga, Internet móvel, etc.) as autoridades policiais e judiciais tinham receio que o acesso aos dados de tráfego fosse cada vez mais dificultado. Exigia-se, assim, uma mudança de paradigma na investigação criminal de base tecnológica: «one development has radically altered the

---

[6] Draft Council Framework Decision on the Retention of Data Processed and Stored in Connection With the Provision Of Publicly Available Electronic Communications Services or Data on Public Communications Networks for the Purpose Of Prevention, Investigation, Detection And Prosecution of Crime and Criminal Offences Including Terrorism (documento n.° 8958/04, de 28 de Abril de 2004).

nature of law enforcement and, with it, the relationship between law enforcement and data protection laws: technology»[7].

Uma inversão do princípio da (não) guarda de dados parecia ser uma medida essencial para se poderem garantir provas fundamentais para a prossecução de certos crimes. Para as autoridades policiais e de investigação criminal, era essencial, não só a disponibilidade de dados detalhados sobre os criminosos mas também o registo dos seus padrões de comunicação ao longo do tempo. Sobretudo em crimes informáticos, a investigação é difícil, senão mesmo impossível, na ausência de um registo dos dados que demonstram a actividade criminosa, como o tempo e o destino das comunicações.

Em segundo lugar, o quadro legislativo que estava em vigor era manifestamente insuficiente, uma vez que as Directivas de protecção de dados não visavam as situações de recolha de dados para fins de investigação; pelo contrário, esse era um fim do processamento excluído expressamente do seu âmbito (cfr. Decisão do Tribunal de Justiça nos casos C-317/04 e C-318/04, que opôs o Parlamento Europeu ao Conselho e à Comissão Europeia, de 30 de Maio de 2006, parágrafo 54).

Em terceiro lugar, era indispensável criarem-se as condições e os procedimentos para uma colaboração internacional harmonizada[8], o que só poderia acontecer se a guarda de dados originados em redes de comunicações electrónicas fosse análoga em todos os Estados. Em 2004, a ausência de harmonização e a abertura às restrições facultada pela lei comunitária ou pela lei nacional tinham levado a um alargamento das possibilidades de guarda dos dados em alguns Estados e à sua proibição noutros. Havia, assim, um objectivo subjacente correlacionado com a harmonização, atendendo a que alguns estados haviam adoptado (França[9],

---

[7] FRANCESCA BIGNAMI, *Protecting privacy against the police in the European Union: the data retention Directive*, Duke Law School Working Paper Series, 2007, paper 76, p. 3.

[8] Sobre a necessidade de se criar uma rede de informação criminal a nível da EU, vide Comunicação da Comissão ao Conselho e ao Parlamento Europeu relativa ao reforço do acesso à informação por parte dos serviços responsáveis pela aplicação da lei – COM (2004) 429 final, de 16 de Junho de 2004.

[9] A Lei sobre «Sécurité Quotidienne», publicada em 15 de Novembro de 2001, introduziu um conjunto de medidas excepcionais, como a obrigação de guarda de dados por 12 meses. Posteriormente, a Lei de «Orientation et de Programmation de la Sécurité Intérieure», adoptada em 29 de Agosto de 2002, veio permitir à polícia o acesso à distância, sem necessidade de pedido específico, aos dados registados pelos ISPs, assim como o cruzamento de diferentes bases de dados policiais.

Reino Unido[10] e Espanha[11]) ou estavam em vias de adoptar legislação sobre retenção de dados.

A proposta de Decisão, se bem que procurasse a aproximação das leis internas dos Estados-Membros, admitia a derrogação da aplicação do regime previsto à prevenção criminal (n.º 3 do art. 1.º) e dos prazos de retenção (n.º 2 do art. 4.º) que se situavam entre o mínimo de 12 e o máximo de 36 meses, consoante o tipo de dados envolvidos.

A proposta de Decisão preocupava-se em dar garantias de protecção e segurança dos dados (arts. 6.º e 7.º), em conformidade com o previsto na Directiva 95/46/CE, vindo de alguma forma ao encontro da Resolução do Parlamento Europeu, de 9 de Março de 2004, onde era solicitado à Comissão que propusesse um instrumento legal de forma a garantir no 3.º pilar o mesmo nível de protecção de dados auferido no 1.º pilar[12]. Porém, ao fazê-lo com base no artigo 47.º do Tratado, parecia entrar em conflito com o Direito Comunitário já existente, restringindo-o.

Aliás, o argumento da base jurídica acabou por ser o ponto de clivagem entre o Conselho e o Parlamento Europeu que, embora apenas num procedimento consultivo, acabou por rejeitar a Decisão-Quadro. Com o mesmo argumento, a Comissão Europeia decidiu-se pela apresentação de uma proposta concorrente à Decisão-Quadro em Setembro de 2005, com algumas diferenças:

Em primeiro lugar, quanto aos dados a serem retidos, a Comissão tomava uma atitude mais restritiva, embora os Estados-Membros mantivessem a possibilidade de estenderem a retenção a outras categorias de dados. O período de retenção variava, como regime-regra, entre um ano para os dados de telefonia fixa e seis meses para os dados de Internet. A proposta da Comissão contemplava ainda disposições sobre os custos, admitindo

---

[10] A Regulation of Investigatory Power Bill, de 2000, prevê a obrigatoriedade de instalação de caixas negras nos ISPs e a sua ligação a um centro de observação da polícia.

[11] A «Ley de Servicios de la Sociedad de la Información y de Comercio electronico», que entrou em vigor no dia 8 de Setembro de 2002, obriga os fornecedores de acesso à Internet a conservarem os dados de ligação por 12 meses, o que tem suscitado algumas dúvidas quanto à sua constitucionalidade.

[12] Esta proposta veio a ser apresentada pela Comissão e encontra-se actualmente em análise no Conselho. A Autoridade Europeia para a Protecção de Dados já teve oportunidade de se pronunciar, em termos negativos, sobre esta proposta (Parecer de 27 de Abril de 2007). Um dos pontos centrais volta a ser a guarda de dados e a definição dos fins legítimos e determinados em que o acesso aos dados pode ser obtido.

que os operadores fossem ressarcidos, e disposições sobre estatísticas, aspectos em que a proposta de Decisão-Quadro era omissa.

Em segundo lugar, a diferente base jurídica, que, tal como noutros momentos, voltava a vincar a oposição subjacente entre os chamados primeiro e terceiro pilar. A escolha do artigo 95.° TUE (Mercado Interno) era coerente com a base jurídica das directivas de protecção de dados, já que uma harmonização da retenção seria vantajosa para as empresas que prestassem serviços pan-europeus e garantiria condições de igualdade em todos os Estados-Membros. Por outras palavras, a directiva «converte as medidas nacionais em vigor em matéria de segurança pública em medidas de efeito equivalente (obstáculos ao mercado interno de telecomunicações) que devem ser eliminadas em conformidade com o disposto no artigo 14.° do Tratado CE» (Parecer do Conselho Económico e Social, de 21.03.06, ponto 2.3.2). Expressivamente, a base do artigo 95.° TUE, por oposição ao 3.° pilar, não obvia a um outro debate iniciado com a Directiva 95/46/CE, questionando-se se o 1.° pilar seria o *locus* mais adequado a uma «regulamentação» de direitos fundamentais, quando em causa está a simples concretização de uma das liberdades comunitárias (mercado interno).

Já a justificação do artigo 95.° TUE como base para se disciplinar o acesso das polícias ou, no dizer da Directiva, das «autoridades nacionais competentes», aos dados guardados, nos parece de mais difícil defesa (art. 4.°), pelas suas repercussões nas garantias previstas na lei, em termos comunitários, como seja a intervenção do Grupo de Trabalho do Artigo 29.°[13] e, a nível interno, da Comissão Nacional de Protecção de Dados.

Basear a Directiva no artigo 95.° TUE talvez não seja o fim da história. No caso C-317/04 sobre o «Agreement between the European Community and the USA on the processing and transfer of PNR data», adoptado também no âmbito da política de segurança, o Procurador-Geral, em parecer de 22.11.2005, considerou que o artigo 95.° TUE (parágrafo 126-162, em especial o 155) não era a base legal apropriada para tratar de assuntos no âmbito da segurança, uma vez que o acordo, tal como se pode afirmar a propósito da Directiva sobre retenção de dados, visava o combate ao terrorismo e não o mercado interno. Foi com este argumento que a Irlanda interpôs um recurso em 6 de Julho de 2006 (Processo C-301/06), com a finalidade de anular a Directiva 2006/24/CE. O argumento centra--se no facto de a directiva não ter sido adoptada com uma base jurídica

---

[13] Grupo previsto no art. 29.° da Directiva 95/46/CE, de 24 de Outubro.

adequada, a qual, no entender daquele Estado, não podia ser nem o artigo 95.º nem qualquer outra disposição do Tratado. Outra possibilidade, admitindo que ainda seria possível abordar a questão no 1.º pilar, seria o recurso ao artigo 308.º TUE, o qual requer unanimidade.

Se bem que, como veremos, o resultado final não se demarque substancialmente do que era previsto na Decisão-Quadro, a adopção de uma directiva do 1.º pilar, pelo menos, retirou o debate do campo da «segurança» e trouxe-o para o campo da «liberdade», fazendo jus ao facto de ser a União Europeia a liderar, no plano internacional, o movimento legislativo de protecção de dados. Com isto, democratizou a discussão das novas medidas e conferiu maiores garantias de controlo no tratamento dos dados, ao permitir o envolvimento directo do Parlamento Europeu e do Tribunal de Justiça, assim como de outras entidades europeias, designadamente o Grupo de Trabalho do Artigo 29.º[14] e a Autoridade Europeia para a protecção de dados[15]. A interferência desta Autoridade no debate não deixa de causar alguma estranheza, na medida em que se trata de uma Directiva cuja aplicação se dirige aos Estados-Membros e não às instituições comunitárias.

A abertura ao campo da liberdade, ainda que positiva, ficou aquém do que é normal no processo de adopção de directivas comunitárias. Por um lado, releve-se a rapidez do processo de adopção que durou uns escassos três meses, sem que houvesse qualquer prazo a impor uma actuação imediata[16] e, por outro lado, o envolvimento do Parlamento Europeu concretizou-se na reserva dos trílogos e não em debates públicos. Além disso, o acordo com o Conselho foi obtido em primeira leitura, com a particularidade de o voto da Plenária do Parlamento ter ido em sentido contrário ao relatório do comité «lead».

---

[14] De salientar que, no âmbito da Directiva, o art. 14.º exige à Comissão que examine as observações transmitidas pelo Grupo de Trabalho do Artigo 29.º na avaliação que a Comissão deve apresentar sobre a aplicação da Directiva e os seus efeitos nos operadores económicos e nos consumidores.

[15] A Autoridade Europeia para a protecção de dados foi criada pelo Regulamento (CE) n.º 45/2001, do Parlamento Europeu e do Conselho, de 18 de Dezembro de 2000, relativo à protecção das pessoas singulares no que diz respeito ao tratamento de dados pessoais pelas instituições e pelos órgãos comunitários e à livre circulação desses dados.

[16] Parecer do Comité Económico e Social Europeu sobre a Proposta de directiva (2006/C 69/04), de 19 de Janeiro de 2006, ponto 2.3.12.

3. A Directiva 2006/24/CE, de 15 de Março de 2006 e o novo balanceamento de direitos

Após as vicissitudes descritas, a Directiva 2006/24/CE, de 15 de Março de 2006, acabou por ser adoptada pelo Conselho, em 21 de Fevereiro de 2006, mantendo, no essencial, a proposta inicial da Comissão, ou seja, pretende harmonizar as leis dos Estados-Membros no que respeita à retenção de dados relacionados com as comunicações fixas, móveis e IP, tendo em vista a sua utilização pelos órgãos de investigação criminal no âmbito da investigação de «crimes sérios». A Directiva introduz ainda alterações à Directiva 2002/58/EC.

Em primeiro lugar, a directiva aplica-se a todos os prestadores de serviços e de redes de comunicações electrónicas publicamente disponíveis, impondo-lhes a obrigação de reterem os dados de pessoas singulares ou colectivas gerados ou tratados no âmbito de serviços por si prestados, tendo em vista a sua disponibilidade para efeitos de investigação, de detecção e de repressão de crimes graves.

Em segundo lugar, as categorias de dados susceptíveis de serem retidos incluem dados gerados pela prestação de serviços de comunicações electrónicas, tais como dados de tráfego, incluindo os dados de tentativas de chamadas e os dados de localização. Todavia, é possível aos Estados discriminarem com maior detalhe o tipo de dados a recolher. A Directiva não visa os dados de tráfego e dados de localização recolhidos no âmbito do regime das chamadas escutas telefónicas, uma vez que estes não são, em rigor, processados e guardados pelos prestadores de serviços. A estes cabe apenas disponibilizar os sistemas de intercepção legal (art. 27.º, 1, al. *n*) da Lei n.º 5/2004, de 10 de Fevereiro). Pela mesma razão, a Directiva não entra no campo da cooperação judiciária em matéria penal no que se refere à intercepção e à gravação de telecomunicações.

Em terceiro lugar, o período de retenção, a definir em cada Estado-Membro, varia entre um mínimo de 6 meses e um máximo de 2 anos, podendo haver, excepcionalmente, prazos superiores.

A questão fundamental, porém, está em saber se o resultado do novo balanceamento empreendido pela Directiva cumpre os requisitos constitucionais, europeus ou nacionais, que justificam a restrição do direito à protecção dos dados pessoais a favor do bem comunitário «segurança dos cidadãos», também ele de dimensão constitucional como demonstram o artigo 3.º da Declaração Universal, o artigo 5.º da Convenção Europeia dos Direitos do Homem, assim como o artigo 27.º da CRP. Dizemos novo balanceamento porque a Directiva 2006/24/CE altera o equilíbrio estabelecido pela Directiva 2002/58/CE, a qual era bastante mais restrita na aceitação de excepções ao princípio da finalidade no tratamento de dados pessoais.

Com efeito, a Directiva 95/46/CE e a Directiva 2002/58/CE (Considerando 17 e n.º 5 do art. 6.º), transpostas, respectivamente, para a ordem jurídica nacional pela LPDP e pela Lei n.º 41/2004, de 18 de Agosto, estipulam que os dados de tráfego apenas podem ser tratados para efeitos de transmissão da comunicação ou até final do período durante o qual a factura pode ser legalmente contestada ou o pagamento reclamado[17]. Este último período, inicialmente contemplado na Lei n.º 23/96, de 26 de Julho, que estipulava o prazo de 6 meses, foi afastado pelo n.º 2 do artigo 127.º da Lei n.º 5/2004, de 10 de Fevereiro (LCE), pelo que se aplica agora o prazo de prescrição previsto no Código Civil.

Quanto aos dados de localização que não sejam dados de tráfego, o seu tratamento é limitado ao tempo necessário para a prestação de serviços de valor acrescentado[18].

A nível nacional, a LPDP regula a guarda dos dados na alínea e) do n.º 1 do artigo 5.º, estatuindo que os dados devem ser conservados «apenas durante o período necessário para a prossecução das finalidades da recolha ou do tratamento posterior», excepcionando-se, por autorização da CNPD, caso haja um interesse legítimo, que os dados sejam conservados para fins históricos, estatísticos ou científicos por um período superior (n.º 2 do art. 5.º da LPDP).

A possibilidade de fixação de um prazo de conservação, caso não haja norma especial quanto à guarda de determinados tipos de dados, o que se verifica no caso dos dados de tráfego, pode ser fixada pela CNPD em cada caso ou através de directivas para determinados sectores de actividade (alínea f) do n.º 1 do art. 23.º da LPDP).

---

[17] Os n.os 1 e 3 do art. 6.º da Lei n.º 41/2004, de 18 de Agosto, referem: «(...) os dados de tráfego relativos aos assinantes e utilizadores tratados e armazenados pelas empresas que oferecem redes e ou serviços de comunicações electrónicas devem ser eliminados ou tornados anónimos quando deixem de ser necessários para efeitos de transmissão da comunicação» e «É permitido o tratamento de dados de tráfego necessários à facturação dos assinantes e ao pagamento de interligações (...)».

[18] O n.º 3 do art. 7.º da Lei n.º 41/2004, de 18 de Agosto, concede que «O tratamento de dados de localização é igualmente permitido na medida e pelo tempo necessários para a prestação de serviços de valor acrescentado, desde que seja obtido consentimento prévio por parte dos assinantes ou utilizadores».

Estas disposições têm sido interpretadas restritivamente, em especial pelo Grupo de Trabalho do Artigo 29.°; por exemplo, na Recomendação n.° 3/99[19], adoptada em 7 de Setembro de 1999, relativa à conservação dos dados referentes ao tráfego, por parte dos fornecedores de serviços Internet, o Grupo considerou que, em cumprimento do princípio de limitação dos dados pessoais aos fins para que foram recolhidos, os dados de tráfego deveriam ser apagados ou tornados anónimos logo depois da conclusão da chamada, ou após a função de facturação.

Naturalmente, como já fizemos referência *supra*, durante o período normal de guarda, os dados de tráfego podem ser acedidos pelas autoridades judiciais, derrogando assim as obrigações de eliminação, consentimento prévio ou anonimato, por motivos de segurança, investigação e prevenção criminal (n.° 3 do art. 8.° da LPDP).

De modo que a questão fundamental se pode resumir à admissibilidade de ser introduzido um novo fim para o processamento dos dados que vá além das finalidades atrás indicadas, e como se integra esse novo fim (prevenção geral) no regime de restrições ao direito à protecção de dados.

Recorrendo-se ao direito internacional e comunitário, qualquer restrição ao princípio das limitações dos fins só poderá ser enquadrada nos termos do n.° 1 do artigo 15.° da Directiva 2002/58/CE, do n.° 2 do artigo 8.° da Convenção Europeia dos Direitos do Homem e da Convenção n.° 108 do Conselho da Europa para a protecção das pessoas relativamente ao tratamento automatizado de dados de carácter pessoal, de 28 de Janeiro de 1981.

O artigo 15.° da Directiva 2002/58/CE postula que «os Estados-Membros podem adoptar medidas legislativas para restringir o âmbito dos direitos e obrigações previstos nos artigos 5.° e 6.°, nos n.os 1 a 4 do

---

[19] Esta Recomendação foi revista pelo Parecer n.° 1/2003 sobre o armazenamento dos dados de tráfego para efeitos de facturação, adoptado em 29 de Janeiro de 2003. Nesta Recomendação o Grupo de Trabalho aconselha a que os dados de tráfego, colectados em relação com serviços pagos, sejam armazenados por um máximo de 3-6 meses, com excepção de casos particulares de litígio, em que os dados podem ser tratados durante mais tempo. A retenção sistemática de todos os tipos de dados de telecomunicações por períodos de um ano ou superiores seria claramente desproporcional e, assim, inaceitável em todos os casos (Parecer n.° 5/2002 relativo à Declaração dos Comissários Europeus para a Protecção dos Dados na Conferência Internacional de Cardiff, de 9-11 de Setembro de 2002, sobre a conservação sistemática obrigatória dos dados relativos ao tráfego de telecomunicações, adoptado em 11 de Outubro de 2002).

artigo 8.º e no artigo 9.º da presente directiva, sempre que essas restrições constituam uma medida necessária, adequada e proporcionada, numa sociedade democrática, para salvaguardar a segurança nacional (ou seja, a segurança do Estado), a defesa, a segurança pública, e a prevenção, a investigação, a detecção e a repressão de infracções penais ou a utilização não autorizada do sistema de comunicações electrónicas (...)»[20].

O Considerando 11 da Directiva 2002/58/CE separa claramente a protecção de dados das medidas de âmbito penal: «Tal como a Directiva 95//46/CE, a presente directiva não trata questões relativas à protecção dos direitos e liberdades fundamentais relacionadas com actividades não reguladas pelo direito comunitário. Portanto, não altera o equilíbrio existente entre o direito dos indivíduos à privacidade e a possibilidade de os Estados-Membros tomarem medidas como as referidas no n.º 1 do artigo 15.º da presente directiva, necessários para a protecção da segurança pública, da defesa, da segurança do Estado (incluindo o bem-estar económico dos Estados quando as actividades digam respeito a questões de segurança do Estado) e a aplicação da legislação penal».

Logo, a alteração introduzida pelo artigo 11.º da Directiva 2006/24//CE ao artigo 15.º (o n.º 1 do art. 15.º não se aplica aos dados cuja conservação seja especificamente exigida pela Directiva 2006/24/CE) foi longe demais, porque subtrai a retenção de dados para efeitos da Directiva 2006//24/CE à excepção que, quanto a nós, já acolhia tal retenção. Quanto às restantes situações de retenção de dados, o previsto no n.º 1 do artigo 15.º mantêm-se intocado. Admite uma das situações, a da retenção de dados para os fins da directiva de retenção de dados (n.º 1), mas não prejudica a aplicação do artigo 15.º a outras situações de retenção de dados para além das contempladas na Directiva 2006/24/CE.

Mesmo com a intenção de a Directiva 2006/24/CE se declarar fora da ponderação exigida pelo n.º 1 do artigo 15.º da Directiva 2002/58/CE, os termos em que esta ponderação assenta continuam aplicáveis porque a sua fonte originária é o artigo 8.º da Convenção Europeia dos Direitos do Homem, para onde remete, aliás, o Considerando 9.

De facto, a retenção de dados pode também ser vista enquanto restrição ao direito à privacidade previsto no artigo 8.º da Convenção Euro-

---

[20] Esta foi uma das disposições que suscitou muitas divergências quer no seio do Conselho quer entre este e o Parlamento Europeu, a propósito da natureza mais aberta ou mais fechada da excepção. Sobre estas divergências *vide* MARCO CAPPATO, «The Internet: between freedom and privacy», *The Parliament Magazine*, (128) 2001, p. 46.

peia dos Direitos do Homem[21], pelo que apenas será admissível se cumprir três requisitos:

Primeiro, tem que ser feita por uma autoridade pública para um fim de interesse público, autorizada pela lei, transparente e suficientemente detalhada.

Segundo, a restrição tem que ser legítima, ou seja, tem que obedecer aos fins previstos no n.º 2 do artigo 8.º: constituir uma providência que, numa sociedade democrática, seja necessária para a segurança nacional, para a segurança pública, para o bem-estar económico do país, a defesa da ordem e a prevenção das infracções penais, a protecção da saúde ou da moral, ou a protecção dos direitos e das liberdades de terceiros.

Terceiro, a interferência na vida privada deve ser proporcional, o que, nos termos do artigo 5.º da Convenção 108, significa que os dados devem ser «adequados» e «relevantes» para os fins indicados pelo Estado.

Recorde-se que a Recomendação R(87)15 do Conselho da Europa, estabelecia que a recolha de dados pessoais para fins de polícia se deveria limitar ao necessário à prevenção de um perigo concreto ou à repressão de uma infracção penal determinada, afastando, nestes termos, qualquer possibilidade de recolha secreta de dados pessoais ou investigações aleatórias. Naturalmente, a transferência da informação recolhida licitamente deveria submeter-se a um apertado entendimento do princípio da necessidade e da legalidade.

O mesmo tipo de ponderação repete-se a nível constitucional europeu, onde existem normas que enquadram especificamente as restrições ao direito à protecção de dados.

A Carta dos Direitos Fundamentais da União Europeia contém, no n.º 3 do artigo 52.º, uma norma excepcional de natureza geral, aplicável, por conseguinte, ao artigo 8.º (direito à protecção dos dados pessoais), que admite restrições por intervenção de autoridade pública, desde que respeitem o conteúdo essencial dos direitos e se encontrem previstas na lei. Uma vez que o direito à protecção de dados passa a estar previsto expressamente no artigo 16.º-B do Tratado sobre o Funcionamento da União Eu-

---

[21] A retenção de dados é uma interferência na vida privada, independentemente de o Estado usar ou não esses dados contra a pessoa em questão. No caso Amann v. Switzerland, em 16 de Fevereiro de 2000, o Tribunal Europeu dos Direitos do Homem considerou o art. 8.º aplicável aos Serviços de Informações do Estado e considerou uma violação do direito à vida privada a simples anotação num registo de dados sobre uma chamada telefónica.

ropeia[22], o qual substitui o actual artigo 286.°, é aplicável o n.° 2 do artigo 52.° da Carta, o qual «esclarece que esses direitos continuam sujeitos às condições e limites aplicáveis ao direito da União em que se baseiam e previstos nos Tratados» (Anotações relativas à Carta de Direitos Fundamentais). O artigo 25.°-A do TUE (redacção do Tratado de Lisboa), com efeito, admite, em derrogação do n.° 2 do artigo 16.°-B do Tratado sobre o Funcionamento da União Europeia (regime geral), que o Conselho adopte uma decisão sobre tratamento de dados pessoais pelos Estados-Membros no exercício de actividades relativas à política externa e segurança comum, incluindo, naturalmente, restrições ao direito à protecção de dados previsto no n.° 1 do artigo 16.°-B.

As restrições são também acolhidas pelo artigo 13.° da Directiva 95//46/CE. Esta disposição admite que os Estados-Membros tomem medidas legislativas destinadas a restringir o alcance de algumas obrigações e direitos, sempre que tal restrição constitua uma medida necessária à protecção da segurança do Estado, da defesa, da segurança pública, da prevenção, investigação, detecção e repressão de infracções penais e de violações da deontologia das profissões regulamentadas, de um interesse económico ou financeiro importante de um Estado-Membro ou da União Europeia, incluindo nos domínios monetário, orçamental ou fiscal, de missões de controlo, de inspecção ou de regulamentação associadas ao exercício da autoridade pública ou de pessoa em causa ou dos direitos e liberdades de outrem.

Este sistema de restrições é, com algumas particularidades, recebido pela lei nacional, sempre enquadrada pelo previsto no n.° 2 do artigo 18.° da CRP.

Quanto à utilização de dados pessoais para fins de investigação criminal, a LPDP, no n.° 7 do artigo 4.°, preocupa-se em excepcionar a legislação específica de sectores como a segurança pública, a defesa nacional e a segurança do Estado. Ao mesmo tempo, não deixa de prever um regime geral no artigo 8.° para a criação e manutenção de registos centrais relativos a pessoas suspeitas de actividades ilícitas, infracções penais, contra-

---

[22] Embora ultrapassada, a Conferência Intergovernamental que adoptou o Tratado Constitucional merece referência por ter declarado que «caso as regras sobre protecção de dados pessoais a adoptar com base no artigo I-50.° possam ter implicações directas para a segurança nacional, as especificidades desta questão deverão ser devidamente ponderadas. A Conferência recorda que a legislação actualmente aplicável (cf., em especial, a Directiva 95/46/CE) prevê derrogações específicas nesta matéria».

-ordenações e decisões que apliquem penas, medidas de segurança, coimas e sanções acessórias. Estes registos são reservados aos serviços públicos com competência específica, garantidas algumas exigências de legalidade e sob parecer prévio da CNPD. No n.º 2 da citada disposição admite-se que o processamento desse tipo de dados possa ter lugar, sob autorização da CNPD, quando tal tratamento for necessário à execução de finalidades legítimas do seu responsável, desde que não prevaleçam os direitos, liberdades e garantias do titular dos dados. Em qualquer caso, nos termos do n.º 3, «o tratamento de dados pessoais para fins de investigação policial deve limitar-se ao necessário para a prevenção de um perigo concreto ou repressão de uma infracção determinada, para o exercício de competências previstas no respectivo estatuto orgânico ou noutra disposição legal e ainda nos termos de acordo ou convenção internacional de que Portugal seja parte».

Igualmente a Lei n.º 41/2004, de 18 de Agosto, remete para legislação especial as restrições (as excepções) que se mostrem necessárias para a protecção de actividades relacionadas com a segurança pública, a defesa, a segurança do Estado e a prevenção, investigação e repressão de infracções penais. Não sendo esta Lei a fonte da excepção, limitando-se a indicar a legislação especial como fonte da excepção, o n.º 4 do artigo 1.º tem pouca ou nenhuma valia.

O que parece ser comum a estas diferentes traves onde assentam as excepções ao direito à protecção de dados é a sua limitação, em observância ao princípio da proporcionalidade, à prevenção de um perigo concreto ou à repressão de uma infracção penal determinada, requisitos que, aparentemente, a Directiva 2006/24/CE parece não assumir.

Isto mesmo defendeu o Grupo de Trabalho do Artigo 29.º no Parecer n.º 4/2005, adoptado em 21 de Outubro de 2005, criticando fortemente a proposta de Directiva, exactamente porque as restrições impostas não eram justificadas por uma necessidade em concreto e não contemplavam garantias suficientes de segurança. Igualmente no Parecer n.º 3/2006, de 26 de Março de 2006, o Grupo de Trabalho salientou que a Directiva não previa «garantias específicas suficientes» (p. 2). Na mesma linha, a Autoridade Europeia para a Protecção de Dados considerou que em diversos pontos a Directiva não justificava plenamente o princípio da necessidade e da proporcionalidade (Parecer de 26 de Setembro 2005) e o Comité Económico e Social, no seu parecer de 19 de Janeiro de 2006, sublinhou que o conteúdo da proposta de directiva era desproporcionado e afectava os direitos fundamentais.

Já antes, na Recomendação n.º 3/99, de 7 de Setembro de 1999, o Grupo de Trabalho do Artigo 29.º havia sido de opinião que uma fiscalização exploratória ou geral em grande escala deveria ser proibida, baseando--se no julgamento Klass, de 6 de Setembro de 1978, e no julgamento Malone, de 2 de Agosto de 1984, onde se alertava para a necessidade de haver garantias eficazes contra o abuso das excepções, em virtude de o risco de um sistema de fiscalização secreta para efeito de protecção da segurança nacional poder minar ou mesmo destruir o regime democrático, com a justificação de o querer defender.

Este entendimento é, aliás, coerente com as posições expressas pelo Grupo noutras ocasiões. Na Recomendação n.º 3/97, intitulada «O anonimato na Internet», adoptada em 3 de Dezembro de 1997, o Grupo reiterou a aplicação do princípio da proporcionalidade equacionado pelo Tribunal Europeu de Justiça na aplicação da Convenção sobre direitos do Homem aplicada ao ciberespaço. De onde, todas as restrições ao anonimato devem ser sempre proporcionais e limitadas ao estritamente necessário para protecção, numa sociedade democrática, de um interesse público em circunstâncias restritas e específicas. Isto implica, como notou o Grupo de Trabalho, «a obrigação de demonstrar que qualquer medida tomada corresponde a uma «necessidade social imperativa». As medidas meramente «úteis» ou «desejáveis» não podem ser restritivas dos direitos e liberdades fundamentais.» [23]

A Directiva 2006/24/CE fugindo ao teste da necessidade, transforma a excepção (o tratamento de dados pessoais para fins de investigação criminal) na regra, sujeitando todas as comunicações em linha a um registo com prazos e finalidades que vão para além do desempenho técnico ou de facturação e vai além do necessário face às exigências de persecução penal[24]. Uma sociedade equilibrada e comunitária adoptará medidas para li-

---

[23] Parecer n.º 10/2001 sobre a necessidade de uma abordagem equilibrada na luta contra o terrorismo, adoptado em 14 de Dezembro de 2001.

[24] Um parecer jurídico da organização «Privacy International», de 10.10.2003, conclui expressamente: «The indiscriminate collection of traffic data offends a core principle of the rule of law: that citizens should have notice of the circumstances in which the State may conduct surveillance, so that they can regulate their behaviour to avoid unwanted intrusions. Moreover, the data retention requirement would be so extensive as to be out of all proportion to the law enforcement objectives served. Under the case law of the European Court of Human Rights, such a disproportionate interference in the private lives of individuals cannot be said to be necessary in a democratic society» (http://www.statewatch.org/news/2003/oct/Data_Retention_Memo.pdf).

mitar a privacidade somente se o bem comum enfrentar uma ameaça macroscópica e bem documentada e não apenas uma mera hipótese de perigo[25].

Não havendo um objectivo determinado que possa justificar a recolha de um certo dado correspondente a determinada pessoa, situação que só se verificará em caso de perigo concreto ou de prossecução penal, mas tão-só um interesse difuso, a essa recolha e processamento falta-lhe a finalidade. Como nota Catarina Sarmento e Castro, o «uso de dados pessoais para fins policiais deverá ter lugar de forma pontual, quando esteja em causa prevenir um perigo concreto ou reprimir uma infracção penal determinada, devendo limitar-se aos dados necessários»[26]. Não se pode entender que o processamento, incluindo a guarda por largos meses, de milhões de dados pessoais, possa ser considerado proporcional (proporcional, adequado e necessário) ao objectivo de investigação penal.

Por isso, embora muito dependa das garantias conferidas pelo legislador nacional aquando da transposição da Directiva, não podemos deixar de expressar e de partilhar das preocupações dos que se inquietam com «o pedido de (des)judicialização e consequente policialização de procedimentos processuais potenciais violadores dos direitos e liberdades do cidadão»[27]. Cuidados redobrados se exigem quando em nome da prevenção contra inimigos sem rosto se começa a ver esses rostos em todos nós. No confronto entre segurança e privacidade, com o argumento fácil do terrorismo, entramos no campo fértil dos que propugnam o predomínio do primeiro dos valores referidos em relação ao segundo. As potenciais vítimas passam a ser simultaneamente potenciais suspeitos.

Isto não significa que se ignore que a técnica de retenção de dados é um dos meios mais idóneos de se reprimirem infracções e de se garantir a recolha de provas. Mas não é certo que essa solução seja a única ou a mais adequada e que não possam vir os meios a comprometer os próprios fins. Por isso, a primeira pergunta que se coloca é se a comunidade aceita o balanceamento, não somente na sua construção legislativa, mas sobretudo nas consequências a médio e longo prazo. Até que ponto as socieda-

---

[25] A. ETZIONI, «A contemporary conception of privacy», *Telecommunications and Space Journal*, vol. 6, 1999, p. 82.

[26] CATARINA SARMENTO E CASTRO, *O direito à autodeterminação informativa e os novos desafios gerados pelo direito à liberdade e à segurança no pós-11 de Setembro* (www.estig.ipbeja.pt/~ac_direito/CatarinaCastro.pdf).

[27] MANUEL MONTEIRO GUEDES VALENTE, *Escutas telefónicas*, Coimbra, Almedina, 2004, p. 14.

des democráticas conseguem conviver com regimes de excepção que, a pouco e pouco, em nome da defesa dessa mesma democracia, vão escavando em redor dos alicerces dos direitos fundamentais e das garantias que lhe dão sustentação.

No limite, o Estado poderia, em nome da segurança, tomar o controlo absoluto da sociedade[28]. Mas mesmo fora deste cenário extremo, qualquer medida de vigilância geral irrestrita pode comprometer seriamente o Estado de Direito, transformando os direitos fundamentais num subproduto da actividade criminosa, pois veriam o seu exercício funcionalizado pela vigilância permanente. Como em qualquer sistema de vigilância, não se pode ignorar o seu efeito sobre a alteração dos padrões de comportamento, passando a pessoa a agir em função da vigilância. A vida privada como que se suspende ao entrar nessas áreas sob vigilância, muito a exemplo do efeito panóptico de que fala Michel Foucault, referindo-se à proposta de Bhentam, em que os detidos se encontram um estado consciente e permanente de visibilidade, o que assegura o funcionamento automático do poder, a ponto de tornar o seu exercício inútil, pois são eles próprios que o transportam[29]. O próprio conceito de segurança que se visa assegurar de forma cega deixaria de fazer sentido, a partir do momento em que as relações pessoais se transformassem no objecto do medo.

As garantias oferecidas pela lei, instituindo, por exemplo, a limitação na guarda dos dados de tráfego ao desempenho técnico, não visam directamente a protecção do direito ao esquecimento, mas sobretudo adequarem-se ao princípio do consentimento e ao princípio da necessidade de tratamento de dados, em qualquer das suas dimensões, designadamente que os dados devem ser adequados, pertinentes e não excessivos, por atenção às finalidades do processamento, além de se justificarem pela prossecução de interesses legítimos do responsável pelo tratamento. Se é verdade que a «Internet nunca esquece»[30] porque «nada se perde, tudo se arquiva»[31],

---

[28] Sobre o tema, cfr. DAYSE DE VASCONCELOS MAYER, «Os acontecimentos de 11 de Setembro de 2001 e a sua projecção sobre os direitos fundamentais», *Revista da Faculdade de Direito da Universidade de Lisboa*, vol. XLIII, (2) 2002.

[29] MICHEL FOUCAULT, *Vigiar e punir*, 27.ª ed., Petrópolis, Editora Vozes, 2003, p. 166.

[30] Alusão ao artigo de J. D. LASICA, «The Net never forgets», publicado em «21st: The culture of Technology» (http://archive.salon.com/21st/feature/1998/11/25feature.html).

[31] FRANÇOIS RENAULT, «La panoplie technologique d'Internet au service ou au détriment de la liberté des individus?», in *Le harcèlement numérique*, Paris, Dalloz, 2005, p. 41.

pelo menos há que dotar os internautas de garantias suficientes quanto à protecção dos seus dados pelos órgãos de polícia. Estes cuidados redobrados justificam-se porque os dados de tráfego concernentes às comunicações electrónicas (Internet) revelam mais do conteúdo das comunicações do que um número de telefone revela sobre o conteúdo da comunicação por telefone[32].

Ora, a Directiva não vem apenas prever um aumento do prazo de guarda para que as autoridades competentes tenham elementos de prova em caso de haver uma infracção determinada. Ela exige que novos dados sejam guardados e com especificações que anteriormente não eram exigidas. Mesmo a propósito de uma infracção determinada e sob mandato judicial, a verdade é que as entidades policiais passam a poder aceder a bases de dados de tráfego de comunicações de todos os cidadãos e sujeitar, a partir daí e em conjugação com outros dados pessoais, esses cidadãos a uma transparência máxima, sem qualquer garantia de exercício de direitos fundamentais, como o de rectificação e de informação sobre o tratamento dos seus dados pessoais. Mesmo que se considere afastada pela nossa Constituição a elaboração de bases de dados de perfis que, ao carregar de um simples botão, façam o «scanning» da vida de todos e permitam descobrir os presumíveis criminosos, a existência de bases de dados com o conjunto dos registos em linha é um passo demasiado largo dado nesse sentido.

Em parte, a Directiva vai ao arrepio das garantias que têm vindo a ser implantadas desde a Directiva 95/46/CE, assistindo-se a uma espécie de regresso ao passado, onde as leis de protecção de dados eram um dos bastiões na defesa aos direitos fundamentais dos cidadãos na sua relação com o chamado Estado-Providência, agora transformado num Estado-Segurança. Mas, além disso, a Directiva parece ir também ao arrepio das medidas que têm sido tomadas para a promoção da Sociedade da Comunicação (da Informação e do Conhecimento).

Com efeito, o sentimento de vigilância e a funcionalização dos comportamentos por efeito da vigilância geral tem uma expressão particular no modo como se constrói a Sociedade da Comunicação porque pode motivar a quebra da confiança do consumidor na utilização dos serviços de comunicações electrónicas e uma redução dos níveis de segurança e confiança que sustentam a adesão dos consumidores ao comércio electrónico.

---

[32] PATRICIA L. BELLIA, «Surveillance law through cyberlaw's lens», *The George Washington Law Review*, vol. 72 (6, August) 2004, p. 1427.

Outro efeito colateral é o da maior exposição dos direitos pessoais a ataques em linha. Ao mesmo tempo que se tenta «apanhar» a alta criminalidade (pornografia infantil, material de carácter racista ou xenófobo, crime organizado, terrorismo) abrem-se as portas a outro tipo de actividades delituosas, igualmente nefastas – violação do direito à reserva da intimidade da vida privada, da confidencialidade das comunicações electrónicas e da protecção dos dados pessoais.

Esta situação imporá obrigações adicionais de segurança de protecção de dados pessoais aos operadores, de forma a impedirem, por exemplo, o acesso indevido, os ataques informáticos, as acções de *hackers* ou a espionagem industrial. Por sua vez, as soluções de segurança irão gerar uma nova onda de dados pessoais, antes inexistente. A isto junta-se um possível efeito de duplicação, já que a crescente tendência para a convergência e interligação de tecnologias e serviços de comunicações electrónicas fará com que os dados tenham de ser repetidamente armazenados por diferentes operadores em diversas localizações e obrigará à construção de novas bases de dados.

Estão-se a criar riscos para a segurança e protecção da privacidade que antes não se colocavam, quando os resultados são de mera hipótese de prevenção e não plenamente justificados em termos dos números globais da criminalidade, nomeadamente em Portugal. Com isto, é questionável se não estaremos perante uma violação do princípio da proporcionalidade[33].

Pode-se ir mais além e questionar se as medidas previstas na Directiva conseguem de facto dar resposta à necessidade de base, ou seja, podemos estar perante «(...) medidas restritivas de direitos, liberdades e garantias que, embora adequadas, não são necessárias para se obterem os fins de protecção visados pela Constituição ou a lei»[34]. Isto, na medida em que os dados actualmente armazenados pelos operadores e prestadores de serviços satisfazem suficientemente os pedidos feitos pelas autoridades competentes, correspondendo com completa eficácia às necessidades dessas entidades no âmbito da investigação criminal.

A obrigação de guarda de dados por um prazo alargado seria somente necessária se não existissem outros meios de acção menos gravosos ao dis-

---

[33] A restrição, «mesmo adequada e necessária, pode ser inconstitucional, quando adopte «cargas coactivas» de direitos, liberdades e garantias «desmedidas», «desajustadas», «excessivas» ou «desproporcionadas» em relação aos resultados obtidos» (J. J. GOMES CANOTILHO, *Direito Constitucional e Teoria da Constituição*, Coimbra, Almedina, 2003, p. 17).

[34] J. J. GOMES CANOTILHO, *Direito Constitucional e Teoria da Constituição*, p. 17.

por das autoridades e suficientes para a obtenção do mesmo resultado, isto é, se não fosse possível escolher outro meio igualmente eficaz, mas menos lesivo dos direitos restringidos, nomeadamente, fazendo-se uso das chamadas «escutas telefónicas» ou do acesso, em casos concretos, aos dados armazenados pelos operadores no decurso da sua actividade comercial.

Com efeito, tomando como base a lista meramente exemplificativa do artigo 6.º da Lei n.º 41/2004, de 18 de Agosto, pode ver-se a amplitude do tipo de dados já hoje disponíveis, e que incluem o número ou identificação, endereço e tipo de posto do assinante, o número total de unidades a cobrar para o período de contagem, bem como o tipo, hora de início e duração das chamadas efectuadas ou volume de dados transmitidos, a data da chamada ou serviço e número chamado, e outras informações relativas a pagamentos, tais como pagamentos a prestações, cortes de ligação e avisos.

Além do mais, os operadores podem fornecer outro tipo de dados consoante o serviço prestado, incluindo os dados de localização e todos os dados processados em decorrência dos contratos de prestação do serviço (por exemplo, os dados de carregamento de cartões pré-pagos, a identificação do IMEI e cartão utilizados em cada comunicação).

Assim sendo, a Directiva avança com uma nova política de retenção de dados, sem antes provar em que medida é que esta nova concepção contribuirá efectivamente para uma melhoria na luta contra o crime organizado e terrorismo, como aponta a Autoridade Europeia para a protecção de dados no seu parecer[35]. Logo, a prova da necessidade acabará por se fazer *a posteriori* e, a demonstrar isso mesmo, o artigo 10.º da Directiva prevê que os Estados-Membros devem transmitir anualmente à Comissão as estatísticas sobre a conservação dos dados, incluindo os casos em que foram transmitidas informações às autoridades competentes, o período de tempo decorrido entre a data a partir da qual os dados foram conservados e a data em que as autoridades competentes solicitaram a sua transmissão e os casos em que os pedidos de dados não puderam ser satisfeitos.

Outro argumento que confirma a «não-observação» do princípio da necessidade é a possibilidade de os criminosos utilizarem simples expedientes técnicos ou práticos no sentido de despistarem as autoridades policiais, evitando o registo das suas comunicações pelos operadores abran-

---

[35] Parecer de 26 de Setembro de 2005 (2005/C 298/01). Este parecer não é referido na Directiva, não obstante o previsto no n.º 2 do art. 28.º do Regulamento CE 2001/45, de 18 de Dezembro de 2000.

gidos pelo âmbito da Directiva e contornando a utilidade do sistema geral de retenção de dados. Esses meios poderão consistir na utilização de serviços de operadores estabelecidos fora da Europa, por assinatura ou pré-pagos, em *roaming*, na utilização de servidores anónimos que substituam os endereços correctos de Internet por endereços falsos, na encriptação do conteúdo das comunicações ou na utilização de telefones públicos, «cafés internet», pontos de acesso «Wifi» e outros acessos anónimos a serviços de comunicações electrónicas. Com esta fuga à retenção, produz-se um efeito adverso ao pretendido porque se gera, por um lado, uma acrescida obrigação de transparência por parte da grande maioria dos cidadãos, que se vêem assim sujeitos a uma vigilância constante e de difícil controlo, enquanto, por outro lado, os verdadeiros criminosos passam incólumes a essa fiscalização.

O terrorismo e o crime organizado são fenómenos verdadeiramente globais, activos à escala mundial e não circunscritos à União Europeia. Tendo em conta este aspecto, a eficácia de uma regulação comum da retenção de dados é, de certa maneira, relativa. As suas regras serão ineficazes e os seus objectivos ficarão por atingir sempre que a origem ou destino de comunicações geradoras de dados de tráfego estabelecidas através da Internet ou de qualquer outra rede tiverem lugar num país terceiro ou forem efectuadas por um servidor estrangeiro.

5. A intervenção do legislador nacional

As reservas que acabámos de levantar às medidas que visam a guarda indiscriminada de dados não obviam, necessariamente, à existência de medidas de aproximação das leis nacionais a nível europeu. Com isso ganhariam os operadores, cada vez mais transeuropeus, que se vêem confrontados na sua actividade comercial com diferentes exigências legais e técnicas. De modo que a Directiva merece ainda críticas adicionais quanto ao espaço de conformação que deixa aos legisladores nacionais e que poderá pôr em risco o sucesso da harmonização e uma adequada cooperação entre as autoridades competentes dos Estados-Membros.

Em primeiro lugar, a definição de «crimes graves» que recorta o âmbito de aplicação da Directiva fica em aberto, sendo expressamente remetida para a definição do direito nacional de cada Estado-Membro (n.º 1 do art. 1.º). Na Decisão-Quadro o âmbito de aplicação era totalmente aberto quanto ao tipo de crime e abrangia igualmente a prevenção, enquanto na

Directiva se restringiu a aplicação a «crimes graves», alteração contestada, nomeadamente, por empresas de conteúdos, reunidas na Creative and Media Business Alliance (CMBA), interessadas na retenção dos dados como prova da violação de direitos de autor em linha. A única orientação, insuficiente em todo o caso, é dada pela Declaração do Conselho (Statements doc. 5777/06 ADD1, de 10 de Fevereiro de 2006) sugerindo que se tenha em conta os crimes listados no n.º 2 do artigo 2.º da Decisão-Quadro sobre o mandado de detenção europeu (2002/584/JHA, de 13 de Junho de 2002) e crimes envolvendo telecomunicações. Uma solução possível, em sede de transposição, será a de restringir o acesso aos dados retidos quando em causa estejam crimes que admitam a intercepção e gravação do conteúdo de comunicações.

Em segundo lugar, o acesso aos dados só é possível em «casos específicos e de acordo com a legislação nacional» (art. 4.º), significando, desde logo, que as garantias podem não ser as mesmas em todos os Estados-Membros, porque podem vir a admitir o acesso por entidades não sujeitas a um controlo judicial prévio, e a medida da sujeição desse acesso à legislação de protecção de dados também não é igual em todos os Estados. Aliás, essas diferenças poderão ser impeditivas de um acesso europeu aos dados retidos, tanto mais que esta é matéria que fica afastada do âmbito da Directiva.

A referida remissão para o direito nacional exigirá, na transposição da Directiva, uma clara e restrita indicação dos fins para os quais os dados podem ser acedidos, sendo este aspecto que demarca desde logo o seu âmbito de aplicação. Cremos que não poderá ser encontrada outra solução que não seja a de exigir a aplicação do CPP, o que implica a existência de uma investigação criminal em curso. Ou seja, os dados poderão ser guardados pelo prazo previsto na Directiva; no entanto, o acesso aos mesmos ficará, como hoje, dependente de despacho do Ministério Público ou do Juiz. Na prática, as autoridades competentes, cumprindo os requisitos de necessidade e proporcionalidade, terão que continuar a indicar nos pedidos de informação qual o número de telefone ou qual o dispositivo de comunicação do assinante relativamente ao qual pretendem os dados.

Será interessante verificar como será resolvida a questão da Autoridade de controlo no que diz respeito à segurança dos dados conversados, prevista no artigo 9.º, a nível nacional, já que a Directiva se aplica a pessoas singulares e colectivas (n.º 2 do art. 1.º) e a CNPD detém competências apenas no que toca às pessoas singulares. O que sucede é que, quanto à guarda de dados, as medidas de segurança aplicáveis aos dados das pessoas colectivas e aos dados das pessoas singulares será de muito difícil, senão impossível, autonomização.

Em terceiro lugar, a Directiva deixa em aberto a questão da obrigatoriedade de pagamento aos operadores pelos «custos consideráveis»[36] incorridos na guarda de avultadas quantidades de dados, assim como nada refere quanto à definição da tecnologia e dos processos a utilizar pelos operadores na retenção dos dados.

Estes custos podem incluir o equipamento inicial para retenção e guarda dos dados, incluindo os custos de configuração de *software*, de *design* dos sistemas, de constituição de bases de dados, de aumento da capacidade de armazenamento, de aplicação de medidas adicionais de segurança para cobrir os novos riscos e de recrutamento e formação de pessoal especializado, assim como os custos associados à disponibilização posterior dos dados, abrangendo os custos de tratamento e recuperação de dados, de resposta às solicitações das autoridades competentes e de fornecimento de prova aos Tribunais relativas à veracidade e qualidade dos dados em questão.

Fica assim por definir se os custos devem ser suportados total ou parcialmente pelos operadores ou se devem ser ressarcidos pelo Estado. Esta abertura da Directiva levanta, por isso, problemas de difícil solução. Por um lado, qualquer das opções poderá resultar em desvantagens ou vantagens comerciais entre os operadores dentro do mesmo Estado-Membro resultantes da imposição de obrigações iguais para todos os operadores sem cuidar da sua dimensão. Um pequeno operador poderá ter sérias dificuldades em instalar sistemas de retenção que, em último caso, poderão até comprometer a sua viabilidade económica. Por outro lado, as eventuais divergências nas leis de transposição poderão condicionar as condições de concorrência entre operadores a nível europeu. Ainda em matéria de concorrência, não é de excluir uma transferência de tráfego para operadores não europeus, por reterem menos dados ou por menor tempo e por gerarem maior confiança.

O argumento de que bastará aos operadores continuar a guardar os dados que já são retidos actualmente não incorrendo em custos adicionais não vence por três razões: primeiro, porque há muitos serviços que são pré-pagos, tornando desnecessária a guarda para além do desempenho téc-

---

[36] Parecer n.º 3/2006, de 25 de Março de 2006, do Grupo de Trabalho do Artigo 29.º, p. 2.

nico da comunicação; segundo, porque os dados de chamadas não concluídas e dados de localização passam a ser retidos (n.º 2 do art. 3.º e alínea f) do n.º 2 do art. 5.º) quando estes não são necessários para efeitos de facturação e, terceiro, porque em princípio o sistema de retenção de dados deverá ser independente do sistema que retém os dados para efeitos técnicos ou de facturação, o que irá aumentar os custos de investimento e manutenção da guarda dos dados. Ao mesmo tempo, é relevante o facto de esses «novos» dados não poderem ser utilizados pelos operadores para a sua actividade comercial, nem mesmo para análise de negócio e de gestão das relações com os clientes.

Há aqui que contar com diferentes variáveis que devem ser detalhadas aquando da transposição para o direito nacional. Com efeito, os custos variam dependendo da definição dos meios de retenção dos dados, da duração da guarda, da definição quanto ao facto de a retenção ser de dados em bruto ou dados tratados, de a disponibilização ser contínua ou a pedido ou de o local da guarda ser centralizado ou descentralizado.

As únicas orientações sobre custos decorrem de declarações, quer da Comissão quer do Conselho. Numa declaração conjunta, o Conselho e a Comissão indicaram que na aplicação do artigo 12.º iram promover reuniões com a indústria para «exchange information about technological developments, costs and effectiveness of application of the Directive» (Statements doc. 5777/06 ADD1, de 10 de Fevereiro de 2006). Também a Comissão declarou que «The Commission recognises that retention of data may generate significant additional costs for electronic communication providers, and that reimbursement by Member States of demonstrated additional costs incurred by undertakings for the sole purpose of complying with requirements imposed by national measures implementing this Directive for the purposes as set out in the Directive may be necessary. In assessing the compatibility of such aids with the Treaty, the Commission will, inter alia, take due account of such necessity and of the benefits in terms of public security impact on society in general of the data retention obligations flowing from the Directive».

Como em causa está a defesa de um bem comunitário, deverá ser a comunidade, através do Estado, a contribuir para os meios de defesa. Esta solução contribuirá igualmente para uma mais estrita aplicação do princípio da proporcionalidade no momento dos pedidos formulados pelas autoridades competentes aos operadores, na definição dos meios que devem ser empregues e na extensão dos dados a reter. Outra solução, por exemplo, impor aos operadores que suportem exclusivamente todos os custos envolvidos poderá reduzir o investimento em tecnologia e inovação e levar a um aumento de preços dos serviços por eles prestados.

Em quarto lugar, a própria definição dos dados a reter e o facto de se utilizar uma terminologia muito detalhada, nem sempre clara[37] e que não é tecnologicamente neutra, acarretará graves problemas de implementação. A opção de os Estados transporem *ipsis verbis* o artigo 5.º apenas fará multiplicar as dificuldades não só de interpretação em cada ordenamento jurídico como de harmonização entre os 27 Estados-Membros, já que não é evidente que certos dados devam ser guardados em decorrência daquela disposição, como a hora de envio ou recepção de mensagens de correio electrónico (depois da ligação o acesso é constante e automático para verificação se foram recebidas novas mensagens) e os dados de localização e dados de tráfego relacionados com os jogos de multijogadores (MMORPGs) ou de acesso e participação em «chats»[38].

Em quinto lugar, a definição do período de guarda irá depender das opções nacionais, logo, será matéria onde a falta de harmonização mais se fará notar. Recorde-se que 16 países, nos quais não se inclui Portugal, fizeram declarações no sentido de usarem a excepção do n.º 3 do artigo 15.º, remetendo a aplicação da Directiva para certo tipo de dados até 15 de Março de 2009. Mesmo estas declarações não são uniformes, variando entre os que fixaram o prazo após a entrada em vigor da directiva (36 meses), os que fixaram um prazo após a data de transposição da Directiva (18 meses) e outros que não indicaram qualquer prazo.

Em sexto lugar, a definição das obrigações em matéria de segurança e protecção dos dados, previstas no artigo 7.º, carecem de uma definição clara na lei de transposição. É certo que as obrigações em termos de protecção de dados (segurança e outras) decorrem das Directivas 2002/58/CE e 95/46/CE, as quais permanecem plenamente aplicáveis; contudo, uma diferente consagração de obrigações de segurança pode vir a causar dificuldades interpretativas quanto aos princípios aplicáveis aos operadores,

---

[37] A título de exemplo, não é absolutamente correcto dizer-se que o endereço IP é atribuído a uma «comunicação» (art. 5.º, 1, c) – 2), i), já que estes podem ser atribuídos a utilizadores. Igualmente, a referência a «determinado fuso horário» não é imediatamente perceptível, já que não deveria ser um «determinado» mas sim o fuso horário respeitante à data e tempo que fica registado no lugar da ligação. Por fim, não é evidente o que se entende por «serviço de acesso à Internet» no sentido de incluir só a ligação ao prestador de serviços Internet ou também a outros «servers», por exemplo, de correio electrónico.

[38] ELENI KOSTA, *Data retention directive: what the Council cherishes, the privacy advocates reject and the industry fears*, Lex Informatica, (July) 2007, p. 4.

julgando-se estes sujeitos a diferentes obrigações, consoante se trate de dados conservados para a sua actividade ou dados conservados para efeitos da Directiva. Por exemplo, uma vez que o artigo 7.º se dirige aos operadores, não é evidente o significado do previsto na alínea *d*) daquela disposição quanto à excepção da obrigação de destruição, no final do período de conservação, dos dados que tenham sido acedidos e preservados. Tal significa que esses dados devem ficar guardados durante um período infinito de tempo ou devem ser apagados ao fim de um prazo determinado por Lei ou por ordem judicial? Por esta razão, poderá haver vantagens em que os dados sejam guardados num sistema autónomo do dos restantes dados gerados para fins da actividade comercial dos operadores.

Com estes exemplos, pode-se concluir que o balanceamento das restrições aos direitos fundamentais foi tentado mas não concluído definitivamente a nível europeu, pelo que acaba por deixar aos Estados-Membros o encargo de legislar quanto à sua medida exacta[39]. Por esta razão, acaba por ir ao arrepio do que declara ser a sua base jurídica, ou seja, a harmonização e, consequentemente, o princípio da adequação, na medida em que «(...) aponta para a necessidade de a medida restritiva ser apropriada para a prossecução dos fins invocados pela lei (conformidade com os fins)»[40], não é observado.

A Directiva 2006/24/CE contraria até os objectivos da própria Directiva 2002/58/CE, cujo propósito era exactamente a harmonização das disposições dos Estados-Membros necessárias para garantir um nível equivalente de protecção dos direitos e liberdades fundamentais, nomeadamente o direito à privacidade, no que respeita ao tratamento de dados pessoais no sector das comunicações electrónicas, e para garantir a livre circulação desses dados e de equipamentos e serviços de comunicações electrónicas (art. 1.º).

---

[39] Até ao momento, apenas a Dinamarca transpôs a Directiva para o direito nacional. A lei dinamarquesa foi adoptada em 28 de Setembro de 2006, entrando em vigor no dia 15 de Setembro de 2007.
[40] J. J. GOMES CANOTILHO, *Direito Constitucional e Teoria da Constituição*, p. 417.

DIVÓRCIO E SIGILO BANCÁRIO*

RICARDO DE GOUVÊA PINTO**

I. COLOCAÇÃO DO PROBLEMA

1. Os bancos vêem ser-lhes dirigidas pelos tribunais, amiúde, solicitações de envio de diversos tipos de informações sobre contas bancárias, no âmbito de processos de inventário e partilha de bens em casos especiais, para o que nos vai ocupar, em situação de divórcio.

O tribunal, ao proceder à notificação ao banco, já reconheceu a qualidade de interessado directo na partilha ao requerente, pela consideração da sua legitimidade processual (art. 1327.°, n.° 1, alínea *a*) do Código de Processo Civil, por remissão do art. 1404.° do mesmo Código).

Na generalidade dos casos, não é possível ao banco notificado, porque tal raramente consta do ofício recebido do tribunal, apurar que parte no processo originou o pedido. Deste modo, o banco não consegue determinar se existe autorização expressa ou implícita do cliente titular da conta (ou contas) sobre a qual o tribunal pede informação, em requerimento apresentado nos autos, para fornecimento dos elementos solicitados (art. 79.°, n.° 1, do Regulamento Geral das Instituições de Crédito e Sociedades Financeiras aprovado pelo Decreto-Lei n.° 298/92, e artigo 195.° do Código Penal), ficando, presumivelmente, a prestação de informações relativas às relações do banco com o seu cliente sujeita ao dever de sigilo, regulado genericamente pelos artigos 78.° e 79.° do RGICSF.

2. Este dever de sigilo tem como propósito proteger o titular do direito de segredo da ingerência de terceiros na sua esfera privada. Contudo,

---
* Texto concluído em Março de 2007.
** Doutorando e assistente convidado na Faculdade de Direito da Universidade Nova de Lisboa.

poder-se-á não considerar terceiros aqueles que tenham um interesse directo, pessoal e legítimo na situação jurídica em causa. Cumpre apurar, caso o pedido do tribunal tenha origem na outra parte no processo que não o titular da conta bancária, se o dever de sigilo cede perante o interesse do ex-cônjuge em processo de inventário e partilha subsequente ao divórcio, ou mesmo se existe, perante tais circunstâncias, o direito ao sigilo bancário.

3. A questão do sigilo bancário surge, aqui, no âmbito das relações privadas entre ex-cônjuges, embora ainda sem que estejam realizadas as partilhas implicadas pela dissolução[1] matrimonial: é a consecução da plena dissolução matrimonial, incluindo o seu aspecto patrimonial, que faz colocar o problema. Nestas circunstâncias, em que o levantamento do sigilo bancário[2] surge no âmbito das relações privadas, ele só pode ocorrer em conjunturas muito particulares[3]. Na base deste juízo de cautela e ponderação está a noção consabida de que o sigilo bancário encontra respaldo em normas costumeiras vigentes, que se fundam, por sua vez, no entendimento do contrato bancário como relação de confiança[4].

4. O segredo é o bem jurídico que a imposição legal do dever de sigilo imediatamente tutela[5]. O segredo é um bem jurídico de que é titular,

---

[1] A dissolução do matrimónio verifica-se por morte ou por divórcio. Ao longo do texto, sempre que nos referirmos a dissolução será no sentido restrito de dissolução por divórcio.

[2] Vamos partir do princípio, para já, de que existe lugar à invocação do segredo bancário. Aliás, tem partido deste pressuposto todo o tratamento que o problema tem recebido na doutrina e na jurisprudência.

[3] ANTÓNIO MENEZES CORDEIRO, *Manual de Direito Bancário*, Almedina, Coimbra, 2.ª ed., 2001, p. 359.

[4] Neste sentido, MARIA EDUARDA AZEVEDO, «O segredo bancário», *Ciência e Técnica Fiscal*, n.os 346-348, Out./Dez. 1987, p. 76, que acrescenta, a p. 78, «O que está em jogo não é uma simples posição de técnica jurídica; antes uma atitude ideológica, no sentido de um determinado comportamento face à Sociedade e ao Direito».

[5] Seguimos FERNANDO CONCEIÇÃO NUNES, «Os deveres de segredo profissional no Regime Geral das Instituições de Crédito e Sociedades Financeiras», *Revista da Banca*, n.º 29, Jan./Mar. 1994, p. 43. V., ainda, JORGE PATRÍCIO PAÚL, «O sigilo bancário – sua extensão e limites no direito português», *Revista da Banca*, n.º 12, Out./Dez. 1989, p. 71 e ss.; ALBERTO LUÍS, «O segredo bancário em Portugal», *Revista da Ordem dos Advogados*, ano 41.º, 1981, p. 451 e ss.; JOSÉ MARIA PIRES, *Direito Bancário. I Volume. O sistema bancário português*, Rei dos Livros, Lisboa, 1994, p. 120 e ss., e *Direito Bancário. II Volume. As operações bancárias*, Rei dos Livros, Lisboa, 1995, p. 78 e ss.; VASCO SOARES DA VEIGA, *Direito Bancário*, Almedina, Coimbra, 2.ª ed., 1997, p. 225 e ss.

individualmente, a pessoa singular ou colectiva em razão de cujo interesse o segredo é protegido, e que, como tal, é designado por titular do segredo. Por seu turno, o objecto do segredo é a privacidade, pessoal ou patrimonial, do seu titular. Pelo que a intimidade da vida privada é o bem jurídico mediatamente protegido, o que tem eco, desde logo, no artigo 26.º, n.º 1, da Constituição da República Portuguesa. Para além disso, pode-se dizer que há um fundamento jurídico geral[6] do sigilo bancário no artigo 195.º do Código Penal, o qual tem uma previsão do crime de violação do segredo profissional bastante ampla[7].

No âmbito do segredo bancário, devem-se entender protegidos não apenas os aspectos directamente patrimoniais a que uma informação respeita, mas também os aspectos puramente pessoais cujo conhecimento pode resultar de uma informação patrimonial ou financeira[8].

5. O dever de segredo que recai sobre o banco tem duas vertentes essenciais. Por um lado, impede-o de prestar a informação que contenha o dado sigiloso a terceiro. Por outro lado, exige-lhe que adopte toda a cautela para evitar que o terceiro dele tome conhecimento através dos seus serviços[9]. O banco, ao menos no que tange à sua prestação de serviço (o

---

[6] MARIA EDUARDA AZEVEDO, *O segredo bancário*, cit., p. 84.

[7] Diz o preceito: «*Quem, sem consentimento, revelar segredo alheio de que tenha tomado conhecimento em razão do seu estado, ofício, emprego, profissão ou arte é punido com pena de prisão até 1 ano ou com pena de multa até 240 dias*». Sobre toda esta questão, v. MANUEL DA COSTA ANDRADE, «Artigo 195.º – Violação de segredo», *in* AAVV (dir. JORGE FIGUEIREDO DIAS), *Comentário Conimbricense do Código Penal. Parte Especial. Tomo I. Artigos 131.º a 201.º*, Coimbra Editora, Coimbra, 1999, p. 773 e ss. (p. 776 e ss.); MIGUEL PEDROSA MACHADO, «Sigilo Bancário e Direito Penal – Dois tópicos: caracterização de tipos legais de crimes e significado da extensão às contra-ordenações», *in* AAVV, *Sigilo Bancário*, Ed. Cosmos, Lisboa, 1997, p. 82 e ss.

[8] Assim, por exemplo, a informação bancária sobre um movimento efectuado em conta bancária mediante uma operação concretizada com a utilização de um cartão de débito ou de crédito, contém não apenas informação sobre a natureza do movimento de pagamento, no caso um débito na conta à ordem ou na designada no giro «conta-cartão», mas também pode revelar aspectos puramente pessoais inerentes a esse movimento, revelando o comportamento pessoal do titular: o que consumiu, onde consumiu, a que horas consumiu.

[9] Em sentido contrário, FERNANDO CONCEIÇÃO NUNES, *Os deveres de segredo...*, cit., p. 48, que entende que «Não existe o dever de evitar o resultado – conhecimento do segredo por terceiro –, mas, apenas, de o não produzir». Aparentemente, esta interpretação tem apoio na letra do art. 78.º do Regime Geral das Instituições de Crédito e Sociedades Financeiras, aprovado pelo Decreto-Lei n.º 298/92, de 31 de Dezembro, que reza no seu

que inclui, entre outros, atendimento, correspondência e comunicação, organização de instalações) tem o dever geral, sem cumprimento do qual pode haver negligência grave, de actuar no sentido de prevenir e evitar que o acesso por terceiro à informação sigilosa tenha origem nos seus serviços. Assim, não basta precaver a transmissão da informação; há também um dever de acção do banco, de impedir o acesso à informação pelo terceiro, o que inclui, por exemplo e desde logo, a necessidade (leia-se, obrigação) de instalação de sistemas de segurança apropriados nos seus arquivos informáticos. Esse dever de acção deve-se mesmo entender ir mais longe, e incluir a oposição perante actos de autoridade pública, mesmo que judiciais, não fundados em normas restritivas do direito ao sigilo e do dever de segredo.

6. Assim, temos que as restrições e cuidados que o dever de segredo impõe visam proteger o titular do segredo da ingerência de terceiros na sua esfera privada[10]. Pelo que, para delimitar o âmbito subjectivo da oposição do segredo, é necessário que se possa definir quem deve ser considerado terceiro para este efeito, pois o segredo não é oponível a quem não deva ser considerado terceiro. Será o caso do cônjuge e do ex-cônjuge antes da partilha dos bens comuns do casal?

Diz Fernando Conceição Nunes que «não o são as pessoas que tenham um interesse directo, pessoal e legítimo na relação jurídica coberta pelo sigilo ou as entidades sob cuja jurisdição a mesma se encontre e, bem assim, todos aqueles que disponham de poderes de administração ou disposição do património do *titular do segredo*»[11], incluindo aqui[12], no primeiro caso, o cônjuge não titular, desde que a situação jurídica em causa faça parte da meação.

---

n.° 1 (sublinhado nosso): «*Os membros dos órgãos de administração ou de fiscalização das instituições de crédito, os seus empregados, mandatários, comitidos e outras pessoas que lhes prestem serviços a título permanente ou ocasional* não podem revelar ou utilizar *informações sobre factos ou elementos respeitantes à vida da instituição ou às relações desta com os seus clientes cujo conhecimento lhes advenha exclusivamente do exercício das suas funções ou da prestação dos seus serviços*». Entendemos, porém, que essa seria uma interpretação meramente literal do preceito, com consequências restritivas, que coloca a norma aquém do seu espírito. Em apoio da nossa posição, cfr. MANUEL DA COSTA ANDRADE, *Artigo 195.° – Violação de segredo*, cit., p. 783.

[10] Assim, FERNANDO CONCEIÇÃO NUNES, *Os deveres de segredo...*, cit., p. 49.
[11] FERNANDO CONCEIÇÃO NUNES, *Os deveres de segredo...*, cit., p. 49.
[12] Com apoio em ANSELMO DA COSTA FREITAS, «O Sigilo Bancário», *Boletim da Ordem dos Advogados*, n.° 19, Out. 1993, p. 12.

Todavia, e em qualquer caso, deve-se entender que o acesso à informação, que doutra forma estaria coberta pelo segredo perante as pessoas que não devem ser aqui consideradas terceiros, não é absoluto. Só lhes deve ser revelado aquilo que seja suficiente, necessário e adequado aos fins que concretamente visem prosseguir, e em função dos quais o segredo deve ser considerado inexistente[13].

7. No âmbito da problemática que aqui nos ocupa, tem particular relevância a alínea *e*), do n.º 2, do artigo 79.º do Regime Geral das Instituições de Crédito e Sociedades Financeiras. Diz o preceito, que trata das excepções ao dever de segredo, que «*os factos ou elementos das relações do cliente com a instituição podem ser revelados mediante autorização do cliente, transmitida à instituição*» (n.º 1), e que «*fora do caso previsto no número anterior, os factos e elementos cobertos pelo dever de segredo só podem ser revelados*» (n.º 2) «*quando exista outra disposição legal que expressamente limite o dever de segredo*» (referida alínea *e*)).

8. A determinação do sentido do termo «*expressamente*» é essencial para a compreensão do alcance da excepção ao dever de segredo que este dispositivo prevê. A expressão significa, não a exigência de uma limitação ao segredo que formalmente resulte de um qualquer preceito legal, mas uma limitação que resulte interpretativamente desse preceito como intenção do legislador. Ou seja, não tem de haver literalidade da limitação no texto legislativo, basta que a actividade interpretativa conduza a um resultado que demonstre que apesar de o legislador saber que os factos se encontram sujeitos a segredo ele quis autorizar ou impor a revelação do facto ou da informação. Nestas condições, deve-se entender que o legislador procedeu a uma ponderação entre valores, princípios e direitos e resolveu o conflito optando pela imposição de um sacrifício ao segredo bancário, o

---

[13] Um herdeiro deve ter acesso à informação bancária respeitante ao património herdando, mas apenas na medida em que essa informação seja suficiente, necessária e adequada à determinação da massa da herança e das vicissitudes relevantes que sobre ela incidiram antes e após o óbito do *de cuius*; o segredo deve-se entender existir naquilo que não sirva especificamente esse interesse: assim, o herdeiro pode ter o direito de saber quanto despendeu o *de cuius* com a utilização de cartão de crédito, pode até ter necessidade dessa informação no que respeita aos bens assim adquiridos para os chamar à colação, mas não tem um direito geral a saber em que aquisições o *de cuius* usava o cartão de crédito – essa situação poderia redundar numa devassa da que foi a vida privada do defunto, o que o Direito, claramente, não tutela.

que, no caso concreto, implica o afastamento do dever de segredo[14]. E tem sido com base neste entendimento que tem vindo a ser elaborada toda a doutrina da limitação do direito ao segredo bancário, designadamente no tema que nos ocupa, o caso de dissolução do vínculo conjugal com a implicada separação e partilha patrimonial.

O raciocínio que aqui nos trouxe exige, pensamos nós, que se vá mais longe, e se entenda que pode verificar-se que o direito (e o dever) ao sigilo bancário não abrange determinadas situações, não porque exista, no caso concreto, um conflito ou colisão com outros direitos ou deveres, mas porque existem limites imanentes do direito que limitam o seu alcance e âmbito de aplicação. Adiante se voltará a esta questão.

II. A ABERTURA DE CONTAS BANCÁRIAS PELOS CÔNJUGES E O SIGILO BANCÁRIO

9. O artigo 1680.° do Código Civil, ao estabelecer que «*qualquer que seja o regime de bens, pode cada um dos cônjuges fazer depósitos bancários em seu nome exclusivo e movimentá-los livremente*», parece impor que o segredo bancário abranja plenamente as contas abertas nessas condições, ou seja, mesmo em relação ao outro cônjuge. Na verdade, em virtude do contrato de abertura de conta, e independentemente do regime de bens do casamento, o banco apenas contrata com um dos cônjuges e só perante ele contrai obrigações, não podendo, nem devendo, averiguar previamente da legitimidade desse cônjuge para efectuar essa abertura de conta e esse depósito, e não contraia por esse facto qualquer responsabilidade perante o outro cônjuge. Nestas condições, o dever de segredo do banco existe para com o cônjuge titular da conta. Mais do que isso, nada impede qualquer dos cônjuges de fazer, também em seu nome exclusivo, uma pluralidade de outras operações bancárias de diversa natureza.

---

[14] No respeito do que vem disposto no art. 135.°, n.° 3, do Código de Processo Penal. Assim acontece, na maior parte dos casos, com a invocação do interesse na boa administração da justiça, do direito de punição pelo Estado da actividade criminosa, do dever de colaboração com a justiça, da salvaguarda do interesse público na acção contra a ofensa da ordem jurídica estabelecida. Cfr., a título meramente exemplificativo, ANTÓNIO DE CAMPOS, «Notas de doutrina e de jurisprudência – Quebra do sigilo bancário em processo penal», *Revista da Banca*, n.° 16, Out./Dez. 1990, p. 195 e ss. Curiosamente, mal se encontram na jurisprudência referências ao art. 335.° do Código Civil, como critério para o modo de resolução da colisão de direitos.

10. Deve-se entender que a regulação jurídica especial destas operações bancárias, face às regras do direito matrimonial sobre os regimes de bens e de dívidas na constância do casamento, em nada altera o regime jurídico geral imposto pelas regras de administração e alienação dos bens do casal, da titularidade dos bens e do regime das dívidas conjugais em comum[15]. Se assim não fosse, dificilmente se entenderia a aplicabilidade, como veremos abaixo, da regra do suprimento judicial do consentimento conjugal, previsto no artigo 1684.°, n.° 3, do Código Civil, para acesso à informação bancária: o cônjuge titular único tem sempre de prestar contas.

Trata-se, apenas, de um regime que pretende facilitar a vida do casal e dos cônjuges, marido ou mulher, numa perspectiva de operacionalização prática da administração dos bens, e não numa lógica de alteração do regime jurídico. Além disso, não se podem obnubilar as circunstâncias históricas da origem do actual preceito, que foi marcado por uma viragem determinante no entendimento legal da capacidade jurídica do cônjuge-mulher, com a consequente eliminação da posição de supremacia do cônjuge-marido na administração dos bens do casal: a possibilidade de abrir e movimentar contas bancárias resulta da liberdade adquirida, correspondendo a um aspecto essencial da autonomia de gestão da vida própria, e é consequência da igualdade entre os cônjuges assumida pela lei, tudo sequela da assunção de um entendimento que manifesta a dimensão do princípio da dignidade da pessoa humana.

11. Como já referimos, o outro cônjuge, não titular da conta, pode ter direito à informação sobre a conta[16]. Isso resulta, desde logo, da alínea *f)*, do n.° 2 do artigo 1678.° do Código Civil, que dispõe que «*cada um dos cônjuges tem ainda a administração*» (n.° 2) «*dos bens próprios do outro cônjuge, se este se encontrar impossibilitado de exercer a administração por se achar em lugar remoto ou não sabido ou por qualquer outro motivo, e desde que não tenha sido conferida procuração bastante para administração desses bens*» (alínea *f)*); tem, ainda, direito a infor-

---

[15] Neste mesmo sentido, RABINDRANATH CAPELO DE SOUSA, «O Segredo Bancário», in AAVV, *Estudos em Homenagem ao Professor Doutor Inocêncio Galvão Telles, Volume II, Direito Bancário*, Almedina, Coimbra, 2002, p. 184; PEREIRA COELHO e GUILHERME DE OLIVEIRA, *Curso de Direito da Família*, I, Coimbra Editora, Coimbra, 2001, p. 386. Em sentido diverso, JOSÉ MARIA PIRES, *O Dever de Segredo na Actividade Bancária*, Rei dos Livros, Lisboa, 1998, p. 64, que diz «Trata-se de uma situação em que a lei confere só a este [o cônjuge que abriu a conta] a administração dos valores depositados na conta».

[16] VASCO SOARES DA VEIGA, *Direito Bancário*, cit., pp. 268-269.

mações bancárias para adoptar as providências previstas no artigo 1679.° do Código Civil («*O cônjuge que não tem a administração dos bens não está inibido de tomar providências a ela respeitantes, se o outro se encontrar, por qualquer causa, impossibilitado de o fazer, e do retardamento das providências puderem resultar prejuízos*»), ou para exigir a responsabilidade do outro cônjuge prevista no artigo 1681.°, n.° 1, *in fine*, do Código Civil («*O cônjuge que administrar bens comuns ou próprios do outro cônjuge, ao abrigo do disposto nas alíneas a) a f) do n.° 2 do artigo 1678.°, não é obrigado a prestar contas da sua administração, mas responde pelos actos intencionalmente praticados em prejuízo do casal ou do outro cônjuge*»).

12. Mas essas não constituem as únicas situações em que o cônjuge não titular pode ter direito à informação bancária. Existe no ordenamento jurídico uma norma que, com carácter geral, atribui ao juiz a competência para, casuisticamente, determinar o acesso à informação. É ela a que consta do artigo 1684.°, n.° 3, do Código Civil, que regula a forma do suprimento do consentimento conjugal e que dispõe que o «*consentimento pode ser judicialmente suprido, havendo injusta recusa, ou impossibilidade, por qualquer causa, de o prestar*», norma a que poderá recorrer o cônjuge não titular caso o outro cônjuge esteja impossibilitado ou recuse, infundadamente, o levantamento do sigilo[17].

Esta norma justificar-se-á, e a isso deverá atender o juiz quando decide pelo suprimento, de um lado, em virtude dos reflexos que o acto para que é pedido o suprimento pode ter na situação económica da sociedade conjugal e pelo interesse que a lei manifesta em acautelar o património da família[18] e, por outro lado, quando está em causa a disponibilidade de bens que não pertencem, ou não pertencem inteiramente, ao cônjuge participante no acto[19]. É esta última razão que deve ser atendida quando se trata de afastar o sigilo bancário pelo suprimento judicial do consentimento, provocando a aplicação ao caso da previsão da excepção ao dever de segredo do banco que consta no artigo 79.°, n.° 1, do Regime Geral das Ins-

---

[17] Acórdão do Supremo Tribunal de Justiça, de 19.04.1995, Colectânea de Jurisprudência, Supremo III, 1995 – 2, p. 37 e ss. V. ANTUNES VARELA, *Direito da Família*, Livraria Petrony, Lisboa, 1993, pp. 392-393.

[18] Assim mesmo, PIRES DE LIMA e ANTUNES VARELA, *Código Civil Anotado*, Volume IV, 2.ª ed. rev. e act., Coimbra Editora, Coimbra, 1992, p. 310. Será o caso da aceitação ou repúdio de um legado deixado a um dos cônjuges.

[19] Também assim, PIRES DE LIMA e ANTUNES VARELA, loc. cit.

tituições de Crédito e Sociedades Financeiras, quando dispõe que «*os factos ou elementos das relações do cliente com a instituição podem ser revelados mediante autorização do cliente, transmitida à instituição*».

13. Por outro lado, o consentimento conjugal deve ser especial para cada um dos actos, nos termos do n.º 1 do artigo 1684.º do Código Civil. Da mesma forma se deve entender quanto ao seu suprimento judicial, nomeadamente quando um dos cônjuges pretende acesso a informação sobre contas tituladas apenas pelo outro cônjuge[20].

14. Temos assim que, durante a plena pendência do casamento, existe o direito à informação do cônjuge não titular em relação a tais contas, desde que seja ele o proprietário, titular ou administrador exclusivo do dinheiro ou dos outros valores depositados[21], ou se estes bens forem comuns ou objecto de compropriedade (aqui no caso de regime de separação de bens) – o que se entende com simplicidade. Se, porém, os valores ou bens depositados forem próprios do cônjuge titular da conta, que também tem a administração desses bens, coloca-se a questão de saber se o outro cônjuge terá ou não direito de informação sobre a mesma.

Aparentemente, só mediante a invocação de uma das disposições acima citadas, aqui com especial relevância para o artigo 1684.º, n.º 3, o cônjuge não titular poderá ter acesso às contas bancárias e à informação sobre elas. E, nesses casos, a questão do segredo deixa de ter cabimento, uma vez que é a lei que prevê directamente a restrição do direito ao sigilo ou que substitui a declaração de vontade («*autorização*») do titular, pelo seu suprimento. Na verdade, parece resultar de diversas disposições legais, como os artigos 573.º, 1305.º e 1404.º, todos do Código Civil, que a propriedade e as demais formas de titularidade ou a administração dos bens comportam um direito à informação, o qual inclui também o direito ao segredo bancário[22].

---

[20] JOSÉ MARIA PIRES, *O Dever de Segredo...*, cit., p. 65; PIRES DE LIMA e ANTUNES VARELA, *Código Civil Anotado*, cit., p. 308.

[21] Sobre as diversas espécies de depósito bancário, todas elas a serem tidas em consideração quanto ao que vimos tratando, PAULA PONCES CAMANHO, *Do Contrato de Depósito Bancário*, Almedina, Coimbra, 1998, p. 69 e ss.

[22] É o entendimento de RABINDRANATH CAPELO DE SOUSA, *O Segredo Bancário*, cit., p. 185.

15. Todavia, como se pode determinar quem é o proprietário dos valores ou bens depositados? Do facto de ter sido um dos cônjuges a abrir uma conta bancária e a efectuar um ou mais depósitos nessa conta não resulta que seja ele o proprietário desses valores ou bens. E nem resulta que lhe caiba a administração dos bens: já vimos que ao banco não cumpre averiguar quanto a isso, devendo considerar-se desresponsabilizado. Só o acesso à informação bancária, em muitos casos, permitirá apurar quem é o proprietário dos valores ou bens depositados, entre outros dados eventualmente relevantes para o cônjuge não titular. Aliás, o próprio artigo 573.º do Código Civil, ao dizer que «*a obrigação de informação existe, sempre que o titular de um direito tenha dúvida fundada acerca da sua existência ou do seu conteúdo e outrem esteja em condições de prestar as informações necessárias*», parece confirmá-lo.

16. Ficará, assim, demonstrada a insuficiência de uma solução meramente baseada na aplicação daquelas regras da lei civil. Parece-nos, portanto, que a questão não se esgota ali, uma vez que se poderá configurar a hipótese de não existir, de todo, o direito ao sigilo do cônjuge titular da conta, com o correspectivo dever por parte da instituição bancária. Adiante elaboraremos sobre o que agora apenas enunciamos.

III. EXTENSÃO: APLICAÇÃO DE IDÊNTICO REGIME À SITUAÇÃO DE DIVÓRCIO?

17. Antes de mais, cumpre apurar se, pelo menos, o regime jurídico acima tratado, e como vem, tem aplicabilidade em situações de extinção do vínculo conjugal, em razão de nulidade ou de anulação, de divórcio, e também nas situações de separação de pessoas e bens e de simples separação judicial de bens. Parece que sim, *prima facie*, até à efectivação da partilha dos bens, caso a ela haja lugar. Após a partilha dos bens comuns, com trânsito em julgado da decisão judicial, todos os bens passam a ser próprios. Por isso, só é sujeito das relações jurídicas bancárias o agora respectivo titular ex-cônjuge (ou ainda cônjuge, caso estejamos perante simples separação judicial de bens ou separação de pessoas e bens)[23].

---

[23] José Maria Pires, *O Dever de Segredo...*, cit., p. 65; Rabindranath Capelo de Sousa, *O Segredo Bancário*, cit., p. 186.

Se bem que, como dispõe o artigo 1688.º do Código Civil, «*as relações pessoais e patrimoniais entre os cônjuges cessam pela dissolução, declaração de nulidade ou anulação do casamento*»[24], só após a partilha dos bens se deve entender que operou a consequência total da dissolução do casamento por divórcio.

18. Mas, após o divórcio, já não existirá lugar à aplicação do regime do artigo 1684.º, n.º 3, do Código Civil. Nesse caso, como poderão os cônjuges fazer valer o seu direito a uma justa partilha dos bens comuns? A isso responde a lei processual civil, ao prever procedimentos cautelares ou requerimentos das partes ou, ainda, diligências oficiosas do juiz nos processos judiciais, por forma a que o ex-cônjuge interessado possa aceder a informações sobre os bens, para apurar da sua qualidade de comuns ou de próprios de cada um dos ex-cônjuges e, finalidade última da informação, qual o seu estado. As normas constam principalmente dos artigos 1327.º, n.º 1, alínea *a*)[25], e 1404.º[26] do Código de Processo Civil. Portanto, desde que provido de decisão judicial que (digamos por ora) derrogue o segredo, parece que o ex-cônjuge não titular poderá aceder à informação que pretende[27].

Ora, se há lugar à derrogação do dever de segredo bancário é porque existe esse dever. Só pode ser derrogado o que existe. Resulta que se manifesta aqui um conflito de direitos que tem de ser dirimido pelo juiz[28].

---

[24] No caso de simples separação judicial de pessoas e bens, os mesmos efeitos produzem-se relativamente aos bens (art. 1795.º-A do Código Civil).

[25] Diz o artigo 1327.º, n.º 1, alínea *a*), do Código de Processo Civil: «*Têm legitimidade para requerer que se proceda a inventário e para nele intervirem, como partes principais, em todos os actos e termos do processo: Os interessados directos na partilha*».

[26] Diz o art. 1404.º do Código de Processo Civil «*1 – Decretada a separação judicial de pessoas e bens ou o divórcio, ou declarado nulo ou anulado o casamento, qualquer dos cônjuges pode requerer inventário para partilha dos bens, salvo se o regime de bens do casamento for o de separação; 2 – As funções de cabeça-de-casal incumbem ao cônjuge mais velho; 3 – O inventário corre por apenso ao processo de separação, divórcio, declaração de nulidade ou anulação e segue os termos prescritos nas secções anteriores*».

[27] Neste sentido deverá ser entendida a frase «Desde que *regularmente habilitado* o cônjuge não titular pode ter acesso à informação necessária para a defesa dos seus direitos» de José Maria Pires, *O Dever de Segredo...*, cit., p. 65. Cfr., ainda, Rabindranath Capelo de Sousa, *O Segredo Bancário*, cit., p. 186. A mesma orientação parece-nos ser a de Manuel da Costa Andrade, *Artigo 195.º – Violação de segredo*, cit., p. 792 e ss. (p. 794).

[28] V. Rabindranath Capelo de Sousa, *O Direito Geral de Personalidade* (diss.), Coimbra Editora, Coimbra, 1995, p. 544 e ss.; Rabindranath Capelo de Sousa, *O Segredo Bancário*, cit., p. 204 e ss.

Capelo de Sousa diz[29] que, sem essa intervenção do juiz a resolver a colisão, só quem pode autorizar a divulgação de elementos de um depósito bancário feito em nome exclusivo de um dos cônjuges é esse cônjuge (leia-se aqui, ex-cônjuge), nos termos do artigo 79.°, n.° 1, do RGICSF, pois «há aqui como que um direito cartular, formal, e ao cônjuge titular (que é o único «cliente» face ao Banco) cabe dar tal autorização, tanto mais que, segundo o artigo 1680.° CC, a ele cabe «movimentar livremente» esse depósito».

19. Discordamos dessa solução. Aliás, se assim fosse, haveria de se levar o raciocínio às suas últimas consequências, e aplicar, inevitavelmente, o disposto no artigo 519.°, n.° 3, e respectivas alíneas, do Código de Processo Civil, que sobre o dever de cooperação para a descoberta da verdade diz que a recusa em colaborar é legítima se a obediência importar intromissão na vida privada ou violação do sigilo profissional. E, precisamente, o n.° 4 deste mesmo preceito remete para o disposto no processo penal acerca da verificação da legitimidade da escusa e da dispensa do dever de sigilo invocado. O artigo 135.°, n.° 3, do Código de Processo Penal é o aplicável, e atribui competência para a resolução do conflito ou colisão de direitos ao tribunal imediatamente superior àquele onde o incidente (de escusa) se tiver suscitado[30]. Logo, nunca poderá ser o juiz do tribunal de primeira instância a fazê-lo, tornando inútil toda a construção que criticamos. Trata-se de uma solução insuficiente e insatisfatória que não

---

[29] RABINDRANATH CAPELO DE SOUSA, *O Segredo Bancário*, cit., p. 186.
[30] RODRIGO SANTIAGO, *Do Crime de Violação de Segredo Profissional no Código Penal de 1982* (diss.), Almedina, Coimbra, p. 261 e ss.; GERMANO MARQUES DA SILVA, *Curso de Processo Penal*, volume II, Ed. Verbo, Lisboa, 2002, p. 131 e ss. (127 e ss.); M. SIMAS SANTOS e M. LEAL-HENRIQUES, *Código de Processo Penal Anotado*, Rei dos Livros, Lisboa, 2.ª ed., 1999, p. 739 e ss.; JOSÉ MARIA PIRES, *Direito Bancário. II Volume. As operações bancárias*, cit., p. 89; AUGUSTO DE ATHAYDE *et al.*, *Curso de Direito Bancário*, volume I, Coimbra Editora, Coimbra, 1999, p. 509 e ss. Quanto a jurisprudência, v. Acórdão do Tribunal da Relação de Lisboa, de 04.12.1996, CJ, 1996, XXI-5; Acórdão do Tribunal da Relação de Lisboa, de 05.11.1995, CJ, 1995, XXII-5; e, de entre a mais recente, cfr. Acórdão do Tribunal da Relação do Porto, de 31.05.2006, no proc. n.° 592805-4; Acórdão do Tribunal da Relação do Porto, de 22.02.2006, no proc. n.° 546090; Acórdão do Supremo Tribunal de Justiça, de 27.01.2005, proc. n.° 04B4700; Acórdão do Tribunal da Relação de Évora, de 09.05.2006, proc. n.° 907/05.9GAABF-A (Rec. n.° 546/06); Acórdão do Tribunal da Relação de Lisboa, de 04.10.2006, proc. n.° 5029/06-5 (100), (tudo em www.dgsi.pt).

atende à complexidade do sistema jurídico e leva a colocar a questão, erradamente, no plano da colisão de direitos.

Ora, como vamos passar a procurar demonstrar, aqui poderá não haver lugar a qualquer problema de colisão, porque não há colisão, porque não existe um dos direitos, o direito ao segredo bancário.

IV. A QUESTÃO À LUZ DE UMA INTERPRETAÇÃO PRINCIPIALISTA E INTEGRADORA DO SISTEMA JURÍDICO

20. O segredo bancário assenta no direito de personalidade à reserva da vida privada e familiar dos clientes dos bancos, nos termos do artigo 26.º, n.ºs 1 e 2, da Constituição da República[31]. Este direito à reserva da vida privada integra zonas pessoais, profissionais e económicas[32], cabendo seguramente nesta última, se bem que não apenas, o direito ao segredo bancário.

O direito ao segredo bancário consubstancia, desde logo, um direito subjectivo privado, de natureza absoluta face a terceiros[33], que obriga estes a absterem-se de condutas que violem a titularidade dos direitos de personalidade inerentes ao segredo bancário[34]. E, para além disso, existe também um direito subjectivo público do cliente bancário face ao Estado ou outros entes públicos, na medida em que o Estado tem de respeitar esse sigilo, só o podendo levantar em casos excepcionais de interesse público[35].

21. Ora, sendo o direito ao segredo bancário uma dimensão do direito à intimidade da vida privada, toda a definição do seu conteúdo e al-

---

[31] Acórdão do Tribunal Constitucional, n.º 178/95, de 31.05.1995, *in* ATC 97, p. 371. Sem esquecer a relevância do art. 101.º da Constituição, que tem subjacente um fundamento de manutenção da confiança do público no sistema bancário. Cfr. MARIA CÉLIA RAMOS, «O Sigilo Bancário em Portugal – Origem, evolução e fundamentos», *in* AAVV, *Sigilo Bancário*, Ed. Cosmos, Lisboa, 1997, pp. 136-137; MANUEL DA COSTA ANDRADE, *Artigo 195.º – Violação de segredo*, cit., p. 778.

[32] Cfr., por todos e de modo suficiente, RABINDRANATH CAPELO DE SOUSA, *O Segredo Bancário*, cit., p. 176.

[33] *Idem*, p. 179.

[34] *Ibidem*.

[35] *Ibidem*.

cance, tal como do regime das restrições a que está sujeito, seguem o regime constitucional previsto para os direitos, liberdades e garantias.

22. Questão preliminar é a da definição do âmbito do direito. Nos direitos, liberdades e garantias coloca-se, naturalmente, essa questão, como no caso de qualquer outro direito: é necessário definir as fronteiras de cada direito, antes de nos preocuparmos com possíveis conflitos ou restrições do mesmo.

Numa perspectiva sistémica e integradora do sistema jurídico, que é a nossa, um direito não surge, não pode surgir, isolado de outros, nem a sua valoração, âmbito e aplicabilidade podem ser apreendidos como que *ceteris paribus*.

23. A ideia de sistema jurídico implica uma concepção de realização da justiça mediante um discurso normativo integrador e coevo. Nesta medida, os princípios jurídicos assumem uma importante função no interior do sistema jurídico. Eles representam a primeira mediação entre os valores que o Direito pretende realizar e a concretização prática pela aplicação do Direito no caso concreto.

24. Tem sido muito discutido qual o papel dos princípios (jurídicos) no seio do sistema e do ordenamento jurídicos. Serão eles parte integrante do sistema normativo e constituirão, a par de outras fontes do Direito, a ordem jurídica?

A questão é tanto mais relevante se entendermos que as opções em sede teorética e metodológica implicam, e são, elas próprias, implicadas por uma certa concepção do Direito. Se essa concepção fundamental for, como é a nossa, a de que o Direito não é mero facto ou fenómeno da realidade social equiparado a qualquer outro fenómeno social, mas que é «uma «ordem de sentido» que intencionalmente leva referido um fundamento axiológico-culturalmente constituinte»[36], a compreensão da validade e da vigência do Direito terá de decorrer do modo como a sua normatividade se constitua e se manifeste. Essa ordem de sentido ou «ideia de Direito»[37] é proporcionada pelo carácter normativo dos princípios jurídi-

---

[36] A. CASTANHEIRA NEVES, «Fontes do Direito», *in Digesta*, Volume 2.º, Coimbra Editora, Coimbra, 1995, p. 13.

[37] JOÃO BAPTISTA MACHADO, *Introdução ao Direito e ao Discurso Legitimador*, Almedina, Coimbra, 1985, p. 163.

cos, primeira concretização dos valores e elementos integradores do sistema jurídico, como gramática que vincula o uso da linguagem[38].

25. Os valores (ideias superiores do sistema) e os princípios e as regras (espécies do género norma) constituem o fundamento e o limite do poder de decisão do juiz. Nestas condições, o aspecto axiológico surge-nos como muito importante para o Direito, pois aplicar o Direito «implica uma tomada de posição perante os factos, perante aquilo que na conduta humana se refere a valores»[39]. Ou como escreve Engisch, «podemos ainda tentar esclarecer o conceito de dever ser através do conceito de valor: uma conduta é devida (deve ser) sempre que a sua realização é valorada positivamente e a sua omissão é valorada negativamente»[40].

26. Os valores adquirem relevância jurídica específica quando são vertidos em normas. Assim, a sua concretização é feita mediante normas[41]. Essa concretização não é efectuada sempre no mesmo grau. O conteúdo axiológico da norma é, normalmente, inversamente proporcional à sua densidade semântica. Nessa escala gradativa, por categorias, os princípios representam o primeiro nível (maior conteúdo axiológico, menor densidade semântica) de concretização dos valores jurídicos, seguindo-se os subprincípios, que surgem directamente dependentes dos princípios, e as regras. O grau máximo de concretização dos valores jurídicos já não é puramente normativo mas sim normativo-aplicativo, pela decisão judicial. Um valor é um «*bem final* que requer realizar-se através de uma actividade teleologicamente orientada»[42], a actividade normativa.

---

[38] A expressão é de João Baptista Machado, *Introdução...*, cit., p. 164.

[39] Miguel Reale, *Filosofia do Direito*, Editora Saraiva, São Paulo, 20.ª ed., 2002, p. 194.

[40] Karl Engisch, *Introdução ao Pensamento Jurídico* (trad. de João Baptista Machado, *Einführung in das Juristiche Denken*, Verlag W. Kohlhammer, 8.ª ed., 1983), Fundação Calouste Gulbenkian, Lisboa, 9.ª ed., 2004, pp. 37-38; v., também, p. 46 e ss.

[41] Aquilo que funda a «validade-vigência» da normatividade do direito não é o reconhecimento; é a normatividade, «como uma fundamentante e constitutiva validade intencional, que suscita o reconhecimento social como direito», A. Castanheira Neves, *Fontes...*, cit., p. 23; por isso mesmo, a transformação do costume social em direito consuetudinário não se opera por mero reconhecimento.

[42] Gustavo Zagrebelsky, «Diritto per: Valori, Principi o Regole?», *Quaderni Fiorentini*, Quaderno XXXI (2002), p. 872.

27. A relevância especial dos princípios, neste contexto, surge da sua característica de elementos do sistema com uma especial função aplicativo-integradora, enquanto fórmulas com elevado grau de abstracção que auxiliam na aplicação do Direito, como elementos interpretativos e integradores de lacunas, mas que são também impositivos por si mesmos. Neste sentido, considerados na sua plenitude normativa, os princípios jurídicos fazem parte da estrutura normal do pensamento jurídico e preenchem «uma «necessidade existencial» da ordem do direito»[43], ordenando e construindo o sistema jurídico.

28. O que vem reforçado pelo facto de a relevância dos princípios enquanto critério de decisão estar intimamente relacionada com o seu conteúdo axiológico, pois constituem o primeiro nível na concretização dos valores jurídicos. As construções das duas categorias, os valores e os princípios, são essencialmente iguais. Mas eles são diferentes porque enquanto que a essência dos princípios expressa uma proposição de «dever-ser», os valores expressam «o que é bom» ou «o que é correcto», apontando uma preferência do sistema jurídico. Os valores têm uma configuração mais indeterminada onde os princípios jurídicos possuem uma estrutura mais definida, a qual, combinada com a natureza clara da proposição «dever-ser», lhes dá conteúdo normativo e os torna mais adequados para a criação de regras jurídicas.

Como diz Canaris, «o princípio está já num grau de concretização maior do que o valor: ao contrário deste, ele já compreende a bipartição característica da proposição de Direito em previsão e consequência jurídica»[44].

29. Se assim pensamos quanto aos princípios jurídicos em geral, mais relevante se torna este entendimento quanto aos princípios constitucionais. A Constituição consagra os valores supremos e fundamentais de uma dada sociedade, não se limitando a ser a norma positiva suprema do Estado; antes, é a consagração desses valores que lhe dá fundamento supremo. Por isso, o critério da legitimidade do poder constituinte não é a mera posse do

---

[43] MARIA LÚCIA AMARAL, *A Forma da República. Uma introdução ao estudo do direito constitucional*, Coimbra Editora, Coimbra, 2005, p. 122.

[44] CLAUS-WILHELM CANARIS, *Pensamento Sistemático e Conceito de Sistema na Ciência do Direito* (trad. de António Menezes Cordeiro, *Systemdenken und Systembegriff in der Jurisprudenz*, Duncker u. Humblot, 2.ª ed., 1983), Fundação Calouste Gulbenkian, Lisboa, 3.ª ed., 2002, p. 86.

poder, mas sim a concordância ou conformidade do acto constituinte com as ideias de justiça radicadas na comunidade (Gomes Canotilho). Por isso, podemo-nos apropriar do que diz Bacelar Gouveia, «esta concepção geral acerca do Direito (...) encontra nos direitos fundamentais o seu primeiro contexto de consagração mais útil, por ser esta categoria o instrumento técnico-jurídico mais apto à garantia dos valores que ela transporta»[45].

30. E aqui surge, novamente e sempre, a ideia de sistema, pela unidade axiológico-normativa que os princípios constitucionais trazem e que induz um conceito de unidade hierárquico-normativa dos preceitos constitucionais. Sendo a Constituição um sistema normativo complexo com coerência interna, a sua composição por normas de estrutura muito diferenciada não afasta que todas elas tenham idêntico valor jurídico e carácter vinculativo.

A Constituição pode, assim, surgir como uma reserva de justiça, referencial último (e, neste sentido, o referencial primigénio) do sistema jurídico, assumindo a função permanente e constante de controlo do conteúdo das normas jurídicas. É ela que contém a consagração dos valores supremos da ordem jurídica, precisamente vertidos nos princípios constitucionais onde aqueles valores ganham corpo. Por isso mesmo, os princípios constitucionais são instrumentos de realização da ideia de Direito e obreiros da justiça material (p. ex., princípios da igualdade, do acesso ao direito e aos tribunais, da proibição do excesso ou da proporcionalidade, da participação política, etc.).

V. O DIREITO AO SIGILO BANCÁRIO NA SISTEMÁTICA CONSTITUCIONAL (*IN CASU*: CASAMENTO E DIVÓRCIO)

31. Vimos anteriormente que o segredo bancário assenta no direito à reserva da vida privada e familiar dos clientes dos bancos, nos termos do artigo 26.º, n.ºs 1 e 2, da Constituição da República Portuguesa. Compete, agora, na senda da tal solução normativo-integradora que cumpra e realize

---

[45] JORGE BACELAR GOUVEIA, *O Estado de Excepção no Direito Constitucional. Entre a eficiência e a normatividade das estruturas de defesa extraordinária da Constituição* (diss.), volume II, Almedina, Coimbra, 1998, p. 1478.

plenamente o Direito, proceder a uma análise de outros princípios e normas constitucionais que, face ao problema, nos permitam encontrar a mais justa solução.

32. O artigo 26.º da Constituição consagra, no seu n.º 1, o direito à capacidade civil[46], o qual consiste essencialmente no direito a ser *pessoa jurídica*, sujeito de relações jurídicas (o que, tendo apoio garantístico no n.º 3 do mesmo preceito[47], já tinha consagração infraconstitucional no artigo 67.º do Código Civil, que diz «*As pessoas podem ser sujeitos de quaisquer relações jurídicas, salvo disposição legal em contrário: nisto consiste a sua capacidade jurídica*»).

33. O n.º 4 do mesmo artigo 26.º dispõe que as restrições à capacidade civil estão sujeitas a reserva de lei e não podem ter fundamento político ou ser, por qualquer outro motivo (o que deve ser lido à luz do art. 13.º e do art. 18.º, n.ºs 2 e 3, ambos da Constituição)[48], arbitrárias ou excessivas, devendo ter um motivo suficientemente justificativo (como será o caso da idade ou da anomalia psíquica) e respeitar os princípios da igualdade e da proporcionalidade. Ao admitir restrições à capacidade civil, a Constituição não permite privações totais dela[49].

Deste modo, é de todo inadmissível a privação ou restrição originária da capacidade civil, a privação total ou «morte civil» ou a *capitis diminutio* arbitrária. Da mesma maneira fica vedada, por exemplo não inocente, a reposição do regime legal de administração de bens da mulher casada pelo marido, em vigor antes da reforma do Código Civil em 1977, a qual seria ilegítima por ofensa do princípio da igualdade[50].

---

[46] J. J. GOMES CANOTILHO e VITAL MOREIRA, *Constituição da República Portuguesa Anotada*, volume I, Coimbra Editora, 4.ª ed. rev., 2007, p. 465; JORGE MIRANDA e RUI MEDEIROS (RUI MEDEIROS e ANTÓNIO CORTÊS), *Constituição da República Portuguesa Anotada*, tomo I, Coimbra Editora, 2005, p. 292.

[47] Como dizem J. J. GOMES CANOTILHO e VITAL MOREIRA, *Constituição*..., loc. cit., «as garantias do direito à capacidade civil são tanto mais importantes, quanto é certo que o exercício dos direitos fundamentais que implique efeitos jurídicos civis pressupõe evidentemente aquela capacidade».

[48] Seguimos JORGE MIRANDA e RUI MEDEIROS (RUI MEDEIROS e ANTÓNIO CORTÊS), *Constituição*..., cit., p. 292. Adiante se desenvolverá.

[49] J. J. GOMES CANOTILHO e VITAL MOREIRA, *Constituição*..., cit., p. 465.

[50] JORGE MIRANDA e RUI MEDEIROS (RUI MEDEIROS e ANTÓNIO CORTÊS), *Constituição*..., loc. cit.

34. Precisamente, o princípio da igualdade vem previsto no artigo 13.º da Constituição da República Portuguesa. A igualdade proclamada no preceito é a igualdade perante a lei, designada geralmente por igualdade jurídico-formal, e ela abrange, naturalmente, quaisquer direitos e deveres existentes na ordem jurídica portuguesa[51].

35. De acordo com doutrina pacífica entre nós[52], a base constitucional do princípio da igualdade é a igual dignidade social de todos os cidadãos, corolário da igual dignidade humana de todas as pessoas como prevista no artigo 1.º da Constituição[53]. O seu sentido imediato consiste, como dizem Gomes Canotilho e Vital Moreira, na proclamação de idêntica «validade cívica» de todos os cidadãos, independentemente da sua inserção económica, social, cultural e política, proibindo desde logo formas de tratamento ou de consideração social discriminatórias. Nestes termos, o princípio da igualdade, além de disciplinar as relações entre o cidadão e o Estado, constitui também «uma regra de estatuto social dos cidadãos, um princípio de conformação social e de qualificação da posição de cada cidadão na colectividade»[54].

---

[51] JORGE MIRANDA e RUI MEDEIROS (JORGE MIRANDA), *Constituição da República Portuguesa Anotada*, tomo I, Coimbra Editora, 2005, p. 120; J. J. GOMES CANOTILHO e VITAL MOREIRA, *Constituição...*, cit., p. 337. Sobre o princípio da igualdade, v. MARIA LÚCIA AMARAL, «O princípio da igualdade na Constituição portuguesa», in AAVV, *Estudos em Homenagem ao Prof. Doutor Armando Marques Guedes*, Coimbra Editora, Coimbra, 2004, p. 35 e ss.; MARIA DA GLÓRIA F. P. DIAS GARCIA, *Estudos sobre o Princípio da Igualdade*, Almedina, Coimbra, 2005; JORGE MIRANDA, *Manual de Direito Constitucional*, tomo IV, Coimbra Editora, Coimbra, 3.ª ed., 2000, p. 232 e ss. e p. 248 e ss.; JORGE REIS NOVAIS, *Os Princípios Constitucionais Estruturantes da República Portuguesa*, Coimbra Editora, Coimbra, 2004, p. 115 e ss.; JOSÉ DE MELO ALEXANDRINO, *A Estruturação do Sistema de Direitos, Liberdades e Garantias na Constituição Portuguesa. Volume II. A construção dogmática* (diss.), Almedina, Coimbra, 2006, p. 573 e ss. Para uma extensa análise da jurisprudência constitucional portuguesa, v. CATARINA VEIGA e CRISTINA MÁXIMO DOS SANTOS, *Constituição Penal Anotada. Roteiro de Jurisprudência Constitucional. Perspectiva Cronológica*, Coimbra Editora, Coimbra, 2006, pp. 74-125.

[52] Por todos, J. J. GOMES CANOTILHO e VITAL MOREIRA, *Constituição...*, cit., p. 336 ss.; JORGE MIRANDA e RUI MEDEIROS (JORGE MIRANDA), *Constituição...*, cit., p. 120 e ss.; JORGE REIS NOVAIS, *Os Princípios Constitucionais...*, cit., p. 51 e ss.

[53] O princípio da dignidade da pessoa humana, na nossa doutrina, tem tido uma função de «assegurar a unidade valorativa, a unidade de sentido ou mesmo a unidade do sistema de direitos fundamentais», JOSÉ DE MELO ALEXANDRINO, *A Estruturação do Sistema...*, cit., p. 306. V., ainda, JÓNATAS MACHADO, *Liberdade de Expressão. Dimensões constitucionais da esfera pública no sistema social* (diss.), Coimbra Editora, Coimbra, 2002, p. 358.

[54] J. J. GOMES CANOTILHO e VITAL MOREIRA, *Constituição...*, p. 338.

36. O princípio tem, imediatamente, como bem resulta do seu n.º 2, um sentido negativo: consiste na proibição de privilégios no gozo de qualquer direito ou na isenção de qualquer dever, mas também significa proibição de discriminação negativa, detrimento ou desvantagem que imponha privação de qualquer direito ou imposição de qualquer dever. A disposição deve ser entendida não apenas como proibitiva de discriminações, mas também como protectora das pessoas contra discriminações[55], o que vem reforçado pelo artigo 26.º, n.º 1, *in fine*, «*A todos são reconhecidos os direitos (...) à protecção legal contra quaisquer formas de discriminação*». Essa protecção impõe, se necessário, o recurso às vias penais e o direito a reparação à face dos princípios gerais de responsabilidade[56].

37. O mesmo n.º 2 do artigo 13.º exemplifica os factores de desigualdade inadmissíveis. E deve-se realçar esse carácter exemplificativo e de modo algum taxativo, o que, aliás, não seria admissível perante a cláusula aberta do artigo 16.º, n.º 1, da Constituição, sobre o âmbito e sentido dos direitos fundamentais na Constituição da República.

A proibição de discriminação negativa, detrimento ou desvantagem significa que não são legítimas quaisquer diferenciações de tratamento entre os cidadãos baseadas em categorias meramente subjectivas ou em razão dessas categorias. E o n.º 2 da disposição, na exemplificação que traz, aponta para «categorias subjectivas que historicamente fundamentaram discriminações»[57], como é a categoria do sexo, fundamento histórico de discriminação entre cônjuges. Por outro lado, o conteúdo jurídico-constitucional do princípio da igualdade tem sofrido progressivos alargamentos, e nunca será admissível, perante a sistemática jusconstitucional[58] e o tropismo social, o retrocesso do seu âmbito.

38. Quanto à vinculação dos particulares, não é compreensível, nem admissível, uma sociedade e uma ordem jurídica em que o respeito da dignidade e da autonomia da pessoa fosse exigido apenas nas suas relações com o Estado, e não o fosse nas relações das pessoas entre si[59].

---

[55] JORGE MIRANDA e RUI MEDEIROS (JORGE MIRANDA), *Constituição...*, cit., p. 121.
[56] *Idem*. Cfr. JORGE BACELAR GOUVEIA, *Manual de Direito Constitucional*, volume II, Almedina, Coimbra, 2005, p. 1091 e ss.
[57] J. J. GOMES CANOTILHO e VITAL MOREIRA, *Constituição...*, p. 339.
[58] Veja-se, *supra*, n.ᵒˢ 29 e 30, o que ali defendemos.
[59] Assim, JORGE MIRANDA e RUI MEDEIROS (JORGE MIRANDA), *Constituição da República Portuguesa Anotada*, tomo I, Coimbra Editora, 2005, p. 157; J. J. GOMES CANOTILHO

Assim, em correspondência com a interpretação a dar à regra da vinculação das entidades privadas pelos preceitos sobre os direitos, liberdades e garantias, haverá que distinguir, como defende Jorge Miranda[60], de um lado, as regras específicas de igualdade e diferenciação constantes da Constituição, como a do artigo 36.°, n.° 3, que se impõem às relações entre particulares, nos actos e contratos que nelas directamente se subsumam, e, doutro lado, nos restantes casos das relações entre os particulares, em que prevalece a autonomia privada, salvo quando ocorram discriminações que, para lá da cláusula geral do artigo 13.°, n.° 2, da Constituição, atinjam a dignidade das pessoas ou comportem abusos de poder de facto[61].

39. Ora, um caso de discriminação prática entre cônjuges, normalmente em razão do sexo, que leve ao domínio económico de um sobre o outro (onde se inclui o poder de administração efectiva de bens), por superiorização discriminatória baseada em prevalência sócio-cultural no meio, em poder económico-financeiro ou «só» em poder de facto de um sobre o outro, viola não só directamente e imediatamente o disposto no artigo 36.°, n.° 3 («*Os cônjuges têm iguais direitos e deveres* quanto à capacidade civil *e política e à manutenção e educação dos filhos*» – sublinhado nosso), como constitui uma discriminação que atinge a dignidade do outro cônjuge e comporta abuso de poder de facto. Também por isso Dworkin entende que o mais fundamental e axiomático dos direitos é uma determinada concepção do direito à igualdade, o direito a igual consideração e respeito, não meramente a fonte e a base de todos os direitos, mas também o próprio critério da fundamentalidade[62].

---

e VITAL MOREIRA, *Constituição*..., cit., p. 384. Sobre esta problemática, v. JOSÉ JOÃO ABRANTES, *Contrato de Trabalho e Direitos Fundamentais* (diss.), Coimbra Editora, Coimbra, 2005, p. 125 e ss.; JOSÉ CARLOS VIEIRA DE ANDRADE, *Os Direitos Fundamentais na Constituição Portuguesa de 1976*, Almedina, Coimbra, 3.ª ed., 2004, p. 245 e ss.; IDEM, «Os direitos fundamentais nas relações entre particulares», *Documentação e Direito Comparado*, n.° 5, 1981, p. 233 e ss.; BENEDITA F. S. MACCRORIE, *A Vinculação dos Particulares aos Direitos Fundamentais*, Almedina, Coimbra, 2005; JORGE BACELAR GOUVEIA, *Manual*..., cit., p. 1100 e ss.; CLAUS-WILHELM CANARIS, *Direitos Fundamentais e Direito Privado*, Almedina, Coimbra, 2003.

[60] JORGE MIRANDA e RUI MEDEIROS (JORGE MIRANDA), *Constituição*..., cit., p. 127.

[61] Em idêntico sentido, JOSÉ JOÃO ABRANTES, *Contrato de Trabalho*..., cit., p. 72; JORGE BACELAR GOUVEIA, *Manual*..., cit., p. 1103.

[62] RONALD DWORKIN, *Taking rights seriously*, Harvard University Press, Cambridge (MA), 1977, pp. 180 e ss. e 272 e ss. Em idêntico sentido, JOSÉ JOAQUIM GOMES CANOTILHO, *Direito Constitucional e Teoria da Constituição*, Almedina, Coimbra, 7.ª ed., 2003, p. 426.

Naturalmente que, quando escrevemos o que vem acima, estamos principalmente a pensar em discriminações ainda existentes (e não tratamos aqui de «exemplos académicos»)[63] que desfavorecem, normalmente, o cônjuge-mulher. Mas o mesmo se aplica a qualquer dos cônjuges, sendo esse sentido «universal» o do espírito e o da letra da Constituição da República.

40. O princípio da igualdade tem também como destinatários, indubitavelmente, os próprios particulares. E na questão que nos ocupa não surge qualquer problema, como vimos, pois estamos perante um direito fundamental de igualdade expressamente previsto na Constituição (art. 36.º, n.º 3), em sede de direitos, liberdades e garantias, sendo inequívoco que beneficia do regime do artigo 18.º, n.º 1, da Constituição da República Portuguesa: «*Os preceitos constitucionais respeitantes aos direitos, liberdades e garantias são directamente aplicáveis e vinculam as entidades públicas e privadas*»[64].

Reconheça-se, embora, que este preceito, por si mesmo, é relativamente insuficiente, pois nele não se diz em que termos se processa essa vinculação[65]. Entendemos, todavia, que estamos perante um direito, liberdade e garantia pensado na sua eficácia perante sujeitos privados.

41. Assim, o princípio da igualdade terá de ser aplicado, mesmo entre iguais, enquanto proibição de discriminações que ofendam de maneira intolerável a dignidade humana dos discriminados, desde logo quando impliquem uma violação dos seus direitos de personalidade, como é o caso da igualdade entre os cônjuges prevista expressamente no artigo 36.º, n.º 3, da Constituição[66].

---

[63] Diz Vasco Duarte de Almeida, «Sobre o Valor da Dignidade da Pessoa Humana», *Revista da Faculdade de Direito da Universidade de Lisboa*, vol. XLVI, n.º 1, Coimbra Editora, Coimbra, 2005, p. 625, «... persiste a tutela sobre o indivíduo de algumas estruturas familiares ou sociais tradicionais, as segmentações sociais adversas a uma igualdade de oportunidades entre todos os membros da sociedade, a menorização da condição da mulher...». Veja-se todo o Capítulo I de Vera Lúcia Carapeto Raposo, *O Poder de Eva – O Princípio da Igualdade no âmbito dos Direitos Políticos; problemas suscitados pela discriminação positiva* (diss.), Almedina, Coimbra, 2004.

[64] J. J. Gomes Canotilho, «Métodos de protecção de direitos, liberdades e garantias», *in Estudos sobre Direitos Fundamentais*, Coimbra Editora, Coimbra, 2004, p. 145 e ss.; José João Abrantes, *Contrato de Trabalho...*, cit., p. 132.

[65] José Carlos Vieira de Andrade, *Os Direitos Fundamentais...*, cit., pp. 259-260.

[66] Neste preciso sentido, e com referência expressa ao preceito, José Carlos Vieira

42. Em suma, o artigo 36.º, n.º 3, significa que o princípio da igualdade dos cônjuges constitui «uma expressão qualificada do princípio da igualdade de direitos e deveres dos homens e das mulheres (cfr. art. 13.º, n.º 2)»[67]. Ele abrange não apenas as esferas extrafamiliares que incluem os direitos civis e políticos, mas também a esfera familiar em todo o seu âmbito relacional, e não só na educação e manutenção dos filhos, proibindo qualquer discriminação jurídica entre os cônjuges. Por outro lado, essa igualdade exprime a preocupação constitucional em romper com o regime discriminatório até então vigente, e que a lei civil consagrou[68], afastando o princípio da supremacia conjugal e familiar do marido («chefe de família»), com impacte na restante ordem jurídica, que estabelecia graves discriminações contra a mulher casada em domínios que não os estritamente familiares, como os do direito sucessório, do direito do trabalho, do direito comercial ou do direito administrativo (como no direito do funcionalismo público).

43. Ao impor como um dos seus corolários o princípio de direcção conjunta da família, o princípio da igualdade exige o consenso entre os cônjuges na decisão de questões centrais da vida em comum ou da relação com os filhos. Aqui se incluem, também, as questões patrimoniais e financeiras, a administração de bens e a aplicação e gestão de valores pecuniários. Naturalmente que para se construir um consenso tem de existir acesso das partes à informação sobre o objecto do consenso[69].

44. Ao contrair matrimónio, por contrato com especiais implicações culturais, sociais e pessoais e com as decorrentes consequências jurídicas, aquilo que é a «intimidade privada» de uma pessoa, claramente, modifica-se. O casamento tem essa consequência (jurídica) que se revela nos aspectos mais íntimos da vida privada e pessoal de cada sujeito implicado.

DE ANDRADE, *Os Direitos Fundamentais*..., cit., p. 278; JORGE MIRANDA e RUI MEDEIROS (JORGE MIRANDA), *Constituição*..., cit., p. 122.

[67] J. J. GOMES CANOTILHO e VITAL MOREIRA, *Constituição*..., cit., p. 564.

[68] JORGE MIRANDA e RUI MEDEIROS (RUI MEDEIROS), *Constituição da República Portuguesa Anotada*, Tomo I, Coimbra Editora, 2005, p. 410.

[69] Tão simples quanto isto: para se estabelecer um consenso sobre matricular um filho numa escola em que seja necessário pagar propinas elevadas é necessário ter informação sobre os recursos financeiros disponíveis, o que pode incluir, desde logo, a informação sobre saldos bancários.

A título de exemplo, a autonomia da vida sexual (e existirá aspecto mais íntimo da vida pessoal?) restringe-se, uma vez que a infidelidade conjugal representa uma violação de um dever jurídico imposto pelo casamento, que fundamenta, mesmo, a sua dissolução por divórcio (v. arts. 1672.º e 1779.º, ambos do Código Civil). O que não se verifica na união de facto, em que não existem tais deveres jurídicos. Se assim é quanto a aspectos com esta natureza ínsita à intimidade humana, porque não seria assim quanto a aspectos patrimoniais? Aliás, os nubentes podem optar, livremente, pelo regime da separação de bens. Ao optarem pelo regime da comunhão geral de bens ou mesmo pelo regime da comunhão de adquiridos, sabem estar a restringir a sua autonomia (individual) nos aspectos patrimoniais e financeiros. Um entendimento pleno e adequado do amplexo jurídico que constitui o matrimónio assim o fará, necessariamente, concluir. Parece-nos óbvio que, até ao momento em que se concretiza a partilha dos bens, após divórcio, se deve manter este entendimento quanto ao aspecto patrimonial. Doutro modo, com o prejuízo da fraude à Constituição e à lei civil.

VI. O DIREITO AO SIGILO BANCÁRIO E OS LIMITES IMANENTES DOS DIREITOS FUNDAMENTAIS. CONSEQUÊNCIA

45. Somos, enfim, chegados ao ponto em procuraremos demonstrar que a coerência interna do sistema jurídico exige a consideração da não existência do direito ao segredo bancário por parte do cônjuge[70] titular da conta bancária ou do ex-cônjuge antes de as partilhas estarem concretizadas por acordo ou por decisão judicial transitada em julgado[71], sempre sob

---

[70] A questão coloca-se no caso do regime de bens de comunhão de adquiridos, podendo a solução a propugnar ter alguma aplicação quando estejam em causa eventuais bens próprios no regime de bens de comunhão geral.

[71] Levando o argumento ao seu limite, diz PAULO OTERO, *Legalidade e Administração Pública. O Sentido da Vinculação Administrativa à Juridicidad*e, Almedina, Coimbra, 2003, p. 208, «O sistema jurídico exigirá sempre, enquanto emanação do princípio da igualdade que visa garantir a ausência de situações geradoras de contradição no interior da ordem jurídica, uma regra de coerência interna entre todos os seus elementos, permitindo a identificabilidade da norma como pertencente ou não ao sistema em causa e, verificando-se esta última hipótese, o próprio sistema possui mecanismos de «marginalização» das normas antentatórias da coerência do sistema, sancionando-as com a invalidade». Aqui não careceremos de ir tão longe, pois não é isso que está em causa.

apreciação do juiz, que determinará o acesso à informação mediante apreciação das circunstâncias concretas do caso.

46. Os direitos fundamentais têm validade jurídica para âmbitos diferenciados e delimitados da vida e têm uma função de garantia jurídica de um âmbito de protecção variável e primariamente definida pelo designado âmbito de protecção do direito fundamental[72].

Definido o respectivo âmbito de protecção, poder-se-á falar, então, em direito subjectivo, o qual só surge quando ao particular é reconhecida uma pretensão qualificada ao cumprimento daquele dever normativamente exigido[73]. Com Vieira de Andrade diremos que «a figura do direito subjectivo implica um *poder* ou uma *faculdade* para a realização *efectiva* de *interesses* que são reconhecidos por uma *norma* jurídica como *próprios* do respectivo titular»[74] e que «o conceito de *direito subjectivo fundamental* (...) representa *posições jurídicas subjectivas individuais, universais e fundamentais*»[75].

47. O que se pretende, aqui, não é procurar uma resposta ao problema que tem absorvido a doutrina privatista, da verdadeira natureza do direito subjectivo, mas, sobretudo, apurar em que medida nos é permitido o recurso directo às normas de direitos fundamentais previstas na Constituição para fundamentar a judiciabilidade de uma pretensão subjectiva ou para interpretar em conformidade as normas de Direito ordinário que regulam essa questão[76].

Esse fundamento pode ser encontrado na aplicabilidade directa dos direitos fundamentais, prevista no artigo 18.º, n.º 1, da Constituição da República Portuguesa. Todavia, refira-se que o conteúdo do princípio da aplicabilidade directa não se esgota nesta reafirmação do princípio da

---

[72] JORGE REIS NOVAIS, *As Restrições aos Direitos Fundamentais não expressamente autorizadas pela Constituição* (diss.), Coimbra Editora, Coimbra, 2003, p. 56.

[73] Nestes precisos termos, JORGE REIS NOVAIS, *As Restrições...*, cit., p. 71. Cfr. VASCO PEREIRA DA SILVA, *Para um contencioso administrativo dos particulares* (diss.), Almedina, Coimbra, 1989, em particular, p. 112 e pp. 115-116.

[74] JOSÉ CARLOS VIEIRA DE ANDRADE, *Os Direitos Fundamentais...*, cit., pp. 118-119.

[75] *Idem*, p. 120.

[76] Assim mesmo, JORGE REIS NOVAIS, *As Restrições...*, cit., p. 98; Cfr. MARIA LÚCIA AMARAL, «Problemas da judicial review em Portugal», *Themis – Revista da Faculdade de Direito da Universidade Nova de Lisboa*, Ano VI, N.º 10, 2005, pp. 89-90.

constitucionalidade que, com diferentes graus de eficácia, consoante a maior ou menor densidade jurídica desses preceitos, vale, em princípio, para todos os preceitos constitucionais[77]. Pois que a aplicabilidade directa dos preceitos relativos aos direitos, liberdades e garantias tem por objectivo garantir a prevalência destes preceitos não apenas ao nível da validade, mas também ao nível da aplicação, o que inclui a sua eficácia imediata[78].

48. Os direitos fundamentais têm limites imanentes. Limites imanentes dos direitos fundamentais são as fronteiras definidas pela própria Constituição «que os cria ou recria (mesmo quando os recebe)»[79]. Num sentido material, os limites imanentes são limites do objecto do direito. Em sentido jurídico, que aqui nos importa, eles são limites de conteúdo. Como escreve Vieira de Andrade, são «*limites de conteúdo* que, pressuposta a definição do âmbito do direito (o «domínio abrangido» ou o «domínio regulado»), possam constituir *restrições constitucionais* ao *programa normativo* do preceito (o «domínio protegido», incluindo, no seu núcleo, o «domínio garantido»)»[80].

Estes limites podem estar expressamente formulados no texto constitucional, retirando-se do próprio preceito relativo ao direito fundamental, mas podem também constar em preceitos incluídos noutras partes da Constituição, ou resultar do entendimento interpretativo integrador e coevo do sistema jurídico-constitucional[81].

49. Segundo uma concepção restritiva mitigada, a que aderimos, quanto à teoria dos limites imanentes, e seguimos Reis Novais[82], com sublinhados nossos, «a delimitação da previsão normativa dos direitos fun-

---

[77] Acompanhamos JOSÉ CARLOS VIEIRA DE ANDRADE, *Os Direitos Fundamentais...*, cit., p. 207.

[78] Para desenvolvimentos, cfr., por todos, JORGE MIRANDA, «O regime dos direitos, liberdades e garantias», in AAVV, *Estudos sobre a Constituição*, vol. III, Livraria Petrony, Lisboa, 1979, p. 41 e ss.

[79] JOSÉ CARLOS VIEIRA DE ANDRADE, *Os Direitos Fundamentais...*, cit., p. 292. V., também, PAULO FERREIRA DA CUNHA, *Teoria da Constituição. II. Direitos Humanos. Direitos Fundamentais*, Verbo, Lisboa, 2000, p. 274.

[80] JOSÉ CARLOS VIEIRA DE ANDRADE, *Os Direitos Fundamentais...*, cit., p. 293.

[81] Veja-se MANUEL AFONSO VAZ, *Lei e Reserva de Lei. A causa da lei na Constituição Portuguesa de 1976* (diss.), Universidade Católica, Porto, 1992, pp. 316-318; JORGE REIS NOVAIS, *As Restrições...*, cit., p. 390 e ss.

[82] Acompanhamos inteiramente JORGE REIS NOVAIS, *As Restrições...*, cit., p. 427.

damentais deve, pelo menos, permitir *excluir aquilo que*, com toda a evidência, embora apresente características que, isoladamente consideradas, pudessem convocar a protecção de direitos fundamentais, *não pode ser considerado pela consciência jurídica própria de Estado de Direito como exercício jusfundamental protegido.* (...) à partida, *não se incluem no âmbito protegido* pelos direitos fundamentais todos *os comportamentos ou acções que*, independentemente da sua associação ocasional ou aparente a exercícios típicos de direito fundamental, constituam ilícito penal em sentido jurídico-material ou, mesmo que não sejam objecto de sanção penal, *apresentem evidente e intolerável danosidade social ou sejam radicalmente incompatíveis com os requisitos mínimos de vida em comunidade* e por esse facto, uns e outros, suscitem uma reprovação social e jurídica consensuais».

50. Nestes casos, permanecendo ainda no mundo da interpretação jurídica, estamos já perante situações duvidosas ou casos difíceis de solução não evidente, em que justificações e demonstrações que envolvem necessariamente juízos e apreciações de valor materiais não podem nunca ser substituídas por argumentos formais[83].

Ou seja, nestes casos não estamos numa situação de conflito entre o direito invocado e outros direitos ou valores, por vezes expressos também mediante a imposição de deveres fundamentais. Aqui é o próprio preceito constitucional que afasta do seu âmbito de protecção *essa forma de exercício do direito fundamental*, é a própria Constituição que na enunciação do direito exclui do respectivo programa normativo a atribuição de protecção a esse tipo de situações[84].

51. Conclui-se: se não há conflito, mas há limite imanente (mesmo que implícito), a solução do problema não tem de levar em conta o direito invocado, porque ele não existe naquela situação. Logo, não tem aplicabilidade o disposto no artigo 78.º do RGICSF, que impõe o dever de sigilo sobre «factos ou elementos respeitantes (...) às relações desta [da instituição] com os seus clientes...».

---

[83] Assim mesmo, JORGE REIS NOVAIS, *As Restrições...*, cit., p. 435.
[84] JOSÉ CARLOS VIEIRA DE ANDRADE, *Os Direitos Fundamentais...*, cit., pp. 294-295; JOSÉ DE MELO ALEXANDRINO, *A Estruturação do Sistema...*, cit., pp. 458-459 e p. 467.

VII. OPERACIONALIZAÇÃO

52. No problema em apreciação, e que até aqui nos trouxe, o sistema jurídico não permite que se entenda existir direito ao segredo bancário, manifestação do direito fundamental de intimidade da vida privada, nas situações em que, mediante apreciação casuística, se apura que o entendimento de que ele possa ser querido pela ordem jurídica implica a violação elementar dos princípios da igualdade e da dignidade da pessoa humana, tudo como vem tratado e especificado acima e que aqui não se repetirá. O contorno jusconstitucional do direito ao segredo bancário impõe-nos a consideração da sua concreta inexistência, em razão de limites imanentes ao conteúdo do direito, por virtude de um entendimento interpretativo integrador e coevo do sistema jurídico-constitucional, evitando-se, assim, aquilo a que Laurence Tribe chama a «tentativa de fugir à substância»[85].

53. Não pode dar-se o mesmo tratamento aos casos em que uma manifestação de um direito fundamental cai fora do âmbito preceptivo do direito e às situações em que a manifestação do direito, tendo embora cobertura constitucional preceptiva, esteja em colisão com outro direito[86].

Nestes termos, quando a lei processual civil prevê para estes casos de divórcio, e até à partilha, o poder do juiz de decidir procedimentos cautelares ou requerimentos das partes, ou proceder a diligências oficiosas nos processos judiciais, por forma a que o ex-cônjuge interessado possa aceder a informações sobre os bens, para apurar da sua qualidade de comuns ou de próprios de cada um dos ex-cônjuges e saber qual é o seu estado (cfr. arts. 1327.º, n.º 1, alínea a), e 1404.º, ambos do Código de Processo Civil), deve-se entender que não está a ser derrogado o direito, nem o dever, de segredo, porque ele não existe.

Como já vem referido atrás, o poder que a lei atribui ao juiz de determinar o acesso à informação bancária deve ser exercido pela ponderação das circunstâncias do caso, sempre que o juiz não possa determinar, sem essa informação, a natureza comum ou própria dos bens ou valores depositados e o seu estado.

---

[85] LAURENCE H. TRIBE, *Constitutional Choices*, Harvard University Press, Cambridge (MA), 1985, p. 21.
[86] MANUEL AFONSO VAZ, *Lei e Reserva de Lei*..., cit., p. 317.

54. Do ponto de vista metodológico, vemos que este modelo permite a ultrapassagem das limitações do método lógico-subsuntivo pela inclusão no sistema jurídico de uma «camada» de princípios aos quais é necessário recorrer para resolver os casos difíceis, aqueles casos para os quais a busca de uma racionalidade prática pode mesmo exigir a abertura do sistema ao que está fora do ordenamento de específicas regras jurídicas[87].

55. Numa óptica substantiva, existe uma consideração de referência aos princípios constitucionais directivos, em especial as três premissas fundamentais da dignidade da pessoa humana[88], da liberdade e da igualdade. Os princípios constitucionais fundamentais são primigénios, na medida em que «não foram gerados nem decorrem de nenhum outro, e que têm por isso, ao mesmo tempo, tanto uma força nomogenética máxima quanto um grau mínimo de determinação de conteúdo»[89]. Eles são primigénios porque todo o sistema constitucional deles decorre directa ou indirectamente, enquanto que eles próprios resultam directamente da decisão constituinte, expressando as escolhas essenciais do legislador constituinte. Por isso, podem ser definidos como «escolhas constitucionais a partir das quais se deve construir a unidade política de um Estado e se devem realizar as tarefas que sobre ele impendem»[90].

---

[87] V. CRISTINA M. M. QUEIROZ, *Direitos Fundamentais (Teoria Geral)*, Coimbra Editora, Coimbra, 2002, p. 127 e ss.

[88] Diz JORGE REIS NOVAIS, *As Restrições...*, cit., pp. 603-604, «No fundo, é o valor supremo da dignidade da pessoa humana, tal como é entendido em Estado de Direito, que confere às garantias jusfundamentais o valor de exigência moral intrínseca e independente das vantagens colectivas que estejam eventualmente associadas à sua promoção».

[89] MARIA LÚCIA AMARAL, *A Forma da República...*, cit. 126.

[90] KONRAD HESSE, *Grundzüge des Verfassungsrecht der Bundesrepublik Deutschland*, C. F. Müller, Heidelberga, 20.ª ed., pp. 4-5, *apud* MARIA LÚCIA AMARAL, *loc. cit.*

O QUADRO LEGAL DAS SOCIEDADES COMERCIAIS AO TEMPO DA *ALVES & C.ª*

Rui Pinto Duarte[*]

Alguns dos melhores momentos da minha vida foram passados a ler Eça de Queirós. Percorri várias vezes os quinze volumes da *Edição do Centenário* existentes na biblioteca dos meus Pais. Mais tarde, li também os textos que só foram publicados depois daquela edição e versões corrigidas do que primeiro tinha lido. Em cada leitura reparei no que antes não tinha sabido ver e fiquei sempre com a certeza de que uma nova leitura me traria outras novidades.

Nas aulas, misturo frequentemente no discurso jurídico referências extrajurídicas. Por força do que escrevi no parágrafo anterior, adivinha-se que, entre as literárias, as mais vulgares sejam (com grande falta de originalidade, sei bem) as queirosianas. Nos últimos anos, ao falar sobre a evolução das sociedades comerciais nos séculos XIX e XX, veio-me duas ou três vezes à cabeça a ideia de fazer parte da exposição com apoio na novela *Alves & C.ª*.

Agora, ao pensar no que haveria de abordar neste livro de comemoração (festiva!), tentou-me a ideia de passar a escrito o que nessas ocasiões discorri. A isso se destinam as páginas que seguem. Valem pela associação que o meu espírito fez entre momentos felizes («Ali lembranças contentes / n'alma se representaram / e minhas cousas ausentes / se fizeram tão presentes / como se nunca passaram»[1]).

---

[*] Professor da Faculdade de Direito da Universidade Nova de Lisboa.

[1] Camões, *Sôbolos rios que vão*.

1. Nome e data desconhecidos

Não se sabe que nome teria Eça dado a esta obra[2]. O seu filho, que promoveu a primeira publicação do texto, deu-lhe o da sociedade que Godofredo Alves mantinha com Machado, e a designação pouco foi discutida[3]. É de precisar, porém, que Eça grafou «Alves e C.ª», devendo-se ao filho a alteração para «Alves & C.ª»[4].

Também se desconhece quando foi escrito o texto. Embora admitindo como hipótese-base que tenha sido em 1887, como defende Luiz Fagundes Duarte[5], a prudência[6], perante as dúvidas dos especialistas, leva a não excluir que o tenha sido um pouco antes ou um pouco depois, pelo que a nossa atenção se espraiará por um período mais ou menos coincidente com o da vida adulta do escritor.

2. O Código de Ferreira Borges

Em 1887, vigorava ainda o primeiro código comercial português, dito de Ferreira Borges (por este ser o seu autor material), aprovado por decreto de 18 de Setembro de 1833. Nele se previam as seguintes espécies de «associações comerciais»: companhias, sociedades ordinárias ou em nome colectivo ou com firma, sociedades de capital e indústria, sociedades tácitas, associações em conta de participação e parcerias mercantis.

Vejamos as características de cada uma dessas categorias, a partir dos preceitos mais relevantes desse código[7]:

– «Companhias, sociedades e parcerias mercantis são associações comerciais inteiramente distintas entre si em direitos e obrigações

---

[2] V. a *Nota Prévia* do filho do escritor à primeira edição, reproduzida em *Obras de Eça de Queiroz, Edição do Centenário*, vol. XIII, Porto, Lello & Irmão – Editores, 1948, p. 223.

[3] V. *infra*, n.º 8.

[4] V. a *Introdução* de Luiz Fagundes Duarte ao volume *Alves & C.ª* da *Edição Crítica das Obras de Eça de Queirós* publicado pela Imprensa Nacional – Casa da Moeda (1994), p. 23.

[5] V. a obra citada na nota anterior, pp. 17 a 23.

[6] «Que coisa prudente é a prudência!», filosofa Alves, no final da novela, mostrando como esta virtude deve orientar os comerciantes, não sendo, pois, privativa dos juristas...

[7] Nos textos dos preceitos legais que transcrevemos, actualizamos a ortografia mas não a pontuação.

quer recíprocos dos associados, quer entre estes e terceiros respectivamente (...)» (§ 526);
- «Companhia é uma associação de accionistas sem firma social, qualificada pela designação do objecto da sua empresa, e administrada por mandatários temporários, revogáveis, accionistas ou não accionistas, assalariados ou gratuitos» (§ 538);
- «A sociedade em geral é um contrato pelo qual duas ou mais pessoas se unem pondo em comum bens ou indústria com o fim de lucrar em todas, ou em algumas das operações mercantis, e com ânimo positivo de se obrigar pessoalmente como sócios, e voluntariamente» (§ 547);
- «Quando os sócios convencionam comerciar debaixo de uma firma, que abrace a colecção de seus respectivos nomes, esta sociedade chama-se sociedade ordinária, ou em nome colectivo ou com firma. Mas desta só podem fazer parte os nomes dos sócios, ou alguns, ou um só deles, contanto que a firma contenha a fórmula – *e companhia*[8]» (§ 548);
- «Diz-se sociedade de capital e indústria aquela, que se contrai por uma parte entre uma ou mais pessoas, que fornecem fundos para uma negociação comercial em geral, ou para alguma operação mercantil em particular: – e por outra parte por um ou mais indivíduos, que entram na associação com a sua indústria somente» (§ 557)[9];
- «Diz-se sociedade tácita aquela, cuja existência se induz de actos próprios de sociedade, e que regularmente se não costumam fazer sem qualidade social» (§ 565);
- «As associações em conta de participação são verdadeiras sociedades mercantis; e podem definir-se as reuniões, que formam dois ou mais comerciantes, sem firma, para lucro comum e social, trabalhando um, alguns ou todos em seu nome individual somente.

---

[8] Itálico no original.
[9] Advirta-se que este tipo não correspondia, ao contrário do que se poderia depreender da definição legal, ao das sociedades em comandita. Na sua obra *Jurisprudencia do Contracto-Mercantil de Sociedade, segundo a Legislação, e Arestos dos Códigos, e Tribunaes das Naçoens mais Cultas da Europa* (Londres, 1830), FERREIRA BORGES previa como espécies distintas a sociedade em comandita e a «sociedade de capitais e indústria». Sobre o pensamento de Ferreira Borges na matéria e as suas fontes, v. o que escreveu BARBOSA DE MAGALHÃES na obra *Jurisconsultos Portugueses do Século XIX* (dir. JOSÉ PINTO LOUREIRO), Lisboa, Conselho Geral da Ordem dos Advogados, 1960, vol. II, pp. 302 a 304.

Esta sociedade também se denomina momentânea, e anónima[10]» (§ 571);
– «Parceria mercantil é em geral toda a associação conjunta de comerciantes em comunhão sem ânimo de sociedade».

Acerca das companhias, dispunha o § 549 que «só podem ser estabelecidas por autorização especial do governo, e aprovação de sua instituição».
Vale a pena fazer algumas notas enfáticas.
A primeira para frisar a existência da, posteriormente eliminada, categoria «associação comercial», que agrupava as espécies companhia, sociedade e parceria.
A segunda para apontar para a parte da definição de sociedade que referia como elemento da mesma o «ânimo positivo de se obrigar pessoalmente como sócios», isto é, a responsabilidade dos sócios pelas obrigações sociais[11].
A terceira para sublinhar o uso da palavra «companhia» para designar aquilo que actualmente chamamos «sociedade anónima»[12] – que, de resto, à época já tinha tomado, não só em França como em Portugal, o sentido que hoje tem.
A quarta para sublinhar que a expressão «sociedade anónima», antes de qualificar as sociedades por acções que são designadas por uma denominação, e não pelo *nomes* dos seus sócios, foi usada, em vários países, para qualificar subtipos de outras espécies de sociedades cujas firmas não revelavam algum ou alguns dos sócios (sendo, pois, nesse sentido que o Código de Ferreira Borges crismava a conta em participação de «anónima»)[13].

---

[10] Frise-se, desde já, que esta qualificação de «anónima» pouco tem a ver com a do tipo de sociedade assim baptizado em 1867, como resulta do que a seguir se escreve, no texto e em nota.

[11] No verbete «socio» do seu *Diccionario Juridico-Commercial* (Londres, 1833), FERREIRA BORGES escreveu que «todo o socio commercial é essencialmente responsavel solidario para com terceiros pelas transacçoens sociaes».

[12] O *Code de Commerce* de 1807 usava a expressão «societé anonyme». No seu citado livro *Jurisprudencia do Contracto-Mercantil de Sociedade...*, FERREIRA BORGES utilizou primacialmente a expressão «sociedade anónima», mas no projecto de código deu preferência à designação de «companhia».

[13] No seu referido livro sobre as sociedades que precedeu o projecto de código, FERREIRA BORGES, em anotação ao primeiro dos seus parágrafos dedicados à sociedade anónima,

A quinta para reforçar o destaque dado à regra segundo a qual a constituição das então chamadas companhias dependia de autorização governamental.

3. 1867

Embora o Código de Ferreira Borges vigorasse em 1887, a verdade é que as leis portuguesas sobre sociedades já não eram nesse ano inteiramente iguais ao nele estabelecido. Entre as alterações sobrevindas merecem destaque as que ocorreram em 1867 – ano fausto para o direito português.

Na verdade, esse foi o ano de: a abolição da pena de morte (para crimes civis)[14], o primeiro código civil (dito de Seabra, por o autor do res-

---

escreveu: «Antes deste código [entenda-se, o *Code de Commerce* francês] este nome respeitava a outra casta de sociedade. Segundo JOUSSE ao tit. 4. da ORD. de 1673, esta em nada differia da sociedade *em participação*, A opinião mais san nesse tempo era, que a sociedade anonyma era o *genero* da sociedade em participação e da sociedade em commandita. E verdadeiramente a sociedade em participação é mais anonyma, do que esta de que tractamos. Nós designamos oje esta associação pelo nome COMPANHIA». Convergentemente, na nota ao seu parágrafo sobre a sociedade em participação, acrescentou: «A sociedade em participação, que segundo JOUSSE era no seu tempo qualificada como sociedade anonyma, e sem duvida com muita razão, é aquella que tem logar entre duas pessoas, que convem ter parte n'uma negociação que uma dellas deve fazer em *seu* nome. Ella é sem duvida *anonyma*, por que não tem firma; o seu objecto é variadíssimo; um é o sócio conhecido, que em seu nome faz tudo, e o outro o sócio incógnito.» (*Jurisprudencia do Contracto--Mercantil de Sociedade...*, cit., pp. 33, 34 e 39). FERREIRA BORGES também podia ter citado o muito difundido *Dictionnaire Universel de Commerce* de JACQUES SAVARY DES BRUSLONS (publicado postumamente em 1723 pelo seu irmão e colaborador Louis-Philémon, sendo de assinalar que ambos eram filhos do Jacques Savary que foi o principal autor material da *ordonnnance du commerce* de 1673 e que escreveu o famosíssimo livro *Le Parfait Négociant*), do qual consta o seguinte: «La Société anonyme est celle qui se fait sous aucun nom, mais dont tous les Associés travaillent chacun en leur particulier, sans que le Public soit informé de leur Société; & ils se rendent ensuite compte les uns aux autres des profits & des pertes qu'ils ont faites dans leur négociations. La Société anonyme s'appelle aussi Momentanée, parce que souvent elle ne dure qu'autant de temps qu'il en faut pour acheter & pour partager les marchandises, ou les deniers provenants de la vente qui en a été faite» (verbete *Société*, tomo 3, col. 145).

[14] Pela lei de 1 de Julho, que aprovou a «reforma penal e de prisões». Não cabe aqui falar deste primeiro acontecimento. Sobre ele, v. os três volumes intitulados *Pena de Morte* publicados pela Faculdade de Direito da Universidade de Coimbra por ocasião do Colóquio Internacional do Centenário da Abolição da Pena de Morte em Portugal. Tendo em

pectivo projecto ter sido António Luís de Seabra), a lei de «liberalização»[15] das sociedades anónimas, a primeira lei sobre cooperativas, para além de vários outros diplomas também notáveis[16].

Para efeitos deste texto, o Código de Seabra merece referência por conter um conjunto sistematizado de regras sobre sociedades (ditas civis), que, embora não se destinando a ter aplicação às sociedades comerciais, alguma influência teve sobre o regime destas.

Vale a pena dizer que o capítulo votado ao contrato de sociedade do primeiro código civil português, para além de uma breve secção de disposições gerais, continha secções dedicadas às seguintes figuras: sociedade universal, sociedade particular, sociedade familiar e parceria rural (abrangendo esta a parceria agrícola e a parceria pecuária).

A distinção entre sociedade universal e sociedade particular provinha das Ordenações[17], e em última análise do Direito Romano[18], consistindo em a primeira tender a abranger todos os bens dos sócios ou, pelo menos, uma certa classe deles, enquanto a segunda se limitava «a certos e determinados bens, aos frutos e rendimentos destes, ou a certa e determinada indústria» (art. 1249.°). Sociedade familiar era a que se dava entre irmãos

---

conta o ponto de apoio da nossa exposição, lembramos que Eça, num dos seus contributos para *As Farpas*, comentou a condenação à morte, por crime militar, de um soldado, opondo-se a ela (*O Soldado Barnabé*, último texto de *Uma Campanha Alegre*; no livro *As Farpas* publicado por Maria Filomena Mónica – Cascais, Principia, 2004 – p. 557 e ss.).

[15] «Liberalização» no sentido de a constituição das mesmas (até aí chamadas companhias) deixar de depender da autorização, como melhor explicamos no texto, *infra*. Sobre a relevância do processo em causa, v., por todos, a obra clássica de GEORGES RIPERT, *Aspects Juridiques du Capitalisme Moderne*, 2.ª ed., Paris, L.G.D.J., 1951, em especial p. 56 e ss.

[16] Como, por exemplo, a (de escassos resultados) lei de 22 de Junho sobre bancos de crédito agrícola e industrial formados por «casas de misericórdias, hospitais, irmandades e confrarias» e a (efémera) Lei de Administração Civil, de 26 de Junho (sobre a segunda, também chamada «Código de Martens Ferrão», v. FRANZ PAUL DE ALMEIDA LANGHANS, *Organização Administrativa Local*, verbete do *Dicionário de História de Portugal*, coordenação de JOEL SERRÃO, vol. IV, Porto, Livraria Figueirinhas, s. d., e, ainda que criticamente, MARCELLO CAETANO, *Estudos de História da Administração Pública Portuguesa*, Coimbra, Coimbra Editora, 1994, p. 404 e ss.).

[17] V. o título XLIV do livro IV das Ordenações Filipinas (as primeiras Ordenações que trataram sistematicamente as sociedades).

[18] V., em textos portugueses, JOSÉ DUARTE NOGUEIRA, «O Contrato de Sociedade no Direito Romano e no Direito Português Actual», *in Lusíada* (Porto), 2001, n.os 1 e 2, p. 602 (embora com a infelicidade terminológica de usar a palavra «limitada» para significar aquilo a que o Código de Ferreira Borges chamava «particular», isto é, a característica consistente em esse subtipo de sociedade só abranger parte dos bens dos sócios).

ou entre pai e filhos menores (art. 1281.º). O actual código civil alterou profundamente o tratamento que o Código de Seabra dava às sociedades[19], mas o artigo 9.º do respectivo decreto preambular determina que ainda hoje se apliquem às sociedades universais e familiares constituídas até 31 de Maio 1967 as disposições relevantes do Código de Seabra.

Pese toda a importância do primeiro código civil, para a história das sociedades comerciais é mais importante a lei de 22 de Junho de 1867, a qual, substituindo, na nomenclatura legal, a designação «companhias» pela de «sociedades anónimas», pôs fim ao sistema de autorização casuística que as enquadrava, proclamando, no seu artigo 2.º, que as mesmas se constituíam «pela simples vontade dos associados, sem dependência de prévia autorização administrativa e aprovação dos seus estatutos (...)[20]». Já voltaremos a ela.

Também em 1867, aliás poucos dias depois, por carta de lei de 2 de Julho, foi aprovado o primeiro diploma sobre sociedades cooperativas[21]. Sobre ele note-se aqui apenas que estabelecia um regime algo contraditório, nas suas linhas gerais. Na verdade, se, por um lado, fixava um largo conjunto de regras quase auto-suficientes, por outro lado, qualificava as cooperativas como sociedades comerciais (arts. 1.º e 9.º) e estabelecia que aquele conjunto de regras não era aplicável às sociedades que, empreendendo algumas das operações tidas como características do objecto das cooperativas, adoptassem «as formas prescritas pelo código comercial para as sociedades ou parcerias comerciais, ou pela lei das sociedades anónimas, ou se constituírem por comandita» (art. 10.º).

---

[19] Sobre as sociedades civis no direito actual, v., além dos manuais de Teoria Geral do Direito Civil, RAÚL VENTURA, *Apontamentos sobre Sociedades Civis*, Coimbra, Almedina, 2006, Luís Manuel Teles de Menezes Leitão, «O Contrato de Sociedade Civil», in ANTÓNIO MENEZES CORDEIRO (coord.), *Direito das Obrigações*, 3.º vol., *Contratos em Especial*, Lisboa, AAFDL, 1990, JORGE MANUEL COUTINHO DE ABREU, *Curso de Direito Comercial*, vol. II, *Das Sociedades*, 2.ª ed., Coimbra, Almedina, 2007, p. 42 e ss., ANTÓNIO MENEZES CORDEIRO, *Manual de Direito das Sociedades*, vol. II, *Das Sociedades em Especial*, Coimbra, Almedina, 2006, p. 11 e ss., e (de modo especialmente interessante para a perspectiva de relacionamento do conceito de sociedade civil com o de sociedade comercial) PEDRO PAIS DE VASCONCELOS, *A Participação Social nas Sociedades Comerciais*, 2.ª ed., Coimbra, Almedina, 2006, p. 15 e ss.

[20] Regra esta que tinha por excepção «as sociedades que tiverem por fim adquirir bens imóveis, para os conservar no seu domínio e posse mais de dez anos» (parágrafo único do mesmo art. 2.º).

[21] Sobre esta lei, v. RUI NAMORADO, *Introdução ao Direito Cooperativo*, Coimbra, Almedina, 2000, p. 37 e ss.

4. As sociedades anónimas na lei de 22 de Junho de 1867

A primeira lei portuguesa sobre sociedades anónimas merece algumas observações adicionais.

A começar, sublinhe-se que a lei de 22 de Junho de 1867 qualificou as sociedades anónimas com uma forma de sociedade, rompendo com a assinalada contraposição entre companhias e sociedades que era feita pelo Código de Ferreira Borges.

Em segundo lugar, chame-se a atenção, em matéria de composição de nome, para que a lei determinou que as sociedades em causa seriam «qualificadas por uma denominação particular, ou pela indicação clara do seu objecto e fim» (art. 1.°, § 1.°), sendo a «denominação ou designação social, precedida ou seguida das seguintes palavras: Sociedade anónima de responsabilidade limitada» (art. 6.°, n.° 1).

Passando à estrutura orgânica, realce-se o seguinte:

- a administração cabia a «mandatários temporários, revogáveis, retribuídos ou gratuitos, escolhidos de entre os associados» (art. 13.°);
- era obrigatória a existência de «um conselho fiscal, composto pelo menos de três membros associados, eleitos pela assembleia geral» (art. 21.°).

Em relação à administração, vale a pena sublinhar que, como resulta da transcrição atrás feita, o Código de Ferreira Borges já previa que os mandatários fossem «temporários, revogáveis (...) assalariados ou gratuitos». Só que, muito mais adequadamente, na esteira do *Code de Commerce* de 1807, admitia que fossem «accionistas ou não accionistas»[22]. A alteração verificada no sentido de exigir que os administradores fossem escolhidos entre os associados foi induzida pelo projecto de lei então em discussão em França, que assim estabelecia[23].

---

[22] O art. 31 do referido código francês estabelecia o seguinte: «Elle est administrée par des mandataires à temps, révocables, associés ou non associés, salariés ou gratuits».

[23] O art. 22 da lei francesa de 24 de Julho de 1867 veio a estabelecer que «les sociétés anonymes sont administrées par un ou plusieurs mandataires à temps, révocables, salariés ou gratuits, pris parmi les associés» (esta lei está transcrita em JOÃO JACINTHO TAVARES DE MEDEIROS, *Commentario da Lei das Sociedades Anonymas*, Lisboa, Livraria Ferreira, 1886, p. 267 e ss.).

Quanto ao conselho fiscal, as suas fontes de inspiração não terão sido tanto as leis estrangeiras, mas sobretudo os estatutos das companhias portuguesas pré-existentes. Para matizar a influência daquelas, é de dizer que a lei francesa de 24 de Julho de 1867 não previa, para as sociedades anónimas[24], a existência de um verdadeiro conselho fiscal, estabelecendo, no seu art. 32, que «L'assemblée générale annuelle désigne un ou plusieurs comissaires, associés ou non, chargés de faire un rapport à l'assemblée générale de l'année suivante sur la situation de la société, sur le bilan et sur les comptes présentés par les administrateurs»[25]. Como precedentes da prática societária portuguesa, refiram-se, a título meramente ilustrativo, os estatutos da *Companhia de Vendedores de Tabacos Regalia*, da *Companhia Fabril de Assucar Madeirense*, e da *Companhia Litographica Progresso*, aprovados nos primeiros meses de 1867, que previam, cada um deles, uma «comissão fiscal», com competências, pelo menos em grande parte, semelhantes às do conselho fiscal[26]. Creio mesmo que se pode afirmar, apesar do que se escreveu em contrário[27], que o órgão de fiscalização das sociedades anónimas previsto na lei portuguesa se manteve diferente do das leis da maioria dos países europeus, apenas mantendo uma semelhança estreita com o *collegio sindacale* italiano[28].

O modelo orgânico da lei de 22 de Junho de 1867 durou, com pequenas alterações, mais de um século. Na verdade, como veremos adiante, só a partir de 1969 é que esse modelo começou a sofrer alterações.

---

[24] Já para as sociedades em comandita por acções, a mesma lei previa, no seu art. 5.º, «Un conseil de surveillance, composé de trois actionnaires au moins...» (v. a obra citada na nota anterior, no lugar citado).

[25] V. obra citada nas duas notas anteriores, no lugar nelas citado.

[26] V. a *Colecção Official da Legislação Portugueza Anno de 1867*, Lisboa, Imprensa Nacional, 1868, publicações relativas a 20 de Fevereiro de 1867 (no que respeita à primeira das referidas sociedades) e a 10 de Abril de 1867 (no que respeita à segunda e à terceira das referidas sociedades).

[27] A título exemplificativo, lembrem-se as seguintes palavras de LUIZ DA CUNHA GONÇALVES: «(...) *é creado em todas as legislações sobre sociedades anónimas um conselho fiscal dentro de cada sociedade*, excepto na Inglaterra, onde a fiscalização é exercida pelos *auditors* do *Board of Commerce*, o que a torna, decerto, mais independente e imparcial» (*Comentário ao Código Comercial Português*, Lisboa, vol. I, 1914, p. 439, sendo o itálico das palavras portuguesas de nossa autoria).

[28] Sobre a história da fiscalização das sociedades anónimas, v. J. PIRES CARDOSO, *Problemas do Anonimato II Fiscalização das Sociedades Anónimas*, Lisboa, Emprêsa Nacional de Publicidade, 1943.

5. O Código de Veiga Beirão

O essencial do panorama legal resultante do Código de Ferreira Borges, com as alterações de 1867, vigorou até ao segundo código comercial português, dito de Veiga Beirão (por este ser o ministro que apresentou o respectivo projecto e ter sido o principal autor material do mesmo[29]), aprovado por carta de lei de 28 de Junho de 1888, para entrar em vigor no primeiro dia do ano seguinte.

O Código de Veiga Beirão redesenhou o quadro das «associações comerciais», fazendo algumas requalificações e alterações terminológicas. O seu artigo 105.º estabelecia:

> «As sociedades comerciais serão de uma das espécies seguintes:
> Sociedade em nome colectivo;
> Sociedade anónima;
> Sociedade em comandita (...)».

A tal elenco acresciam as cooperativas, que o diploma considerava sociedades «especializadas pela variabilidade do capital social e pela ilimitação do número de sócios (...)» (art. 207.º), e mandava que adoptassem uma das referidas formas preceituadas no citado artigo 105.º – determinando, ao invés da lei de 1867, que as disposições sobre estas se aplicassem simultaneamente com as regras especiais sobre cooperativas (§§ 1.º e 2.º do mesmo art. 207.º)[30].

A conta em participação era regulada fora do título dedicado às sociedades.

As principais inovações conceituais e terminológicas do código de 1888 foram:

– a extinção da categoria «associação comercial»;
– a extinção da espécie «parceria mercantil»;

---

[29] V. o n.º I do *Codigo Commercial Projecto Apresentado à Camara dos Senhores Deputados em Sessão de 17 de Maio de 1887 pelo Ministro e Secretario d' Estado dos Negócios Ecclesiasticos e de Justiça Francisco António da Veiga Beirão*, Lisboa, Imprensa Nacional, 1887, JOSÉ GABRIEL PINTO COELHO, *Direito Commercial Portuguez*, volume I, Coimbra, F. França Amado, Editor, 1914, p. 12 e ss., e LUÍS BIGOTTE CHORÃO, *A Comercialística Portuguesa e o Ensino Universitário do Direito Comercial no Século XIX*, Lisboa, Cosmos, 1998, p. 71 e ss.

[30] Sobre as alterações que o Código de Veiga Beirão fez ao regime das cooperativas, v. RUI NAMORADO, *Introdução ao Direito Cooperativo*, cit., p. 43 e ss.

– a redução das designações da sociedade em nome colectivo a apenas esta;
– a extinção da espécie «sociedade de capital e indústria» e a criação da espécie «sociedade em comandita»;
– o silêncio acerca das sociedades tácitas[31] (passe o trocadilho...);
– a redenominação e a requalificação da «associação em conta de participação».

Do que assim fica resumido, interessa principalmente deixar assinalado que, por força do alargamento da extensão do conceito de sociedade, a responsabilidade dos sócios pelas obrigações sociais deixou de ser uma característica geral das sociedades, passando a ser uma nota diferenciadora de algumas das situações societárias.

No que diz respeito às sociedades anónimas, o Código de Veiga Beirão quase que se limitou a reproduzir as regras da lei de 22 de Junho de 1867, não valendo a pena, neste contexto, salientar os aspectos em que inovou.

Por força da sua ressonância social e pelo auxílio que podem dar ao entendimento da expressão «Alves & C.ª», fazemos agora inflectir a nossa atenção para as regras constantes do código de 1888 sobre a composição dos nomes dos vários tipos de sociedades – que clarificaram e completaram as anteriores –, assim resumíveis:

– as firmas das sociedades em nome colectivo deviam individualizar todos os sócios ou conter o nome ou a firma de, pelo menos, um deles, com o aditamento abreviado ou por extenso «e companhia»[32] (art. 21.º);
– as denominações das sociedades anónimas deviam, tanto quanto possível, dar a conhecer o seu objecto, não podendo em caso algum conter os nomes de sócios ou de outras pessoas, sendo sempre precedidas ou seguidas das palavras «sociedade anónima, responsabilidade limitada» (art. 23.º);
– as firmas das sociedades comanditárias deviam conter, pelo menos, o nome de um dos sócios de responsabilidade ilimitada e um aditamento indicativo da existência de sociedade em comandita

---

[31] Admitidas pelo Código de Seabra, note-se (v. os respectivos arts. 1241.º e 1282.º).
[32] Regra a que o Dec.-Lei 19.638, de 24 de Abril de 1931, aditou as seguintes palavras: «ou qualquer outro que indique a existência de outros sócios».

(sendo expressamente proibido que os nomes dos comanditários figurassem nas firmas) (art. 22.°);
- as sociedades cooperativas deviam sempre preceder ou seguir a sua firma ou denominação social das palavras «sociedade cooperativa de responsabilidade limitada» ou «ilimitada», conforme os casos (art. 207.°, § 3.°).

Essas regras eram enquadradas por um preceito (o art. 19.°) de vocação genérica, abrangendo comerciantes em nome individual e sociedades, do seguinte teor:

> «Todo o comerciante exercerá o comércio e assinará quaisquer documentos a ele respectivos, sob um nome, que constituirá a sua firma.
> § único. As sociedades anónimas existirão, porém, independentemente de qualquer firma, e designar-se-ão apenas por uma denominação particular, sendo contudo aplicáveis a esta as disposições do presente código relativas às firmas».

Com base nesses preceitos, e sob influência das literaturas estrangeiras, os autores portugueses opunham então firma e denominação particular. Numa acepção restrita, firma designava apenas o nome comercial do comerciante em nome individual; numa acepção ampla, designava também os nomes das sociedades cujos nomes eram compostos a partir dos nomes dos sócios (chamando-se a este segundo tipo de firma «razão social»). Denominação particular designava os nomes das sociedades anónimas[33].

O Dec.-Lei 19.638, de 24 de Abril de 1931 (já antes referido em nota), modificou algumas das referidas regras, tendo, nomeadamente, alterado o corpo do artigo 23.° no sentido de passar a ser permitido incluir nas designações das sociedades anónimas (a que passou a chamar também «firmas») nomes de pessoas, e acrescentado um parágrafo único ao mesmo esclarecendo que sempre que na lei se falasse em «denominação particular» de uma sociedade anónima, tal expressão se deveria considerar equivalente a «firma».

---

[33] V., por exemplo, JOSÉ GABRIEL PINTO COELHO, *Direito Commercial Portuguez*, vol. I, cit., p. 284 e ss., LUIZ DA CUNHA GONÇALVES, *Comentário ao Código Comercial Português*, Lisboa, vol. I, 1914, p. 84 e ss., GUILHERME MOREIRA, *Apontamentos de Direito Comercial* (coligidos por Alberto Menano), Coimbra, 1919, p. 181 e ss.

A partir de então, a literatura jurídica passou a usar dois conceitos de firma: um amplo, que abrangia o nome de todas as espécies de comerciantes, e outro restrito, que abrangia apenas os casos em que o nome do comerciante era composto por nomes de pessoas – sendo o contraponto desse conceito restrito de firma o de denominação particular, que englobava os casos em que o nome das sociedades era composto por outro modo[34].

6. Do Código de Veiga Beirão aos nossos dias

De 1888 até aos nossos dias, o essencial do quadro das sociedades estabelecido no Código de Veiga Beirão foi alterado apenas pela criação das «sociedades por quotas de responsabilidade limitada»[35], operada pela lei de 11 de Abril de 1901, e pela retirada das cooperativas do campo formal das sociedades, operada pelo Código Cooperativo de 1980[36] (e mantida pelo de 1996[37]). O Código das Sociedades Comerciais, de 1986[38], hoje vigente (mas com muitas alterações), consagra quatro tipos de sociedades: os três do Código de Veiga Beirão e o das sociedades por quotas.

Vale a pena dizer algo sobre as sociedades criadas pela lei de 11 de Abril de 1901, sobretudo por elas se terem tornado o tipo mais vulgar.

À medida que o capitalismo foi exigindo empresas cada vez maiores, a actividade empresarial com responsabilidade ilimitada (seja a dos empresários singulares seja a das sociedades em nome colectivo) foi-se deparando com dificuldades crescentes. A sociedade de responsabilidade limitada tornou-se numa forma quase necessária. No entanto, muitas das regras sobre sociedades anónimas (*v. g.*, as atinentes ao número mínimo de sócios, à estrutura orgânica e à transmissibilidade das participações so-

---

[34] V. CARLOS OLAVO, «A Firma das Sociedades Comerciais e Civis sob Forma Comercial», *in Estudos em Homenagem ao Prof. Doutor Raúl Ventura*, vol. II, FDUL / Coimbra Editora, 2003, em especial pp. 383 e 384, e M. NOGUEIRA SERENS, «O Direito da Firma das Sociedades Comerciais», *in Colóquio «Os Quinze Anos de Vigência do Código das Sociedades Comerciais»* (obra colectiva), Fundação Bissaya Barreto, Instituto Superior Bissaya Barreto, Coimbra, 2003, pp. 193 a 195.

[35] Redenominadas simplesmente «sociedades por quotas» pelo Código das Sociedades Comerciais de 1986, como adiante melhor se refere no texto.

[36] Aprovado pelo Dec.-Lei 454/80, de 9 de Outubro.

[37] Aprovado pela Lei 51/96, de 7 de Setembro.

[38] Aprovado pelo Dec.-Lei 262/86, de 2 de Setembro.

ciais) impediam que os projectos de menor dimensão se constituíssem sob essa forma. Impunha-se que os legisladores flexibilizassem as regras sobre sociedades anónimas ou que criassem uma nova espécie. Foi este o caminho do legislador alemão numa lei de 1892[39], ao qual o português aderiu rapidamente[40].

Como principais características da nova espécie, à data do seu aparecimento, podiam apontar-se:

- a limitação de responsabilidade dos sócios (art. 1.°[41]);
- a vedação da existência de sócios de indústria (art. 4.°, § 4.°);
- a proporcionalidade directa entre a participação no capital e o poder de voto (art. 39.°, § 2.°);
- a necessidade de recorrer a documento autêntico para efectuar cessões de participações sociais (art. 6.°, § 2.°);
- a flexibilidade do órgão de administração, composto por um ou mais gerentes, sócios ou não (art. 26.°);
- o carácter facultativo do órgão de fiscalização (art. 33.°).

Sobre as firmas das sociedades nela previstas, a lei das sociedades por quotas admitia quer a possibilidade de adoptarem uma firma em sentido estrito, quer a de adoptarem uma denominação particular (arts. 3.°, 29.° e 30.°[42]), quer ainda, no entendimento prevalecente, formas mistas[43] – que,

---

[39] A *Gesetz betreffend die Gesellschaften mit beschränkter Haftung*, de 20 de Abril de 1892.

[40] Para aplaudir a introdução no nosso direito do novo tipo de sociedade, escreveu VEIGA BEIRÃO: «(...) se a sociedade em nome colectivo é a que melhor realiza os princípios de confiança, crédito e solidariedade, bases de todo o comércio, se o anonimato é a forma indispensável aos grandes empreendimentos, como a comandita o é à introdução de novas indústrias, sentia-se ainda a necessidade de uma espécie associativa em que a responsabilidade não fosse tão adstringente como a ilimitada, mas em que se não desse ao capitalismo a supremacia sobre o *intuitus personae*» (prefácio à 1.ª edição da *Lei das Sociedades por Quotas* de ADOLPHO DE AZEVEDO SOUTO – Lisboa, Guimarães & C.ª, 1913).

[41] Este artigo e os demais citados para fundar as características apontadas às sociedades por quotas são da lei de 11 de Abril de 1901 e têm em vista a sua primeira redacção.

[42] O que acarretava consequências sobre a forma de as sociedades se vincularem, pois quando tinham firma em sentido estrito bastava que um dos gerentes assinasse «com a firma social», ao passo que quando tinham denominação particular só ficavam obrigadas se os actos fossem assinados em seu nome pela maioria dos gerentes (salvo estipulação em contrário).

[43] V. A. FERRER CORREIA, *Lições de Direito Comercial*, vol. I, Coimbra, 1973 (policopiado), p. 268 e ss.

em qualquer caso, devia terminar com as palavras «responsabilidade limitada» ou simplesmente com a palavra «limitada» (art. 3.º, § 4.º).

No que respeita às sociedades anónimas, o essencial das regras estabelecidas em 1867 e reiteradas pelo Código de Veiga Beirão manteve-se por mais de um século.

As primeiras alterações relevantes só surgiram em 1969, por meio do Dec.-Lei 49.381, de 15 de Novembro, que, entre outras novidades:

– admitiu a possibilidade da existência de fiscal único, em vez de conselho fiscal, no tocante às sociedades anónimas de baixo capital social (art. 1.º, n.º 2);
– admitiu que os membros do conselho fiscal e o fiscal único não fossem accionistas (art. 1.º, n.º 3);
– impôs que um dos membros do conselho fiscal ou o fiscal único fossem revisores oficiais de contas ou sociedades de revisores de contas (art. 1.º, n.º 3)[44];
– admitiu a atribuição das funções do conselho fiscal a uma sociedade de revisores de contas, com prejuízo da existência desse conselho (art. 4.º).

A admissão da desnecessidade de se ser accionista para exercer funções de administrador só teve lugar no Dec.-Lei 398/77, de 15 de Setembro[45] (que também expressou algo que até então era genericamente entendido, sem base literal: que o órgão de administração tinha de ser colegial e formado por número impar de membros).

Vale ainda a pena dizer que, embora o Código de Veiga Beirão chamasse «direcção» ao órgão de administração das sociedades anónimas e «directores» aos seus titulares, sempre se usaram, em sinonímia com essas, as expressões, «conselho de administração» e «administradores», que pas-

---

[44] Sendo de assinalar que, no entanto, o regime dos revisores oficiais de contas só foi aprovado pelo Dec.-Lei 1/72, de 3 de Janeiro, e que a portaria que declarou constituída a Câmara dos Revisores Oficiais de Contas (a n.º 83/74) só foi publicada em 6 de Fevereiro de 1974, o que determinou que durante vários anos a imposição em causa, afinal, não vigorasse (aplicando-se as regras transitórias estabelecidas no art. 44.º do Dec.-Lei 49.381, de 15 de Novembro de 1969).

[45] O que não quer dizer que, sob a perspectiva sociológica, até então os administradores fossem sempre recrutados entre os accionistas. O que se passava era que quando o designado não era accionista lhe eram transmitidas (real ou simuladamente) algumas acções...

saram a ser as únicas usadas a partir do referido Dec.-Lei 49.381, de 15 de Novembro.

Em matéria de sociedades anónimas, o Código das Sociedades Comerciais trouxe, logo no seu primeiro texto, novidades importantes, designadamente a possibilidade de, em vez de seguir o modelo de 1867 (com as alterações que entretanto lhe tinham sido feitas), atribuir a administração da sociedade a uma direcção, a um conselho geral e a um revisor oficial de contas. Por outras palavras: a lei portuguesa passou, a partir desse momento, a oferecer, em alternativa, dois modos de estruturação dos órgãos de administração e fiscalização das sociedades anónimas, ditos «tradicional» e «germânico». A reforma que o mesmo código sofreu em 2006[46] determinou que os modelos organizativos das sociedades anónimas ao dispor dos interessados aumentassem (mormente, por às possibilidades anteriores ter somado a consistente na adopção do chamado «modelo anglo-saxónico») e causou que o modelo «tradicional», no respeitante às sociedades «emitentes de valores mobiliários admitidos à cotação em mercado regulamentado» e a outras sociedades de grande dimensão se afastasse um pouco mais do de 1867 – na medida em que nesses casos ao eventual conselho fiscal se soma um revisor oficial de contas e ainda porque a elegibilidade para o mesmo conselho passou a depender de qualificações técnicas[47].

No que respeita à composição das firmas das sociedades, o Código das Sociedades Comerciais manteve as regras anteriores no respeitante às sociedades em nome colectivo[48], mas fez as seguintes (pequenas) alterações ou precisões no respeitante aos demais tipos:

– quanto às sociedades por quotas, confirmou a possibilidade de firmas mistas, eliminou a referência à expressão «responsabilidade limitada» e admitiu a adopção da abreviatura «L.da» (art. 200.º, n.º 1);

---

[46] Pelo Dec.-Lei 76-A/2006, de 29 de Março. Sobre essa reforma, v. *Reformas do Código das Sociedades* (obra colectiva), Coimbra, Almedina / IDET (n.º 3 da colecção Colóquios), 2007, ANTÓNIO MENEZES CORDEIRO, «A Grande Reforma das Sociedades Comerciais», *in O Direito*, ano 138, III, 2006, GABRIELA FIGUEIREDO DIAS, *Fiscalização de Sociedades e Responsabilidade Civil (Após a Reforma do Código das Sociedades Comerciais)*, Coimbra, Coimbra Editora, 2006, e ALEXANDRE DE SOVERAL MARTINS, «La Reforma del Código de Sociedades Comerciales Portugués», *in Revista de Derecho de Sociedades*, n.º 27, ano 2006-2.

[47] Por força do disposto nos respectivos arts. 413.º, n.º 2, alínea *a)*, e 414.º, n.os 3 e 4.

[48] V. o art. 177.º, n.º 1.

— quanto às sociedades anónimas, estabeleceu que têm de concluir com a expressão «sociedade anónima» ou a abreviatura «S. A.» (art. 275.º, n.º 1);
— quanto às sociedades em comandita, precisou que o aditamento indicativo do tipo em causa deve ser «em comandita» ou «& comandita», «em comandita por acções» ou «& comandita por acções» (art. 467.º, n.º 1).

7. Uma sociedade em nome colectivo

Em Portugal, actualmente[49], o tipo de sociedade comercial mais vulgar é o das sociedades por quotas (cerca de 535.000, incluindo as unipessoais, que são cerca de 45.000). Seguem-se as sociedades anónimas (cerca de 25.000). Sociedades em nome colectivo existem poucas (cerca de 650, dizem as estatísticas, mas estamos convencidos de que muitas das registadas não terão actividade) e sociedades em comandita quase nenhumas (29, número que, mesmo assim, também arriscamos julgar inflacionado).

Eça morreu em 1900, não tendo, portanto, chegado a conhecer as sociedades por quotas, muito menos o seu êxito.

Alves & C.ª (ou *Alves e C.ª*, como a lei e Eça escreviam[50]) era uma sociedade em nome colectivo. Como já vimos, o Código de Ferreira Borges chamava a este tipo de sociedade também sociedade ordinária ou com firma. A *ordonnance sur le commerce* de Colbert, de 1673, designava-a como *société générale*[51]. No seu já citado (em nota) *Dictionnaire Universel de Commerce*, Jacques Savary des Bruslons chamava-lhe «societé générale & collective ou ordinaire» e definia-a como «celle qui se fait entre deux ou plusieurs Marchands, qui agissent tous également pour les affaires de la Societé, & qui font négóce sous leurs noms collectifs, qui sont

---

[49] Dados constantes do ficheiro central de pessoas colectivas referidos, a 31 de Dezembro de 2004, divulgados pela Direcção-Geral da Política da Justiça em www.dgpj.mj.pt/sections/estatisticas-da-justica/informacao-estatistica.

[50] Nos livros da época, para os efeitos em causa, há uma utilização aparentemente indiscriminada do «&» e do «e».

[51] No art. 1.º do seu título IV (o texto da *ordonnance* – cujo verdadeiro nome é *Édit du roi servant de règlement pour le commerce des négociants et marchands tant en gros qu'en détail* – é consultável, por exemplo, em www.chd.univ-rennes1.fr.).

connus de tout le monde». Até aos finais do século XIX, pelo menos, a sociedade em nome colectivo foi a sociedade por antonomásia[52].

Os dois principais subtipos sociológicos dessa espécie de sociedades eram o da sociedade entre familiares e o da sociedade entre um comerciante experiente e um seu auxiliar. *Alves & C.ª* pertencia ao segundo. Alves tinha 37 anos[53], Machado 26[54] e tinha «entrado na firma comercial havia apenas três anos»[55]. Alves representava (pelo menos, a seus olhos) «a boa conduta, a honestidade doméstica, a vida regular, a seriedade de costumes», Machado «a finura comercial, a energia, a decisão, as largas ideias, o plano do negócio...»[56].

Alves & C.ª não é a única sociedade em nome colectivo que surge na obra queirosiana. Lembrem-se a Castro Miranda & C.ª, de *O Primo Basílio*, a Teles, Crispim & C.ª e a Serra Brito & C.ª, ambas de *A Relíquia*, a Silvestre, Juliano & C.ª e a sua correspondente em Macau, Brito, Alves & C.ª, de *O Mandarim*[57].

No entanto, Eça refere-se também às companhias, símbolos das grandes empresas capitalistas. Só n' *A Cidade e as Serras* são referidas a Companhia Central da Electricidade Doméstica, a Companhia dos Telefones de Constantinopla, a Companhia das Esmeraldas da Birmânia (*medonha empresa para a qual era pedido o nome, a influência e o dinheiro de Jacinto*) e a Companhia Universal dos Transportes (cuja ignorância geográfica tem papel decisivo no desenrolar dos acontecimentos). Outras, porém, aparecem, como as (não ficcionais) Companhia do Suez[58] (no texto *De Port-Said a Suez*, incluído nas *Notas Contemporâneas*) e a *East-African Com-*

---

[52] Sobre isto, v., por exemplo, JEAN HILAIRE, «Las Sociedades en Nombre Colectivo en la Francia del Siglo XIX», *in* CARLOS PETIT (ed.), *Del Ius Mercatorum al Derecho Mercantil*, Madrid, Marcial Pons, 1997, 1986, p. 333 e ss., e J. GIRON TENA, *Derecho de Sociedades*, tomo I, *Parte General*, Madrid, 1976, p. 373 e ss.

[53] Capítulo I. Na edição que citamos, p. 36.

[54] Capítulo I. Na edição que citamos, p. 38.

[55] Capítulo I. Na edição que citamos, p. 37.

[56] Pp. 37 e 38.

[57] Em relação às duas últimas sociedades, vale a pena notar a seguinte curiosidade: enquanto na versão publicada em folhetim, Eça grafou os seus nomes com «e», na versão publicada em livro utilizou o «&» – v. *O Mandarim, Edição Crítica das Obras de Eça de Queirós*, Imprensa Nacional-Casa da Moeda, 1992, pp. 102 e 103.

[58] A *Compagnie Universelle du Canal Maritime de Suez* foi constituída em 1858 para construir e explorar, mediante concessão (que deveria durar 99 anos a contar do início da exploração), o canal que lhe deu nome. Perdeu a concessão em 1958, mas acabou por estar na origem do grupo empresarial *Suez*.

pany[59] (no texto *O Ultimatum*, incluído nas *Cartas Inéditas de Fradique Mendes e mais Páginas Esquecidas*).

Completando a paleta dos tipos societários, há também, pelo menos, uma referência a um caso de comandita: Jacinto é comanditário do jornal o *Boulevard*.

O papel que cada uma das espécies de sociedades comerciais ocupa nos escritos de Eça é representativo da sua relevância social. Em Portugal como em França, durante todo o século XIX (e parte do século XX), a sociedade em nome colectivo foi a espécie mais frequente, mas as sociedades anónimas foram-se tornando a forma jurídica das empresas de maior dimensão. Sociedades em comandita, então como agora, só em Paris[60]... Segundo uma voz autorizada, nos finais do século XIX e princípios do século XX, no nosso país, «a parcela mais significativa do capital societário era a que se encontrava organizada sob a forma de sociedades anónimas», «o capital envolvido na formação de sociedades em nome colectivo era de pequeno montante», podendo «considerar-se desprezível o montante de capital envolvido na formação de sociedades em comandita»[61].

Para que o leitor não fique com ideias erradas acerca do peso relativo das formas empresarias no século XIX, há, porém, que dizer que, durante todo ele (e grande parte do século XX), a quantidade de comerciantes em nome individual suplantou a de sociedades. O reflexo disso nos livros de Direito Comercial foi o de, nos programas das faculdades de Direito portuguesas e nas páginas dos seus manuais, o espaço dedicado às sociedades ter sido menor do que o dedicado aos comerciantes em nome individual[62].

---

[59] De seu nome completo *Imperial British East Africa Company*, fundada em 1888, na sequência do Tratado de Berlim de 1885, para administrar e desenvolver o território que veio a ser o Quénia.

[60] Aqui como símbolo do estrangeiro, pois que também as há noutros países, nomeadamente na Alemanha.

[61] MARIA EUGÉNIA MATA, *in* PEDRO LAINS e ÁLVARO FERREIRA DA SILVA (org.), *História Económica de Portugal 1700-2000*, Lisboa, Imprensa de Ciências Sociais, 2005, vol. II, pp.183 e 184.

[62] O início da viragem pode situar-se no programa da cadeira de Direito Comercial que integrava os programas elaborados pela Faculdade de Direito da Universidade de Coimbra aprovados por despacho ministerial em 1912 (v. o *Diário do Governo* n.º 109, de 10 de Maio de 1912, p. 1698 e ss.). A matéria das sociedades ocupava aí um parágrafo autónomo da secção destinada às obrigações mercantis em especial – parágrafo esse que preenchia os n.os 17 a 36 dos 51 em que o programa da cadeira se desdobrava. No entanto, só lentamente as lições começaram a reflectir essa directriz.

Advirta-se, porém, que as estatísticas existentes não permitem saber com rigor as quantidades das várias espécies de empresas (*i. e.*, comerciantes, no sentido jurídico desta palavra) existentes em Portugal durante o século XIX. Segundo a primeira *Estatística das Sociedades* publicada pelo Instituto Nacional de Estatística[63], que procurou tratar também os dados relativos ao século XIX, haveria 7 sociedades anónimas em 1850 e 67 em 1900. Os historiadores referem um número convergente no que respeita ao primeiro desses momentos (8), mas indicam valores muito mais elevados para o resto do século: em 1875 haveria 136 e em 1900 haveria 600[64]. Da mesma *Estatística das Sociedades* resulta que a quantidade de sociedades em nome colectivo seria de 8 em 1850 e de 63 em 1900 – valores que não hesitamos em considerar uma pequena fracção da realidade (o que, de resto, não é de estranhar por força do modo de recolha de dados e do critério seguido para fixar a data de constituição das sociedades[65]). Quanto às sociedades em comandita, não existiria nenhuma em 1850 e existiria uma em 1900.

Em todo o caso, cremos que o panorama que traçámos é consensual. Para complementar a sua justificação, julgamos legítimo recorrer a alguns dados retirados dos 825 acórdãos da Relação Comercial de Lisboa[66], proferidos em 1849 e 1885[67], constantes de um apêndice ao livro de Francisco Luiz de Castro Soares da Cunha Rego intitulado *Direito Commercial Portuguez ou Pratica da Legislação Commercial do Foro Portuguez*[68]. Da sua análise retira-se que só em 258 desses casos intervieram sociedades, sendo 113 aqueles em que, pelo menos, uma das sociedades intervenientes era anónima (sob essa designação ou a de companhia)[69]. Parece-nos que esses

---

[63] *Estatística das Sociedades*, 1939, Porto, 1941.

[64] Cfr. A. H. DE OLIVEIRA MARQUES, *História de Portugal*, 2.ª ed., Lisboa, Palas Editores, 1981, vol. III, pp. 93 e 94, e ARMANDO DE CASTRO, *Sociedades Anónimas*, verbete do *Dicionário de História de Portugal*, coordenação de JOEL SERRÃO, vol. VI, Porto, Livraria Figueirinhas, s. d.

[65] Segundo consta da *Nota Introdutória* da publicação em causa, a recolha foi feita com base em relações enviadas pelos serviços fiscais e foi considerada como data de constituição, no respeitante às sociedades cujos estatutos foram alterados, a data da última alteração.

[66] Nos termos do art. 74.º da Novíssima Reforma Judiciária, este tribunal, além de outras competências, conhecia «em segunda e última instância em todo o Reino, e suas dependências» das causas comerciais.

[67] Frise-se que se trata de uma selecção, não da totalidade das decisões desse tribunal.

[68] Lisboa, 1886.

[69] Estas duas contagens têm pequenas margens de erro, por, nalguns dos acórdãos, não ser fácil perceber se há intervenção de uma sociedade ou de uma parte plural.

elementos são suficientes para comprovar a ideia de que durante o período em causa a quantidade de comerciantes em nome individual suplantou a de sociedades e a de que, embora a quantidade de sociedades em nome colectivo sobrepujasse a de sociedades anónimas, a presença destas era muito significativa.

8. A firma da *Alves & C.ª*

João Palma-Ferreira alvitrou que a novela teria melhor título se tivesse sido baptizada «Godofredo, Machado & C.ª»[70]. Luiz Fagundes Duarte rejeitou a sugestão escrevendo: «Não vislumbro porquê: porquê o nome próprio de um e o patronímico de outro? – se é por causa de não se saber o nome próprio de Machado, por que não, então, *Alves, Machado & C.ª*? Por outro lado, se a firma apenas tinha dois sócios – Alves e Machado –, e se a expressão autógrafa *Alves e C.ª* abarca toda a companhia (no sentido comercial que Eça lhe dá), porquê, e com que base, alargar a firma a sócios inexistentes? Ou pretenderia João Palma-Ferreira, num golpe de rins semântico (e, convenhamos, desnecessário), deslocar a incidência comercial patente em *Alves e C.ª* (...) para o campo do adultério (em que o não diferenciado *C.ª* seria significante encoberto de Ludovina)?».

Na verdade, do ponto de vista da lei, a sociedade não poderia chamar-se como Palma-Ferreira sugeriu. Como resulta do que escrevemos atrás, quer à luz do código de Ferreira Borges, quer à do de Veiga Beirão, a firma das sociedades em nome colectivo, se englobasse os nomes de todos os sócios, não podia ter qualquer acrescento. A expressão «e companhia» destinava-se (e continua a destinar-se[71]) a indicar que há outros sócios para além dos mencionados na firma, não podendo ser adoptada quando tal não sucede.

---

[70] V. a *Nota Prévia* ao n.º 20 das *Obras de Eça de Queiroz* editadas pelos Livros do Brasil intitulada *Alves & C.ª e Outras Ficções*, Lisboa, s. d., p. 13.

[71] O que é uma emanação do chamado princípio da verdade, que a doutrina jurídica diz orientar a matéria dos nomes das sociedades comerciais (v. FERNANDO OLAVO, *Direito Comercial*, vol. I, 2.ª ed., Lisboa, 1974, pp. 292 e 293, A. FERRER CORREIA, *Lições de Direito Comercial*, vol. I, cit., p. 263 e ss., CARLOS OLAVO, *A Firma das Sociedades Comerciais e Civis sob Forma Comercial*, cit., em especial pp. 387 e 388, e JORGE MANUEL COUTINHO DE ABREU, *Curso de Direito Comercial*, vol. I, 6.ª ed., Coimbra, Almedina, 2006, pp. 150 a 152).

9. Como pôr fim a uma sociedade

Nas horas seguintes a ter surpreendido Lulu e Machado no canapé de damasco amarelo, Alves hesitou entre várias condutas. Não lhe ocorreu o simples pôr fim à sociedade. Machado, esse sim, quando regressou à sua carteira, após o período sabático, reservou-se «o deixar a firma logo que o pudesse fazer sem escândalo»[72].

No regime do Código de Ferreira Borges[73], era, contudo, fácil pôr fim às sociedades, como resulta dos seus principais preceitos sobre o assunto, que a seguir transcrevemos:

- «Não havendo convenção verbal ou escrita acerca do tempo de duração da sociedade, qualquer dos sócios pode fazer dissolver a sociedade desde o momento em que fizer saber aos mais sócios a sua vontade» (§ 693);
- «A sociedade celebrada por um período determinado só pode ser dissolvida por mútuo consenso de todos os sócios antes de chegar o dia do termo» (§ 694);
- «Quando a sociedade é dissolúvel à vontade dos sócios, mas um deles se opõe, a questão será decidida por árbitros comerciais» (§ 703).

Na versão primitiva do Código de Veiga Beirão, as sociedades em nome colectivo, quando fossem por tempo indeterminado, continuaram a ser dissolúveis «pela simples vontade de um dos sócios» (art. 120.º, § 1.º).

Se disso se tivesse lembrado, Alves poderia ter imposto a Machado o fim da relação societária que mantinham. Assim eram as regras da época em matéria de sociedade em nome colectivo e assim continuaram a ser até 1977[74].

Resta dizer que se um dos sócios tivesse morrido, em concretização de alguma das ideias com vocação para causar isso que assaltaram o cérebro de Alves (suicídio de um dos comercialmente consorciados ou duelo de morte), a sociedade também teria terminado. Resultava isso quer do

---

[72] P. 123.
[73] Na sequência do direito anterior, espelhado nas Ordenações Filipinas (livro IV, título XLIV).
[74] Mais exactamente, até ao Dec.-Lei 363/77, de 2 de Setembro.

§ 699 do Código de Ferreira Borges[75], quer do já referido parágrafo único do art. 120.º do Código de Veiga Beirão, no seu texto inicial – que também continuou a vigorar até 1977[76].

10. A formação jurídica de Eça

Eça estudou Direito entre 1861 e 1866[77]. Esteve inscrito como advogado, mas apenas terá intervindo em duas causas[78]. Nunca foi um verdadeiro profissional do foro – o que certamente contribuiu para a sua grandeza como escritor...[79].

No entanto, os estudos jurídicos de Eça surgem ou reflectem-se amiúde, explicitamente, nas suas obras. Nas páginas sobre a Universidade de *O Conde d'Abranhos* há referências ao Direito Romano, ao Direito Canónico, ao Direito Natural, ao Direito Civil e ao Direito das Gentes. No texto

---

[75] Também na sequência do direito anterior, espelhado nas Ordenações Filipinas (livro IV, título XLIV). Sobre a evolução histórica do problema, v. NUNO J. ESPINOSA GOMES DA SILVA, «Breve História da Cláusula de Continuação da Sociedade com os Herdeiros dos Sócios», *in RFDUL*, vol. XV, 1961-1962, p. 293 e ss.

[76] Até ao referido Dec.-Lei 363/77, de 2 de Setembro.

[77] Sobre os estudos jurídicos de Eça, v. JORGE BORGES DE MACEDO, «Eça de Queirós Universitário», *in Boletim da FDUC*, vol. LVIII, 1982, *Estudos em Homenagem aos Profs. Doutores M. Paulo Merêa e G. Braga da Cruz*, II, p. 49 e ss., e RUI DE FIGUEIREDO MARCOS, *Eça de Queirós, a Europa e a Faculdade de Direito de Coimbra no Século XIX*, Coimbra, Almedina, 2005, p. 22 e ss. Mais genericamente, sobre o tempo que Eça viveu em Coimbra e a influência do mesmo na sua obra, v. Lopes d'Oliveira, *Eça de Queiroz*, Lisboa, Vida Mundial Editora, 1944, capítulo II, António José Saraiva, *As Ideias de Eça de Queirós*, 2.ª ed., Lisboa, Bertrand, 1982 (1.ª ed. de 1946), capítulo II, JOÃO GASPAR SIMÕES, *Eça de Queirós*, Lisboa, Arcádia, 1961, capítulo II, JOSÉ CALVET DE MAGALHÃES, *José Maria, A Vida Privada de um Grande Escritor*, Venda Nova, Bertrand, 1994, capítulo II, MARIA FILOMENA MÓNICA, *Eça de Queirós*, Lisboa, Quetzal, 2001, capítulo 2 – sublinhando-se, a título de curiosidade, que, como resulta do apontado, em todas essas obras o capítulo relativo ao tempo que Eça viveu em Coimbra é o segundo!

[78] V. ARY DOS SANTOS, *Eça de Queiroz e os Homens de Leis*, Lisboa, Portugália, 1945, p. 45 e ss. (ou, resumidamente, o verbete *Eça Advogado*, da autoria de A. CAMPOS MATOS, do *Dicionário de Eça de Queiroz*, organização e coordenação de A. CAMPOS MATOS, 2.ª ed., Lisboa, Editorial Caminho, 1993).

[79] Lembrem-se as seguintes palavras de JOÃO GASPAR SIMÕES: «Não creio que um grande artista possa ser, simultaneamente, um grande homem de leis. O facto, tão corrente entre nós, de os escritores terem passado pelas Faculdades de Direito antes de revelarem o seu talento literário não invalida a incompatibilidade que se me afigura permanente e geral entre a vocação artística e a vocação jurídica (...) Ao pé da faculdade de *criar* pela imaginação, a faculdade de *organizar* e *regulamentar* a vida social tem decididamente de ser frouxa e vulgar» (*in Jurisconsultos Portugueses do Século XIX*, cit., vol. II, p. 174).

O «Francesismo» (incluído nas *Últimas Páginas*) aparecem o Direito Natural, o Direito Público, o Direito Internacional, que Eça, alegadamente, tal como «todos os (demais) Direitos» teria estudado por livros franceses, os únicos que teria aberto em Coimbra – com excepção para «em vésperas de acto, e com infinita repugnância, a Novíssima Reforma Judiciária»![80]. N'*A Capital* sabe-se que Artur odiou os compêndios de Direito Natural e de Direito Romano. Em *Antero de Quental* (incluído nas *Notas Contemporâneas*) surgem os nomes de vários «lentes crassos e crúzios». Na carta a Carlos Mayer publicada nas *Prosas Bárbaras* surgem Pegas[81], Paiva e Pona[82] e Cujácio[83]. N'*A Relíquia*, o último ano de Teodorico na Universidade é definido como o ano do Direito Eclesiástico[84] (embora mais fortemente caracterizado pelo amor à Adélia do cigarro lânguido). N'*A Cidade e as Serras*, Zé Fernandes, quando o tio lhe põe fim aos seus estudos jurídicos parisienses, mete na mala, entre calças e peúgas, um tratado de direito civil, «para aprender, enfim, nos vagares da aldeia, estendido sob a faia, as leis que regem os homens». N'*A Tragédia da Rua das Flores*, Vítor assiste a uma dissertação do Dr. Caminha sobre uma complicada questão de posse[85] e é aterrorizado por uma pergunta do procura-

---

[80] Diploma sobre processo datado de 1841. Sobre ele escreveu CORRÊA TELLES: «... esta Obra Regia é muito defectiva, e até incommoda! em vez de termos em pequeno volume todas as Leis do Processo, como era possível; temos um volume de mais a estudar, que nos não dispensa de lêr as Ordenações, as Extravagentes, e os Praxistas antigos, para supprir as lacunas da Novissima Reforma» (*Manual do Processo Civil Supplemento do Digesto Portuguez*, Coimbra, Imprensa da Universidade, 1842, na advertência liminar intitulada «Ao Leitor»).

[81] Manuel Álvares Pegas, autor do século XVII, entre cujas obras figura um comentário às Ordenações em catorze volumes.

[82] Provavelmente, António de Paiva e Pona, jurisconsulto famoso do século XVII, de cuja pena saiu uma *Orphanologia Practica em que se Descreve tudo o que respeita aos Inventarios....*, muitas vezes citada.

[83] Na forma latina, Cuiacius, na forma francesa Cujas, a justo título, celebérrimo jurista francês do século XVI.

[84] Embora (segundo JORGE BORGES DE MACEDO, *Eça de Queirós Universitário*, cit., p. 63) Eça tenha frequentado tal cadeira no 4.° ano.

[85] Nas leituras de MASCARENHAS BARRETO (Lisboa, Livros do Brasil, s. d., p. 248) e de JOSÉ VALLE DE FIGUEIREDO (Lisboa, Fernando Pereira Editor, 1980, p. 245), há uma referência ao «artigo 5.4 do Código Civil» e outra ao «parágrafo único do artigo 5.4». Na leitura de JOÃO MEDINA e A. CAMPOS MATOS (Lisboa, Morais Editores, 1980, p. 319), as mesmas referências são ao «artigo 504.° do Código Civil» e ao «§ único do artigo 504.°». Independentemente da grafia, as referências hão-de ter sido feitas ao artigo 504.°, que regulava a legitimidade para as acções de manutenção e de restituição da posse, bem

dor Gorgão[86] sobre qual o tribunal competente para uma execução hipotecária – com a curiosidade de surgirem referências muito precisas a preceitos do Código de Seabra, que só foi publicado depois de Eça ter concluído os seus estudos jurídicos[87].

Se é verdade que muitos escritores sem estudos jurídicos têm sabido criar tipos ou cenas da vida forense, também o é que referências com as que acabamos de lembrar só podem provir de quem tenha frequentado uma faculdade de Direito. Querendo ou não querendo, Eça manteve na sua mente algo do que foi obrigado a nela absorver para se tornar bacharel em leis, e até do pouco que depois disso estudou de matérias jurídicas.

Daí que, a encerrar estas páginas, lembremos dois ou três aspectos do que eram na época os estudos jurídicos em Portugal, ligando-os a Eça.

Em 1836 foi criada a Faculdade de Direito, em substituição das anteriores Faculdades de Leis e de Cânones, e foi estabelecido um plano de estudos marcadamente diverso dos anteriores[88]. Entre as novas disciplinas contavam-se Economia Política e Direito Comercial.

---

como (no parágrafo único) a prescrição (na linguagem do actual código civil, a caducidade...) das mesmas.

[86] Nas leituras de JOÃO MEDINA e A. CAMPOS MATOS (ob. cit., loc. cit.) e de MASCARENHAS BARRETO (ob. cit., loc. cit.). Na leitura de JOSÉ VALLE DE FIGUEIREDO, GORJÃO (ob. cit., loc. cit.).

[87] Nas leituras de MASCARENHAS BARRETO e de JOSÉ VALLE DE FIGUEIREDO, o procurador refere o seguinte lugar legislativo: «código, capítulo décimo, secção quarta, subsecção última, divisão quarta». Na leitura de JOÃO MEDINA e A. CAMPOS MATOS surge «código, capítulo décimo, secção quarta, subscrição sétima, divisão quarta». Ou seja, enquanto nas leituras dos dois primeiros há referência a uma subsecção última, na dos dois últimos há referência a uma «subscrição sétima». Quem leu bem? João Medina e A. Campos Matos devem ter errado ao lerem «subscrição», pois é «subsecção» que faz sentido. No entanto, pelo que respeita ao número da subsecção referida, provavelmente terão sido João Medina e A. Campos Matos a fazer a leitura correcta, pois, por um lado, a última subsecção da secção IV do capítulo X do livro II do primeiro código civil português não se subdividia em divisões e, por outro, a subsecção VII intitulava-se *Do registo* e a divisão IV da mesma *Da publicidade do registo e da responsabilidade dos conservadores* – o que é congruente com a dúvida com que o procurador embaraça Vítor.

[88] V. PAULO MERÊA, «Como Nasceu a Faculdade de Direito», *in Boletim da FDUC*, suplemento XV, *Homenagem ao Doutor José Alberto dos Reis*, vol. I, 1961, p. 151 e ss. [republicado no livro intitulado *Estudos de História do Ensino Jurídico em Portugal (1772-1902)* publicado pela Imprensa Nacional-Casa da Moeda, sendo as páginas aí relevantes as 87 e ss.], MÁRIO JÚLIO DE ALMEIDA COSTA, *Leis, Cânones, Direito, Faculdade de,*

Borges de Macedo informa[89] que Eça frequentou Economia Política e Legislação da Fazenda no seu 2.º ano (1862-1863) e Direito Comercial Português no seu 5.º ano (1865-1866), sendo lente catedrático da primeira dessas cadeiras Adrião Pereira Forjaz de Sampaio (e substituto José Dias Ferreira) e lente catedrático da segunda Diogo Pereira Forjaz de Sampaio.

No que respeita a Economia Política terá, pois, tomado contacto com algumas das obras de Adrião Forjaz de Sampaio já publicadas à época[90].

No que respeita a Direito Comercial, terá estudado o Código de Ferreira Borges e alguns dos textos de Diogo Forjaz de Sampaio sobre o mesmo[91].

Os irmãos[92] Forjaz de Sampaio pertenciam à ala dos professores mais modernos e interessantes da Faculdade de Direito[93]. Se leu os seus textos, Eça não pode ter deixado de se interessar por eles, sobretudo pelos de Adrião. Daí que arrisquemos conjecturar que o conhecimento da activi-

---

verbete do *Dicionário de História de Portugal*, coordenação de JOEL SERRÃO, vol. III, Porto, Livraria Figueirinhas, s. d., e RUI DE FIGUEIREDO MARCOS, *Eça de Queirós, a Europa e a Faculdade de Direito de Coimbra no Século XIX*, Coimbra, Almedina, cit., p. 30 e ss.

[89] V. ob.cit., pp. 62 e 63.

[90] Para a indicação dessas obras, v. PAULO MERÊA, «Esboço de uma História da Faculdade de Direito», *in Boletim da FDUC*, vol. XXVIII (1952), p. 158 e ss. [texto republicado no já referido livro intitulado *Estudos de História do Ensino Jurídico em Portugal (1772-1902)* publicado pela Imprensa Nacional-Casa da Moeda, sendo as páginas aí relevantes as 156 e 157], e a *Introdução* de ALCINO PEDROSA a *Adrião Forjaz de Sampaio, Estudos e Elementos de Economia Política, 1839-1874*, 2 tomos, Colecção de Obras Clássicas do Pensamento Económico Português, Lisboa, Banco de Portugal, 1995. Sobre a actividade docente de Adrião Forjaz, v. também o texto de PAULO MERÊA intitulado «Adrião Forjaz e a sua Obra de Economista», incluído no citado livro *Estudos de História do Ensino Jurídico em Portugal*, p. 373 e ss.).

[91] Para a indicação desses textos, v. PAULO MERÊA, «Esboço de uma História da Faculdade de Direito», *in Boletim da FDUC*, vols. XXX (1954), pp. 164 e 165 [texto republicado no já referido livro intitulado *Estudos de História do Ensino Jurídico em Portugal (1772-1902)* publicado pela Imprensa Nacional-Casa da Moeda, sendo as páginas aí relevantes as 259 e 260], e LUÍS BIGOTTE CHORÃO, *A Comercialística Portuguesa e o Ensino Universitário do Direito Comercial no Século XIX*, cit., p. 88 e ss.

[92] Eram ambos filhos de José Maria Pereira Forjaz de Sampaio e de Maria do Carmo Freire Pimentel de Mesquita e Vasconcelos (v. os dados sobre Adrião, Diogo e seu referido pai, que constam de www.geneall.net).

[93] Ao contrário do que decorre de certa lenda, vários dos professores da Faculdade de Direito do terceiro quartel do século XIX eram conhecedores e apoiantes das ideias novas que iam surgindo na Europa (neste sentido, v. MARIA FILOMENA MÓNICA, *Eça de Queirós*, cit., p. 30).

dade comercial, nos planos económico e jurídico, que revela nas suas obras há-de ter, pelo menos nalguma parte, provindo desses seus estudos, ou há--de ter sido, certamente em medida significativa, adquirido à sua luz[94]. Se assim foi, alguma contribuição terão os estudos jurídicos dado para a obra queirosiana, pensamento este que ameniza os juízos que Eça deixou sobre os mesmos estudos.

---

[94] Para uma análise das incursões de Eça pelo mundo da Economia Política, v. JOSÉ LUÍS CARDOSO, «Progresso Material e Civilização: a Economia Política e a "Geração de 70"», in Penélope, n.º 25, 2001, em especial, p. 72 e ss. Comentando algumas das prosas jornalísticas do jovem Eça, escreve JOSÉ LUÍS CARDOSO: «Fazendo jus aos ensinamentos que recebera durante a frequência do curso jurídico da Universidade de Coimbra, este antigo aluno de Adrião Forjaz de Sampaio revela uma boa capacidade de sistematização de informação económica e uma clara arrumação dos argumentos que desenvolve» (p. 74).

A NATUREZA *TRANSITIVA* DOS CRITÉRIOS DE IMPUTAÇÃO DE DIREITOS DE VOTO NO CÓDIGO DOS VALORES MOBILIÁRIOS

VÍTOR PEREIRA NEVES[*]

1. Introdução: objecto, pressupostos essenciais e sequência

I. Dada a extrema importância de que o número 1 do artigo 20.º do Código dos Valores Mobiliários (CVM)[1] se reveste, seria expectável que, quando já decorreram oito anos sobre a publicação daquele Código, se constatasse já uma relativa segurança na interpretação daquela disposição legal e, em especial, na concretização exacta das fronteiras que delimitam os critérios de imputação de direitos de voto aí estabelecidos.

A verdade, no entanto, é a de que tal ainda não acontece.

Com efeito, a referenciada disposição legal continua a suscitar múltiplas dúvidas interpretativas[2], sendo recorrentes os casos em que, perante

---

[*] Professor da Faculdade de Direito da Universidade Nova de Lisboa.

[1] Todas as disposições adiante citadas sem indicação da sua fonte constituem disposições deste CVM, na sua versão actualmente em vigor.

[2] Para as quais contribuem diversos factores, tais como: (i) a circunstância de o CVM ter optado por um regime unitário de imputação de direitos de voto, formatado sobre o regime habitualmente relevante para efeitos de transparência mas que surge referenciado como relevante (também) em muitos outros domínios (MATTAMOUROS RESENDE, «A imputação de direitos de voto no mercado de capitais», em *Cadernos do Mercado de Valores Mobiliários*, n.º 26, 2007, p. 59 e ss., p. 62; PAULA COSTA E SILVA, «A imputação de direitos de voto na oferta pública de aquisição», em *Jornadas: Sociedades abertas, valores mobiliários e intermediação financeira*, 2007, p. 242 e ss., p. 253; SOARES DA SILVA, «Algumas observações em torno da tripla funcionalidade da técnica de imputação de votos no Código dos Valores Mobiliários», em *Cadernos do Mercado de Valores Mobiliários*, n.º 26, 2007, p. 47 e ss., p. 47); (ii) as alterações a que o CVM tem sido sujeito, na generali-

a oportunidade de concretização de qualquer negócio que envolva sociedades com o capital aberto ao investimento do público, as partes envolvidas se interrogam sobre se o mesmo negócio será, ou não, causa bastante para a imputação dos direitos de voto detidos por qualquer delas, com as significantíssimas consequências práticas que de tal eventual imputação poderão decorrer e que, no limite, ultrapassados determinados limiares, podem coincidir com a imposição de lançamento de uma oferta pública de aquisição (OPA) obrigatória, nos termos dos artigos 187.º e ss.

Na prática, a incerteza resultante das dificuldades que os critérios de imputação do número 1 do artigo 20.º suscitam parece ter vindo a ser prevenida pelos agentes económicos através de uma conformação *quase acrítica* com a amplitude máxima que a letra da lei, interpretada extensivamente, permitiria acolher, ainda que, em muitos dos casos, se possa entender que tal leitura acaba por potenciar a imputação de direitos de voto para além dos casos que uma adequada interpretação da mesma lei pareceria impor.

Ora, é precisamente tendo em conta esta generalização da ideia segundo a qual os casos de potencial dúvida, por muito ténue que a mesma seja, serão tendencialmente resolvidos a favor da conclusão no sentido da imputação dos direitos de voto, que, neste texto, se pretende contribuir para a enunciação de (mais) alguns elementos auxiliares de interpretação, que em muitos casos mais não são do que mais alguns problemas, que se possam somar àqueles outros que, em cada vez mais numerosos estudos, vêm sendo apontados como relevantes a propósito deste tema.

---

dade dos casos, para adaptação do mesmo aos sucessivos avanços do direito comunitário neste domínio, que, ainda quando não directamente dirigidas à matéria da imputação de direitos de voto, não deixam de nela fazer repercutir as suas consequências sistemáticas; (iii) a dificuldade, nem sempre bem tratada, em não perder de vista a diferença entre o que são os indícios de demonstração de um requisito de imputação e este requisito em si mesmo considerado; e, ainda, (iv) as constantes mutações no mercado, com o crescente recurso a novos instrumentos ou a instrumentos já conhecidos, mas vestidos com novas roupagens, cujo adequado enquadramento nas disposições legais vigentes é naturalmente problemático. É o que acontece, por exemplo, com os instrumentos que assentam na distribuição subjectiva dos direitos inerentes às participações em sociedades abertas ou, o que ainda se tem revelado de contextualização jurídica mais complexa, com a substituição de compromissos jurídicos de adopção de determinado comportamento pela mera criação contratual de condições em consequência das quais aquela forma de actuação, apesar de não ser juridicamente devida, corresponde à que seria inequivocamente adoptada por um agente comercialmente razoável.

Nesse contexto, deve em especial sublinhar-se a questão que assume foros de verdadeira centralidade nesta matéria, relacionada com a crescente afirmação doutrinal da necessidade de *contextualização* casuística da aplicação dos critérios de imputação de direitos de voto em razão dos efeitos que se pretendem legalmente retirar de tal imputação e a consequente conclusão fundamental de que, por exemplo, não devem ser computados como imputáveis para efeitos do artigo 187.º todos os votos que o serão para efeitos do artigo 16.º do mesmo Código, atenta a circunstância de ser manifesta a disparidade das razões, e interesses, subjacentes a uma e outra disposições[3].

A adesão ou a recusa desta conclusão, que, como se disse, se encontra cada vez mais problematizada, assume-se como a questão prioritária a resolver em qualquer aproximação à matéria que aqui se visa. E, porque assim é, o presente texto também parte da consideração deste pressuposto fundamental, sendo precisamente do seu aprofundamento, e da tentativa de sua estabilização ou melhor concretização, que, no essencial, se tratará.

Com efeito, para além de tudo quanto tem sido dito, existem ainda outras razões que podem, e devem, ser aduzidas para sustentação daquela mesma conclusão e que, por esta via, permitirão não só contribuir para a sua maior solidez como ainda para a identificação do caminho que não poderá deixar de ser percorrido na identificação dos critérios em obediência aos quais a acima referida *contextualização* casuística dos

---

[3] Assim, MATTAMOUROS RESENDE, «A imputação de direitos de voto no mercado de capitais», em *Cadernos do Mercado de Valores Mobiliários*, n.º 26, 2007, p. 59 e ss., p. 69; PAULA COSTA E SILVA, «A imputação de direitos de voto na oferta pública de aquisição», em *Jornadas: Sociedades abertas, valores mobiliários e intermediação financeira*, 2007, p. 242 e ss., p. 245 e ss.. Em termos dubitativos, SOARES DA SILVA, «Algumas observações em torno da tripla funcionalidade da técnica de imputação de votos no Código dos Valores Mobiliários», em *Cadernos do Mercado de Valores Mobiliários*, n.º 26, 2007, p. 47 e ss., p. 49. Contra, pronunciam-se PAULO CÂMARA, «O dever de lançamento de Oferta Pública de Aquisição no novo Código dos Valores Mobiliários», em *Cadernos do Mercado de Valores Mobiliários*, n.º 7, 2000, p. 195 e ss., p. 207 e OSÓRIO DE CASTRO, «A imputação de direitos de voto no Código dos Valores Mobiliários», em *Cadernos do Mercado de Valores Mobiliários*, n.º 7, 2000, p. 161 e ss., pp. 163 e 164, em especial na nota 6. O que se nota, no entanto, a propósito desta posição assumida por OSÓRIO DE CASTRO, é que a mesma aparece exclusivamente fundamentada em orientações metodológicas de âmbito geral, sem aferição da correcção das mesmas nos casos concretamente considerados. E, como se verá, sem prejuízo para aquelas orientações, é nesta aferição concreta que a posição acolhida no texto se mostra intransponível.

critérios fixados em cada uma das alíneas do número 1 do artigo 20.° deve ser prosseguida.

II. Para esse efeito, o que se pretende fazer notar é que, até ao momento, os ensaios empreendidos, e as conclusões a que os mesmos chegam, surgem marcados pela desvalorização dos contributos que, para a correcta interpretação do número 1 do artigo 20.° e consequente aplicação do mesmo por referência às outras diversas disposições legais que se lhe referem, hão-de decorrer da sua plena integração sistemática.

Na verdade, um registo comummente observável nas aproximações ao conteúdo exacto das diversas alíneas do número 1 do artigo 20.° é o de que estas aproximações têm assentado, dir-se-á que de forma quase exclusiva, numa contemplação eminentemente interna do complexo normativo relativo aos valores mobiliários, de nível nacional e europeu. Tem sido relativamente descurada a circunstância de tal complexo estar inserido num todo mais amplo, e dever, assim, considerar-se sujeito aos efeitos que, para este domínio, não deverão deixar de ser deduzidos dos contributos resultantes da necessária ponderação das consequências derivadas da integração sistemática do número 1 do artigo 20.° no ordenamento jurídico português.

Com efeito, a adequada valoração da referida integração faz imediatamente salientar, pelo menos, duas vertentes essenciais em que tais contributos devem ser devidamente valorados.

Assim, não poderá, desde logo, ser menosprezado o facto de o número 1 do artigo 20.° se reportar à imputação de direitos de voto em sociedades comerciais e referenciar diversos conceitos e institutos jurídicos, encontrando-se aquelas e estes profundamente enraizados no ordenamento jurídico português e dotados de um significado e de um regime estabilizados e amplamente reconhecidos. Deste modo, deverá dar-se como assente que o caminho que se oferece como metodologicamente mais adequado, e que é a causa preponderante para a afirmação de um elevado número de consequências práticas, é o tomar como ponto de partida que os conceitos e os institutos pressupostos e/ou referenciados no número 1 do artigo 20.° não são, salvo demonstração concludente em sentido contrário, elementos construídos *ad hoc* para esta disposição legal, sendo ao invés referidos na mesma como a forma natural de remissão para o sentido e o regime que, na generalidade das circunstâncias, lhes é próprio.

Daqui resultará que tais critérios de imputação de direitos de voto não possam deixar de ser devidamente moldados, e delimitados, em função destes sentido e regime.

Por outro lado, e aqui reside a segunda vertente antes referida, nota-se nas análises até ao momento efectuadas dos critérios de imputação de direitos de voto estatuídos no número 1 do artigo 20.º a preocupação de assegurar a compatibilidade deste regime legal com as fontes de direito que lhe são hierarquicamente superiores. No entanto, tal preocupação tem esgotado a sua relevância na aferição, e na necessária compatibilização, do artigo 20.º do CVM, e disposições conexas com o mesmo, com as directivas emanadas das instâncias da União Europeia. Ora, sem colocar minimamente em causa a extrema importância deste enquadramento[4], o mesmo não pode fazer esquecer que o regime legal em apreço, pelo menos em algumas das suas manifestações, não se oferece como indiferente em face do ordenamento constitucional português[5]. Tal é o que resulta evidente se, por exemplo, considerarmos que o artigo 20.º aparece associado, no artigo 194.º do CVM, a um afloramento com espectro limitado do instituto da aquisição potestativa tendente ao domínio total, tal como genericamente previsto no artigo 490.º do Código das Sociedades Comerciais (CSC), cuja compatibilidade com a Constituição da República Portuguesa (CRP) suscitou, e para alguns continua a suscitar, as maiores reservas.

Ora, mesmo desconsiderando estas reservas, e tomando como bons – ao menos para os propósitos deste texto – os argumentos em que o Tribunal Constitucional, na sua última pronúncia sobre o assunto[6], sustentou a sua decisão no sentido da não inconstitucionalidade do referido artigo 490.º do CSC, a conclusão que rapidamente se impõe é a de que aqueles argumentos não podem deixar de exercer uma influência decisiva na concretização do que, para efeitos do cômputo da participação de 90% dos direitos de voto correspondentes ao capital social a que se refere o número 1 do artigo 194.º do CVM, podem considerar-se direitos de voto imputáveis nos termos do número 1 do artigo 20.º do mesmo Código.

---

[4] E também sem a necessidade de enfrentar a questão das relações de hierarquia que se devam ter por estabelecidas entre o direito europeu e o direito constitucional dos diversos Estados-Membros. Na verdade, não obstante, como adiante se retomará, se lidar aqui com um domínio onde se faz sentir uma alargada intervenção das instâncias da União Europeia, as consequências que em 3 se pretende retirar da projecção constitucional da matéria versada em nada conflituam com a referia intervenção.

[5] Muito para além do âmbito limitado de relevância a que se refere FERREIRA DE ALMEIDA, «O Código dos Valores Mobiliários e o Sistema Jurídico», em *Cadernos do Mercado de Valores Mobiliários*, n.º 7, 2000, p. 19 e ss., p. 37.

[6] Acórdão n.º 491/02, de 26 de Novembro de 2002.

Daqui se retirará, consequentemente, que é o confronto do CVM com outras fontes, que lhe são hierarquicamente superiores, que exigirá do intérprete que parta para a consideração de cada uma das normas legais que remetem para os critérios de imputação previstos na disposição citada, munido, pelo menos, com a prévia *advertência* de que tal remissão não terá necessariamente o sentido restrito de remissão para aqueles critérios, tal como pura e simplesmente identificados em função da interpretação *descontextualizada* do número 1 do artigo 20.º do CVM.

III. Deste modo, quando se propõe que a matéria da imputação dos direitos de voto nas sociedades abertas seja olhada tomando em devida conta a sua integração sistemática no ordenamento jurídico português, em especial no que se reporta à consideração das duas vertentes antes descritas, do que verdadeiramente se trata é de procurar *levantar o cerco* a que a mesma matéria vem estando sujeita, mensurando adequadamente quais as consequências que resultarão da superação dos limites estritos do reduto em que tem sido analisada.

Na prossecução daquele objectivo, o caminho que aqui se propõe é que, a título exemplificativo, se tome como situação paradigmática o já referido regime da aquisição e da alienação potestativas nas sociedades abertas. Com efeito, esse regime, se devidamente ponderado em atenção às duas vertentes antes citadas, permitirá demonstrar, em termos que se têm por incontornáveis, a necessidade de procurar, em cada caso concreto em que a lei remeta para o número 1 do artigo 20.º, os limites da relevância dessa mesma remissão ou, se se preferir, os limites em que as situações abstractamente relevantes ao abrigo do número 1 do artigo 20.º também o serão no circunstancialismo específico do instituto considerado.

Por outro lado, a consideração da matéria da aquisição e da alienação potestativas em sociedades abertas terá ainda a virtualidade de permitir que, uma vez confrontada tal matéria com o âmbito máximo que a imputação de direitos de voto pode atingir[7], resulte simultaneamente identificado o âmbito mais restrito da mesma imputação, e que será aquele que, em função das especificidades da matéria em apreço, se há-de ter por relevante, precisamente, para os efeitos dos artigos 194.º e ss. antes referenciados (3).

Na última parte deste texto, apresentar-se-ão as conclusões que a análise antecedente permitirá fundamentar, apontando-se igualmente aquelas

---

[7] E que será relevante – por exemplo – para os efeitos do artigo 16.º (2).

que, em conformidade com as mesmas conclusões[8], devem constituir as bases essenciais para o tratamento do tema específico da imputação de direitos de voto no domínio em que tal matéria reveste maior relevância prática, isto é, para efeitos de cômputo das participações qualificadas relevantes em sede de imposição do dever de lançamento de OPA (4).

2. O limiar mínimo da imputação de direitos de voto: o artigo 20.º para efeitos de transparência

I. O limiar mínimo de imputação de direitos de voto é, conforme referido, aquele que corresponde às situações de imputação tal como previstas no número 1 do artigo 20.º, e que serve, por exemplo, para efeitos dos deveres de comunicação previstos no artigo 16.º, conforme o demonstra a integração sistemática de ambos os preceitos e o disposto no número 2 daquele artigo 20.º Na verdade, ao impor aos titulares dos valores mobiliários a que são inerentes os direitos de voto imputáveis ao participante o dever de transmitir ao mesmo participante as informações necessárias para que este possa dar cumprimento aos deveres de comunicação previstos no artigo 16.º, a lei está simultaneamente a esclarecer que todas as situações de imputabilidade previstas no artigo 20.º serão relevantes para cômputo das participações qualificadas a comunicar nos termos daquela disposição legal.

O direito português dá, por esta via, satisfação ao imperativo decorrente do direito comunitário em sede da transparência, através da imposição do dever de comunicação da formação de participações qualificadas computadas por ponderação de outras acções, para além daquelas que o participante detém em titularidade, desde que verificadas determinadas situações assumidas como de harmonização mínima nos artigos 9.º e 10.º da Directiva 2004/109/CE, do Parlamento Europeu e do Conselho, de 15 de Dezembro de 2004.

Estes exigem de todos os Estados-Membros que, em «protecção dos investidores», assegurem que o *«público»* esteja *«informado das alterações ocorridas nas participações qualificadas no capital de sociedades*

---

[8] Isto é, partindo dos pressupostos antes recolhidos e tomando como ponto de apoio o conhecimento previamente adquirido de que o âmbito de tal imputação se haverá necessariamente de inscrever entre os dois extremos (mínimo e máximo) previamente identificados.

cujas acções sejam transaccionadas num mercado regulamentado que se situe ou opere dentro da Comunidade. Essa informação deverá permitir aos investidores adquirirem ou alienarem acções com pleno conhecimento das alterações verificadas na estrutura de direitos de voto»[9]. Como se vê pela transcrição que antecede, e resulta inteiramente congruente com o proémio do artigo 10.° da Directiva 2004/109/CE, a directriz comunitária vai no sentido de impor o dever de comunicação ao público, e potenciais investidores, da informação relevante para que estes, nas respectivas decisões de investimento (e desinvestimento), possam ponderar adequadamente a geografia accionista da sociedade aberta, não apenas no que se reporta à distribuição formal do seu capital social mas também, e porventura mais relevante ainda, no que se refere às influências potencialmente relevantes sobre o exercício de direitos de voto, e, também, aos factos que podem contribuir para a alteração futura daquela distribuição e destas influências[10].

---

[9] Considerando (18) da Directiva 2004/109/CE.
[10] E daí que o art. 10.° da Directiva 2004/109/CE considere relevantes para cômputo das participações qualificadas não só os votos cujo exercício se possa influenciar, mas também aqueles que possam ser objecto de aquisição de influência ou cessação dessa mesma influência, em momento futuro. Nos termos da referida disposição comunitária, tudo isso tem de ser objecto de comunicação ao mercado. Constatam-se assim, se confrontadas estas exigências comunitárias com o regime transposto para o direito português, duas (pelo menos) aparentes insuficiências deste, na parte em que, no art. 16.° do CVM, apenas impõe o dever de comunicação a quem ultrapasse ou desça abaixo de determinados limiares de participação, computados tendo em conta os critérios de imputação de direitos de voto previstos no número 1 do art. 20.° do CVM.
Com efeito, em primeiro lugar, a Directiva 2004/109/CE impõe a comunicação de quaisquer acordos nos termos dos quais o participante possa vir a ver serem-lhe imputáveis votos segundo os diversos critérios do seu art. 10.°, enquanto o art. 16.° apenas se refere à ultrapassagem dos limiares quantitativos aí referidos e não à celebração de quaisquer acordos em virtude dos quais tais limiares possam vir a ser ultrapassados. Acresce que tal falta nem sequer pode considerar-se inteiramente suprida pela alínea *e*) do número 1 do art. 20.° do CVM, já que esta apenas se refere aos acordos nos termos dos quais se possam vir a adquirir acções, resultando por esta via desconsiderados os outros critérios de imputação de direitos de voto a que se refere o art. 10.° da Directiva 2004/109/CE. A única forma de ultrapassar este *defeito* será a de proceder a uma interpretação extensiva da citada alínea *e*), em homenagem à necessidade de conformação da mesma com os imperativos comunitários antes referidos. Não tem assim razão SOARES DA SILVA, «Algumas observações em torno da tripla funcionalidade da técnica de imputação de votos no Código dos Valores Mobiliários», em *Cadernos do Mercado de Valores Mobiliários*, n.° 26, 2007, p. 47 e ss., p. 48, nota 2, quanto refere que a dissonância entre o direito português e o direito comuni-

Prescindindo da análise específica das referidas exigências do direito comunitário e, bem assim, da forma concreta como o legislador português lhes deu satisfação no ordenamento interno, importa, no entanto, enunciar algumas das opções fundamentais tomadas a este último propósito, já que elas se assumem como essenciais para a análise que se seguirá.

II. Como antes se referiu, o número 1 do artigo 20.º do CVM, em conjugação com o artigo 16.º do mesmo Código, corresponde à disposição legal através da qual se transpuseram para o direito português as exigências comunitárias em sede de transparência, no que especificamente se refere aos deveres de comunicação de participações qualificadas. Também já se notou que o direito comunitário, (pelo menos) em termos temporais, se afastou da exigência de qualquer conexão juridicamente relevante entre a possibilidade de efectiva influência do modo de exercício de direitos de voto e a consideração desses mesmos direitos para efeitos de cômputo de participações qualificadas sujeitas a dever de comunicação ao público.

Não estranha por isso que, devidamente analisado cada um dos diversos critérios de imputação previstos no direito português, se constate idêntica dissociação. Nem poderia ser de outro modo. Não poderia o direito português condicionar a imposição do dever de comunicação à verificação de um requisito de que o direito comunitário prescinde, fazendo assim com que o âmbito de aplicação daquele dever fosse mais restrito do que, em sede de harmonização mínima, o direito comunitário havia imposto.

Mas aquela análise de cada um dos referidos critérios de imputação, de que aqui se prescinde, permite ainda notar que o direito português foi mais longe do que lhe era exigível nesta sede. Na verdade, confrontando as disposições comunitárias relevantes com as diversas alíneas do número 1 do artigo 20.º, rapidamente se conclui que este foi substancialmente além do que lhe era exigido. Para além de questões pontuais que poderiam ser apontadas a propósito de cada uma das alíneas do número 1 do artigo

---

tário residia na maior amplitude daquele em face deste. Como se demonstrou, é precisamente o contrário que se verifica.

Em segundo lugar, falta no art. 16.º a imposição do dever de comunicação da celebração de acordos nos termos dos quais não se perca desde logo a participação qualificada aí referida, mas em que apenas se contratualize a possível perda, em momento futuro, de tal participação. Aqui, a insuficiência do direito português será de mais difícil sanação, tendo em conta que é manifesta a falta de base legal oponível ao participante que permita impor-lhe o dever de comunicação em tais circunstâncias.

20.º, em particular no que se reporta à tendencial maior abrangência das mesmas por comparação com a das alíneas do artigo 10.º da Directiva 2004/109/CE, o que mais se destaca é o facto de o direito português não sujeitar aquelas alíneas do número 1 do artigo 20.º ao mesmo factor qualificativo, de aplicação genérica, consagrado no proémio do artigo 10.º da Directiva referenciada. É que este artigo 10.º não exigiria que o direito português impusesse o dever de comunicação de participações qualificadas a todos os participantes envolvidos em situações relevantes do âmbito de cada uma das alíneas referidas no mesmo artigo 10.º Tal dever apenas tinha de ser imposto aos participantes que, em resultado do incurso no âmbito de relevância das situações descritas nas mesmas alíneas, pudessem «adquirir, alienar ou exercer direitos de voto» em sociedades abertas.

O CVM opta por prescindir desta qualificação e, ao prescindir de tal qualificação, o CVM está a subtrair ao controlo prévio do participante e do emitente (e, porque não dizê-lo?, também do regulador) qualquer averiguação sobre a correspondência formal da situação de facto verificada com os requisitos de aplicação de qualquer das alíneas do número 1 do artigo 20.º, com a atribuição de um qualquer poder ou influência do participante sobre os direitos de voto a que as mesmas alíneas se referem. A opção do direito português foi a de impor a comunicação logo que tal correspondência formal se verifique, remetendo para os investidores que, perante a informação tornada pública, analisem se aquela correspondência deve, ou não, ser por eles valorada aquando da tomada das respectivas decisões de investimento. A única situação em que a opção do legislador foi de sentido inverso coincide com a da alínea *h*)[11], conjugada com

---

[11] Esta inversão concreta da tendência geral de construção do número 1 do art. 20.º no caso concreto da alínea *h*) torna, evidente se se atentar naquela que parece constituir a melhor interpretação para a mesma.

Esta alínea, introduzida em 2006, refere-se, em primeiro lugar, aos acordos celebrados com o objectivo de adquirir o domínio de sociedade aberta ou de frustrar a alteração daquele domínio. Relevam aqui os acordos que, sendo celebrados ao nível da sociedade aberta ou ao nível de sociedades que, directa ou indirectamente, participem no capital daquela, procedam a uma regulamentação dos interesses das partes nos mesmos acordos cujos efeitos jurídicos se traduzam na potenciação ou na inversa aposição de limites juridicamente relevantes à alteração da situação de domínio de uma sociedade aberta. Mas esta alínea *h*) faz ainda referência aos acordos que, de outro modo, constituam um instrumento de exercício concertado de influência sobre a sociedade participada. E é aqui que as maiores dúvidas se suscitam.

Com efeito, para alguns autores, esta segunda parte da alínea em apreço consagra no direito português uma cláusula geral de relevância dos acordos de concertação ou para

os números 4 e 5 do artigo 20.°, onde se permite que, a instâncias do participante, o juízo sobre a eventual relevância do preenchimento dos re-

---

influência concertada sobre uma sociedade aberta (SOARES DA SILVA, «Algumas observações em torno da tripla funcionalidade da técnica de imputação de votos no Código dos Valores Mobiliários», em *Cadernos do Mercado de Valores Mobiliários*, n.° 26, 2007, p. 47 e ss., p. 53). Este entendimento não pode, no entanto, merecer acolhimento, sob pena de se dever entender que, com esta cláusula geral, o legislador teria praticamente inutilizado grande parte do conteúdo útil das demais alíneas do número 1 do art. 20.°. Na verdade, a *chave hermenêutica* de todas estas alíneas reside precisamente na possibilidade, jurídica ou fáctica, de tal concertação se verificar. Por essa mesma razão, SOARES DA SILVA, «Algumas observações em torno da tripla funcionalidade da técnica de imputação de votos no Código dos Valores Mobiliários», em *Cadernos do Mercado de Valores Mobiliários*, n.° 26, 2007, p. 47 e ss., p. 53, depois da qualificação deste inciso como *cláusula geral de actuação em concertação*, acaba por reconhecer que a mesma veio afectar a «*coerência interna*» do direito vigente, surgindo mesmo com «*potencial impacto fracturante na unidade do sistema*». Ora, é precisamente esse resultado que, em nome das boas regras hermenêuticas, compete evitar.

Poderia ainda dizer-se, para evitar aquele resultado, que se teria consagrado aqui uma cláusula que, além de genérica, seria de aplicação residual, destinada a intervir nos casos em que os requisitos específicos dos demais critérios de imputação não estivessem verificados. Mas, note-se, para que assim fosse, teria sido necessário que o legislador tivesse autonomizado a segunda parte da alínea *h*) numa nova alínea. Ora, não foi essa a opção do legislador. Os instrumentos de exercício concertado de influência sobre a sociedade participada não são cláusula residual de relevância de todos os demais critérios de imputação, mas apenas uma causa de imputação alternativa aos acordos tendentes à aquisição de domínio ou à frustração de alteração da situação de domínio. Assim sendo, a influência que aqui releva, ao menos directamente, não é a que se reporta à definição da estratégia ou das decisões de gestão da sociedade em causa, a qual será ou não relevante, principalmente, em função dos requisitos de imputação para que aponta a alínea *c*). Esta influência constitui apenas o fim mediato das partes no acordo a que a alínea *h*) se refere. Com efeito, a influência que aqui se tem directa ou imediatamente em vista é aquela que, em conformidade com o previsto na primeira parte da mesma alínea *h*), se reporta à *alteração* ou à *cristalização* de uma determinada estrutura accionista ou de repartição de direitos de voto. Contudo, esta apenas releva na medida em que tais *alteração* ou *cristalização* apareçam como um *instrumento* destinado a manter ou a lograr aquela outra influência.

Dito de outro modo, esta alínea *h*) visa imputar os direitos de voto a quem partilhe e coopere na implementação de um determinado *projecto conjunto ou concertado de poder* no quadro de uma sociedade aberta. Da conjugação desta alínea com o número 4 do art. 20.° resulta que a lei presume que este projecto existe se as partes no acordo se mobilizam para implementar soluções que visam assegurar-lhes o domínio da sociedade participada ou a manutenção do *statu quo* existente (sendo assim de recusar a sugestão de PAULA COSTA E SILVA, «A imputação de direitos de voto na oferta pública de aquisição», em *Jornadas: Sociedades abertas, valores mobiliários e intermediação financeira*, 2007, p. 242 e ss., p. 277, segundo a qual poderiam relevar deste domínio meros *gentlemen's agreements*).

quisitos de imputação possa ser confiado à CMVM que, caso conclua no sentido da não relevância deste mesmo preenchimento, abortará desde logo a imputação.

É, assim, neste contexto, e com estes pressupostos, que se subscreve, na íntegra, a posição de Osório de Castro, segundo a qual «*o sentido e a finalidade*» do artigo 20.º do CVM «*são manifestamente o de imputar ao participante os direitos de voto cujo exercício se considere ser por ele influenciado ou influenciável, já no uso de alguma faculdade jurídica, já num plano puramente fáctico*»[12]. Apenas se acrescenta, perante o que se referiu, que a lei se basta, para este efeito, com uma ideia de susceptibilidade meramente abstracta de influência, sem mandar verificar se, caso a caso, tal susceptibilidade se concretiza efectivamente[13].

3. **O limiar máximo da imputação de direitos de voto: o artigo 20.º no cômputo dos direitos de voto relevantes para efeitos de aquisição e alienação potestativas**

I. Uma vez identificadas as opções fundamentais tomadas pelo legislador português na fixação dos limiares mínimos dos juízos de imputação de direitos de voto, cumpre, conforme inicialmente referido, verificar se o direito português, e em especial o CVM, sempre que remete para o número 1 do artigo 20.º remete uniformemente para aqueles limiares, ou se, ao invés, remete para requisitos diferentes, no sentido de mais exi-

---

No entanto, tal não basta para que haja imputação pois, em abstracto, o CVM admite que as partes num determinado acordo possam empenhar-se na aquisição concertada do domínio ou na manutenção do *statu quo* existente como fins em si mesmos, isto é, sem terem em vista o ulterior exercício de uma influência concertada sobre a actividade ou a gestão da sociedade em causa. Ora, neste caso, como se refere no número 5 do art. 20.º, ilidida a presunção do número anterior, não haverá lugar a imputação.

[12] Osório de Castro, «A imputação de direitos de voto no Código dos Valores Mobiliários», em *Cadernos do Mercado de Valores Mobiliários*, n.º 7, 2000, p. 161 e ss., p. 167.

[13] Recorrendo a uma terminologia típica do direito penal, dir-se-á que a lei elege como elemento do tipo a possibilidade (ou o *risco*) de influência abstracta, e não a possibilidade (ou o *risco*) de influência concreta. Nas palavras de Paula Costa e Silva, «A imputação de direitos de voto na oferta pública de aquisição», em *Jornadas: Sociedades abertas, valores mobiliários e intermediação financeira*, 2007, p. 242 e ss., p. 279, «*a lei imputa votos a um sujeito independentemente de lhe ser possível influenciá-los ou não*».

gentes, do que aqueles para os quais a mesma disposição, individualmente considerada, parece remeter.

A pertinência da questão justifica-se por um conjunto variado de razões, de entre as quais se destacam algumas já afloradas neste texto.

Assim, em primeiro lugar, a circunstância de o artigo 20.º coincidir com uma regra pela qual o legislador português tem vindo a transpor para o ordenamento interno as directrizes comunitárias em sede de requisitos de *transparência*[14] não pode deixar de ser considerada pelo intérprete quando se trate de medir as repercussões dessa disposição legal em domínios não relacionados com esta matéria. Por outro lado, ainda no mesmo sentido, não pode o intérprete deixar de ficar alertado para as consequências que podem resultar da integração sistemática do artigo 20.º no CVM, que reforça precisamente a indicação anterior, segundo a qual o problema fundamental tido em vista com este preceito foi o de fixação das situações susceptíveis de imposição de deveres de comunicação ao mercado.

Ora, assim sendo, a questão que imediatamente se coloca, e importa resolver, é a de saber se a medida pela qual o legislador mede a extensão do âmbito de aplicação destes deveres é, e pode ser, a mesma pela qual o mesmo legislador mede o âmbito de relevância da possível imputação de direitos de voto nos numerosos outros casos em que se lhe refere. A pura intuição levaria a afirmar que dificilmente teria o legislador logrado a proeza de ter encontrado, de uma só vez e com apenas uma formulação, uma resposta única para todos aqueles problemas tão diferentes entre si. É precisamente no sentido da confirmação dessa intuição que se vêm pronunciando, embora com algumas hesitações, diferentes autores que têm analisado, nos últimos tempos, a matéria da imputação de direitos de voto no CVM.

Como acima se referiu, também aqui se subscreve este entendimento. Quando o legislador remete para os critérios de imputação de direitos de voto do número 1 do artigo 20.º não está sempre a determinar que, para todos os casos em que tal remissão é feita, o juízo de imputação relevante deva obedecer invariavelmente aos mesmos requisitos materiais ou, se se preferir, que o resultado do cômputo dos direitos de voto relevantes para cada uma daquelas disposições seja invariavelmente o mesmo.

---

[14] Osório de Castro, «A imputação de direitos de voto no Código dos Valores Mobiliários», em *Cadernos do Mercado de Valores Mobiliários*, n.º 7, 2000, p. 161 e ss., p. 164.

Para demonstração deste entendimento propõe-se um teste simples, assente na consideração do regime que o CVM reserva para as aquisição ou alienação tendentes ao domínio total nos artigos 194.° e ss. Como já referido na parte final de I, são duas as razões pelas quais se sugere a realização deste teste. Em primeiro lugar, ele permitirá demonstrar, em termos que se consideram dificilmente refutáveis, que a remissão para o número 1 do artigo 20.° feita no artigo 194.° não pode significar que se considerem relevantes para cômputo da participação de 90% aí referida todos os votos imputáveis segundo os critérios descritos em 2. Tanto bastará para confirmar que a remissão para o número 1 do artigo 20.° não pode obedecer, no CVM, à aceitação de que os critérios nele previstos devem ser objecto de interpretação e aplicação uniformes em todos os casos. Em segundo lugar, a análise deste regime faculta-nos ainda a identificação daquele que se considera, em função da natureza da matéria versada, o limiar máximo dos juízos de imputação ou, se se preferir, o caso em que a remissão para o número 1 do artigo 20.° apresenta um conteúdo mais limitado. O resultado final desta análise corresponderá assim à identificação da margem de flutuação do conceito de imputação de direitos de voto no CVM, a qual se há-de inscrever entre o limiar mínimo referido em 2 e este limiar máximo para o qual se entende que o artigo 194.° remete.

II. À aquisição potestativa tendente ao domínio total de sociedades com o capital aberto ao investimento do público aplica-se, nos termos do número 7 do artigo 490.° do CSC, o disposto no CVM. Tal significa que a esta aquisição não se aplica o regime previsto nos números 1 a 6 deste artigo 490.°, mas antes o regime dos artigos 194.° e ss. do CVM. As primeiras grandes diferenças entre o regime aplicável à generalidade das sociedades comerciais e às sociedades abertas encontram-se, então, na delimitação dos casos em que é possível desencadear um processo de aquisição potestativa.

Assim, enquanto para efeitos do artigo 490.° do CSC basta a ultrapassagem do limiar dos 90%, quaisquer que sejam as circunstâncias em que tal ultrapassagem se verifique, para o artigo 194.° exige-se que tal limiar tenha sido ultrapassado «*na sequência do lançamento de oferta pública de aquisição geral (...) até ao apuramento dos resultados da oferta*» e que coincida ainda com a simultânea ultrapassagem de «*90% dos direitos de voto abrangidos pela oferta*» em causa. Nota-se aqui um sinal mais restritivo da admissibilidade da aquisição potestativa tendente ao domínio total nas sociedades abertas do que aquele que vale nas demais sociedades comerciais.

Um sinal de sentido inverso deriva, no entanto, do modo como aparentemente a lei manda computar a participação de 90%, relevante para que um accionista esteja autorizado a lançar mão do processo de aquisição potestativa. Na verdade, para efeitos do artigo 490.° do CSC devem contar-se as acções directamente detidas pelo accionista em causa, bem como aquelas que sejam detidas por outra sociedade dependente daquele accionista, directa ou indirectamente, ou que com ele esteja em relação de grupo, e ainda as de que um terceiro seja titular por conta de qualquer desses accionista ou sociedades[15]. O *teor facial* do artigo 194.° do CVM, ao invés, manda computar todos os direitos de voto imputáveis ao accionista dominante segundo qualquer dos critérios do número 1 do artigo 20.° do CVM. De tal resulta que, devidamente compaginadas as diversas alíneas deste número 1 do artigo 20.° com as situações relevantes para efeitos do artigo 490.° do CSC, em ambos os casos se aceitam como relevantes as situações a que se referem as alíneas *a)* e *b)* do número 1 do artigo 20.° No entanto, o artigo 194.° considera ainda como relevantes[16] as situações descritas nas alíneas *c)* a *h)*, as quais são tidas por irrelevantes para os efeitos do CSC[17].

---

[15] Tal é o que resulta da remissão feita no número 1 do art. 490.° do CSC para o número 2 do art. 483.° do mesmo Código.

[16] Para além da situação de usufruto referida no proémio do número 1 do art. 20.° do CVM.

[17] Uma outra questão que poderia discutir-se reside em saber se, sendo certo que para efeitos do art. 490.° do CSC apenas os accionistas que sejam sociedades podem recorrer à aquisição potestativa, idêntica restrição deve valer para efeitos dos arts. 194.° e ss. do CVM, já que o número 1 desta disposição se refere genericamente a «quem». A pouca relevância prática da questão leva-nos a prescindir aqui do seu tratamento, embora a instrumentalidade da aquisição potestativa à constituição de grupos (que serão sempre de sociedades) a constituir por domínio total deva levar à conclusão de que, a este nível, não existirão motivos para a afirmação de qualquer diferença substancial de regime entre o CSC e o CVM. A solução poderá suscitar reparo se, em vez da aquisição potestativa, se olhar o problema pela perspectiva da alienação potestativa, tal como prevista no art. 196.° do CVM. Que sentido terá não permitir aos accionistas minoritários (com menos de 10 %) a saída compulsiva do capital da sociedade quanto se concentrar nas mãos de uma pessoa singular ou de outra pessoa colectiva, que não sociedades, mais de 90% do capital da mesma sociedade? Não deverão ambas as situações ser assimiladas, desde logo porque o risco de instrumentalização da sociedade em causa aos interesses próprios do accionista quase único é também ele de similar grau? Pensa-se que não. Em primeiro lugar, estes problemas, ainda que existentes, não seriam diferentes no CVM do que o são no CSC. Em

Significa isto que, para efeitos de constituição do direito de aquisição potestativa previsto no artigo 194.º basta que ao accionista dominante sejam imputados direitos de voto correspondentes a mais de 90% por qualquer dos critérios fixados no número 1 do artigo 20.º, concretizando-se esses mesmos critérios de modo idêntico ao que releva para efeitos de imposição de deveres de comunicação de participações qualificadas? E significa isso, por outro lado, que o accionista titular de menos de 10% do capital de uma sociedade aberta pode impor a alienação potestativa da sua participação ao accionista dominante a quem sejam imputados direitos de voto correspondentes a mais de 90% daquele capital por qualquer dos critérios fixados no número 1 do artigo 20.º, concretizando-se esses mesmos critérios de modo idêntico ao que releva para efeitos de imposição de deveres de comunicação de participações qualificadas?

A resposta para estas duas questões só poderá ser negativa.

E é negativa, antes de tudo o mais, porque não se pode perder de vista que do que se trata, em qualquer caso de aquisição e alienação potestativas é da consideração de vias tendentes à constituição de relações de domínio total, como a epígrafe da Secção III do Capítulo III do Título III do CVM e o número 7 do artigo 490.º do CSC demonstram. Assim, é em qualquer caso necessário que os tais 90% dos votos imputáveis ao dominante no momento anterior aos da aquisição e alienação potestativas sejam imputáveis ao mesmo em termos tais que, adicionados aos até 10% que serão adquiridos na sequência daquelas, viabilizem a existência de uma situação de efectiva relação de domínio total entre o accionista dominante e a sociedade dominada. No entanto, para que tal aconteça, e tendo em conta a noção de domínio total superveniente resultante do número 1 do artigo 489.º do CSC[18], não é logicamente possível que se considerem como relevantes para cômputo da participação de 90% a que se refere o artigo 194.º todos os votos que seriam imputáveis ao dominante por força do número 1 do artigo 20.º do CVM. Afirmar o contrário será admitir o inadmissível, isto é, será admitir como ponto de partida para a aplicação da-

---

segundo lugar, quando o accionista quase único não seja uma sociedade não se constitui uma relação de domínio que permita ao mesmo accionista fazer uso dos poderes que o regime relativo aos grupos de sociedades lhe concederia. Finalmente, caso aquela instrumentalização se venha efectivamente a verificar, sempre existirá a solução da responsabilização ao abrigo do art. 84.º do CSC, especificamente vocacionado para acorrer a este tipo de situações.

[18] Que mais uma vez remete para o número 2 do art. 483.º do mesmo Código.

quela disposição legal um pressuposto absolutamente irreconciliável com o resultado que a mesma disposição visa produzir – a constituição de situações de domínio total superveniente.

Se, por exemplo, os accionistas A e B detiverem, cada um deles, 30% do capital de uma sociedade e celebrarem entre eles um acordo parassocial, deverão lançar uma oferta pública de aquisição tendente à aquisição das acções representativas dos remanescentes 40% daquele capital. No âmbito dessa oferta pública de aquisição, os accionistas em causa poderão adquirir mais 36%, repartidos entre eles na proporção das acções anteriormente detidas. Poderão estes dois accionistas, conjunta ou isoladamente, impor a saída do accionista C que detenha os 4% remanescentes? E poderá este accionista C impor a sua saída, por via do artigo 196.° do CVM?

A resposta, que se pensa negativa, para esta questão encontra-se por via da resposta negativa a uma outra. É que, se tais aquisição ou alienação potestativas se concretizarem, não se constituirá entre os accionistas A e B, conjunta ou individualmente, e a sociedade em apreço uma qualquer relação de grupo por domínio total. Na verdade, como resulta da conjugação do número 1 do artigo 489.° com o número 3 do artigo 483.°, ambos do CSC, apenas existe situação de domínio total quando uma sociedade detém a totalidade do capital da outra, seja directamente, seja através de outras sociedades que com ela se encontrem em relação de domínio ou de grupo, seja por intermédio de terceiro que detenha parte daquele capital por conta do participante concretamente considerado. Ora, é certo que nem o A nem o B, após a eventual aquisição dos remanescentes 4%, ficarão a deter a totalidade do capital social da sociedade X por qualquer das referidas vias e, assim, é também certo que não podem ter-se como aplicáveis os artigos 194.° e 196.° em tais situações[19].

De outro modo, a única forma de interpretar estes artigos em termos consequentes com os fins por eles visados é a de reconhecer que a remissão para o número 1 do artigo 20.° não pode significar a remissão, sem qualquer espécie de qualificação, do cômputo da participação de 90% referida nos mesmos artigos para os critérios daquele número 1 do artigo 20.°. Quaisquer outras alternativas que, do ponto de vista lógico, se pudessem conceber não parecem poder vir a merecer adesão.

---

[19] E o que se diz a propósito desta situação de celebração de um acordo parassocial entre os accionistas A e B, que relevará da alínea c) do número 1 do art. 20.°, poderá ainda, por maioria de razão, dizer-se relativamente a todos os demais casos relevantes das alíneas d) a h) do mesmo número.

III. Com efeito, procurando proceder a uma análise crítica dessas mesmas alternativas, dir-se-á que a primeira coincidirá com a aceitação de que o conceito de domínio total para as sociedades abertas não é necessariamente o mesmo que vale para as sociedades fechadas, aceitando portanto que para aquele efeito seja relevante a detenção da totalidade dos direitos de voto por qualquer das vias de imputação do número 1 do artigo 20.º do CVM e não apenas pelas vias a que se refere o mais restritivo número 2 do artigo 483.º do CSC.

Esta alternativa deve ser recusada pelo simples facto de a afirmação de existência de uma situação de domínio total não constituir uma qualificação vazia de efeitos jurídicos. Bem ao invés, tal qualificação equivale a reconhecer que entre a sociedade dita dominante e a sociedade dominada passa a existir uma relação tal que determina as consequências descritas nos artigos 501.º a 504.º do CSC, por força da remissão do artigo 491.º do mesmo Código. Assim, e a título meramente exemplificativo, a administração da sociedade dominante passaria a estar legitimada para a emissão, nos termos do artigo 503.º do CSC, de instruções vinculativas para a sociedade dominada, instruções essas que seriam emitidas em ponderação do interesse do grupo e que, portanto, poderão ser concretamente prejudiciais para a sociedade dominada. Ora, esta possibilidade de subordinação dos interesses da sociedade dominada em relação aos do grupo em que esta se insere só é possível num contexto em que, como acontece no CSC, a sociedade dominante detém por si, directa ou indirectamente, ou alguém detém por sua conta, as acções representativas do capital da sociedade dominada em termos tais que não exista qualquer terceiro com interesses no capital da sociedade subordinada que possa ver-se prejudicado por esta ser gerida em consideração de um interesse concentrado na totalidade do grupo e não na sociedade em que ele é concretamente accionista[20].

Voltemos aos exemplos: pode o credor pignoratício a quem são imputados os direitos de voto inerentes às acções empenhadas exercer esses

---

[20] Na verdade, esse é um pressuposto essencial da aplicação do regime do domínio total, de acordo com o CSC, apenas posto em causa pela circunstância de a lei admitir, segundo o número 2 do art. 483.º do CSC, que entre a sociedade dominante e a sociedade totalmente dominada se interponham sociedades cujo capital não seja directa ou indirectamente detido, na sua totalidade, pela primeira. Ficam assim por solucionar as difíceis questões que a protecção dos accionistas minoritários nestas sociedades pode suscitar. Trata-se, de todo o modo, de um problema que, a existir, releva já do regime geral do domínio total no CSC, pelo que não apresentará quaisquer especificidades no domínio restrito do CVM.

direitos de voto em ponderação do interesse do grupo em que se integra, desconsiderando ou menorizando os interesses da sociedade participada e, por esta via, do dador do penhor? Decididamente, não. Pode a sociedade que detém 95% do capital de uma sociedade aberta emitir instruções prejudiciais para a sociedade que domina, em ponderação do interesse global do grupo em que se integram, quando um membro do órgão de fiscalização da sociedade dominante detenha os remanescentes 5% do capital da sociedade dominada? Mais uma vez, parece claro que não. Pode o accionista que detenha 60% do capital de uma sociedade aberta e que tenha celebrado contrato para a aquisição dos remanescentes 40% passar a emitir aquelas instruções, negligenciando os interesses dos accionistas titulares destes 40%? Novamente, a resposta só pode ser uma: não.

E se chegamos à conclusão, como parece ser de chegar, de que a imputação dos direitos de voto segundo os diversos critérios do artigo 20.º não é de molde a constituir uma relação de domínio total entre o participante e a sociedade dominada, tendo em conta que a ponderação dos interesses em presença é incompatível com o exercício das prerrogativas que o dominante total legalmente detém, também se há-de necessariamente concluir que, não podendo o dominante dar instruções à dominada, também não há-de sujeitar-se às regras especiais de responsabilização previstas nos artigos 501.º e 502.º do CSC, que são contrapartida daquelas prerrogativas. E, ainda, não existindo a possibilidade de emitir instruções naqueles termos, também não há-de ser aplicável o regime de eventual responsabilização dos administradores da dominante e desresponsabilização dos administradores da dominada que tem aquelas instruções como pressuposto. Não seria assim também aplicável ao caso o artigo 504.º do CSC.

No fundo, apostar num conceito específico de domínio total no âmbito do CVM, assente na possível relevância, para os efeitos do artigo 194.º do CVM, de todos os votos imputáveis segundo o número 1 do artigo 20.º, seria aceitar que domínio total, para aquele diploma, constitui um conceito vazio de quaisquer consequências jurídicas, o que não é, naturalmente, solução que se possa considerar consignada, por duas razões fundamentais. Em primeiro lugar, porque tal corresponderia à inevitável desconsideração de todos os cânones hermenêuticos uniformemente aceites para a interpretação da lei. Em segundo lugar, e talvez mais impressivo ainda, porque se tal fosse o sentido da norma em apreço não havia a possibilidade de evitar a sua flagrante inconstitucionalidade.

Com efeito, não poderá ser aqui negligenciado que se está a lidar com uma matéria que suscitou acesa polémica quanto à conformidade com a

CRP da solução de aquisição potestativa prevista no artigo 490.º do CSC e que, por identidade de razão, deverão considerar-se igualmente relevantes aquando da análise do artigo 194.º do CVM. Assim, prescindido de abordar *ex professo* aquelas dúvidas, e aceitando como acertada a decisão que o Tribunal Constitucional finalmente tomou a tal propósito, importa notar que, mesmo partindo do pressuposto de limiar mínimo de relevância constitucional da matéria, porque foi aquele em que assentou o referido Tribunal[21], a não inconstitucionalidade do instituto em apreço encontra-se dependente do respeito pelos valores e princípios constitucionais a que o legislador genericamente se acha vinculado, tais como o princípio da igualdade e o princípio da proporcionalidade. Ora, caso a posição que vem de ser defendida quanto ao sentido que deve ser dado à remissão do número 1 do artigo 194.º não seja acolhida, partindo-se antes do pressuposto de que todos os votos imputáveis segundo os critérios gerais do número 1 do artigo 20.º são aqui relevantes, são precisamente estes dois princípios que estarão automaticamente postos em causa.

O princípio da igualdade, porque, sem que se identifique fundamento material ou justificação razoável bastante para o efeito, segundo critérios objectivos e abstractamente relevantes, estar-se-á a aceitar tratar diferentemente situações que, para todos os efeitos substanciais, se mostram merecedoras de tratamento equiparado. Com efeito, que razão juridicamente atendível pode levar a tratar diferentemente o accionista que detém 89% do capital de uma sociedade aberta daquele outro que, detendo igual participação, tenha a *sorte* ou o *azar*, consoante a perspectiva, de ter como membro do seu órgão de fiscalização um accionista que detenha mais 2% do mesmo capital social?

E quanto se diz a propósito da preterição do princípio da igualdade dir-se-á ainda, com maior acuidade, do princípio da proporcionalidade. Com efeito, um dos corolários deste na matéria em apreço, como decidiu o Tribunal Constitucional[22], é o de que o reconhecimento de aquisição potestativa apenas se justifica na prossecução de interesses (abstractamente tidos por valiosos) associados aos benefícios objectivos do domínio total, cuja adequada ponderação justificará que se desprotejam os titulares de

---

[21] Que, no essencial, considerou que não havia razão para questionar a conformidade da aquisição potestativa com o art. 62.º da Constituição, porque não se tratava de uma solução restritiva do direito de propriedade sobre participações sociais, mas apenas conformadora da mesma propriedade.

[22] Na decisão já acima referida.

participações sociais muito minoritárias que, por esta via, se podem ver excluídos, contra a sua vontade, do capital da sociedade em que pretenderiam continuar a participar. Ora, neste contexto, como se pode justificar a exclusão destes accionistas minoritários nos casos em que, como acima descrito, o ponto de partida para a aquisição potestativa não é de molde a, no final, viabilizar a constituição de uma situação de domínio total? Em tal caso, faltará, pelo menos, a adequação da solução legal para a prossecução dos interesses abstractamente tidos em vista, razão pela qual a mesma solução – a valer com tal sentido – passará imediatamente a prejudicar o princípio da proporcionalidade aqui considerado.

Em suma, é não só o regime geral das sociedades comerciais, mas também uma interpretação das disposições legais em apreço da única forma que permitirá a sua compatibilidade com os imperativos constitucionais, que imporá o reconhecimento de que, pelo menos no número 1 do artigo 194.° do CVM, a remissão para o número 1 do artigo 20.° não pode valer com o sentido de remissão, pura e simples, para os critérios gerais de imputação descritos em 2.

IV. Que sentido útil se pode então retirar da remissão do número 1 do artigo 194.° do CVM para o número 1 do artigo 20.° do mesmo Código? Naturalmente, ao remeter para tal disposição legal, o artigo 194.° está a remeter para as alíneas *a)* e *b)* daquele número 1 do artigo 20.°, que já se viu corresponderem, no essencial, às situações a que também se refere o número 2 do artigo 483.° do CSC. Mas então, porque remeteu o legislador, genericamente, para o número 1 do artigo 20.° e não apenas para as alíneas *a)* e *b)* deste? Ou, numa outra alternativa, porque não remeteu o legislador apenas para o número 2 do artigo 483.° do CSC? Deverá o intérprete fazer uma interpretação restritiva da remissão feita, corrigindo a letra da lei como se ela especificasse o que, na verdade, não especifica?

Uma resposta afirmativa a estas questões apenas pode ser dada caso seja de concluir que é de todo em todo impossível dar um conteúdo útil à remissão literal feita no número 1 do artigo 194.°, também, para as alíneas *c)* e ss. do número 1 do artigo 20.° do CVM. No entanto, não é isso que acontece. É possível vislumbrar aquele conteúdo útil tendo em conta que, pelo menos em algumas das situações a que se referem as citadas alíneas do número 1 do artigo 20.°, não pode à partida excluir-se a existência de situações que, relevando do âmbito de aplicação daquelas alíneas, tenham por efeito final a dotação do participante a quem sejam imputáveis direitos de voto uma posição que, substancialmente, possa ser assimilável àquelas a que se refere o número 2 do artigo 483.° do CSC e a que se referem as alíneas *a)* e *b)* do número 1 do artigo 20.° do CVM.

E tal hipótese é configurável pela simples razão de que, como se referiu em 2, as diferentes alíneas do número 1 do artigo 20.° se limitam a enunciar os requisitos mínimos que, uma vez verificados, determinam a necessidade de cômputo dos direitos de voto em causa para efeitos de imposição do dever de comunicação de participações qualificadas. Naturalmente, o mesmo número 1 do artigo 20.° não exclui o juízo de imputação se, no caso concreto considerado, a situação for além desses requisitos mínimos, amplificando o grau de *proximidade* entre o participante e os direitos de voto que lhe são imputados.

Pense-se, por exemplo, no caso da alínea *g)* do número 1 do artigo 20.°. Nela cabem não só os casos em que o titular dos direitos de voto comete ao participante o exercício desses direitos com o propósito de que estes sejam exercidos discricionariamente pelo mesmo, mas ponderando o interesse exclusivo daquele titular, como ainda os casos em que o titular admite a ponderação, conjunta ou exclusiva, de outros interesses, como o do participante. Neste último caso, não existem razões para que, na pendência daquela atribuição de poderes discricionários, e desde que não existam accionistas livres, o participante possa exercer os poderes de sociedade directora, tais como aqueles a que se refere o artigo 503.°, naturalmente que com as consequências responsabilizadoras a que se referem os artigos 501.°, 502.° e 504.°, todos do CSC. E, por essa mesma razão, nada impedirá que, para afastar os sócios livres com menos de 10% do capital, o participante recorra ao mecanismo do artigo 194.°, para que, uma vez concretizada a aquisição potestativa, possa passar a fazer uso daquelas prerrogativas legais.

E o que exemplificativamente se diz a propósito desta alínea *g)* poderá dizer-se a propósito de outras alíneas do número 1 do artigo 20.°, embora se reconheça que, em alguns casos, será difícil configurar hipóteses enquadráveis em algumas dessas alíneas que tenham aqui relevância. De todo o modo, o que se conclui é que a lei não tomou partido antecipado sobre tal matéria, razão pela qual faz uma remissão genérica para aquela disposição legal, remetendo para o intérprete e aplicador da lei a tarefa de, caso a caso, verificar se o grau de *proximidade* entre o participante e os direitos de voto é de tal modo intenso que, mesmo relevando a situação em causa das demais alíneas do número 1 do artigo 20.°, tal *intensidade* deve ser equiparada àquela que constitui elemento constitutivo mínimo dos juízos de imputação a que se referem as alíneas *a)* e *b)* do mesmo número.

Na prática, o sentido a retirar da lei é o de que todas as vias previstas no número 1 do artigo 20.º serão, em abstracto, aptas à constituição de uma relação de grupo por domínio total, desde que a intensidade da relação que por essas mesmas vias se estabeleça entre o participante e os direitos de voto seja suficiente para que o primeiro possa passar a beneficiar das prerrogativas de director da sociedade participada (isto é, de uma *intensidade* tal assimilável à das situações a que se refere o número 2 do art. 483.º do CSC).

Em termos práticos, isso significa que o accionista a quem sejam imputáveis 90% dos direitos de voto nos termos do número 1 do artigo 20.º apenas beneficiará do direito de aquisição potestativa se demonstrar e provar que, no caso, a intensidade de tal imputação é tal que, em resultado de concretização de tal aquisição, lhe faculte, ou imponha, conforme a perspectiva, o estatuto de sociedade directora. Este é um elemento constitutivo do seu direito que, assim, lhe competirá demonstrar. Do mesmo modo, os accionistas minoritários que pretendem exercer o direito a que se refere o artigo 196.º em resultado da imputação a um accionista de mais de 90% do direito de voto terão de demonstrar, como elemento constitutivo desse direito, que em resultado de concretização da alienação potestativa prevista naquele artigo, o accionista maioritário passará a ter a faculdade de actuar como sociedade directora da sociedade comummente participada.

Ao dar assim por repartido o ónus da prova, está-se implicitamente a recusar que o simples preenchimento dos requisitos mínimos previstos no artigo 20.º possa funcionar como presunção do tal elemento constitutivo adicional de que dependem os direitos de aquisição e de alienação potestativas. E as razões de tal recusa também parecem, nesta fase, evidentes. Em primeiro lugar, recordando que o CVM remete para o número 1 do artigo 20.º em numerosas e muito diversas situações, será difícil conceber que o mesmo artigo 20.º tenha a virtualidade de ponderar conjuntamente as preocupações subjacentes a todos esses casos. Em segundo lugar, as presunções têm limites e, como alguns dos exemplos acima descritos demonstram, não pode considerar-se razoavelmente estabelecida uma presunção legal, quando essa não é a única interpretação compatível com a lei, nos casos em que falha qualquer tipo de relação consequencial normal entre o facto indutor e o resultado induzido e a hipótese de ficção se deve considerar excluída, quanto mais não seja pelas razões de conformidade com a CRP acima aduzidas.

4. Conclusões; bases para definição do limiar de imputação de direitos de voto relevante para efeitos de constituição do dever de lançamento de OPA obrigatória

I. O que antecede permite já assentar num conjunto de pressupostos com base nos quais se deve partir para a interpretação do número 1 do artigo 187.°, quando este manda computar os votos detidos directamente ou nos termos do número 1 do artigo 20.° para efeitos de apuramento das participações qualificadas de um terço ou de metade dos direitos de voto, conforme aí referidas.

Na verdade, a análise feita da regulamentação dispensada à aquisição potestativa tendente ao domínio total permitiu fundamentar um conjunto de conclusões que não podem deixar de constituir pressupostos para a análise que aqui se pretende empreender. Assim, a consideração do caso paradigmático dos artigos 194.° e ss. serviu precisamente o propósito de evidenciar a asserção fundamental de que o número 1 do artigo 20.° se revela uma norma de natureza *transitiva*, nos termos da qual o concreto sentido do mesmo só se deixa captar através da sua *contextualização casuística* em razão das especificidades do instituto que concretamente se considere. Deste modo, não é legítimo ao intérprete que parta do pressuposto de relevância homogénea dos critérios de imputação de direitos de voto, competindo-lhe antes questionar, caso a caso, se o instituto concretamente considerado não imporá (como vimos acontecer na aquisição e na alienação potestativas) a verificação de requisitos adicionais que qualifiquem os pressupostos genéricos de imputação, tal como fixados no citado número 1 do artigo 20.°

Assim, não pode o intérprete aceitar acriticamente que a remissão feita no artigo 187.° para os critérios de imputação de direitos de voto previstos no número 1 do artigo 20.° deva valer com o sentido de que deverão considerar-se relevantes, para os efeitos de constituição do dever de lançamento de OPA obrigatória, todos os votos que, de acordo com os limiares mínimos de relevância fixados para efeitos de *transparência*, sejam relevantes para cômputo das participações qualificadas a comunicar nos termos do artigo 16.° A perspectiva de partida deve, ao invés, ser precisamente a contrária. Com efeito, o que se impõe é a prévia verificação se, devidamente interpretado o regime legal respectivo, a imposição do dever de lançamento de OPA obrigatória não deverá considerar-se dependente da verificação de elementos adicionais para além daqueles de que legalmente depende a satisfação dos referidos limiares mínimos.

Ora, na abordagem a tal questão, o primeiro elemento que imediatamente se oferece é o que resulta, sem margens para grandes reservas, do próprio preâmbulo do diploma que aprovou o CVM. Com efeito, no ponto 12 desse mesmo preâmbulo, refere-se que «*o regime das ofertas públicas de aquisição obrigatórias assenta na ideia geral de que os benefícios da aquisição de domínio sobre uma sociedade aberta devem ser compartilhados pelos accionistas minoritários*». Assim, de acordo com esta ideia geral, o dever de lançamento de OPA obrigatória encontra-se indissociavelmente relacionado com a aquisição de domínio. E, note-se, não se trata de um domínio qualquer. Com efeito, mais adiante, refere-se expressamente que o que se tem em vista é um critério de *domínio efectivo*.

Ou seja, ou se constata que todas as situações de imputação a que se refere o número 1 do artigo 20.º constituem, por si só, causa bastante para a atribuição do domínio efectivo sobre uma qualquer sociedade aberta, o que não é manifestamente o caso, como já se referiu, ou, então, apenas duas hipóteses são abstractamente configuráveis:

(i) ou se aceita que, apesar de tal não equivalência, todas as situações a que se refere o número 1 do artigo 20.º devem considerar-se relevantes para cômputo das participações de um terço ou de metade dos direitos de voto, caso em que importa reconhecer que o legislador foi manifestamente infeliz, para dizer o menos, na consagração de um regime desadequado à ideia geral que quis prosseguir;

(ii) ou, como parece aprioristicamente mais razoável, deve assentar-se na ideia geral de que o legislador não traiu os seus propósitos, tendo apenas recorrido a uma técnica legislativa que já se viu ser a única que, também, permite conferir conteúdo útil pleno aos artigos 194.º e ss., caso em que do que se trata na remissão para o número 1 do artigo 20.º é da remissão para as vias abstractamente possíveis para a aquisição do tal *domínio efectivo*, desde que verificados os requisitos constitutivos das situações de imputação nele previstas e desde que, adicionalmente, as circunstâncias concretas dessas situações sejam de molde a que se possa afirmar a existência daquele domínio.

Como facilmente se antecipa, a opção por uma destas alternativas em detrimento da outra é causa das maiores divergências de regime. Com efeito, a opção pela primeira significará que sempre que se encontrem verificados os requisitos para imputação dos direitos de voto a que se refere o número 1 do artigo 20.° existirá dever de lançamento de OPA, sem necessidade de demonstração da verificação de qualquer requisito adicional. Ao invés, caso se considere que a segunda é a via mais adequada, a simples verificação dos requisitos de imputação de direitos de voto a que se refere o número 1 do artigo 20.° não será suficiente, sendo ao invés necessário que, em acréscimo àquela, se faça a demonstração de que tais requisitos determinam, ou são acompanhados, da verificação daqueles outros, não necessariamente coincidentes, que permitam atestar a aquisição do *domínio efectivo* da sociedade aberta em causa pelo participante.

E, neste contexto, em face de quanto já anteriormente se disse, não se estranhará que aqui se perfilhe o entendimento de que a solução mais adequada é a segunda[23]. Nesse sentido dispõem, desde logo, a circunstância de ser essa a solução que melhor corresponde aos objectivos da intervenção legislativa neste domínio, como se viu resultar do preâmbulo do diploma que aprovou o CVM, e ainda o facto de ser com essa interpretação que se dará sequência uniformizadora às diversas remissões que o CVM faz para o número 1 do artigo 20.°

Mas, além destas razões já aduzidas, muitas outras poderão, e deverão, ser invocadas em abono da tese perfilhada.

II. Assim, e prescindindo da invocação de outras soluções legais que depõem igualmente no mesmo sentido[24], só aquele entendimento é compatível com uma adequada interpretação do disposto no número 2 do artigo 187.°[25]. Refere-se nesta disposição que «*não é exigível o lançamento da oferta quando, ultrapassado o limite de um terço, a pessoa que a ela estaria obrigada prove perante a CMVM não ter o domínio da sociedade visada nem estar com esta em relação de grupo*».

Daqui resulta, mais uma vez, que o factor determinante da constituição do dever de lançamento de OPA é a aquisição do *domínio da sociedade visada*, em termos tais que, em caso de demonstração da falta de tal

---

[23] Assim, embora não pelo mesmo caminho e seguindo os mesmos argumentos, também se pronuncia MATTAMOUROS RESENDE, «A imputação de direitos de voto no mercado de capitais», em *Cadernos do Mercado de Valores Mobiliários*, n.° 26, 2007, p. 59 e ss., p. 69.

[24] E para identificação das quais se remete novamente para o ponto 12 do preâmbulo do diploma legal que aprovou o CVM.

[25] PAULA COSTA E SILVA, «A imputação de direitos de voto na oferta pública de aquisição», em *Jornadas: Sociedades abertas, valores mobiliários e intermediação financeira*, 2007, p. 242 e ss., p. 281.

domínio, não se constituirá aquele dever, ainda que ao participante sejam imputáveis, segundo o número 1 do artigo 20.º do CVM, mais de um terço dos direitos de voto da sociedade visada.

Admite-se, no entanto, que se contra-argumente que o número 2 do artigo 187.º do CVM também poderá, numa leitura possível, ser visto como um elemento que depõe no sentido de que a lei apenas admite a dissociação entre a imputação de direitos de voto segundo os critérios do número 1 do artigo 20.º e uma situação de domínio da sociedade visada nos casos em que esteja em causa a mera ultrapassagem do limiar de um terço dos direitos de voto. Deste modo, nos casos em que estivesse em causa a ultrapassagem do limiar de metade destes direitos de voto, a referida isenção do dever de lançamento de OPA não seria admissível porque, dir-se-ia, a lei equipara inexoravelmente aquela ultrapassagem, quaisquer que sejam os critérios de imputação de direitos de voto em causa, à aquisição do *domínio efectivo* da sociedade visada. Por essa razão, o CVM apenas admitiu a demonstração de não aquisição do domínio da sociedade em causa quando o que esteja em causa seja a ultrapassagem do limiar de um terço[26].

Este contra-argumento não pode, no entanto, considerar-se procedente. Com efeito, a única consequência que, para a matéria em apreço, poderá retirar-se do número 2 do artigo 187.º é aquela com que se começou este ponto II. Quanto ao mais, e em especial quanto à circunstância de a lei se limitar a prever a possibilidade de *isenção* do dever de lançamento de OPA nos casos em que haja ultrapassagem do limiar de um terço dos direitos de voto, não se crê que tal restrição possa ser relevante neste domínio. Na verdade, a leitura mais adequada do número 2 do artigo 187.º é a de que a lei apenas trata a possibilidade de *isenção* do dever de lançamento de OPA quando seja ultrapassado o limite de um terço, porque a única situação que está em causa naquela mesma disposição é a demonstração de que, atenta a estrutura de repartição do capital da sociedade aberta e o histórico de presenças em reuniões da assembleia geral, a detenção de um terço dos direitos de voto não equivale à detenção dos direitos de voto correspondentes a mais de metade dos votos habitualmente representados e, portanto, não valerá, no caso concreto considerado, como uma posição de *domínio efectivo* sobre a sociedade visada. Assim sendo,

---

[26] Formulando precisamente este argumento, embora com o propósito de o sujeitar subsequentemente à crítica, veja-se MATTAMOUROS RESENDE, «A imputação de direitos de voto no mercado de capitais», em *Cadernos do Mercado de Valores Mobiliários*, n.º 26, 2007, p. 59 e ss., p. 60.

é evidente que esta possibilidade admitida pela lei para as situações de ultrapassagem do limiar de um terço não faz sentido nos casos de ultrapassagem do limiar de metade dos direitos de voto. Aqui, por definição, o participante deterá sempre uma posição que lhe permitirá, em reunião da assembleia geral, deter mais de metade dos direitos de voto.

A questão de saber se relevam, para o cômputo dos limiares de um terço e de metade dos direitos de voto referidos no número 1 do artigo 187.º do CVM, todos os direitos de voto que seriam imputados ao participante por força da aplicação pura e simples dos critérios para que aponta o número 1 do artigo 20.º do CVM, sem quaisquer qualificativos tendentes ao apuramento de uma efectiva situação de domínio da sociedade aberta, é questão que, em face do exposto, não releva para o número 2 do artigo 187.º Pelo contrário, esta é uma questão que antecede a aplicação deste mesmo número 2. Com efeito, em primeiro lugar, importa verificar qual o resultado a que se chega pela consideração dos critérios de imputação de direitos de voto relevantes para efeitos de constituição do dever de lançamento de OPA, ponderando tudo quanto nessa sede se mostre relevante nos termos do número 1 do artigo 187.º do CVM, e só depois, caso o resultado se inscreva entre o limiar de um terço e metade dos direitos de voto, é que caberá aplicar o disposto no número 2 daquele mesmo artigo.

Qualquer outro entendimento conduzirá, necessariamente, a resultados incomportáveis. Na verdade, se se aceitar que para efeitos do número 1 do artigo 187.º não cabe ponderar se todas e cada uma das situações de imputação de direitos de voto nos termos do número 1 do artigo 20.º conduzem a uma efectiva situação de domínio sobre a sociedade visada, isso significa que tal aferição, por definição, poderá ser feita para efeitos do número 2 do citado artigo 187.º, tendo em conta que, nos termos referidos, este prevê que *«não é exigível o lançamento da oferta quando, ultrapassado o limite de um terço, a pessoa que a ela estaria obrigada prove perante a CMVM não ter o domínio da sociedade visada nem estar com esta em relação de grupo»*. Ou seja, e para recorrer apenas a um exemplo paradigmático, o participante que detenha 25% dos direitos de voto de uma sociedade aberta e cujos membros dos órgãos de administração ou fiscalização detenham mais 9% poderia, nos termos do número 2 do artigo 187.º, demonstrar junto da CMVM que, apesar de o remanescente do capital estar amplamente disperso e de habitualmente apenas participarem das reuniões da assembleia geral da sociedade em causa representantes de cerca de 60% do capital social, não tem o domínio da sociedade porque não tem qualquer possibilidade de influenciar o modo de exercício dos direitos de voto pelos membros dos seus órgãos de administração ou fiscalização, conforme a experiência de votos dissonantes demonstrará. No entanto, dessa mesma possibilidade não poderia beneficiar o participante que, detendo igualmente 25% do capital da sociedade aberta, tenha o *azar* de ver os seus membros dos órgãos sociais deterem mais 25,1% do mesmo capital, ainda que pudesse de igual modo demonstrar, em face da mesma experiência passada, que não tem qualquer influência no modo de exercício dos direitos de voto pelos membros dos seus órgãos de administração ou fiscalização.

É claro que não pode ser este o resultado a que uma correcta interpretação da lei conduzirá, sob pena de se dever considerar que esta trata diferentemente situações que, em substância, são merecedoras de tratamento idêntico, já que a causa daquela diferença é fundamentada na ponderação de factores que não só são estranhos aos participantes em causa mas, talvez mais relevante ainda, são inteiramente indiferentes para a posição em que estes se encontram em face da sociedade visada[27]. Ora, como já se referiu, este intolerável resultado será e deve ter-se por evitado, ponderando adequadamente, também a propósito do artigo 187.º do CVM, a natureza *transitiva* do número 1 do artigo 20.º e, consequentemente, não perdendo de vista que o cômputo das participações qualificadas a que se refere o número 1 daquele artigo pressupõe que, em acréscimo aos requisitos gerais de imputação do artigo 20.º, se somem aquelas que, no caso, se mostrem necessárias para que se possa afirmar a existência de uma situação de *domínio efectivo* legalmente relevante.

Ainda no sentido da sustentação do entendimento aqui expresso, poderão ser invocados outros argumentos, tais como os que resultam da necessária compatibilização do regime das OPAs obrigatórias com os imperativos que, com relevância para o respectivo regime jurídico, decorrem de fontes de direito hierarquicamente superiores. Assim, e centrando a atenção exclusivamente nas directrizes decorrentes do direito comunitário[28], não pode ignorar-se que decorre deste a imposição de que à alteração do

---

[27] Em sentido divergente, em função do exemplo por si dado, veja-se PAULO CÂMARA, «O dever de lançamento de Oferta Pública de Aquisição no novo Código dos Valores Mobiliários», em *Cadernos do Mercado de Valores Mobiliários*, n.º 7, 2000, p. 195 e ss., p. 247, embora com uma posição de princípio peculiar, assente na ideia, acolhida adiante no texto, de que o domínio relevante para efeitos do art. 187.º também há-de tomar por base o conceito geral de domínio para que aponta o art. 21.º.

[28] Embora também não se deva aqui menosprezar a relevância que, para a matéria em apreço, deve ser assumida pela CRP. Com efeito, não poderá ser menosprezado que

domínio de uma sociedade aberta suceda a constituição do dever de o novo dominador lançar uma OPA sobre a totalidade do capital da sociedade em causa, disponibilizando-se para adquirir, por preço justo, esse mesmo capital[29]. E, a este propósito, embora a directiva comunitária relevante tenha remetido para os direitos nacionais a definição dos critérios em função dos quais deverão ser computados os direitos de voto relevantes para o apuramento da tal alteração de domínio[30], não deverá de tal remissão retirar-se que seja admissível qualquer solução que os direitos nacionais venham a adoptar.

Por outro lado, a circunstância de a directiva comunitária ser de harmonização mínima também não permite concluir que os Estados-Membros possam, sem restrições, ampliar o conceito de alteração de domínio em termos que não encontrem com o conceito comum deste tipo de vicissitudes qualquer elemento relevante de sintonia. Com efeito, considerando que o dever de lançamento de OPA apenas existe na sequência do *primeiro* acesso de determinado participante ao domínio, estando o reforço quanti-

---

[a] a imposição do dever de lançamento de OPA constitui, para todos os efeitos, um «*dever em sentido técnico*» (PAULO CÂMARA, «O dever de lançamento de Oferta Pública de Aquisição no novo Código dos Valores Mobiliários», em *Cadernos do Mercado de Valores Mobiliários*, n.º 7, 2000, p. 195 e ss., p. 210) e, portanto, uma restrição legalmente imposta ao direito de propriedade, entendido em sentido amplo (isto é, incluindo também a titularidade de participações sociais), e de iniciativa económica, conforme o demonstra, por exemplo, a circunstância de, por via de tal imposição, poderem resultar inviabilizados negócios sobre acções que impeçam os titulares destas de beneficiar de todas as faculdades dispositivas a elas inerentes ou, na perspectiva inversa, poderem resultar inviabilizadas soluções de investimento que se tornem incomportáveis se delas resultar a imposição de dever de lançamento de OPA obrigatória. Ora, porque assim é, deverá partir-se do pressuposto que, aferida a solução legal à luz dos imperativos constitucionais que se lhe impõem, não poderá a restrição anteriormente referida valer sem adequada ponderação de princípios basilares como os princípios da igualdade e da proporcionalidade. E é precisamente à ofensa destes princípios que a não adopção da posição descrita no texto parece fatalmente conduzir. De um lado, e como já se demonstrou, essa não adopção tenderá ao tratamento divergente de situações substancialmente idênticas, com claro prejuízo para o princípio da igualdade. De outro lado, essa mesma não adopção tenderá a impor que a restrição referenciada haja de valer em casos que, por não corresponderem a uma situação de alteração de *domínio efectivo* da sociedade visada, não existe adequada ponderação do confronto da mesma com os interesses em honra dos quais seria alegadamente imposta e que, em alguns dos casos, nem sequer haviam sido postos minimamente em crise.

[29] Assim, veja-se, por exemplo, o considerando (9) e os arts. 3.º e 5.º da Directiva 2004/25/CE, do Parlamento Europeu e do Conselho, de 21 de Abril de 2004.

[30] Número 3 do art. 5.º da citada Directiva 2004/25/CE.

tativo e qualitativo deste, após aquele acesso, exonerado de qualquer dever similar, a circunstância de se aceitar como constitutiva de uma situação de domínio uma situação que, na verdade, não deve substancialmente ser considerada como tal, significa que, quando eventualmente vier a existir verdadeiro domínio, os demais accionistas não terão a oportunidade de saída que o direito comunitário impõe que lhes seja reconhecida[31]. Ora, e mais uma vez, é precisamente a este resultado intolerável, em função da necessária compatibilização do direito português com o direito comunitário, que conduz a recusa da posição que se vem defendendo neste artigo[32]. E, mais uma vez, a única solução compatível com a precaução congruente deste resultado reside, precisamente, na adequada valoração da natureza transitiva dos critérios de imputação de direitos de voto tal como fixados no artigo 20.° e, em especial, da sua necessária contextualização casuística em razão das especificidades do instituto no qual os mesmos devam relevar.

---

[31] Isso mesmo acaba por ser reonhecido por OSÓRIO DE CASTRO, «A imputação de direitos de voto no Código dos Valores Mobiliários», em *Cadernos do Mercado de Valores Mobiliários*, n.° 7, 2000, p. 161 e ss., p. 179, quando este autor refere que o que se passa no art. 187.° é a cominação de obrigatoriedade de lançamento de OPA quando se dá a ultrapassagem de determinados limiares, «*independentemente de ela configurar, ou não, uma relação de domínio*». Assim, ao arrepio do direito comunitário, esta asserção leva a que, quando tal relação eventualmente se configurar, já não haja obrigação de lançamento de OPA.

[32] Na verdade, e retomando o exemplo antes referido no texto, se se impuser ao tal participante que detenha 25% dos direitos de voto o dever de lançamento de OPA, isso significará que quando o mesmo participante vier a adquirir mais 26% desses direitos de voto, situação em que, para todos os efeitos, se assistirá efectivamente a uma aquisição do controlo da sociedade aberta, não se lhe imporá, já, o dever de lançamento de OPA obrigatória. Deste modo, neste caso, o direito português faltaria à *chamada* de reconhecimento de direito de saída, em condições adequadas, dos accionistas minoritários que não pretendessem permanecer na sociedade em função da identidade do seu novo dominador. É certo que sempre se poderia dizer que os mesmos accionistas minoritários teriam tido a oportunidade de saída no momento inicial em que houve, segundo os critérios *vazios* do art. 20.° do CVM, um c^pmputo de uma participação qualificada superior a um terço ou metade dos direitos de voto. Mas o remédio é de escasso consolo. Tal significará que os accionistas minoritários deverão ponderar se pretendem ou não sair da sociedade num momento em que ainda não sabem, sequer, se o facto que poderá conduzir à sua saída se virá a verificar ou não. Ou seja, de outro modo, os accionistas minoritários ver-se-iam compelidos a optar entre sair da sociedade para precaver a hipótese futura de haver uma alteração de domínio ou manter-se na mesma sociedade na expectativa de que a mesma nunca se venha a concretizar, quando o direito que lhes deve necessariamente ser reconhecido é o de, perante a própria alteração de domínio, decidir se querem, ou não, permanecer como participantes no capital da sociedade aberta.

III. Mas, assumindo então que o dever de lançamento de OPA obrigatória apenas existirá no caso em que resultem demonstrados os requisitos mínimos de *proximidade* a que se referem as diversas alíneas do número 1 do artigo 20.° em termos tais (ou de outro modo, com uma *intensidade* tal) que permitam afirmar a existência de uma situação de *domínio efectivo* sobre a sociedade aberta considerada, a questão que imediatamente se coloca é a de saber o que significa, para estes efeitos, o domínio? De outro modo ainda, a questão seguinte reside em apurar que concretos requisitos são necessários para que se possa afirmar a existência deste[33]?

A já longa extensão do presente texto impede, no entanto, que aqui se trate especificamente dessa questão final, razão pela qual se remete esse tratamento para momento posterior. Limito-me, por isso, a apontar aqueles pressupostos que, em minha opinião, deverão constituir a base para a identificação daqueles requisitos.

Assim, em primeiro lugar, não poderá deixar de assumir-se como um pressuposto fundamental nesta matéria a circunstância de ser o próprio CVM, no seu artigo 21.°, que define o que se deve entender por domínio,

---

[33] Retoma-se assim, também a este propósito, a conclusão que se enunciou em 3 segundo a qual não se pode aceitar que a simples verificação dos requisitos enunciados em qualquer das alíneas do número 1 do art. 20.° possa funcionar como presunção da existência dos elementos constitutivos do domínio efectivo a que se fez referência no texto. Acresce que, aqui, além dos argumentos então invocados, se acrescenta outro, relacionado com o número 2 do art. 187.°, já antes analisado. Com efeito, esta é a única presunção relevante nesta sede e, como se disse, a sua integração coerente no sistema só é conseguida se se partir do pressuposto de que a chegada à mesma, após passagem pelo número 1 do mesmo artigo, já traz implícita a conclusão de que o terço de votos imputáveis incorpora a intensidade necessária para que, em função da estrutura accionista da sociedade aberta em causa, possa haver efectiva aquisição do domínio. Deste modo, seguindo as regras gerais do ónus da prova, é quem pretenda impor o lançamento de uma OPA obrigatória que terá a seu cargo a demonstração da verificação, não só dos critérios gerais do número 1 do art. 20.°, mas também dos critérios adicionais que eventualmente se mostrem a necessários para que, àqueles, corresponda um domínio efectivo sobre a sociedade visada. Sobre estes elementos adicionais, veja-se quanto se diz a seguir no texto.

Por outro lado, deve ainda notar-se que, à conclusão acabada de sustentar no texto, se aditou, em 2006, um novo argumento, com a introdução dos números 4 e 5 do art. 20.°. Na verdade, a previsão de um caso específico de presunção de influência que pode ser ilidida tem o efeito de demonstrar, *a contrario*, que todos os demais critérios de imputação se destinam a valer, para os fins que lhe são próprios, independentemente de quaisquer juízos sobre a existência ou não daquela influência, como se salientou na parte final de 2. Ora, se assim é, não pode, também para os efeitos do art. 187.°, adoptar-se solução divergente, subvertendo aquela que foi a opção do legislador.

referindo expressamente que a noção aí referida é aquela que vale «para efeitos deste Código». Deste modo, o ponto de partida para a identificação dos elementos constitutivos do domínio necessários para o preenchimento da previsão do artigo 187.º há-de ser o citado artigo 21.º[34]. Com efeito, não pode o intérprete furtar-se a um conceito que, não só é legalmente adoptado, como, mais relevante ainda, é expressamente adoptado com o propósito de servir «para efeitos» do CVM. Tem-se assim por seguro que apenas existirá dever de lançamento de OPA quando, na sequência da imputação de direitos de voto por verificação dos requisitos gerais referidos no número 1 do artigo 20.º do CVM, se verifiquem os elementos adicionais que, no caso, permitam concluir que, por tal via, o participante passou a deter uma *influência dominante* sobre a sociedade aberta em causa.

No entanto, e aqui reside o segundo pressuposto essencial que nesta sede se pretende destacar, não pode igualmente deixar de alertar-se para a hipótese de aqueles elementos constitutivos terem de ser adaptados, na estrita medida em que tal seja exigido em função da ponderação das especificidades da matéria regulada no artigo 187.º É o que se julga passar com os elementos que constituem indícios legalmente fixados para a afirmação de que tal *influência dominante* passou a existir. Desde logo, sob pena de absoluta impossibilidade de interpretação lógica do artigo 187.º, deve notar-se que, em face das particularidades da estrutura de capital das sociedades abertas, a lei não faz depender a existência de influência dominante da detenção ou do exercício da maioria dos direitos de voto, presumindo que a mesma existe, embora admitindo simultaneamente a ilisão de tal presunção, a partir do momento em que o participante detenha ou possa exercer mais de um terço dos direitos de voto, quando, para os efeitos das alíneas *a)* e *b)* do número 2 do artigo 21.º, apenas se refere à maioria desses mesmos direitos[35].

---

[34] Contra esta associação, pronuncia-se, em termos taxativos, Osório de Castro, «A imputação de direitos de voto no Código dos Valores Mobiliários», em *Cadernos do Mercado de Valores Mobiliários*, n.º 7, 2000, p. 161 e ss., p. 178 e ss.

[35] Note-se, de todo o modo, que não existe qualquer contraditoriedade entre os dois preceitos. O número 2 do art. 21.º refere-se aos casos em que, «*em qualquer caso*», considera existir *influência dominante*, não impedindo que, em outros casos, se demonstre que, apesar de não verificados os indícios referidos nesse mesmo número, aquela *influência dominante* possa ser afirmada para os efeitos do número 1. Ora, o que o art. 187.º faz, conjugando o disposto nos seus números 1 e 2, é precisamente presumir que, em casos em que (ainda) não se verificam os indícios do art. 21.º (porque apenas se ultrapassou o limiar do um terço dos direitos de voto), já existe *influência dominante*. E também no que se refere

Mas, para além desta dimensão *quantitativa*, não haverá também especificidades a apontar numa perspectiva *qualitativa*? O problema ganha especial acuidade se se considerar que, como já se notou em 3, para o cômputo das maiorias de direitos de voto a que se referem as alíneas *a*) e *b*) do número 2 do artigo 21.º não contam todos os votos imputáveis segundo o número 1 do artigo 20.º[36]. Nesse contexto, não pode igualmente deixar de ser devidamente valorizada a circunstância de o legislador, perante esta diversidade de regime, ter optado por remeter para esta última disposição. Em conformidade com quanto já se referiu neste texto, tal opção justifica-se por o CVM ter pretendido que relevassem para cômputo das participações a que se refere o artigo 187.º todos os votos relativamente aos quais a verificação das condições do número 1 do artigo 20.º seja acompanhada da atribuição do participante em causa de *influência dominante*, tal que, uma vez agregados todos os votos em idêntica posição, tal influência deixe de se reportar a cada um dos votos individualmente considerados para se projectar em *influência dominante* sobre a sociedade como um todo, medida esta pelos limiares quantitativos anteriormente referidos.

Visto de outro modo, resta verificar em que se traduz aquela *influência dominante* sobre cada um dos votos individualmente considerados. É certo que ela existe sempre que, para recorrer novamente às expressões utilizadas no artigo 21.º, o participante detenha ou possa exercer esses direitos de voto, nos termos de acordo parassocial. As questões que ficam por tratar a este propósito são, assim, susceptíveis de ser condensadas em três grandes conjuntos.

Em primeiro lugar, pode haver *influência dominante* sobre o modo de exercício de direitos de voto, relevante para efeitos do artigo 187.º, quando a possibilidade de exercício dos mesmos direitos pelo participante lhe tenha sido cometida através de um outro instrumento, que não um acordo parassocial?

Pode haver *influência dominante* sobre o modo de exercício de direitos de voto relevante para efeitos do artigo 187.º quando o participante

---

à ultrapassagem do limiar de metade dos direitos de voto, o art. 187.º nada mais faz do que reproduzir, para a matéria específica que regula, o princípio geral do número 2 do art. 21.º segundo o qual, em tais circunstâncias há *influência dominante* «em qualquer caso».

[36] Osório de Castro, «A imputação de direitos de voto no Código dos Valores Mobiliários», em *Cadernos do Mercado de Valores Mobiliários*, n.º 7, 2000, p. 161 e ss., p. 178 e ss. e Paula Costa e Silva, «A imputação de direitos de voto na oferta pública de aquisição», em *Jornadas: Sociedades abertas, valores mobiliários e intermediação financeira*, 2007, p. 242 e ss., p. 262.

não tenha a possibilidade de, assertivamente, determinar o seu conteúdo, apenas lhe sendo reservado um controlo negativo, habitualmente traduzido em direito de veto de determinadas opções? E qual o âmbito material necessário de tais direitos para que possam consubstanciar *influência dominante*[37]?

Pode, finalmente, considerar-se que já existe *influência dominante* relevante, para efeitos do artigo 187.º do CVM, quando não haja ainda, mas possa vir a haver no futuro, efectiva *influência dominante* sobre o modo de exercício de direitos de voto?

São as questões fundamentais cujo tratamento se remete para momento posterior.

---

[37] Dando naturalmente por adquirido que o direito de bloqueio de deliberações para as quais a lei imponha uma maioria superior a dois terços não constitui, por si só, *influência dominante* relevante sobre a sociedade aberta em causa, já que outra interpretação não seria compatível com o disposto no número 2 do art. 187.º já acima referido.

V
DIREITO PROCESSUAL

A REFORMA DE 2007 DOS RECURSOS CÍVEIS E O SUPREMO TRIBUNAL DE JUSTIÇA

ARMINDO RIBEIRO MENDES[*]

I. Os Antecedentes da Reforma de 2007 dos Recursos Cíveis

1. Como se sabe, o Código de Processo Civil de 1961, foi objecto na última década de duas importantes reformas. Tratou-se da chamada Reforma de 1995-1996, entrada em vigor em 1 de Janeiro de 2007, contida nos Decretos-Leis n.os 329-A/95, de 12 Dezembro, e 180/96, de 25 de Setembro, e da Reforma da Acção Executiva, constante dos Decretos-Leis n.os 38/2003, de 8 de Março, e 199/2003, de 10 de Setembro.

A Reforma de 1995-1996 incidiu sobretudo na acção declarativa, incluindo o regime dos recursos cíveis, e só introduziu alterações pontuais na acção executiva. Tratou-se de uma reforma extensa, havendo autores que consideram que passou então a haver um novo Código de Processo Civil[1].

A Reforma de 2003 da Acção Executiva só pontualmente remodelou matérias estranhas ao processo executivo, nomeadamente a matéria de recursos[2].

---

[*] Advogado. Ex-Professor Convidado da Faculdade de Direito da Universidade Nova de Lisboa.

[1] A afirmação é feita por A. MONTALVÃO MACHADO e PAULO PIMENTA, in prefácio da obra *O Novo Processo Civil*, 1.ª ed., Coimbra, Almedina, 1997 (8.ª ed., 2006).

[2] A alteração mais importante foi a de atribuir como efeito-regra à apelação em processo ordinário o efeito meramente devolutivo. Cfr. J. LEBRE DE FREITAS e A. RIBEIRO MENDES, *Código de Processo Civil Anotado*, III, Coimbra, Coimbra Editora, 2003, p. 58 e ss. Houve também alterações pontuais ao regime do recurso extraordinário de revisão.

2. O Ministro da Justiça António Costa começou os trabalhos da reforma da acção executiva no final de 1999, vindo a ser aprovada por unanimidade no Parlamento a autorização legislativa ao Governo para proceder a essa reforma. A demissão do Primeiro-Ministro do XIV Governo Constitucional, no final de 2001, e a subsequente dissolução da Assembleia da República comprometeram definitivamente a reforma da acção executiva.

Foi o XV Governo que, retomando os trabalhos preparatórios do anterior Governo, veio a publicar a Reforma da Acção Executiva em 2003, usando a autorização legislativa outorgada pela Lei n.º 23/2002, de 21 de Agosto.

3. Relativamente à matéria dos recursos cíveis, o Programa do XIV Governo Constitucional previa a sua revisão durante a legislatura. A demissão do Primeiro-Ministro inviabilizou o cumprimento dessa medida.

A Ministra da Justiça do XV Governo Constitucional, Celeste Cardona, não chegou a iniciar a reforma dos recursos cíveis, embora tivesse encarregado o então existente Gabinete de Política Legislativa e Planeamento (GPLP) do Ministério da Justiça de elaborar um estudo de avaliação legislativa dos recursos em processo civil e em processo penal.

Em contrapartida, o Ministro da Justiça Aguiar Branco, durante os escassos meses em que o XVI Governo Constitucional esteve em funções, desencadeou os trabalhos de reforma dos recursos cíveis, nomeando uma comissão para o efeito, presidida por Miguel Galvão Telles e de que faziam parte magistrados judiciais e do Ministério Publico e advogados. No seio desta Comissão, debateu-se sobretudo o papel do Supremo Tribunal de Justiça e a limitação de recursos para este Tribunal, de forma a que ele pudesse assegurar as suas funções nomofilácticas no campo da uniformização da jurisprudência. A Comissão não chegou a apresentar qualquer articulado, tendo elaborado um relatório no final dos seus breves trabalhos, em que sugeria a adopção de um sistema moderado de dupla conforme, mas apenas para os processos cujo valor se situasse no intervalo entre o valor-limite proposto para a alçada da 2.ª instância (€ 50.000) e o valor de € 250.000. Nos processos com valor acima deste último limite, haveria sempre recurso para o Supremo Tribunal de Justiça.

4. No XVII Governo Constitucional, o Programa de Governo incluiu a matéria dos recursos cíveis como uma das matérias que o Ministério da Justiça iria remodelar.

No início de funções do Ministro da Justiça Alberto Costa ficou concluído o estudo do GPLP sobre os recursos em processo civil e em processo penal[3].

Das conclusões deste estudo, e no que toca aos recursos cíveis, retira-se a ideia de que estes não constituem um ponto crítico de bloqueamento do sistema judiciário, não sendo, seguramente, os principais responsáveis pela morosidade generalizadamente existente na justiça cível.

Aí se podem ler, entre outras, as seguintes conclusões:

«2. De uma forma geral, e desde o início dos anos 80, o número de recursos entrados nas Relações e no STJ tem aumentado. A partir de 1996 regista-se uma importante diminuição de pendência, sem que o aumento do número de Juízes seja directamente proporcional, o que parece reflectir um aumento de produtividade dos magistrados. Contudo, a partir de 2000, verifica-se uma ligeira tendência para o aumento dos recursos pendentes.

3. A evolução do movimento processual nos tribunais superiores é explicada principalmente pela evolução dos recursos cíveis que, desde meados da década de 90, têm representado mais de 50% do total dos recursos nas Relações, e mais de 60% no STJ. No entanto, o recente aumento das pendências, verificado principalmente nas Relações, é consequência da evolução dos recursos penais e sociais. [...]

6. Relativamente às principais matérias das decisões objecto do recurso nas secções cíveis das Relações, as acções relativas a dívidas civis e comerciais representam cerca de 40% dos recursos interpostos.

7. Também na secção cível do STJ se verifica a tendência de concentração das matérias nas acções relativas a dívidas civis e comerciais, que representam sempre mais de 40% dos recursos que chegam a este Tribunal, tendo atingido quase 56% em 2001.

8. Esta coincidência de matérias de recursos interpostos nas secções cíveis das Relações e do STJ (para além de dívidas civis e comerciais, entre as matérias mais recorridas, embora com representação muito inferior, encontram-se os acidentes de viação, as acções relativas a relações de trabalho e de responsabilidade civil, os despejos e os embargos de executado) parece indicar que, sempre que os valores da acção e da sucumbência o comportam, existe um percurso normal de interposição de recurso para a Relação, seguida de recurso para o STJ. [...]

---

[3] Este trabalho ficou concluído em 2005, vindo a ser publicado no ano seguinte: Ministério da Justiça. Gabinete da Política Legislativa e Planeamento, *O Sistema de Recursos em Processo Civil e em Processo Penal*, Coimbra, Coimbra Editora, 2006 (a versão policopiada foi amplamente distribuída nos colóquios universitários realizados durante os anos de 2005-2006 sobre tal reforma).

11. Ainda nos recursos cíveis, uma das questões de maior relevância prende-se com o actual regime e utilização do recurso de revista *per saltum* para o STJ. Presentemente, o número de revistas provenientes directamente da 1.ª instância é ínfimo, representando percentagens de 0,5% do total de recursos de revista findos no STJ, o que constitui uma utilização praticamente nula desta faculdade. [...]

14. Relativamente à análise das taxas de provimento dos recursos findos, conclui-se que, tanto nas Relações como no STJ, o peso do não provimento representa sempre mais de metade do total dos recursos findos (em 2004, atingiram 58% e 63%, respectivamente). Os recursos findos antes de julgamento manifestam comportamentos distintos entre a 2.ª e 3.ª instâncias jurisdicionais, e entre os recursos cíveis e os penais, sendo que é na secção criminal do STJ que se atingem os valores mais elevados, embora tenham vindo a decrescer (42% em 2001; 34% em 2002; 26% em 2003; e 11% em 2004).

15. Nos anos mais recentes, tem vindo a observar-se uma diminuição considerável das durações médias, essencialmente na secção cível das Relações (passando de 12 meses em 1990 para 4 meses em 2003) e na secção criminal do STJ (tendo atingido os 9 meses em 1995 e 1996, o STJ leva actualmente em média 3 meses para concluir um recurso penal). Entre as diferentes relações, observam-se algumas discrepâncias, com as Relações do Porto e de Évora a destacarem-se pela negativa, a primeira quer em matéria penal (6 meses em 2003) e a segunda em matéria cível (6 meses em 2003)»[4].

5. A partir das conclusões deste Estudo de Avaliação Legislativa e dos debates universitários realizados, o GPLP elaborou um primeiro articulado de revisão do Código de Processo Civil em matéria de recursos, o qual, depois de revisto, deu origem, em Novembro de 2005, ao primeiro Anteprojecto[5].

Paralelamente, o Ministério da Justiça preparava um diploma experimental sobre a revisão da tramitação do processo declarativo que visava a criação de um modelo simplificado de acção declarativa, embrião de uma regulamentação que irá substituir as pesadas formas do processo declarativo actual.

---

[4] *O Sistema de Recursos*, cit., pp. 227 a 229.

[5] «Anteprojecto de Revisão do Regime de Recursos em Processo Civil» (1.º documento de trabalho), Novembro de 2005 (está publicado um Projecto de Revisão *in* Associação Jurídica do Porto, *Novas Exigências do Processo Civil. Organização, Celeridade e Eficácia*, Coimbra, Coimbra Editora, 2007, p. 297 e ss.).

6. As medidas de revisão legislativa do Ministério da Justiça acabaram por ser discutidas na Assembleia da República entre os Grupos Parlamentares do PS e do PSD, sobretudo depois das críticas dirigidas por responsáveis deste último partido a algumas soluções do projecto de diploma sobre o Regime Processual Experimental.

Apesar de durante longos meses ter sido negado pelo Ministro Alberto Costa o empenho deste na celebração de um Pacto com a Oposição sobre as Reformas de Justiça, veio, em 8 de Setembro de 2006, a ser assinado pelos presidentes dos grupos parlamentares dos dois maiores partidos portugueses um *Acordo Político-Parlamentar para a Reforma da Justiça*[6]. Tal acordo abrange as revisões dos Códigos Penal e do Processo Penal, a Mediação Penal, a Reforma dos Recursos Cíveis, a Acção Executiva, a Revisão do Mapa Judiciário, o Acesso à Magistratura, o Estatuto dos Magistrados Judiciais e a Autonomia do Conselho Superior da Magistratura.

Em anexo ao *Acordo Político-Parlamentar para a Reforma da Justiça celebrado entre o PS e o PSD* figuram as soluções a consagrar em reformas legislativas projectadas no domínio do sector da justiça.

Quanto à Reforma dos Recursos Cíveis, indicam-se as finalidades visadas pelas alterações:

«1. Assegurar que, em matéria de impugnação efectiva da decisão de facto em segundo grau de jurisdição, a parte recorrente indique com exactidão as passagens da gravação em que funde essa impugnação, com referência aos meios de gravação áudio que permitam uma identificação precisa e separada dos depoimentos, sem prejuízo da possibilidade de as partes procederem à transcrição das passagens da gravação em que se funde a impugnação.

2. Com vista à promoção do duplo grau de jurisdição em matéria de facto, a legislação deve desde já acolher a possibilidade de efectuar a gravação digital das audiências em áudio e vídeo, assim se evitando a necessi-

---

[6] O Pacto está publicado na Revista *Julgar*, n.º 1, 2007, p. 193 e ss. No preâmbulo deste pode ler-se: «o êxito da reforma da justiça é fundamental para o desenvolvimento do País. Para se poder concretizar esse objectivo é importante que as leis que a Assembleia da República venha a aprovar neste domínio disponham de um apoio mais amplo do que uma maioria de governo, e muito em especial do principal partido da oposição. Será assim possível assegurar a desejável estabilidade de opções legislativas de efeitos estruturantes, cujos resultados só se consolidam para além do âmbito duma legislatura». Convém recordar que o PS e o PSD dispõem de um número suficiente de Deputados à Assembleia da República para proceder a uma revisão constitucional, se necessário.

dade de futura alteração legislativa quando a gravação da audiência em vídeo se tornar viável, desejavelmente em prazo breve.

3. Proceder a um aumento das alçadas da 1.ª e da 2.ª instância para 5.000 € e 30.000 €, respectivamente[7].

4. Garantir que a adopção de um duplo grau de recurso para acções de valor superior a 5.000 € não prejudica o recurso em terceiro grau de jurisdição quando:

a) Se justifique para uma melhor aplicação do direito, em termos semelhantes aos previstos no artigo 150.º do Código de Processo dos Tribunais Administrativos; ou

b) Exista oposição de julgados, salvo se o Supremo Tribunal de Justiça já tiver fixado jurisprudência na matéria.

4. Garantir que o aumento do valor das alçadas não acarreta um aumento indirecto do valor até ao qual determinados procedimentos de injunção podem ser utilizados, os quais devem admitir-se até aos 15.000 €»[8].

---

[7] No estudo do GPLP sobre *O Sistema de Recursos*, cit., pp. 47-49, chamava-se a atenção para que a actualização monetária dos valores das alçadas fixados pela primeira Lei Orgânica dos Tribunais Judiciais, em 1977, levaria a que, em 2004, o valor de alçada da 1.ª instância se devesse situar em € 8.276,58 (em vez do valor de 1999, de € 3.740,98, agora elevado para € 5.000,00) e o valor da alçada da segunda instância se devesse fixar em € 20.691,44 (em vez do valor de 1999, de € 14.963,64, agora elevado para € 30.000,00). A opção do legislador foi a de possibilitar de forma mais ampla o recurso das decisões de primeira instância, restringindo concomitantemente o recurso para o Supremo Tribunal de Justiça, como melhor se verá à frente.

[8] Deve notar-se que o Decreto-Lei n.º 32/2003, de 17 de Fevereiro, sobre o regime especial relativo aos atrasos de pagamento em transacções comerciais (diploma que transpõe a Directiva n.º 2000/35/CE, do Parlamento Europeu e do Conselho, de 29 de Junho, para o direito nacional) dispõe no seu art. 7.º, n.º 1, que «o atraso de pagamento em transacções comerciais, nos termos previstos no presente diploma, confere ao credor o direito de recorrer à injunção, independentemente do valor da dívida» (note-se que, para os valores superiores à alçada do tribunal da 1.ª instância, a dedução de oposição no processo de injunção determina a remessa dos autos para o tribunal competente, aplicando-se a forma de processo comum – n.º 2 deste art. 7.º). O Decreto-Lei n.º 269/98, de 1 de Setembro, que regula a acção declarativa especial para cumprimento de obrigações pecuniárias emergentes de contratos e injunção, permite – a partir da redacção introduzida pelo Decreto-Lei n.º 107/2005, de 1 de Julho – estabelecer um limite para a utilização abrangendo as obrigações pecuniárias emergentes de contratos de valor não superior à alçada da Relação.

II. A Lei de Autorização Legislativa e o Diploma Autorizado

7. Em 27 de Setembro de 2006, deu entrada na Assembleia da República a proposta de lei de autorização legislativa ao Governo para alterar o regime de recursos em processo civil e o regime dos conflitos de competência (Proposta de Lei n.º 95/X/2).

Em 20 de Dezembro de 2006, a Comissão de Assuntos Constitucionais, Direitos, Liberdades e Garantias elaborou o seu relatório sobre a proposta de lei (relator-deputado Montalvão Machado) sendo nessa data aprovada pelo Plenário na generalidade e na especialidade e em votação final global, com os votos favoráveis do Bloco de Esquerda, CDS-PP, PS e PSD, e com a abstenção do PCP e do Partido Ecologista Os Verdes (PEV).

Esta lei de autorização legislativa veio a ser publicada em 2 de Fevereiro de 2007 (Lei n.º 6/2007, de 2 de Fevereiro).

8. Especificamente no que toca aos recursos interpostos para o Supremo Tribunal de Justiça, importa chamar a atenção para as directivas do legislador parlamentar, no que toca ao sentido e à extensão da autorização legislativa:

- Revisão do regime de reclamação do despacho do tribunal recorrido que não admite o recurso da decisão, estabelecendo que o seu julgamento compete ao relator, nos termos gerais (art. 2.º, n.º 1, alínea *b*));
- Aumento dos valores da alçada dos tribunais da 1.ª instância para € 5.000 e da alçada dos tribunais da Relação para € 30.000 (art. 2.º, n.º 1, alínea *c*));
- Unificação dos recursos ordinários na 1.ª e 2.ª instâncias, eliminando-se o agravo, e dos recursos extraordinários de revisão e da oposição de terceiro (art. 2.º, n.º 1, alínea *e*));
- Consagração do direito de recurso, independentemente da alçada e da sucumbência, das decisões proferidas contra jurisprudência consolidada do Supremo Tribunal de Justiça (art. 2.º, n.º 1, alínea *f*))[9];

---

[9] A ideia de que a violação de jurisprudência consolidada do Supremo Tribunal de Justiça abria sempre a via de recurso para este Tribunal apareceu no Anteprojecto (1.º Documento de Trabalho) de Novembro de 2005. Passava a incluir-se na alínea *c*) do n.º 2 do art. 678.º a seguinte previsão: «Independentemente do valor da causa e da sucumbên-

- Consagração da inadmissibilidade do recurso de revista do acórdão da Relação que confirme, sem voto de vencido e ainda que por diferente fundamento, a decisão proferida na 1.ª instância, salvo quando a admissão do recurso seja claramente necessária para uma melhor aplicação do direito (art. 2.º, n.º 1, alínea *g*));
- Consagração da inadmissibilidade do recurso de revista se a orientação perfilhada no acórdão da Relação estiver de acordo com a jurisprudência uniformizada do Supremo Tribunal de Justiça, no domínio da mesma legislação e sobre a mesma questão fundamental de direito (art. 2.º, n.º 1, alínea *g*));
- Revisão dos pressupostos de admissibilidade do recurso de revista *per saltum*, estabelecendo que este pode ter lugar nas causas de valor superior à alçada do tribunal da Relação desde que, verificados os demais requisitos actualmente previstos, a decisão impugnada seja desfavorável para o recorrente em valor também superior a metade da alçada desse tribunal (art. 2.º, n.º 1, alínea *i*));
- Revisão do regime de revista ampliada, estabelecendo que o julgamento ampliado é obrigatoriamente proposto ao presidente do Tribunal pelo relator ou pelos adjuntos quando verifiquem a possibilidade de vencimento de uma solução jurídica que esteja em oposição com jurisprudência anteriormente firmada, no domínio da mesma legislação e sobre a mesma questão fundamental de direito (art. 2.º, n.º 1, alínea *j*));
- Consagração da possibilidade de discussão oral do objecto do recurso de revista, quando o relator a entenda necessária, oficiosamente ou a requerimento das partes (art. 2.º, n.º 1, alínea *p*));
- Consagração de um recurso para uniformização da jurisprudência das decisões do Supremo Tribunal de Justiça que contrariem jurisprudência uniformizada ou consolidada desse Tribunal (art. 2.º, n.º 1, alínea *r*)).[10]

---

cia, é sempre admissível recurso: [...] *c*) Das decisões proferidas, no domínio da mesma legislação e sobre a mesma questão fundamental de direito, contra jurisprudência uniformizada ou consolidada do Supremo Tribunal de Justiça». No novo n.º 5 deste artigo definia-se jurisprudência consolidada como aquela em que tivessem sido «proferidos pelo Supremo Tribunal de Justiça, sobre a mesma questão fundamental de direito, três acórdãos consecutivos no mesmo sentido, sem acórdão subsequente em oposição».

[10] Na Exposição de Motivos de Proposta de Lei de Autorização Legislativa (Proposta de Lei n.º 95/X) indica-se que a «presente reforma é norteada por três objectivos fundamentais: simplificação, celeridade processual e racionalização do acesso ao Supremo

9. Entretanto foi publicado o Decreto-Lei n.° 303/2007, de 24 de Agosto, diploma autorizado sobre a reforma dos recursos em processo civil e do regime dos conflitos de competência.

De um modo geral, o diploma autorizado consagra soluções conformes com as directivas do legislador parlamentar.

Importa notar que o Governo não acolheu a directiva da Assembleia da República no sentido de ter relevância a noção *jurisprudência consolidada* do Supremo Tribunal de Justiça (cfr. art. 2.°, n.° 2, alínea *f*), da Lei n.° 6/2007, de 2 de Fevereiro) para permitir o direito ao recurso, independentemente da alçada e da sucumbência, das decisões proferidas contra tal jurisprudência consolidada (cfr. art. 721.°-A, n.° 1, alínea *a*)). O legislador governamental não observou essa directiva, o que não pode deixar de considerar-se, no mínimo, anómalo.

10. Relativamente ao início da vigência da Reforma de 2007, ocorrerá esse início no dia 1 de Janeiro de 2008, salvas contadas excepções (art. 12.° do Decreto-Lei n.° 303/2007, de 24 de Agosto).

11. Em matéria de aplicação no tempo, relativamente à nova regulamentação dos recursos, as disposições do decreto-lei autorizado «não se aplicam aos processos pendentes à data da sua entrada em vigor» (art. 11.°, n.° 1, daquele diploma).

12. Na exposição subsequente, iremos analisar as soluções do novo regime, citando as disposições do Código de Processo Civil na versão agora introduzida.

Tribunal de Justiça, acentuando-se as suas funções de orientação e uniformização de jurisprudência» (n.° 3). Insere-se nessa preocupação de acentuar as funções de uniformização de jurisprudência a repristinação do velho recurso para tribunal pleno, abolido na reforma de 1995-1996. Passa agora a prever-se um «recurso extraordinário de uniformização de jurisprudência para o pleno das secções cíveis do Supremo quando este tribunal, em secção, proferir acórdão que esteja em contradição com outro anteriormente proferido, no domínio da mesma legislação e sobre a mesma questão fundamental de direito».

Sobre o velho recurso para tribunal pleno, que se destinava a que o Supremo tirasse assentos, veja-se, além de ALBERTO DOS REIS, *Código de Processo Civil Anotado*, VI, Coimbra, Coimbra Editora, 1953, p. 236 e ss., J. CASTRO MENDES, *Direito Processual Civil*, III, ed. póstuma a cargo de A. RIBEIRO MENDES e M. TEIXEIRA DE SOUSA, Lisboa, AAFDL, 1987, p. 104 e ss., A. RIBEIRO MENDES, *Recursos em Processo Civil*, 2.ª ed., Lisboa, Lex, 1994, p. 273 e ss.

III. O Papel do Supremo Tribunal de Justiça na Justiça Cível em algumas Reformas recentes de Direitos Europeus

13. No Estudo da GPLP de Avaliação Legislativa dos Recursos Cíveis procura-se apontar um caminho para a Reforma dos recursos interpostos para o Supremo Tribunal de Justiça, atendendo ao «aumento da litigância no STJ português que resulta evidente da análise da evolução do movimento processual atrás efectuada», escrevendo-se a seguir:

> «Pese embora haja opiniões dissonantes quanto ao âmbito e formas de limitação do acesso ao STJ, parece haver algum consenso no sentido da restrição efectiva do direito de recurso para aquele tribunal, erigindo-o como instância excepcional de recurso. De acordo com a doutrina maioritária, tal limitação permitirá libertar o STJ para a sua tarefa fundamental e prioritária: a uniformização da jurisprudência»[11].

Este Estudo reconhece igualmente que, «não obstante alguma acrítica insistência num alegado excesso de recursos, o aumento de recursos cíveis não é sequer directamente proporcional ao aumento de litigância na 1.ª instância. Relembre-se que tanto nos tribunais da Relação como no STJ o número de recursos cíveis em 2004 é 1,8 vezes superior ao número

---

[11] *O Sistema de Recursos* cit., p. 152. Neste estudo, o GPLP cita a posição de J. CARDONA FERREIRA e A. PAIS DE SOUSA, os quais, criticando as soluções da Reforma de 1995-1996, sustentam, que o STJ, «como Tribunal Supremo, deveria estar limitado às causas de grande significado imaterial e material e à uniformização da jurisprudência» (*Processo Civil – Aspectos Controversos da Actual Reforma*, Lisboa, Editora Reis dos Livros, 1997, pp. 146-147). Também F. AMÂNCIO FERREIRA, no Prefácio da 7.ª ed. do seu *Manual dos Recursos em Processo Civil* (Coimbra, Almeida, 2006), além de denunciar o «escândalo das alçadas», dada a sua desactualização, preconiza que o recurso para o Tribunal Supremo «deve ser utilizado quando se justifique uma terceira apreciação judicial, designadamente nos casos relevantes para o desenvolvimento do direito, que contribuam para a uniformização da jurisprudência ou que tenham por objecto questões de importância fundamental para o direito, que o recorrente deve explicitar», na linha de Recomendação do Conselho da Europa n.º R (959)5, de 7 de Fevereiro de 1995, sobre o recurso para o «terceiro tribunal». O mesmo autor sustenta a tese constante da referida Recomendação no sentido de que os Estados «que não admitem um sistema de *leave to appeal* ou que não admitem a possibilidade de rejeição discricionária de recurso por parte do "terceiro tribunal", que considerem a possibilidade de introduzir tais sistemas como forma de limitar o número de casos sujeitos a uma terceira instância» (ob cit., p. 9). Reafirmando a sua posição, veja-se, mais recentemente, J. CARDONA FERREIRA, «Subsídios para o estudo do Direito processual recursório na área judicial com espacial ênfase no processo civil», *in O Direito*, ano 138.º (2006), I, pp. 18 e 19.

de recursos cíveis entrados em 1990, enquanto na 1.ª instância esta relação é de 2,5»[12].

14. O que é determinante é que o tempo médio de pendência de um recurso no Supremo Tribunal de Justiça se situa em 4 meses, o que constitui um excelente exemplo, em termos de Direito Comparado. Bastará aludir ao exemplo oposto da *Cassazione* italiana, em que a duração média de um recurso cível, segundo dados do Ministério da Justiça, oscila entre 1120 e 1259 dias, atingindo a pendência de causas no início de 2005 3.364.976 processos, apesar de, nesse ano, se ter registado uma diminuição de 11,1% dos recursos pendentes em relação ao ano anterior[13].

15. Diferentemente do que acontece no ordenamento português – em que a Constituição não estabelece qualquer regra sobre o acesso ao Supremo Tribunal de Justiça, deixando a tarefa de conformação ao legislador ordinário[14] – a Constituição italiana de 1947 estabelece uma garantia de recurso de cassação por violação da lei relativamente a todas as sentenças, bem como relativamente às providências sobre liberdade pessoal (art. 111.º, 7.º inciso, anteriormente 2.º inciso). Pode, por isso, duvidar-se que qualquer reforma processual possa, sob pena de inconstitucionalidade, restringir o acesso à *Cassazione*, definida pela lei como o «órgão supremo da justiça» a quem cabe assegurar «a exacta observância e a uniforme interpretação da lei, a unidade do direito objectivo nacional, o respeito dos limites das diversas jurisdições» e regular «os conflitos de competência e de atribuições» e cumprir as «outras tarefas a ela conferidas por lei» (art. 65.º da Lei do Ordenamento Judiciário, Decreto Real de 30 de Janeiro de 1941, n.º 12)[15]. Compreende-se, por

---

[12] *O Sistema de Recursos*, cit., pp. 154-155.

[13] Dados referidos em ALBERTO TEDOLDO, «La Delega Sul Procedimento di Cassazione», *in Rivista di Diritto Processuale*, Julho/Setembro 2005, Ano LX (2.ª Série), p. 926 e nota 2.

[14] Vejam-se sobre este ponto, A. RIBEIRO MENDES, *Recursos em Processo Civil*, 1994, pp. 99-104; M. TEIXEIRA DE SOUSA, *Estudos sobre o Novo Processo Civil*, 2.ª ed., Lisboa, Lex, 1997, pp. 377-379; J. LEBRE DE FREITAS e A. RIBEIRO MENDES, *Código de Processo Civil Anotado*, III, Coimbra, Coimbra Editora, 2003, pp. 9-10.

[15] Sobre a problemática de garantia constitucional de acesso à Cassação e a intervenções do legislador ordinário, sobretudo em relação à recorribilidade das decisões proferidas pelos conciliadores, veja-se FERDINANDO MAZZARELLA, *Analisi del Giudizio Civilie di Cassazione*, 2.ª ed., reimpressão actualizada, Pádua, CEDAM, 2000, pp. 41 a 54.

isso, que haja algum cepticismo quanto ao êxito da recente reforma de 2006 no que respeita ao recurso da cassação[16].

16. Também no caso da Cassação francesa, o tempo que medeia entre a formulação do *pourvoi en cassation* e a decisão deste tribunal situava-se em 2002 na ordem dos dois anos, não tendo cessado de aumentar as pendências ao longo dos últimos cinquenta anos[17]. Tal como sucede com a *Cassazione* italiana, a *Cour de Cassation* francesa, enquanto órgão supremo de ordem judiciária, tem por missão velar pela observância pelas jurisdições inferiores da regra de direito, razão por que aprecia impugnações provindas não só dos tribunais de apelação (*cours d'appel*), mas, mais excepcionalmente, provindas de tribunais de primeira instância que pronunciaram decisões insusceptíveis de recurso ordinário (*en dernier ressort*).

17. Nos antípodas das cassações italiana e francesa, quer a Câmara dos Lordes da Inglaterra e País de Gales – que, em futuro próximo, se transformará em Supremo Tribunal – quer o *Bundesgerichtshof* alemão (Supremo Tribunal alemão) gozam de ampla discricionariedade na admissão dos recursos em última instância.

No caso inglês, é tradicional a solução que só possibilita o recurso em última instância depois de uma autorização dada ou pelo tribunal *a quo* ou pela própria Câmara dos Lordes (*leave to appeal*). Este sistema de autorização caso a caso não vigora para os outros recursos, mas a reforma de 1999 do direito processual civil inglês ampliou os casos de necessidade de autorização para recorrer para o *Court of Appeal* das decisões do *High Court of Justice* ou dos tribunais de condado[18].

---

[16] Sobre esta reforma, remete-se para GIROLOMA MONTELEON, «Il nuovo volto della Cassazione Civile», *in Rivista di Diritto Processuale*, ano LXI (2.ª s.), 3, Julho/Setembro, 2006, p. 943 e ss.

[17] Cfr. ROGER PERROT, *Institutions Judiciaires*, 10.ª ed. Paris, Montchrestien, 2002, p. 181. A *Cour de Cassation* decide cerca de 20.000 recursos por ano, ao passo que o *Bundesgerichtshof* alemão não ultrapassa, em regra, os 3.000 recursos por ano, usando os mecanismos de filtragem adiante referidos.

[18] J. A. JOLOWICZ, «England and Wales», *in Recourse against Judgements in the European Union*, ob. colect. organizada por J. A. JOLOWICZ e C. H. VAN RHEE, Haia, Londres, Boston, Kluwer Law International, 1999, p. 84; vejam-se ainda P. LONGHLIN e S. GERLIS, *Civil Procedure*, 2.ª ed., Cavendish Publishing Lt., Londres, Sidney, Portland (Oregon), 2004, p. 581. Sobre a reforma de 1999 da Comissão Woolf, veja-se MICHAËL

No caso alemão, a evolução legislativa foi bastante significativa: o recurso de revista (*Revision*), que cabe das decisões finais proferidas pelos Tribunais de 2.ª instância, podia ser interposto de pleno direito ou com decisão sobre a sua admissão, a partir da alteração de 1975. Com efeito, nos litígios sobre questões patrimoniais, em que o valor da sucumbência não fosse superior a 60.000 marcos, e sobre questões não patrimoniais, o recurso de revista só era admissível mediante permissão do tribunal de 2.ª instância, desde que a questão de direito tivesse um significado fundamental (*grundsätzliche Bedeutung*) ou se a decisão recorrida se afastasse de uma decisão do Supremo Tribunal ou de uma decisão das Câmaras reunidas dos Supremos Tribunais da Federação e se baseasse nessa divergência. Uma vez admitido o recurso pelo tribunal de 2.ª instância, o Supremo Tribunal Federal ficava vinculado por essa decisão. Relativamente aos litígios sobre pretensões patrimoniais, a fixação do valor da sucumbência cabia ao tribunal de 2.ª instância, na sua decisão. O Supremo Tribunal ficava vinculado à admissão em função do valor, quando este ultrapassasse 60.000 marcos (§ 546.º da *Zivilprozessordnung*, ZPO)[19].

Em 2001, a Lei de Reforma do Processo Civil, de 27 de Julho desse ano, introduziu alterações nos diferentes recursos que se orientaram no sentido do fortalecimento da decisão da primeira instância. Especificamente no que toca ao recurso de revista imposto para o *Bundesgerichtshof*, introduziu-se uma fortíssima restrição à sua admissibilidade. Segundo o novo § 543.º do ZPO, só tem lugar o recurso de revista quando o tribunal da apelação o tenha admitido na sua decisão ou quando o próprio Supremo Tribunal o tenha admitido, ao conceder provimento a um agravo sobre a não admissão. Segundo o n.º 2 deste parágrafo, a revista deve ser admitida quando a questão de direito tenha significado fundamental ou quando o aperfeiçoamento (*Fortbildung*) do Direito ou a garantia de uma jurisprudência uniformizada exija uma decisão do Tribunal de revista. Está igualmente regulado o recurso de revista *per saltum* (§ 566.º)[20].

HARAVON, «Dix années de réforme de la procédure civile anglaise; révolte ou revolution?», in *Revue Internationale de Droit Comparé*, 2004, n.º 4, p. 825 e ss.

[19] Sobre este regime, veja-se OTHMAR JAUERNIG, *Direito Processual Civil*, trad. portuguesa da 25.ª ed. alemã por F. Silveira Ramos, Coimbra, Almedina, 2002, p. 377 e ss.; A. RIBEIRO MENDES, *Recursos em Processo Civil*, cit., p. 46, nota 1.

[20] Sobre esta regulamentação – que entrou em vigor em 1 de Janeiro de 2002 – vejam-se ROSENBERG / SCHWAB / GOTTWALD, *Zivilprozessecht*, 16.ª ed., Munique, Verlag C. H. Beck, 2004, pp. 993-994. Deve notar-se que o agravo por causa da não admissão do recurso de revista pressupõe até 2006 uma sucumbência acima de 20.000 euros.

Tornou-se, assim, inteiramente discricionária a admissão de recursos interpostos para o Supremo Tribunal Federal, passando a vigorar plenamente no direito alemão um sistema de *leave to appeal*.

18. Importa ainda fazer uma breve referência à nova Lei Processual Civil espanhola de 2000 (*Ley de Enjuiciamiento Civil – Lec*). Esta lei prevê a existência de dois recursos extraordinários principais (no sentido, de que só podem ser interpostos com invocação de um dos fundamentos típicos previstos na lei): o recurso por infracção processual e o recurso da cassação, o primeiro transitoriamente confiado à Sala Civil do Tribunal Su-premo[21]. Além disso, ainda é um recurso extraordinário *sui generis* o recurso no interesse da lei (arts. 490.º a 493.º da Lec).

O recurso de cassação é um recurso que tem como fundamento único a invocação «da infracção das normas aplicáveis para resolver as questões objecto do processo» (art. 477.º, I, Lec). São recorríveis para o Tribunal Supremo as sentenças ditadas em 2.ª instância pelas Audiências Provinciais em três casos: quando foram proferidas para tutela judicial civil de direitos fundamentais, exceptuando os reconhecidos pelo artigo 24.º da Constituição; quando a quantia da causa excede 25 milhões de pesetas (150.000 €); quando a resolução do recurso apresente interesse cassacional, ou seja, «quando a sentença recorrida se oponha a doutrina jurisprudencial do Tribunal Supremo ou resolva pontos e questões sobre as quais exista jurisprudência contraditória das Audiências Provinciais ou aplique normas que não contem mais de cinco anos de vigência, sempre que, neste último caso, não exista doutrina jurisprudencial do Tribunal Supremo relativa a normas anteriores de conteúdo igual ou semelhante»[22].

---

[21] No futuro, os recursos por infracção processual serão da competência dos 17 Tribunais Superiores de Justiça das Comunidades Autónomas. Cfr. Disposição Final 16.ª e sobre essa regra J. Montero Aroca, J. L. Gomez Colomer, A. Montón Redondo e S. Barona Vilar, *Derecho Jurisdicional* II – *Processo Civil*, 14.ª ed., Valência, Tirant lo Blanch, 2005, pp. 444-445. O legislador explica, na Exposição de Motivos, que, com a separação de competências para conhecer destes dois tipos de recurso extraordinário, «se reduzem consideravelmente as possibilidades de fricção ou choque entre o Tribunal Supremo e o Tribunal Constitucional» (XIV), atendendo à amplitude do recurso de amparo a interpor para este último, sobretudo no que toca às garantias processuais.

[22] Art. 477.º, n.º 3, 1.ª parte, Lec. Deve notar-se que a 2.ª parte deste número dispõe que, quando se trate de recursos de cassação da competência de um Tribunal Superior de Justiça, se entenderá que «também existe interesse cassacional quando a sentença recorrida se oponha a doutrina jurisprudencial ou não exista a referida doutrina do Tribunal Superior sobre normas de Direito especial da Comunidade Autónoma correspondente».

O recurso extraordinário por infracção processual tem quatro fundamentos típicos: infracção das normas sobre jurisdição e competência objectiva ou funcional; infracção de normas processuais reguladoras da sentença; infracção das normas legais que regem os actos e garantias do processo quando a infracção determinar a nulidade conforme à lei ou tivesse podido causar ausência de defesa (*indefensión*); ofensa (*vulneración*), no processo civil, de direitos fundamentais reconhecidos no art. 24.º da Constituição[23]. É o que consta do n.º 1 do art. 469.º da Lec[24].

O recurso no interesse de lei (regulado nos arts. 490.º a 493.º da Lec) é um meio de impugnação *sui generis*, que pode ser utilizado pelo Ministério Público, pelo Provedor de Justiça (*Defensor del Pueblo*) ou por determinadas entidades públicas, para se conseguir a unidade da doutrina jurisprudencial relativamente a sentenças que decidam recursos extraordinários por infracção de lei processual, quando as Salas Civil e Penal dos Tribunais Superiores de Justiça acolherem critérios discrepantes sobre a interpretação das normas processuais. A interposição de recurso de amparo para o Tribunal Constitucional impede a utilização do recurso no interesse da lei.

19. Estes dados de direito comparado mostram que existe a preocupação, reiterada nas reformas processuais do início do século XXI – casos da Espanha, Alemanha e Itália – de confinar os Supremos Tribunais ao exercício da função de uniformização de jurisprudência, mesmo quando eles possam teoricamente conhecer da matéria de facto e de direito (caso inglês).

Por outro lado, nos países em que não há constrangimentos constitucionais ou forte tradição do recurso de cassação, as recentes reformas acentuam o carácter discricionário de acesso ao Supremo Tribunal, temperado ou não, com o critério do valor.

---

[23] O art. 24.º da Constituição espanhola regula o direito fundamental de acesso aos tribunais, estabelecendo o seu n.º 1 que «todas as pessoas têm direito a obter a tutela efectiva dos juízes e tribunais no exercício dos seus direitos e interesses legítimos sem que, em nenhum caso, possa produzir-se ausência de defesa (*indefensión*)».

[24] O n.º 2 do art. 469.º da Lec considera como condição de procedência deste recurso que tenha sido suscitada, quando possível, a infracção na instância e, havendo duas instâncias e tendo a infracção ocorrido na primeira, não tenha sido abandonada a questão na 2.ª instância. Sendo sanável, é necessário ter-se pedido a sanação na instância ou instâncias oportunas.

IV. O Recurso de Revista na reforma de 2007

20. Como se viu, a Reforma de 2007 unificou os anteriores recursos de apelação e agravo interposto em 1.ª instância num recurso unitário de apelação, tal como o fez em relação à revista e ao agravo interposto em 2.ª instância, caso em que subsiste apenas a revista. O mesmo sucede ainda quanto ao recurso extraordinário de revisão, o qual engloba também o recurso de oposição de terceiro, abolido para o futuro (art. 771.º).

No Estudo da GPLP reconhecia-se que a questão da unificação dos dois recursos tradicionais num único recurso (solução ou modelo unitário) era essencialmente nominal, na medida em que sempre se teria de permitir a subida imediata de alguns recursos, sob pena de eles se tornarem inúteis[25]. Mesmo assim, sustentava-se que a interposição de agravos dava origem a algumas «descompensações» na tramitação que se podiam traduzir na prática de alguns actos ou formalidades processuais inúteis, apesar de a maior parte dos agravos subir a final com a decisão que pusesse termo ao processo.

21. A opção do legislador foi clara no sentido de reduzir os recursos ordinários a dois, a apelação e a revista, por se considerar que um modelo unitário propicia a simplicidade, a acessibilidade e a clareza de regimes de impugnação[26]. Foi, assim, retomada a solução proposta pelo Anteprojecto de 1993 de Antunes Varela (arts. 555.º a 603.º).

22. O Código de Processo Civil, após a reforma de 2007, passa, a distinguir duas modalidades de revista:

– A revista «normal» (art. 721.º);
– A revista «excepcional» (art. 721.º-A).

Mantém ainda a revista *per saltum*, interposta de decisão de 1.ª instância.

---

[25] *O Sistema de Recursos*, cit., p. 117.

[26] Nota-se que os Princípios de Processo Civil Transnacional elaborados pelo American Law Institute (ALI) e pelo UNIDROIT em 2004 contemplam apenas um recurso (*appeal*), não regulando o recurso para o Tribunal Supremo (2.º grau de recurso). No art. 27.º, além de se estabelecer o princípio de celeridade processual, cria-se a regra de que o recurso «é em princípio limitado às pretensões e meios de defesa apresentados na 1.ª instância» (27.2), embora se permita à jurisdição de apelação que tome em consideração novos factos e novas provas, «no interesse da Justiça» (art. 27.3 – *ius novorum*).

Esta distinção decorre da política assumida de restringir o acesso ao Supremo Tribunal de Justiça.

23. A revista «normal» cabe, em regra, das decisões finais das Relações que tenham sido proferidas em sentido divergente ao da decisão recorrida de primeira instância, desde que o valor do processo seja superior à alçada da Relação e se verifique a regra de sucumbência (art. 678.°, n.° 1).

Na verdade, o artigo 721.°, n.° 1, 1.ª parte, dispõe que «cabe recurso de revista para o Supremo Tribunal de Justiça do acórdão da Relação proferido ao abrigo do n.° 1 do artigo 691.°», isto é, do acórdão que conheceu da apelação interposta «da decisão do tribunal de primeira instância que ponha termo ao processo».

Além disso, cabe ainda revista, nos termos do artigo 721.°, n.° 1, 2.ª parte, do acórdão da Relação proferido em processo de recurso interposto ao abrigo da alínea *h*) do n.° 2 do artigo 691.°, ou seja, do acórdão que apreciou recurso de apelação interposto de uma decisão parcial de mérito constante do despacho saneador proferido em 1.ª instância («despacho saneador que, sem pôr termo ao processo, decida do mérito da causa»).

Nesta revista interposta do acórdão «final» da Relação devem ser impugnados «todos os acórdãos proferidos na pendência do processo na Relação», salvo algumas excepções (acórdãos proferidos sobre incompetência relativa da Relação; acórdãos cuja impugnação com o recurso de revista seria absolutamente inútil; acórdãos imediatamente impugnáveis nos «demais casos expressamente previstos na lei»).

Em relação ao direito anterior, a grande novidade é a introdução da regra da *dupla conforme* que consta do n.° 3 do artigo 721.°:

«Não é admitida revista do acórdão da Relação que confirme, sem voto de vencido e ainda que por diferente fundamento, a decisão proferida na 1.ª instância, salvo nos casos previstos no artigo seguinte»[27].

---

[27] Como atrás se referiu, a Comissão presidida por Miguel Galvão Telles propusera em 2005 a introdução da regra da dupla conforme, embora mitigada. Assim, para as revistas e agravos de 2.ª instância interpostos de decisões finais, haveria sempre recurso para o STJ, observada a regra da sucumbência, desde que o valor da acção excedesse € 250.000. Para as acções cujo valor se situasse entre o limite proposto para a alçada da Relação (€ 50.000) e o valor de € 250.000, só haveria recurso quando a Relação não tivesse confirmado, ainda que por diferente fundamento, a decisão proferida em 1.ª instância. A regra da dupla conforme não se aplicaria em quatro casos: se o acórdão proferido estivesse em oposição com outro, proferido no domínio da mesma legislação, pelo STJ ou por qualquer

O n.º 4 do artigo 721.º prevê que, no caso de não haver ou não ser admissível recurso de revista das decisões «finais» das Relações (nos casos previstos no n.º 1 e na alínea *h*) do n.º 2 do art. 691.º, na versão da Reforma de 2007), «os acórdãos proferidos na pendência do processo na Relação podem ser impugnados, caso tenham interesse para o recorrente independentemente daquela decisão, num recurso único, a interpor após o trânsito daquela decisão, no prazo de 15 dias após o referido trânsito»[28].

Deve notar-se que as decisões interlocutórias impugnadas com a sentença final de 1.ª instância, nos termos do n.º 4 do artigo 691.º (e que tenham subido em separado à Relação, após o trânsito da decisão final da 1.ª instância) não podem ser objecto do recurso normal de revista (recursos continuados). É o que resulta do novo n.º 5 do artigo 721.º

As revistas «autónomas» de decisões interlocutórias e as revistas nos processos urgentes têm um prazo de interposição de recurso e apresenta-

---

Relação, e não houvesse sido precedentemente uniformizada jurisprudência com ele conforme pelo próprio Supremo (contradição de acórdãos); quando fosse sempre admissível recurso nos termos do art. 678.º, independentemente do valor; quando fosse excepcionalmente admissível o recurso para o Supremo, por se entender que estava em causa uma questão que, pela sua relevância jurídica ou social, se revestia de importância fundamental, ou quando a admissão do recurso fosse claramente necessária para uma melhor aplicação do direito, em termos análogos aos previstos no art. 150.º do Código de Processo nos Tribunais Administrativos; por último, se se tratasse de processos atinentes a interesses imateriais.

Para os agravos de 2.ª instância de decisões processuais interlocutórias, mantinham-se os limites à recorribilidade para o Supremo Tribunal de Justiça, quando estivesse assegurado o duplo grau de jurisdição previsto nos n.ᵒˢ 2 e 3 do art. 754.º (versão em vigor).

Sobre estas propostas, cfr. *O Sistema de Recursos*, cit., pp. 163-164. A Comissão Galvão Telles propunha, no que toca ao recurso *per saltum*, que este só pudesse ser interposto nos casos em que o valor da causa ou da sucumbência excedesse € 250.000 ou a acção tivesse como objecto o estado das pessoas ou interesses imateriais.

[28] Não são perfeitamente claros os casos em que poderá haver tal recurso de revista de decisões interlocutórias da Relação, no novo sistema. Admite-se que tal possa ocorrer quando haja um acórdão interlocutório da Relação a condenar uma parte como litigante de má fé, atento o disposto no art. 456.º, n.º 3, CPC, não alterado (critica esta solução legal AMÂNCIO FERREIRA, *Manual*, cit., p. 8, propugnando a sua eliminação, sem atentar que a consagração do recurso resultou, de algum modo, da ideia de que se deveria garantir o duplo grau de jurisdição na aplicação desta sanção pública – cfr. hoje o art. 32.º, n.º 10, da Constituição e o Acórdão do Tribunal Constitucional n.º 440/94, relator Cons. Monteiro Diniz, *in AcTC*, 28.º vol., p. 319 e ss.). Ou ainda quando haja um acórdão interlocutório sobre o impedimento de um juiz na Relação ou sobre um qualquer incidente, por exemplo, o de habilitação de sucessores.

ção de alegações reduzido para metade (15 dias), à semelhança do que ocorria com os antigos agravos (art. 721.°, n.° 6).

24. Uma das inovações importantes da Reforma de 2007 é a previsão de uma «revista excepcional», inspirada no artigo 150.° do Código de Processo nos Tribunais Administrativos (CPTA), entrado em vigor em 1 de Janeiro de 2004.

Como se sabe, tradicionalmente não havia três graus de jurisdição ordinária no Contencioso Administrativo, embora houvesse recursos para uniformização de jurisprudência.

A Reforma de 2002-2003 do Contencioso Administrativo passou a prever uma *revista excepcional* a interpor para o Supremo Tribunal Administrativo das decisões proferidas em segunda instância pelo Tribunal Central Administrativo quando «esteja em causa a apreciação de uma questão que, pela sua relevância jurídica ou social, se revista da importância fundamental ou quando a admissão do recurso seja claramente necessária para uma melhor aplicação do direito» (art. 150.°, n.° 1, CPTA)[29].

25. O artigo 721.°-A, aditado ao Código de Processo Civil pela Reforma de 2007, prevê três situações em que cabe a *revista excepcional* dos acórdãos da Relação em que ocorra dupla conforme (os previstos no n.° 3 do art. 721.°):

- quando esteja em causa uma questão cuja apreciação, pela sua relevância jurídica, seja necessária para uma melhor aplicação do direito (al. *a*) do n.° 1);
- quando estejam em causa interesses de particular relevância social (al. *b*) do n.° 1);
- quando o acórdão da Relação esteja em contradição com outro, já transitado em julgado, proferido por qualquer Relação ou pelo Supremo Tribunal de Justiça, no domínio da mesma legislação e sobre a mesma questão fundamental de direito, salvo se tiver sido

---

[29] Sobre esta inovação remete-se para MÁRIO AROSO DE ALMEIDA e CARLOS ALBERTO FERNANDES CADILHO, *Comentários ao Código de Processo nos Tribunais Administrativos*, 2.ª ed., Coimbra, Almedina, 2007, p. 860 e ss.; J. C. VIEIRA DE ANDRADE, *Justiça Administrativa*, 8.ª ed., Coimbra, Almedina, 2006, pp. 450-451; M. AROSO DE ALMEIDA, *O Novo Regime do Processo nos Tribunais Administrativos*, 4.ª ed., Coimbra, Almedina, 2005, pp. 353-4; J. M. SÉRVULO CORREIA, *Direito do Contencioso Administrativo*, I, Lisboa, Lex, 2005, p. 695 e ss.

proferido acórdão de uniformização de jurisprudência com ele conforme (al. c) do n.º 1)[30].

26. Nos dois primeiros casos de revista excepcional, o legislador utilizou cláusulas gerais cujo teor não coincide nem com as cláusulas utilizadas no artigo 150.º, n.º 1, CPTA, nem, por exemplo, com idênticas cláusulas utilizadas na reforma de 2001 da ZPO alemã.

A primeira cláusula geral refere a situação de estar em causa no recurso «uma questão cuja apreciação, pela sua relevância jurídica, seja necessária para uma melhor aplicação do direito» e aproxima-se da redacção utilizada na parte final do n.º 1 do artigo 150.º CPTA, onde claramente se inspirou[31].

Admite-se que o legislador tenha querido contemplar as questões juridicamente complexas, sobretudo as que suscitam divergências na doutrina, e em que convém o Supremo Tribunal de Justiça intervir para orientar os tribunais hierarquicamente inferiores, definindo uma linha jurisprudencial, nomeadamente quando se trate de questões novas, ainda não tratadas pela jurisprudência[32].

A segunda cláusula geral é bastante vaga e permitirá grande flexibilidade (e elevada dose de discricionariedade) à jurisprudência do Supremo Tribunal de Justiça. É difícil à partida estabelecer critérios para delimitar o que se deve entender por «estarem em causa interesses de particular relevância social», sendo de admitir que o valor das pretensões da acção e a

---

[30] Esta alínea c) inspira-se no actual n.º 4 do art. 678.º, que desaparece na Reforma de 2007. Em todo o caso, restringe censuravelmente o recurso para o Supremo relativamente aos casos em que não haja «recurso ordinário por motivo estranho à alçada do Tribunal», solução que provinha do art. 764.º do Código de Processo Civil de 1961, no âmbito de recurso para tribunal pleno, disposição eliminada em 1995. Deve notar-se que o renascimento do recurso para uniformização para jurisprudência não contempla esta situação (cfr. os arts. 763.º a 770.º agora «repristinados» com redacção diversa).

[31] Veja-se a nota 6 do Anteprojecto de Novembro de 2005 (1.º Documento de Trabalho) repetido no Projecto publicado nas *Novas Exigências do Processo Civil*, cit. Sobre a inovação, vejam-se A. RIBEIRO MENDES, «Sobre o Anteprojecto de Revisão do Regime de Recursos em Processo Civil (Primeiro Documento de Trabalho)», na obra acabada de citar, pp. 235-237, e CARLOS LOPES DO REGO, «A Reforma dos Recursos em Processo Civil» na mesma obra, pp. 253-256.

[32] Poder-se-á dizer que a revista excepcional, neste caso, desempenha, embora no plano jurisdicional, o papel que a «saisine pour avis» desempenha no caso da *Cassation* francesa (instituto proveniente do contencioso administrativo, introduzido em 1991 no que toca à matéria civil e em 2001 à matéria penal). Cfr. ROGER PERROT, ob cit., p. 177 e ss.

sua natureza tenham de ser apreciados casuisticamente, uma vez que, diferentemente do que sucede no contencioso administrativo, os litígios versam interesses patrimoniais privados.

No contencioso administrativo e no direito processual civil alemão exige-se uma *importância fundamental* das questões. Parece, porém, abusivo entender que a cláusula geral deve ser completada por esta ideia restritiva de importância fundamental, tanto mais que o legislador conhecia o artigo 150.º, n.º 1, do CPTA. Deve, aliás, referir-se que, em versões intermédias do articulado, se introduzia uma restrição, explicitando-se que a questão deveria «versar sobre interesses imateriais de particular relevância social».

27. No terceiro caso, abre-se a via de recurso, apesar de haver «dupla conforme» (decisões no mesmo sentido da 1.ª instância e da Relação), quando a decisão da Relação esteja em contradição com decisão anterior transitada em julgado proferida por um tribunal superior (Relação ou Supremo Tribunal de Justiça), no domínio da mesma legislação e sobre a mesma questão fundamental de direito, salvo se tiver sido proferido acórdão de uniformização de jurisprudência com ela conforme.

Admite-se, assim, com amplitude o acesso ao Supremo Tribunal de Justiça, não se percebendo a razão pela qual foi eliminado o n.º 4 do artigo 678.º, como acima se referiu, em que se permitia a uniformização de jurisprudência das Relações, em casos em que nunca havia, por regra, recurso interposto em 2.ª instância.

28. O recurso de revista «normal» é interposto e admitido nos termos gerais dos recursos (arts. 684.º-B, 685.º, 685.º-A, 685.º-B e 685.º-C).

Se as decisões de 1.ª instância e da Relação não forem divergentes (ambas condenam no(s) pedido(s) ou absolvem nos mesmos termos, ou absolvem da instância), não pode, em princípio, ser admitido o recurso interposto, salvo se se tratar de revista excepcional (art. 721.º-A).

No caso de o recurso ser interposto como revista excepcional, o requerente deve indicar, na sua alegação, sob pena de rejeição – não podendo haver qualquer despacho de aperfeiçoamento –, as razões pelas quais a apreciação da questão é claramente necessária para uma melhor aplicação do direito ou as razões pelas quais os interesses são de particular relevância social, ou os aspectos de identidade que determinam a contradição alegada.

Parece algo excessivo exigir neste caso a apresentação logo da alegação, mas é este o novo regime legal.

O relator na Relação só pode rejeitar o recurso se não se verificarem os requisitos de valor ou de sucumbência, ou se o recurso foi interposto por quem não tenha legitimidade para o fazer ou de forma extemporânea ou o recorrente não tiver apresentado a sua alegação ou esta não contenha conclusões[33].

A decisão quanto à verificação dos pressupostos específicos de admissibilidade da revista excepcional, previstos no n.º 1 do artigo 721.º-A, compete ao próprio tribunal *ad quem*, o Supremo Tribunal de Justiça, «devendo ser objecto de apreciação preliminar sumária», a cargo de uma formação *ad hoc*, constituída por três juízes de entre os mais antigos das secções cíveis. Aparentemente estes juízes serão designados por períodos temporais limitados (um ano, por exemplo) pelo Presidente do Supremo Tribunal de Justiça, eventualmente ouvidos os juízes das secções cíveis, com subsequente comunicação ao Conselho Superior da Magistratura[34].

A decisão desta formação no sentido da admissibilidade, ou não, do recurso é definitiva (art. 721.º-A, n.º 4). A solução inspira-se claramente no artigo 150.º, n.º 5, CPTA.

Se a decisão for positiva, sendo admitido o recurso, será o mesmo distribuído nos termos gerais.

29. O recurso de revista *per saltum* continua a ser regulado pelo artigo 725.º, com nova redacção.

Assim, proferida decisão de 1.ª instância, num processo em que o valor da causa seja superior à alçada da Relação e o valor da sucumbência seja superior a metade da alçada da Relação, as partes podem requerer, nas conclusões da alegação de recurso por elas interposto ou nas contra-alegações de recurso interposto pela contraparte, que o recurso da decisão final, ou da decisão de mérito proferida no despacho saneador que não pôs termo ao processo na 1.ª instância, suba directamente ao Supremo Tribunal de Justiça, «saltando» a 2.ª instância, desde que as partes, nas respectivas alegações, apenas suscitem questões de direito e não impugnem, no

---

[33] Afigura-se que a lei não permite um despacho de aperfeiçoamento para o recorrente elaborar conclusões, diferentemente do que sucede actualmente (art. 690.º, n.º 4). O juiz ou relator *a quo* não pode, porém, pronunciar-se no caso de as conclusões serem deficientes, obscuras, complexas ou com falta de certas especificações. O despacho de aperfeiçoamento compete sempre ao relator no tribunal *ad quem* (art. 685.º-A, n.º 3).

[34] Remete-se para as judiciosas observações de J. M. SÉRVULO CORREIA, *Direito do Contencioso Administrativo*, I, cit., p. 697, nota 413, chamando a atenção para a problemática do juiz natural.

recurso da decisão prevista no n.º 1 do artigo 691.º, quaisquer decisões interlocutórias.

Confrontando a nova redacção com a até aqui vigente, conclui-se que a regulamentação é praticamente coincidente, com as três seguintes diferenças:

– enquanto na redacção da Reforma de 1995-1996 se dispunha que «o valor da causa ou da sucumbência, nos termos do n.º 1 do artigo 678.º» tinha de ser «superior à alçada dos tribunais judiciais da 2.ª instância», agora explicita-se que o valor da causa tem de ser superior à alçada da Relação, mas o valor da sucumbência tem apenas de ser superior ao valor de metade de tal alçada, o que visa pôr termo a interpretações menos adequadas da norma actual[35];

– por outro lado, permite-se agora a utilização da revista *per saltum* relativamente a decisões finais da 1.ª instância que não conheçam do mérito, diferentemente do que sucede na actual redacção do art. 725.º;

– finalmente, o juiz de 1.ª instância deixa de ter o poder de indeferir o requerido (caso em que determinava de forma definitiva a remessa à Relação), devendo, depois de admitir o recurso interposto como revista, remetê-lo ao Supremo Tribunal de Justiça, onde se decidirá sobre a admissão definitiva ou a remessa à Relação por decisão do relator no Supremo Tribunal de Justiça[36].

---

[35] Cfr. J. LEBRE DE FREITAS e A. RIBEIRO MENDES, *Código de Processo Civil Anotado*, III, cit., p. 130; C. LOPES DO REGO, *Comentários ao Código de Processo Civil*, 2.ª ed., I, Coimbra, Almedina, 2004, pp. 619-620; J. O. CARDONA FERREIRA, *Guia de Recursos em Processo Civil*, Coimbra, Coimbra Editora, 2.º ed., 2003, pp. 91-92.

[36] Afigura-se que o juiz da 1.ª instância só pode indeferir o recurso se não se verificarem os requisitos dos valores da causa e da sucumbência *necessários para interposição de um recurso de apelação* ou se o recurso for interposto por quem não tem legitimidade ou de forma extemporânea ou se faltarem as conclusões de alegações. Desde que tais requisitos de admissão se verifiquem, a questão de saber se o recurso pode ser admitido como revista tem sempre de ser decidida pelo Supremo Tribunal de Justiça. Parece ser esta solução a que decorre da eliminação do n.º 3 do actual art. 725.º O ponto é discutível, não primando a nova redacção pela clareza neste ponto.

V. A Uniformização da Jurisprudência pelo Supremo Tribunal de Justiça

30. A Reforma de 2007 procura acentuar as funções nomofilácticas do Supremo Tribunal de Justiça, mantendo não só o julgamento ampliado da revista pelas secções cíveis deste tribunal (arts. 732.°-A e 732.°-B, introduzidos pela Reforma de 1995-1996), como restaurando também o velho recurso para tribunal pleno, eliminado em 1995, agora designado como recurso extraordinário para uniformização de jurisprudência (novos arts. 763.° a 770.°).

Na Exposição de Motivos da Lei n.° 95/X, indicam-se as medidas adoptadas para que o Supremo Tribunal de Justiça possa levar a cabo «um melhor exercício da sua função de orientação e uniformização de jurisprudência»:

> «... a consagração do direito de recurso, independentemente da alçada e da sucumbência, das decisões proferidas contra jurisprudência consolidada do Supremo Tribunal de Justiça; a obrigação que passa a impender sobre o relator e os adjuntos de suscitar o julgamento ampliado da revista sempre que verifiquem a possibilidade de vencimento de uma solução jurídica que contrarie jurisprudência uniformizada do Supremo Tribunal de Justiça; e a introdução do recurso extraordinário de uniformização para o pleno das secções cíveis do Supremo quando este Tribunal, em secção, proferir acórdão que esteja em contradição com outro anteriormente proferido, no domínio da mesma legislação e sobre a mesma questão fundamental de direito (n.° 3)».

Todas estas medidas – salva a consagração da noção de jurisprudência consolidada, como se referiu – encontram-se no articulado da Reforma de 2007:

- *artigo 678.°, n.° 2, alínea c)* cabe recurso, independentemente do valor da causa e da sucumbência, das decisões «proferidas, no domínio da mesma legislação e sobre a mesma questão fundamental de direito, contra jurisprudência uniformizada do Supremo Tribunal de Justiça» (corresponde ao actual n.° 6 do art. 678.°, o qual tem uma formulação mais sintética – «é sempre admissível recurso das decisões proferidas contra jurisprudência uniformizada pelo Supremo Tribunal de Justiça»);
- *artigo 732.°-A, n.° 2* – o julgamento alargado pelas secções cíveis do Supremo Tribunal de Justiça pode ser requerido por qualquer das partes «e *deve ser proposto* pelo relator, por qualquer dos ad-

juntos, pelos presidentes das secções cíveis ou pelo Ministério Público» (na formulação actual, o julgamento ampliado deve ser «sugerido» pelas mesmas entidades, salvo o Ministério Público). E tem de ser *obrigatoriamente* proposto o julgamento ampliado de revista pelo relator ou pelos adjuntos «quando verifiquem a possibilidade de vencimento de solução jurídica que esteja em oposição com jurisprudência uniformizada, no domínio da mesma legislação e sobre a mesma questão fundamental de direito» (art. 732.°-A, n.° 3, agora introduzido)[37].

– *artigo 763.°, n.° 1* – «As Partes podem interpor recurso para o pleno das secções cíveis do Supremo Tribunal de Justiça quando o Supremo proferir acórdão que esteja em contradição com outro anteriormente proferido pelo mesmo tribunal, no domínio da mesma legislação e sobre a mesma questão fundamental de direito» (deve notar-se que o recurso não é admitido se a orientação estiver de acordo com a jurisprudência uniformizada do Supremo Tribunal de Justiça, nos termos do n.° 3 do art. 763.°, o que significa que as partes não têm o direito de obrigar o Supremo Tribunal de Justiça a rever a sua própria jurisprudência uniformizada)[38].

---

[37] Quem determina o julgamento ampliado de revista é o Presidente do Supremo Tribunal de Justiça, o qual avalia, segundo o seu prudente arbítrio, se o julgamento alargado se revela «necessário ou conveniente para assegurar a uniformidade da jurisprudência». A sua decisão é insusceptível de reclamação para a conferência, estabelecendo-se agora que tal decisão é «definitiva» (n.° 4 do art. 732.°-A). Põe-se termo, assim, a uma controvérsia doutrinal, tendo-se pronunciado no sentido de que havia reclamação ALBERTO BALTAZAR COELHO, «Algumas Notas sobre o Julgamento Ampliado de Revista e do Agravo», in *Colectânea de Jurisprudência – Acórdãos do Supremo Tribunal de Justiça*, ano V (1997), I, pp. 28-29, e ISABEL ALEXANDRE, «Problemas Recentes da Uniformização da Jurisprudência em Processo Civil», in *Revista da Ordem dos Advogados*, ano 60.° (2000), I, pp. 136-144. No sentido da não sindicabilidade desse poder pela conferência, antes da presente reforma, pronunciaram-se A. RIBEIRO MENDES, *Os Recursos no Processo Civil Revisto*, Lisboa, Lex, 1998, p. 105, e CARLOS LOPES DO REGO, *Comentários ao Código de Processo Civil*, 1.ª ed., Coimbra, Almedina, 1999, p. 500 (na 2.ª ed. da obra, vol. I, veja-se p. 626).

Deve notar-se que o art. 732.°-B, n.° 2, passa a impor que, se a decisão a proferir envolver alteração de jurisprudência uniformizada, o relator ouve previamente as partes, se estas não tiverem tido oportunidade de se pronunciar sobre o julgamento alargado (cfr. *O Sistema de Recursos* cit. p. 173).

[38] No Código de Processo Civil de 1961 (versão originária) estatuía o art. 763.°, n.° 1: «se no domínio da mesma legislação, o Supremo Tribunal de Justiça proferir dois acórdãos que, relativamente à mesma questão fundamental de direito, assentem sobre soluções opos-

31. A única inovação digna de relevo é a «repristinação» do recurso para tribunal pleno, agora qualificado como recurso extraordinário[39]. Com efeito, o recurso de unificação de jurisprudência é interposto no prazo de 30 dias, contados do trânsito em julgado do acórdão recorrido.

É, no mínimo, discutível a bondade da solução de criar este recurso de uniformização de jurisprudência, apesar de recursos análogos estarem previstos no processo penal e no processo do contencioso administrativo.

No *Sistema de Recursos* elaborado pelo GPLP preconizou-se a criação de recurso para uniformização de jurisprudência, confessadamente inspirado no artigo 152.º do CPTA, para tutelar a parte, no caso de não ter sido determinado o julgamento de revista ampliado. Neste Estudo chamou-se a atenção para que «a eventual introdução dessa espécie de recurso vai no sentido contrário ao declarado aquando da Reforma de 1995- -1996, na medida em que "repõe" uma quarta instância» no sistema de recursos[40].

Trata-se praticamente da única solução da Reforma de 2007 que acarreta maior complexidade e morosidade aos processos, custo de uma opção do legislador que visa combater a escassez de acórdãos de uniformização de jurisprudência[41].

Continua a estruturar-se o recurso de uniformização de jurisprudência em duas fases, como sucedia no recurso para tribunal pleno (cfr. art. 767.º).

---

tas, pode recorrer-se para o tribunal pleno do acórdão proferido em último lugar». A jurisprudência considerava que não podia ter seguimento o recurso para tribunal pleno quando, havendo oposição indiscutível entre dois acórdãos (o acórdão recorrido e o acórdão-fundamento), o conflito de jurisprudência resultante dessa oposição já tivesse sido resolvido por assento ainda em vigor (Acórdão do Supremo Tribunal de Justiça de 15 de Janeiro de 1954, in Boletim do Ministério de Justiça, n.º 41, p. 217; cfr. J. Castro Mendes, *Direito Processual Civil*, III, ed. póstuma organizada por A. Ribeiro Mendes e M. Teixeira de Sousa, Lisboa, AAFDL, 1987, p. 113, nota 116).

[39] A qualificação é inteiramente correcta no processo civil; no contencioso administrativo, o recurso para uniformização de jurisprudência é qualificado por lei como ordinário (art. 152.º, o preceito está incluído no capítulo sobre recursos ordinários) embora seja também interposto após o trânsito em julgado.

[40] *Sistema de recursos*, cit., p. 173.

[41] Informa-se no *Sistema de Recursos*, p. 172, que a revista ampliada tem fraca aplicação prática, tendo sido tirados, entre 1996 e 2004, 35 acórdãos de uniformização jurisprudencial, em matéria cível, laboral e penal.

32. Solução também discutível é a de impor ao Ministério Público que interponha recurso para uniformização de jurisprudência, mesmo quando não seja parte na causa, caso em que o acórdão de uniformização «não têm qualquer influência na decisão desta» (art. 766.°).

Trata-se de verdadeira repristinação do velho artigo 770.° da versão originária do Código de Processo Civil de 1961, figura que, segundo Castro Mendes, tinha «carácter legislativo e não jurisdicional»[42]. O mínimo que se pode dizer é que se confere ao Supremo Tribunal de Justiça o poder de dar orientações com carácter geral aos outros tribunais, à semelhança do que ocorre com o Tribunal Superior espanhol, no caso do referido recurso no interesse da lei, embora aí só estejam em causa infracções à lei processual.

Esta solução é tanto mais estranha quanto, por um lado, não se estabelece a vinculatividade para todos os tribunais da jurisprudência uniformizada pelo Supremo Tribunal de Justiça e, por outro, elimina-se um fundamento de recurso para o pleno quando haja contradição de jurisprudência das Relações em processos em que, por razões diversas da relação entre o valor do processo, a sucumbência e a alçada, não pode haver recurso ordinário para o Supremo Tribunal de Justiça (cfr. art. 764.° da versão originária do Código de Processo Civil de 1961).

VI. Conclusão

33. Como resulta do Estudo de Avaliação de Legislação do GPLP, pode dizer-se que os recursos em processo civil, após as alterações de 1995-1996, 1999 e 2003, não careciam de benfeitorias necessárias.

O diagnóstico do modo de funcionamento dos nossos Tribunais Superiores, em especial do Supremo Tribunal de Justiça, mostra que a situação não tem comparação com a situação quase caótica das Cassações francesa e italiana.

Pode, pois, convir-se que, não se tratando de benfeitorias necessárias, se terá de discutir se estamos no plano das benfeitorias úteis ou das meramente voluptuárias.

Em princípio, devem ser acolhidas com simpatia as medidas de aceleração dos processos, sabendo-se que a morosidade é, por regra, inimiga da Justiça.

---

[42] *Direito Processual Civil*, III, cit., p. 110.

Resta saber se se justifica, por exemplo, a solução de fazer coincidir o prazo para interposição do recurso com o de apresentação de alegações, nomeadamente quando se trate de recursos interpostos nos termos dos n.ºˢ 2 e 3 do artigo 678.º ou com o recurso de uniformização de jurisprudência. Seguramente, para os advogados será uma medida pouco popular, embora não se ignore que tal prática vigora para os processos penais, laborais e administrativos.

Por outro lado, e no que toca aos recursos para o Supremo Tribunal de Justiça, o autor destas linhas preferiria que tivesse sido mantido o sistema actual da relação entre o valor do processo, o valor das sucumbência e alçada da Relação, mas, não tendo sido essa a posição do legislador, considera que a versão final do diploma autorizado é equilibrada e permitirá a criação pela jurisprudência de critérios de preenchimento dos conceitos relativamente indeterminados previstos nas referidas cláusulas gerais constantes das duas primeiras alíneas do n.º 1 do artigo 721.º-A agora introduzido[43].

Parece duvidosa a bondade da solução de reintrodução de um recurso de uniformização de jurisprudência, criando-se uma quarta instância, a par da revista excepcional prevista na alínea c) do n.º 1 do artigo 721.º-A e do julgamento ampliado de revista constante da nova versão dos artigos 732.º-A e 732.º-B.

34. Como sucede com todas as reformas legislativas de alguma dimensão, importará ver como será a mesma acolhida na prática pelas profissões forenses, e qual o grau de adesão que a doutrina e a jurisprudência manifestarão quanto às soluções inovatórias. É previsível, por exemplo, que a possibilidade de o relator determinar a produção de alegações orais na revista (art. 727.º-A) nunca venha a ser exercida na prática, a acreditar nas críticas já dirigidas à solução por Amâncio Ferreira[44].

Não podem restar dúvidas de que, no plano político, se espera que as medidas adoptadas diminuam o trabalho do Supremo Tribunal de Justiça, como é, de resto, previsto no Acordo Político Parlamentar para a Reforma da Justiça de 2006[45], contribuindo para «recentrar» a principal tarefa do

---

[43] Veja-se o estudo «Sobre o Anteprojecto de Revisão», in As Novas Exigências, cit., p. 245.
[44] Manual, cit., pp. 8-9.
[45] N.º 4 do Anexo respeitante ao Estatuto dos Magistrados Judiciais e do Ministério Público.

mesmo Supremo, que é a de garantir a uniformização da jurisprudência. É previsível que, a prazo, venha a ser reduzido significativamente o número de juízes deste Alto Tribunal[46].

Importa, por isso, aguardar pela aplicação prática da Reforma, para poder fazer um juízo com maior rigor sobre a bondade das inovações referidas.

---

[46] Cfr. *O Sistema de Recursos*, cit., p. 171, louvando-se, em observação feita em 2000 pelo Autor destas linhas, a propósito das consequências das propostas do Conselheiro Cardona Ferreira.

LA TUTELA ANTICIPATA IN DIRITTO ITALIANO DAL 1942 AD OGGI

EDOARDO F. RICCI[*]

1. Uno dei temi più attuali del diritto processuale civile è costituito dalla così detta «tutela anticipata», vale a dire dalla possibilità di anticipare in tutto o in parte (prima che il processo sul merito sia iniziato, o durante il suo corso) gli effetti della futura decisione. Per chi ha ragione, la durata del processo appare sempre più intollerabile, anche perché i tempi della giustizia tendono ad allungarsi ovunque; e la tutela anticipata è probabilmente l'unico strumento utilizzabile come rimedio. Inoltre, il tema è delicato dal punto di vista della politica del diritto, perché la disciplina della tutela anticipata si regge sul difficilissimo equilibrio tra due confliggenti esigenze: quella di una tutela celere e quella di una tutela caratterizzata da idonee garanzie.

In diritto italiano la tutela anticipata ha subito, dall'entrata in vigore del codice di procedura civile del 1942 in poi, una significativa evoluzione; e una sintesi di tale evoluzione costituisce l'oggetto del presente scritto. Dedico questo saggio alla *Universidade Nova de Lisboa*, con la cui Facoltà Giuridica ho un profondo legame di affetto e collaborazione; e sono onorato di poter prendere parte alla celebrazione del decennale di tale Università, con gratitudine per l'invito che mi è stato rivolto.

2. L'esposizione deve prendere le mosse dall'art. 700 del codice di procedura civile del 1942, il quale dispone che:

> «... *chi ha fondato motivo di temere che durante il tempo occorrente per far valere il suo diritto in via ordinaria, questo sia minacciato da un*

---

[*] Professore Ordinario di Diritto Processuale Civile nell'Università di Milano.

pregiudizio imminente e irreparabile, può chiedere con ricorso al giudice i provvedimenti d'urgenza, che appaiono, secondo le circostanze, più idonei ad assicurare provvisoriamente gli effetti della decisione sul merito.».

Tale norma è collocata nel Capo III del Titolo I del Libro IV del codice, che disciplina la tutela cautelare; e il suo tenore letterale sembra fare riferimento esclusivo a provvedimenti cautelari in senso stretto, di carattere strumentale anziché anticipatorio. Gli «effetti della decisione sul merito», infatti, devono essere «assicurati»; e il verbo «assicurare» ha, in buon italiano, un significato diverso da quello del verbo «anticipare». Sembra dunque che i provvedimenti previsti dall'art. 700 c.p.c. debbano avere la finalità di rendere possibile (o facilitare) l'attuazione dei futuri effetti della sentenza, ma non anche quella di anticipare tali effetti (facendoli sorgere, in tutto o in parte, prima che la sentenza medesima sia pronunciata).

Ben presto, tuttavia, la pratica applicazione dell'art. 700 c.p.c. ha superato il tenore letterale della norma e la locuzione «assicurare» è stata intesa come comprensiva di «anticipare». Nei primi anni di applicazione del codice, per la verità, il ricordato art. 700 è stato utilizzato molto poco. La tutela cautelare, infatti, è assicurata anche da altre norme, molto più importanti (come quelle relative ai sequestri: artt. 670 ss.); e per un certo lasso di tempo l'art. 700 c.p.c. ha avuto applicazione soltanto sporadica, proprio perché se ne voleva ricavare soltanto una tutela in senso stretto cautelare. Ma dalla fine degli anni settanta in poi (approssimativamente, sino alla metà degli anni novanta) l'esperienza applicativa dell'art. 700 c.p.c. ha avuto un'esplosione; e tale esplosione si è verificata, proprio perché si è cominciato a ricavare dalla norma anche una tutela di tipo anticipatorio. Ciò è accaduto, come era inevitabile, con l'opposizione di qualche autore. Ma la maggior parte della dottrina ha considerato l'esperienza menzionata senza scandalo, sino a vedere nella tutela prevista dall'art. 700 c.p.c. soprattutto una tutela anticipatoria.

Si può dunque dire che la tutela anticipatoria nasce nel diritto italiano (per chi scriva la storia di tale diritto dal 1942 in poi) grazie all'art. 700 c.p.c., nonostante il tenore apparentemente contrario di tale disposizione; e nasce, come era inevitabile, con le caratteristiche tradizionali della tutela cautelare, con la quale si confonde dal punto di vista della disciplina positiva. Tale tutela può essere chiesta sia durante il processo sul merito (al medesimo giudice, che dovrà pronunciare la sentenza), sia *ante causam* mediante un separato procedimento sommario; e fondamentale, nella disciplina positiva, è il collegamento strumentale con la controversia sul merito.

Nasce da tale collegamento strumentale la regola, in virtù della quale il provvedimento anticipatorio pronunciato *ante causam* perde efficacia, se la controversia di merito non è iniziata entro un certo termine; e il provvedimento perde ugualmente efficacia, se la controversia sul merito (sia se si tratta della controversia iniziata dopo il provvedimento anticipatorio emesso *ante causam*, sia se si tratta della controversia nell'ambito della quale il provvedimento anticipatorio è stato concesso dal giudice) resta priva di decisione per uno degli avvenimenti che in diritto italiano vengono sinteticamente indicati con la locuzione «estinzione del processo» (cfr. L'attuale art. 669 *novies* c.p.c., che ripete una regola già presente nel testo del 1942). In generale, e sotto il profilo concettuale, si può dire che un processo qualsiasi «si estingue» quando ha termine, ed anche la decisione è atto idoneo a «estinguere» il processo. Ma in diritto italiano il termine «estinzione del processo» ha un significato più ristretto, affine a quello della parola «perenzione»: il processo ha termine senza decisione (oppure, il che è lo stesso, con un provvedimento che si limita a prendere atto della sua fine).

Dal punto di vista pratico, l'importanza della tutela anticipata ricavata dall'art. 700 c.p.c. non deve tuttavia essere sopravvalutata, a causa della severità dei presupposti previsti dalla norma. Mi riferisco alla necessità di minaccia di «un pregiudizio imminente e irreparabile», in virtù della quale la giurisprudenza ha considerato l'art. 700 c.p.c. inapplicabile sia a tutela dei diritti con contenuto pecuniario, sia a tutela dei diritti la cui violazione può essere risarcita con un pagamento in danaro. In virtù di questo orientamento restrittivo, l'esperienza applicativa dell'art. 700 c.p.c. è rimasta confinata sul terreno di diritti (come quelli della personalità, o altri ad essi assimilabili) non aventi contenuto pecuniario e non facilmente suscettibili di riparazione pecuniaria in caso di violazione. In tal modo, la massima parte dei diritti di obbligazione (quelli, per i quali l'esigenza di una celere soddisfazione è più avvertita) è rimasta estranea all'esperienza di cui si parla, alimentando in una parte della pubblica opinione l'aspirazione ad una tutela anticipatoria più ampia ed efficace.

3. La tutela anticipata descritta nell'*item* precedente è a lungo rimasta l'unica conosciuta dal diritto italiano. Ma a partire dalla metà degli anni settanta il panorama si è arricchito con nuove figure. Mentre la tutela sopra descritta ha carattere generale, le nuove figure appena menzionate

sono tutte riferibili a casi specifici, ed hanno una caratteristica comune: si tratta sempre di provvedimenti ammessi nel corso della controversia sul merito e pronunciati dallo stesso giudice che dovrà emettere la decisione. Più in particolare:

a) con legge 11 agosto 1973, n. 533, si è data una disciplina completamente nuova al processo in materia di lavoro, regolato dagli artt. 409 ss. del codice di procedura civile; e l'art. 423 di tale codice, nel testo introdotto dalla legge menzionata, ha il seguente tenore:

> *«Ordinanze per il pagamento di somme. – Il giudice, su istanza di parte, in ogni stato del giudizio, dispone con ordinanza il pagamento delle somme non contestate.*
>
> *Egualmente, in ogni stato del giudizio, il giudice può, su istanza del lavoratore, disporre con ordinanza il pagamento di una somma a titolo provvisorio quando ritenga il diritto accertato e nei limiti della quantità per cui ritiene già raggiunta la prova.*
>
> *Le ordinanze di cui ai commi precedenti costituiscono titolo esecutivo. L'ordinanza di cui al secondo comma e' revocabile con la sentenza che decide la causa.».*

Come si vede, è qui prevista una tutela anticipatoria soltanto tramite provvedimenti aventi ad oggetto il pagamento di somme. Nella sostanza, si tratta di anticipare la formazione del titolo esecutivo quando la controversia ha per oggetto obbligazioni pecuniarie, in modo da rendere possibile l'esecuzione forzata durante lo svolgimento del processo di cognizione (vedi in particolare il 3° comma della norma); e le ipotesi interessate sono due. La prima ipotesi riguarda il caso delle «somme non contestate» (sui confini della quale si è verificata una certa disputa dottrinale). La seconda ipotesi riguarda il caso in cui, ad un certo punto del processo e prima della decisione, il giudice ritenga già raggiunta la prova relativa all'esistenza del credito.

b) Con legge 26 novembre 1990, n. 353, è stato introdotto nel codice di procedura civile il nuovo art. 186 *bis*, il quale ha il seguente tenore:

> *«Ordinanza per il pagamento di somme non contestate. – Su istanza di parte il giudice istruttore può disporre, fino al momento della precisazione delle conclusioni, il pagamento delle somme non contestate dalle parti costituite.*
>
> *L'ordinanza costituisce titolo esecutivo e conserva la sua efficacia in caso di estinzione del processo.*
>
> *L'ordinanza è soggetta alla disciplina delle ordinanze revocabili di cui agli articoli 177, primo e secondo comma, e 178, primo comma.».*

L'ipotesi qui prevista riguarda ancora una volta il caso di «somme non contestate», con una estensione a tutti i processi di cognizione della disciplina, che già l'art. 423, comma 1°, aveva introdotto nell'ambito del processo del lavoro.

c) La già ricordata legge 26 novembre 1990, n. 353, ha introdotto nel codice di procedura civile anche un nuovo art. 186 *ter*, che ha il seguente tenore:

«*Istanza di ingiunzione. – Fino al momento della precisazione delle conclusioni, quando ricorrano i presupposti di cui all'art. 633, primo comma, n. 1), e secondo comma, e di cui all'art. 634, la parte può chiedere al giudice istruttore, in ogni stato del processo, di pronunciare con ordinanza ingiunzione di pagamento o di consegna.*

L'ordinanza deve contenere i provvedimenti previsti dall'art. 641, ultimo comma, ed è dichiarata provvisoriamente esecutiva ove ricorrano i presupposti di cui all'art. 642, nonché, ove la controparte non sia rimasta contumace, quelli di cui all'art. 648, primo comma. La provvisoria esecutorietà non può essere mai disposta ove la controparte abbia disconosciuto la scrittura privata prodotta contro di lei o abbia proposto querela di falso contro l'atto pubblico.

L'ordinanza è soggetta alla disciplina delle ordinanze revocabili di cui agli articoli 177 e 178, primo comma.

Se il processo si estingue l'ordinanza che non ne sia già munita acquista efficacia esecutiva ai sensi dell'art. 653, primo comma.

Se la parte contro cui è pronunciata l'ingiunzione è contumace, l'ordinanza deve essere notificata ai sensi e per gli effetti dell'art. 644. In tal caso l'ordinanza deve altresì contenere l'espresso avvertimento che, ove la parte non si costituisca entro il termine di venti giorni dalla notifica, diverrà esecutiva ai sensi dell'art. 647.».

Per comprendere questa disposizione occorre tener presente che il Libro IV del codice di procedura civile disciplina negli artt. 633 ss. il così detto «procedimento d'ingiunzione», che è il procedimento monitorio italiano. Non è questa la sede per descrivere nei dettagli tale procedimento monitorio, che d'altronde è molto simile al procedimento monitorio vigente in altri Paesi. Ma va detto che tale procedimento monitorio ha costituito la fonte di ispirazione della riforma. Si è infatti pensato che, nei casi, nei quali un procedimento monitorio era possibile come procedimento speciale, era opportuno introdurre qualche cosa di simile ad un procedimento monitorio anche all'interno del processo ordinario di cognizione: e ciò in vista della pronuncia di un provvedimento capace di rendere possibile un'esecuzione forzata in presenza dei medesimi presupposti, in virtù dei quali l'esecuzione forzata poteva essere promossa grazie al provvedimento monitorio (chiamato «decreto ingiuntivo»). Poiché in diritto italiano il provvedimento monitorio è immediatamente esecutivo soltanto in certe ipotesi espressamente indicate dalla legge, il citato art. 186 *ter* c.p.c. dispone che l'ordinanza anticipatoria pronunciata dal giudice sia immediatamente esecutiva soltanto in quei medesimi casi. Il richiamo degli artt. 642 e 648 del codice, che si legge nella norma, recepisce proprio la disciplina relativa ai casi, in cui è immediatamente esecutivo il provvedimento monitorio.

d) con decreto legislativo 18 ottobre 1995, n. 432, convertito in legge 20 dicembre 1995, n. 534, è stato inserito nel codice di procedura civile un nuovo art. 186 *quater*, che ha il seguente tenore:

> «*Ordinanza successiva alla chiusura dell'istruzione. – Esaurita l'istruzione, il giudice istruttore, su istanza della parte che ha proposto domanda di condanna al pagamento di somme ovvero alla consegna, o al rilascio di beni, può disporre con ordinanza il pagamento, ovvero la consegna o il rilascio, nei limiti per cui ritiene già raggiunta la prova. Con l'ordinanza il giudice provvede sulle spese processuali.*
>
> *L'ordinanza è titolo esecutivo. Essa è revocabile con la sentenza che definisce il giudizio.*
>
> *Se, dopo la pronuncia dell'ordinanza, il processo si estingue, l'ordinanza acquista l'efficacia della sentenza impugnabile sull'oggetto dell'istanza.*
>
> *La parte intimata può dichiarare di rinunciare alla pronuncia della sentenza, con atto notificato all'altra parte e depositato in cancelleria. Dalla data del deposito dell'atto notificato l'ordinanza acquista l'efficacia della sentenza impugnabile sull'oggetto dell'istanza.*».

Per comprendere in modo completo lo spirito di questa norma, occorre tener presente che all'epoca non era ancora stata attuata la riforma, che ha introdotto in Italia il giudice unico in primo grado. I tribunali di primo grado giudicavano in composizione collegiale, mentre all'istruzione della controversia provvedeva un membro del collegio (chiamato «giudice istruttore»); ed al momento della decisione, il passaggio della controversia dal giudice istruttore al tribunale collegiale determinava un'attesa molto lunga. Si è dunque avuta l'idea di consentire al giudice istruttore, una volta terminata l'istruzione, di anticipare il probabile contenuto della decisione futura mediante un'ordinanza suscettibile di esecuzione immediata; e si è anche ipotizzato che, a certe condizioni, l'ordinanza anticipatoria potesse essa stessa divenire l'equivalente della sentenza, in modo da consentire (se del caso) l'immediata prosecuzione del processo in fase di impugnazione. Dopo l'introduzione del giudice monocratico in primo grado, l'art. 186 *quater* è rimasto in vigore con riferimento a tale giudice.

4. La tutela anticipatoria delineata dalle norme sopra menzionate non può essere descritta in modo identico per tutti i casi. Tra ipotesi e ipotesi esistono infatti delle differenze, che in un'analisi approfondita non potrebbero essere passate sotto silenzio. In questa sede interessa tuttavia una visione sintetica; ed in una visione sintetica lo sguardo deve essere fissato soprattutto su quattro temi, che riguardano tutti i provvedimenti anticipatori ai quali si è fatto cenno.

In primo luogo, i provvedimenti anticipatori in questione interessano proprio la tutela di diritti, ai quali l'art. 700 c.p.c. (in forza del presupposto della minaccia di un danno irreparabile) non può essere applicato. Si parla qui del pagamento di somme, oppure della consegna o del rilascio di beni, quindi di diritti con contenuto pecuniario o la cui violazione può essere facilmente riparata con un risarcimento in danaro. Grazie alle norme ricordate, pertanto, la tutela anticipata diventa importante anche dal punto di vista pratico. L'instaurazione di un processo di cognizione è previamente necessaria, ma, una volta iniziato il processo la pronuncia della sentenza può essere preceduta dalla pronuncia di un provvedimento capace di garantire una soddisfazione *medio tempore* al titolare del diritto.

In secondo luogo, i provvedimenti anticipatori in questione conservano efficacia qualora la controversia sul merito si estingua (sempre intendendosi il termine «estinzione» nel senso sopra chiarito, come equivalente di una perenzione). Ciò risulta da espresse previsioni nei casi previsti dagli artt. 186 *bis*, 186 *ter* e 186 *quater* del codice, mentre niente dispone su questo tema il successivo art. 423 in tema di processo del lavoro. Ma non si comprende la ragione, per la quale la tutela anticipatoria propria delle controversie in materia di lavoro dovrebbe essere meno forte della tutela anticipatoria inserita nelle controversie con altro oggetto; e, dopo l'entrata in vigore degli artt. 186 *bis* e 186 *ter*, la stragrande maggioranza degli interpreti ha raggiunto la conclusione, secondo la quale anche la tutela anticipatoria prevista dall'art. 423 del codice in materia di lavoro mantiene efficacia nel caso di estinzione del processo sul merito. Ciò è molto importante, perché sorge da qui, per la prima volta in connessione con un preciso aspetto del diritto positivo, l'idea di una tutela anticipatoria in qualche misura svincolata dalla futura decisione sul merito. Certo, la tutela anticipatoria non può sopravvivere di fronte ad una sentenza sul merito orientata in senso contrario. Una volta concessa, tuttavia, tale tutela può mantenere efficacia anche nel caso, in cui una sentenza sul merito non venga pronunciata.

Il terzo tema da sottolineare riguarda il contenuto dell'efficacia del provvedimento anticipatorio, come tale efficacia deve essere dopo l'eventuale estinzione del processo sul merito. Gli artt. 186 *bis* e 186 *ter* si limitano a disporre che, dopo l'estinzione del processo sul merito, le ordinanze anticipatorie abbiano la loro efficacia esecutiva (che è qualche cosa di meno dell'efficacia ricavabile dalla vera e propria decisione). Da sempre si riconosce tuttavia che il provvedimento monitorio acquista l'efficacia piena di una sentenza di condanna passata in giudicato, qualora la parte intimata non proponga opposizione o il successivo giudizio di opposizione si estingua; e da qui si sono prese le mosse, per affermare identica soluzione nel caso disciplinato dall'art. 186 *ter* (che, come si è visto, deriva dal modello del procedimento monitorio). Una volta conseguito questo risultato, si è poi proseguito nel cammino, sino ad affermare identica soluzione sia per l'ipotesi disciplinata dall'art. 186 *bis*, sia per le ipotesi disciplinate dall'art. 423 del codice di procedura civile. Quanto infine all'art. 186 *quater* c.p.c, tale norma prevede in modo espresso che nel caso di estinzione l'ordinanza anticipatoria equivalga ad una sentenza (ancorché si tratti di una sentenza impugnabile, e non di una sentenza passata in giudicato).

Si afferma dunque in questo modo qualche cosa di più della semplice indipendenza della tutela anticipatoria dalla futura sentenza sul merito. Si concepisce addirittura l'idea, in virtù della quale la decisione anticipatoria può divenire, in dipendenza di certi avvenimenti del processo sul merito, il perfetto equivalente della tutela ottenibile tramite la decisione (ponendosi il provvedimento anticipatorio o come equivalente di una decisione impugnabile, o addirittura come equivalente di una decisione passata in giudicato).

Infine (ed è questo il quarto punto), si assiste ad un deciso mutamento di prospettiva, per quanto concerne i presupposti della tutela anticipatoria.

L'art. 700 c.p.c. descritto nell'*item* 2 fissa i presupposti della tutela anticipatoria in termini molto vicini a quelli suggeriti dalla disciplina generale dei provvedimenti cautelari. La «minaccia di pregiudizio», che si teme per il diritto vantato, richiama infatti il presupposto generale del *periculum in mora*; mentre la necessità che il timore di pregiudizio sia «fondato» richiama il presupposto generale del *fumus boni iuris*. Ma niente di simile accade nei casi previsti dagli artt. 186 *bis*, 186 *ter*, 186 *quater* e 423 del *codice di procedura civile*. Il presupposto del *periculum in mora* è eliminato; mentre ad una valutazione del *fumus boni iuris* si sostituisce la necessità di una valutazione positiva sulla fondatezza della pretesa, o perché tale valutazione positiva è giustificata in base alle prove assunte (art. 186 *quater*, art. 423, comma 2°), o perché manca la contestazione del convenuto (art. 186 *bis*, art. 423, comma 1°), o perché si è di fronte a un apprezzamento legale sulla particolare efficacia probatoria dei documenti (art. 186 *ter*, in virtù della richiamata disciplina del procedimento monitorio). Si rende insomma più severo (secondo certi parametri) il giudizio sulla fondatezza della domanda, ma nello stesso tempo si pensa che non sia necessaria una verifica caso per caso di un «pericolo»: la stessa durata del processo di cognizione è concepita, in se stessa, come qualche cosa di intollerabile per chi ha ragione.

5. Dopo le riforme menzionate sopra, il dibattito *de iure condendo* sulla tutela anticipatoria è continuato tra i giuristi; e il frutto più significativo di tale dibattito è probabilmente costituito da quanto previsto dall'art. 48 del così detto Progetto Vaccarella. E' questo un progetto di ampia riforma del codice di procedura civile, elaborato per incarico del Governo da una commissione apposita sotto la presidenza di Romano Vaccarella (dal quale il progetto prende nome). Tale commissione doveva progettare una così detta «legge di delega»: vale a dire una legge mediante la quale le assemblee legislative dovevano delegare il Governo a riformare il codice con propri decreti, indicando i principi ai quali lo stesso Governo avrebbe dovuto dare attuazione. Per questo motivo le norme del progetto sono redatte con una tecnica diversa da quella propria delle norme del codice. Esse non fissano una disciplina, ma dicono che cosa le future norme (da emanarsi ad opera del Governo) dovranno prevedere.

Il tenore dell'art. 48 del Progetto Vaccarella è il seguente:

«*Prevedere un procedimento sommario non cautelare, improntato a particolare celerità ma nel rispetto del principio del contraddittorio, che conduca all'emanazione di un provvedimento esecutivo: a) reclamabile; b) privo dell'efficacia del giudicato; c) esperibile anche nel corso di un processo a cognizione piena; d) idoneo ad eventualmente definire tale processo.*».

Il «procedimento sommario non cautelare», del quale parla la norma, è all'evidenza preordinato a consentire in via generale quella medesima tutela anticipatoria, che le ordinanze ricordate *supra* (nn. 3 e 4) consentano in ipotesi specifiche e determinate: si crea un titolo esecutivo (come anticipazione di un effetto tipico della sentenza di condanna), senza tuttavia il prodursi della cosa giudicata; e, in perfetto parallelo a quanto accade ai sensi dell'art. 700 c.p.c. (*supra*, n. 2), la tutela in questione può essere chiesta sia *ante causam*, sia durante il processo sul merito. Ciò detto, peraltro, molteplici sono i profili di diversità tra la tutela prevista dall'art. 48 del Progetto Vaccarella e la tutela anticipatoria ricavabile dall'art. 700 del *codice di procedura civile*.

In primo luogo, infatti, la tutela prevista dall'art. 48 del Progetto Vaccarella, se concessa al di fuori della controversia sul merito, resta indipendente da quest'ultima: nel senso che conserva la sua efficacia anche nell'ipotesi in cui la controversia sul merito non venga proposta; e una controversia sul merito è se mai necessaria per la eliminazione del provvedimento pronunciato a chiusura del procedimento sommario. Si tratta dunque di una tutela senza cosa giudicata, ma comunque di una tutela potenzialmente stabile (in quanto capace di restare ferma, sino a quando non sopraggiunga una cosa giudicata contraria).

In secondo luogo, la tutela prevista dall'art. 48 del Progetto Vaccarella è del tutto svincolata dal requisito dell'urgenza e del *periculum in mora*, avvicinandosi sotto questo profilo ad una caratteristica tipica delle particolari tutele anticipatorie menzionate nell'*item* n. 3. La parte attrice è lasciata libera di preferire un processo sommario con effetto ridotto (la creazione del solo titolo esecutivo, senza giudicato), ogni qualvolta essa ritenga che il processo ordinario sul merito (con il quale si può ottenere, oltre che il titolo esecutivo, anche il giudicato) sia strumento troppo lungo e oneroso; e una simile scelta è possibile in tutti i casi, nei quali la formazione di un titolo esecutivo è consentito dalle norme.

Infine, si prevede che, se concessa durante il processo sul merito (e nell'ambito del medesimo) il provvedimento dotato di efficacia esecutiva sia «idoneo ad eventualmente definire tale processo». Si ipotizza dunque che, se reso nell'ambito del processo sul merito, il provvedimento esecutivo possa acquistare tutte le caratteristiche necessarie per porre fine al processo come equivalente di una sentenza. L'art. 48 del Progetto Vaccarella non dice in quali casi ciò può verificarsi; ma non è possibile non pensare all'esperienza maturata quanto ai provvedimenti anticipatori descritti *supra*, nn. 2 e 3; ed è l'esperienza maturata a sorreggere la nostra immaginazione anche per il futuro. In altre parole: si lascia la porta aperta (almeno, così sembra) alla possibilità che il provvedimento esecutivo diventi l'equivalente di una vera e propria sentenza, nel caso in cui il processo sul merito abbia termine per una qualche forma di perenzione (salvo poi vedere, se si tratti dell'equivalente di una sentenza impugnabile o dell'equivalente di una sentenza passata in giudicato).

Come si vede, l'art. 48 del Progetto Vaccarella mette a frutto per il futuro, con una concreta proposta, l'intera esperienza precedentemente maturata; ed è da sottolineare, se si vuole come curiosità, che il Progetto in questione lascia sopravvivere anche l'art. 700 del codice di procedura civile. Ciò non è tuttavia privo di una precisa spiegazione, probabilmente pregevole anche dal punto di vista teorico. Una volta attuato quanto previsto dall'art. 48 del Progetto Vaccarella, infatti, la nuova tutela prevista da tale norma avrebbe assorbito interamente la tutela anticipatoria ricavabile dall'art. 700 del codice di procedura civile; e quest'ultima norma sarebbe rimasta in vita unicamente come disposizione avente ad oggetto una tutela di tipo strettamente cautelare. Al fondo della soluzione delineata dal Progetto Vaccarella vi è dunque anche l'aspirazione a separare in termini generali la disciplina anticipatoria dalla disciplina cautelare, rendendo l'una totalmente autonoma dall'altra.

6. La previsione contenuta nel menzionato art. 48 del Progetto Vacarella non ha dato tutti i frutti, che sarebbe stato possibile ricavarne. Le idee ispiratrici di tale norma, peraltro, si sono parzialmente attuate grazie al decreto legislativo 17 gennaio 2003, n. 5. Tale decreto ha creato un nuovo tipo di processo, per materie (appositamente ed analiticamente indicate nel suo art. 1) rientranti nell'ambito del diritto commerciale degli affari, con particolare (anche se non esclusivo) riferimento alla materia societaria. Per tale ragione, il nuovo processo in questione è normalmente chiamato (con termine inesatto per difetto) «processo societario»; e nell'ambito di tale «processo societario» assume particolare rilievo l'art. 19. Quest'ultima norma dispone nel primo comma che:

> *«Le controversie... che abbiano ad oggetto il pagamento di una somma di danaro, anche se non liquida, ovvero la consegna di cosa mobile determinata, possono essere proposte... con ricorso da depositarsi nella cancelleria del tribunale competente, in composizione monocratica.».*

I successivi commi della stessa norma descrivono poi un procedimento sommario particolarmente veloce (anche se caratterizzato da attuazione del contraddittorio), in seguito al quale il tribunale (in composizione monocratica), decide con ordinanza. Al riguardo, il comma 2 *bis* dispone che:

> «*Al termine dell'udienza il giudice, ove ritenga sussistenti i fatti costitutivi della domanda e manifestamente infondata la contestazione del convenuto, pronuncia ordinanza immediatamente esecutiva di condanna...*».

Infine, il comma 5 della stessa norma dispone che:

> «*All'ordinanza non impugnata non conseguono gli effetti di cui all'art. 2909 del codice civile.*».

Gli «effetti di cui all'art. 2909 del codice civile» altro non sono, se non la così detta «cosa giudicata sostanziale». In questo modo, dunque, l'art. 19 del decreto legislativo n. 5/2003, crea – limitatamente alle controversie, alle quali può riferirsi il così detto «processo societario» – un procedimento molto vicino a quello previsto dall'art. 48 del Progetto Vaccarella. Se ritiene di non aver bisogno della cosa giudicata sostanziale, ma mira esclusivamente alla creazione di un titolo esecutivo che gli consenta celere soddisfazione, l'attore non ha l'onere di instaurare un processo di cognizione. Egli può fruire di un procedimento più veloce, al cui termine ottiene un esito inferiore a quello ottenibile mediante sentenza di condanna (che produrrebbe oltre al titolo esecutivo, anche la cosa giudicata); e va da sé che, ove in futuro la parte intimata ottenga un giudicato contrario al titolo esecutivo (con accertamento dell'inesistenza del diritto), il titolo esecutivo è caducato.

Per le ragioni appena dette, il citato art. 19 del decreto legislativo n. 5/2003 è molto importante. Tuttavia, come detto, per il suo tramite l'art. 48 del Progetto Vaccarella ha ricevuto un'attuazione soltanto parziale. Da un lato, infatti, la tutela appena descritta può essere applicata soltanto alle controversie, che rientrano nell'ambito di applicazione del così detto «processo societario»: trattasi dunque di una tutela tipica soltanto di alcune materie tradizionalmente rientranti nel diritto commerciale. In secondo luogo, gli unici diritti tutelabili sono quelli con contenuto pecuniario, perché è prevista soltanto un'ordinanza avente ad oggetto un pagamento di somme. Quella, che secondo il Progetto Vaccarella era concepita come una forma di tutela di carattere generale, diventa dunque una forma di tutela di carattere settoriale, propria di alcuni diritti e non anche di altri. Per questa ragione, la previsione contenuta nell'art. 48 del Progetto Vaccarella è rimasta lettera morta per un amplissimo settore di rapporti giuridici.

7. Per completare il discorso, restano a questo punto da ricordare due altre recenti riforme.

Innanzitutto, il già citato decreto legislativo n. 5/2003 sul «processo societario» contiene anche altra norma importante: l'art. 23, comma 1, il quale ha il seguente tenore:

> «*Provvedimenti cautelari anteriori alla causa. – 1. Nelle controversie di cui al presente decreto, ai provvedimenti d'urgenza e agli altri provvedimenti cautelari idonei ad anticipare gli effetti della decisione di merito non si applica l'articolo 669* octies *del codice di procedura civile, ed essi non perdono la loro efficacia se la causa non viene iniziata.*».

Il menzionato art. 669 *octies* (che non deve essere applicato) è la norma, in virtù della quale il giudice, concedendo il provvedimento cautelare, deve fissare il termine entro il quale va proposta la controversia di merito (con l'avvertenza che, nel caso di mancata proposizione della controversi di merito nel termine, lo stesso provvedimento cautelare perde efficacia); e la nuova disposizione fa in modo che, quando il provvedimento cautelare ha contenuto anticipatorio (anziché strumentale), il necessario legame con il processo sul merito venga meno. Inoltre le altre norme dedicate al tema dal decreto di riforma, combinate con le norme del codice di procedura civile alle quali esse fanno rinvio, fanno comprendere che la tutela anticipatoria in questione può essere concessa, oltre che *ante causam*, anche durante il processo di merito già in corso. In questo modo, si crea una tutela anticipatoria molto simile a quella prevista dall'art. 48 del Progetto Vaccarella, a parte quanto riguarda l'attitudine dei provvedimenti anticipatori ad eventualmente definire il processo sul merito, che l'art. 48 del Progetto Vaccarella menzionava nella sua ultima parte.

La seconda riforma è dovuta al decreto legislativo 14 marzo 2005, n. 35, come modificato da altri interventi legislativi successivi (legge 14 marzo 2005, n. 80; decreto legislativo 30 dicembre 2005, n. 273; legge 23 febbraio 2006, n. 51). Tale riforma ha riguardato tra l'altro il già menzionato art. 669 *octies* del codice di procedura civile, che come si è appena visto è la norma fondamentale sul necessario legame tra tutela cautelare e processo di merito; e ciò è accaduto mediante l'introduzione di un nuovo 6° comma, che ha il seguente tenore:

> «*Le disposizioni di cui al presente articolo e al primo comma dell'articolo 669* novies *non si applicano ai provvedimenti di urgenza emessi ai sensi dell'articolo 700 e agli altri provvedimenti cautelari idonei ad anticipare gli effetti della sentenza di merito, previsti dal codice civile o da leggi speciali, nonché ai provvedimenti emessi a seguito di denunzia di nuova*

opera o di danno temuto ai sensi dell'articolo 688, ma ciascuna parte può iniziare il giudizio di merito.».

Nella sostanza, la nuova norma estende la disciplina già delineata per i provvedimenti anticipatori del processo societario a tutti i provvedimenti di carattere anticipatorio pronunciati ai sensi dell'art. 700 del codice di procedura civile: il quale ha conservato dunque il suo originario tenore ma assume (indirettamente) un significato diverso da quello che aveva in precedenza. Nell'ambito della tutela (in senso ampio) cautelare prevista da tale norma, occorre distinguere oggi tra una tutela anticipatoria ed una tutela strumentale (o cautelare in senso stretto); e, mentre la tutela strumentale (o cautelare in senso stretto) conserva l'originario strettissimo legame con la tutela sul merito (tanto da perdere efficacia nel caso di mancata proposizione della controversia di merito o di perenzione della medesima), la tutela anticipatoria è ormai divenuta una tutela indipendente, in grado di vivere anche a prescindere dal processo sul merito.

8. In virtù della vicenda illustrata sino ad ora, possiamo concludere che la tutela anticipatoria è oggi costituita, in diritto italiano, da tre diversi gruppi di provvedimenti.

Un primo gruppo di provvedimenti è ricavabile dall'art. 700 del codice di procedura civile e dall'art. 23 del decreto n. 5/2003 sul così detto «processo societario». Questa tutela anticipatoria è legata, come presupposto, alla «minaccia di un pregiudizio imminente e irreparabile»; e come si è visto la giurisprudenza tende ad escluderne l'applicazione a proposito dei diritti con contenuto pecuniario e dei diritti, la cui violazione può essere riparata con un risarcimento in danaro. E' questa la tutela anticipatoria nata dalla tutela cautelare. Ma si è visto che essa ha ormai perso quel necessario legame con la controversia di merito, che è propria dei provvedimenti cautelari in senso stretto, con contenuto non anticipatorio ma meramente strumentale rispetto alla tutela del diritto. Si può ormai dire che la tutela anticipatoria nata dalla tutela cautelare si è resa autonoma da quest'ultima per quanto concerne l'efficacia (ed in particolare: l'attitudine a dar vita ad una tutela stabile, destinata a cadere soltanto in virtù di un giudicato contrario); ma resta il legame con i provvedimenti cautelari per quanto concerne i presupposti della tutela. La tutela in questione è possibile sia *ante causam*, sia durante il corso del processo di merito (secondo la disciplina tipica dei provvedimenti cautelari).

Un secondo gruppo di istituti è costituito dalle ordinanze anticipatorie, che il giudice della controversia di merito può pronunciare ai sensi degli artt. 186 *bis*, 186 *ter*, 186 *quater*, 423 del codice di procedura civile, nelle specifiche ipotesi previste da queste norme. Si è visto che questa forma di tutela, pur essendo possibile soltanto nel corso del processo di merito, mantiene poi la sua efficacia (talora per espressa previsione di legge, talaltra perché in questo senso è l'opinione che si va sempre più affermando) anche nell'ipotesi in cui il processo sul merito, dopo l'avvenuta pronuncia dell'ordinanza anticipatoria, si estingua per una forma qualsivoglia di perenzione.

Un terzo istituto è infine costituito dal procedimento sommario previsto dall'art. 19 del decreto n. 5/2003 sul così detto «processo societario»: procedimento sommario, in virtù del quale la parte attrice può ottenere la costituzione di un titolo esecutivo avente ad oggetto il pagamento di una somma di danaro (istituto, tramite il quale trova parziale attuazione a quanto previsto dall'art. 48 del Progetto Vaccarella).

Tutti e tre questi istituti hanno come finalità principale quella di consentire una celere soddisfazione del diritto protetto dalla tutela anticipata. Ma, mentre la prima e la terza figura restano confinate sul terreno della soddisfazione del diritto, senza aprire la strada al formarsi della cosa giudicata, la seconda figura ci pone di fronte ad una realtà più complessa. Nell'ipotesi di estinzione (perenzione) del processo sul merito, infatti, il provvedimento anticipatorio tende ad assumere l'efficacia ed autorità della decisione passata in giudicato. Nessuna norma di legge prevede questo esito in modo espresso, ma è questa la soluzione verso la quale si sta orientando la maggioranza degli interpreti.

Ci si può chiedere, a questo punto, quale sia il cammino futuro; e qui il discorso diviene particolarmente difficile, perché nessuno è fornito di qualità divinatorie. Tuttavia, si possono esprimere almeno delle speranze, legate alla visione che ognuno di noi può avere per quanto concerne la politica del diritto; e le mie personali convinzioni mi portano a sperare che la tutela di carattere anticipatorio cammini in futuro lungo due linee ispiratrici.

In primo luogo, la mia speranza è nel senso che la tutela anticipatoria si liberi sempre di più dal presupposto dell'urgenza e del *periculum in mora*, che ancora sussiste per quanto concerne l'art. 700 c.p.c. (nonché, per connessione, l'art. 23 del decreto n. 5/2003 sul «processo societario»), ma è superato dall'art. 19 del decreto legislativo n. 5/2003. Nel mondo di oggi, la soddisfazione concreta dei diritti è probabilmente molto più importante della certezza ottenibile mediante la sentenza; e, se il titolare del diritto si accontenta di una soddisfazione anche senza certezza, non vi è motivo di imporgli come strumento l'ordinario processo di cognizione.

Occorre anche, come alternativa, una diversa (più modesta ma più efficiente) forma di tutela; e questa diversa (più modesta ma più efficiente) forma di tutela può essere ricavata dai provvedimenti anticipatori. Probabilmente, è addirittura il caso di abbandonare lo stesso termine «tutela anticipata», perché in realtà – una volta resa indipendente – la tutela così detta «anticipatoria» non anticipa più niente: essa ha l'efficacia di cui è capace e non vi è altro da aggiungere.

La seconda linea ispiratrice dovrebbe essere nel senso di una generalizzazione di quanto previsto dagli artt. 423, 186 *bis*, 186 *ter* e 186 *quater* del codice di procedura civile come norme specifiche. A mio parere, sarebbe giusto che una tutela anticipatoria nell'ambito del processo di cognizione, invece di essere legata a presupposti specifici, potesse essere concessa nella generalità dei casi (o per lo meno in tutte le ipotesi, nelle quali esiste un diritto suscettibile di soddisfazione mediante esecuzione forzata); ed il giudice dovrebbe avere la facoltà di concedere questa tutela, non appena – per le prove assunte nel processo, o più in generale per le vicende dello stesso processo – si sia formato una opinione sulla probabile fondatezza della domanda. Si intravede in questo modo, come possibile punto d'arrivo dell'evoluzione, una struttura (in senso lato) «monitoria» del processo civile: ove l'attore che ha ragione può essere tutelato da un provvedimento anticipatorio capace di forza esecutiva, in modo che l'interesse alla prosecuzione del processo sia (se del caso) della controparte (in vista di una sentenza capace di eliminare il provvedimento anticipatorio già pronunciato).

Mi rendo tuttavia conto io per primo che su questa idea si può discutere; e non ho motivo di nascondere che il mio punto di vista è in Italia tutt'altro che maggioritario.

Nota bibliografica

La letteratura sui provvedimenti d'urgenza previsti dall'art. 700 del codice di procedura civile è assai ampia. Per avere una visione di insieme del tema, ivi compresa l'evoluzione illustrata nel n. 2 e le relative discussioni dottrinali, si possono consultare comunque soprattutto tre monografie: Ferruccio Tommaseo, *I provvedimenti d'urgenza. Struttura e limiti della tutela anticipatoria*, Cedam, Padova 1983; Giovanni Arieta, *I provvedimenti d'urgenza art. 700 c.p.c.*, 2.ª ed., Cedam, Padova 1985; Enzo Vullo, *L'attuazione dei provvedimenti cautelari*, Giappichelli Editore, Torino 2001. Tommaseo e Vullo prendono atto della nascita e dell'affermazione della tutela anticipatoria in sede di applicazione dell'art. 700 c.p.c., mentre Arieta è esponente di un orientamento molto più restrittivo.

Per avere un'idea della disciplina dei provvedimenti cautelari in generale, nel cui ambito la previsione dell'art. 700 c.p.c. deve essere inquadrata, si può considerare soprattutto Giuseppe Tarzia (a cura di), *I procedimenti cautelari*, Cedam, Padova 1990, la cui seconda edizione (Cedam, Padova 1993) tiene conto delle riforme verificatisi sino alla data di pubblicazione.

Abbondantissima è, dal canto suo, la letteratura sulle ordinanze anticipatorie considerate nei nn. 3 e 4. Tale abbondante letteratura è peraltro discussa e riassunta in tre monografie, alle quali è possibile fare riferimento per una visione di insieme: Antonio Carratta, *Profili sistematici della tutela anticipatoria*, Giappichelli Editore, Trino 1997; Giorgetta Basilico e Massimo Cirulli, *Le condanne anticipate nel processo civile di cognizione*, Giuffrè Editore, Milano 1998; Riccardo Conte, *L'ordinanza di ingiunzione nel processo civile*.

Sull'art. 48 del Progetto Vaccarella rinvio a: Edoardo F. Ricci, *Verso un nuovo processo civile?*, in Rivista di diritto processuale 2003, p. 212 ss., spec. n. 2 (p. 214 ss.); nonché, ancora, Edoardo F. Ricci (con la collaborazione di Mariulza Franco), *Tutela de conhecimento sem coisa julgada e tutela antecipada no futuro direito processual civil italiano*, in: AA.VV. (Luiz Guilherme Marinoni, coord.), *Estudos de Direito Processual Civil. Homenagem ao Professor Egas Dirceu Moniz de Aragão*, Editora Revista dos Tribunais, São Paulo 2006, p. 253 ss.

Sui provvedimenti d'urgenza nel così detto «processo societario», anche per riferimenti di altra dottrina, si può vedere: Eugenio Dalmotto, in AA.VV. *Il nuovo processo societario* (a cura di Sergio Chiarloni), Zanichelli Editore, Bologna 2004, p. 2913 ss.. Sulla riforma dovuta al decreto legislativo n. 35/2005, considerato a sua volta nel n. 6, si possono vedere, anche per riferimenti: Franco Cipriani e Girolamo Monteleone (a cura di), *La riforma del processo civile*, Cedam, Padova 2007, p. 454 ss. Su entrambi questi argomenti si può infine vedere, anche per riferimenti: A. Saletti, *Il nuovo regime delle misure cautelari e possessorie*, Cedam, Padova 2006; nonché: Lia Querzola, *La tutela anticipatoria fra procedimento cautelare e giudizio di merito*. Bononia University Press, Bologna 2006.

LA PRUEBA ILÍCITA EN EL PROCESO PENAL PORTUGUÉS[*]

Elena Burgoa[**]

En el Congreso Mundial de la Asociación Internacional de Derecho Procesal, organizado por el Instituto Brasileño de Derecho Procesal, realizado en Salvador, Bahía (Brasil) del 16 al 21 de septiembre de 2007, Teresa Armenta Deu abordo, como ponente general, el tema relativo a las «Nuevas tendencias sobre la prueba ilícita en el Proceso Penal», dada la complejidad e interés procesal de las normas sobre exclusión de pruebas ilícitas, y la necesidad de enfrentar en forma adecuada la confrontación entre los intereses estatales por reprimir el fenómeno criminal y los derechos de los ciudadanos por preservar sus espacios de libertad y seguridad jurídica.

Sin duda, la prueba es el segmento procesal más importante del proceso penal, como soporte de toda condena o absolución, y debido a este caracter fundamental la prueba ilícita o prohibida ha suscitado varios problemas de orden dogmático procesal penal, y diversas apreciaciones jurídicas a nivel del derecho nacional como extranjero en torno de las reglas de exclusiones probatorias como las excepciones a dicha regla.

Para ponderar de forma global esta institución, que se ha convertido en una de las más controvertidas del estado de la ciencia del proceso

---

[*] Este texto es fruto ahora de la reformulación del presentado en el Congreso Mundial de la Asociación Internacional de Derecho Procesal, Salvador, Bahía, 16-21 septiembre 2007, organizado por el Instituto Brasileño de Derecho Procesal, sobre el tema «Nuevas tendencias sobre la prueba ilícita en el Proceso Penal», en un intento de homenajear a la *Faculdade de Direito da Universidade Nova de Lisboa* por sus fecundos diez años de vida.

[**] Assistente convidada y doutoranda na Faculdade de Direito da Universidade Nova de Lisboa.

penal, es tarea fundamental de cada relator nacional observar y dilucidar, partiendo del cuestionario elaborado para el efecto por la ponente general, el entendimiento de la doctrina y el proceder e interpretación jurisprudencial de las normas pertinentes (legales y constitucionales) en cada caso.

Con la perspectiva y el magisterio que le proporcionan sus vastos conocimientos de Derecho procesal penal comparado, la profesora Teresa Armenta Deu, en el cuestionario, que se acompaña a continuación, ofrece una delimitación rigurosa y concisa de los aspectos que deben informar el estudio de esta apasionante y atractiva materia. En el mismo se distinguen cuatro grandes apartados. El primero se centra en delimitar la configuración de la prueba ilícita, tanto desde la perspectiva legal y constitucional, cuanto desde la configuración jurisprudencial de la misma. El segundo acomete su contenido sustancial, las líneas maestras que guían en cada ordenamiento la prueba ilícita, considerando también los parámetros que han ido estableciendo la doctrina y la jurisprudencia. Por último, en el tercero y cuarto se delimitan y definen en sus apartados la abundante casuística y multitud de cuestiones que en la práctica de los tribunales de justicia surgen cada día.

Cuestionario «Nuevas tendencias en materia de prueba ilícita»

A) *Régimen jurídico*

1. ¿Existe en su ordenamiento una regulación legal-positiva de la ilicitud probatoria?
2. En caso de respuesta negativa, ¿puede deducirse de la jurisprudencia un régimen jurídico para la ilicitud probatoria?
3. En caso de respuesta afirmativa a la primera pregunta, ¿ha integrado, desarrollado o modificado de algún modo la jurisprudencia la regulación legal?

B) *Definición de la ilicitud probatoria*

4. ¿Cuáles son los elementos de los que dependen la calificación de una prueba como ilícita?
5. ¿Existe una vinculación necesaria con la infracción de un derecho fundamental?
6. ¿Es posible que la ilicitud de una prueba pueda derivar de la infracción de derechos que no tengan el rango de derechos fundamentales?
7. ¿Es posible que la ilicitud de la prueba derive de la vulneración de las normas procesales que regulan la obtención de la prueba?

8. ¿Se vincula la categoría de la ilicitud probatoria a la lesión de un derecho fundamental – o, en su caso, de un derecho inferior – por las autoridades públicas de persecución penal, o también puede derivar la ilicitud de la actividad de sujetos particulares o de otras autoridades públicas que no actúen en calidad de autoridades de persecución penal?
9. ¿Se distingue entre ilicitud probatoria derivada de infracciones en la obtención de las pruebas e ilicitud probatoria derivada de infracciones en el curso de la práctica de la prueba en el juicio oral?
10. ¿Es aplicable en su ordenamiento la «teoría de los frutos del árbol envenenado»? En caso de respuesta afirmativa, ¿existe algún tipo de limitación legal o jurisprudencial?

C) *Tratamiento procesal de la ilicitud probatoria*

11. ¿En qué momento del proceso y de qué modo puede ponerse de manifiesto que una prueba es ilícita?
12. ¿Quién puede poner de manifiesto que una prueba es ilícita? ¿Puede hacerlo el tribunal de oficio? ¿Puede hacerlo el Ministerio Fiscal? ¿Puede hacerse a instancia de parte?
13. ¿Puede ponerse de manifiesto la ilicitud en el momento mismo en que se practica la medida de investigación? ¿Se puede evitar con ello que la prueba se incorpore al sumario?
14. ¿Puede ponerse de manifiesto la ilicitud durante la fase de instrucción? ¿Se puede evitar con ello que la prueba se practique en el juicio?
15. ¿Puede ponerse de manifiesto la ilicitud en el juicio oral? ¿Antes de que se practique la prueba? ¿Después de su práctica?
16. Si se denunció la ilicitud probatoria en el juicio, ¿tiene el tribunal el deber de explicar en la sentencia si considera que la prueba es ilícita y de valorarla o no?
17. En general, ¿regula su ordenamiento algún incidente especial para poner de manifiesto la ilicitud de una prueba? ¿Se admite la práctica de pruebas para demostrar la ilicitud de una prueba?

D) *Consecuencias de la ilicitud probatoria*

18. ¿Qué consecuencias tiene la declaración judicial de que una prueba es ilícita? ¿Varían en función del momento del proceso en que se declare la ilicitud?
19. ¿Puede recurrirse la decisión del juez declarando que una prueba es o no es ilícita?
20. ¿Puede recurrirse una sentencia alegando que se ha sustentado en prueba ilícita?
21. ¿Puede recurrirse una sentencia alegando que no ha tenido en cuenta una prueba supuestamente ilícita, pero cuya licitud afirma el recurrente?

22. ¿Incurre en algún tipo de responsabilidad penal quien obtuvo la prueba ilícita?
23. ¿Se prevé algún tipo de reparación civil para quien ha padecido la obtención de una prueba ilícita?

Questionnaire «New tendencies regarding illegal evidence»

A) *Legal system*

1. Is there a positive-legal regulation of illegally obtained evidence in the legislation?
2. If the response is negative, can a legal system for illegally obtained evidence be deduced from the case-law?
3. If the response to the first question is affirmative, has the jurisprudence integrated, developed or modified the legal regulations in any way?

B) *Definition of illegally obtained evidence*

4. What elements are used to define illegal evidence?
5. Does the definition necessarily entail an infringement of a fundamental right?
6. Is it possible to infer that evidence is illegal from an infringement of rights not considered to be fundamental rights?
7. Is it possible to infer that evidence is illegal from a breach of procedural rules regulating the gathering of said evidence?
8. Does a definition of illegally obtained evidence entail the infringement of a fundamental right – or, where appropriate, of a lesser right – by the criminal prosecution authorities, or can the illegality also be derived from the activity of private subjects or of other public authorities not acting as criminal prosecution authorities?
9. Is a distinction made between illegally obtained evidence deriving from infringements committed when obtaining evidence and illegally obtained evidence derived from infringements committed during the trial?
10. Does the "fruit of the poisonous tree doctrine" apply in the legislation? If the response is affirmative, does some type of legal or jurisprudential limitation exist?

C) *Procedural treatment of illegally obtained evidence*

11. At what point in the trial and in what way can evidence be declared illegal?
12. Who can declare that evidence is illegal? Can the court do it of its own motion? Can the public prosecutor's office do it? Can it be done at the request of one of the parties involved?

13. Can the illegality of the evidence be declared when taking investigation measures? Is it possible to prevent said evidence from being included in the proceedings?
14. Can the illegality of the evidence be declared during the investigation stage? Is it possible to prevent said evidence from being included in the trial?
15. Can the illegality of the evidence be declared during the trial? Before the evidence is presented? After it is presented?
16. If illegally obtained evidence is denounced in the trial, does the court have the obligation to explain in its decision if it considers the evidence to be illegal and to take it into consideration or not?
17. Generally, does the legislation regulate special cases to declare the illegality of evidence? Is additional evidence allowed to be included to demonstrate the illegality of evidence?

D) *Consequences of illegally obtained evidence*

18. What consequences are there to a judicial decision stating that evidence is illegal? Do they vary according to the moment in the trial in which it is declared illegal?
19. Can the decision of a judge declaring that evidence is or is not illegal be appealed?
20. Can a decision be appealed alleging that it was based on illegal evidence?
21. Can a decision be appealed alleging it did not take into account supposedly illegal evidence whose legality is asserted by the appellant?
22. Is the person who obtained the illegal evidence criminally liable?
23. Is any type of civil redress provided for those who have been unfairly judged due to illegal evidence?

En la respuesta a este cuestionario se desarrolla el presente texto con la información y consideraciones suscitadas en torno del régimen de la prueba ilícita en el proceso portugués.

A) **Régimen jurídico**

La materia de la denominada «prueba ilícita» (obtenida por medios ilícitos) se encuadra en la categoria de prueba prohibida. Otra problemática la constituyen las pruebas permitidas, pero obtenidas sin la observancia de las respectivas formalidades legales.

Em primer lugar, se debe indicar que la Constitución de 1976 trata incuestionablemente, por primera vez, en el ordenamiento jurídico portugués, del concepto y régimen de las pruebas prohibidas, al determinar expresamente en el art. 32.°, n. 8.°, la nulidad de «*todas las pruebas obtenidas mediante tortura, coacción, ofensa de la integridad física o moral de la persona, intromisión abusiva en la vida privada, en el domicilio, en la correspondencia o en las telecomunicaciones*».

Por eso aquí el fenómeno toma una dimensión propia. A este respecto, Costa Andrade[1], estudioso del tema, resalta que la autonomia concedida a esta figura de la prueba prohibida por el legislador portugués provoca una importante reducción de la complejidad de la matéria. Según su posición, esta técnica transforma las pruebas prohibidas en un sistema normativo propio pues los problemas y la respectiva solución configuran un *prius* doctrinal y normativo[2].

Aunque el 118.°, n.° 3 Código de Proceso Penal (CPP) se situa sistemáticamente en el título dedicado a las nulidades procesales, forzoso es reconocer el carácter de instituto autónomo del derecho procesal penal de las *proibições de prova*. En efecto, el art. 118.°, n.° 3 del Código de Proceso Penal dispone que «*las disposiciones del presente título no perjudican las normas del código referentes a las prohibiciones de prueba*». Idea que impide la aplicación de las reglas generales sobre las nulidades procesales a las *proibições de prova*.

Sin embargo, hay que indicar, de igual modo, que la ley procesal portuguesa determina la sanción de *nulidad* para la violación de imperativos legales, especialmente en cuanto a los métodos prohibidos de prueba (art. 126.° CPP), recusa de parientes y afins (art. 134.°, n.° 2 CPP), entrada y registro domiciliario (art. 177.°, 1 CPP) intervenciones telefónicas (art. 189.° CPP), entre otros. Lo indicado, avisa de los riesgos de esta consideración. Sin embargo, Costa Andrade ha subrayado la idea de que la relación estrecha de las *proibições de prova* y el régimen jurídico de las nulidades generales no significa la reducción de las mismas a meras manifestaciones de nulidad. De ese modo, considera que el art. 118.°, n.° 3 del CPP «tiene que ser interpretado como expresión positivada de la intención del legislador de consagrar la disciplina de las *proibições de prova* transcendiendo el régi-

---

[1] Cfr. COSTA ANDRADE, MANUEL, *Sobre as proibições de prova em processo penal*, Coimbra Editora, 1992, p. 192.

[2] El citado autor indica que, de modo diverso el sistema alemán adopta el sistema de recursos, cfr. COSTA ANDRADE, *op. cit.*, p. 193.

men de las nulidades procesales»[3]. En cualquier caso, João Conde Correia[4] propone la modificación legislativa de los términos utilizados porque ello no seria más que una manifestación de la proclamada autonomia técnica y dogmática de las *proibições de prova*. Esta solución serviria para reforzar las garantias individuales y evitar discusiones estériles e inútiles.

En razón de tal régimen jurídico propio, la legislación portuguesa resuelve de forma expresa algunas de las cuestiones controvertidas en la doctrina y jurisprudencia alemana[5].

En segundo lugar, es importante señalar, la contribución a este debate de la doctrina y jurisprudencia portuguesa, que, resumidamente expresada por Costa Andrade[6], nos recuerda que de forma diferente, a lo que sucede en otros ordenamientos jurídicos, v. g., americano y germánico, la intervención de la jurisprudencia portuguesa en esta área problemática ha sido relativamente discreta. En cuanto a la doctrina, el citado autor destaca el valioso contributo de Figueiredo Dias en la redacción de las disposiciones específicas de la materia del nuevo CPP de 1987 y en el fomento de su estudio e investigación.

En los últimos años se ha producido un número significativo de resoluciones y artículos doctrinales sobre este tema. A este respecto, será fundamental conocer cuáles son las tendencias últimas por las cuales discurre la jurisprudencia y la doctrina portuguesa en algunas cuestiones que continúan dividiendo a las mismas. Es el caso por ejemplo de la entrada y registro domiciliario sin autorización judicial previa exigido por el n.° 1 art. 177.° CPP, en el argot forense «mandamiento de entrada y registro» que ocasiona para una posición más sensible a las garantías personales, y consecuentemente más intransigente con los principios y normas constitucionales, la radical nulidad de la diligencia no autorizada[7]. Así, Teresa Pizarro Beleza[8]

---

[3] Cfr. COSTA ANDRADE, *op. cit.*, p. 194.

[4] Cfr. JOÃO CONDE CORREIA, «Contributo para a análise da inexistência e das nulidades processuais penais», in *Studia Ivridica*, 44, Boletim da Faculdade de Direito de Coimbra, Coimbra Editora, 1999, p. 160.

[5] Cfr. COSTA ANDRADE, *op. cit.*, p. 189.

[6] Cfr. COSTA ANDRADE, *op. cit.*, pp. 16 e 17.

[7] En contra, MAIA GONÇALVES, «Meios de prova», in *Jornadas de Direito Processual Penal – o novo Código de Processo Penal*, Centro de Estudos Judiciários, Coimbra, Almedina, 1988, p. 195.

[8] Cfr. TERESA PIZARRO BELEZA, «A prova», in *Apontamentos de Direito Processual Penal*, AAFDL, 1992, II Volume, pp. 151-152. También «Tão amigos que nós eramos: o valor probatório do depoimento de co-arguido», *RMP*, 74 (1988) p. 44 y ss.

y Germano Marques da Silva[9]. Teoria, hoy felizmente dominante en los últimos pronunciamientos doctrinales[10]. No obstante, el criterio jurisprudencial dominante sigue la tesis menos garantista, al sorprendernos con que la ausencia de mandamiento judicial constituye nulidad subsanable (Sentencias del *Supremo Tribunal de Justiça* (STJ) de 23 de abril de 1992[11], de 8 de febrero de 1995[12], del *Tribunal da Relação do Porto*, de 17 de noviembre de 2004[13]).

B) Definición de la ilicitud probatoria

Sobre el alcance que debe darse a la expresión *prueba prohibida*, el ordenamiento jurídico portugués trata de modo específico la cuestión, por lo que recurriendo primero al art. 32.º, n.º 8 de la Constitución República Portuguesa que determina la nulidad de «*todas las pruebas obtenidas mediante tortura, coacción, ofensa de la integridad física o moral de la persona, intromisión abusiva en la vida privada, en el domicilio, en la correspondencia o en las comunicaciones*» es esencial, que atente contra los derechos, libertades y garantias fundamentales y, por tanto exista conexión con la dignidad de la persona o con la integridad moral.

Por su parte, en la ley procesal se reproduce, de forma casi identica, en el n.º 1 del art. 126.º (Código de Processo) CPP que «*son nulas, no pudiendo ser utilizadas, las pruebas obtenidas mediante tortura, coacción o, en general, ofensa de la integridad física o moral de las personas*». Y el número 2.º art. 126.º clarifica que «*son ofensivas de la integridad física o moral de las personas las pruebas obtenidas, mismo que con el consentimiento de ellas, mediante: a) perturbación de la libertad de voluntad o de decisión a través de malos tratos, ofensas corporales, administración de medios de cualquier naturaleza, hipnosis o utilización de medios crueles o engañosos; b) perturbación, por cualquier medio, de la capacidad de

---

[9] Cfr. GERMANO MARQUES DA SILVA, *Curso de Processo Penal*, 2.ª Ed., Editorial Verbo, 2000, p. 116 y ss.

[10] Cfr. JOÃO CONDE CORREIA, *op. cit.*, p. 160. MANUEL MONTEIRO GUEDES VALENTE, *Revistas e Buscas*, Almedina, 2003, p. 129 y 130. ANA LUÍSA PINTO, «Aspectos problemáticos do regime das buscas domiciliárias», *in Revista Portuguesa de Ciências Criminais (RPCC)*, Ano 15, n.º 3, 2005, p. 437.

[11] Publicada en el *Boletim Ministério da Justiça*, n.º 416, p. 536.

[12] *Boletim do Ministério da Justiça*, n.º 444, 1995, p. 358.

[13] http://www.dgsi.pt

memoria o de avaliación; c) utilización de la fuerza, fuera de los casos y de los límites permitidos por la ley; d) amenaza con medida legalmente inadmisible y, bien asi, con la denegación o condicionamiento de la obtención de beneficio legalmente previsto; e) promesa de recompensa legalmente inadmisible».

Es importante señalar que, de forma específica y separada, en el número 3.° del art. 126.° CPP se establece que «*salvaguardados los casos previstos en la ley, son igualmente nulas las pruebas obtenidas mediante intromisión en la vida privada, en el domicilio, en la correspondencia o en las comunicaciones sin el consentimiento del respectivo titular*».

Teniendo en cuenta los citados dispositivos la ilicitud probatoria o la prohición de prueba se reduce a las hipótesis en que se vulnera un derecho fundamental. Sobre el alcance que debe darse a la expresión «*prova proibida*», Conde Correia concluye que la vulneración de un derecho fundamental no se produce siempre sobre el núcleo fundamental del mismo sino, también a través de su desarrollo legal, violando ciertos requisitos, sin los cuales la limitación del derecho fundamental no es posible y la prueba no se puede considerar permitida[14]. Ahora bien, el tema no es tan claro cuando se trata de determinar la diversidad de la gravedad (nulidad o anulabilidad) y se desciende al caso concreto.

Y así, ante la falta de dichos requisitos, la S. del *STJ* de 17 junio 2004[15], tras constatar la nulidad de una intervención telefónica praticada con vulneración del art. 188.° del CPP, en cuanto la orden dada de transcripción de las escuchas telefónicas no fue precedida de la imprescindible selección judicial, recuerda que la solución puede oscilar – consonante las tesis jurisprudenciales – entre la validez y la nulidad o, incluso, la inexistencia de este medio de prueba. En este caso, la resolución declaró la *nulidad* de la sentencia recurrida por falta de fundamentación de la misma por infracción de los artículos 374.°, n.° 2 e 379.° a) del CPP. La tesis minimalista de la *nulidad relativa* ha sido acogida, entre otras, por las SS. del *Supremo Tribunal* de 9 de octubre de 2002 y 9 de julio de 2003[16]. Por su parte, el Tribunal Constitucional en las SS. n.° 407/97, 299/01 y 163/03 fija la doctrina de que si la selección de la transcripción de las conversaciones telefónicas se realiza por agentes policiales, por quiem no está investido de ese poder, debe ser considerada *inexistente*, no pudiendo esas

---

[14] Cfr. JOÃO CONDE CORREIA, *op. cit.*, p. 159.
[15] Cfr. http://www.dgsi.pt
[16] www.stj.pt

gravaciones ser utilizadas como medio de prueba. Por otra parte, consideramos de sumo interés también traer a colación la doctrina expuesta en la S. de 14 de marzo de 2005 del *Tribunal da Relação de Guimarães*[17], por cuanto refleja que en ningún caso se debe autorizar a la policía judicial para que realice por su cuenta y sin control judicial la marcha de las operaciones. La referida sentencia indica que la intervención judicial se limitó a un escueto «*proceda-se como promovido*», y que aunque realizada la diligencia durante las vacaciones judiciales las exigencias no deben o pueden ser menores. Así indica que en el caso de los autos la intervención judicial consistió en una mera homologación formal de la actividad policial, por sí insuficiente, lo que determina la *nulidad* de las pruebas obtenidas a través de las intervenciones telefónicas realizadas en los autos al vulnerar los n.os 1 y 3 del artículo 188.º del CPP, no pudiendo ser utilizadas por constituir *nulidad insubsanable*.

En consecuencia, a pesar de las tesis jurisprudenciales antagónicas en la diferenciación de las consecuencias de la inobservancia de las formalidades prescritas, como es fácilmente comprobable, lo esencial, es por tanto, que *afecte a los derechos fundamentales*, ya se trate de una infracción constitucional o surja de la infracción de una norma infraconstitucional porque la lesión de un derecho fundamental se puede produzir no sólo sobre el núcleo duro del mismo, sino a través de su desarrollo legal o extralegal.

En definitiva, pues, por *prueba prohibida*, se entiende la prueba recogida infringiendo normas o principios colocados por la Constitución para la protección de los derechos de la personalidad y de su manifestación como derecho a la intimidad. En tal línea, la Sentencia del Tribunal de la *Relação de Guimarães* de 10 de enero de 2005[18] en un caso en que se trató de una entrada y registro no domiciliaria, de un automóvil, citando la conocida S. del Tribunal Constitucional n.º 192/01[19], indica con claridad meridiana que, no constituye intromisión del domicilio ni de la vida privada. En virtud de ello, prosigue la sentencia, la prueba obtenida no viola el n.º 8 del art. 32.º de la CRP ni su n.º 2 (las garantias de defensa), sin que constituya nulidad insubsanable la falta de apreciación y convalidación judicial de la misma, pues no fué utilizado cualquier método absolutamente prohibido de obtención de prueba que quepa en el ámbito de

---

[17] www.dgsi.pt
[18] www.dgsi.pt
[19] www.tribunalconstitucional.pt

lo previsto en el art. 126.º del CPP, designadamente, en el n.º 3. Y en consequencia, declara la *mera irregularidad* de la diligencia efectuada de registo del automóvil, por falta de convalidación judicial señalando que podia haber sido salvada en tiempo oportuno (art. 118.º, n.º 2 y 123.º, n.º 1 del CPP).

E igualmente, resulta de interés para acotar el alcance de la vinculación necesaria con la infracción de ciertos derechos fundamentales, la Sentencia del Supremo de 15 de octubre de 2003[20], que considera que en el catálogo de las prohibiciones de prueba enunciadas en el art. 126.º, n.º 1 del CPP no constan de ninguna manera las declaraciones prestadas por el imputado ante las autoridades policiales, sin ser advertido de tal condición y sin la presencia de abogado. Por eso, las declaraciones prestadas en esas condiciones no acarrean la consideración de prueba prohibida a tenor del art. 32.º, n.º 8 de la Constitución de la República Portuguesa y del art. 126.º, 1.º del CPP.

No hay duda en este marco jurídico, como indica Costa Andrade, que el legislador portugués asume de forma consecuente la dimensión material-substantiva de las prohibiciones de prueba[21]. La razón de este posicionamiento se encuentra relacionada con la protección de los derechos fundamentales que, como es sabido, no olvida que en el proceso penal la búsqueda de la verdad material no puede alcanzarse a cualquier precio. Su anclaje jurídico se hace dentro de uno de los principios que va adquiriendo o deberia adquirir una importancia creciente en el actual proceso penal, el procedimiento leal, que aparece según expone Roxin como «el más alto principio del proceso penal: el de la exigencia de *fair trail*»[22]. Por dicha razón, Germano Marques da Silva y Teresa Beleza[23] dejan claro la naturaleza esencialmente moral de este principio, considerandolo la expresión de una forma de ser de la investigación y obtención de las pruebas de acuerdo con el respeto de los derechos de la persona y la dignidad de la persona. A este respecto, hay que referirse, de igual modo, a la importancia de la S. del *TEDH* de 9 de junio de 1998 – caso Teixeira de Castro c. Portugal (44/1997/828/1034) que condenó al E.º portugués por la viola-

---

[20] www.dgsi.pt

[21] Cfr. Costa Andrade, *op. cit.*, p. 196.

[22] *Apud* Figueiredo Dias, «Do princípio da "objectividade" ao princípio da «lealdade» do comportamento do Ministério Público no Processo Penal», *in Revista de Legislação e Jurisprudência*, Ano 128, n.º 3860, pp. 344-345.

[23] Cfr. Teresa Beleza, *op. cit.*, p. 65.

ción del art. 6.°, 1 de la *CEDH* al considerar pruebas válidas las traídas al proceso por las autoridades públicas de persecución penal a través de su actuación como agentes provocadores en la S. del STJ de 5 de mayo de 1994[24], objeto de recurso para el TEDH.

Por otra parte, Costa Andrade admite la relativización de la prueba ilícita en casos excepcionales, cuando aquellos métodos representen el «*meio idóneo e necessário à promoção de autónomos e relevantes valores e interesses transprocessual-penais ... como sucederá ... quando a escuta telefónica, a coacção, mesmo a tortura, configure o único meio de localizar o engenho explosivo com que um perigoso agrupamento terrorista ameaça consumar um massacre de inocentes*»[25] o, cuando el acusado utiliza la prueba obtenida de modo ilícito para probar su inocencia[26].

En congruencia con lo expuesto, su importancia es tal, que no existen limitaciones en la aplicación de las prohibiciones de prueba a la actividad de sujetos particulares. Y así, Costa Andrade recuerda la indiferencia del significado del estatuto público o privado en esta cuestión[27]. No obstante jugar un papel primordial en la obtención de pruebas por las autoridades públicas de persecución penal, nada impide que se aplique también a la actividad de los sujetos particulares (las partes o un tercero). Desde luego, como destaca Costa Andrade, el argumento literal del art. 126.° del CPP facilita la aplicación también a los particulares. Del mismo modo, el argumento sistemático permite este entendimiento en cuanto el art. 126.° del CPP está inserto en el Libro sobre la prueba, que articula preceptos destinados unicamente a las autoridades públicas de persecución penal con otros aplicables también a particulares[28]. En tercer lugar, debe apelarse a un argumento racional teleológico, ha escrito Costa Andrade «mal se comprendería que, por un lado, el legislador portugués impidiese sin más la valoración de los medios de prueba (grabaciones y fotografias) obtenidas por particulares a través del atentado al derecho a la palabra y a la imagen (art. 167.° del CPP); y por otro lado y al mismo tiempo, admitiese las pruebas obtenidas por particulares a costa de atentados intolerables a eminentes bienes jurídicos personales como los previstos en el art. 126.° del CPP»[29].

---

[24] *Colectânea de Jurisprudência*, 1994, II, p. 215 y ss.
[25] Cfr. COSTA ANDRADE, *op. cit.*, pp. 81 y 82.
[26] Cfr. COSTA ANDRADE, *op. cit.*, p. 45.
[27] Cfr. COSTA ANDRADE, *op. cit.*, p. 196.
[28] Cfr. COSTA ANDRADE, *op. cit.*, p. 197.
[29] Cfr. COSTA ANDRADE, *op. cit.*, p. 198.

El régimen previsto en el art. 167.º del CPP sobre el valor probatorio de las reproducciones mecánicas (grabaciones y fotografías) no es sino la manifestación más evidente de esta posibilidad, dado que no pueden ser apreciadas siempre que fueren antijurídicas y resulten de los agentes de las instancias formales de control o de los particulares. Sin embargo, en esta área, en expresión de Costa Andrade[30], el legislador portugués ha rodeado la intervención de los particulares de limites más estrechos que los impuestos a la actividad de las autoridades públicas, pues permite a éstas realizar intervenciones telefónicas dentro de determinados presupuestos (arts 187.º y ss.) y las prohibe siempre a los particulares. En línea con esta doctrina, el *Supremo Tribunal* en su Sentencia de 2 de febrero de 1988, analiza un caso que versa sobre la prohibición de valoración de grabaciones y fotografías ilícitamente obtenidas por particulares[31].

En cuanto al alcance que debe darse a la expresión «pruebas obtenidas» utilizada en el art. 32.º, n. 8 de la Constitución de la República Portuguesa y en el art. 126.º, 1 de la ley procesal, no ha de entenderse limitada a la fase de investigación o de obtención de las pruebas, por lo que la posible infracción de los derechos fundamentales se puede realizar en cualquier fase del proceso, incluso en el curso de la práctica de la prueba en el juicio oral. En esta línea Manuel Guedes Valente señala que «el principio de la lealtad no se agota en la fase de la investigación», pues «los operadores de la justicia deben tener en cuenta este principio, inherente al proceso penal, en cualquier fase del proceso»[32].

En cuanto a la problemática del efecto indirecto (reflejo) o *efeito à distância* de la ilicitud probatoria, no obstante, la Constitución de la República determine la nulidad de las pruebas prohibidas, no se pronuncia específicamente sobre el tema del efecto reflejo, dejando la solución a la doctrina y jurisprudencia.

La doctrina, por um lado, considera que el elemento literal del art. 32.º, n.º 8 de la Constitución de la República Portuguesa y art. 126.º del CPP, puede albergar base suficiente para la prohibición de valoración de todas las pruebas contaminadas por el veneno del método prohibido al no cirscunscribir la prohibición a las directamente obtenidas[33]. Igualmente,

---

[30] Cfr. COSTA ANDRADE, *op. cit.*, p. 196.
[31] *Boletim do Ministério da Justiça*, n.º 374, p. 376 y ss.
[32] Cfr. MANUEL MONTEIRO GUEDES VALENTE, *Processo Penal*, tomo I, Almedina, 2004, p. 177. También, *Teoria Geral do Direito policial*, tomo I, Almedina, 2005, p. 115.
[33] Cfr. COSTA ANDRADE, *op. cit.*, pp. 313 y 314. JOÃO CONDE CORREIA, *op. cit.*, p. 185.

hay que tener en cuenta, como ha señalado Costa Andrade que el *efeito à distância* configura un momento nuclear del fin de protección del art. 126.° del CPP, pues lo contrario representaria un estímulo para el recurso a métodos probatorios prohibidos y a la violación de los derechos fundamentales[34].

Por otro lado, dada la asociación que late entre las prohiciones de prueba y el régimen de las nulidades procesales la doctrina trata de hallar un equilibrio, y así Costa Andrade, ha dicho que el interprete y operador jurídico no debe desatender las implicaciones decurrentes del régimen de nulidad establecido en el art. 122.°, n.° 1 del CPP: «*las nulidades convierten en inválido el acto en que se verifican, bien como los que de él dependen y aquellas pudieren afectar*». Su importancia es tal, que el mismo autor declara que el régimen de las nulidades «indicia una propensión para reconocer el *efeito à distância* sin las hesitaciones sentidas en la doctrina y jurisprudencia alemanas»[35]. Ahora bien, en seguida Costa Andrade se apresura a decir que lo anterior no significa que se imponga un principio ilimitado de *efeito à distância*, tendente a la *fruit of the poisonous tree doctrine* por lo que el intérprete y operador jurídico tendrán que estar atentos para la sorpresa y singularidad del caso concreto, atendiendo al tipo de prohibición de prueba violada, naturaleza e importancia del derecho, bién jurídico o interés sacrificado, al sujeto pasivo de la violación (inculpado o testigo), etc. Por ello, alerta de que también en el derecho portugués no se simplifica el cuadro de soluciones diversificado y policromado que caracteriza las experiencias jurídicas americana y alemana[36]. En igual sentido, João Conde Correia considera que el problema no recibe una respuesta generalizada, un principio general cerrado y válido para todas las situaciones[37].

Por su parte, Costa Andrade, en concreto, reputa que el *efeito à distancia* solamente no será aplicable por razones relativas al nexo de causalidad o de imputación objetiva entre la violación de la prohibición de producción de la prueba y la prueba secundaria[38]. Y en dicha línea, Guedes Valente describe gráficamente que

---

[34] Cfr. COSTA ANDRADE, *op. cit.*, p. 315, citando ROXIN y HASSEMER.
[35] Cfr. COSTA ANDRADE, *op. cit.*, pp. 195, 196 y 312 y ss. También JOÃO CONDE CORREIA, *op. cit.*, p. 185.
[36] Cfr. COSTA ANDRADE, *op. cit.*, p. 314.
[37] Cfr. JOÃO CONDE CORREIA, *op. cit.*, p. 185.
[38] Cfr. COSTA ANDRADE, *op. cit.*, p. 316.

«o caminho a seguir deve enveredar em uma ponderação, entre outros, de tópicos como a perigosidade do "veneno", a importância do "fruto" no contexto global da prova e a vinculação normativa do fruto à "árvore envenenada". Sem olvidarmos "os conceitos e princípios nucleares do *fim de protecção da norma* e dos *comportamentos lícitos alternativos, rectius, dos processos hipotéticos de investigação* – paradigma da *doutrina da imputação objectiva* seguida pela doutrina americana e alemã"»[39].

Sobre esta interesante cuestión, la Sentencia de 6 de mayo de 2004 del *Supremo Tribunal de Justiça*[40] (Ponente: Excmo. Pereira Madeira*)*, tras constatar la nulidad del medio utilizado (la intervención telefónica) por infracción sólo de los requisitos procedimentales y no de las condiciones de admisión (ausencia de mandamiento judicial...) diferencia el alcance de los efectos contaminantes sobre la base de la diversidad de la causa de la ilicitud (nulidad o anulabilidad). Y en consecuencia, considera que

«si la utilización de medios radicalmente prohibidos de obtención de pruebas – 126.º del CPP – inutilizará – expansivamente – las pruebas por ellos directa e indirectamente obtenidas, yá deverá ser más limitado – en función de los intereses conflictuantes – el efecto a distancia de "inutilización" de las pruebas inmediatamente obtenidas a través de los demás medios prohibidos de obtención de pruebas – previstos en el n.º 3 del art. 126.º CPP – (que no ofensivos del valor absoluto de la dignidad del hombre, sean de "intereses individuales no directamente contendientes con la garantia de la dignidad de la persona", como la "intromisión sin consentimiento del respectivo titular en la vida privada", en el "domicilio", en la correspondencia o en las telecomunicaciones».

Y, más en concreto, se afirma que

«sobre todo cuando, como en el caso, la nulidad del medio utilizado (la intervención telefónica) no vulnera los requisitos y condiciones de admisibilidad (art. 187.º del CPP) sino los requisitos formales de las correspondientes "operaciones". Pués, aún siendo esta modalidad igualmente prohibida (art. 126.º, 1 y 3 y art. 189.º del CPP), menos agresiva del contenido esencial de la garantia constitucional de la inviolabilidad de las comunicaciones (art. 34.º, 4 de la Constitución), la optimización y la concordancia práctica de los intereses en conflicto (inviolabilidad de las comunicaciones telefónicas versus "verdad material" y punición de los culpables ... podrá

---

[39] Cfr. MANUEL MONTEIRO GUEDES VALENTE, *op. cit.*, pp. 422-423.
[40] www.dgsi.pt

reclamar la limitación – con base en los principios de necesidad y de proporcionalidad – de los intereses individuales, aunque constituyan emanaciones de los derechos fundamentales, que no contiendan directamente con la garantia de la dignidad de la persona humana».

Lo más destacable de esta sentencia es que trata de determinar con claridad en qué casos es o no posible proceder a la exclusión del efecto expansivo *dominó* contaminante de la prueba ilegitimamente obtenida a las restantes pruebas. Afirmando que se produce la contaminación de las pruebas restantes (efecto indirecto o reflejo)

«cuando está en juego la garantia de la dignidad de la persona humana – como en el caso de utilización de la tortura para obtener una confesión – ninguna transacción es posible, otorgándose a tal garantia un carácter predominante absoluto en cualquier conflicto con el interés... (Figueiredo Dias, Para uma nova justiça penal – para uma reforma global do processo penal português, Almedina, 1983, p. 206 e ss.)».

A tal efecto, se indica que

«ahí, no se podrá invocar la necesidad de ponderación de los intereses en conflicto y la validez de las pruebas consecuentes»

ni negarse

«la llamada doctrina alemana "fernwirkung des Beweisverbots" o americana "fruit of the poisonous tree" con (el mal) argumento de que prevalece la verdad material y la punición de un real culpable (Rogall), porque asi acabariam por prevalecer intereses relativos frente al valor absoluto de la dignidade humana».

En cambio,

«ante intereses individuales que no contienden directamente con la garantia de la dignidad de la persona humana, ya deberá aceptarse – diferentemente de lo que sucede con el 1.° vector – que tales intereses – aunque emanaciones de los derechos fundamentales puedan ser limitados atendiendo a los intereses conflictuantes».

Dicha opción jurisprudencial, eminentemente operativa, recibe, según señala la misma, los aportes de derecho comparado, por un lado a través de la importación de la terminologia utilizada (*fruit of the poisonous tree, Fernwirkung des Beweisverbots*, ...), y por otro de la recepción de la distinción realizada por Roxin: prohibiciones de valoración probatoria independientes (imposibles de valorar cuando lesionan la dignidad humana) y dependientes (sin prohibición de valoración cuando hay mera inobservancia de los presupuestos formales); por otro lado cita la interesante sentencia del alto tribunal español (Sentencia del TS de 23 de junio de 1999 (RJ 1999, 5848, Ponente: Excmo. Sr. De Vega Ruiz) que realiza la misma distinción entre legalidad constitucional y legalidad ordinaria al señalar que

> «*los casos de ilicitud por contraria a la Constitución, los actos probatorios que traen causa del inicial ilícito quedan contaminados en ilicitud no convalidable por diligencias posteriores; en cambio, los actos irregulares que se desenvuelven en infracciones de legalidad ordinaria sólo originan la ineficacia del acto en sí y de lo que el mismo causalmente se derive, mas si obstaculizar futuras posibilidades de acreditar los mismos hechos por otros medios, incluso con la posibilidad de sanar mediante otras pruebas en instrucción o en el plenario. Diferenciándose en el caso de intervenciones telefónicas realizadas con defectos, entre causas vulneradoras del artículo 18.°, 3 CE (por ausencia de mandamiento judicial, exceso respecto a la autorización, tergiversación de los términos en que fue concedida el exceso cronológico no cubierto por la autorización) y las que sólo produjeron infracción de requisitos procedimentales (trascripción no realizada bajo la fe judicial...).*

Esta cuestión, sin embargo, ha dado lugar a uma abundante jurisprudencia española no coincidente e incierta.

La conclusión que obtiene el alto tribunal portugués en la sentencia referida de 6 de mayo de 2004 es la no contaminación de la prueba de confesión de los imputados en el que el Tribunal *a quo* basó su sentencia condenatoria por tráfico de drogas. Y así, la situación, por tanto, se resolvió considerando la prueba restante válida por la vía de la escasa entidad de la violación de la prueba inicial ilícita y de la ponderación de los intereses implicados.

Ahora bien, es de resaltar que la misma resolución desatiende la relación de causalidad (desconexión causal) que, como es sabido, ha adquirido gran importancia en la doctrina y jurisprudencia estranjera en los últimos tiempos para facilitar el paso a cualquier otro medio de prueba disociado de la prueba viciada. La sentencia, no obstante, lo justifica constatando que la valoración de la relación de causalidad sólo corresponde a las instancias, y que el Tribunal *a quo* decidió definitivamente la no existencia de nexo de causa-efecto entre las escuchas y las declaraciones de los inculpados. Repárese, que la própria sentencia citada del TS español ofrece un camino equívoco y tortuoso, ya que, a pesar de la fundamentación realizada desde la pespectiva constitucional de la violación de los derechos fundamentales implicados, acaba por dar un giro y sustituir la perspectiva al considerar en el caso

> «*desconectada» e independiente de las escuchas, la declaración inculpatoria de la coacusada, en relación al recurrente*»,

y por tanto reputarla prueba bastante para enervar la presunción de inocencia que amparaba al acusado[41].

Pues bien, en el caso en cuestión se ve como el máximo órgano judicial portugués es renuente a admitir la validez de la prueba restante (independiente) en función de la desconexión causal y jurídica con la diligencia viciada, aunque lo haga con base en una improcedente cuestión procesal, pues si no existe conexión causal entre ambas – extremo que se declara en la instancia – ese material probatorio independiente (prueba independiente que no se debe confundir con prueba derivada), estará limpio de toda contaminación sin necesidad de otras consideraciones.

Así, se optó, para relativizar el efecto *dominó* de la prueba ilícita e estimar no contaminada la prueba posterior, por el enfoque de la ponderación de intereses en juego (derecho fundamental afectado *versus* verdad material y escasa entidad de la violación), y no por alguno de los otros elementos concurrentes eventualmente ponderables que existíam en aquel momento (la desconexión causal declarada por la primera instancia, naturaleza grave del delito…).

Es una opción que tiene su lógica, porque en resumidas cuentas, se trataba de la violación de meras formalidades de las *operaciones* de intervenciones telefónicas, de los requisitos procedimentales de la transcripción (art. 188.º del CPP): el criterio de la selección no fué judicial. Sin embargo, de la propia argumentación del Tribunal

> («*sobretodo cuando, como en el caso, la nulidad del medio utilizado (la intervención telefónica) estribe no en los requisitos formales y condiciones de admisibilidad (art. 187.º) sino en los requisitos formales de las correspondientes operaciones*»)

---

[41] Por dicha razón, la sentencia citada es un perfecto ejemplo de las inseguridades que se producen en esta matéria en la jurisprudencia española para relativizar el alcance y efectos de la prueba ilícita (en función de los bienes constitucionales implicados, desconexión causal de las pruebas, o de ambos elementos).

se extrae *a contrario* que el tema no es tan claro cuando se trate por ejemplo de un vicio relativo a la admisibilidad de las intervenciones telefónicas (por ejemplo la ausencia de mandamiento o control judicial de las mismas). Por ello la doctrina de la ponderación de intereses ofrece en la sentencia que se comenta un espacio de discrecionalidad muy estrecho, esto es, limitando únicamente la fuerza expansiva del efecto de la prueba ilícita cuando la nulidad de la prueba inicial afecte a los métodos previstos en el n.º 3 del art. 126.º CPP y además cuando resulte de la infracción de meros formalismos procesales.

Con todo, en la sustanciación del recurso hay intentos de imponer la desconexión causal. Un claro ejemplo lo encontramos en las alegaciones del *Ministério Público*, al entender que el principio del «*efeito à distância*» deberá tener como limite otro principio, el principio del nexo de causalidad necesaria, o sea del principio *sine qua non...* y así, subraya la idea que el principio de la verdad material en materia de investigación criminal continua siendo el grande norte en la investigación, y en consecuencia afirma que si los acusados colaboraron en el descubrimiento del delito, confesaron, el delito está mas que provado sin el contenido propio de las escuchas. Del mismo modo, en la propia fundamentación del Supremo, se concede espacio a esta problemática, cuando recuerda las bases que informan la solución de la problemática en cuestión por el Tribunal Constitucional Español:

> «*la importancia de examinar el conjunto del proceso y de "valorar la relación de causalidad" teniendo en cuenta la gravedad de la violación – para lo que han de analizarse sus elementos, esto es, su magnitud, intensidad, clase de delito, secuencia temporal y descrédito o no que puede suponer para la Administración de justicia – así como la razonabilidad de la decisión y la calidad del razonamiento empleado para ello*».

Lo indicado, avisa de um doble fenómeno: por un lado, el tema se clarifica al admitir una tímida disponibilidad de pruebas ilícitas a incidir sólo en relación con los derechos fundamentales que no contiendan con la garantía de la dignidad de la persona humana, pues, como se vio, no reconoce espacio para admitir, por via de excepción, una prueba que aun de modo reflexo se haya obtenido con la violación de un derecho fundamental que contienda directamente con la garantía de la dignidad de la persona humana; pero al tiempo se complica por otro lado al traer al debate, por via indirecta, la temática de la desconexión causal y su reconocimiento (no obstante la dificultad de precisar su alcance y efectos) ofreciendo un camino (peligroso) de admisión a la operatividad sin obstáculos del efecto reflejo de la prueba ilícita.

Desde el primer ángulo, la citada sentencia del alto tribunal portugués de 6.05.2004 (Ponente: Pereira Madeira) en su resolución aboga por un equilibrio entre el garantismo y la evitación de la impunidad al abrir paso a elementos correctores que reducen el alcance de la nulidad de la prueba inicial: *test ponderativo de los intereses implicados*. Así, en la sentencia que se comenta, se relativiza el *efeito à distancia* de la infección o inutilización de las pruebas reflejas. La prohibición (la nulidad) alcanza sólo a la prueba en cuya obtención se haya vulnerado un derecho fundamental. En consecuencia y pese a considerar nulo, por ilegal, la escucha telefónica, entiende que esa nulidad no se extiende a la confesión.

Esta sentencia ratifica en general la doctrina de los frutos del árbol envenenado al extremarse las cautelas en la admisibilidad de los efectos reflejos de la prueba ilícita. En este sentido, se asiste a una *muy timida, cautelosa y garantista relativización de la prueba ilícita*, que se alza sobre todo contra el excesso de formalismo de la legalidad vigente que imposibilite la investigación penal cuando el descubrimiento de las pruebas objectivas de un hecho delictivo haya tenido origen en un defecto formal de poca entidad y contra los abusos a que puede conducir esta doctrina del árbol podrido que todo lo contamina, pues de aceptarse al pie de la letra ese principio nos encontraríamos con situaciones de verdadera impunidad, que chocaríam com la lógica de la realidad y con el respeto que ha de tenerse a conseguir una verdadera justicia material. Por ello, una regulación adecuada a nuestro tiempo serviria para desterrar la necesidad de esta relativización «justificada» de los efectos de la prueba ilícita en relación con un formalismo estéril.

Yendo un poco más lejos, la Sentencia del *Tribunal da Relação de Guimarães* de 9 de junio de 2005[42] en caso de intervenciones telefónicas declaradas nulas por insuficiencia del control judicial viene a señalar que la nulidad de las escuchas, que constituye una nulidad absoluta – y, portanto, insanable – de acuerdo con el art. 126.º del CPP, no se trasmite a las pruebas obtenidas a través del registro, realizadas legalmente en consequencia de las referidas conversaciones intervenidas. En esta decisión, a pesar de declarar que sigue la doctrina establecida en la S. del *STJ* de 6.5.04, forzoso es reconocer que introduce una visión más amplia de la cuestión, sacando a la luz con toda claridad, en mi opinión, la limitación

---

[42] *Colectânea de Jurisprudência*, tomo III, 2005, p. 297 y ss.

de la fuerza expansiva contaminante del efecto de la prueba ilícita. De ese modo, hay un matiz diferenciador, aqui no se trata de un mero defecto formal de poca entidad, sino de un vicio conectado con una parte esencial del derecho fundamental (su desarrollo legal)[43]. Ahora bien, esta decisión refuerza la línea jurisprudencial del Supremo: el argumento de la ponderación de los intereses en conflicto – inviolabilidad de las comunicaciones telefónicas, *versus* verdad material. Así, declara, con base en este elemento ponderable de intereses, que la nulidad de la prueba afecta sólo a la misma y no a sus consecuencias (a la prueba obtenida a través del registro del automóvil).

Sin embargo, esta fundamentación no es pacífica, la sentencia cuenta con un voto particular que afirma que

> «*a nulidade das escutas interfere também com os demais meios de obtenção de prova a jusante destas escutas – a revista, busca e apreensão... É, pois, manifesto que esta revista, esta busca e esta apreensão não teriam ocorrido se não fossem os conhecimentos obtidos através das escutas sobre as deslocações do arguido..., ou seja, estes meios de prova estão na dependência das escutas. Por isso, a nulidade das escutas inquina com o mesmo vício a prova obtida através destes outros meios, por daquelas estar dependente – é o chamado "efeito à distância"*».

Esta posición, de radical rechazo a la relativización de la prueba ilícita, se muestra partidaria de la expansión de la nulidad de la prueba obtenida con violación de un derecho fundamental a cualquier otra prueba derivada de la intervención telefónica que traiga causa de la misma. Dicho de otro modo, al considerar que se trata de pruebas dependientes de la afectada por la nulidad, parece fundarse e bastarse con una inicial causalización (conexión causal) desde una perspectiva natural. Si bien es cierto que hay tendencias claramente restrictivas de la expansión de la nulidad, en el panorama internacional, que patrocinan que esta transmisión sólo se produce en virtud de la existencia de una conexión de antijuridicidad, tanto desde una perspectiva interna, es decir, en atención a la índole y características de la vulneración del derecho, como desde una perspectiva externa[44].

---

[43] Por su parte, el primer voto particular de la Sentencia, considera que existió un acompañamiento continuo de las intervenciones telefónicas por el juez de instrucción, por lo que no considera nula la diligencia.

[44] EDUARDO URBANO CASTRILLO y MIGUEL ÁNGEL TORRES MORATO, en *La Prueba Ilícita Penal*, Thomson, Aranzadi, 2003, p. 56, señalan que «*en resumidas cuentas, existe*

Pareciendo consciente de la necesidad de profundizar en esta cuestión, la Sentencia del *STJ* de 19 de mayo de 2005 adoptó el siguiente acuerdo:

> «*Quanto à questão das nulidades arguidas, o tribunal "a quo" pronunciou-se no sentido de que as escutas estavam inquinadas de base, mas considerou que não era mister anular as provas imediatas delas derivadas por as mesmas não terem sido valoradas como elemento probatório relevante na decisão da 1.ª instância... E, quanto às provas mediatas ou consequenciais, considerou que houve uma quebra na cadeia de invalidade, por força da produção de prova autónoma, não havendo relação de causa-efeito entre as escutas realizadas e as diligências investigatórias efectuadas posteriormente, e bem assim as provas obtidas por meio delas. E não só por meio delas, como também por força de prova pessoal relacionada com as declarações produzidas pelo recorrente..., de que se destacam as declarações feitas na audiência de julgamento, não tendo estas nada a ver, em termos de adequação causal, com a invalidade das escutas telefónicas. Esta última constatação conduziu ao reforço da tomada de posição quanto à desnecessidade/inutilidade da anulação das mencionadas escutas*»[45].

Ante la actualidad que tiene la materia de la desconexión causal (de antijuricidad) es interesante este pronunciamiento al respecto, que hace que este tipo de argumentación de desadecuación causal pueda dar más juego, cara al futuro en la admisión de pruebas jurídicamente independientes. Por otro lado, otro dato importante es la solución que se propone de que la prueba ilícita no generará nulidad si la condenación no estuviera fundada, de modo exclusivo, en la prueba ilícita, a pesar de que este entendimiento supone limitar la eficacia de la garantia constitucional de la nulidad/inadmisibilidad procesal de las pruebas ilícitas.

"conexión de antijuricidad" cuando se da una relación entre el medio de prueba ilícito y el reflejo, lo suficientemente fuerte que permita estimar que la ilicitud originaria de la primera trasciende a la segunda, hasta el punto de provocar su situación invalidante. Siendo un *"juicio de experiencia"* el que permitirá, en cada caso, decidir la admisibilidad de la prueba derivada si lo probable es que el resultado logrado se hubiera alcanzado si uno de los elementos probatorios tenidos en cuenta – el declarado ilícito – hubiera faltado. Se apela, por tanto, a un exigente juicio de razonabilidad en el que la piedra de toque es la calidad de la motivación, en la que no es dodoso otorgar también un espacio de juego notable, al principio in dubio pro reo».

[45] En otra línea, la S. del *Tribunal da Relação de Lisboa* de 16 de diciembre de 2004 y la S. del *STJ* de 20 de octubre de 2005 extremam los llamados *efectos à distancia* de las intervenciones telefónicas en relación al resultado de los registros.

Tras analizar las limitaciones jurisprudenciales del "*efeito à distância*" de la nulidad de las pruebas ilícitas, hay que referirse, a este respecto, de igual modo, a la importancia de la limitación legal de la nulidad establecida en el n.° 4 del art. 126.° del CPP[46] que permite la posibilidad de ser utilizada contra quien produjo el método prohibido cuando su actuación consubtancia un delito.

Su importância es tal, que Teresa Pizarro Beleza, Germano Marques da Silva, y Ana Luísa Pinto afirman que se trata de la única utilización posible de las pruebas nulas[47].

De la ilicitud de la prueba, depende, la bondad de esta limitación legal. Ahora bien, la cuestión de la nulidad no es, ciertamente, sencilla. Desde luego, parece indudable que cuando la prueba, aparentemente ilícita, fuere obtenida por el propio acusado, la ilicitud estaria excluida a través del estado de necesidad, si se trata del único medio de que dispone el acusado para comprobar su inocencia. Y en dicho caso, ya no hay razón para hablar en prueba ilícita. A este respecto, Costa Andrade, pone como ejemplo el uso de una gravación ilícita que representa la «*única possibilidade de alcançar a absolvição de un inocente infundadamente acusado de um crime*»[48].

C) Tratamiento procesal de la ilicitud probatoria

La norma constitucional determina en el art. 32.°, n.° 8 categoricamente la nulidad de todas las pruebas obtenidas mediante tortura, coacción, ofensa de la integridad física o moral de la persona, abusiva intromisión en la vida privada, domicilio, correspondencia o telecomunicaciones. Además, el legislador procesal portugués especifica en el art. 126.°, n.° 1 del CPP que «*no pueden ser utilizadas*». Deste modo, la inutilizabilidad reconocida constituye claramente un limite al libre convencimiento del juez, impidiendo que la prueba sirva de fundamento de decisión judicial.

---

[46] Art. 126.°, n.° 4 CPP «*Se o uso dos métodos de obtenção de provas previstas neste artigo constituir crime, podem aquelas ser utilizadas com o fim exclusivo de proceder contra os agentes do mesmo*».

[47] Y en consecuencia, reputan la nulidad prescrita en el n.° 3 del art. 126.° CPP como nulidad insanable. Cfr. TERESA PIZARRO BELEZA, *op. cit.*, pp. 151 y 152. GERMANO MARQUES DA SILVA, *op. cit.*, p. 121. ANA LUÍSA PINTO, *op. cit.*, p. 437.

[48] Cfr. COSTA ANDRADE, *op. cit.*, p. 45.

Por eso, se puede decir que el momento procesal oportuno para plantear y discutir la validez de pruebas no es único. El ordenamiento, aunque no consagra uma tramitación específica para dilucidar la ilicitud de una determinada diligencia probatoria, ofrece varios momentos cruciales, dada su influencia perturbadora mientras se desarrolla el proceso. No es necesario esperar al inicio de las sesiones del juicio oral para hacer valer la nulidad, sino que es posible hacerlo en cualquier momento anterior en cuanto se detecte, tanto en la instrucción (*inquérito*), fase intermedia (*instrução*), como en el saneamiento del proceso o una vez abierto el juicio oral. Todo dependerá de las circunstancias, en caso de flagrante nulidad puede expulsarse del proceso en las fases previas, en otras situaciones menos flagrantes o más dudosas será más dificil que pueda someterse a discusión previa a la decisión última del tribunal, pues se tratará de una cuestión valorativa que corresponderá resolver al juzgador en el trámite procesal de sentencia, tras el debate del juicio oral.

Igualmente, hay que tener en cuenta, que la propia lógica de las nulidades insanables por vulneración de derechos fundamentales hace que no sea posible la sanación de la misma y por eso no hay un trámite preclusivo de declaración de la ilicitud de la misma. Del mismo modo, deben ser conocidas oficiosamente por el tribunal (art. 119.º del CPP) pero nada impide que su conocimiento sea levantado por los demás sujetos procesales.

Sin embargo, la cuestión no es pacífica. Un sector doctrinal y una cierta corriente jurisprudencial ha subrayado la idea de que la prueba ilícita prevista en el n.º 3, del art. 126.º del CPP implica anulabilidad en vez de nulidad radical. En esta posición, se defiende, por tanto, la aplicación del plazo previsto en el artigo 120, n.º 3 del CPP y su planteamiento por los interesados. En la línea expuesta, Maia Gonçalves, José da Costa Pimenta y Tolda Pinto[49]. Por su parte, la Sentencia del *Supremo Tribunal de Justiça* de 8 de febrero de 1995[50] afirma de forma rotunda, por influjo de la doctrina de Maia Gonçalves y de la Sentencia de 23 de abril de 1992, que en el caso de los autos

> «*las pruebas obtenidas a través del registro domiciliario efectuado sin autorización de la autoridad judicial competente ni con el consentimiento del interesado son nulas*»

---

[49] Cfr. MAIA GONÇALVES, *op. cit.*, p. 43. Sin embargo, este autor considera que en el caso de inexistencia de autorización o de orden judicial, la sanción se encuadra en el ámbito de la nulidad insanable. Posición más radical, la sustenta, TOLDA PINTO, *A Tramitação Processual Penal*, 2.ª ed., Coimbra Editora, 2001, p. 425.

[50] Publicada en el *BMJ* n.º 444, p. 358.

y concluye que

> «*como tal nulidad fue cometida durante el inquérito (instrucción), atendiendo al plazo señalado en el art. 120, n.° 3, al c) del CPP*[51], *hace ya mucho tiempo que caducó el plazo para su planteamiento, habiendo sólo ahora en la fundamentación del recurso sido cuestionada*».

Y en esta misma línea, se pronunciaron, entre otras, las sentencias del *Supremo Tribunal* de 29 de octubre de 1998[52], 9 de octubre de 2002 y 9 de julio de 2003[53].

Con más rigor procesal, la muy interesante Sentencia del *STJ*, de 17 de junio de 2004[54], matiza que si bien

> «*a Relação deu aval a um entendimento jurídico, segundo o qual, na essência, a eventual ocorrência de nulidade nos procedimentos formais seguidos na recolha das escutas, configuraria nulidade relativa, já sanada, por não arguida até o momento previsto no art. 120.°, n.° 3, al. c) do CPP. Porém, esse entendimento está longe de conciliar maioria e, muito menos, a unanimidade das posições jurisprudenciais conhecidas sobre o tema. Aliás, o melindre de que se reveste no nosso sistema jurídico-constitucional, o recurso ao uso de escutas telefónicas como meio de prova, pela possibilidade efectiva de lesão irreparável de direitos fundamentais..., pela gravosa danosidade social que lhe anda associada, parece não ser um bom índice para avaliar a bondade de tal tese minimalista do acórdão recorrido sobre os efeitos das apontadas irregularidades, pese, embora, a necessidade imperiosa de salvaguardar de um mínimo razoável de eficácia na investigação criminal... Uma tal interpretação, para além de não uniforme, assumirá foros de duvidosa constitucionalidade, tal como pode concluir-se da leitura do Ac. do Tribunal Constitucional n.° 166/03, de 28 de Março de 2003*».

Ciertamente esta última posición sería la ideal, por el peligro que comporta el raciocínio de este género de jurisprudencia minimalista que conduce a la relativización de la prueba ilícita. *Relativización* de contenido preocupante (al devaluar en simple anulabilidad la vulneración de derechos fundamentales, como la intromisión sin consentimiento del respec-

---

[51] Art. 120.°, 3, c, CPP «*Tratando-se de nulidade respeitante ao inquérito ou à instrução, até ao encerramento do debate instrutório ou, não havendo lugar a instrução, até 5 dias após a notificação do despacho que tiver encerrado o inquérito*».
[52] Publicada en el *BMJ* n.° 480, p. 292.
[53] www.stj.pt
[54] www.stj.pt

tivo titular en la vida privada, en el domicilio, en la correspondencia o en las comunicaciones – art. 126.°, n.° 3 del CPP – con el argumento de que se trata de bienes jurídicos disponibles (*volenti non fiat injuris*), de pruebas relativamente prohibidas). Línea jurisprudencial que produce grave inquietud en la doctrina al contender con los derechos fundamentales[55]. Y es que, efectivamente, la falta de resolución judicial, si la entrada y registro en un domicilio se ha realizado sin el consentimiento de su titular (o, en su caso, no existiera flagrancia delictiva), la diligencia será radicalmente nula por vulneración del derecho fundamental a la intimidad personal y familiar en sus diversas manifestaciones, y además insanable. En este sentido la pretendida anulabilidad (y subsanación del acto ilícito) devalúa auténticos derechos fundamentales y se traduce en una verdadera relativización *automática* de los efectos de nulidad de la prueba ilícita.

Ahora bien, si en efecto, puede ser admisible la utilización de pruebas ilegítimamente obtenidas (y/o cuantas pruebas traigan causa de dicha diligencia) – y así, su *relativización* – en una situación concreta de encrucijada de intereses coexistentes, a través de la valoración o ponderación de los mismos (inviolabilidade das comunicações telefónicas *versus* verdade material e punição dos culpados...), la doctrina será muy discutible, poco garantista y de dudosa constitucionalidad que estas situaciones *per se* se estimen como anulabilidades y se proclamen subsanables.

Es necesario indicar que las aportaciones de tipo doctrinal y jurisprudencial, sobre la materia que nos ocupa (la tramitación procesal de la ilicitud probatoria) son escasas. Sólo ha sido objeto de atención la problemática, ya vista, sobre el carácter de la nulidad. Por eso, será preciso analizar estas cuestiones a través básicamente de la normativa procesal, en cuanto exista regulación al respecto.

Aunque no existe un trámite específicamente previsto para dilucidar el tema de la ilicitud probatoria, a través de las distintas fases del proceso puede cuestionarse la admisibilidad de una prueba considerada ilícita. De este modo, la tramitación no es preclusiva.

Considero que el tema de la ilicitud de la prueba puede suscitarse durante el *inquérito* (instrucción) en el momento mismo en que se practica la medida de investigación y que el *Auto de inquérito* puede abordar el tema

---

[55] Posición mantenida por TERESA BELEZA, *Apontamentos de Direito Processual Penal*, AAFDL, 1992, II vol., pp. 151-152. E igualmente, COSTA ANDRADE, *op. cit.*, p. 188 y ss. GERMANO MARQUES DA SILVA, *op. cit.*, p. 205. Recientemente, también GUEDES VALENTE, *op. cit.*, pp. 419 y 420, recordando la doctrina de GOMES CANOTILHO.

de la validez de las pruebas e incluso evitar que la prueba se incorpore al sumario (si se constata una vulneración grave en la fase de instrucción, por ejemplo una declaración prestada bajo tortura) de acuerdo con el art. 275.°, n. 1 del CPP que determina que «*as diligências de prova realizadas no decurso do inquérito são reduzidas a auto, que pode ser redigido por súmula, salvo aquelas cuja documentação o ministério público entender desnecessário*». Por su parte, Germano Marques da Silva recuerda que «para que um meio de investigação não possa ser usado terá que a proibição ser estabelecida por lei (arts. 125.° e 126.° do CPP)»[56].

La fase intermédia (*instrução*) constituye un momento idóneo para combatir la ilicitud de una prueba. Es posible plantear la ilicitud en los trámites previstos en los arts. 292.°, 296.°, 302.° e 308.° del CPP.

El propio art. 292.° CPP sitúa la cuestión en el trámite de la admisión de las pruebas al prescribir que «*são admissíveis na instrução todas as provas que não forem proibidas por lei*» y garantizar en el n.° 2 la posibilidad de contradictorio donde se establece que el «*juiz de instrução interroga o arguido quando o julgar necessário e sempre que este o solicitar*». Es más, no se deve descartar la posibilidad de abordar el tema de la validez a través de los requerimientos presentados por la acusación y por la defensa en esta fase, de acuerdo con el art. 296.° CPP[57]. Y la cuestión puede ser planteada en el pórtico del *debate instrutório*, pues el art. 302.° permite debatir cuestiones de prueba relevantes y de caracter controvertido, con posibilidad de proponer prueba al respecto[58]. Y en el *despacho*

---

[56] Cfr. GERMANO MARQUES DA SILVA, *Curso de Processo Penal*, III, Verbo, p. 79.

[57] Art. 296.° (Auto de instrução) CPP: «*As diligências de prova realizadas em acto de instrução são reduzidas a auto, ao qual são juntos os requerimentos apresentados pela acusação e pela defesa nesta fase, bem como quaisquer documentos relevantes para apreciação da causa*».

[58] Art. 302.° (Decurso do debate)

«*1. O juiz abre o debate com uma exposição sumária sobre os actos de instrução a que tiver procedido e sobre as questões de prova relevantes para a decisão instrutória e que, em sua opinião, apresentem carácter controverso.*

2. Em seguida, concede a palavra ao ministério público, ao advogado do assistente e ao defensor, para que estes, querendo, requeiram a produção de provas indiciárias suplementares que se proponham apresentar, durante o debate, sobre questões concretas controversas.

Segue-se a produção da prova sob a directa orientação do juiz, o qual decide, sem formalidades, quaisquer questões que a propósito se suscitarem. O juiz pode dirigir-se directamente aos presentes, formulando-lhes as perguntas que entender necessárias à realização das finalidades do debate».

de pronúncia o *de não pronúncia* (art. 308.º CPP) se exige dar respuesta a la pretensión de nulidad[59]. Así, por ejemplo, la S. del *Tribunal da Relação de Guimarães* de 9 de junio de 2005 resolvió el recurso que los *arguidos* interpusieron contra la *decisão instrutória* que juzgó válidas las intervenciones telefónicas. El tribunal estima parcialmente el recurso, declarando nulas las intervenciones telefónicas realizadas y válido el registro del automóvil efectuado y la aprehensión, ordenando en consecuencia la reformulación del *despacho de pronúncia*.

Sin embargo, como la fase intermédia de la *instrução* es facultativa (art. 286.º CPP), evitando que una posible prueba obtenida de manera ilícita o con vulneración de los derechos fundamentales produzca efectos perjudiciales como el de obligar al acusado a sufrir la «pena del banquillo», se regula de manera expresa dentro de los actos preliminares del plenario el trámite procesal de saneamiento del proceso (art. 311.º CPP)[60] que propicia que se pueda sanar y expulsar del procedimiento aquellas pruebas que hayan sido obtenidas con vulneración de los derechos fundamentales (y en su caso, todas las que de aquéllas traigan causa u origen). Insistiendo en esta idea, está prevista en la fase preliminar de la audiencia la alegación de artículos de previo pronunciamiento en el art. 338.º CPP (*questões prévias ou incidentais*)[61] que permite el paso a la alegación previa de la vulneración de derechos fundamentales al comienzo de las sesiones del juicio oral y a una respuesta jurisdiccional *in voce*, sin exigir una resolución tardía y extensa. Si en el pórtico del juicio oral, nadie acusa la vulneración, el Tribunal entendemos que la apreciará, si se ha producido, porque los Tribunales son los garantes de los derechos fundamentales. E igualmente podrá aplazar el pronunciamiento de la cuestión hasta el momento de dictar sentencia si lo estima procedente, pues la decisión oral, con una sucinta

---

[59] Art. 308.º (Despacho de pronúncia ou de não pronúncia): «*3. No despacho referido no n.º 1 o juiz começa por decidir das nulidades e outras questões prévias ou incidentais de que possa conhecer*».

[60] Art. 311.º (Saneamento do processo)
«*Recebidos os autos no tribunal, o presidente pronuncia-se sobre as nulidades e outras questões prévias ou incidentais que obstem à apreciação do mérito da causa, de que possa desde logo conhecer*».

[61] Art. 338.º (Questões prévias ou incidentais)
«*1. O tribunal conhece e decide das nulidades e de quaisquer outras questões prévias ou incidentais susceptíveis de obstar à apreciação do mérito da causa acerca das quais não tenha ainda havido decisão e que possa desde logo apreciar...
2. ... A decisão pode ser proferida oralmente, com transcrição para a acta*».

motivación, es una *facultad discrecional* del Tribunal en la fase de iniciación de la vista oral. Será conveniente la resolución inmediata, si efectivamente la prueba adolece de una nulidad clamorosa que va a prejudicar a la parte que promovió la cuestión.

En todo caso, esta possibilidad procesal não se ha de considerar un trámite preclusivo, sino un critério lógico de abordar el tema de la validez de las pruebas tratando de evitar problemas posteriores y sobre todo de evitar la interferencia de pruebas ilícitas en el curso de la práctica de aquellas que no están viciadas.

Por ello las cuestiones relativas a las pretendidas vulneraciones de derechos fundamentales son susceptibles de reiteración o proposición en el desarrollo del plenario (art. 340.°, 355.°, 360.°, ... CPP)[62]. De ese modo, se pueden aportar o reproducir pruebas esclarecedoras al respecto para demostrar la ilicitud/licitud de una prueba. Por otro lado, se trata de una cuestión valorativa propia del trámite procesal de sentencia, tras el debate del juicio oral. Y si ello es así, con más razón la declaración sobre la posible ilicitud de la prueba deberá/podrá hacerse en la sentencia, la cual no tendrá en cuenta la prueba ilícita para su valoración[63]. A este respecto,

---

[62] Art. 340.° (Princípios gerais)

«*1. O tribunal ordena, oficiosamente ou a requerimento, a produção de todos os meios de prova cujo conhecimento se lhe afigure necessário à descoberta da verdade e à boa decisão da causa.*

2. Sem prejuízo do disposto no art. 328.°, n.° 3, os requerimentos de prova são indeferidos por despacho quando a prova ou o respectivo meio forem legalmente inadmissíveis. Os requerimentos de prova são ainda indeferidos se for notório que:

   a) *As provas requeridas são irrelevantes ou supérfluas;*
   b) *o meio de prova é inadequado, de obtenção impossível ou muito duvidosa;*
   c) *o requerimento tem finalidade meramente dilatória».*

Art. 355.° (Proibição de valoração de provas)

«*1. Não valem em julgamento, nomeadamente para o efeito de formação da convicção do tribunal, quaisquer provas que não tiverem sido produzidas ou examinadas em audiência».*

Art. 360.° (Alegações orais)

«*1. Finda a produção da prova, o presidente concede a palavra, sucessivamente, ao Ministério Público, aos advogados do assistente e das partes civis e ao defensor, para alegações orais nas quais exponham as conclusões, de facto ou de direito, que hajam extraído da prova produzida».*

[63] Art. 374.° (Requisitos da sentença)

«*... 2. Ao relatório segue-se a fundamentação, que consta da enumeração dos factos provados e não provados, bem como de uma exposição tanto quanto possível*

cabe señalar la Sentencia del Tribunal Constitucional Portugués n.° 393/03 que rechaza la aplicación de la norma impugnada por el recurrente para efecto del control de constitucionalidad en un caso en que se había acordado la nulidad

> «... *as escutas em causa "são nulas, por não terem sido observados os requisitos previstos no art. 188.° CPP" e, em consequência de tal nulidade, "não podiam ser utilizadas como meio de prova pelo Tribunal". Ora, o Supremo concluiu que "essas escutas não foram utilizadas como meio de prova no acórdão recorrido, como seguramente resulta dos seus termos". Por outras palavras, as escutas telefónicas não foram relevantes, no caso, para a avaliação da matéria de facto com base na qual o arguido foi condenado... Daqui resulta que a norma impugnada no presente recurso não foi aplicada pelo STJ na interpretação identificada pelo recorrente e por ele considerada contrária à Constituição*».

En sentido contrario, es decir que no es preciso que la resolución adopte la nulidad, la Sentencia del *STJ* de 19 de mayo de 2005 resulta particularmente interesante al declarar que

> «*o tribunal "a quo" pronunciou-se no sentido de que as escutas estavam inquinadas de base, mas considerou que não era mister anular as provas imediatas delas derivadas por as mesmas não terem sido valoradas como elemento probatório relevante na decisão da 1.ª instância (da 6.ª Vara Criminal de Lisboa, de 16 de Abril de 2004)... E, quanto às provas mediatas ou consequenciais, considerou que houve uma quebra na cadeia da invalidade, por força da produção de prova autónoma... Esta última constatação conduziu ao reforço da tomada de posição quanto à desnecessidade/inutilidade da anulação das mencionadas escutas*».

Lo que nos lleva a señalar el carácter restrictivo de la declaración de nulidad utilizado en esta sentencia al admitirla sólo cuando la condenación estuviese fundada exclusivamente en la prueba ilícita y no en otras pruebas aptas. Entendimiento evidentemente perturbador de la garantia constitucional de la nulidad y no utilización de la prueba ilícita (art. 32.°, n.° 8 CRP).

Por otra parte, si denunciada y resolvida la cuestion previa de la ilicitud probatoria en la fase preliminar, no parece haber obstáculo para que

---

completa, ainda que concisa, dos motivos, de facto e de direito, que fundamentam a decisão, com indicação e exame crítico das provas que serviram para formar a convicção do tribunal...».

la sentencia final se pronuncie sobre la misma, tras el resultado de la prueba o incluso para que se transponga en la misma la fundamentación de la sucinta decisión anterior[64].

En todo caso, no está de más recordar, en esta materia, que la tramitación referida es para los procesos en forma comun. En los procesos especiales tampoco hay um trámite expreso para resolver la ilicitud probatoria ni se regula ningún incidente especial para poner de manifiesto la ilicitud probatoria, por lo que en el proceso *sumario, abreviado* y *sumaríssimo* (si el *arguido* deduzca oposición) el momento apropiado para debatir la licitud/ilicitud de una prueba será el juicio oral.

D) Consecuencias de la ilicitud probatoria

Sobre el alcance que debe darse a la expresión «*son nulas*» del art. 32.º, n.º 8 CRP, el art. 126.º, 1, CPP explica que su sentido se circunscribe a su no utilización. Deste modo, ha de entenderse que abarca a todas las pruebas con independencia de la fase de la tramitación, como vimos anteriormente, pues es indudable que cuando la violación del derecho fundamental sea evidente se procederá a la no admisión de la prueba, y en los otros casos, seguramente se procederá a su admisión. En este último supuesto, después de su discusión en el plenario, si el juez se pronuncia en la sentencia en favor de su ilicitud no la podrá tener en cuenta. Es decir, la consecuencia de la ilicitud probatoria es la imposibilidad de utilización procesal, sin perjuicio de su utilización para la punición criminal de los responsables por su obtención, de acuerdo con lo consagrado en el n.º 4. del art. 126.º CPP[65]. No es ésta la ocasión de tratar todas las consecuencias de la ilicitud de la prueba, pero sí de señalar que los aspectos relacionados con la reparación civil para quien la ha padecido se han de solventar de acuerdo con las regras generales.

Por lo que se refire a los recursos, se cuenta con la posibilidad de interponer *recursos interlocutórios* de la decisión de primera instancia que

---

[64] Justamente en el conocido *caso Mesa Nacional de Herri Batasuna* (Sentencia del TS Español de 24 de marzo de 2000) se declaró que «*no nos encontramos ante compartimentos estancos que eviten la debida comunicación entre ambas decisiones*».

[65] Art. 126.º, 4 CPP «*Se o uso dos métodos de obtenção de provas previstos neste artigo constituir crime, podem aquelas ser utilizadas com o fim exclusivo de proceder contra os agentes do mesmo*».

desestimó por ejemplo la *arguição* de la nulidad de intervenciones telefónicas realizadas en los autos. Con todo, de la decisión de la *Relação* no se admite recurso (art. 400.°, n.° 1, c, CPP)[66].

En materia de recurso de la decisión final de primera instancia[67], cabe recurso en la segunda instancia ante el *Tribunal da Relação*, y de las decisiones de este Tribunal recurso para el *Supremo*.

No hay duda que un gran número de recursos se interponen alegando por los recurrentes que la decisión condenatoria se sustenta en prueba ilícita. Se trata de supuestos, bastantes frecuentes, contra las sentencias de la 1.ª o 2.ª instancia que condenan al acusado por estimar válidas las pruebas, obtenidas por ejemplo a través de intervenciones telefónicas o registro. Se alega el error del juzgador sobre su licitud (porque valoró intervenciones telefónicas no autorizadas o sin control judicial...) y se pretende la anulación de la sentencia recurrida y la absolución de los mismos. Y en un claro ejemplo de lo ilustrado, la S. del *Tribunal da Relação de Lisboa* de 16 de diziembre de 2004 casa una sentencia – en la que concurrió un cúmulo de nulidades, como dice la propia resolución – en la que si el período de duración de la intervención telefónica ni fué definido, ni su resultado fué transcrito en el plazo mínimo que implica el término inmediatamente (art. 188.° CPP), tal como resulta de la S. del TC, de 11 de junio de 2004, manda devolver los autos a la 1.ª instancia para que se proceda a la reformulación de la decisión proferida, sin atender a los medios de prueba que se invalidan (las intervenciones telefónicas y la prueba refleja obtenida con el registro).

Del mismo modo, tendrá legitimación el *Ministério Público* (Fiscal) para recurrir y alegar que la sentencia se ha sustentado en prueba ilícita, denunciando la vulneración de un derecho fundamental, sobre la base legal de la función que tiene atribuida de velar por la legalidad del proceso (art. 219.° de la Constitución de la República Portuguesa) denunciando, por ejemplo, la vulneración de las diligencias de intervención telefónica o

---

[66] Art. 400.°, 1, c, CPP, *não é admissível recurso «de acórdãos proferidos, em recurso, pelas relações, que não ponham termo à causa»*.

[67] Art. 379.° (Nulidade da sentença):
«*1. É nula a sentença:*
a) *Que não contiver as menções referidas no art. 374.°, n.ᵒˢ 2 e 3, alínea b);*
... c) *Quando o tribunal deixe de pronunciar-se sobre questões que devesse apreciar ou conheça de questões de que não podia tomar conhecimento.*
2. As nulidades da sentença devem ser arguidas ou conhecidas em recurso, sendo ilícito ao tribunal supri-las...».

de registro, o haciendo valer expansivamente el efecto a distancia de la declaración de nulidad de ciertas pruebas.

Igual legitimación del *Ministério Público* debe darse para recurrir, cuando una sentencia considera indebidamente la nulidad de una prueba y sin efecto sin serlo (y consiguientemente no la tiene en cuenta en la valoración provocando una absolución injusta). En efecto, al Ministério Público le corresponde la defensa de la legalidad del proceso y su desarrollo con todas las garantias que conforman un juicio justo (art. 6.º del CEDH) que ejercita también cuando interpone un recurso de una decisión absolutoria y sustenta la validez de las pruebas invocadas y praticadas. Así, el Tribunal que decida el recurso si considera válidas las diligencias probatorias deberá anular la sentencia recurrida y ordenar al Tribunal de instancia en la adopción de nueva sentencia tener en consideración el resultado de la prueba validamente realizada.

Por último, no será ocioso indicar que, en los supuestos de contradiciones o insuficiencia de la materia de facto, se permite que «*em caso de utilização de "métodos proibidos de prova", a fixação dos factos materiais da causa pode ser objecto de recurso de revista (arts. 126.º CPP e arts 722.º, n.º 2, e 729.º, n.º 2 CPCivil)*» determinando el *STJ* en Sentencia de 30 de octubre de 2003 que «*a decisão de facto pode e deve ser ampliada em ordem a constituir base suficiente para a decisão de direito...*» por lo que determina que «*a Relação (se possível pelos mesmos juízes) julgue novamente a causa de harmonia com o regime jurídico ora definido (art. 730.º CP Civil)*».

Consideraciones finales

Con las precedentes notas he tratado de resaltar la posición de la doctrina y jurisprudencia portuguesa sobre esta cuestión.

En resumidas cuentas, el principio de la verdad real no autoriza al juez ni a las partes a ultrapasar los limites éticos y legales colocados por un proceso penal sensible a los valores de la dignidad humana. La prueba ilícita es inutilizable en el proceso, aunque se trate de prueba relevante y pertinente. Por eso, no puede ser valorada judicialmente.

Lo más destacable en este asunto es la inexistencia de un criterio unitario en la doctrina y jurisprudencia a la hora de determinar las consecuencias de la ilicitud probatoria, lo que abre la puerta a una cierta involución al catalogar la lesión de ciertos derechos fundamentales como simple anulabilidad. Ciertamente, lo más prudente y respetuoso con los derechos fundamentales será pecar por exceso en esta cuestión.

Por otro lado, el panorama jurisprudencial es radical cuando la lesión del derecho fundamental que origina la ilicitud probatoria vulnera la dignidad humana. La doctrina, por su parte, admite también en estos casos, por vía de excepción, la utilización de una prueba prohibida, siempre que concurra una situación grave.

En relación al punto delicado de la admisión de la prueba refleja, la jurisprudencia desde posiciones absolutas y maximalistas que declaran la contaminación de todo el material probatorio contaminación se ha ido decantando hacia posiciones más equilibradas del alcance de los efectos contaminantes sobre la base de la teoria de la ponderación de los intereses implicados o en la búsqueda de una desconexión causal entre la lesión del derecho fundamental y el medio de prueba. La doctrina, por su parte, recuerda que no se puede excluir alienadamente el *efeito à distancia*, pero deja el camino abierto hacia argumentaciones interpretativas serias sobre la prueba ilícita. Y así, se ha dicho que «*não podemos aferir que no direito português o efeito à distancia é sacralizadamente seguido e que não sob o "fogo" da discussão saudável da exegese e hermenêutica laboriosamente aturada e filigrânica, impostas ao intérprete e aplicador*»[68].

En cuanto a su tramitación, hay base legal suficiente y flexible para evitar postergar la resolución de una prueba presuntamente ilícita, al momento de dictar sentencia o en la via de recurso, pues cabe su planteamiento, en cuanto se detecte la posible ilicitud en el trámite de artículos de previo pronunciamiento, en el debate preliminar del comienzo del juicio oral evitando la contaminación del proceso. En todo caso, esta problemática, no constituye una de las mayores preocupaciones de la doctrina, dada la flexibilidad legal en su planteamiento.

---

[68] Cfr. MANUEL GUEDES VALENTE, *op. cit.*, p. 427, siguiendo la línea avanzada por COSTA ANDRADE, *op. cit.*, p. 314.

PUBLICIDADE E SEGREDO NA ÚLTIMA REVISÃO DO CÓDIGO DE PROCESSO PENAL*

FREDERICO DE LACERDA DA COSTA PINTO**

I. ENQUADRAMENTO E ALCANCE DA REVISÃO DE 2007

A recente revisão do Código de Processo Penal (aprovada pela Lei n.º 48/2007, de 29 de Agosto) tem sido por vezes apresentada como uma alteração pontual mas extensa de vários regimes, marcada por um equilíbrio razoável entre interesses da vítima, o direito de defesa do arguido e soluções indutoras de celeridade e eficácia processuais. Nenhum destes aspectos me parece ser completamente exacto para descrever o alcance das inovações legislativas neste domínio e, em particular, as alterações ao regime de segredo de justiça que surgiram durante o trânsito parlamentar da lei.

1. A revisão de 2007 está, em primeiro lugar, muito longe de ser uma simples revisão pontual de alguns artigos do Código e, em segundo lugar,

---

* Texto que serviu de base à comunicação apresentada nas Jornadas sobre a revisão do Código de Processo Penal, organizadas pelo Centro de Estudos Judiciários, em Coimbra, em 8 e 9 de Novembro de 2007, e em Lisboa, em 15 e 16 de Novembro do mesmo ano. Agradeço à Directora do CEJ, Senhora Professora Doutora *Anabela Miranda Rodrigues*, o convite que amavelmente me dirigiu para participar nas jornadas e ao Senhor Dr. *Pedro Vaz Patto*, Juiz de Direito, com funções docentes no CEJ, as frutíferas trocas de impressões que comigo manteve sobre este tema. Agradeço, ainda, à Senhora Professora Doutora *Teresa Pizarro Beleza* e à Senhora Dra. *Helena Bolina* a leitura e comentários que dirigiram à versão inicial deste estudo.

** Mestre em Direito. Professor convidado da Faculdade de Direito da Universidade Nova de Lisboa. Assessor do Conselho Directivo da CMVM. As opiniões manifestadas são estritamente pessoais, não podendo em caso algum ser atribuídas à CMVM.

não estabelece um quadro de equilíbrio aceitável entre os diversos interesses que se podem manifestar ao longo de um processo – em especial, depois das alterações introduzidas no Parlamento à proposta de lei apresentada pelo Governo. É, no seu resultado final, uma revisão desequilibrada, que revela um legislador impaciente e que contém soluções inesperadas surgidas no trânsito parlamentar da lei, soluções que não constavam e que por vezes até adulteram o anteprojecto da Unidade de Missão. No tema deste estudo, as soluções legais têm, aliás, uma tripla origem: algumas normas vêm do texto anterior do Código, outras da Unidade de Missão e outras surgiram (novas ou reformuladas) na comissão especializada que no Parlamento alterou a lei.

A revisão de 2007 não é, assim, apenas uma soma de alterações específicas a preceitos legais: algumas dessas alterações e, em especial, o seu conjunto implicaram alterações ao modelo de processo penal que estava consagrado na versão inicial do Código e, ao fazê-lo, criaram um novo paradigma para o concreto funcionamento da justiça penal em ruptura parcial com alguns traços significativos do modelo anterior. Um paradigma que, na minha singela avaliação, não é completamente coerente do ponto de vista do sistema penal e integra algumas opções que não foram devidamente esclarecidas pelo legislador, nem nos seus fundamentos, nem nas suas consequências práticas. Para demonstrar esta afirmação permito-me invocar apenas cinco pontos da revisão de 2007:

a) Alargamento extraordinário das formas especiais de processo, numa matriz de ampliação que vem já das revisões anteriores do CPP, mas que ganha um fôlego muito substancial com a presente revisão (arts. 381.º, 391.º-A e 392.º e ss.); no modelo inicial do CPP as formas especiais de processo tinham um alcance bem mais limitado, o que correspondia a uma opção consequente, embora sujeita a uma necessária avaliação ao longo dos tempos. A maior parte da pequena e média criminalidade vai, nos próximos anos, ser objecto dos processos especiais, quer pela ampliação dos seus pressupostos, quer pela prioridade legal na opção por estas formas de processo (cfr. art. 12.º, n.º 1, als. *d)* a *f)*, da Lei n.º 51/2007, de 31 de Agosto). Mas deixam de estar em causa apenas bagatelas penais, pois o limite de jurisdição em tais processos vai até aos cinco anos de prisão. Isto significa uma sobrecarga muito significativa para alguns tribunais, em especial para os Tribunais de Pequena Instância Criminal (que, ademais, funcionam como tribunais de primeiro ingresso) e a sua intervenção, ao abrigo dos processos especiais, em casos que podem ter uma gravidade sancionatória muito considerável.

b) Consagração de limites muito significativos à investigação criminal e aos poderes do Ministério Público durante o inquérito criminal, a par de alguma desvalorização da fase de instrução. Este aspecto parece-me indesmentível se pensarmos na quantidade de matérias em que os poderes do Ministério Público sofreram restrições relativamente ao texto anterior e, em especial, se não virmos essas soluções isoladamente mas antes como um conjunto de limitações sobrepostas (*v. g.* publicidade do inquérito, alteração de prazos e seus efeitos, um regime de escutas mais restritivo, limitações diversas ao regime de aplicação de medidas de coacção, reforço dos limites ao regime de quebra de segredo, controlo judicial de mais decisões do MP, etc.). A eliminação do debate instrutório no processo abreviado, consolida a opção (anterior) de inexistência desta fase nos processos especiais (art. 286.º, n.º 3, do texto actual); a irrecorribilidade de algumas decisões e a publicidade da fase de instrução tornam esta fase preliminar pouco interessante para a defesa do arguido, potenciando-se, em ambos os casos, a passagem rápida para a fase de julgamento. Em suma, a presente revisão pode debilitar as fases preliminares e forçar julgamentos mais precipitados.

c) Aumento significativo dos poderes do JIC no inquérito, uma fase dirigida pelo Ministério Público, quando se trata exactamente de controlar o Ministério Público, mas limitações aos poderes do JIC em casos específicos.

d) Reforço muito significativo dos direitos de defesa do arguido em muitas matérias relevantes, fazendo desta reforma uma espécie de «lego garantístico», em que se somam, em sobreposição sucessiva, mais e mais direitos dos arguidos em detrimento do modelo de concordância prática entre interesses conflituantes, modulado de acordo com a fase processual em causa (*v. g.* através da distinção entre as fases preliminares e a fase de julgamento), acolhido na versão inicial do código.

e) Alteração de algumas características do modelo misto (reformado ou napoleónico) do sistema processual penal acolhido no código de 1987, nomeadamente o regime de segredo das fases preliminares ao julgamento e o (aparente) alargamento do regime de publicidade (previsto inicialmente apenas para a audiência) às fases processuais preliminares (ao inquérito e à instrução). Neste momento, já não temos um processo claramente articulado em duas fases, a fase preliminar (inquérito e instrução) e a fase de julgamento, como no início da vigência do Código. Temos uma alteração muito significativa ao regime do inquérito criminal e às suas características iniciais, o que – a manter-se tal e qual está na lei, depois desta revisão de 2007 – pode inclusivamente pôr em causa a eficiência da investigação criminal, a eficácia processual de alguns meios de prova e a própria presunção de inocência do arguido, na sua vertente social, durante as fases preliminares do processo. A publicidade das fases preliminares do processo (que adiante se procurará determinar quanto ao seu conteúdo e alcance), associada ao empolamento mediático de alguns actos processuais (*v. g.* constituição de arguido, acusação, medidas de coacção) vai aumentar o desfasamento entre o significado destes actos no processo e a sua valoração social. Mas os limites às fases preliminares de processo podem precipitar julgamentos menos escorados probatoriamente (pelos limites criados à investigação) o que pode induzir uma maior diferenciação entre a pretensão acusatória e a decisão do processo depois da audiência, ao contrário do que até aqui se tem passado[1].

2. O modelo de processo que vai determinar a forma como se realiza a justiça penal foi assim parcialmente alterado vinte anos depois de ter sido aprovado o Código de Processo Penal de 1987. E foi-o, deve notar-se, com base em alterações de última hora introduzidas no debate no Parlamento em sede de comissão especializada. Foi desta forma que, quanto ao tema que agora nos ocupa, surgiu na lei algo que não estava nem no anteprojecto da Unidade de Missão, apresentado publicamente em Julho de 2007, nem sequer na proposta de lei apresentada pelo Governo à Assembleia da República (Proposta de Lei n.º 109/X).

Na verdade, o actual regime de publicidade do processo penal, incluindo a fase de inquérito, uma parte substancial das actuais regras sobre segredo de justiça e uma parte das regras sobre o acesso ao processo só surgiram durante o trânsito parlamentar da proposta de lei, mais concretamente durante a votação em especialidade, tendo sido aprovadas em ple-

---

[1] De acordo com dados recentes (*PGR*, Relatório 2005, p. 11 e ss., *in* www.pgr.pt), o sistema anterior evidenciava índices baixos de dedução de acusação, comparados com os números de abertura de inquérito (apenas 83.680 casos de dedução de acusação, representando cerca de 11% dos processos movimentados) e com o número de arquivamentos (350.063, em 2005, cerca de 51% dos processos movimentados). E evidenciava também um índice muito elevado de decisões finais a confirmarem em julgamento a pretensão acusatória do MP (cerca de 87% dos processos em que foi deduzida acusação terminaram em condenação). O primeiro facto permite duas inferências: eventuais debilidades na investigação e ausência de promoção tendenciosa, com respeito pelo estatuto de objectividade do MP. O segundo facto autoriza um juízo positivo sobre a consistência dos indícios e da prova recolhida nas fases preliminares. Dito em termos simples: perante estes dados, pode afirmar-se que, em regra, o MP acusa pouco mas acusa bem. Veremos se as novas alterações mantêm ou não este paradigma.

nário da comissão competente, realizada no dia 18 de Julho de 2007, onde se ratificaram as votações indiciárias do grupo de trabalho constituído para o efeito[2].

O que vale por dizer que nesta matéria (publicidade e segredo de justiça) o legislador não elucidou os aplicadores do Direito sobre os fundamentos do concreto regime que criou, sobre a arquitectura jurídica do mesmo, nem sobre as vantagens que visa atingir com as novas soluções legais e o que está disposto a sacrificar para o efeito por decisão sua. Tão-pouco adaptou o quadro normativo do Código às inovações que introduziu, fazendo com que, por exemplo, exista na fase de inquérito um regime de publicidade do processo quando as normas do Código sobre essa matéria estão pensadas para a gestão da publicidade na fase de audiência de julgamento. E fê-lo, além disso, de surpresa, publicando em Agosto o novo diploma, com uma *vacatio legis* de 15 dias e sem qualquer norma de Direito transitório. Ou seja, o legislador alterou radicalmente e de forma inesperada o regime de segredo de justiça no inquérito, convertendo-o, regra geral, numa fase pública, sem consultar seriamente a comunidade jurídica, em especial sem dar a devida atenção às reservas das Magistraturas, sem fundamentar a sua opção, sem adaptar o Código às novas soluções que criou e com a pretensão de o novo regime entrar em vigor no prazo de 15 dias (com a aplicação imediata aos processos em curso, como princípio geral: art. 5.º, n.º 1, do CPP).

3. Apesar disto, não deve ser confundido o todo com a partes e estas entre si: tanto existem soluções precipitadas e de difícil aceitação, como se contemplam alterações correctas e bem fundamentadas. A revisão de 2007 deve ser analisada com seriedade e ponderação, deve ser feito o levantamento de todas as suas consequências práticas e teóricas e deve o poder político ser confrontado com os efeitos reais ou previsíveis das suas decisões e com a necessidade de ajustamentos, quer em função das observações que as Magistraturas já tinham tornado públicas, em pareceres escritos ou comunicações orais, quer outras que resultem do debate e da

---

[2] Cfr. *DAR*, II Série-A, n.º 117, de 23 de Julho de 2007, p. 18 e ss., *maxime* pp. 20--21. Para um confronto entre o texto da Unidade de Missão e a versão final aprovada pelo Parlamento, veja-se PEDRO VAZ PATTO, «O regime de segredo de Justiça no Código de Processo Penal revisto» (artigo em curso de publicação), pp. 1-2. Uma primeira leitura (muito crítica) do novo regime encontra-se no recente estudo de PAULO PINTO DE ALBUQUERQUE, *Comentário do Código de Processo Penal*, Lisboa, 2007, p. 240 e ss., que, pela sua novidade, não pode ser tido em conta neste artigo.

aplicação das novas soluções. O debate sério, profundo e consequente sobre nova legislação tão essencial como um Código de Processo Penal deveria, contudo, ser sempre promovido antes da sua aprovação definitiva e nunca depois de o facto estar consumado.

Vejamos, neste contexto, as novidades introduzidas quanto ao segredo de justiça e ao regime da publicidade do processo.

II. SENTIDO E LIMITES DA FIGURA DO SEGREDO DE JUSTIÇA E A NOVA REGULAÇÃO SUBSTANTIVA E PROCESSUAL

O segredo de justiça não constitui em si mesmo uma perversão jurídica que possa justificar a sua abolição, nem é um instituto arcaico ou insustentável. Pelo contrário: a sua relevância constitucional (com a inerente exigência de tutela) no actual artigo 20.°, n.° 3, da Lei Fundamental (introduzido na revisão constitucional de 1997), o Direito comparado e os elevados interesses públicos e particulares que o instituto visa garantir apontam exactamente em sentido oposto. Mas não foi esta, aparentemente, a opinião do legislador.

1. Na versão inicial do CPP de 1987, o segredo de justiça constituía um regime legal das fases preliminares do processo (do inquérito e da instrução, embora findo o inquérito se quebrasse o segredo interno e passasse a existir um acesso pleno aos autos pelos sujeitos processuais) que visava garantir aspectos essenciais do processo penal: em primeira linha, a eficácia da investigação e a integridade dos meios de prova, mas também a protecção de interesses de particulares (como testemunhas e ofendidos) e a presunção de inocência do arguido (e, por maioria de razão, de suspeitos que não chegassem a ser constituídos arguidos). Ou seja, interesses públicos e particulares associados à realização da justiça penal[3]. Por isso mesmo,

---

[3] Sobre os interesses merecedores de tutela pelo segredo de justiça, veja-se, entre outros, JORGE FIGUEIREDO DIAS, *Direito Processual Penal*, primeiro volume, Coimbra Editora, Coimbra, 1974, p. 497 e ss., e *Direito Processual Penal* (fascículos, com a colaboração de M. J. ANTUNES), Coimbra, 1988, p. 110; JOSÉ DE FARIA COSTA, *Direito Penal da Comunicação*, Coimbra, 1998, p. 131; GERMANO MARQUES DA SILVA, *Curso de Processo Penal*, vol. III, Lisboa, 2000, pp. 100-101; A. MEDINA DE SEIÇA, *Comentário Conimbricense do Código Penal*, direcção de Jorge de Figueiredo Dias, Coimbra, 2001, tomo III, pp. 644-648 (anotação ao art. 371.°); MARIA JOÃO ANTUNES, «O segredo de justiça e o direito de defesa do arguido sujeito a medida de coacção», *in Liber Discipulorum para Jorge de Figueiredo*

era objecto de uma dupla tutela: processual e substantiva (art. 86.º CPP e art. 371.º CP, que substituiu o art. 419.º da versão inicial do Código), o que só se compreende e aceita quando estão em causa interesses realmente merecedores e carentes de protecção penal. Mas, além disso, o regime de segredo de justiça estava previsto na lei numa lógica de concordância prática entre interesses conflituantes e tinha de ceder pontualmente em certos casos, nomeadamente perante o dever de informação e fundamentação na aplicação de medidas de coacção e o exercício do direito de defesa em algumas situações concretas[4]. Tem de se reconhecer que a prática judiciária nem sempre respeitou esta concordância prática e o equilíbrio que a mesma postulava, o que vinha a ser corrigido pelo Tribunal Constitucional – desde, pelo menos, 1996 – e através de sucessivas decisões dos tribunais superiores, quanto ao acesso ao processo, ao dever de fundamentar a aplicação de medidas de coacção e o direito de defesa na impugnação do despacho de aplicação de tais medidas[5].

Dias, Coimbra, 2003, p. 1244 e ss., e nota 10; FREDERICO DE LACERDA DA COSTA PINTO, «Segredo de justiça e acesso ao processo», *in Jornadas de Direito Processual Penal e Direitos Fundamentais*, coord. científica de Maria Fernanda Palma, Coimbra, 2004, p. 71. Recentemente, com diversa informação, ANDRÉ LAMAS LEITE, «Segredo de Justiça interno, inquérito, arguido e seus direitos de defesa», *RPCC*, 16 (2006), pp. 541-545. Para uma análise da jurisprudência sobre segredo de justiça, veja-se ASSUNÇÃO ESTEVES, «A jurisprudência do Tribunal Constitucional relativa ao segredo de justiça», *in* UAL, *O processo penal em revisão*, Lisboa, 1998, p. 123 e ss., e, depois, MANUEL SIMAS SANTOS, «O segredo de justiça», *in Maia Jurídica*, 2 (2006), p. 145 e ss. A jurisprudência do Tribunal Constitucional desde cedo procurou linhas de equilíbrio entre os interesses conflituantes neste domínio, nomeadamente os interesses públicos da investigação e os interesses da defesa no acesso ao processo. Veja-se, a título meramente ilustrativo, os acórdãos do TC n.º 121/97, de 19 de Fevereiro (relator Cons. *Armindo Ribeiro Mendes*) e n.º 247/96, de 29 de Fevereiro (Cons.ª *Maria Fernanda Palma*) e, para desenvolvimentos e dúvidas posteriores, entre outros, n.º 147/2000, de 21 de Março (Relator Cons. *Artur Maurício*, com um importante voto de vencida da Cons.ª *Maria Helena Brito*) e o ac. n.º 113/2005, de 1 de Março (Relator Cons. *Paulo Mota Pinto*, com um importante voto de vencida da Cons.ª *Maria Fernanda Palma*).

[4] Com mais informação, FREDERICO DE LACERDA DA COSTA PINTO, *in Jornadas de Direito Processual Penal* (cit. nota 5), p. 86 e ss.

[5] Sobre a questão, em pormenor, LUÍS MENEZES LEITÃO, «O segredo de justiça em processo penal», *in Estudo Comemorativos do 150.º Aniversário do Tribunal da Boa-Hora*, Ministério da Justiça, Lisboa, 1995, p. 227 e ss.; GERMANO MARQUES DA SILVA, *Curso de Processo Penal* (cit., nota 5), vol. II, pp. 278-280, e vol. III, pp. 100-101; MARIA JOÃO ANTUNES, *Liber Discipulorum* (cit., nota 5), pp. 1266-1267. FREDERICO DE LACERDA DA COSTA PINTO, *Jornadas de Direito Processual Penal* (cit., nota 5), p. 85 e ss.; RUI PEREIRA, «A reforma do processo Penal», *in II Congresso de Processo Penal*, coord. de M. Guedes Valente, Coimbra, 2006, p. 233.

Não é demais sublinhar que se tratava de um regime previsto para fases preliminares do processo (inquérito e instrução): exactamente porque essa era e é a forma adequada a garantir a não adulteração do significado de decisões processuais que não têm juridicamente o alcance que agora, social ou politicamente, se lhes dá: a constituição de arguido, a sujeição a medidas de coacção durante o inquérito, a dedução de acusação, as diligências instrutórias e os despachos que podem pôr fim à fase de instrução são, no nosso sistema, actos precários e transitórios anteriores ao julgamento, a fase decisória por excelência, fundados numa valoração meramente indiciária dos factos e dos meios de prova (*v. g.* arts. 283.º e 308.º CPP)[6]. Não só vale durante toda esta fase preliminar, com pleno sentido e alcance, a presunção de inocência do arguido, como o anterior sistema era coerente com a garantia de reserva processual que juridicamente oferecia a esse estatuto constitucionalmente fundado.

É evidente que o sistema anterior tinha falhas, quer legislativas, quer prático-judiciárias: fugas ao segredo de justiça, interpretações oficiais que limitavam o alcance da tutela penal oferecida pelo crime de violação de segredo de justiça e consolidavam espaços de impunidade (em minha opinião *contra legem*), entendimentos minimalistas quanto ao dever de fundamentar a aplicação de medidas de coacção, compreensíveis em parte perante o texto legal (que não obrigava à revelação dos indícios) mas que punham em causa o direito de defesa, e desrespeito excessivo pelos prazos do inquérito, o que implicava o prolongamento do segredo de justiça e do limite de acesso aos autos. O legislador podia e devia corrigir essas falhas e, embora o sistema jurídico no seu todo evolua por tendências e correntes doutrinárias e jurisprudenciais, o legislador tinha legitimidade para antecipar na lei, com força obrigatória geral, soluções específicas que considerava deverem ser necessariamente acolhidas. Mas tinha o dever de o fazer de forma equilibrada e ponderada e, em especial, sem adulterar – de forma precipitada e não fundamentada, com as alterações que introduziu

---

[6] Para uma exposição consistente e fundamentada da relação entre as fases preliminares do processo, o sistema acolhido pelo CPP de 1987 e o modelo de concordância prática entre interesses conflituantes, siga-se MARIA JOÃO ANTUNES, *Liber Discipulorum* (cit., nt. 5), p. 1237 e ss. (*maxime* pp. 1266-1267, em ligação com o que escreve anteriormente). Sobre o significado e alcance dos diversos conceitos legais relativos ao nível de indícios exigidos pelos actos processuais e, em especial, a sua relação com as fases preliminares do processo, o direito de defesa e o princípio da presunção de inocência do arguido, veja-se JORGE NORONHA E SILVEIRA, «O conceito de indícios suficientes no processo penal português», *in Jornadas de Direito Processual Penal* (cit., nota 5), p. 155 e ss.

no trânsito parlamentar da lei – o modelo de processual penal implantado há vinte anos.

2. O novo regime processual de segredo de justiça (arts. 86.º e 89.º do CPP, no texto de 2007) assenta numa ruptura profunda com o Direito anterior.

Em linhas gerais, as fases preliminares do processo, anteriormente sujeitas a segredo de justiça (interno e externo no caso do inquérito, e apenas externo em alguns casos de instrução) por opção legal, passam a ser consideradas, em regra, como fases de um processo que é público (art. 86.º, n.º 1, CPP). Em si mesma, esta alteração (não prevista no anteprojecto da Unidade de Missão, como se referiu) é peculiar: ou traduz-se em aplicar um regime previsto inicialmente pelo Código para a fase de audiência às fases preliminares do processo ou, se assim não for, constitui no mínimo uma opção pouco clara.

A publicidade implica, de acordo com o artigo 86.º, n.º 6, do CPP, a assistência do público aos actos processuais (art. 87.º), a consulta dos autos pelos participantes no processo (art. 89.º, n.ºs 1 e 4) e por outras pessoas com um interesse legítimo nesse acto (art. 90.º) e a possibilidade de narração de actos processuais (art. 88.º, n.º 1), dentro dos limites da proibição de reprodução de certas peças processuais na comunicação social (que pode ser relativa, nos termos do art. 88.º, 2 e 3, e quase total para as escutas telefónicas, de acordo com o novo art. 88.º, 4, todos do CPP). Ao declarar públicas as fases preliminares do processo (inquérito e instrução) foi este o regime a que o Parlamento quis sujeitar estas mesmas fases? Quiseram os deputados permitir a assistência do público em geral aos actos processuais praticados durante o inquérito e a instrução?

Um enquadramento desta natureza, a ter sido realmente aceite pela revisão de 2007, não faz qualquer sentido, nem no nosso sistema nem em qualquer outro. Na audiência de julgamento os indícios até aí existentes podem converter-se, perante todos, em prova consolidada ou fragilizada pelo contraditório e pelos poderes de investigação do tribunal, para assim fundamentar uma decisão judicial condenatória ou absolutória. A publicidade da audiência é um meio de legitimar comunitariamente a administração da justiça reforçando o efeito preventivo do sistema, por oposição a formas secretas e, por isso, incontroláveis, de administrar a justiça. Mas, por isso mesmo, a publicidade só faz sentido para uma fase final decisória, em que todos podem expor os seus pontos de vista perante um tribunal independente, e não para fases preliminares de investigação destinada a averiguar os factos e a recolher provas. A publicidade na fase de investigação é um problema prático, estratégico e jurídico e não um valor a tutelar juridicamente.

No novo texto legal, a «publicidade» é agora a regra geral (resta, contudo, saber se pode ter o alcance previsto no art. 86.º durante as fases preliminares) e o segredo de justiça surge como uma excepção a essa regra. Diversamente, no sistema anterior o segredo do inquérito (com os consequentes limites no acesso aos autos) era uma parte essencial do regime desta fase processual, articulado com situações pontuais de quebra do segredo interno impostas por outros actos processuais (v. g. o dever de fundamentar a aplicação de medidas de coacção), de acordo com o modelo de concordância prática entre interesses conflituantes.

Além de funcionar como excepção, o segredo de justiça deixou de ser uma determinação legal, antes passou, diversamente, a depender de requerimentos de participantes ou sujeitos processuais (arts. 86.º, n.ᵒˢ 2 e 3, e 89.º, n.º 6, CPP). E quando passa a vigorar – o que apenas é possível no inquérito e já não na instrução – é confrontado com diversas causas de quebra do segredo interno (art. 86.º, n.ᵒˢ 4 e 5, 9 e 10, e art. 89.º, n.º 6, todos do novo texto do CPP).

Ademais, na ausência de qualquer norma de Direito transitório sobre a matéria, o novo regime é de aplicação imediata aos processos em curso (art. 5.º, n.º 1), o que faz com que todos os inquéritos pendentes tenham passado a ser públicos a partir de 15 de Setembro de 2007, devendo os sujeitos e participantes processuais promover a sua sujeição a segredo de justiça se o pretenderem, nos termos do art. 86.º, n.ᵒˢ 2 e 3, do CPP. Não me pareceria estranho que, neste contexto, se considerasse que a lei nova implica a quebra de harmonia dos vários actos do processo, nos termos e para os efeitos do art. 5.º, n.º 2, al. b), já que em tais hipóteses o MP e os órgãos de polícia criminal (OPC) trabalharam inicialmente num regime de segredo de justiça legalmente imposto – em função do qual se pensou e executou a estratégia de investigação – que, abruptamente, passa a um regime antagónico de publicidade. Tanto quanto é do meu conhecimento, este não tem sido o entendimento seguido nos diversos distritos e comarcas do país, embora o mesmo possa e deva ser seguido nas grandes investigações em curso quanto ao crime organizado, complexo, dependente de perícias ou de natureza transnacional.

Outra alteração radical do novo regime tem a ver com a legitimidade decisória sobre a sujeição a segredo e as quebras do mesmo. O MP, titular da fase de inquérito (art. 263.º, CPP), pode decidir pela quebra de segredo (arts. 86.º, n.º 4, e 89.º, n.º 1, CPP, *a contrario*), mas não decide sozinho sobre a sua aplicação ao inquérito e a sua recusa em permitir o acesso ao processo nesta fase passa a ser sujeita a controlo do JIC (arts. 86.º, n.º 5, e 89.º, n.º 2, CPP).

A par destas alterações, o legislador ampliou o regime de tutela penal dos actos processuais sujeitos a segredo ou a regime de reserva, através de uma alteração ao tipo incriminador do artigo 371.º, n.º 1, do Código Penal e da criação de um novo crime de publicação não autorizada de escutas integradas no processo (art. 88.º, n.º 4, CPP).

Trata-se, numa sumária apreciação preliminar, de um regime legal complexo, nunca defendido em Portugal pela doutrina que tem publicado sobre o tema, nem pelas Magistraturas nos textos escritos que têm divulgado, com muitos factores de perturbação do inquérito, fonte de muitas dúvidas, com diversos motivos de litigância em torno do segredo de justiça e do acesso aos autos e com um regime de publicidade durante a fase de investigação criminal não clarificado pelo legislador. Vejamos os contornos mais pormenorizados de cada um destes novos regimes.

III. REGIMES GERAIS DE AUSÊNCIA, SUJEIÇÃO, LEVANTAMENTO E QUEBRA DO SEGREDO DE JUSTIÇA

Para uma boa compreensão do novo regime legal pode-se tentar clarificar, primeiro, os casos de ausência de segredo e, depois, distinguir entre os regimes gerais e os regimes especiais de segredo, de levantamento e de quebra do mesmo, estando estes associados a actos processuais específicos. Comecemos pelos casos de ausência de segredo.

1. A nova lei eliminou o segredo de justiça da fase de instrução[7]. Com a revisão de 2007, em regra todas as fases processuais passam a ser públicas (art. 86.º, n.º 1, CPP), podendo o inquérito ser sujeito a segredo de justiça (art. 86.º, n.ºs 2 e 3), mas sem que tal seja possível para a fase de instrução por falta de previsão legal para o efeito.

---

[7] Solução defendida, ainda antes da revisão de 2007, por RUI PEREIRA, *II Congresso de Processo Penal* (cit., nota 7), pp. 233-234. Para uma análise fundamentada das tensões que se podem identificar entre os regimes de segredo, de acesso aos autos e de acompanhamento de diligências na fase da instrução, veja-se, com grande pormenor, RAUL SOARES DA VEIGA, «O juiz de instrução e a tutela de direitos fundamentais», *in Jornadas de Direito Processual Penal* (cit., nota 5), pp. 190 a 220.

A eliminação total do segredo de justiça durante a instrução é uma novidade dificilmente aceitável. É certo que na vigência da lei anterior o segredo de justiça interno cessava findo o inquérito (art. 89.º, n.ᵒˢ 1 e 2, *a contrario*, do texto do CPP anterior à revisão de 2007) e, depois de 1998, o segredo de justiça externo já não vigorava na instrução quando esta tivesse sido requerida pelo assistente, pelo assistente e pelo arguido, ou quando, tendo sido requerida pelo arguido, este não se opusesse à publicidade (art. 86.º, n.º 1, do texto anterior do CPP). Mas vigorava o segredo de justiça externo *no caso em que tal mais se justificava*: quando a instrução era requerida apenas pelo arguido e este declarava opor-se à publicidade do processo. Visando o arguido obter uma não pronúncia ou uma pronúncia mais favorável, sendo a fase de instrução exclusivamente requerida por si e tendo uma natureza meramente preliminar (veja-se, por exemplo, o art. 301.º, n.º 3, do CPP), a manutenção do segredo de justiça externo visava garantir a efectividade social da presunção de inocência antes de se saber se ia ou não ter lugar o julgamento[8]. Com o novo regime essa possibilidade deixa de existir: o arguido passa a ter de se sujeitar a uma fase pública quanto pretende evitar um julgamento público. Trata-se de uma solução que não traz qualquer vantagem para o bom funcionamento do sistema penal. A não ser que o legislador pretenda limitar na prática o recurso à fase de instrução, mantendo-a na lei mas tornando-a pouco vantajosa para o arguido.

Ademais, a aplicabilidade imediata da nova lei aos processos em curso (art. 5.º, n.º 1, CPP) coloca um problema delicado, embora transitório, quanto a saber se, em relação a tais processos, a fase de instrução passa sempre a ser pública.

Penso que devemos distinguir duas situações: se antes da entrada em vigor da revisão de 2007 (15 de Setembro deste ano) o arguido (e apenas este) já tiver requerido abertura de instrução com oposição à publicidade, a fase de instrução deve continuar em segredo de justiça ao abrigo da lei antiga, por aplicação do artigo 5.º, n.º 2, al. *a*) do CPP (reforçado pela preservação do acto processual praticado ao abrigo da lei antiga, nos termos do n.º 1 do mesmo preceito). Solução que vale, por maioria de razão, para

---

[8] O facto de ser difícil ao processo penal assegurar a presunção de inocência, como sublinha e pelas razões apresentadas por MARIA FERNANDA PALMA, «O problema penal do processo penal», in *Jornadas de Direito Processual Penal* (cit., nota 5), p. 46 e ss., constitui um fundamento adicional para a manutenção do segredo externo, mesmo na instrução, quando tal seja pretendido pelo arguido.

a hipótese de a fase de instrução já se ter iniciado com o regime de oposição do arguido à publicidade.

Mais complexos podem ser os casos em que a 15 de Setembro já se iniciou a contagem do prazo para requerer abertura de instrução mas a mesma ainda não foi requerida. A aplicação imediata da lei nova em tal caso retiraria ao arguido a possibilidade de ter acesso a uma instrução sem publicidade. O que, em minha opinião, constituiria um agravamento sensível e evitável da sua situação processual, já que com a notificação da acusação começa a contar o prazo para o arguido requerer abertura de instrução, pelo que ao abrigo da lei antiga o arguido já tinha tal direito. Assim, a solução deverá ser a mesma (aplicação da lei antiga) sempre que o arguido apresente o requerimento com oposição à publicidade (art. 5.º, n.º 2, al. *a*), CPP).

2. Também não há segredo se o mesmo não for requerido ou determinado, nos termos do artigo 86.º, n.os 2 e 3, do novo texto do CPP. Ou seja, no processo criminal o segredo de justiça deixou de ser um regime com fonte legal directa e passou a depender de requerimentos nesse sentido do arguido, do assistente ou do ofendido ou da promoção do MP validada pelo JIC. Deixou de ser uma opção legal e passou a ser matéria na disponibilidade de sujeitos e intervenientes processuais. Tal solução não existe sequer nos modelos acusatórios de processo penal, em que as fases preliminares ao julgamento são mantidas em segredo e o acesso às provas ocorre depois de deduzida a acusação[9]. Tendo em conta os valores de Direito Público associados ao segredo de justiça (viabilidade e eficácia da investigação, tutela de pessoas e meios de prova, garantia da presunção constitucional de inocência do arguido) uma tal conversão em matéria «disponível pelas partes» não se justifica, nem se pode aceitar como razoável. Além disso, tal modificação significa a necessidade de um maior expediente processual dos autos durante o inquérito, com uma sobrecarga sig-

---

[9] Veja-se a informação sobre a matéria em MIREILLE DELMAS-MARTY, *Procédures pénales d'Europe*, Paris, 1995, p. 161, sobre o sistema inglês e, em particular, p. 588 e ss. Não raras vezes confunde-se o regime de segredo de justiça com a forma como o mesmo é gerido pela autoridade judiciária ou pelos órgãos de polícia criminal, através duma relação profissional e competente com a comunicação social estranha à praxe judiciária na Europa continental, em particular entre nós. Trata-se de dois aspectos diferentes: pode e deve exigir-se que o nosso sistema judicial saiba comunicar com a imprensa livre, mas em caso algum isso implica uma eliminação necessária do regime de segredo de justiça na fase preliminar de investigação.

nificativa, pelos menos nos primeiros tempos de entrada em vigor da nova lei, para o MP e para o JIC.

Em regra a ausência de segredo de justiça significa publicidade do inquérito, mas, como adiante veremos, pode não vigorar o segredo de justiça, mas ser necessário declarar a não publicidade total de alguns actos processuais nas fases preliminares.

3. No regime geral de sujeição do processo a segredo de justiça o impulso processual para o efeito pode vir de particulares (art. 86.º, n.º 2, CPP) ou pode ser desencadeado pelo MP (art. 86.º, n.º 3, CPP). A distinção é relevante pelos problemas que gera e por o regime de levantamento de segredo estar associado na lei ao regime de sujeição a segredo. Vejamos neste momento a primeira hipótese, a de a sujeição a segredo corresponder à iniciativa de particulares.

a) O arguido, o assistente e o ofendido podem requerer a sujeição do inquérito a segredo de justiça, com fundamento no prejuízo que a publicidade pode trazer para os seus direitos (art. 86.º, n.º 2, CPP)[10]. O JIC decide, ouvindo antes o MP[11]. Mas se não o fizer estamos perante uma irregularidade processual, arguível nos termos gerais (art. 118.º, n.º 2, e 123.º CPP). Portanto, o MP não tem o poder de decidir se o inquérito fica sujeito a segredo de justiça. E o JIC não tem a obrigatoriedade de ouvir os demais sujeitos ou participantes processuais; concretamente, a lei não o obriga a ouvir as pessoas com legitimidade para requerer o levantamento do segredo. Os demais particulares, se discordarem da sujeição do processo a segredo de justiça, só podem requerer o seu levantamento ou a sua quebra parcial, nos termos do artigos 86.º, n.º 5, e 89.º, 1 e 2, CPP.

---

[10] Se dúvidas existissem, esta norma (tal como os arts 86.º, n.º 9 e o art. 194.º, n.º 4, al. *b*), CPP) evidencia que o bem jurídico tutelado pelo segredo de justiça tem uma natureza compósita, incluindo dimensões não só públicas como também privadas. O que é agora igualmente corroborado pelas regras e critérios da legitimidade para a promoção do segredo e seu levantamento (art. 86.º, n.ºs 2 a 5). Esta dupla dimensão dos interesses tutelados constitui um aspecto fundamental para identificar o ofendido com a violação do segredo e, por essa via, decidir sobre a legitimidade para a constituição de assistente. Sobre o tema, AUGUSTO SILVA DIAS, «A tutela do ofendido e a posição do assistente no processo penal português», *in Jornadas* (cit., nota 5), p. 55 e ss.

[11] Sobre os interesses que estão em causa com esta intervenção e o sentido e limite da ponderação a fazer pelo JIC, veja-se PEDRO VAZ PATTO, «O regime de segredo de Justiça no Código de Processo Penal revisto» (artigo em curso de publicação), pp. 2-5.

Como o novo regime parte da oposição entre publicidade e segredo, a sujeição do inquérito a segredo de justiça implica negação da publicidade. O que pode resolver uma parte significativa dos problemas do regime da publicidade no inquérito, mas não todos – pois, como veremos (cfr. *infra*, parte V deste estudo), podem subsistir casos de publicidade quando o segredo de justiça não é ratificado pelo JIC ou quando é levantado. Mas significa também, porque a lei não distingue nem permite a distinção, a aplicação do regime total do segredo: externo e interno. Ou seja, o deferimento do requerimento dos particulares sobre a sujeição do inquérito a segredo de justiça implica, necessariamente, as limitações do n.º 8 do artigo 86.º (proibições de assistência, de conhecimento e de divulgação de actos processuais) e a aplicabilidade do artigo 371.º, n.º 1, do Código Penal aos actos do inquérito.

A lei não parece permitir que os particulares requeiram apenas o segredo externo, pois, por um lado, na fase de inquérito o regime de segredo de justiça contemplado no artigo 86.º, n.º 8, não é cindível a não ser por lei expressa e, por outro, isso equivaleria a converter o requerimento de sujeição a segredo numa forma implícita de acesso aos autos, matéria para a qual existe um regime autónomo (art. 89.º, n.ºs 1 e 2, CPP). Se, não obstante, o requerimento dos particulares for no sentido de sujeição do processo apenas a segredo externo, deve o JIC, ouvido o MP, aplicar o regime geral e, se for esse o sentido da decisão, sujeitar o inquérito ao regime do n.º 8 do artigo 86.º, com a consequente sujeição do mesmo a segredo externo e interno. Esta solução não só é a que resulta da lei, como não põe em causa os direitos dos interessados no acesso ao processo, já que este segue um regime próprio, agora sujeito a controlo judiciário (art. 89.º, 1 e 2) e os particulares mantêm, além disso, o direito a requerer o levantamento do segredo (art. 86.º, n.º 5, CPP).

A sujeição do inquérito a segredo de justiça é determinada neste caso sem qualquer condicionamento de prazo, ou seja, a lei não permite que o JIC decida sujeitar o inquérito a segredo de justiça apenas durante um certo período de tempo. Os efeitos do decurso do prazo do inquérito sobre o regime do segredo de justiça estão exclusivamente previstos no artigo 89.º, n.º 6, não tendo lugar a sua ponderação no âmbito de aplicação do artigo 86.º, n.º 2 (ou n.º 3) CPP.

b) O regime de levantamento do segredo articula-se com a forma como o segredo foi determinado no processo. Tendo sido a decisão impulsionada por particulares, ao abrigo do n.º 2 do artigo 86.º, o regime de levantamento do segredo é o que se encontra previsto no n.º 5 do mesmo preceito: os particulares dirigem o requerimento de levantamento do segredo ao MP, que o pode decidir favoravelmente ou rejeitar; neste último caso, os autos são remetido ao JIC, que decide, por despacho irrecorrível[12]. Significa isto que se o segredo tiver sido requerido por particulares, de acordo com a nova lei, o MP não o pode levantar por sua exclusiva iniciativa. O único caso em que tal se encontra previsto é no n.º 4 do artigo 86.º, mas que se aplica apenas, como resulta da frase inicial do preceito, quando tenha sido o MP a sujeitar o processo a segredo por decisão sua (aos casos do n.º 3 do art. 86.º CPP).

A nova lei prevê o controlo judicial da decisão do MP de não levantar o segredo, mas não na hipótese inversa, ou seja, de o MP levantar o segredo perante o requerimento de um dos interessados. No quadro da nova regulação sobre a matéria, a solução não é muito razoável perante a pluralidade de potenciais interesses em conflito. O regime induz alguma complexidade por conferir direitos equivalentes que podem ser exercidos durante todo o inquérito a participantes processuais com interesses opostos. Isto potencia desde logo a existência de requerimentos de sentido contrário (por exemplo, o assistente requer o levantamento, mas o arguido opõe-se) e suscita o problema de saber se o requerimento de levantamento do segredo pode ser apresentado por um sujeito diferente daquele que requereu o segredo. Por exemplo, o segredo foi requerido pelo arguido, mas é o assistente ou o ofendido que requerem o levantamento do segredo. A lei permite este requerimento, porque não o condiciona ao exercício do direito previsto no n.º 2 do artigo 86.º Mas a existência de requerimentos diversos e de sentido oposto por parte de sujeitos processuais com pretensões antagónicas dá origem a indesejáveis momentos de litigância durante o inquérito. Basta que exista um requerimento de levantamento do segredo apresentado por um dos particulares para que o MP possa levantar o segredo. O que pode prejudicar os interesses dos demais particulares. Claro que estes também podem apresentar requerimento de sentido oposto. Em tal caso, de divergência entre diferentes requerimentos dos

---

[12] Para uma leitura e fundamentação deste regime de irrecorribilidade, veja-se PEDRO VAZ PATTO, «O regime de segredo de Justiça no Código de Processo Penal revisto», (artigo em curso de publicação), p. 8 e ss. Sobre o tema da irrecorribilidade de alguns actos processuais, GERMANO MARQUES DA SILVA, *Curso de Processo Penal*, III, Lisboa, 2000, p. 322 e ss.; depois, JOSÉ MANUEL VILALONGA, «Direito de recurso em processo penal», *in Jornadas* (cit., nota 5), p. 369 e ss.

particulares, pode ser aconselhável que o MP não levante o segredo, embora a lei o permita.

Perante a decisão de não levantamento do segredo pelo MP os autos devem ser enviados ao JIC para decidir. Para ser aceitável a irrecorribilidade do despacho do JIC sobre o levantamento do segredo, nos termos do n.º 5 do artigo 86.º, devia ser ouvido o MP e também os participantes que não tenham requerido o levantamento (mas que podem ser afectados por esse acto processual). Só assim se pode aceitar que a decisão de uma questão controvertida e que pode prejudicar as pretensões imediatas de alguns dos participantes não seja sujeita a recurso. Esta solução é ainda mais pertinente no caso da existência de requerimentos divergentes dos particulares. Mas a lei não a exige, pelo que da omissão de audição prévia não se pode retirar qualquer consequência processual.

c) O levantamento do segredo realizado nos termos do n.º 5 do artigo 86.º (tal como a sujeição a segredo por via do n.º 2) é sempre total, no sentido em que atinge o segredo interno e externo. Mas na vigência do regime de segredo impulsionado por particulares podemos fazer a distinção entre a quebra total do segredo e a quebra parcial do mesmo, pois a lei contempla diversas formas de levantamento e quebra de segredo durante o inquérito e a distinção é relevante para a aplicação (ou não) do crime de violação do segredo de justiça (art. 371.º, n.º 1, do CP).

Podemos ter situações de quebra total de segredo (por levantamento do mesmo) através de uma decisão do MP (art. 86.º, n.º 5, CPP, *a contrario*) ou por decisão do JIC, quando o MP não determinou o levantamento a requerimento dos particulares (art. 86.º, n.º 5, CPP) e, ainda, pela prestação de esclarecimentos públicos ao abrigo do n.º 13 do artigo 86.º CPP (estes são limitados quanto ao conteúdo, mas são totais quanto à modalidade de segredo que quebram).

Podemos ainda ter situações de quebra parcial do segredo, no sentido em que apenas é derrogado o segredo interno, mas se mantém o segredo externo, em quatro situações: (i) no caso de requerimentos de acesso aos autos deferidos pelo MP (art. 89.º, n.º 1, CPP); (ii) por decisão (irrecorrível) do JIC favorável ao requerente quando o MP se tenha oposto ao acesso (art. 89.º, n.º 2, CPP); e (iii) no caso de decurso do prazo do inquérito sem prorrogação judicial do segredo ou esgotadas as prorrogações judiciais do mesmo (art. 89.º, n.º 6, CPP). Neste caso, quebra-se apenas o segredo interno (trata-se de um regime de acesso ao processo pelos particulares e não um regime de levantamento do segredo) mas mantém-se o segredo externo, o que faz com que este seja objecto da tutela penal oferecida pelo artigo 371.º, n.º 1. O mesmo vale para os casos (iv) em que o MP quebre parcialmente o segredo interno, nos termos e para os efeitos do n.º 9 do artigo 86.º, como resulta da afirmação expressa do n.º 10 do mesmo artigo.

4. A lei contempla também a hipótese de a sujeição do inquérito a segredo ser decidida pelo Ministério Público, por sua iniciativa, sem requerimento do particular nesse sentido, nos termos do artigo 86.º, n.º 3, CPP. A decisão do MP carece de ser validada pelo JIC no prazo máximo de setenta e duas horas.

a) Significa isto que o MP não pode decidir por si só da sujeição do inquérito a segredo, apesar de ser o titular desta fase processual (art. 263.º CPP). A decisão do JIC tem de ser proferida no prazo referido. É discutível se o desrespeito pelo mesmo constitui apenas uma irregularidade processual (arts. 118.º, n.º 2, e 123.º, CPP) ou se significa ausência de validação e consequente inexistência de segredo. Tendo em conta a natureza interna desta sequência de actos e a relação entre ambos, trata-se apenas de um atraso sem qualquer consequência jurídica. Ademais, a decisão do MP pode ser repetida, mesmo que tenha sido anteriormente recusada a validação judicial, pois nada na lei o parece impedir e a evolução do inquérito pode mesmo exigi-lo.

O novo regime não esclarece em que situação fica o processo entre o momento da decisão do MP e a decisão do JIC, mas tendo em conta que o primeiro é o titular do inquérito deve entender-se que o processo já está em segredo de justiça, mas condicionado à validação do JIC, que constitui apenas um acto de controlo judicial da decisão do MP. A solução oposta é de recusar, pois acabaria por pôr em causa o poder de direcção do MP sobre o inquérito, tornaria vulnerável a investigação e poderia frustrar a iniciativa quanto à sujeição desta fase processual a segredo. A questão é relevante também pelo facto de a decisão do JIC não ser inequivocamente irrecorrível e isso poder tornar necessário definir a situação do processo durante um maior período de tempo.

A lei criou este regime e não declarou a irrecorribilidade do acto do JIC, o que pode levantar particulares problemas de interpretação da nova solução em termos de recursos[13]. As dificuldades que o artigo 86.º, n.º 3,

---

[13] Entende PEDRO VAZ PATTO, «O regime de segredo de Justiça no Código de Processo Penal revisto» (artigo em curso de publicação), p. 11 e ss., que também neste caso se justificaria por analogia e identidade de razão a irrecorribilidade da decisão do JIC.

CPP suscita dificilmente permitem chegar a uma solução satisfatória e isenta de dúvidas. Se virmos o despacho do JIC, de validação ou recusa da mesma (que pode ter lugar pela simples omissão), como um acto decisório e não como um despacho de mero expediente que incide sobre a decisão do titular do inquérito, ele poderá ser recorrível de acordo com o artigo 399.º do CPP, quer pelo MP, quer pelo particular com interesse na decisão, e o recurso terá, em princípio, um efeito suspensivo da decisão do JIC (arts. 407.º, n.º 1, e 408.º, n.º 3, última parte, do CPP). Tal significaria, em qualquer caso, que a interposição do recurso com efeito suspensivo equivaleria na prática à ausência de validação da decisão do MP no prazo legal, mesmo que o JIC tivesse validado esta decisão, pelo que o processo não estaria, por essa via, em segredo de justiça. E se pensarmos na hipótese de o efeito ser suspensivo do processo isso significaria a paralisia da investigação durante a pendência do recurso. Este tipo de consequência, a ser aceitável, seria extremamente nefasta porque colocaria nas mãos do particular a possibilidade de obstar por um simples acto seu (a interposição de recurso da decisão do JIC) à pretensão do MP, titular do inquérito, de sujeitar esta fase a segredo de justiça. Ou seja, mesmo que a decisão do JIC fosse de validação da decisão do MP, o particular, pela simples interposição de recurso, conseguiria de uma forma atípica o levantamento do segredo. Ora isto, a ser aceite, revelar-se-ia contrário aos propósitos da lei, que criou um regime especial para os particulares requererem o levantamento do segredo (art. 86.º, n.º 5) sujeitando-o a despacho irrecorrível do JIC. Razão pela qual, numa interpretação sistemática, só se poderá provavelmente aceitar que tal validação corresponde a algo equivalente a uma decisão de mero expediente (numa classificação nada pacífica, é certo), tendo em conta a natureza e alcance dos dois actos em causa, sendo como tal irrecorrível (art. 400.º, n.º 1, al. *a*), CPP). Isto, basicamente por duas razões: quer pelo facto de, na fase processual em que é praticada, a decisão de sujeição a segredo ser do titular de tal fase (MP), a quem cabe avaliar a relação entre os interesses da investigação, os direitos dos particulares e a necessidade de segredo (art. 86.º, n.º 3); quer por a lei contemplar o requerimento dos particulares como forma específica de estes conseguirem obter o levantamento do segredo decretado pelo MP e não levantado por este (art. 86.º, n.º 5, CPP). Aqui sim, faz sentido o controlo judicial, porque está directamente em causa o direito de acesso aos autos como parte do direito de defesa do arguido. Já a decisão de validação (ou não) da decisão do MP dificilmente pode ter um conteúdo material e decisório autónomo em relação à avaliação feita pelo MP sobre os interesses em causa, num inquérito a cuja orientação táctica e estratégica o JIC é completamente estranho. No momento da validação o JIC pouco mais pode fazer do que confirmar que a decisão do MP está fundamentada, pois dificilmente terá elementos e legitimidade para, de forma igualmente fundamentada, entrar na materialidade das razões apresentadas pelo titular do inquérito para a sua decisão. E se os conseguir obter, provavelmente não os poderá fazer constar da fundamentação do despacho a comunicar aos demais sujeitos processuais, porque estaria desde logo a quebrar o segredo decidido pelo MP. Um despacho judicial com estes limites dificilmente pode ser tratado como um verdadeiro despacho decisório no contexto do processo.

Tudo ponderado, só se pode concluir que a exigência de validação pelo JIC no artigo 86.º, n.º 3, CPP, é um corpo estranho no inquérito dirigido pelo MP, constitui uma solução desnecessária perante o regime de levantamento do segredo e acesso aos autos com controlo judicial (arts. 86.º, n.º 5, e 89.º, CPP) e pode vir a ser uma fonte de litigância e de problemas jurídicos complexos, nomeadamente em sede de recursos. Deveria por isso ser eliminada numa próxima revisão do CPP.

b) A sujeição do inquérito a segredo por promoção do MP permite-lhe depois decidir autonomamente sobre o seu levantamento, nos termos do artigo 86.º, n.º 4, do CPP. Decisão à qual o arguido não se pode opor directamente, porque, ao contrário do que chegou a ser proposto[14], o levantamento total do segredo não depende da concordância do arguido. Este apenas poderá apresentar um novo requerimento de sujeição do processo a segredo, nos termos e para os efeitos do artigo 86.º, n.º 2, CPP. Se o MP não levantar o segredo quando tal seja requerido pelos particulares, passa a aplicar-se o regime do n.º 5 do mesmo artigo, nos termos acima expostos: pode o JIC levantar o segredo através de despacho irrecorrível, mesmo que a sujeição a segredo tenha sido promovida oficiosamente pelo MP.

Também neste contexto em que a sujeição do inquérito a segredo foi promovida pelo MP pode este prestar esclarecimentos públicos ao abrigo do n.º 13 do artigo 86.º CPP.

O levantamento do segredo implica, como se referiu, quebra do segredo externo e interno. Mas são ainda possíveis quebras apenas do segredo interno, nas quatro situações já identificadas: (i) não oposição do MP no acesso aos autos (art. 89.º, n.º 1); (ii) decisão do JIC, favorável

---

[14] Cfr. art. 86.º, n.ºs 3 e 4, do anteprojecto da Unidade de Missão.

aos particulares, caso o MP se oponha ao acesso ao processo (art. 89.º, n.º 2) (através de despacho irrecorrível); (iii) decurso do prazo do inquérito (art. 89.º, n.º 6), se não for prolongado o segredo pelo JIC a requerimento do MP ou se forem esgotadas as prorrogações; e (iv) através de decisão do MP em casos específicos (art. 86.º, n.ºs 9 e 10). Nestes casos, mantém-se aplicável o tipo incriminador de violação de segredo de justiça, do artigo 371.º do Código Penal, que punirá as quebras dolosas do segredo externo.

IV. REGIMES ESPECIAIS DE SEGREDO E DE QUEBRA DE SEGREDO

Para além dos regimes gerais acima expostos na parte III deste estudo, existem alguns *regimes especiais de segredo* (que se aplicam mesmo quando o processo não está sujeito a segredo de justiça) e ainda *regimes especiais de quebra do segredo* (que se aplicam quando o processo está sujeito a segredo de justiça).

1. A lei contempla um regime especial de segredo para as escutas durante o inquérito (art. 188.º, 8, CPP, *a contrario*): antes do encerramento do inquérito não há direito de acesso aos suportes técnicos nem aos relatórios. É discutível se tal limite abrange ou não o acesso às transcrições do conteúdo das conversações[15]. Literalmente, a lei parece não incluir as transcrições neste limite, por não se lhes referir expressamente, pelo que haveria direito de acesso no inquérito às transcrições entretanto realizadas, mas não aos suportes e relatórios. Mas pode argumentar-se, por um lado, que por identidade ou maioria de razão o impedimento deve abranger as transcrições e, por outro, elas não surgem enunciadas no preceito, não porque o legislador as quis sujeitar a outro regime, mas sim porque as transcrições até referidas como constantes do processo são as do n.º 7, que podem ter um regime particular de acesso, por via da fundamentação do despacho de aplicação das medidas de coacção. O que significa que a omissão de referência às transcrições das escutas não constitui uma decisão

---

[15] Sobre o tema, é importante a consulta do documento «Boas práticas para a execução de intercepções de telecomunicações, CPP 2007 – Lei n.º 48/2007, de 29/8, adoptadas pelos DIAPS Distritais de Lisboa e Coimbra», de 8 de Outubro de 2007, com natureza assumidamente provisória, divulgado em www.pgdlisboa.pt

legislativa, mas sim uma descrição feita por referência aos elementos até aí referidos. Concluindo, durante o inquérito existe um regime de impossibilidade de acesso às escutas telefónicas (suportes, relatórios e transcrições não usadas para fundamentar a aplicação de uma medida de coacção), sendo o acesso possível após o fim desta fase processual, nomeadamente para exercício dos direitos previstos no artigo 188.°, n.° 9, als. *b*) e *c*), CPP.

Este especial regime de segredo pode ser excepcionado pelo cumprimento do dever de fundamentação do despacho de aplicação de medidas de coacção: podem ser reveladas as escutas utilizadas para fundamentar a aplicação de uma medida de coacção. Mas a aplicação da medida de coacção não implica necessariamente a revelação ao arguido destes elementos, quer porque o MP pode seleccionar os elementos a fornecer ao JIC para fundamentar o seu requerimento, quer porque pode haver decisão sem a revelação desses elementos dentro dos limites do artigo 194.°, n.° 4, *b*), e n.ᵒˢ 5 e 6 CPP.

2. Prevê-se ainda um regime de segredo sobre o conteúdo das escutas cuja destruição é determinada pelo juiz (art. 188.°, n.° 6, CPP) e um regime especial de segredo para o intérprete (arts. 92.°, 4, e 93.°, 4, CPP). Trata-se de casos especiais de segredo, aos quais se aplica igualmente o artigo 371.°, n.° 1, do Código Penal.

3. Com a nova lei passou a existir um regime especial de acesso a informação contida no processo (que já constava do anteprojecto da Unidade de Missão) previsto na regulação do primeiro interrogatório do arguido e no novo regime de fundamentação das medidas de coacção (arts. 141.°, 4, e 194.°, CPP) que, neste último caso, se traduz na articulação e sobreposição de três direitos do arguido: direito à fundamentação, direito à informação (nomeadamente sobre os factos imputados e sobre os indícios probatórios que apoiam tal juízo) e um direito à consulta do processo[16]. O âmbito da fundamentação é, em regra, condicionado pelo dever de informação ao arguido: não se pode usar para fundamentar o que não se comunica ao arguido (art. 194.°, n.ᵒˢ 4 e 5). Existe, contudo, um limite à extensão do dever de fundamentar, fundado na tutela do processo, da investigação e de direitos de pessoas (art. 194.°, n.ᵒˢ 4, *b*), 5 e 6). Em

---

[16] Para uma análise do novo regime das medidas de coacção, em especial do dever de fundamentação na aplicação da prisão preventiva, veja-se TERESA PIZARRO BELEZA, «Prisão preventiva e direitos do arguido» (artigo em curso de publicação).

tais casos, continua a poder aplicar-se a medida de coacção, mas o dever de fundamentar o despacho não obriga à revelação dos elementos referidos. Ou seja, são elementos que podem ser usados para decidir, mas não devem ser comunicados ao arguido. E tal omissão não gera qualquer nulidade, pois é processualmente lícita.

4. A revisão de 2007 acolheu ainda um regime especial de quebra do segredo de justiça por decurso do prazo do inquérito, antecipado em parte pela doutrina, embora noutro contexto teórico e prático e com um regime de prorrogações menos restritivo[17]. De acordo com o disposto no artigo 89.º, n.º 6, CPP, se o processo estiver em segredo de justiça o decurso dos prazos do inquérito (art. 276.º, CPP) dá origem a uma quebra legal do segredo interno, com o consequente direito de acesso aos autos por parte do arguido, do assistente e do ofendido. Com o novo regime legal, estes sujeitos e participantes processuais passam a ter o direito a informar-se sobre o conteúdo e o estado do processo, para, com fundamento, oferecerem provas e requererem diligências (arts. 61.º, n.º 1, al. *g*), e 69.º, n.º 2, al. *a*), CPP), o que se pode revelar útil para a descoberta da verdade. Neste ponto o regime é congruente com a tutela processual oferecida neste domínio pelo regime da nulidade do artigo 120.º, n.º 2, al. *d*), CPP.

Trata-se não de um regime de levantamento do segredo de justiça, mas sim e apenas de um regime de quebra do segredo interno pela consagração de um direito de acesso aos autos. Tão-pouco o decurso dos prazos implica que o processo se torna público. O que significa que o segredo de justiça, em tal caso, não termina: mantém-se o segredo externo, com a tutela penal oferecida pelo artigo 371.º do Código Penal.

A quebra de segredo interno por decurso do prazo do inquérito não é peremptória, podendo o MP requerer ao JIC o adiamento do acesso aos autos pelos particulares por um período máximo de três meses, que pode ser prorrogado por uma vez. Mas o adiamento judicial do acesso aos autos é *duplamente condicionado*: só pode ter lugar quando estiver em causa terrorismo ou criminalidade violenta, especialmente violenta ou altamente organizada (art. 1.º, als. *i*) a *m*), CPP, *ex vi* art. 89.º, n.º 6) e terá lugar por um prazo «objectivamente indispensável à conclusão da investigação». Ou

---

[17] Cfr. FREDERICO DE LACERDA DA COSTA PINTO, *Jornadas de Direito Processual Penal* (cit., nota 5), pp. 97-98. Mais informação sobre a matéria, nomeadamente sobre outras propostas semelhantes que procuraram criar limitações temporais ao segredo de justiça, encontra-se agora em ANDRÉ LAMAS LEITE, *RPCC*, 16 (2006), p. 565 e notas, e p. 570 e ss.

seja, por um lado, só nestes três casos é que o adiamento pode ser prorrogado; por outro, a duração do adiamento e da prorrogação nunca podem, no conjunto, exceder os seis meses. O JIC tem a possibilidade de fixar um primeiro prazo de adiamento do acesso aos autos menor que três meses e, de acordo com a letra do preceito, é este prazo de três meses que pode ser prorrogado por uma só vez (a frase «o qual pode ser prorrogado» reporta-se ao prazo anteriormente referido). Por isso, a cláusula final do preceito, que condiciona a prorrogação a «um prazo objectivamente indispensável à conclusão da investigação» parece que só pode integrar um prazo inferior a três meses e não superior[18]. Mesmo que se discorde da solução, é isto que parece resultar da literalidade do preceito.

A decisão do JIC é, neste caso, recorrível, de acordo com o artigo 399.º do CPP, quer pelo MP, quer pelo particular com interesse na decisão. A articulação entre os dois actos praticados, pelo MP e pelo JIC, e o regime do recurso do despacho deste último criam uma situação complexa que não se adequa à protecção dos interesses do processo e da investigação. O recurso tanto pode ter como fundamento a decisão de adiar o acesso aos autos, como a decisão de recusar tal adiamento. Tal recurso tem, em princípio, um efeito suspensivo da decisão do JIC (arts. 407.º, n.º 1, e 408.º, n.º 3, última parte, do CPP) que tem de ser articulado com a situação do processo, pelo que, uma vez interposto, os efeitos práticos do mesmo podem ser distintos: se a decisão do JIC impugnada adiar o acesso aos autos, como requerido pelo MP, enquanto estiver pendente o recurso a mesma não está a produzir efeitos, pelo que se mantém o direito de acesso imediato ao processo por efeito do prazo; se a decisão impugnada for no sentido de recusar o adiamento no acesso aos autos, enquanto o recurso estiver pendente está igualmente quebrado o segredo interno pelo decurso do prazo, e o efeito suspensivo do recurso não altera esta situação, pelo que, uma vez mais, os particulares podem ter acesso a todos os elementos do processo que se encontrem em segredo de justiça. Em qualquer um dos casos, a solução é contrária aos interesses da investigação e pode pôr em causa o sucesso da mesma. Mantém-se obviamente o segredo externo, nomeadamente para efeito do artigo 371.º, n.º 1, do Código Penal.

---

[18] Em sentido aparentemente diferente, PEDRO VAZ PATTO, «O regime de segredo de Justiça no Código de Processo Penal revisto» (artigo em curso de publicação), pp. 13-14, e agora também a *Procuradoria-Geral Distrital de Lisboa*, no seu despacho 3/2008, de 3 de Janeiro, n.º 5 (em www.pgdlisboa.pt).

5. O regime do artigo 89.º, n.º 6, do CPP mereceu reservas e observações críticas por parte das Magistraturas, depois de ter sido divulgado o anteprojecto da Unidade de Missão[19].

No Parecer apresentado, em Fevereiro de 2007, pelo SMMP é destacado em especial o facto de existirem diversas diligências de inquérito que dependem de terceiras entidades que não do MP ou dos órgãos de polícia criminal, como cartas rogatórias, pedidos de informação, perícias ou pedidos de cooperação judiciária internacional. A aplicação do n.º 6 do artigo 89.º do CPP a inquéritos onde tais diligências tenham lugar (que corresponde à generalidade da criminalidade grave) permitirá ao arguido, na avaliação do SMMP, aceder aos autos com a possibilidade de frustrar uma parte da investigação subsequente e em curso através do uso da informação obtida. E poderá ter como consequência prática uma diferenciação ilegítima entre a criminalidade comum e o *white collar crime*[20].

Estas observações, reservas e críticas (apresentadas depois de conhecido o anteprojecto da Unidade de Missão e antes de ser apresentada ao Parlamento a proposta de lei) deveriam ter sido objecto de séria ponderação pelo legislador que, tanto quanto me é dado a saber pelos elementos disponíveis, não as teve em linha de conta (pelo contrário, limitou ainda mais as condições de adiamento do acesso aos autos, vinculando-a à descrição de algumas formas de criminalidade descritas no art. 1.º CPP).

Mas deveria tê-lo feito, pelos elevados interesses públicos que estão em causa e pela simplicidade técnica em o realizar. Bastaria para o efeito criar no artigo 276.º um regime de suspensão de contagem do prazo do inquérito quando estivessem em causa diligências a executar por terceiros, que não o MP ou os OPC. Poderia inclusivamente fixar-se um prazo-limite para a realização de tais diligências ou mesmo para a duração da suspensão. Ou, ainda, declarar-se o regime inaplicável à criminalidade organizada, em especial aos crimes económico-financeiros, à corrupção e à criminalidade transnacional. Propostas de alteração que o poder político deve ponderar rapidamente, antes que o novo regime produza danos

---

[19] Reservas por parte dos Magistrados judiciais (apontando para uma avaliação das consequências do regime: cfr. *ASJP*, Parecer, Novembro de 2006, p. 7, texto subscrito por *Fátima Mata-Mouros, Joaquim Correia Gomes* e *José Mouraz Lopes*) e críticas mais categóricas e específicas por parte dos Magistrados do MP (*SMMP*, Parecer, Fevereiro 2007, p. 5 e ss., texto subscrito pela direcção do sindicato). Ambos os textos se encontram na Internet em www.asjp.pt e em www.smmp.pt.

[20] Cfr. Parecer do SMNP, Fevereiro 2007, pp. 5-7 e 14.

irreversíveis em algumas investigações criminais em curso e inviabilize processos futuros.

Tanto mais que a solução do artigo 89.°, n.° 6, foi construída num contexto em que o MP decidia unilateralmente e sem controlo judicial do acesso ao processo, que ficaria em segredo de justiça enquanto o titular do inquérito não encerrasse esta fase processual. Portanto, o regime foi pensado para evitar um prolongamento excessivo do segredo de justiça dependente em todos os aspectos de uma única entidade – o que significava para o arguido a manutenção desse estatuto e para o assistente a ignorância do que estaria a ser feito, por força do regime de acesso aos autos. Ora, o regime mudou radicalmente com as alterações do Parlamento, pelo que a sua função estabilizadora dos diversos interesses em potencial conflito se encontra agora perdida e em risco de ser adulterada. No contexto da nova regulação do segredo de justiça e do acesso aos autos, matéria sujeita a um intenso controlo judicial, o regime do artigo 89.°, n.° 6, CPP é razoavelmente desnecessário e gera mais problemas do que aqueles que resolve, podendo facilmente ser convertido num instrumento de boicote à investigação criminal. Por isso acho razoável insistir nas alterações legislativas referidas, ou mesmo ponderar a simples eliminação do preceito por desnecessidade da solução que consagra, porque os objectivos que visa são, no fundo, conseguidos pelos regimes de levantamento do segredo e de acesso aos autos, com controlo judicial: artigos 86.°, n.° 5, e 89.°, n.ºs 1 e 2, do CPP.

6. Resta saber se tal é possível por via do sistema hermenêutico, ou seja, ponderando e articulando as situações carentes de uma solução específica com elementos diversos do sistema legal, minimizar os inconvenientes do artigo 89.°, n.° 6, CPP. Estou em crer que a gravidade do problema e a necessidade de tutelar a investigação criminal, como condição essencial do sistema constitucional de administração da justiça, exigem uma solução *praeter legem*. Ou uma intervenção legislativa específica que acautele devidamente os interesses em causa, nos termos ou com os contornos atrás referidos, ou, enquanto tal não existir, uma solução hermenêutica que permita atingir tal resultado.

Os pontos de apoio para o efeito podem residir no regime de fundamentação e revelação de elementos na aplicação de medidas de coacção e no regime geral de quebra do segredo de justiça durante o inquérito. O dever de enunciar os indícios probatórios no despacho judicial de aplicação de medidas de coacção, dando-os a conhecer ao arguido, tem limites, pois só tem de ser cumprido (art. 194.º, n.º 4, *b*), n.º 5 e n.º 6) se não puser gravemente em causa a investigação, se a sua revelação não impossibilitar a descoberta da verdade ou se a sua revelação não criar perigo para a vida, integridade física ou psíquica ou para a liberdade dos participantes processuais ou vítimas do crime. Nestes casos, limita-se o dever de fundamentar probatoriamente o despacho judicial (art. 194.º, n.º 4, al. *b*), segunda parte). Estando perante um limite ao dever de revelar elementos do processo através da fundamentação do despacho e não perante uma excepção à possibilidade de aplicar a medida de coacção, isso significa que o acto pode continuar a ser praticado sem ter, em tais casos, de se revelar os elementos. Esses elementos podem ser usados para decidir a aplicação da medida de coacção mas não são comunicados ao arguido, não podem ser consultados, tais omissões são legítimas e, por isso, não geram nulidade do despacho. Ora, se tal limite existe mesmo quando está em causa a prática de um acto profundamente limitador da liberdade do arguido, deveria valer igualmente quando existe a necessidade de tutelar tais interesses sem que esteja em causa a aplicação de uma medida de coacção. As próprias quebras de segredo interno durante a investigação não a podem por em causa, como resulta expressamente do n.º 9 do artigo 86.º CPP, o que confirma o elevado interesse público em não pôr em causa a investigação criminal.

Em conclusão, numa leitura articulada materialmente com o interesse público inerente à investigação criminal, o artigo 89.º, n.º 6, do CPP não pode permitir o acesso automático aos autos sempre que tal possa pôr gravemente em causa a investigação, se a sua revelação impossibilitar a descoberta da verdade ou se a sua revelação criar perigo para a vida, integridade física ou psíquica ou para a liberdade dos participantes processuais ou vítimas do crime.

Só cumpridas estas exigências se pode afirmar que se respeita o disposto no artigo 20.º, n.º 3, da Constituição, de acordo com o qual «a lei define e assegura a adequada protecção do segredo de justiça»[21]. O segredo

---

[21] Trata-se, não de um direito fundamental, mas antes de uma garantia constitucional que tem, no entanto, uma dimensão objectiva e outra subjectiva, ao serviço e interesses públicos e de direitos fundamentais. Sobre este preceito, veja-se, com diferentes entendimentos e posições, JORGE MIRANDA E RUI MEDEIROS, *Constituição Portuguesa Anotada*, tomo I, Coimbra, 2005, p. 170 e ss. e 204-205; MARCELO REBELO DE SOUSA E JOSÉ DE MELO ALEXANDRINO, *Constituição da República Portuguesa Comentada*, Lisboa, 2000, pp. 102--103; agora, GOMES CANOTILHO E VITAL MOREIRA, *Constituição da República Portuguesa Anotada*, 4.ª ed., Coimbra, 2007, pp. 413-414. Ainda, com avaliações e posições não coin-

de justiça não é um valor em si, tem antes uma vocação funcional: serve para proteger a investigação e alguns interesses pessoais dignos de tutela nestas fases preliminares (v. g. interesses dos arguidos, suspeitos, testemunhas, vítimas). Uma norma processual que assegure os interesses dos arguidos no acesso ao processo, mas desproteja a investigação, ao ponto de a poder pôr em causa, é uma norma contrária às exigências do artigo 20.º, n.º 3, da CRP. Como sublinha de forma exacta Nuno Piçarra, a elevação do segredo de justiça «à categoria de bem constitucionalmente protegido acarreta, por um lado, uma limitação da margem de livre conformação do legislador ordinário, que deixa de poder suprimir tal segredo e fica vinculado a dar-lhe um mínimo de efectividade/operatividade. Por outro lado, os potenciais conflitos do segredo de justiça com outros bens constitucionais dever-se-ão resolver, não sacrificando o primeiro aos últimos, mas obtendo a máxima harmonização prática possível entre eles»[22].

Por isso, entendo que os aplicadores do Direito nesta matéria podem e devem fazer uma interpretação do artigo 89.º, n.º 6, do CPP conforme a Constituição (ao art. 20.º, n.º 3, da Constituição), com vista a salvaguardar as condições da investigação criminal e interesses particulares relevantes, nos termos citados. O que pode realizar-se com a aplicação analógica do limite do art. 194.º, n.º 4, al. b), por maioria de razão, e do artigo 86.º, n.º 9, ambos do CPP, aos casos de quebra do segredo interno por decurso do prazo, vedando-se, por via judicial, o acesso dos particulares a elementos quando o seu conhecimento possa pôr gravemente em causa a investigação, impossibilitar a descoberta da verdade ou colocar em perigo as pessoas referidas no artigo 194.º, n.º 1, al. b), CPP. Solução que tem ainda o seu apoio no já citado artigo 86.º, n.º 9, do CPP.

Se assim não se entender, deve concluir-se, para todos os efeitos legais, que o artigo 89.º, n.º 6, do CPP é inconstitucional porque, ao criar um regime de quebra automática do segredo interno num contexto em que o acesso ao processo deixou de estar nas mãos do MP e passou a ser controlado pelo JIC (art. 89.º, n.ºs 1 e 2), põe em causa de forma grave e des-

---

cidentes, LABORINHO LÚCIO, in *O processo penal em revisão* (cit., nota 5), p. 201 e ss., e PAULO DÁ MESQUITA, «O segredo do inquérito penal: uma leitura jurídico-constitucional», *Direito e Justiça*, XIV (2000), nomeadamente p. 62 e ss. Depois, evidenciando quer a sua relação com os direitos fundamentais, quer com a investigação criminal, NUNO PIÇARRA, *O inquérito parlamentar e os seus modelos constitucionais*, Coimbra, 2004, p. 690, apesar das reservas que manifesta à forma como se operou a constitucionalização do segredo de justiça e os motivos que orientaram essa opção.

[22] NUNO PIÇARRA, *O inquérito parlamentar* (cit., nota 23), p. 689.

necessária a investigação criminal, pelo que não garante uma adequada protecção ao segredo de justiça, como exige o artigo 20.º, n.º 3, da Lei fundamental.

7. O regime do artigo 89.º, n.º 6, do CPP dá ainda origem a diversos problemas de vigência temporal na nova lei processual penal. De acordo com o regime geral previsto no artigo 5.º, n.º 1, seria de aplicação imediata a todos os inquéritos em curso: quer aqueles que ainda não tenham ultrapassado os prazos do artigo 276.º, quer aqueles em que tal ultrapassagem de prazos já se tenha verificado. A ser assim, a lei nova, aplicando-se imediatamente, daria origem a uma quebra legal automática do segredo interno, com um regime de acesso integral ao processo. Quando tal aconteça, parecem-me razoáveis duas soluções: a primeira, considerar que o acesso integral e ilimitado aos autos pode pôr em causa a harmonia e unidade dos vários actos no processo, actos que materializam uma estratégia de investigação, invocando-se em consequência a al. *b)* do n.º 2 do artigo 5.º CPP. Existem objecções diversas a esta solução, nomeadamente implicar limites reflexos ao exercício do direito de defesa, mas ela deve prevalecer se notarmos que o dano para a investigação pode ser irreversível enquanto a lesão dos direitos da defesa é sempre transitória, já que o arguido terá acesso ao processo por outras vias e noutros momentos.

Noutra hipótese, aplicando-se imediatamente o artigo 89.º, n.º 6, poderá o MP requerer ao JIC o adiamento no acesso aos autos, nos prazos e condições referidos no preceito. Isso é possível, mesmo que tais prazos já tenham sido quantitativamente ultrapassados pela duração do inquérito, pois o artigo 89.º, n.º 6, prevê uma norma de conduta para o titular do inquérito que não poderia ser executada por este antes de a nova lei estar em vigor. Ou seja, mesmo que os inquéritos actuais tenham ultrapassado todos os prazos do artigo 89.º, n.º 6, incluindo e contabilizando as prorrogações judiciais, deve o preceito ser aplicado de forma a permitir que o MP requeira ainda ao JIC a prorrogação do regime de segredo, já que ao abrigo da lei antiga não existia tal efeito do prazo e o pedido de prorrogação não era possível.

V. O NOVO PROBLEMA DA PUBLICIDADE NO INQUÉRITO

Ao determinar a aplicação (reflexa) do regime de publicidade ao inquérito, o legislador pode ter criado uma solução susceptível de adulterar o regime desta fase processual e que pode suscitar muitas dificuldades práticas na execução das diligências de investigação. Tanto mais que a declaração de natureza pública do processo penal, apenas excepcionada pelos casos de sujeição do inquérito a segredo de justiça, não foi acompanhada da criação de normas específicas para a gestão da publicidade nesta fase, valendo apenas as normas que já constavam do Código e que foram pensadas para a fase de audiência. Mas, como veremos ao longo do texto, o próprio significado da declaração legal de que o processo penal é público reveste-se, no mínimo, de uma aura de dúvida quanto ao seu conteúdo, alcance e intencionalidade jurídica, em especial face ao conteúdo descrito no artigo 86.°, n.° 6, do CPP.

1. No modelo acusatório de estrutura mista acolhido entre nós pelo CPP de 1987, o inquérito era uma fase não pública, sujeita a segredo de justiça, em regra marcada por um regime de não contraditório quanto aos actos praticados e cujo expediente era reduzido a escrito. A fase de inquérito tinha estas características, em geral, sendo certo que algumas delas cediam (ou deveriam ceder) perante certos actos específicos, como o dever de fundamentar a aplicação das medidas de coacção, de acordo com um modelo de concordância prática entre interesses conflituantes. A investigação era sujeita a sigilo não por um capricho do legislador mas por essa ser, em regra, uma condição essencial da sua eficácia, por estarem em causa interesses públicos e privados do mais alto nível e por se tratar de uma fase meramente preliminar, como atrás se referiu.

A sujeição do inquérito ao regime de publicidade da audiência, aparentemente com o conteúdo do artigo 86.°, n.° 6 (pois este é o conteúdo da publicidade na lei), ou é um erro de técnica legislativa ou um grave erro político-jurídico, que, na prática judicial, só pode ser em parte minimizado com a sujeição do inquérito a segredo de justiça (com o regime e limitações atrás expostas) pelo MP (com a validação posterior do JIC) ou através de uma interpretação que adeque o seu regime legal à fase processual do inquérito. Vejamos o alcance de cada uma destas vias.

2. Uma parte dos problemas associados à publicidade do inquérito pode ter solução com o regime de sujeição desta fase processual a segredo de justiça, que implica necessariamente a negação do regime da publicidade (art. 86.°, n.° 8, do CPP).

A quebra do segredo de justiça não significa necessariamente a publicidade do inquérito, pois tal quebra pode ser apenas do segredo interno (caso, por exemplo, do art. 89.°, n.° 6): mantendo-se o segredo externo não há publicidade; pelo contrário, valem plenamente os deveres processuais e substantivos do artigo 86.°, n.° 8, CPP e do artigo 371.°, n.° 1, CP. Contudo, a quebra do segredo pode levar à publicidade nas seguintes situações: quando vigore um regime de ausência de segredo (caso da instrução, depois da revisão de 2007); quando seja requerida a sujeição a segredo e esta seja recusada ou não validada (art. 86.°, n.ºs 2 e 3, CPP); e quando o segredo seja levantado (art. 86.°, n.ºs 4 e 5).

3. Quando a quebra do segredo ou a sua ausência impliquem a publicidade do processo, torna-se necessário determinar, em primeiro lugar, em que consiste essa publicidade e, em segundo lugar, qual o regime de restrições à mesma.

A publicidade no CPP tem o conteúdo descrito no artigo 86.°, n.° 6, e, na sua integralidade, implica o direito de assistência do público aos actos processuais, o direito de narração e reprodução de actos processuais e o direito de consulta dos autos e obtenção de certidões. Este é, contudo, o âmbito da publicidade traçado desde o início do Código de Processo Penal, em 1987, para a audiência de julgamento, o que se compreende, pois é a audiência a fase pública por excelência dos processos judiciais, como resulta, nomeadamente, do artigo 206.° da Constituição. E, por isso mesmo, as normas sobre as restrições à publicidade estão todas dirigidas ao Tribunal (cfr. art. 206.° da CRP e arts. 87.° e 321.° do CPP).

Ao declarar que o processo penal é público, ressalvadas as excepções previstas na lei, coloca-se o problema de saber qual o conteúdo e regime desta publicidade: será exactamente o regime de publicidade do artigo 86.°, n.° 6, com todo o seu conteúdo, ou será outro distinto, se a fase em causa não for de audiência de julgamento?

O problema coloca-se quanto à instrução e quanto ao inquérito: no primeiro caso (instrução), porque vigora um regime de ausência de segredo; no segundo caso (inquérito), o problema coloca-se quando não seja requerida a sujeição a segredo, quando seja requerida a sujeição a segredo e esta seja recusada ou não validada (art. 86.°, n.ºs 2 e 3, CPP) e quando o segredo tenha vigorado mas seja levantado (art. 86.°, n.ºs 4 e 5).

A afirmação contida no n.° 1 do artigo 86.° tem se ser compreendida no seu sentido histórico e no contexto da última revisão do CPP. Originariamente, a afirmação da publicidade era apenas e só a publicidade da audiência de julgamento, e essa, e só essa, é que conduzia à aplicabilidade integral do conteúdo agora descrito no artigo 86.°, n.° 6, do CPP (correspondente ao antigo n.º 2 do mesmo artigo, na versão anterior). Nos demais casos, a legitimidade para a assistência aos actos processuais era muito limitada (vejam-se, nomeadamente, os artigos 89.º, n.ºs 1 e 2, 141.º, n.º 2, 289.º, n.º 2, do texto anterior do CPP)[23].

Apesar da afirmação genérica do n.º 1 do artigo 86.º, tais limites quanto à assistência a certos autos processuais continuam a existir (*v. g.* nos arts. 141.º, n.º 2, e 289.º, n.º 2, do CPP). O que foi substancialmente alterado foi o regime do segredo de justiça (art. 86.º) e o regime de acesso aos autos (art. 89.º) e, por isso, as alterações à publicidade do processo nas fases preliminares têm de ser, e só podem ser, as decorrentes destes regimes.

Isto significa que devemos distinguir entre *a natureza pública do processo* e o regime de *publicidade de cada fase processual*. A natureza pública do processo é um princípio geral, mas tal não implica a vigência integral do mesmo conteúdo do n.º 6 do artigo 86.º em todas as fases processuais. Nomeadamente, quanto à assistência do público em geral, uma interpretação conforme à Constituição (art. 206.º) torna-a obrigatória para a audiência, mas não para toda a fase de julgamento e muito menos para as fases de instrução e de inquérito[24]. Em suma, a natureza pública do processo pode estar realizada com a publicidade plena da audiência de julgamento e a simples ausência de segredo de justiça nas fases preliminares. Nestes casos, a assistência aos actos processuais é limitada, como resulta, nomeadamente, dos já citados artigos 141.º, n.º 2, 143.º, n.º 2, e 289.º, n.º 2, do CPP, afloramentos da ideia geral de que nestas fases preliminares não há assistência do público aos actos processuais.

A afirmação de que o processo é público nas fases preliminares não significa, portanto, no contexto da revisão de 2007, o direito de assistência do público em geral aos actos processuais praticados no inquérito[25],

---

[23] Este ponto de partida (a ideia de que a publicidade do processo não significa necessariamente todo o conteúdo da publicidade referida no art. 86.º, n.º 6, e, em especial, que não implica o direito de livre assistência do público em geral aos actos processuais, porque nas fases preliminares a legitimidade para a assistência aos actos processuais é limitada por lei) assenta numa sugestão formulada pelo Senhor Procurador Distrital de Coimbra, Dr. *Alberto Braga Themido*, durante o debate público que teve lugar durante as jornadas sobre a revisão do Código de Processo Penal, organizadas pelo CEJ em Coimbra. O desenvolvimento dos argumentos e as conclusões são, no entanto, de minha responsabilidade.

[24] Também este aspecto foi sublinhado no debate público referido na nota anterior.

[25] Neste sentido, agora, categoricamente a *Procuradoria-Geral Distrital de Lisboa*, despacho 3/2008, de 3 de Janeiro, n.º 3 (*in* www.pgdlisboa.pt).

mas sim e apenas a quebra ou ausência do regime de segredo de justiça externo e interno, com o consequente direito de divulgação dos actos praticados e o direito de acesso ao processo por parte dos sujeitos e participantes processuais ou por quem, em regra, tenha um título de legitimidade para o efeito.

4. Caso assim não se entendesse, teria de se admitir que o legislador havia criado um regime peculiar e uma lacuna, ao contemplar a aplicação (total) do regime da publicidade uniforme para todas as fases processuais sem regular as restrições à publicidade nas fases preliminares, como regula na audiência. A necessidade de tais restrições nas fases preliminares do processo, em particular no inquérito, é mais do que evidente, o que deveria então levar à aplicação do artigo 85.°, n.° 1, CP, para evitar situações em que a publicidade perturbaria o decurso do acto processual (*v. g.* espontaneidade de uma testemunha); ou aplicação analógica do artigo 87.°, n.os 1 e 2, CPP (norma pensada essencialmente para a audiência) à fase de inquérito: as decisões de restrição da publicidade dos actos processuais na fase de inquérito seriam da competência do MP.

Em suma, a natureza pública do processo não significa necessariamente, nas fases preliminares, a possibilidade de assistência do público aos actos processuais, o que a Constituição só exige para a audiência de julgamento (art. 206.°), mas sim, no contexto da presente reforma, a ausência de segredo interno e externo. Se assim não se entender, terá de se admitir que existe uma lacuna, a integrar com a concessão aos titulares das fases respectivas do poder de restringir a assistência do público aos actos processuais.

VI. OS CRIMES DE VIOLAÇÃO DE SEGREDO DE JUSTIÇA E DE PUBLICAÇÃO NÃO AUTORIZADA DE ESCUTAS

A par das alterações processuais descritas, o legislador ofereceu uma tutela penal, em certo sentido reforçada, aos actos processuais sujeitos a segredo de justiça ou a um regime de reserva[26]. Fê-lo por duas vias: refor-

---

[26] Uma interessante exposição das diversas soluções penais existentes em ordenamentos jurídicos europeus com a finalidade de proteger actos processuais (ou mesmo de garantir a imparcialidade do júri, no caso do Reino Unido), encontra-se em MIREILLE DELMAS-MARTY, *Procédures pénales d'Europe*, Paris, 1995, p. 586 e ss., *maxime* 588 e ss.

mulando a tipicidade do artigo 371.°, n.° 1, do Código Penal e criando um novo crime de desobediência para a publicação não autorizada de escutas, no artigo 88.°, n.° 4, do CPP.

1. O legislador alterou a descrição típica do crime previsto no artigo 371.°, n.° 1, do CP, acrescentando um elemento («independentemente de ter tomado contacto com o processo») que, em termos históricos, visa eliminar uma divergência doutrinal e jurisprudencial que dominou a matéria desde a entrada em vigor do CPP de 1987. Em minha opinião, na redacção anterior a 2007, a realização do tipo incriminador citado não dependia de o agente ter tido contacto com o processo e, muito menos, de uma interpretação física e naturalística deste elemento. Tratava-se de um tipo incriminador autónomo, com uma norma de conduta dirigida a qualquer pessoa que, dolosamente e de forma ilegítima, desse a conhecer o teor de um acto processual protegido pelo segredo de justiça[27]. Mas a questão era, como se sabe, controvertida.

Esta divergência tem hoje um interesse prático curioso: para quem entenda, como foi por mim defendido, que esta já era a interpretação correcta da lei antiga (a anterior versão do art. 371.° do CP), o facto que esteja a ser objecto de um processo em curso (ou possa vir a ser objecto de um processo) é punido de igual modo, quer ao abrigo da lei antiga, quer ao abrigo da lei nova, não dando origem a problemas de sucessão de leis no tempo. Diversamente, quem entenda que o crime, na redacção anterior, dependia efectivamente do contacto do agente com o processo, então a nova redacção do artigo 371.°, n.° 1, do Código Penal, ao prescindir expressamente de tal elemento, tem um sentido neocriminalizador e, como tal, não pode ser aplicado nem aos processos em curso nem a factos anteriores à sua vigência, por força da proibição de retroactividade da lei penal incriminadora.

Uma última nota sobre esta incriminação: o legislador alterou o regime processual do segredo de justiça em matéria criminal, mas deixou intacto o n.° 2 do artigo 371.° do Código Penal. Ora, o regime processual

---

[27] Cfr. FREDERICO DE LACERDA DA COSTA PINTO, in *Jornadas de Direito Processual Penal* (cit., nota 5), pp. 77-81. Na mesma altura, também RUI PEREIRA sublinhou (com outro enquadramento) a natureza comum do crime, embora exigisse adicionalmente o contacto (directo ou indirecto) com o processo ou uma relação de comparticipação com o autor primário da quebra de segredo (cfr. «O domínio do inquérito pelo Ministério Público», in *Jornadas de Direito Processual Penal*, cit., nota 5, p. 120 e nota 1).

penal não parece ser aplicável ao processo de contra-ordenação nem ao processo disciplinar na fase organicamente administrativa, porque não existem nem as fases, nem os sujeitos processuais referidos nos artigos 86.º e 89.º do CPP. Assim, acabou por se criar uma dupla assimetria: em processo de contra-ordenação tem plena aplicabilidade do n.º 2 do artigo 371.º, pelo que o processo estará obrigatoriamente em segredo de justiça em toda a sua tramitação administrativa, até à decisão do mesmo; e, por outro lado, em processo penal a sujeição do inquérito a segredo de justiça depende de requerimentos e decisões do JIC, enquanto que em processo de contra-ordenação a fonte da sujeição do processo a segredo durante a fase organicamente administrativa é a própria lei[28].

2. O artigo 88.º, n.º 4, do CPP vem cominar com a desobediência simples (art. 348.º, n.º 1, al. *a*), CP) a publicação, por qualquer meio, de conversações ou comunicações interceptadas no âmbito de um processo. A lei excepciona esta proibição se, cumulativamente, o material em causa já não estiver sujeito a segredo de justiça e se os intervenientes expressamente consentirem na publicação. Só a publicação dolosa é tipicamente relevante, por força do artigo 13.º do Código Penal e do princípio da legalidade criminal (art. 29.º CRP), sendo atípicas quebras negligentes da reserva sobre o conteúdo de tais actos processuais. Os elementos em causa e relevantes para o tipo incriminador parecem ser não só as transcrições

---

[28] Em sentido parcialmente distinto, o recente parecer da PGR n.º 84/2007, de 26 de Março de 2008 (em que é Relator o Senhor Procurador-Geral-Adjunto António Leones Dantas), *in DR II*, de 7 de Abril de 2008 – divulgado já depois de este texto estar concluído – onde, após uma rigorosa análise dos interesses em conflito, se defende uma solução sobre o segredo de justiça na fase administrativa do processo de contra-ordenação baseada em requerimentos dos interessados e decisões da autoridade administrativa, judicialmente sindicáveis. A autonomia do processo de contra-ordenação e as suas diferenças estruturais e subjectivas em relação ao processo penal – que o parecer identifica de forma exemplarmente correcta e merecedora de total concordância – permitem, no entanto, preconizar uma solução específica do Direito das contra-ordenações, fundada no art. 371.º, n.º 2, al. *a*), do Código Penal, sem prejuízo do direito que assiste ao arguido de acesso aos autos após a imputação dos factos. Na verdade, é perfeitamente sustentável que apesar de existir segredo de justiça de fonte legal até à decisão afinal administrativa, também existe após a imputação da infracção direito de acesso aos autos, sujeito a controlo judicial nos termos do art. 55.º do RGCords. Uma solução mais simples e adequada ao processo de contra-ordenação que não importa para este os inconvenientes do modelo de litigância que o novo regime processual penal acaba por criar. Este seria, contudo, todo um outro tema, que não posso agora desenvolver.

das escutas telefónicas juntas aos autos, como também – em função da amplitude da letra do preceito – os elementos referidos no n.º 1 do artigo 189.º do CPP. Mas já não, por falta de tipicidade expressa, os elementos do n.º 2 do mesmo artigo 189.º CPP ou a correspondência apreendida nos termos do artigo 179.º do CPP (pois esta é apreendida e não interceptada, como exige o novo tipo incriminador).

Trata-se ainda, em minha opinião, de um crime específico, embora de forma livre, pois o destinatário, não estando determinado genericamente na previsão do tipo, acaba por o ser pela epígrafe do preceito: trata-se de uma norma penal de conduta dirigida aos *meios de comunicação social*. Pode-se compreender e aceitar o propósito de clarificar o respeito devido pela imprensa à realização da justiça penal, mas tal objectivo já é prosseguido pelo n.º 2 do artigo 88.º do CPP e nunca deveria dizer apenas respeito à transcrição das escutas telefónicas, mas sim a qualquer peça processual, como acontece com a norma citada. Em boa verdade, o artigo 88.º, n.º 4, do CPP constitui uma modalidade peculiar de desobediência, criada com uma assimetria jurídica estranha (o legislador declara a «publicidade do inquérito», mas simultaneamente proíbe a divulgação pela comunicação social de peças processuais, mesmo que já não estejam em segredo de justiça?!) e com um alcance limitado:

Se as escutas estiverem sujeitas a segredo de justiça, percebe-se a tutela penal, pelos interesses públicos e privados envolvidos, mas então aplica-se provavelmente o artigo 371.º, n.º 1, CP e não o artigo 88.º, n.º 4, CPP – existe entre os dois preceitos uma relação de consumpção pura, que faz com que o segundo não se aplique perante a previsão mais ampla do primeiro (e que contempla o facto descrito no art. 88.º, 4, quando os documentos estejam em segredo de justiça) e a pena mais grave que o mesmo comina para o facto[29]. A transcrição da conversa escutada será

---

[29] Trata-se, na realidade, de uma relação de consumpção e não de subsidiariedade (quando não mesmo de um concurso ideal de crimes, caso se identifiquem no 88.º, n.º 4 CPP dimensões privadas de tutela não cobertas pela previsão do art. 371.º do CP, se tal ainda for conciliável com a proibição de dupla valoração do mesmo facto) apesar da cláusula final do n.º 1 do art. 371.º do Código Penal, que já vem do Direito anterior. Cláusula esta que se encontra mal formulada (deveria ressalvar a hipótese de uma pena mais grave ser cominada pela lei do processo, o que não acontece), ao ponto de a sua aplicação literal e não articulada com o âmbito material do crime de violação de segredo de justiça poder beneficiar injustificadamente o infractor que viola quer o art. 88.º, n.º 4, do CPP, quer o art. 371.º, n.º 1, do Código Penal. Sobre os problemas associados à proliferação pouco rigorosa de cláusulas de subsidiariedade expressa na legislação penal, por todos, JORGE

neste caso um elemento de prova e uma circunstância possivelmente indiciadora de uma ilicitude concreta mais grave que acresce à quebra do segredo de justiça.

Diversamente, se as escutas estiverem integradas num processo não sujeito a segredo de justiça e os visados não autorizarem a publicação, o facto ou está sujeito à modalidade de desobediência prevista no artigo 88.°, n.° 2, al. *a*), do CPP ou, assim não acontecendo, não se percebe qual o interesse público que pode justificar a punição como desobediência! Desobediência a que acto de autoridade? À vontade das partes na não publicação? Esse não é um aspecto merecedor de tutela penal através da desobediência penal[30]. Quando muito, poderia ser um crime equivalente à violação da reserva da vida privada, mas se as escutas estão no processo é porque não dizem respeito exclusivamente a tal círculo de intimidade: é matéria que, depois de seleccionada, se torna relevante para a prova de factos criminais (art. 188.°, n.° 1, CPP) ou indispensável para a aplicação de medidas de coacção (188.°, n.° 7, CPP).

Em suma, o artigo 88.°, n.° 4, CPP não é aplicável na parte em que abrange matéria com dignidade e carência de tutela penal (porque é consumido pelo art. 371.°, n.° 1, do Código Penal) e é aplicável na parte em que é duvidosa a legitimidade material de tal intervenção.

3. O âmbito do tipo é ainda de alcance discutível em alguns casos específicos. Assim, podem, por exemplo, as partes na conversação divergir quanto à autorização para publicação quando os elementos já não estão sujeitos a segredo de justiça. É duvidoso que em tal caso não deva prevalecer a liberdade de imprensa. Por outro lado, se as escutas forem publicadas por um órgão de comunicação social e os demais repetirem a notícia

---

FIGUEIREDO DIAS, *Direito Penal*, PG, I, 2.ª ed., Coimbra, 2007, pp. 997-998, que sustenta uma diferente perspectiva quanto às relações de consumpção (pp. 1000-1002). Desenvolvimentos críticos sobre o tema, tão radicais que conduzem no entanto à negação do concurso de normas (por sobrevalorização dos chamados aspectos valorativos do âmbito das normas penais e desconsideração das relações lógicas entre os preceitos), mas pertinentes em alguns aspectos específicos, encontram-se em LUÍS DUARTE D'ALMEIDA, *O «Concurso de normas» em Direito Penal*, Coimbra, 2004, p. 59 e ss., p. 115 e ss. e, nas conclusões, p. 129 e ss. Sobre o conteúdo e limites da consumpção, veja-se LOBO MOUTINHO, *Da unidade à pluralidade dos crimes no Direito Penal Português*, Lisboa, 2005, p. 1016 e ss.

[30] Assumindo que através da incriminação da desobediência se visa tutelar «a autonomia intencional do Estado»: veja-se, CRISTINA LÍBANO MONTEIRO, *Comentário Conimbricense do Código Penal*, PE, tomo III, Coimbra, 2001, p. 350 (anotação ao art. 348.°).

desse primeiro órgão de comunicação social, não parece estar realizada a tipicidade do crime, pois já não estão a publicar as conversações ou comunicações interceptadas mas sim a reproduzir uma notícia pública. De igual modo, se tais elementos forem obtidos ao abrigo do direito de narrar os actos processuais e de reproduzir os seus termos, ou seja, por acompanhamento de uma reprodução feita durante a audiência de julgamento, tal divulgação corresponderá ao exercício de um direito conferido pelo regime do artigo 86.º, n.º 6, al. *b*), CPP, pelo que não poderá ser simultaneamente crime ou, a sê-lo, tal estará justificado pelo artigo 31.º do Código Penal. Tal como não é subsumível ao tipo a divulgação da notícia sobre o conteúdo das conversações não acompanhada da transcrição da conversa interceptada.

Com a génese que teve, a incerteza sobre o seu campo de aplicação e as dúvidas sobre a sua legitimidade material não se augura um futuro tranquilo para esta incriminação, nem para os processos que a visem aplicar.

Talvez tivesse sido suficiente e preferível, adaptando uma expressão de Dworkin, levar a sério a matéria do segredo de justiça, tal como a lei a delimitava e o Tribunal Constitucional a articulava com o direito de defesa. Porque, também neste domínio, nem toda a legalidade é legítima.

AS DÍVIDAS DOS CÔNJUGES
NO PROCESSO EXECUTIVO*

JORGE MORAIS CARVALHO**

1. Introdução

O presente estudo tem por tema a execução por dívidas contraídas por pessoas casadas. Após a celebração do contrato de casamento, há um determinado número de coisas, maior ou menor conforme o regime de bens acordado pelas partes, que não pode ser alienado livremente, mesmo pelo cônjuge proprietário. Por outro lado, pertencendo os bens a ambos os cônjuges, importa definir se podem responder pelas dívidas contraídas apenas por um deles e em que termos. A questão ganha ainda um maior relevo quando a dívida é assumida apenas por um dos cônjuges mas deve ser considerada comum, por ter sido contraída em proveito de ambos[1].

O problema da execução por dívidas dos cônjuges é tratado, no essencial, pelo artigo 825.°[2]. A epígrafe do artigo («*penhora de bens comuns*

---

* O presente estudo corresponde, com actualizações, ao trabalho apresentado na disciplina de Direito Processual Civil, no 5.° Programa de Doutoramento e Mestrado da Faculdade de Direito da Universidade Nova de Lisboa, em Setembro de 2003. Gostaria de agradecer a orientação do Professor Doutor José Lebre de Freitas e, em especial, a leitura atenta e os relevantes comentários da Professora Doutora Ana Prata, muito importantes para a realização deste trabalho.

** Doutorando na Faculdade de Direito da Universidade Nova de Lisboa. Bolseiro da Fundação para a Ciência e a Tecnologia.

[1] Cfr. art. 1691.°, n.os 1, alíneas *c*) e *d*), e 2, do Código Civil, que se referem a situações em que a dívida apenas foi contraída por um dos cônjuges mas responsabiliza ambos, por ter sido em proveito comum do casal. O n.° 3 do mesmo artigo estabelece que o proveito comum não se presume, excepto nos casos previstos na lei.

[2] Os artigos indicados sem menção do diploma em que estão inseridos pertencem ao Código de Processo Civil, aprovado pelo Decreto-Lei n.° 44.129, de 28 de Dezembro de

do casal») indica, desde logo, que se aplica não em função da natureza da dívida (comunicável ou não comunicável), mas em função da natureza dos bens (próprios ou comuns), procurando, de certa forma, tornar mais eficaz a execução, ainda que à custa de desvios ao regime substantivo.

Antes de se estudar mais pormenorizadamente o artigo 825.°, importa salientar que a questão da execução por dívidas dos cônjuges tem sido, desde sempre, muito sensível às alterações sociais, quer no que respeita à igualdade entre homens e mulheres, quer, mais recentemente, quanto à valoração do casamento e da sua estabilidade, quando comparadas com a relevância do direito do credor à satisfação do seu crédito. Neste estudo, começaremos por analisar, ainda que resumidamente, a evolução da lei processual civil nesta matéria ao longo do último século.

É igualmente importante fazer uma abordagem ao direito substantivo, com vista a enquadrar as questões levantadas e a apreciar se as soluções encontradas pelo legislador processual se articulam com aquelas que foram introduzidas no Código Civil. Nestes termos, faz-se referência às dívidas que devem ser consideradas comunicáveis ou incomunicáveis, bem como aos bens que respondem por cada tipo de dívidas.

Posteriormente, procede-se a uma análise do regime aplicável à penhora por dívidas dos cônjuges, seguindo, de certa forma, a sequência que é apresentada pelo artigo 825.°, na redacção que lhe foi dada pelo Decreto-Lei n.° 38/2003, de 8 de Março. Este artigo, para além de ter clarificado várias questões muito debatidas na doutrina, alargou as possibilidades do exequente, que passa a poder, no próprio processo executivo, obter título executivo contra o cônjuge do executado.

No processo executivo, é necessário encontrar as soluções que mais se aproximem do equilíbrio entre a posição do exequente, que pretende ver satisfeita a sua pretensão, e a do executado, que pretende defender-se[3], devendo os direitos dos terceiros ser também considerados na busca desse equilíbrio. Ora, o cônjuge, que é um terceiro face à execução, tem um interesse de certa forma conflituante com o do exequente, na medida em que, em primeiro lugar, o seu património pode ser afectado pela pe-

---

1961, com as alterações que lhe foram entretanto introduzidas, nomeadamente pelo Decreto-Lei n.° 38/2003, de 8 de Março, salvo se do contexto resultar que pertencem a outro diploma.

[3] JOSÉ LEBRE DE FREITAS, «Os Paradigmas da Acção Executiva», *in Revista da Ordem dos Advogados*, Ano 61, II, Ordem dos Advogados, Lisboa, 2001, pp. 543-560, p. 550.

nhora de bens comuns e, em segundo lugar, pode ser responsabilizado por uma dívida, não dispondo o exequente de título executivo contra si. A resposta que for dada a estas questões é igualmente a solução da equação que resulta do equilíbrio entre a posição do exequente e a posição do cônjuge do executado.

Por fim, são examinadas as demais situações em que o cônjuge do executado é chamado a intervir no processo executivo.

2. As dívidas dos cônjuges no processo executivo: breve análise histórica

2.1. *Código do Processo Civil de 1876*

Como referia José Alberto dos Reis[4], a principal questão que se levantava face ao Código de 1876, aprovado por carta de lei de 8 de Novembro de 1876, era a de saber o que poderia o credor fazer quando a dívida tivesse sido contraída apenas pelo marido, mas em proveito comum do casal. A actualidade deste problema específico justifica que nos debrucemos um pouco mais sobre os argumentos apresentados pelos defensores das duas correntes existentes na época[5].

Defendiam uns que o credor que quisesse obter a satisfação do seu crédito através dos bens comuns do casal deveria propor uma acção de condenação contra ambos os cônjuges, para aí ser estabelecido se a dívida tinha sido contraída em proveito comum.

Já outros defendiam que a questão da comunicabilidade da dívida podia ser discutida em embargos de terceiro; ou seja, o exequente poderia penhorar os bens comuns, apesar de apenas dispor de título executivo contra o marido, cabendo então à mulher alegar, em embargos de terceiro[6], que a dívida não fora contraída em proveito comum[7].

---

[4] JOSÉ ALBERTO DOS REIS, *Processo de Execução*, vol. I, Coimbra Editora, Coimbra, 1943, pp. 279 e 280.

[5] Cfr. JOSÉ ALBERTO DOS REIS, «Execução por Dívidas dos Cônjuges», *in Boletim da Faculdade de Direito*, Universidade de Coimbra, Coimbra, 1930-31, p. 224 e ss., para uma enumeração e uma análise crítica dos diferentes argumentos.

[6] O art. 924.º estabelecia: «*a mulher casada pode embargar de terceiro, sem necessidade de autorização do marido* [...]».

[7] Cfr. JOSÉ ALBERTO DOS REIS, «Execução por Dívidas dos Cônjuges», cit., p. 240.

O Supremo Tribunal de Justiça manifestou-se a favor da segunda corrente num assento de 9 de Abril de 1935, mas apenas no que respeita às dívidas de natureza comercial contraídas por marido comerciante[8].

2.3. Código de Processo Civil de 1939

O Código de 1939, aprovado pelo Decreto-Lei n.° 29.637, de 28 de Maio de 1939, veio resolver a referida querela[9], exigindo que o credor que pretendesse fazer-se pagar pelos bens comuns propusesse uma acção declarativa contra o marido e a mulher, alegando, nesse âmbito, a comunicabilidade da dívida. Era o que resultava do artigo 19.°, n.° 2, deste diploma, que estabelecia: «*serão propostas contra o marido e contra a mulher [...] as acções emergentes de acto ou facto praticado por um dos cônjuges, em que pretenda obter-se sentença que venha a executar-se sobre bens comuns ou sobre bens próprios do outro cônjuge*».

Esta era a solução que resultava do Código de 1939, quer na execução por dívidas civis quer na execução por dívidas comerciais[10].

Questão diversa era a de saber se o marido podia, na execução, vir alegar a comunicabilidade da dívida, por ter sido contraída em proveito comum. Desse modo, poderiam ser penhorados os bens comuns[11].

---

[8] É este o teor do assento: «*os embargos de terceiro são meio competente para a mulher casada com marido comerciante, executado por dívida comercial, poder ilidir a presunção do artigo 15 do Código Comercial, com o fundamento de que a dívida não foi aplicada em proveito comum do casal*» – cfr. JOSÉ ALBERTO DOS REIS, «Anotação ao Assento de 9 de Abril de 1935», *in Revista de Legislação e de Jurisprudência*, Ano 68, Coimbra Editora, Coimbra, 1936, pp. 11-14. Este autor discorda da fundamentação do próprio assento (p. 14).

[9] JOSÉ ALBERTO DOS REIS, *Processo de Execução*, vol. I, cit., p. 280.

[10] JOSÉ ALBERTO DOS REIS, *Processo de Execução*, vol. I, cit., pp. 280 a 282, 290 e 291. Para que os bens comuns fossem penhorados era necessário que a mulher tivesse sido condenada e que a execução fosse dirigida também contra a mulher.

[11] JOSÉ ALBERTO DOS REIS, *Processo de Execução*, vol. I, cit., pp. 283 a 285, defendia que o marido podia suscitar a questão na acção executiva, do mesmo modo que podia fazê-lo na acção declarativa. Duas objecções eram, segundo o autor, oponíveis a esta solução. Em primeiro lugar, o processo de execução não era o meio próprio para se discutir a questão da comunicabilidade da dívida, que só se podia levantar na acção declarativa. Em segundo lugar, reconhecer essa possibilidade ao marido afectava a eficácia do processo, uma vez que o tornava excessivamente moroso. Quanto à primeira questão, defendia o autor que o art. 19.°, n.° 2, que já citámos, só se aplicava ao credor, e que os termos do incidente de chamamento à demanda eram compatíveis com a estrutura do processo executivo; quanto à segunda questão, o autor reconhecia que a solução era susceptível de tornar o

A natureza civil ou comercial da dívida importava na determinação do momento da venda dos bens penhorados. Com efeito, o artigo 824.º, que tinha por epígrafe «*bens a penhorar na execução contra o marido*», estatuía: «*na execução movida contra o marido só podem penhorar-se os seus bens próprios e o direito à meação nos bens comuns. [...] Quando a dívida for de natureza civil, penhorado o direito à meação nos bens comuns[,] a execução suspender-se-á até que se dissolva o matrimónio ou seja decretada judicialmente a separação de bens*».

Criou-se assim uma moratória legal, que só deixou de existir em 1995. O credor do cônjuge-marido que tivesse contraído uma dívida civil só podia ver o crédito satisfeito, através da meação nos bens comuns, depois de dissolvido o casamento. O valor que a lei atribuiu à estabilidade da vida em comum dos cônjuges sobrepôs-se ao valor conferido à eficácia do processo executivo e ao direito do credor a obter a satisfação do seu crédito[12]. A questão ainda é mais relevante se tivermos em conta que, no regime da comunhão geral de bens[13], não existem praticamente bens próprios penhoráveis.

Sendo a dívida contraída por marido comerciante, o artigo 824.º articulava-se com o artigo 10.º do Código Comercial, que permitia o pagamento pela meação nos bens comuns, antes da dissolução do casamento. O objectivo deste regime era o de proteger o comércio.

2.4. *Código de Processo Civil de 1961, na redacção de 1967*

O Código de Processo Civil, aprovado pelo Decreto-Lei n.º 44.129, de 28 de Dezembro de 1961, foi alterado pelo Decreto-Lei n.º 47.690, de 11 de Maio de 1967, na sequência da publicação do novo Código Civil, aprovado pelo Decreto-Lei n.º 47.344, de 25 de Novembro de 1966.

Deixou de se fazer referência a «execução movida contra o marido». O marido e a mulher passaram a poder ser executados nas mesmas situa-

---

processo mais moroso, mas imputava-o igualmente ao credor, por não ter exigido a assinatura da mulher no título executivo.

[12] JOSÉ ALBERTO DOS REIS, *Processo de Execução*, vol. I, cit., p. 286. O autor referia que se pretendia «*evitar, com esta determinação, que o património familiar se desagregasse, em consequência de acção executiva promovida por qualquer credor do marido*».

[13] O regime da comunhão geral de bens era o regime supletivo na vigência do Código Civil de 1867 (cfr. arts. 1098.º, 1099.º e 1108.º), que vigorou até ao dia 31 de Maio de 1967.

ções, aplicando-se o regime previsto no caso de um deles ser sujeito processual passivo num processo de execução[14].

O artigo 1691.º do Código Civil veio impor aquilo que se denominou «moratória legal», estabelecendo que a meação nos bens comuns só respondia efectivamente depois da partilha, resultando esta da dissolução, declaração de nulidade ou anulação do casamento, ou da separação de bens. Na sequência deste preceito, veio o Código de Processo Civil determinar a suspensão da execução dos bens comuns «*até ser exigível o cumprimento, nos termos da lei substantiva*» (art. 825.º, n.º 1).

Sendo a dívida apenas da responsabilidade de um dos cônjuges, não se suscitavam dúvidas de que só podiam ser penhorados os bens próprios do executado e a sua meação nos bens comuns. A meação, como referimos, só podia ser utilizada para a satisfação do crédito do exequente depois de ter cessado a moratória legal. Determinados bens comuns dos cônjuges, previstos no artigo 1696.º, n.º 2, do Código Civil, podiam ser, desde logo, penhorados, não estando sujeitos à moratória legal. Do mesmo modo, não havia lugar a moratória sempre que a obrigação resultasse de acto de comércio, nos termos do artigo 10.º do Código Comercial[15].

No caso da meação nos bens comuns, saliente-se que a penhora incidia não sobre os próprios bens, mas sobre o direito a essa meação. Ou seja, os bens comuns, excepto aqueles que não estavam sujeitos a moratória legal, não eram aptos a responder por uma dívida própria de um dos cônjuges. O direito do cônjuge à meação nos bens comuns é um bem próprio desse cônjuge.

A querela doutrinária surgiu a propósito das dívidas da responsabilidade de ambos os cônjuges, nos casos em que havia título executivo apenas contra um. Neste caso, há dois princípios em jogo, que não coincidem: por um lado, só pode ser executado quem figure no título como devedor, mas, por outro, se não forem os bens comuns a responder em primeiro lu-

---

[14] EURICO LOPES-CARDOSO, *Manual da Acção Executiva*, Livraria Almedina, Coimbra, 1996, p. 317, defendia que, já perante o Código de 1939, a execução podia ser intentada apenas contra a mulher.

[15] Esta questão é tratada pormenorizadamente por RUI PINTO, *A Penhora por Dívidas dos Cônjuges*, Lex, Lisboa, 1993, pp. 42 a 55, e ANTUNES VARELA, *Direito da Família*, vol. I, 5.ª ed., Livraria Petrony, Lisboa, 1999, pp. 411 a 421, pelo que para aí remetemos, com vista a uma análise da discussão doutrinária em torno da norma referida, norma essa que se deve considerar ter sido tacitamente revogada pelo Decreto-Lei n.º 329-A/95, de 12 de Dezembro.

gar, verifica-se um desvio em relação ao regime substantivo, que impõe que respondam os bens comuns pelas dívidas comunicáveis.

A própria letra do artigo 825.º, n.º 1, parecia indicar que se aplicava a estes casos, uma vez que se referia a «execução movida contra um só dos cônjuges» e não a «execução movida por dívida contraída por um só dos cônjuges»[16].

Consistindo o título executivo numa sentença condenatória, a doutrina dominante[17] defendia que a questão da comunicabilidade da dívida não podia ser suscitada no processo executivo, uma vez que, quer o credor quer o cônjuge executado, já tinham tido oportunidade de o fazer na acção declarativa e, não o tendo feito, tal dever-se-ia a inércia da sua parte[18].

Tratando-se de um título executivo extrajudicial, a doutrina dividia--se, defendendo uns que o cônjuge do executado não podia ser chamado no âmbito do processo executivo, uma vez que não podia ser executado quem não constasse do título executivo[19]; outros defendiam que a questão podia ser suscitada no processo executivo, tendo em conta que os bens passíveis de responder por uma dívida comunicável eram os bens comuns[20].

2.5. *Código de 1961, na redacção de 1995/96*

O Decreto-Lei n.º 329-A/95, de 12 de Dezembro, que alterou profundamente o Código de Processo Civil, também reviu o Código Civil, tendo

---

[16] RUI PINTO, *A Penhora por Dívidas dos Cônjuges*, cit., pp. 59 e 60, não concordava com esta conclusão, afirmando que «*há que buscar um regime processual que permita o mais possível aplicar o regime civil*». JOSÉ GONÇALVES SAMPAIO, *A Acção Executiva e a Problemática das Execuções Injustas*, Edições Cosmos, Lisboa, 1992, p. 169, defendia que o artigo se aplicava também quando estivessem em causa dívidas comunicáveis.

[17] Cfr. GERMANO MARQUES DA SILVA, *Curso de Processo Civil Executivo*, Universidade Católica Editora, Lisboa, 1995, p. 181.

[18] Esta solução, relativamente consensual, tem a sua origem na doutrina de JOSÉ ALBERTO DOS REIS, primeiro face ao Código de 1876 (cfr. «Execução por Dívidas dos Cônjuges», cit., p. 226) e, posteriormente, face ao Código de 1939 (cfr. *Processo de Execução*, vol. I, cit., p. 282).

[19] Cfr. ARTUR ANSELMO DE CASTRO, *A Acção Executiva Singular, Comum e Especial*, 2.ª ed., Coimbra Editora, Coimbra, 1973, p. 120; EURICO LOPES-CARDOSO, *Manual da Acção Executiva*, cit., p. 318; JOSÉ GONÇALVES SAMPAIO, *A Acção Executiva e a Problemática das Execuções Injustas*, cit., p. 170; e GERMANO MARQUES DA SILVA, *Curso de Processo Civil Executivo*, cit., p. 181.

[20] Cfr. RUI PINTO, *A Penhora por Dívidas dos Cônjuges*, cit., p. 65.

abolido a moratória legal. Na sequência do diploma referido, passou a ser possível penhorar imediatamente os bens comuns[21], não sendo necessário esperar pela dissolução, a declaração da nulidade ou a anulação do casamento, ou a separação de bens. No entanto, apesar de não ter de se esperar por um desses momentos, penhorados os bens comuns, o cônjuge do executado devia ser citado para requerer a separação de bens.

A supressão da moratória legal revela que se fez prevalecer o interesse do credor à satisfação do seu crédito sobre o valor da estabilidade familiar. Pode dizer-se que houve uma inversão bastante significativa neste equilíbrio[22].

Manteve-se, no entanto, na doutrina, a discussão em torno da questão de saber se o cônjuge do executado podia ser chamado na acção executiva, quando esta se baseasse em título executivo extrajudicial[23] assinado apenas por um dos cônjuges, mas tivesse sido invocada a comunicabilidade da dívida[24].

---

[21] Note-se que deixou de se falar em penhora da meação para passar a falar-se de penhora de bens comuns. No entanto, em última análise, continuou a ser a meação a responder pelas dívidas, na falta de bens próprios, só sendo vendidos os bens comuns no caso de o cônjuge não ter requerido a separação de bens.

[22] JOSÉ LEBRE DE FREITAS, *A Acção Executiva*, 4.ª ed., Livraria Almedina, Coimbra, 2004, p. 225, defende que esta é a solução mais justa.

[23] Existindo título judicial, a generalidade da doutrina entendia que o momento apropriado para o cônjuge ser chamado era o da acção declarativa, não podendo ser levantada a questão da comunicabilidade na acção executiva. Neste sentido, cfr. JOSÉ LEBRE DE FREITAS, *A Acção Executiva*, 3.ª ed., Livraria Almedina, Coimbra, 2001, p. 194; MIGUEL TEIXEIRA DE SOUSA, *Acção Executiva Singular*, Lex, Lisboa, 1998, p. 218; e J. REMÉDIO MARQUES, *Curso de Processo Executivo Comum à Face do Código Revisto*, Livraria Almedina, Coimbra, 2000, pp. 189 e 190.

[24] MIGUEL TEIXEIRA DE SOUSA, *Acção Executiva Singular*, cit., pp. 218 e 219, defendia que, nestes casos, não se podia aplicar o regime do art. 825.º, por não ser apto a reger situações em que estivessem em causa dívidas comuns, acrescentando que perderiam sentido as normas que admitiam a comunicabilidade de dívidas contraídas apenas por um dos cônjuges. Assim, a solução teria de passar pela «*intervenção principal provocada do cônjuge do executado na acção executiva (cfr. artigo 325.º, n.º 1)*». Neste sentido, ainda que face à versão anterior do Código, cfr. RUI PINTO, *A Penhora por Dívidas dos Cônjuges*, cit., p. 61. JOSÉ LEBRE DE FREITAS, *A Acção Executiva*, 3.ª ed., cit., pp. 194 a 196, pelo contrário, defendia que a «*a intervenção principal provocada pelo executado não [era] admissível, sendo, aliás, que, neste caso, com ela se visaria, afinal, obter a condenação do chamado [...] para ser seguidamente executado [...], o que não se compadece nem com o fim nem com os limites da execução*». Segundo este autor, o executado não podia sequer opor-se à penhora dos seus bens próprios, com fundamento na comunicabilidade da dívida, uma vez que «*o interesse do executado [devia] ceder aqui perante o interesse do credor, por*

Uma questão diversa era a que consistia em saber o que podia o cônjuge fazer quando era citado para requerer a separação de bens. Em primeiro lugar, podia requerer a separação de bens ou juntar certidão que comprovasse que já a requerera noutro processo, caso em que a execução se suspendia até à partilha; em segundo lugar, podia não fazer nada, caso em que a execução prosseguia nos bens comuns que tivessem sido penhorados.

3. Responsabilidade dos cônjuges pelas dívidas e bens penhoráveis

As dívidas dos cônjuges podem ser *próprias* ou *comuns*, nos termos dos artigos 1691.º a 1694.º do Código Civil. São da responsabilidade de ambos os cônjuges as dívidas previstas nos artigos 1691.º, n.ºs 1 e 2, 1693.º, n.º 2, e 1694.º, n.ºs 1 e 2, parte final, do Código Civil. De entre estas, há um determinado número de dívidas que podem ser contraídas apenas por um dos cônjuges: é o que sucede, por exemplo, com aquelas que são contraídas, antes ou depois da celebração do casamento, por um deles com o consentimento do outro[25], aquelas que são contraídas para acorrer aos encargos normais da vida familiar ou aquelas que são contraídas, em proveito comum do casal, pelo cônjuge administrador, nos limites dos seus

---

uma razão de segurança na celebração dos contratos». O autor acrescenta que seria violento impor ao exequente «*a inutilização da execução e a consequente necessidade de propor uma acção de condenação, seguida de nova execução contra ambos os cônjuges».* FRANCISCO PEREIRA COELHO e GUILHERME DE OLIVEIRA (com a colaboração de RUI MOURA RAMOS), *Curso de Direito da Família*, vol. I, 2.ª ed., Coimbra Editora, Coimbra, 2001, p. 420, pareciam ter uma opinião contrária, defendendo que este tivesse de prescindir do título executivo, intentando uma nova acção condenatória contra ambos os cônjuges, para evitar que o executado se opusesse à penhora. Segundo JOSÉ LEBRE DE FREITAS, devia seguir-se, portanto, neste caso, o mesmo regime do das dívidas de responsabilidade exclusiva do executado. Neste sentido, cfr. J. REMÉDIO MARQUES, *Curso de Processo Executivo Comum à Face do Código Revisto*, cit., pp. 190 a 199. Este autor concluía: «*a exequibilidade do título contra um dos cônjuges não autoriza, no processo executivo vigente, que, mesmo nos títulos causais, se analise a natureza da obrigação exequenda para o efeito de ser requerida a intervenção principal do cônjuge do executado, nos casos em que dessa análise pudesse resultar a comunicabilidade da dívida».*

[25] A declaração de consentimento do cônjuge não está sujeita a nenhuma forma especial, como defende CRISTINA ARAÚJO DIAS, *Compensações Devidas pelo Pagamento de Dívidas do Casal*, Coimbra Editora, Coimbra, 2003, p. 48, não sendo esta, no entanto, uma questão incontroversa (cfr. ANTUNES VARELA, *Direito da Família*, vol. I, 5.ª ed., cit., p. 398, nota 1).

poderes de administração. Nestes casos, tendo assinado um documento que possa servir de título executivo (extrajudicial), é muito provável que o cônjuge que contraiu a dívida seja executado com base nesse título, do qual não resulta a comunicabilidade da dívida[26].

São da responsabilidade do cônjuge a que respeitam as dívidas que estão previstas nos artigos 1692.º, 1693.º, n.º 1, e 1694.º, n.º 2, do Código Civil.

A principal diferença de regime, quanto a definir por que bens deve começar e sobre que bens incide a penhora, está, assim, essencialmente relacionada com a comunicabilidade das dívidas, uma vez que o facto de responsabilizar, ou apenas um ou ambos os cônjuges, altera substancialmente os patrimónios afectados.

Com efeito, *«pelas dívidas que são da responsabilidade de ambos os cônjuges respondem os bens comuns do casal e, na falta ou insuficiência deles, solidariamente, os bens próprios de qualquer dos cônjuges»* (art. 1695.º, n.º 1, do Código Civil).

Pelo contrário, *«pelas dívidas da exclusiva responsabilidade de um dos cônjuges respondem os bens próprios do cônjuge devedor e, subsidiariamente, a sua meação nos bens comuns»* (art. 1696.º, n.º 1, do Código Civil).

Desde logo resulta que, em consequência de dívidas comuns, pode responder o património de ambos os cônjuges, ao contrário do que acontece nas dívidas próprias, não comunicáveis, em que apenas responde o património daquele que contraiu a dívida, seja através dos seus bens próprios, seja pela sua meação nos bens comuns.

A principal conclusão a retirar dos dois artigos citados é a de que respondem os bens comuns pelas dívidas comuns (ou comunicáveis)[27] e os bens próprios pelas dívidas próprias (ou incomunicáveis), sendo esta uma solução que evita a necessidade de compensações entre os cônjuges. Os bens que respondem, em primeiro lugar, pelas dívidas são susceptíveis de

---

[26] Cfr., neste sentido, FRANCISCO PEREIRA COELHO e GUILHERME DE OLIVEIRA (com a colaboração de RUI MOURA RAMOS), *Curso de Direito da Família*, vol. I, cit., p. 420.

[27] FRANCISCO PEREIRA COELHO e GUILHERME DE OLIVEIRA (com a colaboração de RUI MOURA RAMOS), *Curso de Direito da Família*, vol. I, cit., p. 419, salientam que a parte de cada cônjuge na responsabilidade não tem de ser obrigatoriamente de 50%, dando o exemplo das dívidas que visam acorrer aos encargos normais da vida familiar, em que a responsabilidade deve corresponder à medida do dever de cada cônjuge de contribuir para os encargos.

resolver em definitivo as questões patrimoniais, quer na relação com o credor quer entre os cônjuges.

Os demais bens apenas respondem pela dívida contraída no caso de, ou não existirem, ou não serem suficientes, os bens chamados primeiramente.

Note-se, no entanto, que no caso de dívida da exclusiva responsabilidade de um dos cônjuges, há determinados bens comuns que respondem, imediata e simultaneamente, com os bens próprios. São estes *«os bens levados [pelo cônjuge devedor] para o casal ou posteriormente adquiridos a título gratuito, bem como os respectivos rendimentos»*, os bens sub-rogados no lugar destes e *«o produto do trabalho e os direitos de autor do cônjuge devedor»* (art. 1696.°, n.° 2, do Código Civil). Neste caso, o cônjuge não devedor deve ser compensado, nos termos do artigo 1697.° do Código Civil.

4. Penhora de bens comuns em execução contra um dos cônjuges

O artigo 825.°, n.° 1, do Código de Processo Civil, na redacção que lhe foi dada pelo Decreto-Lei n.° 38/2003, de 8 de Março, preceitua que, *«quando, em execução movida contra um só dos cônjuges, sejam penhorados bens comuns do casal, por não se conhecerem bens suficientes próprios do executado, cita-se o cônjuge do executado para, no prazo de que dispõe para a oposição, requerer a separação de bens ou juntar certidão comprovativa da pendência de acção em que a separação já tenha sido requerida»*.

4.1. *Pressupostos*

4.1.1. *Execução movida contra um só dos cônjuges*

Em primeiro lugar, para que se aplique o artigo 825.°, n.° 1, é necessário que a execução seja movida apenas contra um dos cônjuges. Assim, se o credor executar os dois cônjuges, por dispor de título executivo contra ambos, não está preenchida uma das condições de aplicação deste regime, sendo a situação regida pelas normas gerais.

A execução pode ser movida apenas contra um dos cônjuges, quer as dívidas sejam da responsabilidade apenas desse cônjuge quer sejam da responsabilidade de ambos. No caso de as dívidas responsabilizarem ambos os cônjuges, o exequente pode dispor de título executivo contra os dois, situação em que pode optar por executar ambos em conjunto ou apenas um deles[28]. Neste último caso, está verificado o pressuposto para a aplicação do regime previsto neste artigo. No entanto, o cônjuge que tiver sido executado, para além de poder chamar o seu cônjuge a intervir na acção, pode opor-se à penhora dos seus bens próprios, nos termos do artigo 863.º-A, n.º 1, alínea *b*).

As dívidas de responsabilidade exclusiva do outro cônjuge não se enquadram neste preceito, uma vez que, se o exequente dispõe de título executivo contra esse devedor, ele poderá sempre ser executado.

4.1.2. *Penhora de bens comuns*

Em segundo lugar, é necessário que tenham sido penhorados bens comuns dos cônjuges. A natureza, comum ou própria, dos bens deriva do regime matrimonial de bens fixado quando da celebração do casamento ou na sequência de simples separação judicial de bens.

O regime de bens do casamento pode, em princípio, ser livremente acordado pelos cônjuges em convenção antenupcial, estando, contudo, previsto supletivamente o regime da comunhão de adquiridos (art. 1717.º do Código Civil).

No regime da comunhão de adquiridos, são bens comuns aqueles que estão previstos nos artigos 1724.º, 1726.º, n.º 1, e 1729.º, n.º 1, do Código Civil, nomeadamente «*o produto do trabalho dos cônjuges*» e «*os bens adquiridos pelos cônjuges na constância do matrimónio, que não sejam exceptuados por lei*».

No regime da comunhão geral de bens, são comuns todos os bens que não sejam exceptuados por lei (art. 1732.º do Código Civil), sendo enumerados no artigo 1733.º os bens que se consideram próprios. Note-se que uma parte dos bens previstos neste artigo são impenhoráveis[29], pelo que a

---

[28] Neste sentido, JOSÉ LEBRE DE FREITAS, *A Acção Executiva*, 4.ª ed., cit., p. 225. Contra, MIGUEL TEIXEIRA DE SOUSA, «As Dívidas dos Cônjuges em Processo Civil», *in Comemorações dos 35 Anos do Código Civil e dos 25 Anos da Reforma de 1977*, vol. I, Coimbra Editora, Coimbra, 2004, pp. 341-350, p. 345, que entende que entre os cônjuges se forma um litisconsórcio necessário.

[29] Assim, o direito de uso e o direito de habitação (arts. 1733.º, n.º 1, alínea *c*), e 1484.º e seguintes, do Código Civil), não podem ser penhorados, uma vez que são direitos inalienáveis (art. 822.º, alínea *a*)); do mesmo modo, não podem ser penhorados «*os vestidos, roupas e outros objectos de uso pessoal e exclusivo de cada um dos cônjuges, bem*

generalidade dos bens que podem ser penhorados são comuns, sendo mais provável que não se conheçam bens próprios, pressuposto que trataremos de seguida.

No regime da separação de bens, não há bens comuns (art. 1735.º do Código Civil), pelo que o artigo 825.º não se pode aplicar, por não se verificar o pressuposto de serem penhorados bens comuns. Pode aplicar-se, no entanto, o artigo 826.º, já que o artigo 1736.º, n.º 1, do Código Civil, estabelece a presunção de que, quando haja dúvidas sobre a propriedade dos bens móveis, estes pertencem, em compropriedade, a ambos os cônjuges.

Refira-se ainda, já que estamos a tratar dos regimes de bens, que, se a dívida for comum e ambos os cônjuges tiverem sido demandados, e vigorar um regime de comunhão de bens, a responsabilidade subsidiária dos bens próprios é solidária, pelo que pode ser exigido de qualquer um dos cônjuges o cumprimento da totalidade da dívida. Se vigorar o regime da separação de bens, a responsabilidade é conjunta, pelo que responde cada um dos cônjuges pela sua parte na dívida.

4.1.3. Não se conhecerem bem próprios

Por fim, é ainda necessário que não se conheçam bens próprios do executado. Se o executado dispuser de bens próprios, não poderão ser penhorados os bens comuns, pelo que não se aplica o artigo 825.º

Coloca-se então a questão de saber quais as diligências que devem ser efectuadas para determinar se existem bens próprios no património do executado. O grau de diligência não está especificado na lei. Existe o risco de serem penhorados imediatamente, e sem consequências, os bens comuns.

É ao agente de execução, em princípio solicitador de execução, que cabe, em última análise, aferir se o executado dispõe de bens próprios, não podendo penhorar bens comuns se conhecer da existência de bens próprios; deve, portanto, certificar-se de que eles não existem. O artigo 808.º, n.º 4, prevê a destituição do solicitador, pelo juiz, oficiosamente, «*com fundamento em actuação processual dolosa ou negligente*». Por seu lado,

---

como os seus diplomas e a sua correspondência» e «*as recordações de família de diminuto valor económico*» (art. 1733.º, n.º 1, alíneas *f*) e *g*), do Código Civil), por, respectivamente, a sua apreensão ser ofensiva dos bons costumes e carecer de «*justificação económica, pelo seu diminuto valor venal*» (art. 822.º, alínea *c*)).

o artigo 130.º do Estatuto da Câmara dos Solicitadores[30] estabelece que *«a decisão judicial que determine a destituição do solicitador de execução num processo é imediatamente comunicada à secção regional deontológica, implicando obrigatoriamente a instauração de processo disciplinar»*.

O executado não pode requerer a destituição do solicitador de execução, pois esta possibilidade apenas é facultada, nos termos do referido n.º 4 do artigo 808.º, ao exequente. Não entrando na questão da natureza jurídica da relação entre o exequente e o solicitador de execução, que parece estar na base desta solução, julgamos que o executado, que pode ser afectado pela actuação ilegal do solicitador, tem a possibilidade de dar conhecimento ao juiz de execução dos factos que considere relevantes. Assim, pode apresentar um requerimento no qual apresente factos atinentes à conduta do solicitador[31], não podendo, no entanto, requerer a destituição deste. O juiz de execução poderá ou não destituir o solicitador, não estando vinculado a responder ao requerimento do executado, nem a deferir um pedido nesse sentido. Como já se referiu, o solicitador não pode ser destituído com fundamento em requerimento do executado; só o juiz, oficiosamente, o poderá fazer, podendo relevar, na sua decisão, os factos invocados pelo executado, no requerimento referido.

4.2. *Consequências*

Verificados os pressupostos que acabámos de referir, o cônjuge do executado deve ser citado para *«requerer a separação de bens ou juntar certidão comprovativa da pendência de acção em que a separação já tenha sido requerida»*[32]. O artigo 864.º, n.º 3, alínea *a*), determina que o cônjuge do executado seja citado pelo agente de execução, *«quando a penhora tenha recaído [...] sobre bens comuns do casal, para os efeitos constantes do artigo seguinte»*.

---

[30] O Estatuto da Câmara dos Solicitadores foi aprovado pelo Decreto-Lei n.º 88/2003, de 26 de Abril, alterado pelas Leis n.os 49/2004, de 24 de Agosto, e 14/2006, de 26 de Abril.

[31] O direito de petição está, aliás, constitucionalmente consagrado no art. 52.º da Constituição da República Portuguesa.

[32] Cfr. art. 825.º, n.º 1, «in fine». No modelo de requerimento executivo, aprovado pelo Decreto-Lei n.º 200/2003, de 10 de Setembro (alterado pelo Decreto-Lei n.º 324/2003, de 27 de Dezembro), o exequente deve preencher o quadro 9 do anexo C3, com a identificação precisa do cônjuge do executado.

O artigo 864.º-A, por seu lado, prevê apenas, estranhamente, nesta matéria, a possibilidade de o cônjuge «*requerer a separação dos bens do casal, nos termos do n.º 5 do artigo 825.º, quando a penhora recaia sobre bens comuns*». O n.º 5 do artigo 825.º não acrescenta, em relação ao cônjuge, nada ao n.º 1 do mesmo artigo, uma vez que repete que o cônjuge pode pedir a separação de bens no prazo de que dispõe para a oposição e não é de crer que vise limitar ao cônjuge a possibilidade de o fazer apenas quando o exequente não tenha «*invocado a comunicabilidade da dívida*»; a ser assim, estaria em clara contradição com o n.º 1. Este número visa estender a possibilidade de requerer a separação de bens ao executado, desde que o exequente não invoque a comunicabilidade da dívida. Ora, para efeitos do artigo 864.º-A, não importam as possibilidades deixadas ao executado, pelo que não se compreende a razão de ser da remissão para o n.º 5 e não para o n.º 1[33].

O cônjuge tem, então, o ónus de requerer a separação de bens ou juntar certidão comprovativa da pendência de acção em que a separação já tenha sido requerida, «*no prazo de que dispõe para a oposição*». Discutia-se se este prazo deveria ser igual ao que era concedido ao executado, mas independentemente deste, ou se apenas seria admitido ao cônjuge requerer a separação no caso de ainda não se ter esgotado o prazo concedido ao executado para se opor à execução. A segunda solução não se compatibilizava com o direito do cônjuge a requerer a separação de bens, se assim entendesse conveniente, pelo que só a primeira era satisfatória[34]. O Decreto-Lei n.º 199/2003, de 10 de Setembro, veio resolver esta questão, com a alteração do artigo 864.º-A; consagrou-se que o prazo de que o cônjuge dispõe para a oposição à execução é de 10 dias «*ou até ao termo do prazo concedido ao executado, se terminar depois*» dos 10 dias[35]. É num destes prazos que o cônjuge pode requerer a separação de bens ou juntar a certidão de acção pendente.

---

[33] Cfr., neste sentido, MARIA JOSÉ CAPELO, «Pressupostos Processuais Gerais na Acção Executiva – A Legitimidade e as Regras de Penhorabilidade», *in Themis – Revista da Faculdade de Direito da Universidade Nova de Lisboa*, Ano IV, n.º 7, Livraria Almedina, Coimbra, 2003, pp. 79-104, p. 89.

[34] Cfr., neste sentido, PAULA COSTA E SILVA, *A Reforma da Acção Executiva*, Coimbra Editora, Coimbra, 2003, p. 94.

[35] O preâmbulo do referido diploma é claro, ao estabelecer que «*o prazo concedido ao cônjuge para oposição à execução é de 10 dias*», e o art. 825.º refere-se ao «*prazo de que dispõe para a oposição*».

4.3. Principais diferenças face ao regime anterior

Em primeiro lugar, a anterior redacção do artigo 825.º não se referia ao desconhecimento de bens próprios do executado, suficientes para a liquidação da dívida. No entanto, parece-nos que seria já esta a solução resultante de uma necessária harmonização deste preceito com as normas do Código Civil que tratam da matéria e que estabelecem que, nas dívidas incomunicáveis, os bens comuns só respondem subsidiariamente em relação aos bens próprios.

Em segundo lugar, é utilizada uma forma impessoal quando à citação. Antes, referia-se: «*o exequente peça a citação*»; agora: «*cita-se o cônjuge do executado*». Nos termos dos actuais artigos 864.º, n.º 3, alínea *a*), e 864.º-A, já referidos, é ao agente de execução que cabe, sempre, citar o cônjuge do executado. Desta alteração resulta, no entanto, uma consequência importante: anteriormente, os bens comuns só podiam ser penhorados depois de citado o cônjuge do executado, incidindo sobre o exequente o ónus de impulsionar essa citação; agora, os bens são imediatamente penhorados e só depois citado o cônjuge, não sendo necessário um pedido expresso do exequente nesse sentido[36-37].

Por fim, o prazo para requerer a separação de bens ou juntar a certidão foi alterado, de 15 dias, nos termos do artigo 825.º, n.º 2, na sua redacção anterior, para 10 dias[38]. No entanto, este pode, actualmente, estender-se até ao termo do prazo concedido ao executado para se opor à execução.

4.4. Resposta do executado

Nos termos do artigo 825.º, n.º 5, o executado pode pedir a separação de bens ou juntar certidão de acção pendente, no prazo de 20 dias[39], mas apenas no caso de o exequente não ter invocado a comunicabilidade da dívida. Se não estiver preenchido este requisito negativo, deve esperar-se pela resposta do cônjuge do executado.

---

[36] Neste sentido, cfr. ANTÓNIO ABRANTES GERALDES, «Títulos Executivos», *in Themis – Revista da Faculdade de Direito da Universidade Nova de Lisboa*, Ano IV, n.º 7, Livraria Almedina, Coimbra, 2003, pp. 35-66, p. 47.

[37] Esta alteração também está relacionada com a circunstância de, em geral, a penhora ter passado a efectuar-se antes da citação, nos termos do art. 812.º-B.

[38] Cfr. arts. 825.º, n.º 1, e 864.º-A, na redacção do Decreto-Lei n.º 199/2003, de 10 de Setembro.

[39] Cfr. art. 813.º, n.º 1, por remissão do art. 825.º, n.º 5.

Se a resposta deste for no sentido da comunicabilidade da dívida, esta considera-se uma dívida comum, obtendo-se, no próprio processo, título executivo contra o cônjuge, contra quem a execução passa também a correr. Já não será, assim, possível ao executado requerer a separação de bens.

No caso de o cônjuge recusar a comunicabilidade da dívida e apesar de a situação não estar prevista no n.º 5, deve entender-se que começa a contar o prazo aí previsto, podendo o executado requerer a separação de bens ou juntar a certidão de acção pendente.

As conclusões aqui apresentadas devem igualmente valer na hipótese de ser o executado, nos termos do n.º 6, a invocar a comunicabilidade da dívida. Neste caso, não pode requerer a separação de bens enquanto o seu cônjuge não se pronunciar sobre a questão, só o podendo fazer depois, se a resposta deste for negativa.

O executado deve, ainda, poder opor-se à penhora, nomeadamente no caso de dispor de bens próprios. O artigo 863.º-A, n.º 1, alínea b), prevê que o executado se oponha à penhora no caso de serem penhorados imediatamente «*bens que só subsidiariamente [respondem] pela dívida exequenda*». Ora, sendo a dívida tratada como própria, a meação nos bens comuns só responde subsidiariamente, nos termos do artigo 1696.º, n.º 1, do Código Civil. Há situações em que o executado tem interesse em evitar que o seu cônjuge requeira a separação de bens, podendo consegui-lo por via da oposição à penhora.

É necessário ter em conta o n.º 2 do artigo 863.º-A, que estatui que, «*quando a separação se funde na existência de património separado, deve o executado indicar logo os bens, integrados no património autónomo que responde pela dívida exequenda, que tenha em seu poder e estejam sujeitos à penhora*». Com esta norma, evita-se que o executado utilize este expediente para fazer desaparecer todos os bens penhoráveis. Opondo-se à penhora com o fundamento referido, tem de indicar desde logo os bens do seu património que respondem pela dívida e, se não dispuser de nenhum, não poderá fazê-lo.

O executado pode ainda pedir a substituição dos bens penhorados, nos termos do artigo 834.º, n.º 3, alínea c). Com efeito, a penhora pode ser substituída «*quando os bens penhorados não sejam livres e desembaraçados e o executado tenha outros que o sejam*». Neste caso, «*só depois da nova penhora é levantada a que incide sobre os bens substituídos*» (n.º 4 do mesmo preceito). Os bens comuns do casal não são bens «*livres e desembaraçados*», para efeitos de uma execução apenas contra um dos cônjuges, uma vez que não respondem directamente pela dívida; é a meação do cônjuge devedor nesses bens comuns que responde, pelo que se torna necessário esperar pela partilha para que se efective o pagamento através desses bens.

4.5. Resposta do cônjuge do executado

4.5.1. Inexistência de resposta

Se o cônjuge nada disser ou fizer, a execução prossegue sobre os bens comuns[40]. O cônjuge pode optar por esta possibilidade, por não pretender afectar a estabilidade patrimonial do matrimónio. Assim, não existindo bens próprios do outro cônjuge que possam ser penhorados, o cônjuge só pode socorrer-se da separação judicial de bens, solução que pode não desejar, considerando-a menos favorável do que a penhora de um bem comum.

Neste caso, se a dívida for realmente própria, o cônjuge será compensado no momento da partilha, uma vez que a importância é levada a crédito do património comum nesse momento, nos termos do artigo 1697.º, n.º 2, do Código Civil.

4.5.2. Oposição à execução

Nos termos do artigo 864.º, n.º 3, alínea a), «*o agente de execução cita o cônjuge do executado, quando a penhora tenha recaído [...] sobre bens comuns do casal, para os efeitos do artigo seguinte*». O artigo 864.º--A, por seu lado, determina que «*o cônjuge do executado, citado nos termos da alínea a) do n.º 3 do artigo anterior, é admitido a deduzir, no prazo de 10 dias, ou até ao termo do prazo concedido ao executado, se terminar depois daquele, oposição à execução*».

O cônjuge do executado pode impugnar o próprio crédito do exequente[41], uma vez que tem interesse em que os bens comuns não venham a ser afectados pela execução e, no caso de esta se extinguir, conseguirá aquele objectivo.

---

[40] É o que resulta do art. 825.º, n.º 4.

[41] O art. 864.º-A parece indicar, claramente, neste sentido, tal como o art. 825.º, n.º 1, quando se refere ao prazo de que o cônjuge dispõe para a oposição. Neste sentido, cfr. PAULA COSTA E SILVA, *A Reforma da Acção Executiva*, cit., p. 94; em geral, contra, cfr. MARIA JOSÉ CAPELO, «Pressupostos Processuais Gerais na Acção Executiva – A Legitimidade e as Regras de Penhorabilidade», cit., pp. 92 e 93.

4.5.3. Oposição à penhora

O cônjuge é, ainda, admitido a deduzir, no mesmo prazo e à luz das mesmas normas, oposição à penhora.

Coloca-se a questão de saber a que título pode o cônjuge do executado, que tem o estatuto processual de «não executado», opor-se à penhora[42]. O cônjuge pode, aliás, defender-se através de embargos de terceiro, relativamente aos bens comuns que tenham sido indevidamente atingidos pela penhora, nos termos dos artigos 352.° e 351.°[43].

De forma a compatibilizar os dois preceitos, pensamos que se devem reservar os embargos de terceiro para a situação em que o cônjuge não for citado nos termos do artigo 864.°[44], ou por se ter considerado que o bem não era comum ou por uma actuação dolosa ou negligente do agente de execução. Neste caso, não chega a ser chamado no processo executivo.

A citação do cônjuge do executado, nos termos do artigo 864.°, permite-lhe exactamente ser chamado ao processo executivo, podendo aí intervir para a defesa dos seus interesses. A circunstância de responder no processo executivo potencia a eficácia e a celeridade deste, uma vez que o prazo para a oposição é de 10 dias e o da dedução dos embargos de 30 dias e os próprios termos do incidente de oposição são mais adequados a um processo de execução, não podendo, por exemplo, a execução ser suspensa sem a prestação de caução (art. 863.°-B, n.° 3).

Desde que seja compatível com o seu interesse no processo, o cônjuge deve poder opor-se à penhora com os mesmos fundamentos que o executado, pelo que se aplica o artigo 863.°-A, n.° 1, alínea b), que já referimos quando analisámos a forma como o executado pode responder, verificados os pressupostos do artigo 825.°, n.° 1[45].

O cônjuge do executado pode igualmente requerer a substituição da penhora, pelos mesmos motivos que o executado, ou seja, pela circunstância de os bens penhorados não serem «*livres e desembaraçados*» e por o

---

[42] Esta questão pode ser, do mesmo modo, suscitada em matéria de oposição à execução.

[43] O art. 351.° tem a redacção que lhe foi dada pelo Decreto-Lei n.° 38/2003, de 8 de Março.

[44] MARIA JOSÉ CAPELO, «Pressupostos Processuais Gerais na Acção Executiva – A Legitimidade e as Regras de Penhorabilidade», cit., pp. 89 e 90, manifesta-se expressamente contra esta solução, defendendo que o cônjuge, sendo a dívida própria, apenas pode embargar, não podendo ter mais nenhuma intervenção no processo executivo que não seja requerer a separação de bens ou juntar a certidão de acção pendente.

[45] V. ponto 4.4.

executado dispor de outros que o sejam (logo, dispuser de bens próprios), nos termos do artigo 834.º, n.º 3, alínea c).

Como já referimos, «*em caso de substituição, [...] só depois da nova penhora é levantada a que incide sobre os bens substituídos*». Havendo bens próprios e tendo sido penhorados bens comuns, esta solução parece ser injusta para o cônjuge do executado, que viu o seu património afectado, não podendo opor-se a esse facto, libertando os bens comuns antes de a nova penhora ter sido feita. É, no entanto, a solução que resulta claramente do preceito citado.

Parece-nos que o cônjuge do executado deve ainda poder requerer a substituição dos bens comuns penhorados por outros bens comuns, desde que o exequente não se oponha, fundamentadamente, a esse facto e a substituição não ponha em causa a finalidade da execução (cfr. art. 834.º, n.º 3, alínea *a*)). Ao cônjuge do executado deve ser permitido este requerimento, uma vez que pode ser um factor de eficácia e celeridade do processo executivo. Penhorado outro bem comum, poderá evitar-se que o cônjuge peça a separação de bens e, consequentemente, que a execução fique suspensa até à partilha.

4.5.4. *Pedir a separação de bens ou juntar certidão de acção pendente*

Neste caso, aplica-se o artigo 825.º, n.º 7, e «*a execução fica suspensa até à partilha*», a partir do momento em que o requerimento[46] for junto ao processo.

A partilha faz-se pelo processo previsto no artigo 1406.º, que contém algumas regras especiais em relação ao processo de inventário em consequência de separação ou divórcio, previsto nos artigos 1404.º e 1405.º Assim, o exequente pode promover o andamento do inventário, não podem ser aprovadas dívidas que não estejam documentadas e o cônjuge do executado pode escolher os bens com que há-de ser composta a sua meação. Neste último caso, são notificados os credores, que podem reclamar da escolha. O juiz pode, considerando que a reclamação tem fundamento, ordenar avaliação dos bens que pareçam mal avaliados. Se o cônjuge vier a desistir da escolha, por os bens terem sido reavaliados, ou não tiver chegado a escolher, as meações são adjudicadas por sorteio.

Se, pela partilha, os bens que tinham sido penhorados não se tornarem bens próprios do executado, ou seja, se não lhe couberem os bens pe-

---

[46] Trata-se do requerimento em que se pede a separação de bens ou se junta a certidão comprovativa da pendência de acção em que a separação já tenha sido requerida.

nhorados, deverão ser penhorados os que lhe tenham cabido, isto é, aqueles que se tenham tornado seus bens próprios.

No entanto, o exequente e os credores têm uma garantia importante, uma vez que a penhora originária se mantém até à nova penhora. Colocamos as mesmas dúvidas que já colocámos acerca da justeza de uma solução paralela. Neste caso, um bem próprio do cônjuge do executado fica a servir, pelo menos economicamente, como garantia em relação à efectiva realização da nova penhora. Todavia, neste caso, deve ter-se em conta que foi dada ao cônjuge a possibilidade de escolher quais os bens que pretendia que lhe coubessem na partilha, pelo que poderia ter optado por outros que não os penhorados.

5. A questão da comunicabilidade da dívida no processo executivo

Os n.os 2 e 6 do artigo 825.º do Código de Processo Civil, na redacção que lhes foi dada pelo Decreto-Lei n.º 38/2003, de 8 de Março, estatuem que, «*quando o exequente tenha fundamentadamente alegado que a dívida, constante de título diverso de sentença, é comum, é ainda o cônjuge do executado citado para, em alternativa e no mesmo prazo, declarar se aceita a comunicabilidade da dívida, baseada no fundamento alegado, com a cominação de, se nada disser, a dívida ser considerada comum, para os efeitos da execução e sem prejuízo da oposição que contra ela deduza*» e que «*pode também o executado, no mesmo prazo, alegar fundamentadamente que a dívida, constante de título diverso de sentença, é comum, caso em que o cônjuge não executado, se não tiver requerido a separação de bens, é notificado nos termos e para os efeitos do n.º 2*»[47].

5.1. *Pressupostos*

5.1.1. *Dívida constante de título diverso de sentença*

O exequente e o executado apenas podem suscitar a questão da comunicabilidade da dívida no caso de o título executivo ser extrajudicial (cfr. art. 46.º, alíneas *b*), *c*) e *d*)).

---

[47] MIGUEL TEIXEIRA DE SOUSA, «As Dívidas dos Cônjuges em Processo Civil», cit., p. 346, defende que «*este novo regime consagra uma certa "desconsideração" do título executivo*».

Se o título executivo consistir numa sentença, nos termos do artigo 46.º, alínea a), a questão da comunicabilidade poderia ter sido suscitada na acção declarativa, sendo chamado o cônjuge do executado mediante o incidente de intervenção provocada (arts. 325.º e seguintes), para aí ser convencido da sua responsabilidade. Aliás, tendo em conta que a colocação da questão da comunicabilidade pode levar a que sejam penhorados os bens próprios do cônjuge não executado (art. 825.º, n.º 3), a acção declarativa deveria ter sido proposta contra o marido e a mulher, nos termos do artigo 28.º-A, n.º 3.

Em suma, as partes já não podem suscitar a questão na acção executiva quando o deviam ter já feito na acção declarativa. Esta é uma solução quase consensual, que deriva já do direito anterior[48].

5.1.2. *Natureza da dívida face ao título executivo*

A questão da comunicabilidade só faz sentido se a dívida for própria face aos elementos literais do título executivo. No caso de ambos os cônjuges resultarem como devedores do título executivo, ainda assim, o exequente pode executar apenas um deles, como já referimos neste estudo, mas, nesse caso, já não poderá suscitar a questão da comunicabilidade, assente no próprio título.

5.1.3. *Alegação fundamentada*

O exequente ou o executado devem alegar que a dívida é comum para que a questão seja suscitada, devendo fundamentar a sua posição[49].

---

[48] Cfr. JOSÉ ALBERTO DOS REIS, «Execução por Dívidas dos Cônjuges», cit., p. 226; ARTUR ANSELMO DE CASTRO, *A Acção Executiva Singular, Comum e Especial*, cit., p. 119; J. REMÉDIO MARQUES, *Curso de Processo Executivo Comum à Face do Código Revisto*, cit., pp. 189 e 190; EURICO LOPES-CARDOSO, *Manual da Acção Executiva*, cit., p. 318; JOSÉ GONÇALVES SAMPAIO, *A Acção Executiva e a Problemática das Execuções Injustas*, cit., p. 170; GERMANO MARQUES DA SILVA, *Curso de Processo Civil Executivo*, cit., p. 181; JOSÉ LEBRE DE FREITAS, *A Acção Executiva*, 4.ª ed., p. 226; PAULA COSTA E SILVA, *A Reforma da Acção Executiva*, cit., p. 68; e MARIA JOSÉ CAPELO, «Pressupostos Processuais Gerais na Acção Executiva – A Legitimidade e as Regras de Penhorabilidade», cit., p. 81. MIGUEL TEIXEIRA DE SOUSA, *Acção Executiva Singular*, cit., p. 218, refere mesmo que a dívida comum se transformou «*em própria e como tal deve ser executada, sem prejuízo das compensações devidas ao cônjuge executado pelo outro cônjuge*».

[49] Como ensinam JOSÉ LEBRE DE FREITAS e ARMINDO RIBEIRO MENDES, *Código de Processo Civil Anotado*, vol. III, Coimbra Editora, Coimbra, 2003, p. 368, neste caso, a alegação tem de «*consistir na afirmação de factos dos quais, por um juízo de concludência*

Assim, aquele que pretende invocar a comunicabilidade da dívida deve apresentar os factos que a determinam e tem ainda o ónus de invocar as razões de direito em que assenta o pedido[50-51].

A exposição dos factos deve ser feita, quando se trate do exequente, no requerimento executivo previsto no artigo 810.°[52]. É esse o momento para alegar que a dívida é comum. Coloca-se, porém, o problema de saber se a questão não poderá ser suscitada posteriormente. Deve ter-se em conta que o cônjuge só é citado para este efeito se o tiver sido também para o efeito previsto no n.° 1, como veremos de seguida neste estudo. Ora, pode suceder que o executado dispusesse de bens próprios no momento em que a acção foi proposta, mas estes não se tenham revelado suficientes ou idóneos para a satisfação do direito do exequente. Neste caso, os bens comuns poderão vir a ser penhorados posteriormente, nos termos do n.° 1, devendo admitir-se que o exequente, nesse momento, suscite a questão da comunicabilidade da dívida em requerimento autónomo[53].

---

independente de prova [...], se extraia, segundo o direito substantivo, que a dívida é comum». Dispensa-se a prova do facto que se pretende alegar, uma vez que é pela resposta do cônjuge do executado que opera o efeito previsto nas normas referidas.

[50] Cfr. JOSÉ LEBRE DE FREITAS, A. MONTALVÃO MACHADO e RUI PINTO, *Código de Processo Civil Anotado*, vol. II, Coimbra Editora, Coimbra, 2001, p. 224.

[51] Por exemplo, o exequente ou o executado podem invocar que a dívida foi contraída pelo cônjuge com o consentimento do outro, pelo que é comum nos termos do art. 1691.°, n.° 1, alínea *a*), do Código Civil.

[52] No modelo de requerimento executivo, aprovado pelo Decreto-Lei n.° 200/2003, de 10 de Setembro (alterado pelo Decreto-Lei n.° 324/2003, de 27 de Dezembro), o exequente que pretenda invocar a comunicabilidade da dívida deve preencher o quadro 15 do anexo C5, expondo aí os factos em que baseia a sua posição. Note-se que, nas instruções de preenchimento do requerimento, constantes do mesmo diploma, estabelece-se que o exequente deve identificar, desde logo, o cônjuge como executado.

[53] MARIA JOSÉ CAPELO, «Pressupostos Processuais Gerais na Acção Executiva – A Legitimidade e as Regras de Penhorabilidade», cit., pp. 83 e 84, parece defender que o exequente apenas pode alegar que a dívida é comunicável no requerimento inicial; no caso de não serem penhorados bens comuns, fica feito o pedido, só sendo o cônjuge do executado citado, para este efeito, quando se verificar que os bens próprios do executado não eram suficientes, sendo necessário recorrer à penhora dos bens comuns. Com todo o respeito por esta opinião, parece-nos que a lei, ao circunscrever a questão da comunicabilidade à situação em que são penhorados bens comuns por não se conhecerem bens próprios, apenas exige ao exequente que alegue neste sentido no momento em que os bens comuns tiverem de ser efectivamente penhorados. Não é exigível ao exequente prever que, no momento em que a execução se inicia, os bens próprios do executado não vão ser suficientes. Acrescente--se ainda que esta solução potencia a celeridade e a eficácia do processo executivo, uma vez que, se o cônjuge aceitar a comunicabilidade, não tem de se esperar pela partilha dos bens.

O requerimento deve ser recusado, não sendo citado o cônjuge para se pronunciar sobre a comunicabilidade da dívida, sempre que falte ou seja manifestamente insuficiente a fundamentação. Havendo despacho liminar, é este o momento indicado para o juiz de execução aferir da suficiência de fundamentação; não havendo, a intervenção do juiz deve ser suscitada para este fim, nos mesmos termos que estão previstos no artigo 812.°-A, n.° 3[54]. Não se compreende por que razão não é dada à secretaria a possibilidade de recusar o requerimento quando se verifique falta ou manifesta insuficiência de fundamentação, quando esta deve recusar-se a receber o requerimento inicial se não for apresentado o título executivo ou sendo manifesta a insuficiência do título. Esta última questão, mais sensível do ponto de vista da execução do que a primeira, merece a atenção imediata da secretaria e a suficiência de fundamentação, que será, em princípio, mais simples de verificar, terá de ser decidida pelo juiz. Esta é, no entanto, a solução que resulta de uma correcta interpretação do artigo 811.°

O executado, por seu lado, pode alegar a comunicabilidade da dívida no prazo de 20 dias, à luz dos artigos 825.°, n.ºs 5 e 6, e 813.°, n.° 1, desde que o cônjuge não tenha ainda requerido a separação de bens. Também se deve entender que não pode alegar a comunicabilidade da dívida no caso de ter requerido a separação de bens, nos termos do n.° 5 do artigo 825.°

Para que a comunicabilidade da dívida fique assente no processo, o cônjuge tem de a aceitar, «*baseada no fundamento alegado*». A questão de saber se o cônjuge pode aceitar a comunicabilidade com base noutro fundamento será tratada adiante no nosso estudo[55].

5.1.4. Pressupostos do artigo 825.°, n.° 1

Para além dos pressupostos enunciados, têm ainda de estar verificadas as condições de aplicabilidade do artigo 825.°, n.° 1, uma vez que o n.° 2 e o n.° 6 do mesmo artigo só operam quando o mesmo se verifique relativamente ao n.° 1.

A questão da comunicabilidade só pode ser suscitada no caso de a execução ser movida apenas contra um dos cônjuges, esse cônjuge não dispuser de bens próprios suficientes e, ainda, terem sido efectivamente penhorados bens comuns do casal. Logo, a comunicabilidade não pode ser

---

[54] JOSÉ LEBRE DE FREITAS e ARMINDO RIBEIRO MENDES, *Código de Processo Civil Anotado*, cit., p. 369.
[55] V. ponto 5.2.4.

invocada quando sejam penhorados apenas bens próprios do executado, nem quando o cônjuge não tenha sido citado para requerer a separação de bens ou juntar a certidão comprovativa da pendência da acção.

Neste sentido, devem ter-se em conta as expressões «*ainda*» e «*em alternativa*» do n.° 2[56] e «*no mesmo prazo*» e «*se não tiver requerido a separação de bens*» do n.° 6, ambos do artigo 825.° Estes elementos indicam que os requisitos do n.° 1 também têm de se verificar. Por outro lado, se o exequente puder satisfazer o seu crédito através da penhora dos bens próprios do executado, não se justifica, numa perspectiva de eficácia do processo executivo, que a questão da comunicabilidade seja suscitada[57].

5.2. Resposta do cônjuge do executado

Verificados os pressupostos referidos, o cônjuge é citado para declarar, no prazo de 10 dias ou até ao termo do prazo concedido ao executado para a oposição à execução, se terminar depois dos 10 dias, se aceita a comunicabilidade da dívida. O artigo 864.°, n.° 3, alínea *a*), «in fine», dispõe que «*o agente de execução cita [...] o cônjuge do executado, quando a penhora tenha recaído [...] sobre bens comuns do casal [...] para declarar se aceita a comunicabilidade da dívida, nos termos do artigo 825.°*». O cônjuge pode, então, responder à citação de várias formas.

5.2.1. Não se pronunciar

Neste caso, refere o artigo 825.°, n.° 2, que «*a dívida [deve] ser considerada comum*». Considera-se que o cônjuge não se pronunciou sobre a questão apenas no caso de nada ter dito sobre qualquer das duas questões

---

[56] Número que é reproduzido no preâmbulo, sem que aí se perceba, ao que me parece, a que se refere o «*ainda*», qual é a alternativa e qual é o prazo.

[57] MARIA JOSÉ CAPELO, «Pressupostos Processuais Gerais na Acção Executiva – A Legitimidade e as Regras de Penhorabilidade», cit., p. 84, defende que a circunstância «*de se ter relegado a questão da comunicabilidade para o momento em que se verifica a insuficiência dos bens próprios do devedor desvirtua a essência da responsabilidade subsidiária*». Esta autora defende, «de iure condendo» que a matéria da comunicabilidade da dívida devia consubstanciar um incidente declarativo, quer no caso de ser o exequente a suscitar a questão (p. 85) quer no caso de ser o executado (pp. 87 e 88). Esta questão tem sido muito debatida ao longo dos tempos e parece-nos que se encontra agora resolvida de forma clara pelo art. 825.°, com uma espécie de compromisso entre aqueles que defendiam que a questão podia ser suscitada no processo executivo e aqueles que não a admitiam neste âmbito.

às quais é chamado a dar uma resposta: pedir a separação de bens e declarar se aceita a comunicabilidade.

5.2.2. Pedir a separação de bens ou juntar certidão de acção pendente

Não se pronunciando o citando sobre a questão da comunicabilidade da dívida, mas pedindo a separação de bens, deve entender-se que o cônjuge não aceita a comunicabilidade. O pedido de separação de bens é suficiente para demonstrar a vontade do cônjuge de não reconhecer que a dívida é comum[58].

De facto, nos termos do artigo 825.°, n.° 2, a aceitação da comunicabilidade da dívida está em alternativa com o requerimento para a separação de bens (ou a junção de certidão comprovativa da pendência de acção em que a separação já tenha sido requerida). Logo, a opção pela separação de bens impede a aceitação da comunicabilidade da dívida.

5.2.3. Declarar que recusa a comunicabilidade da dívida

O cônjuge que não aceite a comunicabilidade da dívida, se não pedir a separação de bens, tem de o declarar no processo. Resulta do texto legal que é suficiente a declaração de que não aceita a comunicabilidade, não sendo necessária qualquer fundamentação.

A lei considera que não é no processo executivo que esta questão deve ser discutida, pelo que, se não ficar resolvida pela simples aceitação, por parte do cônjuge, dos factos alegados pelo exequente ou pelo executado, a não comunicabilidade da dívida fica assente no âmbito do processo.

5.2.4. Declarar que aceita a comunicabilidade da dívida

O elemento essencial é o resultado «aceitação da comunicabilidade» e não tanto a fundamentação subjacente a essa aceitação e a sua compati-

---

[58] Neste sentido, cfr. PAULA COSTA E SILVA, *A Reforma da Acção Executiva*, cit., p. 69. Quando a questão é suscitada pelo cônjuge, esta solução resulta do próprio n.° 6 do art. 825.°, referindo MARIA JOSÉ CAPELO, «Pressupostos Processuais Gerais na Acção Executiva – A Legitimidade e as Regras de Penhorabilidade», cit., p. 86, que o pedido de separação de bens foi considerado pelo legislador como suficiente «*para "presumir"*, *de forma absoluta, que [o cônjuge] não é a favor da natureza comum da obrigação exequenda*». Ora, se o executado não pode suscitar a questão depois de o seu cônjuge ter pedido a separação de bens, o pedido deste nesse sentido, posterior ao requerimento, também deve ter o mesmo efeito, isto é, concluir-se que o cônjuge não aceita a comunicabilidade da dívida.

bilidade com o pedido do exequente ou do executado. Assim, mesmo que a aceitação se baseie num outro fundamento, que não aquele que foi alegado, não há nenhuma razão, no âmbito da execução, para que os seus efeitos não se produzam. Os interesses de todos os intervenientes estão salvaguardados: o exequente e o executado vêem satisfeitas as suas pretensões e o cônjuge do executado aceitou esse resultado.

No caso de aceitar a comunicabilidade da dívida, o cônjuge do executado já não poderá vir, no âmbito do processo, pedir a separação de bens. Esta deixa de ter utilidade, uma vez que poderão ser penhorados os bens comuns, que passam, aliás, a responder em primeiro lugar.

5.2.5. *Requerer a separação de bens e aceitar a comunicabilidade*

Existe ainda a possibilidade de o cônjuge do executado pedir a separação de bens e declarar que aceita a comunicabilidade da dívida, em requerimentos distintos, mas que dão entrada dentro do prazo previsto para a sua resposta.

Neste caso, pensamos que deve prevalecer a aceitação da comunicabilidade sobre o pedido de separação de bens, por esta ser a solução que permite uma melhor correspondência com o direito substantivo; com efeito, passam a responder os bens comuns por uma dívida comum e, assim, a execução ganha em eficácia e celeridade, pois não se suspende. O cônjuge não poderá vir depois argumentar no sentido de que requereu a separação de bens, pois, considerando-se a dívida comum, os bens comuns passam a responder pela dívida – tal pedido constituiria *venire contra factum proprium*.

5.3. *Efeitos*

Qualquer que seja a resposta do cônjuge do executado, importa estabelecer quais os efeitos de a dívida ser considerada comum, nos termos deste n.º 2.

Sendo recusada a comunicabilidade da dívida, mantém-se a situação anterior, como se não tivesse sido suscitada a questão. Gorou-se, apenas, a tentativa de alcançar mais bens do que aqueles que o título permitia.

Se a dívida for considerada comum, deve distinguir-se a situação em que o cônjuge aceitou expressamente a comunicabilidade e a situação em que nada disse a este propósito. Diz o n.º 2 do artigo 825.º que, se o cônjuge nada disser, a dívida é considerada comum, *«para os efeitos da execução e sem prejuízo da oposição que contra ela seja deduzida»*.

Coloca-se, então, a questão de saber se a admissão da comunicabilidade da dívida se circunscreve à própria execução, apenas no caso de o cônjuge do executado nada dizer ou também no caso de o ter admitido expressamente. A primeira solução, para além de ser a que resulta da letra do preceito, também é a que melhor se adequa à «ratio» do mesmo. Com efeito, apenas se prevê que o silêncio não tenha o efeito de prova que tem a admissão dos factos alegados pelo autor na acção declarativa[59]. Este não é o momento em que a questão deve ser suscitada, pelo que não faria sentido que o cônjuge fosse tão fortemente penalizado pela sua omissão.

Já no caso de ser o próprio cônjuge do executado a admitir, expressamente, que a dívida é comum, defendemos que a comunicabilidade da dívida se considere assente para além da execução e, nomeadamente, no âmbito das relações patrimoniais entre os cônjuges.

No caso de o cônjuge nada declarar, a cominação apenas é válida *«para os efeitos da execução»*. Logo, neste caso, a cominação tem apenas como efeito o alargamento subjectivo do título executivo no âmbito daquela execução em concreto.

5.4. Consequências no processo executivo em curso

Importa agora determinar quais são as consequências, na própria execução, de uma resposta no sentido quer da aceitação quer da rejeição da comunicabilidade da dívida.

5.4.1. Aceitação da comunicabilidade da dívida

No caso de a dívida ser considerada comum, nos termos do artigo 825.°, n.ᵒˢ 2 ou 6, aplica-se o n.° 3 do mesmo artigo.

Assim, a execução prossegue também contra o cônjuge inicialmente não executado, que passa a ser igualmente executado. Dá-se um alargamento do título executivo, pelo que os bens próprios do cônjuge passam a poder ser subsidiariamente penhorados, depois dos bens comuns.

Os bens comuns, por seu lado, passam a ser aqueles que devem ser penhorados em primeiro lugar, solução que está em consonância com o re-

---

[59] JOSÉ LEBRE DE FREITAS e ARMINDO RIBEIRO MENDES, *Código de Processo Civil Anotado*, cit., p. 369. No âmbito da acção declarativa, o art. 484.°, n.° 1, estabelece que *«consideram-se confessados os factos articulados pelo autor»*, no caso de o réu não contestar.

gime substantivo, uma vez que a dívida passou a ser tratada como comum, e pelas dívidas comuns devem responder os bens comuns do casal, nos termos do artigo 1695.º do Código Civil. O executado inicial pode mesmo requerer a substituição dos bens penhorados, quando tenham sido penhorados, para além dos bens comuns e antes destes, os seus bens próprios e haja bens comuns suficientes.

5.4.2. Rejeição da comunicabilidade da dívida

Tendo sido recusada pelo cônjuge a comunicabilidade da dívida, há duas possibilidades, consoante tenha ou não sido requerida a separação de bens ou apresentada certidão de acção pendente.

No primeiro caso, aplica-se o artigo 825.º, n.º 7, suspendendo-se a execução até à partilha. Os termos desta já foram analisados no presente estudo[60].

Não tendo sido requerida a separação de bens, pelo executado ou pelo seu cônjuge, aplica-se o n.º 4 do mesmo artigo. A execução prossegue, então, nos bens comuns, mas apenas nos que tiverem sido penhorados. Se forem penhorados outros bens comuns, a questão tem de voltar a ser colocada. O cônjuge, que é citado para requerer a separação de bens pondera as vantagens e desvantagens que lhe advêm, quer ao nível do seu património quer ao nível da estabilidade do seu casamento, constituindo a sua resposta um resultado do juízo de equilíbrio entre estes factores. Pode suceder que, face aos bens penhorados em primeiro lugar, o cônjuge não considere necessário requerer a separação de bens, mas já o considere no caso de serem penhorados outros bens comuns. Daí que deva ser citado sempre que seja penhorado um novo bem comum.

6. Intervenção do cônjuge do executado

O cônjuge do executado é ainda citado, pelo agente de execução, *«quando a penhora tenha recaído sobre bens imóveis ou estabelecimento comercial que o executado não possa alienar livremente»*, podendo deduzir, *«no prazo de 10 dias ou até ao termo do prazo concedido ao executado, se terminar depois daquele, oposição à execução ou à penhora e [...] exercer, no apenso de verificação e graduação de créditos e na*

---

[60] V. ponto 4.5.4.

fase do pagamento, todos os direitos que a lei processual confere ao executado»[61].

Os bens a que aludem estes artigos, na parte citada, terão de ser próprios do cônjuge executado, pois, se se tratar de bens comuns, é aplicável o artigo 825.º

Procura-se, assim, compatibilizar o processo executivo com o regime do artigo 1682.º-A do Código Civil, que proíbe, sem o consentimento de ambos os cônjuges, a alienação da casa de morada de família e, salvo se vigorar entre os cônjuges o regime da separação de bens, a alienação de imóveis e de estabelecimentos comerciais.

Não se conseguiu, porém, uma total compatibilização dos dois regimes, uma vez que não se estendeu a intervenção do cônjuge do executado às situações previstas no artigo 1682.º, n.º 3, do Código Civil; com efeito, neste preceito, em que se exige, também, o consentimento de ambos os cônjuges para a alienação de bens móveis, ou «*utilizados conjuntamente por ambos os cônjuges na vida do lar ou como instrumento comum de trabalho*», ou «*pertencentes exclusivamente ao cônjuge que os não administra, salvo tratando-se de administração ordinária*». A harmonia dos sistemas civil e processual justificaria a citação do cônjuge do executado[62], no caso de serem penhorados os bens referidos, mas não é esta a solução que resulta da nossa lei processual. Justificar-se-ia, igualmente, permitir ao cônjuge requerer a substituição dos bens móveis penhorados por outros bens móveis, próprios do executado. Neste caso, só depois da nova penhora seria levantada a penhora que incidia sobre os bens substituídos (art. 834.º, n.º 4).

Delimitado o âmbito de aplicação das normas citadas, importa analisar quais os poderes processuais que são atribuídos ao cônjuge do exe-

---

[61] Cfr. arts. 864.º e 864.º-A, com a redacção que lhes foi dada pelo Decreto-Lei n.º 38/2003, de 8 de Março. A Declaração de rectificação n.º 5-C/2003, de 30 de Abril, mais do que rectificar, alterou a redacção do art. 864.º-A, tendo alargado o âmbito de intervenção do cônjuge ao apenso de verificação e graduação de créditos. O Decreto-Lei n.º 199/2003, de 10 de Setembro, voltou a alterar o art. 864.º-A, esclarecendo «*que o prazo concedido ao cônjuge para oposição à execução é de 10 dias*»; antes, falava-se em «*prazo concedido ao executado*», o que poderia levantar dúvidas acerca da intervenção do cônjuge, no caso de ter expirado este prazo. Este diploma não teve em conta a Declaração de rectificação referida, pelo que voltava a não se mencionar, no art. 864.º-A, a intervenção do cônjuge no apenso de verificação e graduação de créditos. Este erro foi rectificado pela Declaração de rectificação n.º 16-B/2003, de 31 de Outubro.

[62] Cfr. MARIA JOSÉ CAPELO, «Pressupostos Processuais Gerais na Acção Executiva – A Legitimidade e as Regras de Penhorabilidade», cit., p. 92.

cutado. Em primeiro lugar, pode opor-se à execução[63] ou à penhora. Deve ser-lhe, assim, ainda permitido requerer a substituição dos bens, quando o executado disponha de outros bens próprios, careçam estes ou não do seu consentimento para a alienação, uma vez que o pedido de substituição pressupõe o consentimento quanto aos bens que tiverem sido indicados. Não sendo concedida ao cônjuge esta possibilidade, o artigo 1682.°-A do Código Civil, que protege, inclusivamente, a casa de morada de família, de nada lhe vale, uma vez que não pode impedir a sua penhora, mesmo que o executado disponha de outros bens. Estranhamos que esta solução não esteja consagrada no artigo 864.°-A.

Certo é que o cônjuge do executado pode exercer todos os direitos que a lei processual confere ao executado, no apenso de verificação e graduação de créditos. Assim, o cônjuge do executado poderá impugnar os créditos dos credores reclamantes com garantia real sobre os bens imóveis penhorados (cfr. art. 866.°, n.° 2) ou opor-se a que o executado reconheça a existência de um crédito (cfr. art. 869.°, n.° 3); já não poderá, no entanto, reconhecer a existência de um crédito, à luz do mesmo preceito, apesar de este direito ser conferido pela lei processual ao executado, uma vez que não está no seu âmbito de actuação reconhecer a existência de uma dívida de outrem.

Na fase do pagamento, o cônjuge do executado pode, nomeadamente, reclamar para o juiz da modalidade de venda decidida pelo agente de execução (cfr. art. 886.°-A, n.° 5).

Se esta revestir a forma de venda mediante propostas em carta fechada, o cônjuge pode ainda assistir à abertura das propostas (cfr. art. 893.°, n.° 1), apreciá-las (cfr. art. 894.°, n.° 1), impedir que sejam aceites propostas de valor inferior ao previsto no n.° 2 do artigo 889.° (cfr. art. 894.°, n.° 3) e arguir irregularidades do próprio acto (cfr. art. 895.°, n.° 1). O cônjuge pode ainda propor ao juiz a venda do estabelecimento comercial de valor consideravelmente elevado mediante proposta em carta fechada (cfr. art. 901.°-A, n.° 1). Por outro lado, a venda executiva pode ser feita por negociação particular, no caso de o cônjuge propor um comprador ou um preço, desde que um ou outro sejam aceites pelo exequente e demais credores e pelo executado, que também tem de se pronunciar sobre a questão; paralelamente, o cônjuge pode não aceitar o preço ou comprador propostos pelo

---

[63] MARIA JOSÉ CAPELO, «Pressupostos Processuais Gerais na Acção Executiva – A Legitimidade e as Regras de Penhorabilidade», cit., p. 93, defende que não é razoável conceder ao cônjuge «*a faculdade de deduzir oposição à execução*».

executado ou pelo exequente (cfr. art. 904.°, alíneas *a*) e *b*)). Ainda no domínio da venda por negociação particular, o cônjuge pode opor-se a que da sua realização fique encarregado o solicitador de execução (cfr. art. 905.°, n.° 2). Por fim, o cônjuge pode propor a venda em determinado estabelecimento de leilão ou opor-se a que a venda assuma esta modalidade (cfr. art. 906.°, n.° 1, alínea *a*)) e, ainda, reclamar contra as irregularidades que se cometam no acto do leilão (cfr. art. 907.°, n.° 1).

7. Conclusões

A matéria que nos propusemos tratar neste estudo tem uma já longa tradição na doutrina portuguesa, tendo-se suscitado, desde há muito, duas questões essenciais, para as quais a lei tem tentado dar respostas: em primeiro lugar, o momento em que os bens comuns do casal podem ser afectados pela penhora, exercendo-se sobre eles os mecanismos previstos no processo executivo; em segundo lugar, a possibilidade de o cônjuge do executado ser chamado no próprio processo executivo, com vista a conseguir-se, nesse âmbito, o título executivo que não se obtivera anteriormente.

Em relação à primeira questão, o Decreto-Lei n.° 329-A/95, de 12 de Dezembro, ao abolir a moratória forçada que impendia sobre a penhora da generalidade dos bens comuns do casal, abriu caminho à penhora imediata destes bens quando o executado não disponha de bens próprios; contudo, o cônjuge deve ser citado para pedir a separação de bens. Esta solução manteve-se, no essencial, no Decreto-Lei n.° 38/2003, de 8 de Março.

Este último diploma apresenta, no entanto, uma solução inovadora para a segunda questão. Com efeito, a questão da comunicabilidade da dívida passa a poder ser suscitada no processo executivo, como expressamente prevêem os n.ᵒˢ 2 e 6 do artigo 825.° Todavia, não se admite propriamente a discussão da questão, como defendia ser a melhor solução uma parte da doutrina, mas apenas o reconhecimento, por parte do cônjuge do executado, de que a dívida é comum. Apenas no caso de este aceitar a comunicabilidade, equiparando-se a esta situação a circunstância de nada dizer, esta se terá por assente no processo executivo.

O cônjuge do executado pode ainda intervir no processo executivo quando, em função dos bens penhorados, tenha um interesse próprio a defender. É o que sucede, para além dos casos em que são penhorados bens comuns, quando são penhorados bens que, face ao direito substantivo, só poderiam ser alienados com o seu consentimento.

COMO EVITAR A «NACIONALIZAÇÃO» DOS CONTRATOS INTERNACIONAIS?*

José Miguel Júdice**

As relações contratuais de âmbito internacional, em que uma das partes é um Estado soberano, sendo a outra uma entidade empresarial privada de outro país, são cada vez mais abundantes. Estas relações comerciais resultam da globalização, do aumento da concorrência internacional, do desenvolvimento económico dos países menos favorecidos, do processo galopante de inovação tecnológica e da própria reorganização do modelo tradicional do papel do Estado na economia.

Talvez por isso, estas relações contratuais internacionais decorrem num ambiente sujeito a dois movimentos opostos. Por um lado os Estados, e em especial os menos desenvolvidos, pretendem atrair investimento estrangeiro produtivo. Esta atitude resulta de um conjunto variado de razões, tais como a falta de *know-how* em importantes sectores produtivos, a escassez de capitais, as limitações orçamentais que dificultam a alocação de recursos estatais para investimento produtivo, a vontade de diversificação de dependências, o desejo de aumentar a concorrência, a intenção de provocar internalização de tecnologias. Estão, por isso, os Governos naturalmente dispostos a tomar iniciativas que potenciem a atracção dos investidores e que diminuam o receio de se deslocarem para um ambiente que desconhecem, sujeitando-se a estruturas culturais estranhas, a normas legais e regulamentares exóticas e a grupos humanos e sociais com os quais pouca ou nenhuma relação possuem.

---

* Este texto baseou-se numa conferência que fiz na «II Jornada CCI de Arbitragem», que teve lugar, por ocasião do «VI Congresso do Comitê Brasileiro de Arbitragem», em Salvador – Baía, em Outubro de 2006.

** Advogado. Professor Convidado da Faculdade de Economia da Universidade Nova de Lisboa.

Mas, no sentido contrário, estes Estados muitas vezes olham com desconfiança e hostilidade o investimento estrangeiro. Esta atitude tendencial resulta também de vários factores. Entre eles podem citar-se o facto de Estados mais recentes ou menos desenvolvidos terem problemas de unidade nacional por resolver, serem particularmente ciosos pela sua soberania nacional, estarem sujeitos a pressões de forças económicas e sociais internas, que olham de forma por vezes negativa e em regra preocupada os estrangeiros, de estarem convictos (com ou sem razão suficiente) de que os termos de troca e os preços de transferência existentes drenam recursos excessivos e injustos para o exterior. E, acima de tudo, como demonstra a História da Humanidade, os estrangeiros («hostes» em latim, expressão que está na origem etimológica de expressões como «hostil» e «hostile», como sinónimo de adversário ou inimigo...) são excelentes bodes expiatórios para os fracassos das políticas governamentais.

A acção conjugada destas duas pulsões contraditórias provoca dinâmicas que afectam o investimento estrangeiro e a estabilidade dos contratos internacionais, com consequências em regra muito perniciosas para todas as partes envolvidas. Épocas de activa procura de investimento estrangeiro, com a criação de estímulos importantes, são seguidas por períodos de hostilização e de oposição ao investimento estrangeiro. Nenhum investidor internacional pode, por isso, agir sem ter presente esta pendularidade que, em maior ou menor medida, afecta todos os países, até mesmo alguns situados no Mundo mais desenvolvido, pelo menos na forma relativamente mais benigna da protecção e preferência dada a empresas nacionais.

Por estas razões, faz sentido que seja colocada a questão – que também é jurídica, embora não o seja apenas – de saber como podem os potenciais investidores estrangeiros reduzir os riscos de danos, se e quando as autoridades políticas mudarem de atitude e tomarem decisões que os afectem ilegal e/ou injustamente. E esta questão está, evidentemente, intimamente ligada a uma outra, que consiste em saber como podem defender-se se e quando isso vier a ocorrer.

De um modo geral, estas questões não são ponderadas com rigor e atenção ou, quando o são, acabam subordinadas a opções estratégicas em que prevaleçam análises económicas, financeiras ou de mercado. Uma parte da explicação reside seguramente no carácter eminentemente paroquial que continua a caracterizar o essencial da reflexão jurídica no mundo mais desenvolvido. Ao contrário das ciências económicas e financeiras, que facilmente se internacionalizaram e ganharam por isso uma transversalidade que se imbuiu naturalmente nos seus cultores, as ciências do Direito continuaram, as mais das vezes, imersas numa abordagem apenas nacional, estritamente jurídica e eminentemente formal.

Uma das consequências desse tipo de abordagem pode ser constatada na pouca reflexão sobre a patologia das relações jurídicas e as características que as sociedades em concreto e a prática jurídica emprestam à aplicação das leis. Os cultores da Ciência do Direito, nascidos e formados em países em que a separação de poderes, a «rule of law» e a independência do Judiciário se tornaram há muito, apesar de falhas e erros, parte inequívoca do património sociológico dominante, inconscientemente acabam por assumir como adquirido que as normas jurídicas dos outros países significam o que a hermenêutica abstracta e distante considera como adequada interpretação, assumindo não apenas isso como também que, depois disso, as instâncias administrativas e judiciais vão aplicar tais interpretações sem se sujeitarem a pressões ou a deturpações adequadas a servir interesses poderosos.

Pode ser que mesmo no Primeiro Mundo este tipo de teorização implícita seja angelista e não constitua mais do que uma camuflagem para interesses. Ou, pelo menos, que em certos casos, ou a partir de certo nível social ou político, o Direito acabe por ceder perante outras realidades, menos formais, menos abstractas e menos teorizáveis de forma tranquilizadora. Seja ou não assim, ou seja qual for a medida em que assim seja, o certo é que em zonas do mundo menos evoluídas económico-socialmente, com menos tradição democrática e/ou liberal, e em que o Estado de Direito – quando existe – é recente e apenas pelicular, o problema torna-se muito mais inquietante e mereceria que fosse objecto de reflexão académica profunda.

Do que se trata, por isso, é de pressupor, (1) como alavanca analítica prévia, que os investimentos em países do Terceiro Mundo têm uma tendência forte para a patologia, (2) como elemento hermenêutico básico, que os contratos com entidades de tais países têm um elevado potencial de serem ou de se tornarem em «contratos desiguais» (em cada caso podendo variar a parte que domina), e (3) como constatação empírica, que a qualidade e/ou a eticidade do sistema judicial se não deve pressupor como sendo um dado (ingenuamente) adquirido.

A tese que está subjacente a este texto (que se assume como «provocatio ad agendum» para os meios universitários) é que se deve dar prioridade, na formação da vontade de investir em países do Terceiro Mundo, a um adequado rastreio do sistema jurídico e do sistema judicial de tais países; e também que se deve lutar, nos processos negociais que antecedem os investimentos, por soluções jurídico-contratuais que evitem ou minorem os riscos de situações patológicas que o sistema jurídico não consiga resolver de forma justa, rápida e equitativa.

É neste contexto que se considera o recurso a sistemas de resolução alternativa de litígios como uma espécie de «litmus test» para as finalidades supramencionadas. O que, aliás, nada tem de novo ou de original, visto que há muito tempo que as empresas, os Estados e as organizações internacionais vêm defendendo de forma consistente que as soluções alternativas, e entre elas a arbitragem comercial internacional, são as mais adequadas para a resolução de litígios ligados ao investimento. Sinal inequívoco e cimeiro desta tendência é a Convenção de Washington e a política activa do Banco Mundial para que países em vias de desenvolvimento tornem legal a arbitragem internacional, criem centros de arbitragem e adaptem a legislação dos contratos administrativos para admitir a arbitragem para a resolução de litígios.

O que agora se pretende apresentar baseia-se nesse pressuposto (a arbitragem é uma boa solução) e procura inventariar o que com relevo para este efeito se pode coligir e equacionar, tendo em vista optimizar esse tipo de solução. E tal optimização é pensada como algo que possa funcionar também com um forte incentivo à expansão da arbitrabilidade nos países do Terceiro Mundo, assumindo-se como postulado (que se aceitaria discutir, como é óbvio) que essa evolução é no fundo favorável a esses países, mas deve ser incentivada contra a tendência de vistas curtas que vê na instituição das arbitragens internacionais uma espécie de conspiração do mundo desenvolvido, de que o próprio Banco Mundial – nos casos mais alucinados, como acontece com a Venezuela de Hugo Chávez – é considerado um elemento.

Este texto baseia-se ainda num outro pressuposto que me parece evidente. De facto, em muitos casos os países em vias de desenvolvimento estão em competição entre si por capital produtivo, não tanto enquanto meios financeiros (que o sistema económico internacional está a gerar em excesso) mas sobretudo enquanto recursos que acompanham tecnologias, modos de funcionamento e capital humano altamente qualificados para as urgentes necessidades desses países.

Assim sendo, será possível construir um modelo analítico da realidade política, jurídica e sociológica desses países, para com isso construir uma espécie de um «ranking» que distinga os mais favoráveis e menos perigosos para o investimento, se e quando litígios venham a existir entre Estados e empresas privadas. Do que se trata, também, é de listar um conjunto de precauções que devem ser analisadas antes dos investimentos e que, no que se refere à resolução de litígios, em regra não são ponderados com gravíssimos inconvenientes.

Assim sendo, a primeira precaução que deve ter qualquer potencial investidor é analisar o regime de direito internacional do País em que pondera realizar um investimento. Entre os sinais a equacionar incluem-se: (i) O Estado é parte em tratados internacionais, multilaterais ou bilaterais de protecção ao investimento estrangeiro? (ii) O concreto investimento pretendido ficará protegido por algum desses tratados? (iii) A Convenção de Nova Iorque de 1958, sobre reconhecimento de decisões arbitrais estrangeiras foi ratificada? E sem reservas relevantes? (iv) Existe algum «track record» de actuações ilegais ou causadoras de danos não compensados, contra investidores estrangeiros?

Depois, deve ser analisado com cautela o regime legal relevante do país (aquilo a que os autores anglo-saxónicos gostam de chamar «municipal law»), procurando respostas para perguntas como estas: (i) Existe uma lei nacional que permita arbitragens internacionais? Essa lei aceita que o lugar da arbitragem seja no exterior? A lei é amigável noutros aspectos (aceitação de árbitros estrangeiros, de utilização de uma língua não nacional pelo menos como idioma de trabalho, de aplicação de outros direitos nacionais aos contratos, não obrigatoriedade de recursos para os tribunais comuns) também relevantes? (ii) É aceite a opção por arbitragens institucionalizadas? (iii) As regras aplicáveis aos contratos com o Estado permitem a submissão dos litígios a tribunal arbitral ou exigem a submissão a tribunais nacionais, nomeadamente administrativos? (iv) É possível que um tribunal arbitral decida sem recurso (excepto acção de anulação) para os tribunais comuns? (v) É possível (e em que condições) executar decisões arbitrais contra o Estado? (vi) Existe algum «track record» de impossibilidade de executar decisões arbitrais ou judiciais em que o Estado tenha sido condenado?

Em seguida convirá analisar o ambiente da comunidade jurídica em concreto: (i) Existe uma profissão legal (Advocacia) que tenha efectivamente a liberdade e a coragem de defender os interesses que lhe são confiados, mesmo contra o Estado? (ii) Os magistrados judiciais são independentes do Poder Político e são considerados honestos e pouco afectados por práticas de corrupção? (iii) É possível que sociedades de Advogados estrangeiras actuem nesse mercado? Existem sociedades de Advogados locais competentes e com ligações a sociedades estrangeiras? (iv) Em termos gerais, existe um Estado de Direito («rule of law» e «due process») nesse país?

Respostas positivas a todas estas questões nem sempre são possíveis e, apesar disso, o investimento pode fazer sentido de um ponto de vista comercial. O objectivo deste tipo de questionários não é, evidentemente, evitar que os investidores ponderem em cada caso concreto o que devem fazer, mas ajudá-los nessa ponderação. A actividade empresarial é sempre uma actividade de risco e o risco jurídico – como o risco político ou o económico-financeiro – é apenas mais um factor que deve ser tomado em consideração.

Apesar disso, o facto é que há um limite a partir do qual o investimento se torna claramente demasiado arriscado, como é evidente. A definição desse limite tem de ser feita no caso concreto, não sendo possível encontrar uma resposta única e generalizável. Mas, de um modo geral, penso que existe um núcleo duro de condições que deve sempre estar presente. Em minha opinião, o mínimo essencial consiste em que o Estado aceite submeter a arbitragem os contratos de investimento em que seja parte, que autorize que o lugar da arbitragem seja no exterior e que a arbitragem possa ser submetida às regras de uma credível instituição internacional, como a CCI ou a LCIA, e que o processo arbitral possa decorrer no seu âmbito.

Estas condições essenciais mínimas permitem reduzir muito substancialmente a capacidade de manipulação do sistema por uma das partes no contrato, pois é afinal desse risco que estamos a falar. Com a submissão à arbitragem resolvem-se os problemas decorrentes da hipotética falta de preparação e especialização, parcialidade ou falta de independência de juízes nacionais. A localização fora do Estado nacional permite isolar a arbitragem das regras processuais nacionais que «poluem» vezes de mais os processos arbitrais e também retirar aos tribunais locais a capacidade de interferir nas arbitragens através da anulação de decisões arbitrais, por vezes com fundamentos absurdos e que não se baseiam em precedentes conhecidos pela comunidade jurídica internacional. A integração da arbitragem numa instituição internacional credível resolve problemas tão essenciais como a escolha do Árbitro Presidente, a garantia da qualidade e rigor dos procedimentos, a independência e autonomia do próprio tribunal arbitral.

Algumas das outras condições muito importantes, como a existência de tratados internacionais de protecção do investimento, não dependem da parte privada e estrangeira; ou podem ser ultrapassadas (a exequibilidade pode ser conseguida no exterior sobre activos detidos pelo Estado, se ele recusar respeitar uma decisão arbitral), mas os que considerei essenciais – se faltarem – provocam com elevada dose de probabilidade inevitáveis efeitos incontrolados.

Do ponto de vista dos Estados, estas condições não devem ser encaradas como cedências excessivas ou como sinais de perda de soberania. Estamos a tratar de relações comerciais e económicas do Estado e não das conhecidas e clássicas funções de soberania estatal. A experiência demonstra que países mais desenvolvidos convivem sem problemas com respostas positivas a todas ou quase todas as questões que enunciei como testes de adequação.

Acresce que cada vez mais o investimento internacional é feito por ou a partir de países em vias de desenvolvimento. Brasil, Índia, África do Sul e China, para referir apenas exemplos evidentes, estão a deslocar vultuosos capitais para investimento noutros países e por isso são casos exemplares em que os dois lados da moeda coexistem. Por esse motivo, talvez, começam a desenvolver-se nesses países fortes comunidades ligadas à defesa da arbitragem comercial internacional, havendo alguma razão para optimismo.

E não deve ser esquecido o enorme potencial de vantagens que pode resultar para países menos desenvolvidos do facto de a comunidade internacional de negócios encarar um concreto país como um bom exemplo de garantias para os investidores estrangeiros, sobretudo quando actualmente os Estados estão em competição uns com os outros pela atracção de investimentos estruturantes vindos de outros países.

Pelo contrário, a submissão a arbitragens institucionais dos litígios em que os Estados são parte (e, por maioria de razão, a criação de um ambiente jurídico favorável às arbitragens comerciais entre empresas privadas) deve ser encarada por estes como uma vantagem comparativa em relação à opção por arbitragens *ad hoc*, mesmo que localizadas no seu próprio território nacional. Esta opção pelas arbitragens *ad hoc* é muitas vezes a tendência dos Estados nacionais quando não conseguem submeter os litígios aos seus tribunais, por esta opção em regra ser «deal braker» em contratos internacionais. Um tribunal arbitral *ad hoc* fica totalmente dependente da qualidade, rigor, ética e independência dos árbitros escolhidos. Um tribunal arbitral formado no âmbito de uma instituição credível, acrescenta a todos esses importantes factores a credibilidade e a independência da própria instituição, o que para os Estados deve constituir um factor de atracção adicional.

Para aumentar as condições políticas e sociológicas favoráveis a esta evolução, criando uma espécie de atmosfera internacional que possa favorecer a pressão no sentido deste tipo de soluções e de garantias, parece-me por isso – e esta é a tese que está subjacente a este «paper», que comemora uma Faculdade de Direito inovadora, como é a da Universidade Nova – que seria uma boa ideia que instituições que se dedicam à arbitragem internacional, em articulação com instituições universitárias que pelo seu prestígio reforçassem a credibilidade e a independência do resultado, elaborassem uma *check-list* dos factores que tornam cada país mais ou menos favorável ao investimento internacional do ponto de vista da Lei, do sistema jurídico prático e do sistema judicial.

Este trabalho deveria ser publicado e actualizado com regularidade, vindo a constituir um «ranking» internacional independente dos países, em função de serem mais ou menos «friendly», do ponto de vista do sistema legal, aos investimentos. E não tenho dúvidas de que se este trabalho for feito, com credibilidade, rigor e conhecimento do terreno, acabará por se tornar um elemento incontornável que irá funcionar como factor criador de um ambiente favorável ao avanço da «rule of law» a nível internacional, com benefícios para os próprios países menos desenvolvidos, que quanto mais alto estiverem no «ranking» menor risco terão para investimentos no seu território.

REGIME PARTICULAR DA INSOLVÊNCIA DOS CÔNJUGES[*]

L. Carvalho Fernandes[**]
João Labareda[***]

1. Sede legal da matéria

I. O regime particular da insolvência dos cônjuges vem estabelecido, no Código da Insolvência e da Recuperação de Empresas[1], na Secção III do Capítulo II do seu Título XII, nos artigos 264.º a 266.º Engloba esse Título as «Disposições específicas da insolvência de pessoas singulares»; por seu turno, o referido Capítulo estatui sobre a «Insolvência de não empresários e titulares de pequenas empresas».

Constituem estes preceitos uma inovação, porquanto, como logo a epígrafe do art. 264.º deixa perceber, as particularidades do tratamento processual da insolvência de ambos os cônjuges configuram um regime especial de coligação que, com mais ou menos significado, interfere com o processamento comum da insolvência. Ora, o Código dos Processos Especiais de Recuperação da Empresa e da Falência (CPEREF) não previa sequer, na

---

[*] Este estudo parte de anotações da autoria dos signatários ao Código da Insolvência e da Recuperação de Empresas, em particular aos seus arts. 86.º e 264.º a 266.º Todavia, o tratamento monográfico do tema, para além de necessários ajustamentos sistemáticos, acarretou o desenvolvimento de questões já abordadas e a análise de outras que a índole e o âmbito de um comentário de legislação não impunham.
Por isso, só a título incidental serão feitas citações dessa obra.
[**] Professor Associado da Faculdade de Direito da Universidade Católica Portuguesa.
[***] Mestre em Ciências Jurídicas, advogado.

[1] Adiante identificado como CIRE ou *Código*; são deste diploma legal as normas citadas sem menção da sua fonte, a menos que algo diferente resulte do contexto.

sua versão original, qualquer caso de coligação, que só foi admitida, nesses processos especiais, na revisão operada pelo Decreto-Lei n.º 315/98, de 20 de Outubro. Ainda assim, a coligação passou apenas a ser admitida nas situações reguladas no n.º 3 do seu artigo 1.º, relativas a sociedades em relação de domínio ou de grupo[2].

O carácter inovador do regime consagrado nos artigos 264.º a 266.º manifesta-se ainda no facto de estes preceitos não terem constado do Anteprojecto do CIRE. A sua inclusão verificou-se, pois, somente após a divulgação pública do Anteprojecto, logo, na fase final do processo legislativo de elaboração do *Código*.

II. O regime dos artigos 264.º a 266.º tem, porém, de ser entendido à luz de *disposições gerais* que constam de preceitos integrados na Secção I do respectivo Capítulo: artigos 249.º e 250.º

Deles decorre, como adiante se dirá mais de espaço, que a coligação dos cônjuges depende de cada um deles não ser empresário ou de ser titular de pequena empresa.

Também nesta matéria o *Código* consagrou soluções inovadoras, que têm apenas no Direito anterior antecedentes parcelares e menos significativos: nos artigos 240.º e seguintes do CPEREF, o tratamento particular dos devedores sem empresa; e nos artigos 1303.º a 1312.º do Código de Processo Civil de 1961, o regime especial da falência dos pequenos comerciantes.

III. Sem prejuízo do exposto nas alíneas anteriores, na análise do tratamento jurídico da insolvência de ambos os cônjuges, tem de ser ainda atendido o que dispõe a parte final do n.º 1 do artigo 86.º

Integrado no Capítulo dos efeitos processuais da declaração de insolvência, prevê-se nele, verificados certos requisitos, a apensação de processos de insolvência em que seja devedor cada um dos cônjuges.

Nesta matéria, a história legislativa do preceito é homóloga da dos artigos 264.º a 266.º Assim, não se identificando, neste domínio, norma

---

[2] Num plano diferente, também alheio à insolvência dos cônjuges, os arts. 126.º a 126.º-C do CPEREF regulavam as chamadas falências derivadas e conjuntas, matéria que, intencionalmente, não foi retomada no CIRE, como claramente revela o n.º 20 do Preâmbulo do diploma legal que o aprovou – Dec.-Lei n.º 53/2004, de 18 de Março.

Refira-se, ainda, para completo esclarecimento, que os arts. 126.º-A a 126.º-C foram aditados ao CPEREF na Reforma de 1998.

correspondente no CPEREF, também o preceito não constava no Anteprojecto. Foi posteriormente aditado, em clara correlação com a inclusão do regime de coligação de ambos os cônjuges, na sua insolvência.

IV. Finalmente, num plano diferente, há certos pontos particulares em que o facto de o insolvente ser casado se projecta, com mais ou menos relevância, no processo de insolvência. Deles será dada nota na parte final do estudo, pois relevam, em geral, quando não haja coligação e a apensação não exclui, em definitivo, a sua aplicação.

2. Razão de ordem

I. A análise perfunctória dos artigos 264.º – do seu n.º 1, em particular – e 86.º permite, de imediato, a identificação de uma nota relevante para a definição do objecto deste estudo e para a sistematização que a ele vai presidir.

Verifica-se, na verdade, que tanto a coligação dos cônjuges como a apensação dos processos de insolvência que contra eles corram autonomamente não são admitidas se nas suas relações patrimoniais estiver estabelecido um regime de separação de bens, independentemente de a sua fonte ser convencional ou legal.

A razão de ser do afastamento de qualquer destes meios processuais, quando o regime de bens do casal seja o de separação, reside no facto de neste caso não existirem bens comuns, ou seja, faltar a conveniência de, por economia processual, a situação de insolvência dos cônjuges ser tratada conjuntamente[3].

Certo é, porém, que no regime de separação de bens, havendo insolvência de ambos os cônjuges, o processo corre necessariamente para cada um deles em separado e segue, em geral, o regime comum aplicável, consoante as circunstâncias de cada caso, a um insolvente pessoa singular.

Se for outro o regime de bens, verifica-se a mesma solução, mas somente se não estiverem preenchidos os requisitos da coligação ou se, verificando-se estes, ela não vier efectivamente a ocorrer, ou se não for requerida a sua apensação.

Não cabe, pois, no objecto deste estudo o tratamento de tal matéria.

---

[3] Cfr., neste sentido, LUÍS MENEZES LEITÃO, *Código da Insolvência e da Recuperação de Empresas Anotado*, 2.ª ed., Almedina, 2005, p. 227.

II. Sendo os insolventes casados em qualquer regime de bens que não o de separação, dos elementos preliminares até este momento colhidos resulta que, ao fixar as particularidades da insolvência dos cônjuges, o que fundamentalmente interessa é o regime da coligação prevista e regulada nos artigos 264.° a 266.°

Por assim ser, além de merecer primazia, será também esta a matéria a ser mais extensamente tratada na exposição subsequente.

Após ela, e em dois momentos distintos, serão feitas referências à apensação dos processos de insolvência dos cônjuges e aos actos em que pontualmente a situação jurídica de casado do insolvente é atendida no processo de insolvência.

III. No que respeita à coligação dos cônjuges, o n.° 1 do artigo 264.° – e os seus n.ºs 2 e 4 vão no mesmo sentido – deixa perceber que, em processo de insolvência, ela pode ser *activa* ou *passiva*. Isto é, resultar da sua própria iniciativa ou da de outro requerente, ou requerentes, da insolvência.

Da articulação desses números com o n.° 3 da mesma norma resulta, por acréscimo, que, na coligação *passiva*, há que distinguir duas submodalidades: *inicial* e *superveniente*.

Como estas designações revelam, verifica-se a primeira situação quando o processo de insolvência é instaurado contra ambos os cônjuges. Mas do n.° 2 do artigo 264.° apura-se ainda que a coligação passiva pode ser superveniente. Ocorre esta quando, ao abrigo daquele preceito, verificados certos requisitos, o cônjuge contra quem não foi instaurado o processo é aí admitido a apresentar-se também à insolvência, passando assim o processo a correr contra ambos.

IV. Em relação a cada uma das modalidades de coligação há que apurar os requisitos de que depende e, de seguida, as particularidades que acarreta em relação ao regime comum do processo de insolvência.

A preceder todas estas matérias – e para, quanto possível, evitar repetições –, cumpre, porém, analisar os requisitos comuns às várias modalidades de coligação, decorrentes dos artigos 249.° e 250.°

3. Requisitos comuns da coligação

I. Da integração sistemática dos artigos 264.° a 266.°, constitutivos de uma das Secções do Capítulo onde se regula a «Insolvência de não empresários e titulares de pequenas empresas», resulta que o regime neles estatuído só é aplicável quando verificados os requisitos que definem o «Âmbito de aplicação» – segundo a epígrafe do artigo 249.º – do disposto nesse Capítulo.

Por outras palavras, a coligação dos cônjuges só é admissível, como, com suficiente clareza, decorre do n.º 2 do artigo 249.º, se quanto ao marido e à mulher se verificarem os requisitos do n.º 1 deste preceito, ou, por outras palavras, *não forem empresários* ou *forem titulares de pequenas empresas*.

Em rigor, como os requisitos em causa são de verificação alternativa, aplica-se o disposto no Capítulo; logo, é admissível a coligação dos cônjuges – verificados, já se vê, os requisitos particulares de cada uma das suas modalidades –, se:

a) nenhum dos cônjuges for empresário;
b) se ambos forem titulares de pequenas empresas;
c) um deles não for empresário e o outro for titular de uma pequena empresa.

II. Para completo esclarecimento destes requisitos, importa estabelecer, em termos genéricos[4], o sentido de cada um deles.

Da al. *a)* do n.º 1 do artigo 249.º resulta que não é empresário a pessoa singular que, nos três anos anteriores ao início do processo de insolvência, não tenha sido titular de uma empresa, qualquer que seja a sua actividade.

Por seu turno, a al. *b)* do referido n.º 1 liga a noção de pequena empresa a elementos relativos, todos eles, à situação passiva do devedor, pois releva a natureza das dívidas, o número de credores e o seu passivo global.

III. Das disposições gerais do Capítulo onde se estabelece o regime de coligação dos cônjuges insolventes há, porém, que assinalar outro ponto que interfere com o correspondente processo.

Por força do artigo 250.º, não é nele admitida a aprovação e homologação de um plano de insolvência (arts. 192.º e seguintes), nem pode ser atribuída ao devedor a administração da massa insolvente (arts. 222.º e seguintes), aspectos estes que constituem, precisamente, particularidades do regime de insolvência de não-empresários e titulares de pequenas em-

---

[4] Para maior desenvolvimento, vd. *Código da Insolvência e da Recuperação de Empresas Anotado*, vol. II, 1.ª ed., reimp., Quid Juris, 2006, notas 5 e 6 ao art. 249.º, pp. 214 e 215.

presas, que prevalecem sempre, independentemente de, no respectivo processo, ocorrer ou não uma situação de coligação conjugal, ou de, a outro nível, ser ou não apresentada proposta de plano de pagamentos, conforme facultado pelos artigos 251.º e 253.º

4. Coligação activa

I. Os cônjuges *podem apresentar-se conjuntamente* à insolvência, em coligação activa, quando se mostrem preenchidos os requisitos enumerados na primeira parte do n.º 1 do artigo 264.º, a saber:

    a) estarem ambos em situação de insolvência;
    b) não ser o regime dos bens do casal o de separação.

Nenhum destes requisitos suscita dificuldades dignas de nota.

A exigência de os cônjuges incorrerem em situação de insolvência, dada a formulação genérica da lei, só pode ser entendida como significando que em relação a ambos se verificam os elementos que, nos termos gerais do artigo 3.º, qualificam a insolvência.

Quanto ao regime de separação, excludente da coligação, pode ele resultar, manifestamente, de imposição da lei ou de convenção antenupcial [art. 1735.º do Código Civil[5]].

II. Da letra estrita do n.º 1 do artigo 264.º resulta que a coligação activa depende de os cônjuges se apresentarem *conjuntamente* à insolvência.

Decorrerá daí a inadmissibilidade de coligação por intervenção de um dos cônjuges no processo de insolvência iniciado por apresentação do outro?

O carácter *excepcional* do instituto e a expressa previsão de coligação passiva superveniente conduzem, num primeiro exame, a uma resposta afirmativa a esta pergunta.

Propendemos, porém, para uma solução de sinal contrário. Na verdade, uma vez admitido o instituto da coligação, embora circunscrito à insolvência dos cônjuges, não se vê razão substancial para, na sua versão activa, não a admitir se não for inicial. Na multiplicidade de situações que a vida real pode apresentar, não é de excluir a hipótese de, em certo momento, só um dos cônjuges estar insolvente, ou entender justificada ou ne-

---

[5] Adiante identificado por C.Civ.

cessária a apresentação à insolvência, e de, posteriormente, ocorrer a situação de insolvência do outro, ou este se dispor a fazer a sua apresentação.

Admitido este entendimento, coloca-se, de imediato, como é manifesto, a questão do regime da coligação activa superveniente, quanto à intervenção do cônjuge não apresentante.

Dado o silêncio da lei, a solução que temos por correcta é a de aplicação, por analogia, do regime estabelecido para a coligação passiva superveniente. Aliás, a expressa admissão legal desta modalidade de coligação constitui, ela própria, uma âncora para reforçar a posição defendida quanto à admissibilidade da superveniência da coligação activa.

Em verdade, não descortinamos razão suficientemente forte para, nesta matéria, optar por soluções distintas e, nessa medida, excluir o recurso à analogia.

Nesta base, para evitar repetições, damos aqui como reproduzido o que de seguida se expõe nesse domínio no que respeita aos termos que à intervenção do cônjuge devem presidir[6].

III. As particularidades do processo de insolvência de ambos os cônjuges, estritamente relacionadas com a modalidade da sua coligação activa, em qualquer das hipóteses atrás definidas, reduzem-se a dois pontos muito específicos, respeitando um à sentença de declaração da insolvência e outro à apresentação de um plano de pagamentos.

Assim, relativamente ao primeiro aspecto, a apreciação da situação de insolvência de cada um dos cônjuges tem de ser feita na mesma sentença [al. b) do n.º 4 do art. 264.º].

Noutro domínio, se, no processo, se pretender apresentar uma proposta de plano de pagamentos (arts. 251.º e seguintes), esta tem de ser formulada conjuntamente pelos cônjuges. Daqui resulta, como logo se percebe, que, se um dos cônjuges não estiver interessado em recorrer ao plano, fica essa via inviabilizada.

5. Coligação passiva inicial

I. A coligação passiva dos cônjuges em processo de insolvência pode decorrer da iniciativa de quem tenha legitimidade para instaurar processo de insolvência contra ambos (art. 20.º). Há, então, coligação passiva inicial.

---

[6] Cfr., *infra*, n.º 6, II e ss.

Os requisitos de que esta modalidade de coligação depende são, em parte, comuns aos enumerados e analisados na al. I do número anterior. Mas, para além deles, exige o n.º 1 do artigo 264.º, na sua parte final, *a contrario*, que ambos os cônjuges sejam responsáveis «perante o requerente». Significa tal exigência que, havendo um só requerente, para a coligação ser admitida é necessário que ambos os cônjuges sejam responsáveis pelo cumprimento dos créditos de que o requerente se arroga ser titular – ou, pelo menos, parte deles –, nos termos gerais do artigo 1691.º do C.Civ. Sendo vários os requerentes, este requisito tem de se mostrar preenchido quanto aos créditos de cada um destes.

II. A modalidade de coligação passiva inicial acarreta, quanto ao processo de insolvência, particularidades mais significativas do que as antes expostas relativamente à coligação activa. Esses maiores desvios do regime do processo são impostos pela circunstância de os cônjuges demandados serem admitidos a não adoptar, no processo, uma posição comum quanto ao pedido de declaração da sua insolvência, como se verifica do n.º 5 do artigo 264.º

Podem, na verdade, ocorrer, no caso, em esquema, três situações diferentes, por referência ao disposto no artigo 30.º:

a) nenhum dos cônjuges deduz oposição;
b) ambos deduzem oposição;
c) só um deles deduz oposição.

Tendo presente este quadro, e sem curar, por ora, das consequências processuais de cada uma das situações, que seguem o processo comum aplicável, muito embora a apreciação do estado de insolvência dos cônjuges tenha de ser feita na mesma sentença, por força do disposto na al. *a)* do n.º 4 do artigo 264.º, esta não tem necessariamente o mesmo conteúdo quanto a ambos. Em verdade, ainda que não conste, nesta matéria, uma ressalva para essa al. *a)* como a que é feita, no n.º 5, para a al. *b)*, não pode deixar de se entender, sem margem para dúvidas, que pode na sentença só ser declarada a insolvência de um dos cônjuges.

III. A partir das considerações anteriores, se *apenas um dos cônjuges se opuser* ao pedido de declaração de insolvência contra ambos formulado, há ainda que distinguir, na matéria especificamente regulada no n.º 5 do artigo 264.º, consoante o cônjuge que não deduziu oposição tenha apresentado, ou não, um plano de pagamentos.

Releva, para a exposição subsequente, a hipótese de ter havido apresentação do plano.

IV. A apresentação de proposta de um plano de pagamentos pelo cônjuge que não deduziu oposição acarreta a relevante consequência descrita na al. *a*) do n.º 5 do artigo 264.º: passam a correr em simultâneo, ou *em paralelo*, como o *Código* diz, os trâmites do processo de insolvência subsequentes à oposição e os do incidente de aprovação do plano de pagamentos, relativamente, como bem se compreende, àquele dos cônjuges que apresentou a respectiva proposta.

Este regime de curso simultâneo não vale, porém, na sua plenitude. Na verdade, por força do disposto na segunda parte da al. *a*), o incidente de aprovação do plano de pagamentos não segue os termos previstos nos artigos 251.º e seguintes, nem acarreta todas as consequências que dele normalmente decorrem. Verificam-se, na verdade, desvios que cumpre assinalar.

Na avaliação do seu sentido e alcance, no que concerne ao incidente de aprovação de um plano de pagamentos, há que ter presente o disposto no n.º 1 do artigo 255.º Estatui este preceito que, se o incidente dever prosseguir, ocorre a suspensão do processo de insolvência até ser decidido o incidente.

Ora, estando os cônjuges coligados, em situação passiva inicial, mas não sendo comum a sua posição no processo de insolvência, por um deles ter deduzido oposição ao pedido de declaração de insolvência e o outro apresentado uma proposta de plano de pagamentos que deva prosseguir, decorre do n.º 5 do artigo 264.º que o processo de insolvência não é suspenso como determina o artigo 255.º Bem pelo contrário, é o incidente que fica suspenso, uma vez observado o disposto no artigo 256.º, ou seja, após ter sido feita a citação ou notificação dos credores e observados os trâmites previstos neste artigo.

É este o alcance da al. *a*) do n.º 5 do artigo 264.º, quando determina que, depois de observado o disposto no artigo 256.º, o incidente de aprovação do plano de pagamentos não prossegue, enquanto não for proferida sentença no processo de insolvência.

O destino do incidente emergente da apresentação da proposta de um plano de pagamentos depende do conteúdo da sentença que decida a oposição deduzida por um dos cônjuges, como decorre das restantes als. *b*) e *c*) do n.º 5, e se passa a expor.

V. Se a oposição ao pedido de declaração da insolvência for julgada improcedente, estatui a referida al. *b*), como, de resto, não podia deixar de ser, que a correspondente sentença deve declarar a insolvência de ambos os cônjuges. Mas dispõe também esta norma que, sendo este o conteúdo da sentença, o incidente de aprovação de um plano de pagamentos se extingue.

A razão de ser deste regime pode compreender-se, tendo presentes as divergências existentes entre os cônjuges quanto à verificação de uma situação de insolvência, que conduziram, na falta de acordo, à apresentação da proposta de plano de pagamentos por um só deles, quando, em regra, devia ser formulada por ambos, segundo determina a al. *b*) do n.º 4 do artigo 264.º

Do nosso ponto de vista, seria, porém, preferível uma solução menos radical.

Na verdade, não é de excluir a hipótese de o cônjuge não apresentante da proposta de plano de pagamentos, uma vez convencido da improcedência da oposição por ele deduzida contra o pedido de declaração da sua insolvência, poder ter interesse em aderir ao plano proposto pelo outro; nesta base, consideramos mais razoável o regime de o incidente só se extinguir no caso de a adesão não se verificar.

Por outro lado, tendo presente a prevalência da solução da lei, isto é, a de estatuir a extinção do incidente do plano de pagamentos, a suspensão desse incidente estabelecida na al. *a*) do n.º 5 do artigo 264.º devia verificar-se antes dos trâmites previstos no artigo 256.º; desde logo, por uma razão de economia processual, mas, também, por ser o artigo 255.º que regula a matéria que, no fundo, está em causa: qual dos dois meios processuais em presença – processo de insolvência ou incidente – deve ter precedência.

VI. Se o tribunal julgar procedente a oposição deduzida por um dos cônjuges, da al. *c*) do n.º 5 do artigo 264.º decorre, como mero corolário, que a declaração de insolvência só pode verificar-se quanto ao cônjuge que apresentou a proposta de plano de pagamentos aos credores.

Ao aferir as implicações desta hipótese no destino do incidente do plano de pagamentos, releva o facto de, segundo a solução legal atrás descrita, a correspondente proposta já ter sido admitida e os credores ouvidos, com observância dos demais trâmites previstos no artigo 256.º

Nesta base, natural é que o preceito em análise determine o seguimento do incidente para observância dos termos legais subsequentes, até decisão final.

Enquanto esta não ocorrer, o processo de insolvência do cônjuge apresentante da proposta mantém-se suspenso, aplicando-se, agora sim, na plenitude, o disposto no artigo 255.°, n.° 1.

Para pleno esclarecimento – mas, porventura, sem absoluta necessidade –, a referida al. *c*) acrescenta que, consoante os casos, regem os artigos 259.° ou 262.° Está aqui em causa a alternativa de haver ou não homologação do plano. Ora, já se vê que o regime dos artigos a que respeita a remissão não podia deixar de se aplicar, precisamente por, *in casu*, o incidente dever prosseguir.

6. Coligação passiva superveniente

I. A coligação dos cônjuges pode ter lugar em processo de insolvência proposto, originariamente, apenas contra um deles, quando o outro tome a iniciativa de nele intervir, apresentando-se à insolvência. A coligação é, pois, passiva, porquanto a declaração de insolvência em cujo processo a intervenção ocorre foi pedida por um ou mais credores, ou outros terceiros para tanto legitimados, segundo dispõe o artigo 20.°; mas não se verifica *ab initio*; é, sim, superveniente.

Esta hipótese de coligação depende da verificação de determinados requisitos enumerados no n.° 2 do artigo 264.°, relativos às partes e ao próprio processo.

No primeiro domínio, *subjectivo*, o regime do *Código* é bem liberal, porquanto apenas exige o consentimento do cônjuge contra quem foi proposto o processo, dispensando, expressamente, o acordo do requerente da insolvência.

No plano processual – *objectivo* –, a apresentação à insolvência pelo cônjuge não inicialmente demandado não é, porém, livremente admitida, porquanto releva, para o efeito, o estado do processo. Resulta, na verdade, da segunda parte do n.° 2 do citado preceito que, se, no momento da apresentação, estiver já iniciado o incidente de aprovação de um plano de pagamentos, nos termos dos artigos 255.° e seguintes, a apresentação do *outro cônjuge* só é admitida se o plano de pagamentos não vier a ser aprovado ou homologado.

Mas resulta da al. *b*) do n.° 3 do artigo 264.° que a apresentação do cônjuge não demandado pode ser feita, ainda que contra ele haja já sido requerida a declaração de insolvência noutro processo, desde que a insolvência nele não tenha ainda sido declarada.

II. É menos nítido se este preceito permite também a apresentação do cônjuge não demandado, se correr já contra este outro processo em que ele se tenha apresentado. Resulta a dúvida ínsita nesta afirmação da forma verbal – transcrita em itálico – usada no preceito: «processo de insolvência *instaurado* apenas contra o apresentante»; *instaurado* é mais próprio para significar um processo de iniciativa de outrem, que não o devedor.

Todavia, por outro lado, ao dizer «*qualquer* processo», o preceito deixa margem para ele ser da iniciativa do cônjuge que se apresenta no processo do outro. Com efeito, desencadeado embora por iniciativa do próprio insolvente interveniente, o primeiro processo, assim aberto, não deixa de ficar *instaurado* contra ele, visto ser quem se configura (também) como *sujeito passivo* da insolvência.

Para além deste argumento formal, não se descortinam razões substanciais para não permitir a apresentação na hipótese agora configurada, desde que, já se vê, de igual modo, a insolvência do apresentante não tenha ainda sido declarada.

As consequências específicas da apresentação, em qualquer caso, são as constantes do n.º 3 do artigo 264.º, de seguida alinhadas.

III. O *Código* abstém-se de regular os termos da apresentação do *outro* cônjuge, pelo que respeita ao tempo em que pode ser feita, às formalidades a que deve obedecer e à decisão que sobre ela deve ser emitida.

Perante este *silêncio* do legislador, em tudo quanto o tratamento específico da apresentação nos preceitos que a regulam não fornecer elementos a atender, cumpre recorrer ao regime comum da apresentação da insolvência.

IV. A primeira das questões enunciadas respeita a saber até que momento o cônjuge não demandado se pode apresentar à insolvência no processo de insolvência do outro.

Em face da al. *a*) do n.º 4 do artigo 264.º, temos por certo concluir que a apresentação tem de ser feita antes de no processo do outro cônjuge ter sido proferida a sentença que aprecia a situação de insolvência. Mas, por outro lado, este mesmo preceito, visto agora do lado do apresentante, se contra este estiver em curso processo de insolvência, a apresentação tem também de ser feita antes de neste ter sido proferida decisão do tipo da acima referenciada.

Observado qualquer destes requisitos, a apresentação pode ser feita a qualquer tempo, porquanto não releva, nesta matéria, o facto de já se ter iniciado o incidente de aprovação de um plano de pagamentos. Em verdade, o n.º 2, *in fine*, do artigo 264.º não afasta a possibilidade de apresentação pelo outro cônjuge, antes, em rigor, a pressupõe. Deste preceito resulta apenas que, na hipótese que está a ser considerada, só se o plano não vier a ser aprovado ou homologado a apresentação é admitida.

V. Quanto às formalidades da apresentação, só pode entender-se que deve o interveniente observar tudo quanto é exigido ao devedor, nos artigos 23.º e 24.º, quanto à forma e ao conteúdo da petição e aos documentos que a devem instruir.

VI. Finalmente, pelo que respeita à decisão a proferir sobre a petição de apresentação, é aplicável o disposto no artigo 27.º, com as seguintes notas adicionais.

O juiz, no dia da apresentação, ou, se tal não for viável, até o terceiro dia útil subsequente, deve proferir um despacho liminar de deferimento ou indeferimento, em que está em causa, em particular, a verificação dos requisitos de cuja observância, como acima exposto, a coligação depende.

Mas, *in casu*, há ainda uma nota particular a assinalar, relativa agora ao tempo em que a apresentação é feita, por referência ao incidente de aprovação de um plano de pagamentos.

Estando a apresentação em condições de ser deferida, quanto aos seus requisitos, nomeadamente de tempo, se já estiver iniciado aquele incidente, em coerência com o exposto na anterior al. IV, o deferimento tem de ser condicional, *ex vi legis* (art. 264.º, n.º 2, *in fine*).

No mais, segue-se a tramitação subsequente comum do processo de insolvência.

VII. Da intervenção de um dos cônjuges no processo de insolvência instaurado contra o outro decorrem consequências relevantes, substantivas e processuais, reguladas no n.º 3 do artigo 264.º, em termos que resolvem dúvidas que nessa sede se podiam suscitar.

Desde logo, no plano substantivo, colocava-se a questão de saber se a apresentação envolve confissão da situação de insolvência por parte do apresentante e, na afirmativa, com que relevo e consequências. A al. *a)* do n.º 3 do artigo 264.º resolve directamente a questão, estabelecendo que só se dá por confessada a insolvência do apresentante se vier a ser declarada a insolvência do outro cônjuge.

Esta solução legal é aceitável pela seguinte ordem de considerações. A insolvência do apresentante pode ser largamente *condicionada* pelo pedido de declaração de insolvência formulado contra o seu cônjuge; assim, a prolação de sentença denegatória desse pedido, podendo, precisamente, respeitar aos motivos substantivos que determinaram a intervenção do outro, afasta a razão de ser que fundamenta a presunção da impossibilidade de cumprimento – e consequente confissão da insolvência – que a lei normalmente liga à apresentação do devedor.

Mas, por outro lado, o regime estatuído nesta alínea, para ter um sentido cabal e pleno, exclui necessariamente a declaração de insolvência do apresentante quando a sentença rejeita a do cônjuge inicialmente requerida nos autos.

Compreende-se que assim seja, exactamente porque, não valendo, nesse caso, a apresentação como confissão da situação de insolvência, falta a base para ser declarada. A razão de ser deste entendimento reside no facto de não ser, então, aplicável o regime do artigo 28.º e o tribunal não dispor do poder oficioso de declarar a insolvência de quem quer que seja. Sublinhe-se que nem o requerente, nem qualquer pessoa legitimada para pedir a insolvência do cônjuge interveniente, são, de um modo processualmente relevante, ouvidos sobre a apresentação.

VIII. Os efeitos adjectivos da coligação passiva que decorre da intervenção, no processo de insolvência, do cônjuge não demandado, resultam da al. *b*) do n.º 3 do artigo 264.º

Importa aqui ter presente que a verificação desta modalidade de coligação, no plano processual, depende de, no processo de declaração de insolvência contra o outro cônjuge – seja requerido por outrem, seja da iniciativa deste –, no momento da intervenção, estando em curso um incidente de aprovação de um plano de pagamentos, este não vir a ser aprovado ou homologado.

Ocorrendo esta situação, a admissão da apresentação do cônjuge não demandado, nos termos do n.º 2 daquele artigo, suspende qualquer processo de insolvência contra este instaurado, em que ainda não tenha sido declarada a sua insolvência, num dos seguintes casos:

a) ter a apresentação sido acompanhada, por parte do cônjuge apresentante, de confissão expressa de insolvência;

b) ter sido apresentada, pelos cônjuges, uma proposta de plano de pagamentos.

Compreende-se esta alternativa, se se tiver presente o disposto no n.º 4 do artigo 252.º, segundo o qual a apresentação de um plano de pagamentos envolve a confissão da situação de insolvência, pelo menos iminente. Em suma, em rigor, o requisito em causa é sempre o da confissão da insolvência, podendo esta ser expressa ou tácita; mas, neste caso, só nos termos da al. *b)* do n.º 3 do artigo 264.º

Implícita nesta alínea está a insusceptibilidade de coligação por apresentação do cônjuge não requerido quando, noutro processo, tenha sido já declarada a respectiva insolvência, ainda que a sentença não tenha transitado em julgado.

Neste caso, a apresentação não deve ser *admitida*, para usar a expressão do *corpo* do n.º 3.

Se, por qualquer razão, o for, nomeadamente por o tribunal não se ter apercebido da situação, a correspondente decisão deve ser reparada logo que evidenciada nos autos, envolvendo o fim da intervenção do apresentante.

Mas, por outro lado, a previsão da expressa confissão da situação de insolvência, como meio de suspender o processo já em curso, ajuda a suportar a convicção atrás apontada no sentido de a apresentação ser possível ainda quando o primeiro processo do apresentante foi instaurado por sua própria iniciativa. Na verdade, nada de relevante se perde, e a prevalência da coligação pode trazer vantagens diversas.

IX. Para além dos pontos específicos expostos nas alíneas anteriores, uma vez admitida, a apresentação à insolvência do cônjuge que no processo em curso não foi demandado determina a coligação de ambos.

No mais, tudo se passa, pois, como se o processo tivesse sido também instaurado contra ele. No fundo, verifica-se aqui a situação desenhada na parte final do *corpo* do n.º 4 do artigo 264.º: corre «contra ambos o processo instaurado por terceiro».

Justamente por assim ser, vale, para a coligação passiva superveniente dos cônjuges, *mutatis mutandis*, o que ficou exposto para a coligação passiva inicial.

7. Regime comum às modalidades de coligação

I. A coligação dos cônjuges, qualquer que seja a sua modalidade, acarreta uma complexidade acrescida ao processo de insolvência, seja na sua tramitação comum, seja na do incidente de aprovação de um plano de pagamentos que nele tenha sido apresentado.

Ocupam-se destas especialidades os artigos 265.º e 266.º, regendo, o primeiro, pontos respeitantes aos créditos e o segundo actos relativos aos bens apreendidos para a massa insolvente.

II. Na primeira das matérias enunciadas, o n.º 1 do artigo 265.º dispõe sobre a identificação dos créditos em sede da proposta de plano de pagamentos e na sua reclamação, nomeadamente, neste caso, pelo que respeita à lista de créditos reconhecidos a elaborar pelo administrador da insolvência e à sentença de verificação e graduação.

A proposta de plano e as reclamações devem indicar, para cada dívida, se a responsabilidade cabe a ambos os cônjuges ou só a um deles. A razão de ser desta exigência reside, manifestamente, no diferente regime do seu pagamento, quanto aos bens que pelas dívidas respondem, em consonância com o disposto nos artigos 1694.º e 1695.º do C.Civ.

Por outro lado, e pela mesma razão, também a modalidade da responsabilidade dos cônjuges pelas dívidas deve ser referida na lista dos credores reconhecidos e na sentença.

Esclareça-se que a oposição a esta lista de credores, nos termos do artigo 130.º, poderá, neste caso, incidir exclusivamente sobre a responsabilidade dos cônjuges, o que constitui ainda uma modalidade de impugnação relativamente à qualificação dos créditos, para utilizar a expressão da parte final do n.º 1 do artigo 130.º

III. O n.º 2 do artigo 265.º rege sobre a atribuição dos votos nas assembleias de credores, dispondo, desde logo, que eles são conferidos em função do valor nominal dos créditos.

Não interfere, porém, com essa atribuição o facto de as correspondentes dívidas serem da responsabilidade de ambos os cônjuges ou de só um deles.

Por assim ser, no que concerne ao direito de participar na assembleia e ao direito de voto, em si mesmo, são aplicáveis as regras comuns estatuídas nos artigos 72.º e 73.º

Resulta, porém, implicitamente do n.º 2 do artigo 265.º que existe uma *única* assembleia de credores – o que bem se compreende, visto haver um *único* processo –, sem prejuízo do que se consigna no seu n.º 3, com o alcance de seguida exposto.

Estão em causa neste preceito a votação e a formação de deliberações da assembleia de credores e da comissão de credores; dele resulta que releva, nestas matérias, a qualidade dos bens do casal a que elas respeitam.

Assim, quanto aos bens próprios de qualquer dos cônjuges, não são admitidos a votar, nas correspondentes deliberações, os titulares de créditos que sejam da exclusiva responsabilidade do outro.

Em face desta determinação, naturalmente, as maiorias necessárias para a formação da deliberação são apuradas com relação à titularidade dos créditos que responsabilizam o cônjuge cujos bens próprios estão em causa, adicionados aos créditos comuns.

IV. As especialidades do processo de insolvência quando se verifique a coligação dos cônjuges, relativamente ao regime dos actos relativos aos bens apreendidos para a massa insolvente, constam do artigo 266.º Releva aqui o facto de esses bens poderem ser comuns ou próprios de cada um dos cônjuges.

Determina o preceito que, conforme a correspondente qualidade, eles «são inventariados, mantidos e liquidados em separado», constituindo-se, pois, três massas patrimoniais distintas. Apesar da ambiguidade da forma verbal usada pelo legislador – *mantidos* –, não pode deixar de se entender que o preceito rege sobre a sua administração.

Nesta base, para dar realização ao fim que a ele preside – separação dos correspondentes actos –, deve entender-se que, além de três inventários, um para os bens comuns, e dois para os bens próprios de cada cônjuge, a administração e a liquidação devem também ter em conta essas categorias.

Todavia, por nada resultar em contrário do artigo 266.º, a sua interpretação correcta é a de a separação nele prevista não implicar a existência de mais de um administrador da insolvência. De resto, em reforço deste entendimento pode invocar-se o disposto no n.º 1 do artigo 265.º que, na sua parte final, quando rege sobre a lista de créditos reconhecidos, refere *uma só*, elaborada *pelo* administrador da insolvência. Desta redacção do preceito resulta, inequivocamente, tratar-se de um único administrador.

Diga-se, aliás, que, sendo este um corolário natural da existência de um só processo de insolvência, o *recurso a um mesmo administrador*, encarregado, simultaneamente, da administração e liquidação das várias massas patrimoniais nele envolvidas, constituirá, comummente, um catalizador da melhor tutela dos interesses das várias categorias de credores que concorrem aos diferentes acervos patrimoniais, exactamente por permitir uma acção concertada e global.

Neste sentido, a existência de uma administração única configura-se como uma das vantagens da coligação dos cônjuges no processo de insolvência.

8. Apensação de processos de insolvência dos cônjuges

I. O regime estatuído na parte final do artigo 86.º ganha em clareza, quando visto à luz do que ficou exposto sobre as várias modalidades que a coligação dos cônjuges pode revestir.

A situação prevista nesta norma é a de, por iniciativa dos credores ou outros terceiros, para tanto legitimados, ou dos cônjuges, entre os quais vigore outro regime de bens que não o de separação, correrem processos de insolvência distintos contra cada um deles.

Em síntese, e na base acima identificada quanto ao regime da coligação, tal pode resultar de:

a) um mesmo credor ou outro terceiro – ou diversos – ter requerido a declaração de insolvência de cada um dos cônjuges em processos diferentes e de, em nenhum deles, *o outro* ter tomado a iniciativa de se apresentar à insolvência no processo do seu cônjuge;

b) de cada um dos cônjuges se ter apresentado isoladamente à insolvência, e de, em nenhum dos processos, *o outro* ter tomado a iniciativa de se apresentar à insolvência no processo do seu cônjuge.

II. Verificada qualquer das situações descritas na alínea anterior, os dois processos de insolvência subsistem, pois, com autonomia e como tais deviam, em princípio, prosseguir.

É este regime que o n.º 1, *in fine*, do artigo 86.º permite afastar.

Em verdade, este preceito abre caminho à apensação desses processos, nos termos que se passam a expor.

III. Sustentámos já que, de acordo com a letra do n.º 1 do artigo 86.º, a apensação depende de requerimento do administrador da insolvência, a apresentar no processo em que a insolvência tenha sido declarada em segundo lugar[7].

---

[7] *Código da Insolvência e da Recuperação de Empresas Anotado*, vol. I, 2.ª ed., reimp., Quid Juris, 2006, p. 358.

E assim parece, realmente, em face dos termos da referida norma, quando manda fazer a apensação, a um processo de insolvência de um cônjuge, do processo «em que *haja sido declarada* a insolvência» do outro, porquanto a fórmula verbal transcrita em itálico refere-se ao passado.

Convimos, porém, em que esta opção legal não será a que melhor se adequa à mais equilibrada satisfação dos interesses em causa em todas as situações, pelo que se justificará, *de iure condendo*, a sua reponderação, privilegiando, porventura, a apensação no processo que se encontre em fase mais avançada, e, mesmo assim, limitando-a pelo estado deste, em ordem a que não se constitua, fundamentalmente, como um factor de perturbação[8].

IV. A oportunidade da apensação é deixada à livre apreciação do administrador da insolvência, como acto discricionário, entendimento suportado pela letra e pelo espírito da lei.

Quanto à letra, por o legislador não ter atribuído legitimidade para o requerimento a qualquer interessado; quanto ao espírito, atento o regime do Direito anterior que, no confronto com o actual, revela ter-se querido, precisamente, afastar qualquer tipo de automatismo ou de ligação necessária entre insolvência de pessoas jurídicas distintas.

Embora a lei não o diga expressamente, o requerimento de apensação deve ser dirigido ao juiz a quem cabe ordená-la, pois não tem o poder de a negar, ainda que possa entender que ela não acarreta vantagens relevantes.

O n.º 3 do artigo 86.º regula uma hipótese que a lei anterior indevidamente esquecera[9]: atribuição de competência para os processos de insolvência a tribunais comuns e de competência especializada.

Como já atrás salientado, se os tribunais onde correm os processos tiverem diferente competência em razão da matéria, a apensação só é determinada se for requerida pelo administrador da insolvência do processo

---

[8] Em todo o caso, se os processos correm em tribunais de diferente competência, a apensação só pode ter lugar no que foi instaurado em tribunal de competência especializada, desconsiderando-se, então, a ordem de abertura dos processos e a de prolação das respectivas sentenças, no que constitui um desvio à regra geral.

[9] Para além do exposto no texto, o legislador atendeu a reparos que tínhamos dirigido ao critério de apensação estabelecido no n.º 2 do art. 13.º do CPEREF, segundo o qual a apensação se dava no «processo respeitante à sociedade de maior valor do activo» (*Código dos Processos Especiais de Recuperação da Empresa e de Falências Anotado*, 3.ª ed., 2.ª reimp., Quid Juris, 2000, nota 8, p. 28).

que corra no tribunal de competência especializada e dá-se no processo instaurado nesse tribunal.

Sublinhe-se que isto pode acontecer se um dos cônjuges for titular de uma empresa, tendo em conta o que hoje dispõe o artigo 89.º, n.º 1, al. *a*), da Lei de Organização e Funcionamento dos Tribunais Judiciais (Lei n.º 3/ /99, de 13 de Janeiro), na redacção introduzida pelo Decreto-Lei n.º 8/2007, de 17 de Janeiro.

V. Quanto aos efeitos da apensação, a lei nada diz sobre o *destino* dos órgãos da insolvência constituídos no processo apensado. Tanto a assembleia de credores, que sempre e só pode ser formada pelos detentores de créditos sobre o insolvente envolvido no processo apensado, como, por idêntica razão, a comissão de credores devem manter-se.

No que ao juiz respeita, o problema, já resolvido pela própria natureza da situação, está ainda, por assim dizer, *facilitado* pela determinação do n.º 3 do artigo 7.º; cabe a competência para os actos que futuramente tenham de ser praticados ao juiz singular do tribunal onde corre o processo em que é feita a apensação.

É menos clara a situação do administrador judicial.

Como já escrevemos noutro estudo[10], entendemos que, por um lado, a existência de um encarregado único da administração dos dois processos «é, no plano teórico, um dos factores que pode justificar a apensação, exactamente por favorecer uma visão global de conjunto, útil para a tomada de medidas concretas que se vão impondo, quer quando os processos, em definitivo, seguem a via da liquidação, quer mesmo quando se procure alternativa através de um plano de insolvência. Complementarmente, a existência de administradores diferentes pode constituir um factor de perturbação da marcha processual, considerando a apensação, o que, naturalmente, não é estimável.

Por outro lado, porém, permanece, neste caso, a autonomia formal e substancial dos processos e não há nenhum dispositivo legal que, só por si, fundamente a substituição do administrador do processo apensado, por virtude ou em decorrência da apensação.

Uma vez mais com dúvidas, inclinamo-nos para a ideia da manutenção do administrador.

Fazemo-lo na ponderação concreta de três factores.

---

[10] *Código da Insolvência e da Recuperação de Empresas Anotado*, vol. I, pp. 360-361.

Um, é o de que a manutenção pode, apesar de tudo, ser mais favorável para os credores – e para a massa – do processo apensado, sem que daí resulte, necessariamente, prejuízo que deva considerar-se mais relevante. Além disso, sendo o administrador um órgão determinante na insolvência, apesar de colocado num patamar diferente dos demais, justificar-se-á, em regra, um tratamento similar ao daqueles. Finalmente, estamos em crer que pode ser aqui aplicável o regime da destituição por ocorrência de justa causa, nomeadamente, se, como julgamos, se dever admitir justa causa para além do comportamento culposo do administrador, ou, sequer, a ele imputável»[11].

Os processos, embora apensados, mantêm autonomia formal e substancial, pelo que cada um segue os seus próprios termos, e as consequentes vicissitudes não se comunicam.

Todavia, a apensação, para lá das suas vantagens gerais, favorece o cumprimento de certas exigências da lei, como seja, por exemplo, a do não recebimento por nenhum credor de mais do que lhe é devido, o que, obviamente, é favorecido pelo concurso simultâneo às diversas massas insolventes responsáveis pela dívida em processos que corram com autonomia.

9. Interferência da situação matrimonial do devedor no processo de insolvência

I. O estado de casado da pessoa singular em situação de insolvência, para além das particularidades assinaladas na exposição anterior, interfere, a vários títulos, com o processo de insolvência, em múltiplas das suas fases e actos.

O carácter pontual que a matéria apresenta não admite mais do que o tratamento casuístico que lhe vai ser dedicado, segundo a ordem por que as questões aqui relevantes são reguladas no *Código*.

Como última nota prévia, e recordando algo antes referido, a exposição com mais clareza revelará que alguns dos pontos referidos são aplicáveis qualquer que seja a posição dos cônjuges no processo.

---

[11] Releva, quanto a este ponto, a posição defendida em anotação ao art. 56.º (ob. e vol. cits. na nota ant., p. 263 e ss.).

Aproveitamos para referir o seguinte. Na parte final da anotação ao art. 86.º que transcrevemos no texto é feita remissão para a anotação ao art. 53.º É, porém, manifesto o lapso na indicação do preceito remetido que deve, efectivamente, ter-se pelo art. 56.º, onde, aliás, é regulada a matéria da destituição do administrador da insolvência.

II. A audiência do devedor, quando pessoa singular, pode ser dispensada nos casos previstos no n.º 1 do artigo 12.º: residência no estrangeiro ou paradeiro desconhecido.

Verificada tal previsão legal, o n.º 2 do mesmo preceito determina que, sendo possível, sejam ouvidas outras pessoas, que mantenham ligações pessoais com o insolvente, entre as quais se conta o seu cônjuge.

III. Em sede de embargos à sentença declaratória da insolvência, as als. *a)* e *b)* do n.º 1 do artigo 40.º admitem que eles sejam opostos por outras pessoas que não o devedor. Entre elas figuram pessoas que, também neste caso, mantêm ou tenham mantido com o devedor uma posição pessoal próxima, sendo uma delas o seu cônjuge ou ex-cônjuge (enquanto herdeiro ou legatário).

Ainda no domínio da impugnação da sentença declaratória da insolvência, o artigo 42.º, por remissão expressa para o n.º 1 do artigo 40.º, admite igualmente o cônjuge ou o ex-cônjuge do devedor a interpor dela recurso, em alternativa à dedução de embargos ou em cumulação com estes.

IV. Num plano bem diferente, relativo ao regime do direito a alimentos que o insolvente pode exigir da massa, sendo ele casado, resulta do artigo 93.º que só pode exercer esse direito se não os puder obter, entre outras pessoas, do cônjuge ou ex-cônjuge [al. *a)* do n.º 1 do art. 2009.º do C.Civ. para que o preceito em análise expressamente remete].

V. O meio processual identificado no artigo 141.º, n.º 1 – reclamação e verificação de créditos –, é aquele a que o cônjuge do insolvente deve recorrer para reclamar e verificar o direito de separar da massa insolvente os seus bens próprios e a sua meação nos bens comuns do casal [al. *b)* do preceito].

Nos termos do artigo 141.º (*ex vi* do art. 143.º), pode o cônjuge do insolvente, sem carecer de autorização dele, reclamar os seus direitos próprios estranhos ao processo de insolvência.

MEIOS DE RESOLUÇÃO ALTERNATIVA DE LITÍGIOS: NEGOCIAÇÃO, MEDIAÇÃO E JULGADOS DE PAZ

Mariana França Gouveia[*]

1. Introdução

a. Os meios de resolução alternativa de litígios, tradução livre da designação inglesa *alternative dispute resolution* (ADR), podem definir-se como o conjunto de procedimentos de resolução de conflitos alternativos aos meios judiciais. A definição é vaga e pretende sê-lo, na medida em que não há qualquer tipologia fechada. Tem vindo lentamente a firmar-se uma tipologia-padrão de meios que compõem a resolução alternativa de litígios, mas não é obviamente definitiva. Daí que a inserção de um método nos meios de resolução alternativa de litígios se faça pela negativa (não são judiciais)[1].

Os meios mais conhecidos são a negociação, a mediação, a conciliação e a arbitragem. Há quem entenda que a negociação não é um meio de resolução alternativa de litígios, enquadrando-a antes como uma componente de um qualquer dos processos de resolução[2].

Na minha perspectiva, que desenvolverei mais à frente, não faz sentido distinguir conciliação e mediação, devendo preferir-se a integração de ambas num único conceito de mediação.

A arbitragem diferencia-se dos restantes meios de resolução alternativa de litígios por ser adjudicatória e ter uma tradição já bastante antiga.

---

[*] Professora da Faculdade de Direito da Universidade Nova de Lisboa.

[1] Indicando outros meios de resolução alternativa de litígios, Zulema D. Wilde e Luís M. Gaibrois, *O que é a mediação*, Lisboa, Agora Publicações, 2003, pp. 21-24.

[2] Henry Brown e Arthur Marriott, *ADR Principles and Practice*, 2.ª ed., London, Thomson, 1999, p. 12.

A característica da voluntariedade só se verifica no princípio (na convenção arbitral). A produção dogmática é abundante, inserindo-se no discurso jurídico tradicional. Não tratarei neste texto da arbitragem apenas por limitação de espaço. Entendo que a arbitragem faz parte dos meios de resolução alternativa de litígios e espero vir a tratá-la num texto que aprofunde a matéria deste pequeno artigo[3].

A inserção dos Julgados de Paz no âmbito dos meios de resolução alternativa de litígios também não é pacífica, na medida em que a competência é em parte obrigatória. Digo em parte porque a questão é muito discutida e um recente Acórdão de Uniformização de Jurisprudência[4] veio tomar posição sobre a questão, em defesa da opcionalidade dessa competência. Será questão a retomar mais tarde.

b. Os meios de resolução alternativa de litígios são geralmente associados à crise da justiça portuguesa como uma das suas possíveis respostas. Fala-se em *retirar processos dos tribunais* como objectivo, fim e indicador de sucesso. Não partilho esta ideia: a crise da justiça é também (ou sobretudo) uma crise de qualidade da justiça – e não de quantidade ou de morosidade; e os meios de resolução alternativa de litígios pretendem ser uma resposta no âmbito da qualidade e não da quantidade. Isto é, os meios de resolução alternativa de litígios postulam uma abordagem diferente do conflito, em redor da solução mais adequada ao conflito. O que pode passar pela não aplicação da lei.

A origem do movimento ADR situa-se nos anos 60/70, na promoção do acesso ao direito e à justiça nos Estados Unidos da América[5]. Está associada a uma certa crise do direito positivo, centralizada na corrente dos *Critical Legal Studies*, e nas críticas ao positivismo jurídico que marcaram a última metade do século passado[6]. É natural que uma ideia crítica das regrais legais, estatais, tenha um reflexo na gestão dos conflitos. A procura de regras jurídicas «sociais» ou «naturais» passou também por investigar processos de resolução de conflitos que se baseassem em lógicas diferentes das judiciais.

---

[3] A arbitragem é um dos capítulos da disciplina de Resolução Alternativa de Litígios que tenho regido na Faculdade de Direito da Universidade Nova de Lisboa.

[4] Acórdão n.º 11/2007, publicado no *Diário da República*, de 25 de Julho.

[5] JOÃO PEDROSO, CATARINA TRINCÃO e JOÃO PAULO DIAS, *Por caminhos da(s) reforma(s) da Justiça*, Coimbra, Coimbra Editora, 2003, p. 32.

[6] ANTÓNIO M. HESPANHA, *Panorama Histórico da Cultura Jurídica Europeia*, 2.ª ed., Sintra, Edições Europa-América, 1998, p. 225.

É importante perceber que o sistema oficial de justiça monopolista é, em termos históricos, recente – está directamente relacionado com o positivismo e com a centralização do poder própria do período liberal. O ordenamento jurídico pré-oitocentista era essencialmente pluralista, correndo a maior parte da vida à margem do direito escrito. A lei e a justiça oficial são instrumentos de controlo do Estado liberal, adequados a incluir a periferia (a província) no domínio do poder central[7].

Esta marca do período liberal permanece com o Estado-providência e, mesmo hoje, o legalismo e o estatismo são claramente e ainda os nossos paradigmas. O renascimento de outras formas de Direito e de justiça não tem sido, na prática, fácil. São sedutoras, estão em voga, mas a sua inserção social é feita com muitas dificuldades. A formação dos juristas continua a ser, maioritariamente, à volta das leis, o ensino move-se numa perspectiva autopoiética sufocante e, o que é pior, afastada da sociedade. Conhecem-se avanços ao nível da filosofia do direito e da teoria das fontes, mas tem sido difícil passar as novas ideias para os ramos de direito material.

Em síntese, os meios de resolução alternativa de litígios são uma resposta à consciencialização de que a justiça oficial não é adequada a todos os casos. Pensemos em situações de menores e família, ou conflitos de consumo de baixo valor, ou conflitos recorrentes entre vizinhos. Embora a lei regule todas estas situações, o resultado da sua aplicação não permite, em muitos casos, resolver o problema de forma satisfatória e, por isso, ele subsiste. A sua subsistência implica perdas de eficiência, na medida em que dá origem a mais e mais acções.

Os meios de resolução alternativa de litígios não pretendem substituir, porém, os meios judiciais. Os sistemas são complementares e não concorrenciais[8]. Esta caracterização é deveras importante, na medida em que se sente por vezes algum conflito e desentendimento, de parte a parte, fruto de alguma incompreensão mútua.

A complementaridade relaciona-se com o pluralismo jurídico que marca a crise do direito. Se adoptamos uma perspectiva pluralista sobre o direito substantivo[9], isto é, se entendermos que as fontes do Direito vão

---

[7] ANTÓNIO M. HESPANHA, «Lei e justiça: história e prospectiva de um paradigma», in Justiça e Litigiosidade: História e Prospectiva, Lisboa, Fundação Calouste Gulbenkian, 1993, pp. 13-19.

[8] CARDONA FERREIRA, Justiça de Paz – Julgados de Paz, Coimbra, Coimbra Editora, 2005, p. 52.

[9] ANTÓNIO M. HESPANHA, Panorama Histórico da Cultura Jurídica Europeia, 2.ª ed., Sintra, Edições Europa-América, 1998, p. 258.

muito mais além das leis, do direito escrito, então temos também de encontrar meios de aplicação do Direito diferentes dos tradicionais[10]. Direito substantivo e adjectivo não podem andar desligados – aliás a sua unificação num sistema único foi precisamente a marca monopolista que o Estado liberal introduziu e de que ainda hoje tentamos escapar.

c. Antes de avançar para a definição de cada um dos meios de resolução alternativa de litígios, interessa apreciar a realidade portuguesa actual – em 2007.

Os meios de resolução alternativa de litígios têm conhecido um desenvolvimento brutal, impulsionado pelo poder público. Desde, pelo menos, o início do milénio essa linha programática tem sido constante, independentemente da força política que está no Governo. Podemos dividir o desenvolvimento dos meios de resolução alternativa de litígios em três grandes momentos impulsionadores. Em primeiro lugar, a criação de centros de arbitragem; segundo, a criação e desenvolvimento dos Julgados de Paz; terceiro, a aposta em sistemas de mediação.

Podemos dizer, embora sem comprovação científica, que o desenvolvimento dos meios de resolução alternativa de litígios se iniciou na área do consumo, através da criação de centros de arbitragem de conflitos de consumo e de centros de informação autárquica ao consumidor. Os centros de arbitragem de consumo são, em 2007, nove – sete de âmbito territorial e 2 de âmbito sectorial. Prestam serviços de informação e de mediação. Os Centros de Informação Autárquica ao Consumidor (CIAC), criados por iniciativa das autarquias, no âmbito das suas competências específicas, com o apoio do então Instituto do Consumidor[11], prestam, a nível local, informação sobre as temáticas da defesa do consumidor e promovem a mediação de conflitos de consumo surgidos na sua área territorial de actuação[12].

Um dos primeiros centros foi o de Lisboa, que iniciou a sua actividade em 1989, estando hoje plenamente implantado como um organismo de sucesso na resolução de conflitos de consumo.

A mediação realizada por estes centros era ainda de técnica incipiente, na medida em que a formação dos mediadores era reduzida e ainda não influenciada pelas experiências brasileira e norte-americana.

---

[10] JOÃO CHUMBINHO, *Julgados de Paz na Prática Processual Civil*, Lisboa, Quid Iuris, 2007, p. 181.
[11] Actualmente, Direcção-Geral do Consumidor.
[12] Mais informação em www.consumidor.pt

O forte impulso à mediação surgiu com a criação dos Julgados de Paz. Nas diversas actividades que precederam a sua criação, tornou-se clara a importância da mediação enquanto meio de resolução alternativa de litígios[13]. E é nessa altura, em 2000/2001, que começa a entrar no ordenamento jurídico português a mediação enquanto meio técnico, científico, até, de resolução de conflitos. Surgem os primeiros cursos de mediadores e exige-se a sua frequência e a certificação pelo Ministério da Justiça, para que os mediadores possam exercer a sua acção nos Julgados de Paz.

Tendo em conta que os primeiros Julgados de Paz iniciaram a sua actividade em 2001, é a partir desta data que o *mundo da mediação* se desenvolve, através de mediadores devidamente formados e credenciados. É provável que a profissão, mantendo-se o seu sucesso e a aposta pública nela, se venha a organizar através de uma associação de interesse público. Para já, existe uma associação de mediadores[14], mas a inscrição não é obrigatória para que possa exercer a profissão. E fora dos Julgados de Paz e dos organismos estatais de mediação não é obrigatória a frequência de curso certificado pelo Ministério da Justiça para exercer a profissão.

Os Julgados de Paz deram, portanto, um fôlego grande à implantação da mediação em Portugal, assim como consagraram, agora na vertente adjudicatória, uma nova forma de conceber o processo e o litígio. Retomarei estas suas características quando deles tratar. Para já, é importante referir que existem 16 Julgados de Paz em funcionamento em Portugal[15], tendo sido recentemente divulgado[16] um estudo para a extensão da sua rede ao longo de 20 anos.

Por último, e mais recentemente, têm sido criados organismos de mediação em áreas específicas, com características próprias. Falo da media-

---

[13] LÚCIA DIAS VARGAS, *Julgados de Paz e Mediação – Uma Nova Face da Justiça*, Coimbra, Almedina, 2006, p. 91 e ss.

[14] Associação de Mediadores de Conflitos; mais informação em www.mediadoresdeconflitos.pt

[15] Em 2007 – Agrupamento dos Concelhos de Aguiar da Beira e Trancoso, Agrupamento dos Concelhos de Cantanhede, Mira e Montemor-o-Velho, Agrupamento dos Concelhos de Oliveira do Bairro, Águeda, Anadia e Mealhada, Agrupamento dos Concelhos de Santa Marta de Penaguião, Alijó, Murça, Peso da Régua, Sabrosa e Vila Real, Agrupamento dos Concelhos de Tarouca, Armamar, Castro Daire, Lamego, Moimenta da Beira e Resende, Coimbra, Lisboa, Miranda do Corvo, Porto, Santa Maria da Feira, Seixal, Sintra, Terras de Bouro, Trofa, Vila Nova de Gaia, Vila Nova de Poiares. Para uma cronologia da instalação, cfr. CARDONA FERREIRA, *Justiça de Paz – Julgados de Paz*, Coimbra, Coimbra Editora, 2005, p. 52.

[16] Em Julho de 2007.

ção laboral e da mediação penal, a primeira fruto de um protocolo com sindicatos e associações patronais, a segunda publicada em *Diário da República* e ainda em instalação. Estes modelos de mediação estão ainda em fase experimental. O primeiro gabinete de mediação foi, naturalmente, na área da família e existe já desde os anos 90. Tinha uma competência muito limitada, quer material, quer geograficamente. Hoje, foi integrado no Serviço de Mediação Familiar, que entrou em funcionamento em Julho de 2007.

É fácil de ver como o crescimento recente dos meios resolução alternativa de litígios tem sido enorme. Este desenvolvimento tem sido feito essencialmente pelo poder político, através de entidades públicas, nuns casos em colaboração com entidades privadas, noutros não. Não podemos, porém, esquecer que também há iniciativas exclusivamente privadas, designadamente centros que efectuam mediação. É difícil medir o menor ou maior sucesso dessa actividade, na medida em que os seus resultados não são públicos. Mas parece evidente que o sucesso dos organismos privados e dos organismos públicos andará a par. E que só acontecerá, verdadeiramente, quando a mediação e os restantes meios de resolução alternativa de litígios fizerem parte da cultura social portuguesa. O que para já não é uma realidade.

2. Negociação

a. Goste-se ou não, todos somos negociadores. Sempre que queremos alguma coisa que está sob controlo de outro, negociamos ou tentamos negociar. Quando um casal escolhe um restaurante para jantar ou decide com os filhos a hora de deitar; quando se discute um aumento com o chefe ou o preço de uma casa com um vendedor, está-se a negociar. Quando dois advogados tentam chegar a um acordo sobre o valor de uma indemnização ou um grupo de empresas planeia uma exploração conjunta de uma reserva de petróleo; quando o ministro da educação procura um entendimento com o sindicato dos professores sobre o novo estatuto dos professores ou o presidente dos Estados Unidos da América conversa com o presidente russo sobre estratégia militar, tudo isto é negociação, todas estas pessoas são negociadores[17]. A negociação, como dizem Fisher, Ury e Patton, é uma in-

---

[17] FISHER, URY e PATTON, *Como Conduzir uma Negociação?*, Porto, Edições Asa, 2003, p. 15.

dústria em crescimento, na medida em que todos querem participar nas decisões que lhes dizem respeito.

Este trio de autores pode considerar-se o fundador da abordagem científica da negociação. A Universidade de Harvard assumiu nesta área um pioneirismo através do Harvard Program on Negotiation[18], hoje um verdadeiro instituto de formação e investigação dedicado aos meios de resolução alternativa de litígios.

O modelo de negociação criado por estes três autores aplica-se a qualquer tipo de negociação, desde a internacional política à conjugal, passando pela advocacia. Caracteriza-se, no essencial, por ser uma negociação cooperativa, que pretende ir ao mérito da questão em disputa, tentando ignorar as posições individuais das partes.

A negociação pode ser definida como um processo de resolução de conflitos através do qual uma ou ambas das partes modificam as suas exigências até alcançarem um compromisso aceitável para ambas[19]. Como é fácil de ver, é uma definição que se aplica a qualquer meio de resolução de conflitos não adjudicatório, quer seja mediação, conciliação ou outro[20]. Há quem defenda, por isso, que a negociação é uma mera, embora essencial, componente de qualquer meio de resolução alternativa de litígios. Mas mesmo quem assim pensa, entende que o conhecimento de técnicas e estilos de negociação é essencial a qualquer profissional desta área[21].

Em termos teóricos, a diferença entre negociação e mediação está na existência do terceiro imparcial. Enquanto que na mediação é essencial a existência de um mediador, terceiro imparcial que ajuda as partes a chegarem a um consenso; na negociação pode simplesmente não haver um terceiro. Podem utilizar a negociação e as suas técnicas as próprias partes em conflito.

b. A negociação pode seguir modelos diversos, já longamente estudados pela doutrina. A abordagem dos modelos ou teorias de negociação pode variar de acordo com critérios de áreas científicas diversas. Preferi-

---

[18] www.pon.harvard.edu
[19] PEDRO CUNHA, *Conflito e Negociação*, Porto, Edições Asa, 2001, p. 49.
[20] BRUCE PATTON, «Negotiation», *in The Handbook of Dispute Resolution*, editado por Michael L. Moffitt e Robert C. Bordone, San Francisco, Jossey-Bass, 2005, p. 279.
[21] HENRY BROWN e ARTHUR MARRIOTT, *ADR Principles and Practice*, 2.ª ed., London, Thomson, 1999, p. 104.

mos uma arrumação clássica e mais voltada para o método, para o processo, e não para a sua análise comportamental[22].

Nesta perspectiva, há essencialmente dois modelos de negociação: competitiva e cooperativa. A diferença entre uma e outra está no resultado pretendido e, consequentemente, na atitude assumida para o alcançar. Enquanto no modelo competitivo o negociador pretende ganhar a discussão, no modelo cooperativo o foco está na resolução do problema. É este o célebre modelo de Fisher e Ury, verdadeiramente inovador quando, no início dos anos 80, surgiu. Este método foi designado de negociação de princípios, centrando-se no mérito do problema, *evitando um processo de discussão centrado no que ambos os lados pretendem e não pretendem fazer*[23].

O método dos princípios centra-se em quatro grupos de ideias: pessoas, interesses, opções e critérios.

Quanto às pessoas, o método defende a separação destas do problema, isto é, tomar consciência de que o problema em discussão é diferente da pessoa que discute, que os aspectos estritamente pessoais não devem ser mais importantes que o assunto sobre o qual se negoceia[24]. Para conseguir esta separação deve, primeiro, perceber-se o ponto de vista do outro. *A capacidade de olhar a situação sob o ponto de vista alheio, por mais difícil que seja, é uma das mais importantes competências que um negociador pode ter*[25]. O essencial é perceber-se que a «verdade» não é suficiente para resolver o problema, na medida em que cada uma das partes escolhe da verdade aquilo que lhe interessa. As partes podem concordar que um perdeu o relógio e que o outro o encontrou, mas divergirem quanto a quem deve ficar com o relógio. A percepção do outro, o que se consegue através da comunicação e da descentralização da sua posição, é essencial neste separar as pessoas do problema. *Sem comunicação, não há negociação.* Ouvir, tentar fazer-se perceber, não interpretar o que os outros dizem, tentar ser objectivo, e não preconceituoso quanto aos outros, falar com um objectivo, são aspectos que facilitam a comunicação e devem ser uti-

---

[22] PEDRO CUNHA, *Conflito e Negociação*, Porto, Edições Asa, 2001, p. 85 e ss.
[23] FISHER, URY e PATTON, *Como Conduzir uma Negociação?*, Porto, Edições Asa, 2003, p. 16.
[24] FISHER, URY e PATTON, *Como Conduzir uma Negociação?*, Porto, Edições Asa, 2003, pp. 35-40.
[25] FISHER, URY e PATTON, *Como Conduzir uma Negociação?*, Porto, Edições Asa, 2003, p. 42.

lizados em abundância no modelo de negociação defendido por Ury, Fisher e Patton[26].

Em relação aos interesses, o método procura-os em detrimento das posições[27]. Esta característica, como veremos, é a pedra-de-toque da mediação. Os interesses estão subjacentes às posições. Uma posição, ou, numa linguagem mais jurídica, uma pretensão tem uma história e uma motivação. É o resultado de uma reflexão (mais ou menos consciente) sobre determinado interesse. Um exemplo clássico, usado também na mediação, é o do limão e dos cozinheiros. Dois cozinheiros disputavam um limão, dizendo que era de cada um deles. Esta era a sua posição: quero o limão, é meu. Se perguntarmos, porém, qual o seu interesse no limão – para que querem o limão – poderemos ter a solução do diferendo. Se um quer o sumo e outro a casca, é fácil conciliar os interesses, quando as posições eram, à partida, incompatíveis[28].

A tarefa de procurar os interesses por detrás das posições pode, porém, ser difícil. Implica perguntar porquê a cada uma das partes; falar sobre os interesses, levando cada uma das partes a perceber os seus e os do outra parte. E, estabelecidos os interesses objectivamente, os autores defendem uma sua defesa intransigente, enérgica[29].

Em relação às opções, o método dos princípios defende uma actividade criadora: *a capacidade de inventar opções é das qualidades mais úteis que um negociador pode ter*[30]. Os autores referem que é muito frequente os negociadores reduzirem as opções em vez de as alargarem, e que quantas mais houver, mais são as hipóteses de se conseguir um acordo que satisfaça ambas as partes.

Por último, Fisher, Ury e Patton aconselham a que se insista na utilização de critérios objectivos. Ou seja, tentar ultrapassar as questões da

---

[26] FISHER, URY e PATTON, *Como Conduzir uma Negociação?*, Porto, Edições Asa, 2003, pp. 51-56.
[27] FISHER, URY e PATTON, *Como Conduzir uma Negociação?*, Porto, Edições Asa, 2003, pp. 59-63.
[28] Também conhecido como exemplo da laranja: ZULEMA D. WILDE e LUÍS M. GAIBROIS, *O que é a mediação*, Lisboa, Agora Publicações, 2003, p. 58.
[29] FISHER, URY e PATTON, *Como Conduzir uma Negociação?*, Porto, Edições Asa, 2003, pp. 63-75.
[30] FISHER, URY e PATTON, *Como Conduzir uma Negociação?*, Porto, Edições Asa, 2003, p. 77.

vontade, necessariamente subjectivas, procurando padrões técnicos ou critérios objectivos que mais facilmente conduzam ao acordo[31].

A negociação de princípios foi criticada por ser ingénua, face a negociadores difíceis ou de má fé[32]. Este modelo passa, realmente, por uma abertura e transparência totais, provavelmente nem sempre possível.

Outros modelos cooperativos foram desenhados, tentando abordagens diferentes ou soluções para problemas diversos. Podem salientar-se as teorias de Howard Raiffa, que introduziu a ideia de zonas de acordo, assim como opções de estratégia a utilizar; e de Edward de Bono que defende, em contracorrente, que as partes estão na pior posição para resolver os seu próprios interesses[33].

O modelo competitivo, baseado em posições de negociação fortes, gera situações hostis, focando-se na manipulação e no ganho, em vez da procura de soluções aceitáveis para ambas as partes. O modelo tem vindo a ser abandonado, sendo mais frequentes as tentativas de encontrar estratégias para os ultrapassar[34].

É de fazer referência ainda a outros modelos que tentam conciliar ambas as perspectivas, criando estratégias com características de ambos. Isto significa, em termos muito genéricos, que num processo negocial há momentos de cooperação e momentos de competição. Que existe uma dupla tendência à colaboração e à competição, consoante o aspecto em discussão no processo negocial[35].

3. Mediação

a. A Lei dos Julgados de Paz define mediação nos seguintes termos: «*A mediação é uma modalidade extrajudicial de resolução de litígios, de*

---

[31] FISHER, URY e PATTON, *Como Conduzir uma Negociação?*, Porto, Edições Asa, 2003, p. 103 e ss.

[32] HENRY BROWN e ARTHUR MARRIOTT, *ADR Principles and Practice*, 2.ª ed., London, Thomson, 1999, p. 106; BRUCE PATTON, «Negotiation», in *The Handbook of Dispute Resolution*, editado por Michael L. Moffitt e Robert C. Bordone, San Francisco, Jossey--Bass, 2005, p. 295 e ss.

[33] HENRY BROWN e ARTHUR MARRIOTT, *ADR Principles and Practice*, 2.ª ed., London, Thomson, 1999, pp. 106-7.

[34] HENRY BROWN e ARTHUR MARRIOTT, *ADR Principles and Practice*, 2.ª ed., London, Thomson, 1999, p. 109.

[35] PEDRO CUNHA, *Conflito e Negociação*, Porto, Edições Asa, 2001, p. 85.

carácter privado, informal, confidencial, voluntário e de natureza não contenciosa, em que as partes, com a sua participação activa e directa, são auxiliadas por um mediador a encontrar, por si próprias, uma solução negociada e amigável para o conflito que as opõe»[36].

Mas, atenção, para além de restrita à mediação nos Julgados de Paz, trata-se de uma definição legal que não vincula o intérprete[37].

Há outras definições e com sede similar. Na proposta de Directiva do Parlamento Europeu e do Conselho relativa a certos aspectos da mediação em matéria civil e comercial[38], a definição proposta é a seguinte: *qualquer processo, independentemente da sua designação ou referência, em que duas ou mais partes num litígio são assistidas por um terceiro com o objectivo de alcançar um acordo sobre resolução do litígio e independentemente de o processo ser iniciado pelas partes, sugerido ou ordenado por um tribunal ou prescrito pela legislação nacional de um Estado-Membro.*

As definições são diferentes, embora não contraditórias. Servem, no essencial, para realçar alguns dos elementos da mediação. Muito simplesmente, a mediação é uma negociação assistida por um terceiro. Esta será uma definição consensual e abrangente. Depois, como na negociação, há vários modelos e técnicas que fazem distinguir diversas mediações. A grande força da mediação é a flexibilidade de procedimento e técnicas, característica que impede uma definição muito precisa[39].

Uma das questões mais difíceis a nível de definição é a distinção entre mediação e conciliação. Há muito é utilizada a ideia de conciliação nos tribunais judiciais. No Código de Processo Civil a conciliação tem até direito a um artigo próprio – o 509.º – que trata a tentativa de conciliação na audiência preliminar. De acordo com o n.º 3 deste preceito, a tentativa de conciliação é presidida pelo juiz e tem em vista a solução de equidade mais adequada ao litígio. A tentativa de conciliação está ainda prevista no artigo 652.º do mesmo Código de Processo Civil como diligência obrigatória da

---

[36] Art. 35.º da Lei 78/2001, de 13 de Julho.
[37] JOÃO CHUMBINHO, *Julgados de Paz na Prática Processual Civil*, Lisboa, Quid Iuris, 2007, p. 69.
[38] COM(2004) 718 final, 2004/0251.
[39] KIMBERLEE K. KOVACH, «Mediation», *in The Handbook of Dispute Resolution*, editado por Michael L. Moffitt e Robert C. Bordone, San Francisco, Jossey-Bass, 2005, p. 306.

audiência final. Também na tramitação dos Julgados de Paz há lugar a conciliação, a cargo do juiz de paz no início da audiência de julgamento.

Embora a lei não o deixe transparecer claramente, a conciliação nos tribunais judiciais ou nos Julgados de Paz é assumida de forma diferente, isto é, nestes o juiz de paz procura com maior insistência que as partes cheguem a acordo, sendo em regra muito mais interveniente que os juízes dos tribunais judiciais.

Seja como for, em qualquer dos casos, falamos de conciliação realizada por quem tem o poder de decidir. Pelo juiz do caso. Trata-se, pois, já de uma conciliação jurisdicional. E que, por esta razão, é fácil de distinguir da mediação. No entanto, a conciliação jurisdicional não foi até hoje cientificamente estudada. A haver juízes treinados para ela (em Portugal serão raríssimos ou nenhuns), se-lo-ão com base nas técnicas e modelos da mediação. Daí que, do meu ponto de vista, não faça sentido a distinção em termos dogmáticos: ou é autodidacta (cada juiz faz a conciliação de acordo com o método que viu ou acha mais adequado) ou é baseada na mediação.

Diferente desta é a conciliação feita por terceiros independentes, que não têm qualquer poder decisório no caso. Este tipo de conciliação é frequente em centros de arbitragem institucionalizada, designadamente na área do consumo. A conciliação é desenvolvida por profissionais com conhecimentos técnicos (normalmente jurídicos) sobre o assunto em disputa. O terceiro conduz o processo conjuntamente com as partes, propondo soluções para o conflito[40].

Há quem entenda que só pode chamar-se conciliação à jurisdicional[41], há quem defenda uma distinção entre mediação e conciliação, sendo esta activa e a mediação passiva[42] e, por último, autores há que discordam da distinção entre as duas figuras, na medida em que se trata apenas de níveis de mediação[43].

---

[40] JUAN CARLOS VEZZULLA, *Mediação – Teoria e Prática*, Lisboa, Agora Publicações, 2001, p. 83; LÚCIA DIAS VARGAS, *Julgados de Paz e Mediação*, Coimbra, Almedina, 2006, p. 53.

[41] ZULEMA D. WILDE e LUÍS M. GAIBROIS, *O que é a mediação*, Lisboa, Agora Publicações, 2003, p. 35.

[42] JUAN CARLOS VEZZULLA, *Mediação – Teoria e Prática*, Lisboa, Agora Publicações, 2001, p. 83; LÚCIA DIAS VARGAS, *Julgados de Paz e Mediação*, Coimbra, Almedina, 2006, p. 54.

[43] HENRY BROWN e ARTHUR MARRIOTT, *ADR Principles and Practice*, 2.ª ed., London, Thomson, 1999, p. 138.

A mediação é melhor definida através dos seus princípios essenciais e transversais, distinguindo-se depois modelos e técnicas de mediação. Modelos e técnicas que devem ser utilizados conforme os casos. Em determinadas situações, uma posição interventora é mais adequada que uma mera postura facilitadora. Por outro lado, é natural que os mediadores sejam mais ou menos activos consoante o seu perfil pessoal. Logo, faz mais sentido enquadrar as diversas técnicas numa mesma prática de mediação, discutindo casuisticamente a aplicação dos melhores modelos. O essencial é que a prática se insira nos princípios essenciais da mediação[44].

Julgo, assim, que não há razão científica para distinguir dois métodos diferentes de resolução alternativa de litígios. A diferença entre eles só se justifica quando o terceiro tem poder decisório (como acontece na conciliação judicial). E aqui a distinção está não no método, mas no posicionamento do mediador/conciliador, que pode reduzir a liberdade e transparência das partes.

b. Esses princípios podem ser resumidos a cinco itens: plenos poderes das partes, pacificação, informação, presença de um mediador enquanto terceiro independente, e confiança. Exploremos o significado de cada um deles.

Um dos princípio básicos da mediação é o controlo desta pelas partes, o denominado *empowerment*[45]. Em tribunal os poderes decisórios estão na mão de advogados, a linguagem é técnica, o procedimento é formal e opaco, as partes nem sequer podem falar se o pretenderem[46]. O afastamento das partes do seu caso é enorme e é pretendido[47]. Na mediação, a postura é exactamente a oposta: parte-se do princípio que as partes são as melhor colocadas para resolver o seu litígio. Há uma ideia de responsabilidade pessoal que se traduz na atribuição às partes do domínio do seu problema e do seu processo. Enquanto que em tribunal tudo é afastado das

---

[44] HENRY BROWN e ARTHUR MARRIOTT, *ADR Principles and Practice*, 2.ª ed., London, Thomson, 1999, p. 149.

[45] HENRY BROWN e ARTHUR MARRIOTT, *ADR Principles and Practice*, 2.ª ed., London, Thomson, 1999, p. 130.

[46] No processo civil, o depoimento de parte só é admissível quando requerido pela parte contrária ou pelo juiz oficiosamente – art. 553.º, n.º 3, CPC.

[47] ZULEMA D. WILDE e LUÍS M. GAIBROIS, *O que é a mediação*, Lisboa, Agora Publicações, 2003, p. 27.

pessoas, em mediação tudo lhes é entregue, dependendo delas o início, o decurso e o fim da mediação.

As partes mantém, assim, o seu poder decisório quanto ao processo e quanto ao fundo do litígio. O mediador nunca decide e a sua autoridade deriva directamente das partes. Isto implica que o processo seja muito, muito simples e que o mediador esteja permanentemente ao dispor das partes para as ouvir e para esclarecer as suas dúvidas. Implica ainda que haja respeito mútuo e espírito de colaboração. Por vezes, o trabalho do mediador resume-se a fazer com que as partes se ouçam. Isso pode ser suficiente para que o acordo seja possível.

A característica do *empowerment* é essencial na mediação. Uma mediação em que as partes não estejam no centro da discussão e da iniciativa não será verdadeira. E, mesmo tendo sucesso, este poderá ser meramente aparente. O acordo resultante da mediação tem de vir das partes e estas têm de aderir-lhe plena e convictamente.

Entramos aqui na questão da voluntariedade. É um aspecto que coloca algumas dúvidas quanto à mediação obrigatória ou à imposição de sanções pela não obtenção do acordo. Falamos agora na articulação entre intervenção estatal e mediação. Pode, e já foi tentado, impor-se a mediação como obrigatória. Na Argentina e na França tal foi estabelecido nas áreas da família e do trabalho. Mas revelou-se um insucesso[48]. Mas há outras medidas de promoção, menos agressivas, sistemas intermédios de estímulo. Como exemplos típicos podemos pensar na mediação induzida pelo tribunal – o sistema adoptado pela mediação familiar em Portugal. São os juízes titulares do processo que enviam as partes para a mediação. Este sistema parece ser, no actual momento, o que melhor implantará a mediação em Portugal[49]. Parecido com este é a inserção da mediação na tramitação processual, ainda que como uma fase facultativa[50]. É este o modelo consagrado na Lei dos Julgados de Paz. Outro sistema consiste em impor custas superiores às partes que, podendo utilizar meios de resolução alterna-

---

[48] JOSÉ ALVES PEREIRA, «Mediação voluntária, sugerida ou obrigatória?», *in Resolução Alternativa de Litígios* – Colectânea de Textos publicados na Newsletter DGAE, Lisboa, Agora Publicações, 2006, p. 151.

[49] JOSÉ ALVES PEREIRA, «Mediação voluntária, sugerida ou obrigatória?», *in Resolução Alternativa de Litígios* – Colectânea de Textos publicados na Newsletter DGAE, Lisboa, Agora Publicações, 2006, p. 152.

[50] HENRY BROWN e ARTHUR MARRIOTT, *ADR Principles and Practice*, 2.ª ed., London, Thomson, 1999, p. 135.

tiva de litígios, o não façam. Esta é uma ideia que tem sido veiculada como uma eventual medida a ser tomada pelo actual Governo[51]. Por fim, surgem sistemas em que se impõem sanções por as partes não chegarem a acordo ou em que se obriga à sua presença[52].
Qualquer destas medidas tem de ter muita cautela. É que os fins não justificam os meios, e quando falamos em mediação podemos estar a falar de imposições que matam à nascença a hipótese do seu sucesso. Se a característica de *empowerment* é essencial à mediação, qualquer imposição que prejudique o monopólio dos poderes das partes e a liberdade da sua adesão ao acordo será contra natura.
O segundo pilar da mediação relaciona-se com o seu fim. Ao contrário dos meios clássicos de resolução de conflitos, que são construídos para a resolução da disputa apresentada pelas partes, a mediação dá preferência à pacificação social, isto é, tem como objectivo sanar o problema, restabelecendo a paz social entre os litigantes. Este fim sobrepõe-se inteiramente à questão do direito. Não importa saber quem tem razão, mas antes e só procurar resolver os problemas subjacentes ao aparecimento do litígio.
Assim, como se viu acontecer também na negociação cooperativa, é necessário averiguar os interesses, afastando, se necessário, as posições. É usual utilizar-se aqui a imagem do icebergue como metáfora do litígio: as posições estão na ponta visível deste e os interesses na base, submersos. É ao fundo, à base, que a mediação pretende chegar, porque só a composição dos interesses permitirá a duração do acordo e a manutenção do entendimento entre os litigantes[53]. O resultado da mediação é, por isto, de vitória para ambas as partes, de ganha-ganha, nunca havendo um vencedor e um vencido.
Outro dos pilares da mediação, directamente relacionado com o *empowerment*, é a informação. As partes devem perceber exactamente o que se passa e o que se passará depois. Não deve haver intermediários, embora as partes possam estar assistidas. Esta é, aliás, uma das importantes questões da mediação, e a que, porventura, tem dificultado a sua

---

[51] O primeiro de Sócrates (2007).
[52] ZULEMA D. WILDE e LUÍS M. GAIBROIS, *O que é a mediação*, Lisboa, Agora Publicações, 2003, p. 29.
[53] LÚCIA DIAS VARGAS, *Julgados de Paz e Mediação – Uma Nova Face da Justiça*, Coimbra, Almedina, 2006, p. 56.

inserção na nossa prática social. Refiro-me à função do advogado na mediação[54].

Há aqui três questões a abordar: primeiro, a presença dos advogados nas mediações; segundo, qual o seu papel na sessão de mediação; e, terceiro, se fará sentido a representação das partes por advogado (a sua substituição). Em geral é referido que os advogados devem ter acesso à mediação, assistindo o seu cliente[55]. O tipo de intervenção deve, porém, ser encarado de forma diferente do tradicional – o advogado não representa a parte e deve actuar de acordo com o espírito de colaboração e procura do consenso adequado ao caso. É também admissível que os advogados representem, substituam as partes. Em tal eventualidade, devem agir na lógica da mediação, não procurando a vitória a todo o custo, mas o melhor consenso, de acordo com os interesses em causa[56].

Na Lei 20/2007, de 12 de Junho, relativa à mediação penal obriga-se à comparência do arguido e do ofendido, podendo haver assistência (não representação) por advogado (art. 8.º). A mesma regra consta do artigo 53.º da Lei dos Julgados de Paz.

O quarto pilar da mediação é evidentemente a intervenção do mediador. O mediador é um profissional treinado para desempenhar as suas funções, conhecedor da filosofia e das técnicas de mediação, aplicando-as no exercício da sua actividade. A credibilidade da mediação depende do trabalho do mediador: só um mediador capaz poderá cativar a confiança das partes, algo que é essencial ao seu trabalho.

A existência de um mediador, terceiro imparcial, traz uma nova dinâmica à discussão entre as partes. Esta energia suplementar permite aquilo que as partes até aí não alcançaram – a obtenção do acordo. O papel do mediador deve, antes de mais, privilegiar o restabelecimento da comunicação entre as partes. Deve ser facilitador do diálogo, mantendo sempre nas partes a responsabilidade da resolução do conflito. O mediador não negoceia com as partes, antes assiste à negociação que elas fazem entre

---

[54] PEDRO TENREIRO BISCAIA, «O Sistema Tradicional de Justiça e a Mediação Vítima-Agressor: o Papel dos Advogados», in A Introdução da Mediação Vítima-Agressor no Ordenamento Jurídico Português, Coimbra, Almedina, 2005, p. 89.

[55] JUAN CARLOS VEZZULLA, Mediação – Teoria e Prática, Lisboa, Agora Publicações, 2001, p. 105; ZULEMA D. WILDE e LUÍS M. GAIBROIS, O que é a mediação, Lisboa, Agora Publicações, 2003, p. 30.

[56] JUAN CARLOS VEZZULLA, Mediação – Teoria e Prática, Lisboa, Agora Publicações, 2001, p. 105; HENRY BROWN e ARTHUR MARRIOTT, ADR Principles and Practice, 2.ª ed., London, Thomson, 1999, p. 131.

si[57]. O mediador não aconselha nenhuma das partes, nem sequer as duas em conjunto; na mediação as partes são sempre responsáveis pelas suas decisões.

O mediador deve ser imparcial, no corrente sentido de que não pode ter qualquer interesse pessoal no conflito mediado ou qualquer ligação com as partes. Uma questão discutida é se o mediador deve também ser neutral, abstraindo-se das suas convicções pessoais no momento de executar as suas tarefas. A neutralidade é muito mais difícil de controlar do que a imparcialidade. Há quem entenda até que tal é impossível, na medida em que o afastamento dos nossos preconceitos e profundos pensares nunca se faz até ao nível do subconsciente.

Esta é uma questão especialmente sensível na mediação penal. O artigo 10.º da Lei 20/2007, de 12 de Julho, refere-se à questão da isenção do mediador, permitindo a este que recuse ou interrompa a mediação quando perceber que não consegue suplantar os seus pré-conceitos. É algo – a interrupção – que não está previsto na generalidade das mediações, mas deve ser encarado como sempre possível. Mais uma vez, cabe ao mediador analisar, permanentemente, a sua actuação.

O último princípio transversal da mediação é a confiança no processo de mediação. Para esta confiança, a confidencialidade é essencial. O mediador não pode, em caso algum, revelar o que se passou na mediação, não podendo ser chamado como testemunha em processo judicial posterior[58]. Há, porém, quem entenda que esta confidencialidade é dispensável, se as partes acordarem nesse sentido[59]. No nosso ordenamento jurídico, a Lei dos Julgados de Paz, no seu artigo 52.º, impõe a confidencialidade como regra, obrigando as partes a subscrever um acordo de confidencialidade. A confidencialidade permite que as partes falem à vontade, com tranquilidade e sem medo de desagradar ao mediador[60]. Algo que não acontecerá, por exemplo, na conciliação perante o juiz ou o árbitro. A recente lei da mediação penal impõe também a regra da confidencialidade – artigo 4.º, n.º 5, da Lei 21/2007, de 21 de Junho.

---

[57] HENRY BROWN e ARTHUR MARRIOTT, *ADR Principles and Practice*, 2.ª ed., London, Thomson, 1999, p. 130.

[58] ZULEMA D. WILDE e LUÍS M. GAIBROIS, *O que é a mediação*, Lisboa, Agora Publicações, 2003, p. 64.

[59] HENRY BROWN e ARTHUR MARRIOTT, *ADR Principles and Practice*, 2.ª ed., London, Thomson, 1999, p. 131.

[60] CARDONA FERREIRA, *Julgados de Paz – Organização, Competência e Funcionamento*, Coimbra, Coimbra Editora, 2001, p. 70.

Já a Proposta de Directiva do Parlamento Europeu e do Conselho relativa a certos aspectos da mediação em matéria civil e comercial[61], é diferente. O artigo 6.º trata a questão no seu reflexo probatório – que é sem dúvida o mais importante – estabelecendo como regra a inadmissibilidade da prova resultante do processo de mediação, mas prevendo algumas excepções. Uma das excepções tem precisamente a ver com o acordo das partes e do mediador – artigo 6.º, n.º 3, *c*) da Proposta de Directiva.

A questão a debater é a de saber se a regra da confidencialidade, prevista no direito positivo português, é ou não imperativa. Isto é, se pode ou não ser afastada pelas partes. Não é uma questão fácil, na medida em que a confidencialidade é um instrumento essencial da confiança. Como princípio, deve adoptar-se a regra da confidencialidade. Apenas se a sua inexistência não puser em causa essa confiança, deve o mediador aceitar o seu afastamento. Isto é, cabe ao mediador decidir, perante o caso e as partes, se, havendo acordo destas, isso é suficiente para afastar o sigilo.

c. A doutrina tem debatido se a mediação deve ser meramente facilitadora ou se deve também ser interventora. Os termos ingleses utilizados são *facilitative or evaluative mediation*. A mediação facilitadora centraria o trabalho do mediador na reabertura das partes ao diálogo, fazendo do mediador uma pessoa o menos visível possível (embora determinante). Quanto menos de notasse a presença do mediador, melhor este seria. Já o modelo interventor pressupõe uma atitude mais activa do mediador, não se limitando a trazer as partes ao diálogo, mas actuando também ao nível do mérito da questão. Um dos pontos de discórdia é a possibilidade de o mediador apresentar propostas de acordo. Na mediação facilitadora tal não é admissível, na outra é normal.

A distinção entre estes dois modelos tem representado uma divisão substancial na teoria, porque na prática não é assim tão fácil distinguir as duas aproximações. Infelizmente, alguns mediadores têm colocado estas duas posturas em ângulos tão diversos que parece quase uma questão de fé[62].

Como já acima foi aventado, há quem utilize esta diferença para justificar a distinção entre mediação e conciliação. Assim, o mediador não poderia formular propostas de acordo, enquanto o conciliador sim.

---

[61] COM(2004) 718 final, 2004/0251.
[62] HENRY BROWN e ARTHUR MARRIOTT, *ADR Principles and Practice*, 2.ª ed., London, Thomson, 1999, p. 137; SIMON ROBERTS e MICHAEL PALMER, *Dispute Processes*, Cambridge, Cambridge University Press, 2005, p. 173.

A noção puramente assistencial ou facilitadora da mediação tem vindo, tanto quanto me apercebo, a fazer escola no ordenamento jurídico português. Mas da lei não resulta nenhuma restrição a este modelo de mediação – o artigo 35.º, n.º 3, da Lei dos Julgados de Paz fala até de direcção da mediação e de intervenção em busca do melhor e mais justo resultado útil.

No meu entendimento, o mediador deve ter a liberdade de propor acordos quando, da sua avaliação, retire que tal é útil e não prejudica o domínio do processo pelas partes. Deve ainda poder optar por uma intervenção mais passiva ou mais pró-activa, consoante o caso em discussão e o tipo de intervenientes. Agora, é necessário ter em atenção que quanto maior for a intervenção, maior é o risco de imposição. O mediador nunca deve perder de vista os princípios transversais da mediação, deve ter em conta o objectivo da mediação (a pacificação) e ter sempre presente o *empowerment* como essencial. Tendo isto presente, o tipo de intervenção que tenha é sempre admissível. Aliás, a flexibilidade é essencial.

Especial cuidado deve ser tomado nas mediações realizadas por quem tem poder de decisão do caso – falo, claro, das situações de conciliação judicial.

d. As fases da mediação são frequentemente difíceis de identificar[63]. A informalidade do processo tem como consequência precisamente a não tipificação de fases. Elas podem variar em função do caso concreto, das suas características e do desenrolar do processo. Haverá, porém, sempre alguns momentos obrigatórios, independentemente do momento em que são executados.

Uma das diferenças entre os teóricos da mediação diz respeito ao conhecimento do processo e à sua preparação antes da sessão da mediação. No sistema português, implantado nos Julgados de Paz, o mediador não tem acesso ao processo, inteirando-se do problema apenas na sessão de mediação. Este procedimento relaciona-se com o tal modelo exclusivamente assistencial, em que o mediador se limita a facilitar o diálogo, não interferindo nunca no mérito da questão. Assumindo uma postura mais ao nível do comportamento do que do litígio, não há necessidade de conhecer e preparar o caso. Pelo contrário, é muito importante que o primeiro

---

[63] CHRISTOPHER W. MOORE, *The Mediation Process*, 3.ª ed., San Francisco, Jossey--Bass, 2003, p. 67.

contacto do mediador com o problema seja ouvido directamente da boca das partes[64].

Já num modelo de maior intervenção, as fases anteriores à sessão de mediação são determinantes e muito pormenorizadas pela doutrina. Moore identifica 5 fases anteriores ao início da sessão de mediação: constituição de um relacionamento com as partes; escolha da estratégia da mediação; recolha de informação sobre as partes e o conflito; programação detalhada da mediação; estabelecimento de confiança e cooperação[65].

No modelo de Brown e Marriott as fases prévias à sessão são apenas três: introdução das partes na mediação; compromisso e acordo sobre as regras da mediação; comunicação preliminar e preparação da sessão[66].

Como é fácil de perceber, estes momentos são preparatórios, visando iniciar a mediação com conhecimento de todos os intervenientes, do assunto em discussão e das regras e desenrolar da mediação. Assegurados estes pontos, a mediação propriamente dita pode iniciar-se.

Nos modelos em que não há preparação prévia da mediação, alguns destes momentos estão inseridos já na sessão de mediação. Assim, Vezzulla identifica seis fases na mediação: apresentação do mediador e das regras; exposição do problema pelos mediados; resumo e ordenação inicial do problema; descoberta dos interesses ainda ocultos; criação de ideias; acordo[67].

Ao longo destas fases, há técnicas específicas que os mediadores devem utilizar. Por exemplo, quando se trata de identificar interesses, é importante desde logo estar bem ciente da sua importância para o sucesso da mediação. Depois, deve saber ouvir, tomar atenção às declarações, às generalizações e às sínteses para tornar claras quais as necessidades das partes. Moore refere dois métodos para descobrir interesses: o teste e o modelo hipotético. O teste consiste em repetir o que lhe parece ser o interesse da parte, indo aproximando-se dele através dos reparos da parte. O modelo hipotético consiste em propor uma série de opções de acordo, não com a

---

[64] JUAN CARLOS VEZZULLA, *Mediação – Teoria e Prática*, Lisboa, Agora Publicações, 2001, p. 56.

[65] CHRISTOPHER W. MOORE, *The Mediation Process*, 3.ª ed., San Francisco, Jossey-Bass, 2003, p. 68.

[66] HENRY BROWN e ARTHUR MARRIOTT, *ADR Principles and Practice*, 2.ª ed., London, Thomson, 1999, p. 154.

[67] JUAN CARLOS VEZZULLA, *Mediação – Teoria e Prática*, Lisboa, Agora Publicações, 2001, pp. 56-64.

intenção de as ver aprovadas pelas partes, mas de perceber as suas verdadeiras necessidades e interesses[68].

Em situações em que a desconfiança entre as partes não permite a clarificação dos interesses, pode ser importante fazer reuniões separadas, aquilo que em mediação se denomina *caucus*. A opção do *caucus* é polémica, na medida em que há quem aponte para a possibilidade de quebra de confiança das partes. Não ouvindo tudo o que se desenrola perante o mediador, as partes podem começar a questionar a sua imparcialidade. No entanto, desde que se conheçam os riscos e se faça uma avaliação casuística, parece não fazer sentido excluí-lo em absoluto[69]. A lei dos Julgados de Paz permite a realização de reuniões separadas – artigo 53.º, n.º 3 – desde que autorizadas pelas partes.

e. Terminando esta sintética abordagem da mediação, é útil referir as áreas de mediação que estão actualmente em desenvolvimento. Para além da mediação nos Julgados de Paz, a que me referi já variadas vezes, é importante mencionar a mediação familiar, a mediação laboral e a mediação penal.

A mediação familiar é aquela que mais tradição tem no nosso ordenamento jurídico, embora até agora tenha tido uma implantação muito restrita. O primeiro (e único até 2007) Gabinete de Mediação Familiar foi criado em 1997, com competência para situações de conflito em relação à regulação do poder paternal na área da comarca de Lisboa. O Gabinete recebe processos enviados pelos tribunais da comarca de Lisboa nas situações em que o juiz, avaliando a acção, conclui que a mediação seria o método mais adequado para resolver o problema. O acordo é depois sujeito a homologação pelo tribunal, que verifica o interesse do menor[70].

É fácil de ver que quer o âmbito material, quer o âmbito territorial do Gabinete de Mediação Familiar eram muitíssimo insuficientes. A aposta nos meios de resolução alternativa de litígios tinha necessariamente de

---

[68] CHRISTOPHER W. MOORE, *The Mediation Process*, 3.ª ed., San Francisco, Jossey--Bass, 2003, p. 258.

[69] JUAN CARLOS VEZZULLA, *Mediação – Teoria e Prática*, Lisboa, Agora Publicações, 2001, p. 61.

[70] LÚCIA DIAS VARGAS, *Julgados de Paz e Mediação – Uma Nova Face da Justiça*, Coimbra, Almedina, 2006, p. 62; ALBERTINA PEREIRA, «A mediação e a (nova) conciliação», in *Resolução Alternativa de Litígios* – Colectânea de Textos publicados na Newsletter DGAE, Lisboa, Agora Publicações, 2006, p. 190.

passar por aqui, por uma área que foi sempre de aplicação privilegiada da mediação.

No passado dia 16 de Julho de 2007, entrou em funcionamento o Sistema de Mediação Familiar (SMF), vocacionado para a resolução de conflitos em matéria familiar. O Sistema de Mediação Familiar tem competência para mediar conflitos surgidos no âmbito de relações familiares em que a utilização deste mecanismo de resolução alternativa de litígios se mostre adequado, nomeadamente nas seguintes matérias: regulação, alteração e incumprimento do exercício do poder paternal; divórcio e separação de pessoas e bens; conversão da separação de pessoas e bens em divórcio; reconciliação dos cônjuges separados; atribuição e alteração de alimentos, provisórios ou definitivos; atribuição de casa de morada da família; privação do direito ao uso dos apelidos do outro cônjuge e autorização do uso dos apelidos do ex-cônjuge.

Inicialmente, o Sistema de Mediação Familiar funcionará a título experimental em 15 municípios: Almada, Barreiro, Seixal, Setúbal, Lisboa, Amadora, Loures, Oeiras, Cascais, Sintra, Mafra, Coimbra, Leiria, Porto e Braga[71].

A intervenção do Sistema de Mediação Familiar pode ser anterior à existência de processo judicial ou na sua pendência. Mesmo que na pendência do processo, nos termos do despacho que criou o Sistema não há homologação judicial do acordo.

Também recentemente foi criado o Sistema de Mediação Laboral, sistema que permite a trabalhadores e a empregadores utilizarem a mediação para resolverem os seus litígios. O Sistema de Mediação Laboral foi criado a partir de um protocolo celebrado no dia 05.05.2006 entre o Ministério da Justiça e as seguintes entidades: Confederação dos Agricultores de Portugal (CAP), Confederação de Comércio e Serviços de Portugal (CCP), Confederação Geral dos Trabalhadores Portugueses – Intersindical Nacional – CGTP-IN, Confederação da Indústria Portuguesa (CIP), Confederação do Turismo Português (CTP), União Geral dos Trabalhadores (UGT).

O Sistema de Mediação Laboral funciona simplesmente através da gestão de uma lista de mediadores, gestão feita pelo Gabinete de Resolução Alternativa de Litígios do Ministério da Justiça. Não há qualquer ligação com um tribunal.

Repare-se, pois, que as recentes iniciativas de mediação estão a ser desenvolvidas em sistemas totalmente extrajudiciais, isto é, sem qualquer

---

[71] Mais informações em www.gral.mj.pt

ligação com os tribunais. Nem antes, nem durante, nem depois. Ao contrário da mediação nos Julgados de Paz que, primeiro, é parte da tramitação nesses tribunais e, segundo, implica homologação do acordo pelo juiz de paz (art. 56.º, n.º 1).

Esta questão tem levantado alguma polémica, com autores a defender que o acordo obtido na mediação deve sempre ser sujeito a verificação judicial, designadamente para verificar a sua correspondência com a vontade das partes[72]. Não é, porém, esta a minha opinião. Julgo que a mediação, precisamente porque é um meio extrajudicial de resolução de litígios, pode viver exclusivamente fora dos tribunais. Percebo que numa fase inicial de implementação do sistema, por questões de credibilidade, faça sentido uma ligação. Mas, depois, tal vínculo pode até ser contra natura ao enviesar uma diferente abordagem do litígio. Não esqueçamos que o *empowerment* é a característica essencial da mediação, e este domínio do processo pelas partes só muito, muito dificilmente se mantém à frente do juiz.

Por último, a mediação penal foi aprovada pela Lei n.º 21/2207, de 12 de Junho, aplicável apenas aos crimes particulares ou semipúblicos e não a todos. Há uma limitação aos crimes contra as pessoas e contra o património, assim como a crimes com penas inferiores a 5 anos. Também não é possível a mediação penal em crimes contra a liberdade ou autodeterminação sexual, peculato, corrupção ou tráfico de influência[73].

A mediação penal inicia-se através da remessa do processo de inquérito decidida pelo Ministério Público, podendo ser requerida pelas partes (ofendido e arguido). Havendo acordo, é este enviado ao Ministério Público, que verifica a sua legalidade (art. 5.º, n.º 8, e art. 6.º). No acordo não podem incluir-se sanções privativas da liberdade, deveres que ofendam a dignidade do arguido ou obrigações cujo cumprimento se deva prolongar por mais de 6 meses.

Este diploma veio dar execução a uma Decisão-Quadro do Conselho de 2001[74], que pretendeu introduzir nos Estados-Membros uma diferente resposta ao ilícito penal. A mediação vítima-agressor insere-se na linha da justiça restaurativa, procurando uma reparação efectiva da vítima e uma

---

[72] ALBERTINA PEREIRA, «A mediação e a (nova) conciliação», in *Resolução Alternativa de Litígios* – Colectânea de Textos publicados na Newsletter DGAE, Lisboa, Agora Publicações, 2006, p. 194.
[73] Art. 2.º da Lei 21/2007, de 12 de Junho.
[74] Decisão-Quadro n.º 2001/220/JAI, do Conselho, de 15 de Março.

reabilitação do agressor, para além ou em vez do seu castigo[75]. Levanta inúmeras questões específicas e tem sido bastante discutida nos seus diversos aspectos: protecção da vítima, coerência com as finalidades próprias do direito penal, papel do Ministério Público[76]. São questões muito interessantes, mas que não podemos abordar agora.

4. Julgados de Paz

a. O Julgados de Paz, criados em 2001, pela Lei 78/2001, de 13 de Julho, iniciaram a sua actividade no ano 2002. Nesta altura eram apenas quatro (Lisboa, Seixal, Vila Nova de Gaia e Oliveira do Bairro) e a título experimental. Hoje, em 2007, são 16[77], distribuindo-se irregularmente pelo país. Aliás, uma das críticas apontadas ao sistema é precisamente não haver uma lógica compreensível na expansão da rede dos Julgados de Paz[78]. Tendo como objectivo o desenvolvimento sustentado da rede, foi recentemente divulgado um estudo encomendado pelo Governo ao ISCTE[79]. Através de uma análise cuidada dos fins destes tribunais e da realidade social portuguesa, a investigação conclui que devem existir 120 julgados de paz em Portugal (incluindo os já existentes). Os Julgados de Paz a criar devem sê-lo em 12 fases, de acordo com a prioridade de instalação, entendendo-se como ideal a criação de 8 Julgados de Paz por biénio.

---

[75] HENRY BROWN e ARTHUR MARRIOTT, *ADR Principles and Practice*, 2.ª ed., London, Thomson, 1999, p. 295; FREDERICO MOYANO MARQUES e JOÃO LÁZARO, «A Mediação Vítima-Agressor e os Direitos e Interesses da Vítima», in *A Introdução da Mediação Vítima-Agressor no Ordenamento Jurídico Português*, Coimbra, Almedina, 2005, p. 27.

[76] Cfr. AA.VV., *A Introdução da Mediação Vítima-Agressor no Ordenamento Jurídico Português*, Coimbra, Almedina, 2005.

[77] Agrupamento dos Concelhos de Aguiar da Beira e Trancoso, Agrupamento dos Concelhos de Cantanhede, Mira e Montemor-o-Velho, Agrupamento dos Concelhos de Oliveira do Bairro, Águeda, Anadia e Mealhada, Agrupamento dos Concelhos de Santa Marta de Penaguião, Alijó, Murça, Peso da Régua, Sabrosa e Vila Real, Agrupamento dos Concelhos de Tarouca, Armamar, Castro Daire, Lamego, Moimenta da Beira e Resende, Coimbra, Lisboa, Miranda do Corvo, Porto, Santa Maria da Feira, Seixal, Sintra, Terras de Bouro, Trofa, Vila Nova de Gaia, Vila Nova de Poiares. Para uma cronologia da instalação, cfr. CARDONA FERREIRA, *Justiça de Paz – Julgados de Paz*, Coimbra, Coimbra Editora, 2005, p. 52.

[78] LÚCIA DIAS VARGAS, *Julgados de Paz e Mediação – Uma Nova Face da Justiça*, Coimbra, Almedina, 2006, p. 204.

[79] Disponível em www.conselhodosjulgadosdepaz.com.pt

Os Julgados de Paz são verdadeiros tribunais inseridos na oferta da Justiça pública portuguesa. São órgãos de soberania de exercício do poder judicial[80], previstos na Constituição da República Portuguesa (art. 209.º, n.º 2). A sua distinção em relação aos tribunais comuns decorre de diversos aspectos, devendo realçar-se a sua teleologia, o que tem depois repercussão na sua forma de actuação e regime. Isto é, os Julgados de Paz praticam uma justiça alternativa, muito marcada pela proximidade e pelas tentativas de acordo, através das fases de mediação e de conciliação.

Os Julgados de Paz são, então, tribunais não judiciais[81] ou mistos[82], tendo em conta a sua natureza obrigatória (e não voluntária, como os outros meios de resolução alternativa de litígios) e os métodos que utiliza na resolução do conflito (procurando sempre o acordo e afastando a concepção adversarial de litígio).

A questão da competência assume aqui papel importante. Desde a publicação da lei dos Julgados de Paz que se coloca a dúvida sobre se a competência dos Julgados de Paz é ou não obrigatória, isto é, se o autor é obrigado a propor acção no Julgado de Paz quando ele exista no concelho e tenha competência na matéria[83].

O recente Acórdão de Uniformização de Jurisprudência, de 24 de Maio de 2007[84], decidiu no sentido da alternatividade da competência dos Julgados de Paz. Os argumentos são vários, desde a análise puramente normativa das regras aplicáveis, até aos trabalhos preparatórios da Lei dos Julgados de Paz, passando pela possibilidade de a acção inicialmente proposta no Julgado de Paz ser posteriormente remetida. Este, aliás, parece ser um argumento decisivo. Não faz sentido, de acordo com o Acórdão, afirmar que os tribunais judiciais não têm competência para aquelas acções, se podem vir a tê-la posteriormente, bastando, aliás, o requerimento de um incidente por uma das partes[85].

---

[80] CARDONA FERREIRA, *Justiça de Paz – Julgados de Paz*, Coimbra, Coimbra Editora, 2005, p. 46.
[81] CARDONA FERREIRA, *Justiça de Paz – Julgados de Paz*, Coimbra, Coimbra Editora, 2005, p. 51.
[82] LÚCIA DIAS VARGAS, *Julgados de Paz e Mediação – Uma Nova Face da Justiça*, Coimbra, Almedina, 2006, p. 115.
[83] A competência dos Julgados de Paz está prevista nos arts. 8.º e 9.º da Lei dos Julgados de Paz.
[84] Acórdão 11/2007, publicado no *Diário da República*, de 25 de Julho.
[85] Conforme está previsto no art. 41.º

O Acórdão não foi tirado por unanimidade, tendo havido três votos contra. Um deles, da Conselheira Maria dos Prazeres Beleza, deu lugar a voto de vencido. Nessa declaração, Beleza rebate os argumentos da posição vencedora, acrescentando uma ideia importante (e que aliás não foi tocada pelo Acórdão). Refiro-me à circunstância de a alternatividade ser unilateral, isto é, cabe ao autor escolher o Julgado de Paz ou o tribunal comum, sendo o réu obrigado a segui-lo. Esta alternatividade unilateral é estranha a qualquer meio de resolução alternativa de litígios; na medida em que estes procedimentos são integralmente voluntários, é exigida a adesão de ambas as partes. A solução consagrada pelo Acórdão de uniformização é estranha, enquadrando-se mal no princípio da igualdade das partes.

Já antes tomei posição sobre esta questão. Disse então: «*Na minha opinião, os textos normativos não oferecem grandes dúvidas sobre esta questão – a competência é exclusiva. Tendo em conta a competência residual dos tribunais comuns (artigo 18.° LOFTJ) e os artigos 8.° e seguintes da Lei dos Julgados de Paz (Lei 78/2001, de 13 de Julho) é difícil compreender as posições que sustentam ser a competência destes meramente facultativa*»[86].

Julgo, actualmente, que é possível ler a lei de várias maneiras e que provavelmente a opção do legislador, ao não se pronunciar sobre um problema que sabia existir, era no sentido da alternatividade. Penso, ainda, que do ponto de vista da coerência do sistema, a solução mais adequada é a da exclusividade. Vejo com alguma dificuldade (e resistência) a criação de tribunais pelo Estado numa lógica concorrencial. Por outro lado, o argumento da violação do princípio da igualdade – ao obrigar-se o réu a sujeitar-se à vontade do autor – não pode ser ignorado. Há aqui um desequilíbrio que não tem qualquer justificação.

Diria, portanto, que a competência dos Julgados de Paz é exclusiva e que tal conclusão se retira facilmente da letra da lei, da coerência do sistema, da solução mais adequada à lacuna legal. Esta questão não me parece, porém, tão importante que justifique qualquer tipo de lógica de vitória ou derrota dos Julgados de Paz. Aliás, se há aqui alguém que perde são os tribunais judiciais – a sua atitude devoradora é suicidária. Sobrarão para si aquelas acções que do ponto de vista jurídico e material nenhum interesse têm.

---

[86] MARIANA FRANÇA GOUVEIA, «Prefácio», *in* LÚCIA DIAS VARGAS, *Julgados de Paz e Mediação – Uma Nova Face da Justiça*, Coimbra, Almedina, 2006, p. 6.

b. Os princípios que regem os Julgados de Paz estão inscritos no artigo 1.º da Lei 78/2001, de 13 de Julho. Este artigo é o mais importante deste diploma, devendo ser padrão de interpretação de todas as suas regras[87]. Os princípios estabelecidos são o da participação, do estímulo ao acordo, da simplicidade, da adequação, da informalidade, da oralidade e da economia processual.

O princípio da participação cívica dos interessados pretende trazer o cidadão para os tribunais, tornando-o parte activa do processo. Ao invés do procedimento judicial, onde a parte nunca ou raramente fala, nos Julgados de Paz a presença das partes é essencial ao desenvolvimento da sua filosofia. Só pode haver justiça de proximidade se os litigantes estiverem presentes. O afastamento dos utentes do sistema de Justiça tradicional é uma das marcas da crise da justiça. O processo, criado para dar garantias de igualdade e de imparcialidade[88], tornou-se num ritual gasto, opaco, labiríntico, numa palavra, incompreensível para quem nele não trabalha[89]. A excessiva formalidade, aliada a uma tecnicidade apurada, não permite que as pessoas entendam o que se passa. Por outro lado, este afastamento é propositado, é consciente, já que se entende que as partes não são as pessoas mais indicadas para tratar do seu litígio. A intermediação por um advogado, profissional deontologicamente marcado por uma certa distância das partes e das suas posições pessoais, é explicada precisamente por esta teleologia. Não é sequer suposto que as partes comuniquem directamente com o juiz – as limitações aos depoimentos de parte são grandes[90-91].

Ora os Julgados de Paz – como aliás em geral os meios de resolução alternativa de litígios – partem precisamente da opção oposta, do entendimento de que são as partes as pessoas melhor colocadas para resolver os seus problemas. Esta discussão não é jurídica – embora tenha aí reflexos. Não vou, pois, entrar nela. Posso apenas dizer que me parece que qualquer

---

[87] CARDONA FERREIRA, *Julgados de Paz – Organização, Competência e Funcionamento*, Coimbra, Coimbra Editora, 2001, p. 19.

[88] MARIANA FRANÇA GOUVEIA, «Os Poderes do Juiz Cível na Acção Declarativa – Em Defesa de um Processo Civil ao Serviço do Cidadão», in *Julgar*, Coimbra, Coimbra Editora, 2007 (N.º 1), p. 63.

[89] Mesmo um jurista, recém-licenciado ou não, que não esteja habituado aos tribunais, neles não se sente plenamente à vontade.

[90] Arts. 552.º e 553.º CPC.

[91] Para uma comparação pormenorizada, JOÃO CHUMBINHO, *Julgados de Paz na Prática Processual Civil*, Lisboa, Quid Iuris, 2007, pp. 54-58.

uma das teses estará correcta: haverá situações em que as partes estarão melhor sem intermediários e haverá casos em que o oposto é também verdade. Nos Julgados de Paz é este último entendimento que predomina, sem prejuízo de, se as partes não forem realmente as melhor colocadas para encontrar a solução, tal lhes ser imposto por sentença proferida pelo juiz de paz.

O princípio da participação cívica está directamente relacionado com o estímulo ao acordo, à autocomposição dos litígios. Significa que a parte não é mera espectadora do desenrolar do seu caso, mas participante informado da sua resolução. Em concretização, a tramitação dos Julgados de Paz contém dois momentos para a obtenção deste acordo: a mediação extrajudicial e a conciliação judicial. A mediação é feita por um mediador, escolhido pelas partes ou (o que é a regra) indicado pelos serviços do Julgado de Paz. A conciliação é tentada pelo juiz, no início da sessão de julgamento. No processo podem as partes passar por ambas as tentativas de acordo ou só por uma – a conciliação judicial – se prescindirem da fase de mediação, fase que é, sempre, de adesão voluntária.

Nota-se, nos Julgados de Paz, a forte motivação para o acordo, muito maior, parece-me (embora não o possa confirmar objectivamente) que nos tribunais judiciais. Criou-se, de alguma forma, uma dinâmica de acordo, na medida em que se sabe que o juiz vai mesmo, mas mesmo, esgotar todas as possibilidades de obtenção do acordo. No entanto, também é necessário ter alguma cautela nessa procura do acordo, de forma a não maçar as partes, nem as comprometer em relação a algo que, afinal, não querem. É importante que os juízes tenham a sensibilidade para perceber quando é e quando não é alcançável a transacção e, por outro lado, que não utilizem o seu poder judicial para forçar esse consenso. Seria útil que os juízes de paz fossem ensinados nas técnicas da mediação *stricto sensu*. Assim como já assisti à realização sucessiva de acordos em virtude dessa dinâmica do estímulo ao ajuste, também já presenciei tentativas de conciliação excessivamente arrastadas (quando era evidente a impossibilidade de consenso). Também há notícia de celebração de acordos que depois as partes negam ter celebrado[92].

Os restantes princípios dizem já respeito especificamente ao procedimento nos julgados de paz. São princípios comuns ao processo civil, com excepção da regra da informalidade, mas que assumem singular importância nos Julgados de Paz. Há desde logo uma diferença sistemática para o

---

[92] Razão pela qual, aliás, o Conselho de Acompanhamento dos Julgados de Paz recomendou a assinatura pelas partes dos acordos feitos em audiência.

Código de Processo Civil – na Lei 78/2001 os princípios constam do artigo 2.º, logo na abertura do diploma; no Código, estas regras essenciais encontram-se espalhadas por todo o diploma, muitas vezes sem sequer estarem expressamente consagradas[93]. Esta diferença de arrumação é importante, mais importante do que à primeira vista se possa pensar. Impõe claramente uma interpretação dos restantes preceitos conforme a estes princípios: como se fossem uma espécie de parâmetros de constitucionalidade.

O princípio da adequação deve ser aproximado do dever de gestão processual previsto no artigo 2.º do Regime Processual Experimental, nos termos do qual o juiz tem de promover a adequação, a eficiência processual e a agilização[94]. Estes deveres são mais fáceis de executar quando as regras processuais são pouco pormenorizadas e quando não há uma tradição prática associada aos procedimentos. É precisamente o que se passa nos Julgados de Paz, pelo que é recorrente a aplicação destes princípios na resolução de problemas concretos.

c. A tramitação nos Julgados de Paz é muito simples, aproximando-se das formas de processo mais simples. O processo inicia-se com um requerimento inicial, que pode ser apresentado verbalmente ou por escrito (art. 43.º). Segue-se, depois, a citação do demandado, que nunca pode ser edital (art. 46.º). Assim, caso se não consiga citar pessoalmente o demandado, o processo segue à revelia, sendo prática nos Julgados de Paz pedir-se à Ordem dos Advogados que nomeie um representante oficioso do revel[95].

---

[93] O princípio da simplicidade está nos arts. 137.º e 138.º; o da adequação no art. 265.º-A; a oralidade está dispersa por várias normas, desde as que prevêem a audiência preliminar e o julgamento (arts. 508.º e 652.º), até às normas que impedem, salvo casos excepcionais, o depoimento escrito (arts. 621.º e 639.º); o princípio da economia processual está disperso por diversos mecanismos processuais, que passam pela adequação, pluralidades objectivas e subjectivas, incidentes com elas relacionados (reconvenção, intervenção de terceiros) e, finalmente, com a simplicidade dos actos, prevista nos arts. 137.º e 138.º Ver, por todos, JOSÉ LEBRE DE FREITAS, *Introdução ao Processo Civil*, 2.ª ed., Coimbra, Coimbra Editora, 2006, p. 169 e ss.

[94] MARIANA FRANÇA GOUVEIA, *Regime Processual Experimental*, Coimbra, Almedina, 2006, pp. 33-36.

[95] CARDONA FERREIRA, *Julgados de Paz – Organização, Competência e Funcionamento*, Coimbra, Coimbra Editora, 2001, p. 64. Esta prática pode, mesmo assim, colocar problemas ao nível do direito de defesa, na medida em que há falta de citação, fundamento de nulidade de todo o processo – arts. 195.º e 771.º (não alterados na substância pelo Decreto-Lei n.º 303/2007, de 24 de Agosto).

Na citação do demandado é hábito marcar-se a data da pré-mediação ou, se o demandante tiver prescindido dessa fase, do julgamento. Simplifica e acelera o procedimento, sem prejuízo de serem alteradas se a citação se atrasar ou se as partes não tiverem disponibilidade para os dias marcados.

Entramos, então, na fase da mediação, que se inicia com a pré-mediação, sessão destinada a explicar às partes em que consiste a mediação e a verificar a sua predisposição para resolver o caso através da celebração de um acordo (art. 49.°). Se as partes aderirem, passa-se à mediação propriamente dita, que pode ter lugar no mesmo dia. A lei determina que deva ser feita com mediador diferente, mas a prática nos Julgados de Paz tem sido de se manter o mesmo mediador, desde que autorizado pelas partes. Tal prática só não viola a lei se se qualificar a regra do artigo 50.°, n.° 4, como supletiva. Algo que não parece resultar claramente da lei. Se as partes alcançarem o acordo na mediação, o acordo é homologado pelo juiz na presença das partes (art. 56.°). A sentença homologatória tem, naturalmente, força executiva.

Se a mediação não tiver sucesso, o processo é encaminhado para marcação do julgamento. Entretanto, corre o prazo para contestar (10 dias a contar da citação, nos termos do art. 47.°). Na contestação, o demandado pode deduzir reconvenção, mas em termos bastante limitados. Se esta existir, o demandante responde no mesmo prazo de 10 dias (art. 48.°).

Uma das dificuldades do regime processual dos Julgados de Paz é o efeito da revelia. Isto porque, nos termos do artigo 58.°, n.° 2, tal efeito (o da confissão dos factos) apenas se verifica quando o demandado, para além de não ter contestado, não tenha comparecido e não tenha justificado essa falta. Isto é, para que se dêem como provados os factos não basta a não contestação, é ainda necessário a falta não justificada do demandado à audiência final. Esta norma tem conduzido ao entendimento de que o demandado não contestante pode impugnar os factos na audiência final. Aliás, pode apresentar prova, na medida em que os meios probatórios são oferecidos na audiência[96]. A grande dificuldade reside na possibilidade de deduzir, apenas na audiência, excepções ao pedido.

---

[96] Uma outra dificuldade relaciona-se com a impossibilidade de notificação de testemunhas pelo Julgado de Paz – art. 59.°, n.° 2. No entanto, tal regra tem sido casuisticamente derrogada: quando haja razões ponderosas que imponham a notificação (designadamente por ser a única forma de a testemunha comparecer no Julgado), o Julgado de Paz notifica a testemunha para a audiência de julgamento.

Presenciei, certo dia, uma situação em que a demandada que não havia contestado compareceu à audiência, transportando consigo os bens cujo pagamento a demandante exigia. Exibiu esses bens, ficando claro para todos os presentes que eles eram defeituosos. Alegou – embora o não soubesse – uma excepção de cumprimento defeituoso. Outra vez, numa acção proposta pela administração do condomínio contra um condómino em que era exigido o pagamento de quotas de condomínio em atraso, o condómino – que não havia contestado – afirmou na audiência que tinha acordado com o anterior administrador a dedução às quotas do valor de umas obras urgentes que tinha feito nas partes comuns do edifício. Tratava-se, assim, de uma compensação que, sendo de valor inferior ao pedido, constituía uma excepção peremptória[97].

Nestes casos, que fazer? Ignorar aquilo que as partes dizem parece violento e contrário à filosofia dos Julgados de Paz. Mas, por outro lado... Há aqui dois valores conflituantes que produzem resultados contraditórios. Tendo em conta o princípio da verdade material, deveria permitir-se a alegação de factos novos na audiência. Ao contrário, se atentarmos no princípio do contraditório, não é legítimo sujeitar o demandante à alegação de factos-surpresa, sem lhe conceder hipóteses de defesa, nomeadamente de apresentação de prova. Por outro lado, a possibilidade de alegar factos novos (como aliás a oportunidade de impugnar os factos apenas em audiência) esvazia de sentido a regra da contestação e do seu prazo.

Se uma solução formalista – ligada às garantias do processo – parece mais adequada, faz alguma impressão postergar, por essa razão, a verdade material. E, mais, como estamos num processo de proximidade, em que as pessoas envolvidas estão ali, em frente ao juiz, é muito complicado fazer-lhes compreender esta distinção técnica entre impugnação e excepção[98]. Explicar-lhes que podem dizer umas coisas, mas não podem dizer outras.

A solução para esta situação tem de passar pela conciliação dos dois valores, pelo que diria que, em situações em que tal se justificar, se deve permitir que o juiz admita os novos factos e, em simultâneo, convide o demandante a apresentar prova em audiência posterior, suspendendo-se aquela sessão. Com esta possibilidade se respeita o princípio do contradi-

---

[97] JOSÉ LEBRE DE FREITAS, JOÃO REDINHA, RUI PINTO, *Código de Processo Civil Anotado – Volume 1.º*, Coimbra, Coimbra Editora, 1999, p. 489.

[98] Distinção que, aliás, nem do ponto de vista técnico é fácil ou isenta de críticas – cfr. MARIANA FRANÇA GOUVEIA, «Perspectivas de Reforma do Código Civil – A Prova», *in Thémis – Revista da Faculdade de Direito da Universidade Nova de Lisboa*, 2007 (no prelo).

tório e a verdade material, sacrificando-se a economia processual e a regra da concentração da defesa, prevista no artigo 489.º do CPC. Regra consequente do princípio da preclusão, princípio que aliás não está previsto na Lei dos Julgados de Paz.

Na audiência de julgamento, o juiz faz uma nova tentativa de resolução do litígio por consenso, através da conciliação. Não sendo tal possível, produz-se a prova e, por fim, é proferida a sentença (art. 60.º). A lei manda que a sentença seja oral – proferida em audiência de julgamento. Pressupõe a lei, assim, que a sentença seja imediata, o que na maioria das vezes não é observado. Esta sentença imediata é, porém, importante na lógica da participação cívica e da justiça de proximidade, valores justificantes da criação dos Julgados de Paz[99].

As sentenças que excedam metade da alçada da primeira instância são recorríveis para estes tribunais – artigo 62.º O recurso tem efeito meramente devolutivo e segue o regime do agravo. Esta norma é alvo de críticas, considerando-se que coloca os Julgados de Paz como uma sub-1.ª instância[100]. É seguramente uma norma que perturba o enquadramento dos Julgados de Paz na organização da Justiça portuguesa. E, por outro lado, cria uma desigualdade em relação às acções com o mesmo valor que não cabem na competência dos Julgados de Paz, na medida em que não têm recurso.

---

[99] Aplicam-se aqui as mesmas razões de regra idêntica prevista no Regime Processual Experimental – MARIANA FRANÇA GOUVEIA, *Regime Processual Experimental*, Coimbra, Almedina, 2006, pp. 144-146.

[100] CARDONA FERREIRA, *Julgados de Paz – Organização, Competência e Funcionamento*, Coimbra, Coimbra Editora, 2001, p. 81.

LIMITES DAS ACÇÕES DE IMPUGNAÇÃO ISOLADAS PROPOSTAS PELO MINISTÉRIO PÚBLICO

Rui Chancerelle de Machete*

1. O legislador constitucional, na Revisão de 1997, ao dar nova redacção ao n.º 4 do artigo 268.º da nossa Lei Fundamental, abriu caminho para a introdução da acção de condenação à prática do acto devido, concretizada finalmente como acção administrativa especial no artigo 66.º e seguintes do nosso Código do Processo nos Tribunais Administrativos. O preceito constitucional que aperfeiçoou a tutela jurisdicional efectiva garantida aos particulares, como lembra Vieira de Andrade, poderia ser traduzido por várias formas[1]. A opção do Código foi, no entanto, pela acção de condenação moldada na «Verpflichtungsklage» da «Verwaltungsgerichtsordnung» – VwGO – germânica.

As consequências da consagração no nosso ordenamento da acção de condenação à prática do acto devido são múltiplas e importantes, quer no domínio processual, quer no domínio substantivo. Algumas resultam directamente dos preceitos do novo diploma, outras influências exercem-se a longo prazo, por carecerem de reflexão dogmática mais aprofundada, ou por apenas iniciarem perspectivas que só futuras modificações legislativas plenamente aproveitarão.

---

* Professor Convidado da Universidade Católica Portuguesa. Presidente do Conselho Executivo da Fundação Luso-Americana para o Desenvolvimento.

[1] *A Justiça Administrativa (Lições)*, 8.ª ed., Coimbra, 2006, p. 235. Veja-se, também, Barbosa de Melo, «Parâmetros Constitucionais da Justiça Administrativa», in AA.VV., *Reforma do Contencioso Administrativo – Trabalhos Preparatórios: O Debate Universitário*, M. da Justiça, Lisboa, 2000, p. 295 e ss., e Wladimir de Brito, *Lições de Direito Processual Administrativo*, Coimbra, 2005, p. 227 e ss.

2. O Código, consciente da relevância do novo instituto e do que ele representa na alteração do paradigma de um sistema até aqui meramente cassatório e, apesar dos progressos realizados, dispondo de meios relativamente modestos para a efectivação da justiça, preocupa-se, quase em jeito pedagógico, em sublinhar algumas implicações da nova acção. É assim que, no que concerne ao âmbito de aplicação das duas acções administrativas especiais mais importantes, a da impugnação e a da condenação à prática do acto devido, tem o cuidado de, em três preceitos, explicar e impor a solução que considera conveniente. Deste modo «se contra um acto de indeferimento for deduzido um pedido de estrita anulação, o tribunal convida o autor a substituir a petição, para o efeito de formular o adequado pedido de condenação à prática de acto devido...» – CPTA, artigo 51.º, 4. Mais adiante, no artigo 66.º, 2, do mesmo Código, diz-se: «ainda que a prática do acto devido tenha sido expressamente recusada, o objecto do processo é a pretensão do interessado e não o acto de indeferimento, cuja eliminação de ordem jurídica resulta directamente da pronúncia condenatória». Por fim, a propósito dos poderes do tribunal, refere-se no artigo 71.º, 1, que: «ainda que o requerimento apresentado não tenha obtido resposta ou a sua apreciação tenha sido recusada, o tribunal não se limita a devolver a questão ao órgão administrativo competente, anulando ou declarando nulo ou inexistente o eventual acto de indeferimento, mas pronuncia-se sobre a pretensão material do interessado, impondo a prática do acto devido».

Pareceria assim poder inferir-se que, mesmo perante o exercício de poderes amplamente discricionários, ou, no caso de apreciação de nulidades absolutas, ou ainda no caso de acções públicas, para citar apenas alguns exemplos, nunca haveria lugar às acções de impugnação ou declarativas, ou a sentenças constitutivas ou declarativas, mas sempre e só a acções e sentenças de condenação. Essa conclusão é, aliás, reforçada pelo cotejo com uma regulamentação da VwGO, sem paralelo no ordenamento português. Com efeito, o § 113, 3, da mesma VwGO autoriza o tribunal, quando este considerar necessário nas acções de condenação uma instrução mais aprofundada, a anular o acto de indeferimento, devolvendo a questão ao órgão da Administração activa, para que desenvolva o procedimento adequado[2]. Mais ainda do que na Alemanha, a opção do nosso le-

---

[2] Sobre as complexas questões a que este preceito dá lugar, quer em matéria de devolução à Administração activa, quer da eventual regulação provisória da situação «medio tempore» pelo tribunal, veja-se, por exemplo, M. GERHARDT, in *Verwaltungsgerichtsord-*

gislador representaria assim, em todas as situações de indeferimento, uma clara desvalorização do procedimento administrativo a favor de uma aposta confiante no processo, nos poderes de cognição do juiz e na ponderação que este faça dos interesses em jogo.

3. Não é esse, porém, o resultado de uma pesquisa mais cuidada dos diversos preceitos pertinentes, como aliás se confirma na nossa melhor doutrina, ainda que o número de situações em que se admite a acção de impugnação isolada varie bastante de autor para autor[3]. De um modo geral, afigura-se-nos que, sendo o processo administrativo português um processo de partes, dominado pelo princípio dispositivo, («Dispositionsmaxime» ou «Verfuegungsgrundgesatz») – artigos 46.º, 2, 78.º, 1, e 95.º, 1[4] –, como, aliás, resulta da nossa Constituição[5], o autor tem a iniciativa processual de conformar o objecto do processo, o «thema decidendum et respondendum». Mas essa liberdade, tanto no processo civil como no administrativo, é limitada pelo sistema de acções posto ao seu dispor e pelo modo como entre eles se articulam os diferentes tipos destes, em ordem a

---

nung – Kommentar, dirigido por SCHOCH, SCHMIDT-ASSMANN e PIETZNER, Munique, Comentário ao § 113, p. 46 e ss. O nosso art. 90.º, 3, do CPTA não desempenha uma função paralela à do § 113, 2, da VwGO, pois é só aplicável em casos de cumulação de pedidos em que a acção de impugnação se apresente como pedido principal.

Sobre a «Isolierte Anfechtungsklage» ver, por todos: HANS-WERNER LAUBINGER, «Die Isolierte Anfechtungsklage», *in System des Verwaltungsgerichtlicher Rechtsschutzes*, Festschrift fur C. F. Menger, Colónia, 1985, p. 443 e ss.; SCHMITT GLAESER / HORN, *Verwaltungsprozessrecht*, 15.ª ed., Estugarda, 2000, p. 87 e ss.; F. HUFEN, *Verwaltungsprozessrecht*, 5.ª ed., Munique, 2003, p. 237 e ss.; W.-R. SCHENKE, *Verwaltungsprozessrecht*, 9.ª ed., Heidelberga, 2004, p. 93 e ss.

[3] Ver, por todos, VIEIRA DE ANDRADE, *A Justiça Administrativa...*, cit., p. 223 e ss.; MÁRIO AROSO DE ALMEIDA, *O Novo Regime do Processo nos Tribunais Administrativos*, 4.ª ed., Coimbra, 2005, p. 149 e ss., com uma posição mais restritiva; MÁRIO e RODRIGO ESTEVES DE OLIVEIRA, *Código do Processo nos Tribunais Administrativos – Anotado*, vol. I, 2004, p. 350 e ss., e MÁRIO AROSO DE ALMEIDA, FERNANDO CADILHA, *Comentário ao Código do Processo nos Tribunais Administrativos*, 2.ª ed., Coimbra, 2007, p. 318 e ss., 395 e ss.

[4] Veja-se, entre nós, VIEIRA DE ANDRADE, *A Justiça Administrativa...*, cit., p. 469 e ss.; MANUEL DE ANDRADE, *Noções Elementares de Processo Civil*, Coimbra, 1956, p. 359 e ss.

[5] Permitimo-nos remeter para o que escrevemos em «A Relevância Processual dos Vícios Procedimentais No Novo Paradigma da Justiça Administrativa Portuguesa», *in Estudos Jurídicos e Económicos de Homenagem ao Prof. Doutor António de Sousa Franco*, p. 872 e ss.

garantir a tutela mais eficaz. Por fim, a actividade jurisdicional não se consubstancia em mero interesse teórico na solução de problemas jurídicos, mas na resolução de litígios concretos, em que as partes envolvidas discutem e fazem valer interesses reais e concretos. Daí o requisito processual do interesse em agir. Deste modo, a admissibilidade da impugnação autónoma de actos de denegação de pretensões dos particulares há-de resultar da harmonização entre as exigências dos princípios dispositivo e da auto-responsabilidade dos autores com as limitações impostas pelos tipos de acções disponíveis e pelo modo como estas assegurem nas situações concretas a tutela jurisdicional efectiva. Os preceitos concretos hão-de ser interpretados, sem prejuízo da sua força vinculativa incompressível, tendo em atenção a conjugação destes princípios e normas[6]. Os diversos exemplos de impugnação autónoma dos actos de recusa de uma pretensão, a chamada «Isolierte Anfechtungsklage» apresentada pela doutrina alemã que aceita a figura, reconduzem-se, segundo o entendimento que se nos afigura melhor, à aplicação ponderada destes princípios, não vendo nós razão para não seguir a mesma orientação no ordenamento jurídico português. Em qualquer caso, como resulta do CPTA, a «Isolierte Anfechtungsklage» será sempre um instrumento de aplicação relativamente reduzida.

4. O objecto do nosso estudo é, porém, não o de analisar as condições gerais em que os particulares, em vez de uma acção de condenação à prática de um acto devido, podem propor uma impugnação isolada do acto que nega a sua pretensão, mas em que termos é possível ao Ministério Público propor uma «Isolierte Anfechtungsklage», isto é, promover uma acção pública de impugnação numa situação em que os particulares poderiam, em princípio e em abstracto, propor uma acção de condenação. De um modo mais preciso, pretendemos averiguar da possibilidade de o Ministério Público poder propor uma acção de impugnação em situações em que:

a) O Ministério Público tem legitimidade activa, nos termos do artigo 68.º, 1, *c*), do CPTA para pedir a condenação à prática de um acto devido;

---

[6] Inclinamo-nos assim para dar preponderância à «Dispositionsmaxime», tal como julgamos que o faz VIEIRA DE ANDRADE, sem negar a necessidade de sempre se registar o pressuposto processual do interesse em agir, o qual há-de dar a medida da satisfação possível da tutela jurisdicional.

b) Os particulares poderiam propor uma acção de condenação à prática de um acto administrativo devido e não o fizeram. Da sua análise poderemos extrair algumas regras aplicáveis ao objecto de todas as acções administrativas especiais desenvolvidas pelo Ministério Público e sobre a acção processual do Ministério Público em geral.

5. Na primeira hipótese, em que há uma situação de legitimidade activa excepcional do Ministério Público, reforçando a tutela dos interesses pretensivos dos particulares – e independentemente da questão de configurar direitos fundamentais como de exercício obrigatório, a menos que a lei se interprete como parece mais curial, apenas em termos da dimensão objectiva que os direitos fundamentais também possuem – não se antolha possível admitir uma «Isolierte Anfechtungsklage» de iniciativa pública. O dever «ex lege» obriga sempre à prática de acto devido, ainda que não possa ser garantido o resultado último que com ele se pretende atingir[7].

6. Questão diferente – hipótese *b)* – é a de os particulares, podendo fazê-lo, não reagirem contenciosamente à recusa de uma pretensão, e o Ministério Público não dispor de legitimidade activa para pedir a condenação. É-lhe, neste caso, permitido impugnar o acto ilegal de indeferimento?

Deveremos, desde logo, reduzir o problema aos actos negativos expressos, pois que o silêncio ou apenas alguns actos procedimentais sem efeitos externos não são *qua tale* impugnáveis.

Julgamos ter à partida de excluir a admissibilidade de impugnação com fundamento em vícios materiais. Estamos no domínio dos interesses pretensivos e estes constituem-se e são exequíveis nas relações com a Administração por iniciativa e vontade dos particulares[8]. Consubstanciam um aspecto de autonomia privada, de liberdade de escolha de tutela face aos poderes públicos[9]. Se o Ministério Público pudesse conseguir a anulação de um acto administrativo de denegação de uma pretensão de um particular, o interesse pretensivo publicizava-se e, por via de execução de sentença

---

[7] A acção pública poderá, de resto, ser exercida em cumulação com acções populares ou promovidas por titulares de direitos ou interesses legalmente protegidos ofendidos.

[8] Sobre a distinção entre interesses opositivos e pretensivos, veja-se M. NIGRO, *Giustizia Amministrativa*, Bolonha, 2002, 6.ª ed., p. 117 e ss.

[9] Esse aspecto é particularmente evidente no caso da omissão ou silêncio da Administração, em que apenas a anterior pretensão do particular dá relevo jurídico-contencioso a esse facto.

administrativa, obtinha-se o mesmo resultado que se conseguiria através do reconhecimento de legitimidade activa do Ministério Público conferida na alínea c) do n.º 1 do artigo 68.º do CPTA, solução que a lei manifestamente não quis.

Quanto aos vícios formais – que não correspondem exactamente à chamada ilegalidade externa do acto, porquanto a incompetência está pela natureza das coisas excluída, mas apenas aos vícios de procedimento e aos vícios de forma do acto, incluindo a falta de fundamentação –, o problema é diverso.

Dado o carácter instrumental dos vícios de forma, se a razão da impugnação fosse apenas a da repercussão dos vícios sobre a pretensão do particular, não fazia sentido atribuir relevância a essas ilegalidades[10]. Cairíamos numa situação similar à que há pouco referimos a propósito da legalidade substantiva ou interna. Mas a «Isolierte Anfechtungsklage» pública justificar-se-á quando se tratar de vício de forma que a Administração já tenha cometido noutros procedimentos ou actos, ou viole interesses públicos diferentes, de modo a justificar um controlo preventivo ou repressivo. Face ao erro repetido que se traduz num vício de forma ou à ofensa de interesses públicos diversos dos conexos, com a pretensão do particular cometida através do desrespeito da forma legal, pode justificar-se a acção do Ministério Público, seja ela correctiva, ou tenha também efeitos preventivos. Não esqueçamos tratar-se, afinal, de uma acção de controlo jurisdicionalizada, controlo que, nestas condições, deve prevalecer sobre a forte subalternização da forma que se regista nas acções de condenação.

A impugnação isolada do acto negativo assume sempre um carácter subordinado em relação à «Verpflichtungsklage», mesmo no caso de acções públicas, pelo que as oportunidades do seu exercício isolado serão certamente escassas. Tal não diminui, porém, a importância teórica e particularmente o seu relevo sistemático.

7. Nas acções de condenação à prática de um acto administrativo devido, o objecto do processo é a pretensão processual a que o tribunal reconheça o direito do Autor (a sua pretensão material), o qual se consubstancia na condenação da Administração a praticar determinado acto conforme

---

[10] Vejam-se as considerações de VIEIRA DE ANDRADE, *O Dever de Fundamentação Expressa do Acto Administrativo*, Coimbra, 1991, p. 307 e ss., e o que escrevemos na «Relevância Processual...», cit., p. 872 e ss.

a norma material. Na «Isolierte Anfechtungsklage» pública, o objecto do processo é apenas o reconhecimento da ilegalidade do acto administrativo impugnado e a sua consequente anulação. Mas não é toda e qualquer ilegalidade do acto que é examinada. Escrutinadas são apenas as concretas ilegalidades por vícios de forma que sejam alegadas na petição inicial. A cada ilegalidade corresponderá assim um pedido, nos termos da teoria tradicional[11]. Sendo, mesmo a acção pública, um processo de partes, dominado pelo princípio dispositivo, e consistindo o objecto do processo no vício ou vícios concretos impugnados, não haverá lugar à aplicação do artigo 95.º, 2, do CPTA. O objecto da sentença e do julgado consubstanciar-se-á apenas nos vícios que tenham sido alegados.

8. Na «Isolierte Anfechtungsklage» pública o objecto do processo está limitado às ilegalidades formais, pelas razões que aduzimos. Não vemos, porém, motivo para que o objecto do processo em todas as outras acções administrativas especiais públicas em defesa da legalidade em geral – e não já de um específico interesse público, como certos valores e bens constitucionalmente protegidos, ou interesses difusos – haja de ser diferente. Nas acções públicas, em todas elas, quer nas de impugnação quer nas de condenação, são as concretas causas de ilegalidade apresentadas – e haverá tantos pedidos quantos elas sejam – que constituem o objecto do processo.

Esta interpretação permite considerar o objecto do processo nas impugnações públicas autónomas apenas como uma situação especial de limitação – neste caso aos vícios formais – das causas de invalidade dos

---

[11] Sobre o objecto do processo tal como é estruturado no CPTA, veja-se MÁRIO AROSO DE ALMEIDA, «O Objecto dos Processos no Novo Contencioso Administrativo», in *Cadernos de Justiça Administrativa*, n.º 36, p. 3 e ss. Veja-se, tb. do mesmo Autor, *Anulação de Actos Administrativos e Relações Jurídicas Emergentes*», Coimbra, 2002, p. 184 e ss. Concordamos fundamentalmente com os resultados a que chegou Mário Aroso de Almeida, embora não com o conceito de «Gegengestaltungsklage» em que assenta, o qual parece pressupor que o processo contencioso faz parte de um procedimento mais amplo que inclui o anteriormente chamado processo gracioso («innerprozessuale Bindungswirkungstheorie»). Sobre o problema pode ver-se o bom resumo de BRUNO SASSANI, *Impugnativa dell'Atto e Disciplina del Rapporto*, Pádua, 1989, especialmente p. 237 e ss.

Sobre a doutrina italiana em matéria de objecto do processo e motivos do recurso, da extensa bibliografia, veja-se com particular interesse para o problema F. LA VALLE, «Il Vincolo del Giudice Amministrativo Ai Motivi Di Parte», in *Rivista Trimestrale di Diritto Pubblico*, 1966, p. 20, e M. NIGRO, «Processo Amministrativo e Motivi di Ricorso», in *Foro Italiano*, 1975, VI, p. 19.

processos de impugnação pelo Ministério Público, quando orientado pela defesa do interesse geral à legalidade dos actos. As acções públicas têm um objecto de processo diferente do das acções particulares, limitado, como se disse, às concretas causas de invalidade invocadas. Tal objecto decorre da função de mero controlo que é a real finalidade dessas acções.

O RECONHECIMENTO E A EXECUÇÃO DE SENTENÇAS ICSID/CIRDI: PORTUGAL À ESPERA DA PRIMEIRA VEZ[*]

TIAGO DUARTE[**]

Investment disputes have attracted their fair share of missionaries, fanatics and lawyers (William D. Rogers)

I – INTRODUÇÃO

Apesar de a Convenção de Washington ter entrado em vigor há mais de 40 anos e de Portugal a ter aprovado para ratificação há mais de 20, através do Decreto do Governo n.º 15/84, de 3 de Abril[1], a verdade é que o conhecimento e a análise desta Convenção e do Centro de Arbitragem que a mesma criou são tarefas que estão, ainda hoje, longe de estarem realizadas entre nós.

Para tentar justificar esta lacuna, atento o manifesto interesse prático e teórico de que as arbitragens ICSID/CIRDI[2] se revestem no quadro da

---

[*] Tendo escrito este texto para ser publicado nos *Estudos em comemoração dos 10 anos da FDUNL*, não queria deixar passar esta oportunidade para saudar vivamente essa Instituição, a que me encontro ligado desde a primeira hora. Com efeito, foi com muito orgulho que fiz parte do 1.º programa de doutoramento e mestrado dessa faculdade, aí tendo prestado as minhas provas de doutoramento e aí exercendo actualmente as funções de professor de Direito Constitucional e de Direito Administrativo.

[**] Professor da Faculdade de Direito da Universidade Nova de Lisboa.

[1] Em relação a Portugal, a Convenção entrou em vigor em 1 de Agosto de 1984.

[2] Centro Internacional para a Resolução de Diferendos Relativos a Investimentos (CIRDI) ou, na versão inglesa, *International Centre for Settlement of Investment Disputes (ICSID)*. Estando mais enraizado, mesmo entre nós, o acrónimo ICSID, será este usado preferencialmente neste texto.

internacionalização dos investimentos e da procura de meios de resolução alternativa de litígios transnacionais, pode porventura invocar-se o facto de este centro de arbitragem, criado através de um tratado internacional, estando vocacionado para resolver diferendos de natureza comercial entre entidades privadas e Estados, acabar por se colocar, dogmaticamente, numa espécie de terra de ninguém, atendendo à clássica, apesar de parcialmente ultrapassada, separação de matérias (e também de autores) entre Direito Público e Direito Privado.

Com efeito, como se verá, a grande novidade do modelo de arbitragem ICSID resulta do facto de esta encontrar a sua base normativa numa convenção internacional a que se têm vindo a vincular mais de uma centena de Estados, sendo que a submissão por parte desses Estados à arbitragem ICSID ocorre muitas vezes também por intermédio de convenções internacionais, desta vez bilaterais (*Bilateral Investment Treaties – BITs*)[3], o que acaba por retirar a arbitragem ICSID apenas do domínio comercial e contratual, para a colocar no domínio do Direito Internacional Público.

A verdade é que os *State Contracts*[4] celebrados com investidores estrangeiros são hoje uma realidade crescente, atendendo à globalização dos investimentos, nomeadamente com países menos desenvolvidos (*Less Developed Countries – LDCs*) e ao objectivo desses mesmos Estados de atraírem cada vez mais investimentos que possam potenciar o seu desenvolvimento económico, o que acaba por justificar, consequentemente, o

---

[3] Em Portugal são vulgarmente conhecidos como Acordos de Promoção e Protecção de Investimentos (APPIs) ou por Tratados Bilaterais de Investimento (TBIs).

[4] Sobre a relação entre os *State Contracts* e a arbitragem internacional, veja-se, por exemplo, BERNARD AUDIT, *L'arbitrage Transnational et les Contrats d'État: Bilan et Perspectives*, Académie de Droit International de la Haye, Centre d'Étude et de Recherche de Droit International et de Relations Internationales, L'Arbitrage Transnational et les Contrats d'État, 1987, p. 23 e ss. (edição bilingue, francês e inglês). Sobre os *State Contracts*, veja-se ainda PROSPER WEIL, *Problèmes relatifs aux contrats passés entre un État et un Particulier*, Académie de Droit International, Recueil des Cours, 1969, vol. III, tome 128, 1970, p. 94 e ss., F. A. MANN, «The Law Governing State Contracts», *The British Year Book of International Law*, 1944, p. 11 e ss., PIERRE MAYER, «La neutralisation du pouvoir normative de l'État en matière de contrats d'État», *Journal du Droit International*, 1986, p. 26 e ss., CHARLES LEBEN, «L'Évolution de la notion de Contrat d'État», *Revue de L'Arbitrage*, 2003, n.º 3, p. 629 e ss., HADI SLIM, «Les Contrats d'État et les Spécificités des Systèmes Juridiques Dualistes», *Revue de L'Arbitrage*, 2003, n.º 3, p. 691 e ss. e MAURICE KAMTO, «La Notion de Contrat d'État: Une Contribution au Débat», *Revue de L'Arbitrage*, 2003, n.º 3, p. 719 e ss.

crescimento exponencial que a arbitragem ICSID tem sofrido nos últimos anos[5].

Note-se, aliás, que este crescimento não é apenas visível no número de arbitragens iniciadas junto do ICSID mas, igualmente, no número de *bilateral investment treaties* assinados e na cada vez mais frequente inclusão de cláusulas contratuais impondo o recurso à arbitragem ICSID como forma de resolução dos litígios potencialmente emergentes desses contratos.

No presente Estudo, pretende-se apresentar uma visão (necessariamente) genérica do funcionamento das arbitragens ICSID, centrando-se a análise no ponto crucial que, no limite, determina a (in)eficácia e o (in)sucesso de qualquer modelo de arbitragem, qual seja o do reconhecimento e sobretudo da execução das decisões arbitrais.

Como se verá, não obstante o facto de as arbitragens ICSID terem criado um modelo de arbitragem internacional que praticamente dispensa o reconhecimento nacional das sentenças (a própria anulação das sentenças rege-se por regras próprias previstas na Convenção), a verdade é que, em matéria de execução, não é possível dispensar a colaboração dos tribunais nacionais dos Estados (partes da Convenção de Washington), em cujo território se pretenda promover essa execução (forçada) das obrigações de natureza pecuniária.

Neste contexto, o facto de não ter sido até ao momento instaurada qualquer arbitragem ICSID contra o Estado português nem, que se saiba, ter havido qualquer empresa portuguesa a iniciar uma arbitragem ICSID contra um Estado terceiro, não impede que, a qualquer momento, sejam os tribunais portugueses confrontados com um pedido de reconhecimento e posterior execução de uma sentença arbitral ICSID.

Nesse caso, caberá aos Tribunais portugueses (mais precisamente ao Supremo Tribunal de Justiça[6]), após o procedimento simplificado de reconhecimento da sentença, determinar, de acordo com a lei portuguesa, a execução efectiva dos bens do Estado condenado que se encontrem em território nacional, decidindo sobre a existência ou não de qualquer imunidade que obvie a essa mesma execução.

---

[5] Sobre a arbitragem relativa à protecção de investimentos, em geral, BRIGITTE STERN, *O Contencioso dos Investimentos Internacionais*, 2003.

[6] Portugal indicou o STJ como Tribunal responsável para promover o reconhecimento e a execução das sentenças ICSID/CIRDI.

É, pois, este cruzamento entre tratados bilaterais de protecção de investimentos (*BITs*) e *state contracts*, bem como entre o Direito Internacional Público (e os tribunais arbitrais) e o Direito Nacional (e os tribunais judiciais) que se propõe aqui descrever e analisar.

II – A CONVENÇÃO DE WASHINGTON E A ARBITRAGEM ICSID

A Convenção de Washington que criou o ICSID entrou em vigor no dia 14 de Outubro de 1966 [trinta dias após o depósito da vigésima ratificação (da Holanda), tal como consta do n.º 2 do art. 68.º da Convenção][7], sendo que uma das suas novidades resulta do facto de os particulares passarem a ter acesso directo a uma jurisdição arbitral criada por um instrumento de Direito Internacional Público, assim fazendo dos investidores privados sujeitos de Direito Internacional, colocando-os, para este efeito, ao mesmo nível dos Estados e despojando estes, assim, do exclusivo que tradicionalmente detinham em matéria de utilização do Direito Internacional Público.

No fundo, este modelo de arbitragem associa-se a essa nova forma de relacionamento dos Estados, em termos substantivos, com investidores estrangeiros, seja através da celebração dos chamados *state contracts*, através dos quais os Estados[8] celebram contratos de investimento com empresas estrangeiras que não aceitam sujeitar esses mesmos contratos à jurisdição, nem por vezes à legislação, do país em cujo território o investimento vai ser realizado (assim se afastando dos típicos contratos admi-

---

[7] Neste momento a Convenção encontra-se em vigor em 143 Estados. Existem 135 casos que já terminaram e 118 arbitragens pendentes.

[8] Nos termos do n.º 1 do art. 25.º da Convenção, pode ser parte nos contratos sujeitos à arbitragem ICSID (em substituição dos Estados) *qualquer pessoa colectiva de Direito Público ou organismo dele dependente designado pelo mesmo ao Centro.* Nos termos do n.º 3 do mesmo art. 25.º, *o consentimento de uma pessoa colectiva de Direito Público ou de um organismo de um Estado Contratante requererá a aprovação do referido Estado, excepto se o mesmo notificar o Centro no sentido de que tal aprovação não é necessária.* Sobre a discussão em torno desta questão, durante os trabalhos preparatórios de elaboração da Convenção, veja-se, por todos, ARON BROCHES, «Awards Rendered Pursuant to the ICSID Convention: Binding Force, Finality, Recognition, Enforcement, Execution», em *ICSID Review*, vol. 2, n.º 2, 1987, p. 294 e ss. Portugal indicou, em 24 de Julho de 1996, como organismo de Direito Público apto a celebrar contratos sujeitos a arbitragem ICSID, o *Investimentos, Comércio e Turismo de Portugal.*

nistrativos[9]), seja, por vezes, prescindindo mesmo de quaisquer contratos e declarando (através de um tratado internacional bilateral) proteger os investimentos estrangeiros realizados nesse país.

O modelo de arbitragem ICSID assume-se assim como uma autêntica ruptura face à «Doutrina Calvo» (cuja popularidade nos países latino-americanos justificou os atrasos e as reticências na adesão à Convenção ICSID, tendo impedido, até ao momento, a ratificação da Convenção por parte do Brasil, por exemplo)[10].

De acordo com a «Doutrina Calvo», os estrangeiros não deveriam ter mais direitos do que os nacionais do Estado em que se encontram, sendo que, consequentemente, os Estados soberanos não devem ser julgados a não ser nos seus próprios tribunais e aplicando a sua própria lei, tal como acontece quando o Estado celebra contratos com nacionais desse Estado. Do mesmo modo, perante a ocorrência de litígios, devem os privados aceitar não recorrer à protecção diplomática do seu país de origem, sujeitando-se apenas ao veredicto dos tribunais nacionais do Estado em que o investimento foi realizado[11].

---

[9] Neste sentido, considerando que a tendência relativamente a arbitragens internacionais envolvendo Estados é a de tratar igualmente o Estado e a parte privada, evitando assim regimes especiais para Estados quando estes se encontram envolvidos em actividades comerciais, E. GAILLARD e J. EDELSTEIN, «Recent Developments in State immunity from Execution in France: Creighton v. Qatar», *Mealey's International Arbitration Reports*, n.º 15, 2000, p. 49.

[10] Sobre a «Doutrina Calvo» e a sua influência negativa relativamente ao desenvolvimento da arbitragem ICSID, JAMES C. BAKER e LOIS J. YODER, «ICSID and the Calvo Clause: a Hindrance to Foreign Direct Investment in LDCs», *Ohio State Journal on Dispute Resolution*, vol. 5, 1989, p. 75 e ss., e JAN KLEINHEISTERKAMP, «O Brasil e as disputas com investidores estrangeiros», em MÓNICA TERESA COSTA SOUSA CHEREM e ROBERTO DI SENA JÚNIOR (org.), *Comércio Internacional e Desenvolvimento: uma perspectiva brasileira*, 2004, p. 157 e ss. A «Doutrina Calvo» teve na sua base as intervenções públicas de Carlos Calvo, um diplomata argentino (1824-1906), desenvolvidas como reacção face às práticas imperialistas dos países europeus e dos Estados Unidos da América. A obra de referência de Carlos Calvo é, *Le Droit International théorique et pratique*, 1896. Sobre a Doutrina Calvo em geral e sobre as chamadas «cláusulas Calvo» que, no seguimento desta doutrina, se incluem em muitos contratos internacionais, DONALD R. SHEA, *The Calvo Clause, a problem of inter-American and international law and diplomacy*, 1955 e FRIEDRICH OSCHMANN, *Calvo Doktrin und Calvo Klauseln*, 1993.

[11] JAMES C. BAKER e LOIS J. YODER, «ICSID and the Calvo Clause: a Hindrance to Foreign Direct Investment in LDCs», em *Ohio State Journal on Dispute Resolution*, vol. 5, 1989, p. 90, e JAN KLEINHEISTERKAMP, «O Brasil e as disputas com investidores estrangeiros», em MÓNICA TERESA COSTA SOUSA CHEREM e ROBERTO DI SENA JÚNIOR (org.), *Comércio Internacional e Desenvolvimento: uma perspectiva brasileira*, 2004, p. 157.

Neste contexto, é natural que a «Doutrina Calvo», sobretudo quando aplicada em países menos desenvolvidos e com menos garantias de separação de poderes e de independência do poder judicial, seja um importante factor desincentivador para investimentos estrangeiros, sobretudo para investimentos de longa duração que implicam grandes dispêndios financeiros em infra-estruturas e a recuperação do capital investido ao longo de um período longo (como, por exemplo, nos contratos de concessão).

Ora, a Convenção de Washington que criou o ICSID surge precisamente como alternativa à «Doutrina Calvo», procurando substituir os alicerces dessa doutrina por um modelo em que as partes aceitam submeter (definitivamente) os litígios que possam surgir a um tribunal arbitral internacional, podendo inclusivamente escolher a lei aplicável, sendo que, mesmo que se aplique a lei do país em que o investimento se realiza, por falta de determinação das partes (art. 42.º), ainda assim se aplicam igualmente as normas de Direito internacional que o Tribunal arbitral entenda serem pertinentes[12].

O modelo de arbitragens ICSID perseguiu, assim, o duplo propósito de, por um lado, romper com a «Doutrina Calvo», na qual era visível um preconceito relativo à superioridade dos Estados face aos investidores, bem como a ideia de que um Estado não podia julgar outro Estado nos seus Tribunais, sem com isso se colocar em causa a ideia de igualdade entre Estados e, por outro lado, não afastar, ainda assim, os países defensores da referida Doutrina, antes promovendo a sua adesão à Convenção de Washington[13].

---

[12] Nos termos do n.º 1 do art. 42.º da Convenção pode ler-se que, *o tribunal julgará o diferendo em conformidade com as regras de Direito acordadas entre as partes. Na ausência de tal acordo, o tribunal deverá aplicar a lei do Estado Contratante parte no diferendo (incluindo as regras referentes aos conflitos de leis), bem como os princípios de Direito internacional aplicáveis.*

[13] IBRAHIM F. I. SHIHATA, «Towards a Greater Depoliticization of Investment Disputes: The Roles of ICSID and MIGA», *ICSID Review*, vol. 1, n.º 1, 1986, p. 1 e ss. Quanto à adesão dos países da América Latina à Convenção de Washington, a mesma foi tardia e tem vindo a ser lenta. Assim, de acordo com JAN KLEINHEISTERKAMP, «O Brasil e as disputas com investidores estrangeiros», em MÓNICA TERESA COSTA SOUSA CHEREM e ROBERTO DI SENA JÚNIOR (org.), *Comércio Internacional e Desenvolvimento: uma perspectiva brasileira*, 2004, p. 162, o Paraguai e a Costa Rica assinaram a Convenção em 1981, El Salvador em 1982, Equador e Honduras em 1986, Chile, Bolívia, Argentina e Peru, em 1991, Uruguai em 1992, Venezuela em 1993, Nicarágua em 1994, Guatemala e Panamá em 1995, sendo que entre a assinatura e o depósito de ratificação decorreram períodos longos de tempo, que variaram entre 3 anos para as Honduras e 12 anos para a Costa Rica.

Com efeito, ao colocar os Estados e os investidores no mesmo patamar perante o Direito Internacional, assumindo-se que qualquer litígio entre ambos, tenha ou não o investimento uma natureza contratual[14], será dirimido numa instância internacional, procura-se *despolitizar a resolução dos litígios* e favorecer a confiança dos investidores, sobretudo quando os investimentos são realizados em países em que a sujeição aos tribunais e às leis desse mesmo país poderia ser vista como um risco demasiado elevado por parte dos investidores[15-16].

III – O CARÁCTER VOLUNTÁRIO DO CONSENTIMENTO

Uma das principais características da sujeição a uma arbitragem ICSID resulta do modo como o consentimento pode ser prestado. Assim, em primeiro lugar, é preciso que ambos os Estados, seja o Estado que acolhe o investimento, seja o Estado da naturalidade ou da sede do investidor, sejam partes contratantes da Convenção ICSID[17].

Acontece que a adesão por parte dos Estados à Convenção, sendo *conditio sine qua non* para a utilização da arbitragem ICSID, não implica, *ipso facto*, a utilização necessária desse modelo de arbitragem. Com efeito, é necessário que haja um consentimento escrito por parte de ambas as par-

---

[14] Em muitos *Bilateral Investment Treaties* a protecção do investimento e a possibilidade de recurso a uma arbitragem ICSID é independente da existência de qualquer incumprimento contratual por parte do Estado, antes se aceitando o recurso à arbitragem no caso de o Estado, por qualquer via (acto legislativo, acto administrativo, operação material de expropriação, por exemplo) violar a obrigação de protecção do investimento estrangeiro assumida no referido tratado bilateral. Neste sentido, JAN PAULSSON, «Arbitration without Privity», *ICSID Review*, vol. 10, n.º 2, 1995, p. 232 e ss.

[15] JOHN T. SCHMIDT, «Arbitration under the Auspices of the International Centre for Settlement of Investment Disputes (ICSID): Implications of the Decision on Jurisdiction in Alcoa Minerals of Jamaica, Inc. v. Government of Jamaica», *Harvard International Law Journal*, vol. 17, n.º 1, 1976, p. 90 e ss.

[16] IBRAHIM F. I. SHIHATA, «Towards a Greater Depoliticization of Investment Disputes: The Roles of ICSID and MIGA», *ICSID Review*, vol. 1, n.º 1, 1986, p. 4 e ss.

[17] Nos termos do n.º 1 do art. 25.º da Convenção pode ler-se que *a competência do Centro abrangerá os diferendos de natureza jurídica directamente decorrentes de um investimento entre um Estado Contratante (ou qualquer pessoa colectiva de direito público ou organismo dele dependente designado pelo mesmo ao Centro) e um nacional de outro Estado Contratante, diferendo esse cuja submissão ao Centro foi consentida por escrito por ambas as partes. Uma vez dado o consentimento por ambas as partes, nenhuma delas poderá retirá-lo unilateralmente.*

tes (investidor e Estado que acolhe o investimento) aceitando a submissão à arbitragem ICSID dos litígios resultantes desses mesmos investimentos.

Esse consentimento para a arbitragem pode, assim, resultar da inserção de uma cláusula compromissória no próprio contrato de investimento, desta forma submetendo apenas os litígios decorrentes daquele contrato à jurisdição arbitral, podendo, no entanto, cada Estado aceitar, normalmente através da assinatura de um *Bilateral Investment Treaty* (com obrigações recíprocas), que todos os litígios que surjam relacionados com investimentos celebrados com nacionais do outro Estado parte no referido tratado bilateral (*BIT*) possam ser dirimidos através do recurso à jurisdição ICSID.

Nesse caso, os Estados partes no referido tratado bilateral procedem (relativamente a todos os investimentos que venham a ser realizados no seu território) a uma aceitação da jurisdição ICSID (oferta de arbitragem) de modo abstracto e desligado de qualquer contrato em especial, sendo que, nessa situação, no caso de posteriormente ser celebrado por esse Estado um contrato de investimento com um investidor estrangeiro (mesmo na ausência de cláusula contratual relativamente à arbitragem ICSID) ou havendo qualquer violação directa das obrigações previstas no tratado bilateral, bastará o consentimento por escrito por parte do investidor privado (nomeadamente no momento da apresentação do requerimento de arbitragem) para se considerar que o consentimento de ambos (Estado e investidor) se encontra preenchido, no sentido de aceitarem a submissão do litígio (decorrente do incumprimento contratual por parte do Estado ou decorrente da violação directa das obrigações do tratado bilateral[18]) à jurisdição arbitral do ICSID.

Se o consentimento tem de ser necessariamente voluntário, a verdade é que, após o respectivo consentimento ter sido prestado já não pode ser unilateralmente revogado, o que bem se compreende, só assim se evitando defraudar as expectativas de quem investiu, confiando em determinados pressupostos que naturalmente não podem depois ser unilateralmente modificados. A este propósito, importa lembrar aqui, de modo sucinto, o *leading case* relativamente a esta matéria.

Assim, em 1974, a Jamaica, parte contratante da Convenção ICSID, decidiu que ia aumentar fortemente as taxas a pagar pelos investidores estrangeiros. Neste contexto, um mês antes de publicar essa alteração legis-

---

[18] Obrigação de não expropriar os bens do investidor sem pagamento de prévia e justa indemnização, por exemplo.

lativa, notificou o ICSID no sentido de excluir da jurisdição deste Centro de Arbitragem, em abstracto, todos litígios relativos a investimentos com minerais e outros recursos naturais, algo que podia ter feito no momento da ratificação da Convenção (art. 25.º).

Após a publicação da alteração legislativa, e confrontado com o início de arbitragens ICSID requeridas por investidores privados (*Alcoa Minerals of Jamaica, Inc.*, versus *Jamaica, Kaiser Bauxite Co.* versus *Jamaica, Reynolds Jamaica Mines Ltd. e Reynolds Metals Co.*, versus *Jamaica*), o Governo da Jamaica veio invocar a exclusão de jurisdição ICSID para aqueles litígios, tendo os Tribunais arbitrais declarado que este Estado não podia unilateralmente excluir litígios relativamente a investimentos já existentes e que haviam sido realizados na pressuposição de que estariam sujeitos à jurisdição do ICSID, pois, caso contrário, a efectividade da Convenção ficaria totalmente prejudicada[19-20-21].

---

[19] Para uma análise detalhada do caso *Alcoa Minerals of Jamaica, Inc. v. Jamaica*, veja-se JOHN T. SCHMIDT, «Arbitration under the Auspices of the International Centre for Settlement of Investment Disputes (ICSID): Implications of the Decision on Jurisdiction in Alcoa Minerals of Jamaica, Inc. v. Government of Jamaica», *Harvard International Law Journal*, vol. 17, n.º 1, 1976, p. 90 e ss. Note-se que no contrato com a Alcoa (celebrado em 1968, para um período de 25 anos) previa-se especificamente uma «*no further tax clause*», bem como uma cláusula de arbitragem ICSID.

[20] Quanto à recente decisão da Bolívia de deixar de ser parte contratante da Convenção ICSID, o que acontece pela primeira vez na história da Convenção, veja-se SÉBASTIEN MANCIAUX, «La Bolivie se retire du CIRDI», *Revue de L'Arbitrage*, n.º 2, 2007, p. 351 e ss.

[21] Em geral, sobre a matéria do consentimento, de modo detalhado, CHRISTOPH H. SCHREUER, *The ICSID Convention: A Commentary*, 2001, pp. 82 a 344, bem como a extensa bibliografia aí referenciada. Para além do n.º 1 do art. 25.º já citado, importa conhecer o teor dos números 3 e 4 do mesmo artigo. Assim, de acordo com o n.º 3 do art. 25.º, pode ler-se que *o consentimento de uma pessoa colectiva de Direito público ou de um organismo de um Estado Contratante requererá a aprovação do referido Estado, excepto se o mesmo notificar o Centro no sentido de que tal aprovação não é necessária*. Nos termos do n.º 4 do mesmo art. 25.º, prevê-se que *todos os Estados Contratantes poderão, na altura da sua ratificação, aceitação ou aprovação da Convenção ou em qualquer outra data posterior, notificar o Centro sobre a categoria ou categorias de diferendos que consideram poderem ser sujeitos à competência do Centro. O secretário-geral deverá transmitir imediatamente a notificação recebida a todos os Estados Contratantes. Tal notificação não dispensará o consentimento exigido pelo n.º 1*. No caso de a parte na arbitragem ser uma pessoa colectiva diversa do Estado, parece que os bens que responderão pela dívida, em caso de execução forçada, serão apenas os bens dessa mesma pessoa colectiva. Neste sentido, CHRISTOPH H. SCHREUER, *The ICSID Convention: A Commentary*, 2001, p. 1177 e ss. Diferentemente, considerando que mesmo nesses casos o Estado também deve ser (por uma questão de boa fé) responsável pelo cumprimento das obrigações daí adve-

IV – A VINCULATIVIDADE, O RECONHECIMENTO E A EXECUÇÃO DAS SENTENÇAS ICSID

A Convenção de Washington que criou o ICSID é uma das mais importantes e inovadoras convenções em matéria de arbitragem internacional, sendo de salientar a preocupação havida em dotar a respectiva tramitação processual de um nível elevado de eficácia, de modo a não defraudar as expectativas da parte vencedora e, consequentemente, a importância das sentenças, no momento de procurar a sua execução forçada[22].

Com efeito, tendo sido criada no âmbito do Banco Mundial, com o propósito assumido de facilitar os investimentos em países menos desenvolvidos, a referida Convenção vem criar um centro de arbitragem verdadeiramente internacional e (quase) autónomo face às diversas jurisdições nacionais, assim se afastando do modelo comum da arbitragem comercial internacional, antes se aproximando do modelo do Tribunal de Justiça das Comunidades, atendendo à força executiva das suas decisões[23].

Neste contexto, de acordo com o modelo ICSID, pode afirmar-se que as sentenças arbitrais são definitivas, na medida em que não são recorrí-

---

nientes, pois foi o Estado que autorizou essa «*agency*» a celebrar os contratos sujeitos ao ICSID, ARON BROCHES, «Awards Rendered Pursuant to the ICSID Convention: Binding Force, Finality, Recognition, Enforcement, Execution», *ICSID Review*, vol. 2, n.° 2, 1987, p. 294 e ss. Quanto à possibilidade de essas «*agencies*» ou «*State Controlled Enterprises*» poderem invocar imunidades de execução, GEORGES R. DELAUME, «Contractual Waivers of Sovereign Immunity: Some Practical Considerations», *ICSID Review*, vol. 5, n.° 2, 1990, p. 233 e, do mesmo autor, «Recent French Cases on Sovereign Immunity and Economic Development Activities», *ICSID Review*, vol. 2, n.° 1, 1987, p. 152 e ss., onde se analisa a decisão dos tribunais franceses relativamente à *Sonatrach* (empresa argelina de petróleo) no sentido de negarem qualquer imunidade de execução aos bens daquela empresa, por esta ser uma entidade diferente do Estado e actuar no âmbito de actividades comerciais. Esta decisão encontra-se disponível em *ICSID Review*, vol. 2, n.° 1, 1987, p. 168 e ss. Sobre esta questão, veja-se, igualmente, KARL-HEINZ BÖCKSTIEGEL, *Arbitration and State Enterprises*, 1984, e Hazel Fox, *The Law of State Immunity*, 2004, p. 336 e ss., considerando mesmo que a determinação das fronteiras da imunidade de execução no que respeita às «*agencies*» constitui um *perennial problem*.

[22] ANDREA GIARDINA, «L'exécution des sentences du centre international pour le règlement des différends relatifs aux investissements», *Revue Critique de Droit International Privé*, 1982, p. 273.

[23] ANDREA GIARDINA, «L'exécution des sentences du centre international pour le règlement des différends relatifs aux investissements», *Revue Critique de Droit International Privé*, 1982, p. 276, e CHRISTOPH H. SCHREUER, *The ICSID Convention: A Commentary*, 2001, p. 1102.

veis para as jurisdições nacionais, nem sequer para efeitos de procurar a sua anulação[24]. Do mesmo modo, as referidas sentenças são imediatamente executáveis, devendo ser consideradas por qualquer Estado contratante (para efeitos de permitirem a execução forçada) como se fossem sentenças finais provenientes dos Tribunais superiores das jurisdições internas de cada Estado[25].

Assim sendo, a parte que tenha obtido vencimento numa arbitragem ICSID pode, se a outra parte se recusar a cumprir voluntariamente o teor da sentença, procurar obter a execução forçada da mesma (apenas de um ponto de vista pecuniário[26]) no território de qualquer um dos Estados Contratantes, desde que aí se encontrem bens susceptíveis de avaliação pecuniária que possam ser executados, como forma de liquidar a indemnização titulada pela sentença.

Ora, é precisamente com o intuito de executar os bens do Estado condenado na arbitragem ICSID que se torna necessário obter a colaboração das jurisdições internas dos diversos Estados Contratantes, seja no reconhecimento (simplificado) da sentença, seja na respectiva execução da mesma.

---

[24] Relativamente à anulação de sentenças ICSID veja-se, por exemplo, EMMANUEL GAILLARD e YAS BANIFATEMI, (org.), *Annulment of ICSID Awards*, 2004, que contém um conjunto de artigos sobre o referido tema, bem como CHRISTOPH H. SCHREUER, *The ICSID Convention: A Commentary*, 2001, pp. 881 a 1075, e a extensa bibliografia aí referenciada.

[25] O objectivo é que as sentenças resultantes da arbitragem ICSID sejam vistas como sentenças nacionais superiores e como tal executáveis e não que sejam vistas como sentenças mais «privilegiadas» do que as próprias sentenças nacionais. Neste sentido, veja-se o *Report of the Executive Directors of the Settlement of Investment Dispute between States and Nationals of Other States*, que se encontra disponível em *ILM (International Legal Materials)*, n.º 4, 1965, p. 530.

[26] Só as obrigações pecuniárias podem ser executadas coercivamente, apesar de toda a sentença dever ser reconhecida, tornando-se *res judicata* e devendo, mesmo as obrigações não pecuniárias, ser cumpridas voluntariamente pela parte condenada. ARON BROCHES, «Awards Rendered Pursuant to the ICSID Convention: Binding Force, Finality, Recognition, Enforcement, Execution», *ICSID Review*, vol. 2, n.º 2, 1987, p. 297 e ss. Foi para ultrapassar objecções (*v. g.* da Alemanha) relativamente à questão da compatibilização das sentenças com a ordem pública dos diversos países, que foi sugerida (pelo autor) e aceite a regra de que a execução forçada das sentenças se reduziria a uma execução pecuniária. CHRISTOPH H. SCHREUER, *The ICSID Convention: A Commentary*, 2001, p. 1124 e ss. Note-se que a partir do momento em que o Estado não cumpre a sentença (nomeadamente quando a sentença impõe, por exemplo, a devolução de bens expropriados), a parte vencedora pode, em vez de procurar a execução pecuniária forçada, apelar antes ao seu próprio Estado para que este lhe dê protecção diplomática e apresente uma queixa internacional ou instaure uma acção junto do Tribunal Internacional de Justiça contra o outro Estado.

a) **O reconhecimento da sentença arbitral ICSID**

Um dos elementos que confere um elevado grau de eficácia e ao mesmo tempo de simplicidade relativamente às sentenças ICSID face a outras sentenças arbitrais produzidas no contexto de outros centros de arbitragem prende-se com a facilidade de reconhecimento das sentenças ICSID em qualquer Estado parte na referida Convenção.

Assim, as sentenças ICSID seguem regras próprias em matéria de reconhecimento, que se encontram previstas no artigo 54.° da Convenção, não se aplicando, por isso, o disposto na Convenção de Nova York em matéria de reconhecimento de sentenças (estrangeiras)[27].

Com efeito, não obstante a Convenção de Nova York ter representado um avanço considerável em matéria de reconhecimento de sentenças arbitrais estrangeiras, a verdade é que, no âmbito desta Convenção, os Estados podem ainda sujeitar as referidas sentenças a um conjunto de testes que, na prática, obviam por vezes ao reconhecimento de algumas sentenças[28].

Ora, bem ao invés, o reconhecimento das sentenças ICSID nos diversos Estados partes da Convenção está sujeito a um modelo simplificado em que o *exequatur* (concedido pela autoridade que o Estado tiver designado e indicado à ICSID[29]) apenas está dependente da verificação da autenticidade da sentença, razão pela qual a parte que procura o reconheci-

---

[27] Sobre a Convenção de Nova York, em vigor em Portugal desde 16 de Janeiro de 1995, veja-se, por exemplo, ALBERT JAN VAN DEN BERG, *The New York Convention of 1958*, 1981, e AA.VV., *Quo Vadis Arbitration?*, *Sixty years of Arbitration Practice*, 1999, p. 67 e ss.

[28] Os motivos que podem impedir o reconhecimento das sentenças no contexto da Convenção de Nova York são: (i) invalidade do acordo de arbitragem, (ii) violação do *due process*, (iii) excesso de poder por parte dos árbitros, (iv) irregularidades na constituição do tribunal arbitral ou no processo arbitral, (v) sentença não vinculativa, suspensa ou anulada no país de origem, (vi) violação de princípios de ordem púbica (*public policy / ordre public*). Para uma análise do modo como se processa o reconhecimento e a execução das sentenças no contexto da Convenção de Nova York, SUSAN CHOI, «Judicial Enforcement of Arbitration wards under the ICSID and New York Conventions», *New York University Journal of International Law and Politics*, vol. 28, n.° 1-2, 1995-1996, p. 187 e ss., ALBERT JAN VAN DEN BERG, «Some Recent Problems in the Practice of Enforcement under the New York and the ICSID Conventions», *ICSID Review*, vol. 2, n.° 2, 1987, p. 439 e ss., e DAVID P. STEWART, «National Enforcement of Arbitral Awards under Treaties and Conventions», *International Arbitration in the 21st century: Towards «Judicialization» and Uniformity? Twelfth Sokol Colloquium*, 1994, p. 163 e ss.

[29] Em Portugal, a autoridade competente é o Supremo Tribunal de Justiça.

mento deve juntar uma cópia da sentença devidamente certificada pelo Secretário-Geral do ICSID[30].

Com efeito, de acordo com o artigo 54.° da Convenção pode ler-se que[31]:

> *1. Cada Estado contratante reconhecerá a obrigatoriedade da sentença dada em conformidade com a presente Convenção e assegurará a execução no seu território das obrigações pecuniárias impostas por essa sentença como se fosse uma decisão final de um tribunal desse Estado. O Estado Contratante que tenha uma constituição federal poderá dar execução à sentença por intermédio dos seus tribunais federais e providenciar para que estes considerem tal sentença como decisão final dos tribunais de um dos Estados federados.*
>
> *2. A Parte que deseje obter o reconhecimento e a execução de uma sentença no território de um Estado Contratante deverá fornecer ao tribunal competente ou a qualquer outra autoridade que tal Estado tenha designado para este efeito uma cópia da sentença autenticada pelo secretário-*

---

[30] Ross P. Buckley, «Now we have come to the ICSID Party: Are its Awards Final and Enforceable?», *The Sydney Law Review*, vol. 14, 1992, p. 370. Para um bom resumo geral sobre o procedimento de reconhecimento e execução das sentenças ICSID, Enrique Fernández Masiá, *Arbitraje en Inversiones Extranjeras: El Procedimiento Arbitral en el CIADI*, 2004, p. 326 e ss., e Lucy Reed Jan Paulsson e Nigel Blackaby, *Guide to ICSID Arbitration*, 2004, p. 95 e ss.

[31] De acordo com Aron Broches, «Awards Rendered Pursuant to the ICSID Convention: Binding Force, Finality, Recognition, Enforcement, Execution», *ICSID Review*, vol. 2, n.° 2, 1987, p. 299, este artigo (que corporiza uma das maiores inovações da Convenção) apenas obteve a sua redacção definitiva na última ronda de revisão efectuada pelos directores executivos. De acordo com este autor (presidente do comité de peritos representantes dos diversos Estados-membros do Banco Mundial durante a elaboração da Convenção e posteriormente secretário-geral da ICSID (1967-80)), o objectivo principal quando se elaborou a regra da execução das sentenças fora do território do Estado onde o investimento seria realizado prendia-se com a vontade de favorecer a execução de bens do investidor, nos casos em que fosse este a parte condenada e não tivesse bens executáveis no Estado do investimento. Com efeito, segundo Aron Broches, a hipótese de os Estados serem condenados e não cumprirem voluntariamente a sentença era algo difícil de imaginar. A questão da execução em terceiros estados (bem como o facto de, na fase do reconhecimento da sentença, não se poder confrontar a decisão com os princípios da ordem pública do Estado onde a sentença é reconhecida) foram alvo de prolongadas discussões, como fica patente pelo detalhado «diário» da evolução das diversas versões da Convenção, bem como dos resultados da diversas rondas negociais com os peritos indicados pelos diversos Estados, apresentado por Aron Broches, «Awards Rendered Pursuant to the ICSID Convention: Binding Force, Finality, Recognition, Enforcement, Execution», *ICSID Review*, vol. 2, n.° 2, 1987, p. 297 e ss.

*-geral. Cada Estado Contratante deverá notificar o secretário-geral da designação do tribunal ou autoridade competente para este efeito e informá-lo de eventuais modificações subsequentes a tal designação.
3. A execução da sentença será regida pelas leis referentes à execução de sentença vigentes no Estado em cujo território deverá ter lugar.*

Aqui chegados, e antes de se analisarem os escolhos a que pode estar sujeita a execução[32] de uma sentença ICSID no território e no âmbito da jurisdição interna de cada Estado parte na Convenção, importa ter bem presente que o sucesso de um Centro de Arbitragem e das respectivas decisões arbitrais se joga, no limite, na facilidade e na efectividade de executar coercivamente essa mesma sentença, onde quer que os bens do Estado faltoso se encontrem.

A efectiva execução da sentença e a obtenção da indemnização arbitrada (note-se que, como se disse, atendendo à soberania interna dos Estados, apenas é possível executar obrigações pecuniárias e não outro tipo de obrigações) é, assim, *at the end of the day*, o momento que determina a passagem do «mundo virtual» para o «mundo real», pelo que todos os obstáculos que se interponham entre a emissão de uma sentença favorável e o efectivo recebimento da indemnização são obstáculos que, muito embora compreensíveis, jogam contra a eficácia e o sucesso da arbitragem e do centro de arbitragem em que a mesma se insere.

Ora, neste contexto, pode bem dizer-se que, quer o reconhecimento, quer a execução de sentenças ICSID são bem mais eficazes do que o reconhecimento e a execução de outras sentenças arbitrais no âmbito da Convenção de Nova York, aproximando-se do máximo que é permitido impor aos Estados, através de uma Convenção Internacional, sem beliscar o último reduto da soberania de cada um.

Assim, para se poder recorrer a uma arbitragem ICSID começa por não ser necessário incluir uma cláusula arbitral no contrato de investimento, sempre que o Estado em cujo território se vá realizar o investimento seja

---

[32] Na versão inglesa da Convenção, usa-se, no n.º 2 do art. 54.º, o termo *enforcement*, e no n.º 3 do mesmo artigo o termo *execution*, enquanto na versão portuguesa se usa sempre o termo *execução*. Não parece, porém, que haja uma diferença substancial entre o *enforcement* e a *execution* de uma sentença, como de resto notam LUCY REED, JAN PAULSSON e NIGEL BLACKABY, *Guide to ICSID Arbitration*, 2004, p. 95, quando referem que, *in the context of ICSID arbitration, enforcement is generally indistinguishable from recogniton. The two terms are used in a single phrase – recognition and enforcement – that broadly refers to all steps leading up to, but stopping short of, actual execution of an award.*

parte contratante da Convenção e tenha assinado com o país de origem do investidor um acordo bilateral de protecção de investimentos em que se faça referência ao ICSID como modo de resolução dos litígios que em abstracto venham a surgir.

Em segundo lugar, ao aceitar (ainda que em abstracto) a resolução de litígios através do recurso a uma arbitragem ICSID, entende-se que o Estado prescindiu do recurso à sua própria jurisdição interna como meio exclusivo de resolução dos litígios originados em contratos em que o referido Estado seja parte, sendo-lhe assim negada a invocação futura de qualquer *imunidade de jurisdição*, como forma de obviar ao desencadeamento de uma arbitragem ICSID, mesmo sem a sua participação.

Isso mesmo ficou, de resto, bem claro no famoso caso *Liberian Eastern Timbre Corp. (LETCO)* versus *Libéria*[33], quando o governo deste país levantou a questão da jurisdição dos tribunais dos EUA relativamente à execução da sentença que havia sido proferida no âmbito de uma arbitragem ICSID, declarando que não tinha levantado a sua imunidade de jurisdição face aos tribunais dos EUA pelo facto de ter aceitado fazer parte de uma arbitragem ICSID.

O Tribunal dos EUA responsável pela execução da sentença ICSID[34] não deu razão à Libéria, na medida em que, de acordo com o artigo 54.º da Convenção, cada parte sabe que tem o dever de cumprir as decisões arbitrais e que, não o fazendo, a execução destas sentenças pode ser obtida junto de qualquer Estado contratante, com a «ajuda» dos tribunais desse mesmo Estado, pelo que, implicitamente, se deve considerar que a aceitação de uma arbitragem ICSID implica automaticamente o *waiver* relativamente à imunidade de jurisdição face aos tribunais de execução de sentenças de qualquer um dos Estados contratantes[35].

Em terceiro lugar, logo que tenha obtido uma sentença favorável, é possível ao investidor obter o reconhecimento dessa sentença em qualquer país contratante, não podendo este país fazer qualquer avaliação do mérito da sentença, estando-lhe vedado confrontar o conteúdo da mesma com as

---

[33] A sentença encontra-se disponível em *International Legal Materials (ILM)*, n.º 26, 1987, p. 695, e em *ICSID Review*, n.º 2, 1981, p. 188.

[34] A sentença do tribunal dos EUA encontra-se disponível em *ICSID Review*, vol. 2, 1987, p. 187 e ss. O Tribunal aceitaria, no entanto, como se verá, a imunidade de execução, que também foi suscitada pela Libéria, relativamente aos bens existentes nos EUA.

[35] ALBERT JAN VAN DEN BERG, «Some Recent Problems in the Practice of Enforcement under the New York and the ICSID Conventions», *ICSID Review*, vol. 2, 1987, p. 449.

leis internas do Estado, nomeadamente verificando se a referida decisão vai contra os princípios de Ordem Pública (*public policy* / *ordre public*) desse mesmo Estado.

Finalmente, é em sede de execução coerciva que se podem colocar mais dificuldades práticas, admitindo-se a invocação (por parte do Estado condenado na sentença) de imunidade de execução relativamente a alguns dos seus bens, nos mesmos termos em que essa imunidade poderia ser suscitada perante uma decisão que fosse tomada pelos Tribunais da jurisdição do Estado onde a execução da decisão arbitral é solicitada.

Aqui chegados, importa, no entanto, referir que esta distinção entre o reconhecimento e a execução das sentenças arbitrais não foi inicialmente bem compreendida, sobretudo nos Tribunais Franceses, onde tiveram lugar os primeiros casos de reconhecimento e de execução de sentenças arbitrais do ICSID.

Assim, o primeiro caso em que uma das partes procurou obter a execução de uma sentença arbitral, atendendo ao não cumprimento voluntário, por parte do Estado do Congo, da indemnização a que havia sido condenado, foi o caso *Benvenuti & Bonfant* versus *Republique Populaire du Congo*[36].

Como antecedente desta disputa, importa dizer que a empresa privada italiana havia celebrado, em 16 de Abril de 1973, um contrato com o Governo do Congo (onde constava uma cláusula submetendo os litígios resultantes do contrato à arbitragem ICSID), no sentido de criarem uma empresa de capitais mistos (*Plasco*) que produzisse garrafas de plástico.

No seguimento de divergências relativas à execução do contrato, a *Benvenuti & Bonfant* decidiu apresentar, em 15 de Dezembro de 1977, um requerimento de arbitragem, tendo obtido uma sentença favorável no dia 8 de Agosto de 1980. No seguimento dessa mesma decisão e perante o não cumprimento da mesma por parte do governo do Congo, a *Benvenuti & Bonfant* decidiu reconhecer e executar a referida sentença em França, tendo o *Tribunal de Grande Instance* de Paris concedido o *exequatur* em 23 de Dezembro de 1980.

---

[36] Uma tradução para inglês da sentença encontra-se em *International Legal Materials (ILM)*, n.° 21, 1982, p. 740 e ss. Para um resumo da sentença, ANDREA GIARDINA, «L'exécution des sentences du Centre international pour le réglement des différends relatifs aux investissements», *Revue Critique de Droit International Privé*, 1982, p. 281 e ss., e GEORGES R. DELAUME, «ICSID Arbitration and the Courts», *American Journal of International Law*, vol. 77, 1983, p. 796 e ss.

Acontece que, da leitura da referida decisão do Tribunal francês, resultam claramente duas infracções às regras previstas na Convenção de Washington, sendo que, como se verá, apenas uma acabou por vir a ser corrigida pela *Cour d'appel*.

Assim, em primeiro lugar, o Tribunal decidiu especificar que concedia o *exequatur* na medida em que a sentença arbitral não contendia com as leis e os princípios de ordem pública franceses, tendo o Tribunal deixado assim claro que havia submetido a sentença arbitral (previamente à outorga do reconhecimento) ao confronto com a legislação francesa, como se se estivesse perante um reconhecimento de uma sentença arbitral no âmbito da Convenção de Nova York e não no âmbito da Convenção de Washington[37].

Em segundo lugar, deixou o Tribunal claro que, não obstante promovesse o reconhecimento da sentença arbitral, não seria possível determinar qualquer medida de execução sem o consentimento prévio daquele mesmo tribunal, assim confundindo o momento do reconhecimento com o momento da execução[38].

Com efeito, nas palavras do Tribunal[39], *determina-se que nenhuma medida de execução nem qualquer medida conservatória pode ser tomada no seguimento desta sentença relativamente aos bens localizados em França sem a prévia autorização deste tribunal*.

Esta disposição final da sentença de reconhecimento viria a ser revogada pela *Cour d'Appel*, em 26 de Junho de 1981, tendo o tribunal de recurso deixado bem claro que um momento é o do reconhecimento da sentença (que deve ser o mais simplificado possível, apenas através da certificação da autenticidade da decisão) e outro momento subsequente é o da execução, sendo que só aí é que se podem levantar (eventualmente) as questões relativas às imunidades de execução decorrentes da soberania dos Estados[40].

---

[37] ARON BROCHES, «Awards Rendered Pursuant to the ICSID Convention: Binding Force, Finality, Recognition, Enforcement, Execution», *ICSID Review*, vol. 2, n.º 2, 1987, p. 320, e SUSAN CHOI, «Judicial Enforcement of Arbitration wards under the ICSID and New York Conventions», *New York University Journal of International Law and Politics*, vol. 28, n.º 1-2 1995-1996, p. 182.

[38] Criticando esta opção do tribunal francês, P. BERNARDINI, *Rassegna dell'Arbitrato*, 1981, p. 15.

[39] A sentença encontra-se disponível em *Revue de l'Arbitrage*, 1982, p. 205 e ss.

[40] Esta decisão (em francês) encontra-se disponível em *Journal du Droit International*, 1981, p. 843 e ss., com uma nota de BRUNO OPPETIT. Uma tradução para inglês deste acórdão encontra-se disponível em *International Legal Materials (ILM)*, n.º 20, 1981,

O segundo caso em que se procurou obter o reconhecimento, junto dos tribunais franceses, de uma sentença emitida no seguimento de uma arbitragem ICSID foi o caso *SOABI – Societé Ouest Africaine de Bétons Industriels* versus *Senegal*[41].

Neste caso, a *SOABI*, uma companhia de capitais belgas, havia celebrado um contrato com o governo do Senegal para a construção de um conjunto de habitações sociais no Senegal, tendo o referido contrato sido denunciado, antes do prazo, pelo Senegal.

Neste caso, foi a *Cour d'Appel*[42] que (surpreendentemente, face à decisão *Benvenuti & Bonfant* de 1982) revogou, em 5 de Dezembro de 1989, a decisão de conceder o reconhecimento da sentença que havia sido tomada pelo *Tribunal de Grande Instance*, de 14 de Novembro de 1988, tendo considerado que era necessário confrontar previamente o conteúdo da referida sentença com os princípios de *ordre public* franceses, tendo acrescentado (confundindo assim reconhecimento com execução) que, como a empresa privada não tinha provado que houvesse em França bens do Senegal relacionados com actividades comerciais daquele país, a sentença não podia ter sido reconhecida, pois o Senegal poderia sempre vir a invocar a imunidade de execução dos bens situados no território francês[43].

---

p. 877. Mesmo esta decisão não deixa de ser criticável por nada ter dito sobre o facto de o reconhecimento ter sido efectuado no pressuposto de que a sentença não contrariava os princípios de ordem pública franceses, apreciação que, como se viu, também é contrária à Convenção de Washington.

[41] Esta decisão encontra-se em *ICSID Review*, n.° 6, 1991, p. 125, com uma nota introdutória de NASSIB G. ZIADÉ, pp. 119 a 124. Uma tradução para inglês desta sentença encontra-se em *International Legal Materials (ILM)*, n.° 29, 1990, p. 134. Sobre este caso, CARIAS-BORJAS, «Recognition and enforcement of ICSID awards: the decision of the French Cour de Cassation in SOABI v. Senegal», *American Review of International Arbitration*, vol. 2, n.° 3, 1991, p. 354 e ss.

[42] Esta decisão encontra-se disponível (em francês) na *Revue de l'Arbitrage*, n.° 1, 1990, p. 164, com uma nota final muito crítica contra a decisão da *Cour d'Appel* de Paris, de ARON BROCHES, pp. 167 a 175, na *Revue Critique de Droit International Privé*, n.° 1, 1991, p. 121 e ss., com uma nota igualmente crítica de NASSIB G. ZIADÉ, e no *Journal du Droit International*, 1990, p. 141 e ss., com uma nota também crítica de EMMANUEL GAILLARD. Este autor pronuncia-se também sobre esta decisão em EMMANUEL GAILLARD, «The Enforcement of ICSID Awards in France: The Decision of the Paris Court of Appeal in the SOBAI Case», *ICSID Review*, n.° 5, 1990, p. 69 e ss. Uma tradução para inglês da decisão da *Cour d'Appel* encontra-se na *ICSID Review*, n.° 5, 1990, pag. 135.

[43] SUSAN CHOI, «Judicial Enforcement of Arbitration wards under the ICSID and New York Conventions», *New York University Journal of International Law and Politics*, vol. 28, n.° 1-2, 1995-1996, p. 183 e ss.

Esta decisão acabaria por vir a ser revogada pela *Cour de Cassation*, em 11 de Junho 1991[44], tendo este Tribunal Superior clarificado, não só que o reconhecimento das sentenças resultantes de arbitragens ICSID apenas está sujeito às regras da Convenção de Washington, como que o reconhecimento da sentença é algo de diverso face à respectiva execução, sendo que apenas no momento da execução é que (eventualmente) se podem levantar as questões relativas à imunidade de execução de certos e determinados bens.

b) A execução da sentença arbitral ICSID

Como se viu, as sentenças emitidas por um Tribunal arbitral, no âmbito de uma arbitragem ICSID, uma vez reconhecidas (através de um processo simplificado), devem ser consideradas, pelos tribunais nacionais, para efeitos de execução, como se fossem sentenças emitidas pelos respectivos Tribunais nacionais superiores, pelo que apenas lhes poderão ser opostas as mesmas defesas (imunidade de execução face a certos bens, imunidade diplomática face a certos bens, inconstitucionalidade ou ilegalidade da própria execução[45]) que também seriam aceitáveis se efectivamente se estivesse a executar uma sentença de um tribunal superior desse mesmo país[46].

A vantagem do modelo de arbitragem ICSID é que permite que a execução das sentenças se faça (após o reconhecimento simplificado) no or-

---

[44] Esta decisão encontra-se disponível (em francês) na *ICSID Review*, n.° 6, 1991, p. 598 e na *Revue de l'Arbitrage*, n.° 1, 1991, p. 636 e ss., com uma nota de ARON BROCHES louvando a decisão da *Cour de Cassation*. Uma tradução para inglês desta decisão encontra-se em *International Legal Materials (ILM)*, n.° 30, 1991, p. 1167.

[45] Quanto à execução, é o próprio CHRISTOPH H. SCHREUER, *The ICSID Convention: A Commentary*, 2001, p. 1138 e ss. que afirma que a legislação convocada em matéria de execução é apenas a legislação processual do Estado em que se vão executar os bens, não sendo possível aproveitar a execução para «rever» o mérito da decisão arbitral.

[46] Quanto à possibilidade de opor a uma execução os privilégios de execução relativos à soberania dos Estados, ainda em 1986 se dizia que nunca tal tinha ocorrido e que era improvável que viesse a ocorrer. Neste sentido, IBRAHIM F. I. SHIHATA, «Towards a Greater Depoliticization of Investment Disputes: The Roles of ICSID and MIGA», *ICSID Review*, vol. 1, n.° 1, 1986, p. 9. Analisando uma situação de possível conflito entre o cumprimento das obrigações da sentença e as obrigações do país face ao FMI, LUTHER C. WEST, «Award Enforcement Provisions of the World Bank Convention», *Arbitration Journal*, vol. 23, 1968, p. 49.

denamento jurídico de qualquer um dos Estados partes da Convenção de Washington, desta forma facilitando a possibilidade de conseguir efectivamente obter a indemnização arbitrada, mesmo contra a vontade do Estado condenado pelo Tribunal Arbitral.

No entanto, enquanto todo o processo arbitral decorre numa instância internacional, desligada dos ordenamentos jurídicos dos Estados, a execução da referida sentença não prescinde, pela natureza das coisas, da intervenção dos Tribunais dos Estados em que se procura executar a referida sentença.

Assim, será necessário, após localizar bens que sejam executáveis, conhecer o sistema jurídico desse mesmo país, de modo a saber como é que processualmente se deve desenvolver a acção judicial tendente à execução (quais os tribunais competentes, quais as regras processuais aplicáveis, qual a tramitação do processo), bem como conhecer a legislação ou a prática jurisprudencial relativamente ao reconhecimento, por parte desse mesmo Estado, de imunidades de execução relativamente a bens de Estados estrangeiros aí localizados, sendo que as regras internas aplicáveis nos diferentes Estados nesse domínio não são idênticas, nem por vezes semelhantes.

A este propósito, pode ler-se, no artigo 55.º da Convenção que[47]:

> *Nenhuma das disposições do artigo 54.º poderá ser interpretada como constituindo excepção ao direito vigente num Estado Contratante relativo ao privilégio de execução do referido Estado ou de qualquer Estado Estrangeiro.*

Ora, o facto de, teoricamente, a execução de uma sentença ICSID poder ser efectuada em qualquer um dos ordenamentos jurídicos dos diversos Estados Contratantes, justifica a realização daquilo que ficou conhecido como *forumshopping*, ou seja, a procura, nos diversos ordenamentos jurídicos, de bens abstractamente executáveis pertencentes ao Estado con-

---

[47] Apesar de esta norma não ter gerado qualquer polémica aquando da sua aprovação, sendo que durante a elaboração da Convenção sempre se pensou ser altamente improvável que os Estados não cumprissem voluntariamente as sentenças, tendo as normas relativas à execução forçada das sentenças sido elaboradas a pensar nos casos de incumprimento da sentença por parte do investidor, a verdade é que CHRISTOPH H. SCHREUER, *The ICSID Convention: A Commentary*, 2001, p. 1144, acaba por considerar que, o *art. 55.º pode ser visto como o calcanhar-de-Aquiles da Convenção. A efectiva maquinaria da arbitragem tem o seu ponto fraco no que toca à execução das obrigações pecuniárias decorrentes das sentenças contra os Estados.*

denado pelo Tribunal arbitral, tentando, ao mesmo tempo, encontrar o ordenamento jurídico detentor de um sistema jurídico mais permissivo em matéria de execução de bens de Estados soberanos estrangeiros.

Este *forumshopping*, de resto bem compreensível, é, naturalmente, a consequência inevitável, seja do facto de a Convenção não ter logrado, no momento da sua elaboração, afastar a possibilidade de os Estados invocarem imunidades de execução face a bens localizados no estrangeiro, seja do facto de inexistir um modelo uniforme, entre os diversos países, no que respeita ao reconhecimento e aceitação dessas mesmas imunidades de execução[48].

A este propósito, importa recordar o exemplo paradigmático de *forumshopping* ocorrido na sequência do caso *Libyan American Oil Co. (LIAMCO) versus Government of the Libyan Arab Republic*, cuja execução foi tentada sucessivamente em França, nos EUA, na Suíça e na Suécia, tendo acabado por se resolver através de acordo entre as partes antes do final das diversas acções de execução[49].

V – A IMUNIDADE DE EXECUÇÃO DOS BENS DOS ESTADOS

Ao contrário do que se passa com a imunidade de jurisdição, que se considera estar implicitamente afastada sempre que o Estado aceita que os litígios resultantes de contratos em que seja parte sejam submetidos à arbitragem ICSID[50], a verdade é que, nos termos do artigo 55.º da Conven-

---

[48] GEORGES R. DELAUME, «Enforcement of State Contract Awards: Jurisdictional Pitfalls and Remedies», *ICSID Review*, vol. 8, n.º 1, 1993, pp. 29 e ss. e 50 e 51. A verdade é que a alteração da Convenção implica o consentimento de todas as partes contratantes, que são de momento mais de 100, o que torna praticamente inviável qualquer alteração no seu texto.

[49] GEORGES R. DELAUME, «Foreign Sovereign Immunity: Impact on Arbitration», *The Arbitration Journal*, vol. 38, n.º 2, 1983, p. 46, ISABELA PIACENTINI DE ANDRADE, «A Execução de sentenças arbitrais contra Estados estrangeiros segundo a Convenção de Nova York de 1958 e a Convenção de Washington de 1965», *Revista Brasileira de Direito Internacional*, Curitiba, vol. II, n.º 2, 2005, p. 52 e ss., e P. RAMBAUD, «Les suites d'un différend pétrolier: l'affaire Liamco devant le juge français», *Annuaire Français de Droit International*, 1979, p. 820 e ss.

[50] RICHARD BOIVIN, «International Arbitration with States: An Overview of the Risks», *Journal of International Arbitration*, vol. 19, n.º 4, 2002, p. 285 e ss. Neste sentido, veja-se a decisão do Tribunal dos EUA relativamente à execução da sentença arbitral relativa ao caso *Liberian Eastern Timber Corporation (LETCO) versus Libéria*, em que o Tribunal

ção, a mera aceitação da resolução de um litígio através de arbitragem ICSID não implica o reconhecimento de um *waiver* implícito relativamente à imunidade de execução sobre os bens que um determinado Estado possua no estrangeiro[51].

Na verdade, o que se passa é que, ou bem que o Estado cumpre voluntariamente a sentença arbitral e esta questão não se chega a colocar, ou então, se o Estado quer mesmo evitar cumprir a sentença arbitral, torna-se forçoso reconhecer que a utilização hábil das regras relativas à imunidade de execução é uma óptima possibilidade para um dispendioso e interminável jogo de «gato e do rato», com a colaboração, aliás, dos tribunais dos diversos países onde se encontrem bens executáveis, parecendo esquecer-se, no fim de contas, a existência de conceitos universais como os da boa fé, da tutela da confiança e do *pacta sund servanda*, que não têm sido utilizados nas sentenças judiciais que têm reconhecido a existência da referida imunidade de execução[52].

---

se negou a contestar a argumentação do Governo da Libéria no sentido de que os tribunais dos EUA não tinham jurisdição sobre o caso. Para o Tribunal, o facto de a Libéria ter aceitado a existência de uma arbitragem ICSID implicou implicitamente uma renúncia à imunidade de jurisdição relativamente aos tribunais dos Estados contratantes da Convenção no que respeita à execução da sentença arbitral. A sentença do Tribunal dos EUA encontra-se em *International Legal Materials (ILM)*, n.º 26, 1987, p. 647, bem como em *ICSID Review*, n.º 2, 1987, p. 188.

[51] Refira-se, aliás, que, segundo ARON BROCHES, «Awards Rendered Pursuant to the ICSID Convention: Binding Force, Finality, Recognition, Enforcement, Execution», *ICSID Review*, vol. 2, n.º 2, 1987, p. 332, apenas o representante dos EUA, nas reuniões de peritos que estiveram na origem da elaboração da Convenção, levantou a questão de se poder presumir a renúncia à imunidade de execução sempre que um Estado aceitasse o recurso a uma arbitragem ICSID. Sobre a imunidade de execução, J. F. LALIVE, «Quelques observations sur l'immunité d'exécution des États et l'arbitrage international», *International Law at a time of perplexity: essays in honour of Shabtai Rosenne*, 1989, p. 369 e ss., e FRANÇOIS KNOEPFLER, «L'Immunité d'Exécution contre les États», *Revue de L'Arbitrage*, n.º 3, 2003, p. 1017 e ss.

[52] No sentido de que a distinção de tratamento dado à imunidade de jurisdição e à imunidade de execução não faz sentido e é ilógica, veja-se, em termos muito críticos, ALBERT JAN VAN DEN BERG, «Some Recent Problems in the Practice of Enforcement under the New York and the ICSID Conventions», *ICSID Review*, vol. 2, n.º 2, 1987, p. 449, e GIORGIO BERNINI e ALBERT JAN VAN DEN BERG, «The enforcement of arbitral awards against a state: the problem of immunity from execution», *Contemporary problems in international arbitration*, 1986, p. 359 e ss. Considerando que a imunidade de execução não deve ser invocada com o intuito de obstruir a execução das sentenças, EMMANUEL GAILLARD, «The Enforcement of ICSID Awards in France: The Decision of the Paris Court of Appeal in the SOBAI Case», *ICSID Review*, n.º 5, 1990, p. 71. No mesmo sentido, HERVÉ SYNVET, «Quel-

Esta questão não deixou, de resto, de ser analisada na sentença arbitral emitida pelo comité *ad hoc* relativo à anulação da sentença *Maritime International Nominees Establishment (MINE)* versus *Guinea*, em que se pode ler que:

> *It should be clearly understood (...) that State immunity may well afford a legal defence to forcible execution, but it provides neither argument nor excuse for failing to comply with an award. In fact, the issue of State immunity from forcible execution of an award will typically arise if the State party refuses to comply with its treaty obligations. Non-compliance by a State constitutes a violation by that State of its international obligations and will attract its own sanctions. The Committee refers in this Convention, and to the consequences which such a violation would have for such a State's reputation with private and public sources of international finance*[53].

Com efeito, não obstante as vantagens inequívocas das arbitragens ICSID, torna-se forçoso reconhecer que a possibilidade de um Estado que foi condenado pelo tribunal arbitral a pagar uma indemnização e que decide não cumprir a sentença voluntariamente, tentando (e conseguindo) evitar a execução dos seus bens que se encontrem em território estrangeiro, invocando a imunidade de execução desses mesmos bens, é, porventura, a maior dificuldade relativamente à efectividade destas sentenças arbitrais[54].

---

ques réflexions sur l'immunité d'exécution de l'État étranger», *Journal du Droit International*, n.° 1, 1985, p. 885. Para este autor, se a imunidade costuma ser justificada pelo recurso ao adágio *par in parem non habet imperium*, a eliminação dessa mesma imunidade também seria justificada pelo adágio *princeps in alterius territorio privatus*.

[53] Esta sentença encontra-se disponível em *ICSID Review*, vol. 5, 1990, p. 95 e ss. Sobre este tema, referindo-se à análise custo/benefício relativa ao não cumprimento de uma sentença ICSID, CHRISTOPH H. SCHREUER, *The ICSID Convention: A Commentary*, 2001, p. 1088 e ss. No mesmo sentido, analisando de modo detalhado o custo económico inerente ao não cumprimento das sentenças por parte dos países condenados, salientando que, mesmo a Líbia, após três sentenças arbitrais e após ter negado reconhecer a jurisdição arbitral, acabou por cumprir as sentenças a que foi condenada, no seguimento da nacionalização das empresas exploradoras de petróleo após a revolução de 1969, JAN PAULSSON, «Third World Participation in International Investment Arbitration», *ICSID Review*, n.° 2, 1987, p. 54 e ss. O autor analisa o facto de a recusa em cumprir as sentenças implicar uma destruição da reputação desse país relativamente a todos os potenciais investidores, aumentando enormemente o risco dos negócios naquele Estado, que é precisamente o contrário do que os Estados em vias de desenvolvimento precisam e desejam.

[54] PIERRE LALIVE, «Some Threats to International Investment Arbitration», *ICSID Review*, vol. 1, n.° 1, 1986, p. 26 e ss. Relativamente à doutrina da *sovereign immunity*

Na verdade, este é o momento em que as especificidades relativas ao facto de a arbitragem ICSID lidar com *state contracts* se torna mais visível, deixando bem claro que, não obstante estes *state contracts* se afastem, em larga medida, dos típicos contratos administrativos, sobretudo nos casos em que não é aplicável a lei do país do referido Estado, a verdade é que, como é por demais visível no momento da execução, a parte estadual beneficia sempre de mais privilégios do que a parte privada, atendendo ao seu carácter de Estado soberano[55].

Com efeito, ainda que o conceito de imunidade total de execução relativamente a todos os bens de outro Estado localizados no estrangeiro tenha vindo a diminuir após o final da 2.ª Guerra Mundial[56], o certo é que, como se verá através da análise de alguns *leading cases*, é ainda um grande escolho à plena realização do objectivo de eficácia que a Convenção pretende atingir.

De facto, a teoria restritiva relativa à imunidade de execução, que determina que nem todos os bens dos Estados localizados no estrangeiro estão sujeitos a imunidade de execução, havendo lugar a excepções, nomeadamente quando esses bens estão ao serviço de actividades comerciais e não de actividades soberanas dos respectivos Estados, tem vindo a ganhar terreno, desde logo com base na distinção entre *acta jure imperii* e *acta jure gestionis*, que, começando por ter base jurisprudencial, acabaria depois por vir a ser codificada nalguns países (paradoxalmente, mais em países de *common law* do que de *civil law*)[57].

---

e aos primeiros casos em que a mesma foi utilizada, OKEZIE CHUKWUMERIJE, «ICSID Arbitration and Sovereign Immunity», *Anglo-American Law Review*, vol. 19, 1990, p. 169 e ss.

[55] Neste sentido, considerando que a presença de um Estado como parte num processo arbitral dá uma *cor especial* ao referido processo, GEORGES R. DELAUME, «Sovereign immunity and transnational arbitration», *Arbitration International*, vol. 3, n.° 1, 1987, p. 28. Sobre a questão da arbitragem internacional com Estados, veja-se, igualmente, J. P. CARVER, «The Strengths and Weaknesses of International Arbitration Involving a State as a Party: Practical Implications», *Arbitration International*, n.° 1, 1985, p. 179.

[56] OKEZIE CHUKWUMERIJE, «ICSID Arbitration and Sovereign Immunity», *Anglo--American Law Review*, vol. 19, 1990, p. 170 e ss.

[57] Para uma análise sobre o estado da questão em diversos países, vejam-se os vários artigos publicados em *Netherlands Yearbook of International Law*, n.° 10, 1979. Relativamente à Alemanha, veja-se o *BVerfGE*, 46, de 13 de Dezembro de 1977, p. 342, onde o Tribunal considerou que as normas consuetudinárias de Direito Internacional existem e têm um valor superior ao das leis internas. No seguimento desta asserção, o Tribunal acabou por considerar que estavam imunes os bens dos Estados afectos a actividades soberanas, o que deixou entender que, *a contrario*, não estariam imunes os bens que não estivessem

A este propósito, importa referir que a decisão de cada país sobre quais os limites à imunidade de execução que aceita poderem ser invocados no seu território, sendo uma matéria da sua competência interna, fora dos casos previstos na Convenção de Viena sobre Relações Diplomáticas[58], implica, naturalmente, uma apreciação política sobre as regras aplicáveis nos países concorrentes, bem como sobre o interesse em que os países estrangeiros mantenham aí as suas reservas de capital, as suas contas bancárias e aí realizem as suas operações financeiras ou adquiram património imobiliário[59].

Assim, neste contexto, importa conhecer, não só pelo seu carácter pioneiro, como por se reportarem a dois grandes centros financeiros, onde é expectável encontrar bens de Estados estrangeiros, o *Federal State Immunities Act (FSIA)*, de 1976, dos Estados Unidos da América[60] e o *State Immunity Act (SIA)*, de 1978, do Reino Unido[61].

---

afectos a essas actividades. O Tribunal haveria de voltar a pronunciar-se sobre estas matérias numa decisão de 12 de Abril de 1983, em que considerou que a imunidade de execução apenas abrangia as contas bancárias de um Estado no estrangeiro no caso de estas serem usadas unicamente para fins governamentais. Neste sentido, GIORGIO BERNINI e ALBERT JAN VAN DEN BERG, «The enforcement of arbitral awards against a state: the problem of immunity from execution», *Contemporary problems in international arbitration*, 1986, p. 365.

[58] A Convenção de Viena sobre as Relações Diplomáticas foi aprovada para adesão, por Portugal, pelo Decreto-Lei n.º 48.295, de 27 de Março de 1968. De acordo com o n.º 3 do art. 22.º da referida Convenção, consideram-se imunes a qualquer medida de execução o local da missão, o respectivo mobiliário e demais bens nele situados, bem como os respectivos meios de transporte. A referida Convenção de Viena nada diz sobre as contas bancárias, sendo que, ainda assim, os tribunais nacionais têm sido muito respeitosos para com as contas bancárias das embaixadas, como se verá. Neste sentido, CHRISTOPH H. SCHREUER, *The ICSID Convention: A Commentary*, 2001, p. 1162, refere a decisão do *Bundesverfassungsgericht*, de 13 de Dezembro de 1977 (*BVerfGE*, 46, 342) no caso relativo à *Philippine embassy bank account*, em que o tribunal não permitiu a investigação sobre os destinos das contas bancárias da Embaixada. Sobre este caso, HAZEL FOX, *The Law of State Immunity*, 2004, p. 405 e ss. No mesmo sentido, na *House of Lords*, veja-se o caso *Alcom v. Colômbia*, 12 de Abril 1984, *International Legal Materials (ILM)*, n.º 23, 1984, p. 719. Analisando separadamente a possibilidade de um Estado invocar imunidade de execução relativamente a contas bancárias de Estados, contas bancárias de Embaixadas e contas bancárias de Bancos Centrais, depositadas em bancos estrangeiros, CHRISTOPH H. SCHREUER, *State Immunity: Some Recent Developments*, 1988, p. 149 e ss.

[59] Neste sentido, HERVÉ SYNVET, «Quelques réflexions sur l'immunité d'exécution de l'Etat étranger», *Journal du Droit International*, n.º 1, 1985, p. 867 e ss.

[60] Esta Lei encontra-se disponível em *International Legal Materials (ILM)*, n.º 15, 1976, p. 1388, e em *Revue Critique de Droit International Privé*, 1978, p. 396 e ss., com um comentário de PETER HERZOG. A versão actual da lei encontra-se em CHARLES E. STEWART

Quer num caso, quer noutro, a diferença entre os bens executáveis e não executáveis parece passar pela análise da natureza dos bens, sendo por isso necessário tentar verificar se os bens em causa estão associados a actividades comerciais do Estado que foi condenado pela sentença arbitral ou se, pelo contrário, estão associados ao exercício de actividades soberanas desse mesmo Estado[62]. Aqui chegados, importa notar que, naturalmente, quando se está perante uma tentativa de execução de contas bancárias, se torna muito difícil perceber qual o futuro uso que estava destinado para essas mesmas contas, na medida em que as verbas de uma conta bancária de uma embaixada podem servir (e servem, muitas vezes) indiferenciadamente para comprar e vender acções de empresas cotadas, por exemplo,

---

e ROGERS & WELLS, (editors), *Transnational Contracts, Document VIII.1*, 1997. Para uma análise do modelo de execução de sentenças ICSID nos EUA antes do *Federal State Immunities Act*, RICHARD J. COLL, «United States Enforcement of Arbitral Awards Against Sovereign States: Implications of the ICSID Convention», *Harvard International Law Journal*, vol. 17, n.º 1, 1976, p. 401 e ss. No actual parágrafo 1602 do *FSIA* pode ler-se que: *under international law, states are not immune from the jurisdiction of foreign courts insofar as their commercial activities are concerned, and their commercial property may be levied upon for the satisfaction of judgments rendered against them in connection with their commercial activities*. Quanto à imunidade de execução de bens de Estados estrangeiros localizados nos EUA, prevê-se, no parágrafo 1609, a regra da imunidade, mas sujeita às excepções previstas no parágrafo 1610. Assim, de acordo com o parágrafo 1610, os bens *used for a commercial activity in the United States, shall not be imune from attachment in aid of execution, or from execution upon a judgment entered by a court of the United States or of a State after the effective date of this Act, if (...) 6. The judgment is based on an order confirming an arbitral award rendered against the foreign state, provided that attachment in aid of execution, or execution, would not be inconsistent with any provision in the arbitral agreement*. Nos termos do parágrafo 1611 prevê-se ainda a imunidade de execução de contas bancárias de bancos centrais estrangeiros depositadas em bancos americanos, bem como bens militares.

[61] Esta Lei encontra-se disponível em *International Legal Materials (ILM)*, vol. XVII, n.º 4, 1978, p. 1123, e em *Revue Critique de Droit International Privé*, 1980, p. 156, com um comentário de LAURENCE COLLINS. Com um carácter multilateral, mas com fraca adesão, veja-se a *European Convention on State Immunity*, de 1972. Esta Convenção encontra-se disponível em *International Legal Materials (ILM)*, n.º 11, 1972, p. 470. Sobre esta Convenção, subscrita apenas pela Áustria, Bélgica, Chipre, Alemanha, Luxemburgo, Países Baixos, Suíça e Reino Unido, HAZEL FOX, *The Law of State Immunity*, 2004, p. 94 e ss. e R. VON HENNINGS, «European Convention on State Immunity and other International Aspects of Sovereignty Immunity», *Journal of International Law & Dispute Resolution*, n.º 9, p. 185 e ss.

[62] Considerando ser este o critério preponderante, CHRISTOPH H. SCHREUER, *The ICSID Convention: A Commentary*, 2001, p. 1150.

bem como para pagar aos funcionários da embaixada ou para fazer obras no edifício da mesma.

De acordo com o sistema previsto na *FSIA*[63], prevê-se uma série de excepções relativamente à imunidade de execução dos Estados. Na versão inicial da *FSIA* estabelecia-se que apenas eram excepcionados os bens que estivessem relacionados com a específica actividade comercial que suscitou e justificou a execução em causa, o que, naturalmente, era muito restritivo e pouco provável de vir a acontecer[64]. Talvez por isso, na emenda de 1988 acrescentou-se uma nova excepção (§ 1610 (a) 6, já referido) em que se refere que, no caso de a execução resultar de uma sentença arbitral, não se encontram imunes os bens relativos a actividades comerciais, mesmo que não se prove o nexo causal com o específico investimento que motivou a decisão arbitral[65].

Esta alteração da *Federal State Immunities Act* (*FSIA*) aproximou-a do modelo previsto na *State Immunity Act* (*SIA*) do Reino Unido, em que a excepção mais relevante se prende precisamente com a existência de bens que estão ou virão a estar relacionados com actividades comerciais[66],

---

[63] A *FSIA* foi objecto de uma alteração em 1988, *International Legal Materials* (*ILM*), n.° 28, 1989, p. 396, e outra em 1997, *International Legal Materials* (*ILM*), n.° 36, 1997, p. 759.

[64] Neste sentido, CHRISTOPH H. SCHREUER, *The ICSID Convention: A Commentary*, 2001, p. 1152.

[65] Juntamente com esta alteração, alterou-se também o *arbitration act*, no sentido de clarificar que a doutrina do *act of state* não se aplica no caso de se estar a executar uma sentença arbitral (mesmo que essa sentença se tenha pronunciado sobre actos de terceiros países que seriam considerados *act of state*). Esta alteração encontra-se em *International Legal Materials* (*ILM*), n.° 28, 1989, p. 398. Sobre esta questão, a propósito do caso *Liamco*, em que o Tribunal de Genebra se recusou a executar uma decisão arbitral, por considerar que, caso contrário, se teria de pronunciar, ainda que indirectamente, sobre um *act of State*, na medida em que o litígio tinha na sua base a nacionalização de uma concessão petrolífera, DAVID P. STEWART, «National Enforcement of Arbitral Awards under Treaties and Conventions», *International Arbitration in the 21st century: Towards «Judicialization» and Uniformity? Twelfth Sokol Colloquium*, 1994, p. 188. O autor refere, a este propósito, que a alteração do *Federal Arbitration Act* nos EUA, em 1988, teve precisamente por objectivo evitar este tipo de decisões judiciais, deixando a doutrina do *act of State* de ser impeditiva da execução de sentenças arbitrais por parte de tribunais nacionais. Sobre a alteração da FSIA de 1988, FRANÇOISE JOLY, «États-Unis: une Reforme de 1988 restreint le domaine des immunités des États Étrangers en Matière d'Arbitrage», *Revue de l'Arbitrage*, n.° 1, 1990, p. 607 e ss.

[66] Nos termos da *section 13*, *subsection 2 b*) estabelece-se, como regra geral que, *the property of a State shall not be subject to any process for the enforcement of a judgment*

não se estabelecendo qualquer necessidade de prova quanto ao facto de haver, ou não, alguma relação entre esses bens e o investimento que motivou a sentença arbitral[67].

a) Os *Leading Cases* relativamente à Imunidade de Execução face a sentenças arbitrais ICSID

Apesar de tudo o acima referido, a verdade é que nos poucos casos conhecidos em que foi necessário promover o reconhecimento e a execução de sentenças ICSID junto dos tribunais de Estados terceiros face à arbitragem, estes mostraram-se muito restritivos e recusaram-se a executar os bens do Estado condenado pela sentença arbitral, o que não deixa de ser uma mancha na eficácia da Convenção, mas que, ainda assim, não tem impedido o sucesso crescente que esta tem vindo a obter[68].

---

or arbitration award or, in an action in rem, for its arrest, detention or sale. Esta regra encontra, no entanto, excepções na *subsection* 4 da mesma *section* 13, onde se pode ler que a *subsection 2 b) above does not prevent the issue of any process in respect of property which is for the time being in use or intended for use for commercial purposes* (...). Nos termos da *section 14, subsection 4* estabelece-se uma presunção no sentido de considerar que, *property of a State's central bank or other monetary authority shall not be regarded for the purposes of subsection (4) of section 13 above as in use or intend for use for commercial purposes.*

[67] A descrição do que sejam actividades comerciais vem prevista na *section 17, subsection 1*. No caso de haver dúvidas, aceita-se como boa uma declaração do chefe da missão diplomática atestando as finalidades daqueles bens, a menos que o investidor faça prova do contrário, o que naturalmente não parece ser fácil (*section 13, subsection 5*). A prática jurisprudencial francesa parece aproximar-se da legislação americana, antes da emenda de 1988, enquanto os tribunais alemães se aproximam da legislação do Reino Unido. Neste sentido, CHRISTOPH H. SCHREUER, *The ICSID Convention: A Commentary*, 2001, p. 1156 e ss. Segundo HAZEL FOX, *The Law of State Immunity*, 2004, p. 399 e ss., parecem estar a estabilizar-se três regras quanto à imunidade de execução, a saber: (i) existência de imunidade de execução para bens dos Estados usados para fins públicos, (ii) inexistência de imunidade para bens do Estado usados para fins comerciais e (iii) inexistência de imunidade para bens de «*agências*».

[68] SUSAN CHOI, «Judicial Enforcement of Arbitration wards under the ICSID and New York Conventions», *New York University Journal of International Law and Politics*, vol. 28, n.º 1-2, 1995-1996, p. 181 e ss. Apresentando um conjunto de argumentos que explicam porque é que as arbitragens ICSID vão ter cada vez mais popularidade, ROSS P. BUCKLEY, «Now we have come to the ICSID Party: Are its Awards Final and Enforceable?», *The Sydney Law Review*, vol. 14, 1992, p. 370.

Quanto às arbitragens ICSID, o caso mais citado é o já referido caso *Benvenuti & Bonfant* versus *La Republique Populaire du Congo*, em que a recusa do governo do Congo em cumprir voluntariamente a sentença levou o investidor privado a procurar executar judicialmente a referida sentença, tentando penhorar verbas do Banco Comercial Congolês que se encontravam depositadas junto de um banco francês. Perante a oposição do referido banco, o tribunal francês acabou por declarar nula a execução, com o argumento de que o banco comercial congolês não era parte na arbitragem, não estando assim abrangido pela sentença condenatória do Tribunal Arbitral, atendendo ao facto de possuir uma personalidade jurídica própria, diversa da da República do Congo[69].

Nos EUA, o primeiro caso de execução de uma sentença ICSID foi resultante do caso *Liberian Eastern Timber Corporation (LETCO)* versus *Libéria*[70], em que tinha estado em causa uma concessão para exploração de madeira (1970) que foi terminada (1980) pela Libéria antes do prazo e em cujo contrato se previa expressamente uma cláusula estabelecendo uma arbitragem ICSID. Perante o não cumprimento voluntário da sentença, a execução foi tentada nos EUA, cujos tribunais começaram por (acertadamente) desconsiderar a invocação da Libéria (que não havia participado na arbitragem) de que teria imunidade de jurisdição face aos tribunais dos EUA.

No momento da execução, a empresa privada tentou fazer-se pagar através de *tonnage fees, registration fees and other taxes due to the government*, relativamente a navios que usavam a bandeira da Libéria, e que eram cobradas nos EUA por representantes americanos do governo da Libéria. Ora, de acordo com o parágrafo 1610 (a) do *Federal State Immunities Act*,

---

[69] SUSAN CHOI, «Judicial Enforcement of Arbitration wards under the ICSID and New York Conventions», *New York University Journal of International Law and Politics*, vol. 28, n.º 1-2, 1995-1996, p. 183. Esta decisão da *Cour de Cassation*, de 21 de Julho de 1987, encontra-se disponível no *Journal du Droit International*, n.º 115, 1988, p. 108. No mesmo sentido se havia também já pronunciado o *Supreme Court* nos EUA, no caso *First National Bank v. Banco para el Comercio Exterior de Cuba (BANCEC)*, disponível em *International Legal Materials (ILM)*, n.º 22, 1983, p. 840. Sobre esta questão, GEORGES R. DELAUME, «Contractual Waivers of Sovereign Immunity: Some Practical Considerations», *ICSID Review*, vol. 5, n.º 2, 1990, p. 254. A este propósito, refira-se que a República do Congo acabaria por pagar (voluntariamente) o valor em causa. Neste sentido, ARON BROCHES, «Avoidance and Settlement of International Investment Disputes», *American Society of International Law*, Proceedings of the 78th annual meeting, 1984, p. 55.

[70] Esta decisão encontra-se disponível em *International Legal Materials (ILM)*, n.º 26, 1987, p. 647. Veja-se, igualmente, *ICSID Review*, n.º 2, 1987, p. 188.

(*FSIA*), o tribunal dos EUA[71] considerou que essas verbas não eram usadas para a actividade comercial da Libéria, antes constituindo receitas fiscais deste país, pelo que se recusou a aceitar a sua execução coerciva, antes reconhecendo a imunidade de execução prevista no *Federal State Immunities Act (FSIA)* e aceite pela Convenção de Washington relativamente a esses bens[72].

Posteriormente, a *Liberian Eastern Timber Corporation (LETCO)* tentou ainda penhorar algumas contas bancárias da embaixada da Libéria, mas o tribunal competente[73] considerou que estas estavam protegidas (em geral) pela Convenção de Viena sobre as relações diplomáticas, de 1961, não estando abrangidas por qualquer uma das excepções previstas no *Federal State Immunities Act (FSIA)*, por não se provar que as referidas contas eram destinadas a actividades comerciais[74].

De acordo com o tribunal, o facto de algumas dessas contas serem usadas para actividades comerciais relativamente à gestão da embaixada não era motivo suficiente para que perdessem a imunidade que lhes era atribuída também (alegadamente) pela Convenção de Viena para as relações diplomáticas, que, no entender do Tribunal, ao afirmar (art. 25.°) que deveriam ser dadas todas as facilidades às embaixadas para desempenharem as suas funções, determinava, indirectamente, que as contas bancárias das embaixadas também deviam ser objecto de protecção face a execuções judiciais.

Com efeito, afastando-se da doutrina que havia sido trilhada no caso *Birch Shipping Corp.* versus *Embassy of Tanzania*, o Tribunal considerou que:

> *The court presumes that some portion of the funds in the bank accounts may be used for commercial activities in connection with running the Embassy, such as transactions to purchase goods or services from private*

---

[71] Decisão do *United States District Court for the Southern District of New York*, de 12 de Dezembro de 1986.

[72] Sobre este caso, GEORGE KAHALE III, «Enforcing an ICSID arbitral award», *International Financial Law Review*, Maio, 1987, p. 40 e ss., SUSAN CHOI, «Judicial Enforcement of Arbitration wards under the ICSID and New York Conventions», *New York University Journal of International Law and Politics*, vol. 28, n.° 1-2, 1995-1996, p. 185 e ss., e GEORGES R. DELAUME, «Contractual Waivers of Sovereign Immunity: Some Practical Considerations», *ICSID Review*, vol. 5, n.° 2, 1990, p. 252 e ss.

[73] *United States District Court for the District of Columbia*.

[74] OKEZIE CHUKWUMERIJE, «ICSID Arbitration and Sovereign Immunity», *Anglo-American Law Review*, vol. 19, 1990, p. 180 e ss.

entities. The legislative history of the FSIA indicates that these funds would be used for a commercial activity and not be immune from attachment. The Court, however, declines to order that if any portion of a bank account loses its immunity (...). On the contrary, following the narrow definition of «commercial activity» funds used for commercial activities which are» incidental» or «auxiliary», not denoting the essential character of the use of the funds in question, would not cause the entire bank account to lose its mantle of sovereign immunity[75].

Com efeito, bem ao invés, no caso *Birch Shipping Corporation* versus *Embassy of Tanzania*, o Tribunal dos EUA autorizara a execução de contas da embaixada da Tanzânia, não obstante estas terem um destino e uma utilização mistas, servindo cumulativamente para prover ao funcionamento da embaixada, bem como para actividades comerciais. De acordo com o Tribunal, uma solução contrária daria um injustificado privilégio aos Estados incumpridores, que, com a criação de contas mistas, se protegeriam face a execuções forçadas[76].

Seria, no entanto, a doutrina aplicada pelo Tribunal à *Liberian Eastern Timber Corporation (LETCO)* que haveria de ser aceite pela Câmara dos Lordes, no seguimento do caso *Alcom Ltd.* versus *Republic of Colombia*, em que foi tentada a execução de contas bancárias da embaixada da Colômbia em Londres. De acordo com a Câmara dos Lordes, as referidas contas bancárias apenas poderiam ser penhoradas se se provasse que eram apenas destinadas a actividades comerciais, tendo sido considerado prova suficiente de que assim não era uma simples declaração escrita do próprio embaixador, atestando a utilização das contas para actividades de soberania[77]. No mesmo sentido, pronunciou-se recentemente o *High Court of*

---

[75] A sentença encontra-se disponível em *ICSID Reports*, n.º 2, p. 395.

[76] HERVÉ SYNVET, «Quelques réflexions sur l'immunité d'exécution de l'État étranger», *Journal du Droit International*, n.º 1, 1985, p. 883, e NANCY B. TURCK, «French and US Courts define limits of Sovereign Immunity in execution and enforcement of arbitral awards», *Arbitration International*, vol. 17, n.º 3, 2001, p. 338 e ss.

[77] ALBERT JAN VAN DEN BERG, «Some Recent Problems in the Practice of Enforcement under the New York and the ICSID Conventions», *ICSID Review*, vol. 2, n.º 2, 1987, p. 450. A decisão da Câmara dos Lordes revogou, assim, a decisão do *Court of Appeal* que havia considerado (no seguimento das declarações do próprio embaixador) que as contas bancárias da Embaixada da Colômbia em Londres poderiam ser objecto de execução, na medida em que, ao servirem para o *day-to-day running of the Mission*, eram utilizadas para pagar bens e serviços que, desta forma, consubstanciavam actividades comerciais. GIORGIO BERNINI e ALBERT JAN VAN DEN BERG, «The enforcement of arbitral awards against a state:

Justice (Queen's Bench Division), quando, em Outubro de 2005, considerou, na execução da sentença *Republic of Kazakhstan* v. *AIG Capital Partners*, que os créditos que o Banco Central do Cazaquistão detinha sobre outros bancos ingleses eram de natureza não comercial, e, como tal, beneficiários de imunidade de execução[78].

Diferentemente, em França, à falta de legislação específica sobre imunidades de execução de bens pertencentes a Estados estrangeiros, tem vindo a ser a jurisprudência a definir a amplitude da imunidade de execução. Assim, por exemplo, na decisão de 14 de Março de 1984, relativa ao caso *Eurodif* versus *Republique Islamique d'Iran*[79], a *Cour de Cassation* francesa pronunciou-se pela primeira vez sobre os limites da imunidade de execução dos Estados, ao aceitar que a regra da imunidade comporta algumas excepções.

Assim, para a *Cour de Cassation*, a imunidade pode ser afastada, *sempre que o bem objecto da execução tenha estado relacionado com a actividade económica ou comercial relevando do Direito Privado que deu origem à acção judicial*[80].

Para o Tribunal francês, o afastamento da imunidade de execução pressuporia, assim, não só que os bens em causa estivessem afectos a actividades económicas e comerciais de Direito privado, como que (o que parece ser mais difícil de acontecer) estivessem relacionados com o litígio em causa[81].

---

the problem of immunity from execution», *Contemporary problems in international arbitration*, 1986, p. 372, e, detalhadamente, HAZEL FOX, *The Law of State Immunity*, 2004, p. 381.

[78] *ICSID Reports*, vol. 11, 2007, p. 118.

[79] A sentença encontra-se em *Revue de l'Arbitrage*, 1985, p. 69, com uma nota de GÉRARD COUCHEZ, e em *Revue Critique de Droit International Privé*, 1984, p. 646, com uma nota de BISCHOFF. Sobre esta decisão, veja-se, ainda, GEORGES R. DELAUME, «Recent French Cases on Sovereign Immunity and Economic Development Activities», *ICSID Review*, vol. 2, n.º 1, 1987, p. 152 e ss.

[80] Considerando que daqui se retira uma admissão por parte do Tribunal superior de que existam outras excepções, para além desta aqui enunciada, HERVÉ SYNVET, «Quelques réflexions sur l'immunité d'exécution de l'Etat étranger», *Journal du Droit International*, n.º 1, 1985, p. 875.

[81] HERVÉ SYNVET, «Quelques réflexions sur l'immunité d'exécution de l'Etat étranger», *Journal du Droit International*, n.º 1, 1985, p. 881. Esta era a regra inserida, como se viu, no *Federal State Immunities Act* (*FSIA*) até à emenda de 1988, e que foi importada pela jurisprudência francesa na sua decisão de 1984. Note-se, ainda para mais, que o ónus da prova deve recair sobre o investidor, a quem cabe provar que aqueles bens estão relacionados com a actividade que motivou a sentença arbitral. Neste sentido, GEORGES R. DELAUME, «Recent French Cases on Sovereign Immunity and Economic Development Activities», *ICSID Review*, vol. 2, n.º 1, 1987, p. 152 e ss.

Aqui chegados, fica assim claro que, nos casos em que foi necessário abandonar o âmbito do tribunais arbitrais e da Convenção de Washington para pedir «auxílio» aos tribunais nacionais dos diversos Estados contratantes da referida Convenção, o lado soberano dos Estados voltou a sobressair, dificultando a execução das sentenças arbitrais, que, no entanto, acabaram por vir a ser cumpridas (mais ou menos) voluntariamente.

É por isso mesmo que, não obstante a amplitude das imunidades aceitáveis esteja a diminuir, é altamente recomendável a inserção contratual (nos casos em que a arbitragem ICSID tem na base um contrato) de uma cláusula de *waiver* da imunidade de execução[82-83].

A este propósito, importa, ainda assim, assinalar a decisão da *Cour d'Appel* de Paris relativamente ao caso *Ambassade de la Fédération de Russie en France et al.* versus *Compagnie Noga d'Importation et d'Exportation*. Neste caso, uma empresa suíça havia realizado um conjunto de empréstimos ao Governo russo que, no referido contrato, tinha renunciado à possibilidade de invocar quaisquer imunidades de execução relativamente aos seus bens, no caso de não cumprir voluntariamente as suas obrigações quanto ao reembolso dos empréstimos.

Ora, perante o incumprimento dos contratos de empréstimo, a empresa suíça procurou executar a sentença arbitral, penhorando contas bancárias da embaixada da Rússia em França, mas o Tribunal francês considerou que a Rússia não poderia ter renunciado às imunidades diplomáticas que, no entender do Tribunal, protegeriam também as contas bancárias das embaixadas, pelo que anulou as referidas execuções[84].

---

[82] O ICSID recomenda a seguinte cláusula: *The (name of the contracting state) hereby irrevocably waives any claim to immunity in regard to any proceedings to enforce any arbitral award rendered by a Tribunal constituted pursuant to this Agreement, including, without limitation, immunity from service of process, immunity from jurisdiction of any court, and immunity of any of its property from execution.* Sobre esta matéria, SUSAN CHOI, «Judicial Enforcement of Arbitration wards under the ICSID and New York Conventions», *New York University Journal of International Law and Politics*, vol. 28, n.º 1-2, 1995--1996, p. 214. CHRISTOPH H. SCHREUER, *The ICSID Convention: A Commentary*, 2001, p. 1174, sugere uma cláusula ainda mais ampla. Sobre esta questão, veja-se, ainda, GEORGES R. DELAUME, «Contractual Waivers of Sovereign Immunity: Some Practical Considerations», *ICSID Review*, vol. 5, n.º 2, 1990, p. 232 e ss.

[83] Sobre esta matéria, detalhadamente, analisando diversas legislações nacionais, CHRISTOPH H. SCHREUER, *The ICSID Convention: A Commentary*, 2001, p. 1165 e ss.

[84] Para um resumo deste caso, RICHARD BOIVIN, «International Arbitration with States: An Overview of the Risks», *Journal of International Arbitration*, vol. 19, n.º 4, 2002, p. 296 e ss., e NANCY B. TURCK, «French and US Courts define limits of Sovereign

Bem diferente foi, no entanto, a surpreendente decisão da *Cour de Cassation* francesa no caso *Creighton Ltd.* v. *Gouvernement de l'État du Qatar*, em que este Tribunal (ao contrário do que havia sido aceite no caso *Eurodif*) considerou que um Estado, ao aceitar dirimir os litígios relativamente a um determinado contrato através do recurso à arbitragem internacional (no caso era uma arbitragem CCI), renuncia implicitamente à imunidade de execução dos seus bens.

No caso em apreço estava em causa um contrato celebrado por uma empresa americana para construir um hospital no Qatar, sendo que o Governo do Qatar acabou por rescindir unilateral e antecipadamente o contrato, expulsando a empresa do país. Para o Tribunal francês, as partes na arbitragem CCI, ao acordarem em respeitar a decisão e em cumprirem o seu conteúdo, estavam implicitamente a renunciar à invocação de qualquer imunidade de execução que pudesse ser usada para pôr em causa o atempado e integral cumprimento da decisão arbitral[85].

VI – AS CONSEQUÊNCIAS DO INCUMPRIMENTO DE SENTENÇAS ARBITRAIS ICSID

Não obstante a imunidade de execução poder ser abusivamente usada como forma de um Estado escapar à sua obrigação de cumprir pontualmente o conteúdo da sentença arbitral, a verdade é que a generalidade das decisões arbitrais proferidas no âmbito do ICSID têm sido voluntariamente cumpridas.

Para esse resultado não é certamente alheio o facto de o ICSID ter na sua base uma Convenção Internacional a que os Estados livremente aderi-

---

Immunity in execution and enforcement of arbitral awards», *Arbitration International*, vol. 17, n.º 3, 2001, p. 330 e ss. Sobre a imunidade diplomática, neste contexto, HAZEL FOX, «Enforcement Jurisdiction, Foreign State Property and Diplomatic Immunity», *International and Comparative Law Quartely*, 1985, p. 115 e ss.

[85] Para um resumo deste caso, com referências doutrinais sobre o mesmo, salientando a sua importância e pioneirismo, RICHARD BOIVIN, «International Arbitration with States: An Overview of the Risks», *Journal of International Arbitration*, vol. 19, n.º 4, 2002, p. 296 e ss., e NANCY B. TURCK, «French and US Courts define limits of Sovereign Immunity in execution and enforcement of arbitral awards», *Arbitration International*, vol. 17, n.º 3, 2001, p. 327 e ss. Não parece que esta decisão pudesse ter sido tomada no caso de estarmos perante uma arbitragem ICSID, na medida em que o art. 54.º da Convenção de Washington reconhece expressamente a possibilidade de os Estados invocarem a imunidade de execução.

ram, sendo que o não cumprimento de uma decisão arbitral por parte de um Estado o sujeita a um conjunto de sanções baseadas no facto de esse incumprimento consubstanciar, para além de tudo o mais, uma violação a uma obrigação imposta pelo Direito Internacional.

Em primeiro lugar, o não cumprimento da sentença implica que o nacional do outro Estado possa voltar a convocar o apoio diplomático do seu Estado de origem (possibilidade que estava suspensa, como se viu, nos termos do n.º 1 do art. 27.º da Convenção). Uma das possibilidades que o Estado da nacionalidade do investidor tem é a de apresentar uma queixa perante o Tribunal Internacional de Justiça contra o outro Estado, por incumprimento das obrigações de um Tratado Internacional, podendo igualmente fundamentar essa queixa no artigo 64.º da Convenção, por estar em causa uma questão relativa à interpretação ou aplicação da Convenção de Washington[86].

Por outro lado, o facto de a arbitragem ICSID se desenvolver no âmbito e sob os auspícios do Banco Mundial é, igualmente, um factor de forte dissuasão relativamente a Estados que ponderem a hipótese de se furtarem ao cumprimento das decisões arbitrais. Com efeito, apesar de não haver qualquer norma que diga expressamente que os Estados que não cumprem livremente as sentenças ICSID podem ser penalizados no momento de o Banco Mundial avaliar e decidir a concessão de financiamentos, o certo é que há uma espécie de regra não escrita nesse sentido, sendo este argumento repetido por quase todos os autores, como um dos motivos da grande eficácia das arbitragens ICSID[87-88].

---

[86] Neste sentido, GEORGES R. DELAUME, «Sovereign immunity and transnational arbitration», *Arbitration International*, vol. 3, n.º 1, 1987, p. 43.

[87] Entre muitos, veja-se, STEPHEN JAGUSCH e MATTHEW GEARING, «International Centre for Settlement of Investment Disputes (ICSID)», *Arbitration World, Jurisdictional Comparisons*, 2006, p. 85.

[88] Relativamente à arbitragem ICSID levanta-se igualmente a questão de saber o que fazer quando as indemnizações arbitradas pelos tribunais arbitrais são de tal modo elevadas que se torna impossível para um Estado cumpri-las. Sobre esta questão veja-se, em termos muito críticos para o modelo ICSID, GUS VAN HARTEN, *Investment Treaty Arbitration and Public Law*, 2007. O Autor dá como exemplo (p. 2) o caso da crise argentina iniciada no final de 2001, que levou a que estejam pendentes contra este Estado cerca de 30 arbitragens ICSID em que a soma dos pedidos de indemnização equivale ao valor da totalidade do orçamento da Argentina.

VII – CONCLUSÃO

No momento em que se termina este Estudo, parece ser pertinente retomar uma das ideias a que se fez referência na Introdução, e que se prende com o facto de o domínio das arbitragens ICSID continuar a ser, para nós, quarenta anos volvidos, ao mesmo tempo uma grande incógnita e um enorme desafio.

Uma grande incógnita, na medida em que não fomos ainda confrontados com um pedido de reconhecimento e de execução de uma sentença arbitral no seguimento de uma arbitragem ICSID, pelo que não sabemos como é que o Supremo Tribunal de Justiça aplicará, na prática, as regras do processo executivo aos casos em que se solicite a execução de bens de Estados estrangeiros, nem tão-pouco sabemos como reagirá perante a eventual invocação, por parte desse mesmo Estado, de uma imunidade de execução face a parte ou à totalidade desses mesmos bens.

Um enorme desafio, na medida em que este domínio permite, porventura como nenhum outro, um trabalho doutrinal conjunto, de cultores do Direito Público e do Direito Privado, tendo um inegável interesse teórico mas, igualmente, um relevantíssimo interesse prático.

Com efeito, só o estudo aprofundado das vantagens e das desvantagens da arbitragem ICSID, bem como da respectiva tramitação processual, permitirá seja a aprovação (consciente) de tratados bilaterais de protecção de investimentos, seja a inclusão de cada vez mais cláusulas arbitrais em contratos internacionais, remetendo a resolução de eventuais litígios para a arbitragem ICSID.

O objectivo deste Estudo ficará, assim, totalmente cumprido se o mesmo tiver, de algum modo, contribuído para fomentar o interesse e a discussão em torno de tão relevante tema. É que, como dizia, noutro contexto, Sophia de Mello Breyner Andresen, *Vemos, ouvimos e lemos, não podemos ignorar*.

«QUANTO VALE UMA SENTENÇA?»
NOTAS SOBRE A APLICAÇÃO DO ARTIGO 102.º, N.º 5, DO CÓDIGO DE PROCESSO NOS TRIBUNAIS ADMINISTRATIVOS[*]

VERA EIRÓ[**]

Resumo

A natureza urgente do contencioso da contratação pública não impede que, tendo sido impugnado um acto incluído na formação do contrato, ocorram situações que impossibilitem de forma absoluta a execução de uma sentença que anule (ou declare a nulidade ou inexistência) o acto impugnado. Nestes casos, o CPTA prevê a possibilidade de a Administração não executar a sentença (ou de o tribunal não chegar a proferir a sentença) mediante o pagamento ao autor do montante de indemnização devida. Apesar de o CPTA prometer uma indemnização a quem «perde a sentença», os nossos tribunais têm já decidido no sentido de nada ser devido ao autor. A análise desta jurisprudência levou-nos à escrita destas notas, onde demonstramos que se confundem, na generalidade dos casos, dois planos distintos: o plano de quem «perde a sentença» e que deve ser indemnizado de acordo com critérios de «justa indemnização» e o plano de quem, para além de ter perdido a sentença, sofreu prejuízos que, por força do preenchimento dos pressupostos da responsabilidade civil por acto ilícito, deverão ser compensados.

A distinção dos planos mencionados passa pela ponderação da natureza essencialmente subjectiva do contencioso administrativo, da determi-

---

[*] Texto concluído em Setembro de 2007.
[**] Doutoranda na Faculdade de Direito da Universidade Nova de Lisboa. Bolseira da Fundação para a Ciência e a Tecnologia.

nação do facto que dá origem à obrigação de indemnizar, do fundamento da obrigação de indemnizar e do afastamento dos pressupostos da responsabilidade civil nos casos de «perda de sentença». Acrescenta-se ainda a análise de algumas questões processuais relevantes para a aplicação do mecanismo: os prazos e a legitimidade.

1. Introdução

1.1. *O juiz no contencioso de plena jurisdição*

Muito se tem escrito sobre a nova lei de processo nos tribunais administrativos. Escritos, aliás, justificados, porquanto o CPTA veio responder a problemas identificados nas anteriores leis do processo e colocar novas questões, suscitadas por novos mecanismos processuais (e por uma constante evolução do direito substantivo) cuja tenra idade não permitiu, ainda, uma aplicação uniforme pelos nossos tribunais.

No CPTA foram encontradas respostas a problemas concretos de acesso à justiça administrativa, proporcionando-se a «*mais efectiva tutela a quem quer que se lhe dirija*»[1]. Esta efectiva tutela passa por uma maior celeridade dos processos, uma vertente subjectiva mais vincada de toda a instância, um afastamento do método decisório dito formal e uma intervenção do juiz na definição dos contornos da relação jurídico-administrativa que existirá após a sentença.

O juiz tem novas tarefas em mãos, que se traduzem num relevante papel na marcha do processo[2]. Este papel encontra um dos seus expoentes no «mecanismo da modificação objectiva da instância», consagrado, para o contencioso pré-contratual urgente, no artigo 102.°, n.° 5[3], e, para as ac-

---

[1] *Cfr.* DIOGO FREITAS DO AMARAL e MÁRIO AROSO DE ALMEIDA, *Grandes linhas da reforma do contencioso administrativo*, 3.ª ed. (revista e actualizada), 2007 (reimp. Junho 2004), p. 19.

[2] VASCO PEREIRA DA SILVA é claro quanto a esta transformação, quando escreve «*a reforma do Contencioso Administrativo pôs termo a esta orientação tradicional, afastando a dicotomia que separava o contencioso de anulação do contencioso de plena jurisdição e conferindo ao juiz administrativo, independentemente dos meios processuais em causa, a plenitude dos poderes necessários à tutela plena e efectiva dos direitos dos particulares*». *Cfr.* VASCO PEREIRA DA SILVA, *O contencioso administrativo no divã da psicanálise*, 2005, p. 264.

[3] Os preceitos legais citados sem outra indicação pertencem ao CPTA.

ções administrativas especial e comum, no artigo 45.º⁴. O artigo 102.º, n.º 5, espelha as quatro linhas do novo contencioso já elencadas: inclui-se no chamado contencioso pré-contratual de natureza urgente, aplica-se em acções de natureza essencialmente subjectiva, não se coaduna com decisões de mera forma e depende de uma postura activa do juiz.

É um mecanismo de difícil aplicação – o que se deve à novidade da sua inclusão no CPTA e à complexidade dogmática que decorre da sua interpretação[5] – e as notas que aqui deixamos são fruto da consciência dessa dificuldade.

Em termos sistemáticos, num primeiro ponto será analisada a natureza deste mecanismo processual sendo ainda ponderados os efeitos das sentenças de anulação dos actos administrativos. No segundo ponto, procederemos à identificação do facto que origina (e do fundamento) a obrigação de indemnizar consagrada na norma *sub judice*. De seguida, serão expostos os pressupostos de aplicação do mecanismo analisado, sendo ainda ponderadas as questões especificas dos prazos a aplicar e da legitimidade processual. No quarto ponto, será indagado o significado da expressão «o tribunal não profere a sentença requerida» e «convida as partes a acordarem (...) no montante de indemnização a que o autor tem direito», sendo ainda abordado o problema do montante de indemnização devido. Por último, apresentaremos conclusões.

Comecemos.

---

[4] Este mecanismo foi qualificado por alguma doutrina como «matéria altamente delicada, complexa e inovatória». *Cfr.* RODRIGO ESTEVES DE OLIVEIRA, «Processo executivo: algumas questões», *in Studia Iuridica*, n.º 86, pp. 239-267, p. 258; MÁRIO ESTEVES DE OLIVEIRA e RODRIGO ESTEVES DE OLIVEIRA, *Código de Processo nos Tribunais Administrativos – Estatuto dos Tribunais Administrativos e Fiscais (Anotados)*, I, 2006, p. 302. O regime processual consagrado no art. 102.º, n.º 5, é uma espécie do género de vicissitudes processuais que se apresentam como corolário do «princípio da flexibilidade do objecto do processo». Sobre este princípio, *vide* DIOGO FREITAS DO AMARAL e MÁRIO AROSO DE ALMEIDA, «Grandes linhas...», *op. cit.*, pp. 102-107.

[5] O mecanismo que analisamos foi já alvo de crítica, tendo VASCO PEREIRA DA SILVA, em 2002, considerado o preceito inconstitucional por violação do princípio do pedido, da separação de poderes e da plenitude da tutela do particular. Já em obra posterior à entrada em vigor do CPTA (que incluiu alterações aos artigos referentes ao mecanismo de modificação objectiva da instância), o autor vem dizer que os «receios» manifestados quanto à inconstitucionalidade do preceito parecem ter sido dissipados. *Cfr.* VASCO PEREIRA DA SILVA, «Todo o contencioso administrativo se tornou de plena jurisdição», *in Cadernos de Justiça Administrativa*, n.º 34, Julho/Agosto 2002, pp. 24-32, p. 30 e p. 230, nota 10.

1.2. A antecipação do regime de execução de sentenças

O preceito traduz uma «antecipação» do que pode suceder em sede de execução da sentença[6]. Por esta razão, a sua boa compreensão passará pela análise das principais linhas que enformam o mecanismo das «causas legítimas de inexecução da sentença» consagrado no processo executivo regulado no Título VIII do CPTA.

O princípio da tutela jurisdicional efectiva foi já considerado como a «"pedra angular" do processo administrativo»[7] e uma «trave mestra» do processo executivo[8]. À semelhança do processo declarativo, a fase executiva do processo administrativo deve ser perspectivada sob duas vertentes: uma vertente objectiva que se prende com a reposição da legalidade e uma vertente subjectiva que se prende com a efectiva tutela jurisdicional dos particulares[9].

O mecanismo de convolação objectiva da instância traduz igualmente a protecção jurisdicional efectiva com que o nosso legislador (constitucionalmente vinculado) entendeu tutelar os particulares. Na verdade, o problema da excessiva duração dos processos judiciais e a necessidade de não embaraçar o andamento da actividade de quem administra[10] levaram o nosso legislador a tentar «cortar caminho». Assim sendo, e em casos limi-

---

[6] Apontando a natureza antecipatória do mecanismo, *vide* MÁRIO AROSO DE ALMEIDA, *Anulação de Actos Administrativos e Relações Jurídicas Emergentes*, 2002, p. 776; DIOGO FREITAS DO AMARAL e MÁRIO AROSO DE ALMEIDA, «Grandes linhas...», *op. cit.*, p. 102; JOSÉ CARLOS VIEIRA DE ANDRADE, *A Justiça Administrativa*, 2006, p. 410 (falando de «conhecimento preventivo de causas legítimas de inexecução»). Veja-se ainda o Ac. do STA, p. n.º 0843/06, de 2006.11.29.

[7] *Cfr.* VASCO PEREIRA DA SILVA, «Todo o contencioso...», *op. cit.*, p. 25.

[8] RUI CHANCERELLE DE MACHETE, «Execução de sentenças administrativas», in *Cadernos de Justiça Administrativa*, n.º 32, Julho/Agosto 2002, pp. 54-64, p. 54

[9] Porque o efeito útil de uma acção judicial «vale apenas o que valer a sua repercussão final nas situações reais da vida». *Cfr.* DIOGO FREITAS DO AMARAL, *A execução das sentenças dos Tribunais Administrativos*, 2.ª ed., 1997, p. 9 (p. 13 da 1.ª ed.).

[10] Caso a impugnação de um acto administrativo pré-contratual acarretasse efeitos suspensivos automáticos poderia questionar-se da necessidade deste mecanismo. Essa não foi, todavia, a solução adoptada no ordenamento jurídico português, que não suspende a eficácia dos actos administrativos por força da mera propositura da acção administrativa especial (de natureza urgente ou não). Esta opção fundamenta-se na necessidade de permitir à Administração (salvo no caso em que tenha sido requerida a suspensão de eficácia do acto) executar os actos e, no fundo, administrar enquanto o tribunal não se pronuncie quanto à validade do acto impugnado.

tados[11], o legislador confere ao juiz a possibilidade de «ditar e conhecer agora» o que sempre iria «ditar e conhecer depois».

O que se pretende é que o juiz, perante a existência de «situações excepcionais que tornam lícita a inexecução de uma sentença, obrigue, no entanto, a Administração a pagar uma indemnização compensatória ao titular do direito à execução»[12].

Esta vicissitude processual veio, assim, responder a uma exigência de tutela jurisdicional efectiva dos interesses dos particulares, tentando obviar à demora natural que os processos judiciais acarretam (mesmo quando têm natureza urgente). Quer isto dizer que o risco do decurso do tempo corre por conta do autor do acto ilegal que, caso o tribunal decida no sentido da procedência do pedido de anulação (ou declaração de nulidade ou inexistência) do acto posto em crise, terá de, em caso de «causa legítima», indemnizar o autor da acção[13].

Em traços gerais, pode dizer-se que o que está em causa, nos casos de modificação objectiva da instância por força de uma «antecipada causa legítima de inexecução», é a possibilidade de o juiz terminar o processo declarativo com a emissão de uma sentença cuja execução, se necessária, deixará de comportar momentos declarativos, incluindo apenas uma fase executiva que seguirá o processo de execução de pagamento de uma quantia certa[14].

---

[11] Limitados, por exemplo, aos casos em que tenha sido formulado um pedido de condenação. Sobre este ponto, *vide* 1.3.

[12] Esta é a definição de causa legítima de inexecução dada por DIOGO FREITAS DO AMARAL, *Direito Administrativo*, IV, 1988, p. 242.

[13] Sobre a natureza deste mecanismo processual, veja-se o que dissemos já em VERA EIRÓ, «"Que indemnização é esta?" – A aplicação do artigo 102.º, n.º 5, do CPTA – Ac. do TCA Sul de 11.5.2006, P. 1149/05», *in Cadernos de Justiça Administrativa*, n.º 62, Março/Abril 2007, pp. 41-60, p. 52 e ss. No sentido de que o instituto das causas legítimas de inexecução (nos casos de impossibilidade) traduz uma opção do legislador pela inversão do regime do risco da prestação, *vide* MÁRIO AROSO DE ALMEIDA, «Anulação...», *op. cit.*, p. 807 e ss.

[14] Sobre as especificidades do processo executivo na jurisdição administrativa (onde se aceita a «existência de momentos declarativos nos processos executivos») *vide*, por todos, RODRIGO ESTEVES DE OLIVEIRA, «Processo executivo: algumas questões», *in Studia Iuridica*, n.º 86, pp. 239-267, p. 243 e JOSÉ CARLOS VIEIRA DE ANDRADE, «A Justiça...», *op. cit.*, p. 404.

1.3. *A especificidade do processo administrativo quanto aos limites objectivos do caso julgado*

Ainda em introdução, não podemos deixar de referir a especificidade do contencioso administrativo quanto aos limites do caso julgado. Não nos iremos deter sobre a matéria, não só porque o tempo e o espaço destas notas não no-lo permitem, mas também porque Aroso de Almeida já trabalhou de forma particularmente elaborada o tema[15].

Porque o mecanismo processual sob análise se prende com a antecipação, através de um juízo de prognose, do cenário que se traçaria no âmbito da execução da sentença, torna-se claro que a questão de saber quais seriam os efeitos da sentença é o nó górdio de uma boa aplicação deste preceito. Na verdade, tomando consciência dos designados «efeitos ultraconstitutivos» das sentenças de anulação (que existem, ainda que não se tenha cumulado na acção declarativa o pedido de condenação à prática dos actos necessários à reconstituição da situação hipotética actual)[16], é forçoso o entendimento de que o juiz, no processo declarativo, tem de se questionar, pelo menos, quanto aos limites do caso julgado de uma decisão no sentido da procedência do pedido formulado pelo autor. Só perante uma delimitação deste quadro, poderá, em bom rigor, o juiz pronunciar-se quanto à existência de uma situação de impossibilidade absoluta[17].

A questão está em saber se a mera ponderação dos «efeitos ultraconstitutivos» de uma sentença de anulação de um acto administrativo é suficiente para enquadrar os poderes de um juiz que, em sede declarativa, mo-

---

[15] *Cfr.* MÁRIO AROSO DE ALMEIDA, *Sobre a autoridade do caso julgado das sentenças de anulação de actos administrativos*, 1994, *passim* e MÁRIO AROSO DE ALMEIDA, «Anulação...», *op. cit.*, *passim*.

[16] Frisamos apenas nesta sede que os efeitos ultraconstitutivos das sentenças de anulação (e que se prendem, no que ora importa, com o regime dos actos consequentes e dos interesses de terceiros) impedem que se busque no processo civil parâmetros de decisão que se apliquem de forma cabal ao contencioso administrativo. Considerando que as questões relativas a actos consequentes e interesses de terceiros são especificidades do contencioso administrativo face à doutrina processual geral, *vide* RUI CHANCERELLE DE MACHETE, «Execução...», *op. cit.*, p. 62.

[17] Os efeitos de uma sentença de anulação são, conforme defende a maioria da doutrina, o efeito constitutivo que se traduz na invalidação do acto impugnado e o efeito «reconstrutivo», na medida em que a Administração fica obrigada a executar a sentença *«pondo a situação de facto de acordo com a situação de direito constituída pela decisão judicial»*. Neste sentido, entre outros, JOSÉ CARLOS VIEIRA DE ANDRADE, «A Justiça...», *op. cit.*, p. 378 e ss.

difique objectivamente a instância. Por outras palavras, a questão está em saber se a natureza de uma sentença de anulação[18] é suficiente para aplicação deste mecanismo, quando não tenha sido pedida a condenação da entidade demandada na «reconstituição da situação hipotética actual».

Serão pouco frequentes os casos em que o autor não tenha optado pela cumulação de pedidos de anulação do acto impugnado e de condenação da Administração à reconstituição da situação actual hipotética[19]. Apesar de pouco provável, esta é uma hipótese possível a que urge dar solução.

A resposta resulta da leitura do artigo 175.º, n.º 2. Neste preceito, veio o legislador consagrar a possibilidade de, em sede de execução de sentenças de anulação, ser invocada uma causa legítima de inexecução da sentença fundada em circunstâncias não supervenientes ao momento em que esta foi proferida. Em face desta solução legal não podemos senão concluir que a possibilidade de invocar, nesta hora, uma causa legítima de inexecução previamente existente (e conhecida) no momento em que a sentença foi proferida se prende com a circunstância de não ser possível a invocação da causa legítima de inexecução em sede declarativa[20].

Ao argumento aventado acresce ainda a circunstância de o tribunal, numa acção administrativa especial na qual o autor tenha optado por não

---

[18] Incluímos aqui as sentenças que declaram a nulidade ou a inexistência de actos administrativos.

[19] *Cfr.* VASCO PEREIRA DA SILVA, «Todo o contencioso…», *op. cit.*, p. 31. No sentido de que a cumulação de pedidos é, em contencioso pré-contratual, possível mas, na eventualidade de a cumulação comprometer a natureza urgente e a celeridade do processo, por vezes indesejável, *vide* MÁRIO AROSO DE ALMEIDA e CARLOS ALBERTO FERNANDES CADILHA, *Comentário ao Código de Processo nos Tribunais Administrativos*, 2.ª ed. (revista), 2007, p. 598, e MÁRIO AROSO DE ALMEIDA, *O novo regime do processo nos tribunais administrativos*, 4.ª ed. (revista e Actualizada), 2005, p. 89 e ss. e p. 258 e ss. Deve notar-se ainda que a cumulação de pedidos pode determinar um aumento do valor da acção que, traduzindo-se em aumento de custas a suportar, não seja conveniente aos interesses do autor. Neste sentido, CECÍLIA ANACORETA CORREIA, *A Tutela Executiva no novo Código de Processo nos Tribunais Administrativos*, tese de Mestrado apresentada na FDL, 2006, inédito, p. 375.

[20] Aparentemente neste sentido, MÁRIO AROSO DE ALMEIDA e CARLOS ALBERTO FERNANDES CADILHA, «Comentário…», *op. cit.*, p. 992, e MÁRIO AROSO DE ALMEIDA, «O novo regime…», *op. cit.*, p. 380. Considerando que, mesmo no âmbito da execução de sentenças proferidas em acções de condenação, podem ser invocadas causas legítimas de inexecução não supervenientes (mas que não tivessem sido conhecidas ou alegadas em momento próprio em sede declarativa), *vide* JOSÉ CARLOS VIEIRA DE ANDRADE, «A Justiça…», *op. cit.*, p. 410 e ss.

cumular o pedido de condenação ao pedido de mera anulação, ser chamado a decidir apenas quanto à invalidade do acto. Não se afigura, assim, possível que o tribunal se pronuncie (de forma antecipada) sobre os deveres em que a Administração fica constituída para que possa ser feito o juízo (mais uma vez antecipado) da existência de uma «impossibilidade de execução»[21].

Concluindo, a possibilidade de modificação objectiva da instância existe apenas no âmbito de acções declarativas em que «as pretensões dirigidas à execução da anulação sejam desde logo cumuladas no próprio processo impugnatório»[22-23].

2. O fundamento da obrigação de indemnizar

2.1. *O facto que origina a obrigação de indemnizar: indemnização devida «pelo facto de inexecução da sentença» ou «pelo facto inicialmente ilícito»?*

O normativo em análise prescreve que o conhecimento antecipado de uma situação de impossibilidade absoluta de execução da sentença dá lugar ao pagamento de uma indemnização. A inovação desta norma não se prende com a impossibilidade de a execução da sentença dar lugar a uma indemnização, mas sim com o momento em que essa impossibilidade é conhecida, declarada e produz os seus efeitos (já que é em sede de execução

---

[21] Sobre as diferenças entre a posição do beneficiário de uma sentença de anulação e o beneficiário de uma sentença de condenação *vide* MÁRIO AROSO DE ALMEIDA, «O novo regime...», *op. cit.*, p. 392.

[22] Neste sentido, MÁRIO AROSO DE ALMEIDA, «Anulação...», *op. cit.*, p. 776. Contra, MÁRIO ESTEVES DE OLIVEIRA e RODRIGO ESTEVES DE OLIVEIRA, *Código de Processo nos Tribunais Administrativos – Estatuto dos Tribunais Administrativos e Fiscais (Anotados)*, I, 2006, p. 305.

[23] Entendemos não ser de aplicar o mecanismo em análise nos casos em que, a par da impugnação do acto administrativo relativo à formação do contrato, tenha sido cumulado o pedido de condenação da Administração à reparação dos danos resultantes da actuação ou omissão administrativa ilegal (que, regra geral, serão reparados *in natura* mas que, caso tal não seja possível, correspondem ao pagamento de uma indemnização de natureza pecuniária). Neste caso, não haverá lugar para a ponderação de uma causa legítima de inexecução de sentença, porquanto este instituto não se aplica quando esteja em causa uma condenação da Administração ao pagamento de uma quantia certa. A propósito da cumulação mencionada, e suscitando dúvidas quanto ao sentido da decisão, veja-se o Ac. do TCAN, p. n.° 00922/05.2BEBRG, de 2006.03.30.

de sentença administrativa que o instituto das causas legítimas de inexecução encontra o seu «*habitat* natural»).

No que respeita à questão de saber qual o facto que origina a obrigação de indemnizar consagrada no artigo 166.º veio a doutrina dizer, apoiada, aliás, na letra da lei, que se trata de uma indemnização devida «pelo facto da inexecução» da sentença[24]. Este é, aliás, o entendimento tradicional da doutrina portuguesa que, seguindo os ensinamentos de Freitas do Amaral, defende que a existência de uma causa legítima de inexecução da sentença faz «nascer para a entidade incumbida da execução uma obrigação de indemnizar o particular beneficiado pela sentença, pelos danos sofridos com a inexecução»[25].

Sucede, porém, que quanto ao mecanismo consagrado no artigo 102.º, n.º 5, e, por maioria de razão, no artigo 45.º, a doutrina que já se debruçou de forma mais detida sobre este tema não encontra unanimidade na resposta a dar à questão colocada. As opiniões oscilam entre os que entendem tratar-se de uma indemnização devida pelo facto de inexecução da sentença (atribuída de forma antecipada)[26] e os que entendem tratar-se de uma indemnização devida pelo acto inicialmente inválido[27].

---

[24] Neste sentido MÁRIO AROSO DE ALMEIDA, «Anulação…», *op. cit.*, p. 816, MÁRIO AROSO DE ALMEIDA, «O novo regime…», *op. cit.*, p. 378, e JOSÉ CARLOS VIEIRA DE ANDRADE, «A Justiça…», *op. cit.*, p. 411.

[25] DIOGO FREITAS DO AMARAL, «A execução…», *op. cit.*, p. 118 (p. 154 da 1.ª ed.). Deve notar-se que, ao abrigo do anterior regime de execução de sentenças, falava-se, em caso de causa legítima de inexecução da sentença, da possibilidade de o interessado requerer ao tribunal «a fixação de indemnização dos prejuízos resultantes do acto anulado pela sentença e da inexecução desta» (art. 7.º, n.º 1, *in fine*, do Decreto-Lei n.º 256-A/77, de 17 de Junho). Actualmente, o art. 166.º consagra apenas a possibilidade de, em caso de causa legítima de inexecução de sentença, ser acordado o «montante de indemnização devida pelo facto da inexecução».

[26] *Cfr.* DIOGO FREITAS DO AMARAL e MÁRIO AROSO DE ALMEIDA, «Grandes linhas…», *op. cit.*, p. 102, nota 105. Os autores escrevem que a indemnização a que se refere o preceito «parece corresponder à "indemnização devida pelo facto da inexecução"».

[27] Neste sentido *vide* RODRIGO ESTEVES DE OLIVEIRA, «Processo executivo…», *op. cit.*, p. 259, MÁRIO ESTEVES DE OLIVEIRA e RODRIGO ESTEVES DE OLIVEIRA, «Código…», *op. cit.*, p. 305, e JOÃO CAUPERS, «*Introdução ao Direito Administrativo*», 8.ª ed., 2005, p. 389. Aparentemente no sentido de que estão aqui em causa os prejuízos decorrentes do acto inicialmente posto em crise (os «danos que ele possa ter sofrido por ter sido ilegalmente preterido») *vide* MÁRIO AROSO DE ALMEIDA e CARLOS ALBERTO FERNANDES CADILHA, «Comentário…», *op. cit.*, p. 611. A posição destes autores não se afigura, todavia, clara, porquanto noutros trechos da mesma obra, em especial, na p. 948, referem que este mecanismo determina a indemnização pelo facto de inexecução da sentença.

Esta divergência doutrinal traduz-se numa jurisprudência que, perante a falta de clareza dos dados normativos, parece não ter assimilado este mecanismo processual[28].

Da nossa perspectiva, importa distinguir entre a relação jurídica processual e a relação jurídica substantiva que se traduz na distinção entre «o direito de acção e o direito subjectivo de que o particular é titular, no âmbito de uma concreta relação jurídica administrativa, e para cuja protecção o primeiro existe»[29].

A execução da sentença inclui-se tanto na relação jurídica substantiva (quando se pretenda incluir aqui os efeitos substantivos da decisão do tribunal) como na relação jurídica processual, pois corresponde, na verdade, ao culminar da acção. O que o mecanismo das causas legítimas de inexecução parece fazer é, no fundo, a transformação desta relação jurídica processual numa nova relação jurídica substantiva – o autor, quando alegue ter um interesse directo e pessoal na acção[30], tem o direito a uma sentença do tribunal e à sua execução. Esta relação jurídica, se bem que dependa da relação jurídica substantiva inicial (que corresponde ao direito subjectivo de que o autor era inicialmente titular), é nova e funda-se na existência de um juízo antecipado de uma «causa legítima de inexecução da sentença»[31]. Assim sendo, este será um caso em que se atribui um conteúdo material a uma relação jurídica que, na sua génese, é meramente instrumental[32].

---

[28] Veja-se a este propósito o Ac. do STA, p. n.º 041321A, de 2005.11.29; Ac. do TCAS, p. n.º 01149/05, de 2006.05.11; Ac. do STA, p. n.º 0843/06, de 2006.11.29 e Ac. do TCAS, p. n.º 5415/01, de 2002.01.31. Veja-se ainda o voto de vencido do Conselheiro Rosendo José, em Ac. do STA, p. n.º 44140A, de 2003.03.13, que parece defender que não haverá, na verdade, situações de impossibilidade de execução de sentenças, porquanto será sempre possível a execução por substitutivo – a indemnização – devendo inverter-se o ónus da prova do nexo de causalidade, cabendo à Administração o «ónus de reconstituir o procedimento para ficar definido se o recorrente que teve ganho de causa no recurso teria ou não direito a indemnização».

[29] VASCO PEREIRA DA SILVA, «O contencioso...», op. cit., p. 280 e ss.

[30] Sobre o conceito de interesse directo e pessoal e a contraposição ao conceito de lesão de um direito ou interesse legalmente protegido, vide MÁRIO AROSO DE ALMEIDA, «O novo regime...», op. cit., p. 40 e ss.

[31] Considerando que, em situações de inexecução de sentença fundada na existência de grave prejuízo para o interesse público, se constitui «uma nova relação jurídico-administrativa, no âmbito da qual, em virtude do facto autónomo da inexecução, a Administração fica constituída no dever de indemnizar», vide MÁRIO AROSO DE ALMEIDA, «Anulação...», op. cit., p. 791.

[32] VASCO PEREIRA DA SILVA entende que não faz muito sentido atribuir ao direito de anulação um conteúdo material: VASCO PEREIRA DA SILVA, «O contencioso...», op. cit., p. 281.

Esta distinção é relevante, pois dela decorre a necessária consideração de que, simultaneamente, o autor poderá ser o credor de uma obrigação de indemnizar fundada na inexecução de uma sentença a seu favor e manter-se credor de uma outra obrigação de indemnizar fundada no acto inicialmente posto em crise.

O facto que dá origem à obrigação de indemnizar consagrada no artigo 102.º, n.º 5, é, na letra da lei, omitido. Todavia, e considerando a natureza «antecipatória» do regime, bem como a unidade do sistema jurídico, a *ratio legis* aponta no sentido de que também aqui se está perante um montante de indemnização devida pelo facto de inexecução da sentença[33]. O regime que nos ocupa aplica-se apenas aos casos de contencioso pré-contratual de natureza urgente. Nesta linha, deve concluir-se que, caso tenha sido cumulada a impugnação de acto administrativo relativo à formação de um contrato público com, por exemplo, um pedido de condenação à adopção dos actos e operações necessários para reconstituir a situação que existiria se o acto anulado não tivesse sido praticado, o juiz poderá, na pendência do processo, verificar que a satisfação dos interesses do autor enfrenta um obstáculo intransponível que toma a forma de uma situação de impossibilidade absoluta, convidando as partes a acordarem o montante de indemnização devida pelo facto de inexecução da sentença, emitindo, a final, uma sentença condenatória[34].

Entendemos, porém, que nos casos de modificação objectiva de instância por força de um juízo antecipado de causa legítima de inexecução o «direito de anulação» configurado como um direito à execução da sentença que venha invalidar o acto assume uma natureza material.

[33] O elemento teleológico aponta também neste sentido, porquanto nada indicia que a finalidade deste mecanismo seja a de, pura e simplesmente, substituir todo o regime da responsabilidade extracontratual por acto ilícito das entidades demandadas junto dos tribunais administrativos. A *ratio legis* referida no texto é, assim, «a resultante de todos os elementos, mas iluminada por uma pretensão de máxima racionalidade, que permitirá escolher entre possibilidades divergentes de interpretação». Sobre a interpretação jurídica e a ponderação dos elementos mencionadas, veja-se, por todos, JOSÉ DE OLIVEIRA ASCENSÃO, *O Direito – Introdução e Teoria Geral*, 13.ª ed., 2005, p. 416.

[34] A sentença não deixa de ser proferida pelo juiz. Nesta sentença, o juiz deverá condenar a entidade demandada ao pagamento da indemnização (i) relativamente à qual as partes tenham chegado a acordo ou (ii) que o juiz entender, na falta de acordo e após o ordenamento das diligências instrutórias necessárias, fixar.

2.2. Fundamento da obrigação de indemnizar

Regra geral, a inexecução de sentenças fundada em causas legítimas de inexecução traduz a contraposição de dois interesses públicos: o interesse público que se opõe à execução da sentença e o interesse público em que a Administração cumpra as leis e acate as decisões dos tribunais.

Quando ocorra uma causa legítima de inexecução, o primeiro interesse público prevalece sobre o segundo, ficando a Administração constituída no «dever automático» de indemnizar[35].

No nosso ordenamento jurídico têm sido tradicionalmente consideradas duas causas legítimas de inexecução: os casos em que exista uma grave lesão do interesse público e os casos em que a execução da sentença seja, pura e simplesmente, impossível[36-37].

Quanto à primeira categoria, Freitas do Amaral e Aroso de Almeida disseram já tratar-se de uma lógica próxima à do instituto da expropriação[38]. Concordamos: trata-se aqui de ponderar os interesses em causa e de considerar prevalecente o interesse público[39].

No que respeita à segunda categoria, a doutrina portuguesa tem vindo a distingui-la dos casos de «grave prejuízo». Com efeito, e baseando-se na

---

[35] Cfr. MÁRIO AROSO DE ALMEIDA, «Anulação...», op. cit., p. 779.

[36] Sobre a evolução do tratamento do instituto das «causas legítimas de inexecução» no ordenamento jurídico português, vide, por todos, MÁRIO AROSO DE ALMEIDA, «Anulação...», op. cit., p. 779 e ss.

[37] Estas são as causas legítimas de inexecução consagradas no art. 6.º, n.º 2, do DL n.º 256-A/77 e no art. 163.º do CPTA. A legislação anterior previa ainda que o «embaraço na execução» legitimasse igualmente a inexecução das sentenças. Esta «causa legítima» foi abandonada tanto no diploma de 1977 como no CPTA.

[38] MÁRIO AROSO DE ALMEIDA escreve, a este propósito, que «apenas se admite que a grave lesão do interesse público pode constituir fundamento para um fenómeno cuja lógica até certo ponto se aproxima da do instituto da expropriação por razões de interesse público e que pode ser configurado como um afloramento da teoria do estado de necessidade que, envolvendo a imposição de um sacrifício especial ao recorrente, determinada pela necessidade de salvaguardar interesses considerados mais importantes há-de necessariamente passar pelo pagamento da devida indemnização». Cfr. MÁRIO AROSO DE ALMEIDA, «Anulação...», op. cit., p. 783. Considerando que o que está em causa é, essencialmente, a imposição de um sacrifício especial, vide, DIOGO FREITAS DO AMARAL, «Direito...», op. cit., p. 246, e DIOGO FREITAS DO AMARAL, «Apreciação da dissertação de doutoramento do Mestre Mário Aroso de Almeida», in Themis, n.º 3, pp. 305-315, p. 310.

[39] Em Espanha, por exemplo, é utilizado neste domínio a expressão de «*expropiar*». Neste sentido, vide art. 105, n.º 3, da Ley 29/1998, de 13 de Julho.

máxima *ad impossibilia nemo tenetur*[40], é usualmente aceite que a impossibilidade não se reconduz a uma categoria de natureza análoga à expropriação, porquanto «deve ser encarada de forma objectiva, como circunstância cujo reconhecimento não envolve a formulação de qualquer juízo valorativo e que sempre teria de ser admitida como fundamento para a inexecução da sentença»[41]. Nesta linha, a doutrina divide-se entre os que entendem tratar-se aqui de um dever de indemnizar fundado numa responsabilidade da Administração por facto lícito[42] e os que entendem tratar-se de uma contrapartida do privilégio da execução prévia fundado numa responsabilização objectiva pelo acto ilegal[43].

A posição preconizada por Freitas do Amaral repousa na ideia de que o facto constitutivo da responsabilidade seria a execução a que a Administração teria procedido do acto impugnado. Sucede que, como bem aponta Aroso de Almeida, a causa legítima de inexecução pode bem decorrer de uma alteração legislativa ou de operações materiais levadas a cabo por outra entidade que não o autor do acto[44]. Assim sendo, será de afastar, nestes casos, a responsabilidade civil por acto lícito como fundamento da obrigação de indemnizar.

Já a solução avançada por Aroso de Almeida esbarra noutras dificuldades. O autor, justificando a sua dissidência face à fundamentação no instituto da responsabilidade civil por acto lícito, refere que «nem por isso o

---

[40] Considerando que os casos de impossibilidade de execução da sentença correspondem à noção de impossibilidade absoluta, *vide* DIOGO FREITAS DO AMARAL, «Direito...», *op. cit.*, p. 244.

[41] *Cfr.* MÁRIO AROSO DE ALMEIDA, «Anulação...», *op. cit.*, pp. 789 e 790.

[42] Neste sentido, AFONSO RODRIGUES QUEIRÓ, «Abstenção», *in Dicionário Jurídico da Administração Pública*, 1990, p. 38, DIOGO FREITAS DO AMARAL, «A execução...», *op. cit.*, p. 131 (p. 169 da 1.ª ed.), e MARIA GLÓRIA F. P. D. GARCIA, «*A responsabilidade civil do Estado e demais pessoas colectivas públicas*», 1997, pp. 48-49.

[43] Neste sentido, mas defendendo um sentido amplo da expressão privilégio da execução prévia, *vide* MÁRIO AROSO DE ALMEIDA, «Anulação...», *op. cit.*, pp. 798 e 803 e ss.

[44] A nossa jurisprudência foi já no sentido de que «em matéria substantiva, o *jus superveniens* não é, em princípio, directamente aplicável à reconstituição da situação actual hipotética em execução de julgado, salvo na medida em que contenha ele próprio vocação retroactiva ou se trate de actos ou operações que já se lhe deviam conformar, independentemente da ilegalidade cometida. Pode, contudo, a modificação do regime jurídico constituir causa legítima de inexecução, quer por criar uma situação de impossibilidade jurídica de execução, quer por gerar uma situação ou revelar uma valoração com a qual a execução nos termos do direito vigente no momento da prática do acto entrem em colisão ou gere conflito insusceptível de compatibilização prática». *Cfr.* Ac. do STA, p. n.º 37648A, de 2002.04.11.

acto anulado deixa de ser ilegal e, por isso, de ser potencial fonte de responsabilidade civil da Administração pelos danos que tenha causado e que a execução da sentença nunca seria apta a eliminar». O autor fundamenta a obrigação de indemnizar ainda na causa geradora da situação ilegal – o acto inicialmente ilícito – avançando que se trata de um «terceiro degrau na tutela»: a responsabilidade objectiva pelo acto ilegal, não havendo todavia o dever geral de reparação integral dos danos[45]. Ora, esta posição apresenta-se contrária ao que já dissemos sobre o facto que fundamenta a obrigação de indemnizar – e que é a inexecução da sentença e não o acto inicialmente ilícito. A quebra do nexo de causalidade que anteriormente referimos é, em nosso entender, suficiente para se concluir que o fundamento desta obrigação de indemnizar não passa por uma responsabilidade pela prática do acto ilícito[46].

Entendemos que, quer num caso quer no outro, se verifica a quebra no nexo de causalidade entre a situação que funda a obrigação de indemnizar (a causa legítima de inexecução) e o acto ilegal que foi impugnado. A causa legítima de inexecução encontra justificação, em ambos os casos, na prevalência de um interesse público face ao interesse do privado na execução da sentença e na imposição de um sacrifício que se prende com a desnecessidade de uma conduta processual.

Ora, se nos casos de grave prejuízo para o interesse público a ponderação dos interesses é por demais evidente, nos casos de impossibilidade, apesar de ser de identificação mais difícil, devemos considera-la igualmente presente. O que está em causa, nestes últimos, é o interesse público imanente à consagração do privilégio da execução prévia e da inexistência

---

[45] Neste sentido, MÁRIO AROSO DE ALMEIDA, «Anulação...», *op. cit.*, p. 814 e ss.

[46] MÁRIO AROSO DE ALMEIDA justifica a necessidade deste terceiro degrau de responsabilidade considerando que as suas vantagens de construção passam pela desnecessidade de demonstração do pressuposto da culpa e porque, no plano processual, o tribunal fica obrigado a «apreciar o litígio limitado à quantificação do montante de indemnização devida». Cfr. MÁRIO AROSO DE ALMEIDA, «Anulação...», *op. cit.*, p. 820 e ss. Discordamos da posição defendida pelo autor. Com efeito, o autor reconduz o facto que fundamenta a obrigação de indemnizar ao acto inicialmente ilícito. Na verdade, o autor defende uma responsabilidade civil objectiva mas que determine a reparação não integral dos danos sofridos. Ora, se bem que entendemos defensável a consagração, neste preceito, de uma obrigação de indemnizar independente do pressuposto da culpa, a verdade é que não encontramos no mesmo elementos que (aceitando a tese da responsabilidade civil) permitam configurar outros pressupostos da responsabilidade civil distintos do pressuposto do nexo de causalidade e do dano conforme é tradicionalmente entendido entre nós.

de um efeito suspensivo imediato associado à mera propositura das acções administrativas (especiais ou comuns, de natureza urgente ou não).

A propósito da distinção entre a obrigação de indemnizar fundada na responsabilidade civil e a obrigação de indemnizar que emerge de uma expropriação, escreve Maria Lúcia Amaral que «bem diferente é a situação que ocorre sempre que o Estado prejudica sem querer. Neste caso, o dever de indemnizar só existe a partir do momento em que o dano se produz: porque este não foi querido nem previsto pelo acto de vontade, a necessidade da atribuição de uma compensação indemnizatória não surgiu (nem pôde surgir) como elemento condicionante da própria formação da decisão estadual. Aqui, a actuação pública gerou o dever mas não nasceu com ele; foi fonte de algo que logicamente lhe é posterior; deu origem a uma relação obrigacional nova que não existia nem podia existir antes da produção dos efeitos do acto. Por isso mesmo, o dever público de indemnizar que se inscreve nesta relação obrigacional tem como fonte a responsabilidade civil. A sua natureza é a de um débito, cujo cumprimento se exige por via dos instrumentos próprios da protecção jurídica secundária; não é a de parâmetro de valor, cujo cumprimento se exige por intermédio dos mecanismos típicos da protecção jurídica primária»[47]. No caso que nos ocupa, a indemnização surge como parâmetro de valor da conduta da Administração (fundada num princípio de justiça distributiva e não comutativa) – que, se não executar a sentença (sem que seja atribuído o montante de indemnização devida ao autor), estará, ainda que justificada por uma causa legítima, a actuar de forma contrária ao bloco legal[48].

Em conclusão, esta obrigação de indemnizar de que falamos não se funda na responsabilidade civil da Administração, mas antes no princípio da tutela jurisdicional efectiva, por um lado, e num instituto próximo ao da expropriação, por outro[49].

---

[47] MARIA LÚCIA C. A. AMARAL, *A Responsabilidade do Estado e o Dever de Indemnizar do Legislador*, 1998, p. 415.

[48] Também no sentido de que a indemnização, no caso da «causa legítima» de grave prejuízo para o interesse público, é o «próprio fundamento da sua admissibilidade», *vide* RODRIGO ESTEVES DE OLIVEIRA, «Processo executivo...», *op. cit.*, p. 255.

[49] Sobre esta questão, veja-se o que dissemos já em VERA EIRÓ, «Que indemnização...», *op. cit.*, p. 58, nota 38, e os autores aí citados.

2.3. Cumulação ou alternatividade?]

O n.º 5 do artigo 45.º vem ainda contribuir para a complexidade do mecanismo processual sob análise. Mário e Rodrigo Esteves de Oliveira entendem que a possibilidade de propor uma acção administrativa comum é uma alternativa ao requerimento de «atribuição do montante de indemnização devida». Entendemos, pelo contrário, que o mecanismo deve ser lido não no sentido de alternatividade, mas no sentido de cumulatividade: para além de o autor poder acordar no montante de indemnização devida pelo facto de inexecução da sentença, ele poderá ainda propor uma acção de responsabilidade civil para ser ressarcido de todos os danos causados pelo acto inicialmente ilícito (devendo, nesta sede, preencher os pressupostos da responsabilidade civil por acto ilícito)[50].

3. O mecanismo de modificação objectiva da instância conforme consagrado no artigo 102.º, n.º 5

3.1. Invalidade do acto posto em crise

O primeiro pressuposto deste mecanismo prende-se com a procedência do pedido de invalidade do acto. Apesar de os dados normativos não serem claros[51], deve entender-se que o juiz terá de verificar se o pedido da acção (apenas no que se cinge à invalidade do acto incluído na fase de formação do contrato) é viável no plano jurídico[52]. O segundo passo lógico deverá ser o de verificar qual seria a condenação da Administração no âmbito do processo em causa[53]. Parece assim ultrapassada a corrente jurisprudencial segundo a qual «inexiste causa legítima de inexecução de acórdão que anulou um acto com fundamento em vício de forma», porque o

---

[50] Esta possibilidade, em sede de execução de sentenças de anulação é já, face ao disposto nos arts. 47.º, n.º 3, e 176.º, n.º 3, duvidosa.

[51] Considerando que o que se pretende esclarecer é que o tribunal não pode deixar, naturalmente, de proferir sentença, vide MÁRIO AROSO DE ALMEIDA e CARLOS ALBERTO FERNANDES CADILHA, «Comentário...», op. cit., p. 610, e MÁRIO ESTEVES DE OLIVEIRA e Rodrigo Esteves de Oliveira, «Código...», op. cit., p. 305.

[52] Ac. do STA, p. n.º 0843/06, de 2006.11.29.

[53] Nestes casos, deve o juiz verificar se o acto impugnado é ou não passível de repetição, sanado dos vícios que o enfermam. Cfr. MÁRIO AROSO DE ALMEIDA, «Anulação...», op. cit., p. 813, nota 154.

tribunal deve ponderar se, ainda que cumpridos os requisitos de forma, haveria ou não impossibilidade de execução[54].

No âmbito do contencioso associado à impugnação de actos praticados em procedimentos de formação de contratos de obras públicas colocou-se já a questão de saber se, em sede de execução de uma sentença que invalide o acto de adjudicação e num momento em que a obra tenha sido integralmente executada, pode a Administração praticar novo acto de adjudicação sanado dos vícios que o enfermam e confirmados pelo tribunal. Conexo com esta questão está ainda o problema de saber se a Administração, na pendência do processo declarativo, pode revogar o acto posto em crise e praticar outro de igual conteúdo mas sanado dos vícios.

Quanto à segunda questão apontada, diz-nos o artigo 141.º, n.º 1, do CPA que os actos administrativos que sejam inválidos só podem ser revogados com fundamento na sua invalidade e dentro do prazo do respectivo recurso contencioso ou até à resposta da entidade recorrida. Com base neste normativo, deveria concluir-se que, nos casos em que a obra esteja integralmente executada, a Administração (uma vez decorridos os prazos referidos no preceito) não pode revogar o acto de adjudicação e o tribunal decidiria pela impossibilidade de renovação do acto de adjudicação – uma vez que o novo acto de adjudicação (a praticar depois de proferida a sentença) seria um acto de objecto impossível e, portanto, nulo[55].

A propósito do artigo 141.º do CPA, alguma doutrina tem defendido a derrogação da parte final do preceito, por força do disposto no artigo 64.º que admite a possibilidade de, na pendência do processo, ser proferido acto revogatório com efeitos retroactivos do acto impugnado[56]. A ser ad-

---

[54] Contra esta corrente jurisprudencial *vide* MÁRIO AROSO DE ALMEIDA, «Sensibilidade e bom senso (na determinação de actos devidos) – Acs. do STA de 1.3.1995, P. 22 833-A, e de 2.12.1997, P. 39281», *in Cadernos de Justiça Administrativa*, n.º 29, Setembro/Outubro 2001, pp. 3-17, p. 14, nota 6.

[55] *Cfr.* art. 133.º, n.º 2, al. *c*), do CPA. Neste sentido veja-se, entre outros, Ac. do STA, p. n.º 28237-B, de 1996.10.17; Ac. do STA, p. n.º 29166B, de 1998.06.09; Ac. do STA, p. n.º 44140A, de 2003.03.13; Ac. do STA, p. n.º 33942A, de 2004.05.27, e em Ac. do STA, p. n.º 041321A, de 2005.11.29. Em sentido contrário, Ac. do STA, p. n.º 33942A, de 2004.05.27.

[56] No sentido de que o art. 141.º do CPA foi derrogado pelo art. 64.º, *vide* PAULO OTERO, «Impugnações administrativas», *in Cadernos de Justiça Administrativa*, n.º 28, Julho/Agosto 2001, pp. 50-54, p. 53, nota 6, JOSÉ ROBIN DE ANDRADE, «Revogação administrativa e a revisão do Código de Procedimento Administrativo», *in Cadernos de Justiça Administrativa*, n.º 28, Julho/Agosto 2001, pp. 37-49, p. 48, e JOSÉ CARLOS VIEIRA DE

mitida esta interpretação, deve considerar-se que a Administração pode revogar o acto de adjudicação, praticando novo acto de adjudicação sanado quanto aos vícios que lhe foram inicialmente apontados[57].

Nesta linha, e voltando à primeira questão colocada, a Administração poderá, até ao tribunal proferir a decisão de mérito relativa aos fundamentos de invalidade do acto convidando as partes a acordar o montante de indemnização devida, revogar o acto de adjudicação com fundamento na sua invalidade. Passado este momento, e no caso de a Administração não ter revogado o acto, o tribunal deve decidir pela impossibilidade de renovação do acto de adjudicação. Seja como for, caso a Administração venha praticar novo acto de adjudicação (i) sem efeitos retroactivos ou (ii) passados os momentos já elencados, entendemos que, ao abrigo do *princípio da plenitude do processo de execução*, o tribunal deverá conhecer da invalidade do acto de execução, considerando existir uma causa legítima de inexecução da sentença, fixando-se o montante de indemnização devida[58].

3.2. *Impossibilidade absoluta*

De seguida, deve o juiz verificar se à condenação da Administração no pedido formulado pelo autor obsta uma situação de impossibilidade absoluta[59]. Apesar de a situação de grave prejuízo para o interesse público

---

ANDRADE, «A Justiça...», *op. cit.*, p. 486. Em sentido contrário, *vide* MÁRIO AROSO DE ALMEIDA, «Implicações...», *op. cit.*, p. 76, nota 24.

[57] A este acto de adjudicação deverá a Administração atribuir eficácia retroactiva conforme estabelecido no art. 128.°, n.° 2, al. *a*), do CPA.

[58] Sobre o princípio da plenitude do processo de execução, *vide* MÁRIO AROSO DE ALMEIDA e CARLOS ALBERTO FERNANDES CADILHA, «Comentário...», *op. cit.*, p. 950, e MÁRIO AROSO DE ALMEIDA, «Reinstrução do procedimento e plenitude do processo de execução das sentenças – Ac. do STA de 29.1.1997, P. 27517-B», *in Cadernos de Justiça Administrativa*, n.° 3, Maio/Junho 1997, pp. 12-19, p. 17. No sentido de que a segunda adjudicação, apesar de eventualmente ser nula, impede a declaração de uma causa legítima de inexecução de sentença, *vide* Ac. do STA, p. n.° 33942A, de 2004.05.27. No sentido de que uma adjudicação, caso a obra tenha sido já integralmente executada, é nula, *vide* Ac. do STA, p. n.° 28237-B, de 1996.10.17.

[59] Está afastada a possibilidade de o juiz declarar extinta a instância por inutilidade superveniente da lide. Ao abrigo da anterior lei de processo mas contrariamente ao sentido da jurisprudência e doutrina mais recentes, *vide* o surpreendente Ac. do TCAS, p. n.° 7176//03, de 2007.06.06. Sobre os diferentes regimes consagrados no art. 45.° e no art. 102.°, n.° 5, *vide* VERA EIRÓ, «Que indemnização...», *op. cit.*, p. 51 e ss., bem como as suges-

não consubstanciar uma «antecipada causa legítima de inexecução», pode eventualmente dizer-se que, ao abrigo do princípio da proporcionalidade, a execução de uma sentença que determina um desproporcionado sacrifício do interesse público é juridicamente impossível[60]. Todavia, esta não tem sido a orientação da nossa jurisprudência, que distingue as situações de impossibilidade das situações de grave prejuízo em termos que fazem concluir que a ponderação de interesses (de que depende a aplicação do princípio da proporcionalidade) é realizada apenas para efeitos de preenchimento do conceito de grave prejuízo para o interesse público[61].

Em face do que consagra a norma em análise, deve falar-se aqui de uma impossibilidade absoluta[62] e actual[63].

Havendo uma situação de impossibilidade absoluta diz-nos a letra da lei que «o tribunal não profere a sentença requerida». Sendo assim, que deverá, neste momento, fazer o juiz da causa? O juiz profere um despacho interlocutório, no qual decide sobre a invalidade do acto posto em crise, declara a existência de uma situação de impossibilidade absoluta e convida as partes a acordarem no montante de indemnização devida ou a alegar factos que possam fundar a atribuição da indemnização[64]. Só depois de as partes acordarem, ou não, o montante de indemnização deve o juiz proferir sentença[65], onde se incluirá a menção ao montante devido ao autor, seguindo-se, se necessário, o processo de execução para pagamento de quantia certa[66].

---

tões avançadas em PEDRO GONÇALVES, «Avaliação do regime jurídico do contencioso pré-contratual urgente», in Cadernos de Justiça Administrativa, n.º 62, 2007, pp. 3-10, p. 10.

[60] Considerando defensável proteger-se, ao abrigo do princípio da proporcionalidade, os direitos fundamentais do beneficiário do acto, vide MÁRIO AROSO DE ALMEIDA, «Anulação...», op. cit., p. 787.

[61] No sentido de que a dificuldade de execução é aferida apenas nos casos em que tenha sido alegado grave prejuízo para o interesse público na execução de sentença, vide Ac. do STA, p. n.º 039384A, de 2001.02.01; Ac. do STA, p. n.º 37648A, de 2002.04.11.

[62] No sentido de que a impossibilidade, para consubstanciar uma causa legítima de inexecução da sentença, terá de ser uma impossibilidade absoluta, vide Ac. do STA, p. n.º 030373, de 2004.12.09 (e a jurisprudência aí citada).

[63] Neste sentido, MÁRIO ESTEVES DE OLIVEIRA e RODRIGO ESTEVES DE OLIVEIRA, «Código...», op. cit., p. 304.

[64] Porque a indemnização deve desde logo resultar da pretensão dos particulares. Sobre o problema do alargamento do objecto do processo para além das pretensões das partes, vide VASCO PEREIRA DA SILVA, «O contencioso...», op. cit., p. 272 e ss.

[65] Na sentença, deve o juiz frisar novamente os fundamentos da invalidade do acto.

[66] Esta é uma «situação anómala» face ao princípio clássico da vinculação do juiz ao pedido. Neste sentido, vide JOSÉ CARLOS VIEIRA DE ANDRADE, «A Justiça...», op. cit., p. 476.

Ínsito ao conceito de impossibilidade está o problema de saber se a génese da situação que o preenche é relevante: se a impossibilidade resultar da prática de actos ilícitos poderá, ainda assim, falar-se de uma causa legítima de inexecução?[67]

A relevância desta questão prende-se com a aplicação ou não do disposto no artigo 159.º: se a impossibilidade não depender de qualquer juízo valorativo então, mesmo quando decorra da prática de actos de execução ilícitos[68], determina uma inexecução lícita da decisão judicial, não envolvendo a responsabilidade civil e disciplinar de quem executou o acto (para além das restantes consequências consagradas no normativo mencionado).

Entendemos que o afastamento da responsabilidade disciplinar nestes casos é de rejeitar. Acresce que, nestas situações, não se descortina a *ratio* da inversão do risco de que atrás falámos[69]. Se é certo que o risco da prestação deve correr por conta da Administração (justificando-se esta inversão como a outra face do privilégio da execução prévia), dificilmente entendemos que se mantenha este regime de risco em situações como a já descrita. Note-se ainda que não se vê a justificação para o erário público responder, nestes casos, pelo «montante de indemnização devida» cuja determinação, conforme iremos ver, prescinde em absoluto de indagação autónoma do pressuposto da culpa.

O que dizemos não implica que em hipótese nenhuma se poderá deixar de executar uma sentença. Esta seria aliás uma contradição insanável uma vez que *ad impossibilia nemo tenetur*[70]. O que dizemos implica sim que não se aplique o regime das causas legítimas de execução consagrado no CPTA: a Administração não executa, mas quem determinou, de forma ilícita, a impossibilidade de execução responde pela sua actuação (civil e disciplinarmente)[71-72].

---

[67] Um dos casos mais paradigmáticos é o da execução de um acto de adjudicação cuja eficácia tenha sido judicialmente suspensa.

[68] Devendo considerar-se incluídas as operações materiais que infrinjam normas legais e regulamentares ou os princípios gerais aplicáveis.

[69] *Vide* ponto 2.2 *supra*.

[70] Sendo certo que a impossibilidade de execução é de tal forma evidente como causa de inexecução da sentença que não carecia sequer de consagração legal. Neste sentido, e por todos, *vide* MÁRIO AROSO DE ALMEIDA, «Anulação...», *op. cit.*, p. 790.

[71] Em sentido contrário (mas abrindo a porta para uma interpretação mitigada), *vide* por todos, MÁRIO AROSO DE ALMEIDA, «Anulação...», *op. cit.*, p. 790 e p. 797, nota 93. Também em sentido contrário, Ac. do STA, p. n.º 0404/05, de 2006.01.17.

[72] No sentido de que quando a Administração provoca a impossibilidade de forma

3.3. Os prazos

A natureza urgente do contencioso pré-contratual prende-se, por exigências comunitárias, com a necessidade de existirem «meios de recurso rápidos e eficazes em caso de violação do direito comunitário em matéria de contratos de direito público»[73]. Poderá eventualmente pensar-se que a natureza urgente da tramitação do processo se justifica apenas quando seja possível aos particulares lesados verem o acto impugnado invalidado e o procedimento onde este se incluía invalidado – para que novo procedimento de formação do contrato seja lançado.

Este parece ser, aliás, o sentido das Directivas Recursos cujas disposições apontam para a necessária urgência da tomada de decisões em sede de providências cautelares, mas que não se referem à natureza urgente dos processos nos casos em que os contratos tenham sido já celebrados e ao lesado reste apenas a via indemnizatória.

Por esta razão, e sabendo que o processo de contencioso pré-contratual de natureza urgente foi consagrado no CPTA com o principal intuito de transpor as Directivas Recursos para o nosso ordenamento jurídico[74], cabe agora perguntar se, no momento em que o juiz convida as partes a «acordarem o montante de indemnização devida», o processo perde a sua natureza urgente ou não.

A esta pergunta não dá a nossa lei de processo resposta, tendo já sido adiantado entre nós dever aplicar-se o prazo de 6 meses, para o autor, na falta de acordo, vir requerer ao tribunal a fixação judicial do montante de indemnização[75].

Relativamente à questão de saber se, quando cumulados um pedido de impugnação de acto pré-contratual com um pedido de reparação de danos, a acção perderia a sua natureza urgente, veio já Aroso de Almeida

---

dolosa não haverá em princípio «causa legítima», vide RODRIGO ESTEVES DE OLIVEIRA, «Processo executivo...», *op. cit.*, p. 253.

[73] Esta é a expressão usada nos considerandos das Directivas 89/665/CEE e 92//13/CEE e consagrada nos arts. 1.º, n.º 1, da Directiva 89/665/CEE e 1.º, n.º 1 da Directiva 92/13/CEE. A proposta de directiva do Parlamento Europeu e do Conselho que altera as Directivas mencionadas (COM(2006) 195, final, de 4 de Maio de 2006), não altera o carácter urgente dos processos dirigidos à anulação dos actos que violem o disposto nas Directivas 2004/17/CE e 2004/18/CE ou nas normas nacionais que as venham transpor.

[74] Neste sentido e, por todos, vide MÁRIO AROSO DE ALMEIDA e CARLOS ALBERTO FERNANDES CADILHA, «Comentário...», *op. cit.*, p. 591 e ss.

[75] *Cfr.* MÁRIO ESTEVES DE OLIVEIRA e RODRIGO ESTEVES DE OLIVEIRA, «Código...», *op. cit.*, p. 306.

escrever que «pode justificar a eventual desaceleração do processo a cumulação de um pedido de reparação de danos, na medida em que o justifique a necessidade de indagações sobre as consequências danosas da ilegalidade cometida»[76]. Conforme dissemos já, não se trata nesta sede de indagar sobre os danos decorrentes da ilegalidade cometida mas, sim, de determinar qual o montante da «justa indemnização» a atribuir por força da inexecução da sentença. Por isso, pode dizer-se que a complexidade da indagação não justifica o atraso no andamento do processo.

Este argumento não é, todavia, suficiente para justificar o tratamento prioritário destas acções nas secretarias judiciais e nas «secretárias» dos nossos juízes. Decisiva será a análise do regime de recurso (e do seu momento de subida) do despacho do juiz que venha «convidar as partes a acordarem o montante de indemnização devida». Na verdade, caso este recurso não suba de forma imediata, o facto de o processo não ter natureza urgente – havendo uma necessária maior delonga quanto à emissão de uma sentença em primeira instância – determina uma violação dos requisitos de celeridade impostos pelo Direito Comunitário quanto à impugnação do acto inicialmente posto em crise[77].

A respeito dos recursos, o CPTA consagra que, regra geral, os recursos ordinários são processados como os recursos de agravo civilistas[78]. Quanto aos recursos em processos urgentes, estabelece o artigo 147.º que estes «sobem imediatamente (...) quando o processo esteja findo no tribunal recorrido, ou sobem em separado, no caso contrário». Para resposta à questão colocada afigura-se ainda relevante o disposto no artigo 142.º, n.º

---

[76] Mário Aroso de Almeida, «O novo regime...», *op. cit.*, p. 90. Esta eventual desaceleração do processo não encontra justificação quando o autor tenha cumulado o pedido de anulação (ou declaração de nulidade) com o pedido de condenação à prática do acto administrativo devido para reconstituição da situação que existiria se o acto anulado não tivesse sido praticado.

[77] Importa tomar em consideração que o autor, caso entenda não estarem preenchidos os pressupostos da modificação objectiva de instância, poderá, pela primeira vez, opor-se à decisão do juiz quando este venha a emitir o despacho de «convolação da instância». Por esta razão, os efeitos e o momento de subida deste recurso (que em processo civil teria a natureza de recurso de agravo) são fulcrais para a resolução definitiva desta questão. A propósito do regime de recursos civilista, há que notar que, a partir de 1 de Janeiro de 2008, entrará em vigor o Decreto-Lei n.º 303/2007, de 24 de Agosto, que veio alterar o regime de recursos em processo civil. Uma vez que a distinção entre recursos de agravo e de apelação deixa de existir (cfr. art. 676.º, n.º 2, do DL 303/2007), faremos a menção ao novo regime nas notas relevantes.

[78] *Cfr.* art. 140.º

5, onde se consagra que «as decisões proferidas em despachos interlocutórios devem ser impugnadas no recurso que venha a ser interposto da decisão final, excepto nos casos de subida imediata previstos no Código de Processo Civil».

Caso se conclua que o recurso interposto do despacho do juiz sobe imediatamente (em separado), então a urgência não será totalmente perdida e pode fazer-se a separação entre a primeira fase do processo declarativo – de natureza urgente – durante a qual o autor tem ainda a possibilidade de ver ser lançado novo procedimento de formação do contrato e a segunda fase do processo declarativo – já desacelerado – em que ao autor caberá a indemnização devida pelo facto de inexecução e, caso proponha a competente acção em tribunal, a indemnização que lhe seja devida por força do acto inicialmente ilícito. Se, pelo contrário, o recurso deste despacho tiver subida diferida (subindo com o recurso que venha a ser interposto da decisão final), então será forçosa a conclusão de que o requisito comunitário de urgência é posto em causa – pois uma decisão judicial que, em segunda instância, seja tomada no sentido da procedência do recurso do despacho (considerando, por exemplo, que não havia lugar ao juízo antecipado de causa legítima de inexecução) será sempre, nestes casos, tomada tarde demais para preenchimento da natureza urgente conforme imposto pelas Directivas Recursos[79].

Quanto ao regime de subida dos despachos interlocutórios em processos urgentes, vieram já Aroso de Almeida e Fernandes Cadilha escrever que «*a norma do art. 147.º, porque não distingue, abrange os recursos de despachos interlocutórios proferidos em processos urgentes*». Assim sendo, e seguindo a visão destes autores, os recursos deveriam ter subida imediata, não estando a sua apreciação dependente da decisão final a ser proferida pelo tribunal[80].

Porém, o legislador mostrou saber distinguir as decisões finais dos despachos interlocutórios, ao consagrar, no artigo 142.º, n.º 5, que os recursos dos despachos interlocutórios são interpostos no recurso da decisão final. Acresce que a subida imediata dos recursos de despachos interlocutórios proferidos em processos urgentes abre a porta à interposição sistemática de recursos de efeitos suspensivos que comprometem a celeri-

---

[79] Pense-se, por exemplo, no tempo que demora a decidir o montante de indemnização – em processos não urgentes.

[80] MÁRIO AROSO DE ALMEIDA e CARLOS ALBERTO FERNANDES CADILHA, «Comentário...», *op. cit.*, p. 843 e a doutrina aí citada.

dade de todo o processo[81]. Deve então concluir-se que a inclusão dos despachos interlocutórios no escopo de aplicação do artigo 147.º não encontra, na letra da lei, um mínimo de correspondência verbal.

Este tem sido, aliás, o sentido da jurisprudência mais recente que, de forma unânime, tem vindo a decidir que os agravos interpostos de despachos proferidos nos procedimentos cautelares seguem o regime previsto no artigo 738.º do CPC[82].

Não se aplicando o regime de subida imediata consagrado no artigo 147.º, há que verificar se este recurso de agravo terá, de acordo com o disposto no artigo 734.º do CPC, aplicável *ex vi* artigo 142.º, n.º 5, subida imediata[83].

As quatro primeiras hipóteses consagradas no artigo 734.º do CPC são inaplicáveis ao tema que tratamos. Assim sendo, resta analisar se a retenção do recurso do despacho o tornaria absolutamente inútil ou não.

Para aferir do preenchimento deste pressuposto, lançamos mão do argumento associado aos efeitos deste recurso – que estão directamente dependentes do regime de subida do mesmo: se se entender que o recurso sobe imediatamente, terá efeitos suspensivos (por força do disposto no n.º 1 do art. 143.º); se se entender que o recurso tem subida diferida, então os seus efeitos serão meramente devolutivos[84].

Uma vez que os efeitos suspensivos do recurso não impedirão a continuação de execução do acto – nem influirão na relação substantiva existente – então deve considerar-se que a possibilidade de o tribunal «ir deci-

---

[81] Art. 143.º, n.º 1.

[82] Neste sentido, Ac. do TCAS, p. n.º 00636/05, de 2005.04.07, Ac. do TCAS, p. n.º 00308/04, de 2004.12.09, Ac. do TCAS, p. n.º 00826/05, de 2005.06.16, Ac. do TCAS, p. n.º 00732/05, de 2005.07.07, Ac. do TCAS, p. n.º 00503/05, de 2005.05.28, Ac. do TCAS, p. n.º 00916/05, de 2005.07.27, Ac. do TCAN, p. n.º 00308/04, de 2007.06.14 e Ac. do TCAS, p. n.º 00503/05, de 2005.05.28. Esta norma é revogada pelo DL 303/2007, de 24 de Agosto.

[83] Norma revogada pelo DL 303/2007, de 24 de Agosto. Note-se, porém, e apoiando o sentido do texto, que nos termos dos arts. 691.º, n.º 3, e 691.º-A, n.º 1, deste diploma, todos os recursos ordinários deverão ter subida imediata. Todavia, o recurso do despacho a que nos referimos corresponde, no novo regime, a um recurso de um despacho interlocutório que apenas poderá ser apresentado juntamente com o recurso que venha a ser interposto da decisão final (cfr. art. 691.º, n.º 3, do DL 303/2007).

[84] Considerando que os recursos de agravo de despachos interlocutórios têm em geral subida diferida e efeitos meramente devolutivos e que em processos urgentes esta regra não se aplica, *vide* Mário Aroso de Almeida e Carlos Alberto Fernandes Cadilha, «Comentário...», *op. cit.*, pp. 826 e 843.

dindo» quanto ao montante de indemnização devida não vem diminuir as possibilidades de o autor ver os seus interesses satisfeitos. Por esta razão, entendemos que os efeitos devolutivos associados a este recurso não o tornam absolutamente inútil – confirmando-se, assim, a sua subida diferida.

Por isso, nos casos em análise o processo declarativo não perde a natureza urgente, devendo aplicar-se, sempre que nada seja expressamente consagrado na lei em sentido contrário, o prazo supletivo consagrado no artigo 102.º, n.º 3, al. c).

3.4. *A legitimidade processual*

Regra geral, será a Administração a alegar a existência de uma causa legítima de inexecução da sentença. Não nos parece que seja, todavia, de limitar esta possibilidade à Administração, devendo ainda ser admitida a possibilidade de um contra-interessado vir ao processo alegar a existência de uma impossibilidade absoluta que obste à invalidação do acto posto em crise[85].

Uma das questões que pode ainda ser colocada é a de saber se o artigo 102.º, n.º 5, se aplica no âmbito de uma acção pública ou de uma acção popular.

Decorre de vários preceitos do CPTA e, em especial, do artigo 9.º, n.º 2, que a legitimidade activa do MP e dos actores populares traduz um resquício da natureza objectiva do contencioso administrativo.

Dizer-se que, independentemente de terem interesse pessoal na demanda, estes sujeitos poderão propor uma acção pré-contratual de natureza urgente[86] é o mesmo que afirmar-se que o que está em causa, nestas acções, é apenas a tutela da legalidade[87].

---

[85] Não obstante o art. 45.º e o art. 102.º, n.º 5, serem omissos quanto a este aspecto, deve aplicar-se por analogia o disposto no art. 177.º, n.º 1 e n.º 3, onde se prevê, no âmbito do processo de execução de sentenças de actos administrativos, a possibilidade de os contra-interessados (por força do seu interesse na manutenção dos efeitos do acto inicialmente impugnado), na contestação, invocarem uma causa legítima de inexecução. Parece, todavia, mais duvidoso que o autor possa alegar a existência de uma causa legítima de inexecução sem que o tribunal dê ao órgão competente da Administração a possibilidade de executá-la. Neste sentido, ainda que ao abrigo do anterior regime de execução de sentenças, *vide* Ac. do TCAS, p. n.º 5415/01, de 2002.01.31, e Ac. do TCAS, p. n.º 163/04, de 2004.09.22.

[86] Conforme decorre do disposto no art. 55.º, aplicável *ex vi* art. 100.º, n.º 1.

[87] *Cfr.* neste sentido, ainda que não particularizando ao contencioso pré-contratual de natureza urgente, VASCO PEREIRA DA SILVA, «O contencioso...», *op. cit.*, p. 249 e ss. e p. 268.

Deve considerar-se, pois, que o princípio da tutela jurisdicional efectiva que fundamenta a opção do legislador de consagrar o mecanismo de modificação objectiva da instância (e a atribuição do montante de indemnização devida) não é tutelado, nem tem de ser (quanto às acções populares/públicas), nos casos em que o juiz venha a considerar que viria a ocorrer uma impossibilidade de execução da sentença a proferir.

Todavia, entendemos que o juiz, ao abrigo do princípio da economia processual, poderá dar por verificada, de forma antecipada, a existência de uma causa legítima de inexecução da sentença[88]. O que a natureza particular da legitimidade activa nestes processos vem determinar é a impossibilidade de atribuição de um montante de indemnização, porquanto a relação jurídica processual que encontra a sua génese na propositura da acção não se convola numa relação jurídica substantiva cujo objecto seja o direito subjectivo à sentença[89].

O preceito em análise aplica-se no âmbito do contencioso pré-contratual de natureza urgente que, como é sabido, determina a propositura de acções não só contra a Administração, mas também contra entidades privadas[90]. O artigo 45.º, n.º 1, inicia-se com a expressão «quando, em processo dirigido contra a Administração, (...)» e o artigo 157.º, n.º 2, distingue expressamente os casos em que as sentenças sejam proferidas contra entidades públicas (caso em que o processo de execução é regulado pelo CPTA) dos casos em que as sentenças são proferidas contra particulares (caso em que o processo de execução é regulado pelo CPC que, como é sabido, não inclui nenhum regime paralelo ao das causas legítimas de inexecução). Em face destes preceitos pergunta-se: quando a entidade demandada seja uma entidade privada deverá aplicar-se o mecanismo em análise?

O disposto no artigo 45.º, n.º 1, não coloca dificuldades para interpretação do artigo 102.º, n.º 5, uma vez que a remissão se prende tão-só com a tramitação prevista (e consagrada nos n.º 2 e ss. do art. 45.º). Porém, a distinção consagrada no artigo 157.º, n.º 2, pode levar o intérprete a concluir que, quando a acção seja proposta contra particulares, não se aplica o instituto das causas legítimas de inexecução, não havendo, por

---

[88] Contra, *vide* MÁRIO ESTEVES DE OLIVEIRA e RODRIGO ESTEVES DE OLIVEIRA, «Código...», *op. cit.*, p. 302.

[89] Esta linha de raciocínio aplica-se a todos os casos em que a legitimidade activa não encontre fundamento no art. 55.º, n.º 1, al. *a*).

[90] Que preencham o conceito de entidades adjudicante – consagrado nas Directivas 2004/17/CE e 2004/18/CE e diplomas de transposição.

maioria de razão, lugar ao seu conhecimento antecipado no âmbito do processo declarativo. Rui Machete entende que o artigo 157.º, n.º 2, deverá ser lido restritivamente, nele não se incluindo os casos em que os particulares tenham praticado actos administrativos[91]. Aroso de Almeida e Fernandes Cadilha entendem que a expressão «entidades públicas» deve ser objecto de uma interpretação extensiva, nela se incluindo as entidades privadas que actuem no exercício de poderes públicos[92].

A tomada de posição relativamente à questão colocada não se apresenta isenta de dúvidas. Com efeito, deve entender-se que o processo executivo, mais do que conferir vantagens à Administração, está a adequar a execução às questões específicas de Direito Público[93], justificando-se por isso que, por exemplo, nos casos de execução para pagamento de quantia certa, o interessado possa compensar o seu crédito com eventuais dívidas que o onerem para com a mesma pessoa colectiva ou o mesmo ministério (art. 170.º, n.º 2, al. *a*)) ou obter o pagamento por conta de dotação orçamental e, ainda, que o interesse público seja ponderado enquanto causa legítima de inexecução de sentença.

Considerando as duas primeiras especificidades apontadas, não se vê a razão pela qual se devam aplicar estas normas a casos em que um privado esteja obrigado ao pagamento de uma indemnização. Em especial, dificilmente se antevê razão que permita a um particular recorrer a uma dotação do orçamento de Estado para pagamento de uma indemnização devida por outro particular. Acresce que à impossibilidade de execução de sentença está associada a desnecessidade de serem praticados novos actos administrativos no âmbito daquele procedimento de formação do contrato, pelo que não se afigura necessário desencadear qualquer processo de execução para a prática de acto administrativo[94].

Por outro lado, o regime das causas legítimas de inexecução (em especial no caso de existência de grave prejuízo para o interesse público) permite que o interesse público – que norteia a actuação da entidade admi-

---

[91] RUI CHANCERELLE DE MACHETE, «Execução...», *op. cit.*, p. 60. Também neste sentido, RODRIGO ESTEVES DE OLIVEIRA, «Processo executivo...», *op. cit.*, pp. 245 e 246.

[92] MÁRIO AROSO DE ALMEIDA e CARLOS ALBERTO FERNANDES CADILHA, «Comentário...», *op. cit.*, p. 901.

[93] Neste sentido, CECÍLIA ANACORETA CORREIA, «A Tutela...», *op. cit.*, p. 221.

[94] No sentido de que o desencadear de um processo de execução para a prática de acto administrativo é uma das razões para aplicação do regime de execução de sentenças administrativas a privados, *vide* MÁRIO AROSO DE ALMEIDA e CARLOS ALBERTO FERNANDES CADILHA, «Comentário...», *op. cit.*, p. 902.

nistrativa – seja protegido (o que não sucede no caso de execução de sentenças seguindo o regime consagrado no processo civil). Estamos, assim, perante uma matéria complexa e de contornos que não podemos, neste momento, limitar com clareza.

4. O montante de indemnização devida

4.1. O acordo

A constituição da Administração no dever de indemnizar nos casos de inexecução lícita da sentença não se confunde com a livre escolha da Administração entre executar e não executar a sentença. Ora, pode perguntar-se se é possível o «acordo sobre o montante de indemnização devida» para além dos casos de causa legítima de inexecução. Por outras palavras, o que ora se indaga é a possibilidade de autor e entidade demandada acordarem uma indemnização, sem que haja um juízo antecipado de impossibilidade absoluta de execução da sentença.

Vieira de Andrade parecer admitir a possibilidade de transacção nestes casos, considerando que as causas legítimas de inexecução «têm de ser reconhecidas por acordo do interessado ou julgadas procedentes pelo juiz» e que o interessado «poderá optar pela indemnização, mesmo fora das situações legalmente previstas como causas legítimas de inexecução»[95]. A letra da lei não fornece resposta clara a esta questão pois se, por um lado, a expressão «o tribunal julga», incluída no artigo 45.°, n.° 1, indicia claramente que o juiz não deixa de aferir da existência ou não de uma causa legítima de inexecução apenas por as partes nela terem acordado, por outro lado, os artigos 164.°, n.° 6, e 165.°, n.° 3, abrem a porta para um acordo entre as partes, no sentido de a intervenção do tribunal se limitar apenas à tramitação da atribuição do montante de indemnização.

A resposta à questão colocada prende-se, a nosso ver, com, por um lado, a necessidade de protecção dos contra-interessados e, por outro, o que resta de natureza objectiva do contencioso administrativo.

A tramitação inerente ao mecanismo de convolação objectiva da instância em processo declarativo não prevê a possibilidade de os contra-in-

---

[95] Neste sentido, JOSÉ CARLOS VIEIRA DE ANDRADE, «A Justiça...», op. cit., p. 409. Concordando com esta posição, vide RODRIGO ESTEVES DE OLIVEIRA, «Processo executivo...», op. cit., p. 256, nota 32.

teressados serem ouvidos. Assim sendo, a possibilidade de as partes acordarem no montante de indemnização devida, sem que haja uma verdadeira impossibilidade absoluta, poderá pôr em causa a protecção dos interesses dos contra-interessados que tenham interesse na execução de uma sentença que venha a invalidar o acto posto em crise[96].

Note-se ainda que, e apesar de o contencioso administrativo apresentar, conforme é sublinhado pela doutrina portuguesa, uma natureza essencialmente subjectiva, a execução de uma sentença não pode deixar de ser «perspectivada como uma questão de legalidade e de ordem pública»[97]. Por isso, ou se admite que a Administração possa revogar o acto com fundamento na sua invalidade para além dos prazos consagrados no artigo 141.º do CPA (e, nesse caso, a Administração não entra em acordo mas limita-se a revogar o acto, sujeitando-se ao regime deste tipo de revogação) ou, caso a Administração não possa revogar o acto, a invalidade do mesmo (e a possibilidade de executar ou não uma sentença que invalide o acto) não pode ser deixada à livre disponibilidade das partes.

4.2. *Afastamento dos pressupostos da responsabilidade civil*

O CPTA, pelo seu carácter inovador, ultrapassa, em diversos preceitos, o que a lei substantiva vem consagrar. É, pois, com naturalidade que se verificam casos em que, por exemplo, a lei do processo antecipa novos regimes de direito substantivo[98], derroga ou concretiza normativos de direito substantivo[99].

---

[96] Pense-se nos concorrentes que, tendo apresentado melhores propostas do que a do autor, tenham interesse no lançamento de um novo procedimento de formação do contrato, por terem maiores possibilidades de virem a ser os adjudicatários. Sobre a desprotecção dos interesses dos contra-interessados, *vide* JOSÉ CARLOS VIEIRA DE ANDRADE, «A Justiça…», *op. cit.*, p. 409, nota 922. Nota-se ainda que o pagamento de uma indemnização por acordo (sem que haja uma situação de impossibilidade absoluta) não encontra cabimento legal, pelo que dificilmente se compreende, ao abrigo do princípio da legalidade, que a Administração possa realizar este tipo de despesa. Pressupondo a aplicação do preceito aos casos em que a acção é proposta contra particulares, esta dificuldade de cabimento legal da despesa não se colocará.

[97] CECÍLIA ANACORETA CORREIA, «A Tutela…», *op. cit.*, p. 304. Veja-se ainda o que dissemos no ponto 1.2 *supra*.

[98] Veja-se, a este propósito, o que dispõe o art. 4.º, n.º 1, al. *i*), do ETAF, que pressupõe a existência de um novo regime de responsabilidade extracontratual do Estado que seja aplicável aos sujeitos privados. A este propósito, *vide* Ac. do TCAN, p. n.º 01695//04.1BEPRT, de 2006.12.07.

[99] Outro exemplo de regime substantivo consagrado no CPTA prende-se com o dis-

A propósito do instituto das causas legítimas de inexecução da sentença, veio já Aroso de Almeida escrever que se trata não só de um regime processual, mas também de um regime substantivo que, nos casos de impossibilidade de execução da sentença, faz depender a obrigação de indemnizar da existência de uma responsabilidade civil objectiva (independente da culpa) que não determina o ressarcimento de todos os danos sofridos. Entendemos, com o autor mencionado, que o mecanismo de modificação objectiva de instância consagra um verdadeiro regime substantivo (a par de um regime processual) que, e agora já mais afastados da posição do autor, determina uma automática obrigação de indemnizar, de natureza análoga à obrigação de indemnizar a que dá origem um acto de expropriação.

Deixam de ser relevantes os pressupostos da responsabilidade civil. Em especial, o elemento da ilicitude não é ponderado, uma vez que o que está em causa é a existência de uma causa legítima de inexecução que quebra o nexo de causalidade com o acto inicialmente ilícito. Assim sendo, e mesmo que o juízo de mérito do juiz quanto à invalidade do acto (que é o primeiro passo para aplicação deste mecanismo) conclua pela existência de um acto que, embora ilegal, não preencha o requisito da ilicitude em sede de responsabilidade civil[100], a constituição da Administração numa obrigação de indemnizar não depende deste requisito.

Também a culpa da Administração (e do lesado[101]) na prática do acto posto em crise é irrelevante nesta sede.

---

posto no art. 173.º, em matéria do dever de executar as sentenças de anulação e o regime dos actos consequentes dos actos invalidados pelo tribunal em sede declarativa. Neste sentido, vide MÁRIO AROSO DE ALMEIDA, «O novo regime...», op. cit., p. 385, e MÁRIO AROSO DE ALMEIDA, «Implicações de direito substantivo da reforma do contencioso administrativo», in Cadernos de Justiça Administrativa, n.º 34, Julho/Agosto 2002, pp. 69-79, p. 79.

[100] Segundo a maioria da doutrina e da jurisprudência, o elemento da ilicitude, para efeitos de responsabilidade civil, não coincide (sendo mais limitado) com uma qualquer ilegalidade. Sobre a relação entre ilicitude e ilegalidade, vide IVO MIGUEL BARROSO, «Ilegalidade e Ilicitude no Âmbito da Responsabilidade Civil Extracontratual da Administração», in Novas e Velhas Andanças do Contencioso Administrativo, 2005, pp. 183 a 273.

[101] Esta é uma questão que se discute a propósito da acção administrativa comum, havendo quem considere que o não requerimento de uma providência cautelar de suspensão de eficácia do acto consubstancia, para efeitos de aplicação do art. 7.º do DL 48051, culpa do lesado, eximindo (ou diminuindo) a Administração da sua obrigação de indemnizar. Neste sentido, MARGARIDA CORTEZ, «Responsabilidade Civil da Administração por Actos Administrativos Ilegais e Concurso de Omissão Culposa do Lesado», in Studia Iuridica, n.º 52, 2000, p. 254 e ss., e JOSÉ CARLOS VIEIRA DE ANDRADE, «A Justiça...», op. cit., p. 208.

Ainda que se afaste a necessidade de recondução dos pressupostos da obrigação de indemnizar consagrada no artigo 102.º, n.º 5, aos pressupostos da responsabilidade civil extracontratual, o conceito de «justa indemnização» a que entendemos lançar mão não poderá, em nosso entender, distanciar-se do «montante do dano sofrido» pelo autor, sob pena de uma «sobreprotecção jurídica». Na verdade, ainda que nos afastemos do instituto da responsabilidade civil como fonte desta «obrigação de indemnização devida», não podemos olvidar que, acima de tudo, o que se pretende é ressarcir o dano de «perda de sentença», e não sancionar a Administração por ter executado o acto posto em crise. Por outras palavras, a atribuição de uma indemnização não apresenta, neste caso, um fim principal de natureza sancionatória nem preventiva – porque não se pretende que a mera propositura de uma acção administrativa especial (no caso de contencioso pré-contratual de natureza urgente) maniete a acção da entidade demandada[102] –, mas sim ressarcitória.

Indemniza-se o autor pela inexecução de uma sentença que, nos casos do artigo 102.º, n.º 5, determinaria, regra geral, o reiniciar do procedimento de formação do contrato público objecto do procedimento de formação de contrato onde se integrou o acto impugnado[103]. Esta perda é, em nosso entender, economicamente avaliável.

---

[102] Se assim não fosse, o legislador teria, certamente, atribuído o efeito suspensivo automático associado à propositura de acções administrativas especiais – o que não fez (sendo igualmente esse o sentido do art. 2.º, n.º 3, das Directivas 89/665/CEE e 92/13/CEE e, apesar de mitigado, o art. 2.º, n.º 3, da Proposta de alteração destas directivas actualmente em discussão).

[103] Importa relembrar desde já a distinção que fizemos quanto às acções administrativas especiais propostas no âmbito da acção popular ou da acção pública e as que são propostas em defesa de um direito subjectivo (adoptando-se, nesta sede, a posição de VASCO PEREIRA DA SILVA quanto à desnecessária distinção entre direitos subjectivos e interesses protegidos): nas primeiras, a «perda da sentença» não pode ser vista como um dano sofrido pelos autores; nas segundas deve considerar-se que, aliado ao novo conceito de legitimidade activa e de contencioso administrativo de vertente subjectiva, está a necessária consideração de que, se há legitimidade, há dano quando o processo judicial não possa correr os seus normais termos – onde se inclui a execução da sentença. Considerando que se são preenchidos os requisitos de legitimidade activa existe um dano que é sofrido, *vide* RUI CHANCERELLE DE MACHETE, «Execução...», *op. cit.*, p. 56. Neste sentido veja-se ainda SÉRVULO CORREIA, *Direito do Contencioso Administrativo*, I, 2005, p. 752 que escreve «se um acto administrativo não lesa qualquer situação subjectivada, não há legitimidade activa para o impugnar fora da acção popular ou da acção pública».

4.3. *Dano e montante a indemnizar*

A «perda da sentença» não se confunde com a noção de «perda de chance» a que se tem lançado mão para preenchimento do pressuposto do dano e do nexo de causalidade em sede de responsabilidade[104]. O conceito de «perda de chance» tem sido tratado, entre nós, de uma perspectiva jusprivatista. Vieira Gomes distingue, a este propósito, a acepção da noção de «perda de chance» como método de quantificação do dano, da acepção deste conceito como método de determinação do nexo de causalidade[105]. O tema que justifica estas linhas apresenta contornos distintos dos problemas tratados por Vieira Gomes. Com efeito, do que se trata agora é de um problema de limitação e concretização de um dano, estando o nexo de causalidade estabelecido face à causa legítima de inexecução da sentença. Assim, a oportunidade de que se fala nesta sede traduz-se na execução de uma sentença judicial[106].

---

[104] Usando um conceito de probabilidade para preenchimento do pressuposto do nexo de causalidade e, simultaneamente, cômputo do dano, *vide* Ac. do STJ, p. n.º 923/06, de 2006.05.18. A factualidade subjacente a este aresto é a seguinte: o autor contratou o réu para transporte dos documentos necessários à apresentação de uma proposta a um concurso público. O réu incumpriu a sua obrigação de transporte, tendo feito a entrega fora dos prazos contratualmente previstos, o que levou à não aceitação da proposta do autor ao concurso público mencionado. O tribunal considerou deverem ser ressarcidos lucros cessantes relativos à não celebração do contrato, uma vez que «não se provando que ela (o autor) ganharia o concurso, mas provando-se a séria e grande probabilidade de o ganhar porque a sua proposta era a que oferecia melhores preços, melhores prazos e melhores garantias do que aquela outra que se lhe poderia comparar, há que concluir que o incumprimento da transportadora funcionou como a causa de danos que a contraparte provavelmente não teria se o contrato tivesse sido cumprido. Em sentido contrário (e partindo de factos muito semelhantes), *vide* Ac. do STJ, p. n.º 07A138, de 2007.03.06.

[105] JÚLIO VIEIRA GOMES, «Sobre o dano de perda de chance», *in Direito e Justiça*, n.º II, pp. 9-47, p. 38 e ss. O autor refere que, em situações pontuais, existe espaço, no Direito português, para a doutrina da «perda de chance». Uma dessas excepções é a circunstância de o afastamento ilícito de um concurso ou de uma fase posterior de um concurso. Considerando que a perda de «oportunidade de ser escolhido» configura um dano, *vide* ALEXANDRA LEITÃO, *A protecção judicial dos terceiros nos contratos da administração pública*, 2003, p. 426.

[106] Sendo certo que, uma vez que o acto de adjudicação deveria, caso não ocorresse a causa legítima de inexecução da sentença, ser invalidado pelo tribunal, deve considerar-se que o prejuízo que o autor sofreu se prende com a «perda de oportunidade» de ver o contrato celebrado declarado nulo e de ser eventualmente lançado um novo concurso. Este prejuízo deve, porém, ser analisado em sede de responsabilidade civil.

Em aplicação do preceito em análise, veio já o STA lançar mão do processo de avaliação equitativa do dano consagrado no artigo 566.º, n.º 3, do Código Civil[107], o que não se apresenta contrário ao que defendemos quanto à necessidade de aplicação de um conceito próximo ao de «justa indemnização», nos casos em que o autor «perde a oportunidade» de ver a sentença ser executada. Não deve, porém, perder-se de vista que, conforme escreve o autor citado, «a avaliação equitativa do dano exige a prova da existência de um dano, já que a incerteza deve estar limitada à determinação da sua grandeza»[108]. O dano que estará em causa é, pois, o dano autónomo de execução da sentença.

E, pergunta-se agora, quanto vale uma sentença?

A resposta a esta questão suscita, desde logo, três notas. *Primo*, a avaliação do «dano de inexecução de sentença» deve ser feita casuisticamente[109]. Assim sendo, a pergunta a colocar há-de ser sempre: quanto vale «esta» sentença? A este respeito, deve tomar-se em consideração que a contratação pública é um dos expoentes da chamada «europeização do Di-

---

[107] Ac. do STA, p. n.º 041321A, de 2005.11.29. Este aresto refere-se ao contencioso pré-contratual de um contrato de empreitada de obra pública cujo despacho de adjudicação é anulado pelo tribunal (por força de um vício de falta de fundamentação), estando a obra, à data da decisão de execução do acórdão, integralmente executada. A proposta da autora tinha sido inicialmente classificada em quarto lugar e a Administração alegou que, mesmo suprindo-se as deficiências de fundamentação pelas quais o acto foi anulado, se manteriam os iniciais valores e escalonamento dos concorrentes (não havendo nenhum elemento extraído do acórdão que permitisse afirmar que o quarto classificado teria ganho o concurso se o acto não tivesse padecido do vício de falta de fundamentação). O tribunal, sem a preocupação de preencher o pressuposto do nexo de causalidade, atribui uma indemnização ao autor, pelo facto de inexecução da sentença, calculada através da formulação de juízo equitativo nos termos do art. 566.º, n.º 3, do Código Civil. Para o cálculo da indemnização o tribunal atendeu ao número de concorrentes, ao pouco relevo do posicionamento do autor (que ficou em quarto lugar), ao valor da proposta apresentada pelo autor e ao tempo decorrido. Em voto de vencido, o Conselheiro Rosendo José parece confundir a indemnização pela perda da sentença com a indemnização pelo acto inicialmente ilícito (referindo, nesta sede, que não está preenchido o nexo de causalidade). Apesar de ter sido este o sentido da decisão do tribunal, não pode deixar de salientar-se que a fundamentação do acórdão não é clara, porque parte de uma ponderação dos pressupostos da responsabilidade civil (não chegando a preenchê-los), terminando na fixação de uma indemnização com base na equidade.

[108] *Cfr.* JÚLIO VIEIRA GOMES, «Sobre o dano...», *op. cit.*, p. 12. Mais à frente, escreve ainda o autor que «é, pois, necessário que o dano seja certo, na sua existência ontológica, mesmo que não na sua entidade ou grandeza exacta», p. 13, nota 14.

[109] Neste sentido, MÁRIO AROSO DE ALMEIDA, «Anulação...», *op. cit.*, p. 820.

reito Administrativo» e que apresenta regulamentação própria[110]. *Secundo*, a avaliação da sentença não deverá perder de vista a possibilidade que o autor tem de ser ainda ressarcido dos danos que tenha sofrido e que apresentem nexo de causalidade com o acto inicialmente ilícito[111]. *Tertio*, deve notar-se que o cálculo da justa indemnização lançará mão a critérios específicos que, naturalmente, não encontram paralelismo nos critérios consagrados no Código das Expropriações[112].

Em face do que dissemos, julgamos possível elencar dois critérios para cálculo deste montante de justa indemnização.

O primeiro critério passa pela ponderação do princípio da igualdade: o autor, ao propor a acção, incorreu em despesas e fez um investimento dirigido, em primeiro lugar, à emissão de uma sentença favorável aos seus interesses e, em segundo lugar, à efectiva execução desta sentença. Estas despesas específicas colocaram-no numa situação de desigualdade que justifica uma compensação. Assim sendo, o montante de indemnização devida deverá cobrir todos os custos de processo (incluindo os honorários de advogados e as taxas de justiça que tenham sido pagas).

O segundo critério passa por uma análise mais ampla do regime da contratação pública, onde os custos associados à preparação da proposta assumem uma natureza de *quantum minimo* de indemnização[113]. Nesta

---

[110] Sobre a europeização do Direito Administrativo, *vide*, entre outros, FAUSTO DE QUADROS, «A Europeização do Contencioso Administrativo», *in Estudos em Homenagem ao Professor Doutor Marcello Caetano*, 2006, p. 386 e ss., e ISABEL CELESTE M. FONSECA, «O Contencioso dos Contratos da Administração Pública – Notas sobre um domínio do contencioso administrativo de feição muito urgente», *in Estudos em Homenagem ao Professor Doutor Marcello Caetano*, 2006, p. 508 e ss. Apesar de não ter sido ainda publicado, está em fase final de aprovação o «Código dos Contratos Públicos» que vem estabelecer a disciplina aplicável à contratação pública e o regime substantivo dos contratos públicos que revistam a natureza de contrato administrativo.

[111] Que se prendem com a «perda de oportunidade» de ver o contrato celebrado declarado nulo e de ser eventualmente lançado um novo procedimento de formação do contrato.

[112] O Código das Expropriações foi aprovado pela Lei n.º 168/99, de 18 de Setembro, e alterado pelas Leis n.º 13/2002, de 19 de Fevereiro, e n.º 4-A/2003, de 19 de Fevereiro.

[113] Neste sentido, art. 2.º, n.º 7, da Directiva 92/13/CEE e art. 79.º, n.º 4, do projecto de Código dos Contratos Públicos. Contra, no sentido de que, regra geral, os custos de proposta não são indemnizáveis por serem comuns a todos os concorrentes preteridos e representarem o «risco de investimento», *vide* Ac. do STA, p. n.º 0965/03, de 2006.03.07 e Ac. do STA, p. n.º 041794A, de 2005.03.03.

linha, e assumindo que a proposta do autor não foi excluída, devem incluir-se no montante de indemnização devida os custos associados à preparação da proposta.

Entendemos ser de afastar o critério que se prende com a «possibilidade de adjudicação». A «possibilidade de adjudicação»[114] poderá ser atendida em sede de determinação do dano e do nexo de causalidade, no âmbito de uma acção de responsabilidade civil por acto ilícito[115-116]. Levantar esta questão para aplicação do mecanismo em análise abre uma caixa de *Pandora* cujos resultados passarão, na maioria das vezes, pela conclusão de que, mesmo em caso de «perda de sentença», nenhuma indemnização é devida[117].

---

[114] Associada ao conceito de «perda de oportunidade» conforme mencionámos já em VERA EIRÓ, «Que indemnização...», *op. cit.*, p. 57.

[115] As dificuldades de teorização sobre o conceito de «perda de oportunidade» levam-nos, neste momento, a não tomar posição sobre a questão de saber se este conceito, em contratação pública, será relevante para determinação do nexo de causalidade ou do dano a indemnizar.

[116] Pode eventualmente suceder que um determinado concorrente tenha direito a uma indemnização pela impossibilidade de execução da sentença e não preencha os pressupostos da responsabilidade civil por acto ilícito (nomeadamente o pressuposto do nexo de causalidade). Considerando que esta possibilidade não faz sentido, *vide* o voto de vencido do Conselheiro Rosendo José no Ac. do STA, p. n.º 33942A, de 2004.05.27, já citado.

[117] Veja-se, enquanto «sintoma» desta caixa de Pandora, o voto de vencido do Conselheiro Rosendo José no Ac. do STA, p. n.º 44140A, de 2003.03.13, e a fundamentação do Ac. do STA, p. n.º 33942A, de 2004.05.27, já citado. O requerimento do autor quanto à determinação do montante de indemnização devida deverá ser cauteloso, tornando claro ao tribunal que o que está em causa é tão-só a «perda da sentença». A alegação de prejuízos que apresentem nexo de causalidade com o acto inicialmente posto em crise poderá dar azo a que o tribunal venha decidir que todos os danos alegados se reconduzem a uma acção de responsabilidade civil e não à execução da sentença. Veja-se, a este respeito, o Ac. do TCAS, p. n.º 11534/02/B, de 2005.07.07, e o Ac. do STA, p. n.º 041794A, de 2005.03.03. Neste último, veio o autor requerer a execução de um acórdão que anulou um acto de adjudicação praticado no âmbito de um procedimento de formação de um contrato de empreitada de obra pública. À data em que foi requerida a execução do acórdão a obra estava já integralmente executada, pelo que a Administração alegou a existência de uma causa legítima de inexecução de sentença, por impossibilidade absoluta, e o autor concordou com ela, tendo requerido ao tribunal a fixação do montante de indemnização devida (arts. 163.º, 166.º, 169.º, 176.º e 177.º). As partes não chegaram a acordo sobre o montante (o autor requereu o pagamento de lucros cessantes correspondentes a 10% do valor da proposta e a Administração acorda apenas em pagar os «custos de proposta»). O tribunal considerou que o autor não deveria ser ressarcido de nenhum dos prejuízos que alegou, por não estar demonstrado o nexo de causalidade – o autor não logrou demonstrar nos autos que, não

Do que expusemos pode eventualmente dizer-se que, afinal, esta «indemnização devida» corresponde a um montante que não terá equivalência com o cômputo do dano e a obrigação de indemnizar fundada na responsabilidade civil por acto ilícito. Deve lembrar-se, todavia, que a atribuição desta indemnização depende do preenchimento de pressupostos menos exigentes do que os pressupostos da responsabilidade civil por acto ilícito – sendo que, em contratação pública, o pressuposto do nexo de causalidade corresponde, nas mais das vezes, a uma «prova diabólica»[118].

5. Conclusões

Uma das «novas tarefas» do juiz em contencioso administrativo prende-se com o conhecimento antecipado das causas legítimas de inexecução de sentença que encontra consagração expressa no mecanismo de modificação objectiva da instância consagrado no artigo 102.°, n.° 5 (para o contencioso pré-contratual de natureza urgente), e 45.° (para as acções administrativas comuns e, por força de remissão legal, para as acções administrativas especiais).

O resultado da aplicação deste mecanismo é uma sentença cuja execução não comporta momentos declarativos, incluindo apenas uma fase de execução que segue o processo de execução de pagamento de uma quantia certa. A aplicação deste mecanismo depende da propositura de uma acção na qual tenham sido cumulados os pedidos de invalidade do acto e de condenação da Administração à reconstituição da situação legalmente devida (ou de condenação à prática dos actos devidos).

Quando se esteja no âmbito de uma acção administrativa especial com pendor subjectivista, a legitimidade activa (salvo nos casos de acção pública e de acção popular) traduz-se também num direito subjectivo à execução da sentença.

---

fora a invalidade do acto de adjudicação, teria sido ele o adjudicatário do contrato. Assim sendo, e não obstante a «perda da sentença», o autor não foi indemnizado.

[118] Em contratação pública, a maior dificuldade será no preenchimento do nexo de causalidade, uma vez que é jurisprudência maioritária que a actividade de avaliação das propostas é insindicável (dependendo o nexo de causalidade da demonstração de que não fora o acto impugnado, o autor teria sido o adjudicatário do contrato). Neste sentido, entre outros, Ac. do TCAN, p. n.° 1657/05.1 BEPRT, de 2007.06.14 (e a jurisprudência aí citada), e Ac. do STA, p. n.° 01936/03, de 2004.09.29.

A «perda» desse direito com fundamento nas chamadas «causas legítimas de inexecução da sentença» (seja a impossibilidade absoluta, seja o grave/excepcional prejuízo para o interesse público) dá origem a uma obrigação de indemnizar que, fundada num instituto análogo ao da expropriação, se aproxima do conceito de «justa indemnização». O que está em causa, nestes casos, é, acima de tudo, ressarcir um dano, economicamente avaliável e determinado de forma casuística, que se traduz na «perda da sentença».

O direito a uma indemnização por força da «perda da sentença» não determina a impossibilidade de o autor ser ainda credor de uma indemnização fundada no acto inicialmente posto em crise, mediante o preenchimento dos pressupostos da responsabilidade civil. Por isso mesmo, o n.º 5 do artigo 45.º deve ser lido não no sentido de alternatividade mas no sentido de cumulatividade.

O artigo 102.º, n.º 5, consagra um regime processual e um regime substantivo – pois é neste preceito que devemos procurar os pressupostos desta obrigação de indemnizar.

A aplicação do artigo 102.º, n.º 5, depende da procedência do pedido de invalidade do acto, de um juízo de prognose quanto aos efeitos da sentença de condenação e de uma situação de impossibilidade absoluta (que não decorra de actos de execução inválidos) de execução dessa sentença de condenação. Antes de proferir a sentença o juiz profere um despacho interlocutório, no qual decide sobre a invalidade do acto posto em crise, declara a existência de uma situação de impossibilidade absoluta e convida as partes a acordarem o montante de indemnização devido. O resultado da aplicação deste mecanismo (que se mantém urgente – em especial quanto aos prazos aplicáveis) deverá ser uma sentença condenatória em que o tribunal, a par de conhecer do pedido de invalidade do acto, condena a Administração ao pagamento de uma quantia certa (a que as partes tenham chegado por acordo ou a que o tribunal tenha, em função dos elementos do processo e das diligências instrutórias, fixado).

Ao requerer o montante de indemnização devida, deve o autor estar ciente de que pede ao tribunal apenas uma «justa indemnização» que corresponde à «perda da sentença» (que, no caso da contratação pública, poderá equivaler aos custos do processo judicial e de preparação da proposta). Os danos que sofreu por força de uma exclusão inválida deverão ser ressarcidos noutra sede e dependem do preenchimento de diferentes pressupostos. Este deverá ser o sentido do requerimento a apresentar em juízo, sob pena de, tudo querendo, tudo perder.

VI
ENSINO UNIVERSITÁRIO

BOLONHA E AS PROFISSÕES LIBERAIS

Adriano Moreira*

Seja qual for o texto finalmente aprovado para o Tratado de Lisboa, está já consagrado pelas Declarações de Bolonha (1999) e de Lisboa (2000), que a primeira apoia a competitividade global que se espera da segunda, designadamente para ultrapassar os EUA. Neste sentido, está decretada a «orientação nacional» para a aplicação do Processo de Bolonha, segundo uma legislação em artes finais de curto prazo. A formação académica e profissional é para actuar num espaço que deixou de ser o nacional, é o espaço que vai do Atlântico aos Urais.

Não parece orientada no melhor sentido a discussão sobre se o ambicionado Tratado de Lisboa deve ser submetido à aprovação dos Parlamentos, ou ao referendo popular prometido quando a discussão pública tinha por objecto o projecto da chamada Constituição devida ao grupo de trabalho que se tomou por constituinte.

A elaborada argumentação no sentido de que se trata de um novo projecto e novo documento, por isso não abrangido pelos prometidos processos eleitorais que tiveram em vista uma diferente realidade, parece manter uma debilidade abrangente da maior parte do processo europeu, no qual o conceito estratégico mudou radicalmente de sentido à medida que os necessários tratados assinalaram a mudança de conjuntura, de objectivos, e de vontades.

A questão não é nova, porque não depende da novidade ou repetição, semanticamente aligeirada, dos textos, a resposta à pergunta sobre a necessidade de a opinião pública estar esclarecida sobre as mudanças, seja qual for a modalidade de consentimento adoptada para a legitimação, ou se a complexidade das propostas dispensa essa consciência crítica, e confia na

---

* Professor Emérito da Universidade Técnica de Lisboa.

democracia representativa apoiada no saber, em larga medida moderadamente publicitado, de uma eurocracia que de facto se autonomiza.

Avaliando a profunda e substancialmente alterada definição dos objectivos europeus, visível quando se compara a filosofia inicial, preocupada com a importância do carvão e do aço na sustentação dos conflitos armados, com os temas do alargamento, da governabilidade e da competitividade da União ao entrar no terceiro milénio, é difícil não reparar em que a política seguida foi regularmente do modelo de política furtiva, com escassa intervenção dos parlamentos nacionais, com limitada informação dos eleitorados, embora certamente variável em função de parâmetros culturais diferenciados.

Grande parte das reacções populares contra a evolução em progresso não se apoiam visivelmente no entendimento dos normativos em vigor e das propostas em curso. Assentam nos efeitos desmobilizadores de antigas seguranças e modo de vida, sem conhecimento de causas e dos processos decisórios.

No caso do projecto de Constituição revisitado pela versão, despida de alarmes simbólicos, que agora se apresenta amparada no mandato imperativo entregue à presidência portuguesa, é certamente brilhante a argumentação que apoia a leitura de uma radical mudança de natureza do texto, abrigado no espaço reservado às negociações, e por isso menos ambicioso quanto ao espaço das transferências ou limitações da soberania.

Talvez seja porém admissível sugerir a ponderação de que o primeiro problema, antecedente dos outros, não é o da mudança de texto, da alteração de sentido, das limitações das soberanias, da alternativa entre referendo e parlamento, é sempre, e em qualquer caso, o de saber em que medida a política furtiva vai permanecer ao longo das negociações.

Conviria assumir e decidir que esforços podem ser eficazmente desenvolvidos, neste curto espaço de tempo, com vasta informação e autenticidade, para que a cortina de ignorância, que tem afastado os eleitorados da consciência esclarecida da evolução do sistema, perca a densidade a favor da melhora da afectada relação de confiança entre as sedes do poder, nacionais e europeia, e uma população que crescentemente se afasta dos actos eleitorais.

Para tal desejado efeito, talvez o pior dos argumentos seja o da complexidade técnica dos textos, uma perspectiva que remete mais facilmente para a suficiência da eurocracia do que para a adesão esclarecida do eleitorado, quer a decisão seja dos parlamentos, quer seja por referendo. A mudança de sede da aprovação também não ganha assinalável transparência pela oposição entre a exigência de fidelidade à promessa de referendo porque o texto é substancialmente o mesmo, e a mudança de método porque o texto é diferente. Isto não responde à exigência fundamental de saber se a proposta é inteligível pelo eleitorado, se tal intimidade de conhecimento foi conseguida, se a confiança foi estabelecida. Se este não for definitivamente o alicerce da relação entre eleitorado e aparelho do poder, a escolha do método tem pouca relevância.

A versão nova do ambicionado Tratado de Lisboa, entregue à Presidência europeia neste semestre de 2007, é possível que venha a afectar a relação entre ambas as Declarações; mas seguramente não modificará a definição vigente do espaço unitário da formação académica e profissional para agir em todo o espaço da União.

Tentarei limitar-me aqui aos aspectos que me parecem ter conexão com as profissões liberais, porque noutras instâncias se discutirá a definição dos termos de referência do ensino.

Ainda assim, não é dispensável recordar que a velocidade e abrangência do processo tem relação íntima com a evolução do modelo político europeu, cuja definição normativa é objecto de várias recomendações de urgência de aprovação, vindas dos membros do Conselho, e não apenas de teóricos ou de eurocratas.

Esta relação com o avanço do modelo político talvez ajude a dispensar inquietações valorativas sobre a relação do nosso grau de desenvolvimento com o desenvolvimento de países como a França, a Grã-Bretanha, a Alemanha, e assim por diante, porque a temática não é de brios, é de racionalidade, de objectivos, e da natureza da sociedade sociopolítica em que se inscreve a rede europeia. Definitivamente, a problemática deixou de ser estritamente nacional, porque a regência política se europeíza, porque o mercado é transnacional, porque a competitividade se define entre grandes espaços, porque as pressões sistémicas ultrapassam os regionalismos soberanistas do passado.

Esta tendência para harmonizar a «orientação nacional» com o alargamento da União Europeia e com a evolução desta para entidade política de nova invenção, ganha talvez compreensão sendo aproximada da função nacionalizante que o aparelho de ensino superior desempenhou à medida que se afirmava o modelo de *Estado nacional*, que foi um valor geral da Europa dos Estados soberanos. Que as identidades nacionais, e as suas especificidades, serão influenciadas por este movimento não é fácil de ignorar, tendo ainda em conta que uma espécie de *patriotismo constitucional* é o que anda proposto no sentido de antecipar o aparecimento de uma realidade sonhada, que é o *povo europeu* consciente de um passado comum, de um presente assumido em comum, e de um futuro participado.

Deste projecto, nem sempre visível para além da cortina semântica dos discursos eurocráticos e políticos, destacam-se duas vertentes sempre principais na estrutura do poder político: uma, a defesa e segurança, que agora tem uma expressão aguda na anunciada inclusão da Turquia; e outra, que é a competitividade no mercado mundializado. Esta última está muito claramente enumerada nas declarações da Comissão Europeia relacionadas com a gestão do ensino e da investigação, com o relevante detalhe de salientar, em várias oportunidades, que se trata de competir com os EUA, o que aconselha a meditar, nas outras instâncias, sobre a consistência da solidariedade ocidental.

Deste modo, parece evidente que, para além da decisão, sem outra escolha, de Portugal integrar a União, também a pressão sistémica do movimento europeu não deixa viável outra resposta que não seja estar nas decisões para não vir a ser apenas objecto delas.

Tudo isto obrigando a considerar que, sempre que se fala em competitividade, esta tem a dupla face da competitividade interna no mercado comum, e a competitividade da União no globalismo, a primeira amargurada com a periferia dos secundarizados, a segunda apontando para repor a União no primeiro plano do diálogo internacional.

Todo este processo tem mais sido objecto de uma *política furtiva*, por vezes conduzida apenas por responsáveis políticos apoiados pela eurocracia, mas com escassa intervenção ou participação dos parlamentos nacionais e dos seus eleitorados.

Alguns sectores, por sua natureza, com destaque para a investigação e o ensino, e as profissões classicamente chamadas liberais, são mais íntimas, mais informadas, e por isso mais responsáveis no que toca à compreensão e influência no desenvolvimento do processo, pelo que as redes que se desenvolvem dão mostras de ganharem independência em relação aos próprios governos, cada um deles condicionado pela consistência e dinamismo do fenómeno.

Neste ponto crítico em que estamos, marcado pelas decisões políticas de acelerar o processo, o universo do aparelho da investigação, do ensino, e das profissões, em que as liberais se destacam, não se pode deixar de meditar sobre os desafios que atingem o conjunto, que condicionam as tradições, que exigem reformulação.

Tentarei ocupar-me, apenas, de algumas questões que me parecem serem salientes na circunstância das profissões liberais.

Em primeiro lugar, convém recordar que o conceito de profissões liberais está historicamente relacionado com um saber reconhecido valioso pela comunidade, mas também com o exercício independente de vínculos de subordinação a entidades privadas ou públicas. Profissões clássicas, em que se destacam o direito, a medicina, a arquitectura, mais tarde a engenharia, preencheram o núcleo duro do conceito, fortalecendo o prestígio pelo envolvimento nos grandes desígnios dos titulares do poder político, ajudando a perpetuar a memória pelas grandes intervenções legislativas, pela monumentalidade dos empreendimentos, pelo amparo às forças combatentes. As suas Ordens foram responsáveis pela ética do exercício, e essa ética teve sempre uma presença considerável na evolução da comunidade, e da sua relação com o poder político, apoiando o prestígio das Universidades que lhes deram a primeira credencial do título académico nobilitante.

O aparelho do ensino evolucionou em termos de ter, entre os seus muitos problemas, e para racionalizar o andamento do processo de Bolonha, o de racionalizar e articular os subsistemas, não apenas no que toca aos conceitos operacionais diferenciados, mas também no que respeita ao tecido cultural que concede as dignificações, sendo que a relação entre o universitário e o politécnico é talvez o mais relevante.

O que está sempre presente nas preocupações dos dirigentes é fazer consagrar nos factos o princípio da *identidade separada* e da *igual dignidade* de ambos os subsistemas do ensino superior, e de submeter efectivamente aos mesmos guiões, interpretados com rigor abrangente, todas as instituições do sector.

Não é fácil partir das definições normativas do universitário e politécnico para separar os perfis de intervenção que lhes foi atribuída, mas os Conselhos de Avaliação foram conseguindo demonstrar a afirmação de um conceito histórico que os diferencia. É por isso que essa referência, e o recordado princípio da igual dignidade, obrigam a requerer atenção para a necessidade de racionalizar a programação do desenvolvimento de ambos os subsistemas. Uma racionalização onde se deverá tomar em conta a consequência temporal da limitação de recursos financeiros, a queda demográfica, e a permanência da tendência para a desertificação das interioridades.

Parece muito evidente ser um erro entender a transformação histórica de institutos politécnicos em universidades, como se de uma promoção se tratasse. De facto, foi uma mudança de conceito estratégico, e daqui decorre a necessidade de ponderar se exigências regionais ou gerais impõem a repetição do método, ou da duplicação eventual das iniciativas – universitário e politécnico – que existe em vários lugares.

A tendência que nos tem parecido mais de acordo com as condicionantes antes referidas apoia-se nas seguintes referências: há casos em que, ao contrário da separação e multiplicação, seria indicado integrar os dois ramos ou elementos deles, como já acontece no ensino militar, na medicina dentária da Universidade de Lisboa, no Algarve, por disposição legal, em Aveiro por iniciativa académica, parecendo que o princípio-guia será o dos *saberes integrados*. A medicina é um caso evidente, as Forças Armadas são outro. Atendendo ao conceito histórico dos politécnicos, e à densidade da rede nacional do ensino superior, não parece oportuno forçar os limitados recursos existentes para instituir novas universidades em áreas servidas por politécnicos que se afirmaram corresponder aos pressupostos da sua instalação e missão; nesta definição da rede do ensino superior deverá ser tido em conta o fenómeno da regionalização das universidades, mesmo das mais antigas, que demonstradamente se traduz na redução da área geográfica de origem dos respectivos candidatos, com inevitáveis repercussões financeiras. É um problema que envolve toda a rede nacional, e que pede respostas não ocasionais, designadamente pendentes de programas eleitorais.

Esta questão da articulação dos saberes deveria fazer da designação das instituições uma questão não importante, porque só não é secundária pela definição ainda vigente do tecido cultural marcado pela história.

A questão da integração dos saberes tem porém relação directa com a abrangência histórica do conceito de profissões liberais e também com a relação entre as Ordens e as instituições de ensino.

Em primeiro lugar, conviria não perder de vista que o modelo 3+2, apoiado nas invocadas exigências do mercado, na legibilidade das formações, e na desejada livre circulação, não se traduz em continuidade da formação por um modelo bietápico: cada módulo deve fornecer uma formação correspondente a uma tipologia directiva e atender a patamares diferenciados de formações exigidas pela profissionalização.

A experiência recolhida do modelo em vigor, mostra que a evolução da tipologia directiva das Ordens e a evolução da tipologia directiva das instituições de ensino, não são necessariamente concordantes.

Algumas dúvidas e propostas em circulação, designadamente no sentido de as Ordens abrangerem instituições de ensino profissionalizantes, provavelmente não inteiramente alheias a questões do mercado de trabalho, também estão conectadas com aquela divergência de evolução.

Mas parece evidente que a definição de *patamares*, a que devem responder Universidades e Politécnicos, implica com o conceito orientador das Ordens, e suscita um problema a resolver pela nova abrangência das profissões liberais, ou pelo aparecimento de um pluralismo crescente de instituições representativas, com alguns sinais de que as existentes, com passado histórico, e as que surgirão, tenderão para ter uma vertente sindical, que até já se manifesta, por exemplo, na representatividade de um órgão de soberania que é o poder judicial.

Assim como a articulação dos subsistemas de ensino tem sido condicionada pelo tecido cultural histórico, com sobrevivências semânticas aristocratizantes, esta questão da relação entre os conceitos do ensino e os conceitos das representações profissionais, e da dignidade dos vários patamares de formação, tendencialmente com um primeiro ciclo de três anos, seguido de segundos ciclos de dois anos, necessita de uma resposta racional.

Uma resposta que tem de basear-se nos conteúdos, e não no espartilho temporal que parece dominar as atenções, o qual não é senão indicativo e não pode nem sacrificar a excelência à forma, nem salvaguardar ensinos ultrapassados pela evolução das exigências. E que igualmente, espera-se, não deve levar a fazer com que o processo que durante anos tem sido objecto de orientações no sentido de «universitar» os politécnicos, tenha agora resposta num processo mal orientado no sentido de «politécnisar» as universidades. Porque esta deriva sacrificará a investigação fundamental, minimizando a tarefa prestante que é procurar depois as aplicações dos saberes que aquela investigação alcança, no sentido de se concretizar em produtos que melhoram a qualidade de vida e o desenvolvimento sustentado.

Não vai ser fácil encontrar as harmonizações necessárias, que implicam uma redefinição do conceito social e legal das profissões liberais, que tocam na abrangência da representatividade profissional, que exigem compreensão e articulação da evolução dos conceitos dos tipos que se desenvolvem nas Ordens com o que se processa nas instituições de ensino, que tem de articular os patamares dos saberes pelos seus conteúdos e convergências, tudo para que a racionalização interna consolide a base de que o processo necessita para a harmonização europeia.

Deixarei ainda um comentário sobre o elemento historicamente identificador das profissões liberais, que é a independência em relação a qualquer poder da sociedade civil, designadamente empresarial, ou político.

Os factos apresentam-se hoje com um diferente perfil, não apenas porque a resposta independente se traduz em associações de profissionais em que a independência se redefiniu, mas sobretudo pela inscrição profissional no aparelho de grandes organizações económicas que dominam o mercado transnacional.

Tem-me parecido que o núcleo duro da independência deve ser preservado por uma clara identificação das *regras da arte* a cargo desses profissionais, regras que não poderão ser infringidas por qualquer dependência hierárquica ou profissional. O profissional liberal continua a distinguir-se pelo facto de ser pessoalmente responsável pela observância das regras da arte, livre para julgar e enfrentar as consequências. Lembrei-me do comentário do advogado de Luís XVI, quando enfrentou a Convenção: *venho aqui com a verdade em uma das mãos, e a cabeça na outra, pedindo-lhes que ouçam a primeira antes de dispor da segunda.*

O EPÍLOGO DE UM PRÓLOGO*

António Rendas**

No dia 10 de Setembro de 2007 foi publicada a Lei n.º 62/2007, que define o novo regime jurídico das instituições de ensino superior.

O período de discussão que antecedeu a publicação desta lei decorreu, em sentido lato, durante o primeiro semestre de 2007 e correspondeu, também, ao meu primeiro semestre como reitor da Universidade Nova de Lisboa.

Ao longo desses meses compilei, a partir dos recortes que me chegavam diariamente, os artigos de opinião escritos sobre o tema e em seu redor, por algumas figuras públicas. A minha fonte de informação centrou-se, predominantemente, nos jornais editados em Lisboa, embora com distribuição nacional. Seleccionei também algumas entrevistas dadas pelos principais «actores» envolvidos, por parte do Governo e das universidades. Finalmente, analisei os textos produzidos pelo Conselho de Reitores e pela Universidade Nova de Lisboa durante esse mesmo período.

Ao expor a metodologia que utilizei nesta compilação pretendo, em primeiro lugar, assumir a natureza empírica e limitada desta análise e, desde já, pedir desculpa por eventuais omissões. Contudo, não posso deixar de lamentar que, mais uma vez em Portugal, se tenha perdido a oportunidade de aprofundar o debate e, sobretudo, de o racionalizar.

Um dos primeiros contributos fundamentados para a reflexão sobre a mudança do regime jurídico das universidades portuguesas partiu de um

---

* Análise de algumas posições que foram assumidas durante a discussão pública do Projecto de Lei do Regime Jurídico das Instituições de Ensino Superior com relevância para o contributo da UNL.

** Reitor da Universidade Nova de Lisboa. Professor Catedrático da Faculdade de Medicina da Universidade Nova de Lisboa.

estudo publicado pelo Serviço de Educação e Bolsas da Fundação Calouste Gulbenkian em 2005, a partir de um projecto da autoria de Júlio Pedrosa e João Filipe Queiró. A publicação, que resume as conclusões do trabalho e os debates que o acompanharam, é muito útil para situar a questão da mudança do modelo de governação das universidades em Portugal, com base na realidade nacional e em experiências internacionais relevantes.

Curiosamente, ou talvez não, este importante documento foi muito pouco citado pelos «actores» do epílogo que vos pretendo narrar, e também não consta que esteja a ser utilizado durante o prólogo, que se está agora a seguir. O primeiro acto deverá estar em cena, em todas as instituições de ensino superior do País, até 10 de Junho de 2008!

Optei por situar este epílogo entre Fevereiro e Junho de 2007, para fazer coincidir o início desta minha análise com a intervenção do Ministro Mariano Gago na Assembleia da República, durante o debate sobre orientações para a reforma do ensino superior. A escolha de Junho é a mais óbvia, embora tenha havido outras intervenções relevantes depois dessa data. Também optei por apresentar a análise dos documentos por ordem cronológica da sua publicação, independentemente de alguns desvios por parte de vários autores, em relação ao tema original.

Em Fevereiro de 2007 o Ministro Mariano Gago definiu, na Assembleia da República, o principal objectivo da reforma: «… preparar um sistema de ensino superior capaz de qualificar muito mais jovens e muitíssimos mais adultos do que actualmente». E mais adiante, a propósito do «espírito da reforma»: «Não se trata de uma qualquer operação burocrática, pois o sucesso da reforma apenas se medirá na sua apropriação efectiva por quem, dentro e fora das instituições de ensino superior, que queremos autónomas e responsáveis, lhe possa dar corpo e energia». A propósito da proposta de lei da autonomia das instituições de ensino superior, disse também que a lei seria, de facto, sobre autonomia, gestão e regulação.

No dia 13 de Março, o Conselho de Reitores das Universidades Portuguesas (CRUP) aprovou um documento intitulado: «Novo Enquadramento Legal do Ensino Superior – carta de princípios», que entregou ao Ministro e divulgou na opinião pública. Desse documento destaco, para a presente análise, o capítulo respeitante à Lei de Autonomia, que define as áreas fundamentais em que se exerce (estatutária, científica, pedagógica, cultural, administrativa, financeira, patrimonial e disciplinar), com base em três pilares: i) a definição do quadro conceptual do sistema; ii) a atribuição à universidade de recursos compatíveis com a importância do serviço público que prestam; iii) a avaliação consequente dos resultados. Em relação ao estatuto jurídico das universidades, para além de optar pela manutenção das universidades como instituições integradas na «Administração Autónoma do Estado», a Carta de Princípios não exclui «... que se venham a experimentar outros tipos de organização, bem como novas formas de parceria público-privado que incentivem a participação da iniciativa e do investimento privados nas universidades públicas, desde que introduzidas na legislação nacional as necessárias alterações».

A propósito do governo das universidades, foram explicitados no documento os seguintes princípios gerais:

«*a*) A redução do número de órgãos, bem como do número de membros que integram os órgãos colegiais;

b) A existência de um órgão de governo composto por membros eleitos pela comunidade universitária, no qual estejam representados todos os corpos da universidade. Este órgão deve ter uma maioria de doutorados e competência para definir, pelo menos, a política científica e pedagógica e aprovar as propostas que lhes sejam submetidas pelo Reitor;

c) A existência de um órgão de governo composto por membros exteriores à universidade e por ela designados, com capacidade efectiva para influenciar as grandes opções da Universidade, devendo, pelo menos, emitir parecer vinculativo sobre os planos de actividades, os orçamentos e os relatórios de contas;

d) A capacidade de cada universidade decidir a qual destes dois órgãos pretende atribuir a responsabilidade sobre questões de orientação estratégica;

e) A eleição do Reitor por um colégio eleitoral cuja composição será definida nos estatutos de cada Universidade;

f) A determinação de que o Reitor tem de ser um professor catedrático de nomeação definitiva;

g) A capacidade de cada universidade definir a sua organização interna, bem como a forma de eleição ou nomeação dos responsáveis das suas unidades, a qual deve incluir um órgão unipessoal».

Finalmente, e em relação à regulação do sistema, admite-se que, face à actual ausência de regulação, é necessário ao Governo assumir esse papel, quer directamente, quer através de agências independentes.

Solicitei, nessa altura, um parecer à Faculdade de Direito sobre o acima citado documento e recebi, datado de 28 de Março, um texto intitulado

«Reflexões sobre a autonomia universitária e os princípios que a devem reger», da autoria do director da faculdade, Professor João Caupers, com um contributo do Professor Diogo de Lucena, que se situa exclusivamente na área dos princípios da autonomia universitária. Pela sua importância e oportunidade, entendo que este documento deve ser publicado como anexo ao presente texto (anexo 1). Permito-me, no entanto, acentuar os seguintes pontos: i) a clarificação do conceito de autonomia universitária; ii) os níveis de intervenção do Estado face à autonomia universitária, pedagogicamente expostos num quadro em que se separa o que o Governo *pode/deve* e o *que não pode/não deve fazer*, nas suas relações com as universidades. Este documento foi por mim transmitido ao CRUP e posteriormente enviado ao Ministro da Ciência, Tecnologia e Ensino Superior (MCTES).

A. As primeiras posições começaram a surgir nos jornais durante o mês de Março:

1. No dia 15, Sérgio Figueiredo, jornalista e gestor, publicou um artigo de opinião no *Jornal de Negócios* intitulado «Quem manda nas universidades», com palavras pouco abonatórias para os reitores e para a gestão universitária. Logo à partida, pode ler-se: «A maioria dos reitores está ostensivamente contra o fim do sistema de eleições que o conduz e reconduz nos cargos. A escolha dos dirigentes pelos seus pares é uma das razões dos desastres na gestão das nossas escolas. Mas também dos hospitais, dos tribunais e de quase todas as instituições "democráticas" do nosso Estado». E, mais adiante, «Este Governo diz que vai finalmente atacar a impunidade que prevalece no sistema de «governance» das nossas universidades». ... «Salta à vista que a liderança da comunidade académica é fraca. Que as universidades estiveram décadas viradas para elas próprias. E que é preciso introduzir regras de discriminação violentas entre competentes e incompetentes. O que obviamente só se faz através de dinheiro». ... «Pior que isto só mesmo o que existe. O financiamento é a pedra basilar. Mas o «modelo de governo» das universidades é a pedra que encrava qualquer transformação. O ensino superior precisa de um novo órgão de gestão, dominado por entidades externas, com o poder de escolher o reitor e definir a gestão estratégica da instituição de ensino». Estes comentários demolidores e demagógicos a respeito da situação actual do governo das universidades, revelam um desconhecimento ou alheamento, quanto às posições actuais do CRUP,

mas, não vale a pena negá-lo, têm eco nalguns sectores da opinião pública que importa informar e esclarecer.
2. No dia 23, surge no *Público* um artigo de João Caraça, director do Serviço de Ciência da Fundação Calouste Gulbenkian, intitulado «Universidade e diversidade», com um cabeçalho esclarecedor: «Os europeus, ao invés dos americanos, não conduziram as universidades para a ligação com a economia e a sociedade». O artigo foca sobretudo a evolução das universidades europeias em comparação com as norte-americanas, chamando a atenção para as diferenças entre o modelo americano de «research universities», baseado numa relação privilegiada com as empresas e as instituições políticas e financeiras, face ao modelo europeu de universidade, mais orientado para funcionar como motor do desenvolvimento nacional e regional. Quando o autor aborda a questão portuguesa, a sua posição é igualmente de grande abertura face à diversidade: «Esperemos que as soluções que forem encontradas durante o debate público sobre o ensino superior e os modelos das suas instituições que se avizinham, permitam dar o devido valor à diversidade de estratégias, objectivos e orientações que necessariamente teremos que desenvolver no relacionamento com os outros europeus e resto do mundo. O futuro dependerá da nossa capacidade de o antecipar e agir. É por esse motivo que deveremos discutir o que queremos e o que faremos do nosso ensino superior».

B. O mês de Abril foi de algum compasso de espera, e só em Maio recebi, das minhas fontes, novos artigos de opinião relacionados com o debate em curso:
1. No dia 11, Luís Campos e Cunha, professor universitário, publicou, no *Público*, um artigo intitulado «Quatro medidas para o ensino superior» que, não sendo especificamente relacionadas com o debate em curso, apontam para soluções que só serão possíveis, como aliás assinala o autor, com um novo modelo de governação das universidades. As medidas propostas são as seguintes: i) o grau de doutor só pode ser atribuído pelas instituições avaliadas pela Fundação para a Ciência e Tecnologia com os graus de «muito bom» e «excelente»; ii) qualquer instituição fica proibida de recrutar os seus próprios doutorados no primeiro emprego e durante três anos; iii) a designação e a responsabilização dos dirigentes,

directores e reitores, devem ser distintas e exteriores à instituição. O autor escreve a certa altura, «Não vejo grandes problemas em admitir, por exemplo, um reitor que não seja «professor da casa» ou até que nem seja académico», e, mais adiante, «Nesta área da governância está em discussão um conjunto de reformas que devemos estudar atentamente. São apenas um pé da reforma mas uma parte importante. Pelo que já li há aspectos positivos – designação do reitor, por exemplo –, mas nem se vai tão longe quanto necessário e noutros aspectos deixa muito a desejar. Veremos». A última medida diz respeito a sujeitar as instituições de ensino superior a avaliações e acreditações académicas com júris internacionais.

2. No início da semana seguinte, mais precisamente no dia 14 de Maio, o CRUP recebeu do MCTES uma primeira versão do projecto da Proposta de Lei sobre o Regime Jurídico das Instituições de Ensino Superior, com o pedido de comentários e contribuições num prazo de três dias. Este prazo reduzido tinha a ver com o calendário definido pelo Governo para apresentação da proposta à Assembleia da República, ainda a tempo de ser aprovada na legislatura em curso. Atendendo ao intervalo de tempo disponível, o CRUP optou por apresentar um conjunto de comentários específicos sobre as seguintes matérias: i) autonomia – manifestou a sua discordância relativamente à integração num único documento dos subsistemas universitário e politécnico; ii) diversidade – sugere «que seja corrigido o excessivo detalhe na especificação da organização interna das instituições, incluindo a das unidades orgânicas, de forma a permitir maior flexibilidade de modelos organizativos e a salvaguardar a singularidade de cada universidade»; iii) competências do conselho geral – «apoia a atribuição de competências de orientação estratégica e de fiscalização ao conselho geral, conforme estabelecido na Carta de Princípios; o CRUP não apoia a atribuição a este órgão de competências de gestão académica, que põe em causa uma concepção da função reitoral que deve acentuar a sua capacidade de liderança»; iv) conselho universitário – «considera imprescindível a existência de um órgão colegial de natureza académica, com uma maioria de doutorados, presidido pelo reitor, que assegure a coesão universitária. O grau de intervenção deste órgão na vida universitária será definido pelos estatutos»; v) Princípios de eleição do reitor – «a eleição do

reitor deve ser feita por um colégio eleitoral alargado de forma a permitir uma consulta ampla à comunidade universitária... Considera-se aceitável que o colégio eleitoral integre a totalidade dos membros do conselho geral. O reitor deverá ser um professor catedrático ou um investigador coordenador da própria instituição ou de outras instituições, nacionais ou estrangeiras, de ensino universitário»; vi) autonomização de uma unidade orgânica – «considera inaceitável que uma unidade orgânica de uma universidade possa negociar directamente com o Governo a sua autonomização e separação, sem qualquer intervenção dos órgãos da instituição e, portanto, eventualmente contra a sua vontade»; vii) modelo fundacional – «considera imprudente que se legisle sobre a possibilidade de adopção pelas universidades do modelo fundacional, antes de estar publicado um quadro legal específico para as fundações de direito privado instituídas pelo Estado»; viii) ensino e investigação – «considera que é essencial a ligação entre o ensino e a investigação, uma vez que é da natureza da instituição universitária a articulação de ambas as actividades. As universidades devem poder organizar-se livremente em unidades de ensino, de investigação ou de ensino e investigação»; ix) período transitório – «considera imprescindível que o diploma legal em apreço encontre forma de garantir a necessária estabilidade institucional e de assegurar a governabilidade da universidade e as condições de exercício das funções reitoriais, incluindo a eficaz condução do processo de transição».

3. No dia 31 de Maio, Jorge Miranda, professor universitário, publicou, no *Público*, um artigo intitulado «Universidades: um projecto inconstitucional e perigoso», no qual, depois de admitir que o actual modelo de gestão universitária precisava de ser revisto, aponta os seguintes pontos positivos ao projecto de proposta de lei: «a consagração de consórcios de instituições de ensino superior público; a possibilidade de as unidades de uma instituição de ensino superior se associarem com unidades orgânicas de outras instituições para coordenação de actividades; a dependência de autorização ministerial do funcionamento de cursos conducentes a graus académicos; a necessidade de, nos órgãos de governo, haver uma maioria de professores e investigadores; os deveres de informação do ministro...». Contudo, o autor considera que os pontos negativos dominam «no respeitante ao sistema de governo, a substitui-

ção da assembleia e do senado por um conselho geral, com entre dez e 25 membros; admitir-se a selecção do reitor (*sic*) entre professores ou investigadores de fora da universidade; reservar-se ao reitor o essencial das iniciativas de deliberação do conselho geral; a criação de uma diarquia de reitor e presidente do conselho geral; o estabelecimento para as unidades orgânicas de um sistema de órgãos similar ao das instituições a que pertencem, logo com defeitos idênticos; a atribuição ao director do poder de distribuir o serviço docente; a não integração no conselho científico de todos os doutores, mas só de representantes eleitos, esquecendo o desdobramento em plenário e comissão coordenadora ...». As reservas adicionais do autor situam-se na viabilização legal da universidade como instituição pública de natureza fundacional, apontando para os riscos da desresponsabilização do Estado e da privatização das instituições. No final, para além de afirmar que «...não há condições nem políticas, nem económicas, nem culturais para transplantar para aqui certas formas organizativas anglo-saxónicas», termina concluindo «Em suma, estamos diante de um projecto que, se afasta deficiências do modelo actual, traz outras bem mais graves. Um projecto que vulnera a garantia constitucional da autonomia e o sentido da universidade e que, atingindo a participação democrática no ensino, atinge, por aí, o princípio da autonomia porque, num Estado de direito democrático, autonomia ou é autonomia democrática ou não é».

C. O mês de Junho foi particularmente fértil em notícias e em acontecimentos:

1. No dia 5, Pedro Lourtie, professor do Instituto Superior Técnico, abordou a questão da viabilização das fundações, em artigo publicado no *Diário Económico*, e terminou afirmando: «Para além do que for aceite na forma dos estatutos das fundações, o resultado do processo dependerá da forma como a tutela for capaz de gerir o assunto para evitar efeitos perversos. Será que vamos assistir a um processo de transformação generalizado, liderado pelas unidades orgânicas mais dinâmicas?».
2. No dia 12, foi a vez de João Rabaça, professor universitário, que, igualmente no *Diário Económico*, publicou um artigo intitulado «A universidade no seu labirinto», no qual começa por acentuar a consciência generalizada por parte das universidades da «neces-

sidade de mudança de paradigmas no ensino, na gestão, na articulação com a produção do conhecimento e no posicionamento face ao exterior». Contudo, o autor distribui as responsabilidades pelos vários parceiros, incluindo sucessivos governos, que actuaram apenas de uma forma circunstancial. Considera também que a postura reformista do Governo é louvável, embora admita não ser «razoável que as transformações subjacentes sejam norteadas por uma lógica economicista, onde o mero exercício contabilístico parece ditar as regras do jogo».

3. Nesse mesmo dia, foi publicado no *Público* um artigo de Vital Moreira, professor universitário, intitulado «A reforma do ensino superior». Trata-se de um extenso artigo que começa por apontar as principais vantagens da proposta: i) «Em primeiro lugar, codifica-se numa única lei de enquadramento uma variada legislação sectorial, fragmentária e carecida de consistência sistémica»; ii) «Em segundo lugar, clarifica-se e aprofunda-se o «sistema binário» de separação entre o ensino universitário e o ensino politécnico, acentuando a sua diferente vocação e natureza ...»; iii) «Em terceiro lugar, amplia-se a autonomia das universidades no que respeita à gestão financeira e de pessoal – concomitantemente com uma maior transparência da fiscalização externa –, reduzindo o apertado controlo governamental a que estão actualmente submetidas...». Seguidamente, o autor aborda a questão fundacional para concluir que «... o novo modelo será essencialmente facultativo, sendo pouco provável que se venha a generalizar a curto prazo, apesar das suas óbvias vantagens em termos de autonomia e flexibilidade de gestão». A propósito do sistema de governo proposto, o autor relembra o recente relatório de avaliação do ensino superior português, efectuado pela OCDE, para afirmar que «o projecto procede a uma profunda mudança, reduzindo o número de órgãos, diminuindo a sua composição, abolindo o princípio da paridade entre professores e alunos, impondo a participação externa no «órgão de topo» do governo das instituições, reforçando o papel do reitor (bem como dos directores das faculdades) e, sobretudo, estabelecendo uma clara distinção de poderes e responsabilidades». Mais adiante afirma: «Ressalvado o caso dos estabelecimentos que adoptem o modelo fundacional, todos os órgãos universitários continuam a dever a sua legitimidade exclusiva à própria instituição, sem nenhuma interferência do Governo. O que

se pode dizer, pelo contrário, é que, ao manter a «endogenia» governativa das instituições, corre-se o risco de não garantir suficientemente a necessária alavancagem de mudanças a partir do exterior das instituições, conhecida que é a regra de que dificilmente elas se reformam a si mesmas». Finalmente, Vital Moreira responde ao já citado artigo de Jorge Miranda, considerando não existir qualquer inconstitucionalidade no projecto de proposta de lei. E termina: «É bem certo que o modelo proposto não abraça a ideia da universidade como uma «comunidade-académica-em--autogoverno», de evocação medieval. Tão lícita como essa é uma concepção das instituições de ensino superior como estabelecimentos de ensino superior e investigação que asseguram serviços aos seus beneficiários (os estudantes) e à sociedade em geral, e que devem responder perante esta e perante o Estado pela qualidade dos serviços que prestam e pela boa e eficiente gestão dos recursos públicos colocados à sua disposição».

4. No dia 21, o Presidente do CRUP efectuou, durante a sessão de encerramento da Convenção da Universidade de Lisboa, uma intervenção abrangente, incluindo uma revisão das iniciativas recentes do CRUP nesta matéria, e lamentou de novo a celeridade da intervenção governamental, uma vez que a proposta de lei recentemente aprovada em Conselho de Ministros, tinha chegada prevista ao Plenário da Assembleia da República no dia 28. Informou também que tinha sido dado ao CRUP um prazo de seis dias úteis para se pronunciar sobre a versão da proposta enviada para a Assembleia da República, afirmando o seguinte: «Fragilizam-se Governo e Assembleia da República se não dão oportunidade às Universidades de analisar o texto que só agora receberam, de amadurecer as suas opiniões e de as discutir e consensualizar no âmbito do CRUP».

5. No dia seguinte, 22, saiu um artigo no *Público*, da autoria de José Miguel Júdice, intitulado «Saudades da universidade salazarista?», no qual o autor respondia ao texto de um abaixo-assinado de professores universitários, que circulava na altura, começando por acentuar «... o mal que o corporativismo fez e continua a fazer em Portugal». Critica depois o seguinte texto do abaixo-assinado escrevendo: «Ora, a nosso ver, as soluções consagradas no documento do MCTES não se adequam à nossa cultura e ao nosso desenvolvimento económico e social, o que significa que a reforma anun-

ciada não poderá contribuir para o necessário desenvolvimento humano dos portugueses»; afirmando, por fim, que a cultura universitária é universal e que a luta pelo reformismo e pela modernização da sociedade portuguesa passa pelas soluções de gestão e de governo propostas no novo Regime Jurídico das Instituições de Ensino Superior (RJIES).
6. No dia 24, o Ministro Mariano Gago deu uma longa entrevista ao jornalista Pedro Sousa Tavares, do *Diário de Notícias*, na qual reafirmou a importância do RJIES na melhoria do ensino superior: promoção da diversidade institucional, mais capacidade de cumprimento dos objectivos, aumento da autonomia financeira, administrativa e de gestão de pessoal, aumento da abertura à sociedade, com os elementos externos no conselho geral, e melhores condições para a promoção da internacionalização. Considerou também que qualquer alteração da rede do ensino superior só será feita após consulta das universidades envolvidas. Em relação ao conselho geral, afirmou que é um órgão de supervisão da instituição, eleito, constituído por uma maioria de professores, com poderes próprios de aprovação dos orçamentos e os planos de desenvolvimento da instituição, e, também, de eleição do reitor, a partir de discussão pública dos programas de candidatura. Considerou ainda que a participação dos estudantes nas estruturas pedagógicas ficava reforçada, ao mesmo que a sua participação no conselho geral estava garantida.
7. No dia 25, o Presidente do CRUP enviou ao Ministro o parecer sobre a proposta de lei, solicitado no dia 14. Dadas as limitações de tempo, o CRUP optou por fazer incidir a reflexão sobre três pontos da proposta: i) a fragmentação das instituições – «...o documento promove, ou pelo menos autoriza, com a autonomização e separação das melhores escolas, centros e institutos de investigação numa espécie de primeira divisão, reservando para todos os outros o papel de liceus superiores encarregados de trabalhar para as estatísticas da União Europeia...»; ii) a eleição do reitor e a gestão democrática – «O governo de uma universidade requer a existência de um órgão unipessoal com a força política que só uma eleição confere – o reitor deve continuar a ser eleito... A coesão da universidade e a eficiência da cadeia de comando tornam essencial que o senado universitário possa assegurar a representação das unidades orgânicas e dos corpos, tenha competências aca-

démicas próprias, e não funcione apenas como mero órgão de consulta, ainda que obrigatória, do reitor»; iii) o processo de transição e a elaboração dos novos estatutos – as questões levantadas e consideradas inaceitáveis pelo CRUP incidiram sobre o afastamento do reitor da assembleia estatutária, a reduzida dimensão e composição da assembleia estatutária, bem como o escasso período de tempo que lhe estava atribuído, três meses, para completar a sua tarefa, incluindo a possibilidade de passagem ao regime fundacional.
8. No dia 26, o *Diário Económico*, no seu suplemento dedicado às Universidades, transcrevia uma declaração de António José Seguro, líder da Comissão Parlamentar de Educação, informando que «neste momento não é possível saber se o novo regime jurídico será aprovado até final da sessão legislativa». O suplemento dava também conta das movimentações do CRUP para sensibilizar os deputados e o Presidente da República em relação aos riscos inerentes à aprovação do RJIES na sua forma de então, nomeadamente no respeitante à fragmentação da rede actual das instituições de ensino superior.
9. No dia 28, foi publicado no *Público* um artigo de António Sampaio da Nóvoa, reitor da Universidade de Lisboa, no qual o autor reforçava algumas posições já referidas pelo CRUP na defesa do seu modelo de autonomia universitária e que o RJIES poria em causa, apontando, entre outros, para os seguintes pontos: i) fragmentação do sistema – «O reordenamento da rede europeia do ensino superior não deve fazer-se por fragmentação mas sim por integração e concentração, criando instituições com massa crítica e capacidade para competirem no espaço europeu»; ii) autonomia universitária – «O Senado e a eleição do reitor são soluções consagradas que dão sentido a uma legitimidade partilhada. Não podem ser varridas de uma penada por qualquer governo. Também aqui se justifica o princípio da diversidade, deixando que cada instituição defina a sua orientação, sujeitando-se depois à avaliação que a Constituição prevê (art. 76.°)».
10. Nesse mesmo dia 28, o RJIES foi aprovado, na generalidade, pelo Parlamento com os votos favoráveis do PS, a abstenção do PSD e os votos contra dos restantes grupos parlamentares.

D. Dos documentos produzidos durante o mês de Julho, durante a discussão na especialidade, optei por seleccionar apenas dois. O primeiro, datado de 10, representou a posição dos órgãos de gestão da UNL (equipa da reitoria e directores das unidades orgânicas) face à proposta de lei do RJIES em discussão na Assembleia da República. Foi um documento elaborado em resposta à solicitação do Presidente da Comissão Parlamentar de Educação, Ciência e Cultura, e creio que contribuiu para o enriquecimento do debate na especialidade. Pela sua importância institucional, optei pela inclusão do texto na totalidade (anexo 2). Segui a mesma opção quanto ao comunicado do CRUP, datado de 19, no qual se faz uma análise do resultado final das intervenções que este órgão efectuou, enquanto decorria o período final de discussão parlamentar na especialidade (anexo 3).

Termino como comecei, com uma breve alusão ao livro editado pela Fundação Calouste Gulbenkian intitulado: *Governar a Universidade Portuguesa*. Do prefácio, da autoria de Eduardo Marçal Grilo, retiro a indicação de sete factores que devem condicionar e enformar as decisões relativas à governação, aos órgãos de governo e aos sistemas de decisão das univesidades europeias neste princípio de século: abertura ao exterior, reforço das lideranças, *accountability*, autonomia, participação, combate às cooperações instaladas e necessidade de questionar as hierarquias estabelecidas.

Alguns destes factores não foram sequer mencionados durante o período de discussão que analisei!

Pela minha parte, encerro aqui a narrativa, na certeza de que todo este epílogo não teria sido vivido, na UNL, com a seriedade e o sentido institucional que todos nós fomos reconhecendo e reforçando, sem o apoio prestado pela Faculdade de Direito e, em particular, pelo seu director, Professor João Caupers, a quem quero agradecer toda a disponibilidade e felicitar pela década de vida da sua instituição. Passar a ter dois dígitos na contagem dos anos nada tem a ver com a perda da singularidade, significa mais maturidade e, sobretudo, uma companhia. Nesse sentido, é excelente saber que, na UNL, nos podemos acompanhar e apoiar uns aos outros.

Ficou seguramente muito por dizer, mas ainda está muito mais por fazer!

ANEXO I
Reflexões sobre a autonomia universitária e os princípios que a devem reger[*]

Advertência: o presente texto foi elaborado a pedido do Senhor Reitor da UNL, tomando como base de trabalho um texto elaborado no âmbito do CRUP e intitulado *Novas leis do ensino superior – proposta de princípios*. Correspondendo ao âmbito do pedido, pronunciamo-nos exclusivamente sobre aquilo que entendemos ser os *princípios relativos à autonomia universitária* (de resto, aquele documento contém matéria que nada tem a ver com *princípios* em sentido próprio (disposições detalhadas sobre contratação e concursos, por exemplo).

1. Qualquer reflexão séria sobre a autonomia universitária há-de ter em conta três pressupostos fundamentais:
   a) A autonomia universitária não é, nem pode ser, matéria «de fé» – pode ser questionada, deve ser questionada e apenas fará sentido consagrá-la se as funções confiadas às universidades (públicas) puderem ser desenvolvidas por estes entes de forma mais eficiente e adequada ao bem-estar da colectividade do que aquela que resultaria da sua atribuição a serviços da administração pública;
   b) A autonomia universitária é uma opção constitucional, expressa no n.º 2 do artigo 76.º da nossa Constituição, pelo que não pode ser posta em causa sem ofensa (ou alteração) da Lei Fundamental;
   c) A consagração constitucional da autonomia universitária associa esta, umbilicalmente, à qualidade do ensino universitário e à respectiva avaliação.

---

[*] Parecer solicitado pelo Reitor da Universidade Nova de Lisboa, Professor António Rendas, sobre o documento: «Novas leis do ensino superior – proposta de princípios», aprovado em 13 de Março, pelo Conselho de Reitores das Universidades Portuguesas (CRUP). Parecer elaborado pelo Professor João Caupers, com o contributo do Professor Diogo de Lucena, e entregue ao Reitor da Universidade Nova de Lisboa a 28 de Março de 2007.

2. A construção do conceito de autonomia universitária tem de assentar numa ideia fundamental. Esta ideia é a de que apenas pode ser considerada «autónoma» (no sentido utilizado na alínea d) do art. 199.º da Constituição, ao reconhecer a existência de uma *administração autónoma*) uma entidade pública cuja esfera competencial:

a) Esteja delimitada na lei, de forma clara e precisa;
b) Comporte o poder de auto-regular, inclusive por via normativa, no respeito do quadro legal aplicável, a sua actividade;
c) Envolva o poder de captar receitas e de as afectar livremente às suas actividades, dentro do quadro legal vigente;
d) Não esteja sujeita ao exercício de poderes de superintendência do Governo (entenda-se, faculdades de interferência na respectiva actividade por via de directivas ou recomendações ou de actos de autorização ou aprovação).

3. Note-se que a delimitação deste espaço de «autodeterminação» das universidades públicas não implica que o Estado, através do Governo, esteja impedido de condicionar a actividade das universidades públicas: isso seria absurdo, tanto mais que o Governo responde perante a colectividade nacional pela qualidade do ensino e, também, pela correcta aplicação dos recursos públicos que coloca ao dispor das universidades.

O Governo tem – tem de ter – o poder de condicionar a actividade das universidades públicas. Este poder não põe em causa a autonomia universitária. O que poderá pôr em causa esta autonomia é o exercício pontual, obscuro e errático de tal poder, sem sujeição a regras claras, nomeadamente no plano da administração financeira, iludindo a capacidade de previsão das universidades e ofendendo o princípio da protecção da confiança.

A situação que se afigura preferível, por mais clara e clarificadora, seria aquela em que o financiamento público do ensino chegasse às universidades através dos estudantes: seria seguramente a melhor forma de assegurar a optimização dos recursos públicos, por via da concorrência pela qualidade que se haveria de estabelecer entre as universidades. Num tal quadro, o Estado limitar-se-ia a estabelecer os *plafonds* de financiamento – por áreas, cursos ou níveis de formação, consoante as opções estratégicas do Governo –, premiando a qualidade relativa das instituições através do sobrefinanciamento da investigação.

Seja como for, e ainda que um tal modelo não venha a ser adoptado, o quadro legal a estabelecer tem de deixar claro que o *Governo*, no respeito pelas diversas vertentes da autonomia universitária:

Pode favorecer, nomeadamente através das regras de financiamento e de instrumentos de natureza contratual, o empenho das universidades nas áreas de formação e investigação que considera, à luz do seu programa político aprovado pela Assembleia da República, o mais adequado ao desenvolvimento do País	**Não pode impor** a cada universidade aquilo que ela deve ensinar, nem a forma como o deve fazer (cursos, matérias, metodologias)
Pode fixar o número mínimo e o número máximo de alunos por curso a tomar em conta para efeitos de financiamento público	**Não pode impedir** que as universidades promovam cursos com um número inferior de alunos, ou excedam o número máximo, desde que se autofinanciem, cobrindo os gastos acrescidos com receitas próprias
Pode fixar as condições gerais de acesso às universidades	**Não pode proibir** as universidades de realizar provas específicas de acesso, **nem impor** a admissão preferencial de certos estudantes ou categorias de estudantes, devendo as regras de recrutamento e selecção, bem como as que se aplicam à manutenção dos estudantes (prescrições), ser estabelecidas por cada universidade
Pode e deve regular adequadamente as condições de efectivação da responsabilidade civil, disciplinar e financeira dos titulares dos órgãos das universidades	**Não pode interferir** nos processos de designação dos titulares dos órgãos das universidades, nem condicionar, política ou administrativamente, a actividade destes
Pode aplicar os princípios da contabilidade pública e os mecanismos de controlo da despesa pública às universidades e limitar o recurso ao crédito, mas **deve flexibilizar** o regime financeiro aplicável, designadamente no sentido de possibilitar uma gestão plurianual	**Não pode condicionar ou restringir** a utilização de fundos próprios captados pelas universidades – de que as universidades devem poder livremente dispor –, nem, para além do quadro legal, **limitar casuística e arbitrariamente** a utilização das dotações orçamentais
Pode fixar o custo-padrão por estudante dos cursos financiados pelo Estado e **deve suportá-lo**, total ou parcialmente	**Não pode** (a não ser para os cursos financiados e respectivos estudantes), **limitar** a liberdade de fixação dos montantes das propinas pelas universidades
Deve fazer repercutir positivamente no financiamento público a capacidade de gerar receitas das universidades	**Não deve reduzir o financiamento público** em função da capacidade de autofinanciamento das universidades
Pode e deve fazer repercutir na equação de financiamento os resultados da avaliação independente das universidades públicas e dos cursos	**Deve assegurar** a real independência da avaliação, nomeadamente por via do estatuto de autonomia dos avaliadores, cujos mandatos devem ser longos e improrrogáveis
Pode estabelecer os grandes princípios do quadro legal da carreira docente	**Não deve impor** às universidades uma regulamentação detalhada da carreira docente **nem impedir ou condicionar** a contratação de docentes e investigadores que sejam pagos por receitas próprias das universidades
	Não pode limitar a associação das universidades públicas com quaisquer entidades públicas ou privadas, nacionais ou estrangeiras
	Não pode permitir que outras entidades que não as universidades concedam o grau de doutor.

4. Não poderíamos concluir estas reflexões sem tecer algumas considerações sobre a questão da natureza jurídica das universidades públicas, tema recorrente no pensamento jus-administrativo nacional.

Parece-nos, antes de mais, que *as universidades públicas não podem deixar de ser integradas na administração autónoma* – e não na administração indirecta do Estado. Neste sentido, a doutrina jus-administrativa que julgo maioritária (Marcelo Rebelo de Sousa, de alguma forma, Vital Moreira) sublinha aspectos como a natureza associativa do substrato, a eleição dos órgãos académicos e a inexistência de poderes de superintendência do Governo.

Todavia, se esta posição implica a rejeição da hipotética qualificação das universidades públicas como institutos públicos ou empresas públicas, dela não decorre a qualificação precisa das universidades públicas como associações públicas.

Na verdade, as universidades públicas, não obstante apresentarem elementos típicos das associações públicas – entre os quais sobressai o autogoverno – também têm traços difíceis de compatibilizar com uma suposta natureza associativa: os interesses que prosseguem não são interesses próprios do substrato pessoal que as suporta, mas da colectividade estadual (ao contrário dos municípios, que prosseguem interesses próprios dos residentes na circunscrição municipal); acresce que este substrato não é homogéneo, sendo composto por três categorias distintas de pessoas, das quais uma, a dos estudantes, tem com a universidade uma relação efémera.

Uma alternativa possível seria atribuir às universidades públicas a natureza de fundações (fundações privadas, isto é, constituídas nos termos do Código Civil, uma vez que as impropriamente chamadas «fundações públicas», a que melhor ficaria o nome de «fundos públicos», mais não são do que institutos públicos em que avulta o substrato patrimonial, pertencendo à administração indirecta do Estado). Esta qualificação acomodar-se-ia à integração na administração autónoma, sem quaisquer dificuldades.

Todavia, é forçoso reconhecer que a natureza fundacional, por um lado, e as exigências que a lei civil faz quanto às fundações – e que constituem garantias da independência destas –, por outro, não são facilmente conciliáveis com a natureza essencialmente associativa das universidades públicas – em que avultam necessariamente mais as pessoas do que os bens – e com o condicionamento das actividades destas pelo Estado. Bastará dizer que o acto de constituição da fundação é irrevogável – artigo 185.º, n.º 3, do Código Civil – e que a capacidade de intervenção do fundador se esgota no acto de constituição – artigo 186.º – para se perceberem as dificuldades[1].

---

[1] Recorde-se que, no passado recente, esteve em funcionamento um grupo de tra-

Em suma, talvez fosse preferível que o legislador se limitasse a dispor que as universidades públicas integram a administração autónoma, sem adiantar uma qualificação jurídica precisa – que, de resto, nem sequer faz falta (e sempre entreteria os juristas...).

---

balho encarregado de elaborar uma lei para regular precisamente as fundações de natureza privada criadas entidades públicas, por se terem reconhecido as dificuldades em regular estas pelas disposições do Código Civil (existe mesmo um projecto de directiva comunitária nesta matéria). Note-se ainda que, ao contrário do que sucede com as autarquias locais, cuja capacidade fundacional se encontra regulada na alínea *l*), do n.º 2, do art. 53.º da Lei n.º 169/99, de 18 de Setembro, continuam a subsistir dúvidas sobre a possibilidade de o Estado criar fundações, uma vez que não existe norma de habilitação legal (e todos se recordarão das vicissitudes que rodearam a criação pelo Governo de uma fundação na área da prevenção rodoviária, responsável pela prematura saída de um membro do XIV Governo Constitucional). Tanto quanto sabemos, a ideia terá sido abandonada ou, pelo menos, adiada.

ANEXO II
Posição do CRUP sobre o Regime Jurídico das Instituições de Ensino Superior*

1. O CRUP manteve nas últimas semanas uma intensa agenda de contactos com o Governo, com os grupos parlamentares e com os líderes partidários, tendo apresentado comentários e propostas de alteração ao texto em apreciação na Assembleia da República sobre o Regime Jurídico das Instituições de Ensino Superior.

2. Neste processo, o CRUP criticou a excessiva preocupação regulamentar da nova lei e a limitada diversidade formal que ela autoriza para a organização interna das universidades, tendo feito incidir a sua análise em três pontos que considerou particularmente sensíveis:

- o risco de fragmentação do sistema;
- o processo de escolha do reitor e a anulação do Senado;
- a ingovernabilidade no período transitório.

3. O CRUP verifica que a larga maioria das inúmeras opiniões expressas no decurso do processo de intervenção cívica que, em boa medida, a sua iniciativa suscitou veio em reforço dos seus argumentos.

4. Concluída a votação da nova lei, com o resultado conhecido, o CRUP constata com satisfação que o texto aprovado corresponde às suas expectativas no que diz respeito ao terceiro ponto (a ingovernabilidade no período transitório).

5. Já as alterações introduzidas sobre o segundo ponto (o processo de escolha do reitor e a anulação do Senado) não permitem ultrapassar

---

* Texto de Comissão Permanente do CRUP, de 19 de Julho de 2007.

a excessiva rigidez de um modelo único, não tendo sido atendida a sugestão do CRUP de deixar a cada universidade a liberdade de escolha entre designação e eleição do Reitor e entre existência ou não de um Senado com competências académicas próprias.

6. O CRUP constata igualmente que a solução encontrada para o artigo 129.º não afasta o perigo de desagregação de uma universidade, não se antevendo uma fórmula de governo capaz de assegurar a coesão do consórcio; e lamenta que num quadro de negociação em que se procurou limitar o risco de fragmentação do sistema, se tenha preparado em simultâneo a modificação do artigo 55.º para autorizar expressamente o Governo a proceder à cisão das actuais universidades públicas.

7. O CRUP chama a atenção para o elevado número de remissões da nova lei para diplomas ainda inexistentes e aguarda com expectativa a preparação urgente de instrumentos legais essenciais ao funcionamento das universidades no quadro jurídico emergente, nomeadamente um novo estatuto de carreira docente e de investigação e um quadro geral de financiamento que se aproxime do esforço médio, em percentagem do PIB, que os outros países da União Europeia fazem com os seus sistemas de ensino superior.

8. A meio do terceiro ano de uma legislatura que procura corresponder a um plano tecnológico, o CRUP entende ainda dever alertar para a necessidade de uma maior articulação entre as políticas públicas de ensino superior, de investigação científica, de inovação, de empreendedorismo e de desenvolvimento económico, e para a urgência de programas integrados de apoio à aproximação entre o mundo universitário e o mundo empresarial.

9. O CRUP agradece reconhecido a todos quantos se preocuparam em ouvir e compreender os seus pontos de vista, nomeadamente aos deputados das diferentes bancadas que procuraram interpretar as suas preocupações.

10. O CRUP reitera a sua disponibilidade, abertura e empenhamento, no sentido de colaborar na procura de soluções que favoreçam a modernização da universidade portuguesa.

ANEXO III
Projcto de Regime Jurídico das Instituições de Ensino Superior

Cópia de Ofício

Ofício remetido pelo Reitor da Universidade Nova de Lisboa, Professor Doutor António Rendas, ao Presidente da Comissão Parlamentar de Educação, Ciência e Cultura, Dr. António José Seguro, em 10 de Julho de 2007.

«Correspondendo a solicitação de V. Exa., tenho a honra de remeter um conjunto de breves reflexões sobre a proposta de lei relativa ao Regime Jurídico das Instituições de Ensino Superior.

Esclareço V. Exa. de que o texto em anexo não pode ser considerado como representando a posição institucional da Universidade Nova de Lisboa relativamente ao projecto. Na verdade, os prazos apertadíssimos impostos pelo Ministério da Ciência, Tecnologia e Ensino Superior impossibilitaram a pronúncia formal dos órgãos competentes da Universidade e das suas unidades orgânicas, pelo que o mencionado texto consubstancia tão-somente o maior denominador comum aos membros da equipa reitoral e aos directores das oito unidades orgânicas que integram a Secção Permanente do Senado da Universidade.

É pena que a opção ministerial tenha, sem que se compreenda porquê, criado esta dificuldade, sobretudo porque é antecipável a existência na UNL de um amplo consenso favorável, no essencial, ao projecto.

Seja como for, aqueles que assumem as posições reflectidas no texto não se deixam iludir pela criticável adopção de procedimentos redutores da participação dos órgãos académicos, numa reforma vital para o ensino superior português. Criticando justamente a forma, nem por isso diabolizam a substância».

Reflexões sobre a proposta de lei relativa ao Regime Jurídico das Instituições de Ensino Superior

A proposta de lei relativa ao Regime Jurídico das Instituições de Ensino Superior (doravante «projecto» ou «projecto de RJIES») representa um assinalável progresso no enquadramento legal do ensino superior português. Dúvidas não existem de que se trata de uma tentativa séria e, em larga medida, conseguida, de dotar o nosso ensino superior de instituições modernas, eficientes e abertas à comunidade e ao mundo.

Há-de reconhecer-se que as instituições nacionais de ensino superior vivem, no quadro normativo actual, num mundo ferido de entropia corporativa, mais preocupadas com elas próprias e com a preservação das suas inextricáveis teias de poder e de intriga do que com a colectividade que deveriam servir e cujo desenvolvimento e progresso deveriam constituir a sua mais nobre missão. Instituições em que um mito supostamente democrático alimenta uma ilusão de influência aos estudantes – mas que são, na dura verdade, comandadas por reduzidos núcleos de docentes, muitos deles esquecidos de que existem professores porque há estudantes para ensinar e preparar para os mundos do trabalho e da ciência, e não que existem estudantes porque os professores precisam de emprego. Instituições cuja sempre louvada autonomia pouco mais representa do que o poder de sobreviver, estiolando, sujeitas como estão a uma rede apertadíssima de condicionamentos administrativos, regulamentares, financeiros, orçamentais, etc. Instituições cujos níveis de responsabilidade, diluídos em anonimatos facilitados pela colegialidade obsessiva, «bateram no fundo».

O projecto de RJIES tem o indiscutível mérito de procurar reencontrar o lugar da universidade na sociedade portuguesa, criando entre ambas laços fortes e duradouros. Não é uma obra perfeita, apresentando deficiências, que podem e devem ser corrigidas. É sobretudo esse o sentido deste texto: reconhecendo explicitamente os aspectos mais positivos do projecto, apontar aqueles outros que, por menos conseguidos, justificam uma nova ponderação.

E que não fiquem dúvidas a ninguém: não se trata de desmontar os aspectos essenciais do projecto, destruindo-o a pretexto de o melhorar, procurando salvar o essencial do poder, numa estratégia de «redução de estragos». Trata-se, isso sim, de apoiar a transformação e a evolução, de compreender que o mundo mudou e a universidade tem de mudar, e que tudo isto implica a montagem de novas estruturas organizativas, a busca de novos equilíbrios de forças e uma permanente disponibilidade para inovar, testar e corrigir, incessantemente. E que tudo isso exige diversidade, diálogo, tolerância e espírito construtivo.

O projecto tem, a nosso ver, inúmeras ideias positivas e merecedoras de aplauso. Sublinham-se algumas das mais relevantes, porque limitar-se a criticar não ajuda quem procura melhorar e, além disso, não é justo:

a) A continuada distinção entre os ensinos universitário e politécnico, não podendo este último conferir o grau de *doutor* (arts. 3.º e 6.º);

b) A exigência de requisitos de criação e actividade idênticos para as instituições públicas e privadas (art. 39.º);

c) As regras de que a homologação dos estatutos das instituições apenas pode ser recusada com base em ilegalidade ou irregularidades procedimentais (art. 69.º, n.º 2) e de que a homologação da designação do reitor também só pode ser recusada pelos mesmos motivos ou com base em inelegibilidade (art. 86.º, n.º 6);

d) A composição do conselho geral, com um número significativo de membros externos à instituição (art. 81.º, n.º 5, alínea b);

e) A composição do conselho de gestão, com um número adequadamente reduzido de membros da confiança pessoal do reitor (art. 94.º, n.º 1);

f) A introdução de alguns elementos da flexibilização da gestão financeira das instituições, nomeadamente por via da não aplicação das regras relativas aos saldos de gerência e da não submissão da respectiva utilização a autorização ministerial (art. 114.º), bem como da livre gestão das receitas próprias (art. 115.º, n.os 3 e 4).

Algumas outras normas do projecto justificam crítica construtiva ou clarificação adequada.

1. A transição de regimes e a aprovação dos novos estatutos constituem um aspecto muito delicado do projecto e suscitam uma questão que deveria ser cuidadosamente reapreciada.

A opção do projecto de fazer conduzir o processo de transição por uma pessoa estranha à instituição (art. 172.º, n.º 4) é compreensível, num quadro de suspeita, porventura justificada, de que os reitores poderiam não se empenhar demasiadamente no processo. É, de resto, conhecido, que a administração pública enferma de uma quase genética incapacidade para se auto-reformar, curvando-se amiúde aos interesses instalados.

Não obstante, a solução encontrada no projecto pode causar problemas sérios: o que acontecerá se a personalidade em questão, porventura desgastada pelo processo, se alhear dele, não se conseguindo a aprovação dos novos estatutos no prazo fixado? Como responsabilizá-la pelas graves consequências para a instituição (n.º 12)?

É possível que não se tenha ponderado suficientemente este aspecto. Apesar de tudo, talvez fosse preferível uma solução que co-responsabilizasse o reitor, atribuindo-lhe mais do que a função de figura de corpo presente (n.º 7).

2. Compreende-se e aceita-se o sistema previsto no diploma para a designação do reitor (art. 86.º). Todavia, sendo o reitor escolhido pelo conselho geral, que é um órgão colegial, não seria preferível falar em *eleição*? Na verdade, os membros do conselho geral – seja qual for a composição deste órgão – escolhem um de entre vários nomes em abstracto possíveis. Ou seja, elegem-no.

Esta mudança de nomenclatura teria uma vantagem: contribuiria para afastar as críticas de que não estaríamos perante uma eleição, mas em face de um processo adjudicatório, de natureza mais contratual do que eleitoral. Esta tese é indefensável à luz do texto do projecto, não sendo o reitor designado pelo conselho geral de entre os interessados que hajam apresentado propostas com base num programa e num caderno de encargos apresentado pelo próprio conselho. Trata-se de uma eleição, muito embora por colégio restrito, mais restrito do que actualmente.

Para reforçar esta ideia da eleição, seria vantajoso eliminar a alínea *b)* do artigo 166.º: a perda de mandato do reitor, ainda que em consequência de contra-ordenação grave, não deveria poder ser aplicada pelo Ministro (art. 167.º, n.º 1). Sendo a fonte da legitimidade do reitor a eleição pelo conselho geral e não a nomeação ministerial, apenas aquele órgão ou um tribunal deveriam poder cassar-lhe o mandato. A competência ministerial nesta matéria pode levantar dúvidas de constitucionalidade, por ofensa da autonomia universitária.

3. As normas relativas à adopção do modelo fundacional, modificadas na derradeira versão do projecto, justificam uma clarificação. Parece que, considerada a redacção do n.º 4, a iniciativa do Governo nesta matéria se encontra limitada aos casos de criação de uma nova instituição por recomposição de unidades orgânicas de instituições existentes, o que faz sentido, sobretudo numa perspectiva de busca de massa crítica e de ex-

celência: a intervenção governamental não poderia justificar-se por um propósito puramente «separatista».

O n.º 9 do mesmo artigo dispõe que *a criação da fundação pode também ser decidida por iniciativa do Governo ... quando se trate da criação de uma nova instituição que não resulte de transformação de instituição anterior*.

Não duvidamos que o âmbito de aplicação desta norma se encontra limitado à criação de instituições de raiz. Todavia, para evitar eventuais dúvidas, talvez fosse preferível substituir a frase *que não resulte de uma transformação de instituição anterior* pela frase «que não resulte de uma mudança institucional».

4. Severa crítica merece a alínea *e*) do artigo 105.º do projecto. Segundo este artigo, todas as competências dos conselhos pedagógicos são consultivas – como deveriam ser, considerada a natureza e o perfil do órgão. Com uma única e insólita excepção: aprovar o regulamento de avaliação do aproveitamento dos estudantes. Já se pensou bem no que representa deixar nas mãos de um órgão de composição paritária (art. 104.º) o poder de decisão na matéria mais importante para os estudantes e, por isso, com mais capacidade de gerar conflitos?

5. As regras relativas a cumulações e incompatibilidades (art. 51.º) reintroduzem o sistema da autorização, em vez do actual sistema que, para os docentes sem dedicação exclusiva, é de mera participação, até ao limite semanal de seis horas. Não se contesta a opção do legislador, que tem toda a legitimidade para a fazer. Mas a redacção da norma é obscura: da comparação do n.º 1 com o n.º 3 parece resultar que a acumulação de funções docentes em instituições privadas por parte de docentes de instituições públicas em regime de tempo integral está sujeita a autorização da sua instituição (n.º 1), a comunicação à DGES [n.º 3, alínea *b*)] e a comunicação a ambas as instituições [n.º 3, alínea *b*)]. Ora, fará sentido esta obrigação de comunicar a acumulação à mesma instituição (pública) a que deve também ser pedida autorização?

6. A matéria de tutela, plasmada essencialmente no artigo 150.º, também poderia ver o seu tratamento melhorado, nomeadamente esclarecendo o sentido da expressão *e a defesa do interesse público*, demasiado vaga e genérica para servir de fundamento, sem causar conflitualidade, ao exercício do poder de tutela. No mínimo, talvez se pudesse esclarecer que este

interesse público é o que surge consagrado no n.º 1 do artigo 6.º: *criação, transmissão e difusão da cultura, do saber e da ciência e tecnologia, através da articulação do estudo, do ensino, da investigação e do desenvolvimento experimental.*

Complementarmente, é de duvidosa utilidade o n.º 2 do artigo: que sentido faz uma disposição de uma lei que se limita a uma pura remissão para ela própria ou para outras leis?

7. O artigo 103.º, n.º 1, alínea *i*), do projecto atribui – e bem – competência aos Conselhos Científicos em matéria de composição dos júris de provas e concursos académicos; mas fala em *propor*. Mas propor a composição dos júris *a quem*? O projecto não responde a esta pergunta e deveria fazê-lo.

8. A composição do Conselho de Gestão estabelecida no artigo 94.º, ao incluir um vice-reitor, ou vice-presidente, e o administrador é demasiado restritiva, uma vez que o número máximo de membros que compõe o Conselho é de cinco.

9. O limite máximo de membros que compõem o Conselho Científico, estabelecido em 25, conforme n.º 6 do artigo n.º 102, é limitador, devendo esta matéria ser da competência dos estatutos de cada instituição.

10. O n.º 2, alínea *b*), do artigo n.º 81 poderá prever a participação de «*alumni*» no Conselho Geral.

COMO ENSINAR DIREITO EM PORTUGAL NO SÉCULO XXI
ALGUMAS REFLEXÕES

Fausto de Quadros[*]

1. Introdução

Temos muito gosto em colaborar no livro comemorativo dos dez anos da Faculdade de Direito da Universidade Nova de Lisboa.

Foi muito importante a decisão de se criar uma segunda Faculdade de Direito pública em Lisboa. O Estado é responsável por aquilo que se deveria chamar *Serviço Nacional de Educação*, segundo o qual o Estado tem a obrigação de dar primazia à prestação, por ele próprio, de ensino de qualidade também no domínio do ensino superior, sem prejuízo de não só aceitar, como também estimular, a criação, em condições de sã concorrência, de entidades privadas, cooperativas ou com estatuto especial (neste caso, a Universidade Católica). Ora, a Faculdade de Direito da Universidade de Lisboa encontrava-se à beira da exaustão, em número de docentes e discentes. Impunha-se, por isso, que o Estado criasse uma segunda Faculdade de Direito pública em Lisboa.

Depois de um início algo conturbado, matéria que, contudo, convém não sobrevalorizar, as duas Faculdades cooperam hoje no sentido de haver em Lisboa um ensino público de Direito de qualidade superior.

A pedido pessoal do Professor Freitas do Amaral, em grande parte o impulsionador da nova Faculdade e o seu primeiro Presidente do Conselho Científico, nos dois primeiros anos dessa Faculdade regemos nela a disciplina de Direito Internacional Público II, no 5.º ano, sob um tema

---

[*] Professor Catedrático da Faculdade de Direito da Universidade de Lisboa.

monográfico. Entendemos que a experiência foi positiva: os Alunos interessaram-se pela disciplina, tivemos alguns Alunos de nível superior e pudemos desempenhar essas funções sem quebra dos princípios de ética e de exigência que sempre pautaram a nossa carreira docente, que já leva quase quarenta anos. Ao longo destes dez anos fizemos parte de vários júris na nova Faculdade, inclusive de agregação, fomos e somos nela orientadores de algumas dissertações, mais tarde reencontrámos, encontrámos ou viemos a conhecer bons, quando não muito bons, diplomados por aquela Faculdade.

Resta-nos fazer votos, outra vez para o bem do ensino do Direito em Portugal, para que a nova Faculdade progrida e tenha uma longa vida.

2. A razão de ser do tema deste artigo

Em muitos aspectos, a nova Faculdade veio provocar no nosso País um debate sobre o modo como se deve ensinar Direito em Portugal nos temos modernos, isto é, no século XXI. Não temos de julgar aqui o modo como a nova Faculdade o faz, particularmente quanto à forma como alterou os métodos clássicos do ensino do Direito em Portugal, sobretudo nas Faculdades de Direito da Universidade de Coimbra e da Universidade de Lisboa. O que vamos fazer é aproveitar esta oportunidade para, abstraindo das Faculdades de Direito que temos, reflectir, sumariamente, sobre o modo como se deve ensinar bem Direito em Portugal no futuro, isto é, ao longo do século XXI.

A nossa reflexão centrar-se-á sobre os aspectos mais importantes daquele tema, mas não irá ao ponto, prevenimo-lo desde já, de propor algum plano de estudos. É que, como escrevemos há quase dez anos, e se comprovou agora com a necessidade de alterar o plano de estudos imposto pela aplicação, na ordem interna, da Declaração de Bolonha, «a revisão do plano de estudos de uma Faculdade de Direito é das coisas mais difíceis que o Mundo conhece»[1].

Por isso, concentrar-nos-emos sobre as seguintes questões:

  a) as matérias a ensinar;
  b) os métodos do ensino;

---

[1] *Direito Comunitário I – Programa, conteúdos e métodos do ensino*, Relatório apresentado em 1998 às provas de agregação em Ciências Jurídico-Políticas na Faculdade de Direito da Universidade de Lisboa, Coimbra, 2000, p. 77.

c) a avaliação final;
d) o sistema de articulação entre o ensino e as saídas profissionais.

3. As matérias a ensinar

Esta questão pressupõe a resposta a uma outra: o que é ser-se jurista hoje?

Tradicionalmente, entendia-se que o jurista devia saber apenas Direito. Vejam-se os planos de estudos das nossas Faculdades de Direito até ao regime de Bolonha. Portanto, e sem embargo de, apesar de tudo, o curso de Direito ser aquele que mais diversificada preparação cultural dá ao Estudante, aquele curso tem sido composto exclusivamente por disciplinas de Direito, ou então, de História e de Economia ligadas ao Direito.

Sempre entendemos que um bom jurista tem de possuir conhecimentos fornecidos por algumas áreas do conhecimento fora do Direito. Essas áreas são, no mínimo, a Sociologia, a Ciência Política e a Filosofia do Direito e do Estado. A primeira, para permitir o indesmentível enquadramento do Direito no mundo das Ciências Sociais, e o suporte que estas dão ao Direito enquanto, ele próprio, é uma Ciência Social. A Ciência Política, para permitir ao Estudante compreender como é que o Direito, simultaneamente, molda a Política e é moldado por opções políticas. Sublinhe-se que, ao contrário do que por vezes se pensa, a Ciência Política não se confunde com o Direito Constitucional, nem o ensino deste substitui o ensino da Ciência Política – assim a formação dos que regerem as duas disciplinas seja adequada à índole específica de uma e de outra. Por sua vez, a Filosofia do Direito e do Estado tem de ser ensinada para que os Estudantes compreendam, de modo sólido e desenvolvido, os fundamentos jurídico--filosóficos tanto do Direito como do Estado enquanto fenómeno político. O não ensino destas matérias, ou o seu ensino no sentido não filosófico mas só jurídico, torna o ensino e a compreensão do Direito acríticos, com graves consequências para a apreensão do Direito, pelo Estudante, como uma ordem de valores.

Qualquer dessas disciplinas deve ser ensinada logo no início da Licenciatura, dada a sua natureza eminentemente formativa de base.

Uma especial palavra para a Economia. Tem de ser ensinada Economia ao Jurista, assim como se tem de ensinar Direito nas Faculdades de Economia, como acontece em toda a Europa. Nós próprios o sentimos, de modo profundo, quando iniciámos a nossa carreira docente ensinando Direito numa Faculdade de Ecomomia e Gestão, o então Instituto Superior de Ciências Económicas e Financeiras (ISCEF), actual Instituto Superior de Economia e Gestão (ISEG)[2]. Mas é preciso ter ideias claras sobre que Economia tem de ser ensinada ao Estudante de Direito. E aí a resposta é simples: não pode ser ensinada nas Faculdades de Direito a mesma Economia que é ensinada nas Faculdades de Economia. Ao Jurista não interessa a Macroeconomia, nem a Microeconomia, muito menos a Economia Matemática ou a Estatística. Ensinar isso a Estudantes de Direito é criar neles uma aversão pela Economia e, dessa forma, impedi-los de aprenderem aquela Economia que, verdadeiramente, eles precisam de aprender para serem bons Juristas. A Economia que se deve ensinar em Faculdades de Direito é a Economia que o Direito modela e que o Direito rege. Por isso, as disciplinas de Economia que se devem ensinar numa Faculdade de Direito não devem ir além do Direito da Economia, como disciplina introdutória, do Direito Financeiro e das Finanças Públicas, do Direito Fiscal, do Direito do Comércio Internacional (onde especial atenção deve merecer a Organização Mundial do Comércio e a globalização económica) e do Direito Comunitário Económico (que inclua, obrigatoriamente, a União Económica e Monetária, as políticas comunitárias e o Direito Comunitário da Concorrência). Ao contrário, é discutível se o Direito nacional da Concorrência não deve ser ensinado nas disciplinas de Direito Comercial.

Quanto às matérias propriamente jurídicas a ensinar, já dissemos que não é nossa intenção apresentarmos aqui qualquer proposta de plano de estudos. Mas isso não nos impedirá de deixar aqui algumas ideias básicas.

A primeira é a de que o tronco forte de um plano de estudos numa Faculdade de Direito deve ser composto por disciplinas de Direito Privado e de Direito Público. Só depois há que dar importância (e a devida importância) a disciplinas de História do Direito e de Direito Económico.

Quanto às disciplinas de Direito Privado e de Direito Público temos, particularmente após a limitação de tempo trazida à licenciatura com o regime de Bolonha, de seleccionar, como obrigatórias, as disciplinas básicas, e levando em conta inclusivamente os fenómenos cruzados que se verificam modernamente no mundo do Direito, já com repercussões na Ciência do Direito, e que são o da privatização do Direito Público e o da publicização do Direito Privado, determinados, em grande parte, pela europeiza-

---

[2] Ver a nossa *Evocação do Professor Doutor José Dias Marques*, Estudos em memória do Professor Doutor José Dias Marques, Coimbra, 2007, p. 143 e ss. (144-145).

ção das Ordens Jurídicas estaduais por força da integração europeia. Por isso (e restringindo-nos, como juspublicistas que somos, apenas ao Direito Público), as disciplinas de Direito Constitucional, Direito Administrativo, Direito Internacional Público, Direito Comunitário chamado Institucional, Direito do Ordenamento do Território e do Urbanismo, Direito do Ambiente, parecem-nos indiscutíveis no plano de estudos da Licenciatura, no Grupo das Ciências Jurídico-Políticas, devendo mesmo algumas dessas disciplinas desdobrar-se em disciplinas I, II, e, algumas, também III.

As disciplinas optativas podem ser um dos grandes instrumentos de modernização do ensino do Direito em Portugal com o regime de Bolonha. Hoje o Aluno não quer ser só Advogado ou Juiz, ou funcionário público, como acontecia há trinta anos. Hoje oferecem-se-lhe as mais diversas saídas profissionais: diplomata, funcionário internacional ou nos órgãos e nas instituições da União Europeia, consultor altamente especializado em firmas multinacionais espalhadas por todo o Mundo, simplesmente investigador, etc. Há que dar a este tipo de Aluno a possibilidade de, através das disciplinas optativas, moldar o Curso ao perfil profissional que ele para si deseja.

Mesmo no último ano da Licenciatura, sobretudo se esta durar quatro anos, deverá já ser facultada ao Aluno a possibilidade de escolher entre diversas disciplinas optativas. Mas ainda mais se deve alargar essa possibilidade no Mestrado profissionalizante.

O Mestrado profissionalizante, logo como princípio, deverá conceder as mais díspares saídas profissionais. Por isso, além de ele incidir sobre as matérias clássicas (Direito Privado, Direito Público, História do Direito, Direito Penal e Criminologia, Direito Económico), deverá também versar, com autonomia, sobre Direito Internacional e Relações Internacionais, Direito Comparado (Público e Privado) e sobre as várias subáreas do Direito da Integração Europeia. Só dessa forma o Mestrado irá de encontro às solicitações dos modernos Alunos, a pensar no actual e já referido muito variado rol de saídas profissionais.

4. Os métodos do ensino

Quanto aos métodos do ensino, não encontramos alternativa à separação clássica entre aulas teóricas (chamadas magistrais) e aulas práticas. Só em disciplinas com turmas teóricas com poucos Alunos podemos conceber, com vantagem, o ensino ser ministrado em moldes teórico-práticos nas próprias aulas chamadas teóricas. Nas outras disciplinas, o ensino prático deve concentrar-se nas subturmas práticas. Estas subturmas estão vocacionadas para a avaliação contínua, mas isto não pode excluir que nelas seja ministrado ensino prático: sempre em diálogo com os Alunos, resolução de dúvidas quanto à matéria teórica, cultivo da dialéctica no tratamento quanto às matérias da disciplina (por exemplo, debate de propostas diferentes da doutrina, análise crítica de diplomas legislativos), análise da jurisprudência, resolução de casos práticos, simulação de julgamentos, etc.

5. A avaliação final

O ensino do Direito e, concretamente, a avaliação dos alunos deve privilegiar os seguintes aspectos:

a) um correcto domínio da língua portuguesa, matéria na qual muitos Estudantes aparecem muito mal preparados do Ensino Secundário;

b) a capacidade de compreensão e de raciocínio em lugar da memorização;

c) a capacidade de enquadrar situações concretas no domínio do Direito aplicável, designadamente através de resoluções de hipóteses ou casos práticos;

d) uma clara, ordenada e escorreita exposição oral.

Todas estas qualidades devem ser apreciadas ao longo do funcionamento da disciplina e, particularmente, tidas em conta para a classificação final.

De qualquer modo, não é admissível que, no curso de Direito, na avaliação final não tenha forte peso a avaliação oral. Se esta puder ser levada a cabo de modo adequado ao longo da avaliação contínua (o que exige que as subturmas de avaliação não tenham mais de vinte/vinte e cinco alunos) é possível incrementar-se a dispensa de exame final aos Alunos que tiverem obtido a classificação de doze valores na avaliação contínua, ou a dispensa de prova oral aos Alunos que tenham obtido a classificação de doze valores na prova escrita final, ressalvada sempre a possibilidade de uns e outros requererem, *só uma vez*, a prova oral de melhoria de nota, o que até deve ser incentivado pelos Docentes quanto aos Alunos que revelem maior capacidade e dedicação à disciplina. Convém nunca esquecer-se que um bom jurista é apreciado sobretudo pela sua capacidade *verbal*, isto é, pela sua aptidão para exprimir *oralmente* aquilo que sabe (ou que não sabe), particularmente a sua capacidade dialéctica.

A Faculdade de Direito da Universidade Nova de Lisboa inovou em matéria de avaliação com uma escala de classificação até então desconhecida doutras Faculdades de Direito portuguesas: de 1 a 6 valores.

Salvo melhor opinião, pensamos que num mesmo País as Faculdades públicas, pelo menos as com o mesmo objecto, não devem ter escalas de classificação diferentes. É por terem planos de estudos muito diferentes entre si e sistemas de avaliação diferentes que os Estados federados alemães (os *Länder*) não reconhecem entre si, automaticamente, os cursos de Direito e as respectivas profissões jurídicas. A escala de 0 a 20 numas Faculdades de Direito, e de 1 a 6 noutra, cria problemas muito difíceis de equivalência e, ao mesmo tempo, distorce a concorrência. Além disso, a nosso ver, prejudica a justiça relativa entre os Alunos. Nós sentimos isso quando ensinámos, como dissemos, na Faculdade de Direito da Universidade Nova. De facto, por exemplo, ao só podermos atribuir a mesma classificação de 3 valores a Alunos que noutras Faculdades de Direito podem ser classificados de 10 a 13 valores, sabíamos que não estávamos a ser justos quando atribuíamos a mesma classificação de 3 valores a Alunos que, de facto, podiam ter até 4 valores (de 10 a 13 valores) a separá-los. Como se imagina, esta crítica é construtiva e pode ajudar a um debate mais aprofundado que uma situação destas exige.

6. O sistema de articulação entre o ensino e as saídas profissionais

Como já dissemos atrás, o ensino do Direito deve preocupar-se em tornar fáceis e eficazes as saídas profissionais, isto é, deve, sobretudo, criar condições para que os Estudantes obtenham na Faculdade uma preparação adequada à saída profissional que ambicionem e, obviamente, que caiba na índole das profissões jurídicas.

Para isso, questão muito importante que está por se resolver em Portugal é a da articulação entre o ensino do Direito e as saídas profissionais. Com isto queremos significar, neste lugar, sobretudo o seguinte: à Universidade cabe o *exclusivo* de preparar o *Estudante* no plano científico; às entidades às quais compete apreciar da capacidade do *ex-Estudante*, ora *Licenciado* ou *Mestre* (pela nova designação do sistema de Bolonha), para o exercício de uma dada profissão (Ordem dos Advogados, outras Ordens profissionais, Centro de Estudos Judiciários – que melhor se designaria por Escola de Magistrados, como na Alemanha, no Brasil, e noutros Estados –, Instituto Diplomático, etc.) cabe o *exclusivo*, sim, mas só de avaliar da capacidade *profissional* do ex-Estudante para o *exercício* da respectiva actividade *profissional*, como tal. Assim, e por exemplo, não cabe à Universidade fazer de um Estudante um *Advogado* ou um *Juiz*; mas também não cabe à Ordem dos Advogados nem ao Centro de Estudos Judiciários avaliar da capacidade *científica* do ex-Estudante, que lhe foi ministrada pela Universidade. O contrário, para além de configurar um grave conflito de atribuições entre a Universidade e as associações ou escolas profissionais, significaria que alguns Advogados ou alguns monitores do CEJ, cuja capacidade profissional pode ser muito boa, mas cuja competência *científica* não está provada (e, nalguns casos, é notoriamente insuficiente, desde logo pelas classificações universitárias obtidas), se estavam a sobrepor à formação científica fornecida aos ex-Estudantes por Docentes qualificados e com elevada preparação científica, testada em exigentes (pelo menos, nas melhores Faculdades de Direito) provas públicas. Por exemplo, não faz sentido que um ex-Estudante, já aprovado nas Faculdades de Direito de Lisboa ou de Coimbra em Direito Penal por qualificados Professores doutorados, se não já Catedráticos, se veja, *outra vez*, examinado em Direito Penal na Ordem dos Advogados ou no CEJ, respectivamente, por um Advogado ou um Magistrado especialista, na sua profissão, em Direito Penal, mas sem capacidade científica para avaliar os conhecimentos de um ex-Estudante aprovado em Direito Penal por qualquer daquelas prestigiadas Faculdades de Direito. À Ordem dos Advogados ou ao CEJ compete dar ao ex-Estudante, ora Licenciado ou Mestre, formação para o *exercício* de uma profissão (como ser um bom Advogado, como ser um bom Magistrado, desde logo no plano da deontologia ou em matéria processual), não compete voltar a dar-lhe formação científica, tão-pouco pôr em causa a formação científica que o Licenciado ou Mestre obteve na instituição competente para o efeito, ou seja, a Universidade. Se assim não acontecer, as Universidades, pelo menos aquelas cuja capacidade científica não pode ser posta em causa, terão de, mais dia ou menos dia, questionar o sistema de funcionamento, nesta matéria, da Ordem dos Advogados, do CEJ, e doutras instituições similares, o que não se deseja, dado o espírito de cooperação que deve presidir às relações entre as Faculdades de Direito e todas essas instituições.

7. Conclusão

A concorrência entre os Licenciados ou Mestres em Direito é, nos tempos actuais, muito forte, muito mais forte do que no século passado. Isso deve-se à harmonização progressiva dos sistemas jurídicos nacionais, primeiro através da integração europeia, depois através da globalização.

Por isso, mais do que prepararmos bons juristas, temos, no século XXI, também que preparar os juristas portugueses para triunfarem num mundo em que a liberdade de circulação e o direito de estabelecimento, também dos juristas, vai ser cada vez maior. As Faculdades de Direito portuguesas precisam, por isso, sem quebra (pelo contrário) de elevados níveis de exigência, e, pensando mais na qualidade do que na massificação, de se virarem para um mundo em acelerado processo de transformação. O ensino do Direito não pode deixar de ir, em Portugal, de encontro a esses novos desafios e de se adaptar à acelerada evolução dos tempos. Assim o queiramos todos, governantes, instituições académicas e científicas, docentes e discentes. Também nesta matéria não podemos ficar para trás.

ÍNDICES

VOLUME I

Apresentação 5
Plano da obra 7

I
História e Teoria do Direito

CRISTINA NOGUEIRA DA SILVA, *Liberalismo, Progresso e Civilização: povos não europeus no discurso liberal oitocentista* 15

ANABELA COSTA LEÃO, *Em torno dos conceitos de regra e de princípio. A polémica entre Hart e Dworkin* 43

ANTÓNIO MANUEL HESPANHA, *Do corporativismo ao liberalismo: redefinindo fronteiras do universo político* 73

JORGE MIRANDA, *Em vez do Código Civil, uma lei sobre leis* 91

MARIA DA GLÓRIA F. P. D. GARCIA, *Sociedade de risco, política e direito.* 111

RICHARD HYLAND, *Fictional Truth* 137

II
Direito Público

ANTÓNIO CADILHA, *O impacto da Carta dos Direitos Fundamentais da UE no sistema de tutela jusfundamental no espaço europeu* 153

BENEDITA MAC CRORIE, *A pena de morte como tortura ou tratamento desumano ou degradante* 195

Diogo Freitas do Amaral, *O poder sancionatório da Administração Pública* 215

Diogo Leite de Campos, *Elisão fiscal e direito civil* 235

Eduardo Vilariño Pintos, *Las bases jurídicas de la lucha contra el terrorismo en la Unión Europea* 251

Helena Pereira de Melo, *Does size matter? A Nanotecnologia e o Direito* 269

João Caupers, *Estudos de caso no âmbito do Observatório da Legislação Portuguesa* 287

Jorge Bacelar Gouveia, *Os direitos fundamentais em Macau* 311

José Carlos Vieira de Andrade, *A propósito do regime do contrato administrativo no «Código dos Contratos Públicos»* 339

José Manuel Meirim, *A Convenção Internacional contra a Dopagem no Desporto* 365

Manuel Martins, *A noção de empresa no direito comunitário da concorrência* 401

Maria Eduarda Gonçalves, *Regulação do risco e «risco» da regulação. O caso dos organismos geneticamente modificados* 441

Maria Lúcia Amaral, *Queixas constitucionais e recursos de constitucionalidade (uma lição de «Direito Público Comparado»)* 473

Mário Aroso de Almeida, *Os regulamentos no ordenamento jurídico português* 503

Miguel Poiares Maduro, *The Chameleon State: EU Law and the blurring of the private/public distinction in the market* 529

Nuno Gaioso Ribeiro, *A outra face da «boa moeda». O financiamento público da actividade política em causa* 545

Nuno Piçarra, *O novo regime jurídico dos inquéritos parlamentares* 565

Paula Escarameia, *The Security Council as a Judge? The Relationship between the Security Council and the International Criminal Court* . 607

Paula Lobato de Faria, *Fundamentos teóricos de um novo regime jurídico para a prevenção e controlo das doenças transmissíveis em Portugal* 621

Rui Nunes, *A regulação independente na Saúde* 645

Teresa Pizarro Beleza, *A Morte e a Donzela* 675

III
Ciências Sociais, Religião e Direito

ARMANDO MARQUES GUEDES, *Uma articulação entre o Estado e as «Autoridades Tradicionais»? Limites na congruência entre o Direito do Estado e os Direitos «Tradicionais» em Angola* 715

CARLOS ALBERTO POIARES, *Psicologia na formação de juristas: nos interstícios juspsicológicos* 755

JOSÉ DE SOUSA E BRITO, *O diálogo da República e das religiões no século XXI* 771

MARCOS KEEL PEREIRA, *Rudimentos normativos no cristianismo primitivo: «Os de fora» e «Os de dentro» na* Didaché*: uma relação tensa?* 787

VOLUME II

IV
Direito Privado

ANA PRATA, *O regime do artigo 796.º do Código Civil («One man's platitude is another's revolution»)* 9

ANDRÉ FIGUEIREDO, *O princípio da proporcionalidade e a sua expansão para o Direito Privado* 23

ASSUNÇÃO CRISTAS, *É possível impedir judicialmente a resolução de um contrato?* 53

CARLOS FERREIRA DE ALMEIDA, *Contratos diferenciais* 81

CLÁUDIA TRABUCO, *De par-em-par, pois então?! – a partilha de obras protegidas pelo Direito de Autor através da Internet* 117

EMÍLIO RUI VILAR e RUI HERMENEGILDO GONÇALVES, *Fundações e Direito da União Europeia: perspectivas de evolução* 151

FERNANDO MARTÍNEZ SANZ, *Sobre la sustitución fideicomisaria de acciones de una sociedad anónima* 185

JOSÉ ENGRÁCIA ANTUNES, *Os usos e o costume no Direito Comercial. Algumas breves reflexões* 215

JOSÉ JOÃO ABRANTES, *Algumas notas sobre o direito do trabalhador à reserva da vida privada* 241

José Lebre de Freitas, *Justificação notarial: nulidade e registo* 249

Luís Lingnau da Silveira, *Casamento e Divórcio – Código Civil de 1867 e legislação subsequente* 269

Luís M. Couto Gonçalves, *A patente de invenção e a noção de técnica* . 289

Manuel António Pita, *Cumprimento defeituoso da obrigação de entrada em espécie* 323

Maria Helena Brito, *O Direito Internacional Privado no Código Civil – Perspectivas de reforma* 355

Patrícia da Guia Pereira, *Incumprimento contratual e delimitação dos danos ressarcíveis. Estudo de Direito Comparado* 381

Pedro Ferreira, *A retenção de dados pessoais nas comunicações electrónicas* 417

Ricardo de Gouvêa Pinto, *Divórcio e sigilo bancário* 449

Rui Pinto Duarte, *O quadro legal das sociedades comerciais ao tempo da Alves & C.ª* 479

Vítor Pereira Neves, *A natureza transitiva dos critérios de imputação de direitos de voto no Código dos Valores Mobiliários* 507

V
Direito Processual

Armindo Ribeiro Mendes, *A reforma de 2007 dos recursos cíveis e o Supremo Tribunal de Justiça* 545

Edoardo F. Ricci, *La tutela anticipata in diritto italiano dal 1942 ad oggi*. 575

Elena Burgoa, *La prueba ilícita en el proceso penal portugués* 593

Frederico de Lacerda da Costa Pinto, *Publicidade e segredo na última revisão do Código de Processo Penal* 627

Jorge Morais Carvalho, *As dívidas dos cônjuges no processo executivo* 665

José Miguel Júdice, *Como evitar a «nacionalização» dos contratos internacionais?* 697

Luís Carvalho Fernandes e João Labareda, *Regime particular da insolvência dos cônjuges* 705

MARIANA FRANÇA GOUVEIA, *Meios de resolução alternativa de litígios: Negociação, Mediação e Julgados de Paz* 727

RUI CHANCERELLE DE MACHETE, *Limites das acções de impugnação isoladas propostas pelo Ministério Público*.. 759

TIAGO DUARTE, *O reconhecimento e a execução de sentenças ICSID/CIRDI: Portugal à espera da primeira vez*... 767

VERA EIRÓ, *Quanto vale uma sentença? Notas sobre a aplicação do artigo 102.º, n.º 5, do Código de Processo nos Tribunais Administrativos* . 803

VI
Ensino universitário

ADRIANO MOREIRA, *Bolonha e as profissões liberais* 843

ANTÓNIO RENDAS, *O epílogo de um prólogo* 851

FAUSTO DE QUADROS, *Como ensinar Direito em Portugal no século XXI. Algumas reflexões* 879